U0738826

中国电力企业联合会法律分会系列丛书

中国电力企业法治合规建设论文集

2024

中国电力企业联合会法律分会　组编

中国电力出版社
CHINA ELECTRIC POWER PRESS

图书在版编目（CIP）数据

中国电力企业法治合规建设论文集．2024 / 中国电力企业联合会法律分会组编．-- 北京：中国电力出版社，2024.12. -- ISBN 978-7-5198-9441-2

Ⅰ．D922.292.4

中国国家版本馆 CIP 数据核字第 2024TM9398 号

出版发行：中国电力出版社
地　　址：北京市东城区北京站西街 19 号（邮政编码 100005）
网　　址：http://www.cepp.sgcc.com.cn
责任编辑：王晓蕾（010-63412610）
责任校对：黄　蓓　李　楠　于　维　张晨荻　郝军燕
装帧设计：郝晓燕
责任印制：杨晓东

印　　刷：三河市航远印刷有限公司
版　　次：2024 年 12 月第一版
印　　次：2024 年 12 月北京第一次印刷
开　　本：889 毫米 ×1194 毫米　16 开本
印　　张：45.25
字　　数：1239 千字
定　　价：288.00 元

前言
PREFACE

习近平总书记强调，"各类企业都要把守法诚信作为安身立命之本，依法经营、依法治企、依法维权"。党的二十届三中全会对全面推进依法治国作出了新部署。全会指出，要"坚持全面依法治国，在法治轨道上深化改革、推进中国式现代化，做到改革和法治相统一"，充分彰显了我国在法治轨道上推进中国式现代化的决心。

电力行业是现代工业和现代社会发展的基础，是国家能源安全的重要保障。电力行业的发展对于促进能源结构调整、提高能源利用效率、保障国家能源供应和稳定经济社会发展具有重要意义。在全面依法治国、深化法治企业建设、创建世界一流企业的大环境下，电力企业只有坚持依法合规经营，才能有效防范和化解风险，才能实现持续稳健高质量发展，才能保障企业基业长青。

为全面激发广大电力企业法律从业人员的创作潜力，促进电力行业法治合规工作经验交流与分享，推动电力企业持续提升合规经营和法治建设能力，中国电力企业联合会法律分会组织开展了 2024 年中国电力企业法治合规建设征文活动。来自国家电网有限公司、中国南方电网有限责任公司、中国华电集团有限公司、国家能源投资集团有限责任公司、国家电力投资集团有限公司等电力企业以及高校、律师事务所的法律从业人员积极响应征文活动，共计投稿 458 篇专业文章。

法律分会组织有关行业专家学者，按照"独立、回避、客观、公正"的原则，对所有投稿文章进行阅评，遴选出 142 篇高质量论文，经过作者授权同意，其中 117 篇论文结集形成《中国电力企业法治合规建设论文集（2024）》并正式出版。

感谢各有关单位对本次征文活动的关注与支持，感谢积极投稿的所有创作者！法律分会将不定期举办不同主题的征文活动，希望通过论文的分享和学习，进一步提升电力行业法治合规从业人员研究探索和总结分享的能力，共同为电力企业依法合规高质量发展贡献智慧和力量！

编委会
2024 年 10 月

目 录
CONTENTS

前言

第一部分　合规管理类

第二部分　制度体系类

第三部分　前沿探究类

第四部分 风险防控类

第五部分　热点聚焦类

第六部分　法律保障类

第七部分 实务研究类

第八部分 实践探索类

第一部分

合规管理类

国有电力企业知识产权风险管理的法治逻辑与实践路径

黄英铝[1]　林文斌[2]　许心蕊[3]

1.国网福建省电力有限公司；2.国网福建省电力有限公司电力科学研究院；

3.国网福建省电力有限公司莆田供电公司

摘　要

国有企业知识产权同时具备国有资产属性和集团化管理特性，在当前知识产权风险的国际化、网络化、系统化等外部因素的多重影响下，国有企业知识产权工作在保障产业安全、提升知识产权转化运营效率等方面面临更大挑战。国网福建电力践行"五航一体"管理创新模式，坚持以知识产权合规支持高水平布局、高质量创造和全流程风险治理，为国有企业知识产权合规与风险管理实践提供了良好的示范样本。

关键词

国有企业；知识产权；合规；风险

一、引言

关于国有企业知识产权合规治理的实践意义，业界已达成共识。政策层面，2020 年，《关于推进中央企业知识产权工作高质量发展的指导意见》明确提出要求中央企业加强知识产权的合规使用与合规处置，强化知识产权防范；2023 年，国家出台《企业知识产权合规管理体系要求》（GB/T 29490—2023），该标准旨在强化合规，为企业建立完善知识产权管理体系、防范知识产权风险、实现知识产权价值提供参照。学界和理论层面，亦有学者对国有企业知识产权合规的价值、国有企业知识产权合规建设思路等进行了讨论，这些研究为国有企业知识产权合规理论发展与实践提供了良好的参鉴。但随着国际竞争格局的变化与国内知识产权政策的转型，国有企业合规治理的背景和实践逻辑需要更加深刻地剖析，尤其在举国创新体制和总体国家安全的多重政策背景下，国有企业如何在依法治企的轨道内开展知识产权合规，在合规治理过程中的管理创新边界在哪里，这些问题都有待进一步研究解决。

二、基本前提：国有企业知识产权风险管理的法治价值取向

知识产权合规是国有企业发挥示范引领作用，支持知识产权强国建设的重要举措，更是中央企业

合规治理的应有之义。知识产权合规制度是应知识产权强保护与企业合规制度改革多重需要而生的必然产物，是外向保障国家安全与内向促进经济创新发展的应然之举，在弥合知识产权法治保护体系缺陷上具有独特的战略定位。

（一）知识产权的法治价值取向

知识产权制度最早缘起于西方国家，在本土化过程中，需要回应安全、效率、公平、正义、秩序等不同价值的取舍与顺位，法治价值需要解决两个问题。

（1）需要平衡好市场调节与行政干预的边界，本质是自由与安全价值的取舍问题。

（2）要面向当前国内外复杂的竞争环境，处理好国家安全与国际营商环境评价的尺度，涉及安全、效率和公平问题。

（二）国有电力企业知识产权合规工作的价值取向

与一般市场主体不同，国有企业知识产权合规工作的价值取向需要深刻理解国有企业的特殊性。

（1）国有企业涉及的能源、基础设施领域关系国民经济命脉，安全是发展的基石，稳定是前提。知识产权具有私权属性，知识产权法缘起于市场主体对创新、创作利益的垄断利益与社会创新激励的双重政策利益平衡，隐含着基于市场主体理性选择，进而以公开、以创新换取垄断保护的制度运行逻辑，从根本上看是市场经济的产物，追求的是高度自由和个体正义。然而，随着全球科技竞争格局的变化，欧美等发达国家在享受知识产权制度的全球化红利的同时，对中国科技文化创新发展却采取了双标，在鼓吹知识产权私权至上、自由至上的同时，又对先进技术尤其是关键领域的核心技术流通进行政治干涉。

（2）国有企业作为国民经济发展的"排头兵"，在产业链中往往处于"链主"龙头位置，无论是知识产权管理创新还是合规治理方面，都有着重要的示范引领功能。随着国际竞争格局的变化，中国企业在走出去过程中面临的挑战呈现出更加复杂的形态，知识产权引发的国有企业风险事件偶有发生。一方面，在国际贸易往来过程中，欧美等经济体在全球化过程中表现出的双重标准日益凸显，以知识产权保护为由构建的"小院高墙"已成为对华进行技术封锁的常规手段。另一方面，我国已进入知识产权强国建设加速期，知识产权已逐步成为我国参与国际竞争的优势筹码。这种形势的变化要求国有企业转变观念，加强知识产权合规治理，对内进一步强化知识产权保护运用，发挥国有企业合规示范引领作用；对外强化安全意识与合规运营，完善知识产权合规治理体系，增强国有企业竞争力、创新力、控制力、影响力、抗风险能力，将知识产权优势转变为国际综合竞争优势。《知识产权强国建设纲要（2021—2035年）》《"十四五"国家知识产权保护和运用规划》等文件专门提及要"改革国有知识产权归属和权益分配机制""推动中央企业完善知识产权工作体系"，这些工作落到具体实践层面，都要以国有企业的知识产权合规为基础。习近平总书记指出，"国家安全是民族复兴的根基"，要以知识产权合规防范关键技术的泄密和重大侵权风险，保障产业安全。

（3）外部环境的变化要求国有企业知识产权合规以安全为前提，安全价值是国有企业知识产权合规的核心价值。国有企业知识产权属于国有资产，因此在资产管理和处置方面面临更严格的监管和保值增值要求，这对知识产权不同环节的合规要求产生影响。2023年国务院国资委进一步优化完善中央企业经营指标体系，提出"一利五率"经营指标和"一增一稳四提升"总体目标，引导企业突出高质量发展首要任务，扎实推进提质增效稳增长，知识产权合规工作应为企业知识产权资产处置与盘活行动提供评价尺度，在安全的前提下应追求一定的效率价值。再者，国有企业本身的主体属性特殊，天然具有行政属性。我国国企高管由政府任命，具有行政级别，企业具体决策在一定程度上是行政决策的延伸，国企自带的行政与秩序属性使得国有企业的知识产权合规工作对秩序价值的追求显得并不迫切。

总体上，知识产权合规是国有企业适应国际竞争格局变化安全发展的外部需要和国有资产效益提升的必然要求，国有企业知识产权合规应当以安全为基础与核心价值，在安全的前提下追求效率，兼顾秩序。国有企业知识产权合规的这种法治价值取向不仅关系国有企业整体工作的方向，也是国有企业知识产权合规工作路线的逻辑起点。正是基于安全发展的需要，应当充分评估国有企业经营各个环节面临的知识产权风险，面向国企知识产权工作中的具体困境，构建合规管理体系。

三、现实困境：知识产权风险演变与合规挑战

国有企业具有良好的市场优势和行政影响力，在相关产业内部，鲜有发生知识产权侵权诉讼，相关争议一般通过调解等非公开化的方式能够得到有效解决。但随着全社会知识产权保护意识的提升和中国在全球产业体系中的位置变化，知识产权风险呈现出新的衍生趋势。

（一）知识产权风险演变

（1）知识产权风险的国际化趋势明显。2021年，我国企业遭遇海外知识产权纠纷的比例为3.0%，明显高于2020年的0.8%。2022年，中国企业在美知识产权诉讼新立案共986起，环比增长14.39%，数量总体呈现上升态势。在美纠纷共涉及中国企业9569家次，较上年增长75.06%，其中98.16%的中国企业为被告。诉讼涉及的领域相对集中，专利（44.25%）、商业秘密诉讼（72.22%）主要涉及制造行业；商标诉讼（70.61%）主要涉及批发和零售行业。据统计，中国企业出口产品因知识产权侵权而被查扣的数量在全球也一直居于首位，每年在海外遭商标抢注的案件超过100起，造成的无形资产流失约10亿元，美国是中国企业遭遇海外知识产权纠纷比例最高的国家。

（2）知识产权风险的网络化趋势上升。当前网络媒体快速发展，在信息交流传播的方式间网络化转变过程中，随之而来的知识产权风险上升趋势明显，尤其是字体、图片和软件等版权侵权事件在网络平台的作用下，表现出发生频率高、涉案金额高、社会关注度高的"三高"趋势。为应对这一挑战，全球范围内的法律体系正逐步加强对网络空间知识产权保护的力度。以中国为例，政府不断完善相关法律法规，如《著作权法》的修订，旨在更加适应网络环境下版权保护的新需求。同时，网络平台企业也积极响应，通过升级技术手段、强化内容审核等方式，努力构建一个尊重原创、保护版权的网络环境。然而，网络空间的复杂性、匿名性为侵权行为提供了便利，使得侵权手段层出不穷，难以完全遏制。此外，公众对于知识产权的认知仍有待提高，部分网民在分享、传播内容时，往往忽视了版权问题，无意中成为侵权行为的推手。因此，需从多方面有效保护网络知识产权，例如加强法律法规建设、提高违法成本和应用大数据人工智能等技术手段。

（3）知识产权风险的系统化趋势加强。知识产权已经成为国际竞争的重要领域，知识产权风险的影响早已贯穿企业发展的各个阶段和产业链各个环节，在直接关联科技竞争实力的同时，与一国经济文化甚至政治也在发生越来越多的链接。在"337""301"调查手段之外，美国先后通过《经济间谍法案》《保护知识产权法案》等制度不断强化商业秘密保护手段，从民事保护到刑事制裁，以"最低联系原则"等"长臂管辖"为手段，从人才、知识、技术、设备等全方位进行技术封锁，知识产权外部风险表现出制度性、常态性、隐蔽性的特点。

（二）知识产权的合规挑战

在国有资产、集团化管理模式等特性与知识产权风险的国际化、网络化、系统化等外部因素的多重影响下，国有企业的知识产权合规工作面临更多挑战。2024年1月，《企业知识产权合规管理体系要求》国家标准正式实施，明确要求"将知识产权的基础管理融入企业经营管理，在产品和／或服务的全生命周期开展知识产权管理，履行知识产权合规要求，防范知识产权风险，实现知识产权价值。"该标准的出台为企业知识产权合规管理实务提供了指引。基于国有企业知识产权合规的价值追求，当前企业知识产权工作主要从安全、效率、公平等维度带来诸多挑战。

（1）知识产权合规要求防范国有企业关键技术的泄密和重大侵权风险，保障产业安全，但国有企业自带的权力属性与市场优势淡化了企业的知识产权保护意识，给产业安全发展带来挑战。国有企业知识产权安全是国家总体安全的重要组成部分，对国家的政治安全、科技安全、经济安全等都有重要影响。

（2）知识产权合规要求优化国有企业知识产权全流程机制，提升知识产权创造和转化效率，但国有知识产权资产转化效益让步于国有资产处置所需的审批评估要求，制约了知识产权运营效率。国有企业专利转化按照转化对象是否属于集团公司内部分为内部转化和外部转化，内部转化一般是指国有企业将自己名下的专利通过许可、转让等方式转化给集团内关联公司，该专利技术的实施成果一般用于集团的关联业务，这种转化模式能够确保国有企业供应链的安全，比较容易在国企内部推广。但是外部转化，由于涉及外部合作，来自合作对象的生产能力、交易价格等方面的差异性，容易产生技术经济目标无法实现、交易价格过低引发廉洁纪律猜想等风险，因此外部转化难度较大。

（3）国有企业治理模式多样，知识产权利益主体结构复杂，增加了知识产权全生命周期管理的难度。国有企业由于历史原因，在专利权人构成上，往往涉及集团公司与下属分支机构、分公司之间存在共同申请的情况，导致在进行转化实践时需要与各专利权人进行协调。以国网福建电力为例，其专利权有的是由省公司（国网福建电力有限公司）与下属供电公司（比如福州供电公司，非独立法人，是省公司的分公司）共同持有，有的是由省公司和下属供电公司单独持有，这种复杂的权属结构在委托内部运营机构（国网福建电科院）进行转化运营时，涉及的委托授权与许可备案事项更加复杂，导致转化效率较低。

四、管理创新："五航一体"框架下的知识产权风险管理实践

国网福建电力聚焦新型电力系统技术领域，以专利资源转化为新质生产力为导向，加速突破性、原创性技术的研发和转化，依托公司双创中心和福建省电力行业知识产权运营保护中心，聚焦国有企业知识产权管理与合规过程中存在的知识产权意识薄弱、转化运营流程机制不活、资产处置风险较高、权属利益主体结构复杂等问题，建立了知识产权全流程风险防范体系，形成了"五航一体"等管理创新成果。"五航一体"管理创新成果为国有企业知识产权合规和风险治理提供了良好的工作框架和实践思路。

（一）构建知识产权"素养提升"的启航，夯实知识产权合规的资源基础

加强知识产权工作顶层设计，建立领导小组和规划工作机制。制订福建省电力行业知识产权运营保护中心三年运作方案，推动知识产权事业深度融入公司发展大局。通过企业知识产权管理体系贯标

认证，提高企业知识产权管理水平。加强知识产权科普宣传培训，开发知识产权培训资源，打造分层分类及定制化服务，提升公司全员知识产权素养。

（二）构建知识产权"精准布局"的导航，明确知识产权合规的重点方向

加强创新布局前专利导航，围绕重点领域和重点项目开展行业专利导航和项目专利导航；加大创新成果专利导航服务，对2022年国网福建电力百万职工"五小"创新大赛的获奖成果开展知识产权保护运营分析评议，提升知识产权保护能力；利用专利数据检索系统，挖掘专利数据价值，降低创新活动盲目性。

（三）构建知识产权"保护创新"的护航，强化知识产权合规的安全价值

以"控量提质"为导向，加强专利文本质量把关，提升知识产权创造能力；加大高价值专利培育，创新科研项目与知识产权"三同时"机制，支撑核心技术和产品的市场布局和拓展；高等级专利探索，创建标准必要专利；开展知识产权法律风险分析，防范专利权属、技术合同、转化许可、专利侵权等法律风险，针对企业经营过程中面临的字体、图片和软件等著作权侵权风险进行研究，形成《企业著作权风险防范实务手册》《企业专利全生命周期法律风险防范实务手册》等成果，为企业知识产权合规治理提供有效支撑。

（四）构建知识产权"提质增效"的巡航，丰富知识产权合规的工作内涵

建立专利价值分级指标体系，选取专利价值分级指标，细化评价赋权，评级打分，摸清专利底数，构建专利高中低价值库；建立"两个支点、三个层级、四个效用"的电网企业专利分类体系，确定专利分类原则，专利分类实施，创新专利安全提升、提高效率、降低成本、改善性能的四个效用类别分类；建立低价值专利合规处置机制，减少专利维护成本。

（五）构建知识产权"价值创造"的远航，巩固知识产权合规的治理成果

为解决好国有企业知识产权运用中遇到的关键堵点、难点问题，国网福建电力在知识产权运用提出"四个关键"举措，加强知识产权运用顶层设计、健全知识产权运用体制机制、知识产权有效推进实施、知识产权激励。

五、路径展望：以知识产权合规保障国际一流强企建设

国有企业在各类主体中有着不可替代的特殊使命，国有企业知识产权合规建设的意义不仅有助于发挥示范引领作用，还能为企业参与国际竞争提升软实力提供基础支撑。知识产权合规是建设国际一流强企的必由之路。面对复杂多变的国际环境，我国在关键核心技术领域实行举国创新体制，要求国有企业苦练基本功，以知识产权合规保障国际一流强企建设。应当认识到，我国科技创新在部分关键核心技术等方面还存在短板弱项，西方国家构建的"小院高墙"技术封锁等外部风险或将长期存在，应发挥国有企业优势，以融通大中小企业创新体系，深挖知识产权的产业市场影响力、产业情报支撑力、产业风险控制力，发挥带动产业升级。

首先，要以知识产权合规工作支撑高水平知识产权布局，夯实传统产业升级的技术基础，增强产业韧性。习近平总书记指出："知识产权是国际竞争力的核心要素，也是国际争端的焦点。"要加强关

键核心技术攻关，培育高价值专利，加快融入全球高端产业链，发挥举国创新体制优势，加快突破制约产业转型升级的"卡脖子"技术，发挥知识产权的市场影响力，与中国超大规模市场优势相结合，深入开展知识产权促进强链护链行动，以知识产权有力服务国家关键核心技术攻关和产业链供应链安全稳定。

其次，要以知识产权合规规范专利导航工作，识别新兴产业和未来产业发展的方向机遇，提升国企创新效率。当前，我国正在大力发展新质生产力，壮大新兴产业，培育未来产业，需要进行前瞻性布局。知识产权信息作为合规工作的重要工具，为技术创新提供良好的情报支持，应通过专利导航等信息服务全面、准确地厘清和再现相关产业专利技术竞争与合作的基本格局，为提升产业竞争力提供支持，提升技术创新的针对性和效率。

最后，要贯彻全领域全周期知识产权合规理念，依法治企，全面提升国有企业知识产权风险治理能力。应明确知识产权安全主体责任，加强重点领域、重点产业的知识产权安全监管，强化知识产权合规和风险源头管控，完善知识产权对外转让和引进安全审查机制，构建完善的知识产权风险治理体系，保障产业安全。

参考文献

［1］李长健，孙富博 . 国有企业合规生成机理、ESG 合规走向及实现路径［J］. 河北法学 . 2024（7）：68-88.

［2］张鹏 . 企业知识产权合规体系建设思路与举措——以最高人民检察院企业合规典型案例和国资委合规管理办法为视角［A］. 上海法学研究——中伦律师事务所卷［C］. 上海市法学会，2023.

［3］胡骋，方悦 . 知识产权企业合规制度的价值定位与路径构建——以大型企业、国有企业为视角［J］. 南海法学，2023，7（6）：65-73.

［4］戚建刚，张少乎 . 创新驱动发展与知识产权法制建设新思路［J］. 吉首大学学报：社会科学版，2023，44（6）：94-102.

［5］国家知识产权局战略规划司，国家知识产权局发展研究中心 . 2021 年中国专利调查报告［R］，2022.

［6］中国知识产权研究会，国家海外知识产权纠纷应对指导中心 . 2022 年中国企业在美知识产权纠纷调查报告［R］，2023.

［7］姜南，韩琦 . 美国对华知识产权战略与中国因应之策［J］. 科学研究，2024（3）：1-19.

［8］肖尤丹，王珊珊 . 试论我国知识产权对外转让安全审查机制［J］. 知识产权，2023，（1）：109-126.

［9］杨依楠，黄玉烨 . 知识产权国际出口管制体系的发展变革与风险应对［J］. 东南学术，2023，（6）：237-245.

［10］李雨峰，刘明月 . 美国商业秘密法域外适用的扩张与中国应对——以《2022 年保护美国知识产权法》为中心［J］. 知识产权，2023（8）：106-126.

［11］冯红，魏雨蒙 . 知识产权视域下国家安全治理的制度体系［J］. 山西财经大学学报，2023，45（S1）：16-18.

［12］崔立红，李昶郴 . 总体国家安全观视阈下专利安全理念的实现路径研究［J］. 科技进步与对策，2024（4）：1-10.

数字经济背景下国有企业合规管理体系建设

——以合同管理数字化为视角

赵有为　刘翔宇　雷　波　刘　洋　朱桂芳　李茂红

四川科锐得实业集团有限公司

摘　要

在数字经济时代，各行业正加速数字化转型，作为国民经济的核心支柱，国有企业肩负着重要的责任和使命，在数字化发展浪潮中，国有企业更应当率先垂范，努力通过数字化手段，不断推进企业治理体系和治理能力现代化，全方位夯实管理基础，全面提升风险防控能力，为企业高质量发展提供有力保障。国有企业要有效推进数字化转型，必须抓实抓牢合同管理这一企业经济业务核心环节，完善的合同管理体系是国有企业合规管理体系建设的重要组成部分，传统合同管理模式未真正实现起草、审核、签订、履行、归档的全生命周期管理，阻碍了国有企业合规管理体系建设的步伐。因此，合同管理体系需要打破传统模式，着力补齐管理短板。本文以合同管理数字化为视角，探讨了在合同管理数字化体系中构建起草、审核、指标分析和风险防控等功能模块的构想，致力于提升合同基础管理水平，有效降低经营风险，切实减少企业损失，并为合规管理数字化体系建设提供有力支撑。

关键词

合规管理；合同管理；数字化

一、引言

在新一轮科技革命和产业变革中，数字经济扮演着至关重要的角色。它不仅改变了传统的生产方式和商业模式，还推动了全球经济结构的深刻变革。以习近平同志为核心的党中央高度重视数字经济发展，明确提出数字中国战略。"十四五"规划强调"加快数字化发展，建设数字中国""促进数字技术与实体经济深度融合，赋能传统产业转型升级"。国有企业作为国民经济的重要支柱，应积极响应国家号召，主动把握数字化发展机遇，发挥示范带头作用，全面贯彻新发展理念，以数字化培育新动能，用新动能推动新发展，通过加快推进数字化转型，不断推进国有企业现代治理体系和能力的完善及提升，切实构建高质量发展新格局。近年来，国务院国资委陆续发布了一系列国有企业数字化转型示范案例，全方位展示了国有企业在数字化转型过程中的典型经验及成果，为其他企业数字化转型起到了良好的引领示范作用。国有企业的数字化转型关键在于促进信息技术与企业合规管理的进一步融合。一方面，信息技术为企业合规管理提供了强大的工具。数字化转型使得企业能够利用大数据、云计算、人工智能等先进技术，对合规风险进行更精准的分析和预测；另一方面，企业合规管理为信息技术的应用提供了明确的指导和规范。国有企业借助数字化转型能有力推进组织创新、技术创新、管理创新，能切实培育发展新动能、加快构建高质量发展新格局。

二、开展合规管理体系建设工作重要意义

合规管理是依法治企的坚固基石。在当今复杂多变的市场环境中，依法治企已经成为企业生存和发展的基本要求。合规管理作为依法治企的重要组成部分，不仅是企业遵循法律法规、维护社会秩序的必然要求，更是企业树立良好形象、赢得市场信任的重要保障。合规管理对于国有企业具有特殊的重要性。国有企业是中国特色社会主义的重要的物质基础和政治基础，是我们党执政兴国的重要支柱和依靠力量，是维护国家经济独立和国家安全的重要保障。加强合规管理，有助于国有企业建设法治国企，实现依法合规运营，同时能够切实提升国有企业的社会责任感和公信力，树立国有企业良好形象。

（一）合规管理是助力国有企业高质量发展的必然要求

在竞争日益激烈的市场环境中，国有企业需要遵守各种法律法规以及行业相关规范性要求，通过建立完善合规管理制度体系并刚性执行，国有企业可以有效明确员工行为准则和企业规范，切实降低违法违规行为的风险，保护企业的声誉和利益。通过提升合规管理能力，并将其贯穿于企业运营的全过程，国有企业能更好地把握市场机遇、依法合规决策，确保企业稳健发展。通过持续开展合规管理工作，能切实提升企业自身竞争力，从而吸引更多的投资及人才，为企业持续发展注入强劲动力。

（二）合规管理是国有企业落实风险防范工作的重要手段

合规管理是国有企业长期稳定发展的基础，《中央企业合规管理办法》对国有企业深化合规管理提出了明确要求。通过系统加强合规管理体系建设，能够切实提升国有企业合规风险防范水平，增强企业在合规风险识别、分析、预判等方面的能力，形成高效运转的合规风险防范日常工作机制。通过制订《合规风险库》《合规岗位履职清单》《合规业务流程管控清单》以及相关风险控制预案，科学预防和减少风险事件及其带来的损失，提升企业整体风险防控能力。通过建立完善业务部门、法务部门、纪检部门合规管理"三道防线"，在企业中筑起多重合规管理"防火墙"，不断提升各级人员合规管理意识，切实减少合规风险发生概率。通过持续建立合规管理基础制度及专业制度体系并全面贯彻执行，将潜在的、不可预知的风险转变为可管理、可控制的有形风险，以法治的确定性应对风险的不确定性，努力营造办事依法、遇事找法、解决问题用法的企业法治环境。

（三）合规管理是塑造国有企业良好形象的有力保障

首先，完善的合规管理体系有助于企业在发展过程中规避潜在的合规风险，推动企业培育深厚的诚信合规文化，从而显著提升品牌形象。其次，它能够推动企业在合规管理体系建设过程中树立良好的价值观。例如，企业通过建立反贿赂合规管理计划，形成企业内廉洁、公平竞争的价值观，提升员工法律素养，营造良好企业氛围。这种价值观有助于企业在行业中树立良好的形象，赢得更多的尊重和信任，能够为企业带来显著的社会效益、经济效益和品牌效益。

三、规范合同管理是国有企业合规管理体系建设的重要环节

合规管理通过制定和执行一系列规章制度，确保企业所有活动都符合法律规定和行业标准。合同管理作为企业与外部实体之间建立法律关系的桥梁，其合规性直接受到合规管理的指导和监督，对广大国有企业而言，规范合同管理是其加强合规管理的基本要求和重要路径。

（一）合规管理的要求和标准需融入合同管理各环节

在合同起草阶段，需要考虑合同内容是否符合相关法律法规和内部规章制度要求。在合同审批阶段，合规管理为合同管理提供了重要的指导和依据，需要对合同条款进行全面审查，确保合同内容的合法性和合规性。在合同履约阶段，需关注企业合同履行情况是否存在违规行为。在合同归档阶段，需要检查合同归档流程的合规性，确保全过程依法合规。

（二）规范合同过程管理是落实合规要求的重要手段

通过加强合同过程管理，企业能更好地掌握合同行为是否与法律法规、规章制度要求相一致，从而推动合规管理针对性实施。例如，在合同履行过程中，国有企业可以通过对合同履行情况的监控和评估，及时发现并纠正违规行为，确保合同行为的合法合规性。通过对合同履约进度的实时把控，切实避免底数不清、应收未收、应付未付、久拖不决等问题。

四、传统合同管理模式的主要问题及风险

无论是从社会的和谐发展、市场需要还是从企业发展的角度考虑，加强合同管理对于企业的合规管理体系建设与风险控制都有着非常重要的作用。合同管理的主要环节一般包括合同起草前的市场调研、合同签订方的选择和信用调查、合同谈判环节、合同起草和修改环节、合同审核审批环节、合同签订环节、合同履行环节、合同条款的维护监督环节、合同归档环节，以及合同执行过程中出现的合同纠纷和合同违约的处理环节等。加强合同管理数字化建设，有助于合规管理效能的提升，并为合规管理数字化体系建设提供重要支撑。

（一）传统合同管理模式存在的主要问题

国有企业主业及下属单位业务类型较多，合同管理各成体系，数据结构各异。各单位大多侧重合同审批，未真正实现起草、审核、签订、履行、归档的全生命周期管理，尤其在履约监控上存在薄弱环节。未建立完善相关工作机制，未及时发现、处置合同履约过程中出现的问题和风险，导致合同未按要求履行或履约不到位等情况的发生。合同、工程、资金等相关系统管理流程割裂，数据未全面有效打通，无法与前后端业务系统衔接形成完整的经营管理链条，导致对基层单位经营管理指导赋能不足、数据资源深化应用赋能不足、集约化统一管控赋能不足。

（二）传统合同管理各阶段面临的风险

1. 合同起草阶段风险

合同起草阶段存在条款约定不明问题。有的企业在合同起草过程中对合同条款的约定不明确，合同条款存在用词不严谨、逻辑混乱等问题。合同起草人需要根据法律和法规的相关规定严肃认真地承

担起合同起草的责任，在保证合同双方当事人权利和义务的同时，能够体现双方当事人意愿，无歧义的合同条款，从而有效避免在后续合同执行过程中因合同条款的不严谨所引起的纠纷与风险。合同条款的不严谨性可能侵犯合同当事人的合法权益，削弱合同的系统性与规范性，甚至导致合同无法正常履行、合同无效等情况的发生。

2. 合同审批阶段风险

合同审批阶段存在审批流程不规范问题。合同签订涉及多方权利义务关系，涉及的法律合规风险较多。为保证合同管理的高效及合同的可执行性，合同签订需遵循严格的合同审批程序，设立专门的合同审核审定流程，在持续进行的合同审批和审定过程中发现潜在问题并及时纠正，保证合同的合法性和合规性。部分企业在合同签订过程中忽视合同审核流程的重要性，合同起草和审核均为同一人，且无专门的法务人员在法律层面对合同进行专业审核，容易出现合同关键信息错误或重要条款遗漏等问题，难以有效避免合同潜在的法律风险。

3. 合同履约阶段风险

合同履约阶段存在合同管理信息传递不通畅的问题。合同管理涉及各部门的分工与合作，需要多个部门之间互相协作、信息共享，部门与部门之间能否实现有效合作，其关键在于合同管理信息能否有效传递。在实际合同履行和合同管理过程中，部门之间信息不对称，甚至出现推诿扯皮等情况，导致合同管理工作延误，工作效率降低，影响合同正常履行。有的企业在合同管理过程中，对合同履约过程把控不严，相关人员发现对方丧失履约能力或出现其他潜在违约情形时，未能及时将相关信息告知专业部门，导致合同履行异常或产生纠纷，给企业造成难以弥补的损失。

4. 合同归档阶段风险

合同归档阶段存在档案资料缺失问题。合同管理是一项系统性、规范性的工作，对合同归档管理人员的要求也较高，不仅要求相关人员熟悉合同管理相关专业知识，还需熟知档案归档流程及标准，并始终以高度的责任感和严谨的工作态度面对日常工作中的每一个工作细节。但在实际工作中，部分单位对合同档案管理工作的重视程度不够，专业人员配置不到位，相关人员由于对合同档案管理意识薄弱、专业技能欠缺，责任心不强，在开展合同档案资料收集整理过程中，未及时对档案资料进行催收，对档案资料的完整性、规范性把关不到位，合同归类、编号、归档工作开展不严谨，导致部分重要合同档案资料缺失，给企业后续资料查询、迎审迎检、诉讼维权等工作造成被动。

五、加快合同管理数字化转型推动构建合规管理数字化体系

在数字经济时代，利用云计算、大数据等新兴技术实现合同管理的数字化转型，对于推动构建国有企业合规管理数字化体系具有重要意义。

（一）合同管理数字化为合规管理提供基础数据支撑

在合同管理过程中，通过数字化手段收集、整理和分析合同管理相关信息，可以为企业合规管理提供全面的数据支持，帮助企业识别潜在的合规风险点。随着合规要求的不断提高，企业需要更加严格地管理合同，确保合同内容符合法律法规和行业标准。这要求合同管理数字化系统具备更强的合规性审查识别功能，辅助提示、处理合同中的各类合规风险隐患。

（二）合同管理数字化促进合规管理流程进一步优化

通过数字化手段，企业可以简化合同管理流程，提高审批效率，同时加强对合同履行情况的监控和评估。这有助于企业及时发现并纠正合同违规行为，降低合规风险。在合规管理要求下，企业需要不断完善合同管理制度和流程，提高合同管理的规范性和标准化水平。这将推动提升企业的合同管理水平，增强企业的市场竞争力。

六、合同管理数字化体系建设思路

依托数字经济大背景，建立新一代信息系统，通过搭建数据中台、业务辅助模块以及关联系统数据集成，推动合同管理相关数据资源全面归集和共享。同时，加强对合同数据价值的挖掘分析，全景展示合作伙伴、业务情况、履行状态、风险隐患等信息，打造全生命周期智能合同管理平台，实现合同前端、中端、后端全流程数据贯通，"业财法"等部门合同关键信息实时共享，通过数字化、可视化合同履约信息管控，自动预警、提示合同履约风险点，实现合同管理数字化升级，从而极大提升合同管理效能，规避传统合同管理模式存在的风险，进一步促进企业合规管理水平的提升。

（一）起草功能模块

在企业合同管理数字化平台搭建辅助合同智能起草功能模块，推进合同规范问题源头治理。组织合同管理相关部门协同法务团队，根据企业实际需求，共同制定并推广使用统一合同文本，确保合同的基本条款、用词标准统一。在合同起草阶段，对双方的权利义务进行全面考量，预防后期可能出现的条款变更或责任推诿等问题。针对常规合同，直接运用预先设定的合同模板进行起草。对存在特殊要求的合同，在统一应用合同模板基础上，根据具体情况对合同部分条款进行小范围删改或增加补充条款。此外，借助机器人自主学习和数据分析功能，对历史合同、巡视巡察审计反馈问题清单进行深入比对分析，构建企业合同问题风险库，切实强化合同审核的针对性，不断提升企业整体合同管理水平。

（二）审核功能模块

在企业合同管理数字化平台搭建辅助合同智能审核功能模块，推进合同管理全过程贯通。首先，将大数据与人工智能相结合，建立所属行业法律法规库、规章制度库及典型问题库，实现系统自动比对合同关键信息条款，智能筛查合同条款问题。系统自动在合同文本中突出显示业务重点关注信息，同时准确标注合同风险点和差异点，详细提示风险具体内容，为合同文本的审核提供有力辅助。其次，建立完善的合同审核会签机制。相关业务部门负责人需进入系统，对合同涉及的标的、预算、双方权利义务等核心信息逐一进行审核，法务部门重点把好合同法律审核关口。审核环节全部完成后，方可进入合同签订环节。最后，对合同审核记录进行全过程痕迹化、可追溯管理，强化审核人员责任意识，推进合同审核工作质效持续提升。

（三）指标分析模块

在企业合同管理数字化平台搭建指标分析系统，集成合同管理全流程业务数据，推进合同管理、物资管理、财务管理相关系统数据贯通，实现智能提醒、辅助结算、数据分析等功能，对合同履约进度、支付情况、履行质量等进行实时监控与统计分析。具体而言，可以建立合同录入及时率、合同审批及时率、合同审核覆盖率、合同变更率、合同纠纷率、合同归档完备率、合同履约时效等指标。利用大数据统计功能，精准地从相关业务系统中提取关键业务信息，个性化生成相关数据台账及分析报表，自动预警提示相关管理风险，针对性提出优化管理工作建议。指标分析系统通过收集、整理和分析数据的方式对数据进行可视化、量化处理，有效拓展合同管理工作视角，提升合同管理实效。

（四）风险防控模块

打通企业合同管理数字化平台与合规风险防范关口前移系统，嵌入合同风险防控子模块。在合同管理系统中对各级巡视巡察审计反馈的合同管理典型问题以及合同起草、审核、签订、履约、归档各环节自主梳理发现问题进行收集归纳，以典型案例的形式不断丰富企业合规风险库。利用制作合规风险提示书和知识小贴士等多样化手段，将相关信息精准地定向推送至专业部门，强化岗位专项培训，提升各级管理人员的合同风险防范意识和水平。借助数字化系统进行数据梳理与应用，持续优化合同管控流程，不断提升合同全流程管控水平。相较于传统合同管理模式，通过推进合同管理数字化建设，能够有效降低合同管理过程中存在的风险与隐患，最大限度地保障企业合法权益。

七、结束语

在数字经济时代，数字化管理成为企业实现高效运营的核心资源。当前传统合同管理模式面临管理体系各自为政、管理流程未有效贯通、数据资源共享不畅等问题。问题产生的根源在于部分企业对合同合规管理工作的重视程度不够，未紧跟时代步伐及时进行合同数字化转型升级。国有企业合同管理体系构建和合规管理体系建设之间存在密切关系，完善的合同管理体系是国有企业合规管理体系建设的重要组成部分。在党和国家高度重视国有企业合规管理体系建设的大背景下，以合同管理体系的数字化转型推动国有企业合规管理体系建设具有深远的现实意义。在数字经济发展浪潮下，以合同管理为视角，依托现代信息网络整合数据信息资源，打破传统合同管理模式，建立数字化合同管理体系，将极大提升合同在起草、审核、签订、履约、归档等环节的管理水平，降低合同管理风险，最大限度减少企业损失，为国有企业合规管理数字化体系建设提供范式，有利于进一步提升国有企业的合规管理水平，为国有企业在数字经济时代实现高质量发展保驾护航。

参考文献

［1］赵青松.国有企业合规管理体系建设实践——以公司合规管理体系建设为例［J］.混凝土世界，2024（4）：92-96.

［2］潘智勇.数字化转型，顶层设计怎么做？［J］.企业管理，2024（4）：109-112.

［3］夏晶.浅谈企业合同管理信息化建设［J］.中国商界，2024（4）：56-57.

［4］刘战秋.物资采购合同管理及风险防范对策［J］.市场周刊，2024，37（10）：33-36.

［5］魏丽珍，范文斌.信息协同提升管理效能［J］.企业管理，2024（3）：87-89.

［6］宋书勇，龙昭成，关宇，等.合同管理下的采购业务风险控制［J］.中国市场，2024（5）：191-194.

［7］王真.提升企业合规管理体系有效性对策研究［J］.中小企业管理与科技，2024（3）：115-117.

电网基建全过程合规管理探索与实践

于　凯　纪云翔　牛承媛

国网吉林省电力有限公司延边供电公司

摘　要

随着电力系统的不断发展和变化，电网基建的实施全过程和合规管理也面临着一系列的挑战和问题。本文首先分析电网基建全过程合规管理的现实背景，并探讨创新开展基建全过程合规管理模式可行性，同时结合延边地区实际案例和优秀工作经验，围绕该公司"六精四化"三年行动"巩固年"目标要求与重点任务，系统总结电网建设专业领域合规典型做法，防范和降低基建工程可能发生的各类法律合规风险，全力推动电力企业基建工程高质量发展和合规建设。

关键词

合规管理；电网基建；实践

一、电网基建全过程合规管理背景

随着国家对环境保护、安全生产、行政审批等方面法律法规、监管政策不断调整，对电力企业输变电工程依法建设提出更高要求。此外，由于电网投资额度逐步加大，工程建设量逐年增加，电网基建工程也面临巨大挑战。而基建工程具有点多面广线长的特点，与经济社会和人民生活息息相关，电网建设项目开工合法性、施工过程中的安全性、物资采购的准确性和生态环保合规性更是基建工程的关键环节。电网基建全过程合规管理旨在保证电网建设的合法性、安全性、经济性和可持续性，同时也确保项目的顺利进行和长期稳定运行。在以往电网建设工作模式中，建设单位与属地政府的征拆补偿工作、建设单位与施工单位安全施工和标准工艺以及过程中环保管理始终是制约基建工程依法开工、按期投产的关键因素，因此如何创新开展基建工程合规管理，适应智慧经济时代，打造数智化坚强电网也是国家电网公司依法治企、合规管理的必然趋势。

二、电网基建过程中的常见法律合规风险

电网基建项目实施过程中可能会遇到各种各样法律合规风险，这些风险可能来自多个方面，包括但不限于以下几个方面：

（一）电网建设前期项目手续不全

电网基建项目前期的不规范行为易导致被依法责令停止建设或限期整改，可能被行政处罚或产生涉诉纠纷。电网基建项目前期不规范行为主要包括政府用地交接手续不完备，如未依法履行用地审批手续，供电企业在项目审批核准手续不完备或相关许可证办理不及时等情况下采取开工建设。

（二）电网基建过程中影响建筑物、构筑物及其附属设施或地上附着物

1.电网基建项目建设时输电线路跨越建筑物、构筑物及其附属设施

部分产权人认为电力设施距离房屋过近，可能产生电磁辐射和触电等多重危险，主要源于电网建设时对沿途踏勘和调查不细致，未考虑到已审批的地基、已出让的土地以及现有民房的升高等问题，导致部分产权人常要求电力企业更改电网建设地址，从而产生法律纠纷。

2.电网基建项目建设时危及或损害相邻不动产人的权利

电力设施建设前期规划不清，影响相关权利人的采光、通行、排水等权利，权利人主张排除妨害或消除危险。此时法律风险的产生一是来自内部原因，电力企业前期设计勘察不当，未能对周边土地进行合理规划，易产生相邻权纠纷；二是来自外部原因，权利人的违章建设行为，如私建房屋、擅自加高房屋等。

3.电网基建施工行为造成财产损害

电网建设中部分施工单位施工人员素质不高、责任心不强，为盲目追赶施工进度导致相关防范措施不到位，施工场地、道路不及时修复造成他人财产损失，乱砍滥伐乱踏农作物，材料运输过程中不顾路面导致道路损失；施工结束后，未及时清运或擅自倾倒、堆放、丢弃、遗撒施工过程中产生的固体废物引起相关法律风险和纠纷。

（三）征地、拆迁补偿相关问题

由于征地、拆迁涉及面积广、人数多，类型复杂，也成为电网基建过程中最易发生纠纷的领域。一是在通常情况下，电网建设都是超前规划，但在某些特殊情况下，电力企业需要采用边规划、边办理前期手续和边施工的方式，由于时间紧、任务重，在未办理合法占地手续情况下，线路可能实际占用土地产权人的土地，损害权利人利益。二是由于被征用土地存在着土地转租、借用等多种所有权、使用权分离的形式，在电网建设过程中由于被征用方和第三方的产权纠纷可能导致补偿对象不明，利益分割不清的问题，从而导致电网建设的延期。三是电网建设时，部分铁塔塔基占用土地，但由于占地分散且面积不大，通常采用土地占用的方式，电力企业支付相应的赔偿。因并未完全征用土地，后期权利人可能提高补偿而产生法律风险和纠纷。

《电力设施保护条例》第二十四条规定：新建、改建或扩建电力设施，需要损害农作物，砍伐树木、竹子或拆迁建筑物及其他设施的，电力建设企业应按照国家有关规定给予一次性补偿。但补偿标准不一致，导致对方要价远远超过正常标准。此外，由于线路架设的特殊性，电网建设各环节可能涉及林木和青苗的补偿，对于补偿时间双方多产生争议。也有部分村民收到补偿款后不配合施工，从而影响了电网建设工期。

（四）工程款支付法律风险及纠纷

施工合同中关于工程量变更、计算的约定不明确，工程款结算的相关事项协商约定不够具体清晰，

施工过程监管不到位极易导致工程款支付风险产生。日常实践中，部分电力企业可能将部分工程发包，但承包人未经建设单位同意，违法转包、分包工程项目，影响电网建设工程进度及质量。部分承包人拖欠工资，依据相关法律规定，实际施工人可能突破合同相对性向发包人即供电企业主张工程款，引发群体性事件或诉讼的风险。

为有效应对上述风险，电网基建项目需要在项目实施前进行充分的风险评估和规划，制定相应的风险管理策略和措施。同时，全面加强电网基建全过程合规管理和监督，确保项目全过程合法合规，方能保障建设计划顺利进行。

（五）环境保护相关问题

随着国家对电网工程的环境评价要求日趋提高，电网建设项目环评工作面临更多的挑战。在电网工程建设过程中，需要配套建设的水土保持设施，未与主体工程同时设计、同时施工、同时投产使用，导致水土流失；需要配套建设的环境保护设施，未与主体工程同时设计、同时施工、同时投产使用，导致环境污染或生态破坏，可能被有关行政监管部门行政处罚，对企业造成经济或者声誉的损失。

此外，公众对电网工程的环境影响非常关注，《中华人民共和国民法典》第二百九十四条规定：不动产权利人不得违反国家规定弃置固体废物，排放大气污染物、水污染物、噪声、光、电磁波辐射等有害物质。在电网建设中，部分周边居民可能因担心受到电磁辐射影响等原因对工程施工进行抵制，严重可能产生集体上访或诉讼案件，从而造成工期延迟。

三、电网基建全过程合规管理的主要做法

电网基建全过程合规管理，要依托地方基建工程，将合规理念全面融入项目全过程管理，梳理各关键环节责任主体，保障相应措施有效落地实施，强化顶层沟通，优化管理流程，提高建设质效。在基建专业主要从以下几个方面入手：

（一）强化法治保障，提升前期工作动能

1. 政企沟通协作，发挥各自优势

创新开展"政府负责前期工作、公司负责电网建设"模式落地运行，推动政府主动开展前期征拆补偿工作，有效避免征地标准不一、"钉子户"等情况，保障电网企业"无障碍"进场施工。每年按照基建项目计划召开基建项目群启动会，签订《电网建设工程前期责任书》，按照基建里程碑计划完成依法开工手续办理，压实属地化管理责任，切实做到"从源头抓工作、以过程保结果"。

2. 创新代建机制，实现质效双赢

推进铁路、公路代建新模式，与公路、铁路单位签订代建协议，利用代建单位专业化分工管理，双企合作打通前期堵点，改变以往函件申请、设计方案报审、签订合同、施工方案报审、签订安全监督协议、上报施工计划的烦琐跨越流程，有效提升工作效率。

（二）提升现场管控，保障工程建设

针对产权人、征补居民对电力设备距离过近、电磁辐射影响生活等易造成法律风险问题开展梳理，结合公司相关文件、宣传手册以及典型设计、安规规程规定对现场产权人进行现场专业解释，提前规避纠纷等法律风险。现场应及时对施工单位宣贯电网工程依法合规重要性，要求施工单位按照施工图

纸在征地范围内开展工作，利用临时围栏等做好施工限界。在工程前期应与当地有资质的建筑垃圾回收单位签订建筑垃圾回收协议，及时开展垃圾回收工作，与施工周边产权人、居民和谐相处，保护居民财产，防止出现法律风险。

（三）加强法治建设，规避征补风险

成立项目前期办公室并实体化运作，通过深化"先签后建""上下协调"协调机制推动属地政府开展征收补偿工作，规避补偿不均、不到位等引发的民事纠纷。公司法律顾问协同外部法律团队全过程参与，在商谈事项、合同起草及特殊征拆补偿等具体工作提供法律咨询服务，确保基建工程法律保障。完善诉前调解机制，针对电力建设征地补偿等典型涉电纠纷制定类型化的诉前处理流程，发生纠纷后，由部门负责人牵头组建调解团队，制定专项对接工作方案，源头防范发案风险。项目经理及法律顾问随时对群众做好解释说明工作，施工现场要全力控制事态发展，避免矛盾不断激化，如果事态得不到有效控制要及时联系公安机关进行处置。在此过程中，对采取过激行为阻挠施工的人员，要充分利用现代化工具做好拍照、摄像等取证以及证据留存，邀请公证机构介入对相关证据进行公证，合理利用诉讼手段维护自身合法权益。

（四）完善合同管理，提升电网建设质效

严格按照公司农民工工资单独账户支付规定，一工程一账户，优保农民工工资支付法律风险问题。不断提升合同管理水平，按照预付款、进度款、结算款的模式，对中标单位根据施工进度进行费用支付。按照公司核心分包商管理规定，对年度评价中不合格分包单位进行剔除，在依法依规的前提下保障电网建设进度和质量。

（五）推行低碳与合规机制贯通，促进电网建设可持续发展

1. 规范建立环保管理体系

参照相关法律法规、监管要求及内部规章制度，编制具体实施方案，对各参建单位的环境保护与水土保持设备（设施）建设、措施落实情况实施量化考核，根据工程量开展对各参建方进行考评，持续提升环境保护科学化、制度化、规范化管理水平。积极推行"小业主、大监理"模式，利用环境保护、水土保持监理开展现场环水保工作的指导和管控，提升现场环水保管理水平。

2. 积极打造碳补模式恢复生态

依托基建项目为专业院校、研究所提供生态环保和水土流失监测实践基地。合理利用高校、研究所数据，在项目区内对风蚀、水蚀沉积量、碳排放量进行监测，调研及筛选乡土适生植物，通过统计返青率、保存率、覆盖率等方式，结合当地需求对临时占用的土地因地制宜进行碳汇补偿平衡的植被恢复，构建绿色型电网生态恢复模式。

四、电网基建全过程合规管理的实施效果

国网延边供电公司位于祖国东北边陲，中、朝、俄三国交界处的延边朝鲜族自治州首府延吉市，是国网吉林省电力有限公司所属的国家中型一类供电企业。通过基建全过程管理模式，以"抓前期、强安全、稳进度、谋提升"为主线，该公司紧密结合专业业务开展，经过近一年来的实践与探索，为基建工程依法开工、合规建设、按期投产提供有力的支撑，做到管理、效率双提升。

（一）提升合规管理能力，为电网企业依法开工构建良好外部环境

已促请属地政府完成《新能源接入及电网升级工程工作专班》组建，建立常态化调度机制。由政府统筹办理相关征拆补偿和审批手续，由工作专班协调解决输变电工程建设过程中的外部难题，并对预留变电站站址和线路通道进行保护。2023 年组织召开工程前期协调会 7 次，编写工程简报 12 期，有效突破两项工程前期征补难题，为电网企业依法开工构建良好外部环境。

（二）强化合规风险管控能力，显著降低现场违章数量

依托重点工程开展"党员带头反违章、党员身边无违章"活动，推进"党建 + 电网建设"深度融合。扎实开展风险作业施工方案"内审 + 复盘"双机制，每周召开安全风险管控工作督查会议，加强现场监督。2023 年，国网延边供电公司现场违章数量同比下降 72%，真正将合规管理要求穿透至基层一线，以合规管理促进业务管理提升。

（三）推进工法创新和装备升级，提升电网建设质量和效益

积极推行新工法应用，大力推广旋挖钻机、智能牵张设备等先进适用、成熟可靠的机械化施工技术装备，推动工法创新、装备升级、机械化替代，变电、线路机械化施工率超过 80%。通过创新开展基建全过程管理，国网延边供电公司业主项目部获 2021 年"项目部临建标准化管理"劳动竞赛先进项目部奖；吉林延边敖东变工程荣获 2023 年中国电力中小型优质工程奖，实现全省首家地市公司行优奖"零"的突破；吉林延边敦化北工程荣获国家电网公司现代智慧标杆工地，不断推动电网建设高质量发展。

（四）依法开展环保水保工作，做好现场环水保施工管控

规范化开展环保水保管理工作，提前审核输变电工程项目所涉及生态红线、保护区和生态敏感区，做好选址选线工作，规避相关保护区，做好相关专题报告。按照"三同时"管理原则，对施工单位、监测单位开展量化考核，有效提升基建工程环水保管理水平，及时规避了法律风险和政府主管部门的行政处罚。出台《国网延边供电公司环水保施工期考核管理办法》，对参建单位进行现场工程量完成情况考核，按实际开展结算，国网延边供电公司全年环水保工作无"未批先建""未验先投""带病投运"和投诉案件等情况发生。

参考文献

［1］严文枫 . 供电企业法律风险研究——以广东省 Q 供电局为例［D］. 武汉：湖北工业大学，2018.

［2］杨震涛 . 电力设施保护法律制度比较研究［D］. 天津：天津大学，2017.

［3］刘慧 . 供电企业常见法律纠纷案例评析（电网规划与工程前期类）［M］. 北京：中国电力出版社，2020.

［4］刘慧 . 供电企业常见法律纠纷案例评析（电网建设与工程管理类）［M］. 北京：中国电力出版社，2021.

［5］刘慧 . 供电企业常见法律纠纷案例评析（招标投标与合同管理类）［M］. 北京：中国电力出版社，2020.

［6］刘宁 . 电网建设项目外部环境风险管理研究［D］. 重庆：重庆大学 .2016.

聚力四维合规管理机制 保障通道链路资产租赁业务高效运转

邵 帅 徐晨玲 孙 群 张晨阳 孔祥君 张俊利

国网上海市电力公司市南供电公司

摘 要

国网上海市电力公司市南供电公司（简称公司）通过打通资产管理机制、运营管理规范、部门协同机制、项目考核机制等四维合规管理机制，实现通道链路资产（简称租赁资产）与固定资产卡片的对应率、资产信息规范性等指标管理，提升租赁资产信息准确度，深化业务融合，提高跨部门、跨专业、跨层级业务高效运转。建立租赁资产统一运营的平台，使租赁资产管理过程性指标能够动态统计，便捷应用，推动全员参与度及资产管理绩效的提升。

关键词

通道链路资产；租赁；合规管理机制

一、聚力租赁资产四维合规管理机制的背景

为贯彻落实党中央"创新、协调、绿色、开放、共享"的发展理念，打造良好的营商环境，共享经济将成为一个必然的发展趋势。这种形式的优点是让渡者利用共享经济可以有效盘活资产，加快转型升级，降低各方运营成本，避免重复建设造成社会资源浪费，从而提高资源利用效率、建设资源节约型社会。

公司积极响应国家政策号召，顺应形势，将与通信相关的租赁资产，通过租赁的形式进行共享，让"沉睡"的资源"苏醒"，变身增收活水。从公司层面，提高了资产的运营效率，起到了提质增效的作用；从社会层面，减少了重复性的大工程建设，节约了社会资源，保护绿色环境，有效整合了公共社会资源。

二、聚力租赁资产四维合规管理机制的主要做法

租赁资产四维合规管理机制如图 1 所示。

图1　租赁资产四维合规管理机制

（一）一维：全面夯实资产管理机制

1. 清理租赁资产存量

实物管理部门应对电力杆塔、排管、光缆纤芯等租赁资产从总量、可用量、已运营资源以及被占用情况四个方面进行梳理统计，建立与固定资产卡片存在一一对应关系的动态信息管理台账，并根据共享运营实际需要，重点对可运营资源和被占用资源建立台账，定期更新维护。

2. 常态化管控增量数据

一是客户服务部门严控增量数据系统入口关，确保来源信息可控和准确；通过专业系统分别对接，管控存量地址信息变动情况。

二是实物管理部门以月度检修计划为抓手，准确完整核查，制订月度租赁资产增量数据管控表，形成常态化管控模式，按照数据管理要求，管控增量数据系统录入的及时性、准确性和完整性等。

（二）二维：系统构建运营管理规范

结合《企业会计准则第21号——租赁》中承租人会计处理及出租人披露内容要求的变化，以及电网企业的实际情况，分析管理需求，设计了租赁资产全寿命周期管理体系，对出租人租赁资产的需求、交易、执行、期满退租四个阶段提出具体管理建议。依托全生命周期理论，市南供电公司应将租赁资产运营管理工作向前延伸至项目起始环节，并建议构建租赁资产统一运营平台（或建设数字运营平台），实现电杆、排管、光缆纤芯等租赁资产的统一管理，利用平台的数据挖掘功能，对内实现租赁资产信息的灵活应用，对外实现商务资源的有效匹配，以数字化手段巩固全寿命周期管理体系的实际应用（见图2）。

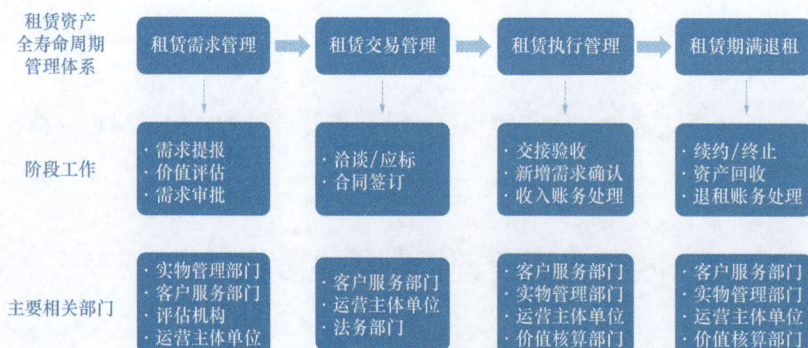

图2　租赁资产全寿命周期管理体系

1. 租赁需求管理

（1）需求提报：由客户服务部门开展标准化租赁需求信息录入，在需求信息完整准确的前提下，实物管理部门开展固定资产卡片信息匹配与审批。

（2）租赁资产单位价值评估：以投入产出最大化为目标，制定成本收入比、应收账款周转率、经营租赁资产运维成本等指标，开展租出电力设备的投入产出评价，反馈至定价、交易等环节，优化资产出租管理决策，完善租赁费用收费标准，规避国有资产流失风险，对租赁资产的单位价值核定管理参考以下两种方式。

一是采用成本导向测算方式确定单位价值。采用成本加成定价法来确定租赁资产的收费标准，即按照产品单位成本加上一定比例的利润制定产品价格的方法，参考计算公式见表1。

表1 租赁资产的造价成本及收费标费计算公式

租赁资产类型	计算公式
电杆	单杆造价成本 = 竣工决算金额 / 电杆数量
	每公里电杆造价成本 = 单杆造价成本 × 20/9
	收费标准 = 每公里电杆造价成本 × 预期收益率 + 合理税费
排管	单位造价成本 = 竣工决算金额 / 数量
	收费标准 =（单位造价成本 × 预期收益率 + 合理税费）/7
光缆纤芯	单位造价成本 = 竣工决算金额 / 数量
	年单位折旧成本 = 单位造价成本 ×（1– 净残值率）/ 预计使用年限
	收费标准 =（年单位折旧成本 /12）+（单位造价成本 /12 × 预期收益率）+ 合理税费
	光缆纤芯（架空）收费标准 = 光缆纤芯收费标准 + 电杆收费标准
	光缆纤芯（排管）收费标准 = 光缆纤芯收费标准 + 排管收费标准

二是采用评估方式确认单位价值。在国有资产租赁管理工作中，评估作为一种必要而有效的外部制衡机制，对提高国有资产运营效益及防止国有资产流失等发挥了重要作用。租赁资产出租时，应组织开展资产评估或委托专业机构、专业人员对租赁资产进行评估，根据资产价值评估结果制定租赁价格。

（3）需求审批：根据公司的内控机制流程，审核部门应按时对客户服务部门提报的租赁需求进行审核并及时反馈审核结果。

2. 租赁交易管理

一是创新构建双向开源、动态更新的典型商业模式库。开展实际业务与典型商业模式的优化匹配，实现系统对接、数据共享，创建多种模式租赁模块管理，客户服务部门将多种模式租赁信息以"模块化"形式展示在集采平台进行招租，组织评审单位，明确市场运营规范化相关事宜，规避运营存在的政策管制风险。

二是建立健全租赁管理内部决策程序。明确决策主体、决策权限和决策责任，资产出租方案应按照企业资产出租管理制度设定的决策审批权限，逐级履行决策程序。资产出租方案内容应包括：拟出租资产的实物现状、资产明细清单、拟出租期限、租金收缴办法、招租底价及底价拟定依据、招租方式等。

三是及时将线下商务洽谈进展、合同签订情况、资产运营情况与线上资源台账进行绑定，实施规范化的内外部交易流程，降低交易风险。通过租赁资产商业运营平台，可以推广应用商业模式策划书、标准商务合同等商务文件范本模板，将实物管理部门提供的《通道链路资产可运营资源台账》作为合同附件之一，以供运营主体单位匹配资源便于出租。

3. 租赁执行管理

运营主体单位提出新增资产租赁需求，并安排专人与出租方共同确认增加的数量和新增时间，出租方实物管理人员亲自到现场，确定光缆具体走径，填写《通道链路资产××租赁费对账确认表》，增量于次月开始计费且仍按年度收费。

实物管理部门负责租赁资产交接验收工作，客户服务部门基于合同约定按时开具发票并催缴租赁费收入，价值核算部门根据租赁节点及时进行账务处理。

4. 租赁期满退租

根据双方磋商决定续租或终止合同，客户服务部门、实物管理部门、价值核算部门依据合同约定做好相关资产处置工作，包括经营租赁业务可能涉及的资产回收工作。

（三）三维：深度贯通跨部门协同机制

采用"2+1"模式：即"租赁资产+运营主体单位+客户"的综合服务模式（见图3）。将杆塔、排管等租赁资产打包给运营主体单位，收取租赁费，再由运营主体单位通过市场需求匹配客户。"运营主体单位"是指承担资源共享申请、对外合作、市场运营等业务的专业单位。厘清不同部门的工作职责（见表2），加强各部门协同配合，最大程度地降低问题溯源不清晰、责任落实不到位的风险，提升电力产业发展质效。

表2　　　　　　　　　　　　　不同部门的工作职责

部门	工作职责
客户服务部门	1. 根据年度租赁资产出租计划，负责招租、合同签订、租赁资产登记等服务工作，作为租赁资产的归口管理部门； 2. 负责与运营主体单位签订框架合同，将实时更新的《通道链路资产可运营资源台账》作为合同附件之一； 3. 运营主体单位根据市场需求和客户服务部门系统中《通道链路资产可运营资源台账》开展资源匹配工作，运营主体单位提交资源匹配清单，由实物管理部门审批后，客户服务部门负责通知运营主体单位审批完成，并在系统中登记租赁台账； 4. 负责数字运营平台管理支撑系统功能的建设和应用管理； 5. 负责编制盘点表，会同实物管理部门实施盘点程序； 6. 若运营主体单位提出退租申请，由客户服务部门及时在系统中标记退租状态，通知实物管理部门更新固定资产卡片中管理状态"退租"，同时告知价值核算部门做资产退租相关账务处理
实物管理部门	1. 根据运营主体单位提交的资源匹配需求，负责审核确认工作，及时更新固定资产卡片中资产的管理状态； 2. 审核客户服务部门提交的租赁台账，是否与固定资产卡片一一对应； 3. 客户服务部门编制租赁资产盘点表，根据自有电缆线路的巡检周期进行抽盘，会同实物管理部门执行盘点程序，形成盘点报告； 4. 运营主体单位提出退租申请，及时更新固定资产卡片资产的管理状态"退租"
价值核算部门	1. 根据实物管理部门审核通过的租赁台账，做好租赁相关的账务处理； 2. 根据实物管理部门盘点报告和固定资产卡片资产状态信息，及时登记入账； 3. 若运营主体单位提出退租申请，进行退租相关财务处理

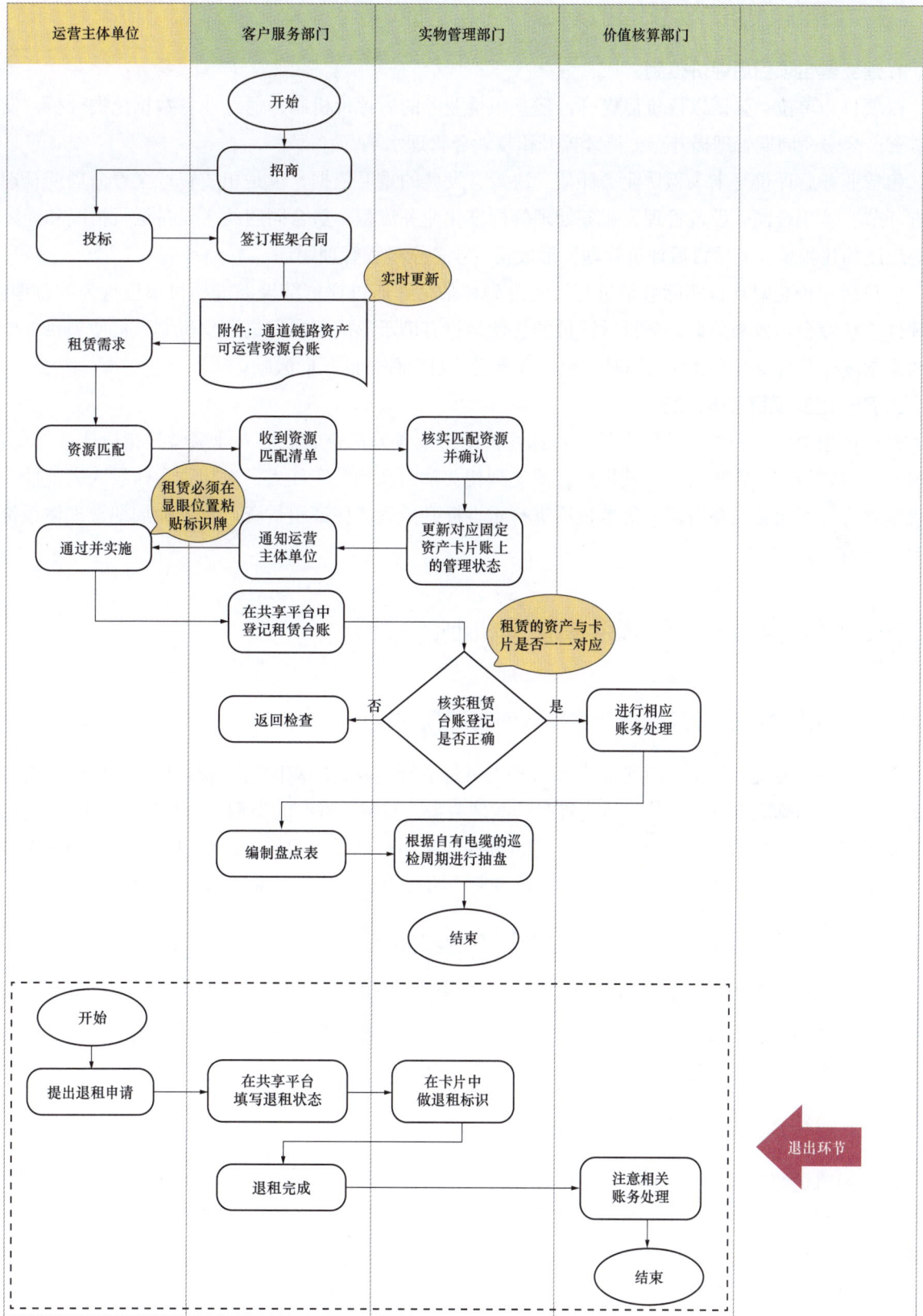

运营主体单位	客户服务部门	实物管理部门	价值核算部门	

开始

招商

投标 → 签订框架合同

实时更新

附件：通道链路资产可运营资源台账

租赁需求

资源匹配 → 收到资源匹配清单 → 核实匹配资源并确认

租赁必须在显眼位置粘贴标识牌

通过并实施 ← 通知运营主体单位 ← 更新对应固定资产卡片账上的管理状态

在共享平台中登记租赁台账

租赁的资产与卡片是否一一对应

返回检查 ← 否 核实租赁台账登记是否正确 是 → 进行相应账务处理

编制盘点表 　根据自有电缆的巡检周期进行抽盘

结束

开始

提出退租申请 → 在共享平台填写退租状态 → 在卡片中做退租标识

退租完成 　注意相关账务处理

退出环节

结束

图3 "2+1" 模式

（四）四维：严格落实项目考核机制

1.建立健全项目后评价机制

以项目为单位，强调以评价促提升，建立租赁业务的后评价机制，通过业务数据挖掘分析，发现租赁资产全寿命周期管理提升点，持续提升租赁业务管理水平。

租赁业务后评价是未来租赁业务评估、决策、发展的重要依据，也是租赁资产全寿命周期管理的关键环节。基于合同、设备管理、账务处理等标准化业务流程，从合同履约、设备运行情况和经济效益等维度构建租赁业务项目后评价管理，形成租赁业务全过程管理闭环。

项目后评价是对项目实际效果进行及时准确评估，并通过评价结果促进项目单位行为的合理性、合规性。从综合功效来分析，项目后评价的良性运行有助于形成双向促进评价机制，促使项目单位遵循约束制度提升自身行为合规的同时，也一并享受项目后评价的正向激励。

2.严格落实项目考核机制

根据国家电网公司资产业绩考核、对标评价细则及省公司企业负责人业绩考核指标体系等要求，分解有关租赁资产台账和资产考核指标，落实到相关部门及相关责任人，对租赁台账录入完整性、命名规范性、资产租赁设备对应率等考核项进行重点提升治理，保证租赁资产全寿命周期管理体系符合相关考核要求。

三、聚力租赁资产四维合规管理机制的效果

（一）强化通道链路租赁资产实物双向管理模式

首先，夯实专职人员实物管理职责和财务人员价值管理职责的双向实物管理模式；同时，通过建立租赁台账，明确固定资产卡片与租赁资产的匹配关系，对租赁资产的类型、数量等打上多维度标签，确保租赁资产租金定价的合理性和可对比可追溯性。从而达到提升租赁资产信息准确度，破除业务横向协同障碍，深化业务融合，提高跨部门、跨专业、跨层级业务运行效率，消除管理壁垒的目的。

（二）构筑通道链路租赁资产全寿命周期管理体系

通过构筑租赁资产全寿命周期管理体系，从而直观反映租赁资产的租赁范围、运行状态等全方位信息，实时维护更新多维度标签，确保资产的精益化管理水平不断提升。同时助力电力公司产权治理提升专项工作，夯实产权管理基础，提升价值创造能力。

（三）健全通道链路租赁资产合规监督管理机制

健全通道资源租赁业务流程合规监督管理机制，做到事前、事中、事后监管，杜绝内控薄弱环节，避免发生因租赁数量不完整引发的收入不准确，因租赁资产匹配不到固定资产卡片造成的收入、成本结转不配比等合规风险。保证项目合规考核机制的推进，有效促进全公司对设备资产管理的重视程度，推动全员参与度及资产管理绩效的提升。

农村居住区临时用电合规管理实践与应用

袁 力 周金飞 胡志凌

国网浙江省电力有限公司海宁市供电公司

摘 要

自2023年浙江省内农村居住区居民用电矛盾问题被新闻媒体报道、引发民生舆情事件以来，海宁市供电公司深入调研分析居民已经完成建房入住但迟迟用不上"正式电"各类原因，以"边整治边创建、边实践边健全"的工作思路，通过强化顶层设计、完善风险防控机制、合规监督管理、业务管理机制等措施和手段，实现问题闭环治理，打造了"向内兼修、向外借力"监督管理格局，疏通了治理临时用电代替正式用电现象（简称"临代正"）中的堵点痛点，加快推进了农村居住区供电设施改造进程，临时用电规范化准入和运行模式已见成效，着力"推进治理＋严控新增"，有效提升了供电企业所辖农村居住区的临时用电管理规范性。

关键词

合规管理；农村居住区；临时用电

一、实施背景

（一）农村居住区配建合规管理是实现乡村振兴走向共同富裕的必然要求

2021年2月发布的中央1号文件《中共中央、国务院关于全面推进乡村振兴加快农业农村现代化的意见》中明确提出要加大农村电网建设力度，提升农村电力保障水平，全面推进乡村振兴战略。乡村产业的兴旺发展，既带来了电力发展新机遇，也对基层供电公司提出了更高的要求。强化农村居住区配建合规管理，既是贯彻落实习近平法治思想、深化央企法治建设的有力保障，也是实现乡村振兴走向共同富裕的必然要求。

（二）农村居住区供电合规管理是提升百姓幸福感和获得感的迫切需要

随着乡村振兴战略的纵深推进，农业发展的新特点、农村发展的新形势、农民生活的新需求对农村基层电力服务提出了更高要求。"临代正"居民小区供电保障是民生保供的重要组成部分，也是供电服务的薄弱环节，农村居住区供电合规管理显得越来越重要：一方面外部环境、百姓期待要求我们做到合规，另一方面供电企业作为具有普遍服务类型的大型央企，从履行社会责任等角度来审视，更应做到供电合规管理。

（三）农村居住区临时用电合规管理是电网企业高质量发展的必由之路

电力作为乡村公共基础设施建设的重要环节，补短板、强弱项，提升农村供电能力和供电质量，全面巩固提升农村电力保障水平，推动构建农村新型能源体系，满足乡村建设用电需求，是供电企业高质量发展的必由之路。农村集聚小区由属地政府统一出资建设电力配套设施，并委托有资质的电建公司施工。推进过程中，由于前期疫情原因、政府资金不足、项目批复资金迟缓、个别区块他物占地等原因，导致工程推进受阻。当前，农村居住区居民用电矛盾问题依然存在，如何在依法合规的前提下，通过有效的管理和治理措施，解决农村居住区"临代正"问题，是供电企业高质量发展之路上必须思考的问题。

二、主要做法

国网浙江省电力有限公司海宁市供电公司（简称海宁公司或"公司"）将合规管理要求全面嵌入从项目出资、业务受理、电力配套建设到正式用电通电的全过程管控，聚焦问题提升管理，开展农村居住区临时用电合规管理实践与应用，不断完善合规内控体系。具体做法如下：

（一）从体系构建着手强化合规顶层设计

一是建立组织机构。结合该公司面临的"临代正"小区风险问题，明确经营管理、电网建设、供电服务、施工单位、安全监察等5大合规管理领域，建立农村居住区临时用电合规管理小组，同时整合营销稽查和用电检查等专业资源，增设临时用电合规管理监督小组，形成以公司党委牵头的"1+1+5"合规管理组织体系，（见图1）切实将临时用电合规管理工作职责落实至"三道防线"。二是细化职责分工。合规管理小组由公司总经理亲自挂帅，公司营销部、运检部、各供电所等作为小组成员，以"推进治理＋严控新增"两条工作主线，渗透"出具供电方案、设计文件审核、电力配套施工、正式用电通电"四个主要环节，形成"2+4"合规管理实施架构（见图2）。

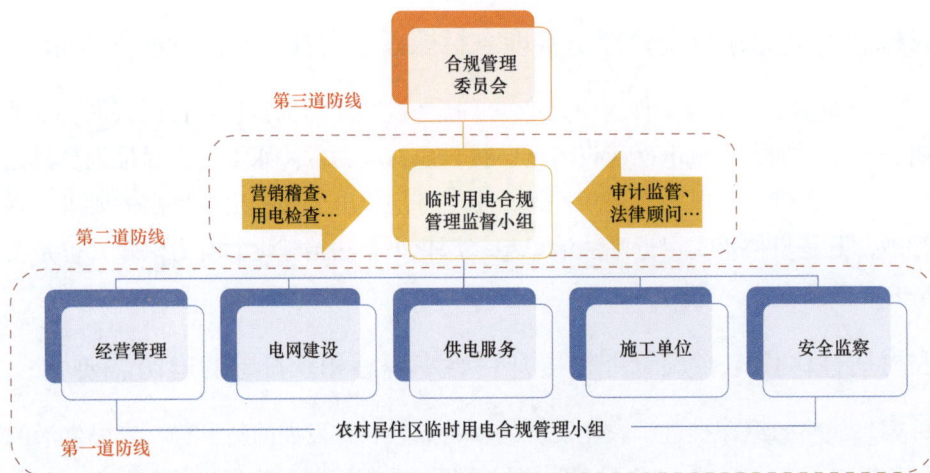

图1 "1+1+5"合规管理组织体系

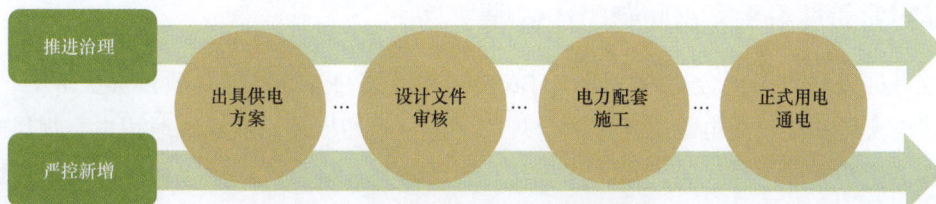

图2 "2+4"合规管理实施架构

（二）从全过程管控着手完善风险防控机制

一是系统初筛识别。充分利用营销系统和采集系统的查询功能，研判临时用电用电量和负荷曲线，利用RPA滚动更新实时数据，初筛临时用电异常的用户，纳入预警清单。二是现场细化摸排。根据预警清单里的用户，组织现场摸排，对涉及的农村居住区居民建房入住比例、配套工程进度和电费收取方式等现场实际情况，建立全市临时用电异常居住区台账，并结合居民用电性质改变、超容用电和用电安全隐患总体情况，通过成分分析算法判定风险等级（A～D级）。三是拓宽信息渠道。密切关注95598"临代正"小区工单反映的客户诉求，利用供服平台掌握停电和预警信息，凡涉及民生用电诉求统一纳入敏感问题提级管理，严格按照电力保供个案问题处置工作机制要求执行，严防服务风险升级。

（三）从政企协同着手完善合规监督管理

一是"向内兼修"，建立"临代正"用户监控监督机制。编制《居住区临时用电准入和运行标准化管理手册》，重点对在业扩报装准入和临时用电超3年运行用户实施4个方位的合规监督管理，推动农村居住区居民用电进入规范化准入和运行模式。同步推进存量问题整治，严控新增"临代正"问题：对临时用电超3年的用户，双周报送核实情况和整改进度，定期组织开展线上、现场稽查。二是"向外借力"，做好问题的充分函告。定期梳理问题小区的堵点问题所在和责任归属，书面函告属地村政办，要求协调加快安置小区基础设施建设。海宁公司发出《关于协调海宁部分地区安置小区配套公变建设通电的函》，向海宁市电力安委会、海宁市发改局函告事项，协同政府职能部门形成一致意见。对个别农村居住区用电问题较为突出的，以督办单形式，督促政府加快整治，进一步降低公司潜在风险。三是政企协同，齐抓共管。属地供电所与镇政府相关部门联动严把用电准入关，对经营性自建房申请用电加强营业执照和产权证明审核。电力安委会与属地镇政府持续加强对农村居住区安全隐患的周期性检查，重点协同防范因一址多户、容量配置不合理或人为扩大计量装置量程配置等合规性问题带来的超容量用电安全隐患（见图3、图4）。

图3 临时用电合规管理小组现场检查

图4 召开"临代正"小区专项治理推进会

（四）从日常管理着手完善问题闭环管理

一是建立并完善临时用电合规风险库。对农村居住区公共变压器配套项目资金落实、方案制定、设计审图、建设实施和验收通电等过程中的合规问题进行全面梳理，形成临时用电合规风险库，并进行闭环式管理。组织开展一村一策评审，指导优化设计方案，确保"一区（村）一策"的可行性和针对性。二是强化合规问题流程"反刍"销号。分层级推进问题整改闭环，简单容易整改且不涉及多部门协调的问题，由合规管理小组内部解决整改；复杂或者涉及跨部门的合规问题，提交合规管理委员会组织协调解决，并以周例会的形式动态推进问题整改，切实推动临时用电合规性管理持续提升。三是以合规理念推动业务创新转型。将临时用电合规管理理念纳入营销业务合规管理、全能型供电所转型升级等公司重点工作，积极推动农村居住区电力接入标准化、信息化建设，推动业务合规管理水平不断提升。

（五）从制度标准着手完善业务管理机制

一是强化政企工作联动。在过渡期内主动对接政府主管部门，提前将临时用电用户转正问题和解决措施考虑在内，积极协助政府起草农村居住区电力配套工程管理办法，完善农村居住区住宅项目正式用电电力配套工程的规划、设计、施工、验收、运维和全过程监督管理要求，从源头防范"临代正"问题发生。二是完善内部合规管理机制。立足公司临时用电管理现状，制定《国网海宁市供电公司关于农村居住区临时用电合规管理实施意见》，配套出台《"临代正"专项治理行动方案》以及《农村居住区电力配套设施建设指导意见》，根据农村电力配套工程建设现状适时修编《居住区临时用电准入和运行标准化管理手册》（见图5），明确农村居住区临时用电采用"永临结合"方案，临时用电与正式电力配套设施同步规划、同步出资、同步建设，细化合规管理机制，保障合规管理规范运行。

图5　居住区临时用电准入和运行标准化管理手册、向政府函告文件

三、实践效果

自2024年以来，海宁公司有效解决了"临代正"问题的痛点、堵点，在农村居住区临时用电合规管理落地过程中探索出一条新的高效管理路径，持续提升供电企业治理能力水平。

（一）业规融合，问题整治成效显著

自农村居住区临时用电合规管理小组成立以来，集中力量推进"临代正"小区治理进程，化解政策处理难点，强化过程监督，将整治速度大幅提升，提速完成市域首例"临代正"小区治理。2024年一季度以来，临时用电超3年用户销号累计完成323户，较去年年底压减40%，完成临时用电超3年连续6个月0电量用户全量销户；"临代正"问题用户数持续减少，其中半数用户已完成销户，约1/4用户已督促完成了现场改造、违约处理等治理；同时因临时用电报装、现场用电不规范引起的过流、台区重过载问题案例减少1/3，有效实现了合规管理与提质增效双效提升。

（二）由点及面，合规管理水平显著提升

海宁公司在农村居住区临时用电合规管理的过程中，形成了源头有效识别、事中有效管控、事后跟踪问效的全过程合规管理经验。将临时用电合规管理经验逐步推广至受电工程、业扩报装、电费管理等其他重要领域，逐步完善营销业务合规风险库、岗位合规清单和重点流程管控清单，公司职工合规意识逐步根植于心，合规管理质效不断提升。

参考文献

［1］岳云.国有企业合规管理体系建设实务［M］.北京：法律出版社，2024.

［2］王婷云，杨华，黄晓林.供电企业合规管理优化探索［J］.中国电力企业管理，2024（2）：30-31.

基于"法纪巡审"联动监督的大合规管理模式探索与实践

梁莹莹　宫　旭　蔡黛玲

南方电网广东中山供电局

摘　要

中山供电局充分发挥企业大部制机构改革优势，探索建立基于"法纪巡审"联动监督的大合规管理模式，坚持以有效防控合规风险、提升全员合规与廉洁意识为目标，积极探索合规、纪检、巡察、审计等专业力量深入参与企业合规管理的有效路径，进一步拓宽合规管理的广度和深度。建立合规、纪检、巡察、审计专业相互配合、相互促进、协同推进的"法纪巡审"联动监督机制，从监督项目协同着手，统筹协调监督对象、监督内容、监督方式、人员选配，聚焦重点领域、重点问题开展联动监督，发挥"1+1+1+1>4"监督叠加效应，推动企业依法合规经营管理水平有效提升。

关键词

联动监督；防控合规风险；合规与廉洁意识

面对当前企业深化改革和合规管理的新要求、新形势，传统的"单兵作战"监督管理模式已经不再适应企业高质量发展的要求，监督能力不足、监督合力不够、监督质量不高等问题严重制约企业依法合规经营管理水平，亟待改进和完善。

一、研究背景

（一）健全党的统一领导、全面覆盖、权威高效监督体系的客观需要

党和国家的监督体系是我们党全面从严治党，推进自我革命的重要保障，是推进国家治理体系和治理能力现代化的重要内容，是实现依规治党和依法治国有机统一的成功做法。二十届中央纪委二次全会提出，要按照党统一领导、全面覆盖、权威高效的要求，推动完善纪检监察专责监督体系、党内监督体系、各类监督贯通协调机制和基层监督体系，形成监督合力。建立符合供电企业实际的大合规管理模式是探索完善适应中国特色现代企业制度监督体系的客观需要。

（二）完善企业监督控制管理体系建设的有力保障

国务院国资委印发的《关于加强中央企业内部控制体系建设和监督工作的实施意见》提出，要建立健全以风险管理为导向、以合规管理监督为重点，严格、规范、全面、有效的内控体系，实现"强监督、抓内控、防风险、促合规"的管控目标。把监督挺在前面，是落实好这一要求的关键一环。要聚焦关键业务领域、改革重点领域、生产经营重要环节，加强重要岗位和关键人员的权责管控，形成相互衔接、相互制衡、相互监督的工作机制，切实提高重大风险防控能力。要以监督问责为重点抓手，通过强化整改落实和责任追究，形成"以查促改""以改促建"的动态优化机制，不断完善内控体系。

（三）提升企业治理体系和治理能力现代化水平的重要抓手

2020 年，南方电网公司印发的《南方电网公司党组关于深入贯彻落实党的十九届四中全会精神推进公司治理体系和治理能力现代化的实施意见》提出，用 3 ~ 5 年时间基本实现公司治理体系和治理能力现代化。完善监督体系作为提升企业治理效能的重要抓手，是防范化解重大风险的有效途径，关键是要在贯通各类监督上主动作为。为此，中山供电局充分发挥大部制机构改革优势，探索建立基于"法纪巡审"联动监督的大合规管理模式，整合监督力量，统筹监督资源，以精准有力的监督推动合规管理在全局各层级有效落地，全面提升监督治理效能。

二、主要做法

为进一步探索完善适应中国特色现代企业的监督体系，推动企业合规管理水平提升，中山供电局充分发挥大部制改革优势，编制印发《中山供电局"法纪巡审"联动监督工作指引》，明确四类监督衔接细节，搭建覆盖合规、纪检、巡察、审计等四类监督一体化人才队伍，建立"法纪巡审"联动监督四项机制（见图 1），以"有利于监督职能发挥、防范合规廉洁风险、提升监督效能"为总体原则，贯通联动合规监督、纪检监督、巡察监督、审计监督等"四类监督"，凝聚监督合力，筑牢合规管理"三层防线"，深化智慧合规平台应用、四级监督网建设"两个抓手"，实现"提升合规意识守牢廉洁底线"目标。

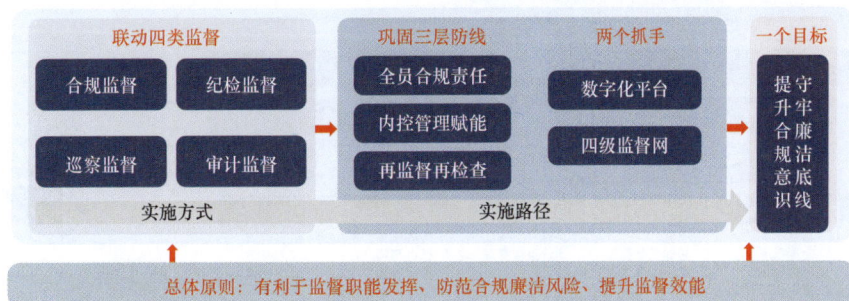

图 1　"法纪巡审""4321"联动监督模式

（一）联动"四类监督"，实现监督全过程闭环

统筹抓好四类监督的谋划推进，从监督项目协同着手，在监督内容、人员选配、过程管控、问题通报、督促整改等监督链条上全面整合，同题共答，推动监督成效共享运用，实现"多个监督联动，一个链条闭环"。

（二）巩固"三层防线"，强化监督制约作用

编制印发《中山供电局构建合规管理"三层防线"工作方案》，全面推动合规内控相关要求落地运转。第一层防线为业务部门、基层单位及全体员工履行本领域、本岗位控制责任，将风险防范在基层；第二层防线为开展合规内控体系数字化建设，把好重大决策法律审核，合同及法律风险防控，提升管理效能；第三层防线为强化纪检监督、审计、巡察等协同监督，对合规风险落实情况进行监督，发挥震慑作用。

（三）深化"两个抓手"，织密多层监督网络

1. 深化"四级监督网"建设应用

在局层面、基层单位两层级运用"法纪巡审"模式，以共性问题和典型问题为导向，提升基层"四级监督网"运作成效，并将监督结果运用至绩效考核中，推动实现抓早抓小、防范风险（见图2）。

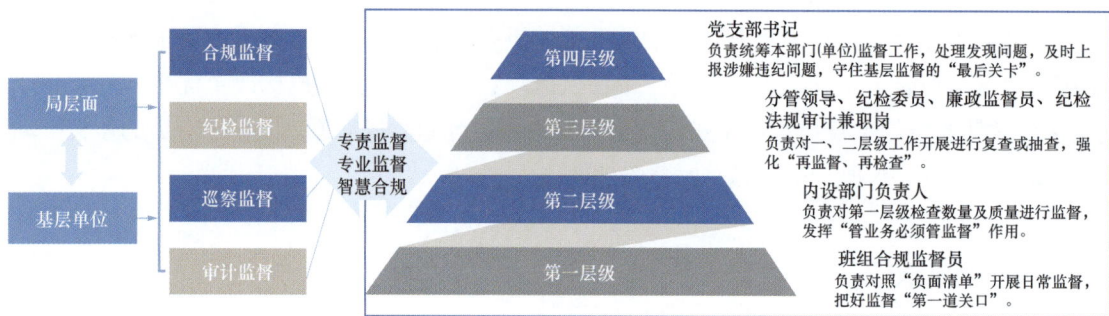

图2 "四级监督网"

2. 深化智慧合规平台建设应用

打破各业务域系统数据屏障，运用大数据采集分析手段，实施在线业务合规监督评价，实现"无人值守"式风险排查、合规跟踪、智慧评价。智慧合规平台由各层级管理者、业务人员、监督人员分角色分权限使用，为联动监督提供数字化支撑（见图3）。

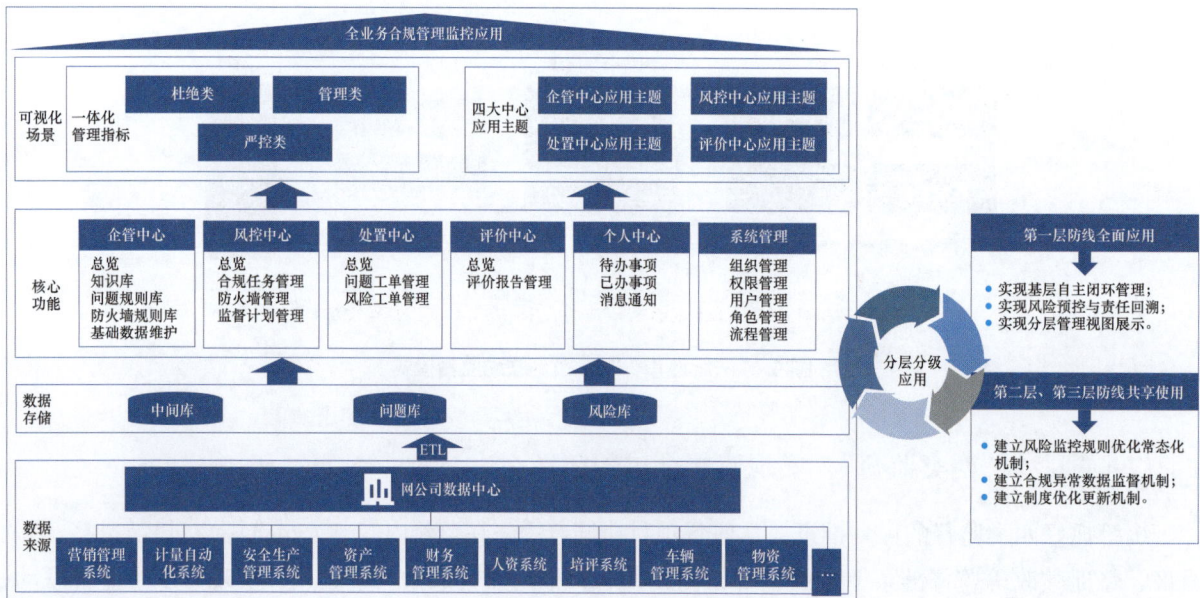

图3 智慧合规平台应用

由合规、纪检、巡察、审计等专业联合编制合规模型共72条，防火墙模型30条，在系统进行固化并滚动修编，在开展监督时提供个性化组合选择，筛查问题清单数据并落实整改闭环（见图4）。

合规研判规则库					
营销域规则库（共21条）		资产域规则库（共28条）		综合域规则库（共23条）	
临时用电时长、电量异常	混合用电异常（多计量点）	三算衔接异常（修理技改、配网基建等2项）	对未达到报废年限的设备进行拆除报废	未按时完成银企对账	工程项目暂估转资不及时
力率执行异常	居民电价执行电量异常（居民合表）	四算衔接异常（主网基建）	项目物资退料总金额占领料金额50%以上	安规考试资质过期或禁用状态下违规使用问题	固定资产价值信息异常
农业生产用户电量异常	居民电价执行电量异常（一户一表）	项目领料超过预算总额（技改修理、基建等2项）	无规划许可建设	安全工器具归还时间超时	固定资产折旧年限异常
超容量用电异常（中压）	农业生产用户法律风险异常	项目已竣工，但关键节点缺失（技改、修理、基建等3项）	无核准建设	安全工器具使用期限或试验周期到期	假期使用异常（婚假、年休假、丧假、事假、探亲假共5项）
改类业务工单异常	居民电价用户执行电量异常（居民合表突变）	未完工先结算（技改、修理、基建等3项）	无施工许可建设	车辆加油异常（品种、油号2项）	继电保护缺陷超期未处理

图4 合规研判规则库

（四）建立"法纪巡审"联动监督人才队伍，统筹监督力量

充分发挥企业大部制机构改革优势，依托基层四级监督网，建立"法纪巡审"联动监督人才库，将全局专业监督人员（合规、巡察、审计专业）、纪委专责监督人员、下属各单位兼职监督人员（纪检委员、廉政监督员、合规管理员、审计管理岗、法规管理岗、纪检监督岗）等纳入联动监督人才库，综合专业知识、工作经验、能力特长等因素，抽调人员纳入专项监督工作组。通过整合监督力量，将各方监督资源进行有效综合运用，着力解决监督力量薄弱、人手不足的问题，为推进"法纪巡审"联动监督提供坚强的组织保障。同时，加强联动监督人才库的实践锻炼，组织人员参加集中培训，抽调人员参与专项监督、交叉监督检查、内部巡察，以干代培，带动各类监督人员提升监督意识和履职能力。

（五）建立"法纪巡审"联动监督四项机制，形成长效合力

1. 建立计划协同工作机制

从监督项目协同着手，每年年初召集合规、纪检、巡察、审计专业沟通监督事项，在"四类监督"年度工作计划中筛选有重复交叉的监督任务，商定年度联动监督项目。年中，根据网省公司工作部署以及上半年联动监督工作成效，适时对联动监督项目进行调整，确保监督有的放矢、重点突出、方向不偏。年底，召开总结会议，及时对联动监督项目开展情况进行复盘总结。

2. 建立联合协商工作机制

每月不定期召开联席会议通报联动监督项目推进情况，及时研判监督检查中发现的问题，互通信息资源成果。在开展联动监督过程中，充分发挥合规、纪检、巡察、审计四类监督各自的专业优势，通过碰头、会商、座谈交流、协调会等方式，对发现的重大风险问题、违规违纪问题进行集中研判，深挖问题背后的违规违纪风险，推动发现问题、研究问题、解决问题紧密衔接，对于发现的突出问题及时移交线索，纪检部门提前介入。

3. 建立联动监督工作机制

根据年初商定的联动监督项目，综合分析合规、纪检、巡察、审计等各类监督检查发现问题情况，选取问题线索多，屡巡屡犯、屡审屡犯问题多，智慧合规异常数据多以及法律风险大、内控管理不到位的单位作为联动监督对象。

开展联动监督前，组织召开联席会议，由合规专业提供相关合规性依据，纪检专业提供监督执纪发现问题清单，巡察专业提供上一轮巡察发现问题清单，审计专业提供经济责任审计、离任审计发现问题清单，聚焦市场营销、工程建设、物资管理等廉洁风险大的领域，梳理出联动监督的重点要点。组建联动监督工作组，由合规、纪检、巡察、审计以及市场营销、配网、工程等方面专家作为组员。监督前，开展针对性的集中培训，明确监督事项、内容清单、监督方式、制度依据。

联动监督期间，工作组通过召开碰头会、联席会、协调会、座谈交流会等方式，集中讨论发现问题、共同研究解决问题。巡察组从责任落实方面查找问题，并同步共享给审计组，核查问题背后可能存在的经济问题；审计组从财务账目中查找经济问题，将问题移交巡察组核查问题背后的根源和责任；纪委则对巡察组移交的问题线索进行深入核查；合规组从发现的问题倒查制度执行方面的问题。四类监督实现情况互通、资源共享、成果共用。

4. 建立追责共治工作机制

针对联动监督发现的问题进行梳理分析、分类处置，建立问题整改台账和追责问效台账，对问题整改、追责问责的落实情况进行跟踪闭环。由合规、纪检、巡察、审计专业人员组建联合督导组，对监督发现问题整改情况进行督导检查，对发现的系统性、基础性、倾向性等共性问题加强研究，对重大案件、重大管理漏洞、屡改屡犯突出等问题情况，通过发出联动监督建议、工作联系单等，共同压实整改责任，推动整改齐抓共管，实现"多个监督联动，一个链条闭环"，达到查处、警示、治理联动贯通的综合效果，深入推进揭示问题、规范管理、促进改革。

三、实践成效

中山供电局利用大部制改革的优势，通过探索建立基于"法纪巡审"联动监督的大合规管理模式，初步实现了工作效率、业务能力、发现问题质量、整改质量、合规与廉洁意识的"五个提升"。

1. 工作效率的提升

"法纪巡审"联动监督使监督力量变得更加集中、监督项目变得更加精简、监督专业覆盖更加全面，协同推进新型电力系统建设、优化用电营商环境、数字电网建设等多个重点领域专项监督，实现了资源共享、信息互通、专业互助、减少重复性工作，切实为基层减负。2023 年，共集中推进联动监督事项 6 项，开展联动监督 8 批次，监督单位 16 个。以联合进驻为例，相比常规做法可节省人力资源20%，节约开展时间 20%。

2. 业务能力的提升

"法纪巡审"联动监督不仅提升了专职人员监督能力，打通了业务监督盲区，解决了"外行监督内行"老大难问题，同时也有效发挥基层四级监督网作用，提升基层合规管理员、纪检委员、廉政监督员等兼职人员的履职能力，解决以往只关注业务现象不关注背后履职用权问题，深挖业务背后的问题根源，促进企业治理能力的提升。

3. 发现问题能力的提升

"法纪巡审"联动监督创新工作方法，借助数字化手段辅助监督工作，提升监督工作的质效。通过运用智慧合规平台筛查异常数据，进一步加强对市场营销、输配电、行政办公等领域的数字化监督，存量异常数据的处置完成率、缺陷核实率等指标得到明显提升，存量风险及问题得到有效解决，形成闭环。联动监督工作组参与平台建设运行到异常数据筛选规则不断优化完善的全过程，使发现问题的能力得到进一步提升。

4. 整改质量的提升

"法纪巡审"联动监督实现整改全过程监控管理，运用智慧合规平台线上明确整改责任人、整改时限、整改支撑材料要求，实现可量化、可评价，推动整改标准化、流程化管理。推动优化完善制度管理，2023年共完成修编完善制度3份，对比2022年监督发现问题情况，重复性问题发生比例下降约26%，联动监督共发现问题147项，移交问题线索7条，问责相关人员17名，挽回经济损失1565.50万元。

5. 合规与廉洁意识的提升

"法纪巡审"联动监督以提升全员合规与廉洁意识为最根本目的。通过督促各部门、单位常态化运用监督发现问题通报及奖惩机制，使监督体系运转有效性持续增强。2023年，智慧合规平台筛查异常数据同比降低30%，业务人员规范开展业务的自觉性有效提升。与此同时，结合监督发现问题存在的风险点，督促基层单位完成确认合规风险7632项，并结合风险制订处置工作计划和防范措施。

参考文献

［1］黄新军.以"纪检监督＋业务监管"联动监督体系打通"一体监督"渠道［J］.中国煤炭工业：党建工作，2023（9）：58-59.

［2］杨剑."五联动"推动构建"大监督"体系——新时代国企构建"大监督"体系的探索与实践［J］.冶金企业文化，2021（1）：13-15.

［3］张玥萌，陆昊飚.数字化转型背景下企业数据合规研究［J］.科技创业月刊，2022（1）：55-57.

［4］戚润泽，郝玉贵，胡珂维.审计监督与党内监督、其他监督数字化协同平台研究［J］.财会通讯：会计信息化，2023（1）：139-143.

老发电企业转型发展中加强业规融合的实践探索

苏 靖

华电四川发电有限公司攀枝花西区分公司

摘 要

华电四川发电有限公司攀枝花西区分公司在企业转型发展过程中，面临着人员分散，项目作业点多、面广，区域跨度大，经营品类繁多，业务领域跨度大的"双跨"管理系列新难题。通过"入脑、入心、入行、入眼"，利用数字化等新兴技术手段，加强业规融合的合规管理，有效提升了管理效率，堵上了风险点，实现了安全生产、经济效益和社会影响的全面升级。

关键词

业规融合；发电企业转型；合规管理

党的二十届三中全会提出："加快规划建设新型能源体系，完善新能源消纳和调控政策措施。"为了加快完善"绿水青山就是金山银山"的理念，积极稳妥推进碳达峰碳中和，国家对可再生能源的日益重视，老小火电机组逐步退出"历史舞台"，以水风光为主的发电行业迅速发展。在这一大背景下，基层老小火力发电企业在面临市场机遇的同时，也遭遇了诸多合规管理挑战。华电四川发电有限公司攀枝花西区分公司（简称攀枝花公司）作为一家老小火电企业，在转型水风光新能源发展的新征途上，抢抓新机遇，应对新挑战，通过"四个加强"力促业规融合，实现了企业稳健发展。

一、加强业规融合的背景

攀枝花公司于1999年由原四川省电力工业局在攀枝花的三个火电厂即攀枝花发电厂（代号501电厂）、河门口发电厂（代号502电厂）、新庄发电厂（代号503电厂）联合组建而成，总装机容量336MW，2003年电力体制改革划归中国华电集团有限公司。随着国家电力事业蓬勃发展，攀枝花公司人员多、机组小的窘境逐步显现。面对三厂老小机组和历史遗留的沉重包袱，为解决公司的生存和发展，2005年"上大压小"建设2台135MW循环流化床燃煤机组。因执行国家政策，从1999~2018年陆续关停全部火电机组（关停总装机606MW），攀枝花公司成为无发电主业的公司。

（一）老小火电机组退出"历史舞台"，走"转型发展"新道路

20世纪60年代，华电四川发电有限公司攀枝花西区分公司因三线建设而生，为了应对当时不可

预测战争的国防需要，几代电力人为攀枝花电力事业，钢铁工业基地打造，实现强国梦而接续奋斗，先后夺得西南电力系统五个"第一"。近年来，随着国家产业结构调整步伐加快，攀枝花公司所有老小火电机组陆续全面关停。置之死地而后生的攀枝花公司走上转型发展道路——以光伏发电为主体，全力以赴抢占光伏资源，做大做深新能源发电板块；以对外工程业务为依托，做精做强工程板块。

（二）转型发展途中凸显"双跨问题"，遇"合规管理"新挑战

攀枝花公司在企业转型发展的过程中，面临着安全生产、环境保护、税收政策等多方面的管理难点。企业因发展带来的"双跨"导致内部监管、风险防范难度剧增，带来诸多隐患。所谓"双跨"，是指企业跨地理区域、跨业务领域经营。

1. 跨地理区域

随着攀枝花公司实施"走出去"战略的推进，对外工程逐渐跨出了攀枝花的地理范围，工程业务广泛分布在甘孜、阿坝、凉山等地区。跨地理区域开展对外工程，会面临着新的沟通挑战、新的环境挑战、新的技能挑战以及文化习俗冲突的挑战。特别是以上地区均处于偏僻的高海拔山区，施工人员在生理上很难适应。随着对外工程业务逐年扩大，作业点多面广、区域跨度大，如何抓好项目现场合规管理，抓好生产安全和廉洁风险防控，做实日常监督是摆在合规管理面前的一道难题。

2. 跨业务领域

攀枝花公司经营范围广，业务领域跨度大，涵盖了电力设备安装、检修、调试、运行管理；电力技术、企业管理咨询；环境保护及电力资源综合利用；房屋租赁、机电设备安装工程。核心业务为经营23.69MW光伏电站以及水电站检修、运维，变电站运维、线路运维、物业管理、仓储管理、鱼类增殖等对外工程业务。繁多的业务种类，对应着不同的合规知识点、管控点，对参与合规管理人员素质要求高，而攀枝花公司员工平均年龄52岁，多年未有新进大学生补充，文化程度参差不齐，这是摆在合规管理面前的又一道难题。

由于攀枝花公司在转型过程中面临着"双跨"的情况，所以在管理中出现了以下几方面的问题：一是业务人员合规经营的意识不强，重业务而轻风险管理；二是管理制度不够健全，存在着边界不清、职能重复、协调困难等问题；三是没有做到合规管理的全覆盖，存在着风险点和管理中的漏洞；四是没有形成管理的合力，管理效率低下，存在着人浮于事的情况；五是随着工程业务量的逐年上升和新能源项目的拓展，新型人才供给与日益增长的发展不匹配状况越发凸显，制约了企业高质量发展。

二、积极应对挑战，加强业规融合

要应对攀枝花公司转型发展中"双跨"情况带来的新问题，业规融合、加强合规管理是有效的应对措施。近年来，随着国家依法治企的推进和加强，《中央企业合规管理指引（试行）》《企业境外经营合规管理指引》、ISO37301：2021《合规管理体系要求及使用指南》《中央企业合规管理办法》等文件和标准相继发布实施，为国有企业进行合规管理和风险控制提供了更好的遵循。攀枝花公司结合实际编制了《内控合规风险管理办法》《风险评估与内控合规评价手册》，将合规管理和业务发展有机融合起来，做到"业规融合"，在有效控制风险的同时，促进了公司的管理效率提升，推动了公司的高质量发展。

（一）将合规管理融入各业务领域、各业务流程，提高合规效率

1. 在风险评估与监测上下功夫

合规管理是指以有效防控合规风险为目的，以企业和员工经营管理为对象，开展包括制度制定、风险识别、合规审查、风险应对、责任追究、考核评价、合规培训等有组织、有计划的管理活动。要做到合规，得先控制风险，要控制风险，得先具备风险识别能力。诸多的项目、站点，繁多的业务领域，面临的风险种类也不尽相同，在千头万绪中，如何忙而不乱，对风险保持敏锐？

攀枝花公司制订的"四单一流程"（见图1），按照"业务谁主管、内控合规风险管理谁负责"的原则，承担本部门业务领域内控合规风险管理的责任，同时指定一名负责人作为内控合规风险管理联络员，负责组织协调本部门相关工作。公司层及职能部室在每年初制订年度风险清单，排名前8风险进行重点监控；项目开工前，业务领域"风险清单、管控流程、管理制度、工作计划"四同时建立，并将内控体系管控要求嵌入制度流程和业务管理信息系统。合规管理员组织开展本业务领域的风险评估、隐患排查、合规审查，发布风险预警，制定并落实防控措施；受理内控合规风险牵头管理部门、监督部门移交或建议的事项，按期改进并反馈整改落实情况。

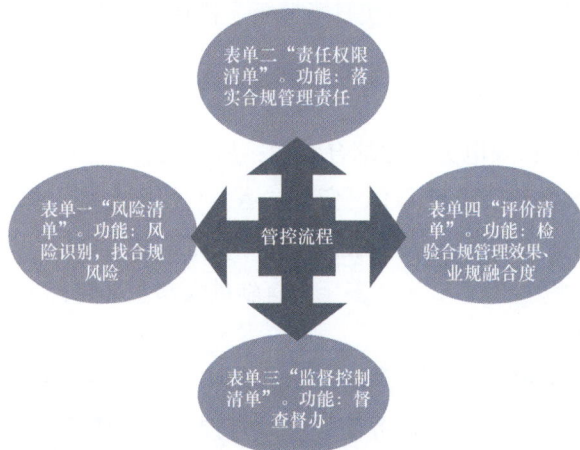

图1　四单一流程

2. 在内部控制活动上下功夫

（1）入脑，加强规章制度建设。一是设立由合规管理员和法律顾问组成的法务团队为企业研究制定法律法规和政策遵循策略，确保企业在合法合规的轨道上运行。二是坚持分类梳理，由各部门归口负责本领域的规章制度"立改废"清理优化工作，规范和完善业务操作流程。三是建立健全合规管理制度，设置公司、部门内控、风险、合规管理关键用户，确保管理有序进行，有章可循。四是强化制度宣贯，利用每周学习日加强制度学习，切实将制度约束入脑。

（2）入心，加强合规文化建设。利用攀枝花红色教育基地的优势，以"三线精神"传承为依托，打造特色合规文化，讲"攀电合规"故事。一是加强廉洁教育。看身边人，讲身边事。由参与国家大型风光电项目建设的项目人员本色出演，拍摄反腐倡廉微电影《防线》，以职工易于接受的方式，让廉洁理念"潜入人心"。二是加强合规宣传。抓好"关键少数"，以党委会、党委中心组学习为契机，加强"关键少数"合规经营管理理念培训，提升"关键少数"合规管理能力。普及"大多数"，充分运用网站、微信公众号、宣传栏等多种媒体，推行"合规人人有责""主动合规""合规创造价值"理念，大力宣扬依法合规、诚信经营的价值观，让法治思维、合规意识"深入人心"。三是加强合规队伍建

设。充分吸纳法律、财务、管理、运营等多方面人才，组建合规小组，加强经营行为的合规审查，促进合规管理与业务工作深度融合。邀请外聘律师开展讲座，引导干部职工树立良好职业道德风尚和爱岗敬业精神，让全员合规经营理念"铭记于心"。

（3）入行，加大合规管理执行力度。建立健全内部监管机制是应对合规管理挑战的关键。攀枝花公司加大投入，强化内部监管，定期对企业各项经营活动进行审查，确保企业合规经营。同时，通过完善内部控制体系、强化检查等手段，防止员工违规操作。一是形成合力。合规管理部门加强对业务部门的合规检查和风险提示，业务部门主动开展合规风险自我动态评估并及时报告，监督部门与合规管理部门共享审计发现问题并定期评估合规管理有效性。组织全体干部职工签订合规承诺书，将内控、合规、风险管理要求嵌入岗位职责和业务流程，抓好重点领域、重点岗位、重点人员、重点环节的内控合规管理，实现合规管理与企业管理融合发展。二是优化流程。对现有的合规管理流程进行优化，确保流程高效、简洁。同时，加强对流程执行情况的监督检查，确保各项制度得到有效执行。三是严格考核。为制度执行定"红线"、划"雷区"，以职工经济责任制奖励与考核办法为蓝本设定"红线"，以法律法规为准绳划定"雷区"，确保执行有据可依。四是强化培训。针对对外工程项目及光伏发电场站的特点，定期分专业、分层级举办培训课程、分享会等活动，使员工充分了解合规管理的重要性，增强员工的合规意识和能力。

（4）入眼，加大合规管理监督力度。一是开展以"清廉华电我先行"为主题的反腐倡廉宣教活动，加强作风建设，提升服务效能，突出重点人重点事的日常监督，注重抓早抓小，增强落实专项活动工作的思想自觉和行动自觉。为找准每一个对外作业项目部存在或潜在的廉洁风险点，攀枝花公司纪检监督人员前往金上物资仓储项目部，深入各水电站施工现场物资检查站，检查"风险定到岗、制度建到岗、责任落到岗"工作落实情况，进一步形成了以岗位工作为点，监管制度为面，坚守红线意识，筑牢"三道防线"。二是强化监督问责。制定全面、系统的问责制度，树立起违规追究、违法查处的警戒线，严格落实"双线问责"监督要求，不仅要处理事件直接责任人和不严格执行规章制度的其他相关人员，也对履职不到位、监督检查不到位的合规部门和人员进行问责。三是加强保障支持。科学设置合规管理部门考核指标和考核方式，建立激励约束机制；配备更多精通法律法规、熟悉业务的复合型合规管理人员，提高合规管理人员与业务规模及复杂程度的匹配度；及时更新信息，确保合规管理的时效性。四是抓细、抓实、抓长。切实做好合规自查，实行一把手负责制，做到自查全覆盖、业务全覆盖、规章制度全覆盖；持续推进合规管理长效机制建设，使合规成为有效内部控制的基础和抓手，遏制违法违规事件发生。

攀枝花公司贯彻"管理制度化、制度流程化、流程信息化"的内部控制理念，建立健全以风险管理为导向、以合规管理为重点，严格、规范、全面、有效的内部控制体系，形成全面、全员、全过程、全体系的风险防控机制，实现"强内控、促合规、防风险"的管控目标，有力保障公司高质量发展。

（二）利用现代技术手段提升合规管理效率

为了应对挑战，攀枝花公司不仅建立完善的合规管理体系，还利用现代技术手段进一步提升合规管理效率。

1. 利用融媒体打破地区限制

攀枝花公司站点多、人员分散，为解决这一难题，充分利用网络传输不受地域限制的优势，以网为媒建立合规管理培训平台。利用国资线上网络培训平台，华电集团公司、四川公司视频培训会，公司 OA 系统周知，华电攀枝花微信公众号、QQ 工作群，为员工开展合规管理培训，定期发布合规管理规章制度学习。利用信息化手段提升合规管理效率，为企业的稳健发展提供保障。

2. 利用信息化促进管理协同

合规管理的协同化阶段，国有企业部门之间的界限变得日益模糊，合规管理会在工作范畴和业务界面上与风控稽核、内部控制、监察审计逐步融合。为了解决"双跨"情况带来的问题，攀枝花公司借助集团公司"内控合规风险管理"信息平台推广建设的契机，将资金、采购、合同等各业务领域、各部门的业务流程逐步嵌入平台进行合规审批管理。这样就有效打破了传统的管理界限，把业务工作与合规管理进一步融合起来，有效推进了部门之间的协同，也更有利于上级部门对流程的把控。

3. 利用数字化加强过程监管

攀枝花公司通过平台建设，探索数字化管理，通过将管理流程数字化，将不可视的风险变成可视的数据。目前，通过监控各项合规指标，公司可以及时发现和纠正违规行为，提高合规管理效率。同时，通过对大量数据的分析，可以找出合规管理的薄弱环节和风险点，为改进合规管理提供依据。该系统还可以帮助企业进行合规风险评估和预警，为企业的决策提供参考，大大提高合规审查的效率和准确性，降低合规风险。

4. 利用物联网实现动态管理

攀枝花公司近年来积极探索物联网的应用，以网为媒，通过引入 GPS 等智能化技术，加强对车辆的实时监控和数据分析，迅速传递安全管理要求，提高了安全管理的准确性和及时性，提高安全管理效率。通过员工自主管理和第三方监管等方式，提升安全风险管控能力。通过制订应急预案和在线观看模拟演练等方式，提高应对突发事件的响应速度和能力。以上措施能够有效克服甘孜、阿坝和凉山偏远高海拔地区的管理障碍，在全流程的基础上，进一步实现了跨地区的全覆盖。

综上所述，攀枝花公司作为一个关停老小火电企业，在转型新能源发展过程中遇到合规管理新挑战时，制定有效的法律法规和政策遵循策略，强化内部监管和审查，建立健全风险防范与应急处理机制，增强员工合规意识及培训措施，与政府部门、行业组织等建立良好的沟通合作关系，监测并更新相关证照、报告和资料，以及结合电力系统新能源建设高发案例分析提出具体应对措施。通过这些措施的实施，攀枝花公司可以在激烈的市场竞争中保持稳健，为转型发展、二次创业打下了坚实基础。

三、业规融合的效果

近几年，对外工程项目成为攀枝花公司新的主业。通过加强业规融合的合规管理，解决了企业转型发展中的"双跨问题"，实现了安全生产、经济效益和社会效益的全面提升。具体来说，攀枝花公司通过使用现代化的技术手段，完善合规管理制度、加强员工培训、优化管理流程等措施，成功降低了合规风险。同时，通过加强合规文化建设，每位职工都自觉将合规文化建设与日常工作和业务有机结合起来，将合规文化渗透到自己的工作中，形成了"人人合规、事事合规、时时合规"的合规文化。同时，通过长效机制的建设，合规文化在实践中得以贯彻执行，有效防范了因不合规带来的风险，提高了企业的运营效率。

（一）公司的安全稳定为企业的发展提供有力保障

（1）成功地应对了光伏电站运维、对外工程业务范围广、区域气象复杂、交通不便等不利因素带来的挑战，有效防范化解了廉洁风险，提高了安全监督管理的实效。截至 年7月31日，华电四川攀枝花公司实现连续安全生产 6712 天。

（2）员工遵章守纪，尽职尽责；企业风清气正，合法合规，信用良好。2023年，公司安全高效地完成了西溪河公司、瓦屋山公司和杂谷脑公司共19台水电机组检修工作及其他项目的对外工程业务工作，赢得了业主单位的充分好评，提升了公司形象，扩大了项目发展"朋友圈"。在继承接四川盐源风电物业工项目后，2024年又收获了盐源风电运维项目。

（二）职工增收、公司创效，工程业务品牌形象树立

"走出去"初期，公司大多承接的是系统内较小的项目，位置偏远、交通闭塞。从最初的机械加工、小水电检修到现在的较大水电站机组的大、小检修；从攀枝花市周边到水洛河、木里河、瓦屋山……从单一的检修到多种项目，走出去的职工尝到了"甜头"，对外工程业务收入"一年一个台阶，一年一个跨越"（见图2）。

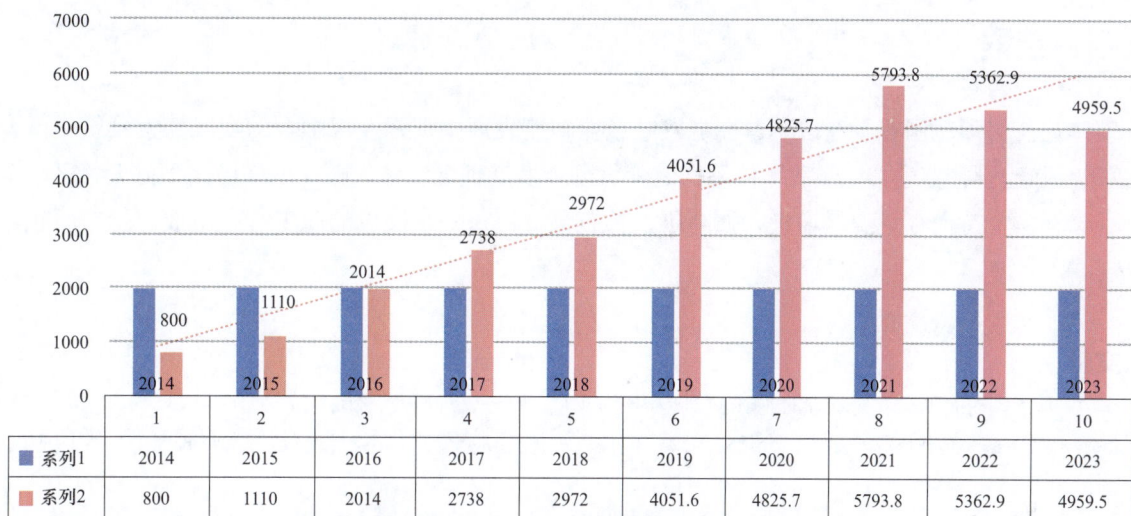

	1	2	3	4	5	6	7	8	9	10
系列1	2014	2015	2016	2017	2018	2019	2020	2021	2022	2023
系列2	800	1110	2014	2738	2972	4051.6	4825.7	5793.8	5362.9	4959.5

图2　2014—2023年对外工程业务收入（单位：万元）

（三）敢为人先，打破壁垒，转型新能源发展有突破

攀枝花公司于2012年开始探索发展光伏项目，2016年在公司西沟场址灰坝建设2.89MW分布式光伏项目，实现华电四川公司在川光伏发电"零"的突破，迈出了公司转型发展风光电的第一步。2016年1月，被华电国际电力股份有限公司授予"2015年度先进集体"。2016年2月，被国家能源局四川监管办授予"2015年度四川电力安全生产先进集体"。

2021年助力四川公司与四川普得科技集团正式签订并购股权转让协议，拿下首个光伏收购项目，总装机20MW。

2023年通过燃机互补在攀枝花市东区取得5万kW光伏资源开发权，并以此为契机与攀枝花市东区政府签订风光电发展合作协议，取得攀枝花市东区剩余8万kW光伏资源优先开发权。

2024年克服攀枝花市就地消纳困难难题，充分把握新能源建设"短平快"特点，统筹安全、质量、进度、造价等关键要素管控，确保三维车队0.8MW和西沟二期1.93MW分布式光伏项目按期投产发电，公司转型发展取得重大突破。

公司始终把大力发展风光电作为响应"双碳"目标的重要举措，始终把风光电发展作为头号工程、首要任务，以落实国家"3060"目标推动公司转型发展，以创建区域一流企业为动力，实现了公司在

攀"二次创业"。

（四）合规人员法律意识增强，风险应对能力显著提高

2024 年初，某公司就与攀枝花公司二十多年前签订的设备买卖合同纠纷向攀枝花市仲裁委员会提请仲裁申请，要求公司支付 2002 年汽轮机买卖合同剩余款项 325.7 万元，支付违约金 298.6 万元。同时向攀枝花西区法院起诉，要求公司支付汽轮机转子修复合同款项 43.4 万元，支付逾期利息 46.1 万元。公司立即成立案件处置小组，收集证据，会同代理律师制定案件处置方案和应对措施。3 月 8 日，仲裁案第一次开庭审理，公司从时效性和性能指标未达到合同规定的保证值两方面据理力争，积极应诉，取得较好成效。4 月 3 日，分别接到仲裁委员会和西区法院通知，该公司提请两案均已撤诉，化解了公司 713.8 万元经济损失风险。

四、结语

攀枝花公司深化国有企业改革，在老发电企业转型发展中加强业规融合的实践探索，筑牢了合规"三道防线"建设，推进"三不腐"体系构建，贯彻新发展理念、融入新发展格局；坚持无禁区、全覆盖、零容忍，坚持消存量、遏增量、强高压、长震慑，使每一个岗位的职工心有所戒、行有所止，合法合规。

参考文献

［1］李兰.基于国有企业合规化管理的业财融合转型探讨［J］.财务管理研究，2024（6）：169–173.

［2］许腾，张建鑫.国有企业"法务、合规、风险、内控"一体化协同管理体系建设创新思考与研究［J］.中国集体经济，2024（9）：73–76.

［3］王丽明，梁国栋.国有企业合规管理数字化转型思路探究［J］.商业会计，2023（23）：30–33.

［4］张波.供电企业内部审计合规风险管理的数字化转型与监督机制创新［J］.商讯，2024（13）：136–139.

［5］国网上海市电力公司合规课题组.关于电网企业合规管理建设的实践研究——以国网上海市电力公司为例［C］//中国企业改革与发展研究会.中国企业改革发展优秀成果 2019（第三届）上卷.［出版者不详］，2019：14.DOI：10.26914/c.cnkihy.2019.049380.

国网地市级产业单位电力工程业务
合规管理建设路径探析

林　旭　林铖宇　符冰超　颜玲雲

台州宏创电力集团有限公司

摘　要

电力施工行业属于强监管的国民经济行业，受到内外部的严格监管，依法合规无疑是电力施工企业持续发展的"顶梁柱"和"压舱石"。本文结合电力工程项目实践经验，以合规精细化为要旨，抓住"成本管理"核心，强化"过程控制"主线，突出"效益最大化"原则，让合规管理渗透到工程组织架构、承揽、施工、结算等工程项目管理全流程，以合规管理提升电力工程业务的质量和效益。

关键词

产业单位；电力工程业务；合规管理

电力施工企业处于产业链中枢，一方面，必须应对上游市场化项目的工期紧、任务重、限价低、付款慢等压力；另一方面，还需要解决下游分包单位的违规挂靠、偷工减料、管理混乱等问题。由于电力施工项目周期长、投资大、专业广、管理难，产业单位对工程经营指标的设定和考核，亦是合规管理面临的极大挑战。为此，迫切需要坚持问题导向，开展电力施工业务领域的合规管理，建立合规风险的长效防控机制，实现业规融合、业法融合，提升产业单位发展质量。

一、电力工程业务合规管理的痛点和难点

在企业合规新形势下，产业单位针对电力工程业务已开展了合规管理的探索和实践，初步建立合规管理体系，对防范化解企业经营合规风险起到了支撑保障作用。但是，随着合规管理工作的深入推进，产业单位在电力工程合规队伍建设、合规与业务融合、合规文化建设、合规数字化建设等方面的不足也逐步凸显。

（一）合规队伍配备不到位

产业单位现有合规管理人员储备较少，专业能力不强，不能有效适应当前倡导"四位一体"的"大合规"形势。由于产业单位合规管理起步较晚，大多数单位尚未配备专职合规管理人员，多由法律

专业人员兼任，因此合规管理力量不充分，难以为工程合规管理体系提供有效的人员支撑。

（二）合规体系建设不完善

部分产业单位虽然建立了合规管理体系，但合规管理体系与企业规模和施工业务复杂度不匹配，导致合规管理难以全面覆盖电力工程业务的全流程。部分业务人员仍然无法摆脱重业务、轻合规的思想，导致业务与合规"两张皮"，无法实现有效融合，合规管理"第一道防线"力量薄弱。此外，工程企业组织结构与配置仍不能满足现阶段业务承载力需要，查找影响企业竞争力、承载力和可持续发展的短板弱项，亟须构建更加科学、更具承载力的业务合规体系以防范风险。

（三）合规周期衔接不顺畅

部分产业单位内部尚未形成浓厚的合规氛围，业务人员缺乏合规管理意识和合规创效信心，在项目管理周期中，承揽环节、施工环节、结算环节的合规管理各行其是，缺乏全周期合规管理的站位，导致工程合规管理各环节衔接配合不顺畅，甚至产生合规管理真空地带，使得合规管理无法得以有效地落地。

（四）合规数字化运用不充分

部分产业单位在合规管理的数字化建设上缺乏战略驱动，对如何通过数字化手段推动企业战略落地和风险防控的思考不足。在合同管理、财务管理、项目管理等均配备信息化系统的基础上，缺乏在现有手段基础上对于工程合规管理的嵌入和集成发展，导致合规管理的效率和效果受限。数字化建设的不足容易导致过分倚重人为监控，产生舞弊风险。现有业务系统"各自为战"，使得现有信息系统中数据无法有效交互，导致信息孤岛效应。

二、电力工程业务合规管理的路径探析

（一）工程合规管理的顶层设计

1. 工程合规风险库和预警机制的建设

合规风险库的建设是合规管理的抓手，产业单位在全面梳理相关法律法规、监管规定、行业准则、公司规章制度和施工项目经验的基础上，结合各自具体情况分析风险发生可能性、影响程度、潜在后果，识别潜在不合规因素，完成工程合规风险库的编制。安全质量、审计、内控、法务四位一体联防互动，按月滚动更新合规风险库，编制发布合规信息简报，赋能合规管理。

通过梳理合规风险库，构建完善合规风险预警机制。产业单位各专业部门可根据"人事对等"原则对潜在风险问题发出合规警示函，实现常态化预警。责任部门对照预警内容落实整改措施并及时复盘总结后解除预警风险，实现合规风险预警闭环管理。通过预警机发出、措施执行再到解除，全面提升合规风险防控能力和水平。

2. 工程合规管理组织架构的搭建

合规组织的设置和职责配置需保持适当性、独立性和权威性，进而形成垂直领导、职责明确、层次清晰、上下联动、协同高效的合规管理组织架构。如台州宏创集团根据多年自身工程管理情况，构筑了"合规管理委员会—合规管理办公室—工程合规重点工作小组"三级管理体系。合规管理委员会

负责组织领导、统筹协调，指导、监督和评价合规管理等工作，通过规章制度建立工程建设合规管理"三道防线"。

业务部门及职能部门为第一道防线，负责工程领域日常合规管理和落实工作，履行自我预警、自我审查、自我报告、自我管理等职责，将风险控制在第一线。合规管理部门为第二道防线，根据职责为企业各项工作提供合规支持，组织、协调、监督公司各部门开展合规管理工作，及时拦截第一道防线的疏漏，纠正风险和合规性问题。安全质量、审计、内控、法务四位一体联防互动构建第三道防线，在职权范围内开展监督、调查、追责职责，督战合规要求落实情况，做合规管理的"执剑人"。

3. 工程合规管理制度的构建

只有将工程合规管理理念融入制度，将制度嵌入工程业务流程，并通过信息化使流程在经营活动中运转起来，才能将合规落到实处。产业单位应以组织架构、工程建设程序、资产保护、不相容岗位分离、供应商管理等为电力工程业务合规管理的立足点，结合合规风险库，制定合规管理总则、电力工程施工合规管理指南、分包商合规管理等工程合规管理制度，并充分运用巡视审计整改成果对专项合规管理制度进行完善、更新。以客户服务管理为例，探索建立客户服务团队合规管理制度，实施客户工程全过程柔性管理机制，通过客户经理、项目经理、技经造价、工程建设跨专业协同合作，按照项目分片包干、流程负责、绩效内部考核模式运作，实现客户合规管理制度的迭代升级。

（二）工程合规管理的项目实施路径探析

面对电力工程合规管理长周期性和专业多样性的需求，工程合规管理应探索以各专业人员充分参与的横向架构，融合以项目全生命周期分阶段的纵向结构，实现工程合规管理的全覆盖。其中，各专业部门通过"月度交叉检查"识别过程风险、专业风险，实践"横向"专业与"纵向"阶段的联通，实现"检查—整改—帮助—渗透—提升"的闭环处理，以合规管理提升项目管理的质量和效益。

1. 发挥专业引领，工程承揽合规管理

在工程承揽环节，委托方主要通过招标采购或者直接委托的方式选定施工单位。以招标方式为例，施工单位投标团队首先要对项目要进行严格的投标评审和合同评审，基于行业定额具体化后的企业内部定额，结合具体工程情况及市场行情，对项目目标成本、管理方式及利润进行测算，根据招标文件要求响应资信、技术条件并合理报价。其次，电力施工单位亦需关注委托方的资信、合作方的资信和能力情况，及时关注资质、资信和现金流三大关键指标，实时保持承揽环节合法合规，做到"有所为有所不为"。最后，电力施工单位在合同签订阶段，要善于利用中标与签约的时间差，积极与委托方开展合同谈判，充分利用国家政策、法规规章、拟签合同的模糊条款，与委托方进行合同谈判，逐步做到重大风险销项。对于可能存在风险的重大项目，应委托第三方机构对项目或委托方开展背景调查，以防范后续的施工合规风险。

在此环节中，同样需要秉持合规体系、制度建设为引领的原则，在工程承揽管理制度的基础上，进一步细化、编制《客户风险防控手册、指导手册》《工程领域合规管理红线（底线）清单》等，划定承揽环节的行为准则和红线，厘清合规风险、划分风险等级、落实岗位职责，制定防控标准措施，有效结合各专业参与的月度交叉评价实现风险应对动态调整。

廉政风险是电力工程企业在工程承揽环节的典型风险。严格构建廉政风险防范体系，持续完善指定设备材料内控、商业优惠分级授权内控，通过实行典型设计、集中采购、五项约谈机制等方式，有效破解"一管就死，一放就乱"难题，防范小微权力引发廉政合规风险，实现承揽环节提质增效。

2. 稳步有序推进，工程施工合规管理

贯彻物资采购监管机制。物资向下采购是工程合规风险管控的重要环节，为此电力施工单位可通过实施公开招标"三比对"、两阶段采购"三公开"和"三随机"等，以阳光操作确保招采过程合规，实现采购结果零异议和零投诉。电力施工企业应进一步明确物资到货全流程监管要点，保证物资入网安全。通过探索推进物资全周期数字化监控，专岗负责物资进场、入库、出库、废料处理工作，定期复盘重点项目物资，实现物资使用合规。

创新分包队伍管理机制。探索制定《年度分包入围工作方案》《星级分包商培育选拔实施指导意见》等，以"施工班组骨干＋核心分包商"工作要求为基础，建立星级分包商培育选拔工作机制，多部门参与现场考察和资质认证，实现对分包队伍入围资格标准化监督，杜绝挂靠、违法分包等现象。在分包实施环节，以加强分包队伍考核为中心，分级设置"蓝黄橙红"四级处罚标准，落实警示约谈、经济处罚、停工整顿、限制招标等考核结果反馈，对于破解分包队伍"小、散、乱"难题有显著意义。

落实施工关键节点把控。电力施工企业按工程关键节点时限把控要求，优化工程网络施工图，落实风险管控责任，提前做好防控措施落实和工作标准明晰，外部督导检查与项目内部闭环管理联动，加强合规管理过程和结果考核，实现合规风险"压存控增"。

严格签证管理与验收管理。在施工过程中，电力施工企业在签证管理与验收管理工作应以供应商合同履行为主线，制定签证和验收的标准并规范审批流程，明确签证和验收责任人，强调项目跟踪审计监督，践行合规管理要求。

3. 摸索融合路径，工程结算合规管理

推行"源头"与"流域"联动治理模式，促进业务全流程衔接合规。对于多数电力施工企业而言，合同文本起草部门与合同履约部门脱节，不同业务部门间缺乏有效交底，导致"管合同不管履约"和"管履约不管合同"难题。在"源头"管理中需强调规范合同文本标准化、特殊条款差异化，严格审核程序，打通交底流程；在"流域"治理环节强化过程交底，对重要履约节点实现多专业共同参与，实现履约全过程监控，确保合同执行符合预期，着力变革"重结算、轻进度"的管理习惯，为工程结算合规夯实基础。

推行单项目成本核算，以单项目质效提升带动整体合规管理。研究《单项工程成本核算分析用户操作手册》，明确成本计算标准，统一管理成本分摊规则，自动归集各项目成本，连通 ERP、物资、项目等业务模块及工程业务子系统，实现单项工程利润统计分析，提升项目精细化管理水平，支撑企业合规经营。

推行劳务分包工程量综合单价结算模式，以结算模式变革防范违法分包风险。探索编制《工程劳务综合单价企业定额》，变更工日倒算法为工程量结算法，打破"背靠背"结算模式，降低工程分包费用，合理确定劳务分包结算价格，提升分包结算效率。

推行全过程账款清收支付时效管控体系的建设，保障成本控制合规。电力施工企业可以通过制定往来款台账管理标准，明确款项催收、律函询证、诉讼纠纷等时限规定；通过全面推行分包预算工作机制，加强源头管控，防范成本失控；通过分类制定项目结算编制、送审、审定时效要求，出台结算时效规定；实行结算复审工作机制，重点焦点项目纳入二次审价，防范结算合规问题；探索推行技经造价一体化管理平台，实现预结算编制审核线上化、数字化，确保工程结算管理合规。在结算工作全部完成之后，还要及时地总结经验教训，针对现存的问题采取有针对性的控制措施，并对相关的管理制度进行完善、对管理流程进行优化。

推行历史账务清欠工作，实现应收账款回收合规。已完工未结算遗留工程结算专项行动是破解

经济下行历史账务的有效途径。在机制建设方面，企业可以通过建立主产协同清理机制，将清收事项纳入公司督办单，责任到人、分解到周、晾晒督办、评价考核，完成清理工作有效经验的总结；在人员组织方面，企业组建应收账款和遗留工程清收专班，重点项目由领导班子亲抓亲督，根据欠款原因"一组一账一策"逐笔攻坚销号；在信息化渠道方面，企业应当善用信息化管理平台，线上抽查和线下核查双管齐下，使新增数据与现场实际保持一致，实现数据真实性和有效性。

4. 以信息化引领变革，新型数字生态工程建设

电力施工企业多已完成了合同管理系统、财务系统、项目管理系统、客户办电服务系统等建设。在此基础上，电力施工企业可以通过融合并打通已有系统，以工程项目生命周期为合规管理周期，在现有合同管理、财务、项目管理等系统中设置链接，增设风险监测、预警栏目，在工程建设不同的时间节点中嵌入合规风险提示、合规管理要求、合规检查评测等子项，完成工程合规管理系统的搭建。

工程合规管理的数字化有助于简化流程、优化模式、加强监管、提升效率，结合项目管理统一的规范和标准，整合当前各单位电力工程项目业务管理经验，支撑各类工程现场全过程专业化管理、标准化管控、流程化执行、差异化应用，集成不同业务系统实现一体化应用。贯通了各业务部门信息渠道，解决了项目进度信息收集难、环节催办提醒难、现场施工管控难三大难题，实现了流程节点全记录、超时环节全提醒，打破了业务部门间合作壁垒，破解了合规管理时效性难题。

三、结语

工程领域是电力施工企业合规管理中的重点领域，在"大合规"时代背景下，仍存在合规队伍建设、合规与业务融合、合规文化建设、合规数字化建设不足等普遍问题。以工程合规管理作为蓝本，对于推动企业其他业务合规建设、降低合规风险及损失、提升企业形象等具有深远意义。只有不断总结经验并更新迭代，才能适应市场，实现企业的长远发展。

参考文献

［1］苏成，叶陈丹.500kV 输变电工程合规性管理研究［J］.建设监理，2022（1）：71–72.

［2］蔡莹莹.施工工程结算技巧及注意事项［J］.建筑与预算，2021（5）：3.

［3］任爱萍.施工工程合同管理与成本管理及其控制策略［J］.营销界，2021（20）：153–154.

［4］徐希文.对当前国际工程合规管理的几点思考［J］.施工企业管理，2021（1）：78–80.

［5］李嘉善.施工工程款项财务清收清欠的问题与对策研究［J］.财经界，2020（14）：126–127.

科学运用风险矩阵搭建 PDCA 闭环管理的合规运行机制

李海滨　温起　焦赞

陕西德源府谷能源有限公司

摘　要

陕西德源府谷能源有限公司借鉴国内外先进经验和做法，科学运用风险矩阵方法，以合规义务识别、合规风险评估、合规风险数据库、合法合规审查、合规风险处置、合规风险监测等六个方面为抓手，搭建了 PDCA 全面质量闭环管理的合规运行机制，使企业合规风险管理与安全生产、增收创效等中心工作充分融合，合规管理工作贯穿生产经营管理全流程，管理水平再上台阶。

关键词

国有企业；合规管理；风险矩阵；PDCA

2023 年是扎实推进中国式现代化的开局之年，是"十四五"法治建设规划和"八五"普法规划承上启下的关键一年。陕西德源府谷能源有限公司（以下简"府谷公司"）的上级单位国神公司发布了《国神公司 2023 年法治合规工作要点》，要求以习近平法治思想为指导，积极贯彻和执行集团公司关于法治和合规工作的各项安排与要求，着力构建合规管理体系，持续完善法律风险防范机制，加快培育法治合规文化。

在合规运行机制建设方面，府谷公司曾存在合规风险识别、评估不到位，预警不及时的现象，在将合规审查融入核心业务运营方面尚需加强，合规审查在生产经营决策中的影响力需要进一步提升，在合规管理体系的创新和前瞻性研究方面的投入尚显不足，需要加大力度，以确保合规性原则能够全面而深入地融入企业运营的每一个环节，从而提高决策的质量和企业的可持续发展能力。为此，结合企业经营发展实际，府谷公司依据风险矩阵评估技术，以合规义务识别、合规风险评估、合规风险数据库、合法合规审查、合规风险处置、合规风险监测等六个方面为抓手，搭建 PDCA 全面质量闭环管理的合规运行机制。

一、主要做法

风险矩阵即国家标准《风险管理风险评估技术》（GB/T 27921—2011）中提到的风险矩阵评估技

术，是用于识别风险和对识别的若干风险进行优先排序的有效工具，有助于直观地显现风险的分布情况，确定风险管理的关键控制点和风险应对方案。

PDCA全面质量闭环管理分为四个阶段，即计划阶段（Plan）、执行阶段（Do）、检查阶段（Check）和行动阶段（Act），在合规运行机制搭建的过程中，要求把各项工作按照作出计划、计划实施、检查实施效果，对总结检查的结果进行处理，对成功的经验加以肯定，对于失败的教训进行总结并引起重视。

（一）全方位管理：企业合规义务全面识别与有效管理

合规风险是未遵循合规义务而发生的可能和后果，识别合规义务是合规风险评估的先决要件。合规义务的来源为府谷公司业务开展过程中所适用的合规规范，包括具有强制执行效力的合规要求与基于自主意识表示作出的合规承诺（见表1）。

表 1　　　　　　　　　　　　　合规要求与合规承诺

序号	合规要求	合规承诺
1	适用的法律法规、行政规章、规范性文件、地方性法规规章、司法解释等	府谷公司与第三方企业之间签订的合同与协议
2	强制性标准	府谷公司所在行业的自律性规则
3	行业监管规则	府谷公司自愿性对外承诺
4	行政许可和授权	府谷公司内部合规规范、制度
5	法院判决和行政决定	道德规范
6	商业惯例	—

府谷公司基于上述合规要求，围绕企业主营业务，梳理重点合规领域如下：①公司治理与国资监管（涵盖公司治理、投资担保、国资监管领域）；②生态环保（划分大类及小类，大类如环境保护法，小类如煤矿开采、土壤相关、固体废物处置相关等）；③建设工程；④招标采购类；⑤安全生产；⑥市场交易（涵盖反垄断、反不正当竞争、诚信合规领域）；⑦劳动用工；⑧财务税收；⑨知识产权。

依据上述合规风险管理的目标领域，收集梳理该领域的相关合规规范，并根据合规要求与合规承诺进行分类，建立合规风险管理信息库，并根据行业监管部门的监管重点及府谷公司经营管理具体情况，逐项、逐条进行梳理、分析，甄别府谷公司合规风险管理目标领域需要遵守的合规义务，制定合规义务清单。

（二）全视全控：合规风险评估与全方位控制策略

1. 合规风险识别

为全面、准确、系统地识别合规风险，构建符合企业自身经营管理需求的合规风险识别框架，通过访谈调研、问卷调查、内部审计、员工举报、合规管理评估等多种方式，广泛搜集可能存在的合规风险信息，对收集到的合规风险信息进行确认、分类和整理，并对合规风险产生的原因、发生可能性、潜在后果进行深入分析和总结后形成针对性清单（见图1）。

根据公司实际情况对经营过程中所涉及重要事项分类归纳

重大事项风险识别清单				
序号	重大事项		重大合规风险识别	重大合规文件索引
	大类	小类		
1				
2				

该事项中存在的主要合规风险

该事项所涉及的重大合规文件，包括法律法规、部门规章及规范性文件、司法解释和陕西省规定等

图 1　重大事项风险识别清单

2. 合规风险分析

府谷公司就各类事项不合规的原因、来源、不合规事项发生的可能性、后果的严重程度进行研判，对识别出的合规风险进行定性、定量的分析，形成国家能源集团 2024 年风险分类表（见图 2），其中包含战略风险、财务风险、法律风险、市场风险、运营风险、其他风险等 6 个一级风险，在一级风险的基础上对相关合规风险再进行划分，形成了 38 个二级风险和 155 个三级风险，为合规风险的评估和应对提供了坚实的基础和有效的指导。

合规风险分析表											
基础信息区					发生的可能性				影响程度		
风险代码	风险名称	风险描述	产生原因	风险等级	高 5	中 3	低 1	无 0	大 9	中 5	小 1	无 0

图 2　合规风险分析表

3. 合规风险评价

在合规风险分析的基础上，对合规风险进行不同维度的排序，包括合规风险事件发生可能性、影响程度及风险水平，以明确对府谷公司的影响程度。通过建立科学合理的质量体系、加强监督检查工作、深入分析问题原因和影响范围、建立明确的质量评价标准和合理的评价方法、制定明确的质量提升目标和计划，进一步明确了需要特别关注和优先处理的合规风险，实现对合规风险的全方位评价与控制。

（三）规避经营陷阱：构建全面合规风险数据库

为深入贯彻习近平法治思想，落实全面依法治国战略部署，紧扣"着力增强企业核心竞争力，推动国企做强做优做大"工作要求，聚焦体系建设关键抓手、能力提升关键目标、重点工作关键环节，

创新工作机制，细化工作举措，加大工作力度，全面建设企业合规管理体系，完善合规管理制度，在合规体系建设重点领域、关键环节取得突破性进展，促进提升企业整体的法律遵从性和合规管理能力，府谷公司结合主营业务情况，围绕企业制度等内部文件，结合合规义务识别、合规风险评估的重大合规事项进行风险识别后形成针对性清单，适用于企业及企业的全体员工，贯穿府谷公司生产经营活动的全流程、全周期。且更为重要的，合规风险数据库信息不是静态的，合规风险事项会随着企业内外部情况的变化而改变，故而建立合规风险数据库的动态识别和报告机制，以便及时跟踪法律法规、监管要求及其他合规要求的出台和变更，以确保合规风险数据库内容的及时性和有效性。

（四）合规审查融入核心流程：发挥三道防线实质作用

严格落实"三项重点工作"合法合规性审查，加强对规章制度、经济合同、重要经营决策的事前合法合规性审查和联审联签，发挥"三道防线"的实质作用。

合规管理的第一道防线为各业务部门。在日常运作中，各业务部门既是规章制度的坚定执行者，也可能成为违规行为的高发地带。因此，业务部门对于确保合规管理的有效性承担着不可推卸的首要责任。为避免因业绩导向等原因在合规管理上落实不力的情况，府谷公司业务部门致力于深化合规管理，通过持续的自我提升和内部强化，确保合规性在业务操作中的全面落实。通过设置合规管理联系人，密切关注行业监管规则的最新动态，建立一套完整的闭环管理流程，确保业务的每个环节都符合合规要求等方式，做好业务合规初审和各种"规"的跟踪与落实。法律、合规、内部控制和风险管理为第二道防线。通过开展合规审查、合规风险识别、定期对合规风险进行评估，建立合规监督机制，定期组织合规培训，营造合规文化等方式为府谷公司各业务活动提供合规支撑。纪检办公室和审计部门在职权范围内履行第三道防线职责，也是企业合规的最后一道防线。通过定期审计，强化合规管理后评估，监督风险隐患，推进问题整改，以此促进合规管理能力的持续提升。

通过发挥三道防线实质作用（见图3），并严格落实"三项重点工作"合法合规性审查，府谷公司力争完成审查范围重要领域全覆盖、工作流程完整清晰明确、事后监督管理机制科学高效的目标。

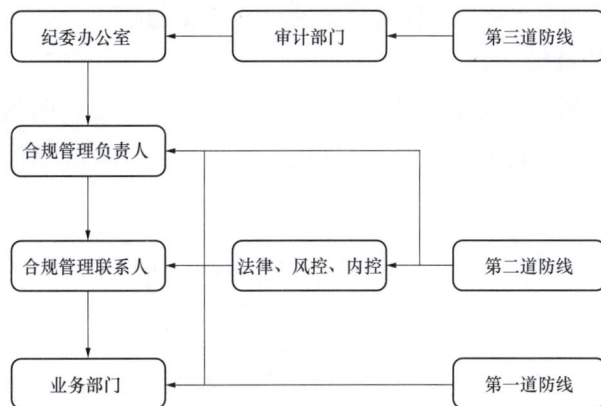

图3　合规管理三道防线

（五）合规风险处置：策略布局与危机管理

合规风险处置直接关系到企业的稳健运营和可持续发展，对于保障企业的长期利益和社会责任具有重要意义。在应对合规风险时，根据 PDCA 全面质量闭环管理的合规运行机制，从以下几个方面进行：

1. 合规风险应对计划

合规风险是现实、具体和纯粹的风险，一旦发生只会给企业带来法律制裁和财产以及声誉的损失，合规风险应对计划应根据所面临的合规风险具体情况，根据规避、消除、降低合规风险的不同目标选择不同的应对计划。

2. 制定合规风险应对具体举措

面临合规风险时，结合现状分析并选择风险应对计划后，按照如下方式制定合规风险应对具体举措（见表2）。

表2　　　　　　　　　　　　合规风险应对具体举措

序号	类型	内容
1	资源配置类	设立或调整与合规风险应对相关的机构、人员、经费
2	制度规范类	制定或完善相关的制度、流程
3	标准规范类	针对特定的合规风险，编写标准、规范性文件
4	技术手段类	利用技术手段进行规避、降低或转移合规风险
5	信息类	发布合规风险事件的预警信息
6	活动类	通过开展专项活动，规避、降低或转移部分合规风险
7	培训类	开展合规风险培训与宣传，培养相关人员的合规意识，增强合规风险管理技能

3. 合规风险应对措施的执行

在执行合规风险应对措施时，重点关注是否存在合理有效的机制保障应对措施的完美落地，通过具体实施机构、人员的安排；明确责任分配及奖惩机制；明确报告、监督及检查的要求；明确资源需求和配置方案；明确实施时间表等方式，保障合规风险应对措施的到位执行。

4. 合规风险管理成果的升华

合规风险管理完成后，根据分析结果以及应对整改的必要，对公司现有规章制度、管理流程、合同协议等进行整改，通过健全完善组织体系、制度体系、指标体系和激励机制，推动对标管理常态化，以对标一流持续推动高质量发展。

（六）合规风险全景管理：建立企业预警与实时评估机制

为实现企业合规风险的全景管理，做到风险预防和早期识别、提高响应速度、优化业务连续性、加强资源配置优化，企业应根据其特定的需求和可用资源来制定相应的策略和行动计划，建立重大合规风险预警与实时评估机制；并根据内外部合规风险环境变化的监控结果及时发布合规风险预警信息，制定相应的应急预案，避免合规风险演变成为合规风险事件的可能。府谷公司在推进合规管理信息化建设的同时，结合公司实际情况，落实近期工作，明确中期规划，树立远期目标，分级分步完成合规管理信息的数据化、扁平化、智能化。将合规管理信息的数据化作为近期工作，结合实际将岗位合规职责清单、合规风险清单、合规审查流程管控清单、"三项重点工作"合法合规性审查工作机制及流程、合规信息库、合规管理制度等数据信息纳入信息系统；将合规管理信息的扁平化作为中期规划，结合行业监管等实际情况，加强合规管理信息系统与财务、投资、采购等其他信息系统的互联互通，数据共享共用；将合规管理信息的智能化作为远期目标，将企业预警与实时评估机制嵌入信息系统，强化过程管控，充分利用大数据等技术，加强对重点领域、关键环节动态监测，实现合规风险及时预警、快速处置。

二、实施效果

（一）规范引领：重视合规制度建设，构建合规运行坚实框架

府谷公司紧密结合自身业务特点和实际需求，建立起一套实用、系统、科学的合规管理制度，591项制度全面覆盖企业经营管理的各个关键环节，包括但不限于人力资源管理、财务管理、科技环保、安全生产、合同管理等方面。同时，制度明确了各项规定的具体内容、适用范围和执行标准，确保员工在日常工作中能够清晰地了解和遵守相关规定。在构建合规管理制度体系的过程中，府谷公司注重制度的可操作性和实效性，避免制度过于烦琐或笼统。通过把牢制度修订关、每月定期开展制度宣贯会等，使各项制度具体、明确、易于执行。此外，积极开展年度制度修订计划，保持制度与时俱进，随着法律法规和监管要求的变化及时调整和完善，确保合规管理制度始终与企业发展相适应。

（二）精益求精：优化合规管理流程，筑牢合规审查坚实堡垒

府谷公司依托法律专业机构，加强对经济合同、制度、重大经营决策事项的审核。2023年度出具法律意见书221份，法律审核率达到100%，并积极推进合规体系建设，合规管理办法已修编完成，收集合规管理体系建设基础资料6项。通过优化和完善党委前置事项清单、构建规范权责体系、优化部门权责和岗位职责，府谷公司更大限度地挖掘煤电一体化企业管理效能优势，从而带动企业安全生产、经营管理、党建融入、品牌聚力等实现新的跃升。在新一轮改革深化提升与加快建设世界一流企业的大背景下，府谷公司不断改进完善优化公司治理模式，推动具有中国特色的国有企业在现代公司治理方面的效率和效果得到充分显现。

（三）法治赋能：建立合规运行机制，社会与经济价值双丰收

伴随着合规运行机制的构建，作为国家能源集团"双联营"示范项目及国神公司2023年煤电联营先行试点单位，府谷公司锚定"创建煤电联营专业化示范企业标兵"目标要求，笃定目标、细化举措，统筹推进安全环保、能源保供、绿色升级、改革发展、管理提升、协同创效，迈出了高质量融合发展新步伐。公司立足"以煤炭保能源供应，以煤电保电力稳定，以新能源保长远发展"的基本路径，锚定"当好国神公司的保供主力军、创效排头兵、发展稳定器、人才孵化池"的职能定位，推进"两个联营"融合走深走实，特别是在能源保供方面彰显央企担当。2023全年发电量142.62亿kW·h，超计划11.41%；煤炭产量986.67万t，超计划9.63%。2024年一季度，电力生产完成36.7亿kW·h，超时间进度3.51亿kW·h；煤炭产量完成257.68万t，超时间进度32.6万t；电力生产和煤炭产量均实现2024年一季度"开门红"。

在构建合规管理体系的新征途上，府谷公司将坚持以习近平新时代中国特色社会主义思想为指导，深入学习贯彻党的二十大精神，深刻践行"四个革命　一个合作"，以增强核心竞争力和提升核心功能为主要目标，全面贯彻落实国家能源集团"一个目标、三个作用、六个担当"发展战略和"41663"总

体工作方针，坚定不移深化功能使命性和体制机制性改革，聚焦"做精煤电联营课题，总结一套可持续可推广可示范的经验和标准"职责使命，以争当国神公司煤电联营专业化示范企业标兵的冲劲，通过深化煤电一体改革，打破体制机制障碍，释放市场活力，积极推动能源产业的健康、绿色可持续发展。

参考文献

[1] 杨斌. 新形势下国有企业合规管理体系建设研究［J］. 江西师范大学学报：哲学社会科学版，2020，53（4）：96–102.

[2] 滕庆红. 国有企业风险、内控、合规、法务一体化建设的若干思考［J］. 法制博览，2024（7）：70–72.

[3] 仇斌. 国企合规管理体系建设创新研究［J］. 现代商业，2024（6）：74–77.

[4] 杨磊. 习近平法治思想引领国有企业法治合规建设新格局［J］. 现代企业文化，2023（13）：26–29.

[5] 宋琦. 国有企业加强合规管理体系建设的策略探讨［J］. 企业改革与管理，2023（23）：39–41.

以"两加强四聚焦"助力建成
世界一流法治企业

——南方电网云南电网公司深化法治央企建设实践

李慧丽 陈宗林 汪 飞 吴 峰

南方电网云南电网有限责任公司

摘 要

南方电网云南电网公司紧紧围绕"法治能力达到世界一流，建成法治央企"一个目标，"全面推进公司各方面工作法治化"一条主线，突出"依法治理、依法经营、依法管理和依法办事"四个重点，推动"公司法治格局向引领行业法治和助力法治社会建设，公司法律业务向标准化数字化集约化"两个升级的"1142"工作思路，加快法治云网建设。本文从工作背景、工作举措、工作成效、经验启示四个方面系统论述南方电网云南电网公司依法治企的实践做法。

关键词

党的领导；依法治理；依法经营；依法管理；依法办事；法治队伍建设

一、工作背景

国务院国资委于 2015 年印发了《关于全面推进法治央企建设的意见》，提出了"治理完善、经营合规、管理规范、守法诚信"的法治央企建设目标，并要求地方国有资产监督管理机构参照意见，积极推进所出资企业法治建设。南方电网云南电网有限责任公司（简称公司）于 2017 年开展法治央企建设三年行动，2020 年组织自查，持续改进。国务院国资委于 2021 年印发了《关于进一步深化法治央企建设的意见》，提出了"健全五体系，提升五能力"的法治工作要求。公司贯彻落实法治央企建设要求，于 2022 年提出建设五型企业（即本质安全型、绿色低碳型、创新型、学习型、法治型企业），将法治型企业建设纳入公司战略议题，制定了实施方案。2023 年，南方电网公司党组发布了进一步加快法治南网建设的意见，公司承接南方电网公司党组的意见，制定了加快法治云网建设实施计划，从"两加强四聚焦"6 个方面深入开展法治型企业建设。

二、工作举措

（一）加强党的领导，发挥"关键少数"引领作用

1. 全面学习贯彻党的二十大精神和习近平法治思想

一是通过三会一课、主题党日、支部联建等形式，学深悟透党的二十大精神和习近平法治思想，通过"读原著、学原文、悟原理"推动政治理论学习入脑入心入行。二是以党的二十大精神和习近平法治思想指导法治工作开展。加强领导干部培训，促进领导干部履行法治建设职责，致力全面风险管控，保护公司价值，践行为民办实事理念，走好新时代全民普法的群众路线。

2. 健全党领导依法治企的机制

一是在章程中明确党组织职责权限、机构设置、运行机制，将国有企业党委"把方向、管大局、保落实"的领导作用写入章程。二是将依法治企重大事项作为"三重一大"决策事项，纳入治理主体权责清单，以"制度审议""综合审议""一事一议"三种方式落实党委对重大涉法事项的前置研究讨论。"制度审议"是指针对某类决策事项事先制定好相应制度，对事项的提出、研判、决策等过程进行规范，再以党组对制度的审议，履行对该类别事项的前置研究讨论；"综合审议"是指在具体项目严格遵循综合计划的前提下，党组以对工作整体计划的审议，履行前置研究讨论的职责；"一事一议"是指上述两种方式不能覆盖的重大经营管理事项，按"一事一议"的方式前置研究讨论。三是定期将依法治企相关内容纳入公司党委理论学习，中心组学法每年不少于2次，且由公司总法律顾问亲自授课。四是建立党委会定期听取法治工作汇报制度，定期将法治工作汇报列入公司党委会议题。

3. 促进领导干部履行法治建设职责

一是梳理形成领导干部法治建设履职清单，将法治建设情况纳入各级领导干部综合考评。二是通过征文、成果发布、交流座谈等形式，组织各单位法治建设第一责任人交流学习推广法治型企业建设优秀实践。三是开展领导干部法治建设"六个一"（公司各层级领导班子成员每年要开展一次法治宣传教育，组织一次重大决策法律论证，开展一项重大法律风险管理，组织或参与一宗法律纠纷案件处置，年度述职时一并述法，组织开展一次对下属单位法治建设情况的检查）工作，制定相关实施方案、计划指引，总结提炼并推广各级领导干部以法治思维和法治方式推进工作的优秀案例。四是完善公司领导人员管理办法等制度，把依法办事、依规经营作为考察使用干部的重要依据。

（二）聚焦依法治理，建立健全公司治理体系

1. 推动董事会和经理层规范运行

一是加强董事会出入库管理，动态调整子企业董事会应建尽建范围。二是做实会前沟通与预审，涉及公司战略落地的重大决策，在议题酝酿阶段即向外部董事汇报沟通，充分发挥外部董事"外脑"作用。三是推动外部董事与企业现职领导人员双向交流，开展外部董事履职能力培训，提升外部董事履职能力。四是建立董事会观察员制度，编制董事会考核评价规则，开展董事会年度评价。五是分类构建经理层考核指标库，"一岗一策"分解到经理层成员，赋予经理层更充分的自主权。

2. 加强职工民主管理

一是将职工代表大会列为公司治理主体，设计"1+5"治理主体〔"1"是指国有企业党委（党组），"5"是指股东会、董事会、监事会、经理层、职工代表大会〕权责界面。二是重大决策听取职工意见，涉及职工切身利益的重大问题须经职代会审议，保障职工代表有序参与公司治理。三是将民主

管理工作要点纳入公司工会年度重点工作计划及工会工作指导手册。

3. 优化法人层级治理

一是创新权责清单"一张表"管理，整合治理主体权责清单、法人层级权责清单、议事协调机构权责清单，明确各治理主体权责事项。二是公司治理形成常态化管控机制，实现治理运行监测全覆盖，建立公司治理典型问题库。三是持续开展公司治理示范企业创建活动，积极参评南方电网公司治理优秀企业，创建治理示范样板。

（三）聚焦依法经营，筑牢经营合规底线

1. 推动内控合规体系建立健全与运行

一是建立内控风险合规体系。精简优化议事机构，由全面依法治企委员会统领公司法治型企业创建、内控风险合规体系建设等法治工作。以制度固化各治理主体、"三道防线"内控风险合规职责，促进各层级各岗位履职尽责。全面建立责任追究体系，编制印发公司处分清单，整合并实现了公司处分的"法典化"。二是推进内控合规机制健全完善。持续健全业务流程体系，重塑企业架构，重构业务流程。不断完善流程责任体系，依托业务流程体系成果，全面梳理关键风险点，并同步推行责任到人、责任到岗。建立健全剩余风险管控机制，做实重大决策法律合规审核。三是推动内控合规体系运行。按季度开展制度与外部法律法规的符合性比对，及时提出制度修订要求，推动法律法规或监管规定内化为各业务领域制度要求。定期开展全级次、全领域、全方位合规风险排查，建立合规风险排查整改清单，制定整改措施并实施到位。结合公司经营实际，及时针对分布式电源并网、充电桩建设等业务出台合规指引，明确合规管理要求，助力化解业务难题。

2. 健全合同全生命周期管理

一是建立"1211"体系（"1211"体系，第一个"1"是指招标采购合规指引，"2"是指招标方案法律审查标准和定标会法律审核标准，第二个"1"是指评标现场咨询"问答库"，第三个"1"个采购典型案例库），为招标采购提供"全方位"法律服务。二是分类建立合同审核清单库、风险规则库和履约监控规则库，编制合同履行合规指引、合同签订和履行抽查标准、常见合同纠纷案件证据清单，防范合同签订及履行风险。三是加强采购、合同审核等签约前关键节点时长管控，将合同签订及时率、合同签订平均时长等合同关键指标考核要求纳入各部门、单位绩效评价。四是持续开展合同管控工作，严格对照合同签订、履行质量抽查标准清单，每周对重大合同履约情况进行抽查，组织各单位每月对合同情况进行交叉抽查，每季度对各单位合同管理情况进行通报。五是建立"11584"（即落实1个主体责任、运用1个数字化平台、发挥5项监督合力、规范8类合同管理、固化4个保障机制）合同履行管控机制，实现合同履行管控常态化、长效化，依法保障公司合法权益。

3. 加强法律纠纷案件全过程管理

一是开展事前风险防范。建立法律风险预警机制，编制法律案件预警通知、法律意见书、工作指引等，为业务部门、各单位防范风险提供支持。建立每月一提示机制，按月下发合规风险提示书，分析合规风险，提出管理建议，堵塞管理漏洞。二是做好事中纠纷化解。设计案件全过程管控表，全周期管控纠纷案件。建立重大案件督办机制，按周、按月定期跟进重大案件进展情况。加强案件诉前分析，针对疑难、典型案件和重大案件，开展诉前沙盘推演或攻防演练。建立包括律师函、支付令、小额诉讼、先予执行等在内的法律武器库，明晰各类法律武器的适用条件、程序、要求和触发机制，以法治方式助力解决电费回收、涉电公共安全等问题。三是落实事后总结问责。推行一案一总结，编制结案报告，揭示个案中暴露的管理问题，做实内控缺陷识别。编制典型案例、典型问题库及制度优化

意见库，编制类案办理指南。开展案件问责，对负有管理责任的法律案件，开展调查并进行问责。

（四）聚焦依法管理，强化制度体系运行

1.加强科学立制

一是构建以章程为龙头的制度体系，制定规章制度管理规定，明确制度管理要求，形成术语库、职责库、核心条款库等结构化成果。二是开展制度简明化工作，编制横向匹配公司业务蓝图、纵向穿透各级组织的"4纵25横"规章制度图谱，压减制度总数。三是制定并动态修订公司制度"废、改、立"计划，增强立制的系统性、整体性、协同性、时效性。四是建立制度合规审查复核机制，完善制度专家审查机制，充分利用法治专家库，开展制度实质性审查。

2.推动严格执规

一是全面贯彻落实南方电网公司责任追究体系要求，设立各层级处分委员会，组织领导、统筹协调各部门、单位执行公司责任追究相关工作。责任追究体系包括《公司责任追究管理规定》和公司处分清单。《公司责任追究管理规定》是统领体系的基本规范，公司处分清单是责任追究管理规定的具体化规定，涵盖了公司各业务领域共354种具体处分情形。二是规范追责工作流程。按照"受理、调查、审议、决定、执行"等环节相分离要求，以标准化流程保障规范追责。三是跟踪评估责任追究制度及公司处分清单运行情况。根据执行情况审视现行制度、流程中存在的问题并动态调整。四是按季度开展新上岗人员制度测评。制度测评率达100%。

3.做到违规必究

一是严格开展制度执行监督检查，构建制度起草部门职能监督、归口部门全面监督、监督部门专责监督的制度执行监督体系。二是通过数字化手段监测制度执行情况，强化数据智能化趋势分析和指标异常监控。三是开展制度执行到位标准研究，健全完善制度监督评价标准，建立制度反馈优化机制，推进制度内容可理解、流程可操作、执行可评价。

（五）聚焦依法办事，树立守法诚信形象

1.深入推进信用体系建设

一是制定并落实公司信用管理体系建设实施方案，建立信用评价应用、监控报告和动态修复等机制。二是参与电力用户信用评价研究，推动出台云南省电力用户信用分类评价规范性文件。三是积极参与信用体系建设示范企业申报和中电联企业信用评级，打造信用良好企业。

2.引领行业法治体系建设

一是作为云南省示范点，连续四年举办云南省"宪法进企业"示范活动暨"云电法治周"活动，对内协同公司各业务部门，对外联动政府、法院等各单位，组织实施法律法规培训、法治宣传教育、依法治企经验交流等集中活动，全省各单位同步开展优化营商环境、涉电公共安全等法治宣传和"宪法七进"（即"宪法进农村""宪法进社区""宪法进学校""宪法进企业""宪法进机关""宪法进军队""宪法进网络"）实践活动，深化企业、行业、社会"三融合"普法格局。二是通过"能源法治沙龙""能源普法进社区"等主题活动，与外部主体协同普法、开展立法执法专题研究，以企业法治建设推动行业法治、社会法治建设。

3.培育全员守法氛围

一是落实省委省政府普法强基专项行动要求。积极开发并录制课程，关于酒驾醉驾的课程入选省普法强基法治精品课。开展"送法下基层""我为群众办实事，法律服务在身边"等活动，为各单位提

供法律咨询、法律巡诊等服务，培养电网企业"法律明白人"。二是探索形成"12334"普法模式，推动"单向式灌输型"普法向"互动式服务型"普法转变，提升普法针对性和实效性。即打造一个全媒体普法平台——"法治云电"企业微信公众号，抓好两类关键性普法受众——干部和员工，培育三支专业化普法队伍——法律内训师、各专业领域普法骨干、外部讲师团，构建"三融合"普法格局——企业普法、社会普法与行业普法深度融合，提升普法形式有趣、内容有料、过程有温度、实践有成效的"四有"效能。三是聚焦公司战略、经营目标、重大管理意图、法治变化等重点，制定并跟踪落实公司年度普法计划。四是在公司各类培训班上设置法治课程，重点培训处分清单、权责清单、干部员工学法应知应会"三个清单"。五是按照"谁管理，谁普法"要求，构建"业务领域＋"普法模式。六是开展"八五"普法中期检查，梳理形成"八五"普法中期自评报告和典型案例，促进所属各单位交流学习优秀实践。七是开通"法治云电"企业微信公众号，打造新媒体普法阵地。结合公司生产经营、社会热点、新法新规等内容，每个工作日向全体员工推送普法资讯，打造"指尖上"的普法名片。八是持续开展法治文化示范单位创建，打造"知行"法治文化品牌。

（六）加强法治队伍建设，夯实法治人才基础

1. 充分发挥总法律顾问的领军作用

一是加快总法律顾问队伍建设。公司本部设置 1 名总法律顾问（兼合规官），明确其高级管理人员定位，由董事会聘任。持续推动所属三级单位设置总法律顾问。二是明确总法律顾问履职规范，开展总法律顾问述职，发挥总法律顾问在法治型企业建设中的作用。三是总法律顾问、合规官列席公司各类决策会议，研究讨论或审议涉法议题，"决策先问法"成为公司党董会的显著特征。

2. 不断建强专业化法治队伍

一是在公司本部构建"一部一中心＋智库＋律所"的法治组织体系，在地市、县区单位也配置相应法律人员，为公司经营管理提供法律服务。"一部"是指公司法规部，由法规一科、二科、三科组成；"一中心"是指公司法治合规共享中心，由合规文化科、合同管理科、诉讼与纠纷管理科组成。二是制定并实施"法治菁才"培养方案，围绕"政治坚定、数量充足、业务精通、价值发挥"4 个维度，构建贯通"选—育—管—评"4 项机制的法治人才体系。三是提升法律人员业务能力。举办法治综合素质网络培训、专题培训工作坊等线上线下培训，提升法律人员专业素养，提高法律职业资格持证率。组织法律人员技能竞赛，通过以赛代练、以赛促学，提升法律人员技能水平，为公司培养和选树法律技能标兵。四是组建专业研究小组，成立知识产权保护、劳动用工纠纷、重大资产重组等业务领域专业研究团队。五是组建云南省规模最大的公司律师团队，积极总结公司律师团队建设做法，在全省推广公司律师选、培、育、用典型经验。六是制定校招新入职员工"八个一"（一次入职培训、一轮轮岗学习、一次基层挂职锻炼、一对一导师配备指导、每周一篇普法宣传文案、每月一次导师谈心谈话、每季度一篇学习报告、每年一版个人职业规划）培养方案，结合实际制定个人培养及基层锻炼计划，加强新员工职业发展指导。七是积极选聘公司法律人员进入中电联法律分会法治合规专家库、云南能源监管专家库、南方电网级内训师库。八是拓宽法律人员职业技术通道，选聘领军及拔尖专业技术专家，搭建法治人才梯队，深化知识型团队及学习型组织建设。

3. 拓宽法治人员选聘视野

一是盘活现有人力资源，鼓励取得法律职业资格、法学教育背景的人员调整到专职法律合规岗位，组织引导专职法律人员和有意向从事法律事务人员参加在职法律教育。二是鼓励和支持有意向从事法律工作的其他专业人员通过自学、集中学习等方式参加法律职业资格考试，推动完善持证上岗管理办

法，明确取证奖励条件，给予取得法律职业资格证并调整到专职法律合规岗位的人员奖励。

三、工作成效

（一）治理体系运转更加高效

落地运用党组织三种前置研究方式，研究课题获南方电网公司党建思想政治工作研究优秀成果一等奖。公司本部、楚雄供电局获评南方电网"治理优秀企业"。玉溪、昆明、楚雄供电局等 6 家单位摸索出一套可靠、高效的三种前置研究方式落地机制。试验研究院集团成立董事会科技创新委员会，专委会建设迈出特色步伐。

（二）经营合规保障更加有力

构建"1+1+2+3"管理体系（1 个内控管理规定，1 项内控缺陷识别和风险评估标准，2 本内控管理、内控评价手册，3 份本部内控岗位、风险分类、不相容岗位清单），一体推进内控合规风险管理，守住了不发生重大风险的底线。全网率先建成并投运"智慧合同"系统，研究成果获公司科技进步一等奖。为央地融合"一张网"、投资南方电网数字电网研究院等重大决策项目提供全过程法律服务，防范决策风险。

（三）规范管理体系更加完善

章程管理入选国务院国资委百个法治央企建设典型案例，制度评价标准和智慧制度系统获南方电网公司推介。昆明、玉溪供电局，送变电工程公司获评 5A 级"标准化良好行为企业"。公司本部、监理公司等 4 家单位获评全国行业信用 AAA 等级企业，试验研究院获评全国电力行业信用示范企业，送变电工程公司获评工程建设信用"17 星"，名列全国前茅。

（四）依法办事蔚然成风，硕果累累

三年依法维权专项行动圆满收官，避免或挽回经济损失 14.51 亿元。以法治方式破解涉电公共安全隐患的"云网经验"获南方电网公司领导批示肯定，并在全网推广。联合省能源局研究编制《云南省电力行政执法实务指南》，实现全省各州市电力行政执法机构全覆盖。昆明供电局促成昆明市发展改革委印发全国首个对电力用户开展信用分类评价的规范性文件。

（五）法治文化品牌更加响亮

连续 4 年作为云南省唯一示范点举办"宪法进企业"示范活动，连续 11 年成功举办"云电法治周"活动，获云南省委领导批示肯定。"我为群众办实事，法律服务在身边"法律咨询服务经验受到南方电网公司肯定，被确定为南方电网公司法治文化示范单位评选标准。公司编制的《预防员工违法犯罪普法手册》被纳入南方电网公司 2023 年纪律教育月必学内容。法治文化研究成果获评公司 2023 年度管理创新成果三等奖，入选中电联优秀合规论文。公司选送的红河供电局作品获第十八届全国法治动漫微视频征集活动三等奖。1 门课程入选云南省"普法强基"精品课。2 人获南方电网公司法律专业技能竞赛一等奖。楚雄、普洱 2 家供电局同时获评南方电网法治文化示范单位。2 人获南方电网公司法律专业技能竞赛一等奖。

四、经验启示

（一）强化思想引领，学思践悟习近平法治思想

一是必须学深悟透习近平法治思想，始终把公司法治工作置于全面依法治国和全面从严治党的全局中去谋划，更好地推动世界一流法治企业建设。二是必须把完善制度体制机制作为推动企业治理现代化的关键举措，建立管事管人制度流程，发挥法治固根本、稳预期、利长远的保障作用。三是必须坚持法治工作与中心工作相融合，聚焦主责主业、突出战略导向，以专业所长、业务所能，在强企建设中不断提升法治的价值创造能力。四是必须发扬斗争精神、增强斗争本领，敢于动真碰硬，做到有规必依、执规必严、违规必究，以法治武器维护好公司权益。五是必须抓好"人"这一核心要素，牢固树立依法合规经营是责任义务、是政绩业绩的观念，大力提升法律人员专业能力，坚定全员法治信仰。

（二）筑牢"三道防线"，保障生产经营依法合规

合规管理是企业稳健前行的护身符，是实现高质量发展、提高核心竞争力的必然要求，需要业务部门、合规管理部门、监督部门各司其职、协同运转。要发挥业务部门"第一道防线"的控制作用，坚决摒弃"依法合规只是法规部的职责"的错误观念，着力强化业务前端人员的合规意识、合规技能。要强化合规管理部门"第二道防线"的赋能作用，既要履行好组织、协调、审查、处置的职责，也要发挥好指导、培训、咨询等赋能作用。要加强监督部门"第三道防线"的监督作用，系统推进各类监督力量整合、程序契合、工作融合，实现党内监督、法律监督和公司内部监督有效协同，形成监督合力。

（三）善用管理工具，沉淀"三个机制"

将 PDCA 循环、风险评估矩阵、不相容职务分离控制、授权审批控制、组织文化模型等管理工具应用到法治工作中，提高了工作质效，提高了公司经营管理水平和风险防范能力，营造了良好的法治文化氛围。法治型企业建设过程中沉淀了法治建设的"三个机制"。一是拓展"党建＋"机制，通过与行业主管部门、司法部门、基层单位等内外部主体开展支部联建等方式，打通法治堵点、做实法律服务、构建法治生态，以党建的方法化解业务沟通、管理协同难题。二是熟练运用"法规＋"机制，通过提起或推动行政诉讼、行政听证、行政执法、诉前调解、审判监督等方式，多管齐下，综合施策，助力解决业务领域难题，维护公司合法权益。三是建立健全依法维权激励机制，将主动维权数、案件独立代理率和主诉率纳入组织绩效评价和个人物质奖励，激发维权动力和积极性。

（四）落实"两个离不开"，加强内外协同

践行"两个离不开"理念（即电网企业的发展离不开政府的支持，地方经济社会的发展离不开电力的保障），加强政企联动，从立法执法司法守法全环节，为公司营造良好法治环境，以内部合规促进公司健康发展，高质量助推经济社会发展。结合云南省的特色和实际，开展用地审批等立法研究，促成相关政府部门召开专题会议，推动地方立法优化完善。与云南省能源局联合编制《云南省电力行政执法实务指南》，推动指南落地应用，实现全省电力行政执法机构州市全覆盖并协同运转，固化联合执法机制。加强与法院、检察院沟通，运用司法建议、检察建议、涉案企业合规第三方监督评估机制等

法治方式解决线树、线房和线矿等矛盾，消除安全隐患。联合云南省委政法委、省司法厅、省能源局等单位，持续深入推进"普法强基补短板"专项行动和"宪法进企业"示范活动，深化企业、行业、社会普法"三融合"格局。

（五）固化经验标准，形成长效机制

推动法律业务标准化，固化工作成果经验，为企业合规管理提供明确统一的行为规范和操作流程，强化依法治企的规范性和可预见性，提高法治建设效能。公司建立健全法治指数体系，为法治工作提供总体引领。编制公司章程范本，编制并推广使用权责清单范本，推动公司治理标准化。编制内控管理手册、内控评价手册、内控合规岗位清单、风险分类清单以及内控缺陷识别、风险评估标准，推动内控合规管理标准化。编制并定期修改覆盖各业务领域的合同标准文本，推动合同管理标准化。总结案件办理经验与成效，定期发布典型案例，编制类案办理指南，推动案件管理类型化。优化新媒体普法阵地服务，编制"法治云电"企业微信公众号运维规则，将普法推文写作、平台管理、团队运维等工作标准化。

（六）推动集约共享，提升服务质效

随着法治型企业建设的深入推进，法规职能不断扩容，由传统的法律业务扩展到对公司生产经营各环节的合规管理，扩展到公司治理，对现有法规业务组织模式、资源配置、能力建设等带来了极大挑战，进一步倒逼法规工作通过业务、资源、管理的集约化和共享服务模式，重塑法规服务体系，提升法治工作质效。公司按照"管理—服务—业务"协同贯通与分工负责原则，厘清共享模式下省、地、县三级的法规管理职责界面。深入开展业务梳理及人员测算，合理配置资源，配备与共享管理需求相适应的法治工作队伍。在公司治理、法治文化建设、合同管理和案件管理等方面，选取试点单位，开展法律共享服务。加大法治共享产品供给，更好地服务基层单位、护航业务部门、支撑领导决策。

（七）强化数字支撑，提高管理水平

通过数字化转型，有效提升了法律工作管理质效。公司运用智能识别、抓取、法律术语结构化等技术，开展智慧合同系统建设，构建智能、规范、高效的智慧合同管理体系，实现合同风险在线识别、分析、评估、防控。优化南网智搜权责清单模块，推动模块功能从智能查询扩展至权责清单数据比对、适用频率监测、编制质量智能化分析等方面。完善制度管理系统模块，实现系统自动抓取并汇集管理制度的测评条款、职责分工、术语、权责流程表。通过"法治云电"企业微信公众号，在线为公司全员提供数字化普法服务，提升员工学法找法便捷度与获得感。升级公众号功能，上线"法治云电查询版"，实现对历史普法资源及网省两级制度的模糊搜索，搭建具备人机交互功能的法治知识库，获得国家版权局软件著作权认证登记。

下一步，公司将继续结合自身行业特点谋划依法治企工作，持续深化法治型企业建设，推进公司各方面工作法治化，推动公司法治格局向引领行业法治和助力法治社会建设升级，促进公司法律业务向标准化数字化集约化升级，为法治云南、法治南网、法治社会建设贡献"云电做法"。

在用电秩序规范实践过程中的法治合规管理问题思考与探索

姚涵文[1]　夏云飞[1]　谭　磬[2]　李　樊[1]

1.国网四川省电力公司峨眉山市供电分公司；

2.国网四川省电力公司乐山供电公司

摘　要

目前依法治国理念深入人心，人民群众也更加注重尊法守法，但在一些经济条件相对落后、历史问题较为复杂的地区，仍可能存在不同程度的区域性违法违规用电乱象。电网企业如何正确合法合规维护企业利益，维持良好用电秩序，是电网企业经营管理者必须面对和解决的问题。我们从自身实践经验出发，探索总结相关经验教训，为可能面临类似问题的同行带来一些借鉴和参考。

关键词

合规管理；政企协同；用电秩序规范

四川乐山峨眉山个别区域的本地村民以几十年前水电建设占地补偿和"厂网分开"电力改革等遗留问题未能彻底解决为由，加之部分省内异地搬迁移民以不满政府赔偿政策等为借口，私拉乱接电线、破坏电力设施、拒不缴纳电费，甚至多次有组织、群体性暴力对抗政府部门和供电公司安全用电检查，并逐步蔓延影响至周边地区，导致区域性无序用电乱象长达近20年，既给供电公司造成巨大经济损失，也给当地经济社会发展带来严重负面影响。近年来，国网四川省电力公司峨眉山市供电分公司（简称峨眉山供电公司或公司）借助当地大开发、大建设急需基础设施支撑、营商环境改善和社风民风整治的"东风"，联合政府部门依法依规开展用电秩序规范，成功根治了这一长期困扰企业发展的"顽疾"。结合公司在本次用电秩序规范实践过程中的经验做法，本文就一般区域用电秩序规范中的合规管理问题，进行一些思考和探索。

一、在用电秩序规范过程中落实法治合规管理的必要性

（一）用电秩序规范本身就是法治合规管理行为

法治作为社会管理的基石，强调规则之治、良法善治，要求所有社会成员在法律框架内行事。电

力作为国家经济命脉和人民生活的必需品，对其使用的秩序稳定直接关系到社会的和谐与安宁。在这一法治背景下，用电秩序规范是对违法违规用电行为的有力回应，不仅仅是对电力资源的有效管理，更是维护法律尊严、保障公共利益的重要举措。通过合法合规的规范行动，依法打击偷窃电、破坏电力设施等违法违规行为，才能有效维护电力企业合法权益，同时保障广大用户的用电安全和稳定。所以，用电秩序规范的过程就是我们与违法违规现象斗争的过程，也是法治合规管理精神在电力领域落实的一个具体体现。

（二）用电秩序规范必须践行法治合规管理才能实现目的

在合法合规大框架下，供电公司必须依法采取规范措施，才能对违法违规用电行为进行"名正言顺"的查处，减少不必要的外部纠纷和用户的质疑。实施用电秩序规范，涉及多方社会主体，包括地方政府、供电公司、电力用户等，既需要解决或化解历史遗留问题与矛盾，也需要兼顾这些主体之间现实权益的平衡与保护，否则用电秩序规范只能以失败告终，这是笔者所在公司曾经的历史经验和教训。面对复杂的矛盾交织和众多利益群体，怎么做才能真正推进用电秩序规范？唯有依法依规。只有严格地全程践行法治合规管理，才能"服众"，才能经得起法律、群众和时间的检验。

二、实施用电秩序规范面临的法治合规管理问题

（一）供电公司不具有执法权

从电力工业部逐渐改制到国家电网公司，电力工业实现了"政企分开"，根据相关法律法规，现在的供电公司没有执法权，电力设施与电力资源保护的行政执法权有赖于政府相关部门，因此导致供电公司无法对违法用电行为立即采取有力强制措施。面对用电秩序混乱、违法用电行为频发等问题时，供电公司往往只能采取劝告、上报等手段，规范效果十分有限，甚至还面临恶意舆论风险。同时，这种无权执法的状态也限制了供电公司在维护用电秩序中的主动性和威慑力，使得一些不法分子有机可乘，进一步加剧了用电秩序的混乱。供电公司无法单凭自身力量进行有效规范，必须紧紧依靠政府的组织力量、法律的强制力量来推进规范工作。

（二）用电秩序规范需要达成多方法治合规共识

所谓"冰冻三尺非一日之寒"，一个区域出现用电秩序的混乱，而且持续时间较长，导致这一现象的原因绝非表面问题那么简单，尤其是多次规范努力未果的情况下。涉事背后各方利益交织，诉求多样，不同的诉求和关注点导致规范过程中难以形成统一的、被各方广泛接受的利益共同点，规范过程必然需要各方在法治精神下、理性状态下共同达成。所以，为实现这一目标，一是需要凝聚法治意识，开展广泛的普法宣传，确保政府、企业、用户共同在遵守法律法规要求的前提下，以理性的态度形成共识共同推进规范工作。二是要求政府和供电公司协作开展规范行动前，对可能涉及的法律法规条款进行全面梳理与研究，识别出潜在合法合规风险点，并据此制定相应风险防控措施。三是需针对性地完善依法依规处置预案，根据不同类型的违法违规行为，明确相应的处置流程、责任主体及法律依据，确保在矛盾爆发时能够迅速、有效地处置。

三、用电秩序规范过程中的合法合规管理实践途径

（一）构建良好的政企合作平台

用电秩序规范这个行为本身，表象上看只是电力问题，但背后复杂的因素决定了这不是一个单纯的供电公司与用户的矛盾问题。特别是对政府而言，用电秩序规范其实是一项社会综合治理问题，需要多角度、多层次来统筹发力才能从根本上解决。依经验来看，开展用电秩序规范必然引发涉事地区群众的强力反弹，甚至引发群体性事件和重大问题，面对汹汹"民意"和工作中的各种困难，对应的各级政府领导有没有坚强的决心意志，能不能顶得住各方压力，会不会中途"打退堂鼓"，成为决定规范行动成败的关键因素。因此，在用电秩序规范工作中，供电公司必须紧紧依靠政府这个"主心骨"，必须借助政府和公检法等执法部门的强大组织力量和执法力量。供电公司要主动加强向属地党委政府领导汇报工作的力度，努力构建起"政府主导、公检法协同、企业配合"的用电秩序规范组织领导体系，积极促成政府在法律允许的范围内出台更多有利于供电公司的政策和规定，并确保制定出的政策和方案能够做到件件有法可依、步步合法合规。

（二）营造有利的用电法治环境

混乱的用电秩序也凸显了一个地区群众法治意识的淡薄，亟须构建大普法宣传格局，政、警、法、企携手合作，形成法治合规宣传合力。充分准备、认真谋划，积极利用本地电视台、报纸、广播，以及微信、抖音、网络等媒介，全方位、多层次、立体化密集开展依法合规用电的强大舆论态势，帮助广大市民群众、电力用户树立起"电力是商品，是国有资产，盗窃国家电能、破坏电力设施、扰乱用电秩序同样是违法犯罪"的法律意识，不断提高对依法合规用电的社会关注度和影响力。紧盯重点地区和人群，组织多支政警法企联合构成的普法宣传小队，深入乡镇和村组、走进每户群众家里，有针对性地开展宣传讲解，既把法律武器挺在前，又把依法合规用电秩序的好处讲到位，帮助群众树立良好的法治观念和合规用电意识，切实从思想上解决群众和用户抗拒用电秩序规范的问题。

（三）织密高效的电力警务网络

供电公司要主动加强与公安部门的合作，将警企协作的合力优势转化为同用电秩序乱象的斗争优势，推动业务、警务、服务不断深度融合。建立数字化电力警务指挥中心，构建"市级电力警务指挥中心＋区县公安局治安大队（情报中心）＋乡镇电力警务室（站）"三级指挥体系，有序形成协调联动处置机制，为规范用电行为注入强大的执法力量。警企双方充分利用各自资源优势和信息优势，依据相关法律法规，明确执法范围、标准和程序，共同制定联合执法方案；与辖区所在地公安部门联合开展诚信用电、窃电违法宣传活动，大力开展打击偷电窃电活动。通过警企联合执法行动，快速查处一批违法违规用电行为，从而对周边潜在违法行为形成有效震慑，不断营造合法合规有序用电环境。

（四）建立过硬的内部工作团队

用电秩序规范实践是一项系统性的工作，无论是前、中、后期，还是对内对外，均有大量的、繁杂的工作要做，因此需要在供电公司内部建立一支作风过硬、素质过硬的用电秩序规范队伍。一是要加强队伍的法纪教育，将合法合规观念深植全员心中。每位员工都必须深刻理解并践行合法合规要求，做到知法、懂法、守法，确保每名员工、每步行动都经得起法律和群众的监督检验。二是要确保规范

的速战速决。科学合理划分任务区域、时序，细致做好各项工作协调、准备，力争在最短时限内就重建或改造相关电网设施设备，重新建立依法合规的用电管理秩序，既让群众看到供电公司高效、文明的工作作风，又让他们尽快感受到优质可靠电力供应带来的电力获得感，还能让个别妄图继续阻碍用电秩序规范的人找不到"合适理由"和"时间窗口"，以速决的规范行为防止事态久拖生变。

（五）开展优质的用电服务体验

践行"你用电、我用心"的理念，组织共产党员服务队走进村前屋后、田间地头，及时解决群众用电难题，把服务送上门、让群众少跑路。贴心优质服务带来生活幸福感的提升，是群众对合法合规用电最直接、最朴素的获得感。让那些先行规范地区的群众真切体会到合法合规用电带来的好处，让他们变身为供电企业的宣传员，为后续的规范工作创造有利环境。供电公司员工还要充分发扬"三千精神"，借助服务的有利时机，与村民开展面对面的合法合规用电宣传引导，帮助村民全面分析违法用电成本，算好安全、法律、经济、社会"四本账"。同时变"被动接访"为"主动排查"，持续推进涉电矛盾纠纷化解，制定"一访一策"实施方案，用心用情把矛盾纠纷化解在早、化解在小。

四、结语

峨眉山供电公司通过针对性的用电秩序规范，先后成功实现 7 个村、3000 余户用电规范，区域线损合格率由规范前的不足 30% 提升至目前的 94% 以上，年均挽回电量损失约 1000 万千瓦时；警企联动查处窃电 60 余起，挽回经济损失 240 余万元，抓获嫌疑人 12 人，刑事立案 2 起 4 人，有效打击震慑了非法用电行为；从实践中提炼总结的 1 个创新课题荣获四川省总工会"五小"优秀成果表彰。通过用电秩序规范中的合法合规管理实践经验，公司深切体会到企业大力实施合法合规管理的极端重要性。未来，供电企业也必须将合规管理与各项生产经营工作深度融合，充分发挥其对供电企业发展的保障和推动作用，实现企业合规经营、高质量发展。

参考文献

［1］邓永，周宇翔，薛宝霞．政企联手织天网　雷霆出击反窃电——唐山公司开展用电秩序规范专项行动［J］．华北电业，2019（11）：44-47.

［2］杨文虎，曾舸．敢于碰硬强基固本——国网浏阳市供电公司规范供用电秩序纪实［J］．大众用电，2018，32（8）：33-34.

［3］崔先迤，曾其东．依法规范用电秩序　全面优化用电环境［J］．大众用电，2018，32（5）：7-8.

［4］冯永，蔡晓文．用电检查困境及相关问题的思考［J］．中国电力企业管理，2020（26）：36-37.

构建电力金融行业数据合规管理体系实践

——以英大集团实践为例

黄铭聿

国网英大股份有限公司

摘　要

随着数字经济的发展和数据合规监管的强化，电力能源行业金融机构面临的数据合规责任更加重大，必须切实做好数据合规管理。英大集团作为国家电网公司金融控股平台，按照数据全生命周期安全合规的管理思路，建立健全全流程数据安全和个人信息保护管理制度，协调统筹推进数据合规管理体系建设，明确各环节合规要求，强化合规风险管控，切实保障数据和个人信息安全，取得了良好的合规管理成效，为电力能源企业进一步提升数据合规管理水平提供了宝贵的"英大经验"。

关键词

数据合规；电力金融；合规管理流程；全流程数据合规

一、背景

随着数字经济的发展，数据已成为企业经营发展的重要生产要素，数据价值更加凸显。与此同时，在数据的利用领域也出现了许多乱象，数据的过度收集、非法获取、非法交易、泄露、滥用等现象屡禁不止，数据安全和信息保护更加受到全社会的高度关注，监管要求日益严格。近年来，我国先后出台《网络安全法》《数据安全法》《个人信息保护法》等法律，以及《网络安全审查办法》等配套法规规章、标准、指引，并将数据安全和个人信息保护内容写入《刑法》《民法典》等重要法律。2023年，党中央决定成立国家数据局，标志着我国在数据治理领域迈出关键一步。

电力能源行业的金融机构在数据合规领域不仅面临着企业数据合规的共性监管要求，也面临着电力能源行业与金融行业的双重监管要求。电力能源行业金融机构在适用网络安全、数据安全和个人信息保护有关法规规章的基础上，还应遵守中国人民银行、国家金融监督管理总局（原银保监会）、中国证券监督管理委员会等金融监管机构针对金融数据保护、金融消费者和金融信息系统管理的有关具体要求。此外，电力能源行业关乎国计民生，电力能源行业金融机构服务主业实业和产业链上下游的特征，决定了其客户数据可能涉及对国民经济发展有显著影响的电力能源领域重要数据。因此，电力能源行业金融机构面临的数据合规责任更加重大，受到的监管也更加严格。可以说，企业发展行稳致远离不开高水平的数据合规管理，只有切实做好数据合规管理，才能牢牢守住不发生系统性风险的底线，护航企业高质量发展。

二、企业数据合规的问题和场景

结合数据领域监管法律法规，可以将企业数据合规需要解决的问题区分为网络安全、数据安全和个人信息保护等三个方面。

（一）网络安全

网络安全是指企业通过采取必要技术和管理措施保障自身所管理的网络信息系统的稳定安全运行，保障网络数据完整性、可用性、保密性，防范对网络的攻击、侵入、干扰、破坏、数据泄露、篡改及损毁等风险。企业网络安全工作中，最重要的措施便是开展网络安全等级保护，即在根据系统重要程度和被破坏后的危害程度准确识别网络的安全等级基础上，按照网络安全等级保护制度的要求，履行相应的信息系统安全保护义务，保障信息系统免受干扰、破坏或者未经授权的访问，防止信息数据泄露或被窃取、篡改。从网络安全角度看，企业可能存在的问题包括：

未能准确识别网络安全等级。企业未能正确评估信息系统的安全保护等级，存在对重要信息系统没有纳入定级范围，或定级不准的问题，致使未对高风险系统采取与其风险等级相适应的保护措施。

未能全面落实等级保护要求。包括虽然部署了防护措施，但未能严格遵循相应技术规范或采取合格的防护技术，致使技术防护不达标；虽然部署了检测系统，但未能覆盖所有等级保护要求的信息系统组件，致使检测范围不全面；以及未建立适当的安全策略、操作规程等安全管理制度，导致等级保护的管理机制不健全。

未能持续做好定期检测和应急演练。包括未能持续开展定期的安全检测和漏洞识别，难以应对网络安全领域的发展要求，导致系统不能妥善应对未来风险；以及未能制定切实有效的应急处置措施，或虽然制定了相应应急预案，但未能充分开展演练，导致在发生风险时无法及时妥善处置。

未能及时做好信息通报和原因分析。包括在发生网络安全风险事件后未能按照法律法规和监管要求及时做好内外部的信息流转和通报报告，引起监管的处罚或舆情风险；以及在发生网络安全风险事件后未能深入分析事件发生的成因，未形成闭环管理，未能将事件教训转化为长期改进策略，导致类似事件重复发生。

（二）数据安全

与网络安全相比，数据安全强调数据安全的保护，并且"数据"的载体不仅限于网络数据。数据安全要求企业通过采取必要措施，确保数据处于有效保护和合法利用的状态，以及具备保障持续安全状态的能力。尤其注重重要数据和国家核心数据的保护。从数据安全角度看，企业可能存在的问题包括：

未能准确开展数据分类分级。包括未能根据法律法规、监管要求和技术规范，按照一旦遭到篡改、破坏、泄露或者非法获取、非法利用后造成危害的程度对数据进行分类分级，从而采取相匹配的保护措施。

未能全面制定数据安全保护的制度措施。包括未能建立覆盖数据收集、存储、使用、加工、传输、提供、公开全生命周期的数据安全管理制度，致使存在安全管理漏洞，造成数据违规采集、存储、传输、使用、提供，并引发数据安全风险。

未能采取适当的技术保护措施。包括未能针对机构信息系统保护、数据访问控制、数据传输和存储保护、数据销毁管理采取相应的技术措施和其他必要措施，致使企业的数据保护水平不能与数据保护要求相适应。

未能建立并落实风险监测与处置机制。包括未能制定妥善的数据安全事件应急响应方案，未能持续监测数据安全威胁并准确对数据安全事件进行分级，以及在发生数据安全事件后，未能根据监管要求及时对一般数据安全事件、重大数据安全事件进行报送等。

此外，针对存在跨境业务的企业，还存在未能根据法律法规及监管部门对于数据跨境的特别规范开展相应的评估、申报、备案等工作的问题。

（三）个人信息保护

个人信息保护指对企业获取的、以电子或者其他方式记录的与已识别或者可识别的自然人有关的各种信息的保护。个人信息保护涉及自然人的人格尊严、人身权利，在权利位阶中具有重要地位，与一般数据相比受到更为严格、特殊的保护。企业在开展个人信息保护工作中，除了要遵循网络安全和数据安全的要求外，还必须遵守个人信息保护的特别规范。从个人信息保护角度看，企业可能存在的问题包括：

未严格遵守知情同意原则处理个人信息。包括未取得个人同意情况下处理个人信息，或者虽取得个人同意，但同意的形式不符合要求，或者取得同意前未准确、充分进行事先告知，以及未向个人撤回同意提供便利等情形。

未严格遵守最小必要原则处理个人信息。包括不具有明确、合理目的处理个人信息；超过开展业务所需的最小、必要范围收集和使用个人信息；超过法律法规和开展业务所必需的信息保存最短时间保存个人信息等。

未严格规范自动化决策。包括对个人在交易价格等交易条件上实行不合理的差别待遇；针对基于个人特征的自动化营销未向个人提供拒绝选项；针对通过自动化决策方式作出对个人权益有重大影响的决定，未向个人提供要求说明和拒绝的选项等。

此外，个人信息分级保护和相应安全措施、个人信息保护影响评估等，也是企业个人信息保护工作需要重点关注的问题。

（四）网络安全、数据安全和个人信息保护的有机统一

综上所述，网络安全、数据安全和个人信息保护各有侧重，合规要求也有所区别。与此同时，三者相互依存、紧密联系并构成企业数据合规的有机整体，贯穿数据合规工作的始终。例如，电力金融企业同时服务电力能源行业的重要企业用户和其他自然人用户，其数据库可能存有行业重要数据和自然人客户个人敏感信息。一旦企业未能按照网络等级保护要求对关键信息系统部署网络安全等级保护措施，致使企业信息系统遭受攻击并发生数据库泄露，在这一场景下，企业可能同时违反了网络安全、数据安全和个人信息保护三个方面的义务。反过来说，企业在加强网络安全防护能力的同时，其数据安全防护能力和个人信息保护水平也能得到同步增强。

因此，虽然从概念上看，网络安全、数据安全和个人信息保护有所不同，但企业在开展数据合规制度建设、体系构建、落地实施、持续改进和宣贯教育等各环节都必须通盘考虑，一体推进。

三、英大集团构建数据合规体系主要内容

国家电网公司是关系国家能源安全和国民经济命脉的特大型国有重点骨干企业，承担着保障电力安全可靠供应、推动能源清洁低碳转型的重要使命。经过多年发展，国家电网公司形成了布局齐全、体系完善、特色鲜明、运转高效的金融业务布局，涵盖金融行业主要领域，为电网和国家电网公司发展提供了有力支撑，作出了积极贡献。

英大集团作为国家电网公司金融控股平台，承担着金融单位出资人、金融业务监管和金融风险管理职责，要进一步聚焦服务国家电网公司、服务落实国家战略，就必须构建完善的数据合规管理体系，把数据合规的各项要求真正覆盖到所属全部金融机构，落实到各项金融业务，确保数据的安全保护和有序利用。

作为电力能源行业领先的金融控股平台，英大集团全面贯彻习近平总书记关于网络强国的重要思想和国家大数据发展战略，按照数据全生命周期安全合规的管理思路，建立健全全流程数据安全和个人信息保护管理制度，协调统筹推进数据合规管理体系建设，明确各环节合规要求，强化合规风险管控，切实保障数据和个人信息安全。数据合规的"英大实践"主要有以下三个方面的特点。

一是全面覆盖。将合规管理要求全面嵌入各级金融机构数据活动，统一各专业、各层级数据合规基本准则，覆盖数据全生命周期，促进数据活动全面合规。

二是从严管理。健全数据合规管理体系，落实管理职责，强化横向协调和纵向指导，突出事前防范和过程管控，加强违规事件应对处置，严格管控数据合规风险。

三是与时俱进。聚焦电力能源行业和金融行业发展新趋势，坚持维护数据安全合规和促进数据开发利用并重，持续优化数据合规管理机制与策略，推动数据资产的有序融通、高效共享、规范交易。

具体而言，英大集团围绕数据合规管理，从制度设计、体系建设到执行监督和持续完善，开展了一系列卓有成效的管理活动。

（一）建立全面完备的数据合规制度体系

英大集团在金融数字化转型过程中严格执行《国家电网有限公司数据管理办法》《国家电网有限公司关于加强数据合规管理的指导意见》等文件要求，并根据业务实际，进一步细化完善金融数据合规制度体系，建立了包括数据分级分类管理制度、数据安全技术措施制度、数据相关的人员管理和教育培训制度、内部管理制度和操作规则、安全事件应急预案制度、定期合规审计制度、个人信息保护影响评估制度、个人信息主体权利响应制度、个人信息保护负责人制度等覆盖数据活动全生命周期和集团金融机构各层级单位的制度规范体系，全面规范集团上下的数据合规工作。

（二）健全运转良好的数据合规组织体系

为确保各项数据合规要求落实到位，英大集团建立了从公司决策层到前中后台各部门分工明确、相互配合的数据合规管理体系。合规管理委员会负责数据合规工作统筹领导，各业务部门负责本专业数据合规管理。与此同时，为进一步加强数据合规工作，切实提升数据安全与个人信息保护水平，英大集团设置了专门的安全管理机构（集团数字金融事业部及各金融单位对应部门），明确其数据安全与个人信息保护相关的职责。

专门安全管理机构具体负责本单位的关键信息基础设施安全保护工作，履行下列职责：建立健全

网络安全管理、评价考核制度，拟订关键信息基础设施安全保护计划；组织推动网络安全防护能力建设，开展网络安全监测、检测和风险评估；按照国家及行业网络安全事件应急预案，制定本单位应急预案，定期开展应急演练，处置网络安全事件；认定网络安全关键岗位，组织开展网络安全工作考核，提出奖励和惩处建议；组织网络安全教育、培训；履行个人信息和数据安全保护责任，建立健全个人信息和数据安全保护制度；对关键信息基础设施设计、建设、运行、维护等服务实施安全管理；按照规定报告网络安全事件和重要事项。

（三）强化数据合规要求的贯彻执行

针对数据合规各项规范要求的实施，英大集团建立并不断健全网络安全保护制度和责任制，保障对数据合规工作持续投入相匹配的人力、财力、物力。对因业务获取的客户数据和个人信息，英大集团及各金融单位严格按照数据分级分类要求，依据敏感程度类别制定数据分类分级管理制度，如更加严格的访问控制、安全保障技术手段等并针对不同敏感程度的数据采取有针对性的保护措施，包括但不限于数据存储、数据访问、展示限制等措施。

例如，针对个人金融信息，英大集团及各金融单位对信息生命周期全过程进行安全检查和评估，在个人金融信息委托处理、共享与转让、公开披露等过程中执行个人金融信息安全影响评估活动，并定期对涉及收集、存储、传输、使用个人金融信息的信息进行安全检查和安全评估。

针对业务过程中识别到的重要数据，英大集团和各金融单位按照网络安全等级保护的要求，加强数据处理系统、数据传输网络、数据存储环境等安全防护，并确保处理重要数据的系统满足相应网络安全等级保护和关键信息基础设施安全保护要求，以确保数据安全。

此外，为进一步评估数据合规管理的有效性，及时堵塞漏洞、补齐短板，英大集团定期开展网络安全检测和风险评估，对发现的安全问题及时整改。

（四）持续开展数据合规政策跟踪

英大集团持续跟踪研究相关法律法规及金融行业关于数据应用相关监管规定，及时解读宣贯央行《征信业务管理办法》、中国银保监会（现国家金融监管总局）《银行业保险业机构数字化转型指导意见》等行业规范。

同时，英大集团注重数据合规政策研究与业务实际的延伸结合，形成了具有应用价值的法规政策研究成果。一是系统梳理整合了国内数据安全、个人信息保护等法律的规定，以及金融领域数据处理的合规管理要求，形成《客户信息保护数据合规指引》等多项重点领域合规指引与操作规范，从法律合规风险防范角度，对数据的收集、存储、使用、公开、删除等各环节的关键、实操问题进行整理，指导集团各部门及单位开展数据合规管理工作。二是系统梳理法律法规要求金融企业应该履行的合规义务，建立数字金融合规风险库，加强对数据合规风险的识别与防控。

（五）积极培育集团数据合规文化

英大集团紧随数据监管政策形势，邀请数据合规法律专家，对各金融单位业务部门、信息部门、法律部门开展客户信息保护数据合规专题培训，常态化开展金融领域数据违规事件分析警示，印制客户信息保护数据合规口袋书，在保障客户信息数据安全，提升关键部门、重点人员的数据合规意识方面取得了很好的效果。

四、英大集团数据合规管理成效

英大集团持续推动数据合规管理的组织效能提升，制度体系更加健全，运行机制更加顺畅，重要数据安全、个人信息保护等数据合规重点领域管理水平不断提升，数据合规管理从形似向形神兼备升级，不仅有力有效管控了合规风险与安全隐患，也为国家电网公司发展、电力能源行业发展和金融强国事业作出了积极贡献。

（一）有效管控数据领域违规风险和安全隐患

通过建立并完善与英大集团电力金融单位特点相适应的数据合规管理体系，数据合规各项规范要求得到英大集团上下的严格遵循和落实。在网信部门、金融监管部门等持续强化数据合规监管执法工作，个人信息保护、数据安全等重点领域处罚数量及金额不断增长的大背景下，英大集团以数据的全生命周期为抓手，将数据合规要求与业务场景深度融合，实现了数据的收集、存储、使用、公开、删除等各环节的合规管控，有效管控了数据领域违规风险和安全隐患。

（二）有力赋能企业高质量发展与金融强国事业

有了坚实的合规安全保障，英大集团能够更加充分地利用好数据资源，大力推动数字金融事业发展，以数智化手段赋能前台金融业务和中后台风险预警管控与管理效能提升，从而不断提升为电网主业和电力能源行业服务的能力水平，将合规能力转化为法治价值，有力护航公司高质量发展，为国家电网公司和电力能源行业发展提供更大动能，为金融强国事业贡献更大力量。

参考文献

［1］陈瑞华.有效合规管理的两种模式［J］.法制与社会发展，2022，28（1）：5-24.

［2］毛逸潇.数据保护合规体系研究［J］.国家检察官学院学报，2022（2）：84-100.

［3］胡玲，马忠法.论我国企业数据合规体系的构建及其法律障碍［J］.科技与法律（中英文），2023（2）：42-51.

［4］齐英程.数据合规协同激励体系的构建与完善［J］.东方法学，2024（2）：98-108.

基于风险防控的电力企业合规管理体系建设与实施

王　昆　武剑锋　王志斌　刘鹏飞　李文杰　王鸿杰

国网山东省电力公司寿光市供电公司

摘　要

国网山东省电力公司寿光市供电公司高度重视合规管理工作，细致划分不同层级人员的管理能力，构建了以"决策层、管理层、执行层"为核心的合规组织体系。完善合规管理平台，依据执行层各部门的职责打造合规管理"三道防线"，针对经营发展中的关键业务领域风险制定针对性的预防措施，并严格遵循"预先防范、实时监督、后续评价"的工作流程开展工作。持续优化顶层设计，明确了业务部门和职能部门在各个阶段的职责，推进部门协同发力，实现"合规＋营销领域"深度融合、"合规＋建设领域"前段融合、"合规＋人才培养"互促互进，构建既符合企业目标，又兼具行业特点的合规管理体系。

关键词

风险防控；电力企业；合规管理

县级供电公司直接服务基层电力客户，管理业务繁杂且涉及面广泛，面对日益复杂的外部环境，内部经营风险随之增加。为了有效地规避风险，构建完善的合规管理体系尤为重要。国网山东省电力公司寿光市供电公司（简称寿光公司）细化合规建设方案，积极适应电网行业监管环境变革和公司内部治理需求，坚持"全域覆盖、聚焦要点，防患未然、惩教结合，协同联动、业务合规"的原则，致力于打造符合自身定位、具有电网特色的合规管理体系，整理合规风险点和关键控制点，深化合规评估，提升合规风险预警水平，确保企业稳健高质量发展。

一、主要做法

（一）精准分析，健全完善合规管理体系

随着现代企业管理理念的逐步深化和制度体系的不断革新，确保企业经营和员工行为符合法律规定、行业标准和企业内在监管要求，从根本上解决职责不清、管理重叠等问题，寿光公司构建一体化的合规管理组织架构，设立合规管理委员会，指定合规管理负责人，划定专门责任部门，同时在各业

务部门设立合规管理员。通过建立"三道防线"，细化预先防范、实时监督、后续评价的工作流程，确保合规管理与日常业务紧密相连。

1. 建立合规管理组织架构

寿光公司建立了包括决策层、管理层和执行层在内的合规组织架构，并成立了合规管理委员会，进一步明确了各层级的职责分工。其中，公司党委会组成决策层，负责战略方向、人事任免、内部奖惩；合规管理委员会和总经理属于管理层，负责筹划方案、撰写报告；合规管理部门、纪委监督部门与具体业务部门组成管理层，负责日常履责、职责分工、人事监管。

2. 筑牢合规管理"三道防线"

在推行合规管理模式的过程中，常遇到制度与部门规定混淆、职责界限不清等问题，导致合规管理工作缺乏明确指导，管理过程和效果大打折扣。

寿光公司深化合规管理体系，将合规管理职责明确划分并落实到各个业务部门与监督管理部门，确立了清晰的"三道防线"（见图1）。业务部门真正履行专业合规管理的责任，守牢"第一道防线"；纪检监督部门履行监督职责，及时发现并处置违规行为，稳固"第二道防线"；合规管理部门全程统管，强化统筹协调、过程控制和监督检查，夯实"第三道防线"。

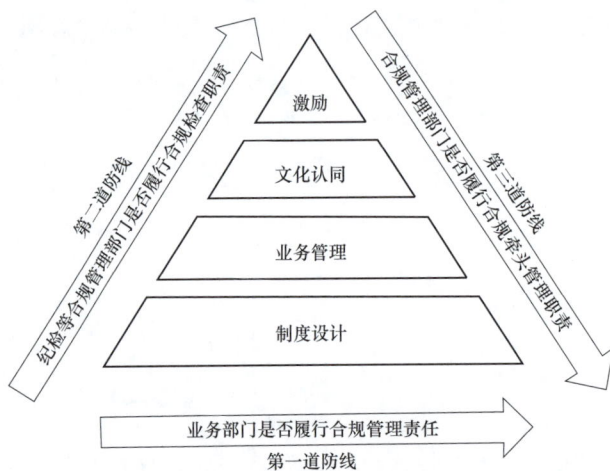

图1　合规管理三道防线

3. 严格合规管理工作流程

在合规管理工作中，为降低执行负担，实现高效管理，寿光公司精简并优化了一套工作流程，涵盖预先防范、实时监督、后续评价三个步骤（见图2）。在此过程中，合规管理部门始终发挥着关键作用，贯穿流程的三个步骤。其他部门则专注于自身履职，负责自身的风险预先防范和实施监督。同时，合规管理委员会对整个公司的合规管理工作进行全面监督，并特别负责组织开展后续评价，确保风险防控能够覆盖事前、事中、事后的全过程。

（二）结合实际，持续优化顶层设计

1. 优化管理层，加强部门协同力

在合规管理平台持续优化的过程中，寿光公司党委在管理层面设立新的机构——合规管理委员会，旨在全面评估和解决寿光公司业务流程的各类风险隐患。该机构负责提纲挈领地明确方针，并合理安排具体工作。此外，该机构还会听取员工的业务建议，指导解决合规管理中遇到的问题和突发状况，

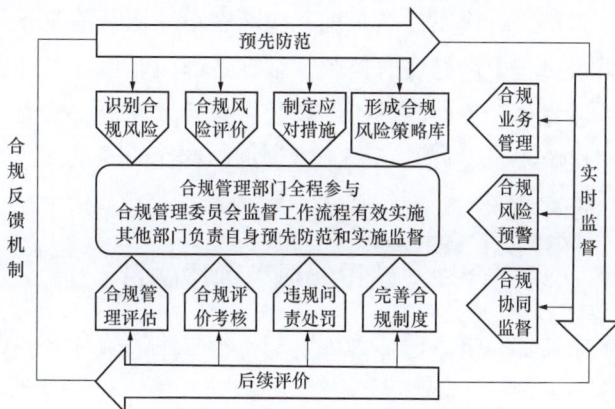

图2 合规管理工作流程

监督和纠正违规现象。与此同时，各相关职能部门积极配合，坚决落实合规管理委员会的工作要求，协力推进公司合规管理体系的完善与发展。

2. 优化执行层，加强部门实施力

在执行层面，寿光公司新设合规管理部门，专项执行合规工作。该部门统筹管理经营过程中的合规问题，制定寿光公司合规管理体系建设方案，重点关注营销、运检等风险多发的部门和业务领域，及时发现问题、防范风险。同时，合规管理部门积极开展合规宣传教育，促进各专业部门树立合规意识，践行合规精神，避免合规风险，在合规的轨道中生产经营。寿光公司还积极促进合规机制在阳光下运行，设置合规举报平台，虚心听取广大干部职工的意见建议，及时制止和惩处不当行为，确保公司运营的合规性。此外，在各专业部门设置合规管理员，在合规委员会的指导下，统筹负责本部门的合规事务。

（三）"三番式"研判，实现"合规+营销领域"深度融合

寿光公司针对客户违约用电行为，坚定"决策层把方向、管理层定方法、执行层负责实施"，制定"三番式"研判机制，形成系统化工作流程，对违约用电的行为坚决说"不"。

1. 以违约用电为切入点，识别预警合规风险

首先，界定违约用电的范围。利用营销信息系统和线损管理系统对工商业客户的用电负荷进行实时监测，从而识别出潜在的风险客户并建立风险台账。其次，固定相关证据材料。编制工作流程操作指引，下发风险客户清单，进行营销专题培训，确保工作人员能够全面、有效地搜集证据资料。最后，系统整理违约用电相关的法律法规、行业政策，分类梳理不同种类的违约行为，及时传达学习，努力构建一道坚实的依法用电防线。

2. 确定事实责任，筑牢合规防线

首先，根据事实证据和法规政策，编制损失金额分类计算标准，精准计量基本电费和违约金，逐级审核通过后，及时通知当事人。其次，界定各部门任务分工，明确违约用电事件中，市场营销部负责统筹全局，合规管理部门负责业务指导，设备管理部门负直接责任，根据管理权限和设备运维界定责任主体。最后，依照事实和证据，给当事人送达书面通知，首选私力救济的途径化解纠纷，引导客户及时缴清费用。大力开展反窃电的宣传教育，形成合法用电的良好氛围，坚决维护公司的合法权益。

3. "诉前—诉中—诉后"齐抓共管

首先，诉讼开始前做好预先防范。加强与法院沟通，阐明案件事实理由，必要时申请法院冻结拒

不整改且屡查屡犯的客户名下资产。诉讼案件结束前，中断客户一切营销业务办理，迫不得已时根据合法流程暂停供电。其次，诉讼过程中做好实时监督。根据各部门职责分工开展诉讼活动，设备管理部门应全程参与，提出涉电专业意见。最后，诉讼结束后做好后续评价。全力配合法院执行工作，梳理经验教训，并据此编写法律风险提示文件，不断改进管理中存在的不足，达到"办理一起案件、辨识一个风险、弥补一类短板"的效果。

（四）"抢先式"服务，实现"合规＋建设领域"前段融合

按照"事前预防为主，事中监控、事后评估为辅"的工作思路，结合电网建设领域案件频发的特点，将更多的力量向前端引导，在"不出事"上下功夫。

1. 以风险防范为导向，落实隐患预警机制

务必强化底线意识，深刻铭记"风险就是隐患，隐患就是事故"的原则，将风险防控置于首要位置。在事前阶段，要预先制定法律应对策略，坚决捍卫不发生重大合规风险的底线。在处理过程中，要全面审视寿光公司的诉讼和仲裁案件，针对案件所揭示的问题，迅速出具由寿光公司总经理签发的法律合规风险警示函。事后，应组织相关专业团队对供用电合同及输配电线路进行全面的风险隐患核查与整改。2023 年，寿光公司在被诉案件数量和涉案经济损失方面均实现了显著的"双降"。

严格落实合规审查审核机制。事前落实好电网领域重大决策、重要制度、重要文件、重要合同合法合规性审查审核机制，审查审核率 100%。详细列明合法合规性审核的具体事项清单，确保所有需要审核的事项都得到严格把关，实现"应审尽审"的目标。

2. 聚焦重点业务领域，落实精准管控机制

一是要全面梳理业务领域隐患。针对重点领域、关键环节和核心岗位，着重将法律合规要求融入业务运作和岗位职责中。通过制定或修订相关规章制度，细化管控机制，以确保寿光公司的安全稳定大局得到有效维护。针对电网建设项目前期手续不规范、工程管理不规范、安全协议签订不规范、约定内容不明确等问题，制定有效的管控措施。加强前期手续的规范性管理，确保所有项目都按照规定的程序和标准进行审批和备案；完善工程管理机制，规范施工流程，确保工程质量和安全；对安全协议进行审查和完善，明确协议内容，确保各方权益得到保障。通过这些措施的实施，有效提升寿光公司在电网建设项目中的合规管理水平，降低潜在风险，为公司的安全稳定大局提供有力保障。

二是要及时处理风险隐患。开展建设专业"合规管理年"活动，实施"标本兼治、防治一体"主动合规专项行动。制定发布专业规范管理"强条"，加大合规风险管理培训，培育主动合规文化，稳稳守住工程监管"法治防线"。重视项目全过程管理，健全规范电网建设项目前期、设计、施工、验收等各环节管理制度。抓好过程关键节点管控，严格办理项目核准审批和用地许可手续，不得未批先建、超出核准范围进行建设，严禁违规压缩工期、降低工程质量，严格执行安全施工管理规范。项目转分包方面，依法签订安全协议，明确发包方与承包方安全管理责任。项目实施过程中严格履行项目安全管理责任，坚决杜绝"以包代管"。

三是要加强废旧物资处理。依托国家电网公司通用制度，按照"制度化、规范化、标准化、实用化"的原则，结合各类废旧物资管理制度，细化完善拆除计划管理、报废鉴定审批管理、拆除移交管理、废旧物资库存管理，制定符合实际的废旧物资管理操作手册，为废旧物资管理提供了有力支撑，废旧物资退库及时率、废旧物资退库完整率、废旧物资集中处置率三项指标实现 100%。

3. 做好"后半篇文章"，落实违规追责机制

在内部，全面推行对重大重要案件的"说清楚"、约谈警示等机制，以实现风险提醒到位、问题督

办到位、整改推进到位。按照"违规事件"的汇报、通知、督办等要求，进一步增强寿光企业所有职工的风险意识和法规意识。同时总结剖析外部企业处罚事故和法律纠纷案件中显示出来的新问题，并研究建立责任追究机制和案件管理考核制度，率先将《法律纠纷案件实施方案》纳入寿光公司业绩考核管理办法，分"案发原因"和"案件处置过程"两个维度对案件管理定性定量评价，着力做好案件管理"后半篇文章"。

（五）"动态式"管理，实现"合规＋人才培养"互促互进

为顺应合规业务的发展需求，寿光公司采取了一系列举措来强化管理人员的专业素养和合规意识，确保合规人员熟悉并掌握合规管理制度的各项规定、方法手段、管理流程以及常见问题的处理技巧，从而为公司培养一支具备高度合规意识的专业管理团队。此外，寿光公司还建立了常态化的合规管理培训机制，使得培训活动能够持续、有效地进行。通过多层级、针对性的培训方式，确保每位管理人员都能根据自己的职责和需要，接受相应的合规管理知识和技能培训。

1. 聚焦规章制度，开展普法教育宣传

为强化合规文化的根植，寿光公司加强内部宣传，并实施了多元化的宣传策略，通过定期举办专题汇报、法治大讲堂等活动，宣传教育国家电网公司的规章制度、相关法规政策、行业自律要求，从而提高员工对合规管理的认识和理解，在无形中培养了正确的合规观念。同时，寿光公司还充分利用部门例会等日常会议，深度融合业务规范与合规要求，确保日常工作中贯彻合规理念，将合规管理体系落到实处。此外，公司还关注员工岗位变动后的合规培训需求，及时开展有针对性的培训，确保员工能够快速适应新岗位的合规要求。将为职工普法纳入寿光公司 2023 年度"我为群众办实事"系列活动，邀请外聘律师开展"新春送法"，举办学习宪法精神"云课堂"，增强广大职工合规意识。

2. 立身价值导向，营造良好合规氛围

积极推行全员合规承诺，着重关注"关键少数"的引领作用。将合规管理规范作为各级领导干部培训的重点科目，促使领导干部率先垂范，形成依法办事、用法解决问题的法治思维，充分发挥"头雁"效应。同时，寿光公司将合规管理工作纳入绩效考核体系，鼓励青年员工积极学法用法，并号召干部职工签订合规承诺书。公司将合规培训纳入年度人资培训计划，在决策层、管理层到执行层全面开展合规管理培训，营造全员合规的良好氛围。

建立双向沟通机制。管理层积极倾听基层员工的反馈，员工可通过员工信箱等渠道提出问题和建议，找到实际业务工作与法规政策龃龉的领域。合规部门和管理层根据员工反馈，持续改进合规管理要求，以确保其与实际工作紧密结合，提高合规管理的实效性。

3. 坚持业法融合，培育合规管理文化

为了进一步深化合规文化的根植和法治工作的推进，寿光公司发挥关键人物在合规建设中的引领作用。有效提升法治文化引导力，树立并弘扬法治理念，引领法治文化建设。通过普法学习平台加强合规管理规章制度的宣贯，确保法治工作与公司经营管理全面融合。结合《国家电网有限公司合规管理办法（试行）》和各县级供电公司的实际情况，寿光公司全面讲解合规管理职责与要求，厘清合规管理流程，深化法治工作与业务融合，加强全过程管控，持续改进合规管理体系从而进一步推进"业法融合"，使法治工作成为公司发展的有力保障，为公司实现高质量发展提供坚实的法治支撑。

二、实施的效果

以化解风险防控为目标，通过建立"决策层—管理层—执行层"体系架构，筑牢"三道防线"，强化"事前预防—事中监控—事后预防"，加强合规管理体系、工作机制、重点领域建设，促进合规管理与专业领域深度融合，夯实寿光公司发展基石，全面提升依法合规经营水平，化解经营风险，助力寿光公司实现高质量发展。

（一）合规管理水平稳步提升

从决策审核的初衷出发，防范重点业务领域的合规风险。全面推行两级重大决策合法合规性审核机制，确保决策过程既符合法律法规，又契合公司管理规范。在此过程中，决策层负责把握方向，管理层负责制定具体方法，业务部门则牵头启动决策流程，从而形成高效、规范的决策机制。2022年，寿光公司合规管理经验《创新"四个一"管理模式　提升依法治企水平》在《人民日报》刊发。2023年，寿光公司重大决策合法性审查率为100%，出具法律意见书较去年同比下降60%，进一步提升了公司合规管理水平，保障了公司的持续健康发展。开展"抓管理、防风险、降案件"专项行动，严格落实督办机制，2023年寿光公司实现被诉案件和涉案经济损失"双下降"，全年产权设备触电案件"零发生"。提升案件处置质效，与地方法院建立协同联动预警机制，庭前化解法律案件数量上升50%，为公司稳健发展保驾护航。

（二）合规管理意识普遍提高

常态化进行法律案件"说清楚"，用考核提高业务部门对合规的重视。开展"合规护航3·15·优质服务365"专项活动，邀请外聘律师讲解电力行业法律知识。通过"合规微案例""合规大讲堂""合规进班组"等特色活动，有针对性地对各专业、各班组开展培训，提升全员合规管理意识，培训次数同比上升40%，提升了公司全员重视合规、主动合规的意识，筑牢依法合规管理底线。

（三）合规管理体系常态运转

充分发挥"三道防线"作用，强化"管业务就要管合规"原则，持续健全完善纪检、法律和巡察等协同监督体系，优化合规管理各层级权责配置，不断提升寿光公司内控强度。以风险防范为核心，完善了合规风险事前预防、事中监控、事后评估机制，风险识别预控能力大幅提升，将风险管控、合规问题整改、合规监督融入业务各环节中，进一步加强合规管理与业务工作的深度融合。

参考文献

［1］汪励雯，屠孝杰.基于"合规风险库"的企业合规管理体系在县级供电公司落地应用的探索与实践［J］.农电管理，2021（11）：36-39.

［2］冯凯鑫.新型监管关系下电网企业合规管理体系研究［D］.北京：华北电力大学（北京），2022.

［3］刘付运.试析新形势下国有企业合规管理体系建设［J］.财经界，2022（36）：48-50.

［4］杨海波."三步"工作法筑牢依法用电屏障［J］.中国电力企业管理，2022（20）：57.

［5］徐鹏.坚持底线思维守牢安全红线着力提升民政服务机构安全管理水平［J］.中国民政，2020（10）：27-28.

［6］常波.县级供电企业电网建设安全管理体系研究［D］.北京：华北电力大学（北京），2018.

电力企业合规管理与"大监督"体系的融合性实践研究

郭鑫宇　德吉白姆　德吉美朵

国网西藏电力有限公司

摘　要

为贯彻落实党中央关于各类监督贯通协同指示精神，解决合规管理与监督力量协同不足、合规管理与监督资源整合不足、制度机制尚不完善等问题，本文在对合规管理与"大监督"体系本质进行研究的基础上，分析电力企业增强监督合力的重要意义，并归纳国网西藏电力公司建立三项工作机制、强化管理监督应用成果，探索构建公司一体化监督体系等创新实践举措，逐步推进合规管理工作与构建基于"监督合力"的大监督体系相融合，以期促进公司合规与监督管理水平不断提升，为新时代实现电力企业高质量发展提供坚强保障。

关键词

合规管理；"大监督"体系；监督合力

一、合规管理与"大监督"体系的区别与联系

随着国有企业合规需求日益增加，合规管理与"大监督"体系的重要性不断增加。它们既有着相似之处，又各具特点。虽然二者在理念上存在一定重合，但其重点和实施方式有所不同。本章将深入探讨合规管理与"大监督"体系的区别与联系，以及它们对电力企业管理的重要意义。

（一）企业合规与"大监督"体系的概念

企业合规是"企业为有效防范、识别、应对可能发生的合规风险所建立的一整套公司治理体系"。具体而言，是指企业以有效防控合规风险为目的，以提升依法合规经营管理水平为导向，以企业经营管理行为和员工履职行为为对象，开展的包括建立合规制度、完善运行机制、培育合规文化、强化监督问责等有组织、有计划的管理活动。

"大监督"体系，是指企业纪检监督、审计监督、监事（会）监管、法律监督、工会民主管理等内部监督与外部监督资源相整合，形成监督合力，从而实现监督工作的全过程、全方位与全覆盖。

企业"大监督"工作的核心是不断整合党内监督、纪检监督、审计监督、财务监督、督察督办、

安全监督、民主监督等监督资源，形成监督合力，做到"全人员、全过程、全业务"监督。构建"大监督"体系应当坚持党委的统一领导，在明确党内监督、行政监督、业务监督等职责和目标的基础上，确保各项监督工作贯穿细化于业务管理的全过程，从而实现高效配合、有效衔接。

（二）企业合规与"大监督"体系之间的相似性和差异性

企业合规与"大监督"体系在目标、依据和覆盖范围上呈现相似性，但在侧重方向、管理手段和资源整合程度上存在差异。企业合规管理主要着眼于他律，而"大监督"体系则更广泛地包括内部管理与外部监督，并侧重于各方面的全方位监督。企业合规管理侧重于他律，而"大监督"体系强调外部监督与内部协调，并涉及多方资源的整合与协作。

1. 企业合规与"大监督"体系的相似性

企业合规与"大监督"体系具有目标相似性。企业合规管理和"大监督"体系的共同目标都是确保企业的各项活动符合法律法规、监管要求，遵循商业道德，保护企业的合法权益和社会责任。

企业合规与"大监督"体系具有依据相似性。两者都以法律法规作为依据，对企业行为进行监督和管理。合规管理侧重于制定合规政策、规章制度，并对企业行为进行规范；而"大监督"体系则侧重于整合各种监督资源，对企业各方面的运营进行全方位监督。

企业合规与"大监督"体系具有覆盖相似性。企业合规管理和"大监督"体系都追求全面性，旨在覆盖企业的各个环节和业务领域，确保监督和管理工作的全覆盖性和全过程性。

2. 企业合规与"大监督"体系的差异性

侧重方向不同。企业合规管理更偏向于他律，侧重于符合"法律法规、规章、行业准则"等要求；而"大监督"体系则更广泛，包括了内部管理、外部监督以及对企业各个方面的全方位监督。

管理手段不同。企业合规管理更加注重他律，主要依靠外部规范的约束以使企业履行合规义务；而"大监督"体系则更强调外部监督与公司内部机构相协调，综合公司外部的纪检机构、审计部门等各方面进行监督。

资源整合程度不同。企业合规管理通常由企业内部部门负责，资源相对集中；而"大监督"体系涉及多个监督主体的整合，资源较为分散，需要协调各方的合作与支持。

因此，企业合规管理和"大监督"体系虽然在确保企业合法合规方面有共同之处，但在管理范畴、管理方式和资源整合程度等方面存在一定的差异。它们各自承担着不同的职责和功能，但都对企业的健康发展和社会责任承担着重要作用。

在实践中，企业合规管理和"大监督"体系常常相辅相成，互为补充。企业合规管理为"大监督"体系提供了基础和保障，而"大监督"体系则通过整合各种监督资源，加强对企业的监督，促进了合规管理的有效实施。两者共同构建了一个健康、透明的企业治理框架，为企业的可持续发展提供了重要支撑。

（三）电力企业增强合规监督合力的必要性

近年来，我国陆续出台了一系列旨在构建统一高效监督体系的政策。相关系列政策的出台标志着中国对监督体系建设的重视，并旨在健全党统一领导、全面覆盖、权威高效的监督体系，以确保国家治理体系和治理能力现代化的顺利推进。特别针对电力企业等关键领域，建立健全监督体系具有重要意义，不仅可以提升企业的社会责任感和公信力，还能确保其稳定运行，为国家经济发展和社会稳定作出积极贡献。

2015 年 10 月 31 日，《国务院办公厅关于加强和改进企业国有资产监督防止国有资产流失的意见》发布，包含总体要求、着力强化企业内部监督、切实加强企业外部监督、实施信息公开加强社会监督、强化国有资产损失和监督工作责任追究、加强监督制度和能力建设等举措。2021 年 9 月 20 日，国家监察委员会公布《中华人民共和国监察法实施条例》，第二十一条明确指出，要将监察监督与审计监督、财会监督等贯通协调，健全信息、资源、成果共享等机制，形成监督合力。2022 年 10 月 1 日，《中央企业合规管理办法》开始施行，要求"将合规要求嵌入经营管理各领域各环节，贯穿决策、执行、监督全过程，落实到各部门、各单位和全体员工，实现多方联动、上下贯通"。一系列政策法规表明，我国高度重视监督合力建设，力图多层次全面推进形成国企监管层面的监督合力。

在电力企业建立健全监督体系方面，增强监督合力具有重要意义。电力企业作为国民经济的重要组成部分，涉及能源供应和国家安全等重要领域。其稳定运行对国家经济发展和社会稳定具有重要影响。通过跨部门、跨领域的联合监督机制，可以及时发现并应对电力企业在生产经营中可能存在的违规行为和安全隐患，确保电力供应的稳定和安全。加强监督合力还可以提升电力企业的社会责任感和公信力，增强其在社会中的形象和地位。通过公开透明、规范高效的监督机制，可以提高企业对外部的信任度，促进企业与社会各界的良性互动与合作。

综上所述，增强监督合力对于电力企业建立健全监督体系具有必要性和重要意义，能够有效提升企业的管理水平和运行效率，保障国家能源安全和社会稳定，提升企业的社会形象。

二、合规管理与"大监督"体系融合面临的挑战与成因分析

近年来在国务院国资委和地方国资委的大力推动下，我国国有企业合规管理工作不断深入，成效明显，但与"大监督"体系的贯通融合方面依然面临诸多挑战，主要表现在以下几个方面：

（一）合规管理与监督力量协同不足

合规管理及"大监督"体系中涉及的治理主体和监督主体多样，彼此的关联互动尚不充分。

在"大监督"体系中，各类监督主体由于监督对象、监督内容、监督方法不同，职能交叉混同，各监督力量协同不足、衔接不紧，贯通协调存在堵点。同时，纪检部门等对于企业的业务经营了解不多，没有深入业务第一线进行深入调查研究，调查监督的情况可能与实际经营情况相脱节，而业务职能部门作为企业合规中的"第一道防线"，相关经验更具有可操作性，且更能在日常经营管理和业务开展过程中对实际发生的风险进行监督制约。

合规管理与监督力量寻求协同效应应当是在保证监督主体各自独立性的基础之上，充分发挥各类监督优势，以畅通、高效的连接路径加强协同力量从而形成监督合力。

（二）合规管理与监督资源整合不足

由于合规管理部门与各项监督主体之间信息沟通不畅，成果无法及时共享，造成各类监督问题无法系统开展整改，仅限于就问题改问题。一方面，被监督的主体压力较大，相同问题被重复监督检查，相同整改报告要重复上报，无法形成有效的监督闭环。另一方面，监督缺乏效果，未充分发挥合规管理的风险防控作用，使类似问题无法在源头得到处理。

因此，合规管理部门和各项监督主体之间需要进一步实现日常工作成果互联互通，联合督促检查，统筹各方发现问题整改情况。对检查发现的典型性、普遍性、倾向性问题，深入分析研究背后存在的

体制性、机制性、制度性漏洞，有针对性地提出建议，提升联合监督治理效能。

（三）制度机制尚不完善

由于统筹监督部门和协调机制的缺位，大监督工作缺乏规划性，监督部门无法厘清自己在"大监督"工作中所扮演的角色。纪检机关、巡视巡察机构未将审计发现问题整改落实情况纳入日常监督范围，对审计移送案件线索重视程度不够，查办速度慢，结果反馈不及时；审计机关未将与审计内容有关的纪检监督和巡视巡察关注的经济监督重点、案件查办等情况作为重点审计事项，未对审计发现的案件线索及时移交或移交的案件线索质量不高，成案率低。

同时部分国有企业合规管理评估机制不健全，对合规管理有效性分析不够，对重大或反复出现的合规风险和违规问题未能深入查找根源，过程管控有待强化，也未能做到持续改进提升。

因此，合规管理、审计监督和纪检监督、巡视巡察等其他各类监督的贯通协同统一领导机制需要进一步建立，相关协调配合制度及具体实施办法也需要进一步完善。

三、合规管理与"大监督"体系的融合性实践

为推动合规管理与"大监督"体系相融合，形成全业务监督合力，国网西藏电力有限公司印发了《中共国网西藏电力有限公司委员会关于加强风险、合规、监督机制建设推动形成工作合力的意见》，全面构建"纵向到底、横向到边、上下协同、权责清晰、管理高效"的履责体系，不断提升依法合规经营能力和水平，构建全面合规管理新格局。

（一）建立三项工作机制，探索构建公司一体化监督体系

公司规模的不断扩大和业务的不断拓展，对合规管理和合规监督提出了更高要求。在公司党委统一领导下，国网西藏电力建立信息共享、事项共商、考核问责三项工作机制，促进监督过程统一，探索构建公司一体化监督体系，有效提升监督合力。

1. 信息共享机制

办公室依据自身职责，在督查督办等工作中发现落实公司党委决策部署不力、"三重一大"决策制度执行不到位等问题，可将相关问题线索或监督信息向党委组织部、纪委办通报。

组织部依据自身职责，在领导班子考核、干部考察等工作中，发现选人用人、领导干部日常管理方面的问题线索，可将相关问题线索或监督信息移交纪委办。

财务部依据自身职责，对年度重大风险进行持续不断的监测，将相关风险事项向组织部、纪委办、审计部、法律部通报。

法律部依据自身职责，在日常合规管理、法律纠纷案件和违规事件处理中发现问题线索或监督信息向组织部、纪委办、审计部通报，发现涉嫌违犯党纪事件或发现涉嫌职务违法、职务犯罪的，移交公司纪委办。

审计部依据自身职责，对于审计工作中发现的党风廉政问题线索和重要廉洁风险信息，实行"纪审联动"，及时向公司纪委办通报。每次领导干部经济责任审计工作结束后，及时向党委组织部通报。

纪委办（巡察办）依据自身职责，在开展内部巡察过程中，形成领导班子政治生态报告、班子成员"画像"报告，向组织部通报。在执纪审查过程中，发现干部相关问题，根据情况及时向组织部通

报，并将有关材料交组织部存档。在开展专项监督等过程中，发现基层单位领导班子和领导干部有关方面问题，向组织部、审计部等相关部门通报。

其他部门在管理工作中掌握的实时监督信息，自发现之日起 15 个工作日内，由发起部门主动向相关监督部门通报，及时共享监督信息。

2. 事项共商机制

巡察前共商。巡察机构开展巡察前，向公司有关部门了解党组织领导班子及其成员的相关情况，重点收集内外部审计、依法治企综合检查、领导班子考核和干部考察等情况，重点了解被巡察单位存在的问题和风险，以问题为导向进行监督事项共商，统筹巡察、审计监督资源，进行巡察、审计项目计划共商。

考核前共商。组织部开展领导班子考核或开展干部考察前，向有关部门了解考核对象党组织领导班子及其成员的有关情况，不断增强领导班子和领导干部考核考察的精准性，强化干部日常监督的针对性、及时性。

审计前共商。审计部在审计前了解被审计单位经营活动、机构设置等基本情况，同时向有关部门了解被审计单位领导班子及其成员的有关情况，判断企业内部控制机制及其运行情况，合规管理情况，增强审计监督针对性。

风险事项共商。财务部开展风险管理和内部日常管控工作中，发现基层单位重大风险隐患和重大、重要内部控制缺陷时，组织有关部门召开会商会议，研究风险化解处置意见，并向公司全面风险管理委员会报告。

合规情况共商。法律部开展企业经营合规管理工作中，发现重大违规事件和发生法律纠纷案件时，组织有关部门召开会商会议，研究重大违规问题及处置方案，并向公司合规委员会报告。

经常性会商。结合公司阶段性重点工作安排，按职责分工及时组织有关事项会商，开展管理和监督工作，并负责对信息进行汇总，提出措施，评估管理监督对象整改落实情况。重要管理监督信息和措施，必要时经会商后向公司党委汇报。

3. 考核问责机制

（1）共用方式。主要包括绩效考核、约谈、通报、责令整改等监督手段。

对于涉及"三重一大"决策、督查督办事项以及巡察、审计监督中发现的问题，相关部门可依据有关规定，通过常规或专项约谈等适当方式督促存在问题的单位进行整改。对有关典型问题，可采取在一定范围通报等方式开展教育和警示。对有关具体问题，可责令进行整改。

（2）专有方式。主要包括督查督办、谈话函询、初步核实、巡察或审计建议等依据职责仅由特定部门实施的监督手段。

督查督办。针对公司党委决策部署落实情况、"三重一大"决策制度执行方面的问题，由办公室采取督查督办方式开展监督。

谈话函询。对于巡视巡察、日常监督中反映出来的领导干部苗头性、倾向性问题，组织部、纪委办依据有关规定，通过谈话、函询等方式开展监督。

初步核实。对于作风建设以及廉政风险突出、可查性较强的监督信息，按照纪委问题线索管理，由纪委办组织调查核实，依据核查结果运用监督执纪"四种形态"。

巡察或审计建议。对巡察和审计工作中发现的风险苗头和问题，由纪委办和审计部采取巡察或审计建议书方式开展监督。

（二）强化管理监督成果应用，推动公司合规体系变革

加强管理监督成果的应用是推动公司合规体系变革中不可或缺的重要环节。国网西藏电力部门组成联合调研组，采取现场和书面相结合的方式对公司所属 23 家二级单位开展了调研，并形成《关于公司各单位合规管理、合规监督工作情况的调研报告》。通过深入挖掘和应用管理监督成果，及时发现问题线索、督促问题整改，不断推动公司合规体系变革，形成齐抓共管合力。

1. 加强风险管理成果应用

强化风险管理和内部控制成果应用，将发现的重大风险隐患和内控缺陷作为公司巡察、审计监督的重点事项，深入揭示体制性障碍、机制性缺陷和制度性漏洞，保障公司持续健康发展。

2. 加强合规管理成果应用

加大合规管理成果应用力度，严肃查处违规事件，增强各级领导干部依法依规办事的意识和能力。强化合规成果共享，纳入公司巡察、审计监督重点内容，常态化开展日常监督，不断提升公司合规经营水平。

3. 加强监督工作成果应用

监督工作中了解的监督信息和结论，由纪委办牵头梳理并移交组织部统筹应用，作为领导班子调整、干部选拔任用的重要参考依据，为公司党委决策提供参考。需基层单位落实的监督整改措施，作为各单位落实"两个责任"的重要内容，纳入年度党建工作绩效考核评价，与基层单位企业负责人业绩考核挂钩。

（三）实践效果

在公司党委统一领导下，国网西藏电力已初步建立系统集成、协同高效的内控管理和监督机制，在协调整合各部门监管力量的基础上，实现自上而下加强监督管控，自下而上反映监督情况，深入推进同级监督，有效提升重点领域和关键环节的风险防控能力，切实将监督成效转化为保障公司高质量发展实效，为推动公司和电网高质量发展提供了坚强保障。

四、结论与启示

党的二十大报告指出，要健全党统一领导、全面覆盖、权威高效的监督体系，促进各类监督贯通协调。深化构建"大监督"体系，推动企业合规管理与"大监督"体系相融合，是推动国有企业高质量发展的重要手段，二者共同为提升电力企业管理效能起到积极作用。

基于已开展的合规管理与"大监督"体系融合性实践，国网西藏电力总结了电力企业整合监督力量、形成监督合力的重要经验，为电力企业进一步夯实合规管理根基，将内外部监管核心要求内化为管理实践提供参考。

1. 树立主动服务意识

坚持问题导向和目标导向，增强合规管理"大监督"体系融合工作服务意识，协同相关部门和单位，研究分析问题背后的体制性障碍、机制性缺陷和制度性漏洞。推动公司业务部门加强顶层设计，优化制度流程，强化日常监督，促进问题整改和管理提升。

2. 建立协商机制

按照公司监督体系联席会议工作规范要求，通过定期会议、临时会议、日常协作等三种方式，推

动构建衔接顺畅、配合有力的监督一体化工作格局，促进各类监督在资源配置、问题发现上做到深度融合、凝聚合力，在情况沟通、成果运用上做到渠道畅通、程序规范。

3. 定期评估与调整

融合后的合规管理与"大监督"体系需要定期进行评估和调整，通过评估体系的有效性和运作的规范性，及时发现问题和不足并根据实际情况进行调整和改进。

为进一步推动合规管理与"大监督"体系的有机融合，形成全业务监督合力，国网西藏电力整合监督资源，通过创新建立信息共享、事项共商、考核问责三项工作机制，强化管理监督成果应用，探索构建公司一体化监督体系，贯通协同并凝聚监督合力，积累并探索适用于电力企业推进合规管理工作与构建基于"监督合力"的"大监督"体系相融合的有益经验，树立企业合规管理新标杆，为新时代电力企业高质量发展提供有力保障。

参考文献

［1］陈瑞华．企业合规的基本问题［J］.中国法律评论，2020（1）：178-196.

［2］潘国才．建立"大监督"体系推进国企党风廉政建设初探［J］.广西电业，2019（8）：3.

［3］董泊江．纪检监察与企业合规管理的协同衔接与进路分析［C］//《法学前沿》集刊2023年第3卷——新征程中的依规治党与纪检监察研究文集.西北政法大学，2023（10）：121-130.

［4］徐翔，张新宁．试论国有企业大监督体系建构的困境与出路［J］.上海国资，2023（6）：78-82.

［5］周兰萍，叶华军．构建新发展格局背景下的国企合规风险管控制度［J］.中国建设报，2021-02-19（2）.

［6］师长青，王诗雨．以"协调配合"凝聚监督合力——推进纪检监察监督巡视巡察监督与审计监督贯通协同［J］.中国纪检监察，2023（8）：22-24.

"1234"多维度融合合规管理体系构建与实践

董　晔　韩　琨　刘琳琳

中国华电集团有限公司天津分公司

摘　要

随着经济全球化的不断深入，企业在发展过程中不可避免地要面对来自不同层面的合规要求。为了应对这些挑战，华电天津分公司通过构建"一个"理念、"两个"维度、"三个"思维、"四个＋"的多维度融合的合规管理体系，着力加强合规与思想、管制、防控、机制"融合"，以满足各种合规要求，使员工合规意识、公司治理效能、防控能力、竞争力和可持续发展能力、企业形象和品牌影响力呈现新成效，为企业的可持续发展奠定坚实的基础。

关键词

多维度；1234；融合；合规管理

推动央企全面加强合规管理工作，提升依法合规管理水平，加快法治央企建设步伐，推进央企平稳健康发展，是坚定不移走中国特色社会主义法治道路的重要组成部分。中国华电集团有限公司天津分公司（简称天津分公司）坚持全面覆盖、强化责任、协同联动、客观独立的原则，着力构建"1234"多维度融合的合规管理体系，全面推进区域合规体系建设，强化依法合规经营，有效防范各类风险，提升法律保障能力，坚决守住依法合规经营底线，以合规管理提升企业管理水平，助力企业依法合规经营。

一、主要做法

（一）坚持"一个"理念，实现"人"与"规"相"融合"

合规是企业可持续发展的重要基础，天津分公司始终秉持"一个"理念，即"合规为本"理念。"于人"，即合规要立足于人，在全体员工中树立强烈的合规意识，根据电力市场变化，结合区域发展实际，在公司治理各层面、各环节、各领域开展合规知识讲座，通过培训、宣贯等方式，使合规理念深入人心，成为员工的自觉行动，让员工认识到合规不仅是法律的要求，更是企业稳健发展的保障，是每个员工应尽的责任。"于心"，即合规要内化于心，将合规教育与思想政治教育相结合，通过党课、团课、企业文化活动等平台，着力引导员工牢固树立合规理念，从自身做起、从点滴做起、从细节做起，从"要我合规"到"我要合规"转变，不断总结经验教训，不断完善和提升合规管理水平。"于规"，即合规要固化于规，通过建立合规制度、制定合规年度工作要点等方式，不断完善合规管理体系，引导全体员工自觉遵守规章制度，主动接受各方监督，适应外法内规要求，营造"人人讲合规、事事守规矩"的良好氛围。"于行"，即合规要落脚于行，公司建立健全监督检查、违规举报机制，设置法律合规热线，发现违法违规事项可及时反馈，已实现本部及基层单位内控、合规、风险职能一体化管理，确保合规要求得到全面落实；鼓励员工将合规理念转化为实际行动，做到知法守法、依规行事，让合规成为日常行为习惯，真正把合规管理融入企业价值创造全过程。

（二）把握"两个"维度，实现"法"与"规"相"融合"

天津分公司始终坚持既要遵循外法，也要严守内规，时刻警醒，综合运用多种途径，全面加强合规管理。

1. 时刻恪守外法"红线"

一是严格遵循外法监管要求。天津分公司与外部监管机构保持良好沟通，密切关注并深入研究与企业相关的国家法律法规、行业规范、地方性法规及监管政策，结合公司实际，编制《天津分公司全体员工、领导干部和法务人员应知应会党内法规和国家及地方法律法规清单》。结合公司制度宣贯，全面宣讲专业应知应会外法法律法规。二是积极应对外部市场变化。密切关注重点领域和新兴市场动态，分析潜在合规风险，制定应对措施，应对市场变化，及时与公司上下游企业沟通，及时行业最新政策研报信息，实现合规协作，共同营造合规生态。三是认真履行上市公司监管要求。扎实开展年度上市公司内控合规评价，将上市监管要求纳入公司自评价体系，内控合规评价缺陷全部按计划完成整改，积极参加跨区域上市公司内控合规管理培训，时刻恪守经营管理活动"红线"。

2. 时刻严守内规"底线"

天津分公司着力从领导责任体系、依法治理体系、规章制度体系，"三位一体"全面严守规定"底线"。一是健全组织机构体系。成立法治建设暨内控合规风险管理领导小组和领导小组办公室，公司主要领导任组长，将法治建设要求全面嵌入到决策层、管理层、执行层、监督层四个层面。完善法治合规工作责任制，将法治合规建设纳入基层企业绩效考核，并根据岗位变动情况进行调整。按照"管业务必须管内控合规风险"要求，着力筑牢业务及职能部门、内控合规风险管理部门和监督部门内控合规风险管理"三道防线"。二是健全合法合规体系。完善《重大决策事项合法合规审查事项清单》，规范 OA 系统"三重一大"事项合法合规审查流程，明确需要出具合法合规审核意见书、法律合规会签及法律上会事项 27 项。"决策先问法、违法不决策"的理念渐入人心。修订基层企业董事会评价办法，明确"必建"制度清单，完善董事会"工作规则""授权办法"，促进董事会"定战略、作决策、防风险"作用发挥。印发《天津分公司一流法治企业创建重点提升任务清单》，明确重大决策事项合法合规审核把关率达到 100%，并开展后评估工作。三是健全规章制度体系。大力培育"制度立本、契约立信、合规立身"精神，搭建"三横三纵"制度管理框架体系，公司现有制度 317 项，现代企业治理体系基本建成。

（三）树立"三个"思维，实现"防"与"规"相"融合"

天津分公司着力梳理系统性、专业性、创新性思维，于关键点发力、紧要处突破，全面实现合规与防控相融合。

1. 树立系统性思维

预见风险，主动应对。一是完善风险预控机制。建立区域风险信息共享预警机制，明确预警处置方法，及时处置、有效化解生产经营管理合规合法风险。围绕项目发展、工程建设、安全环保、公司治理、经营管理、物业后勤等领域存在的潜在风险，印发专项风险提示函，切实督导履行主体责任。二是紧盯风险事中控制。加强风险过程管控和动态管理，年度编制风险应对防范措施，月度跟踪监测风险指标，季度印发风险管控通报，确保风险管理体系有效运行、风险总体可控。三是强化风险事后应对。风险发生后，积极采取法律途径，依法维护公司合法权益，针对所属部分单位热费催缴困难情况，主动起诉51次，收回欠缴热费20余万元。通过案件原因分析、风险溯源，持续健全长效机制、堵塞管理漏洞，有效杜绝因自身违法违规等原因引发的案件。

2. 树立专业性思维

聚焦重点，专项突破。一是聚焦核心指标。天津分公司以电力行业、集团先进、区域领先企业为标杆，认真分析短板弱项，聚焦"一利五率"等关键指标，全面修订对标指标体系，月度开展对标指标分析，全面实现"对标、分析、整改、提升"四个环节闭环管理。二是聚焦关键领域。围绕公司转型发展中心任务，加强新能源建设等重点领域法律服务支持，审核新成立新能源项目公司章程10余家。围绕投资管理、安全环保、采购管理、工程建设等重点领域，深入开展"严肃财经纪律、依法合规经营"综合治理专项行动。三是聚焦专业评价。围绕合规管理组织建设、制度建设、运行机制、监督追责、文化建设、信息化建设六个方面，每年开展合规管理体系有效性评价。印发《天津分公司2023—2025内控合规风险管理体系监督评价工作规划》，以"任务清单＋责任清单＋时间进度表"为抓手，组织对区域基层单位全覆盖开展合规监督评价。

3. 树立创新性思维

创新推动、精益管理。一是大力推动机制创新。结合合规管理要求，创新提出并编制以"强化机制建设，提升服务保障能力；强化精益管理，提升运营管控能力；强化重点管控，提升价值创造能力"为主要抓手的"三强化三提升"管理强化年活动方案，方案涉及合规管理领域11个，具体管控措施50余项。二是大力推动技术创新。全面推进内控合规风险一体化管理信息平台建设，通过一体化系统，公司实现内控合规风险一体化管理信息平台指标预警提示函及时处理，合规管理信息系统数据定期更新，规范开展线上重大经营风险、行政处罚、单位犯罪情况月度排查，极大提升了公司合规管理"技防技控"水平，有效防范和减少了违规事件的发生。目前，区域6家基层单位已经全面推广建设"平台统一、管理融合、监控智能"的内控合规风险一体化管理信息平台（见图1）。

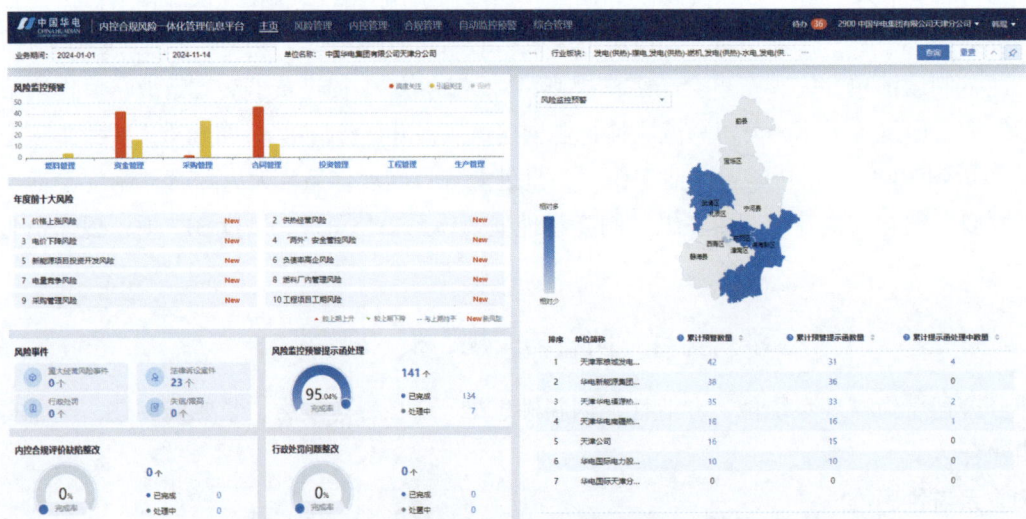

图1　内控合规风险一体化管理信息平台

（四）统筹"四个+"，实现"合"与"规"相"融合"

合规，要合乎人本、合乎文化、合乎管控、合乎大道。天津分公司着力培育四个"合规+"，真正实现了"合"与"规"的相融合，为公司可持续发展蓄积高质量新动能。

1. 合规+党建引领

党建引领为合规管理提供有力支持，为推动公司健康可持续发展提供坚强保障。一是积极强化管党治党政治责任。天津分公司通过开展违反中央八项规定精神问题等专项治理，形成重点领域"3333"廉洁风险防控体系，深入实施"三清"企业创建，为合规管理提供坚强政治保障。二是持续加大违规案件警示教育。为进一步引导党员干部切实筑牢拒腐防变思想防线，组织党员干部及关键岗位人员赴天津市滨海监狱开展警示教育活动。通过"零距离"实地参观、"面对面"现身说法、"沉浸式"警示教育，大家深刻感受到了"一墙之隔两世界，一念之差两人生"的巨大反差，直击人心、发人深省。三是用党的创新理论指导问题整改整治。紧扣改革经营发展中的堵点淤点难点领题调研，创建"三三四四"工作机制，成功应对低温雨雪、台风洪涝等自然灾害，圆满完成迎峰度夏、天津达沃斯论坛、"一带一路"国际论坛峰会以及节假日等重要时段安全保供任务。

2. 合规+管控体系

合规管控体系的高质量搭建，是推动合规管理水平持续提升的重要抓手。一是积极开展合规认证和信用评级。为全面升级公司合规管理体系，天津分公司根据 GB/T 35770—2022/ISO 37301：2021《合规管理体系要求及使用指南》，邀请第三方机构对公司全面开展合规认证，经过内审、管理评审、外审三个阶段的审核，公司顺利合规管理体系认证，合规管理水平已经达到国家、国际标准要求。二是全面加强安全合规技防建设。天津分公司建设开发安全风险智能管控平台（见图2），该平台融合5G、大数据、云计算、AI 等新技术，打造厂区安全管理动态感知、安全风险自动预警、隐患排查自动闭环、高危作业重点管控、全流程业务智能规范管理等功能，对企业各类风险实现全面闭环、流程化管理，实现安全风险的智能管控和自动预警，将安全管理重心由事中监管、事后处理转为事前预防。公

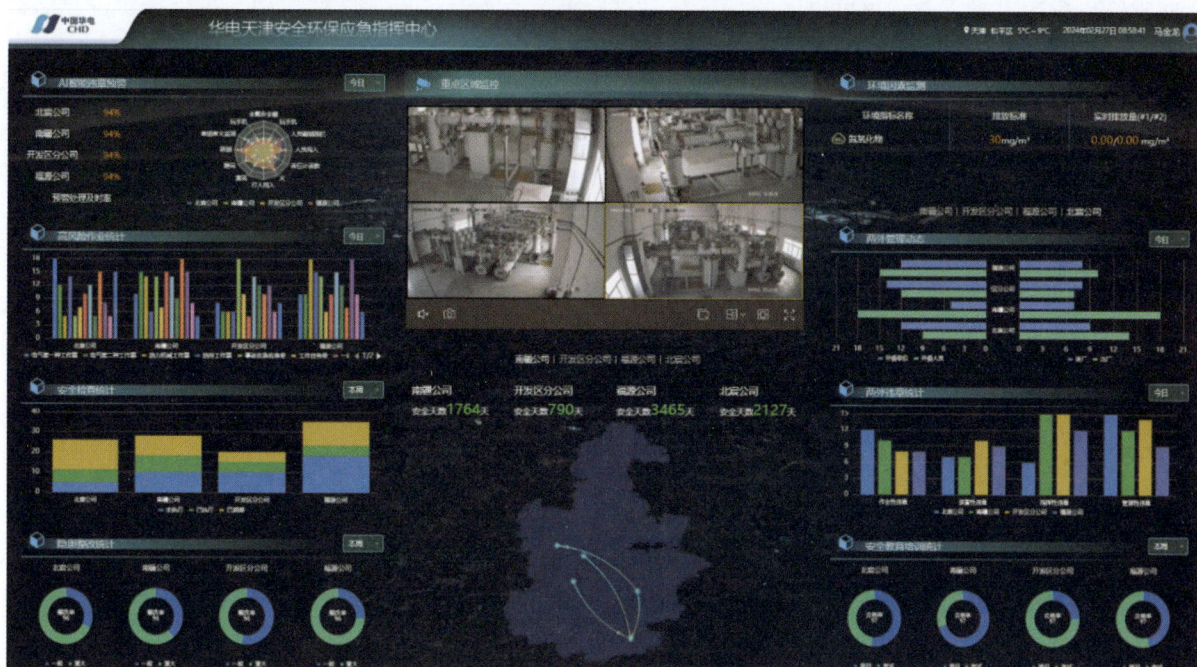

图2　5G+AI 全风险智能管控平台

司"5G+智慧电厂筑牢安全生产屏障"项目荣获由工信部组织的第六届"绽放杯"5G应用征集大赛标杆赛（全国赛）铜奖，并入选国家能源局5G应用优秀案例。天津分公司将持续在合规技防方面下大力气，在全力打造合规管控"软实力"的同时，持续打造合规技防"硬实力"。

3. 合规＋人才培养

合规人才队伍建设，是企业合规管理基础。天津分公司高度重视对专业法务合规人才的培养力度，明确各单位具有法律相关职业资格或教育背景的法律合规人员占员工总数的比例不低于2%，积极推进符合条件的具有法律教育背景或法律职业资格的专业人才进入领导班子。召开法治企业建设工作会议，修订公司法律工作办法，深入推进公司律师机制，积极组织参加上级公司法治人才库，参加法治人才专业培训、业务交流和实战锻炼。各企业设置"首席合规官"，设置法律合规学习岗，开展法务人员挂职交流，切实提升公司法务合规人员业务水平。与此同时，大力开展合规培训，今年以来，组织区域各单位总法律顾问、厂处级及以上领导、合规管理人员参加国资委法律顾问履职能力培训、合规管理培训、领导干部学习法律知识培训等合计120余人次。

4. 合规＋文化培育

合规文化建设是引导公司依法合规经营的重要保障。一是总结提炼"让合规成为习惯"的"合规观"。天津分公司在积极打造"合创津彩"文化体系，营造"创新奋进、奋勇争先"文化氛围的同时，积极总结提炼合规管理取得的成效，提出"让合规成为习惯"的"合规观"，并融入公司企业文化体系。通过合规培训、发放合规手册和签订合规承诺书等形式，在公司广大员工心中种下了"合规"的种子，筑牢了合规经营的思想基础，"让合规成为习惯"的思想慢慢变成了员工的行为。二是大力搭建"线上＋线下"合规文化阵地。线上：不断充实公司网站"法治企管"专栏内容，及时学习宣贯习近平法治思想，动态更新"法律法规""普法动态""以案释法"等模块内容，为广大员工提供参考读本；组织区域合规管理关键领域100余人，开展"法治合规专题培训"，现场发放合规普法手册，持续加强合规培训的现场感；组建"津彩法治通"合法合规咨询服务微信群、邀请区域7位外聘律师线上24小时释疑解惑。线下：区域6家单位全部挂牌设立法律合规服务咨询室，方便员工开展法律合规咨询服务；组织开展"我为群众办实事"法律合规咨询服务"一二三"系列活动，组织各单位总法律顾问"送法进一线"活动，积极履行推进法治建设责任职责。

二、取得的成效

（一）企业治理能力和治理效能取得"新改善"

多维度融合的合规管理体系，有效促进了天津分公司内部治理结构的优化和流程的规范化，加强了内部监督和协调，决策效率大幅提高，资源优化配置、核心功能进一步增强，核心竞争力进一步提高。2023年，天津分公司1家基层单位获评华电集团"争创一流标杆企业"，1家基层单位获评华电集团"安全环保先进企业"，3家基层单位获评华电集团"'三清'企业创建先进单位"，2个项目荣获华电集团电力"精品工程奖"，4个机组获得中电联年度"5A级机组"称号。

（二）企业价值创造和可持续发展能力取得"新成效"

多维度融合的合规管理体系建设使天津分公司更好地适应市场变化，在合法合规前提下实现可持续发展，各类排放物指标保持优良，有效发挥了能源央企的"顶梁柱"作用，在激烈的市场竞争中脱颖而出。2023 年，天津分公司获评华电集团"绿色发展突出贡献单位"，1 个课题荣获华电集团科学技术成果奖三等奖，世界单体最大"盐光互补"海晶百万光伏项目并网发电，世界首台套双抽再热背压机组一期工程全面竣工，为天津区域持续发展奠定了坚实基础。

（三）企业风险防控能力和水平实现"新提升"

天津分公司作为华电集团内控合规风险一体化管理信息平台推广试点单位，率先完成系统上线运行，实现了燃料管理、采购管理、资金管理和合同管理等多个重点业务领域关键环节风险智能防控、预警提示函处理反馈、行政处罚及单位犯罪情况月度排查线上处理等功能，保障了企业及时发现潜在风险并采取相应的防范措施，确保业务运营的稳健性和可持续性。2023 年，天津分公司获评华电集团"管理提升标杆企业"称号。

（四）企业员工合法合规意识和风险防控能力呈现"新强化"

天津分公司通过合规培训和宣传教育，员工的合规意识大幅增强，对合规要求的认知更加清晰，日常工作中更加自觉遵守规章制度，主动了解和适应监管政策的变化，积极发现和报告潜在合规风险，积极配合企业合规工作，确保企业的业务运营合法合规，共同营造良好的企业合规环境。天津分公司15 人取得合规管理体系内部审核员资格证书，合规人才队伍建设更加夯实。

（五）企业形象和品牌影响力呈现"新进展"

多维度融合的合规管理体系建设大力提升了天津分公司的公众形象和信誉，企业的社会责任和诚信经营的态度得到了充分的展现，为企业赢得更多的商业机会和市场份额。全体员工将"合规成为习惯"的合规观进一步从思想上落实到了具体行动中，助力企业发展蹄疾步稳、行稳致远。

第二部分

制度体系类

电力企业压实知识产权法治"铁三角"风险防控体系实践

孙学军　丁晶玉　张山山　刘奥灏　姬海宏　郭　振

华电电力科学研究院有限公司

摘　要

华电电力科学研究院有限公司前瞻搭建匹配电力企业发展需要的"知识产权法治合规管理体系"，构建系统全面的法规政策支撑环境，打造风险防范指引及制度工具，创新"审—管—普""铁三角"循环提升保护策略，保障有效专利拥有量持续增长，系统提升知识产权维权实效与应诉能力，各类涉及知识产权的诉讼纠纷压降至0，并通过该体系保障知识产权风险纠纷可控在控。

关键词

知识产权；法律支撑；风控工具；"审—管—普"；"铁三角"；循环提升体系

一、研究背景

（一）落实国家科技创新战略布局和政策的客观要求

在全面推进依法治国的时代背景下，国有企业作为科技创新的主力军，必须系统提升知识产权保护和风险防范能力，为企业在国际竞争中赢得主动权，推动国家科技创新战略布局和政策的深入实施，避免陷入专利围剿等被动局面。因此，构建知识产权防护体系是国有企业乃至整个国家科技创新发展的必然选择。

（二）应对激烈市场环境防范国有资产流失的必然要求

在全球化深入发展、市场竞争日趋激烈的今天，知识产权已经成为企业核心竞争力的重要组成部分，也是国有资产的重要体现。通过及时发现并应对潜在的知识产权风险，可避免卷入专利纠纷，提高市场竞争力，助力拓展海外市场，实现国有资产的保值增值。因此，强化知识产权保护，对于确保国有资产安全、维护国家利益具有重大意义。

（三）助力企业提质增效保障高质量发展的有力举措

在科技创新稳步推进的同时，若缺少知识产权法治合规风险防控体系，不可避免地会出现侵权、违约和权属纠纷，因此，构建知识产权法律防护体系不仅是企业应对外部挑战、保障自身利益的必要手段，更是企业提质增效、实现高质量发展的有力支撑。

二、知识产权管控主要问题

经过调研，目前电力企业在知识产权管理与保护方面存在的主要问题可分为三大类：一是缺乏前瞻性法规支撑建设，未主动全面地开展知识产权资产评估、交易、转化等活动相关法规政策研究。二是风险防控能力有待提升。实际知识产权管理仍然停留在"知而少为"的阶段，即知悉知识产权是划定一个权利范围的风险防御墙，也在一定程度上可以保护企业免于诉讼从而保护商业利益，但实际管理实践并不多，呈现"风险防御性差"的特点。三是知识产权管理无法匹配企业高质量发展需求。缺乏具体的知识产权质量评估机制，出现仅要求知识产权数量而不追求质量的现象。一些保护范围过小、无法产生效益、不具备实际法律和经济价值的专利，大量被申请并授权，导致资源优势被浪费，无法及时有效转化为市场优势。

根据以上三类主要问题总结提升方向：一是锚定确权端、侵权端、企业管理端三大端口，前瞻性构建法规支撑环境；二是关注国家依法加大对知识产权侵权行为惩治力度的趋势，不断提升风险防控能力；三是积极响应国家对知识产权成果申报质量提升、数量缩减的要求，提升知识产权在各环节的运用水平，建立全流程、系统性的管理体系。

三、"铁三角"风险防控体系主要做法

华电电力科学研究院有限公司（简称华电电科院）致力于推进关键核心技术攻关和自主创新，强化知识产权创造、保护和运用。本体系以在华电电科院应用为例。

通过知识产权管理及保护现状开展调研分析，创新构建一套完善的知识产权法治合规风险防控体系，即：构建系统全面的知识产权法律支撑环境，打造知识产权风险防控指引及制度工具，形成"审—管—普""铁三角"循环提升知识产权法治合规策略（见图1）。积极贯彻落实循环提升的管理理念，确保这一体系能够在实践中发挥实效，为电力企业的健康发展提供有力支撑。

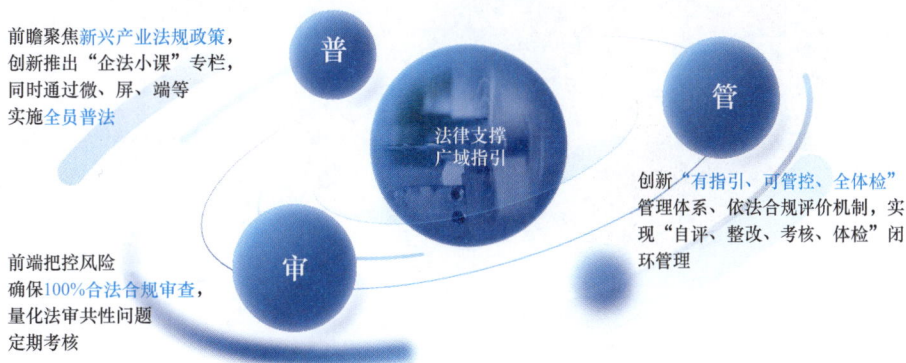

前瞻聚焦新兴产业法规政策，创新推出"企法小课"专栏，同时通过微、屏、端等实施全员普法

普

法律支撑广域指引

管

创新"有指引、可管控、全体检"管理体系、依法合规评价机制，实现"自评、整改、考核、体检"闭环管理

审

前端把控风险确保100%合法合规审查，量化法审共性问题定期考核

图1　"铁三角"体系示意图

（一）构建法律支撑环境，打造"铁三角"防控体系法律支柱

前瞻性评估知识产权的内外部环境体系，调研技术监督、科技研发、技术服务等多个领域的15家单位，分门别类设计和制作调研材料，并借助现场调研、座谈、问卷等多种形式，对专利（见图2）、论文（见图3）、商标等知识产权的内部现状进行量化分析。

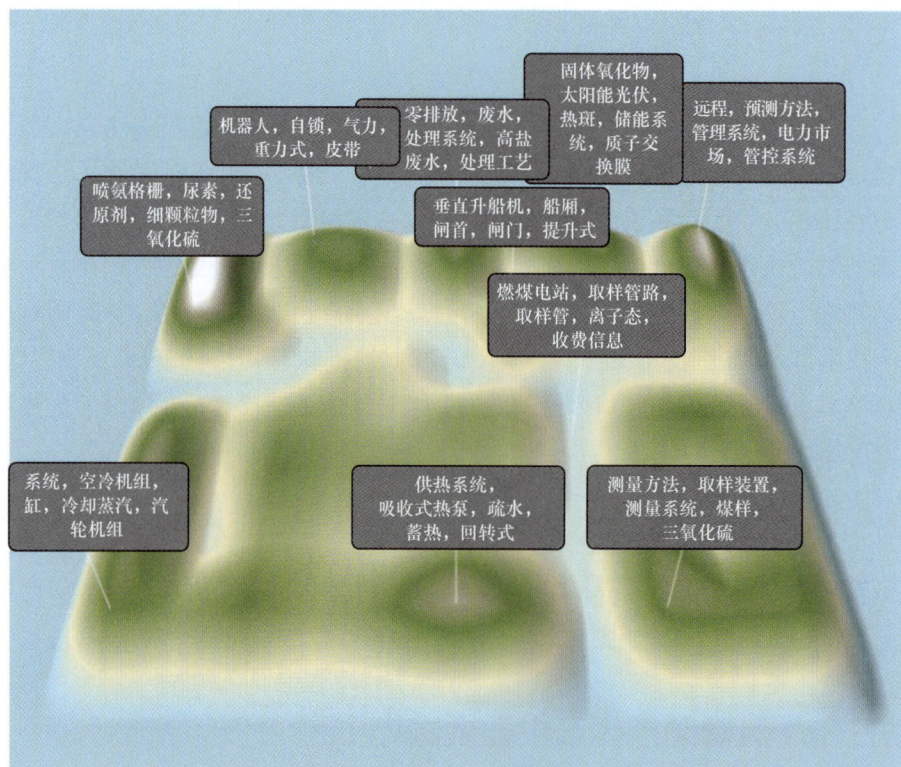

图2　内部评估－专利地图

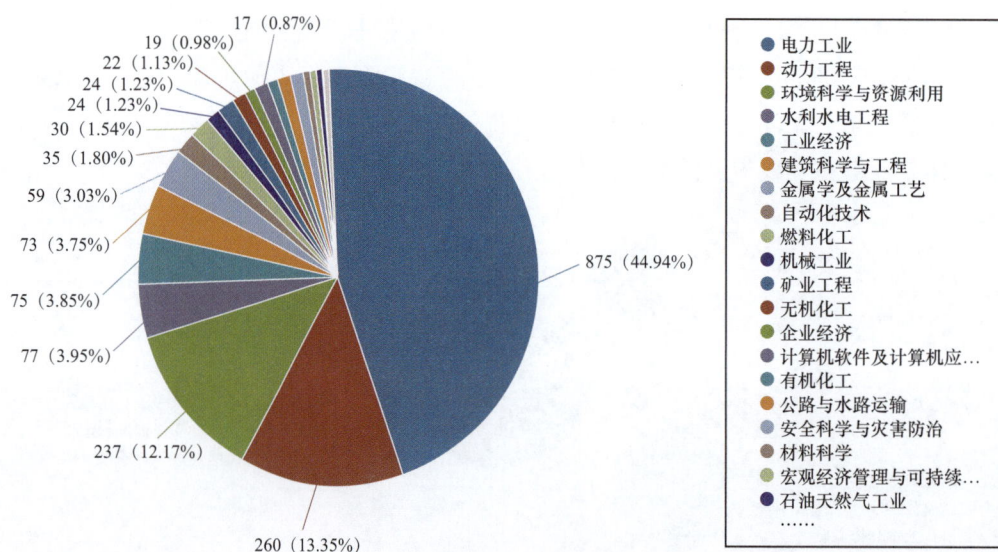

图3　论文评估情况

同时，创新综合评估方式，结合国家政策梳理和检索案例，利用国家知识产权局官网、威科先行、

北大法宝、智慧牙等外部工具，对确权端、侵权端、企业管理端三大知识产权外部环境进行综合评估。

开展80余部与知识产权资产评估、交易、转化等活动相关的政策法规的研究，从四个方面收录在册，精心编制形成700余页的《知识产权法治合规风险防控体系之法律法规汇编》（见图4）。一是汇编政策导向，深入解析当前国家的知识产权战略部署，确保企业紧跟国家知识产权发展方向，持续激发创新活力。二是丰富法律法规库，为企业的成果转化提供坚实的法律保障。三是汇编案件审理规范，为企业化解纠纷、指导案件处置提供有力支持，确保企业在处理知识产权问题时占据主动地位。四是汇编国际政策法规，提升企业跨国科技创新策划能力。保障源源不断创新动力，推动企业在知识产权领域做实做强。

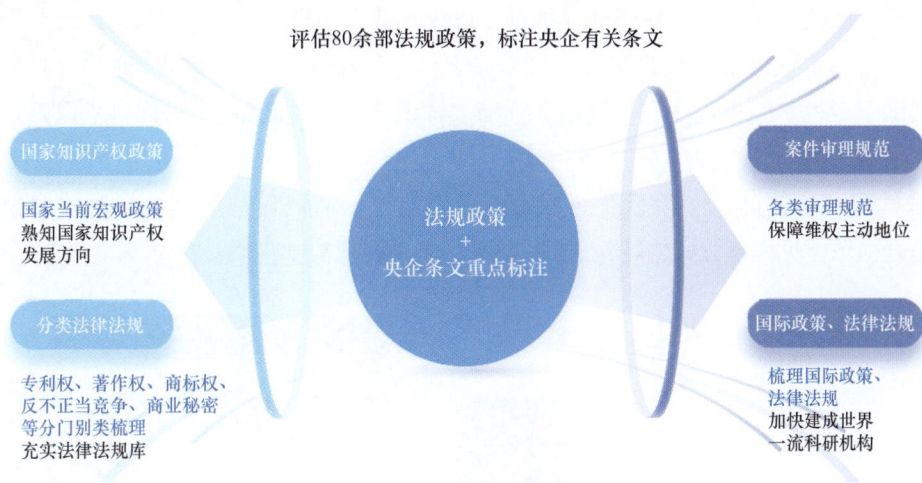

评估80余部法规政策，标注央企有关条文

国家知识产权政策
国家当前宏观政策
熟知国家知识产权
发展方向

分类法律法规
专利权、著作权、商标权、
反不正当竞争、商业秘密
等分门别类梳理
充实法律法规库

法规政策
+
央企条文重点标注

案件审理规范
各类审理规范
保障维权主动地位

国际政策、法律法规
梳理国际政策、
法律法规
加快建成世界
一流科研机构

图4　法规支撑示意图

（二）完善风险防控措施，打造"铁三角"防控体系工具支柱

系统性构建知识产权广域指引，编制《知识产权法治合规与风险防控指引》《知识产权法治合规与风险防控管理办法》等一系列规范性文件，统筹指导风险单位依据指引迅速行动、及时整改，从而封锁风险点并同步激发科技创新活力。进一步挖掘将资源优势转化为市场优势的潜力，深度拓展企业的对等布局与反击能力，全面提升知识产权风险防控和纠纷处置能力，为企业的稳健发展提供有力保障。

《知识产权法治合规与风险防控指引》释明行业内专业名词、适用范围，便于推广使用。一方面，积极打造法律保障武器库，立足知识产权不明、维护不便和难以运营、侵权多发局面，明晰科技研发布局、知识产权管理维护、权属纠纷与维权等举措，量身打造防身武器。另一方面，全面筑牢知识产权防风堤，从六大方面守好防护门。聚焦大型项目、案件多发领域，用好证据文件归档清单、法治合规与风险防控指引"一清单一指引"，确保重大项目全流程合法合规。

结合企业实际，创新融入法律保护措施。编制《知识产权法治合规风险防控制度》《知识产权管理办法》《科技保密工作管理办法（试行）》及《保密工作管理办法》，加强人才交流与技术合作中的技术秘密保护，在项目联合实施、知识产权归属、固定资产处置等方面提供全程式精准化的法律服务保障。

通过以上风险防范工具，在申请阶段提前布局防控机制，动态监控竞争对手侵权、对外合作泄密、场所载体泄密等新发风险，明确监督检查规定，定期对各单位进行指标考核，保障防控机制有效运转，为电力企业筑牢专业领域"堤"，把好重点领域"关"，助力自主创新产权落地，实现关键核心技术的自主可控。

（三）铸造审—管—普"铁三角"循环提升引擎

以"全面审查＋项目抽检"为抓手，深化审查质效。从前端把控知识产权防范风险，做到科研项目立项、投标评审、产权合同、过程性文件100%审查，动态更新合同文本库，总结法审共性问题，汇总法律审查问题台账、法律咨询及风险点台账，形成风险指标并定期考核，全面提高审查质量。

构建"有指引、可管控、全体检"风险防控管理体系。第一阶段梳理合同共性、典型问题，发布通报落实整改到项目负责人，以加强管理填补风险漏洞。第二阶段建立有效文件归档清单，抓取科研项目等各类高风险点编制印发法律风险防控指引及清单，强化事后证据保全及案件处置能力，全面保障项目合法执行。及时提示合规风险并组织三级联动排查，聚焦纠纷多发单位重点开展"法律体检"，实现"自评、整改、考核、运用"闭环管理，推动"以评促建"。

分级分类实施全员普法。前瞻性聚焦央企创新联合体、战略性新兴产业等层面法规政策，创新推出官微"企法小课"专栏，制作普法宣传漫画，推出"知识产权法规政策""合同订立风险点"《公司法》解读"等专题普法活动。

通过构建法律审核事前防范、项目及纠纷管理事中监督、辅以日常培训提升法律意识的"审—管—普"循环提升引擎（见图5），保障核心技术攻关及成果转化势如破竹。

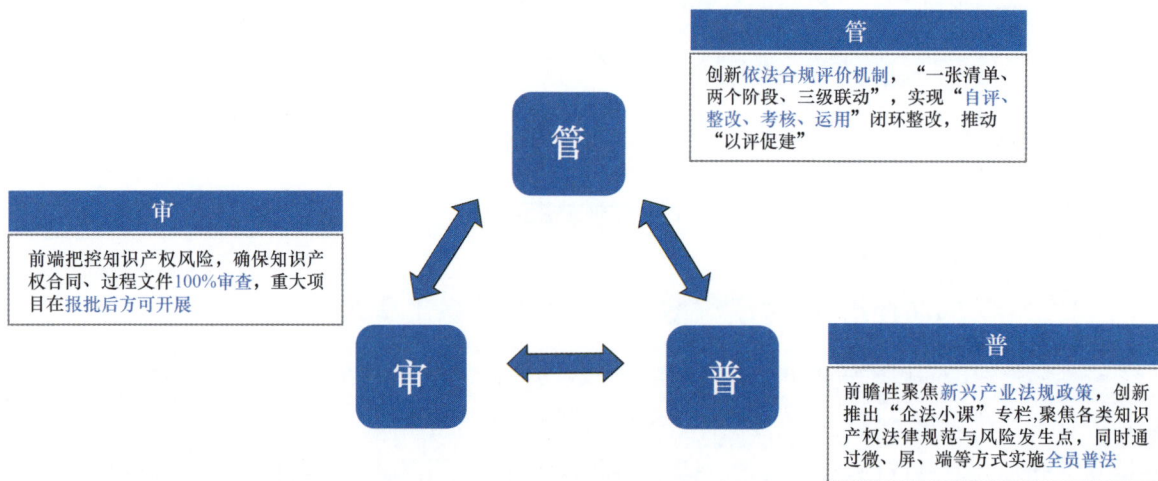

图5 审—管—普"铁三角"保护策略

四、体系实践效果

以电力企业为研究对象，建立适应高质量发展需要的知识产权法治合规风险防控体系，护航科技创新勇攀高峰，有效专利拥有量增长23.55%，所有科技产出做到"0投诉""0侵权""0纠纷"。

（一）加大管理体系应用推广，着力提升企业形象

在国内外知产纠纷高发态势下，研发型企业纠纷量与知产量比例区间高达8%～11%，华电电科院实施技术秘密与专利的组合保护策略，完善非诉救济机制，保持知产被诉案件0件的纪录。该体系入选《中国电力行业法治合规年度发展报告》以及中电联知识产权日优秀推广案例，进一步提升企业形象，助推企业核心竞争力提升。

（二）加大知识产权保护力度，助推核心技术培育

规范了各专业部门科技成果内部转化活动，实现各项成果转化，激发创新主体对科技成果转化的积极性，有效盘活现有资源；聚焦创新驱动，积极服务国家战略，法审把关国家重大攻关任务、重大科研项目十余项，原创引领性成果竞相涌现，4项成果获中电联电力创新一等奖，助推科技创新领跑位势大幅跃升。

（三）加速知识产权"走出去"，助力国际化布局

体系围绕电力企业在研重大科技项目，进行专利挖掘和布局，在项目立项、研发、试验验证、推广应用等技术全生命周期，汇编国际政策法规，提升跨国科技创新策划能力，申请专利合作条约11项，已突破1项美国发明专利，联合主导发布国际标准6项，迈出关键核心技术国际专利布局的重要一步。

核电企业"合规 BP"管理体系研究

葛 楠[1] 邵潇黎[2]

1.国电投核能有限公司；2.浙江阳光时代律师事务所

摘 要

加强管理是企业实现基业长青的重要保障，依法依规治企是企业稳定根基的不二法门。近年来，随着国务院国资委不断提出"对标世界一流管理提升""对标世界一流价值创造""合规管理强化年"等要求，企业合规管理、管理提升、价值创造已成为主流话题。本文分享了核电企业国电投核能有限公司理解的合规管理及采取的主要做法，对今后合规管理工作进行了展望。

关键词

核电企业；"合规 BP"；合规管理

2022 年是中央企业"合规管理强化年"，国务院国资委要求中央企业"必须把强化合规放到贯彻习近平法治思想的高度来认识，放到落实全面依法治国战略的全局来部署，放到保障企业高质量发展的层面来推动"。同年 8 月，国务院国资委正式印发《中央企业合规管理办法》（简称《办法》），这是首次以部门规章形式对合规管理进行了全面规定。《办法》对合规主体职责、合规制度建设、合规运行机制、合规文化培育及合规信息化应用等多维度进行了刚性约束和细化，对进一步深化合规管理提出了明确要求。如何增强合规意识，发挥"关键少数"作用；建立什么样的工作机制能够筑牢"三道防线"；合规管理工作以什么为抓手，如何进行闭环；如何利用现有资源开展合规工作等在中央企业内开始如火如荼地讨论和实践。

一、"合规 BP"创新由来

按照"管业务必须管合规"的要求，企业需明确业务及职能部门、合规管理部门和监督管理职责，然而在权责清晰的情况下如何利用现有的人力、财力及物力资源进行整合，实现合规的管理活动是国电投核能有限公司（简称电投核能或公司）一直在思考和探索的问题。电投核能结合自身实际，积极尝试探索，形成了"合规 BP"式的合规风控体系，为公司合规发展保驾护航。

"BP 模式"（Business Partner，业务伙伴之意）是当前后台职能部门更多参与到中前台的一个潮流模式，是让业财融合、业法融合落地的有效方式。本文中"合规 BP"概念主要源自"财务 BP"，"财务 BP"目前是财务组织模式的创新形式，一方面由于信息化发展和人工智能广泛应用于传统财务工作，大大降低了企业财务人员的核算负担，人的价值实现和创造遇到了挑战；另一方面财务会计核算是针对已发生的事项进行监督检查，更多是一种事后行为，既定事实较为被动且具有滞后性；再者如今的市场同质化竞争日趋激烈，企业想提高竞争力和经营效益就需要实施精细化管控，开源节流、降本增效，其中财务支撑和支持不可或缺。基于多种因素，企业财务工作不再局限于传统的财务管理，需要更多地参与到经营管理活动中，深入业务、了解业务，为业务赋能、为决策支撑。

国务院国资委在 2022 年印发的《关于中央企业加快建设世界一流财务管理体系的指导意见》中提到，"更加突出'支撑战略、支持决策、服务业务、创造价值、防控风险'功能作用……以数字技术与财务管理深度融合为抓手，固根基、强职能、优保障，加快构建世界一流财务管理体系"。基于财务管理手段的改革，电投核能认为建设合规管理体系和开展合规工作也同样需要，因此电投核能拟通过"合规 BP"模式实现业规融合，为业务赋能，"防""治"结合，有效防范合规经营风险，提升公司依法合规经营管理水平。

二、核电企业"合规 BP"实践做法

（一）业规融合，建立"四位一体"合规风险防控体系

随着国内企业管理理念不断更迭、管理能力不断提升、管理要求不断拔高，电投核能结合公司自身发展实际，以风险为导向、合法合规为底线、可持续发展为目标、经营效率效果为方向、制度流程为手段，制定了法务、合规、风险、内控一体化协同管理的实施路径。

1. 合规组织架构方面

按照主体明确、权责清晰的整体思路，搭建从治理层、管理层到执行层规范完整"内外纵横"的合规管理组织架构。"内"指发挥内部各类主体合规作用；"外"指借力外部合规机构专业力量；"纵"指基于业务条线，以平台成员单位核电项目公司、所属单位为合规管理第一道防线，电投核能各业务职能部门为支持、管控、监督第二道防线，电投核能董事会、总经理办公会、董事长专题会等为业务决策第三道防线；"横"指基于全面合规管理框架下，董事会为合规决策机构，董事会下设审计与风险委员会前置审议合规事项，由电投核能内部各业务部门、合规管理部门、审计监督部门组成的合规管理"三道防线"。

电投核能合规管理纵横三道防线示意图如图 1 所示。

2. 合规制度体系方面

建立"1+N"合规管理制度体系。"1"指《内控合规管理手册》，从组织、制度、运行、保障体系四个方面对合规管理进行了全面性概括和要求，是公司合规管理的纲领性指引文件。"N"指以《合规管理规定》为母制度并围绕该母制度制定的一系列管理文件，包括《重点领域专项合规指引》《合规风险数据库》《重点合规领域三张清单》等。其中，《合规管理规定》明确了各个合规管理主体责任、管理原则、管理重点、运行机制及管理保障等内容，从设计层面厘清了权责边界和工作重点；《重点领域专项合规指引》是结合公司发展态势和管理情况，按照不同重点管理领域编制的专项指引，指引编制的标准是可理解性、可落地性、可操作性，指引对管理领域全周期合规规范进行明确和要求；《合规风险数据库》和《重点领域三张清单》主要表现形式为风险控制矩阵，通过矩阵形式将法务、合规、风险、内控各项任务明确到具体部门和岗位，横向拉通相关部门协同管理合规风险，纵向垂直所属单位协作应对合规风险，始终让风险处于可控在控状态。

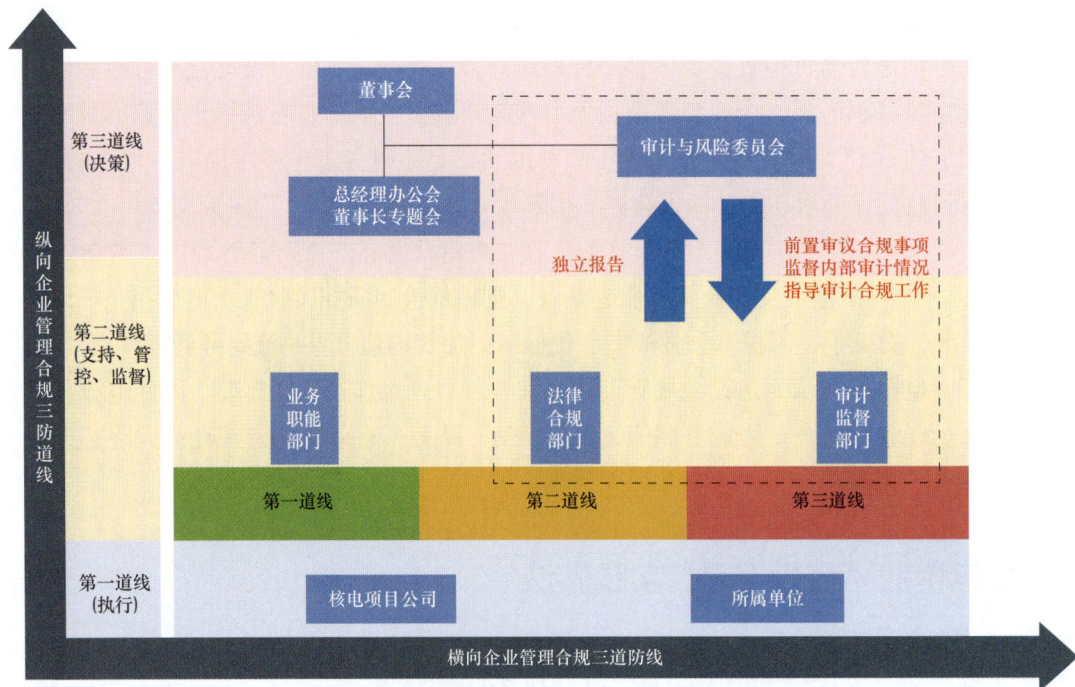

图1　电投核能合规管理纵横三道防线示意图

（二）因企制宜，形成"一企一策"合规管理运行机制

电投核能作为核能投资运营管理平台企业，结合核电产业发展特点，按照分类管理原则实行差异化管控，因企制宜建立不同的合规管理运行机制，推进合规管理工作常态化、规范化开展。电投核能建立"四位一体"一站式工作模式，在日常经营活动中全周期性开展合规管理，深入业务，充分赋能，从业务准备至业务关闭，合规管理贯穿整个始末，即"合规BP"模式。

1. 权责授权体系方面

对于平台成员单位核电项目公司，主要根据股权结构和实际管理需要分为核能控股企业与核能参股企业两类，对重要业务管理事项设定了不同的行权方式，由对口业务经办部门负责解释，最终以《电投核能本部权责清单》的形式发布实施；对于所属单位，主要根据所属单位发展态势及实际管理能力进行"一企一策"式授权管理，所属单位运作初期基本采取"应管尽管"提级管理形式，每两年对所属单位完成一轮评估评价后动态调整授权事项，对重要业务管理事项依据专属权责清单及规章制度、内部规范性文件等进行授权管理。

2. 合规审查机制方面

全面梳理识别十五类合规主体，为落实合规审查机制打下了良好基础。其中，七类合规主体属于合规管理"第一道防线"，在合规审查职责范围内贯彻"管业务必须管合规"的要求；法律合规部门作为合规管理"第二道防线"，负责规章制度、合同协议、重大决策等重要事项的合规审查。电投核能结合公司战略定位和管理需要，建立了三个维度的合规审查机制：一是本部规章制度、合同协议、重大决策三个100%合规审查机制；二是平台成员单位核电项目公司"三会"议案、重要业务事项100%合规审查机制；三是所属单位提级合规审查机制。

3. 合规风险管理方面

建立重点领域合规风险数据库，合规管理"三道防线"部门各司其职、分工合作，共同排查经营管理活动中的合规风险，持续开展重点领域合规风险、岗位合规职责和流程管控清单梳理，按计划逐年编制维护《重点合规领域三张清单》，对识别评估的各类合规风险采取恰当的控制处置措施。针对风险较大的投资项目合规管理，"合规BP"模式表现在全过程合规专项支持、全过程跟踪审计、合规风险预警提示、合规审计提示、投资项目专项风险管理等，助力业务部门依法合规开展工作。

4. 合规监督评价方面

推行内控风险合规协同监督评价，除针对整体体系建设及运行情况有效性评价外，根据当年工作和管理重点及业务开展情况，法律合规部门还会组织开展重点领域专项监督评价，确保机制体系有效运行和重点领域合规管理。同时，建立违规追责问责机制，将违规经营投资损失事项、重大违规问题作为保障性指标纳入组织绩效管理制度中予以考核评价，通过绩效考核促进公司合规管理。为确保工作的效率效果，合规追责问责机制与纪检监督整改追责机制互为呼应，把监督、整改、追责作为既相对独立的不同环节，又相互联系贯通的有机整体，纳入公司"大监督"体系中统筹把握、一体推动。

（三）文化渲染，培育"常学尝新"合规文化学习氛围

电投核能在合规文化建设领域同样践行"合规BP"模式，不单纯依赖于传统的讲座课堂和培训授课，而是以"三个持续"为抓手，推动合规文化在公司落地生根。

1. 持续发挥领导干部"头雁效应"

习近平总书记多次强调必须抓住"关键少数"，以"关键少数"影响绝大多数，"关键少数"目前已成为企业治理的有力抓手。公司合规文化的培育和渲染离不开领导干部的意识和以身作则，电投核能主要从三个方面发挥领导干部"头雁效应"：一是将合规管理纳入党委法治专题学习计划，通过专题学习强化领导人员法治观念和合规意识；二是公司主要负责人作为第一责任人带头加强学习，通过合规管理委员会和决策会亲自部署合规要求，坚持开展干部法治合规谈话；三是编制发布干部合规题库，每年组织科级/处级干部参加不同形式合规培训，进行合规知识测试，确保每三年培训和测试全覆盖。通过领导干部带头，激发"雁群活力"。

2. 持续开展"大普法"工作内容

为更好地建设合规文化，电投核能建立"大普法"工作机制，按照"谁主管谁普法"原则落实各类合规主体普法责任，通过"大普法"责任清单方式，明确公司不同部门的普法任务，既包括职责相关法律法规等"外法"学习，也包括职责相关规章制度等"内规"培训，由各部门合规管理员协助部门合规负责人落实，并在平台成员单位和所属单位推广实施。法律合规部门充分利用国资委干部教育培训中心"国资e学"、集团公司"电投e学"等平台资源，组织参加不同类别的网络学习课程，以及不定期组织编制法治合规学习材料作为全员工具书，引导员工温习旧知识，鼓励员工尝试新内容，每个人都可以利用碎片时间完成培训任务。

3. 持续推动合规文化"融入日常"

合规文化建设质效与日常工作息息相关，日常工作开展情况是检验合规文化建设的标准。若文化建设与日常工作未有效融合，形成理论一套、行为一套"两张皮"，合规文化建设便会流于口号化和形式化。为使文化理念和员工行为"知行合一"，电投核能将合法合规要求转化并融入日常工作内容和工作节点，要求员工按照国家法律法规和公司规章制度"合规办事，办合规事"，并通过全过程的合法合规性审查、合规后评价、合规考核、典型案例通报等形式提示合规风险、揭示合规问题、增强合规意识，以此来持续推动合规文化和理念融入日常工作，在实践中"普法"，在过程中纠偏。

三、核电企业"合规 BP"主要成效

（一）前期介入业务"防未病"

"合规 BP"是业规融合的重要举措，通过"合规 BP"模式，法律合规部门派员加入项目团队，前期阶段与业务部门共同排查限制性合规因素，识别并分析显现的和潜在的法律合规风险；在项目决策前，法律合规部门负责决策事项合法合规审查并出具书面法律意见，负责组织开展项目风险评估并出具风险评估报告，实现"防未病"，摘掉作为后台部门"消防员""事后诸葛"的帽子。

（二）过程监督业务"踩刹车"

在项目实施中，审计监督部门开展项目全过程审计服务，法律合规部门通过项目专项风险管理、项目全过程合规支持、项目合同合法合规审查等多种赋能方式，及时从专业角度保驾护航。第二、三道防线的过程监督相当于给业务安装了刹车系统，当发现业务存在违规风险或者不合理的情形时，可以及时踩下刹车给出信号，使得业务的开展更加健康和受控。

（三）事后评价业务"治已病"

合规风险体系运行是否有效离不开"回头看"。通过开展内控风险合规协同监督评价，对重点领域和重要业务流程合规风险管控情况进行复盘，对合法合规审查情况开展后评估；重视评价成果运用，做好违规行为记录；建立问题整改台账，组织及时落实相关整改意见并定期跟踪监测，开展监督问责，堵塞管理漏洞，做到彻底根除病根，保障公司健康发展。

四、结语

不以规矩，不能成方圆。一方面我们需持续发挥主观能动性，结合管理实际明确"立什么规、为什么立、怎么落地实施"，积极探索合规管理模式的最优解，既要兼顾合法合规，又要考虑经营效率效果；另一方面我们也要避免"破窗效应"，正视自己的问题和不足，及时进行纠正、补漏并将措施固化到制度流程中，以防问题再次发生。电投核能将持续致力于打造符合公司实际的"合规 BP"管理模式，并不断优化完善，形成"合规长城"屏障，实现"强内控、防风险、促合规"的管控目标。合规是红线底线，也是目标趋势，有规有矩有意识才能管好企业、办好企业，实现高质量发展。

参考文献

[1] 黄榕 . 浅析传统财务人员向 BP 转型［J］. 中国产经，2023（22）：80-82.

电网企业"一链四面"风控体系建设实践与应用

杨　蕾[1]　陈　煜[1]　马霄雪[2]　蒋海鹏[3]

1.国网山东省电力公司；2.国网山东省电力公司德州供电公司；

3.国网山东省电力公司济宁供电公司

摘　要

为落实党和国家风险治理新部署新要求，破解公司风控精益化管理难题，国网山东省电力公司根据风险互联理念，明确各业务部门风险管理职责，建立"融合实用"的风控操作标准，构建"业财联动"的清单工作机制，搭建"数智赋能"的智防智控平台，培育"协同共治"的风控管理文化，形成贯通全价值链的标准、机制、平台、文化"一链四面"风控体系，实现全员、全业务、全层级的风险共享共治，进一步凝聚风控管理合力、提高风控数智水平、提升风控管理质效，为企业高质量发展提供支撑和保障。

关键词

风险共享共治；风控体系；"一链四面"

一、建设背景

（一）党和国家新部署指明风控体系建设方向

国网山东省电力公司（简称国网山东电力或公司）作为关系国家能源安全的特大型供电企业，要以电力安全保障维护国家安全，必须更好统筹发展和安全，平衡好稳增长和防风险的关系，有效防范"黑天鹅""灰犀牛"等事件。国网山东电力规模体量大、单位数量多、上下游企业多，电网安全、稳健经营和改革发展面临的风险更加复杂，需要积极应对防范化解经营风险、守住不发生重大风险底线的巨大压力和挑战，亟须加强系统性思维，构建更为坚强有力、协同联动的风控体系，提升风控工作效率效益。

（二）建设世界一流企业需要构建一流风控体系

建设世界一流企业是新时代新征程中央企业的一项全局性、战略性、引领性的重大任务。世界一流企业必须有世界一流的风险管理体系，现有的风控理念、模式和手段已经难以实现对业务的全量、实时跟踪监控，风险动态监测预警能力和数据分析反馈效率已无法满足高效、精准、智能的风控要求。这就迫切要求我们强化数智赋能，构建更加智慧高效的风控体系，提升从源头精准防范化解风险的能力。

（三）公司破解现行风控难题亟须创新重塑风控体系

近年来，国网山东电力持续完善风控管理体系，风险联防联控走深走实。但从实践看，在风控体系建设方面还存在一些短板：屡查屡犯问题依然存在。有些问题并不复杂，但是既违反了制度刚性要求，也容易引发廉洁风险，一定程度上反映出风控穿透力不足。专业协同机制不够有效，存在业务条线各自为战、专业间协调不一致等情况，未能形成强大风控合力，造成风控资源浪费。省管产业单位改革带来挑战，省管产业已全面纳入国资监管体系，有没有沉淀的老问题，主产同质化管理会不会产生新问题，都需要敏锐洞察、逐个破解。

二、主要做法

（一）开展顶层设计，厘清"一链四面"风控体系思路

公司以进一步凝聚风控管理合力、提升风控数智水平、提高风控管理质效为目标，明确电网企业"一链四面"风控体系建设实践与应用的指导思想、总体思路和落地路径，搭建风险共治模型，构建"一链四面"风控体系。

1. 明确落地实施路径

以构建协同、融合、实用、高效的风险合规内控体系为指导思想，明确总体思路是以内部环境、风险评估、控制活动、信息与沟通、内部监督五项基本要素为基础，界定公司各部门风险管理职责，协调不同管理层级、不同业务条线之间相互配合，对风险进行全方位的共治管理，形成"一链四面"风控体系总体框架（见图1）。

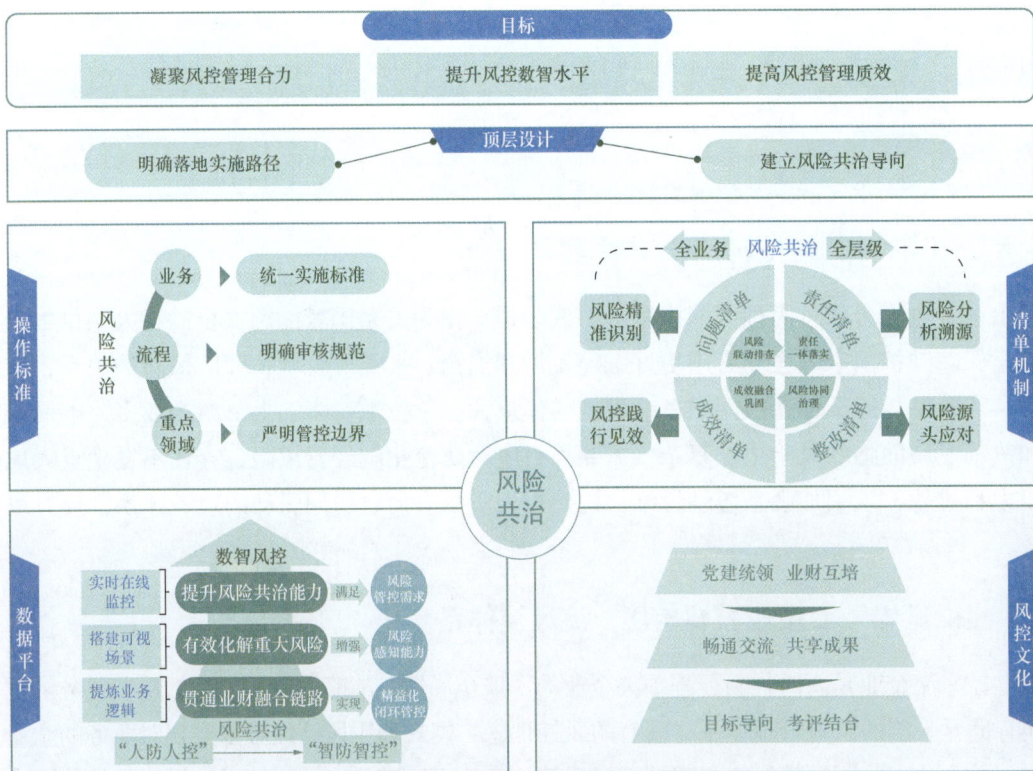

图1　电网企业"一链四面"风控体系总体框架图

电网企业"一链四面"风控体系建设的落地路径是基于风险互联理念，明确公司各业务部门风险管理职责，统筹推进风险内控合规一体化建设，建立"融合实用"的风控操作标准，构建"业财联动"的清单工作机制，搭建"数智赋能"的智防智控平台，培育"协同共治"的风控管理文化，形成贯通全价值链的标准、机制、平台、文化"一链四面"风控体系。

首先，操作标准为清单机制、数智平台、风控文化提供行为规范，统一操作标准是其他三方面的行为指南。其次，清单机制为操作标准、数智平台、风控文化提供运转保障，依托清单工作机制加强问题隐患治理，才能充分推动其他三方面举措落地。第三，数智平台为操作标准、管控机制、风控文化提供数字化手段，为其他三方面的顺利推进赋能增效。最后，风控文化为操作标准、清单机制、数智平台提供思想引领和动能保障。总之，标准、机制、平台、文化"一链四面"相互联系、相互促进、缺一不可，共同推进实现风险共治目标。

2. 建立风险共治导向

公司结合经营特性与实际管理经验，将公司全价值链划分为核心活动链与辅助活动链"双链条"（见图2）。其中：与供电主业直接相关的活动为核心活动，包括规划、采购、建设、运维、营销等，具体细分为战略制定、电网规划、调度运行管理、电力交易服务等23项业务；支持和保障供电主业的活动为辅助活动，包括法律合规、人力资源管理、财务管理、信息安全、品牌管理等，具体细分为人力资源配置、资金结算管理、舆情管理等34项业务。核心活动链与辅助活动链密不可分、相辅相成，共同支撑公司价值实现。各项业务的操作执行与风险控制均需不同部门协同配合。

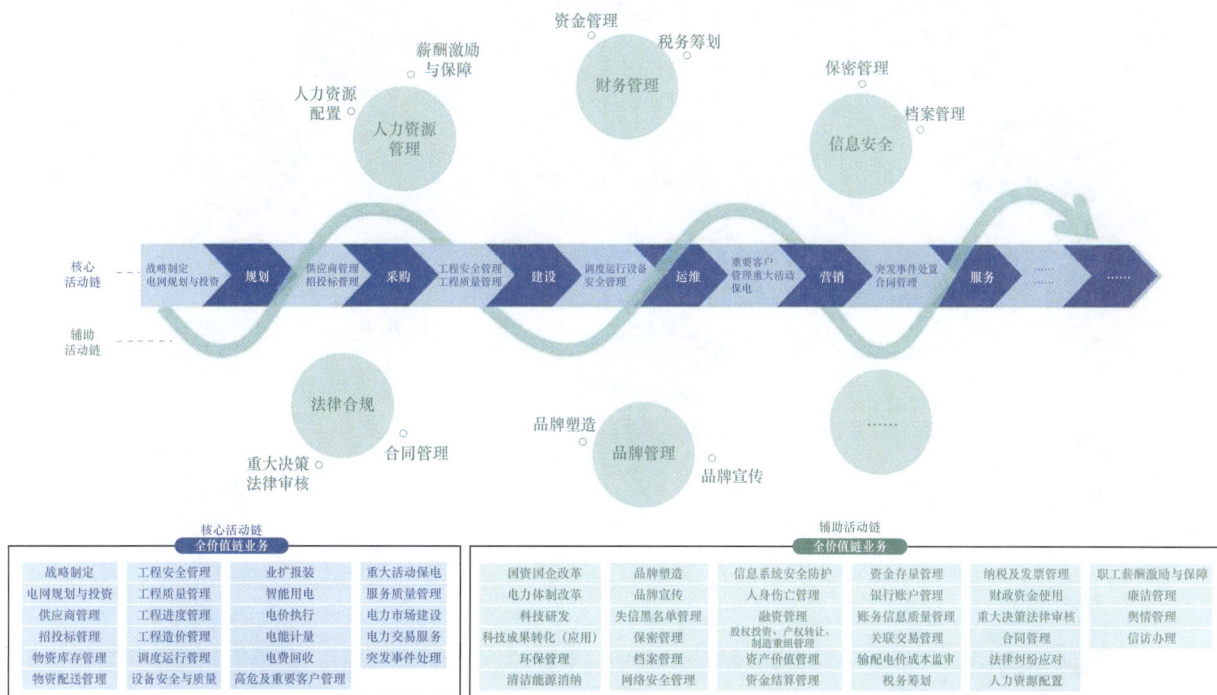

图2 电网企业全价值链业务示意图

在全价值链的基础之上，公司基于风险互联理念，系统梳理各项业务活动风险，明确办公室、发展部、财务部等17个部门的风险管理职责，划定主责风险、关联风险，形成《风险责任台账》（见图3）。从部门角度出发，在风险管理工作中，某部门不仅要关注本部门的主责风险，还要进一步关注由主责风险引发的关联风险。从风险角度出发，某风险的主要管理职责、次要管理职责由不同部门承担，相关部门联动协同，对该风险共同施治。

风险管理部门	主责风险	关联风险1	关联风险2	关联风险3	关联风险4
办公室	信访办理风险	突发事件处置风险	—	—	—
	突发事件处置风险	廉洁风险	舆情风险	—	—
	战略制定风险	电网规划与投资风险	—	—	—
	档案管理风险	保密风险	—	—	—
	品牌塑造风险	品牌宣传风险	—	—	—
	重大活动保电风险	舆情风险	—	—	—
	保密风险	舆情风险	—	—	—
	品牌宣传风险	—	—	—	—
发展部	电网规划与投资风险	—	—	—	—

图 3 《风险责任台账》示意图

在《风险责任台账》基础上，形成风险共治图（见图 4），清晰展现了公司风控工作打破部门之间的业务职能壁垒，为风险管理提供了责任指引，夯实了风险共治导向。

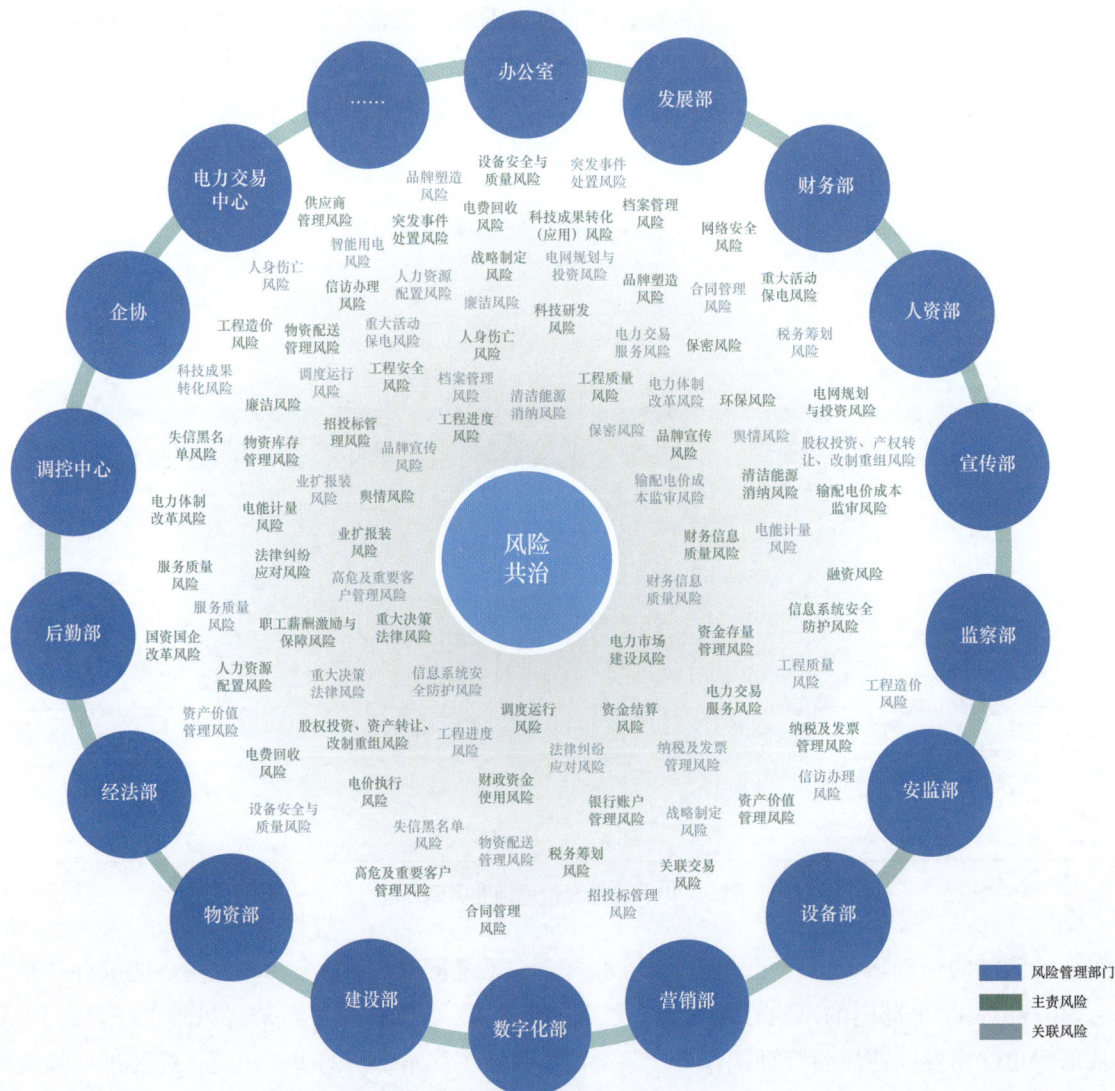

图 4 风险共治图

（二）统一操作标准，建立"一链四面"风控体系规范

为严格贯彻执行国家法律法规和公司制度规定，解决不同专业、不同部门、不同层级人员对制度的理解把握、过程执行不统一的问题，公司基于风险共治导向，从业务、流程和重点领域三个方面，建立一套操作规范（见图5），为各层级、各业务开展风险共治统一标准，做到有法可依、有章可循，为"一链四面"风控体系建设奠定坚实基础。

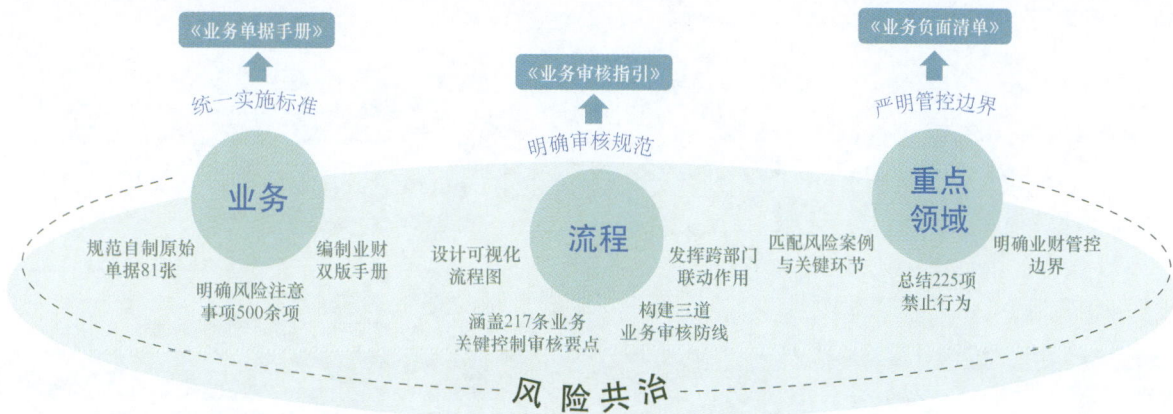

图5 电网企业"一链四面"风控体系规范

1.规范单据载体，统一业务实施标准

单据是各项业务的载体，是最具法律效力的会计资料。在实际管理中，存在各单位自制、开具或取得的原始单据不完整、格式不统一、内容不合规的现象，进而引发相关问题和风险。公司以全流程业务为基础，系统梳理11类专项业务、16类通用业务，确定具体业务252项，规范制定自制单据81张，明确风险注意事项500余项，编制形成《业务单据手册》。《业务单据手册》将风险防控从财务末端前移至业务前端，确保业务发起即合规，既解决了专业管理的分歧，也增强了前端业务的风险控制意识。

2.制定审核指引，明确流程审核规范

经济业务的流转通常涉及业务发生部门、归口管理部门和财务部门。为准确界定业务、归口、财务部门权限范围，明确各环节关键控制点，公司抓住经济业务审核流转全过程，依据现行国家法律法规、政策及电力企业相关制度要求，全面评估各业务线面临的潜在风险，创新编制《业务审核指引》。《业务审核指引》内容涵盖12类业务板块、217条业务关键控制要点，同时列明各业务流程的风险分析、权责划分、制度依据等内容，依托可视化流程图直观反映各业务流程运行的关键环节及审核要点，以此形成业务发生部门、归口管理部门、财务部门三道业务审核防线，充分发挥跨部门联动作用。

3.划定行为红线，严明重点领域边界

公司参照国家电网现行通用制度及规范指引，结合以往风险事件，聚焦企业重点风险领域，从会计信息质量、企业账款清欠等国家审计、国资监管重点领域入手，全面梳理监管机构、国家电网公司合规经营管理要求，将风险间关联关系和业务关键环节进行匹配，梳理总结225项禁止行为，形成《业务负面清单》，明确管控边界，为重点领域风险监测提供依据。

（三）固化"四个清单"，构建"一链四面"风控体系机制

公司将风险共治理念应用到风险识别、分析评估、风险应对、评价见效的风险管理全流程，首创问题、责任、整改、成效"四个清单"风险共治工作机制，具体落地为风险联动排查、责任一体落实、风险协同治理、成效融合巩固等具体措施（见图6），及时排查整改经营管理问题和内部控制薄弱环节，全面开展风险源头治理，有效化解风险隐患，实现解决一个问题、规范互联业务、防范上下游风险。

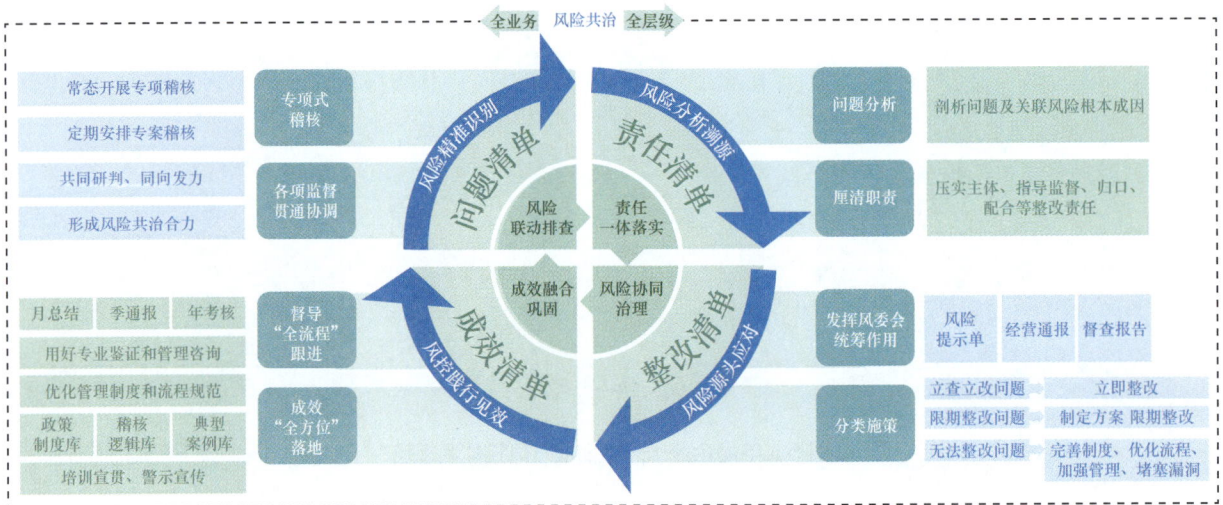

图6 "四个清单"风险共治工作机制

1. 加强稽核监督，以问题清单推动风险精准识别

明确列示公司运营过程中存在的各种问题，发现和识别潜在的前端、后端关联风险，筑牢风险共治基础。

一是开展专题式稽核。根据业务周期特性、风险隐患程度等因素，创新建立专题式稽核机制，通过互查、抽查、暗查等方式开展线上和现场检查，全量排查风险问题，快速识别关联风险。常态开展专项稽核：一季度开展上年度问题整改及成本项目执行"回头看"专项稽核；二季度结合企业所得税汇算清缴，开展财税管理专项稽核；四季度开展年度财务决算前置审计和内部控制评价专项稽核。定期安排专案稽核，聚焦年度重点工作事项、高风险领域，三季度统一组织专案稽核，确保三年内所有相关专业应查尽查。

二是各项监督形成业财贯通、风险共治合力。将专题稽核与审计、纪检、合规等其他监督协同联动，共同研判稽核重点、稽核手段、典型案例，加强成果共享，减少重复稽核，发挥各自优势，实现同向发力。用好各类内外部监督检查、专业专项自查自纠结果，将问题及时、准确、全量纳入问题清单，确保问题来源清晰可循，问题情况全面掌握，清单内容有序更新，打破专业壁垒，提升风险共治成效。

2. 厘清职责定位，以责任清单推动风险分析溯源

针对排查出的问题，深入剖析问题根本成因，进一步厘清各部门、各单位职责定位，明确问题整改的"整改主体责任、指导监督责任、归口管理责任、配合整改责任"，将整改责任压实到具体专业岗位，明确直接责任人、领导责任人，确保问题整改履责有力、问责有效，压力传导到位。

3. 做好分类施策，以整改清单推动风险有效应对

在问题及关联风险成因明确、整改责任清晰的前提下，逐项制定针对性、可操作性整改措施，依托风委会平台统筹协调，下发风险提示单、经营通报、督查报告，采取时间倒排、任务倒逼、责任倒

追等形式，推动跨部门、跨层级、跨专业协同配合。

对立查立改问题，按照整改标准立即整改；对限期整改问题，制定详细整改方案，明确具体措施步骤和时间节点，在限定时间内完成整改；对无法整改问题，深入分析问题产生原因，从完善制度、优化流程、加强管理、堵塞漏洞的角度制定整改措施，切实疏堵问题漏洞。做到立行立改、限期整改与完善管理制度等内控改进措施相结合，推动问题彻底整改、风险源头治理。

4. 强化督导评价，以成效清单推动风控质效提升

一是坚持督导全流程跟进。扎实开展月总结、季通报、年考核的督导，每月规范开展问题整改认定及销号流程；每季梳理总结问题整改效果，对问题整改措施不明、进度滞后的单位进行通报，对问题整改措施有力、进度较快的单位进行表扬；每年将量化评价结果纳入绩效考核。依托中介机构开展年度决算审计、资产评估、内控评价等监督活动，用好专业鉴证和管理咨询意见，全面提升会计信息质量和经营管理水平。

二是坚持成效全方位落地。充分用好审计署、国资委等外部检查结果和巡视巡察、专题稽核等内部检查结果，优化管理制度和流程规范，增强风险防范能力。针对高频问题，整理摘录有关政策条款，形成政策制度库；梳理问题多发、频发业务风险管控链条，完善补充业务管控稽核逻辑库；剖析典型问题成因，总结提炼整改成效，形成典型案例库。各部门、各单位结合年度培训计划开展培训宣贯，通过编发通知、下发指引、集中学习、案例宣贯等方式加强风险警示宣传，持续筑牢风险防范意识。

（四）应用数智手段，搭建"一链四面"风控体系平台

公司积极贯彻国家电网公司"构建基于大数据的数智风控体系"工作部署，试点承担基于财务中台的数智风控系统建设，围绕公司业务活动，实现风险共享共治，助力风控工作从"人防人控"向"智防智控"转变，促进风险管控质效全面提升（见图7）。

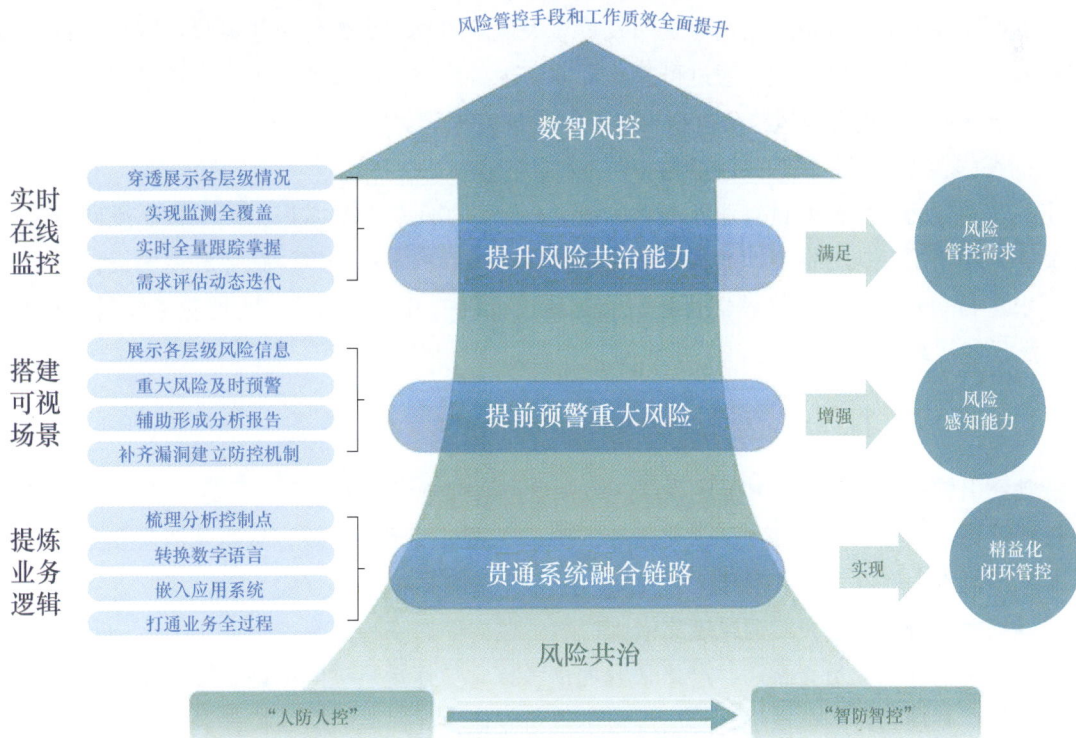

图7 数智风控平台功能图

1. 提炼业务逻辑，贯通系统融合链路

系统梳理各业务关键控制点，深入分析关键控制点涉及的风险管理和合规要求，提炼出涉及事前预警、事中控制、事后监督的业务逻辑。将业务逻辑转换为可识别、可通用的数字语言，使逻辑内容通俗易懂、一目了然（见表1）。

表 1   **业务逻辑分类表**

序号	逻辑分类	功能作用	逻辑举例
1	事前预警	检查凭证、单据必填项及签章等信息的完整性，数据勾稽关系的合理性以及同一或不同单据之间相关数据的一致性，对不符合校验规则的进行预警或提示	会议申请单信息合规性校验：检查会议地点、内容等需与报销单据填写一致；发票是否在非会议地点召开
2	事中控制	对全业务环节涉及的全面预算、资金安全、会计核算、税金管理等财务审核规则进行标准化、自动化控制，规范经营活动、财务管理及会计行为	营销凭证生成规则：按照统一的凭证生成规则，生成营销电费发行明细凭证
3	事后监督	定期自动扫描财务数据，监测重要财务风险指标或事项异动情况，查纠财务活动中违规事项及会计差错，保障财会信息质量和内部控制有效性	是否存在挂账一年以上未清理备用金规则：按备用金管理对象查询是否存在年初与年末余额一致或当期还款小于期初余额的情况

将业务逻辑嵌入各专业应用系统，从源头对业务合规性、数据一致性、资料完整性等内容进行校验，将风险管控节点向业务最前端、业财衔接环节延伸，实现业务"发起即合规、执行即处理"。各层级、各专业人员可结合工作实际，提出逻辑新增及修改需求，经省公司评估通过后在全省范围内部署应用，实现业务逻辑的动态更新，支撑风险业财协同共享共治。

2. 搭建可视场景，提前预警重大风险

针对重点关注的成本规范支出、电费回收等重大风险事项，个性化搭建风险可视化场景。场景覆盖省市县公司、基层班所全层级，通过可视化界面实现各层级风险超前预警，支持各层级高效开展风险识别、诊断评估，辅助形成风险分析报告，及时发现管理薄弱环节，补齐管理漏洞，建立防控机制。

3. 实时在线监控，提升风险共治能力

在业务逻辑执行方面，通过对业务逻辑的线上跟踪，实时、全量掌握不同单位、不同员工对各项业务逻辑的调用情况、执行情况，加强对基层单位业务风险的掌握程度。在业务逻辑设计方面，对业务逻辑需求进行合理性、通用性评估，评估通过后进行统一开发和部署，实现业务逻辑的动态迭代，确保能够满足各层级、各板块、全场景的风险管控需求。

（五）完善保障措施，培育"一链四面"风控体系文化

坚持党建引领，创新开展业财互培互训，提升全员风控意识；坚持交流互鉴，畅通业财沟通渠道，促进风控经验共享；坚持目标导向，强化督导评价，巩固风控工作成效，从而营造全业务、全层级风险共治的浓厚氛围，有效培育风控文化。

1. 党建统领、业财互培，厚植风控文化

设置党员示范岗、党员督察队，严格采取加倍考核党员违规事项等措施，以"党员无违规"带动"全员无违规"；开展结对共建联创，跨层级跨单位跨专业签署风险联防联控任务书，提升全员风控意识。创新开展业财互培互训，培训"财务＋业务"六类风控关键岗位5000余人，促进风控资源共享，

厚植公司全员风险共治风控文化。

2. 畅通交流、共享成果，推广风控经验

连续六年组织开展"风控大讲堂"、劳动竞赛等活动，打造《"三字"攻略资金安全管理》《"四张处方"治未病》等风控管理经典课程，通过"财务家园""一起培训"等平台在全省推广。2023年成功举办"智慧共享 业财融合"竞赛，将"风险穿透式管控"纳入考试范围，提升全员防风险、促发展的意识与能力。

3. 目标导向、考评结合，巩固风控成效

坚持省市县一体，明确"不发生系统性重大风险、一般风险得到有效防控、问题隐患得到有效治理"的风险防控目标。突出目标导向，将抓实用好"四个清单"、做好企业账款清欠等风控任务纳入年度工作要点，确保公司风险管理目标一致、全员参与。抓实绩效评价，以财务视角评价风险管理工作，创新设置资金安全指数、财会监督问题整改完成率等关键业绩考核指标，以激励约束机制巩固风控工作成效。

三、应用成效

（一）风控管理合力进一步凝聚

通过纵向各层级贯通、横向各部门协同，风控管理机制更加完善，业务单据、职责划分、工作流程、执行工具、制度依据更加清晰规范，打破了各层级、各部门风控管理壁垒，营造风险共治的新业态。各级管理人员不再局限于所辖业务流程中的风险，而是立足自身岗位的同时，以公司整体的视角应对风险，真正将风控意识融入业务经营、流程管控、岗位操作等各个环节，有效提高风险研判、识别、处置的能力。国网山东电力运用"一链四面"风控体系成果，强化财务、发展、建设、设备、营销等业财间协同融合，发挥共享共治合力，组织开展多轮自查自纠，修订完善规范标准及业务流程12项，有效防范化解各类风险。

（二）风控数智水平进一步提高

通过成果应用，建设风控数智化平台、贯通专业间信息系统，实现内部数据的互联互通、自动采集，从而更全面覆盖业务、更及时提出预警、更直观评估风险，将内控管理向业务前移，进一步将风险点、控制点匹配到关键环节、细化到具体岗位，精准识别各业务领域重点风险，明确问题整改量质期效，实现风险治理常态长效，有效推动风控工作向"精准防范、有效治理、科学监督"转变。2022年以来，国网山东电力上线"两提高"协同管理平台，实现长期挂账工程见底清零；搭建了资金安全监控平台，筑牢资金本质安全；创建了代理购电风险防控平台，为电价市场化改革保驾护航。

（三）风控管理质效进一步提升

通过完善业务管理制度、规范业务操作标准、统一管控工具表单等重点措施，实现业务管理规范化和精细化，提升业务管理效率和效益。电网企业"一链四面"风控体系，实现业务与财务进一步互融互促，减少因违规经营、职责不清、规范不明等原因造成的资源浪费、项目超支及资产损失等情况，有效应对复杂严峻的外部环境，保障了公司依法合规经营和高质量发展。

四、启示

高质量发展需要高水平安全来保障，面对错综复杂的内外部形势，以及科技革命、能源革命带来的机遇和挑战，必须打造贯穿全层级、全业务、全流程的风险管控模式，统筹好稳增长和防风险的关系，为改革发展提供坚强有力的保障。一是要深化三道防线融合协同，加强横向协同、上下贯通、全面覆盖，将风控工作融入业务前端。推动财会、纪检、审计等各类监督贯通协调，更好实现问题早防范、早发现、早处置。二是要加强风控制度保障，对照重点领域风险排查治理、审计、巡视巡察等各类检查发现的问题，补充完善制度规范，制定管控措施，进一步提升发现问题的精准度和风险防控的针对性。三是要坚持风险穿透式管控，创新应用无纸化、自动化、智能化等数字技术，通过数据反映业务本质，将数据管控规则嵌入业务操作、管理活动等，保证风险管控要求落实到具体岗位、具体行为。四是要深耕风控文化培育，加强宣贯培训，搭建沟通交流平台，保证风险管理要求落实到每一个工作岗位，让风控意识潜移默化融入业务、融入员工，强化管业务必须管内控的自觉性。

参考文献

［1］中华人民共和国财政部，中国证券监督管理委员会，中华人民共和国审计署，中国银行业监督管理委员会，中国保险监督管理委员会.企业内部控制基本规范［M］.北京：中国财政经济出版社，2008.

［2］崔罡，胡志成，等.国家电网风险内控合规一体化运行体系的探索与实践［J］.财务与会计，2021（23）：31-34.

风险管控视角下我国电力企业内部控制框架体系的构建与完善

周小凌

长江生态环保集团有限公司

摘 要

随着电力企业本身高速发展及面临的经营环境日益复杂，其面临的风险也越来越多。如何控制和管理好电力企业发展过程中的风险，已经成为电力企业高质量发展亟待解决的问题。本文采用COSO框架分析我国电力企业内部控制面临的困境，深入剖析问题根源，并以风险管控为视角，对电力企业内部控制框架体系进行研究，以期为我国电力企业内部控制框架体系的构建和完善提供一些建议。

关键词

电力企业；风险管控；内部控制

随着我国市场经济体制快速发展及电力体制改革的持续深化，强化电力企业内部控制体系建设、有效防控经营管理风险已经成为构建现代电力企业管理机制、促进电力企业高质量发展的关键环节。实践中，日趋激烈且复杂多变的电力市场竞争环境，给电力企业带来了巨大的经营压力及潜在风险，内部控制风险点愈发繁多和复杂，加之电力企业内部决策失当和管理缺陷等问题日益凸显，电力企业面临严峻的发展形势。为了有效地防范电力企业各项经济业务活动可能出现的各项风险，推动我国电力企业实现可持续、健康和科学的发展，迫切需要构建一个科学合理的电力企业内部控制体系。

一、企业内部控制发展概述

内部控制概念最早出现于20世纪30年代的美国，经历了内部牵制、内部控制制度、内部控制结构、内部控制整体框架、企业风险管理整合框架等阶段。随着经济全球化和信息技术的高速发展，这一理论逐渐在全球范围内得到普及和应用。我国企业内部控制发展是一个持续演进的过程。早在1985年，审计署颁布《关于内部审计工作的若干规定》，提出国营企业应建立内部审计监督制度以健全内部控制。21世纪，我国企业内部控制进一步加强和完善。2006年，财政部对企业内部控制标准委员会、企业内部控制标准制定程序做出规定。2008、2010年，财政部、证监会、审计署、银监会、保监会等五部委先后印发《企业内部控制基本规范》《企业内部控制应用指引》《企业内部控制评价指引》《企业内部控制审计指引》等企业内部控制配套指引，为企业实施内部控制提供了明确的指导，这标志着我国企业内部控制规范体系基本建成。随后，相关部门陆续发布一系列解读和相关问题解释，进一步规范和完善了企业内部控制制度。

二、COSO 框架下我国电力企业内部控制面临的困境分析

1992 年，美国 COSO 委员会在《内部控制—整体框架》（即 COSO 报告）将内部控制细分为控制环境、风险评估、控制活动、信息与沟通、监督等五要素，这一框架体系对内部控制理论研究和实践发展产生了深远影响，同样对我国电力企业的内部控制框架体系构建和完善具有重要的指导意义。以此框架为参照，笔者认为，我国电力企业内部控制目前主要存在以下困境。

（一）内部控制环境不健全

内部控制环境是内控管理运作机制的基础，是构建电力企业内部控制体系不可或缺的基石，更是推动整个电力企业顺利运作的前提条件。然而，目前我国大多数电力企业内部控制环境建设与实施效果未能达到预期的标准。有的电力企业虽建立了内部控制体系，但仅从"形式"出发，内部控制体系缺乏实质内涵，浮于表面。有的电力企业内部控制文化建设严重滞后，内部控制人员专业能力不足。内部控制工作环境缺位，极大地影响了内部控制的实施效果。

（二）风险管理体系不完善

在电力市场经济环境日益复杂的时代背景下，风险管理已成为电力企业内部控制十分重要的工作。然而，有的电力企业内部缺乏专业的风险管理团队，仅依托电力企业的管理层或部门以往经验实施风险管理，难以满足当前复杂多变的风险管理需求。有的电力企业未建立完善的风险识别评估机制，各类潜在风险梳理工作缺乏及时性、系统性、全面性，甚至存在遗漏隐形变异的苗头风险和隐患，且缺乏风险防范及应对措施，一旦风险发生，便陷入被动应对的困境，无法及时、科学、规范地化解或减低风险损害，严重的甚至可能会导致电力企业陷入经营困境。

（三）控制活动管理缺乏规范化

内部控制活动是电力企业内部控制体系的核心。有的电力企业的内部控制整体流程缺乏系统的规划和安排，短视现象严重，致使内部控制流程不够精细、规范和科学，同时部分高层管理人员对风险控制和流程的重要性认识不足，基层业务人员也未能充分理解各项控制流程的具体要求，导致风险管理工作无法完全落实。此外，预算管理虽作为内部控制重要手段，但很多电力企业预算管理随意，预算编制时忽略企业的长期发展目标，所制定的计划与实际业务需求严重脱节。预算执行时，缺乏必要的监督和考核措施，执行过程中存在较大的随意性和不确定性，关键内部控制措施实施变形，严重削弱了内部控制措施的实际效能。

（四）信息沟通机制效率低下

电力企业信息沟通机制的完善程度与内部控制工作的效果紧密相连。当前，很多电力企业内部控制沟通机制不够顺畅，上下级纵向沟通过分依赖下行沟通，采用下发文件、层层开会等方式，容易造成信息失真和传递滞后；部门之间横向沟通缺乏平等、自由的沟通氛围，欠缺定期沟通机制，各部门

形成信息孤岛，信息无法共享。且有的电力企业不重视沟通机制信息化建设，沟通机制信息化建设缺乏系统性规划，未能充分结合自身企业的实际情况和发展需求进行有针对性的建设，甚至套用抄袭其他企业的信息化建设方案，导致信息化建设与自身业务发展脱节，难以发挥应有的作用。

（五）内部监督与检查薄弱

电力企业开展内部控制工作监督与检查并客观评估其工作效果，对有效识别并防范风险、持续改善缺陷意义重大。然而，目前我国大部分电力企业内部控制监督与检查表现乏力。有的电力企业较少关注内部控制监督与检查工作或投入较少精力，内部控制监督与检查工作流于形式，有的电力企业甚至不开展该项工作。弱化及缺失的内部控制监督与检查工作，造成电力企业经营过程中存在的风险缺陷难以得到有效的评估，内部控制体系的有效性被严重削弱，电力企业内部控制管理工作中出现缺陷问题得不到适时的监督与修正，并不断放大，内部控制管理工作成效不佳。

三、电力企业内部控制困境根源探究

内部控制是一个由多个要素紧密构成的概念性框架，任何一个要素的失灵都可能对整个系统造成严重影响，甚至导致整个系统的瘫痪。电力企业内部控制要素之所以出现不同的问题，必然存在深刻且不易察觉的根源问题。

（一）内部控制意识不强

大多数电力企业未能摆脱传统管理理念及运作模式的思维方式，领导重业绩轻内部控制，没能从战略角度认识到内部控制的必要性和重要性，给企业的经营、战略发展以及内部管理带来极大的负面影响。此外，有的电力企业认为政府会维护电力市场的稳定和保障电力企业的正常运营，既缺乏风险管控的动力，也缺乏对市场变化、技术革新以及政策调整等可能带来的风险的敏感性和预见性。另外，有的电力企业管理者缺乏风险意识，工作中常以特殊性、灵活性为由忽视或违背既定的规章制度和规定流程，造成内部控制制度形同虚设，极大削弱了内部控制的效力。

（二）治理环境不够成熟

电力企业内部控制治理环境作为内控体系的重要基石，其完善程度直接关系到内控体系是否稳健运行，如果内部控制设计与法人治理结构环境不匹配，内控体系将难以保持其完整性和有效性。然而，有的电力企业内部权力分配和制衡不够合理，部分领导层的决策权过于集中，缺乏有效的制衡机制，加之监督机制弱化，权力滥用现象屡禁不止，内部权力制衡机制形同虚设。有的电力企业岗位职责范围设置不清，时常重叠或交叉，员工在工作中无法准确判断自己的决策和行动范围，导致工作中时常出现互相推诿、责任不清、决策效率低下，甚至出现违规操作的情况。

（三）管理框架及理念陈旧

清晰、完善的管理框架可以帮助企业提高工作效率、实现资源合理配置、提高应对风险能力，并为持续改进和优化提供基础。然而，有的电力企业管理框架设置缺乏整体性、科学性，权限的分配和界定不够明确、清晰，工作流程设计和执行不够细致。有的电力企业受到陈旧的管理框架影响，将内部控制狭隘地等同于财务基础工作，对风险防控置若罔闻，使得关键的风险控制措施无法得到有效执行，严重影响到企业的稳健运营与持续发展。

四、风险管控视角下电力企业内部控制框架体系的构建与完善

电力企业面临的风险越来越严重，这无疑给企业的经营和持续发展带来了巨大挑战，亟须通过构建适合电力企业运行特征的内部控制体系，来加强电力企业风险的防范与治理。

（一）强化内部控制意识，优化内部控制环境

电力企业领导要具备强烈的风险意识，充分认识到内部控制的必要性和重要性，将电力企业内控体系建设工作提升到同业务工作同等重要的地位，敏锐地把握市场变化和趋势，引入先进企业的管理理念，以保障电力企业内部决策的精准性和管理工作的稳健运行。此外，电力企业要加强内部控制文化建议，形成诚信合规、稳健发展的文化氛围，优化内部控制实施环境，同时根据市场环境、业务变化等因素不断调整和优化，使其更加符合电力企业的实际需求和发展战略。另外，还要提高内部控制人员的道德品质和职业修养，通过定期为风险管理岗位人员提供内部控制知识专业培训，不断提升专业水平和技能。

（二）提升内部控制治理环境，建立风险识别、评估和控制机制

电力企业应设置内部权力制衡机制，清晰地定义和划分组织内部不同部门和岗位的职责和权利范围，确保每个成员都清楚自己的职责和权限；通过内部操作手册和规章制度等手段，明确流程，促进信息的公开和透明，减少权力滥用的可能性；鼓励员工积极提供关于内部控制和权利行使的反馈意见，不断完善内部控制和权力制衡机制。同时，电力企业必须设立专门的风险管理部门或岗位，组建一支具备专业知识和技能的风险管理团队，全面负责开展风险管理工作。电力企业内部还需构建完善的风险识别、评估和控制体系，运用先进的风险管理技术和方法，对各类风险进行定量和定性分析，准确判断风险的大小和可能带来的影响，并根据风险评估结果，制定相应的风险控制措施，确保电力企业的风险水平在可控范围内。

（三）改良内部控制管理框架，完善内部控制活动

电力企业应建立全面、连贯的内部控制框架，在明确目标的基础上，制定内容详细的内部控制计划和涵盖电力企业的各个业务领域和关键环节的内部控制制度，及时收集和分析内部控制执行过程中的数据和信息，对发现的问题和不足，及时优化和调整，确保内部控制工作服务于企业的长远发展。同时，可通过上下协同的方式，全面激发内部员工的积极性与参与度。此外，预算管理作为内部控制的关键工作，电力企业应加大关注力度，全面改进预算管理流程。在预算编制阶段，要明确企业的战略目标，将长期目标与短期目标相结合，为预算编制提供方向。在预算执行阶段，应制定预算执行的流程和规范，明确各部门的职责和权限，严格执行预算方案，确保预算的有效性和可控性。并定期对预算执行情况进行分析和评估，了解预算执行情况与目标的差距，找出存在的问题和原因，制定相应的改进措施。

（四）改进信息流通渠道，创建高效信息交换平台

电力企业应优化信息流通渠道，确保信息沟通机制畅通无阻。纵向沟通应明确沟通目标，确保上

下级之间信息传递具有明确的方向和目的，要简化沟通流程，减少不必要的层级和环节，加快信息传递速度；横向沟通应建立信息共享平台，实施跨部门合作机制，促进部门间的信息交流和资源共享，打破信息孤岛。此外，电力企业还需加强信息系统建设，创建高效信息交换平台，应将信息系统战略规划与企业整体战略保持一致，选择适合自身需求的信息技术和工具，将信息系统建设与业务流程优化充分结合，提升信息传递效率，并定期对信息系统进行评估和反馈，及时发现问题并进行改进。同时，积极关注新技术和新方法的发展，及时将其应用到信息系统中，保持信息化系统的先进性和竞争力。

（五）坚持内外结合措施并举，加强对内部控制的监督

电力企业应当充分融合内部和外部监督机制，形成全方位的监管体系。企业部门内部监督侧重于日常运营活动的合规性和风险防控，可采用内部审计形式，通过对企业内部各项活动和流程进行全面、系统、独立的审查和评价，帮助企业发现潜在风险和问题，并提出改进建议，保障电力企业经营的安全。企业外部监督强调行业规范、市场环境和法律法规的遵守，可通过构建政府部门、行业监管机构、第三方审计机构、社会公众等多方参与的多元化监督体系，集合不同利益方和职责方的力量，实现对电力企业的全面、多角度、多层次的监督，确保企业的合规经营和行业的健康发展。

参考文献

［1］ 崔罡，胡志成，张庆亮，等.国家电网风险内控合规一体化运行体系的探索与实践［J］.财务与会计，2021（23）：31–34.

［2］ 许新霞，何开刚.内部控制要素的缺失与完善：基于内部控制和风险管理整合的视角［J］.会计研究，2021（11）：149–159.

［3］ 舒伟，左锐，陈颖，等.COSO风险管理框架的新发展及其启示［J］.西安财经学院学报，2018，31（5）：41–47. DOI：10.19331/j.cnki.jxufe.2018.05.006.

［4］ 张瑶，郭雪萌.风险管理视角下对企业内部控制评价研究［J］.理论与改革，2015（1）：86–90.DOI：10.13553/j.cnki.llygg.2015.01.022.

［5］ 王风云，李啸虎.电力企业内部控制体系构建的思考［J］.财务与会计，2015（13）：60–62.

［6］ 成小平，庞守林.中国企业风险管理研究新进展及展望［J］.技术经济与管理研究，2015（9）：76–79.

［7］ 王亚娟.基于风险管理的电力企业内部控制研究［D］.北京：华北电力大学，2015.

电力企业合规管理体系建设的进路探索

——以区块链应用为视角

吴 云 梁婷婷 石俊昭

中国电力工程顾问集团西北电力设计院有限公司

摘 要

随着我国对于企业合规监管力度的不断加大，推进合规管理工作已经成为企业管理活动的重要任务。在全球能源结构转型的背景下，电力企业在运营过程中也面临着日益复杂的法律与合规挑战。近年来，区块链技术作为一种新型的分布式记账技术，凭借其去中心化、不可篡改、透明公开等特点，逐渐受到各行业的广泛瞩目与深入探索。利用信息化助力电力企业合规管理工作，尤其是加快推进落实区块链技术在电力企业合规管理体系建设的试点和应用，为改进电力企业合规管理体系建设提供了一个方向。

关键词

电力企业；合规管理；体系建设；区块链；完善进路

一、引言

合规管理体系的功能不仅表现在其能约束行为，还表现在其对纠纷发生的预警和提醒，构建合理的合规管理体系是一种有效预防纠纷发生的事前手段。随着信息技术的飞速发展与智能算法的日益普及，企业合规管理领域正经历着前所未有的变革，既面临着严峻的挑战，也迎来了崭新的机遇。企业合规管理的信息化建设越来越成为提升管理效能、降低运营成本的关键所在。特别是《中央企业合规管理办法》的出台，以专章形式明确提出了加强合规管理信息化建设的要求，这标志着合规管理领域的数字化转型已成为中央企业乃至整个行业的必然趋势。

电力企业作为国民经济的重要支柱，其合规管理能力的提升对于保障电力供应、维护社会稳定具有重要意义。与此同时，电力企业可靠的合规体系是决定市场合作的重要因素和参考指标。当前电力企业在合规管理方面仍面临诸多挑战，这不仅显著增加了企业的合规风险，也制约了企业的健康发展。因此，如何借助信息化手段对合规管理进行流程重塑和数字再造，成为电力企业亟待解决的问题。

区块链技术作为一种新型的分布式记账技术，以其去中心化、不可篡改、透明公开等特性，将在合规管理领域为企业带来更加高效、可信、透明的合规管理新模式。加快电力企业合规管理的数字化、体系化进程，推进区块链技术在电力企业合规管理的试点应用，优化构建合规的相关配套设施，是一个系统性工程。它提供了一个可能改进的进路方向，对于寻找合规建设成本和效益之间的平衡点具有重要意义，同时有可能在满足合规要求的同时，降低企业运营及监管成本，提升电力企业的发展效率。在此背景下，本文旨在探讨区块链技术在电力企业合规管理建设中的应用问题，以期为电力企业合规管理的信息化建设提供新的视角和思路。

二、电力企业合规管理体系建设的功能定位

（一）法律合规功能的强化

合规的首要前提就是合法。电力企业合规管理体系建设不仅是提升企业治理能力和治理水平的重要前提，更是企业法治建设体系的不可或缺的组成部分。一方面，电力企业的运营活动不可脱离国家法律法规和行业规范的指引。合规管理体系首要且核心的功能定位就在于确保企业在日常经营活动中严格遵循法律法规，有效预防违法行为的滋生。另一方面，企业合规与法治管理工作存在着高度交叉重叠的部分，如健全管理制度、处理事件、培训教育方面等方面，电力企业加强合规管理体系建设也是对法治管理工作的强化保障。

（二）风险管理的精细化

电力企业面临的合规风险种类繁多，包括法律风险、财务风险、安全风险等，国务院国有资产监督管理委员会在《中央企业合规管理指引》中明确提出"合规管理与法律风险防范、监察、审计、内控、风险管理等工作相统筹、相衔接"的要求。合规管理体系的建设聚焦于风险的精细化管理，可以助力企业以及时、高效、便捷的方式控制识别、评估和控制各类合规风险，不仅是企业树立良好品牌形象的重要保障，也是确保企业做大做强的基础。

（三）合规文化的深度塑造

厚植法治与合规文化是企业法治建设的基础工程之一，良好的合规文化可以为企业提供内生性、整体性的软性引导。依法合规、守法诚信应是电力企业全体人员应当遵守的自觉行为准则与基本职业操守。合规管理体系建设对于塑造电力企业的合规文化具有深远影响。合规文化作为企业文化的重要组成部分，体现了企业的价值观和行为准则。通过合规管理体系的建设，电力企业可以推动企业内部管理的规范化和标准化，增强员工的合规意识和法律素养，使合规成为企业的一种自觉行为，推动电力企业在科学高效的合规轨道上良性运行。

（四）社会责任的积极担当

从《关于中央企业履行社会责任的指导意见》印发到国务院国资委宣布成立社会责任局，再到新修订《公司法》对企业社会责任的突出强调，可以看出任何企业存在于社会之中，都是社会的企业，既要履行经济法律责任，还要履行社会责任。电力企业作为社会公共事业的重要支柱，具有经济性和社会性的双重属性，必须积极履行社会责任。合规治理从本质上来说其实就是一种社会责任的承担，合规管理体系建设有助于电力企业更好地履行社会责任，确保企业在经营过程中始终关注社会、环境和公共利益。

三、电力企业合规管理体系建设的现实困境

（一）合规管理体系建设的协调整合挑战

合规管理体系是一个庞大而精细的系统，由一系列基本原则及各式具体规则交织而成，涉及合规义务人、相对方、监管者等多方主体，并贯穿企业设立、运营等全生命周期阶段。合规管理涉及企业经营多个方面，包括但不限于财务管理、人力资源管理、运营管理、知识产权管理等。一方面，不同部门和业务之间的合规要求可能存在差异；另一方面，企业内部不同部门之间有其不同的业务特性和运营需求。这些方面都需要企业投入相应的资源和精力来确保合规性，因此，如何有效地协调和整合这些差异，确保整个企业的全管理、全过程合规性，成为合规管理体系建设中的一大挑战。

（二）合规管理体系建设的成本压力过载

合规管理是以合规投入为成本、以规避的合规风险为产出的现代企业管理活动，大而全的合规管理结构设置要投入巨大成本。首先，面对日益复杂的市场环境和风险，监管部门对企业的合规要求也在不断提高。加之目前企业对合规管理体系建设的重视程度也日益提高，企业往往会采取多种举措更新和完善本企业的合规管理体系，这可能会导致企业在合规管理体系建设方面的投入不断增加，从而增加成本压力。其次，电力行业作为一个受到"严监管"的领域，其运营活动必须严格遵循一系列的法律规范，法律法规体系的复杂性无疑构成了一项显著且不容忽视的挑战。最后，在合同及履约管理方面，目前电力企业集团及下属各成员单位存在合同管理系统分散、未真正实现从合同签订到合同履行的全过程、全周期、全平台管理，导致合规管理体系建设效能低下。

（三）合规管理义务人的知识储备不足与道德风险

提升企业全员的合规道德素养是合规管理体系建设的根基所在。首先，作为企业来说，通常会将主要精力放在业务发展和技术创新上，对合规管理的重视程度不够，对合规义务人的培训和教育投入不足。这导致合规义务人对法律法规的理解不够深入，对相关政策和规定的掌握不够全面，难以有效履行合规职责。其次，电力企业合规义务人自身的学习意愿和学习能力也是影响知识储备的重要因素。一些合规义务人可能缺乏主动学习新知识的意愿，或者由于年龄、学历、经验等限制，学习能力有限，难以适应法律与合规体系发展变化对合规义务人履职行为的要求。最后，面对利益的诱惑，人们可能会违背诚信道德、违反合规管理义务而作出不利他人的行为，导致电力企业合规制度的实际效用和价值的充分发挥存在着一定的现实障碍。

四、区块链应用视域下电力企业合规管理体系建设的完善进路

得益于计算机技术的发展基础，区块链技术展现出蓬勃向上的发展态势，有专家甚至认为区块链技术是当今世界的机会，也是中国最靠近工业革命的机会。从本质上来说，区块链是一种新型的分布式记账技术，其结合了分布式数据存储、点对点网络通信、共识机制、智能合约、加密算法等多种技术，以各区块按照时间顺序构成链式的结构存储数据。区块链技术的最初应用是完成并且记录比特币的交易，通过将零散交易打包成块，赋予交易块以独一无二且无法逆向破解的哈希函数值，为交易块盖上时间戳，以时间顺序将所有交易块接续成链，可以实现对比特币或者其他任何数字代币如以太币

的即时记录。

（一）不可篡改性实现合规管理信息去伪

在电力企业的合规管理实践中，公司的业务人员等合规义务人虚假披露、信息造假的问题屡见不鲜，这种问题导致的直接后果就是决策者无法获得真实的、最原始的数据资料，难以通过查阅信息发现真正问题所在，进而作出决策。区块链在电力企业合规管理建设中的应用，不仅可以让决策者获得信息，更能获得真信息。由于巧妙地设计并辅以密码学和共识算法，区块链实现了数据库历史记录不可篡改的功能。在典型的区块链系统中，数据以区块为单位产生和储存，通过时间顺序形成链式的数据结构，节点作为区块链应用技术里处理信息的基本单位，每一个节点都要参与整个区块链系统中的数据存储、验证，这也就意味着要改变某一个数据节点上的信息就要至少需要51%的节点同意，这也是区块链的概念体系中著名的51%定理。与此同时，区块链上的每一个区块都包含有两个哈希函数，即自己的和前一交易的哈希值。如果想要修改某一个块上的信息，在首尾互联的区块结构就要修改所有的区块信息，最初交易的哈希值也会发生显著变化，这种变化将很快被利益相关者发现。数字签名技术的存在使每一个区块上的信息都经过验证，一旦出现合规造假，即可以追本溯源，使泄露信息人员的责任认定和划分变得更加容易，提高区块链上数据伪造的成本和代价，所以在通常情况下，不会出现主动篡改信息的情况。此外，当所有参与者都相信数据是真实、可靠且不可篡改的时，他们就能更加专注于业务本身，而不是花费大量时间和精力去验证数据的真实性。这种信任机制的建立，对于提升合规管理的效率和效果具有重要意义。

因此，电力企业在合规管理中搭建一套保障信息披露数据安全、完整和真实的区块链系统，实现由"人防人控"向"技防技控"刚性切换，可以有效预防合规义务主体的道德风险，提高电力企业经营者的决策效率，同时也为合规审计和调查提供了强有力的支持。

（二）智能合约促进合规管理协调整合

早在1995年，跨领域学者Nick Szabo就提出了智能合约的概念，他对智能合约的定义为："一个智能合约是一套以数字形式定义的承诺，包括合约参与方可以在上面执行这些承诺的协议。"简单来说，智能合约是一种在满足一定条件时，就自动执行的计算机程序。基于区块链的智能合约需要包括事务处理机制、数据存储机制以及完备的状态机，用于接收和处理各种条件，并且事务的触发、处理及数据保存都必须在链上进行。当满足触发条件后，智能合约即会根据预设逻辑，读取相应数据并进行计算，最后将计算结果永久保存在链式结构中。智能合约一旦在区块链上部署，所有参与节点都会严格按照既定逻辑执行。基于区块链上大部分节点都是诚实的基本原则，如果某个节点修改了智能合约逻辑，那么执行结果就无法通过其他节点的校验而不会被承认，即修改无效。这样智能合约就可以按照既定指令运营下去，进而实现最初设计的合同、程序自动化、高效、准确地执行，这也使区块链成为智能合约可执行的"最佳拍档"。智能合约的自动验证执行能减少传统烦琐的审核工作和操作程序，分布式的数据传递加上智能合约的运用可以极大地节约披露的人力成本，提高合规管理体系的运作效率。合规管理也能够实现一定程度上的自动化，尤其是对于常规事项的合规管理可以设置规则要件，在满足要件时自动提示合规风险。在合规管理成本降低的前提下，合规管理的频率可以得到提高。

（三）去中心化交易结构降低合规管理成本

首先，区块链技术将在传统上由一个单一中心实体运作保管的单一账本，裂变为由全体参与人共同记录、共同保管的分布式账本。在区块链的路径中，信息可以在区块链节点上自动获得，在系统中直接共享。每一个节点都拥有区块链的完整账本，能够向区块链所有参与者提供全部或者部分信息，电力企业的不同业务部门都可以更加便捷和直接的方式掌握公司经营的情况，进而使合规管理的全步骤和全过程都可以在区块链中进行。其次，去中心化交易结构消除了传统合规管理的多余主体或环节，不仅降低合规管理成本，还提高了对违规行为的反应速度。对于电力企业而言，这意味着可以更高效地处理暴露出来的合规问题，从而降低合规管理的整体成本。最后，区块链应用下去中心化的交易结构以及分布式账本的存在，使交易的交割和清算变得更加便捷，减少了合规管理体系中各主体独立搜集、管理信息出现遗漏或残缺的可能，使合规体系建设所依据的法律法规及时更新，能有效降低人为因素介入所导致的代理成本和道德风险，强化合规义务主体的"道德合规"。

（四）区块链的应用培育企业合规文化

区块链技术因其独特的不可篡改性和透明度，在提升企业文化和内部治理方面展现出巨大潜力，尤其是在塑造合规文化方面。具体而言，区块链技术的应用可以从以下几个方面增强员工的信任感、责任感，并鼓励创新与合作文化，同时促进企业合规文化的形成。

首先，在传统的管理模式下，员工可能因担心管理层或其他同事篡改或误报信息而感到不安。然而，区块链技术确保了所有记录的数据一旦经过验证便无法被修改，这一特性使得员工能够确信自己的工作成果和贡献得到了准确无误的记录。透明的数据管理方式不仅减少了潜在的不公平现象，还增强了员工对其工作的认同感和归属感，从而有助于营造一个基于诚信的合规文化。

其次，区块链技术通过其独特的责任追踪机制增强了员工的责任感。每一笔交易或操作都被赋予唯一的标识符，并且能够追溯到具体的执行者。这意味着任何行动都将被记录下来，无人能够逃避责任。这种机制促使每位员工对自己的行为负起更大的责任，同时也提高了工作效率，因为每个人都清楚自己的行动将会受到监督。在这一过程中，企业能够建立起一种负责任的企业文化，进一步推动合规意识的深化。

再次，在传统的等级制度中，信息流动往往受到限制，而在区块链环境中，信息的共享变得更加自由和平等。这种变化打破了原有的层级壁垒，促进了不同部门之间的有效沟通与协作，使得团队成员能够更轻松地共享知识和资源。这种合作精神也有助于企业在面对复杂多变的监管环境时，能够更加灵活地调整策略，确保经营活动始终符合法律法规的要求。

最后，共识机制作为区块链技术的重要组成部分，也为企业的创新与合作注入了活力。共识算法确保网络中的所有节点能够就某一交易的有效性达成一致意见，这一理念同样适用于企业内部决策过程。通过借鉴区块链中的共识机制，企业可以构建一个更为民主和平等的决策体系，鼓励员工积极参与讨论和决策，共同推动企业的进步与发展。在这一过程中，企业不仅能够培养出具备创新精神的人才队伍，还能确保所有的创新活动都在合法合规的前提下进行。

综上所述，区块链技术不仅为企业提供了一个更加透明、负责任的运营框架，而且促进了企业内部的创新氛围与合作精神。对提高员工的信任感与责任感，激发员工的创造力，最终构建一个兼具凝聚力和合规性的企业文化具有重要意义。

五、总结与展望

在电力企业领域，加强合规管理体系建设，创新融合大数据、区块链、零信任等技术，构建数字信任基础设施，是实现电力企业合规体系建设创新型发展的重要方向。

　　值得深思的是，区块链技术的应用确实可以在一定程度上解决电力企业合规管理体系建设的低效率、高成本、虚假性的弊端，对包括倒签在内的不合规手段进行防弊，帮助电力企业建成"监督—屏掌控、管控—贯到底、数据—键获取、预警—有即出、业务—键协同"的新型合规管理体系建设模式。

　　但是在电力企业合规管理体系建设中有太多不可预见的复杂变量，而且自动化和人类一样也会犯错，若我们试图将复杂的企业合规管理问题过度简化为纯粹的可计算模型，可能会导致"效率"这一概念被泛化到无所不包的程度，进而变得模糊且难以确切验证。这样的做法可能会忽视合规管理中的人为因素、利益考量以及市场环境的动态变化，从而削弱合规管理体系的有效性和可靠性。因此，实时干预和监督或一个能够客观、中立审视电力企业背后合规风险的独立治理机构仍然是必须的，同时也需要切实加强和增强企业合规的风险防控意识。

参考文献

［1］鄢超，董小妮.国企法治建设数字化转型的浙江实践［J］.中国公路，2023（5）：56-58.

［2］张成斌.国企法治建设与合规管理一体化推进的方法探讨［J］.企业改革与管理，2023（12）：17-20.

［3］蒋大兴.作为"人民的"企业形式：超越国企改革的"私法道路"？［J］.政法论坛科学文摘，2023（1）：104.

［4］郑雅方，方世荣，等.论促进企业合规管理效率的政府监管［J］.中外法学，2023（6）：1480-1498.

［5］山茂峰.企业合规制度的建构逻辑：内力、外力与引力［J］.兰州学刊，2024（2）：122-132.

［6］陈瑞华.企业合规基本理论［M］.北京：法律出版社，2021.

［7］高磊.合规文化的体系地位及其实践路径［J］.财经法学，2024（1）：72-86.

［8］邓峰.公司合规的源流及中国的制度局限［J］.比较法研究，2020（1）：34-45.

［9］沈滨宁.涉案企业合规中的区块链应用研究［J］.牡丹江大学学报，2024（3）：37-43.

［10］傅晴晴.合规科技在数据合规中的应用价值［J］.太原学院学报：社会科学版，2023，24（4）：80-89.

［11］郭少飞.区块链智能合约的合同法分析［J］.东方法学，2019（3）：14.

［12］张成岗.区块链时代：技术发展、社会变革及风险挑战［J］.学术前沿，2018（6）：33-43.

［13］［英］凯伦·杨（Karen Yeung）.区块链监管："法律"与"自律"之争［J］.林少伟，译.东方法学，2019（3）：121-136.

电网企业金控平台"四位一体"合规管理体系建设创新实践

郑涵文

国网英大股份有限公司

📝 **摘 要**

为扎实做好金融业务合规经营与金融风险防范，英大集团积极打造支撑公司发展战略的"12345"四位一体管理架构，以提高合规管理能力，不发生重大金融风险为一个管控目标，以大力防范金融风险、依法合规稳健经营为两个工作重点，以国家电网公司总部、英大集团和各金融单位为三级管控主体，以合规、风险、内控、审计为四项专业协同，以健全治理体系、强化过程管控、注重依法合规、加强审计监督、健全风控系统为五类管理举措，构筑起事前、事中、事后全流程管理体系，搭建起符合监管要求、支撑内部管理需要的"四位一体"合规管理体系，在电网企业金控平台合规管理方面提供创新实践经验。

✏ **关键词**

四位一体；合规管理体系；管理职能融合；金融风险防控

近年来，国务院国资委对央企法律合规、风险内控工作一体化提出明确要求并不断深化。英大集团以高度的政治站位贯彻国资委法治央企建设工作部署，落实国家电网公司党组《关于加快推进金融业务高质量发展的意见》《关于全面加强金融监管的通知》（简称"一意见一通知"）工作要求，积极探索开展"四位一体"建设，将单一维度的合规、风险、内控、审计体系一体化管理，在系统层面整合多个系统功能形成数据互联互通，不断优化整合不同的风险防控机制，以更加全面的视角防控金融风险，为重大决策提供一体化整体解决方案，提升金融风险防控能力，实现依法合规经营。

一、"四位一体"合规管理体系建设的主要做法

（一）坚持党的领导，打造"12345"的四位一体管理架构

深刻领会中央金融工作会议精神，把牢央企金融的历史方位和初心使命，强化公司党委对"四位一体"合规管理体系的全面领导。按照金融业务创新、转型、升级的发展要求，以为金融业务健康发展提供坚强保障为出发点，以英大集团和各金融单位为工作主体，积极打造支撑公司发展战略的

"12345""四位一体"管理架构：以提高合规管理能力、不发生重大金融风险为一个管控目标，以大力防范金融风险、依法合规稳健经营为两个工作重点，以国家电网公司总部、英大集团和各金融单位为三个管控主体，以合规、风险、内控、审计为四项专业协同，以健全治理体系、强化过程管控、注重依法合规、加强审计监督、健全风控系统为五类管理举措。从而有力推进合规管理主动适应新形势，构筑起事前、事中、事后全流程管理体系，加强源头防控，强化过程管控，优化考核和处置，有计划、分步骤搭建起符合监管要求、支撑内部管理需要的"四位一体"合规风控内控审计管理体系，持续提高金融风险防控能力。

（二）坚持外规内化，夯实"四位一体"建设的制度基础

以"四位一体"合规管理体系为重要平台和载体，英大集团公司加强外规内化，系统梳理合规、内控、风险、审计管理的最新监管要求，转化为公司的内部管理制度。在合规管理、内控建设管理、全面风险管理等办法的基础上，进一步细化制订操作性文件，与各类业务条线的制度相结合，构建分层分类的制度体系框架，确保结构清晰、内容完整，相互衔接、有效协同，切实提高科学性和系统性，夯实一体化建设制度基础。整合合规管理、内部控制的管理目标、基本原则、组织架构、风险评估及应对等管理要素，编制《内部控制与合规管理手册》，统一风险识别评估标准和要求。以控制标签为基础，融合合规风险、内控风险应对措施及控制活动，将数量庞大、种类繁多的金融监管规定进行转化，构建了涵盖外部监管要点和内部控制要求的合规风险库，并持续实施外规内化识别、实施、跟踪、评估等常态化工作。

（三）坚持功能融合，搭建"三三四"立体交叉组织体系

1. 优化总部—英大集团—各金融单位"三级"监管模式

严格执行国家有关法律法规，模范遵守国资监管和金融监管双重要求，把全面从严监管理念贯穿于金融工作全领域各环节，坚持强监管、严监管、全监管。进一步完善多主体参与、多领域协作、多层次贯通的责任体系。英大集团立足"监管主责、全面监督管理"的定位，作为金融单位出资人、金融业务监管和金融风险监管责任主体，注重强合规、控风险、促集约。进一步压实金融单位，严格落实各金融单位主体责任。金融单位立足"第一责任人"的定位，作为金融业务合规经营和风险防控责任主体，注重稳经营、优服务、防风险。

2. 搭建公司治理层、经营层、执行层"三横"组织体系

一是在治理层对四项职能统一规划。明确由董事会审计与风险委员会承担"四位一体"合规风控体系管理职责，指导公司合规管理体系、风险管理体系、内部控制体系和审计与违规经营投资责任追究工作体系建设。强化法人治理，规范金融单位董事会建设，优化权责清单，发挥定战略、作决策、防风险作用。

二是在经营层保障四项职能统一组织实施。成立合规管理委员会、全面风险管理委员会等机构，并实现一体化运作，由公司主要负责人担任领导小组长，负责组织实施"四位一体"相关规划。

三是在执行层加强跨部门的协调。督促业务部门加强本业务领域合规风险的识别与梳理，及时开展合规风险预警与应对。强化合规审查职责落实，将其作为经营决策和业务开展的必经前置程序。将合规、风控、内控、审计各自独立运行的风险识别评估、风险管控应对、风险监督评价、整改问责、绩效考核等进行功能融合，抓好重点领域风险防控，以优化制度流程、关键环节、重点岗位为切入点，共同推进一道防线职责落地。

3. 深化合规、风控、内控、审计"四纵"管理职能融合

合规、风控、内控、审计四项职能既密切联系，也有所区别。四项职能具有相似的管理组织架构，三道防线的组织体系，以及共同的风险导向、风险识别、风险应对、风险预警、报告机制等。英大集团公司在保持四项职能的独立性和专业性的基础上，加强合规管理与风险管理、内部控制、审计等的协同，建立第二、三道防线协同机制，强化业务管理、监督控制、风险管控的全面协同，联防联控，实现风控协同效应。依托监督体系联席会议等工作机制，加强违规事件线索移交、信息共享、追责问责等方面的协同联动，推进合规与内控、审计、风控、财务等各类监督的高效协同，一体化整治金融违规问题。

（四）坚持流程整合，优化"四位一体"工作机制

一是建立一体化的三张清单。以风险识别清单、流程管控清单和重点岗位清单等三张清单为基础，以潜在合规风险点为控制节点，设计合规风险、全面风险、内控评价和审计监督模型，建立"四位一体"合规风险控制机制，形成"合规内控管理三张清单"，进一步推进金融业务风险识别、评估、应对、监控、检查的一体化协同。

二是建立一体化的审查机制。以风险合规运行机制为载体，打通已有各业务信息系统，将一体化审查要点嵌入招标采购、合同管理等多个重要业务流程，通过流程审核的信息化、标准化与可视化，确保集团公司业务开展能够"看得清风险、守得住底线、管得了流程、用得好法律"，实现合规、内控、风险、审计管理在业务风险管控过程中的有机融合。

（五）坚持数字化升级，加强"四位一体"合规管理保障

一是建立一体化的合规风控信息系统。依托公司大风控系统建设，开发"英大慧眼"金融合规风控数智化平台，实现金融合规风险库数字集成应用、金融单位负面信息全天候在线监控预警、金融监管检查事项监测管理、违规事项智能分析及闭环管理等功能，创新科技举措，对金融合规风险早识别、早预警、早处置，全景式、全流程管控金融合规风险，赋能合规管理数智化转型升级，打造集团化合规管理数智卓越品牌。

二是建立集约化的合规管理队伍。组建金融中心合规、内控、风险、审计柔性团队，集聚专业人员力量，就金融监管政策、行业监管动态、典型违规事件及金融案件进行交流学习，针对违规事件、法律纠纷应对处置开展会商研讨，相互借鉴有益经验，提升金融单位分支机构法律合规支撑保障能力，形成横向协同、上下贯通、相互促进的合规管理共建共享格局。

二、"四位一体"合规管理体系建设的效果

（一）合规风控引领赋能的支撑力明显加强

经过实践与探索，英大集团公司依托三级监管架构建立了"四位一体"合规管理体系，与公司治理层、经营层有机融合，部门之间的融合协作明显加强。合规风控部门紧密围绕集团战略和重大工作事项，对重大法律合规风险问题进行前瞻性研判并制定应对方案；参与重大投资并购、重大经营决策等重大项目，对重大风险进行过程性管控；对已经发现的风险问题进行及时处置，对公司战略发展的引领支撑能力明显加强。

（二）风险防控数字化程度显著提升

通过"四位一体"机制建设，英大集团公司合规、风险、内控、审计流程上，以及在风险识别、信息共享、成果共用等方面融合度明显提升；在重大项目组织方面，通过资源整合、内容整合等方式，提升了了效率，节约了管理成本。通过探索运用大数据、人工智能等新一代信息技术，推动法律合规管理系统、风险管理系统与财务、产权、投资等系统的互联互通，促进业务数据相互融合、风险防范及时响应，集团公司整体上风险防控数字化融合度显著，有效提高了合规及风险管理效率。

（三）合规风险防控成效明显提升

通过"四位一体"建设，英大集团公司风险防控能力显著提升。近年来，集团公司未发生重大违规事件，集团所属单位重大诉讼案件明显降低。特别是在近年来金融风险不断爆发的大背景下，英大集团公司所属金融机构未发生重大风险事件，未出现重大风险隐患，金融合规经营与金融风险防范效果显著。

（四）整体风险合规意识明显增强

在"四位一体"建设中，英大集团公司打磨精品合规文化作品，通过定期法律合规培训、风险合规案例分享、行政处罚案例解剖、法律合规知识竞赛等多种形式，加强合规风控文化培育，树立全员"合规立身"理念，推动合规文化蔚然成风，全员合规风险意识明显增强。

参考文献

［1］刘相文，王德昌，刁维俣，等.中国企业全面合规体系建设实务指南［M］.北京：中国人民大学出版社，2019.

［2］黎国志.国有企业供应链合规管理的难点及有效应对［J］.现代企业，2023（11）：19-21.

［3］张鹤.国有企业规章制度体系建设完善策略［J］.现代企业，2023（2）：24-26.

［4］张亚兵，杨龙，张伟，等.国有企业构建一体化协同"大监督"体系的探索与实践［J］.航空财会，2023，5（5）：19-24.

［5］王昌林，李扬，吴晓求，等.推动金融高质量发展加快建设金融强国——学习贯彻中央金融工作会议精神专家笔谈［J］.金融评论，2023，15（6）：1-22+122.

打造大监督体系数智应用
助力企业合规风险源头防控

黄莉莎[1]　张广涛[1]　战祥真[2]　朱梦娜[2]

1.国网山东省电力公司济南供电公司；2.国网山东省电力公司济南市济阳区供电公司

摘　要

在数字经济蓬勃发展的当下，电力企业纷纷驶上了数字化发展的"快车道"。而在当前全面从严治党越来越严的背景下，推动企业高质量发展必须顺应和把握监督发展大势，用好数字化监督手段，发挥合规、纪检、审计"三位一体"大监督体系合力。对此，国网济南供电公司创新打造"砺剑铸盾"大监督体系数智应用，发挥"牵头抓"作用，让顶层设计更科学；落实"业主管"职责，让模块功能更智慧；突出"专业用"定位，让监督预防更全面。数智赋能，助力企业合规风险源头防控，切实守牢合规经营的底线红线。

关键词

数智应用；大监督；合规风险；源头防控

一、建设大监督体系数智应用的必要性

（一）建设数智应用是大监督体系协同运转的现实需要

党的二十大指出，要不断完善全面从严治党体系，健全党统一领导、全面覆盖、权威高效的监督体系，完善权力监督制约机制，以党内监督为主导，促进各类监督贯通协调。习近平总书记在二十届中央审计委员会第一次会议上强调，要"充分发挥审计在反腐治乱方面的重要作用，做好与其他监督的贯通协同"，同时提出了"如臂使指、如影随形、如雷贯耳"的工作要求。国家电网公司党风廉政建设暨反腐败工作会议提出，要加强审计、财务、法律等部门的协调配合，加强问题线索横向移交，全面拧紧各类监督主体的责任链条，形成衔接顺畅、配合有效的大监督工作体系。由此可见，发挥监督合力成为全面从严治党的内在要求。电力企业必须紧密结合实际，加快构建合规、纪检、审计"三位一体"的大监督体系。数智应用建设前，国网山东省电力公司济南供电公司（简称国网济南供电公司）合规、纪检、审计专业所使用的信息系统各自独立工作，无法实现信息交互共享。建设数智应用，打通合规、纪检、审计监督壁垒，高效整合合规督导、纪律审查、经济责任审计三个专业不同监督事项，

可以实现发现问题实时共享、多方研判、综合验收，从根本上解决同类问题重复发生、监督缺位等问题。

（二）建设数智应用是数智赋能合规管控的必然要求

进入数字化时代，国家电网公司正积极顺应数字化改革大趋势，全面推进业务数字化升级。当前，营销 2.0、PMS3.0、财务智慧共享平台、物资 ECP2.0 等数字化信息系统已经广泛使用，并且不断迭代优化，为国网济南供电公司开展数字化监督提供了良好基础和条件。之前，国网济南供电公司的监督手段多为以人力为主的现场检查和以单个系统为主的单维监督，投入人力和时间较多，但发现问题大多浮于表层，监督治理效能发挥不够，必须紧跟发展趋势，对标先进、奋起直追。建设数智应用，依托大数据资源，运用智能化算法辨识问题背后的数据规律、行为痕迹，能够提升协同监督数字化、智慧化、实用化水平。同时，通过合规、纪检、审计专业的联席分析研判，能够更加有效地发现深层次问题隐患，极大提升合规管控的精度和效率。

（三）建设数智应用是超前防控合规风险的重要举措

从近年各项审计和专项巡察情况来看，国网济南供电公司违规违纪问题依然存在，经营风险依然较大。现实中，由于业务部门"管业务必须管合规""管业务必须管监督"的责任意识不强，专业内部自我管理的积极性不高，致使许多风险隐患长期无法得到根治，公司上下普遍存在"边开展工作—边产生问题—边处理人员—再发生问题"的被动情况。在各专业日常业务繁忙的情况下，必须用更省时省力的数字化、智慧化手段，依托自动预警、主动监督，变被动整改为主动查纠，实现"未病"早防、"已病"早治。数智应用的建设重点便是构建基于人资、财务、物资、营销、建设等重点领域的风险预警模型，通过数据实时监控、智能分析研判、自动预警推送，为各业务部门超前防控、消除隐患提供条件，实现源头预警风险、防范隐患。

二、大监督体系数智应用创新探索实践

国网济南供电公司全面践行党的二十大关于"健全党统一领导、全面覆盖、权威高效的监督体系"部署，以关键领域、关键业务、关键人员为重点，以"互联网 +"、大数据、人工智能等技术为手段，加快形成"1+1+2+N"数智大监督格局，推动企业风险防控体系实现高效运转。第一个"1"是指构建合规、纪检、审计"三位一体"大监督体系；第二个"1"是指建设"砺剑铸盾"大监督体系数智应用；"2"是指重点打造"基于多元指标逻辑判定下的违规违纪风险智能识别预警"和"基于多维数据自动接入下的违规违纪问题隐患闭环整改治理"两大主要功能；"N"是指打造"'大监督'问题数据库""专业风险自查自纠""日常监督业务信息化""监督业务线上咨询响应""业务合规性画像分析""大监督工作宣教阵地"等辅助功能。

（一）发挥"牵头抓"作用，让顶层设计更科学

"一枝难独秀，满园才是春"。为更好打通数据融合渠道，打破监督壁垒，凝聚建设合力，国网济南供电公司特组建"砺剑铸盾"大监督体系数智应用建设领导小组和柔性团队。一是前期调研学习宝贵经验。2023 年 3 月，组织合规、纪检、审计、信通专业到国网无锡供电公司、宁波供电公司学习调研。两家公司利用数据中台开展数字化监督，通过大数据比对、多规则筛选等预警发现问题，做到了

实时化预警、精准化预防，既提升了监督质效，又节省了人力物力，走在了国家电网系统前列。二是明确职责强化组织保障。制定《"砺剑铸盾"大监督体系数智应用建设方案》，为应用建设提供根本遵循。法律合规部门作为数智应用建设的总牵头部门，发挥统筹协调作用，多次组织召开数智应用建设工作启动会、推进会、专班会，明确开发过程中的难点、重点、时间点，超前组织研究解决难题和障碍，切实做到"线下"资料等"线上"开发；数字化部门作为支撑部门，既做好技术支撑，帮助解决技术难题，又强化保障支撑，做好数据安全、立项评估等工作；济阳区供电公司作为参与数智应用建设的基层试点单位，配合完成相关功能的试点测试，从基层使用的角度积极提出合理化建议，推动应用开发不走弯路、取得实效。

（二）落实"业主管"职责，让模块功能更智慧

法律合规、纪检、审计部门作为职能合规管理和监督部门，分别担负相应监督职责，是建设数智应用的主要群体，在应用建设中投入充足人员、时间和精力，精心研究谋划方向性、细节性问题，在流程设计、功能实现、监督主题上重点发力、优化创新。国网济南供电公司"砺剑铸盾"大监督体系数智应用按照功能模块化设计思路，设置业务智慧监督、问题闭环整改、岗位风险防控、监督业务应用、监督成效展示5大功能模块，实现业务监督场景化、问题整改可视化、风险预控具象化、业务应用信息化、数据展示全景化。

1. 强化数据共享，建立"大监督"问题数据库

爱因斯坦曾经说："提出一个问题往往比解决一个问题更重要。"对此，国网济南供电公司一是全面梳理近年来行政监管、巡视巡察、审计监督、信访举报等内外部监管检查发现的问题，逐项设置分类属性（包括问题名称、问题来源、项目名称、业务领域、问题详述、整改意见、涉及金额、责任部门单位等信息），建立了覆盖26个专业的"大监督"问题数据库，同时充分发挥数字化优势，在既有历史数据的基础上实现新发现问题数据的自动更新，便于各类监督检查问题能随时检索、调用。二是依托数据库，针对同一业务领域问题开展梳理分类，组织编制运检、营销、物资、财务、人资、建设等各专业"专业负面清单"和全员"人员负面清单"，进一步细化形成重点岗位"岗位风险清单"，逐一明确岗位合规职责、风险点、管控措施和风险等级，并在此基础上开发专业负面清单稽核功能，组织各专业按周期开展自查自纠，确保基层合规风险时时在控。

2. 强化实时预警，构建高能级风险监督模型

构建高能级风险监督模型，通过数据整合、计算、比对，实现风险全景监控是数智应用建设的核心。对此，国网济南供电公司一是围绕财务、物资、建设等重点专业合规风险易发部位，按照"大数据、小切口、场景化"原则，明确26个风险监督主题，逐一研究设计数据逻辑和预警规则，并通过数据中台传输、线下导入等方式获取专业数据，自动比对风险阈值，实现全域全时段各类风险实时预警。二是充分运用工单责任化、节点化流转的特点，针对触发阈值的数据自动生成包含预警内容、责任单位等9项信息的预警工单，搭建风险"输入—分析—输出"工作流。以财务专业"违法套取资金"这项合规风险为例，打造"'蚂蚁搬家式'违法套取资金"预警模型：一旦符合"过去一个月向同一账户单笔支付5000元以上资金累计超5次；且过去一年向同一账户单笔支付5万元以上资金累计超3次；满足之前两个规则的个人账户，在过去三年内累计对外支付资金50万元以上"数据逻辑，就会触发预警、生成工单。

3. 强化问题共治，建立联合督导闭环管控流程

为切实实现全口径问题销号，国网济南供电公司统筹合规、纪检、审计专业问题隐患整改治理要

求，依托数智应用设置"问题接入—联席研判—问题整改—执纪问责—整改验收—成效评价"闭环管控流程。一是实施联席会商制度。预警工单生成后，合规、纪检、审计部门联合召开会商调度会，形成会商意见上传数智应用，线索属实的，预警工单转化为问题工单，连同会商意见一并送达责任部门单位进行整改。二是实施联合整改验收。集中监督部门专业力量，多维剖析风险成因，联合指导督促责任单位在单个问题整改验收完成后开展同类风险治理，全面梳理完善制度、流程漏洞，真正实现整改一处问题、化解一域风险。例如，2023 年 6 月，通过联合整治某工程"项目费用支付给个人"的问题，以点带面、顺藤摸瓜，发现了该工程违规拆分、违规分包给个人等问题，以此溯源制度管理漏洞。

（三）突出"专业用"定位，让监督预防更全面

数智应用落地的重点在专业部门，打造数智应用的根本目的是推动专业部门以此为抓手，在专业条线上预警风险隐患、查摆解决问题，而不是查处专业部门问题。对此，国网济南供电公司凝聚共识，各专业部门充分认识数智应用"风险预警在前、查错纠弊在后"的功能特点，积极主动参与，共同做好专业数据获取和预警模型设计两项重点工作。一方面，各专业部门主要负责同志把获取专业数据作为"头等大事"来抓，积极向上级单位对口部门汇报沟通，最大程度争取可用数据。另一方面，各专业部门将预警模型设计作为"自己的事"来抓，对照本专业典型共性问题，提出预警模型设计主题，积极主动开展预警规则的构建和预警模型的开发，努力以数字化方式自动预警问题、发现问题，切实扛起"管业务必须管合规""管业务必须管监督"职责。

三、大监督体系数智应用创新探索成效

（一）实用友好让基层减负增效

数智应用的第一原则是实用，必须能够辅助各专业发现、防范和整改问题，助力职能监督部门分析问题、把握规律、提升效率、指导工作。数智应用建设以来，国网济南供电公司坚持问题导向，做到问题产生在哪里、预警就设计在哪里，确保抓早抓小、防患未然。此外，"大监督"问题数据库、专业负面清单、岗位负面清单等数据信息随时检索、调用等功能的实现，让专业部门风险自查自纠常态化，数智应用成为减轻基层负担的有效工具。

（二）贯通融合让监督无处不在

依托大监督体系数智应用，国网济南供电公司已建立覆盖 85 个核心岗位、包含 613 项风险点的风险排查"雷达网"，"因事制宜"开发完成 14 个风险监督模型，全面推动智能对比分析数据、高效筛查预警信息，最大程度发现深层次问题隐患，实现"让数据张口说话""让监督无处不在"。

（三）共享协作让问题无处可逃

数智应用建设的重点目的在于实现数据共享、业务共通、问题共治，打通专业壁垒，形成监督合力。2023 年以来，得益于"大监督"联合整改作用发挥，国网济南供电公司发布法律合规风险提示书 13 份，完善制度机制 23 项，案件胜诉率保持 100%，挽回经济损失 1114 余万元，未发生违规事件，同类问题未重复发生，实现了监督部门与专业部门同频共振、同题共答。

四、结语

监督是治理的关键，在管党治党、依法治企中发挥着重要作用，在加快数字化发展大趋势下，建设好大监督体系数智应用意义重大。电力企业要充分发挥数字化在监督中的重要作用，让数智赋能监督质效，让监督促进风险源头防控，更要统一思想、提高站位，统筹资源、压实责任，齐心协力、攻坚奋战，加快构建一体联动、贯通融合的大监督格局，以监督数字化转型为电力企业走好上坡路、勇攀新高峰保驾护航。

参考文献

［1］杨雪波.全面提升依法合规治理能力　支撑保障国有企业高质量发展［OL］.http://www.rmzxb.com.cn/c/2022-06-16/3139850.shtml.

［2］刘新丽.试论企业法律风险的表现形式与解决方法［J］.中国民商，2020（3）：136-137.

［3］岐温华，王晓林，李晨曦."走出去"企业如何将法治思维融入经营管理［J］.施工企业管理，2019（5）：36-37.

［4］万雅丽，廖楠.数字化转型背景下电力企业数据合规管理体系研究［C］.中国电力企业法治合规建设优秀论文集.北京：中国电力出版社，2023：8-13.

［5］陈瑞华.有效合规管理的两种模式［J］.法制与社会发展，2022（1）：5-24.

［6］杨怡静，陈井锐，卜祺.合规在线管理赋能电力市场诚信建设［C］.中国电力企业法治合规建设优秀论文集.北京：中国电力出版社，2023：20-25.

［7］栗娟.企业集团财务公司面临的主要风险及管控对策［C］.中国电力企业法治合规建设优秀论文集.北京：中国电力出版社，2023：147-152.

火电企业燃料采购领域合规体系建设与法律风险防控

任玉强[1]　时沛沛[2]

1.国家能源蓬莱发电有限公司；2.国能（山东）燃料有限公司

摘　要

在当前环保法规日益严格、市场竞争激烈的背景下，火电企业的燃料采购行为面临多重法律风险。本文主要探讨了火电企业在燃料采购领域的合规体系建设及其对法律风险的防控策略。通过深入研究相关法律法规，分析火电企业燃料采购中的合规问题及风险点，提出构建完善的合规体系，探讨有效的风险防控措施。旨在为火电企业提供一套科学、系统的燃料采购合规管理框架，提升其在市场运营中的合法性和稳健性。

关键词

火电企业；燃料采购；合规体系；法律风险防控

一、引言

火电企业燃料采购的重要性在于其直接影响到企业的生产成本、能源供给安全以及整体运行效率。燃料是火电生产的核心要素，燃料采购的质量、价格、稳定性和及时性直接决定了火电厂能否连续、高效、低成本地生产电力。随着环保政策趋严和市场竞争加剧，合理规划燃料采购策略，优化供应链管理，以及降低燃料成本已成为火电企业增强竞争力和实现可持续发展的关键环节。

在法律风险背景下，火电企业在燃料采购过程中可能遇到多种法律挑战。首先，涉及煤炭等资源的采购合同可能存在法律瑕疵，如合同条款不完善导致的权利义务不清、违约责任不明晰等。其次，环境保护法规要求企业在采购燃料时必须关注煤炭品质是否符合排放标准，违反相关环保法规可能导致罚款甚至停产整顿。此外，《反垄断法》《招标投标法》等相关规定也可能约束燃料采购行为，不当操作可能会引发市场垄断、不公平竞争等法律纠纷。最后，随着国际社会对碳排放的关注度提升，火电企业在燃料采购中还需面对气候变化法规、碳排放权交易等新型法律风险。

对火电企业来说，明确法律风险有助于强化内部治理，促进企业的规范化运作，避免因违规带来的经济损失和声誉损害。从行业层面看，推动火电企业燃料采购的合规化进程有利于维护市场的公平竞争秩序，响应政府节能减排、绿色发展的政策导向。从社会责任角度，研究能引导火电企业在追求经济利益的同时，更加注重生态环境保护和可持续发展，从而推动整个电力行业的健康发展。

本文主要是系统梳理火电企业燃料采购中的法律风险点，为企业建立健全合规体系提供理论依据。提出针对性的合规建设和法律风险防控策略，帮助企业规避法律风险，确保燃料采购活动的合法性。探讨如何在遵守法律法规的同时，优化燃料采购管理，降低成本，提升企业经济效益和社会效益。

二、火电企业燃料采购的现状与法律风险分析

（一）火电企业燃料采购的基本情况介绍

火电企业，特别是以煤炭为主要燃料来源的火力发电厂，在其运营过程中，燃料采购占据着至关重要的地位。燃料成本通常占到火电企业总成本的 60%～80%，因此燃料采购管理的效率和效果直接影响到企业的经济效益和市场竞争力。

1. 采购规模与周期

火电企业的燃料采购量巨大，往往需要与多家煤炭供应商签订长期供应合同以保障稳定的燃料来源。采购周期长且频繁，既包括年度或季度的大宗煤炭采购，也包括根据市场需求和库存状况进行的日常补给。

2. 采购模式

主要采用招标采购、协议采购、市场询价等多种采购方式，同时结合国家政策指导下的煤炭储备、调配政策执行采购任务。近年来，随着市场化改革的深化，很多火电企业逐步转向市场化、电子化的采购平台，进行公开、公正、透明的交易。

3. 燃料质量要求

燃料质量直接影响燃烧效率和污染物排放水平，因此火电企业在采购煤炭时，除了考虑价格因素外，还要对煤炭热值、灰分、硫分、水分等指标进行严格把关，确保符合环保标准和机组设计要求。

4. 物流与储存

燃料采购过程还包括运输、接卸、存储等多个环节，良好的物流网络和高效的仓储管理能力是保障燃料稳定供应的基础。

（二）燃料采购过程中可能涉及的主要法律风险点分析

1. 合同法律风险

（1）合同有效性风险：采购合同可能存在主体资格瑕疵、形式不符合法律规定等问题，导致合同无效或效力待定。

（2）合同条款风险：合同条款不明确、不完备或不公平，如关于货物品质、数量、交付时间、付款方式、违约责任等内容约定不清，容易产生纠纷。

（3）变更和解除风险：在燃料市场价格波动较大时，合同履行过程中可能出现单方随意更改合同条款或提前解除合同的情况，若处理不当则可能触犯法律。

2. 环保法规风险

（1）燃料质量合规风险：火电企业使用的燃煤必须符合国家环保标准，如《大气污染防治法》对煤炭含硫量、灰分等有明确规定，否则可能面临环保部门的处罚。

（2）碳排放法规风险：随着碳排放权交易制度的实施，企业在燃料采购时需要考虑碳排放成本，违反碳排放限额可能导致法律责任。

3. 招投标法律风险

（1）不合规招标风险：如未按照《招标投标法》的规定进行公开、公平、公正的招标程序，存在暗箱操作、围标串标等违法行为。

（2）歧视性待遇风险：对潜在投标人设定不合理条件，限制或排斥其他合格供应商参与竞标。

4. 反垄断和不正当竞争风险

（1）独家采购或排他性协议：与特定供应商达成独家采购协议，可能涉嫌滥用市场支配地位或排除、限制竞争。

（2）商业贿赂风险：在采购过程中，企业和个人可能为了获取优势而发生商业贿赂行为，严重违反反腐败法律法规。

5. 贸易风险

（1）融资性贸易风险：火电企业可能会通过购买大量燃料并将其作为抵押品来获取银行贷款。如果市场条件变化导致燃料价格下跌，抵押品价值下降，可能会增加违约风险；复杂的交易结构可能会增加错误和欺诈的风险；监管机构可能会加强对这类交易的审查。

（2）虚假贸易风险：在火电企业燃料采购中表现为与不存在或空壳公司进行交易，参与虚假贸易可能会面临严重的法律后果，企业的声誉会受到极大损害。

（3）交易背对背条款风险：燃料供应商收到付款的前提可能是火电企业从其客户那里收到了款项，如果终端客户延迟付款，可能会导致整个供应链的资金紧张，任何一方违约都可能影响到其他各方。

6. 境外燃料采购风险

（1）政治风险：政治局势不稳定可能会出现政府更替，从而影响到燃料供应合同的有效性和执行。

（2）关税风险：一些国家可能对进口燃料征收高额关税或有特定的环保要求。

（3）支付风险：如果燃料供应商所在的国家实行外汇管制，可能导致支付困难。

（4）知识产权风险：火电企业在境外采购燃料可能会遇到知识产权纠纷，如果使用了未授权的技术或设备，可能会面临侵权诉讼。

7. 运输通道和堆放场地的使用风险

该风险涉及铁路专用线、码头设施以及储煤场的用地审批和使用权限，任何违法占用或使用都将带来法律风险。

三、火电企业燃料采购合规体系构建

（一）合规体系理论概述与构建原则

火电企业的合规体系是指企业在经营活动中，为了有效遵守国家法律法规、行业规定、企业内部规章制度以及国际通行的商业道德准则，而建立起的一整套制度、流程、文化和监控机制。该体系覆盖了火电企业从战略决策到日常运营的所有环节，特别在燃料采购这一重要领域。合规体系不仅要求企业合法获取和使用燃料，更要在采购决策、合同签署、环保标准执行、供应链管理等方面达到法律规定的各项要求。

（1）全面性原则：合规体系应当全面覆盖企业的各个业务模块和职能层级，特别是在燃料采购这样的核心业务环节，要确保从源头到终端全流程的合规性。

（2）适应性原则：体系应随时适应国内外法律法规的变化以及行业发展需求，针对火电行业的特点和燃料采购的具体情境制定和修订合规管理制度。

（3）预防为主原则：建立事前预防机制，通过风险评估、员工教育、流程控制等方式，减少违法违规行为的发生。

（4）制度保障原则：通过制定详尽的燃料采购规章制度、操作手册、应急预案等，明确各方权利义务，形成具体可操作的制度保障。

（5）全员参与原则：合规不是单一部门的工作，而是全体员工共同的责任。企业应培养全员合规意识，通过培训和考核等方式，确保各级管理人员和员工了解并遵守合规要求。

（6）动态优化原则：合规体系需要持续改进和完善，定期对企业合规状态进行评价和审计，根据内外部环境变化进行适时调整。

（7）责任追究原则：建立严格的问责机制，对违反合规要求的行为进行严肃处理，做到有责必究，以此强化合规文化的建设。

（二）火电企业燃料采购合规体系设计

1. 制度建设

制定并不断完善燃料采购相关的基础性规章制度，包括但不限于《燃料采购管理规定》《燃料质量控制标准》《环保合规采购指南》等，确保所有采购活动都有法可依、有章可循。建立标准化的燃料采购合同模板，确保合同条款合法、公正、明确，能够有效约束买卖双方的行为，防范合同风险。编制详细的燃料采购合规操作手册，明确各环节的操作规程、岗位职责、权力边界，使所有相关人员清楚理解并执行合规要求。

2. 流程控制

（1）采购流程设计：设立从需求预测、供应商筛选、报价与比选、合同谈判、合同签订、燃料接收检验、支付结算直至燃料消耗全过程的严格流程，并确保每个步骤均有对应的合规检查节点。

（2）风险防控机制：在流程中嵌入风险评估与控制环节，比如设置专门的质量检测、环保审核、法律审核等关口，确保每一笔采购订单的合规性。

（3）信息化管理：利用现代信息技术搭建燃料采购管理系统，实时记录和追踪采购数据，保证流程的透明度和可追溯性。

3. 人员培训

定期组织燃料采购及相关人员参加法律法规、行业标准、企业内部规章制度的培训，增强全员的法律素养和合规意识。针对燃料采购人员进行燃料质量鉴别、环保法规解读、合同法务知识等方面的专项培训，提升从业人员的专业技能和合规操作能力。通过分析行业内发生的采购合规问题和违规案例，教育员工深刻理解合规的重要性，并从中吸取经验教训。

4. 内部审计

建立燃料采购业务的常态化内部审计制度，对采购活动进行全面、深入的合规性审查，发现问题及时整改。必要时引入外部独立审计机构，对燃料采购的合规性进行独立、客观的评估，以确保体系的有效运行。将合规表现纳入绩效考核体系，对严格执行合规制度、有效防控风险的团队和个人给予适当激励，反之则施以相应的惩处。

四、火电企业燃料采购法律风险防控策略

（一）优化采购合同条款

确保采购合同中明确列出燃料质量标准、规格、交付期限、验收标准、违约责任等关键条款，防止因为条款模糊而导致的法律纠纷。合理设定不可抗力条款、价格波动补偿机制、供应中断时的替代方案等，以减轻企业因市场变化带来的风险。在合同中加入供应商应遵守的环保标准和要求，如超标的环保罚款条款，促使供应商保证燃料质量符合环保法规。

（二）加强环保合规审查

对采购的燃料进行严格的环保指标检测，确保其硫、氮氧化物、粉尘等污染物排放符合国家标准。在选择供应商时，严格审查其开采、生产和运输过程是否符合环保法规，以及是否具备合法的环保资质证明。定期对供应商进行环保合规复查，一旦发现不合规行为，立即采取措施纠正，并根据合同条款追究责任。

（三）建立公平竞争机制

实行公开、公平、公正的招投标制度，公布采购需求和标准，确保所有符合条件的供应商有机会参与竞争，避免过度依赖单一供应商。积极寻找和培育多个合格供应商，通过良性竞争降低采购成本和风险。严禁内部人员与供应商串通操纵价格、排挤竞争对手等不正当行为，定期开展内部反腐教育和自查自纠。

（四）强化内部控制与监督

设立专门的合规部门，负责对燃料采购全过程的合规性进行监督和指导。定期进行内部审计，核实采购流程、合同执行、资金流向等情况，确保每一步都符合合规要求。定期组织员工进行合规培训，提高全员对燃料采购法律法规和企业内部制度的认识与执行力。

（五）利用数字化和智能化手段

采用先进的数字化采购平台，自动监测市场价格变动、供应商信誉等信息，辅助决策，减少人为失误和舞弊行为。探索区块链技术在燃料采购链上的应用，实现采购信息全程透明，便于监管部门和企业内部进行有效监控。

五、结论与展望

本文通过对火电企业燃料采购合规体系建设与法律风险防控的研究，揭示了合规管理和法律风险防范在火电企业燃料采购工作中的核心地位。合规体系的构建不仅关乎企业内部管理的规范化、标准化，而且直接影响企业的市场竞争力和品牌形象。火电企业在燃料采购中面临的合同风险、环保风险、市场竞争风险、贸易风险等可以通过优化采购流程、完善制度建设、强化人员培训和内部审计等措施得到有效控制。火电企业在燃料采购领域的合规体系建设与法律风险防控是一项长期且艰巨的任务，需要与时俱进，不断创新，以确保企业在遵守法律法规的基础上，实现经济效益、社会效益和环境效

益的有机统一。

参考文献

［1］ 格辉.火力发电厂燃料管理的风险与控制对策［J］.中国金属通报，2021（10）：155-156.

［2］ 郝亮.论发电企业燃料管理及成本控制策略［J］.商讯，2020（14）：115-116.

［3］ 周意林.火力发电企业燃料管理全过程风险识别与控制［D］.北京：北京交通大学，2020.

国际工程法律合规风险防控体系建设研究

张　鹏　何啸为　夏心月　郑晨雨

中国能源建设集团安徽省电力设计院有限公司

摘　要

　　面对日益复杂的国际经营环境，中能建安徽院在集团公司"一体两翼"平台引领下，在国际市场开发及建设领域迈出了坚实的步伐。安徽院坚持"国际化、合规化、标准化"发展方向，通过"四个坚持、四个强化"，建立"体系化、制度化、专业化、长效化"的国际工程法律合规风险防控体系，实现国际工程法律合规风险的监测预警、有效识别、研判处置和系统化解，为公司国际化可持续发展保驾护航。

关键词

　　国际工程；风险防控；国际合规

一、国际工程法律合规风险防控体系建设的背景

　　鉴于气候变化应对与碳达峰碳中和目标实现的步伐加快，全球新能源正步入蓬勃发展的"黄金机遇期"，国际能源市场正经历着前所未有的深刻变革，拓展国际业务已成为公司融入全球市场竞争合作、高效整合内外资源、拓宽市场疆域、增加利润来源以及增强国际地位的战略要务。在中国能建"一体两翼"平台引领下，中国能源建设集团安徽省电力设计院有限公司（简称安徽院）在国际市场开发、项目建设领域迈开了坚实的步伐。然而，世纪疫情的肆虐、俄乌冲突的爆发以及巴以冲突的持续，共同加速了百年未有之大变局的深刻演变，使得国际形势日益错综复杂、充满变数。受内部因素、外部环境以及合规监管要求等多重因素影响，安徽院国际工程业务开展面临法律合规风险防控的重大挑战。

　　从市场环境来看，目前安徽院国际业务主要集中在政局动荡不安、经济发展缓慢、法律制度不健全的亚非拉等国家，在生产经营过程中极有可能出现违法违规情形。同时，国际工程的合规监管要求既包括境内外法律法规，还包括东道国的政治经济格局、国际关系动态、货币与金融市场的运行态势，以及针对性的管制与制裁政策等，合规监管要求复杂且多样。从自身原因来看，制度有缺陷、体系不健全、风控网络存在漏洞、重点领域亟待加强、专业能力有待提升、合规文化基础薄弱等问题，使得非体系化的风险防控措施无法满足公司国际业务迅速发展的需要。因此，亟待建立国际工程法律合规风险防控体系。

安徽院通过全面深化法治引领下的法律、合规、内部控制和全面风险管理"四位一体"大风控格局，整合风控资源，完善风控机制，织牢风控网络，建立符合国际惯例并与既有的风险管理体制机制相互衔接、兼容并蓄的国际工程法律合规风险防控体系，有效防控了各项国际法律合规风险。

二、国际工程法律合规风险防控体系建设的主要做法

（一）坚持制度化规范，强化体系性保障，构建国际工程风险防控体制

1. 建立全面覆盖协同治理体系

安徽院构建了党委顶层战略规划，主要领导亲自负责，总法律顾问全面领导，法务管理部门归口统筹，国际工程公司为主责单位，同时各职能部门紧密协作、相互支持的涉外法治工作体系；持续推动包括海外风险管理委员会、法务与合规部门、合规风控管理员在内的涉外合规风险管理组织架构，压紧压实各层级主体责任，织牢织密国际工程风险防控网络。健全专兼职合规风控管理员制度。在各部门、分（子）公司以及项目部均设置法律合规风控管理员，在执行的国际项目设置兼职项目法律顾问，风控要求和责任落实到各个关键岗位。夯实风险管理"三道防线"作用。始终树立"管业务必管合规，管业务必管风险"的理念，督促业务部门守牢国际业务风险防控第一道防线。强化商务法务财务"三务支撑"能力。法务人员、财务人员与业务人员分工协作、互相配合，共同参与国际工程法律合规风险防控，促进风控模式由"单兵作战"向"协同治理"的深刻转变。

2. 构建科学完备规章制度体系

规章制度是公司依法治企的基本框架，"量体裁衣"是企业风险管理制度建设的核心。安徽院以"强内控、防风险、促合规"为目标，建立了"科学完整、体系健全、结构严谨、符合实际"的"1+N+X"的国际合规管理制度体系，持续强化制度意识、树立制度权威。《国际业务合规管理办法》作为"1"项基本制度，统领国际合规体系建设；以《海外风险管理委员会工作细则》《国际市场开发管理办法》《国际项目投（议）标工作管理办法》《国际项目合同管理办法》《境外项目中介机构服务管理办法》等重要专项制度为支撑；以合规管理负面清单、重点岗位职责清单、重点领域合规管理负面清单、《法律风险与合规管理专报》以及各类国别风险分析、汇率分析简报等为抓手，切实拧紧法律合规风险防控把手；在修编法律事务管理、内部控制和全面风险管理等领域的制度的过程中，明确国际业务的风险防范及纠纷处置要求；完善海外项目部各项制度清单，逐步形成"纵向到深、全面覆盖、防控有力"的国际工程法律合规风险防控制度体系，坚持制度"立改废释"并举，强化制度执行，确保制度内容动态更新、高效运行。

（二）坚持精细化管理，强化周期性管控，构建国际工程风险管控网络

1. 事前抓决策，审慎评估项目前期法律合规风险

（1）防控市场开发阶段风险。借助中国使领馆、商务部、中国信保等发布的相关指南、书籍文章，同地区以往项目在集团层面上的信息，以及专业机构、律所等，全面收集、梳理东道国、项目所在国法律环境及相关信息，特别是工程承包市场准入、劳工政策、环境保护及税务等领域的规定，综合评估潜在法律合规风险，为国际工程的顺利推进打好基础。

（2）严控项目立项阶段风险。对项目涉及的国家或者地区的情况开展商务调查和项目考察，参照集团公司定期发布的《重点市场国别经济风险报告》《国别债务违约风险分析报告》等，编制《国别风

险分析报告》，并委托专业的咨询机构出具《风险评估报告》或律师事务所出具《法律意见书》等，全面评审国别风险和项目实施风险，及时关闭风险不可控项目。实行项目"双立项"制度，只有提交全面清晰的立项请示，并经上级公司批准后，才可参加后续的投议标程序，同时对合同金额超过一亿美元的项目，由上级集团提级管理。此前，安徽院参与投标的菲律宾项目，因交通运输等费用不可估量，存在极大的实施风险，经公司内部讨论研究，决定不予实施。

（3）防范项目招投标阶段风险。坚持法律、商务、技术"评审三要点"，组织商务、法律、技术专家对招标文件进行内部评审，分析招标文件要点和风险点，形成《招标文件评审及意见采纳情况表》，针对性制定编标对策，准确定位业主需求，提出合理有效偏差。积极借助外部力量评估、分散风险，项目多以"一院一局一平台"的方式开展，通过与海外业务实力较强的单位合作，以联合体形式参与项目投标，充分发挥各方优势，突出风险共担、成果共享，借船出海。能建国际集团、安徽院及浙江火电组成联营体中标乌兹别克斯坦光伏项目后，三方签署联营体协议，安徽院根据联营体协议实质参与项目执行与决策。其他需组成联合体投标的，应充分调查联合体其他方资信资质，通过起草并签署专业的联合体合作协议，全面界定各方权利义务界限、风险与责任分配方案、高效执行与决策机制等，以有效应对国际项目执行中可能出现的复杂情境与不可预见的变化，确保项目能够顺利推进并达成预期目标。

（4）应对合同谈判及订立阶段风险。收到谈判通知或中标通知后，组织谈判小组、收集评标信息、研究研判策略，由项目经理组织分管领导、分公司负责人、相关技术人员、商务、法务及财务等人员对合同进行交叉审核、多级把关、签署评审单，同时借助上级集团力量，重点审查政策适用和法律变更、项目建设、设计及技术标准、不可抗力、货币与汇率、价格上涨条款、生态与环境、开工与完工、违约金与责任限制、暂停与终止、变更、索赔、争议解决机制等各项风险，针对识别出的风险，召开专题评审会共同研究、制定风险应对策略和具体措施等，做深做实技术评审、商务评审、综合评审，全流程、广视角、深细节把控合同风险，实质提高合同审核质量。编写国际项目合同评审表及审批表，经评审人员会签，督促相关人员落实评审会要求。符合公司《"三重一大"决策实施规定》的国际项目合同，须经办公会审批同意；符合公司《专项风险评估管理办法》的国际项目，另行执行相关的专项风险评估工作。引入外部资源力量，在乌兹别克斯坦古扎尔光伏项目、阿塞拜疆光伏项目中，聘用国际项目经验较为丰富的国际律所参与合同谈判，有效防控各项风险。

2. 事中抓管控，严防合同履约阶段法律合规风险

（1）建立符合国际工程项目实际的法律合规体系。如乌兹别克斯坦项目建立了完备的规章制度体系，包括安全风险排查管理办法、生产风险管理办法、财务管理办法、施工管理办法、合同管理办法及境外重大事项管理办法等涉及6个领域的100多项制度，同时建立了包含商务部、财务部在内的风险管控工作体系。

（2）建立法律合规风险管控台账。构建、维护境外法律合规风险数据库，定期更新风险清单，依据发生概率与影响程度进行风险排序与分类管理。开展法律合规风险排查工作，在全面排查的基础之上，重点排查境外刑事案件、廉洁合规、外部调查、税务、社会环境、劳工、重大法律纠纷、美国制裁、国际组织贷款等风险，针对排查出的风险点、管理漏洞，逐项确定发生根源、应对措施、整改要求，明确完成时间和责任人，积极督导化解国际工程法律合规风险。乌兹别克斯坦项目建立了风险管控台账，通过集中评审，明确风险管理内容和责任部门，确定风险防控措施等，保证了风险管理的系统性、条理性、全面性。为有效应对经济制裁风险，应持续关注国际制裁动态，关注是否存在采购地域限制及采购物品的出口限制，有效应对出口管制风险。

（3）建立法律合规风险预警提示机制。明确预警分类，匹配相应的牵头部门、应对措施，有效识别、提前预警、及时处置国际项目各类法律合规风险，推动风险防控从"被动防御"向"主动出击"转变。定期汇总共性涉外法律风险信息、收集涉外典型案例，以专栏的形式收录于按季度在公司范围内发布的《法律风险与合规管理专报》中。其中，2022年第3期中归纳了涉外贸易交往中应注意的事项，2023年第2期解读了《乌兹别克斯坦："一带一路"基础设施与能源国别法律报告（2023）》的重点问题。及时对重大法律合规风险进行提示，确保国际工程法律合规风险防控工作不掉队、不跑偏。

3. 事后强救济，强化合同变更和索赔风险管理

（1）收到变更指示后立即反馈。变更的类型涵盖业主指示变更、业主要求提供的变更建议书，以及承包商主动提出的价值工程优化方案。针对后两种变更情形，承包方享有一定的主导权，但对于业主的单方变更指示，通常承包商只有一次机会提出反对意见，因此应立即评估变更是否对按期按质保证完成项目产生不利影响、是否会因此降低工程的安全性或适用性，如果存在此类情况，应立即通知业主，若业主仍坚持变更，承包商应收集完整的证据信息，以维护自身索赔的权利。

（2）制定变更索赔风险管理措施。熟悉索赔条款，掌握索赔程序，在发生工程索赔事件时，第一时间收集索赔资料及信息，包括工程照片、合同变更文件、采购订货有关凭证、会议纪要、来往信件及国家法律法令文件等证明索赔成立的相关文件和关键证据。同时对索赔成功概率、索赔金额和可索赔的工期进行估算，及时提交索赔通知书。确保双方就索赔进行谈判时，在要求在合理的情况下，实现承包商索赔利益的最大化。

（三）坚持模块化管理，强化针对性应对，把握国际工程风险管控重点

1. 抓牢合同风控主线

安徽院重点加强国际项目全过程风险管理，通过精细化控制合同谈判、签订及执行各阶段风险，确保整个项目周期内的风险得到有效管控。严格落实三项法律合规审核100%的要求，持续追踪意见采纳情况，逆向审视工作不足，进而不断优化与提升法审质量标准。

2. 提升合同法审效能

实施国际工程合同法律双审制，所有国际业务合同，在法律部门内部开展合同复审工作。对涉外合同按合同金额、风险等级进行差异化管理，对金额和风险相对较大的合同，同步聘请涉外律师进行审核。同时修"内功"、练"外力"，立体式培育过硬骨干队伍参加国际工程项目合同评审，确保合同评审的专业性、稳定性。着手制定《国际项目法律合规风险评审清单》，形成风险防范先手，通过将境外法律合规管理要求融入表单，指导审核人员聚焦关键评审要素与潜在风险点，有效规避审核过程中的遗漏与疏忽。同时，采取内部深度研讨结合外部专业协同策略，实质性提升法律审核的精准度和专业性。

3. 实行风险提级复评机制

根据项目类型、项目金额的不同，上报规划集团组织招投标文件风险复评和合同审核，同时按要求提交能建集团公司审批，形成层层把关、环环相扣的国际项目风险评审体系。如根据规划设计集团国际市场开发管理规定，以公司资质独立参加或担任牵头方联合参加境外业主的投（议）标项目金额在6000万美元（含）以上，需上报规划设计集团投标文件风险复评和合同评审，中标后签署合同需中国能建审批。

4. 设置项目法律顾问制度

在境外重点项目设立专兼职法律顾问，从项目市场开发到合同谈判，从合同履约到纠纷处理，法

务人员全程参与项目法律合规管理，提供高效优质法律跟踪服务，保障项目能够在合法合规的框架内顺利推进与实施。

（四）坚持专业能力支撑，强化文化宣传教育，厚植国际工程风险管控基础

1. 多方位提升涉外法务人员履职能力

安徽院围绕境外法治建设目标，着力从政治思想、业务水平、实践能力、职业资格等多个维度，全面提升涉外法务人员履职能力。同时开展形式多样、重点突出、覆盖全员的境外法律合规专业培训。积极组织法务人员参加上级公司举办的涉外法治人才培训班，把实践锻炼作为法务人员成长的重要渠道，通过紧跟项目履约情况，不断为涉外法务人员打造多样化实践锻炼平台。鼓励各类人员考取法律职业资格，目前安徽院建立了一支持证率达 100% 的专业法律顾问团队，直接从事国际项目市场开发和履约业务人员也不乏法律资格持证员工。

2. 多渠道开展高质量国际法律合规培训

党委中心组定期学法，各级领导干部带头学法，根据项目履约过程中不同岗位对境外法律合规知识的不同需求，针对性开展合规管理、风险管控等与国际工程业务联系紧密的法律法规培训。2024 年举办的《国际工程承包风险及防控》培训会，包括总法律顾问、法务人员、合规管理员、业务骨干等 70 余人参加培训。充分利用国资委法治讲堂、网络知识平台、外部培训机构等载体，以月度工作例会、专题学习会、现场培训会、线上培训会等形式开展多渠道法律合规培训，让合规经营理念内化于心外化于行。

3. 多形式组织宣传合规文化

通过关键岗位人员集体诚信合规宣誓、签署合规承诺书，《员工诚信合规手册》的学习和宣贯，法制教育、专项普法、普法课程下基层，发放宣传手册，播放视频短片，张贴宣传海报以及打造"皖电晓法"特色法治文化品牌栏目推送普法文章等多载体信息化立体化方式培育企业合规文化，营造诚信合规的文化氛围，推动合规文化"软实力"转化成为发展"新动能"。

三、国际工程法律合规风险防控的效果

（一）精准施治，国际工程法律合规风险防控有力

1. 企业"风险防控"能力显著提升

自国际工程法律合规风险防控体系建立并运行以来，解决了当前国际工程法律合规风险防控存在的重要问题。通过建立总法律顾问及推进海外风险管理委员会等境外风控组织建设，实现了境外风险防控工作的全面覆盖、协同联动、有力开展；通过规章制度的"立改废释"，强化了制度体系的横向协同、纵向贯通；通过织牢织密风险防控网络，实现了境外法律合规风险全面识别、常态监测、预警处置、系统化解；通过牢牢把握风险管控重点，法务人员全过程、全流程参与项目投标、谈判、签约、履行等全阶段风险关口；三项法律合规审核纵向到底、不留隐患，法律跟踪服务全流程、高效率提供，外部政策和形势变化及时研判，重点领域风险有效防范，涉外法务人员职业化、专业化服务能力显著提升，普法形式创新、普法内容丰富、普法对象全面，各级领导及全体员工的国际工程法律合规风险防控意识明显增强，抗风险能力显著提升。

2. 护航"企业出海"取得积极成效

（1）有效杜绝颠覆性合规事件。紧盯国际政治经济形势和重点领域、重点环节、重点人员，加强法律合规风险的全面排查、有效识别；规章制度动态更新、高效运行，督促依法合规经营，守住了不出现颠覆性风险和违法违规行为的底线和红线。

（2）有效化解重大法律合规风险。制定的《国际工程法律合规风险评审清单》包括风险种类、风险描述、风险等级以及风险应对措施等内容，涵盖了市场开发、项目投标、合同谈判、签约、履行及争议解决等 80 多个风险点，有效指导了国际项目全生命周期的风险防控。在建的乌兹别克斯坦项目，建立了工程索赔台账，通过及时提交索赔通知，已经按照合同要求的索赔程序索赔回一定工期，有效化解了工程索赔风险。国际工程法律合规风险防控体系护航了科特迪瓦迪沃电站项目、乌兹别克斯坦塔什干光伏项目及奥兹、洛奇储能项目、尼日尔和马里储能项目、NKS 漂浮式太阳能发电项目、尼日尔变电站项目、罗马尼亚光伏项目、菲律宾漂浮式太阳能发电项目、斯里兰卡光伏项目、埃塞俄比亚光照互补合作项目以及纳米比亚变电站项目等多国别多类型国际项目的开发、投标和履约，切实防控了国际工程各类法律合规风险，公司海外项目运行平稳，未发生重大风险事件。

（二）标本兼治，国际工程法律合规风控体系长效发力

新时代赋予新使命，新形势提出新要求，国际工程法律合规风险受国际关系以及业务所在国政治经济法律形势变化的影响较大，因此风险防控体系并不是一成不变的，既要着眼长远，又要兼顾当前。安徽院在集团公司"一体两翼"平台引领下，积极落实境外法治建设的战略部署，通过定期评估、补齐短板、强化弱项，持续对国际工程法律合规风控体系进行调整和完善，不断提升法律合规风险防控能力和水平，仗法律之剑、举合规之盾，努力提升"走出去"的加速度和"走上去"的高水平，助力公司业务的国际化向公司整体国际化的转型。

参考文献

[1] 刘原，王利超. 中资企业海外业务合规管理面临的问题及对策 [J]. 国际工程与劳务，2024（4）：15–18.

[2] 王建军. 知形势 强意识以"大合规"体系为企业国际业务高质量发展保驾护航 [J]. 国际工程与劳务，2023（6）：27–31.

[3] 沈悦. 海外经营中的合规风险分析及应对 [J]. 国际工程与劳务，2023（6）：81–83.

[4] 马海玉. 国际 EPC 工程总承包项目的风险应对策略 [J]. 有色冶金设计与研究，2023，44（2）：46–49.

[5] 周敏智. 中资企业开发国际工程建设市场合规策略 [J]. 国际工程与劳务，2023（1）：77–78.

[6] 赵艳. FIDIC 合同条件下的变更索赔管理措施 [J]. 绿色环保建材，2021（11）：146–147. DOI: 10.16767/j.cnki.10–1213/tu.2021.11.072.

"三确保、四坚持、五强化、六统一"采购合规管理体系探索与实践

刘　伟　葛　强　许郑辉　周　静　王　欣

国电南京自动化股份有限公司

摘　要

国电南自把推动企业高质量发展作为首要任务，不断完善内控合规风险一体化管理体系组织机构与职责、制度建设、运行机制和廉洁合规文化，提出了"确保供应链安全、确保采购质量效益、确保采购廉洁合规"的采购长效管理目标，深入开展采购合规管理体系探索与实践，不断增强核心功能，提高核心竞争力，为加快建设行业领先、国际一流、受人尊重的高科技上市公司提供坚强的采购合规力量。

关键词

国企改革；高质量发展；采购合规；制度建设

国电南京自动化股份有限公司（简称国电南自）作为华电集团直属管理的电力高科技上市公司，始终坚持以习近平新时代中国特色社会主义思想为指导，深入学习贯彻党的二十大精神，全面落实华电集团工作部署和法治合规工作要求，在保持传统市场优势的基础上，拓展"沙戈荒"大基地、光伏制氢、海上风电、抽水蓄能等新能源业务，加快新技术、新产品和新应用，落实央企产业"焕新"行动、启航行动和产业链融通发展共链行动等重点任务，全面深化国企改革，健全内控合规风险管理体系。采购合规管理体系是内控合规风险管理的重要支柱，带动产业链上下游有效协同，支撑市场营销、研发设计、工程实施的有序进行，为公司实现高质量发展战略目标提供坚强有力的支撑保障和价值创造作用。

一、"三确保、四坚持、五强化、六统一"采购合规管理体系探索与实践的主要做法

（一）确立了"三个确保"的采购长效管理目标

党的二十大报告对确保能源资源、重要产业链供应链安全作出了重要部署，国电南自深入学习贯彻习近平总书记关于提升供应链现代化水平的重要指示批示精神，在残酷的市场竞争与采购依法合规

之间寻找平衡点，结合多年巡视巡察、内外部审计和专项治理检查发现的问题整改，紧贴公司发展战略、经营目标和企业文化，经过坚持不懈地摸索前行，提出了"确保供应链安全、确保采购质量效益、确保采购廉洁合规"的采购长效管理目标。

（二）明确了"四个坚持"的采购原则

国有企业是由国家出资成立，使用国有资金，其采购具有公共采购的特征，必须依法经营、合规管理，这是由其社会属性决定的；同时，国有企业是国民经济发展的中坚力量，是中国特色社会主义的支柱，依照宪法享有赋予的自主经营权利，所以国有企业采购又区别于政府采购，还必须满足国有企业生存发展的要求，即降低企业运营成本、提高企业竞争力、保证投资收益，这是国有企业的经济属性决定的。

公司采购活动严格遵照国家有关法律法规、集团公司采购管理相关规定和公司采制度要求进行，坚持依法合规、阳光采购、廉洁公正，坚持统一管理、集中采购、分级管控，坚持权责明晰、有效制衡、防范风险，坚持优化流程、标准规范、精简高效。

（三）深入开展落实"五个强化"采购管理要求

国电南自结合深入实施国企改革深化提升行动、对标世界一流管理提升行动，实现国企采购和供应链管理的转型升级，重点强化以下五个方面的采购管理要求：

1. 强化顶层设计，不断完善采购管理制度和组织

（1）优化采购管理制度体系。采购管理制度对于企业稳健运营和持续发展具有重要意义，是内部控制的最关键环节。国电南自按照全主体、全流程、全链条等维度，修订完善了《采购管理实施细则》《物资管理办法》《采购计划管理办法》《采购评审专家管理办法》《采购监督管理办法》《采购监督人员管理办法》《供应商管理办法》《内部采购管理办法》《采购印章管理办法》和《境外采购管理办法》等制度，逐步形成具有特色的"2+N"的采购与物资管理制度体系（见图1），不断强化对采购全流程的管控，构建规范、阳光、廉洁、高效的采购秩序。

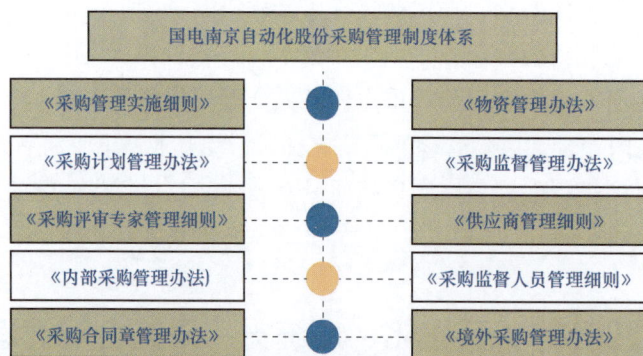

图 1　国电南自采购管理制度体系

（2）健全采购管理组织架构。成立采购领导小组和采购工作组，研究、审议和决定采购中的重大事项；供应链管理部负责建立健全公司采购管理相关制度、细则和流程，指导、监督、检查和考核各单位的采购工作；采购中心负责组织实施公司年度集中采购目录的采购，对接华电集团物资（招标）公司组织实施招标采购，组织实施公司竞争性谈判采购及公司职能部门（含研究院）委托的询价采购、单一来源采购工作；授权基层企业实施零星采购和应急采购工作，以及采购合同的签订、履行和评价等工作。

2. 强化流程执行，贯彻全过程项目管理

有效的项目管理可以更好地响应市场需求、提升服务质量、优化运营成本和提升市场竞争力。国电南自在采购管理向供应链管理转型过程中，大力推进全过程项目管理工作和采购流程管控。

（1）采购需求管理。需求管理是采购管理的前置工作，采购需求不明确、管理不到位，势必影响采购成本。首先，采购需求应执行国家和行业标准等，需求管理应当遵循科学合理、厉行节约、规范高效、权责清晰的原则，以满足实现项目技术、商务、质量和安全为标准。其次，采购需求遵循预算、资产和财务等相关管理制度规定，符合采购项目特点和实际需要，应当依据预算、市场供应情况、历史采购数据合理确定采购限价。最后，采购需求部门应当与采购执行、决策和监督等部门分离，构筑职责权限防线。

（2）采购计划管理。通过年度采购计划、项目采购计划和月度采购计划统筹协调采购工作。结合投资计划、技改技措计划、生产运营维护计划、在手项目与营销计划、集中采购计划制定年度采购计划；销售合同签订后，根据销售合同、设计文件所规定的技术、质量和服务标准，符合进度、安全、环境、成本管理要求，制定项目采购计划；采购部门根据年度采购计划、项目采购计划的执行进度，同时考虑稳定生产与合理库存，以及集中采购，编制月度采购计划。采购计划内容包括项目名称、标的物清单、分包方案、采购方式、最高限价、交付时间等。通过采购计划管控，规避了无预算采购、虚假采购、转包、违法分包、应招未招、拆零规避招标、采购方式选择不当等违法违规问题的发生。

（3）采购方案审查。采购方案包括项目名称、项目概况、采购内容、采购方式、供应商资质条件、供应商资格审查方式、评审办法、评审细则等，施工项目应采用工程量清单计价，技术、服务等标准统一的货物、服务项目应采用经评审的最低投标价法，采购文件编制应采用国家、华电集团和国电南自发布的标准文本。不得通过设置不合理条件排斥或者限制潜在投标人，避免为特定投标人"量身打造"资质条件。

（4）采购结果复核。落实《关于严格执行招标投标法规制度进一步规范招标投标主体行为的若干意见》（发改法规规〔2022〕1117号）的要求，在制度中增加对采购结果复核的要求，对书面评审报告依照法定程序进行复核。重点关注评标委员会是否按照招标文件规定的评标标准和方法进行评标；是否存在对客观评审因素评分不一致，或者评分畸高、畸低现象；是否对可能低于成本或者影响履约的异常低价投标和严重不平衡报价进行分析研判；是否依法通知投标人进行澄清、说明；是否存在随意否决投标的情况。确认存在问题的，依照法定程序予以纠正。

（5）采购结果审定。紧扣各级采购组织功能定位，明确采购决策职责权限。按照项目属性、资金来源、采购方式、采购预算等，把采购结果的审定权利分别赋予了集团公司、采购领导小组、采购工作组和基层企业，做到审定工作依法合规，审批流程简洁高效。

3. 强化集约化采购，全面提升供应链韧性

针对传统采购计划不联通、标准不统一、规模优势不明显的弊端，坚持集约化采购，构建华电集团、国电南自和基层企业三级集中采购模式，通过对采购标的物的梳理和分析，不断提高集采规模和品类，通过打捆、批次或创建框架协议等形式，与供应商建立长期稳定的合作关系，实现以量换价、稳定供应、减少库存、降低成本，全面提升供应链韧性和产业链安全水平。

4. 强化采购合规文化建设，夯实合规管理基础

积极培育采购合规文化，组织全体采购人员签署廉洁合规承诺书，与所有合作的供应商签订廉洁合规协议书，严格落实"管业务必须管合规、管业务必须管责任"的要求。一是发挥党建示范引领作用，扎实开展党纪学习教育活动，以党员模范带头强化合规管理，促进党建融入采购合规过程中；二是强化合规采购管理理念，全员定期开展采购业务培训、法律合规大讲堂、座谈交流、专家解读等活动，不定期组织法律合规、采购管理等业务技能大赛，全面提升依法合规采购意识及技能；三是加强廉洁教育，集中学习反面典型案例、观看警示教育专题片、参观红色教育基地等，不断加强采购从业人员对国家法律法规、集团和公司规章制度的学习。

5. 强化两级监督体系建设，做好采购风险防控

采购环节是反腐倡廉建设的重要阵地，通过建立健全采购管理制度和监督机制，有效预防和打击采购过程中的腐败行为，维护公司的廉洁形象，增强公司的社会声誉和公信力。国电南自持续加强监督体系建设，强化关键节点管控。构建了公司和基层企业两级监督体系，采用日常监督、定期监督和专项监督的方式对采购环节关键节点的合规廉洁实施监督，对各类监督发现的问题及时下达风险提示函和监督建议书，并督促整改落实，提高采购效率效益和风险防控能力。同时加强与审计、纪检部门协作、形成合力，确保采购活动依法合规，控制采购风险。

（四）全面开展"六个统一"采购管理工作

1. 统一采购实施平台

ECP（中国华电集团电子商务平台）是华电集团采购的集中管理平台和过程监督平台，开展了采购计划管理、招标采购和非招标采购实施管理、供应商管理等，实现了从计划、采购、结果审定到供应商评价等全流程电子化管理。SRM（国电南自采购协同平台）是国电南自独具特色的采购管理信息化平台，通过SRM实现了与ECP、产品生命周期管理系统、生产管理系统、营销管理系统、财务管理系统、合同管理系统等平台的信息交互。同时，SRM系统还具有投标选型库模块、内部采购管理模块、框架协议管理模块、BI采购数据分析模块、采购资料归档模块、两库人员抽取模块等，大力提升了公司采购专业化、规范化、智能化水平，确保采购过程阳光透明、采购操作标准规范、采购结果存档安全可追溯。

数字化、智能化信息平台是确保采购活动规范高效开展的关键，为企业稳定运营提供有力支撑。国电南自通过统一的ECP、SRM采购管理平台，实现采购申请、采购计划、采购方案审查、采购执行、采购结果审定、采购订单生成、采购合同签订、采购验收、采购付款、供应商评价与考核全业务流程无缝衔接、前后相互制约的"数字采购"。以更安全、更规范、更友好、更智能为方向，持续优化平台功能，为需求预测、合规管理、数据分析和智慧决策提供有力支撑。

2. 统一采购文件范本

制定采购文件范本是采购活动走向规范化、标准化的重要标志，是规范采购行为的重要环节，是采购业务工作中的基础性工作。通过制定统一的采购文件范本，可以减少编制采购文件时的差错和随意性，提高采购工作的效率，实现采购文件规范化，是提高采购活动质量的客观需要。招标项目严格使用华电集团发布的招标文件范本，同时积极参加华电集团定期组织的范本修订工作。非招标采购方面，组织修订了《竞争性谈判采购文件标准化范本》《询价采购文件标准化范本》《单一来源采购文件标准化范本》《竞争性谈判采购组织流程》《询价采购作业指导规范》《单一来源采购作业指导规范》等流程与指导文件（见图2），持续加强了采购文件编制规范性、采购过程专业性和采购内控合规管理水平。

图2　国电南自统一招标文件范本

3.统一采购评审专家和采购监督人员

遵循"统一平台、动态管理、分级使用、资源共享"的原则，按照《采购评审专家和采购监督人员管理办法》的规定，建立采购评审专家库和采购监督人员库，具备条件的公司系统内人员全部推荐入库并及时更新人员信息，动态调整专家库专业设置。每年组织新专家和监督入库审查工作，并依照专家能力和打分评价实行分级管理。定期开展"两库"人员培训与业务能力考试，利用QQ群开展案例分析、法律法规宣贯和廉洁教育。组建采购评审小组时，其技术、经济方面的专家从库内以随机抽取的方式确定，并落实回避与保密管控要求。对"两库"人员的出席率和评审或监督质量进行考核，根据考核情况，给予提醒谈话、批评教育、暂停和出库等处理；存在违规违纪的，依据有关规定按照管理权限移交相关单位处理。

4.统一采购评标、评审场所

为了进一步规范招标评标、采购评审行为，保障采购活动依法顺利进行，建设了2个华电集团远程异地评标室、5个国电南自采购评审室，配备评标电脑56台、座机电话7部和专用网络，以及视频监控和专家身份认证系统等相关硬件设备。评标区域实施严格准入制度。采购项目经理按规定做好人员身份核对，身份经过确认的业主代表、评标专家和监督人员，挂牌进入评标中心，并签订保密承诺书。严格执行评标纪律，对上述人员的手机、电脑、U盘、平板等电子设备进行统一集中保管。通过开展封闭评标，杜绝干预评审、泄密等违法违规问题，确保采购过程依法合规。

5.统一供应商管理

按照"统一管理、严格准入、量化评价、动态调整"原则，通过供应商管理系统对供应商实施管理，对供应商实施同库分级、资源共享，建立与供应商长期互惠共赢关系，培育优秀战略供应商。各基层企业对有围串标、提供虚假材料骗取中标、转包、违法分包、偷工减料等不良行为的供应商，严格按照制度规定及时上报处理，经认定纳入不良行为供应商的，暂停其参与集团公司系统内采购业务权限1~3年；按照"谁使用谁评价"原则对供应商进行考核评价；应加强对违法违规失信供应商的惩戒力度，严禁与处于限制期内的供应商进行交易，推进诚信体系建设。

6.统一采购异议投诉管理

国电南自高度重视采购异议投诉的管理，在资格预审文件、采购公告、采购文件和结果公示中明确异议投诉受理联系方式，明确采购异议投诉的处理流程，遵循依法、合规、严谨、高效的原则，维护社会公共利益、华电集团和国电南自利益，以及采购当事人的合法权益。国电南自统一负责处理公司管理范围内的采购异议投诉，统一负责核查华电集团委托核查的采购异议投诉事项，要求各基层企业在收到采购异议投诉后1个工作日内上报，异议投诉内容成立的，应按照国家法律法规、华电集团和国电南自有关规定对有关问题进行纠正。建立采购异议投诉档案和台账，同时将核查结果、答复情况、处理情况报上级单位备案，定期对采购异议投诉处理工作进行统计、分析。

二、采购合规管理体系探索与实践的实施效果

国电南自采购合规管理体系建设工作紧紧围绕公司发展战略、经营目标和"确保供应链安全、确保质量效益、确保合规廉洁"的采购长效管理目标，始终坚持全力以赴保供应、强化合规促改革、问题整改葆活力、精益管理促发展、培养人才增动能，全方位、多角度、深层次构建规范、阳光、廉洁、高效的采购秩序。

（一）供应链韧性不断增强

在疫情、战争、逆全球化和个别国家"长臂管辖"形势下，制造业供应链和生产领域面临了诸多挑战，包括需求波动、成本上涨、极端事件和技术创新带来的影响等。全球经济的合作与增长中，供应链韧性扮演着关键角色，韧性较高的企业能够更好地应对供应链冲击，从而抓住增长机遇，实现企业高质量发展。国电南自通过开展标的物标准化工作和实施集约化采购，不断提升供应链韧性，在新能源项目保供、服务企业科技创新发展、自主可控产品所需配套设备、软件国产化替代和"焕新行动"中，面对各种内部和外部环境变化，保持供应和生产稳定，完成了公司经营和发展目标。

（二）内部控制愈发完善

加强采购合规管理第一道防线建设，优化采购需求管理，明确各单位采购需求审查要求。建立健全基层企业采购预算和计划的管控机构，落实采购人对采购预算和采购实施计划的合法性、合规性、合理性的主体责任。持续优化招标投标事项集体研究、合法合规性审查等议事决策机制，积极发挥内部监督作用。通过着力构建主体职责清晰、交易规则科学、监管机制健全、管理制度高效、技术支撑先进的内部控制管理体系，极大地提高了采购活动依法合规、公平公正和廉洁水平，有效防止内部腐败和舞弊行为，控制采购风险，助力公司高质量发展。

（三）采购效率明显提升

巩固深化"两化一中心"（即围绕"提质增效"这一中心工作，建立"监督责任落实清单化、风险防控流程化"的管控机制）采购监督工作机制，借助巡视巡察审计、采购专项治理、日常采购检查等平台，履行好采购管理监督职责，不断筑牢防火墙。加强国家招标法律法规、集团和公司采购管理制度的宣贯，提升全员采购依法合规意识。深化项目管理理念，加强采购策划工作，确保项目准时交付，提升了公司的运营效率。通过开展市场调研和专家咨询论证等方式，规范招标文件编制和发布。密切关注中标率异常低、不以中标为目的投标的"陪标专业户"，加大对违法投标行为的打击力度。不断优化采购流程，减少不必要的环节和耗时操作，提高采购活动的效率。

（四）节资降本成效显著

通过采购合规管理，极大地推动了采购标的物的标准化进程。每年四季度启动标的物物料梳理工作，对需要长期稳定供应的标的物、采购频次高的标的物，明晰采购需求、确定标的功能、量化技术指标，整合优化采购计划，提出供应商整合计划；次年一季度更新《自主产品及系统集成配套外购物资清单》，并根据年度集约化采购计划，稳步推进集采工作。公司和基层企业集中采购形成的框架协议结果，进入公司投标选型库，提高采购效率和效益。2023年，全年共开展149个集中采购项目，执行金额20多亿元。主动服务公司科技创新发展战略，大力推进自主可控配套物资集约化采购，实现公司

级 IT 设备国产品牌框架协议采购全覆盖，发挥规模化采购效应，节资降本成效显著。

（五）合规意识持续增强

通过建立月度学习机制，制定印发采购理论学习任务清单，组织公司采购从业人员集中参加华电集团和国电南自供应链专项培训，2023 年共计 860 人次参加；同时开展项目经理、采购人代表、评审专家和监督人专业业务技能培训，2023 年共计 2100 人次参加；连续举办公司法律合规、供应链管理业务技能大赛，2023 年共计 980 人次参加；2024 年近 500 名职工参加了公司法律合规选拔赛。通过理论培训、业务比赛和警示教育等方式，提高了采购从业和相关人员对法律、内控、合规和风险管理的认识和重视程度，形成了全员参与、积极维护合规管理的良好氛围，为推进公司采购改革和高质量发展奠定了坚实基础。

"沙戈荒"新能源大基地建设背景下
法律合规风险防控体系构建的探索与思考

宋　晔　刘伟伟　希力格尔　毕晓颖　韩　聪

华电内蒙古能源有限公司

摘　要

华电内蒙古能源有限公司（简称华电内蒙古公司）在国家加快实现"双碳"目标，推动新能源产业发展的大背景下，以阿拉善新能源大基地建设为契机，以合法合规全速推进风光电、新型储能、氢能产业建设为目标，通过有针对性地建设风险防控体系、优化管理系统、完善制度保障等具体措施，全面推进新能源项目产业顺利落地，加快实现企业高质量发展的目标。

关键词

"沙戈荒"新能源大基地；体系建设；风险防控

随着新能源产业的新一轮大发展，国家政策指引更加规范，绿色、安全、环保等要求更加严格，相关法律法规更加健全完善。内蒙古自治区针对"沙戈荒"大型风电光伏基地建设发布了一系列文件通知，对于"沙戈荒"大型风电光伏基地建设的发展要求更加明确。风光电大基地项目相对于传统电力项目，其项目周期较短，受政策影响较大，外部政策对于企业如何更加高效稳妥、合法合规地发展新能源，加快构建风险防控体系具有重要影响。

此外，近三年来巡视、巡察、审计、专项整治、专项检查等内部各类监督检查揭示的问题，以及"合规管理强化年""年度内控合规监督评价"等专项工作发现的整改事项，不难发现，在风险防控体系建设、促进新能源合法合规发展方面还是存在不足。这些问题，对于保障新能源项目从立项到投产的合法合规性提出了新的挑战。

一、研究现状

内蒙古华电腾格里"沙戈荒"新能源大基地项目位于内蒙古自治区阿拉善左旗腾格里沙漠，是惠及地方经济、生态、民生的沙漠绿电工程，是阿拉善盟防沙治沙建设工程。该项目遵循自然规律的总体规划，以自然修复为主、人为干预为辅，以打造光伏防沙治沙阵地为目标，以大型风光电基地为基础、清洁高效煤电为支撑，实现清洁能源开发和生态环境治理，自项目立项以来，法治合规工作稳步推进，但是在建立完善的风险防控体系方面还面临较大的挑战。

（一）法律风险防控能力与企业发展速度还不匹配

新能源大基地建设因其法律风险点多、法律关系复杂、受政策影响大等原因，风电和光伏新能源企业需要开展的法律风险防控工作较为复杂、繁重，而企业的法律风险防控能力并未真正与企业的发展速度相统一。

（二）法律风险防控工作与企业内部管理还不融合

新能源企业在逐渐发展壮大的过程中，面临的法律事务逐渐增多，虽然基层企业大多设有专门的法务人员，但实际上很多法务工作仍然浮在表面，有时企业在进行重大决策时企业核心团队内部不见法务的踪影，一旦企业发展与法律风险预防工作出现冲突，由于企业法务工作缺乏权威性，最终的结果往往是忽视法律风险防范，给企业发展让路。

（三）行政法律法规风险

新能源大基地建设因征地的协调难度很大，办理项目前期手续、证件存在办理进度滞后的风险。还存在因相关证件办理不及时，或者其他原因导致的行政违法违规事项的风险。

（四）EPC 总承包合同招标采购风险及合同履约风险

新能源大基地项目建设合同数量多、金额大，在合同的项目论证、相对方资信调查、合同谈判、文本起草、修改、签约、履行或变更解除、纠纷处理的全过程都存在法律合规风险。

二、研究目标和具体措施

（一）新能源大基地法律合规风险防控体系构建的目标

"沙戈荒"新能源大基地建设既是国家优化能源结构调整的战略举措，又是新时期能源产业发展向集群化、数字化、生态化转变的显著标志。因此，高质量开发建设"沙戈荒"新能源大基地具有重要的里程碑意义。但"沙戈荒"新能源大基地的生态环境脆弱，参与主体众多，能源网络复杂，涉及的政策法规和法律风险相对较多，因此通过系统性法律合规风险防控体系构建，可以有效保障华电内蒙古公司"沙戈荒"新能源大基地项目在抢抓机遇中扬优势、锻长板，在应对法律合规风险中补短板、促转型，加快"沙戈荒"新能源大基地项目推进，形成符合自然规律、符合项目地情的华电特色防沙治沙和生态修复示范样板。

（二）新能源大基地法律合规风险防控体系构建的举措

华电内蒙古公司在有效运行企业现有的法律风险防控体系的基础之上，深入分析总结历年新能源项目法律风险具体表现形式，结合公司"沙戈荒"新能源大基地项目创新实践，以价值创造、质效提升为目标，全力构建以制度建设为基础、以风险管控为导向、以内控体系为平台、以合规管理为抓手的组织体系、协同体系、防控体系、维权体系等"四维"法律风险防控体系（见图1），并将其融入"沙戈荒"新能源项目发展战略大局，保障新能源项目开发建设从决策到执行都按法律来、照制度办，从而让新能源大基地建设项目在公司高质量发展进程中实现最小风险及最高价值创造。

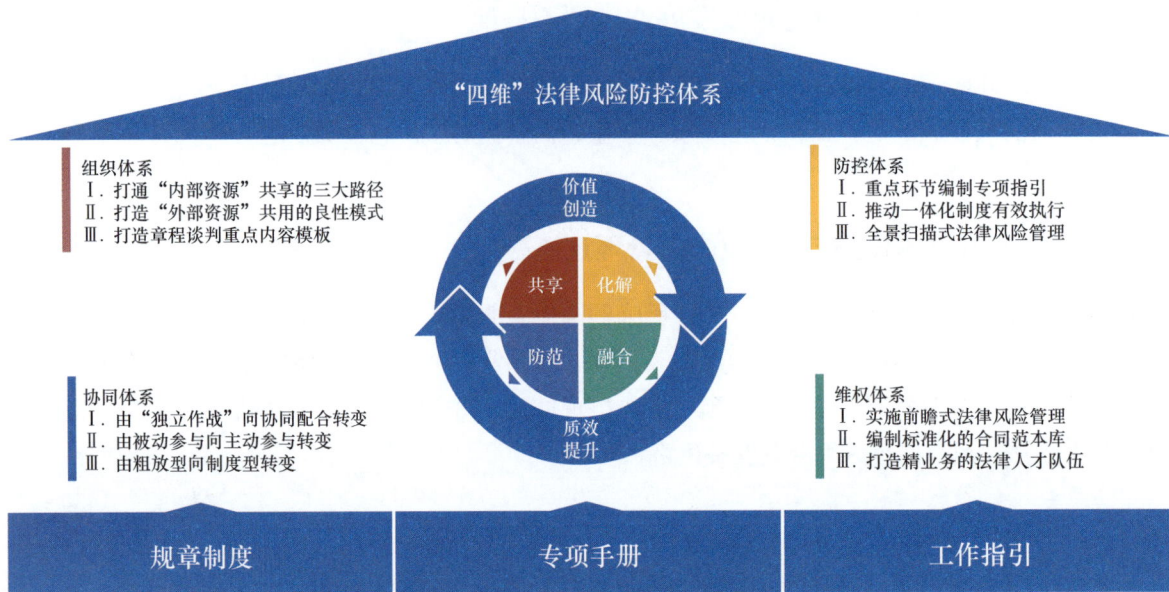

图1 "四维"法律风险防控体系图解

1. 充分发挥公司本部的服务职能，建立共享共用的法律风险防控组织体系

华电内蒙古公司把企业法律风险防控视为创建一流区域能源企业的重要保障，坚持以"共享共用"的原则，把公司本部打造成区域"法律服务中心"，通过内外结合的方式，完善组织体系，把新能源项目法律风险防控构建成"一盘棋"的新格局。

（1）打通内部资源共享的三大路径。

一是聚焦区域法务服务中心定位，实现人才资源共享。为解决"沙戈荒"新能源大基地法律资源分配不均、人员素质参差不齐等问题，选拔8名持有国家法律职业资格证书的职工组建区域法律顾问团队，审核"沙戈荒"新能源大基地重要经济合同、重要决策事项以及基本制度，累计审查新能源企业各类合同、制度及决策50余份，提出修改意见上百条。通过有效的"人才资源"共享机制，"沙戈荒"新能源大基地法治工作基础得到有效提升。

二是聚焦规范总法律顾问履职，实现手册指引共享。华电内蒙古公司把总法律顾问制度建设作为推动法治工作组织体系建设的重要抓手，结合华电集团公司对总法律顾问的工作要求，综合考量区域火电、新能源等整体工作特点，为总法律顾问"量身定做"《总法律顾问工作指引》，将任职条件、综合素质、工作内容、述职要求等条目化、具体化，让总法律顾问一目了然，做到"心中有数"。制定《总法律顾问年度述职考核评定表》，将总法律顾问法治素养和依法履职情况纳入年度法治工作考评，纳入所属企业年度绩效考评，严考核、硬兑现，让总法律顾问在规范履职、全面领导新能源项目开发建设过程中的法律工作，参与企业重大经营决策等方面更加专职化、专业化。同时，将华电集团公司、华电内蒙古公司历年印发的各类工作指引汇编成册，形成《法律工作系列指引》，供新能源企业相关法务人员作为"手边书"，遇到问题时第一时间翻阅的"参考书"。

三是聚焦党建引领法治建设，实现党建成果共享。内蒙古公司坚持以"抓党建＋强业务"为出发点，推进党建工作与法治工作深度融合。通过华电集团公司、华电内蒙古公司和新能源企业企法部党支部组织党建联建共建，促进全体党员思想碰撞，学习法治理念。开展法律风险管理入岗位、入职责、入表单、入系统的"法务四入"工作，实现法律风险防控分工明确、责任到人。

（2）打造外部资源共用的良性模式。为解决内部资源的有限性，华电内蒙古公司巧妙借力外部资源，打造"内外结合"的风险防控良性模式。一是编制《外聘律师事务所管理指引》，规范所属企业律所选用。探索建立了律所备选库制度，引导企业选用实力排名靠前、服务质量优良的律所。从律所备选库的入选条件、选聘程序、服务保障及考核追责等方面规范律所执业行为。一年来，外聘律所在新能源项目重大经济合同审查、法务课题咨询及处理疑难诉讼案件等方面，发挥了很大的作用。二是充分利用外部培训资源，聘请新能源开发建设方面有丰富经验的法学教授，重点抓实新能源领域普法，为新能源领域的专兼职法务人员进行有针对性的培训。

（3）打造章程谈判重点内容模板。按照国家法律法规的规定，在大基地项目《章程》谈判工作中，企法部多次组织召开会议，与参股的央企、民企进行《章程》谈判，以维护公司合法权益为目标，从股东会表决事项、高级管理人员配置、合资企业分工、合资企业融资等方面据理力争，对于参股方提出的多项章程条款进行有效谈判，既保障作为控股方的核心利益，又兼顾参股方诉求，为腾格里公司能够按期完成工商注册提供了保障。按照谈判工作经验，形成《关于进一步加强新设立合资公司〈章程〉审批的通知》，明确《章程》管理的重点以及合资企业《章程》谈判主要内容。

2. 持续加强业法融合，建立业务部门与法务部门共治共建的协同体系

华电内蒙古公司坚持"共治共建"的原则，做实合规管理"三道防线"，进一步强化业务部门、职能部门、审计监督部门的合规管理主体责任，建立参与机制，加大协同作战的工作力度。

（1）由独立作战向协同配合转变。针对业务部门"重业务、轻合规"等情况，指导业务部门按照"管业务必须管合规，管业务必须管风险"的要求，建立重点岗位合规义务清单，把合规要求纳入岗位职责，组织全员签订《合规承诺书》，把合规作为开展业务的首要前提，在业务开展的第一个环节有效防范合规风险，履行"第一道防线"主体责任。持续强化合规管理体系建设，不断增强工作的系统性和针对性，坚决筑牢"第二道防线"。纪检、巡视、审计等部门切实发挥监督作用，对违规行为严肃问责，形成震慑，牢牢把住"第三道防线"。

（2）由被动参与向主动参与转变。华电内蒙古公司法律事务部门时刻注意跟踪国内及自治区新能源项目相关法律法规变化情况，根据项目的特点和交易规则，在项目前期就重大法律问题主动提出研究论证意见。将新能源企业开发建设过程中的好的经验做法进行总结和固化，编制印发《风光电项目法律风险防范指南》，指南立足国家、行业的有关规程、规范、标准，针对风电、光伏产业开发建设过程中的相关定义、法律依据和法律风险进行了阐释说明，并附"项目开发建设法律手续流程图""项目开发建设法律手续清单"等详细表单，供"沙戈荒"新能源大基地项目在推进项目开发建设过程中对照应用，保障新能源项目开发建设合法合规。

（3）由粗放型向制度型转变。华电内蒙古公司从强化制度建设入手，修订印发《法律工作管理办法》等制度7项，明确法律人员参与企业重大项目决策和运作的方式及程度，实现法律咨询论证工作制度化、规范化和经常化。编制印发《法治工作考评办法》，设置"管理考评＋年度述职＋加分项（否决项）"的考评工作机制，并将法治工作考评得分与企业年度业绩考核结果挂钩，实现法治工作评价更加具体化、系统化、精准化。

3. 突出风险化解能力，建立法律、内控、合规一体推进的防控体系

华电内蒙古公司坚持法律、合规、制度、风险管理工作一体推进、紧密融合、有效衔接，以事前法律审核把关、事中风险动态监控、事后纠纷案件处置为重点，建立了全生命周期法律风险防控体系，为新能源项目行稳致远提供有力保障。

（1）重点环节编制专项指引。华电内蒙古公司大力促进法律工作与新能源项目发展的深度融合，进一步深化法律风险防范机制，编制印发《法律工作系列指引》等专项指引，内含《风光电项目股权并购法律尽职调查工作指引》等指导性文件共18项，既解决了节奏上的"时差"，也避免了质量上"温差"，更杜绝了执行上的"落差"，实现了规章制度、经济合同、重要决策法律审核率达到100%，法律审核成为新能源项目开发建设过程的必经环节。对新能源大基地项目500万元以上的招标采购合同，在基层单位法务部门审核的基础上，由华电内蒙古公司"把第二道关"，联合财务、生技、规划等相关业务部门对合同付款、违约条款等重点内容进行审查，预防、规避合同项目风险，做到未雨绸缪，防患于未然，从源头上防止经济纠纷产生。

（2）推动一体化制度有效执行。对"沙戈荒"新能源大基地穿透指导，逐级压实内控制度工作，自上而下强化督促引导。组织编制《内控合规风险管理手册》，按照制度修订情况优化完善"三单一流程"，全面梳理和明确高风险业务、高风险岗位及重点人员"两高一重"范围，推动合规管理要求进内控、进业务、进流程、进岗位、进职责。建立重点领域合规风险清单，累计识别安全生产、生态环境保护、财税、招投标、劳动用工等领域合规风险837项。启动重要岗位合规职责清单、关键业务流程合规管控清单"两个清单"编制工作。

（3）全景扫描式法律风险管理。华电内蒙古公司在建立完善重大风险年度评估、季度监测、预警报告、督查督办、风险问责等工作机制的基础上，把总体思路从重大风险治理转换成风险预警，在内控合规风险一体化信息平台实现了风险的自动监控预警功能，对新能源领域法律风险进行"全面体检"，通过系统梳理业务活动和管理活动中存在的风险，评估风险程度和等级，对重大风险进行控制。在全面风险管理风险矩阵中增加合规风险识别、合规审查要求，构建完善大风控体系下的"要素识别—危害评估—策略选择—防范控制—监控跟踪—应对处置—改进提升"合规风险闭环管理模式。

4. 持续加强预先防范，建立前瞻式管理与回顾性总结有机结合的维权体系

华电内蒙古公司把法律纠纷案件侧重点转移到防范和控制上来，把法律工作的重心从事后补救转移到事前防范，实现"以案说法，以案促管"工作目标。同时，把典型案例教育作为诉讼后的重要工作，避免同一性质、同一类型案件再次发生，用最大力度维护企业合法权益。

（1）实施前瞻式法律风险管理。为使新能源企业对相关风险具有天然的免疫力和预防力，编制《法律纠纷案件典型案例汇编》，分析整理系统内外典型案例37个，分析暴露问题，提出案件启示，使其充分认识相关风险，并提前采取相关管理措施，从源头治理减少新的案件发生。加强对可能引发案件的事项进行分析研究，特别是新能源项目开发建设过程中的土地占用等事宜，案情对我方不利的，评判败诉风险，加强协商和解，切实把发案风险化解在萌芽阶段。

（2）实施回顾性防控经验总结。华电内蒙古公司坚持开展已发案件的自我过错分析，对因企业违约等导致的纠纷，回顾案件整体经过，认真分析企业自身出错原因，并将分析结果固化进制度体系，实现"以案促管，以管促效"。针对合同条款等不明引起的风险，编制标准化的合同范本库，推行合同标准示范文本和招投标示范文本格式，按业务类别制定和修订常用的合同范本库，制定、修订各类标准合同范本80余份，提高了法律审核质量和工作效率。制定案件考核激励机制，探索建立以鼓励依法维权、强化预先防范为导向的案件考核指标，对案件处置中作出突出贡献、挽回重大损失的单位和个人给予表彰奖励，对案件应对不力的涉案单位和个人进行通报处罚，实现对案件管控成效的精准考核。

（3）打造精业务的法律人才队伍。加强新能源、生态环保、绿色发展等重点领域法律人才队伍专业化和专职化。要求新进入法律队伍的人员必须拥有法学教育背景或国家法律职业资格证书等相应资格证书，对于历史原因未取得法学教育背景或相应资格证书的，积极鼓励考取相关证书。通过线下现场培训与线上视频培训相结合，运用案例分析，身边人讲身边事，强化培训效果，形成共识，覆盖专兼职法务人员学习人数共计 150 余人次。

三、主要成效

华电内蒙古公司在建立"沙戈荒"新能源大基地的进程中，牢牢抓住法律合规风险防控体系创建这一关键要素，坚持"地方所需、华电所能"，紧紧围绕扩"绿"、增"新"、提"质"，锚定公司"5883"发展目标，顺势实施"创新发展工程"，以法治保障"沙戈荒"新能源基地、阿拉善盟防沙治沙和风电光伏一体化工程等项目开发建设工作，防风险、促合规，实现了生态效益、经济效益和社会效益共赢。

（一）"沙戈荒"新能源大基地项目全速推进

华电内蒙古"沙戈荒"新能源大基地项目于 2023 年 6 月 28 日光伏项目备案、2023 年 6 月 30 日风电项目核准，规划部、综合部、工程部、财务部等相关业务部门全过程按照合规事项清单进行细致梳理，协调配合地方政府行政管理部门，高质量提交材料，在华电集团公司规定时限内完成公司注册、营业执照办理等全部合法合规手续，为项目合法合规建设奠定了坚实基础。

（二）企业内部合法合规管理体系有效运行

构建符合"沙戈荒"新能源大基地实际情况的合法合规管理体系，重点从招标采购、合同签订、银企合作等环节入手，保证了大基地项目建设过程中合同合法合规，提高合同签订效率，为合同顺利履行奠定坚实基础。通过强化与金融企业合作的合法合规性，深化对资金的安全高效管理，签署《内蒙古华电腾格里绿色能源有限公司腾格里沙漠东南部新能源基地项目银团贷款信息备忘录》，保障"沙戈荒"新能源大基地项目经济运行高质、财务状况良好、风险管控稳健。

（三）风险防控责任体系提供坚强法治保障

编制印发针对"沙戈荒"新能源大基地项目的风险清单，评估前十大风险，坚持风险防控关口前移，做好风险动态管理，持续跟踪分析风险变化，按季度总结分析风险运行情况，及时更新风险清单、风险突出表现并调整风险防范应对措施。坚持风险监测季度报告和重大经营风险事件月度汇总报告机制，截至稿件刊发前，"沙戈荒"新能源大基地项目未发生重大经营风险事件，未发生重大法律纠纷案件。

基于合规管理的电费风险立体管控体系

温　馨　王新新　张　帅

国网山东省电力公司营销服务中心（计量中心）

摘　要

为深入贯彻落实党中央全面依法治国的基本方略和国家电网公司、山东省电力公司有关法治合规建设工作安排，防范化解电费管控风险，国网山东营销服务中心推进合规管理要求贯穿业务一线、基层一线，创新实践业规融合重点举措，通过建立电费收账新模式、精准定位防范电费风险、推动电费结算工作数字化转型等措施，成功构建电费风险立体管控体系，形成电费合规数字化管理新业态，全面提升电费结算精益化能力和合规性水平，为公司合规经营和高质量发展提供坚实保障。

关键词

电费；信用；无纸化；反诈骗；全景监控；履约；精准

一、构建电费风险全息式立体管控体系的背景与意义

（一）提升公司法治合规管理水平的客观需要

近年来，中央巡视、经济责任审计、国家能源局综合监管、市场监管总局涉企违规收费等各类检查暴露出的资金安全问题突出。国网山东省电力公司贯彻国家电网公司"建设具有中国特色国际领先的能源互联网，建设具有全球竞争力的世界一流企业"战略目标，提出了建设"再登高、走在前"的卓越山东电力的奋斗目标。强化合规管理是确保公司运营符合法律法规要求的关键，而电费业务合规管理则是确保电费回收过程合法、合规，提高电费回收效率，降低电费资金安全风险，保障公司合法权益，塑造卓越企业文化的重要保障。在电费管理方面，合规管理不仅关注电费回收的合法性，还注重电费结算过程中的透明度、公平性和合理性，从而构建一个健康的电费管理环境，保护电力企业和电力用户的共同利益。

（二）落实防范化解电费资金风险的重要举措

电费资金安全工作直接影响企业的经济效益和经营安全，事关公司稳健可持续发展。国网山东省电力公司《"大安全"管理体系建设实施意见》中提出"加强电费回收安全管控，以经营安全筑牢可

持续发展基础"。当前，我国正处在经济增长模式的转型期，过度依赖基础设施和房地产建设的经济增长模式正在深刻转变，电费回收形势愈发严峻，压力持续增大。在当前经济环境下，电费资金安全面临更多挑战，如宏观经济波动、行业竞争加剧等。因此，公司需要加强合规管理，通过建立健全内控制度、强化风险评估与监控机制等手段，有效预防和化解电费资金风险，确保公司经营稳定和可持续发展。

（三）推动营销全业务数智转型的创新实践

国家电网公司《现代电费结算体系三年行动方案（2024—2026）》中提出"依托能源互联网营销服务系统，充分发挥数字技术、人工智能赋能作用，坚持自动化、智能化发展方向，实现电费业务智能升级"，对电费资金安全管理提出了更高的要求，迫切需要建立具有数据支撑更精准、风险防控更前移、融合利用更智能的新型电费资金安全管控体系。数字化转型不仅是技术创新的过程，也是合规管理理念深化的过程。通过运用大数据、人工智能等先进技术手段，可以实现电费业务的智能化升级，提升电费结算的精准度和效率。同时，这种升级也需要遵守相关的法律法规和技术标准，确保数字化转型过程中的合规性。

二、构建电费风险立体管控体系的主要做法

（一）统筹规划搭建电费收取记账全环节合规管控

1. 多举措促进业规融合，确保电费风险管控应用落地有效

一是制定业规融合手册。编制了《电费业务业规融合手册》，明确了每一项业务操作对应的法律法规依据，指导员工在实际工作中既能遵循内部规章制度，又能严格遵守法律法规。二是开展定期培训。定期组织员工参加业规融合培训课程，加深员工对法律法规的理解，提升员工的合规意识和专业能力。三是引入法律顾问。聘请外部法律顾问，参与重大决策及复杂案件处理，确保决策的合法性。四是建立反馈机制。建立内外部反馈机制，鼓励员工上报遇到的法律法规冲突情况，并及时修订相关制度以适应法律法规变化。

2. 创新应用中电联信用体系，确保欠费追缴依法合规

以中电联电力信用认定标准为主要依据，融合外部信用信息与企业内部用电数据，搭建电费信用风险评价模型，划分用电客户信用评价等级，智能识别失信"重点关注名单"潜在客户。根据中电联失信"重点关注名单"认定标准，开展潜在客户清单信息核验，针对信息准确且拒不改正客户，报送中电联经过函告、审批等手续后纳入电力行业失信"重点关注名单"。中电联将纳入"重点关注名单"的客户作为重点监视对象，实施信用风险预警、警戒措施。通过电话提醒、函告整改等方式，督促客户及时纠正失信行为。定期在中电联会员单位范围内进行通告，影响企业在电力领域的招投标、项目审批、评先树优等事项。依托行业协会，依法合规维护电力市场正常秩序和公司合法权益。应用中电联信用体系流程图如图1所示。

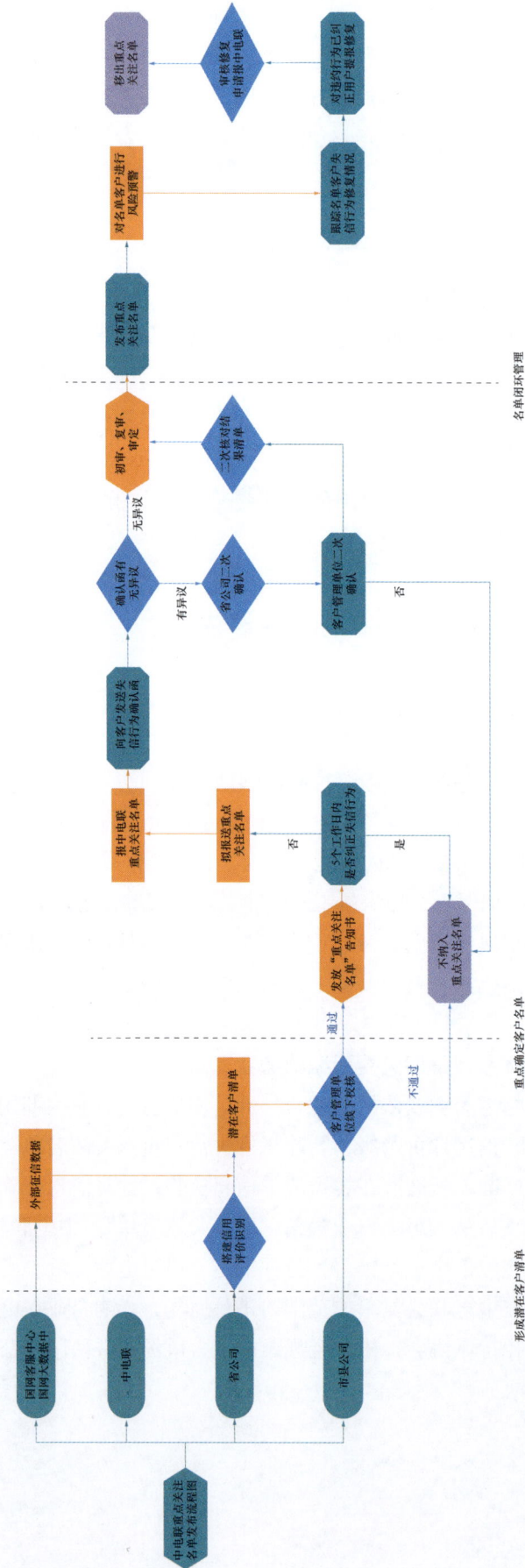

图 1　应用中电联信用体系流程图

3. 建立无纸化记账新模式，确保电费记账人工零干预

为精准执行电费业务结算管理要求，严格按照电费资金管理规章制度和业务标准流程开展营销、财务记账，防范手工记账不准确、不及时产生的经营风险及违规事件，营财联合部署线上管控功能，协同推动业务单据凭证的生成、流转、记账无纸化。全面应用数电发票，在提高财税管理准确性的同时，确保发票管理流程符合税法规定，保障财务工作的合规性。

（二）重点防御定位资金安全风险防控

1. "宣关拦控"确保电费诈骗防线无懈可击

通过宣传教育、关闭风险渠道、拦截非法交易和搭建反电费诈骗预警防控模型等措施，保障资金安全，防止违法行为。第一招"宣"。联合山东省打击治理电信网络新型违法犯罪工作厅际联席会议办公室下发风险提示；开展"反电费诈骗　四进大走访"专题活动，对居民客户、小微企业客户以及高风险客户进行宣传，明确告知不得通过网上购买打折电费或通过非法渠道代别人交纳电费。第二招"关"。暂时关停电费洗钱风险较高的某些银行的线上代收业务，要求限期升级风控策略，切断洗钱团伙利用的交费通道。加强对网上打折电费广告的稽查力度，联合公安机关对网上打折电费商品进行下架，切断用电户与违法打折电的联系。第三招"拦"。全渠道拦截，监控非法交易。拦截跨省交易即外地银行开户账号对省内用电户交费。限制非同名账号代收交易，对于付款账号名称与系统户名不一致的用户的，弹窗提示付款人对交费信息进行二次核对确认。通过大数据分析得到黑白名单初始数据库，联合银行开发数据传输接口，建立转账白名单制度，线上传递客户付款户名、账号等信息，当转账交易开始，由银行校验白名单，对于非白名单账号银行侧实时拦截。第四招"控"。搭建反电费诈骗预警防控模型，以电力内部系统客户户名、联系人、与客户约定的付款账号信息等基础档案信息和客户历次交易信息为核心数据，综合反诈中心、金融机构、第三方代收机构等异常账户交易信息，开展数据转换、数据清洗，建立交费风险因素库。基于已识别的风险因子，赋予不同的优先级，并依次制定处置策略，搭建预警模型，对不同来源的转账付款信息进行分类处置。

2. 全景监控辅以专项治理保障电费合规滴水不漏

一是聚焦收费账务关键流程和高频场景，部署上线收账业务"全景监控"。基于营销2.0系统数据中台，充分发挥电力大数据作用，围绕巡视巡察、审计监督等各类检查暴露出的营业电费类问题，深入剖析异名预收互转、退费名称不一致等异常数据存在的资金安全隐患。对日电费结清、预收电费结转、交费通知推送触达、代收代扣出回盘、资金结存及时完整性等进行监控和分析，实现电费业务全流程智能化监测，靶向定位风险异常数据，全面提升风险防控能力和收费对账效率。二是开展全省电费业务领域风险专项治理行动。组建专项治理行动工作柔性团队，明确省市两级工作专责人，以95598及12398投诉意见工单为切入点，以充分保障客户权益为出发点，围绕电费业务类工单、服务舆情、制度流程等方面展开，聚焦民生用电慎用停电措施、电费催收规范情况等9项排查治理内容，查摆服务问题焦点、管理制度漏洞和业务监督盲区，保障客户知情权，确保电费结算全流程合法、合规、合理，电费业务风险可防、可控。

（三）数智转型推动电费业务合规步步登高

1. 应用 OCR 光学字符识别技术，部署电费结算协议履约线上管控功能

基于 OCR 识别，通过对电费结算协议的合规性核查、档案结算信息核查以及用电履约行为核查，确保合同执行符合协议约定，保障电费结算的合法性和合规性（见图2）。一是进行电费结算协议合规性核查。通过执行核查规定，对电费结算协议中的必填项、互斥项、填报格式等影响电费结算关键内容进行检查校验，输出校验结果对比明细。二是进行档案结算信息核查。提取用户营销档案中交费方式、交费时间等静态信息字段，与电费结算协议中信息进行比对，比对一致视为通过，比对有差异的输出差异明细。三是用电履约行为核查。提取用户近半年的实际交费数据，停复电信息等业务数据，按照电费结算协议中的约束条款进行业务校验，输出未按协议履约执行的详细说明。针对异常不通过的情况，系统自动生成履约处置工单，通过整改方案制定、执行，履约复检等环节流转，实现全过程线上管控。助力基层严格按照电费结算协议约定建立、健全客户档案，规范开展催收及停复电，有效遏制因实际结算方式与协议约定不一致引发的服务和法律纠纷风险。

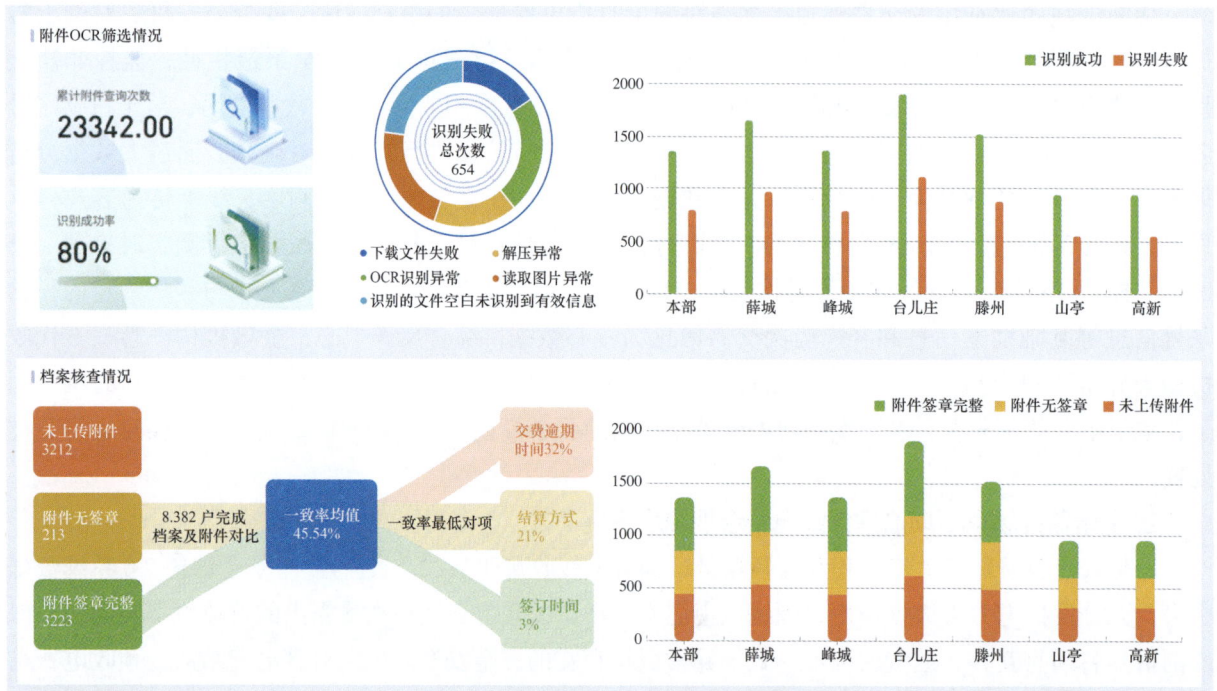

图2　基于 OCR 识别的履约线上管控

2. 应用自动化技术，助力业务流程高效精准实现

通过深化人工智能、RPA 等技术应用，赋能电费精益管理和收费账务处理业务提效，确保业务流程的合规性和准确性。一是创新研发电费在途资金监控 RPA，取消人工操作环节，运用 RPA 程序对全省全交费渠道电费资金在途情况开展日巡检，巡检异常数据每天定时点对点自动发送至责任单位、责任人，管理人员可实时调度异常处理情况，无须人工每日重复操作营销系统核查收费记录和资金到账情况，降低了人工监控不到位、不准确，实现了对电费在途资金的自动精准管控。二是依托营销 2.0 系统上线营销交易流水自动比对产品。通过制定营财银行资金流水核对规则，线上开展营财流水自动比对工作，该功能实现了一键展示 7 大电费账户营财资金"不一致"交易明细，保障了营财双方及时

完整、准确的记账需求，夯实了收费账务的数据基础。同时，营销拓展数字化应用场景，按照业务逻辑和工作流程，自动生成记账凭证金额与银行流水勾兑金额差异报表和月末营销各科目余额报表，满足营财人员快速用数、便捷用数的需求。

三、构建电费风险立体管控体系的主要成效

（一）形成了标准化记账流程

通过明确线上记账步骤、方法和要求，融入相关的会计准则、法律法规和监管要求，中心形成了一套标准的电费收取自动记账流程，减少了账务人员重复劳动和跨部门的沟通成本，减少了人为错误及篡改发生，有助于公司内部进行成本分析、业绩评估等管理活动，精准直观展示了电费回收经营成果。通过运用数字技术手段，已简化业务操作24项，减少重复录入环节16个，大幅提升了账务资源配置效率，促进了以价值为导向的风控文化培育。实现了电费业务数据的真实性和合规性，同时智能辅助管理人员做出经营措施改进，降低了记账风险和经营风险。

（二）实现了智能化实时监控

创新上线电费收缴全环节、全过程、全链条的实时监控平台，实现收费对账异常数据及时发现、及时处理，有效压降在途资金26%以上，收费差错降63%以上，实现了电费资金安全可控、在控、能控，保障了公司经营效益。进一步促进业财共享融合，实现融资精准管控、运作精益安排、安全智能监控，助力推进以"融合共享、智慧先进、安全集约"为主要特征的资金管理数字化转型升级。"宣关拦控"反诈组合拳有效拦截可疑资金，确保每笔电费资金来源都可追溯，切断了不法分子利用电费渠道进行诈骗洗钱的渠道，有效保障广大电力客户的切实利益，确保资金管理的合规性。

（三）提升了客户服务满意度

通过精简退费资料、审批流程，实现客户申请退费"一次都不跑"，工作人员审批"一次都不跑"，客户退费体验大幅提升。山东自有交费渠道年累计交费额超千亿元，连续7年稳居国家电网公司首位，电费金融产品的不断拓展，切实为中小微企业缓解了现金流压力，让更多的电力用户体会到电力金融服务的便利，助力公司电费颗粒回收，助推公司经济持续健康发展，同时确保服务流程的合规性。

（四）降低了企业经营风险

联合中电联深化信用评价体系应用，依托失信"重点关注名单"纳入、退出机制，探索形成"评价识别、核验发布、失信警戒"的"以信促收"管理流程，依法合规提升电费回收工作质效，降低企业经营风险。截至2024年8月，已报送111户欠费明细启动失信"重点关注名单"认定程序，成功追缴106户、891万元电费。通过基于OCR的合同识别，强化履约风险管控，完成62万余份合同、协议核查，发现整改签章不完整、信息与档案不一致等问题18万余条，确保合同的合法合规性，有效降低合同纠纷和法律风险。

参考文献

［1］ 汤晓前，刘俊，徐宠，等.构建基于大数据的电费风险精益化管理模式［C］//浙江省电力学会2021年度优秀论文集.国网浙江省电力有限公司金华供电公司，2022：4.DOI: 10.26914/c.cnkihy.2022.018143.

［2］ 张赫鹏，栗剑，靳健男，等.大客户信用评价与电费风险管理研究［J］.中国电力企业管理，2023（21）：66-67.

［3］ 王艳.电力企业内部审计风险成因及防范对策研究［J］.中国产经，2023（24）：80-82.

［4］ 陈文楷，孙超，李昕，等.如何将合规管理融入公司大风控体系［J］.国际工程与劳务，2022（8）：71-73.

［5］ 孙亚男.电网企业如何安全管理电费资金［J］.中外企业家，2017（24）：46-47.

以流程管理为中心的
生产经营内部控制体系建设

汪　澜　陈红江　王玉昕

国核宝钛锆业股份公司

摘　要

本文以案例形式讨论了国核锆业生产管理业务中存在的风险，通过流程体系建设、信息系统的使用实现生产业务风险的全面内部控制，建立流程分级分类管控机制，对各类制造业企业生产流程优化具有指导性意义。

关键词

流程管理；生产经营内部控制；风险控制；风险评估

流程管理是生产控制体系的主要脉络构成，是连接 ERP 生产控制点的主要载体，是实现业财系统对接的重要保障，是生产控制体系运转的重要的系统化方法。具体地说，就是根据业务管理关系，制定业务指导原则，通过建立规范企业经营行为的流程，发挥提升企业经营效率的作用。

一、国核锆业生产管控体系问题梳理

国核宝钛锆业股份公司（简称国核锆业）为国家电力投资集团公司下属二级单位，是一家以海绵锆生产、锆合金熔炼、坯料制备、管棒板带材成品制造及返回料处理为主业的金属压研加工类企业，拥有国内首条完整的核级锆材产业链，提供核电用材料及民用锆材及服务业务。由于核用锆材产品精度要求高、用户质量要求严格、生产环节精细复杂，管理难度较大，部分生产管理环节较为薄弱，通过全面梳理公司生产管控体系，发现公司主要存在以下几方面的问题：

（一）现有制度虽然较为全面，但缺乏对关键风险的重点控制与管理

国核锆业现行生产风险管控制度 18 份，涵盖生产计划制定、实施、外包加工、生产统计、生产考核等环节，制度数量居多但重点不突出，制度与制度之间衔接不紧密，制度不成体系，忽略了对关键节点的控制，风险控制工作效率和质量难以保证。

（二）对生产风险的识别和预警力度不够，对风险的过程控制关注不够

国核锆业现行生产相关制度的完善主要依靠各项审计监督、内控评价、巡视巡察发现问题的对应

整改，而非自上而下的管理职责、业务流程梳理。制度持续性"打补丁"导致制度流程系统性较差，可执行性不足，在制度执行中往往会被动接受风险，而无法体现事前和事中风险控制的理念。

（三）系统缺乏统一规划，造成内部控制的瓶颈或断层

国核锆业财务、法务、综合办公、采购、物资管理系统分别归属于各部门管理，且开发平台各异，数据口径各异。系统建立和运行仅考虑部门自身业务的信息需求，缺乏跨部门之间的系统交流，未形成统一的标准化信息数据，信息系统兼容性不佳，各项信息难以准确及时传递，给公司经营和管理带来潜在风险。

（四）业务流程不健全、流程信息化、表单化能力有待提升

国核锆业在日常管理中更多关注经营目标总体完成情况，部分业务审核、批准、考核机制不健全，流程节点的控制未落实在表单中，易导致流程执行疏漏，从而降低了业务风险防范的及时性和有效性。

二、以流程管理为中心的生产内部控制体系构建思路

通过对国核锆业生产风险控制体系存在问题的全面梳理，结合公司制度体系，围绕公司核心业务，严格按照内部环境、风险评估、控制活动、信息与沟通及内部监控五要素要求搭建内部控制体系，明确内控体系搭建工作思路，即以流程梳理为中心，以关键业务风险评估和建立控制措施为主线。

（一）梳理流程管控思路，建立流程管控体系

在国核锆业分层建立制度流程管控机构，分别明确董事会、党委会、总办会制度流程审核职责及批准流程，确定各部门、各分子公司负责人为业务流程第一责任人，各部门、各子公司内控管理员为流程管理工作对接人。法企部组织建立公司流程管理制度，规范流程框架、流程设计、执行、评估、优化、废止相关事项，将流程系统分为三级五类，实行会议决策，全面对接公司制度管理规定。

国核锆业流程分为党的领导和党的建设、战略管理、业务管理、职能管理和监督五大类。按管理层次，公司流程分为以下三个级别：一级流程是展示公司权责配置、战略定位的职能全景（见图1）；二级流程是根据业务规律把职能分解为职责，展示各管理业务环节在组织机构之间的流转顺序，形成业务流程（见图2）；三级流程是把单项业务环节拆解为工作步骤，展示工作事项在组织间、部门间、部门内部各岗位之间流转的逻辑关系与时间顺序（见图3）。

（二）全面梳理生产管理制度

按照国核锆业生产管理职能，从生产计划、实施、外包、统计、考核管理等业务板块对现有18份制度进行重新分类分级，将企业经营活动涉及的所有业务过程与关键环节显性化，重新界定每个制度制定的目标、范围，对于存在重合的部分内容重新划分，对于缺失的内容进行补充，最终形成一级管理规定1份，二级管理办法5份，三级管理细则10份，制度管控职责范围更加清晰明确，制度衔接更加紧密，制度管控逻辑更加清晰。通过制度梳理，为后期识别业务风险，制定管控措施打下坚实基础。

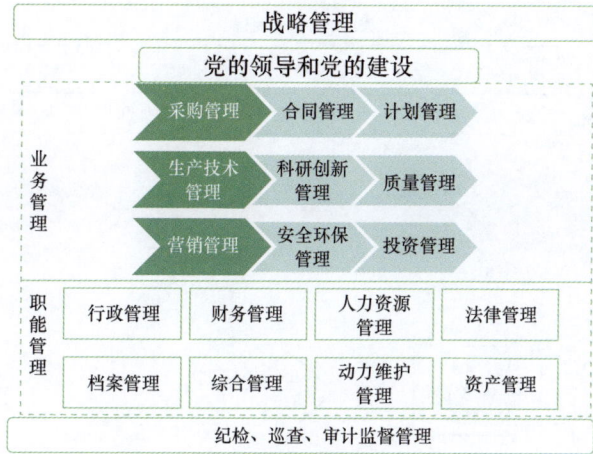

图1　整体流程分类概览（职能全景图）

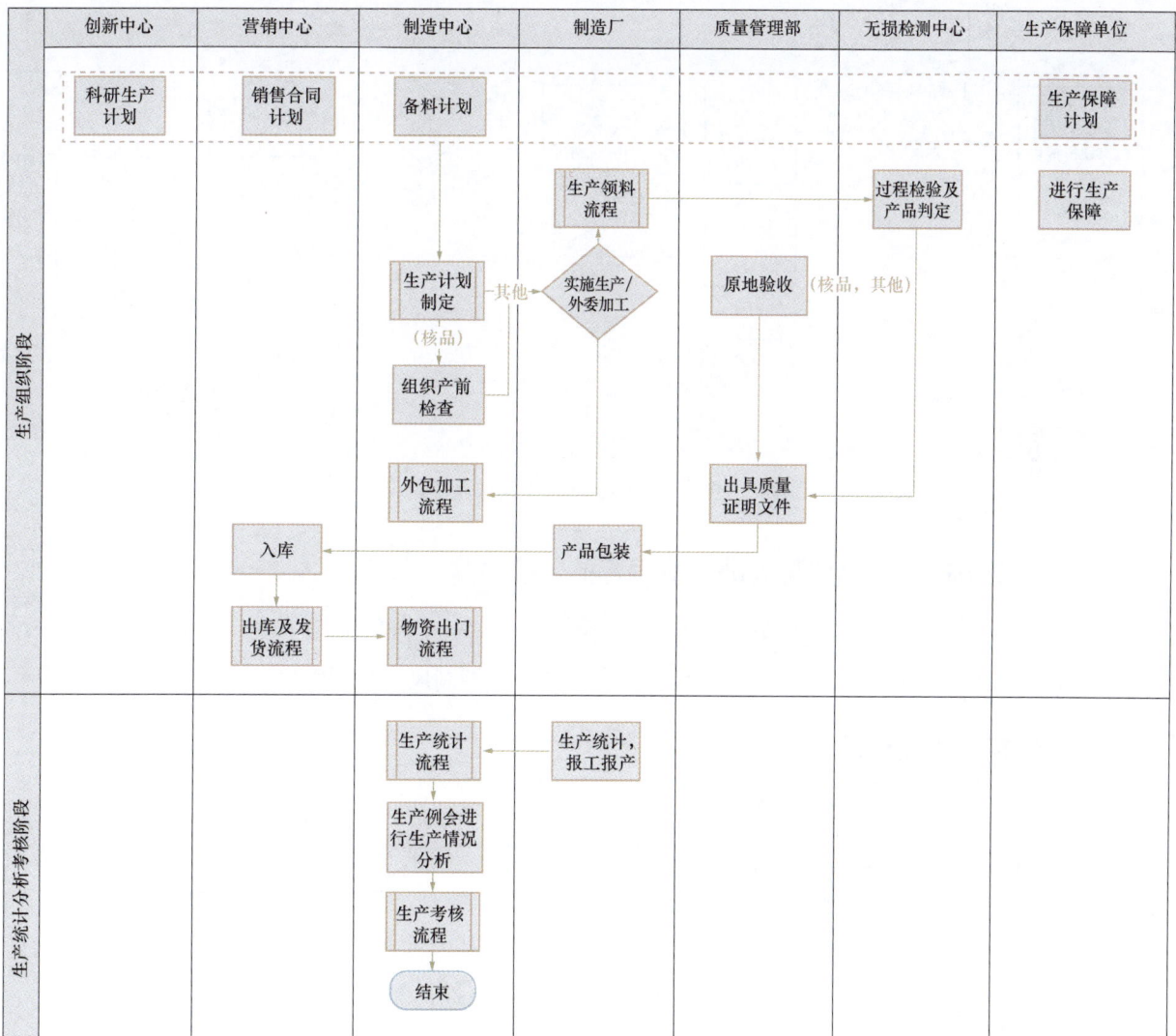

图2　生产组织流程（业务流程图）

生产统计报告流程						
生产单位		生产与技术管理部			公司领导	输出文档
生产统计员	生产主管	生产统计员	生产主管	负责人	副总经理	输出文档

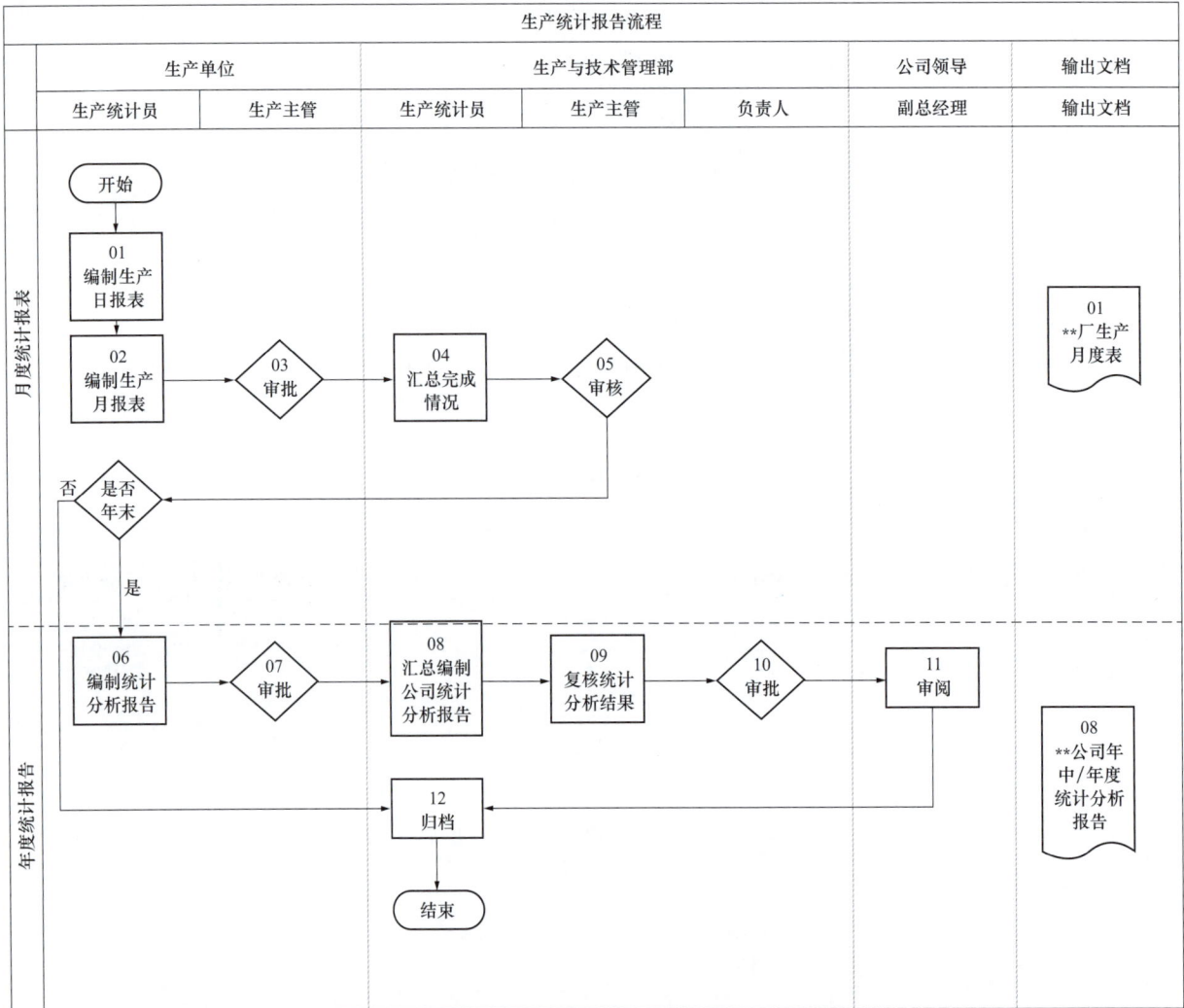

图 3　生产统计报告流程（岗位流程图）

（三）识别关键业务流程与关键环节流程的管控风险

由国核锆业法企部牵头，制造中心、财务部门配合，根据部门职责细化内容，全面细致识别关键业务与关键环节存在的风险点（见表1），为后续降低和合理控制风险提供线索。

（四）组织推进流程设计

在生产风险管控中，流程是实现风险控制的保证。国核锆业流程设计要重点关注两个方面：一是梳理业务流程环节中的隐藏风险，进行风险描述及风险分析，便于形成措施降低风险；二是体现流程运转的过程控制，即建立关键控制表单。经过多次研讨分析梳理，最终确认生产管理业务风险点15项，一级流程1份，二级流程1份，三级流程7份，关键控制表单8张。实现5项生产管理程序信息化，大幅提升各生产环节效率，为国核锆业高质量发展提供保障。

1. 内部环境

国核锆业优化风险与内部控制组织机构，形成"自上而下，纵向到底，横向到边"的风险管控机制。公司成立董事会，负责掌握公司面临的重大风险及批准公司风险控制措施，批准内控体系建设及审议内控体系报告；成立董事会审计与风险管理委员会，负责审议公司风险控制报告、内控体系报告并提出建议。法企部负责组织公司全面风险评估，形成应对措施并跟踪风险化解进展，组织各部门开展内控体系建设及评价，跟踪内控问题整改及考核。各相关部门及子公司负责职责范围内的风险评估及内控体系建设及评价、整改，各层级职责明确。

2. 风险评估

国核锆业牵头制造中心开展生产经营专项风险评估，形成相应工作策划，明确工作分工，梳理生产环节，从定性分析和定量控制两方面进行风险评估。

定性分析主要通过《国核锆业内控手册》生产风险控制清单中进行自查，详细排查生产相关部门、关键岗位、关键业务环节，形成风险框架（见表1），涵盖15项生产风险。发放调查问卷，并按照风险发生的可能性及影响程度进行分析、排序，最终确定重要风险项（表2中排名前3位的风险项为重要风险项），并形成重要风险项控制措施。法企部负责重要风险项控制措施的跟进及监督，确保风险控制有效。

表 1　　　　　　　　　　　　　国核锆业生产经营风险识别框架

流程	三级风险	风险描述
生产计划	生产计划的制定与调整	未对生产计划调整申请进行适当审核，可能导致调整申请事项缺乏真实性，缺乏可靠依据，调整事由不充分、不合理，影响生产任务目标的顺利实现
生产执行	物料调配管理	未对合同用生产物料领用进行适当审核，可能导致物料领用过多造成过度消耗，或物料领用过少造成交货量不足
		未对非合同用生产物料领用进行适当审核，可能导致物料数量、状态与使用不匹配，导致准备不足，或领料过多影响正常合同生产
	产品质量检测	产品质量检查不严格，可能导致不合格品未及时发现，影响公司声誉
	不合格产品处理	不合格品处理不当，可能导致单位财产损失
	生产进度检查	未定期统计生产进度，可能导致生产计划滞后未及时发现，影响公司正常合同交付
统计分析	生产数据统计分析	未对生产统计内容进行适当审核，可能导致统计报表数据不真实、缺乏可靠性，不全面、不充分，核算不准确，无法为公司重大决策和生产管理决策提供真实可靠信息
	生产标准类文件编制与审批	标准类文件未经过严格审批，修改意见未得到及时反馈及评审。导致标准类文件未及时发布
		标准类文件未定期及时更新，标准清单未经过适当审批
		标准项目建议书及标准草案未得到及时修改意见以及审批
外包管理	外包业务签订	外包业务实施方案未明确外包范围，不符合生产经营特点，未考虑外包成本效益风险
		未明确外包业务的审批权限，外包相关质量、生产、市场、财务部门应在授权范围内进行审批，重大外包事项上会决策会议审批
		承包方缺乏履约资质、从业人员不具备专业资格、缺乏相关经验；未对承包方数量进行充分调研，导致承包方选择范围小；对公司外包人工成本、营销成本、业务收入、人力资源未进行充分测算分析，外包定价不合理，导致企业损失
		外包合同条款未对业务外包风险做出明确规定，违约责任界面不清晰，外包价格不合理或成本费用过高

流程	三级风险	风险描述
外包管理	外包业务履约及验收	信息沟通不足，承包方对承包业务工作流程、技术参数、质量、保密要求不熟悉，导致外包组织工作未落实到位
		承包方因市场价格变化、技术质量控制不力、泄露商业秘密导致违约风险
		验收方式与外包交付方式不匹配，验收标准不明确、验收程序不规范导致企业损失的风险

表 2   **国核锆业生产经营风险分析结果**

风险排序	二级风险	可能性	影响程度	乘积	从属一级风险
1	外包验收风险	2.75	3	8.3	运营风险
2	承包方调研风险	2.75	2.81	7.7	运营风险
3	合同用物料调配管理风险	2.69	2.75	7.4	运营风险
4	产品质量检测风险	2.56	2.88	7.4	运营风险
5	承包方履约风险	2.5	2.81	7.0	运营风险
6	外包组织过程风险	2.63	2.63	6.9	运营风险
7	生产数据统计分析风险	2.56	2.69	6.9	运营风险
8	外包合同签订风险	2.5	2.75	6.9	运营风险
9	外包业务实施方案制定风险	2.5	2.56	6.4	运营风险
10	生产计划的制定和调整风险	2.44	2.56	6.2	运营风险
11	外包审批风险	2.44	2.56	6.2	运营风险
12	生产进度检查风险	2.31	2.5	5.8	运营风险
13	非合同用物料调配管理风险	2.38	2.38	5.7	运营风险
14	不合格品处理风险	2.25	2.5	5.6	运营风险
15	标准类文件审批风险	2.06	2.31	4.8	运营风险

定量控制主要是梳理风险控制指标，经过多次研讨及评估，制造中心主要涉及的定量风险控制指标为主要产品的一次合格率、生产完工及时率，制造中心在生产各工序中定期检查各项产品指标值，并予以严格控制。

3. 控制活动

公司制造中心从以下三方面加强重要生产风险控制：

针对外包验收风险（表 2 中风险 1），公司制造中心梳理外包业务流程，升版《外包加工管理制度》，制造厂配备专职监造及验收人员，对外包的半成品、质量部对外包的成品进行验收，并提供最终验收报告；制造中心结合制造厂及质量部的验收报告，对外包业务是否达标的进行总体评价。

针对承包方调研风险（表 2 中风险 2），公司制造中心严格按照《外包服务及评价管理程序》要求组织技术、质量、生产、法务等相关人员对外包厂家进行调研评价，确保符合公司合格供应商要求。依据公司年度生产计划，对涉及外包加工项目，制定相关策划，编制采购文件，充分利用公司招采平台进行公开选商，扩大选商范围，形成有效的竞争机制。

针对物料调配风险（表2中风险3），优化物料管理制度，现场物料出、入库设专人管理；结合市场部的市场需求和公司年度预算，逐步分批投料；出现生产异常，严格按照制度办理补投料领用手续；加强物料盘点工作，理清物料清单台账，及时与市场销售结合，消化一切可利用及改制物料，降低库存；做好过程数据统计分析及金属平衡工作。出现质量异常产品，先关闭问题，再进行投料，减少投料的风险。

下一步，公司制造中心将建立生产风险预警机制，明确风险预警指标及预警区间，并对具体预警等级中各责任部门、责任岗位应采取的措施进行明确的流程规范，对各类导致生产任务无法完成的风险项，做到早发现、早预警、早沟通、早处置，将生产管理风险降到最低，为企业生产经营提供切实可行的保障。

4. 信息与沟通

经公司系统运维人员多次调整测试，打通了原有法务管理系统、财务系统、综合信息系统、采购系统壁垒，实现了采购、授权、合同、会议决策及财务信息在各系统之间准确及时传递。公司重点打造 ERP 管理系统，实现生产、物料、销售、设备管理、投资项目管理与前端系统相互融合，实现数据的动态及可视化管理，信息传递流程逐渐规范化、精准化。业务一体化融合为公司生产风险控制、生产计划控制、精细化成本控制、经营效益分析提供保障，公司生产经营整体效率大幅度提高。

5. 内部监控

制造中心负责公司生产经营活动管理，发挥一道防线的作用；法企部开展内控评价，评价生产各项环节的制度及程序的合规性，各项风险的防控能力。纪检监察/党委巡察部门、审计部门作为三道防线负责内部监督活动，对公司整体的风险控制、内部控制情况、经营情况进行定期与不定期相结合的监督检查。同时，结合外部第三方独立审计和上级集团公司定期内控审计查找出来的问题，加强对公司相关内控方面存在问题的整改推进，确保公司内部控制的有效性，合理控制公司各项业务风险。

（五）加强流程管控的持续优化

现代化管理的要求可简述为"管理制度化、制度流程化、流程表单化、表单信息化"，足以体现流程管控的必要性。流程是制度的"骨架"，在流程管控过程中，要充分关注流程管理的动态性，根据公司外部环境变化、战略规划、经营方针、组织机构变化及时进行修订以满足公司发展需要。

国核锆业全面遵循"法律、合规、风险、内控协同管理体系"顶层设计，以风险控制为导向，以合规管理为监督重点，以内部控制为根本和基础，以法务管理为支撑，近10年开展5次全面内控体系建设，通过不断梳理完善，最终形成了符合电力企业要求的立体式合规风控体系，实现"依法治企、强内控、防风险、促合规"的管控目标。

国核锆业持续优化改进业务制度及流程，目前已形成涵盖采购、销售、生产、资金、资产、人力、安全环保等18项业务模块的全业务流程内控合规体系，形成业务流程图150余份并动态更新，为各领域业务合规提供指导依据，通过流程管理实现全面经营风险管控。

同时，国核锆业在流程管理过程中也充分考虑了成本效益的原则，审核控制节点少于两项且不涉资金资产、会议决策的子流程，在制度、程序文件等管理性文件中文字描述控制过程、控制要求，不再单独建立流程图，既保持流程管控的适度性，又有利于合理控制风险的同时提高企业运行效率。

参考文献

［1］ 张治先.现代企业内部控制理念的五大转变［J］.财务与会计，2022（8）：1-6.

［2］ 池国华.基于管理视角的企业内部控制评价系统模式［J］.会计研究，2020（10）：10-12.

［3］ 董月超.从COSO框架报告看内部控制与风险管理的异同［J］.审计研究，2019（4）：105-107.

［4］ 孙光国，等.内部控制的有效性与效率：比较与启示［J］.财务与会计，2013（12）：115-116.

"1+3+N"港贸一体化合规管理体系探索与实践

陈婉儿 尹 松

广东阳江港港务股份有限公司

摘 要

广东阳江港港务股份有限公司（简称阳江港务公司）积极探索符合港口实际的合规管理体系路径，研习与港口密切相关的法律法规、行业准则、案例，基于港贸一体化运作模式，构建起了1项合规管理基本制度、3项合规管理运行制度和N项合规管理文件，并将合规管理与港口服务、港口贸易深度融合，贯通上下游产业链，形成了符合港口实际的"1+3+N"合规管理制度体系，为港贸一体化合规管理体系建设提供制度依据。

关键词

"1+3+N"；港贸一体化；合规管理体系建设

随着市场经济活动的发展，企业所面临的外部监管要求不断加强，开展合规管理体系建设有助于企业应对因战略实施、安全生产、经营管理、法律事务、财务管理等方面引发的风险，降低因违规行为而产生的声誉损失和法律风险。为有效防范合规风险，阳江港务公司积极拓展港口服务、贸易业务等上下游产业链经营活动，提升企业市场竞争力，助力阳江港务公司高质量发展，提供依法合规保障。

一、"1+3+N"港贸一体化合规管理体系建设主要做法

（一）强化组织领导，明确合规管理职责

为开展合规管理体系建设工作，阳江港务公司成立了合规管理建设工作领导机构，强化领导、统筹全局、科学谋划，制定了《合规管理实施方案》《合规管理办法》，构建了由董事会、监事会、经理层、合规管理负责人以及合规管理牵头部门、业务部门及子公司整体联动、协调配合的合规管理组织架构。将合规管理要求有效嵌入到企业决策、经营、管理各个环节，形成全员各司其职、各负其责、协调联动的合规管理体系。

阳江港务公司设立了合规管理"三道防线"，明确"三道防线"的职责范围和分工协作。各业务部门及子公司是合规管理"第一道防线"，对其职责范围内的合规管理负有直接责任；阳江港务公司风控部门是合规管理"第二道防线"，负责合规管理工作的组织协调和监督指导，组织落实合规管理工作责任和目标，监督指导各部门及子公司做好合规管理工作；阳江港务公司审计部门是合规管理"第三道

防线"，对各部门及子公司的合规管理工作进行监督检查，对违规事件进行调查，并追究相关部门和人员责任。

阳江港务公司成立了合规与风险管理委员会，承担合规管理与风控管理的组织领导和统筹协调工作，研究合规与风险管理重大事项或提出意见建议。将合规管理、风险管理、法务管理、内控管理、制度管理职责统一纳入合规与风险管理委员会的管理职能中，推进合规、法律、风险、内控和制度"五位一体"体系建设，实现"强管控、防风险、促合规"的管控目标。

（二）构建"1+3+N"合规管理制度体系，实现外规内化

一是形成了"1+3+N"合规管理制度体系（见图1）。"1"是《合规管理办法》，作为合规管理工作的基本制度，规定了合规管理的组织机构、制度建设、管理重点、管理运行机制、保障机制等内容；"3"是三个专项合规运行制度，制定了《合规审查管理办法》《合规风险管理办法》《合规联席会议管理办法》作为配套管理办法，落实合规风险识别预警、合规风险应对、合规审查、合规联席会议等合规管理要求；"N"是《合规管理考核实施细则》《港口工程建设领域合规指引》《商品贸易业务合规指引》《合规风险库》《重要岗位职责说明》《重大风险预警应对方案》《合规管理手册》《合规承诺书》等。"1+3+N"合规管理制度体系作为阳江港务公司合规管理工作开展的制度依据，明确了"严守法纪　尊崇规则　遵章守制　令行禁止"的合规管理核心理念，搭建了治理层、管理层、执行层合规管理组织架构，构建了内部上下联动运作模式。同时，也规范了合规审查、合规风险、合规联席会议等合规管理运行工作，为合规管理工作开展提供理论依据，能够有效把控风险。

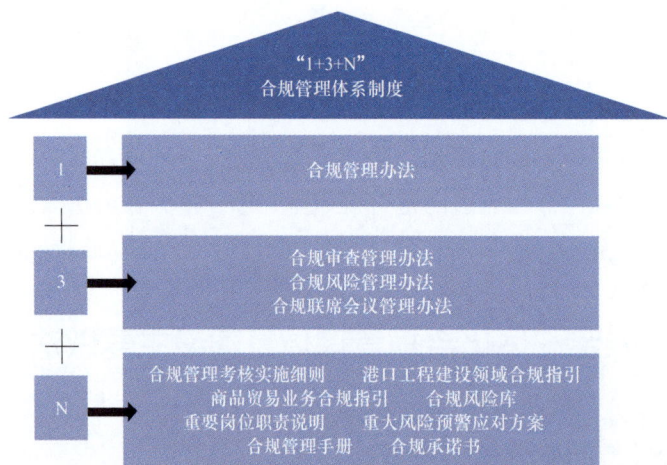

图1　阳江港务公司"1+3+N"合规管理制度体系

二是不断完善"1+3+N"合规管理制度体系。积极探索业务与合规管理要求的融合，全面梳理业务和制度流程，开展"外规内化"，进行规章制度"立改废"工作，形成常态化研究最新监管动态，提示、督促、跟踪相关部门及时将监管规定转化为内部规章制度。2022年，对阳江港务公司245项规章制度进行全面梳理审查，完善修订制度14项，新增制度3项，废止制度0项。2023年，向各部门征集合规管理制度的修订征集意见，对5项合规管理制度进行修订完善，健全合规管理运行制度依据。2024年，阳江港务公司开展《合规风险库》《重要岗位职责说明》等"外规内化"工作，对外部监管要求及时吸收转化为阳江港务公司内部规范。

（三）健全"1+3+N"合规运行机制，促进合规有效运行

一是以《合规风险管理办法》为基础，建立起合规风险识别、预警、应对机制，合规报告机制，合规管理评估机制等。阳江港务公司结合实际，从合规角度对港口业务进行了全面的梳理，建立起《合规风险库》，含合规风险点共218个，并定期更新完善，为各部门提供风险识别风险库；并制订《合规风险预警报告》，及时对风险进行提示和预警；制定《重大合规风险预警应对方案》，实现了对重大合规风险的有效应对处置。通过以上环节，实现了合规风险从合规义务识别、合规风险评估、合规风险应对以及持续改进等全过程闭环管理。

二是以《合规联席会议管理办法》为基础，建立合规联席会议机制。积极组织参加合规联席会议7次，组织召开合规联席会议4次。会上分析总结阳江港务公司合规管理建设开展情况、存在问题，探究解决路径，部署下一步合规管理工作计划。研习《安全生产条例》《公司法》《港口法》等法律法规，讲解合规热点案例，实现全员在合规管理中的信息共享，高效推进合规管理工作。

三是以《合规审查管理办法》为基础，建立有效的合规审查机制。对规章制度、重要合同和重大事项决策、重大项目运营等重大事项进行合规审查，具体而言，对货物装卸、仓储合同、场地租赁等重点业务进行合规审查，起到防控业务运行风险作用；对阳江港务公司制度是否符合外部监管要求进行严格审查；重大事项决策、重大项目运营事项对照"三重一大"管理事项清单进行审查，严格审核重大事项决策、重大项目运营事项内容、程序的合规性，对审查过程中发现不合规的内容提出修订意见，并督促落实整改。

四是以《合规管理考核实施细则》为基础，建立合规考核机制。将合规管理情况作为法治建设的重要内容，纳入年度综合考核及检查评价，将结果作为员工考核、干部任用、评优评先等工作的重要依据。

五是建立违规行为处罚问责机制，明晰责任范围，细化惩处标准，推动用规则管人管事，对违规行为严肃问责。

（四）明确合规管理重点，防范合规风险

按照全面覆盖、突出重点的管理原则，根据港口实际，通过对业务领域的调研评估，阳江港务公司确定了10个合规管理重点领域、3个合规管理重点环节、2类合规管理重点人员、9类重要风险岗位，将合规管理要求与现有业务流程融合，有效防控重点领域、重点岗位的合规风险。

（五）加强合规保障，确保"1+3+N"合规管理制度落地见效

合规管理体系建设以来，阳江港务公司投入了充足的人力、物力、财力以确保合规管理工作的有效开展，具体如下：

一是合规管理牵头部门负责合规管理工作的组织协调和监督指导，各部门负责人、专职人员及合规管理员有序开展各项合规管理工作。

二是将合规费用调整纳入阳江港务公司年度预算，为合规管理建设咨询项目提供了专项经费保障，并选聘专业咨询机构协助阳江港务公司开展合规管理体系建设工作，实现内外联动合规管理组织架构，确保合规管理工作顺利开展。

三是加强合规管理专业人才培训。阳江港务公司组织召开党总支"纪法学习"刑事合规专题及纪法案例学习共15次，强化对党员法治合规意识培育；组织合规管理培训13次，其中，各部门合规管

理员及纪检、风控、审计等职能管理岗位人员共 12 人参加 ISO37301 合规管理体系标准培训，6 人取得内审员证书，为合规管理体系认证工作做准备；阳江港务公司 1 人考取企业合规师。

四是开展多形式合规文化宣传。编制《合规管理简报》《合规信息学习》《合规信息》等，为阳江港务公司各部门及子公司了解近期新增或修订合规法律法规及上级规章制度，正确识别合规义务，普及合规文化作保障；组织全员签订合规承诺书，学习宣贯《合规管理手册》，推进全员合规落细落实；通过悬挂合规管理核心理念宣传横幅、重要岗位职责说明等方式普及合规文化，营造合规氛围，推动"要我合规"向"我要合规"的转变。

（六）打造港口特色合规文化，有效化解港口贸易风险

阳江港务公司积极构建港口贸易一体化合规文化。一是将港口服务、大宗贸易纳入合规管理重点领域研究部署，深入研究港口服务法律法规、国际通行规则等合规要求，制定了《港口工程建设领域合规指引》《商品贸易业务合规指引》，为阳江港务公司工程建设、商品贸易业务的开展提供方向指引。二是制定《重大风险预警应对方案》。深入研究港口领域风险的应对方式及报告等内容，为解决港口运行风险提供应对方案。三是制定《合规风险库》。以各部门作为风险源，对港口建设及运营风险、合同管理风险、采购与招投标管理风险、工程建设风险、安全生产风险等合规风险进行总结归纳，从风险引发频率、后果严重程度、应对措施等全方位进行严格把控，有效防范化解港口贸易风险。

二、"1+3+N"港贸一体化合规管理体系建设实施效果

（一）以港贸业务为抓手，构建港贸一体化合规管理体系

强化合规管理组织领导职责，对重大件货物装卸、河沙贸易等业务进行集体决策和科学决策机制。充分考量市场因素及港口实际，对决策事件进行详尽周密调查，对业务运行风险进行科学控制，降低运营成本，并以港口、贸易外部监管、内部管理规范为红线要求，充分发挥好业务部门专业素质。高效协同法务、合规、纪检、审计等职能，对港口服务、贸易工作进行全过程管控，建立健全业务开展前期、中期、后期全方位、全流程监督体系。高效协同运输、装卸、仓储、贸易业务，实现了港口服务、贸易的有效衔接，确保依法合规开展港口服务、贸易，降低了港口服务、贸易的商业风险和交易成本，树立了良好的企业形象。

建立有效的合规审查机制，对规章制度、重要合同及重大事项决策、重大项目运营等重大事项进行合规审查，筑牢合规底线。按照业务发展周期，从责任主体、业务流程、控制节点等维度进行合规审查。截至 2024 年 4 月，完成重大项目决策、重大项目运营合规审查 38 项，完成规章制度审查 65 项；合同审查 346 项，合同审查率达 100%。其中，港口业务及贸易相关的合规审查达 106 项，有效防控了合规风险，提高港口贸易产业供应链的韧性和安全稳定性，为阳江港务公司高质量发展增值赋能；并制定《重大风险预警应对方案》，实时关注港口行业合规动向，及时发布合规风险预警并制定应对计划，为依法合规经营提供实时警醒，为企业的合法合规运营提供了即时且有力的保障。

（二）以人员及部门为坐标梳理合规风险，确保合规要求落实到人、落实到岗

阳江港务公司结合实际，以领导班子、全体员工、各部门、管理单位为坐标，共梳理合规义务及合规风险 218 项，形成合规风险库，将合规风险与内控措施对应，实现合规管理与内控管理的有效融

合；结合合规风险评估结果，确定了安全生产管理部、财务部、工程部、经营部、生产部等 9 类重要风险岗位，制定重要风险岗位职责说明，促进重点岗位人员掌握岗位风险职责和注意事项，在工作中严格遵守，确保合规管理要求落实到人、落实到岗。

（三）以"严守法纪 尊崇规则 遵章守制 令行禁止"为核心，厚植合规文化

阳江港务公司合规文化氛围浓厚，共召开了 15 期"纪法学习"会议，宣贯刑事合规专题内容，研习纪法案例等提升了员工干部法治合规意识，营造了风清气正的文化氛围。阳江港务公司主要办公场所均悬挂合规管理核心理念宣传横幅，张贴合规管理体系建设板报，中层以上管理人员办公室均悬挂合规管理核心理念宣传框；定期编制《合规管理简报》，总结上月合规工作开展情况及部署下月合规工作计划，提出存在问题和近期合规热点案例等内容；编制《合规信息学习》，每月梳理与业务密切相关的近期新增或修订法律法规及上级规章制度；编制《合规信息》作为月度学习的重要合规资料。截至 2024 年 5 月，共发布了 9 期《合规管理简报》、9 期《合规信息学习》、13 期《合规信息》。全员签订合规承诺书，学习《合规管理手册》，强化了合规意识，让合规经营促业务发展达成共识，合规文化入脑入心。

第三部分

前沿探究类

基于"两个融合"的电力战新产业项目全周期合规管理创新与实践

李　鹏　黄玉慧　赵翡翡　王晓明

山东鲁软数字科技有限公司

摘　要

战略性新兴产业代表新一轮产业变革的方向。党的二十大强调，要推动战略性新兴产业融合集群发展，为战新产业做强做优做大指明了发展路径。当前，电力行业战新产业面临机遇与挑战并存、监管与发展并重的历史考验，亟须优化合规管理体系，健全依法决策、依法经营的体制机制，提高防范化解重大风险的能力。项目管理是电力战新产业经营发展的基础，也是风险防控的重点难点。本文以项目管理为切入点，深入贯彻落实"业务管理与合规管理融合、法务管理与合规管理融合"的原则，系统梳理项目合规管理方面的薄弱环节，创新构建顶层规划、前端预防、事中管控、事后评价、数字赋能"五步走"的项目全周期合规管理体系，积极探索业规融合、法规融合的有效路径，开创精益管理新局面，为电力战新产业高质量发展提供有力支撑。

关键词

战新产业；合规管理；风险防控

一、电力战新产业合规管理研究背景

战略性新兴产业代表新一轮产业变革的方向。党的二十大强调要推动战略性新兴产业融合集群发展，国务院连续三个"五年规划"均提及发展战略性新兴产业，打造经济社会发展新引擎，为战略性新兴产业创造了广阔的发展空间。本文所称的电力战略性新兴产业，即指各级各地电力企业通过控股参股组建的战略性新兴产业单位，其目的是积极服务国家"双碳"目标落地，运用"大云物移智链"等新兴技术，大力推动能源转型、新型电力系统建设，主要业务涉及计算机系统研发运维、电力智能设备研发制造、新型储能技术服务等领域。伴随国家法治进程的加快推进，对相关新业务、新业态的规制和监管也越发严格和细致，电力战略性新兴产业依法合规经营在诸多方面面临严峻挑战。

（一）电力战略性新兴产业合规管理的必要性

一是健全完善法治合规体系是国有企业义不容辞的使命担当。习近平法治思想强调用"十一个坚持"推进国家治理体系和治理能力现代化，党的二十大报告明确提出"在法治轨道上全面建设社会主义现代化国家"。依法治企作为依法治国的微观基础，是推动企业改革发展、转型升级的重要保障。国务院国资委在 2024 年中央企业负责人会议上强调"深化法治央企建设，加强合规管理体系建设和流程管控"。作为能源电力行业的战略性新兴产业，都是国有企业一员，都必须担负起国有企业的职责使命，深刻理解和认真践行全面依法治国基本方略，坚持依法合规经营，建立健全符合行业特点的治理体系、管理机制和业务流程，将合规价值转化为经营发展的战略优势。

二是新业态新技术快速发展的新格局对企业合规风险管控提出了新挑战。党的二十大、中央经济工作会议、全国两会多次强调加快发展战略性新兴产业，国务院国资委围绕"9+6"重点领域实施央企产业焕新行动和未来产业启航行动。根据国务院国资委确定的目标，到 2025 年央企战略性新兴产业收入占比要达到 35%。随着新质生产力加快形成，新型电力系统建设加速推进，必将推动电网数字化等先进技术发展，激发源网荷储协调控制、新型储能等新兴业务潜能，电力战略性新兴产业发展壮大即将迎来黄金机遇期。电力战略性新兴产业的快速发展往往伴随数字化和智能化，涉及传统电力业务与新兴技术的融合发展，合规管理也会相应涉及多个法律体系，网络安全、数据安全、个人信息保护、知识产权保护等领域合规新挑战越来越多，增加了经营管理的复杂性。

三是在严监管环境下实现高质量发展的目标成为企业依法合规经营的强大动力。近年来，在内外部审计、巡视巡察等各类监督检查中，电力战略性新兴产业是重点和敏感领域。从行业看，国家持续强化电网等自然垄断行业经营范围和经营行为监管，综合监管检查持续聚焦违规获取工程、违法转分包等问题；从专业看，随着国资监管、国家电网产业管理要求全面落地，电力战略性新兴产业面临的监督监管要求更高、范围更广、链条更长。因此，电力战略性新兴产业谋求高质量发展，就要在发展策略、运行机制上主动适应合规监管要求，预防经营风险，提高合规管理水平，拓展新发展空间。

（二）电力战略性新兴产业项目合规管理面临的主要问题

在法治中国、数字中国建设的大背景下，各级各地电力企业立足数字化转型实际，大力推动电力战略性新兴产业发展，提高战略性新兴产业收入占比。承揽项目是电力战略性新兴产业最主要的经营收入来源，承揽项目的签约实施是最重要的经营行为，项目管理成为求生存、谋发展的利器。山东鲁软数字科技有限公司（简称鲁软科技公司）是国网山东省电力公司全资设立的战略性新兴产业，项目新签收入已超越省内、外同类型同级别电力战略性新兴产业，位列网省层级电力战略性新兴产业梯队第一名。本文以鲁软科技公司项目合规管理为例，对内控合规、安全督查、各专项审计及巡视巡察等检查中发现的问题进行分析，发现在项目管理、组织实施过程中还存在部分薄弱环节。

一是业务开展与合规管理融合不紧密。在合规管理体系建设运行过程中，企业合规部门与业务部门应当理念相融、共同协作，针对业务开展制定可操作性强的合规体系建设方案。自 2019 年来，电力企业开展全面构建合规管理体系，但电力战略性新兴产业与传统电力业务不同，合规管理体系在设计时，部分基层单位过度参考、仿效传统电力业务模式下的合规管理体系，导致合规建设方案过于格式化、程序化，与战新产业业务类型匹配度不高。在业务开展过程中，业务部门员工合规意识、合规水平参差不齐，过度依赖合规管理部门的处置意见，不能及时准确地了解、发现、掌握、防范处置企业合规风险点。

二是合规要求未能在业务末端有效落地。战略性新兴产业多数业务点多面广、实施周期长，多种因素导致合规管控在部分项目末端环节难以有效落地。公司业务范围覆盖全国，一半以上项目实施地在外地，项目周期多在一年以上，驻外人员十分分散，日常很难集中培训、管控，相关合规要求能否及时落实到项目的每一个流程环节、每一名项目员工，公司总部难以有效掌握和管控。从各种检查反馈情况看，项目招标投标、合同签约履约、分包管理等重点领域风险隐患多发，实施过程中延期履约、擅自变更主要条款、分包验收不规范、项目资料归档不全等问题时有发生。

三是人才队伍现状无法满足业务快速发展对法律保障的现实需求。电力战略性新兴产业业务增长迅猛，以鲁软科技公司为例，近三年营业收入年均增长 38%，相应地，对法律合规保障需求日益迫切。而战略性新兴产业普遍人员配置紧，法律合规专职人员少，后备人才不足；业务部门从业人员较为年轻、学历水平高、思想多元化、个性强，对法治合规工作认同感、重视程度不够，法律合规知识有限。以上多种因素制约了法治合规工作的提升，法律保障水平跟不上业务发展的步伐。

二、项目全周期合规管理的实践做法

强化合规管理是加快构建产业发展新格局的必由之路，也是实现电力战略性新兴产业自身高质量发展的关键之举。鲁软科技公司坚持问题导向、系统观念，以习近平法治思想为指导，深入贯彻落实《中央企业合规管理办法》，以项目全流程合规为目标，积极探索"业务管理与合规管理融合、法务管理与合规管理融合"（简称"两个融合"）路径，创新构建顶层规划、前端预防、事中管控、事后评价、数字赋能"五步走"的项目全周期合规管理体系（见图 1），保障了各类项目依法合规落地，有力推动了业务快速增长、企业高质量发展。

图 1　项目全周期合规管理的实践做法

（一）做好顶层规划，科学优化"两个融合"管理体系

优化完善"两个融合"的组织体系、制度体系和人才队伍，发挥党建引领作用，大力弘扬"制度立本、契约立信、合规立身"的法治文化，为项目全流程合规运作构筑坚实基础。

1. 优化"两个融合"高效协同组织体系

制定公司合规管理办法，全面厘清党委会、执行董事、经理层、合规委员会、首席合规官合规职责，压实业务部门、合规管理部门、监督部门职责，形成"公司党委引领方向、合规委员会统筹领导、三道防线落地执行"分级管控模式。2023 年 1 月至 2024 年 3 月，公司"三会一层"决策会议审议合规议题 42 项，召开合规委员会会议 4 次，发布 17 份重大决策合法合规性审核意见书、11 份法律合规风险提示书，业规融合的组织体系高效运转，充分发挥了统筹协调、分级负责、协同推动作用。

2. 建立"两个融合"高水平合规管理员队伍

组建起一支融合业务和法律人员的跨专业团队，把合规管理员队伍建设作为促进业务和法务人员双向交流的重要渠道。选聘 1 名负责人担任合规管理员、1 名业务骨干担任合规联络人，截至 2024 年 3 月，公司合规管理队伍达 38 人，管理人员、一线员工分别占比 36%、64%，党员占比 55%。以制度形式细化、固化合规管理队伍 8 项职责，召开队伍建设座谈会，公司执行董事勉励充分发挥干事创业热情，做到人员配置到位、责任履行到位、教育宣传到位，在组织体系上推动合规管理"关口前移、重心下沉、贯穿一线"。

3. 健全"两个融合"全领域覆盖制度体系

开展制度建设自查自纠，梳理制度执行现状。发布应执行规章制度清单 621 项，制定公司合规管理基本制度——合规管理办法。加强项目、物资、研发、网络数据安全等重点业务合规管控，新建公司承揽项目管理办法等制度 9 项，修订研发安全管理办法等制度 10 项，全年制修订制度 19 项，同比提升 66.7%，真正让制度契合战略和管理实际，实现重点业务领域制度全覆盖。

4. 强化"党建＋合规"旗帜领航作用

紧抓"关键少数"，创新开展"党建＋合规管理"亮旗提质工程，公司领导班子专题学习合规管理办法、领导干部应知应会法律法规清单内容，带头签订合规承诺书，强化党员领导干部合规立身、依法履职理念。发挥"头雁"引领作用，党支部书记带头讲法，依托"支部书记在现场"活动，宣贯数据保护、知识产权典型案例，普及法律合规要求。打造支部合规堡垒，以"一区一岗"为抓手，建立"合规管理责任区"，将合规履责纳入党员承诺，各级党支部开展合规学习讲座 20 余次，实现了党员带头学合规，党员身边无违规。

5. 营造"法治＋合规"浓厚文化氛围

坚持"与实践结合、与业务融合、与需求契合"普法理念，深入实施普法宣传强基工程。举办"美好生活·民法典相伴"法律公益咨询周，能源行业《反垄断法》《反不正当竞争法》宣传周，"世界知识产权日"专题培训，《网络安全法》《数据安全法》《个人信息保护法》网络安全技术沙龙，"国家宪法日"普法答题等活动，常态化组织《安规》普考活动，累计 3400 人／次参加，营造尊法学法守法用法的浓厚氛围。策划规章制度宣贯系列活动，开展新员工入职合规培训，上好"入职第一课"。全年累计开展合规培训 5 次，158 人／次参与；全员签订合规承诺书，增强了员工按制度履责、按规矩办事的思想自觉和行动自觉。

（二）强化项目前端预防，源头防范合规风险

抓住风险事前防控这个根本，立足项目实际，探索"两个融合"有效抓手，形成"两库、一清单、双评审"，推动合规"关口前移，重心下沉"。

1. 制订"通用＋业务"合规风险库，严把风险识别关

全面梳理公司业务面临的合规风险，分析风险发生的可能性、影响程度、潜在后果，采取"通用＋业务"相结合的方式，形成通用合规风险库1个、专业合规风险库20个（见图2），覆盖项目管理、物资管理、信息通信、科技发展等一级业务61项，细化数字化开发、网络信息安全、数据管理、系统运维、科技研发、产品质量等二级业务111项，识别合规风险536项，有效提升经营管理各类合规风险的识别预警能力。定期评估公司经营面临的各类法律风险的发生频率、危害后果，将高发风险列入年度风险控制计划，针对性制订风险控制措施，牢牢守住风险防线。

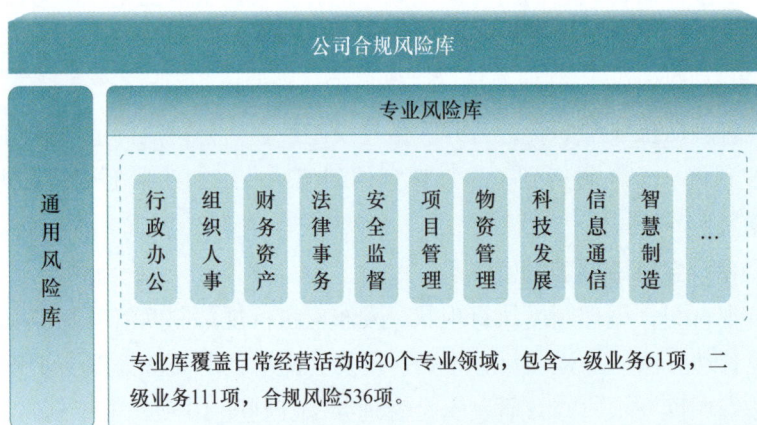

图2　公司合规风险库示意图

2. 制定项目合同示范文本库，严把合同签订关

囿于战略性新兴产业市场角色定位，合同磋商过程中常处于不利地位。为做好经营风险的源头管理，公司紧抓合同核心条款，严守业务磋商边界，梳理形成框架协议、产品购销、软件开发、科技项目等合同示范文本44份，强化合同谈判、签订过程的法律合规保障，从源头规范合同内容，依法维护公司权益。

3. 制定法律合规审核流程清单，严把合规审核关

通过书面调研摸底和现场调研讨论，组织梳理涉及法律合规审核的业务流程，形成公司涉及法律合规审核业务流程清单，包括重大决策、规章制度、合同管理、物资采购、法律咨询共5类44项业务流程，明确审核要点，清单内业务通过合规性审核才能开展。2023年，共开展招标法律保障86次、法律咨询52次，审核重大决策、规章制度36项，各类合同2338份，有力保障公司依法合规决策运营。

4. 前置经济技术双评审，严把项目立项关

承揽项目中标后，项目承办部门根据招投标文件、销售合同、技术协议等资料，制定项目里程碑计划，编制建设方案、可行性研究报告，科学评估项目预算和成本，提交公司进行项目技术、经济评审。公司分批次组织优秀专家、"两级四类"专家和外部专家开展项目技术、经济评审，出具审结果。项目评审通过，报公司领导批准后开工，从源头保证项目的经济性、可行性。

（三）强化项目事中管控，确保实施过程合规高效

依据"管业务必须管合规"原则，修订公司承揽项目管理办法，将合规要求嵌入项目计划、实施、验收、考核全生命周期，紧抓分包管控、合同审签、验收归档等关键环节，保障项目精益合规。

1. 抓实采购"三个管住"，严格控制项目分包

承揽项目实施确需分包时，严抓"三个管住"，坚决杜绝整体转包、主体分包、关键业务分包、超比例分包等违规行为。管住计划，制定采购管理工作细则，建立采购计划与项目立项、经济评审的横向联动审查机制，加大对分包采购计划专业技术审查力度，针对"带病提报"、反复退改的采购计划，影响招标采购活动的，纳入绩效考核，从源头上遏制风险。管住专家，整合公司内外部资源，健全采购文件评审专家库力量，引入法律顾问、招标代理机构协同开展评审活动，建立采购评审专家激励机制，充分调动专家积极性，不断提升采购文件质量。管住评审，优化评审细则，编制资质业绩负面清单，强化现场审核查验，严把发标前文件关、评标中否决关、评标后考核关，确保不良舆情、责任投诉、泄密事件"三不发生"。

2. 优化授权策略，加快合同审签进度

优化调整采购合同审批分级授权标准，厘清不同层级、类别合同的签署流程与差异，编制宣贯"合同承办明白纸"，发布《关于进一步加强合同精益合规管理的通知》，明确合同起草、审核、修改、回退各环节审批时间，加快合同流转效率。

3. 建立分级分类项目模型，有效管住关键节点

制定项目开工、验收、结项三大关键环节工作规范流程，整理数字化项目咨询设计类、开发实施类、业务运营类、数据工程类、产品购置类里程碑节点 42 个。建立分级分类项目进度管控模型，跟进项目总体进展情况与重大项目实施进度，对里程碑和关键节点进行重点关注、追踪和记录，发现问题及时采取措施进行调整和纠正。对于因合同变更、实施条件变化等因素需要调整里程碑计划的，严格履行报批审核流程。定期通报项目计划执行情况，提高项目实施效率，确保项目按时交付。

4. 建立质量管控机制，保证项目交付品质

组建质量管理团队，发布质量管理工作方案，建立"周跟踪、月汇报、季度会"常态化质量管控机制。2023 年，共发布 12 期质量管理月报，数字化系统质量检查 3168 处，跟踪整改问题 224 项，保障研发项目过程合规性。加强数字化项目研发过程网络安全管理，上线研发测试云，在建系统全部"上云"，专区专用实现研发"硬隔离"。开展代码安全审计和"零漏洞"清理行动，排除漏洞隐患 64 处，修复代码风险 12000 余处，筑牢网络安全的"铜墙铁壁"。

5. 及时预警提示风险，确保风险可控在控

建立法律合规风险预警提示机制，针对项目相关典型性、普遍性、多发性法律风险及时示警，并提出管控措施。对项目部印章管理、签订电子合同、员工个人信息收集使用、网络安全与数据合规、专利侵权、虚假投标、应收账款管理等法律风险进行提示，确保风险可控在控。

6. 明确项目归档资料，全链条材料有据可查

按照"谁建设、谁负责，谁形成、谁整理"原则，厘清各类项目归档范围、保管文件目录、保管期限，建立定期归集机制，以季度为节点，项目承办部门对照范围、目录、期限，开展项目档案整理、归档与档案移交工作，确保档案资料的完整、准确、系统、规范和安全。

（四）强化项目事后检查评价，实现管理闭环

建立"检查—评价—整改"机制，对项目实施、供应商履约等情况进行跟踪评价，对发现的问题举一反三，建立改进提升长效机制，实现管理闭环。

1. 建立项目规范性检查机制

合理设计项目规范性检查标准（见表1）。全面剖析合规风险库中项目管理合规风险点，结合项目实施流程，明确合同签订、立项变更、采购分包、验收结项等5个阶段18项检查事项，详细规定每项检查事项定义、检查依据和检查资料。

表 1   项目规范性检查标准

阶段	检查事项	检查依据	检查资料
合同签订	外包验收风险	《中华人民共和国招标投标法》第四十六条规定：招标人和中标人应当自中标通知书发出之日起三十日内，按照招标文件和中标人的投标文件订立书面合同	中标通知书 销售合同
	……	……	……
立项变更	项目建设方案描述建设内容、技术方案、工期、分包等与合同约定不符	销售合同违约责任条款；《国网信通部关于进一步规范和加强信息化建设分包管理工作的通知》等相关制度规定	销售合同 建设方案
	……	……	……
采购分包	项目分包未经甲方认可	销售合同违约责任条款	销售合同采购合同
	……	……	……
验收结项	项目成本高于收入	项目成本管控不到位，成本高于收入	信息系统 销售合同 采购合同
	……	……	……
资料归档	归档不及时不完整	已完成项目销售合同、立项变更、实施过程、采购分包、验收结项相关资料归档不及时不完整	项目档案
	……	……	……

业法协同保障检查机制落地实施。检查标准涵盖项目投标、评审、开工、设计、实施、验收等所有环节，需项目管理部门、物资管理部门、项目责任部门协同合作、共同参与。公司精选业务部门骨干，建立跨部门检查团队，明确清单和流程，建立反馈和改进机制，以规范性检查倒逼业务合规开展。

2. 建立供应商评价机制

加强供应商管理，制定供应商评价管理工作细则，细化评价内容、标准、方法、流程，采用数字化手段，实现对供应商评价数据的自动提取及自动评分。评价结果与招标联动，在公司集中采购中应用，督促供应商提升服务质量和规范性。持续加大不供应商良行为处理力度，召开供应商座谈会，督促各方诚信经营、规范履约，降低采购合同解除、变更率。2023年，公司对一家供应商作出列入黑名单处理，形成有效震慑。

3. 建立内部巡察整改机制

开展"鲁软清风"内部巡察专项行动，推动巡察问题长效机制建设。聚焦"三重一大"、内控合

规、项目管控、物资管理等 7 个领域开展专项巡察，刀刃向内扫灰除尘、去病除疾。针对典型问题，修订完善制度、补齐短板、堵塞漏洞，推动典型问题隐患整改到位，实现"当下改"与"长久立"，为公司健康发展提供了坚强保障。

（五）开发项目数字化管控平台，赋能项目合规管理效率提升

聚焦体系建设、前端预防、事中管控、事后评价各环节需求，项目管理、物资采购、科技管理等专业协同联动，将合规要求嵌入业务流程，开发建设了统一的项目数字化管控平台（见图 3），涵盖经营指标、项目管理、销售合同管理、物资管理、其他业务等多领域，打通各环节数据，提高项目全周期合规管理效率。在项目管理板块，设置计划、实施、收尾、统计报表等 4 环节 21 项流程，通过数字化手段，实现了电网基建、数字化项目、咨询设计、生产技改、研究开发等 1564 个项目进度的可视化管控。在销售合同板块，设置投标中标、台账、回款、收入、应收账款、报表等 6 个环节 15 项流程，全面掌握合同履约情况，避免出现账款纠纷。在物资管理板块，设置供应商管理、需求计划、采购过程管理、物资合同、物资结算等 5 个环节 17 个流程，实现了公司 2661 个物资合同的合规管理。三个板块互通联动，共同实现了承揽项目的系统化在线管控，真正实现了项目全周期合规管理的可控在控。

图 3　公司项目管控平台页面

三、实施成效

鲁软科技公司通过开展项目全周期合规管理研究与实践，实现了经济效益、社会效益的双提升。

（一）经营业绩再创新高

构建基于"两个融合"的项目全生命周期合规管理体系，为企业创造价值。2023 年，对 708 个项目开展经济评审，审减成本 2490 万元；完成招标采购 4.49 亿元，节约资金 1776 万元。常规类物资降幅 8.84%；2338 份合同合法合规签订并全面履约，公司实现新签合同 23.62 亿元，营业收入 24.95 亿

元，经营业绩再创历史最高水平，位居国网山东电力战略性新兴产业单位第一，荣获国网山东省电力公司 2023 年先进单位，连续四年获评业绩考核"A 级单位"。

（二）企业核心竞争力明显增强

作为高新技术企业，基于"两个融合"的项目全生命周期合规管理体系的建立运行，促进公司研发软件系统缺陷密度降低 44.32%，研发生产率提升 15.38%。科技创新再创新高。2023 年完成发明专利申请 111 项，授权 45 项，首次发布国家标准。支撑打造全国能源行业唯一、驻鲁央企首个国家级"火石"工业互联网"双跨"平台，有力支撑服务了能源领域电网数字化转型升级。2023 年，公司荣获山东省网络安全重点企业、山东省 2023 年度生产性服务业领军企业、"好品山东"等荣誉称号。

（三）合规管理质效显著提升

国网山东电力战略性新兴产业单位中率先启动"合规管理提升年"活动，发布合规管理办法，典型做法 6 次入选国网山东省电力公司合规管理专刊。《深入推进"六个融合"赋能法治合规能力提升》成功入选国网山东电力"党建+"工程优秀案例，1 名员工荣获国网山东省电力公司"金牌合规宣讲员"称号。公司始终坚守合规防线，未发生被诉案件和违规事件，合规管控关键业绩指标和法律合规专业评价在战略性新兴产业单位中排名第一。

（四）合规管理数智化水平稳步提高

依托公司数字化平台建设优势，建成专业化的项目管控平台，完成了审批流程、资料留痕、统计看板的智能化处理，实现了项目中标、开工、采购、验收等关键节点"一张表"，通过预置流程、风险点、控制点、执行要求、控制标准，实现项目业务风险自动提醒，有效预防合同履约、项目管理过程中的合规风险，解决了合规信息共享难、协同效率低的问题，提升了公司整体经营管理水平和风险防范能力。基于"两个融合"的项目全生命周期合规管理实践，可有效推广至其他战略性新兴产业单位，实现多种业务场景的有效融合，促进其他战略性新兴产业单位建立健全合规管理体系，提升项目运营水平和内控管理质效。

四、结语

当前，企业发展数字化转型方兴未艾，电力战略性新兴产业肩负着发展新质生产力、加快产业转型升级的光荣使命，建立项目全生命周期合规管理模式对发展壮大战略性新兴产业、提升企业竞争力至关重要。鲁软科技公司探索出基于"两个融合"的项目全周期合规管理实践，从顶层规划、前端预防、事中管控、事后评价、数字赋能层面，将业务管理与合规管理、法务管理与合规管理深度融合，探索出了一条电力战略性新兴产业合规管理数字化转型之路，普适性、复制性强，在操作层面能够有效落地。希望本文研究成果可以对电力行业战新产业有所帮助，有效提升企业的整体经营管理水平和风险防范能力。

参考文献

[1] 中共中央宣传部，中央全面依法治国委员会办公室. 习近平法治思想学习纲要 [M]. 北京：人民出版社，2021.

[2] 周雷. 央企加快新质生产力布局 [N]. 经济日报，2024-4-11（6）.

高压触电侵权案件过失相抵研究

秦海斌　闫水龙

国网山西省电力公司

摘　要

　　过失相抵作为限定损害赔偿范围的一项规则，对高压触电损害责任的划分起着重要作用。《民法典》在总结以往立法经验的基础上，在高压触电侵权这一特殊侵权情形中作出了过失相抵的特别规定，但对于过失相抵如何予以适用操作未有明确，以至于司法实践方面存在一定争议。本文在对过失相抵制度进行理论梳理的基础上，结合司法案例，分析了实践中经营者、受害人、第三方过错的认定及过失相抵的适用，以期为该类特殊侵权案件处理提供参考。

关键词

　　高压触电；过失相抵；重大过失

一、过失相抵理论概述

（一）过失相抵的概念

　　过失相抵，是指当受害人对于自身所受损害的发生或扩大具有过错时，应相应减轻或免除加害人损害赔偿责任的制度。在已产生的损害赔偿纠纷中，若受害人的行为对于损害的发生或扩大具有可归责的作用，强令加害人就全部的损害承担赔偿责任，明显有悖于法律的公平精神，也在一定程度上违反了自己责任的原则。该制度的创设，让受害人对自身过错负责，改变了一般损害赔偿模式下单一指向加害人赔偿的取向，合理调节了赔偿责任的范围，减轻了加害人的损害赔偿责任，体现了法律公平正义的价值理念。

（二）过失相抵的特征

1. 受害人因他人侵权行为遭受损害

　　损害是赔偿责任的必备构成要件，没有损害必然不会牵涉赔偿问题，当实际发生损害，受害人才可依据损害赔偿法律寻求救济。一方面，若民事主体并未因侵权行为而实际遭受损害，不产生损害赔偿事宜，亦不存在过失相抵的适用；另一方面，若民事主体产生的损害单纯是因自身原因所受，与他人侵权行为无涉，自然也不归属于过失相抵的应用范围。

2. 受害人对损害的产生或扩大具有过错

以过失相抵，必然要求受害人对损害的发生或者扩大存在过错。不论是在过错责任抑或是无过错责任情境下讨论过失相抵，均需将受害人自身的过错作为前置条件，这也是过失相抵的应有之义。

3. 过失相抵是加害人与受害人过错两相较量的结果

损害发生可能具有多种情形，多种情形下如何具体适用过失相抵存在不同的观点，无论是比较过错程度还是比较原因力大小，均需考量到双方主体的过错因素。

4. 过失相抵适用的法律后果是减轻甚至免除加害人的赔偿责任

过失相抵成立即可减轻加害人的责任，但对于能否仅因受害人的过错而免除加害人的责任，目前学说上存在分歧。但从过失相抵制度所蕴含的价值理念来看，笔者认为免除责任也是过失相抵原则的应有之义。

（三）过失相抵的法理基础

有关过失相抵的法理基础，理论界存在不同学说观点，典型的有惩罚不当行为说、损害控制说、因果关系说、自己责任说、同等对待说，以及日本学说上对于过失相抵从受害人、加害人角度更为细致的法理论证等。

具体来讲，惩罚不当行为说是指之所以对于那些因受害人自身的过错而共同造成了损害或者导致损害扩大的，加害人应当减少赔偿或不予赔偿，目的就是为了惩罚这些受害人自身的不当行为。损害控制说是指通过适用过失相抵减轻加害人的赔偿责任，有助于人们尽可能谨慎地对待自身权益，不去从事对自身权益有损的风险行为，促使人们更加注意自身安全，从而减少损害事故的发生。因果关系说是指受害人因自身过失所产生的部分损害，与加害人一方的侵权行为并不存在因果关系，适用过失相抵进行损害赔偿的抵减原因正在于加害行为的因果关系造成的损害范围并不包括受害人过失而产生的那部分损害。自己责任说是指过失相抵规则也需贯彻自己责任原则，个人需承担自己行为后果的法律责任，既然受害人对损害的发生或扩大具有过错，就当然应该为此承担相应责任。而同等对待说是指的是平等对待加害人、受害人双方，受害人有过失与加害人过失的责任情形存在结构上的相似性和对称性，受害人也须对自身过错导致的损害部分承担责任。日本学说上则分角度对过失相抵的法理进行归类探讨，归纳来讲是从受害人分担损害的角度，从受害人对损害发生的不注意、受害人行为的违法性、受害人损害回避可能性等方面解释为何受害人须分担损害后果；从害人责任减轻的角度，从加害人行为非难可能性、违法性减低、加害人仅对自己行为有因果关系的损害负责等方面解释为何加害人可减轻赔偿责任。

以上种种学说观点，均从不同层面、角度探析过失相抵制度的法理依据。总结来讲，笔者认为，过失相抵制度的法理基础立足于自己责任原则，其中也内含因果关系的考量。受害人因自身行为所致损害，行为与损害之间亦有因果关系，其自然而然应对自身过错所导致的损害后果承担责任。

（四）无过错责任与过失相抵

过失相抵，就其特征表现，是加害人与受害人过错两相比较的结果。但在无过错责任领域内因无须过于考量加害人的过错，过失相抵在此种背景下能否正常适用，存在一定的争议与分歧。

笔者认为，过失相抵应当适用于无过错责任领域。首先，对于过失相抵制度本身，其被确立为损害赔偿法上的一项基本制度，立足于自己责任原则，背后蕴含着法律内在公平正义的价值取向，其适用范围应具有广泛性、普遍性，不应以责任类型为过错、无过错而刻意区分。其次，无过错责任的创立与发展是基于现代工业社会产生的客观危险，目的在于对"不幸损害的合理分配"，无过错责任在原本过错责任的基础上，适应社会的进步与技术发展的需要而被立法者所采取，其代表着一种特殊的法律价值判断，指向于责任的成立不单纯以过错而论，但损害责任大小的判定仍需要考虑加害行为、因果关系等要件，若加害行为的因果关系并未完全及于受害人过失而导致的那部分损害，让加害人承担此部分损害赔偿有违损害合理分配的核心意旨。无过错责任与自己责任原则并非不可相容，且正如部分学者所论述，适用无过错责任并非是不考虑受害人过错。从损害控制说的角度考虑，肯定过失相抵的适用，也有助于人们更加谨慎地对待自身权益，产生一种潜在的激励作用，从总体上降低损害发生的概率。

我国《民法典》第1173条规定：被侵权人对同一损害的发生或者扩大有过错的，可以减轻侵权人的责任。第1240条规定高度危险责任情形下过失相抵可在被侵权人存在重大过失的情形下适用，能够体现出我国立法肯定了无过错责任类型中可以适用过失相抵。但当下在一般规定中体现过失相抵规则，在某些特殊侵权责任中肯定却又限制适用过失相抵规则，导致过失相抵能否普遍适用于无过错责任中存在些许争议。

笔者认为，立法者既然在侵权责任编一般规定中规定了过失相抵规则，可以肯定过失相抵能适用于无过错责任的立场，结合前述过失相抵适用的法理，原则上过失相抵可一般地适用于无过错责任，但在法律已对无过错责任中过失相抵适用作出了明确限制的情形下，应尊重立法的特殊考量，对过失相抵的适用予以限制或排除。对于本文重点讨论的高压触电侵权责任，其属于高度危险活动责任中的一种类型，根据法律规定，可适用过失相抵规则，但应以被侵权人存在重大过失为适用的前提条件。

二、我国高压触电司法实践中适用过失相抵存在的问题与分析

一方面，高压触电侵权案件事实表现多样，各类案情有其共性，又存在个性；另一方面立法对于高压触电案件过失相抵的具体适用也缺乏明确指引。事实纷杂加之规则模糊，导致司法实践中处理此类案件大多依赖法官的自由裁量，责任划分标准不统一、同类案件判决结果存在较大差异的现象难以避免。笔者以"高压触电""过失相抵"等关键词进行案例检索、分析，发现了一些高压触电侵权案件适用过失相抵原则存在的问题，以下进行具体阐述分析。

（一）损害责任的划分是否需考虑经营者有无过错

高压触电侵权案件中，由经营者承担无过错责任并无疑问。但在经营者地位确认、无过错责任成立的情况下，后续在进行损害责任划分时，是否需考虑经营者有无过错，实践中存在不同认知。

比如在某供电公司、白某等触电人身损害责任纠纷一案中，白某在大山沟村东侧河道上截流渠钓鱼时，因钓鱼线触及某供电公司经营管理的高压线而死亡，此案二审中，该供电公司主张涉案事故发生地区为交通困难地区，其架设电线与地面的最小距离符合法律规定，对此次事故的发生不具有过错，并申请对涉案地区是交通困难地区进行鉴定。法院认为，此案适用无过错责任，该供电公司的主张及申请事项与本案待证事实认定和判决结果无关，对其主张和申请鉴定事项不予支持。在杜某某、刘某甲、刘某乙、刘某丙、陈某某诉国网四川省电力公司武胜县供电分公司（简称武胜公司）生命权纠纷案中，死者刘某丁在钓鱼过程中不慎接触高压线触电死亡，法院认为，武胜公司对案涉高压线路的安装符合规定且线路附近设置了警示标志，尽到了相应的管理和警示义务，在本案中无过错，死者刘某丁存在重大过错，其父刘某丙存在过失，遂减轻武胜公司的赔偿责任。

以上两案都为因钓鱼引起的高压触电侵权纠纷，法院均认定了电力公司的经营者地位。但在进行赔偿责任划分时，法院对于是否需要认定架设电线对地距离符合标准、电力公司存在过错存在不同看法。前者认为高压触电适用无过错责任，经营者有无过错与责任划分无关；后者在肯定无过错责任情况下，对线路相关事实进行查明，认定了经营者尽到了相应管理进而警示义务，据此可以降低经营者的担责比例。

上述分歧的产生，究其原因就是对于无过错责任、过失相抵规则理解的差异。笔者认为，无过错责任归责原则是指无过错责任不以侵权人的过错作为侵权损害赔偿责任成立的要件，即责任的成立无须考虑侵权人对损害的发生有无过错。在无过错责任成立后，具体适用过失相抵进行责任划分，应是在能够确定双方过错程度的情况下，通过对过错比较而确定双方的责任比例，或在无法有效比较过错下分析原因来进行责任比例划分，但无论适用何种方法，考量侵权人有无过错都不可忽略。高压触电侵权案件中适用过失相抵考虑确定双方过错时，经事实法律评判后，当然会存在电力公司作为经营主体确无过错的情形。此种情形下，依据法律规定电力公司仍应承担无过错责任，但责任比例应鉴于无具体过错而予以更合理地划分。

（二）受害人故意与重大过失的界限问题

学理上，故意与过失均属过错的范畴。故意是指行为人明知其行为会发生侵害他人民事权益的后果，但却仍有意为之的一种主观心理状态，依据行为人是主动追求还是放任损害后果的发生，故意可分为直接故意与间接故意；过失是指行为人对于侵害他人民事权益之结果的发生应注意或能注意而未注意的一种主观心理状态，依据其对权益侵害有无认识因素，可分为过于自信的过失与疏忽大意的过失，又依据过失的严重程度，过失可分为重大过失，一般过失。因《民法典》将受害人故意作为高压触电损害责任的免责事由，将受害人重大过失作为减责事由，故在高压触电侵权案件中区分故意与重大过失确有必要。但在高压触电实务中，区分受害人的行为是故意并不容易，尤其是判断属于间接故意还是重大过失实属困难，不同案件中法官对受害人行为的主观认定存在差异。

比如，在刘作连、叶君、叶某1、叶某2与中华人民共和国来宾海事局、余廷芳、广西电网有限责任公司来宾武宣供电局触电人身损害责任纠纷一案中，受害人叶某越过警示标志爬上电杆导致触电身亡，法院认为叶某作为一个正常的成年人，应预见到攀爬高压电杆会发生危害结果，却在主观上放任危害结果发生，对危害结果的发生属于间接故意。在左青平、左育云等与国网湖北省电力有限公司大悟县供电公司、大悟县凯杰建材有限公司等触电人身损害责任纠纷一案中，电线杆处没有设置安全警示标志，但法院亦认为左某作为完全民事行为能力人应明确知晓电线杆不能攀爬，且擅自攀登杆塔是法规禁止的行为，因此其自行携带工具、金属长梯擅自攀爬高压线线杆，将自身置于高压线路的危险之下的行为实属故意行为。而在辛某某、刘某某、国网山东省电力公司莱西市供电公司与王某某、刘某某1、林某某、陈某某触电人身损害责任纠纷一案中，法院认为受害人刘某作为成年人应熟知高压电线杆禁止攀爬、高压电区域作业危险的生活常识，然其明知自身没有电工资质、在高压电区域作业也未进行必要安全保障，过于自信未尽到安全注意义务导致事故发生，自身存在重大过失。在卢花钱、张浪、张嫚因与贵州电网有限责任公司六盘水盘州供电局触电人身损害责任纠纷一案中，法院认为受害人攀爬的电杆上虽未有禁止攀爬的警示标志，但设有10kV电压等级标志，死者张涛作为完全民事行为能力人，理应知晓高压电的高度危险性，应当能够预见在架设有高压线的电杆上搭设梯子并沿梯子向上攀爬有可能造成触电的危害后果，本案触电事故的发生系受害人未尽到安全谨慎注意义务所致，其在高压电杆上搭设梯子并向上攀爬的行为是本案事故发生的根本原因，其对损害后果的发生存在重大过失。

分析上述案例可见，同样对于攀爬电线杆的行为，不同法官对于受害人主观过错的认定存在不同的看法。毕竟对于受害人的主观意思，除受害人本人外他方无法真实探知，事后只能根据其行为的客观表征推断，进而完成法律评判。上述案例中，虽存在警示标志设立与否的差别，但最终判决结果也未依此作出明显区分。

笔者认为，在高压触电侵权案件中，受害人若为完全民事行为能力人，就应当具有对危险的判断能力，在高压线路危险处垂钓、攀爬电线杆等明显危险行为，明显违反了其作为社会中普通主体最基本的注意义务，应认定为重大过失。如果有其他证据能够证明受害人明知其行为会给自己造成损害但却追求或放任该结果发生，则应认定为故意。

（三）存在第三人过错情形下过失相抵的适用问题

高压触电侵权案件中，触电事故表现样态复杂，常常体现为多因一果的侵权关系。在高压触电事故中，除高压电经营者、受害人之外，若存在第三人过错时，责任是由具有过错的第三人与经营者、具有过错的受害人共同分担，还是责任划分仅局限在经营者与受害人之间，实践中也存在着不同见解。

有的法院认为高压触电损害责任无须考虑第三人过错，第三人过错不能参与责任分配。如在甘肖因与玉林市水利电业有限公司、广西桂武通信有限责任公司、广西壮族自治区国有六万林场、中国移动通信集团广西有限公司玉林分公司、李刚触电人身损害责任纠纷一案中，法院认为，桂武公司的过错属于第三人的过错，不能成为高压触电事故中加害人免责的条件，玉林水电公司不得因此免除对受害人甘肖的赔偿责任。即便玉林水电公司能证明桂武公司的故意行为与甘肖的损害结果之间的因果关系，也不能因此免除对甘肖的赔偿责任，必须对受害者直接承担赔偿责任，然后可对第三人进行追偿。有的法院认为，第三人存在过错，应与经营者共同成为责任主体，对损害分担责任。如在广东电网有限责任公司广州荔湾供电局、广东湖之东方物业管理有限公司、广州天嘉农副产品市场经营管理有限公司与张某平、广州市荔湾区中南街海南股份合作经济联合社触电人身损害责任纠纷一案中，法院认为经营者地位之外的湖之东方公司、天嘉公司未尽到经营者和管理者的安全保障义务，对案涉触电事故的发生亦存在过错，应当承担一定比例责任。

我国《民法典》第1172条规定了无意思联络的数人侵权的，应按份或者平均承担责任，笔者认为，该规定完全可以作为在高压触电侵权案件中根据第三人的过错合理划分责任的依据。各方侵权人的责任是否成立均应依据相应的规范予以认定，经营者承担无过错责任，并不排斥其他第三方承担其过错产生的责任。若不考虑第三人的过错，由经营者承担全部损害责任，有违自己责任原则与法律的公平精神。且在第三人过错情形下，若不在同案中予以分配与过错相适应的责任，可能无法有效填补触电案件受害人的损害、不利于实现责任法的补偿功能。同时若第三人侵权行为存在过错但免于赔偿，也会在一定程度上纵容其他人的侵权行为。另外，值得注意的是，数人侵权下，如何有效通过过失相抵来实现各方责任主体份额的分担，实践中存在一定适用的困难。笔者认为较为普遍、简明的方式还是通过比较各方过错程度或是原因力的大小进行整体衡量，划定各方责任。

三、结语

在高压触电侵权案件中，过失相抵制度在当前司法实践中被普遍适用，对供电企业减轻责任有着重要积极的意义，但因目前立法方面未有完善，实践中司法裁量无相应标准，导致法律法规在具体适用时，仍存在一些待厘清、待明确的问题。《民法典》在沿袭旧法精神的基础上，将重大过失作为经营者的减责事由，虽加强了对受害人的保护，但也同步提高了对供电企业等高压电力设施经营者的义务要求与责任。此种背景下，一方面，供电企业日常应完善相应的设施安全义务、设置明确警示标志，积极履行管理维护义务，在法律法规要求基础上适当作出更加主动、更加全面、更加有效的预防措施，最大程度防范高压触电事故的发生，并在未来可能发生的触电事故中，作为证明供电企业无具体过错的证据。另一方面，在处理高压触电侵权案件中，要科学合理运用过失相抵制度，虽然实践中法官对于受害人故意的认定存在谨慎保守的态度，但仍应做好对触电损害中受害人故意与重大过失的区分工作，在能够适用受害人故意的条件下，主动适用予以免责；对存在第三人过错的情形，强调第三人对责任的分担，减轻供电企业的赔偿责任。

参考文献

［1］ 程啸.侵权责任法［M］.3 版.北京：法律出版社，2021.

［2］ 王泽鉴.侵权行为［M］.3 版.北京：北京大学出版社，2016.

［3］ 郑永宽.侵权法过失相抵制度研究［M］.厦门：厦门大学出版社，2021.

［4］ 唐慧.侵权法过失相抵制度研究［M］.北京：九州出版社，2016.

［5］ 周凤翔，李怡.高压触电侵权案件中受害人的过错［J］.西南石油大学学报：社会科学版，2023，25（1）：84–91.

［6］ 欧达婧.无过错责任中的过失相抵规则适用——以《民法典》第 1173 条的解释为中心［J］.北京政法职业学院学报，2023（1）：65–70.

［7］ 许诺.高压触电案件中"重大过失"的判定［J］.大众用电，2022，37（5）：15–16.

［8］ 叶名怡.重大过失理论的构建［J］.法学研究，2009，31（6）：77–90.

基于风险矩阵法的光伏电站法律风险
评估及应对策略

孙　娟　颜慧平　乔　峤　谷　岚　赵喆茜

国家电投集团资本控股有限公司

摘　要

　　光伏电站投资具有监管政策影响大、行政审批手续多、市场环境变化快的特点，项目开发、建设和运营阶段流程繁多，涉及的法律关系复杂，做好法律风险评估和防范的重要性不言而喻。本文基于风险矩阵评估方法，围绕光伏全生命周期法律风险，从风险可控性和预期损失程度两个维度量化风险因子，通过构建量化模型对法律风险进行风险评级，有助于投资人直观掌握风险状况、制定适当风险应对策略、优化投资管理水平。

关键词

　　风险矩阵；光伏电站；法律风险；风险评估；应对策略

一、引言

　　在全球变暖和"双碳"目标背景下，以光伏为代表的清洁能源成为全球能源产业的重要发展方向。根据相关部门发布的统计数据，2023年，全球光伏新增装机规模345.5GW，国内光伏新增装机规模216.88GW，占全球总量的一半以上。相较传统能源项目，光伏电站投资具有监管政策影响大、行政审批手续多、市场环境变化快的特点，项目开发、建设和运营阶段流程繁多，涉及的法律关系复杂，做好法律风险评估和防范的重要性不言而喻。然而法律风险具有难量化的特点，导致同一项目不同发展阶段的法律风险难以纵向比较、不同项目相同发展阶段的法律风险难以横向分析，新增项目与存量项目的法律风险难以同频对比，给投资人进行风险评估和项目比选增加了难度。本文基于风险矩阵评估方法，围绕光伏全生命周期法律风险，从风险可控性和预期损失程度两个维度量化风险因子，通过构建量化模型对法律风险进行风险评级，有助于投资人直观掌握风险状况、制定适当风险应对策略、优化投资管理水平。

二、光伏电站全生命周期法律风险识别

　　光伏电站全生命周期一般包括开发、建设及运营三个阶段。其中开发阶段主要涉及合规风险，包

括备案手续瑕疵、用地审批流程不完善、行政审批手续不全等；建设阶段主要涉及合规及合同履约风险，包括招投标管理不当、工程管理不到位及并网不成功等；运营阶段主要涉及行业政策风险，包括补贴损失、保障性电量下降、市场交易电价下降及消纳能力不足等。光伏电站全生命周期法律风险清单见表1。

表 1　　　　　　　　　　　　　　光伏电站全生命周期法律风险清单

阶段	序号	风险因子	风险类型
开发阶段	1	备案手续瑕疵	合规风险
	2	用地审批流程不完善	
	3	行政审批手续不全	
建设阶段	4	招投标管理不当	合同履约风险
	5	工程管理不到位	
	6	并网不成功	
运营阶段	7	补贴损失	政策风险
	8	保障性电量下降	
	9	市场交易电价下降	
	10	消纳能力不足	

（一）开发阶段

1. 备案手续瑕疵风险

开发建设前，需向当地发展改革委或能源局提交项目备案申请。常见的光伏备案手续瑕疵包括：一是未在光伏备案有效期（2 年）内开工建设；二是实际建设情况与备案信息存在出入（项目超装等）；三是备案文件上载明的行政机关不具有相应的审批权限。

2. 用地审批流程不完善风险

光伏项目涉及永久用地、临时用地。其中，升压站、综合楼等为永久用地，应取得建设用地指标、办理建设用地手续；涉及农用地转为建设用地的，应当办理农用地转用审批手续；集体用地的流转，应履行民主决策程序，并由当地乡镇政府见证盖章。光伏用地审批需关注自有土地是否占用了基本农田、是否占用了禁止使用的林地和草地、是否存在项目用了自然保护区等生态红线、是否涉及农用地转用或征地或临时用地审批；租赁土地是否签订租赁补偿合同，出租人是否有权出租，村集体的集体表决程序是否履行，租赁期限是否满足项目运营要求等。已并网的光伏项目如存在用地手续瑕疵，直接影响项目收益，且情况严重的将面临项目被拆除的风险。

3. 行政审批手续不全风险

前期开发阶段，需取得有关部门的行政许可。常见的审批手续不全风险包括：一是未取得建设用地规划许可证、建设工程规划类许可证、施工许可证和建设用地批准书等，出现"未批先建"的违法违规行为；二是未取得环境影响评价批复意见、水土保持批复、防洪评估报告、地质稳定性报告等重要行政审批手续。

（二）建设阶段

1. 招投标管理不当风险

电力、新能源项目等能源基础设施项目属于必须招标的工程范围，如施工、采购、监理等合同达到规定限额的，应当进行招标。常见的招投标管理不当风险有：一是应招标而不招标，化整为零招标；二是串通投标、行贿中标，以其他方式弄虚作假，骗取中标；三是招标人与中标人不按照招标文件和中标人的投标文件订立合同，中标人不按照与招标人订立的合同履行义务等其他违约行为。

2. 工程管理不到位风险

应加强工程建设中人、财、物的管理，保证工程进度和质量。工程管理不到位风险主要包括：一是核心设备质量不达标，如光伏组件、逆变器；二是施工质量不达标；三是重要设备逾期交货导致工程延期；四是维修费用过高。

3. 并网风险

应顺利通过并网验收和取得并网文件。并网风险主要包括：一是并网验收不合格，如涉网设备和电力送出工程的并网调试、竣工验收不通过等；二是无法取得并网文件（一证两合同），即电力业务许可证及并网调度协议和购售电合同；三是送出工程建设进度慢于电源建设进度，导致项目无法按期并网。

（三）运营阶段

1. 补贴损失风险

在平价上网以前，补贴收入对项目收益率影响重大。如无法取得国家补贴资格或者因不合规情形导致国家补贴资格丧失，将导致补贴损失风险。具体情形包括：一是未取得省级能源主管部门下发的"光伏电站建设年度实施方案"的规模指标；二是并网前，擅自变更项目投资主体；三是全容量并网时间不符合电价认定时间要求；四是项目申报容量与实际容量不符，存在补贴资金被核减的风险。

2. 保障性电量下降风险

2024年3月18日，国家发展改革委发布《全额保障性收购可再生能源电量监管办法》，区分了保障性收购电量和市场交易电量。其中保障性收购电量为各省优先并网小时数电量，参照各省燃煤发电基准价，由电网全额保障收购。市场交易电量通过市场化方式形成价格，由售电企业和电力用户等电力市场相关成员共同承担收购责任。根据国家能源局新闻发布会数据，2023年，新能源市场化交易电量占新能源总发电量的47.3%。随着新能源电力市场化深入推进，政策支持力度逐步减轻，保障性收购电量呈现下降趋势，保障性收购收入也面临下滑压力。

3. 市场交易电价下降风险

由于发电时间与负荷不匹配等原因，在新能源市场化交易程度高、电力现货交易市场规模大的省份，新能源结算电价普遍较低。2023年五一期间，山东电力现货交易市场连续21h出现负电价。随着新能源市场交易规模和范围持续扩大，电力供给急速增加，市场交易电价呈现下降趋势。

4. 消纳能力不足风险

由于系统成本的存在，新能源项目普遍存在"弃光限电"的情况，西北部地区消纳压力尤为显著。根据全国新能源消纳监测预警中心数据，2024年2月，全国光伏发电利用率为93.4%，自2021年3月公布数据以来首次跌破95%。如果未来消纳红线放开，短期内可能会导致新能源项目消纳水平下降，项目收益率不确定性增加。

三、基于风险矩阵法的风险评估及应对策略

传统的风险矩阵从风险暴露概率和风险严重性两个角度分析，测算出预期损失规模。主要侧重于客观风险状况分析，未考虑主观可控手段。本文创造性地将客观风险和主观风控放在一个风险矩阵模型进行直观分析，以风险可控性和预期损失程度两个维度对风险因子进行解剖，分别制定风险应对策略；并通过量化分析，将若干风险因子评分结果加总形成整体项目的风险等级，以深入分析光伏电站全流程法律风险。

（一）风险矩阵模型

基于风险可控性和预期损失程度分析法律风险，绘制风险矩阵模型（见图1）。横坐标表示预期损失程度，纵坐标表示风险可控性等级，将两个维度的评估结果在风险矩阵模型中直观反映。评分越高，颜色越深，风险等级越高。

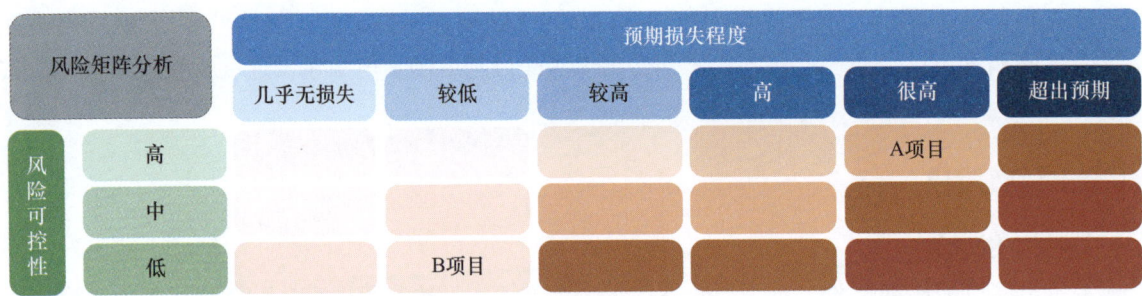

注释：矩阵中颜色代表风险评分。评分越高，颜色越深，风险等级越高。

图1　风险矩阵模型

1. 风险可控性（C）

风险可控性（C）由主体的风险管控能力和风险管控水平决定，主要影响因素包括风险管理组织架构、经营管控能力（含市场地位、产业资源获取能力、项目操盘经验、资金协调能力）、风险化解能力（含风险处置实操经验、司法资源协调能力、外部机构协同能力）、外部环境制约（项目所在地太阳能资源、产业政策及诉讼管辖地司法环境）等。

按照风险可控性大小，将指标分为"高""中""低"三个等级，并对不同等级赋予不同权重（见表2）。

表2　　　　　　　　　　　　　　　　　风险可控性

可控性（C）	权重
高	0.1
中	0.5
低	0.8

2. 预期损失程度（L）

预期损失程度（L）是指通过定量和定性等方式，对风险暴露后的损失程度进行估计。定量方面，预期损失程度由风险暴露概率和风险敞口两部分决定，计算得出预期损失程度的显性成本。通过与实

施主体的风险偏好比较，判断风险是否可承受。定性方面，预期损失程度通常考虑风险暴露后的司法成本、声誉风险、外部影响等隐性成本。

通过定量和定性分析，将预期损失程度划分为几乎无风险、较低、较高、高、很高、超出预期等六个等级，并对不同等级赋予不同分值（见表3）。

表3 　　　　　　　　　　　　　　　　　预期损失程度

预期损失程度（L）	分值
几乎无风险	0～1
较低	2～3
较高	4～5
高	6～7
很高	8～9
超出预期	10 以上

（二）风险评估

通过将风险可控性（C）和预期损失程度（L）进行量化分析，以二者的乘积作为单一风险因素评分，将若干风险因素评分加总形成整体项目的风险等级，并作为不同项目风险评价的基础。

$$风险评估（R）=C_1 \times L_1 + C_2 \times L_2 + \cdots + C_n \times L_n$$

（三）风险应对策略

根据风险因子的可控性和预期损失程度，分别制定风险应对策略，在风险矩阵模型中直观反映（见图2）。其中，对于风险可控性低、预计损失程度超出预期的风险，采取以风险规避为主的应对策略，主动回避风险；对于风险可控性低、预期损失程度高（很高）的风险，采取以风险转移为主的应对策略，将风险转移给第三方，缓解自身风险压力；对于风险可控性低、预期损失程度较高（较低、几乎无损失）的风险，采取以风险降低为主的应对策略，通过优化内控设计、强化内控执行来降低本身风险。

风险矩阵分析		预期损失程度					
		几乎无损失	较低	较高	高	很高	超出预期
风险可控性	高	风险降低	风险降低	风险降低	风险转移	风险转移	风险规避
	中	风险降低	风险降低	风险转移	风险转移	风险规避	风险规避
	低	风险降低	风险转移	风险转移	风险规避	风险规避	风险规避

注释：红色、橙色、黄色、灰色分别代表以风险规避、风险转移、风险降低为主的风险应对策略。

图2　风险应对策略

四、基于风险矩阵法的光伏电站法律风险评估及应对策略

（一）风险评估

1. 风险矩阵分析

结合风险矩阵分析框架，针对光伏电站各发展阶段的主要风险，分析风险可控性和预期损失程度，并制定风险应对策略，见表4。

表4　　　　　　　　　　　　光伏电站全生命周期风险分析表

阶段	序号	风险因素	风险类型	风险可控性	预期损失程度	风险应对策略
开发阶段	1	备案手续瑕疵	合规风险	高	较高 / 高 / 很高 / 超出预期	风险降低 / 风险转移 / 风险规避
	2	用地审批流程不完善				
	3	行政审批手续不全				
建设阶段	4	招投标管理不当	合同履约风险	中	较高 / 高 / 很高	风险转移 / 风险规避
	5	工程管理不到位				
	6	并网不成功				
运营阶段	7	补贴损失	政策风险	低	较高 / 高 / 很高	风险转移 / 风险规避
	8	保障性电量下降				
	9	市场交易电价下降				
	10	消纳能力不足				

开发阶段主要面临合规风险，需根据违规情形判断损失程度。对于涉嫌违法违规行为，不仅可能面临行政处罚，还可能被追究法律责任，预期损失程度（较高 / 高 / 很高 / 超出预期）。同时，由于合规风险可通过完善备案审批要素、规范用地审批流程、取得合法有效的行政审批手续等手段自主控制风险，可控性高。

建设阶段主要面临招投标相关合规风险及合同履约风险，可能影响项目施工进度，预期损失程度较高（高）。其中招投标管理不当风险，可通过严格履行招投标程序等手段来自主控制风险，可控性高；合同履约风险需要第三方配合，可通过明确合同义务、设立违约条款、增加担保措施、取得回购承诺等交易安排，实现对交易对手的约束，风险可控性中等。

运营阶段主要面临行业政策风险，风险可控性低。新能源参与电力市场后的价格普遍走低，加之辅助服务分摊、系统偏差考核等因素，电价波动风险增大；此外，在高比例新能源并网背景下，5% 消纳红线已经名存实亡，消纳形势依然严峻。电力行业政策因素对电费收入影响较大，风险预期损失程度较高（高 / 很高）。

2. 风险评级

通过对表4中10个风险因素的风险可控性（C）和预期损失程度（L）量化与评分、加总计算开发、建设、运营各阶段评分、加总计算整体项目的风险评分等步骤，形成不同项目的总体风险等级。有助于投资人横向比较不同项目的风险等级，优化项目筛选能力，提高投资决策水平。

（二）风险应对策略

对于开发阶段面临的合规风险，采取风险降低/风险转移/风险规避的应对策略；对于建设阶段面临的合规风险、合同履约风险，采取风险转移/风险规避的应对策略。对于运营阶段面临的政策风险，采取风险转移/风险规避的应对策略。

五、结语

随着国家政策的支持引导和产业技术的迭代升级，新能源行业从高度依赖发展到自给自足，由补贴时代进入平价时代。新能源产业投资市场竞争也从"蓝海市场"进入"红海市场"，从增量竞争转化为存量竞争。政策及市场环境变化亟须新能源项目的投资人、运营方及时调整投资和管理思路，从外延式发展向内涵式发展转变，从粗放型规模扩张向精细化资产管理转变，风险评估的深度、广度、精细度直接决定了项目投资的效果、成果、结果。法律风险作为产业投资最重要的风险之一，不仅需要通过定性分析来理解风险本质，还需要借助定量分析衡量风险程度。利用风险矩阵分析方法，不仅可对单一项目全生命周期进行风险分析，可对不同项目风险评级进行横向比较，还可对存量与增量项目进行打分评价，从而为投资策略、存量退出和管理规划提供有效支持。

参考文献

［1］张辉，张昭，单昊天，等.风险矩阵在供应链风险评估中的应用研究［J］.中国标准化，2022（11）：106-110.

［2］党兴华，黄正超，赵巧艳.基于风险矩阵的风险投资项目风险评估［J］.科技进步与对策，2006（1）：140-143.

［3］王利杰.基于风险矩阵和层次分析法的现浇箱梁模板支撑体系施工安全风险评估［J］.工程建设，2024（3）：60-66.

［4］王宝静，马昕，周澎.光伏发电项目投资控制与财务可行性分析［J］.中国总会计师，2022（12）：88-91.

［5］林骧茜.分布式光伏发电项目投资决策及经济评价［J］.投资与合作，2023（1）：48-50.

全球视野与中国实践：ISO 37301 与 GB/T 35770 框架下合规管理方法论的实施路径

杨乘胜　刘天泉　袁甜甜　经　晶　陆　伟

南京国电南自自动化有限公司

摘　要

　　基于南京国电南自自动化有限公司（简称南自自动化）在 ISO 37301 与 GB/T 35770 贯标过程中的合规管理方法论实践，揭示和解决企业在国际标准化合规管理中的实施难题，探索在国际标准框架下合规管理体系的有效构建与执行，通过识别关键合规管理要素、完善合规政策制定、培育合规文化土壤、建立持续改进机制等措施，增强了企业的合规管理能力，为灵活应对国际合规挑战提供了方法论工具，奠定了企业长期合规发展的坚实基础。

关键词

　　合规管理标准；合规义务；合规风险；建章立制；精细管理

一、研究背景

　　近年来，全球贸易环境呈现复杂化趋势，全球产业链也正面临深刻的调整与重组，企业合规要求已超越单一国家范畴，成为全球企业的共同课题。当前，国内外合规管理的发展趋势正朝着更加国际化、标准化和信息化的方向发展，逐渐从满足东道国法律法规最低要求的防御性措施，转变为增强内部控制和市场信誉的主动行为，再到融入公司文化和经营管理的全面合规阶段，对中国企业"走出去"的合规管理提出了进一步要求。

　　南自自动化以提升、稳定"两网"业务为主线，聚焦科技创新，强化产业协同，进一步明晰市场拓展思路和方向，瞄准战新产业新赛道，评估海外目标国家营销环境和市场机遇，推动更多高附加值产品"走出去"，需要从制度建设、技术创新和文化塑造等多方面进行的系统工程，构建好安全、合规、质量三大基石，不断适应国际合规挑战。

二、基于 ISO 37301 与 GB/T 35770 框架的合规管理实践

（一）组织架构明确化，制度保障具体化

在合规管理体系的建设过程中，组织与制度保障是确保合规职责得以有效落实的前提，公司通过这一系列组织架构设计与制度安排，进一步明确了业务及职能部门、合规管理部门和监督部门在合规管理中的"三道防线"职责，形成分工明确、相互协调、相互制衡的合规管理架构。

1. 构建分工明晰、协调制衡的合规管理组织架构

公司根据国务院国资委有关会议精神和《中国华电集团有限公司内控合规风险管理一体化建设、运行与监督评价工作指引》的要求，于 2022 年 4 月成立内控合规风险管理委员会及办公室，负责对内控合规风险一体化管理体系的组织领导和统筹协调、负责制定合规政策，监督合规风险，并确保合规决策的全面性和协调性。同时，公司还设立了首席合规官职位，明确合规管理主体职责，增强合规工作独立性与权威性。为了确保本次合规管理体系贯标的顺利进行，公司特别成立了一个领导小组，由公司党委书记、总经理亲自担任组长，其他管理层成员则作为领导小组的成员，共同负责统筹和推进合规贯标的各项工作。同时增设专兼职内控合规风险管理人员，专业覆盖法学、管理学、财务管理等多种学科，促进业务与合规要求不断融合。

2. 打造全面覆盖、关键突出的制度框架

在制度建设方面，公司构建起一套包含形成 1 份合规管理手册、3 份管理办法、11 份程序文件的合规管理制度体系，针对关键业务领域，公司出台了八大重点领域合规指引，确保这些领域的合规管理无遗漏。对于涉外贸易，公司及时更新全球贸易合规手册，以适应国际规则的变化。同时，针对员工个人行为，公司颁布了诚信合规手册，明确了员工应遵守的合规准则。为了系统地识别、评估和控制合规风险，公司建立了一套合规审查机制，对所有新出台的制度进行合规审查，确保业务流程与合规要求的一致性。此外，公司还将合规表现纳入员工和管理层的绩效考核体系中，通过设立合规绩效考核指标，激励员工遵守相关合规规范。

南自自动化合规管理体系如图 1 所示。

（二）标准对照深入化，差距弥补系统化

1. 深入对照分析，精准定位差距

为适应市场化、法治化、国际化发展要求，公司在法治华电建设规划的引领推动下，不断加强依法治企、合规管理水平，采取了一系列合规管理措施，有效防范了重大经营风险，但经过深入对照 ISO 37301 与 GB/T 35770 合规管理标准，公司仍存在如下不足：

一是合规义务来源不清晰。合规要求分散在多个法律、规章、内部政策以及行业标准中，公司建立了包括公司党建、战略决策、业务管理、保障支持四大体系共计 190 余项制度，但部分制度的适用性和及时性有待提高，存在与现行法规或上级要求不一致的风险。

二是合规风险识别机制不健全。公司业务类型与范围广泛，识别风险的难度和工作量巨大，各部门之间风险信息共享机制不完善，存在共享信息失真、潜在风险发现不及时等问题。

三是合规审查程序作用发挥不足。没有建立清晰的合规审查标准，导致审查工作缺乏方向和目标。

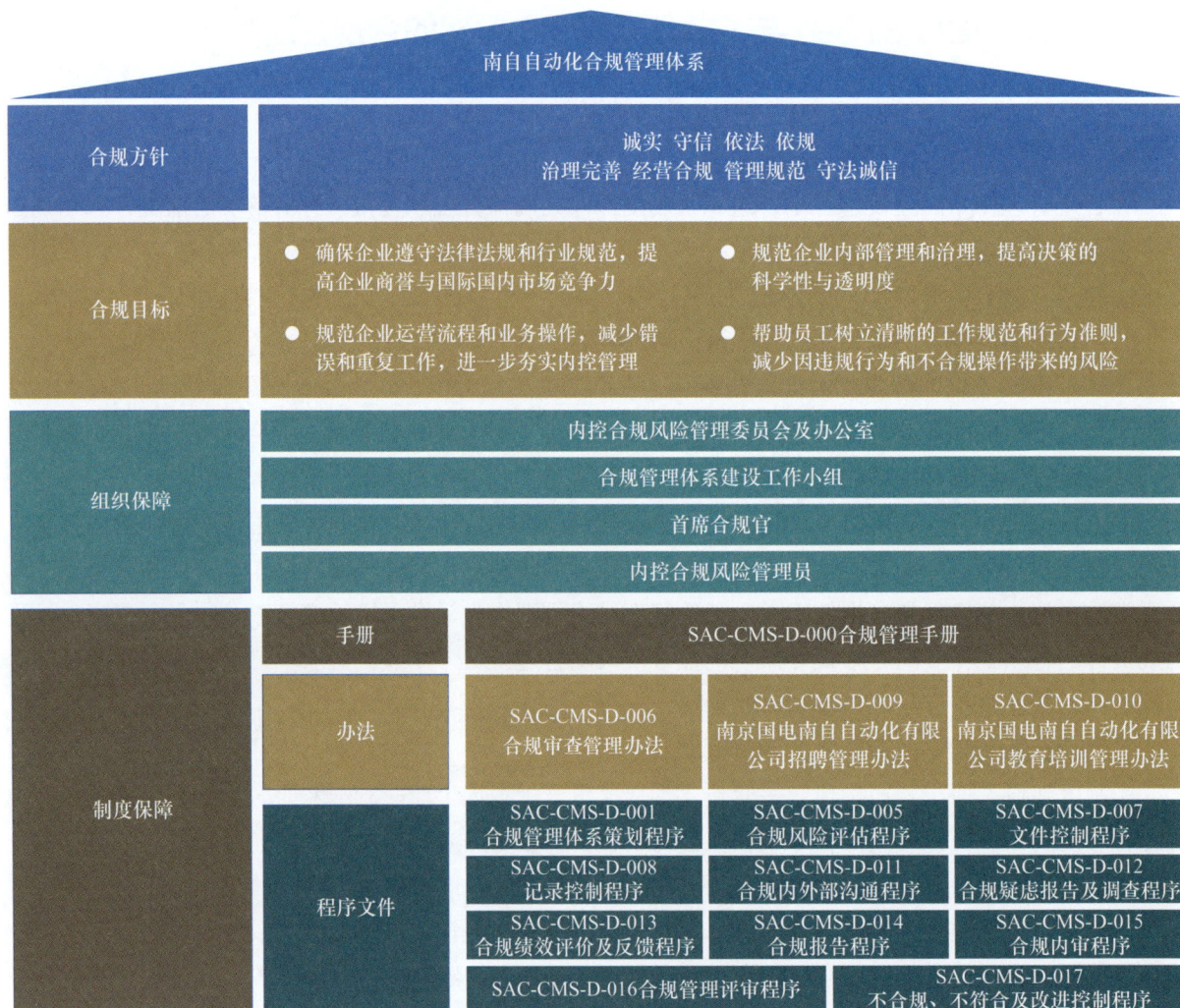

图1 南自自动化合规管理体系

2.逐项消除缺陷，系统优化体系

针对上述不足，公司在ISO 37301与GB/T 35770合规管理标准实施过程中，逐项消缺、系统优化，采取了如下措施：

一是全面开展合规义务梳理工作。公司识别并明确了764项外部合规义务来源，包括了广泛的法律法规、部门规章和监管规定等，同时也审视了内部的254项合规义务来源，涵盖了公司的规章制度、作业指导书和程序文件。通过深入分析了内部规定与外部法规之间的差异，并通过建立一个动态更新的合规义务数据库，实现了对合规义务的持续监控和及时更新。

二是明确合规风险评估程序。结合各部门职责和公司实际涉及的业务活动，梳理四级流程累计870条，设立30个运营合规专项、2个数字合规专项以及3个商业合规专项，建立风险清单与较高风险清单，覆盖了从合规风险评估、审查实施到结果反馈及后续改进的各个环节，确保合规审查工作的系统性和有效性。

三是建立清晰的合规审查流程和标准。明确合规审查的触发条件，包括但不限于新政策出台、重大合同签订、关键业务调整等关键节点，设计了详细的审查流程与指南。

四是建设高效的数字化平台助推合规。基于B/S架构（Browser/Server）结构进行自主开发，通过数据保护和权限控制机制确保数据安全性、可靠性、协同性，通过模块化设计明确业务活动范围，结合不断变化的内外部合规要求定制与优化表单合规审查内容、合规审查岗位以及合规审查标准。

3. 突出一案一策，专项识别风险

南自自动化业务覆盖71个国家和地区，紧跟国家"一带一路"倡议，寄望于推动更多高附加值产品"走出去"，但是南自自动化对于涉外业务缺乏清晰明确化的清单管理。针对此不足，采取了如下措施：

一是通过梳理涉外合规义务清单，识别涉外合规风险，研究 SDN 清单与 BIS 实体清单，将风险管控流程嵌入业务流程。

二是将最终目的地、最终客户、管控物项等信息植入信息化系统进行风险源头管控。

三是通过数据录入和校验机制，确保最终目的地、最终客户的身份和背景资料，以及涉及的所有管控物项的具体描述和分类等信息的完整性和准确性。

四是通过关联分析、模式识别等技术手段，识别出潜在的风险点和违规行为，发现合同内容可能涉及出口管制或经济制裁风险时，系统立即触发预警机制，提示相关人员进行进一步审核和风险评估，一案一策针对性化解涉外合规难题。

（三）体系构建融合化，运行实施规范化

在遵循 ISO 37301 标准的基础上，公司采用 PDCA（计划—执行—检查—行动）模型，对合规管理体系进行了系统化建设和规范化运行，确保了合规管理的全面性和持续性，同时逐步实现公司多项体系建设协同化、融合化。

目前公司体系建设除合规管理体系外还包含三标、社会责任、知识产权、供应链安全、信息安全等多项管理体系建设，依托于 PDCA（计划—执行—检查—行动）模型，研究各体系共同的要求、重复交叉的内容以及彼此差异的部分，形成体系要素融合清单，最终确定合规管理体系的要素框架。对于其他体系文件模板做到可用则用，对于已有要求的运行记录实施共享管理，在要素框架能满足内部管理和外部认证的双重需要的基础上，实现文件的简化、优化和衔接配套。

（四）监控机制持续化，改进措施动态化

公司合规管理体系的持续监控与动态改进是确保合规管理体系有效性和适应性的关键策略。

在监控机制方面，公司建立了一套以合规报告程序为核心的监控体系，旨在提升合规管理的系统性和有效性。依据监管报告要求清单，公司明确了各部门在合规报告方面的职责和时间节点，通过定期的月度、季度和年度报告确保了合规信息的透明度和及时性，为管理层提供决策支持。在改进措施的动态化上，公司采取了积极措施，鼓励员工提出改进建议，并通过改进管理流程对建议进行评估和实施，同时根据合规管理的实际情况和外部环境的动态变化进行灵活调整。为了支持动态化的改进策略，公司还强化了持续学习文化，通过定期培训和教育提升员工的合规意识，同步运用内部通信和知识共享平台，促进了最佳实践和经验教训的交流，激发了组织内部的创新和知识更新。

三、实施效果

（一）组织保障引领前行，合规要求全面覆盖

合规管理体系实施以来，合规管理要求已经通过合规清单、决策流程、岗位设置等方式嵌入经营全领域、全过程，全面覆盖公司境内外各项经营业务以及全体员工，提升了公司海内外市场竞争力，

构建了一个以党建引领，安全、合规、质量为底线，卓越运营为保障，目标一致、高效协同的平台化、扁平化组织体系，为稳定公司主营业务和快速发展战新产业提供坚强的组织保障。

（二）创新驱动创造价值，激发海外竞争活力

构建了符合 ISO 37301 与 GB/T 35770 的合规管理体系。依托制度体系的运行共评估出较高合规风险 38 项，制定了 25 项具体的管理措施、调整了 10 项信息系统流程以降低合规风险，并于 2024 年初成功通过 ISO 37301 与 GB/T 35770 认证，通过全球与中国本土合规管理认证，增强了南自自动化在国际国内业务开展过程中的商业信誉与竞争力。同时针对涉外业务合规管理建立、实施"一案一策"动态机制，实现合规风险清单化、清单流程化、流程信息化，针对性化解涉外合规难题，为"走出去"保驾护航。

（三）管理升级精细管理，融合助推效能提升

体系构建融合实现了各体系重点关注的法律法规清单包容并取、各体系内外审过程中结果共同运用，以及各体系文件、记录控制程序规范性统一。同时合规管理体系的建立和推广，也为其他管理体系增加了新的活力。例如：在安全生产方面，以全员安全生产合规责任制为抓手，制定职责清单和年度任务清单，狠抓风险隐患管控治理。全年累计整改安全隐患 68 项，整改完成率 100%；落实安全行为观察（SOT）2108 条，安全事件报告 2697 条。在精益管理方面，发布《精益六西格玛管理办法（试行）》，明确管理规程与激励机制，导入质量成本管理，初步构建质量成本模型，充分发挥精益六西格玛管理在运营效率提升、产品质量及流程改进等方面的作用，精益化管理体系建设成果入选国务院国资委刊发的《中央企业质量管理优秀案例集》，并获多项管理创新奖。

参考文献

［1］陈瑞华.企业合规基本理论［M］.2 版.北京：法律出版社，2021.

［2］王蕾."认证＋标准"赋能企业建立合规管理体系［J］.质量与认证，2023（11）：86-87.

［3］贺江华，徐亚.企业合规制度的成本效益分析［J］.当代经济，2022（39）：87-93.

电力数据资产入表路径及合规要点

任聪颖　刘　颖　李　放　张　蕊

国网北京市电力公司

摘　要

　　本文探讨了电力数据资产入表的操作路径及合规性要求。电力企业通过数据资产入表能改善信息透明度、强化资产管理并提升财务状况，有效激活数据要素价值。电力数据资产入表的实践路径分为四个步骤，其关键在于电力数据资源能否依法被确认为电力数据资产。电力企业应严格遵守数据来源和数据处理的合法性，无论是自产数据、外购数据还是网络收集数据，都需遵循具体的合规操作，保护个人数据隐私，防止侵权，确保所有拟入表的电力数据收集和处理活动符合法律法规。

关键词

　　电力数据；数据资源；数据资产入表；企业数据资源相关会计处理暂行规定

一、数据资产入表的背景与现实意义

　　《中华人民共和国民法典》（简称《民法典》）于 2020 年 5 月 28 日颁布，2021 年 1 月 1 日起施行。《民法典》第一百二十七条规定，法律对数据、网络虚拟财产的保护有规定的，依照其规定。该条款将数据作为一种特殊类型的物，纳入财产权利范畴，明确其应受到法律的保护。在此前，数据法律主要系 2017 年颁布实施的《中华人民共和国网络安全法》，对网络运营安全与网络信息安全的监督管理予以规范。随后，国家于 2021 年颁布实施《中华人民共和国数据安全法》，对数据处理活动及其安全监管予以规范。同年又颁布实施《中华人民共和国个人信息保护法》，对个人信息权益保护及个人信息处理活动予以规范。然而，上述法律均未对数据资产予以明确的界定。

　　2019 年 10 月，党中央在《中国共产党第十九届中央委员会第四次全体会议公报》中，首次将数据明确纳入生产要素，数据成为继土地、劳动力、资本和技术后新的关键生产要素。2022 年 12 月，党中央、国务院在《关于构建数据基础制度更好发挥数据要素作用的意见》（即"数据二十条"）中，提出构建数据基础制度体系，探索数据资产入表新模式。2023 年 8 月，财政部出台《企业数据资源相关会计处理暂行规定》（简称《暂行规定》），肯定了数据资源可具有资产属性，对数据要素市场的发展具有重要的里程碑意义。综上，《民法典》等法律及党中央和国务院近年来出台的一系列政策文件，构成了数据资产入表的法律与政策基础。

从企业的角度来看，数据资产入表具有两个方面的现实价值。一是，通过数据资产入表，企业可以优化数据资产信息披露，通过系统性地识别并整理符合资产确认标准的数据产品，强化数据资产管理，推动数据资产化的创新运用。二是，通过数据资产入表，企业可以提升财务报告质量，优化财务结构，提升估值水平，增加融资机会。在实施"入表"的过程中，经过数据资源相关情况的盘点和披露，企业将更加了解、重视和明确数据资源的分布、特点和应用，对企业进一步挖掘数据应用方式，释放数据要素价值，具有积极的推动作用。

需要注意的是，《暂行规定》并非真正意义上的"数据资产会计准则"。其仅给出了"满足资产确认条件且价值确定的数据资源如何计入报表"的解决思路，尚没有解决"数据价值如何确定"的问题。中国资产评估协会印发的《数据资产评估指导意见》对资产评估机构按照成本法、收益法和市场法开展数据资产评估提供了进一步指导。企业数据估值问题是个复杂的难题，且仍未在全社会取得共识，还需要企业、专业研究机构、资产评估机构、会计和审计事务所等进一步探讨。

二、电力数据资产入表的实践路径

电力数据资产入表的关键在于判断出哪些数据资源可以依法被确认为电力数据资产。上述判断的主要依据是《暂行规定》《企业会计准则—基本准则》《企业会计准则第6号—无形资产》《企业会计准则第1号—存货》等。

电力数据资产入表的实践路径分为四个步骤（见图1）。第一，企业需要按照《企业会计准则—基本准则》对于资产的定义和资产确认条件判断数据资源是否可以确认为资产。第二，若被确认为资产，再结合《企业会计准则第6号—无形资产》，判断电力数据资源能否被确认为无形资产。第三，电力数据资源若无法被确认为无形资产，企业应结合《企业会计准则第1号—存货》相关规定，判断电力数据资源能否被确认为存货。企业应注意电力数据资产作为"无形资产"或"存货"的差异。第四，对于不符合《企业会计准则—基本准则》资产确认条件，但是满足一定条件的数据资源，可以在财务报表中披露。

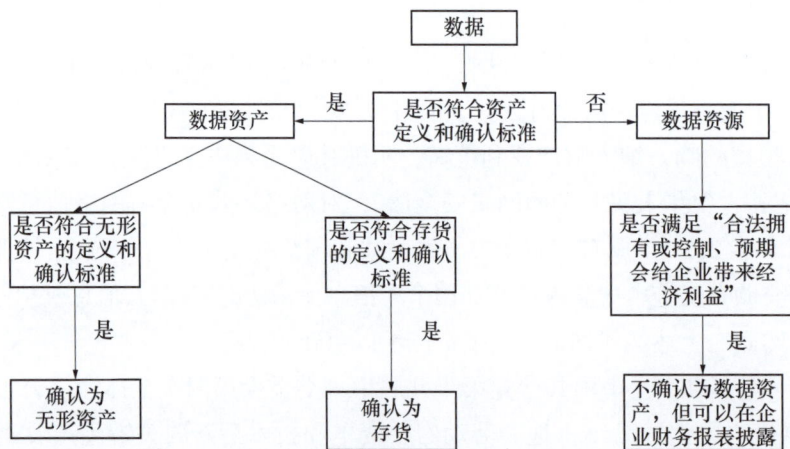

图1 电力数据资产入表的实践路径

（一）判断电力数据资源能否确认为资产

企业首先需要按照《企业会计准则—基本准则》对于资产的定义和资产确认条件，判断数据资源是否可以确认为资产。

（1）确定电力数据资源是否由企业过去的交易或者事项所形成。具体而言，其一，数据资源是企业过去的交易获得、合法授权、自主生产等事项形成的。其二，交易获得的数据资源具有合法的交易凭证。其三，合法授权的数据资源具有合法合规的授权凭据；其四，自主生产的数据资源具有相应的成本和费用支出。另外，虚构的、没有发生的或者目前没有发生的交易，均不符合资产确认条件。

（2）确定电力数据资源是否由企业拥有或控制。可通过数据资源是否属于企业掌握并管理的核心数据库来辅助判断。具体而言，其一，确保企业能够合法地控制数据资源。只要企业在合乎法律法规的前提下，对数据行使了某种程度的控制权，就有条件将这部分数据视为资产进行确认；其二，企业不仅能够控制数据资源，还应能够控制数据资源产生的经济利益，并同时约束他人非法窃取和滥用。需要注意的是，达不到有效控制条件的数据资源，不符合数据资产确认条件。

（3）确定企业能否预期从其电力数据资源中获得经济效益，并且有信心实现这些经济利益的实际流入或将这些经济收益转化为企业的真实财富。具体而言，其一，评判可否充分转化为企业收益的核心，在于全方位且多个维度地深入剖析并预测其在整个预计使用周期内可能遭遇的所有经济变量，并确保有确切的证据来支撑这一评估。其二，数据素材应具有促进现金及现金等价物直接或间接流入企业的潜能，有望成为企业经济效益。需要注意的是，不能明确预期价值流入的数据资源不符合数据资产确认条件。

（4）确定企业是否可以准确评估电力数据资源的花费和价值量。其核心在于电力数据资源的花费成本能够得到精确无误且可信的评估。如果无法确保对电力数据资源成本进行精准的计算，其将不满足作为数据资产确认的条件。

（二）判断电力数据资源能否确认为无形资产

在确定电力数据资源能够被确认为资产后，企业应进一步对电力数据资源是否属于无形资源予以判断。根据《企业会计准则第6号—无形资产》（财会〔2006〕3号）的规定，企业使用的数据资源，符合无形资产的定义和确认条件的，应当确认为无形资产。《企业会计准则第6号—无形资产》将"无形资产"定义为"企业拥有或者控制的没有实物形态的可辨认非货币性资产"。关于可辨认性的要求，根据《企业会计准则第6号—无形资产》规定，"（一）能够从企业中分离或者划分出来，并能单独或者与相关合同、资产或负债一起，用于出售、转移、授予许可、租赁或者交换。（二）源自合同性权利或其他法定权利，无论这些权利是否可以从企业或其他权利和义务中转移或者分离。"资产若能符合以上任何一项条件或标准，则具备无形资产的条件。另需注意的是，无形资产还需符合以下条件，才能够被正式确认并记录："（一）与该无形资产有关的经济利益很可能流入企业；（二）该无形资产的成本能够可靠地计量。"

（三）判断数据资源能否确认为存货

若电力数据资源无法被确认为无形资产，企业可从存货角度对电力数据资产予以判断。根据《企业会计准则第1号—存货》（财会〔2006〕3号）的规定，企业日常活动中持有、最终目的用于出售的数据资源，符合《企业会计准则第1号—存货》（财会〔2006〕3号）规定的定义和确认条件的，应当确认为存货。《企业会计准则第1号—存货》将"存货"定义为"企业在日常活动中持有以备出售的产成品或商品、处在生产过程中的在产品、在生产过程或提供劳务过程中耗用的材料和物料等"。另需注意的是，存货同时符合下列规定的标准时，才能被正式确认："（一）与该存货有关的经济利益很可能流入企业；（二）该存货的成本能够可靠地计量。"

电力企业在进行"无形资产"或"存货"判断过程中，可能存在一定的混淆与误区。电力数据资产作为"无形资产"或"存货"，存在一定共同点，包括：过去的交易、拥有或控制、预期价值流入、可靠计量。电力数据资产作为"无形资产"或"存货"，还存在相当程度的差异，包括：①持有目的不同。持有无形资产的目的在于企业自用，如作为生产工具或用于对客户提供服务；持有存货的目的在于生产成品进行对外交易、销售。②构成无形资产的数据资源还需符合"可辨认性"标准。其要求构成无形资产的电力数据资产是具备一定独立性和可流通性、开发程度较高的电力数据产品。而存货可以是仍在开发过程中，或者为生产电力数据产品所耗用的电力数据资源，并不要求是独立的电力数据产品。

（四）科学进行准数据资产的处理

对于不符合《企业会计准则—基本准则》资产确认条件，但是满足一定条件的电力数据资源，可以在企业财务报表中披露。根据《企业数据资源相关会计处理暂行规定》，对于未被确认为上述无形资产或存货的数据资源，如企业利用该等数据资源对客户提供服务或对外出售该等数据资源，由此产生的收入，符合相关条件的，需要按照《企业会计准则第 14 号—收入》（财会〔2017〕22 号）等规定确认相关收入。

由此可见，这一类电力数据资源虽暂时不符合相关会计准则关于资产的确认条件（例如其成本无法得到较为精确的确认等），但其真实参与了电力企业的生产经营活动，符合效用性价值，同时由此产生了相对明确的收入，也同样会在电力企业的资产负债表中以一定方式体现。对于这一类电力数据资源，可以称其为准数据资产。

三、电力数据资产入表的数据合规要点

（一）数据来源合规

"企业拥有或控制"是数据资源确认为资产的必要条件。从法律合规角度，入表电力数据资产应系电力企业合法拥有或控制，这就要求电力企业重点关注电力数据来源的合法性问题。

对于电力企业在生产经营活动中产生的或通过自身信息系统生产的电力数据，企业应当注意确保数据的生产和处理行为合法，不存在侵犯第三方合法权益的情形。

对于电力企业通过采购、共享、授权许可等方式获取的数据，合规要点在于：①保存数据采购协议、共享或授权许可文件。前述协议或文件内容应当约定数据交易提供方取得对相关数据的授权使用、加工、对外提供等相应权利；②法律法规及相关政策明确规定开展数据采集应当取得特殊资质、许可、认证或备案的，数据交易提供方应当确认数据来源方已取得特殊资质、许可、认证或备案；③确认数据来源方向数据交易提供方提供数据获取渠道合法、权利清晰无争议的承诺。

对于采用网络爬虫等自动化工具从互联网公开渠道收集的数据，电力企业应当注意：①不以不正当竞争为目的，违反诚实信用获取数据；②不违法侵入涉密网站和计算机信息系统获取数据；③不以非法获取内部访问、操作权限等方式，未经授权或超越授权范围获取数据；④不干扰被访问网站的正常运营或者妨碍计算机信息系统正常运行；⑤不以技术破解方式突破网站、计算机信息系统为保护数据而设置的技术保护措施；⑥未征得相关主体同意的，不收集涉及他人知识产权、商业秘密或者非公开的个人信息的数据。

对于涉及个人信息的数据，电力企业应当注意，收集个人信息的过程中需确保目的清晰合理，严格遵守法律规定，需要得到信息主体的知情并同意，遵循合法性、正当性及最小化原则。具体要求包括：①基于个人同意处理个人信息的，仅收集与实现产品或服务的业务功能直接相关的个人信息，并且限于实现处理目的最短周期、最低频次，采取对个人权益影响最小的方式；②数据交易提供方应当按照法律法规要求获得个人信息主体的同意或单独同意，并能够提供相关证明材料；③交易数据涉及个人信息处理的，应当事先进行个人信息保护影响评估或取得个人信息保护认证；④运用去标识化和匿名化等技术手段与措施，以防止未经授权的访问，保障个人信息的安全，避免出现泄露、更改或丢失的情况。

（二）数据处理合规

"预期会给企业带来经济利益"是数据资源确认为资产的必要条件。如果电力企业希望从数据资源中获得经济利益，则必须确保其数据处理活动是合规的。不合规的数据处理可能会导致电力企业被主管部门责令暂停相关数据业务、停业整顿，甚至吊销相关业务许可证或者吊销营业执照，直接影响电力企业从数据资源中获得经济利益，从而造成相关电力数据资源无法被确认为数据资产，亦无法入表。

（1）个人信息处理需符合授权范围。电力企业应确保个人信息使用加工具有明确、合理的目的，企业进行个人信息处理的范围应为个人信息主体授权范围和协议约定范围，或其公示的使用规则中所承诺的数据处理范围。企业不擅自扩大或更改个人信息使用范围，不通过编造、篡改等方式进行数据造假，不将收集的数据用于非法目的，不使用非法手段或以非法形式使用数据。根据《个人信息保护法》第六十六条规定，违法处理个人信息，或者处理个人信息未履行本法规定的个人信息保护义务的，由履行个人信息保护职责的部门责令改正，给予警告，没收违法所得。情节严重的，可以责令暂停相关业务或者停业整顿、通报有关主管部门吊销相关业务许可或者吊销营业执照。

（2）落实重要数据和核心数据的识别与保护。电力企业应按照国家有关部门要求制定重要数据和核心数据目录，加强对重要数据和核心数据的保护。定期梳理数据，按照相关标准规范制定重要数据和核心数据目录，做好目录备案管理。明确核心数据处理关键岗位和岗位职责，签署数据安全责任书。建立内部登记、审批机制，对核心数据的处理活动进行严格管理并留存记录。企业跨主体提供、转移、委托处理核心数据的，应当评估安全风险，采取必要的安全保护措施，履行企业内部报批手续，最后还需通过国家主管机关审查。收集和产生的核心数据，应当在我国境内存储；如需出境，依法依规进行数据出境安全评估。根据《数据安全法》第四十五条第二款规定，违反国家核心数据管理制度，危害国家主权、安全和发展利益的，有关主管部门可以根据情况责令暂停相关业务、停业整顿、吊销相关业务许可证或者吊销营业执照。

（3）建立数据安全管理制度。组织开展数据安全教育培训，采取相应的技术措施和其他必要措施，保障数据安全。加强数据处理活动风险监测，发现数据安全缺陷、漏洞等风险时，立即采取补救措施；发生数据安全事件时，立即采取处置措施，按照规定及时告知用户并向有关主管部门报告。如果企业是重要数据的处理者，还应当明确数据安全负责人和管理机构，落实数据安全保护责任，按照规定对其数据处理活动定期开展风险评估，并向有关主管部门报送风险评估报告。根据《数据安全法》第四十五条第一款规定，开展数据处理活动的组织、个人不履行数据安全保护义务，拒不改正或者造成大量数据泄露等严重后果的，可以责令暂停相关业务、停业整顿、吊销相关业务许可证或者吊销营业执照。

参考文献

［1］ 上海数据交易所.数据资产入表及估值实践与操作指南［R］.上海，2024.

［2］ 中国信息通信研究院政策与经济研究所.数据资产化：数据资产确认与会计计量研究报告［R］.北京，2020.

［3］ 中国南方电网有限责任公司.南方电网数据资产管理体系白皮书［R］.广州，2021.

［4］ 浙江省市场监督管理局.DB33/T 1329—2023 数据资产确认工作指南［S］.2013.

［5］ 谢文立、李君瑶、张茜：《中岛观点｜如何在财务报表上反映数据资产价值——数据资源入表浅介》，（2023-12-6）［2024-5-10］https://mp.weixin.qq.com/s/xXIsKfEBnQh0DygFDOTk8w.

［6］ 陈际红、吴佳蔚、李佳笑：《忽见千帆隐映来：数据资源入表激活数据要素价值》，（2023-11-23）［2024-5-10］https://mp.weixin.qq.com/s/KTMwHtE6H2VUIrQ9ZEksSA.

［7］ 普华永道：《新要素·大市场——企业数据资源入表五大提示及"五步法"入表路径解析》，（2023-8-25）［2024-5-10］https://mp.weixin.qq.com/s/530OykpcSArsAXZJd-4w8g.

［8］ 德勤：《数据资源"入表"在即，数据资产化号角吹响，专业服务相伴新征程》，（2023-9-19）［2024-5-10］https://www2.deloitte.com/cn/zh/pages/risk/articles/data-asset.html.

［9］ 德勤：《数据资源入表在即，〈企业数据资源相关会计处理暂行规定〉热点问题解读》，（2023-8-24）［2024-5-10］https://www2.deloitte.com/cn/zh/pages/risk/articles/regulations-interpretation.html.

ESG 评价体系在电网企业物资招标采购环节嵌入的实务研究

柏　能　周若璇　许　斌

国网江苏省电力有限公司物资分公司

摘　要

本文通过分析目前物资招标采购现状，研究如何将 ESG 评价指标与电网企业物资招标采购评审衔接，以实现 ESG 评价体系在电网企业物资招标采购环节中的嵌入。针对招标采购流程中投标人资格考察、评价办法设定、评审专家设置、书面合同订立各个环节提出符合 ESG 评价体系的落地措施与建议，确保在符合 ESG 评价标准的基础上又能够优化供应商选择，推动整个供应链的可持续发展，实现经济、社会和环境的协调增益。

关键词

ESG 评价体系；电网企业；物资招标采购；社会责任；企业治理

一、问题研究必要性

ESG 投资的起源可以追溯到 20 世纪 60 至 70 年代。1990 年，全球首个以 ESG 为基础的指数面世。2004 年，联合国环境规划署首次明确提出了 ESG 投资的理念。2006 年，联合国推出了责任投资原则，正式将环境、社会和治理这三个维度纳入其指导规则之中，对 ESG 概念发展和领域的设定起到了关键性作用。2018 年，中国 A 股市场被正式纳入 MSCI（明晟）的新兴市场指数及全球指数之中，所有纳入指数的 A 股公司都必须经过 ESG 评估，这一举措极大地促进了国内众多机构和上市公司对 ESG 领域的深入研究和实践探索。

2022 年，国务院国资委印发《提高央企控股上市公司质量工作方案》，提出"贯彻落实新发展理念，探索建立健全 ESG 体系"。2023 年，国务院国资委为落实《提高央企控股上市公司质量工作方案》，编制下发《央企控股上市公司 ESG 专项报告编制研究》课题成果，从环境、社会、治理三大维度，构建了三级指标，为企业落实 ESG 评价标准提出科学的方法和路径。2024 年 6 月，国务院国资委正式印发《关于新时代中央企业高标准履行社会责任的指导意见》，对于 ESG 评价标准提出了新的指导。

目前电网企业在物资招标采购领域，已经根据国务院国资委要求建立完善了相适应的合规体系，其中重点加强对供应商的企业信用与投标产品质量合规管理，契合当前的法律法规和行政监管的要求，同时借助信息系统不断提高投标人投标效率。ESG 评价标准作为即将到来的新的企业社会责任监管要求，也将纳入包括物资招标采购这一重要环节。电网企业作为国家能源安全和经济建设的重要支撑，在物资招标采购领域率先引入 ESG 评价标准进行有效衔接，这不仅有助于提升供应链的可持续发展，也是电网企业当好中国特色社会主义经济的"顶梁柱"、积极服务国家重大战略、履行社会责任的担当体现。本文通过 ESG 评价指标分解后在电网企业物资招标采购各环节的衔接，分析讨论 ESG 评价体系如何在电网企业招标采购环节进行嵌入，根据招投标流程"投标人资格考察—评价办法设定—评审专家设置—书面合同订立"提出落地措施与建议。

二、ESG 评价体系分解与衔接

ESG 评价体系中"E"为"Environmental（环境）"，包含资源消耗、污染防治、气候变化和资源、能源或环境综合管理四项指标；"S"为"Social（社会）"，包含员工权益、产品责任、供应链运营和社会响应四项指标；"G"为"Governance（治理）"，包含治理结构、治理机制和治理效能三项指标。该评价体系从环境、社会以及企业治理角度，衡量企业发展的可持续性。ESG 评价体系涉及企业经营各方面，从招标采购环节切入，能够帮助企业在运用 ESG 评价体系时构建良好开端。故实现电网企业物资招标采购的 ESG 嵌入，招标采购评审与 ESG 评价体系的衔接显得尤为重要。本文将以目前的采购策略为基础，探讨如何将 ESG 评价体系与招标采购评审相结合，根据 ESG 的环境、社会、治理三大维度，考量电网企业物资招标采购评审要素设置。

（一）招标文件的环境保护评审

环境评价是 ESG 评价体系中的第一个维度，在招标文件中纳入环境保护评价对供应商具有诸多促进作用。首先，通过环境保护评审可以确保招标文件中的项目符合国家和地方的环保法律法规，避免因违反环保规定而导致的物资供应延误或被处罚，尤其是当面临环保处罚严格态势时，避免供应商因天价罚款而资金链断裂以至于合同违约。其次，评审过程要求环保责任有助于优化资源配置，推动供应商采用环保材料和技术，提高能源效率和资源的综合利用率，降低长期运营成本。最后，可以促进供应商的可持续发展，特别是评审中的环境保护鼓励采用可持续发展的策略和实践，有助于供应商实现长期的经济增长与环境保护的平衡。

目前的物资采购策略，采购通用要求中多为对人员、设备、资金等保障如期交货能力的审查，生产投标产品所需的生产场地、生产设备、生产人员、产品及元器件检测能力的审查以及是否属于《国家电网有限公司供应商不良行为处理管理细则》被暂停中标资格或取消中标资格的不良行为的投标人，忽视甚至缺少有关环境保护的评审。按照 ESG 评价体系，在进行物资招标采购时，应考虑将三级指标涉及的内容纳入评审标准，例如水资源、原材料、废水、废气、固废、能源、碳管理、碳排放、资源、能源或环境综合管理等评审要素。

（二）招标文件的社会责任评审

社会责任评价是 ESG 评价体系中的第二个维度，将社会责任评价纳入招标文件评审标准有以下作用：首先，能够通过供应商保障一定的公共利益，通过招标文件社会责任评审，可以促使供应商在追求经济效益的同时，不损害社会公共利益，如消费者权益、劳动者权益等。其次，将社会责任评审与信用体系相结合，有助于构建以信用为基础的监管机制，对违法失信主体实施惩戒，提升市场主体的守法诚信意识。再次，能够规范供应商行为，通过评审标准倒逼供应商规范经营，避免违法违规行为，减少法律风险和经济损失。最后，通过社会责任评审能够帮助供应商提升企业形象，展示其对社会贡献和责任的承诺，增强公众信任。

目前的物资采购策略，针对社会责任问题主要有以下资格要求：投标产品不得选配缺陷责任期发生产品质量问题；提供的同类材料未因该材料原因出现过质量问题；以及不得被市场监督管理机关在国家企业信用信息公示系统中列入严重违法失信企业名单或列入经营异常名录信息等。按照目前的物资采购策略，符合ESG评价体系"产品责任——安全质量"的部分评价标准，但基于ESG评价体系与招标文件评审标准衔接的考虑，还需纳入如下评价要素：员工权益项下的员工保障、健康安全和员工发展；产品责任项下的生产规范和客户服务；供应链运营管理和社会响应等。

（三）招标文件的企业治理评审

企业治理是ESG评价体系中的第三个维度，将其纳入评审标准，主要有以下三个作用：首先，能够督促供应商遵守法律法规，符合行业标准和市场规则，降低违规风险。倒逼供应商进行合规建设，推动供应商更好地识别、评估和管理风险。其次，可以强化供应商内部控制，有助于供应商建立健全内部控制机制和提高管理质效。最后，通过信息披露提升供应商透明度，督促供应商及时准确地对外披露信息，强化外部监督。

目前的物资采购策略，除存在有关质量标准的行业标准外，鲜有与ESG评价标准中企业治理的评审内容。根据ESG评价体系，需将如下评价指标纳入评审标准，包括合规管理、风险管理、监督管理、信息披露和创新发展等评审要素。

综上，招标采购评审与ESG评价体系的紧密结合对于推动供应商乃至其上下游企业法人可持续发展具有重要意义。电网企业在制定物资采购策略时，可以考虑将ESG标准整合到供应链管理中，以确保供应链整个运营过程符合环境友好、社会责任和良好治理的标准。对投标人的资格要求应体现对ESG标准的重视，并在评审过程中赋予相应的权重。将ESG评价体系融入招标采购评审不仅能够提升评审质量，确保选取的供应商有较强的综合素质，还能够推动供应链全链的可持续发展，实现经济、社会和环境的协调增益。

三、ESG评价标准具体嵌入措施

ESG评价要素在电网企业物资招标采购中的落实，对于推动电网企业的可持续发展，提升企业社会责任具有重要意义。为了更好地将ESG理论下的环境、社会、治理三大评价要素与电网企业日常招标采购过程进行适当衔接，本文结合"投标人资格考察—评价办法设定—评审专家设置—书面合同订立"的招投标流程，探索ESG评价标准在物资招标采购环节的落地措施。

（一）投标人资格考察

在ESG理念的指导下，电网企业在确定中标候选人时，应综合考察环境保护、社会责任和公司治理等关键要素，以保障供应链的长期可持续发展。

1. 环境保护方面的资格考察

电网企业应在招标文件中根据具体招标范围，考察投标人须持有的资质证明，包括但不限于有效的环境管理体系ISO 14001认证；能源管理体系ISO 50001认证；国家认可的绿色工厂、绿色产品、绿色供应链认证；资源和能源综合利用示范单位等荣誉。

2. 社会责任方面的资格考察

电网企业在招标过程中可要求投标人展示其社会责任的履行情况，不仅包括质量管理体系认证，还应涵盖职业健康安全管理体系 OHSAS18001 认证和供应链社会责任管理标准，以确保供应链各环节均符合社会责任标准。

3. 企业治理方面的资格考察

电网企业在招标文件中可要求投标人展示其公司治理结构的透明度和效率，证明其拥有有效的内部控制、风险管理和合规管理体系。同时，投标人应有良好的信用记录，并根据招标范围评估其在提供 ESG、可持续发展或社会责任管理咨询服务方面的业绩。

综上，电网企业在进行投标人资格考察时，可以将前述认证和管理体系作为投标企业资格评估的一项指标纳入评分标准之中，将供应商 ESG 评级水平作为评审加分因素。

（二）评价办法设定

在招标采购过程中，电网企业可依据 ESG 评价体系的准则来构建和优化招标文件中的评价方法、评价指标与指标权重，以实现 ESG 评价体系在招标采购中的最大化嵌入与融合。

1. 评价方法选择

一般而言，电网企业在进行物资招标采购时会选择综合评价法，即对一个系统的多项指标进行整体评价的方法。而综合评价法基本可以分为三类，即定性评价法、定量评价法以及定性与定量相结合的评价方法。基于 ESG 评价体系的纳入，同时为提升评审的精确性与客观性，建议采用融合定性分析与定量数据的综合评价体系。定量数据应涵盖如温室气体排放量、能源使用效率、员工满意度等关键指标；而定性分析则应包括对企业文化、供应链管理和社区参与等方面，以实现对投标企业全面而客观的评价。

2. 评价指标确定

将 ESG 评价指标嵌入电网企业在进行物资招标采购时，需严格覆盖环境保护指标、社会责任指标以及企业治理指标。具体指标如下：

（1）评选标准中的环境保护指标。针对环境保护指标，应当将供应商的水资源、原材料、废水、废气和固废信息化管理情况，持续节水制度是否建立以及实施成效，减量化、资源化、再利用制度设计以及环境管理体系认证等作为选择供应商的考量因素，并纳入评分标准。根据供应商提供的环境风险管理控制措施，分析采购物资潜在环境风险发生的可能性，如资源消耗、污染排放等，并制定相应的风险管理措施。

（2）评选标准中的社会责任指标。针对员工权益指标，应当将员工权益保障组织的建立和运行情况、员工福利政策、劳动纠纷发生频率、员工激励和晋升机制以及职业健康安全管理体系认证等因素纳入评价体系。针对产品责任指标，除了招标文件中现有的质量监管体系，还应推动供应商提升至国际安全质量标准，并考察其客户服务体系和客户反馈机制。对于供应链运营问题，需考虑将供应链管理标准体系的明确性、协同发展机制的有效性、原材料供应和产品销售中断的防范措施以及应急预案的完善度纳入评价标准。

（3）评选标准中的企业治理指标。针对治理结构问题，应当评估供应商是否建立了高效的治理架构，高层管理团队的管理水平，以及合规管理体系和风险管理政策的完备性。同时，审计和问责制度的完善性、信息披露的完整性、研发和创新管理体系的科学性也是重要的考量因素。

除了上述评价标准外，电力企业还需针对不同类型的供应商，考虑对评审分数比例进行适当调整，确保评价体系的公平性和适应性。通过这种综合评价体系，电网企业能够更精准地评估和选择符合ESG标准的供应商，通过供应商的选择促进电网企业和供应链上下游企业的可持续发展与合规管理。

3. 确定指标权重

在进行物资招标采购时，因采购内容不同，可以根据其特点确定对应的指标权重。例如，可以将社会责任指标中的质量标准加大权重以帮助选择最佳的中标候选人。

（三）评审专家设置

招标采购过程中，评标委员会的专家评审是确保选取良好投标人的关键环节。为了符合上述评审标准，评审专家的设置需要注意以下三点：一是在评标委员会中特别设置相关专业领域的评审专家，这些专家应具备丰富的经验和深厚的专业知识；二是评审专家需负责深入解读招标文件中的评价标准，以确保专家在评分过程中注意不同供应商的侧重点；三是评审专家需细致审查投标文件的全部内容，包括但不限于组织机构设置、环境管理体系认证、安全管理体系、供应链管理标准体系等，遴选符合投标人资格设定的供应商。基于评审结果，选择符合ESG标准下三个维度的投标人作为中标候选人。

（四）书面合同订立

合同订立作为招标采购阶段的落实环节，能够起到明确双方权利义务、细化投标内容的作用，建议合同中应明确包含与环境保护、社会责任和企业治理相关的条款，确保供应商遵守招标文件中列举的有关ESG方面的要求与标准。在招标采购文件合同条款的编制过程中，需明确以下条款的拟定：

1. 在环境保护方面的条款拟定

电网企业作为招标人应当明确加入环境保护条款，合同中可以包含对供应商资源利用效率的具体要求，比如规定必须使用节能设备或达到一定的能效标准，要求供应商遵守环保法规，并对违反环保规定的行为设定惩罚及追责措施。

2. 在社会责任方面的条款拟定

合同中可以要求投标人设立员工权益保障组织例如工会等并有效开展工作、制定令员工满意的福利政策、提供员工职业健康安全认证以及做好员工维稳工作；提供质量管理体系认证证明；采用国际先进水平的安全质量标准；制定清晰明确的供应链管理标准体系，涵盖技术、管理、社会责任等多方面要求。

3. 在企业治理方面的条款拟定

电网企业作为招标人应当明确加入企业治理条款，合同中可以要求投标人完善信息披露，维护招标人知情权等，避免缺乏透明度、内幕交易、财务造假、董事会组成不合规或不遵守反腐败法律而承担不利法律后果。

四、结语

ESG评价体系注重评价企业履行社会责任的质效，包含了对上下游企业环境保护的倡导、社会责任的推动以及企业治理的监督，对促进全球经济的绿色转型具有关键作用。电网企业在物资招标采购过程中嵌入ESG评价体系，通过在招标文件中加入ESG评审标准、采用定性与定量相结合的综合评价体系以及在评标委员会中特别设置评审专家，将ESG评价体系作为招标采购过程中决策的辅助工具，助力电网企业选择最好最优的物资供应商。ESG 评价体系嵌入电网企业物资招标采购管理是一种"源头治理"，有利于电网企业在招标采购中提升评审质量、推动供应链全链的可持续发展，以实现经济、社会和环境的协调增益。但是 ESG 评价体系的有效实施目前还需要电网企业在实践中不断探索和完善，应持续关注 ESG 评价体系的发展动态，并与整个供应链企业相互协作，共同推动 ESG 评价体系在物资招标采购领域的广泛应用，为进一步推动绿色现代数智供应链建设作出贡献。

参考文献

［1］ 任庚坡 .ESG 发展进展与政策建议［J］.上海节能，2022，（7）：799–803.DOI: 10.13770/j.cnki.issn2095–705x.2022.07.005.

［2］ 张丽萍，雒京华 .ESG 理念下"双碳"目标实现路径研究［J］.理论观察，2022（3）：63–66.

［3］ 张晓艳，戚悦 .基于 ESG 评价体系重塑国有企业发展战略的研究［J］.中国环境管理，2024，16（1）：27–33.

［4］ 黄雨欣 .ESG 实践及披露对企业绩效的影响［D］.上海：华东政法大学，2023.

［5］ 付瑞婷 .基于 ESG 卓越绩效评价的水利行业运营养护类项目影响因素研究［D］.上海：上海财经大学，2023.

［6］ 郑晶晶 .中建公司 ESG 信息披露案例研究［D］.银川：北方民族大学，2023.

我国合规激励体系的构建与企业合规管理新视野

汪 飞

南方电网云南电网有限责任公司

摘 要

企业合规的刑事化发展使企业合规管理工作呈现出新的价值。合规激励不仅是刑法问题，还应当延伸到行政法、民商法领域；不仅是检察院的公诉职能，还应该延伸到行政机关以及侦查、审理、执行诸机关、环节；这不仅是简单的"合规从宽"，还涉及法治功能的蜕变、公司乃至社会的治理能力治理体系建设。

关键词

合规激励；强制性合规监管；治理现代化

2021 年 8 月，云南电网公司某下属企业群众护线员得到镇林业站口头同意后，在未办理林木采伐手续的情况下，组织人员完成输电线路通道林木隐患清理工作，并于同月按照与政府签订的合作协议补办林木采伐手续。后采伐林木一事被村民举报，经过案件侦办进入审查起诉阶段。2023 年 1 月，检察机关通过适用涉案企业合规试点及第三方监督评估机制，经过听证后，对该企业涉嫌滥伐林木案件作出不起诉决定，开启了电网公司合规不起诉的先河。本文借此谈谈对这一改革的理解和认识，在此基础上就公司完善合规管理提出建议。

一、概念、实践及问题的由来

（一）企业合规激励的概念及其渊源

与企业合规激励类似的概念最早出现在美国，称作"辩诉交易"或"辩诉协商"（Plea Negotiation or Plea Agreement）。据记载，1885 年美国纽约州刑事法院的 Hughes 法官在审理一起盗窃案时，首次允许辩诉双方达成"辩诉交易"。Hughes 法官致力于改善刑事司法制度，提高司法效率，减少诉讼成本，大力推动辩诉交易的合法化、规范化。这一制度从 1970 年代逐步成为美国刑事司法的一个重要特征，最近 20 年已成为美国对企业刑事处罚的量刑因素。这一制度也引起世界各国的关注和效仿。因为美国对华为、中兴等中国公司的制裁，国内政界、学界和社会开始重视这一制度。

1. 美国的辩诉交易

美国辩诉交易的前提是公司对公诉指控表示认罪，自愿进行合规化改造，并与检察官签订附条件不起诉协议（NPA）或暂缓起诉协议（DPA）。两种协议的内容大致一致。但是 NPA 由检察官自由裁量，双方自行约定、保存，而签订 DPA 则需要向法院备案，并且检察官已经正式向法院提起公诉。若公司违反签订的协议，针对 NPA，检察官会正式向法院提起公诉，针对 DPA 检察官则不再撤回公诉。

2. 欧洲国家的辩诉交易

英国也有辩诉交易制度（Plea Bargain），但适用没有美国广泛。德国也存在类似制度，但与美国诉前协商不同，德国的辩诉交易发生在审理环节，由法官主导，法官可以启动协商，也可以释明其可能作出判决的上下限。

（二）中国有关企业合规不起诉的司法实践

1. 中国企业合规不起诉的理论研究

近年来，刑事合规也逐步成为我国司法改革的一个重要内容。最高检检察理论研究所是国内较早系统开展企业合规不起诉研究的机构。2019 年，《中国刑事法》杂志专题发表了系列"刑事合规"文章。2021 年，由谢鹏程主编的《合规不起诉研究》出版，此书汇聚了一批业界、学界专家过去对企业合规问题的研究成果，标志着理论界对这一改革试点工作逐步取得了共识。2022 年，最高人民检察院（简称最高检）在中国人民大学设立企业合规检查研究基地，进一步加强涉案企业合规改革的理论研究。

2. 我国企业合规不起诉的试点情况

2020 年 3 月，最高检试点开展"企业犯罪相对不诉适用机制改革"第一期试点。2020 年 11 月，最高检决定成立企业合规问题研究指导工作组。2021 年 3 月，最高检、司法部、财政部、生态环境部、国务院国资委、国家税务总局、国家市场监督管理总局、全国工商联、中国国际贸促会联合发布《关于建立涉案企业合规第三方监督评估机制的指导意见》（简称《指导意见》），同时，最高检扩大范围开展第二期试点。2022 年 4 月，涉案企业合规改革结束试点工作，在全国检察机关全面推开。

3. 我国企业合规不起诉的相关规定

在考察涉案企业刑事合规改革工作时要关注到全国人大常委会 2016 年决定授权最高法、最高检开展刑事案件认罪认罚从宽制度试点。基于现有国内法，认罪认罚从宽制度和附条件不起诉正是企业刑事合规改革的法律基础。另外，还要关注到 2017 年 12 月，国家质检总局和标准委等同翻译发布了《合规管理体系指南》（GB/T 35770—2017），2022 年 10 月修订发布了《合规管理体系要求及使用指南》（GB/T 35770—2022）；2018 年 11 月，国务院国资委颁布《中央企业合规管理指引（试行）》，2022 年 8 月颁布《中央企业合规管理办法》。国家标准和国资政策均要求各类组织、国有企业强化合规管理。这是因应国际经贸形势之举也是对涉案企业刑事合规改革试点工作的呼应。

二、浅析合规激励及其实施、完善措施

随着企业经济实力、社会地位及影响力的持续攀升，其肩负的责任与义务亦相应加重，这构成了充分且迫切的理据，要求企业必须更加高度重视并强化合规管理体系的建设与执行。合规管理不仅是企业稳健发展的基石，更是维护市场秩序、促进社会和谐、保障各方权益的必然要求。因此，企业应当将合规管理置于战略高度，通过建立健全的合规框架、深化合规文化建设、加强合规风险防控等措施，确保所有经营活动均在法律法规及行业准则的框架内规范进行，以实现可持续发展与社会责任的双重目标。刑事合规的本质就是合规从宽、合规激励、合规缓刑，与刑法契约化、协商型司法、恢复

型司法相关，是行政机关、司法机关、专业组织等参与社会治理的一项公共政策措施。在其发源地美国，该领域的实际应用亦不过近数十年间方显成效，而在我国，它则全然属于新兴领域，尚处于初步发展阶段，亟待我们深入探究并明晰一系列基本问题。

（一）为何要合规激励

通常来说，从作用对象角度出发，法的功能包括指引、评价、预测、强制和教育。一般社会对法的强制作用体会最为直观，法的其他功能发挥明显不够。具体到刑法，惩罚犯罪是其明确的功能定位。但是，随着刑事诉讼法的修改，保障人权也是刑法的功能，而且随着社会发展这个功能会越来越显著。

合规竞争已逐渐成为国际竞争的重要内容。总体而言，企业一旦遭遇困境即陷入停滞，或个体意外事件直接导致企业崩溃，此等现象无疑对我国作为新兴经济体的企业持续健康发展构成了显著阻碍，更不利于在全球舞台上构建并巩固其竞争力。因此，确保企业的稳健运营与风险抵御能力，对于促进我国经济体的长远发展和国际竞争力的提升至关重要。所谓"惩前毖后，治病救人"，刑事合规改革就是在这样一个需要完善、激活法的功能的背景下应运而生的。

九部门联合发布的《指导意见》是当下我国开展刑事合规改革的基础性制度。这个制度清晰回答了实施合规激励的三个目的：一是有效惩治预防企业违法犯罪；二是服务保障经济社会高质量发展；三是助力推进国家治理体系和治理能力现代化。综合起来，这三个目标在惩治犯罪的同时强调预防、强调服务保障经济社会高质量发展、强调能动司法，体现了"从政治上看，从法治上办"的要求。《指导意见》及时有效惩治预防企业违法犯罪，推动社会治理现代化，为经济社会高质量发展提供了优质的法治保障，但仍然存在理论和法律支撑不足、适用体系不完整、数字化应用欠缺等问题，亟待研究解决。

（二）如何实施合规激励

前述已经提及德国和美国在辩诉交易中主导者不同。目前我国的模式和美国更加接近，涉案企业刑事合规改革主要由检察院主导。据《人民日报》报道，截至2022年年底，全国检察机关累计办理涉案企业合规案件5150件，对整改合规的1498家企业、3051人依法作出不起诉决定。从最高检公布的4批15个涉案企业刑事合规典型案例看，涉及危害公共安全罪（1宗）、破坏社会主义市场经济秩序罪（10宗）和妨害社会管理秩序罪（4宗）三个类罪12个具体罪名。15个案例中，有2个案例检方提前介入侦查，7个案例检方对涉案企业或行政机关出具了检察建议或意见，有5个案例提到了行业治理，在一定程度上实现了从"办理一个案件，垮掉一个企业"向"办理一个案件，净化一个行业"的转变。前述云南电网公司案例大致经历了公安机关接到报案—刑事立案—逮捕嫌疑人—移交检察起诉—下属企业承诺合规整改—启动为期三个月的合规管理计划—第三方评估监督—召开听证—决定不起诉九个主要环节。其中的合规计划监督和美国司法部评估企业合规计划（ECCP）的三要素大致相当。根据《指导意见》，涉案企业合规管理可以由检察院依职权提出，也可以由涉案企业、个人及其代理人、相关单位申请，并特别明确，纪检监察机关可以对涉嫌行贿企业提出开展刑事合规管理的建议。

前述涉案企业完成涉案林木伐许可证补办、向检察院支付代履行费、补植补种等工作，并按要求签署了涉案企业合规承诺书，后向会泽县检察院提交了合规计划、合规整改方案等，第三方监督评估组织成员到涉案企业进行合规审查。认为涉案企业合规体系建设符合要求，规范、全面，对涉案领域人员培训到位，合规建设符合有效性标准。该案经听证程序后，检察院作出不起诉决定。

（三）如何完善合规激励

企业合规管理之所以在世界范围内兴起，归根结底主要基于两点：一是在现代社会，企业越来越成为世界上最重要的组织形态。二是各国立法对企业的管制越来越严格，越来越宽泛。在这样的背景下，从社会整体效率出发，将企业约束在法治和商业伦理框架内的途径至少包括三个方面：一是企业的自律合规管理；二是公权力机关的合规强制监管；三是"企业自律"＋"强制监管"。

从法律体系的角度判断，强制监管应当包括行政机关监管和司法机关监管，前者基于行政法律关系，后者基于刑事法律关系。在这样的视角下，首先要明确主体。成文法传统的国家和普通法国家在区别违法和犯罪方面有显著不同。成文法国家往往会严格区分违法和犯罪的界限，而普通法国家则不然。美国既是企业刑事合规管理的典型代表，也是普通法国家的典型代表。美国检察官隶属于司法部，是行政机关，其调查和公诉行为没有严格区分行政或刑事法律关系。我国违法和犯罪在立法、司法上都泾渭分明。因此，由检察院开展的刑事合规调查和由其他行政机关组织的行政合规调查就应该区别开来，涉及的行政部门应当成为企业合规监管的主体之一。另外，法院亦不能缺席。

因此，笔者认为合规激励不仅需要程序正当，更需要在实体法上得到确认。域外的企业合规监管一般都有法院参与甚至主导。近年，最高法已经在积极研究如何在审理环节介入企业合规管理。可以预见，企业刑事合规管理必将上下拓展，延伸到民商事、行政、起诉、审理、执行全链条。合规激励还要明确合规激励的对象。辩诉交易在美国是"放过企业，严惩企业家"。我国称这项改革为"涉案企业刑事合规"，对象自然是企业，是单位。但这项工作在实践中显然已经突破了企业的限制，把合规激励的对象扩大到了自然人。这完全符合我国企业和企业家的关系，同时也符合我国的刑事立法制度。

美国、英国都有一批成熟的职业经理人队伍和以董事会为中心的相对成熟的治理机制，而我国存在着数量庞大的家族企业，或者企业命运倚重一人的其他企业。在我国现阶段的企业管理实践中，既不能单纯谈制度之治，也不能单纯谈人治；既不能一犯错就抓企业家，也不能一放了之。中美在刑事立法方面有很大差异。在我国刑法中，单位犯罪的情形只占全部罪名的1/3左右。美国等普通法国家在一般情况下将法律拟制的人基本等同于自然人，没有严格区分单位犯和个人犯。所以，在现行法制下，我国合规激励如果仅仅针对单位，则激励效果会大打折扣。因此，《指导意见》明确合规激励对象包括企业和自然人，但是将自然人限制在"与生产经营活动密切相关的犯罪案件"。对此，李本灿教授将这里的自然人抽象定义在"单位犯罪条款缺失类型的个人犯罪"上。

关于完善中国特色的企业合规激励制度，从立法论的角度存在"法条改造说"和"特别程序说"。在这个领域，王贞会教授结合未成年人刑事案件诉讼程序立法做出过系统论述。关于企业合规激励不仅涉及刑法、刑事诉讼法的完善，还涉及大量行政法、民商法与刑法、刑事诉讼法的统一、协调，是一个体系化的、逐渐构建的过程。

三、合规管理与中国特色现代公司治理

在全球经济一体化的背景下，合规已成为衡量企业国际竞争力的关键标尺，它不仅是全球经济贸易交流的通用准则，更是企业实现可持续繁荣与发展的坚实基石。合规不仅守护着企业的经济安全，促进价值创造，还深刻关联着企业的政治站位与社会担当，对中央企业而言，其重要性超越了单一的经济范畴，是践行国家战略、履行社会责任不可或缺的一环。

在追求构建产品卓越、品牌辉煌、创新引领、治理卓越的国际一流企业的征途中，以及在深化国

企改革、提升国有企业核心竞争力和核心功能的战略部署下，强化合规管理被赋予了前所未有的高度与深度。它不仅是国有企业法治化进程中的核心驱动力，更是确保企业行稳致远的"安全阀"。

在此背景下，"合规不起诉制度"作为法治建设的重要创新，为企业治理提供了新的视角与路径。该制度通过激励企业建立健全内部合规体系，有效预防违法犯罪行为，对于符合特定条件的违规行为，在企业积极整改、主动补偿损害并证明已建立有效合规机制的情况下，可予以免予起诉或减轻处罚。这一制度不仅体现了法律的温度与智慧，也为企业合规管理注入了新的活力与动力。

云南电网公司积极响应时代号召，将"法治型企业"作为"五型企业"建设之首，明确将守牢合规管理底线作为企业发展的前提与保障。这不仅体现了公司对国家法治精神的深刻理解和坚定执行，也彰显了其在复杂多变的市场环境中，以合规为引领，推动公司治理现代化，实现高质量发展的坚定决心与实际行动。通过深度融合"合规不起诉制度"的理念与实践，云南电网公司正逐步构建起更加完善、高效的合规管理体系，为企业的长远发展奠定坚实基础。

（一）重新认识合规管理的意义

《中央企业合规管理办法》所定义的合规是全面的。合规对象既包括企业也包括员工；合规要求既包括国内法也包括国际法、国际规则，既包括法律也包括监管政策，既包括企业内部规定也包括行业规则。因此，合规激励也是全面的，既包括刑事激励也包括行政激励；既能激发内生动力、创造价值，也能在国际合规竞争中输出理念方法，参与国际规则制定。一个公司合规管理能力高低体现出其治理、管理成熟度，体现出这个法人的成熟度。法人越成熟越能基业长青。合规管理不仅是市场主体的使命，还是行政机关、司法机关、专业组织共同参与的社会综合治理，是提高社会治理体系治理能力现代化的重要组成部分，是将本土制度推向国际并参与国际规则制定的轨道。所以，央企合规已经不仅仅是国资监管的要求，还是社会治理的要求，也是参与全球治理的要求。

（二）从公司治理抓合规管理

公司治理是现代企业制度建设的核心，公司合规必须从治理入手。首先，公司治理主体要到位、在位。在典型的国有公司治理结构下，要发挥党委（党组）领导、董事会决策、经理层执行、纪委审计监督、职代会民主管理的作用，做到职责透明、协调运转、有效制衡。党委（党组）要推动合规要求在本企业得到严格遵循和落实。董事会要建好合规组织体系、管理体系、制度体系，并推动体系有效运转，切实发挥好定战略、作决策、防风险的功能。经理层要践行"管业务就要管合规、合规就是业务"，并组织好合规风险事件防范。纪委审计监督、职代会要重点从党纪党法、资本资金运作和涉及职工切身利益角度切实监督公司合规体系运转情况。其次，要完善合规组织体系，区别合规官与总法律顾问的不同。合规官要强调独立性，回答"可以"和"不可以"是其履职的基本方式。而总法律顾问应该和业务部门站在一起，推动达成业务，"应该这样做"是其履职的常见方式。最后，要有一支专门队伍，以应对六类合规的要求。

（三）通过数字化技术承载合规制度、机制

在当下思考合规管理除了要洞察到合规激励出现的重大变化，还要看到合规管理面临的技术也正在发生重大变化。这个变化就是网络化、数字化和人机协作。合规环境因为网络化变得无限广大和脆弱；因为数字化导致防控制度由"写法"变成了算法；因为人机协作导致防控机制由控人转变为人机同防。因此需要公司在设计数字化系统、引进人工智能的时候，同步开展合规设计。合规专业必须与

其他专业同步，并且比过往更加强调合规与技术的深度融合。要实现数字化转型的本质合规，合规治理应当内嵌于数字化系统，建设本体合规的数字系统，而不只是片面强调网络和信息安全。

（四）实实在在提倡合规文化

要深知，在越来越强调市场化、法治化、国际化营商环境的现代社会，合规将会变得更加有迹可循，更加透明化。应坚决摈弃机会主义，诚信践诺。诚信本身就是合规。合规从单一公司治理层面延伸到司法层面，延伸到社会、国家和全球治理，并最终以刑罚背书，这就要求企业从根本上理解合规、敬畏合规，营造"人人、事事、时时"都合规的文化。

参考文献

［1］叶良芳，刑事一体化视野下企业合规制度的本土化构建［J］.政法论丛，2023（2）：113–123.

［2］欧阳本祺，我国建立企业犯罪附条件不起诉制度的探讨［J］.中国刑事法杂志研究，2020（3）：14.

［3］李本灿，涉案企业合规典型案例中的法理：经验总结与问题反思［J］.现代法学，2023（2）：139–157.

［4］王贞会，涉案企业合规程序立法关系处理与制度框架［J］.国家检察官学院学报，2023（4）：32–47.

电力行业国际合作中的数据出境合规要点初探

乔　骄　胡芳芳

浙江阳光时代律师事务所

摘　要

　　近年来，电力行业企业在"走出去"的国际合作过程中，除面临渐趋加强的地缘政治、公共安全、出口管制与制裁、社会、经济等多方面合规风险外，数据安全及跨境流动逐渐成为包括欧、美、英及中国等全球各主要司法管辖区的监管新热点。本文通过对数据合规在电力行业国际合作中重要性及意义的分析，结合我们国家现行监管政策对国际合作数据合规的法定要求，对电力行业"走出去"企业在数据出境合规维度提出初步的合规建议，力求实现行稳致远的全球经营合规目标。

关键词

　　电力行业；国际合作；数据安全；数据跨境传输；合规

一、电力行业国际合作中的数据合规的重要性和意义

　　全球加强对数据安全及跨境传输限制的监管趋势要求电力行业在国际合作中做到数据合规。全球经济数字化浪潮使得数据的跨境流动至关重要，为了确保数据跨境流动不损害一国的国家安全、社会稳定、公众利益和经济发展，众多国家和地区都在探索通过立法来限制数据跨境流动。截至 2023 年，全球已有 60 多个国家和地区陆续制定并发布了规范数据本地化和跨境传输要求的相关法律法规。如欧盟的《通用数据保护条例》（GDPR），对数据的处理、存储和跨境传输设有严格的规定；美国今年 2 月新签发的《关于防止受关注国家获取美国人大量敏感个人数据和美国政府相关数据的行政命令》（第 14117 号行政令），以限制或禁止美国境内的个人、公司或组织将特定类型的敏感数据传输给被认为是受关注的国家或实体，如中国、俄罗斯等；其他国家包括印度、俄罗斯、巴西、澳大利亚、阿根廷以及东南亚许多国家也纷纷出台与数据保护、数据隐私、网络安全相关的法律法规。此背景下，中国的数据安全及跨境传输的监管机制也初步搭建成型，陆续出台《网络安全法》《数据安全法》《个人信息保护法》《电力行业网络安全管理办法》《关键信息基础设施安全保护条例》《数据出境安全评估办法》《促进和规范数据跨境流动规定》等法律法规，来规范数据的全生命周期合规。

　　电力行业国际合作中的数据合规对于保护我国国家安全具有重要意义。电力行业是我国重要基础行业，关乎国家繁荣发展与社会稳定，当前，针对大数据的攻击和数据泄露日益严重，对电力行业潜

在的数据威胁将对我国能源安全带来重大不利影响。电力行业的重要网络设施和信息系统（即"关键信息基础设施"）一旦遭到破坏、丧失功能或者数据泄露，可能严重危害我国国家安全、国计民生和公共利益；电力行业的重要数据一旦遭到篡改、破坏、泄露或者非法获取、非法利用等，可能危害我国国家安全、经济运行、社会稳定、公共健康和安全；电力行业的核心数据一旦被非法使用或共享，可能直接影响我国政治安全。

此外，随着数字经济成为国际竞争的制高点，各行各业能够接触到的国家基础信息、国家核心数据日益成为境外情报窃密的重要目标，数据领域国家安全风险日益突出的这一形势使得电力行业国际合作中的数据合规迫在眉睫。以我国另一重要行业——交通运输行业为例，2021年12月31日发生了我国自《数据安全法》实施以来的首例涉案数据被鉴定为情报的案件，也是我国首例涉及高铁运行安全的危害国家安全类案件。在该案件中，涉案企业接受境外公司委托，在境外公司规定的北京、上海等16个城市及相应高铁线路上采集了物联网、蜂窝、高铁移动通信专网敏感信号等我国铁路信号数据。此外，涉案企业还在数据采集设备上为境外公司开通了远程登录端口，使得境外公司可以实时获取相应的测试数据。经鉴定，该境外公司从事国际通信服务，但其长期合作的客户包括某西方大国间谍情报机关、国防军事单位以及多个政府部门，涉案企业为该境外公司搜集、提供的数据涉及铁路GSM-R敏感信号。其中，GSM-R是高铁移动通信专网，直接用于高铁列车运行控制和行车调度指挥，承载着高铁运行管理和指挥调度等各种指令。经审查认定，涉案企业的行为除了因构成违反《数据安全法》《无线电管理条例》等法律法规严令禁止的非法行为而负有行政责任，同时相关数据被有关部门鉴定为情报，涉案人员的行为也涉嫌为境外刺探、非法提供情报罪而负有刑事责任。该案件也表明了企业在国际合作的过程中，忽视了与数据处理合规密切关联的国家安全问题，将给企业、社会乃至国家带来的严重后果。

为实现切实保护国家安全，适应全球对数据安全及跨境传输的监管日益加强的态势，并积极应对境外对我国情报窃密的严峻形势的目标，电力行业在国际合作中必须做到数据合规，严格遵守我国关于国家安全、国家秘密及敏感信息保护、数据安全、网络安全和个人信息保护等方面的监管要求，并进一步主动落实我国对数据分类分级、关键信息基础设施运营者以及数据跨境传输的合规义务。

二、我国数据合规现行监管体系和要求

中国已初步形成以《网络安全法》《数据安全法》《个人信息保护法》为总纲与原则基础，《电力行业网络安全管理办法》《关键信息基础设施安全保护条例》《数据出境安全评估办法》《促进和规范数据跨境流动规定》等法律法规多维度融合管理的数据安全及跨境传输监管体系。其中，对于电力行业的国际合作而言，数据分类分级保护制度、关键信息基础设施运营者的严格义务，以及数据跨境传输的合规这三个主要方面，最为值得关注。

（一）数据分类分级保护

1. 合规义务来源

现行《数据安全法》明确规定国家应当建立数据分类分级保护制度，对不同类别和级别的数据采取不同的安全保护措施。国家相关部门应当制定重要数据目录，加强对重要数据的保护。对关系国家安全、国民经济命脉、重要民生、重大公共利益等的国家核心数据，实行更加严格的管理制度。《电力行业网络安全管理办法》规定，电力企业应当按照国家和行业重要数据目录及数据分类分级保护的相

关要求，确定本单位的重要数据具体目录，对列入目录的数据进行重点保护。

2. 开展数据分类分级保护工作

自 2024 年 10 月 1 日起，由国家市场监督管理总局、国家标准化管理委员会发布的国家标准《数据安全技术　数据分类分级规则》（GB/T 43697—2024）将开始正式实施，也将为各行业领域主管（监管）部门在制定本行业本领域的数据分类分级标准规范、各地区和各部门在开展数据分类分级工作，以及数据处理者在进行数据分类分级时提供重要参考。

开展数据分类分级保护工作包括数据分类和数据分级两大主要步骤。

首先，数据分类可以按照先行业领域、再业务属性分类的思路进行。除法律法规有专门管理要求的数据类别（如个人信息等）外，按照行业领域，可以将数据分为工业数据、电信数据、金融数据、能源数据、交通运输数据、自然资源数据、卫生健康数据、教育数据、科学数据等。各行业领域主管（监管）部门可根据本行业本领域的业务属性，对本行业领域数据进行细化分类，如能源行业可根据流程环节这一业务属性，将能源数据进一步细分为勘探、开采、生产、加工、销售、使用等数据。此外，笔者认为电力行业数据也可以从发电（如火力、水力、核能）、输配电、电力设备制造、新能源（如风能、光伏能、生物能等）维度进行分类。

数据分级是指根据数据在经济社会发展中的重要程度，以及一旦遭到泄露、篡改、损毁或者非法获取、非法使用、非法共享，对国家安全、经济运行、社会秩序、公共利益、组织权益、个人权益造成的危害程度，将数据分为核心数据、重要数据、一般数据三个级别（见表 1）：

核心数据是指对领域、群体、区域具有较高覆盖度或达到较高精度、较大规模、一定深度的，一旦被非法使用或共享，可能直接影响政治安全的重要数据，核心数据主要包括关系国家安全重点领域的数据，关系国民经济命脉、重要民生、重大公共利益的数据，或经国家有关部门评估确定的其他数据。

重要数据是指特定领域、特定群体、特定区域或达到一定精度和规模的，一旦被泄露或篡改、损毁，可能直接危害国家安全、经济运行、社会稳定、公共健康和安全的数据。

一般数据是指除核心数据、重要数据之外的其他数据。

表 1　　　　　　　　　　　　　**数据级别确定规则表**

影响对象	影响程度		
	特别严重危害	严重危害	一般危害
国家安全	核心数据	核心数据	重要数据
经济运行	核心数据	重要数据	一般数据
社会秩序	核心数据	重要数据	一般数据
公共利益	核心数据	重要数据	一般数据
组织权益、个人权益	一般数据	一般数据	一般数据

注：1. 如果影响大规模的个人或组织权益，影响对象可能不只包括个人权益或组织权益，也可能对国家安全、经济运行、社会秩序或公共利益造成影响。

2. 来源：《数据安全技术　数据分类分级规则》（GB/T 43697—2024）。

当前电力行业主管部门尚未出台本行业的数据分类分级标准规范以及重要数据目录，但这并不意味着电力行业企业无法进行初步识别自身的重要数据并进行相应的数据合规管理工作。实际上，新发布的《数据安全技术—数据分类分级规则》提供了可供数据处理者开展分类分级工作的参考流程。

对于电力行业企业，尤其是国际合作较多的企业而言，《电力行业网络安全管理办法》在《关键信息基础设施安全保护条例》等法律规定的基础上进一步细化电力企业的责任义务，并特别规定电力企业在保护本单位网络安全时，还应当建立健全全流程数据安全管理和个人信息保护制度，按照国家和行业重要数据目录及数据分类分级保护相关要求，确定本单位的重要数据具体目录，对列入目录的数据进行重点保护。根据《数据安全技术—数据分类分级规则》，针对目前所属行业领域暂未有官方公布的数据分类分级标准规范，或存在行业领域规范未覆盖的数据类型的情形下，电力行业企业可以通过数据资产梳理、制定符合自身企业特点的内部规则、初步分类及分级、审核上报目录，并对数据进行动态更新管理这些主要流程开展数据合规的管理，避免在电力企业国际合作的过程中因数据分类分级工作的缺失或不足，导致潜在的数据合规风险。

同时，在进行数据分类分级工作的重要数据识别时，也可参考《数据安全技术—数据分类分级规则》项下附录 G 中列举的考量因素。例如，在识别相关数据是否属于重要数据时，考量以下因素：相关电力行业数据是否关系我国科技实力、影响我国国际竞争力，或关系出口管制物项，如反映国家科技创新重大成果，或描述我国禁止出口限制出口物项的设计原理、工艺流程、制作方法的数据，以及涉及源代码、集成电路布图、技术方案、重要参数、实验数据、检测报告的数据；相关数据是否反映自然环境、生产生活环境基础情况，或可被利用造成环境安全事件，如未公开的与土壤、气象观测、环保监测有关的数据；相关数据是否反映核材料、核设施、核活动情况，或可被利用造成核破坏或其他核安全事件，如涉及核电站设计图、核电站运行情况的数据；反映全局性或重点领域经济运行、金融活动状况，关系产业竞争力，可造成公共安全事故或影响公民生命安全，可引发群体性活动或影响群体情感与认知，如未公开的统计数据、重点企业商业秘密等。

此外，笔者认为，《数据安全技术—数据分类分级规则》在前述重要数据的识别因素中仅提供了较为原则性的指导，电力行业企业也可参考 2017 年 5 月 27 日，全国信息安全标准化技术委员会对外发布的《信息安全技术　数据出境安全评估指南（草案）》。虽然该国家推荐性标准仍还在征求意见阶段，未正式生效，但其附录 A《重要数据识别指南》采用了定义加列举的结构形式，在对电力、民用核设施等 27 个重要行业领域所涉及的"重要数据"的范围予以了详细的列举（见图 1）。

（二）关键信息基础设施运营者

1. 合规义务来源

《网络安全法》《关键信息基础设施安全保护条例》等现行法律法规均明确要求，被相关部门认定为关键信息基础设施运营者的企业严格遵守关键信息基础设施运营者所需履行的网络安全、数据安全等合规义务。其中，关键信息基础设施是指公共通信和信息服务、能源、交通、水利、金融、公共服务、电子政务、国防科技工业等重要行业和领域的重要网络设施、信息系统，以及其他一旦遭到破坏、丧失功能或者数据泄露，可能严重危害国家安全、国计民生、公共利益的重要网络设施、信息系统等。

2. 电力行业关键信息基础设施运营者的认定

电力行业企业所处的能源行业属于事关国家安全、能源安全的重要行业，因此，电力行业企业的重要网络设施、信息系统多被认定为关键信息基础设施，而享有关键信息基础设施的电力行业企业则相应被认定为关键信息基础设施运营者。

相关行业的关键信息基础设施由该行业的主管部门认定，对于被认定为关键信息基础设施的重要网络设施和信息系统，相关行业主管部门应将认定结果通知关键信息基础设施的运营者，以此确保关

A.4.　电力

主管部门：国家发展改革委、能源局。
重要数据包括但不限于：

A.4.1　发电厂相关信息
a)　火电厂的用煤量、水电厂的耗水量等信息；
b)　发电机组数据，包括火电、水电等发电机组可靠性指标数据等信息；
c)　电厂内变电站的开关数据，包括厂站名、开关类型、电抗值、母线电压、投入时间、退出时间等信息。

A.4.2　输配电信息
a)　实际负荷、预测负荷等信息；
b)　输变电设备可靠性指标，包括电压等级、统计百台年数、故障率、故障次数、故障停运时间、修复时间、计检率、计检平均时间等信息；
c)　输电线路信息，包括线路段号、侧地名、侧开关号、并联号、侧省名、调度权、线路长度、导线型号、地线型号、安全电流、控制电流、导线排列、正序电阻等；
d)　线损消耗、影响线路状态的环境信息等。

A.4.3　建设运维信息
a)　装机容量、发电量、供应量等信息；
b)　同比环比增减量等信息；
c)　电力各系统配置信息，包括配电自动化系统、生产管理系统、停电管理系统、高级量测体系、电能质量监控系统、用户能效管理系统等；
d)　电力各系统运行信息，包括电压、电流、频率、波形等；
e)　电力系统实时状态监控、电力系统巡检、电力调度等信息；
f)　可靠性统计分析信息,包括可用系数、强迫停运率、平均无故障可用小时、故障率、修复率等。

A.4.4　其他信息
a)　电力各系统资产、配套安防系统相关信息；
b)　未发布的电网/电厂规划图等；
c)　城市电网管线分布图文资料；
d)　电网地理坐标信息；
e)　能够有助于入侵攻击电力基础设施的其他信息。

A.14.　民用核设施

民用核设施主管部门：国防科工局和能源局。
民用核设施安全监管部门：环境保护部（国家核安全局）。
重要数据包括但不限于：

A.14.1　民用核设施安全监管信息
a)　管理部门对于建造、装料、运行、退役等活动审批中涉及到的关键设计资料、运行参数等；
b)　未公布的全国辐射环境监测原始信息。

A.14.2　民用核设施运行信息
a)　核燃料生产、加工、贮存和后处理设施、放射性废物处理设施中涉及到的关键技术电子资料，如关键设备设计图纸、制造工艺等信息；
b)　核动力厂（核电站、核热电厂、核供气供热厂等）的产能，核燃料年度采购处置数量及处置信息，业务信息系统中重要业务统计信息，日常运维管理信息（如重大核电厂运行异常大事件、停堆换料或检修等）；
c)　其他反应堆（研究堆、实验堆、临界装置等）的使用信息、核燃料年度采购处置数量及处置信息，业务信息系统中重要业务数据统计信息，日常运维管理的信息（如停堆换料或检修等）；
d)　核燃料生产、加工、贮存和后处理设施的年度处理能力、年度处理记录、原料采购、产品销售等相关统计信息、业务系统中的业务信息；
e)　放射性废物处理和处置设施的年度处理能力、年度处理记录、原料采购、产品销售等相关统计信息，业务系统中的业务信息；
f)　核动力厂、反应堆、核燃料加工处理等机构为满足监管要求建立的通信网络相关信息，以及上报的停堆换料或检修等信息；
g)　对核设施工况参数进行监控而使用的核设施数据采集系统形成的信息。

A.14.3　核设施产业发展信息
a)　我国核原料矿产分布、储量等信息；
b)　国家发展规划中关于民用核设施的发展规划信息；
c)　民用核设施科研中的试验或测试数据。
注：依据我国有关法律法规以及参加的国际公约，以上信息中已公开的除外。

图1　重要行业领域所涉及的"重要数据"范围列举

来源：《信息安全技术　数据出境安全评估指南（草案）》。

键信息基础设施运营者知悉其所有的重要网络设施和信息系统属于关基从而需严格履行关键信息基础设施运营者的合规义务。对于电力行业而言，关键信息基础设施的认定根据现行法律法规的监管要求，以能源主管部门的通知结果作为依据。在实践中，若电力行业企业暂未收到能源主管部门关于将其所有的重要网络设施和信息系统认定为关键信息基础设施的结果通知，原则上其暂时不属于电力行业的关键信息基础设施运营者。但是，笔者认为，随着能源行业关键信息基础设施相关认定规则的进一步制定与完善，以及能源主管部门加强对电力行业关键信息基础设施认定工作的趋势，即便某些电力行业企业截至目前暂未收到能源主管部门将其所有的重要网络设施和信息系统认定为关键信息基础设施的结果通知，从审慎角度出发，笔者仍建议电力行业企业积极开展并加强本企业是否会被认定为关键信息基础设施运营者的初步分析，积极了解关键信息基础设施运营者的数据和网络合规风险及法定义务，积极关注关键信息基础设施立法、执法方面的更新，并保持与能源主管部门的持续有效沟通，从而积极及时应对未来可能存在的监管变化。

3. 电力行业关键信息基础设施运营者的法定严格义务

如果关键信息基础设施遭到破坏、失去功能或数据泄露，可能会严重危及国家安全、国计民生和公共利益。因此，关键信息基础设施的运营者应当遵循严格的数据合规法定义务。对于电力行业的关键信息基础设施运营者，笔者认为其最主要的数据合规义务体现在境内存储和跨境传输合规两个方面。具体而言，电力行业的关键信息基础设施运营者，其在中国境内运营中收集和产生的个人信息和重要数据应当在境内存储；因业务需要，确需向境外提供的，应当按照《数据出境安全评估办法》通过所在地省级网信部门向国家网信部门申报数据出境的安全评估。

因此，若国际合作较多的电力行业企业被认定为关键信息基础设施的运营者，其更应当关注如何完全遵守国家相应法律法规的要求、如何按照关键信息基础设施运营者的法定义务建立其国际合作相关的内部合规管理体系，以及如何加强与主管部门的沟通协作来确保其在国际合作中的商业行为合法、合规。除了关键信息基础设施运营者的普适性法定要求外，电力行业企业应当特别关注数据本地化存储，以确保数据安全和监管。同时，尽快对其国际合作中所涉及的数据进行分类分级，并根据法定要求申报数据出境的安全评估。

（三）数据出境

1. 合规义务来源

总体而言，从数据跨境传输的主动性及数据控制能力的维度，数据出境的行为主要包括主动出境和被动出境。数据处理者自主将在境内运营中收集和产生的数据传输至境外，即为"数据主动出境"；数据处理者收集和产生的数据虽存储在境内，但境外的机构、组织或者个人基于数据公开公示、国际合作、在中国境内交流等行为可以查询、调取、下载、导出，即为"数据被动出境"。

《数据出境安全评估办法》《促进和规范数据跨境流动规定》《数据出境安全评估申报指南（第二版）》等现行法律法规文件均明确要求，数据处理者向境外提供数据时，除例外规定，应当通过所在地省级网信部门向国家网信部门申报数据出境安全评估。

2. 数据出境的合规义务

（1）数据出境安全评估义务。根据现行法律法规，法定需要申报数据出境安全评估的情形包括：关键信息基础设施运营者向境外提供个人信息或者重要数据；关键信息基础设施运营者以外的数据处理者向境外提供重要数据，或者自当年1月1日起累计向境外提供100万人以上个人信息（不含敏感个人信息）或者1万人以上敏感个人信息。

（2）其他数据出境义务。除数据出境安全评估外，对于国际合作较多的电力行业企业，在数据出境前，对确需在合作项目中传输至境外的数据，需根据拟出境数据的具体种类、数据规模等不同情形完成相应的监管程序，如完成数据出境安全评估前的风险自评估、个人信息保护影响评估、签订个人信息出境标准合同并备案，或获得个人信息保护认证等。

（3）司法协助义务。此外，电力行业企业在国际合作中因国际法律环境和合作国家的法律监管，可能会面临多种复杂的法律问题。若存在诉讼、境外执法机构调查及执法等情形，可能会涉及国际司法协助。根据现行法律法规，我国根据平等互惠等原则，处理外国司法或者执法机构向中国提出的关于提供数据的请求。在对外提供境内数据时，非经我国主管机关批准，在境内的中国企业和个人不得向外国司法或者执法机构提供存储于中国境内的数据。

三、合规建议

综上，电力行业企业在国际合作中应当全方位增强自身的数据安全和跨境传输合规理念，避免潜在的数据合规风险及可能引发的国家安全、能源安全风险等。因此，笔者初步建议：

一是电力企业在电力行业主管部门尚未出台电力行业数据分类分级标准规范、重要数据目录时，按照梳理电力企业的数据资产、制定企业内部数据分类分级的内部规则、实施数据分类与分级，并对数据进行动态更新管理的主要流程来开展数据分类分级工作，避免电力行业企业在国际合作的过程中因数据分类分级工作的缺失或不足，导致发生潜在的数据合规风险。

二是对于被认定为关键信息基础设施运营者的电力行业企业，在国际合作中应当关注充分遵守我国对于关键信息基础设施运营者的严格法定要求，特别是数据本地化存储和关键信息基础设施数据（包括重要数据和个人信息）出境安全评估的法定要求，以确保数据安全。对于目前暂未被认定为关键信息基础设施运营者的电力行业企业，建议开展并加强企业是否会被认定为关键信息基础设施运营者的分析、了解关键信息基础设施运营者的数据合规义务、关注关键信息基础设施立法和执法方面的更新，并保持与能源主管部门的持续有效沟通。

三是电力行业通常涉及跨国合作，如电力设备的进口、电力国际工程业务、跨境电力交易等，因此，电力企业在进行国际交流合作前，应启动企业内部数据跨境传输的合规管理工作。对于相关数据已出境的情形，若存在被企业审慎认定为重要数据的数据，以及达到一定数据规模的个人信息，笔者建议应当及时中断当前未经出境安全评估的主动出境行为，并及时在官方网址、公众号、公开发行的宣传资料等渠道中限制境外机构、组织或者个人进行查询、调取、下载的权限，甚至直接在官方网址、公众号、公开发行的宣传资料等渠道中予以删除。在电力行业主管部门出台电力行业数据分类分级标准规范、重要数据目录前，向能源主管单位发函对于拟要出境的各类数据类型以获取官方确认和回复，并按照相应要求向国家网信部门申报数据出境的安全评估，履行相应的其他法定合规义务。

四是企业需要关注及建立与国际标准适配的数据合规管理体系，确保在各个主要司法管辖区的数据传输也同时符合项目或交易所涉国家的法律法规。例如，欧盟的电力或能源行业的数据跨境传输受到欧盟《通用数据保护条例》（GDPR）的限制，欧盟还颁布《网络与信息系统安全指令》（又称 NIS 指令）以提高欧盟的网络安全水平，并关注各个国家、跨境协作以及能源等关键行业的安全能力。俄罗斯颁布《俄罗斯联邦关键信息基础设施安全法》，要求能源行业的公司实施严格的网络安全措施，并报告可能影响关键基础设施的事件。该法还限制未经适当保护的数据传输到国外的行为。在北美，北美电力可靠性公司（NERC）实施了被称作 NERC 关键基础设施保护（CIP）标准的可靠性标准。NERC

受到美国联邦能源管理委员会（FERC）和加拿大政府机构的监管。此标准要求所有大型电力系统所有者、运营者和用户都必须向 NERC 注册，并遵守 NERC CIP 标准。但云服务提供商和第三方供应商（如 Microsoft）不受 NERC CIP 标准的约束。当然，除各国的数据跨境监管政策，双边或区域性条约也包含了有关数据跨境流动的安排，例如《区域全面经济伙伴关系协定》（RCEP）等。

五是电力行业中的 AI 技术应用正在逐步增加，随之而来的数据安全问题也将会越发凸显。AI 系统生成和处理的数据往往需要跨境传输，这些数据传输也需要符合严格的合规要求，尤其是涉及国家安全的重要电力数据等。

参考文献

［1］中电联规划发展部 . 中国电力行业年度发展报告 2023（简版）［EB/OL］，（2023-07-07）［2024-7-20］https：//www.cec.org.cn/detail/index.html?3-322625.

［2］央广网 . 国家安全机关公布一起为境外刺探、非法提供高铁数据的重要案件［EB/OL］（2022-04-15）［2024-07-20］.https：//frjs.jschina.com.cn/31007/202204/t20220415_7504351.shtml.

［3］西交苏州信息安全法律研究中心 .《俄罗斯联邦关键信息基础设施安全法》全文翻译［EB/OL］（2020-05-17）［2024-07-20］.https：//www.secrss.com/articles/19550.

［4］Microsoft 365，针对能源行业的关键合规性与安全性注意事项［EB/OL］（2024-01-30）［2024-07-20］.https：//learn.microsoft.com/zh-cn/microsoft-365/solutions/energy-secure-collaboration?view=o365-worldwide.

电力企业碳合规管理要点探析

张媛媛

北京送变电有限公司

摘 要

当前，国家积极稳妥推进碳达峰碳中和，碳排放权交易是推进绿色低碳发展的一项重大制度创新，也是助力积极稳妥推进碳达峰碳中和的重要政策工具。在"双碳"目标引导下，碳交易电力企业积极主动地开展自我合规，是健全碳排放权交易市场的重要路径，亦是国家行政监管模式发展成功的关键。电力行业作为主要供能部门，是能源领域最大碳排放来源，在企业合规大背景下，电力企业碳合规将成为重中之重。本文通过梳理相关法律规定以及典型案例，总结归纳电力企业碳合规要点、风险，提出对应的风险防范举措。

关键词

碳排放权交易；合规管理；电力企业

2017 年我国正式启动了全国碳排放交易体系，2024 年 5 月《碳排放权交易管理暂行条例》（简称《条例》）正式实施，相关的登记、交易、结算规则也陆续颁布，全国碳排放权交易各项细则逐步制定、完善，全国碳交易市场初具规模。《条例》的出台，正式开启了我国碳排放权交易的碳合规法治新局面，但相比其他国家，我国碳排放权交易仍然是一个新兴产业，相关法律制度还不健全，在交易的过程中存在着一定风险。电力行业是实现"双碳"的重点领域，承担着支撑和助力全社会低碳转型的重任。根据国际能源署公布数据，电力行业在我国总碳排放比例从 2016 年的 48.32% 上升到 2020 年的 53.48%，占比约为一半，远超其他行业。随着碳排放权交易条件不断成熟，越来越多的电力企业被纳入重点排放单位。《条例》对于重点排放单位，细化了追责行为，大幅提高处罚金额，推进重点排放单位碳排放数据质量、交易、履约"专项合规"已经提上日程。识别合规义务是企业合规管理的重要步骤，电力企业亟须根据合规义务识别结果进一步分析、评估违反合规义务的风险，将外部的监管要求内化为公司规章制度，针对重点合规风险采取控制措施。

一、碳市场及碳合规相关内容概述

（一）碳排放交易的国内运行机制

（1）配额管理机制。配额管理机制主要包括碳配额和国家核证自愿减排量（CCER），以碳配额为主、CCER 为辅。碳配额发放主要有两种模式：免费发放和付费，以免费发放为主，付费占比较低。

（2）CCER 抵消机制。除了配额之外，碳市场也可以采用 CCER 作为抵消机制，碳排放强度较高的控排行业可以选择购买更多的 CCER 抵消部分碳排放，碳排放强度较低的控排行业和非控排行业也可以选择购买 CCER 后再次售卖给碳排放强度较高的控排行业。

（3）MRV 管理机制。为保证全国碳市场和试点碳市场中碳排放数据的质量，我国参照清洁发展机制（CDM）建立了碳市场可监测、可报告、可核查体系（MRV 管理机制），对温室气体排放进行测量、报告和核查。

（4）碳价调控机制。碳市场还设置碳价调控机制对碳价进行管理，以防碳价格波动过大，主要是对碳价涨幅、交易者头寸和交易量等进行调控。

（二）碳排放权交易市场体系

碳排放权交易可分为以下几个阶段：

（1）总量控制与配额分配阶段。由生态环境部综合考虑经济增长、产业结构调整、能源结构优化、大气污染物排放协同控制等因素，确定碳排放配额总量与分配方案。在碳排放总量控制下，向控排单位配发初始碳排放权配额。

（2）交易阶段。重点排放单位在获得配额后通过碳交易平台进行配额交易。

（3）信息核查阶段。重点排放单位向政府提交上一年度的排放报告，再由政府或政府委托的第三方技术服务机构对碳排放信息进行调查，以核实履约完成状况。

（4）履约清缴阶段。重点排放单位通过购买或出售配额，在法定期限内清缴与实际碳排放量相当的碳配额，以履行控排义务。

（三）碳合规概念厘定

我国目前并没有对碳合规进行明确定义，根据《中央企业合规管理办法》中对"合规"的定义，碳合规是指为实现"双碳"目标，企业遵守国家和地方政府关于碳减排、碳交易等方面的法律法规和政策规定、有关的市场惯例、行业协会制定的行业规则以及企业自身制定的内部行为准则等。

（四）电力企业碳合规义务

电力企业主要合规义务包括以下几个方面：

（1）控排合规义务。重点排放单位应当采取有效措施控制温室气体排放。

（2）遵守碳市场交易规则合规义务。重点排放单位在全国碳排放权交易市场交易碳排放配额时，应当遵守相关规则及交易所的相关细则；不得通过直接或间接的方法操纵或者扰乱全国碳排放权交易市场秩序、妨碍或者有损公正交易的行为。

（3）制定并执行温室气体排放数据质量控制方案合规义务。重点排放单位应当按照有关规定和技术规范，制定并严格执行温室气体排放数据质量控制方案。

（4）合规检测、统计核算合规义务。重点排放单位应当使用依法经计量检定合格或者校准的计量器具开展温室气体排放相关检验检测，如实准确统计核算本单位温室气体排放量。

（5）真实、完整、准确编制温室气体排放报告。重点排放单位应当根据相关要求，编制该单位上一年度的温室气体排放报告，载明排放量，并对温室气体排放报告的真实性、完整性、准确性负责。报告应当定期公开，接受社会监督。

（6）足额清缴合规义务。重点排放单位应当根据有关部门对年度排放报告的核查结果，在规定的时限内足额清缴其碳排放配额。

二、电力企业碳排放交易中法律合规风险分析

电力企业在碳排放交易中，主要涉及的风险包括内部合规风险及外部民事合同交易风险。

（一）违反碳合规义务风险

（1）重点排放单位未足额清缴碳排放配额，可能面临责令改正加罚款、核减其下一年度碳排放配额，甚至责令停产整治。在过往司法案例中，深圳某峰公司与深圳市发展改革委其他行政案中，深圳某峰公司未及时足额补缴与其超额排放量相等的碳排放配额，深圳市发展改革委作出核减下一年度碳排放配额，并对该公司处以其 2014 年度超额排放量乘以履约当月之前连续 6 个月碳排放配额交易市场平均价格 3 倍的罚款。

（2）重点排放单位虚报、瞒报、篡改伪造温室气体排放报告，数据报告有重大缺陷和遗漏或拒不履行温室气体排放报告义务，可能面临责令改正、没收违法所得、罚款、核减其下一年度碳排放配额甚至责令停产整治，甚至可能构成刑事责任。在韩某涛、刘某伟、赵某鹏破坏计算机信息系统一案中，韩某涛作为供热站站长，违反国家规定，默许并授意该站员工对站内烟气连续在线监测系统中二氧化硫、氮氧化合物、烟尘等污染物的后台参数进行篡改，法院认定三人构成破坏计算机信息系统罪。

（3）控排企业不遵守碳市场交易规则，例如在全国碳排放权交易系统外私下进行碳配额交易，可能导致民事法律行为无效等法律后果。山东聊城中院宣判全省首例碳排放权交易纠纷案中，因涉碳排放额交易未在全国碳排放权交易系统中进行，聊城某公司因无法取得茌平供热公司转让的碳排放额所有权主张解除案涉转让合同，法院认定双方当事人未在全国碳排放权交易系统进行配额交易违反公序良俗，故案涉合同中关于碳排放配额转让的条款无效。

《条例》中加重了重点排放单位违规的法律后果，进一步明确规定了控排单位承担的法律责任，电力企业在碳排放权交易中如违反前文所分析的碳合规义务时，将面临责令改正、罚款、核减其下一年度碳排放配额甚至责令停产整治等的行政处罚，甚至还会面临被纳入国家有关信用信息系统并向社会公开、治安管理处罚、构成民事责任或刑事责任等。因此，电力企业重点排放单位进行碳合规管理就显得尤为重要。

（二）碳排放权交易合同风险

碳排放权交易合同在我国目前主要是指碳配额交易合同与 CCER 交易合同。我国碳交易机制是以注册登记制为基础，截至 2023 年年底，我国共有 1 个非试点地方碳交易市场、8 个地方碳交易试点市场和 1 个全国碳交易市场。碳排放权交易合同目前主要存在以下几大类风险：

1. 合同主体风险

主要是指合同主体是否具备交易的资质以及是否具有交易的能力和信用问题。尤其是受政策影响较大但市场自由度较高的 CCER 交易以及市场风险因素较高的碳金融产品交易，其交易主体的风险因素将更加明显。

2. 合同交付风险

相比于场内现货交易，对于其他类型的碳资产交易类合同，尤其是碳金融产品交易合同，受制于

碳资产开发能力、方法学以及开发物的变化，可能存在无法有效交付相应碳资产的风险。尤其是可能存在不受交易各方控制的客观因素，如法律、政策因素导致交易目的无法实现的风险。尤其是在用碳资产进行融资的过程中，碳资产作为非有形的、不固定的资产，其资产存在人为或意外损失的可能性，其安全保障风险较为严格。此外，由于碳资产交易市场尚不成熟，交易价格存在异常变动可能，远期交易存在较大的履行不确定性。

3. 合同技术风险

由于碳资产及其交易有着相对独立的核查标准，并有特定的交易规则予以管理，其合同约定所涉及的行业背景和技术标准性较强，要想制订符合交易实际的合同内容，必须对政策要求、市场交易机制、有关技术标准有一定的了解，否则可能导致合同出现无法履行的风险。

4. 合同管理风险

一方面，对于场内现货交易之外的碳资产交易类合同，由于缺乏明确的法律定性、民法认定以及合同标准，其合同管理难度相对较大。尤其是在合同履行过程中，可能面临大量合同调整、变更甚至解除的情况，有关合同的管理风险多发，一旦发生纠纷，争议解决的处理较为复杂，相关判决的司法适用难度和解决成本相较于其他行业成熟合同较高。另一方面，作为新型资产，原节能环保领域产生的碳资产以及在现有资产上开发的碳资产归谁所有及其相关争议可能导致已签订的碳资产交易合同出现无效争议和权属争议。

5. 合同交叉风险

由于碳资产及碳交易涉及前端大量行政管理以及相应的审定、核查机制，且和原环境保护法律法规相承，因此除民事层面的风险之外势必还存在合同行为相应的行政风险甚至刑事风险。

三、电力企业碳合规风险防范

（一）建立碳合规管理体系

为防范电力企业进行碳交易的法律风险，电力企业首要任务是做好碳合规管理，从碳合规管理组织架构、制度流程、碳合规风险识别与防范、碳合规体系保障运行与评价四方面入手建设碳合规管理体系。

在碳合规管理组织架构方面，电力企业重点排放单位应尽快搭建碳合规管理的组织架构，明确董事会、监事会、高级管理人员、相关业务部门等就碳合规管理所承担的具体职责及协调机制，配备专业人员进行碳合规管理工作，并在此后的碳合规管理体系运行过程中不断优化。

在碳合规管理制度流程方面，电力企业应尽快制订并适时完善碳合规管理制度、流程，关注、研究碳交易及相关活动的相关政策、法规，结合自身实际情况，梳理自身应承担的合规义务，明确相应时限、相关权利、义务与责任。

在碳合规风险识别与防范方面，建立并适时完善风控机制，基于以往不同的碳交易实践，建立碳合规风险识别预警机制、碳合规审查机制、碳合规风险应对机制、违规追责机制等机制，形成事前预防、事中监督、事后应对的有效联动管理。

在碳合规体系保障运行与评价方面，电力企业的法务部门或碳合规部门要负责支持本企业碳合规建设的重点工作，开展碳合规考核评价、碳合规培训、碳合规文化建设以及碳合规管理监督问责。

（二）严格执行碳合规管理制度

电力企业建立碳合规管理体系后，应当切实做好碳合规管理制度、流程、机制的实施与执行工作。例如，电力企业应积极关注重点排放单位纳入行业及名录纳入条件的最新情况，并做好碳盘查，初步核算自身碳排放量，预测自身是否符合重点排放单位纳入条件，提前做好准备。电力企业还应密切关注配额分配与登记、排放报告与核查、碳排放权交易、配额清缴、信息披露等相关规则、行业标准及团体标准等，明确相应时限、相关权利、义务及责任，合理行使自身权利，并防范因未依法履行相应义务而承担法律责任的风险；应当恰当利用举报、调查、处置机制，推进合规管理。同时，电力企业应注重加强培训和学习，不断提升基层一线人员遵规守规意识。

（三）强化外部审查及合同管理

电力企业在实施碳排放交易之前，应开展对交易对手方的尽职调查工作，验证对方的企业信用情况、相关资质是否齐全、是否存在企业运营风险，以及企业是否存在不合规行为造成经济损失或声誉等负面影响。企业可以根据尽职调查报告结果，采取不同的交易策略。交易双方应重视合同相关条款，条款在满足符合相关法律法规的同时，也要符合交易平台的交易规则；要制订具有可行性的交易方案，重点关注交易标的、交付金额、交付方式、双方责任义务、违约事项等关键性条款。

四、结语

国家对重点排放单位的处罚措施趋于严格，且碳排放监管力度日益加大已是不争的事实，越来越多企业开始真正意识到"减排降碳是一场真金白银的较量"。伴随被纳入重点排污单位范围的扩大，电力企业可以在充分研习法律规定和监管要求的前提下，率先制定符合企业发展需求的综合性合规方案，搭建企业合规体系，重视碳排放合规义务，从"被动履约"转为"主动部署"，防止因违规行为遭受行政处罚，从而对企业的信用评级与综合发展评价产生不利影响。同时电力企业可与其环境律师或顾问进一步探讨碳排放合规的实现路径，共同追求借助合规减排探索新型商业模式的目标。

参考文献

［1］黄勇.知识产权资产证券化法律风险防范机制之研究［J］.政法论坛，2015（6）：138-145.

［2］李素荣.碳排放权的法律属性分析——兼论碳排放权与碳排放配额的关系［J］.南方金融，2022（3）：91-99.

［3］王誉可.我国碳排放权交易的法律风险及防范［J］.浙江万里学院学报，2023，36（1）：41-47.

［4］高原，黄瑞.碳排放权交易合同法律风险识别与预防［J］.北京仲裁，2021（8）：62-79.

［5］孟早明，葛兴安.中国碳排放权交易实务［M］.北京：化学工业出版社，2016.

［6］王志华.碳交易市场中国构建的几点法律思考［J］.政法论丛，2012（4）：95-100.

乏燃料运输法律责任研究

张竹高

山东招远核电有限公司

摘　要

　　作为安全、低碳、清洁的能源形式，核能在实现碳达峰碳中和目标的过程中发挥着重要作用，在我国能源战略中地位日益突出。伴随我国核电机组数量的增加，乏燃料的产量亦随之逐步增加。结合我国核电站主要位于东部及南部沿海，而乏燃料后处理厂处在西北内陆的现状，必将面临乏燃料的长距离安全运输问题，在这一背景下，明确乏燃料运输活动的核安全责任显得尤为重要。本文试从核燃料循环的角度对乏燃料的运输活动涉及主体及责任的认定进行简要分析。

关键词

　　乏燃料；核材料；营运者；托运人

一、核燃料循环及乏燃料的法律定义

（一）核燃料循环的载体——核设施

　　鉴于乏燃料运输属于核燃料循环中的组成部分，因此在分析乏燃料运输核安全责任之前，应首先了解核燃料循环流程。经梳理核电站上下游产业链，核材料始于铀矿的开采，开采出的铀矿石经过加工精制（前处理）后进行铀的转化，继而进行铀的浓缩和燃料元件的制造，燃料元件在反应堆辐照后卸出乏燃料，乏燃料的处理则包括场内储存、乏燃料运输、乏燃料中铀、钚和裂变产物的分离（即核燃料后处理）等，最终完成核燃料的循环以备再利用。在这一过程中保障核燃料安全的规模生产、加工、使用、装卸、贮存或处置放射性物质的民用设施及其有关土地、建筑物和设备等，统称为核设施。

　　简而言之，由于核材料具有放射性危险，其必须在一定的限制性条件下进行利用或处理。在整个核燃料循环中除铀矿开采及初级产品的生产外，核材料各种存在形式均需依托核设施控制或防护。因此，我国《核安全法》规定"核设施营运单位对核安全负全面责任"。

（二）乏燃料的法律界定——核材料

　　作为核燃料循环过程中必然产生的物质形态，需对乏燃料的法律含义进行界定。《核安全法》第九十三条将乏燃料定义为"是指在反应堆堆芯内受过辐照并从堆芯永久卸出的核燃料"。乏燃料虽然在反应堆堆芯受过辐照，但其 96% 的质量是剩余的未反应的铀，大多数是铀 –238，小部分是铀 –235。根据成分构成，乏燃料属于法律规定的核材料范畴，因此有关乏燃料的运输转移及后处理仍应适用核材料管制的相关规定。

在我国，核材料的生产、使用、运输、处置各个环节均由国家严格管制，全国的核材料由国家原子能机构负责管理。

二、乏燃料运输核安全责任主体

《国务院关于核事故损害赔偿责任问题的批复》（国函〔2007〕64 号）（简称国函 64 号）对我国有关核损害赔偿责任进行了原则性规定。国函 64 号规定，营运者应当对核事故造成的人身伤亡、财产损失或者环境受到的损害承担赔偿责任。营运者以外的其他人不承担赔偿责任。《核安全法》则规定，"核设施营运单位对核安全负全面责任"，托运人"应当对运输中的核安全负责"。在法律适用过程中，对于托运人和营运者的区分存在误解，常常误将托运人等同于核电站的运营者。

笔者认为，乏燃料的运输在整个核燃料循环过程中属于核材料的转移过程。按照乏燃料处理的一般流程，其转移过程涉及的主体主要包括乏燃料的产生单位（核电厂 / 站）、托运人 / 托运代理人、承运人和乏燃料后处理单位（乏燃料后处理厂）。但分析乏燃料运输核安全责任的关键在于明确哪些主体属于国函 64 号中的"营运者"或《核安全法》中的"托运人"。

（一）关于营运者责任

营运者（或营运单位、营运人）存在被缩小理解的情形，常被认为仅指核电站的营运单位。结合《核安全法》第五条"核设施营运单位对核安全负全面责任"的规定，对营运者的缩小理解无疑扩大了核电站营运单位的责任范围。

根据《国务院关于处理第三方核责任问题给核工业部、国家核安全局、国务院核电领导小组的批复》（国函〔1986〕44 号）（简称国函 44 号）的规定，在中华人民共和国境内，经政府指定，经营核电站的单位，或者从事核电站核材料的供应、处理、运输，而拥有其他核设施的单位，为该核电站或者核设施的营运人。营运人依法取得法人资格。另，根据国函 64 号的规定，中华人民共和国境内，依法取得法人资格，营运核电站、民用研究堆、民用工程实验反应堆的单位或者从事民用核燃料生产、运输和乏燃料贮存、运输、后处理且拥有核设施的单位，为该核电站或者核设施的营运者。

因此，关于《核安全法》第五条规定的"核设施营运单位"，笔者认为，应包括国函 44 号规定的"营运人"和国函 64 号规定的"营运者"，即只要是持有核设施安全许可证的营运核电站、民用研究堆、民用工程实验反应堆的单位或者从事民用核燃料生产、运输和乏燃料贮存、运输、后处理且拥有核设施的单位，均为《核安全法》规定的核设施营运单位，均应在其实际从事的与其核设施相关的经营活动过程中对核安全承担全面责任。

（二）关于托运人责任

在法律上托运人与承运人是一组相对应的概念，因此，关于托运人的理解应从与承运人的合同关系上进行认定。在货物运输合同中，托运人一般是指将货物托付承运人按照合同约定的时间运送到指定地点，向承运人支付相应报酬的一方当事人。但托运人的概念在乏燃料运输活动中存在理解上的偏差。第一种理解认为，与承运人签订运输合同的一方为托运人。我国目前是由中核清原环境技术工程有限责任公司（简称中核清原）等企业同承运人签订运输合同，因此中核清原等企业为乏燃料运输活动的托运人。第二种理解认为，将货物交付承运人的一方为托运人，结合乏燃料运输活动，则是由核电站（或其他反应堆）将其乏燃料交付承运人，依此理解，核电站（或其他反应堆）的营运者为乏燃料运输活动的托运人。

笔者认为，从买卖合同的角度分析，存在卖方负责运输和买方负责运输两种情况。如果卖方负责运输则由卖方同承运人签订合同，此时托运人与货物的交付义务人为同一人，均为卖方；反之，如果买方负责运输则由买方同承运人签订合同，此时托运人为买方，而卖方为货物的交付义务人而非托运人。在乏燃料运输活动中，因核材料由国家监管的特殊性，2010 年财政部、国家发展改革委及工信部印发《核电站乏燃料处理处置基金征收使用管理暂行办法》规定，乏燃料处理处置包括乏燃料运输，乏燃料处理处置的费用由乏燃料处理处置基金进行支付。因此，核电站营运者同托运人已经不存在合同关系。根据《核安全法》第九十三条关于托运人的定义，托运人需申请将托运货物提交运输并获得批准。同时，根据《核反应堆乏燃料道路运输管理暂行规定》第三条的规定，乏燃料托运人必须具有核材料持有资质，对其托运的乏燃料运输所引起的核损害承担民事责任的营运单位。因此，作为乏燃料运输活动的托运人是具备相应的资质条件并获得行政许可开展业务的，不具备该等条件的单位也不可能成为《核安全法》中规定的托运人，自然也就无须承担托运人应负的核安全责任。

（三）关于承运人责任

承运人是具有道路危险货物运输资质，在乏燃料运输活动中承担运输作业工作的单位，其运输的标的物为乏燃料货包。根据《核反应堆乏燃料道路运输管理暂行规定》第四条规定，承运人在进行乏燃料运输活动前，在托运人满足乏燃料道路运输的审核批准条件后与托运人签订合同，承运人在其法律规定及合同约定的范围内对核损害承担责任。因为乏燃料的存储容器等用于运输的核设施并非承运人所有，因此承运人不属于《核安全法》规定的核设施营运人范畴，其只依据法律规定在合同范围内对核损害承担相应责任。

三、乏燃料运输中核安全责任的转移

（一）核安全风险的绝对转移

根据核燃料循环的一般原理，核材料是依托核设施实现其利用价值及安全防护的，单纯的核设施并不产生核安全风险，只有其装载核材料时才存在发生核安全责任的风险。因此，核安全责任由核燃料循环各阶段所需核设施的营运人承担，同时上述各营运人的核安全责任一般也是随着其所持核材料的转移而相应转移的。根据《核材料管制条例》第十六条规定，核材料许可证持有单位对所持有的核材料负全面安全责任，直至核材料安全责任合法转移为止。鉴于此，明确核材料安全责任转移的界限成为必须解决的法律问题。

国函 44 号第二条规定，在核电站现场内发生核事故所造成的核损害，或者核设施的核材料于其他人接管之前，以及在接管其他人的核材料之后，在中华人民共和国境内发生核事故所造成的核损害，该营运人对核损害承担绝对责任；其他人不承担任何责任。该条规定明确了核材料转移伴随着相应核安全责任的绝对转移，责任转移的界限在于是否完成了核材料的交接。因此，在乏燃料运输活动中，核电站（及其他反应堆）营运者将其产生的乏燃料封装入托运人乏燃料容器并由承运人运出核电厂后，其核安全责任即完全转移。

（二）核安全风险的连带责任

核材料的转移过程中，难免出现责任无法明确区分的情形。例如，在乏燃料的运输程序中，在乏燃料封装托运容器后运出核电站（厂）前产生核损害事故责任如何划分？此时，根据国函 44 号的规定也无法明确责任主体，若核电站（及其他反应堆）的营运者及乏燃料运输核设施的营运者均对造成的核损害事故负有责任，在难以区分各自责任的情况下，应根据国函 64 号的规定："核事故损害涉及 2 个以上营运者，且不能明确区分各营运者所应承担的责任的，相关营运者应当承担连带责任。"

四、风险应对及防范建议

（一）完善相关法律法规

准确界定乏燃料运输中各主体的责任，首先需要国家相关部门完善乏燃料运输立法，提高乏燃料运输管理规定的效力等级。明确乏燃料运输中的核设施营运者、乏燃料托运人、托运代理人、承运人等各参与主体的概念，并区分各方主体在乏燃料运输各阶段的责任边界，压实各方主体责任。

（二）提高财务保障能力

作为核设施营运单位，应严格执行法律法规的要求，按照国家规定缴纳乏燃料处理处置费用，按时足额提取放射性废物处置费用。同时，为减轻核设施营运单位资金压力，降低核损害赔偿风险，国家设计了品种多样的核保险，营运单位可通过全面投保核保险来转移核损害赔偿财务压力。

（三）加强乏燃料运输监管

首先，政府部门应加强对承运人乏燃料转移申请的审查，重点对乏燃料货包设计、乏燃料道路运输通行许可、乏燃料运输事故应急预案、乏燃料启运等进行审查，对不符合条件的，不予办理乏燃料转移相关手续。

其次，在交付乏燃料运输前，托运人应加强对承运人资质的审核，对承运人委派的实施乏燃料运输驾驶人员、装卸人员和管理人员进行资质审查，核实其是否具备乏燃料运输安全知识以及运输事故应对能力。

最后，加强乏燃料运输过程监管。政府部门应对乏燃料运输过程进行监管，实时掌握乏燃料运输动态，对运输过程中发生的不规范操作应及时进行干预，避免发生核安全事故。

五、总结

在我国现有的核法律体系下，关于乏燃料运输核安全责任主体总的原则为持有乏燃料的核设施营运单位，乏燃料在各核设施营运主体之间转移的过程也是相应核安全责任转移的过程。但由于我国乏燃料管理领域的立法尚存在空白，缺少法律法规的系统性规定，相关的规范性文件存在效力等级过低的问题，关于乏燃料的监管也存在着多个政府部门"多头监管"的现象，在政府、企业之间存在权利、责任、义务不明确的现象。这些问题需要通过乏燃料管理领域的立法加以解决。

参考文献

李越，肖德涛，刘新华，等．我国乏燃料运输现状探讨［J］．辐射防护，2016，36（1）：31.

新质生产力视角下氢能研发生产型企业的风险防控策略

薛爱珍 孙大地

国家电投集团氢能科技发展有限公司

摘 要

本文从我国新质生产力的视角，针对氢能研发生产型企业的特点，并结合"三个区分开来"要求，探讨风险防控策略。通过分析氢能研发生产型企业在技术研发、物资采购、产品生产、市场销售、售后服务等方面的挑战，提出针对性的风险防控措施，以期在保障企业顺利实现价值创造的前提下，推动企业提升风险防控工作质效和法治建设能力，为建设世界一流法治企业提供有益参考。

关键词

新质生产力；氢能研发生产型企业；"三个区分开来"；风险防控

随着我国经济发展进入新时代，高质量发展成为关键。氢能研发生产型企业作为创新主体，在研、采、产、销、服等日常经营各方面都面临诸多风险。本文从新质生产力视角，结合"三个区分开来"要求，探讨氢能研发生产型企业的风险防控策略，以期推动企业提升风险防控工作质效和法治建设能力。

一、氢能研发生产型企业的风险分析

（一）科技创新风险

氢能研发生产型企业面临技术更新换代快、研发投入大、成果转化难等风险。在科技创新过程中，可能会出现研发方向偏离市场需求、关键技术突破困难、研发团队人才流失等问题，这些都可能导致企业研发失败、投入损失或市场竞争力下降。

（二）采购与供应链风险

氢能研发生产型企业面临市场竞争激烈、产品生命周期短、客户需求变化快等风险。在采购与供应链管理中，可能会出现供应商不稳定、原材料价格波动、物流配送不及时、供应链结构单一、关键原材料依赖进口等问题，这些都可能导致企业生产成本增加、供应链中断或客户满意度降低。

（三）生产运营风险

氢能研发生产型企业面临生产线稳定性、生产效率、产品质量控制、安全环保等风险。生产过程中可能会出现设备故障、原材料质量不稳定、操作人员技能不足等问题，这些都可能导致生产中断、成本增加或产品质量下降。

（四）销售与市场风险

研发生产型企业面临市场需求预测不准确、销售渠道管理复杂、产品同质化竞争等风险。市场环境的变化可能影响产品的销售，如消费者偏好的转变、竞争对手的策略调整等，这些都可能对企业销售业绩造成影响。

（五）服务与售后风险

氢能研发生产型企业面临客户服务响应速度、售后服务质量、客户满意度维护等风险。在产品销售后，如果服务响应慢、维修服务不到位或客户投诉处理不当，可能会影响企业的品牌形象和客户忠诚度。

（六）法律法规与合规风险

氢能研发生产型企业面临法律法规变化、合规成本增加、知识产权保护、反垄断等风险。企业必须遵守国家的法律法规，如环境保护、劳动保护、产品安全标准等，并且保护自己的知识产权不被侵犯，同时避免侵犯他人权益。

（七）人力资源与管理风险

氢能研发生产型企业面临人才流失、管理效率、内部沟通等风险。企业的发展离不开人才，人才流失可能会带走关键技术和商业秘密。同时，如果企业内部管理不善、沟通不畅，也可能影响企业的运营效率和决策质量。

二、新质生产力视角下氢能研发生产型企业的风险管理路径

在新质生产力的视角下，氢能研发生产型企业的风险管理需要结合其产业特点，如高度的技术依赖、资本密集、市场波动和政策影响等来进行。同时，要遵循风险管理的步骤，包括风险识别、风险分析、风险评价、风险应对、风险监控、沟通和报告、记录和审查等。

此外，由于氢能产业是一个新兴且快速发展的领域，许多技术和应用都处于探索阶段。在这个阶段，可能会出现由于缺乏经验或技术不成熟导致的失误。因此，在风险管理过程中需要坚持和贯彻"三个区分开来"的原则，鼓励企业员工敢于创新和尝试，而不是因为害怕犯错而束手束脚。对于无意过失，企业可以通过改进流程、提供培训等方式来减少风险；而对于有意违规，则需要采取更为严格的措施，如纪律处分、法律追责等，以维护企业的合规性和市场信誉。

（一）风险识别

在风险识别阶段，氢能研发生产型企业需要识别可能对其造成负面影响的所有潜在风险。这些风险包括但不限于技术风险、市场风险、政策风险、资金风险、人才风险等。在识别风险时，企业需要综合考虑内部和外部因素，以及各种风险的相互关联和影响。

结合"三个区分开来"要求，还需要进一步明确区分哪些风险是由于行业新质生产力发展的不确定性导致的，哪些是由于管理不善或故意违规造成的。例如，氢能技术的研发可能面临由于技术不成熟导致的失误，这与明知技术存在缺陷却故意隐瞒的行为是不同的。企业应该建立一套机制，能够识别和区分这两种不同性质的风险。

（二）风险分析

在风险分析阶段，氢能研发生产型企业需要对已识别的风险进行深入分析，评估其发生的可能性和影响程度。这可以通过定性分析和定量分析来实现。定性分析可以通过专家访谈、头脑风暴、SWOT分析等方法，对风险进行描述和评估。定量分析可以通过统计数据、概率模型、风险评估工具等方法，对风险进行量化和评估。通过风险分析，企业可以更好地理解风险的本质和潜在后果，为后续的风险评价和应对提供依据。

在这一过程中，企业应该根据"三个区分开来"要求，对不同性质的风险进行不同的分析。对于因缺乏经验、先行先试出现的失误，企业应该更多地考虑如何通过改进流程、提升技术和管理水平来减少这些风险。对于明知故犯的违纪违法行为，则需要通过加强法律法规教育和内部监督来防范。

（三）风险评价

在风险评价阶段，氢能研发生产型企业需要对风险进行排序，确定哪些风险最重要，哪些风险可以接受，哪些风险需要优先处理。这涉及对风险的可能性和影响进行综合评估。企业可以根据风险评估矩阵，将风险分为高风险、中风险和低风险，并制定相应的应对策略。在评价风险时，企业需要考虑风险的严重程度、发生的可能性、对企业的威胁和对企业机会的影响等因素。

企业应根据"三个区分开来"的原则，对于那些为推动发展的无意过失，应该给予更多的理解和宽容，而对于为谋取私利的违纪违法行为则应采取"零容忍"的态度。

（四）风险应对

在风险应对阶段，氢能研发生产型企业需要制定和实施风险应对策略。这些策略可能包括风险避免、风险减少、风险转移或风险接受。例如，对于技术风险，企业可以通过加强技术研发、与高校和科研机构合作、引进先进技术等方式来减少风险；对于市场风险，企业可以通过市场调研、产品差异化、拓展市场渠道等方式来应对；对于政策风险，企业可以关注政策动态、与政府沟通、调整战略方向等方式来应对；对于资金风险，企业可以通过多元化融资渠道、优化资金使用效率等方式来应对；对于人才风险，企业可以通过人才培养、激励机制、文化建设等方式来应对。在应对风险时，企业需要根据风险评估的结果，制定具体的应对措施，并落实到各个相关部门和人员。

对于探索性试验中的失误，企业应该鼓励创新和试错，同时建立容错机制，为员工提供一定的安全空间。对于明令禁止后依然我行我素的违纪违法行为，则需要严格依法依规处理，确保企业的合规经营。

（五）风险监控

在风险监控阶段，氢能研发生产型企业需要持续监控风险，包括跟踪已识别风险的发展情况，识别新的风险，以及评估风险应对措施的有效性。这可以通过建立风险管理信息系统、定期召开风险管理会议、开展风险评估等方式来实现。通过风险监控，企业可以及时了解风险状况，发现问题并采取相应的措施，确保风险管理的有效性和持续性。

同时，企业应根据"三个区分开来"的原则，对风险进行分类监控，确保风险管理的针对性和有效性。

（六）沟通和报告

在整个风险管理过程中，保持有效的沟通非常重要。氢能研发生产型企业需要向管理层和利益相关者报告风险状况，以及确保所有相关人员了解风险管理的进展和结果。这可以通过定期编制风险管理报告、召开风险管理会议、开展风险培训等方式来实现。通过沟通和报告，企业可以增强风险管理意识，同时对违纪违法行为进行严肃处理，促进风险管理文化的形成，提高风险管理的效率和效果。

（七）记录和审查

氢能研发生产型企业需要记录所有风险管理活动，包括风险识别、分析、评价、应对和监控的过程和结果。定期审查风险记录和管理过程，以便从中学习并改进未来的风险管理。这可以通过建立风险管理档案、开展风险管理审计、进行风险管理评估等方式来实现。通过记录和审查，企业可以不断完善风险管理流程，提高风险管理的科学性和系统性。同时，企业应根据"三个区分开来"的原则，对风险记录进行分类管理，以便更好地识别和处理不同性质的风险。

综上所述，在新质生产力视角下，氢能研发生产型企业在风险管理过程中，需要结合其产业特点，遵循风险管理的步骤，并遵循"三个区分开来"的要求。通过有效的风险管理，企业可以更好地应对各种风险，确保业务的稳定和可持续发展。

三、氢能研发生产型企业风险防控策略

（一）科技创新风险

1. 技术路线选择风险防控策略

企业应建立专门的技术情报收集和分析团队，密切关注行业动态和技术发展趋势，确保技术路线选择符合市场需求和技术发展方向；应加强与高校和科研机构的合作，共享研发资源，降低研发成本，提高研发效率；应根据市场和技术发展趋势，及时调整技术路线和发展方向，确保技术路线的科学性和前瞻性。

2. 研发投入大防控策略

企业应建立多元化的融资渠道，包括政府资金支持、风险投资、银行贷款等，降低研发资金压力；应建立完善的成本控制体系，优化研发流程，提高研发效率，降低研发成本；可与高校、科研机构等建立产学研合作机制，共享研发资源，降低研发成本。

3. 成果转化难防控策略

企业应深入了解市场需求，及时调整研发方向，确保研发成果符合市场需求；应建立完善的知识产权保护体系，申请专利、商标等知识产权，保护企业的研发成果；可与下游企业、应用场景建立合作，搭建成果转化平台，推动研发成果的市场化应用。

（二）采购与供应链风险

1. 供应商稳定性风险防控策略

企业应建立供应商评价和筛选机制，定期对供应商进行评估，确保供应商的稳定性和产品质量；应建立多元化的供应商体系，减少对单一供应商的依赖，降低供应链中断风险；应与供应商建立长期合作关系，通过培训和合作，提高供应商的技术和质量水平，确保供应链稳定性。

2. 原材料价格波动风险防控策略

企业应建立价格风险管理机制，通过期货、期权等金融工具，对原材料价格波动进行风险对冲；应建立有效的原材料库存管理机制，确保原材料供应的稳定性和经济性；应建立供应商合同管理机制，通过长期合同、价格锁定等方式，降低原材料价格波动风险。

3. 物流配送风险防控策略

企业应与物流企业建立长期合作关系，确保物流配送的效率和安全性；应根据实际情况，优化物流路线和运输方式，降低运输成本和风险；应建立应急物流体系，应对突发情况，确保供应链的稳定性。

（三）生产运营风险

1. 生产线稳定性风险防控策略

企业应建立生产线维护和保养制度，定期对设备进行检查和维护，降低设备故障风险；应建立原材料质量控制体系，对供应商进行严格的质量评估，确保原材料质量稳定；应加强对技术团队的培训和团队建设，提高技术团队的技术水平和问题解决能力。

2. 生产效率风险防控策略

企业应加大技术研发投入，引进先进的生产设备和工艺，提高生产效率；应定期对生产流程进行优化，减少不必要的环节，提高生产效率；应建立生产管理信息系统，实现生产过程的信息化管理，提高生产效率。

3. 产品质量控制风险防控策略

企业应建立生产工艺标准化体系，确保生产过程的标准化和一致性；应建立质量检测和控制体系，对生产过程中的各个环节进行严格的质量检测和控制；应建立质量问题追溯和整改机制，对质量问题进行及时的追溯和整改，确保产品质量。

（四）销售与市场风险

1. 市场需求不确定风险防控策略

企业应建立市场预测与需求分析机制，通过市场调研和数据分析，预测市场需求变化趋势，调整销售策略；应加强产品差异化与创新，提升产品竞争力，满足市场需求；应密切关注政策环境变化，及时调整销售策略，降低政策风险。

2. 销售渠道单一风险防控策略

企业应拓展销售渠道，包括线上销售、线下销售、代理销售等，提高销售覆盖面；应加强销售团队建设与培训，提升销售团队的专业能力和市场开拓能力；应建立客户关系管理系统，加强客户关系管理，提高客户忠诚度。

3. 产品同质化竞争风险防控策略

企业应加强品牌建设与推广，提升品牌知名度和美誉度；应加强产品技术优化与创新，提升产品技术含量和附加值；应进行市场细分与定位，针对不同市场需求，推出差异化产品。

（五）服务与售后风险

1. 服务体系不完善风险防控策略

企业应建立完善的服务体系，包括服务标准、服务流程、服务人员培训等，确保服务质量和效率；应制定服务标准，确保服务的一致性和规范性，提高客户满意度；应加强对服务人员的培训，提高服务人员的专业能力和服务水平。

2. 售后服务成本高风险防控策略

企业应通过成本控制措施，降低售后服务成本，例如优化服务流程、提高维修效率等；应优化服务网点布局，提高服务网点覆盖率，减少客户维修成本；应优化维修配件供应链，降低维修配件成本，减少客户维修成本。

3. 客户满意度维护难风险防控策略

企业应定期进行客户满意度调查，了解客户需求和意见，及时改进服务；应提升服务人员的素质，包括服务态度、服务技能等，提高客户满意度；应加强客户关系管理，建立长期稳定的客户关系，提高客户满意度。

（六）法律法规与合规风险

1. 法律法规变化风险防控策略

企业应设立专门的法律合规部门，负责研究国家及地方相关法律法规，及时了解政策动向；对企业内部员工进行法律法规培训，提高员工对法律法规的认知和遵守意识；定期进行合规风险评估，及时发现潜在合规风险，并制定相应的应对措施。

2. 知识产权保护风险防控策略

建立知识产权管理体系，对研发成果进行有效保护和管理；积极申请相关专利、商标等知识产权，确保企业知识产权的合法权益；建立知识产权纠纷应对机制，对知识产权侵权行为进行有效应对。

3. 合规成本增加风险防控策略

通过内部流程优化、培训效果提升等方式，降低合规成本；加强合规人员培养，提高合规人员专业素质，提高合规工作效率；建立合规文化，强化员工合规意识，降低合规风险。

（七）人力资源与管理风险

1. 人才短缺风险防控策略

企业应制定人才招聘与培养计划，加强与高校和科研机构的合作，吸引和培养氢能领域的人才；建立有效的激励机制，提供有竞争力的薪酬和福利，以及良好的职业发展机会，以留住关键人才；建立人才储备机制，通过轮岗和培训，培养多技能人才，以应对人才短缺的挑战。

2. 管理效率低下风险防控策略

建立和完善企业管理体系，包括组织结构、决策流程、沟通机制等，提高管理效率；加强管理团队建设，提升管理团队的专业能力和管理经验，确保企业高效运营；加强企业文化建设，培育积极向上的企业文化，提高员工归属感和凝聚力。

3. 内部沟通不畅风险防控策略

优化组织结构，减少管理层级，提高信息传递效率；建立有效的沟通机制，包括定期会议、信息共享平台等，确保信息畅通无阻；加强企业文化融合，减少文化差异带来的沟通障碍，促进团队协作。

四、结论

氢能产业是一个新兴且快速发展的领域，许多技术和应用都处于探索阶段。基于氢能研发生产型企业在技术创新、产业链协同、绿色低碳、智能驱动等方面的特点，在新质生产力的视角下，其风险管理需要结合其产业特点进行，在风险管理过程中需要坚持和贯彻"三个区分开来"的原则。风险管理与"三个区分开来"相融合，企业可以建立起一种合规文化，让员工明白在探索和创新的过程中，合规和风险管理的重要性。这有助于企业在追求技术创新的同时，也能够遵守相关法律法规，降低法律风险；更可以有效保护那些真正致力于氢能技术研发和生产的企业和员工，支持他们在推动可持续发展的道路上继续前进。总体而言，新质生产力视角下的风险防控策略有助于研发生产型企业在创新和合规之间找到平衡，推动氢能产业的可持续发展。

参考文献

［1］ 习近平的新质生产力"公开课". 人民日报客户端 .2024-3-7.

［2］ Risk Raider. 氢能源企业该如何分析和规划风险管理对策？手机搜狐网 .2021-11-19.

［3］ 王轶辰 .我国氢能产业初具雏形成为世界第一产氢大国［J］.能源研究与利用 .2019（4）.8-9.DOI: 10.3969/j.issn.1001-5523.2019.04.004.

［4］ 高新伟，安瑞超 .氢能产业发展情况分析及政策建议［J］.中国石化 .2022（11）: 42-45.DOI: 10.3969/j.issn.1005-457X.2022.11.018.

基于等保测评的网络安全合规体系建设研究

——以新能源发电企业A公司为例

张五一　李圣泉　田　叶　刘雪梅　徐长东

南京南自数安技术有限公司

📝 **摘　要**

电力行业是关系国计民生的重要行业，电力系统是关系国家经济发展和社会稳定的关键信息基础设施。国家"双碳"目标深入推进，促进能源低碳转型加速，为新能源产业发展带来了前所未有的机遇。我国发电企业网络安全建设起步较晚，防护基础相对薄弱，电力系统面临的威胁日趋严重。本文通过分析新能源发电企业网络安全存在的问题，提出基于等保测评的网络安全合规体系建设路径，以筑牢企业风险防控屏障为目标，支撑企业效益持续提升，护航企业高质量发展。

关键词

网络安全；等保测评；合规管理；新能源发电

一、网络安全合规体系建设背景

国家提出的"双碳"目标要求引发能源结构的根本性变革，新能源发电将成为实现碳减排的主要途径，这一政策导向促使新能源发电企业加速发展。而新能源发电系统高度依赖于信息技术，包括智能电网、远程监控、数据分析等，这使得网络安全成为确保能源供应稳定的关键环节。伴随着国际网络安全形势日益严峻以及新能源的大量并网，使得新能源企业中电力系统网络面临着新的安全风险。网络安全法律法规的不断完善，对新能源企业网络安全提出了更高要求。新能源发电企业不断建立健全网络安全合规体系不仅是企业自身安全的需要，也是实现国家能源转型和绿色发展目标的重要保障。

（一）网络安全法律法规体系不断完善

网络安全合规管理是企业合规的重要组成部分，其重要性随着数字化转型和网络空间安全威胁的增加而日益凸显。随着国家《网络安全法》《数据安全法》和《个人信息保护法》等法律法规的出台与实施，企业网络安全合规管理的法律框架不断完善，为企业提供了明确的法律指引（见图1）。

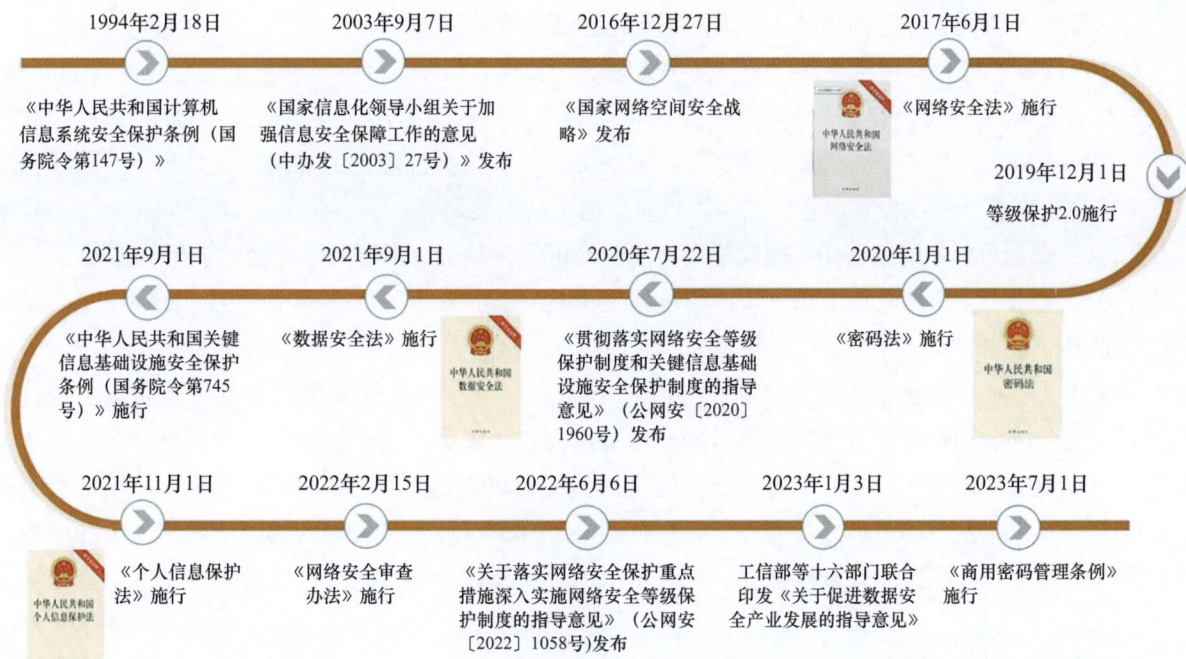

图1 网络安全相关法规政策

（二）网络安全合规管理需求不断激发

合规不仅是法律要求，还是企业的内在需求。网络安全合规管理，可以帮助企业识别和评估潜在的安全风险，采取预防措施，减少损失；可以确保在遭受网络攻击时快速恢复，保障业务连续性；可以增强员工的网络安全意识，建立安全的工作环境，减少内部威胁；可以履行企业的社会责任，保护个人隐私和数据安全；可以提高企业运营效率，减少因安全事件导致的成本，快速适应不断变化的网络安全环境。越来越多的企业依据法律法规、标准规范已开始定期执行安全测评，主动开展网络安全合规审计，以有效应对网络风险，确保业务安全与合规。

二、A 公司网络安全合规体系现状及存在问题

（一）A 公司简介

A 公司为某省新能源发电公司，涉及的主要生产信息系统为集中控制系统，该系统可对其所投资建设的多个风电场进行远程集中监视与控制，提升了新能源发电的综合管理水平，是实现无人值班、少人值守的管理基础。集中控制系统以工业实时和历史数据库、能量管理监控系统平台为基础，遵循集约化、流程化、规范化、标准化的理念，按照区域化集中管理的思想进行方案设计，通过实时采集风电场设备的信息，完成对接入风电场的集中监视与控制。公司建有集控中心，管辖多片区风电场，总装机容量达 800MW，已有 500 余台风机并网发电。

（二）A 公司网络安全建设现状

笔者通过专家走访、问卷调查等方式，从管理制度、网络安全防护、物理机房防护等方面对 A 公司的网络安全现状进行了全面的调研。

1. 以安全、管理、流程为基础，构建网络安全管理制度体系

A 公司制定了电力监控系统网络安全防护管理的相关规章制度，规定了信息安全总体方针和策略、信息安全管理总体要求、信息安全管理部门职责与分工等内容。初步建立了以安全策略、管理制度、操作规程等构成的信息安全管理制度体系。针对各类型的安全事件制订了不同的应急预案，预案包括了保障措施、应急处理流程等内容；定期举行应急演练与预案培训。

2. 以"安全分区，网络专用，横向隔离，纵向认证"为基础，搭建网络安全防护架构体系

A 公司集控中心与风电场的总体生产系统网络架构符合"安全分区、网络专用、横向隔离、纵向认证"原则，总体网络划分为生产控制大区和管理信息大区（安全区Ⅲ），在生产控制大区内部又细分为安全区Ⅰ（生产控制区）和安全区Ⅱ（生产非控制区），安全区Ⅰ和安全区Ⅱ部署了防火墙进行逻辑隔离，安全区Ⅱ和安全区Ⅲ之间部署了隔离装置进行物理隔离。生产控制大区与厂站边界处部署了纵向加密装置，使用密码技术实现通信双方的身份认证，建立安全的加密隧道，且采取严格的接入控制措施，仅有经过授权的节点才被允许接入集控中心，保证了业务系统接入的可信性。风电场就地监控系统部署在生产控制区，与调度数据网部署了纵向加密认证设备，系统内部还部署了网络安全监测装置。

3. 以机房规范化建设为基础，形成物理安全防护体系

A 公司集控中心机房出入口配置了电子门禁系统，对进入机房的人员进行身份控制和记录，设置有专人值守的视频监控系统；安装了水敏感检测仪表或元件，对机房进行防水检测和报警，防止机房内水蒸气结露和地下积水的转移与渗透；采取相关措施防止静电的产生，对关键设备实施电磁屏蔽；提供短期备用电力供应，设置冗余或并行的电力电缆线路为计算机系统供电，满足设备在断电情况下的正常运行要求。

4. 以硬件安全策略为基础，建立计算环境防护体系

A 公司在网络边界配备了隔离装置、防火墙、纵向加密装置等网络设备和安全设备，部署了堡垒机对服务器、数据库等设备进行统一管理。安全设备与服务器等配置了基本的安全策略，包括登录失败处理策略和登录超时时间策略、对可登录用户进行了账户和权限分配、开启了安全审计功能，设备所开启的服务和端口均为业务所需，已关闭不需要的高危服务与端口。

（三）基于等保测评的 A 公司网络安全合规体系问题分析

依据 GB/T 22239—2019《信息安全技术　网络安全等级保护基本要求》、GB/T 28448—2019《信息安全技术　网络安全等级保护测评要求》开展等保测评，通过多维度的安全分析，发现 A 企业在网络安全合规方面还存在一些风险点（见图 2 和图 3）。

1. 物理环境防护不严格

新能源风电场机房、主控室存在使用机械锁的情况，且部分机械锁并未上锁。控制室内部分机柜未进行有效封堵，监控系统运行设备未进行有效接地，部分机柜门未按照相关运行规定进行加锁。控制室内安防、消防器材配备不够齐全。风电场内部摄像头数量较少，视频监控存在死角，且存在视频监控画面无专人值守的现象，非授权的访问不易被及时发现。

2. 网络边界防护不完善

未采取技术措施防止非授权设备接入内部网络，关键网络节点处未部署防恶意代码系统，无法对关键网络节点处对恶意代码进行检测和清除，不能实现对新型网络攻击行为进行检测和分析，网络安全防护还需要进一步完善。

风险分析原理图

系统风险值矩阵表

风险值矩阵	安全事件损失值等级				
	1	2	3	4	5
安全事件发生可能性等级　1	1	2	3	4	5
2	2	4	6	8	10
3	3	6	9	12	15
4	4	8	12	16	20
5	5	10	15	20	25

系统风险等级表

风险值	1-5	6-10	11-15	16-20	21-25
风险等级	1	2	3	4	5

系统风险标识表

风险值	1	2	3	4	5
风险等级	很低	低	中	高	很高

系统风险发布

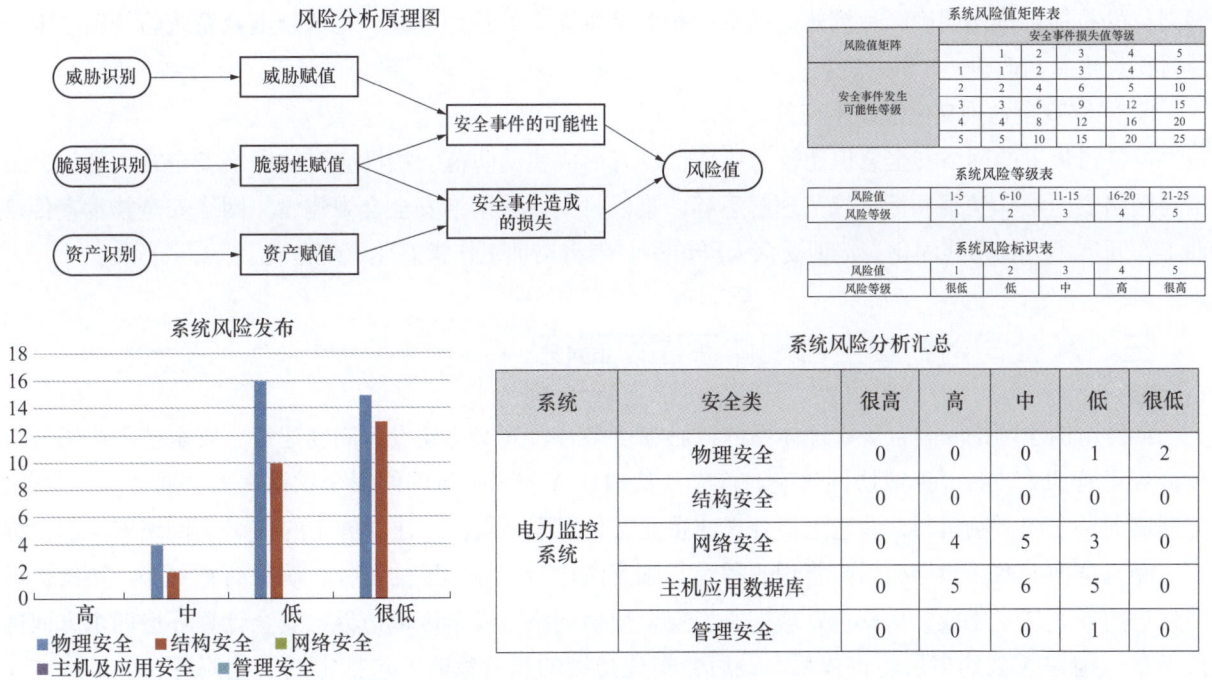

系统风险分析汇总

系统	安全类	很高	高	中	低	很低
电力监控系统	物理安全	0	0	0	1	2
	结构安全	0	0	0	0	0
	网络安全	0	4	5	3	0
	主机应用数据库	0	5	6	5	0
	管理安全	0	0	0	1	0

图2　多维度网络安全合规分析

图3　网络安全合规测评

3. 终端安全防护不到位

主机操作系统、数据库系统和网络等设备存在空口令／弱口令的问题，安全补丁未及时更新，部分策略配置不够合理；部分设备未安装任何防病毒软件，无法实现对恶意代码攻击的防御并进行有效地阻断，或者未定期更新软件和病毒库，终端防护较薄弱。

4. 网络安全管理不规范

风电场网络安全风险管理工作薄弱，存在人员配置短缺、网络安全机构设置不明确问题，并且关键岗位的技能标准不明确，运维效能低下。相关信息安全的管理政策、规章制度及系统防护策略未能及时得到更新与改进。

5. 网络安全合规文化建设不充分

A 公司员工的网络安全意识还较为淡薄，没有形成主动防范、积极应对的网络安全合规意识；员工对网络安全法律法规和标准规范理解不够，难以自主开展网络安全合规建设。网络安全技术宣传培训工作开展不力，形式固化，培训受众人群单一，未将培训工作常态化、规范化。

三、A 公司网络安全合规体系建设路径

A 公司构建网络安全合规管理体系的核心在于融合合规文化建设、制度建设、安全技术应用与持续合规运营四大支柱，形成协同效应。首先，从树立 A 公司全员网络安全意识出发，通过高层示范、定期培训及正向激励机制，营造主动合规的企业文化氛围。其次，建立健全的 A 公司网络安全制度框架，涵盖全面的政策指导、风险管理流程及与国家法律、行业标准的对标，确保有章可循。再次，借助先进的安全技术手段，从安全管理中心、安全通信网络、安全区域边界、安全计算环境四个方面进行考量，构建 A 公司多层防御体系。最后，实施持续的运营策略，包括定期安全测评、应急响应演练、供应链安全管理及策略迭代，确保体系随环境变化而持续优化，为 A 公司可持续发展奠定坚实的安全基石。A 公司网络安全合规体系建设路径如图 4 所示。

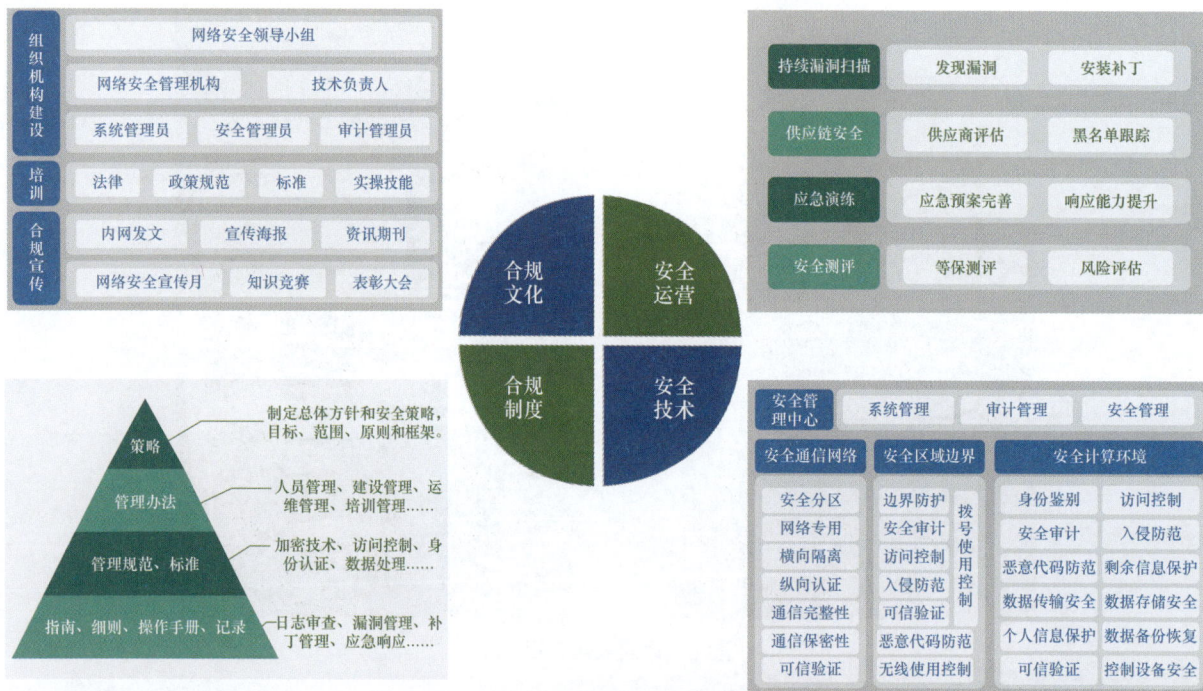

图 4 A 公司网络安全合规体系建设路径

（一）多措并举，不断加强网络安全合规文化建设

合规文化建设是 A 公司网络安全合规水平提升的重要举措，通过多种方式提升全员网络安全合规意识。首先，设立网络安全领导小组，统筹企业整体的网络安全建设及合规管理，由企业第一负责人

担任组长，明确表达对网络安全的重视，将其视为企业核心价值观之一，确保网络安全理念贯穿于所有业务决策中，确保网络安全战略与企业整体战略相协调。其次，设立网络安全管理工作的职能机构，设置网络安全技术、安全管理等各方面负责人的岗位，以及系统管理员、安全管理员、审计管理员等专业技术岗位，明确岗位职责，配备政治可靠、技术精良的专兼职网络安全技术和管理人员，确保网络安全合规事项落实到具体人员；指定专门人员与电力监管机构、地方主管部门、上级管理部门保持良好沟通，明确网络安全合规管理要求，确保网络安全合规工作落实到位。再次，定期组织开展网络安全合规意识教育培训（见图5），邀请内外部网络安全专家解读网络安全法律、规范、标准等重要文件，强化全员网络安全合规意识；组织专业技术人员参加网络安全技能培训，提升技术人员网络安全防护实操能力。最后，利用企业内网、社交媒体群组、宣传海报等渠道，定期发布网络安全资讯、案例分析、最佳实践，举办网络安全月、安全知识竞赛、安全行为表彰大会等活动，提高员工参与度，让安全成为一种文化现象。

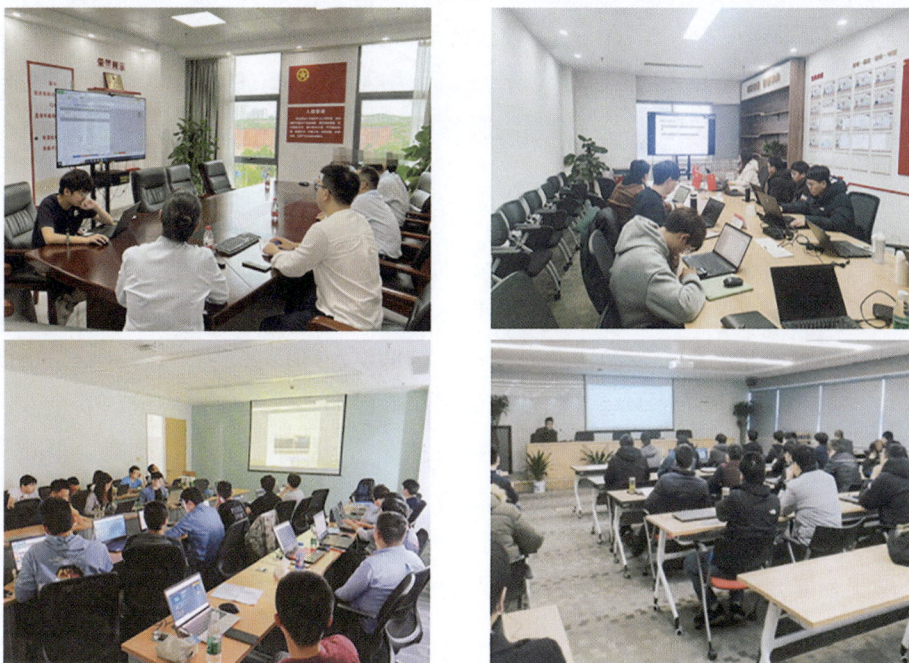

图5　网络安全合规培训

（二）强化顶层设计，不断完善网络安全合规制度建设

A公司网络安全合规制度建设是一个系统性工程，旨在通过一系列策略、管理办法、规范及标准、指南及操作手册等全套文档，构建全面且细致的网络安全管理体系，确保组织的网络环境、数据和业务操作符合国家法律法规、行业标准及内部安全要求。首先，A公司制定符合国家及电力行业网络安全要求的安全指导原则及全面策略，明晰界定企业网络安全合规工作的根本目标、基本原则与安全架构。其次，A公司针对网络安全管理过程中的关键环节，细化具体的管理办法，涵盖人员管理、权限管理、系统维护管理、审计管理、数据安全管理、培训管理等各细分类别。再次，A公司制定网络架构安全、加密技术、访问控制、身份认证、数据备份与恢复等技术实施标准，针对不同业务流程制定安全操作规范，比如数据处理、系统维护、第三方接入管理等，建立网络安全管理标准。最后，形成网络设备的配置管理、日志审查、漏洞管理、补丁管理等具体操作规程，为各岗位提供详细的网络安

全操作指南，包括应急响应步骤、安全事件报告流程等。

（三）一中心三防护，不断筑牢网络安全合规技术"防火墙"

在 A 公司的网络安全合规建设中，遵循"一个中心、三重防护"的核心思想，围绕安全管理中心，同步实施推进通信网络防护、区域边界防护、计算环境防护，可以系统性地构建起全面的技术防护体系。一是构建集中的安全管理平台，整合安全策略管理、安全事件监控、日志审计、资产管理和脆弱性管理等功能，实现对网络安全状况的全面可视性和集中控制，同时强化系统管理、审计管理、安全管理操作。二是根据"安全分区、网络专用、横向隔离、纵向认证"的原则进行网络整体规划和建设，严格按照区域划分原则进行系统及设备部署，采用技术隔离手段及专用的隔离设备部署，确保各区域及系统隔离，从而保证重要通信线路与关键计算资源的冗余和可用性；采用符合国家密码管理部门要求的密码技术及配套设备实现网络通信数据的完整性、保密性。三是对安全区域边界加强防护，采用网络准入、终端控制、身份认证等技术及配套设备实现非授权用户网络行为检测及限制；部署网络入侵检测、恶意代码防护、安全审计等专用设备，实现网络边界及重要网络节点的安全防护。四是针对重要网络设备、服务器、用户终端等计算节点，配置身份鉴别、访问控制、安全审计等安全策略，最小化安装组件和应用程序，关闭不需要的系统服务、默认共享及高危端口，加强漏洞检测及修补等。

（四）三位一体，不断提升网络安全合规运营管理水平

网络安全运营管理是保证 A 公司网络安全合规及防护水平提升的重要手段，A 公司从以下几个方面开展网络安全运营工作。一是实施定期的应用系统与关键设备漏洞扫描，及时发现系统及设备漏洞，同时关注国家相关平台公布的相关漏洞，及时修补已知漏洞，降低被攻击风险。二是定期开展对第三方供应商的安全评估与管理，同时关注行业发布的供应商黑名单，确保供应链的安全性，从源头上降低网络安全风险。三是制定详细的网络安全事件应急预案，包括事件报告、隔离、根除、恢复和事后分析等步骤及举措，定期组织开展网络安全应急演练，提升企业应急响应和处置水平。四是定期开展网络安全等级保护测评等安全测评，由专业测评机构全方位评估 A 公司网络安全水平及建设整改效果，根据评估结果不断调整和优化安全策略和技术措施。

四、结语

构建以新能源为主体的新型电力系统，加速能源结构和数字化转型，新的运行方式与新一代信息技术的应用催生了新的安全需求，网络安全风险进一步加剧。以等保测评等合规测评为抓手，建设网络安全合规体系，能够更加高效地提升企业网络安全防护水平，降低网络安全事件的发生概率。本文以新能源发电企业 A 公司网络安全合规体系建设为例，通过开展等保测评，梳理网络安全合规体系现状与管理和技术两大方面存在的网络安全问题，探讨了构建网络安全合规体系的四大建设路径。希望本文研究成果可以为新能源发电企业的网络安全合规管理提供借鉴与参考，保障电力系统安全稳定运行，促进电力行业高质量发展。

参考文献

[1] 周劼英，张晓，邵立嵩，等．新型电力系统网络安全防护挑战与展望［J］．电力系统自动化，2023，47（8）：15-24.

［2］杨慧童.大数据时代网络空间意识形态安全研究［D］.长春：吉林大学，2023.DOI: 10.27162/d.cnki.gjlin.2023.007809.

［3］林新，徐宏，朱策，等.电力市场合规管理建设探究［J］.电网技术，2022，46（1）：28–38.DOI: 10.13335/j.1000–3673.pst.2021.1320.

［4］韩轶.网络数据安全领域的企业刑事合规体系建构［J］.江西社会科学，2023，43（1）：53–61.

［5］罗峥，张笑笑，伊玮珑.面向安全产品等级保护基线合规的研究与实践［J］.信息网络安全，2020，（S2）：5–8.

［6］李攀攀，朱蓉，翟建宏.网络安全等级保护2.0视域下网络空间安全人才的培养探索［J］.实验室研究与探索，2021，40（8）：163–167+172.DOI: 10.19927/j.cnki.syyt.2021.08.037.

基于 ESG 视角的电力合规评价指标体系创新与实践

吴敏嘉　张国志　史艳梅

国网吉林省电力有限公司长春市双阳区供电公司

摘　要

在"双碳"目标下，以法治思维和法治方式推进电力企业绿色低碳转型管理模式规范化是一个重要议题。国网长春市双阳区供电公司扎实推进依法治企、合规管理、融合发展和深化改革工作，着力构建以法治思维为引领、ESG 理念为抓手的包含 3 个一级指标、10 个二级指标，37 个三级指标的三级电力合规评价指标管理体系，建立"业、法"人员共同设立指标、共同实施监督、共同开展评价的"三同"评价模式，夯实合规文化建设根基，深化源头风险防控，实现企业法治合规有效性评价全覆盖。

关键词

电力合规；ESG 管理；"双碳"目标；合规评价指标体系

一、实施背景

随着国有企业改革深化提升行动的全面实施，电力企业分类监管要求不断趋严，对电力企业法治合规工作提出了更高要求。ESG（环境、社会、治理）理念最早由联合国全球契约组织为推动落实全球可持续发展理念而提出，经过二十年的发展，ESG 理念已经成为推动企业高质量发展的重要引领和抓手，我国对 ESG 的评价标准、披露要求和内容等研究正在逐步完善，从趋势上看，ESG 合规已经成为企业合规，尤其是央企合规的重要工作方向。

（一）建立评价指标体系可行性

供电企业作为服务政府、服务客户、服务群众的重要平台，为确保稳健经营、持续发展，创新建设具有行业特色的合规评价指标体系是顺应电力行业改革时代趋势的迫切需要。在运营中供电企业在合规方面存在许多薄弱环节，且合规管理水平不高，因此需要全面、可行的合规评价指标体系和客观的评价方法，以管理制度化、制度流程化、流程表单化、表单信息化为建设目标，促进合规管理体系不断健全，为推动电力企业依法合规高质量发展开辟新思路。

（二）可借鉴的试点实践管理经验

供电企业经过实践与探索，已经积累了一定的实践经验，推出了一系列建立评价指标体系的举措。在重组业务体系、变革组织架构、压缩管理链条、优化工作流程、梳理岗位职责等方面已有建设成果，通过参照标准规范指引要求，全面评价企业现有规章制度、工作标准、流程管理等，具有建立符合新形势评价指标体系的条件。为确保工作稳妥有序推进，已逐步开展试点工作，获取了充分的指标数据，积累了充足的实施经验。

二、主要做法

为加强电力行业自律，指导企业合规建设，国网长春市双阳区供电公司依据《中央企业合规管理指引（试行）》，通过对法律法规和企业业务、管理活动、社会责任方面的分析，创新构建了基于 ESG 视角的电力合规评价指标体系，从环境、社会责任和公司治理三个维度将企业经营过程中涉及的合规工作从模糊警觉转化为精准判断，将合规管理要求全面嵌入到企业管理的各项工作中。

（一）构建科学评价指标体系

基于 ESG 视角的电力合规评价指标体系包含 3 个一级指标、10 个二级指标、37 个三级指标（见图 1），运用分析和综合、比较和分类、归纳和演绎等逻辑分析方法对管理活动进行定性评价。

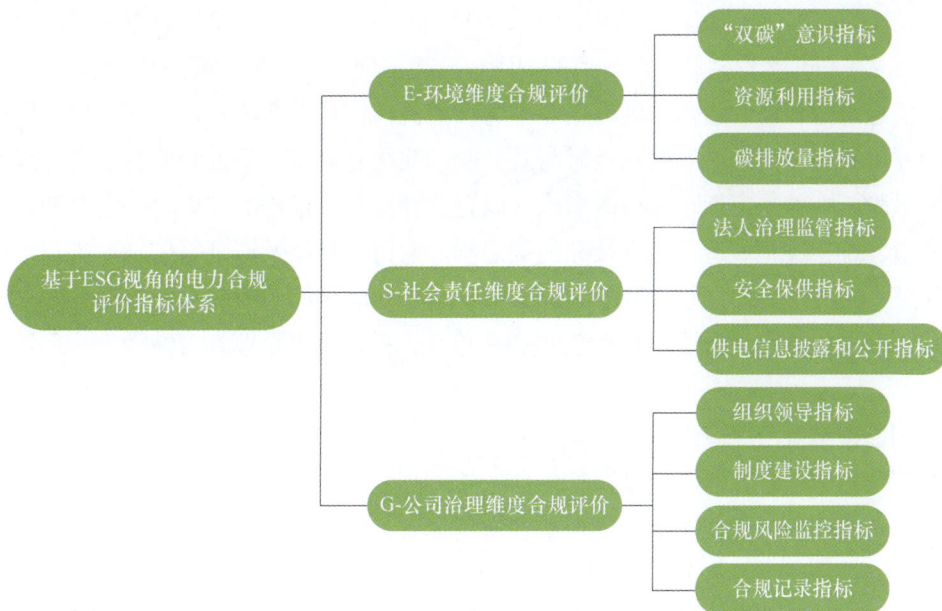

图 1 基于 ESG 视角的电力合规评价指标体系

1. E- 环境维度合规评价指标的实施

（1）"双碳"意识指标。以各部门（单位）作为评价对象，对其所负责工作范围内所涉及的环境合规认识情况开展定期或不定期的日常检查、随机抽查，各部门（单位）负责人负责对分管职工进行自评估，发现职工环境合规意识、合规能力欠缺时及时督促职工加强对各类文化载体的阅读、学习，在企业内部形成普遍性的具有"双碳"意识合规理念的良好环境。

（2）资源利用指标。依据法律法规、行业标准，建立涉及企业管理所有活动、生产、服务以及所有环境因素的涵盖所有职能和层次的资源利用指标体系。评价小组通过收集生产相关的资源方面基础性资料，从自然资源、电力资源、通信资源等方面进行评价，必要时可深入一线施工作业现场，借助录像、照片等客观记录手段获取评价依据，综合评估后，形成环境影响评价书面报告。报告评价范围广、覆盖面大、指标合理，使企业在高质量发展的同时同步实现"绿色可持续发展"。

（3）碳排放量指标。依据地方性规定，制订相关文件，规定实施碳排放量检测、计算、控制的指导原则、主要思路、实施过程、评价反馈等阶段的具体工作内容和要求，以"用电量 × 碳当量系数"的计算方式计算电力消费产生的碳排放量，根据三级指标将责任进一步分解，实现碳排放全过程管控，推进环境合规规则与具体业务管控深度融合，全流程环境管理助力"双碳"目标实现。

2. S- 社会责任维度合规评价指标的实施

（1）法人治理监管指标。法人作为法治建设第一责任人，依据《中央企业主要负责人履行推进法治建设第一责任人职责规定》，以年终述职报告作为评价对象，将法人履行推进法治建设第一责任人职责情况纳入领导人员综合考核评价指标体系。同步构建社会责任议题识别评价实用化工具，针对中层领导人员设立合规评价指标，推动职能部门和业务部门承担合规管理职责，例如将审计转向合规审计，将廉洁性纳入财务报销，将劳动合规纳入人力资源管理工作，充分发挥合规效能，作为推进干部能上能下的重要依据。

（2）安全保供指标。安全管理部门与合规管理组织共同建立安全保供指标，将履行合规社会责任融入电网业务运营体系，从专业角度出发，深入构建大安全、大运行体系，巩固深化安委会"议题制"，合理安排电网方式，严禁超稳定极限、超设备能力运行，推动将社会责任融入供电服务提升，转变服务理念，树立公司与客户共同创造价值的观念，塑造国网品牌形象，增强社会影响力。

（3）供电信息披露和公开指标。供电企业作为社会责任信息披露的主体，探索建立对社会责任信息披露机制的评价指标，促进必要信息及时高效公示，并接受利益相关方的监督，可以最大限度规避信息披露合规风险。一种是定期全面披露形式，以企业社会责任报告的方式将一定时期内企业经营活动对经济、环境、社会等领域造成的直接和间接影响、取得的成绩及不足等信息，进行系统梳理总结发布；另一种是临时披露形式，通过媒体、工作汇报、座谈等渠道，以"环境信息报告""可持续发展报告"等形式，面向相关利益方披露 ESG 管理相关信息，推动供电企业在可持续发展领域的深入实践和全面披露。

3. G- 公司治理维度合规评价指标的实施

（1）组织领导指标。明确合规管理负责人的建制，成立合规管理领导小组，设立合规管理办公室，各部门（单位）负责人为本部门（单位）合规管理负责人，构建有序的合规管理组织体系，设定相应的评价指标，使合规管理组织与企业经营层、管理层紧密衔接，切实履行合规管理职能，实施经营层、管理层对合规管理组织工作的有效支撑，各部门（单位）各司其职、相互配合、无缝衔接，为合规管理有效性提供有力保障。

（2）制度建设指标。制订相关文件，设置相关制度章程，把合规要求嵌入上述硬环境中，适当选取要素齐备性，权限划分、职责分配的合理性，合规管理的独立性、协同性等不同指标，对制度本身进行细致考评，以及将针对合规管理制度实际执行所需要采取的措施和相应工作作为重要评价指标，确保合规管理制度的科学性和可执行性。

（3）合规风险监控指标。构建事前预警、事中监控机制，设立评价指标，在安全监督、供电服务、电力调度、电网建设、招标采购、财务资产、劳动用工、网络安全等方面对风险发生可能性、风险影响程度进行风险等级评价，并制订合规管控措施，确保业务部门严格开展前置合规审查、事中合规审核，履行合规管理监督职责。

（4）合规记录指标。严格的维护和保存记录措施是有效合规和风险管理框架基础的一部分。合规记录要求各部门（单位）对重要事项、重点领域、重大工程以及日常合规工作等进行合规记录，特别对合规培训，都应有规范的内容记录，评价指标能够促进记录规范化，继而推动各项工作合规进行。

（二）合规评价过程管控及有效落地

组织开展合规评价时，合规管理评价小组要先明确职责分工，确保合规管理评价小组具备独立开展合规评价的权利和能力。首先，评价小组组织被评价对象开展合规自评，搜集评价信息，填写合规评价指标表，报送相关佐证材料。之后，评价小组对评价指标表进行复核，发现模糊不清的问题与评价部门（单位）进行细节沟通，确定后撰写合规管理评价报告，再由合规管理领导小组会议将报告发放下去。评价结果形成后，对于合规管理评价过程中发现的问题，要求相关部门（单位）制订整改方案，明确整改责任、整改内容、整改目标，评价小组持续跟进指导，监督问题及时完成整改。

三、实施效果

国网长春市双阳区供电公司基于 ESG 理念，从合规环境、社会责任、企业治理三个维度构建合规评价指标体系，成立合规评价领导小组，健全评价过程管控机制，持续推进制度强化赋能，增强合规评价规范性，发布合规评价标准表，实现精细化评价，在合规经营与风险管控方面取得明显成效。

（一）合规管理质效取得新提升

国网长春市双阳区供电公司从合规管理全方位出发，结合合规评价体系的应用场景，对标国家及地方各项监管要求，将不同领域、不同专业、不同方面的合规职责进行细化分解，一一对应定性评价指标，创新构建了电力企业合规评价指标体系。合规评价指标体系为各部门（单位）合规工作开展对标对表提供了重要的参照系，通过对照评价标准开展自查自评，可准确把握法治合规工作规律，迅速、精准地查找当前合规管理工作中的短板和弱项，帮助各级管理人员准确把握合规原理、要点和路径，对照合规监管重点，突出合规任务，列举合规判断标准，实现精准合规，促进企业合规建设等方面的治理成效不断凸显，有效提升了企业在市场活动中的核心竞争力，电网品牌价值持续提升。

（二）合规风险管控实现新突破

通过建立一套集 ESG 管理理念、外部合规监管要求、内部具体实用工具于一体的多层次、多维度的电力合规评价指标体系，强化法人合规监管职责，合规防线常态化运行，风险管控基础日益牢固。以社会责任为基础、风险识别为导向、合规评价为工具，推进合规嵌入业务流程，明确岗位、业务合规风险点，形成"合规＋业务"模式。围绕重点业务、关键岗位和重要环节，梳理、识别风险框架和合规风险点，通过事前、事中、事后的全生命周期管控，实现合规风险管控关口前移，完成对监管要求的全面对接和匹配，进一步提高了合规管理水平，有效规避重大合规风险事件的发生，使企业树立了良好的社会形象，为实现可持续发展提供了必要条件。

（三）自觉合规意识达到新高度

合规文化建设是一项系统性工程，强化合规意识关键要落实到人，合规评价指标体系能够客观检验合规文化在实践中是否得到有效贯彻执行，是促进全员践行合规文化的重要途径。国网长春市双阳区供电公司探索构建电力合规评价体系，积极开展合规评价工作，以评促行，将合规管理要求全面嵌入到企业运营的各项工作中，反复强化全体员工合规意识，不断灌输合规文化，将被动合规的监管压力逐步转化为内部主动合规的内在动力，使员工从"要我合规"转变为"我要合规"，促进合规文化根植于心、固化于行，形成了统一的合规意识和自觉践行合规理念的行为自觉，牢固夯实了全员树立合规理念的基础。

参考文献

［1］李昊泽.基于 ESG 视角的化工企业绩效评价指标体系研究［D］.山东：山东工商学院，2023.

［2］方斌.县级供电企业内部控制评价指标体系与评价流程的研究［D］.北京：华北电力大学，2014.

［3］李晓刚，承林，吴敏.县级供电企业内部控制评价指标体系与评价流程的研究［J］.技术与市场，2024（6）：23-26.

［4］黄英铝，叶继宏，林新，等.电网企业合规管理评价体系建设的创新与实践［J］.企业家，2022（S1）：19-21.

［5］姚维强，李梦娇，陈艳，等.基于新形势下电力监管的合规评价指标体系［J］.创新世界周刊，2023（10）62-69.

大合规监督背景下合规管理量化评价
体系研究与实践

谢　玲　叶　旺　袁杰生

南方电网广东中山供电局

摘　要

　　随着电力改革的持续深化，供电企业面临经济社会多方面系统性变革，合规风险日益严峻，防控难度加大，数字转型新形势下构建合规管理评价体系，强化企业合规管理重要性日益凸显。本文分析了在"大合规监督"管理背景下构建合规管理量化评价体系的方法和数字化实践路径，建设合规智能评价系统，采取多层次、定性定量相结合的评价工具，从制度改进、风险防控、监督检查、合规应用等四个维度，量化评价供电企业不同业务场景下合规管理水平，完善企业合规管理评价机制，进一步提升了企业合规治理效能。

关键词

　　大合规监督；人工智能；合规量化评价；合规画像

　　随着数字经济的飞速发展和电力改革的持续深化，国家对电力行业的监管也更加严格，供电企业向绿色低碳、新型电力系统转型，面临经济社会多方面系统性变革。供电企业业务活动覆盖市场营销、规划建设、生产、基建、供应链等 34 个业务领域，涉及信息系统多达数十个，合规风险点多面广，在此情况下抓好合规风险的监测预警、闭环处置，定期开展合规监督及评价，更需要数字化、智能化的手段来提升法治合规管理效能。

　　为了实现合规管理水平和风控能力的系统化提升，本文针对所在企业现行合规管理体系建设、实施状况进行了调研分析，以问题为抓手，在大合规监督实施背景下，在已有工作累积的基础上，构建合规管理评价体系，基于人工智能和大数据技术，开展合规管理评价数字化建设，客观公允反映企业合规管理水平，进一步提升企业合规治理效能。

一、搭建合规管理评价体系

（一）构建合规管理三层防线架构，明确合规评价组织机构及职责

构建合规管理三层防线架构，整合合规内控、法律管理、纪检监督、审计、巡察等监督职能，

形成"大合规监督"管理模式，明确合规评价组织机构及职责。在市局层面设立合规委员会，对局各单位合规评价结果负责，负责审议合规评价方案、年度报告和专项报告等。在下属单位组建合规管理小组，在基层班组设置合规监督员，合规管理工作小组成员包括本单位领导班子、法规、审计、纪检监督岗、班组合规监督员及相关人员，建立基层合规管理小组运作机制，加强合规风险监控和自评价，推动业务部门、生产班组及全体员工履行"第一层防线"合规义务；法规管理部门作为"第二层防线"，牵头开展合规管理体系建设及评价，负责合规评价数字化管理，统筹业务领域、各部门、单位合规评价，增强合规智能管理效能；纪检、审计、巡察部门作为"第三层防线"，建立合规专项监督检查机制，强化协同监督，推动评价成果运用和共享，发挥第三层防线震慑作用。

合规管理三层防线架构如图1所示。

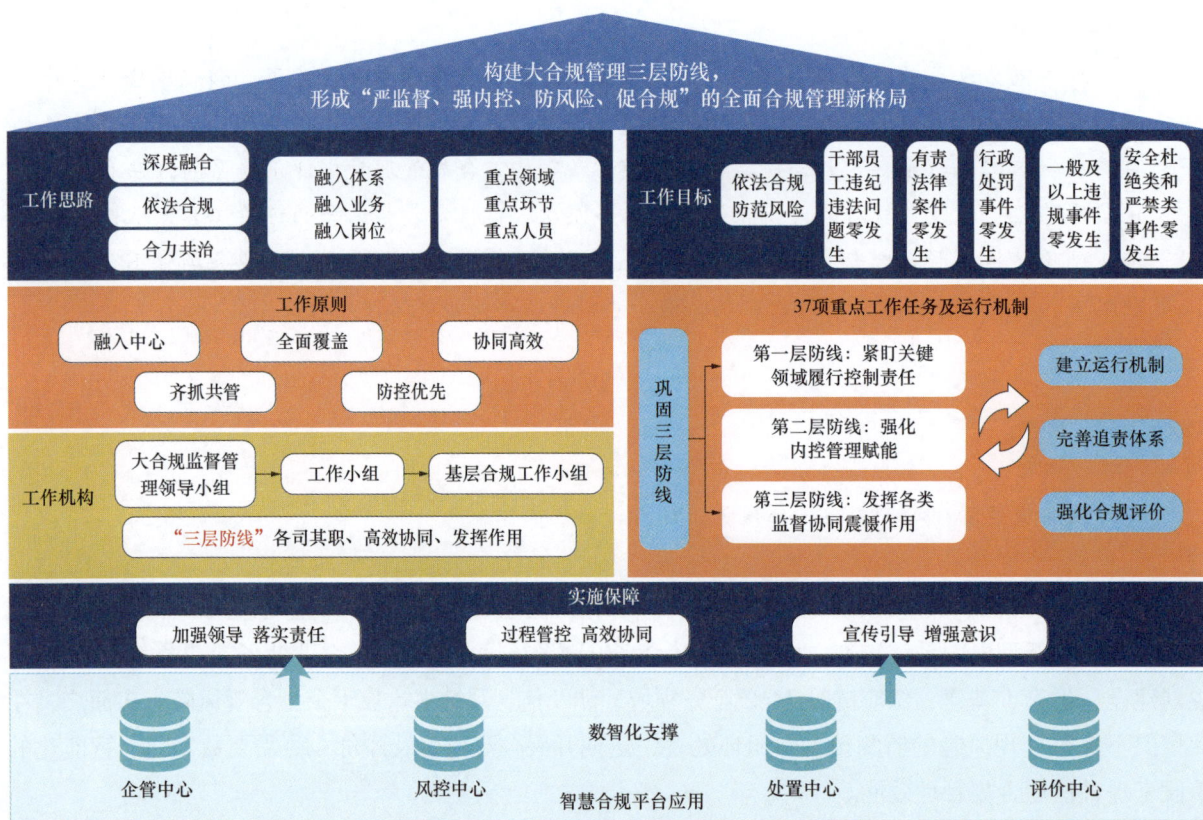

图1　合规管理三层防线架构

（二）搭建合规管理评价体系框架

通过梳理合规管理评价体系框图（见图2），明确"深度融合、依法合规、合力共治"的工作思路，聚焦"三融"（融入体系、融入业务、融入岗位）、"三重"（重点领域、重点环节、重点人员），以"问题导向、全面覆盖、突出重点、赋分量化"为工作原则，开展合规智能评价系统建设，建立完整的合规管理评价链条，形成全业务监督合力、大数据监督助力、全过程管控能力，巩固业务部门履行控制责任、内控管理部门赋能、监督部门监督"三层防线"，构建"严监督、强内控、防风险、促合规"的全面合规管理新格局。

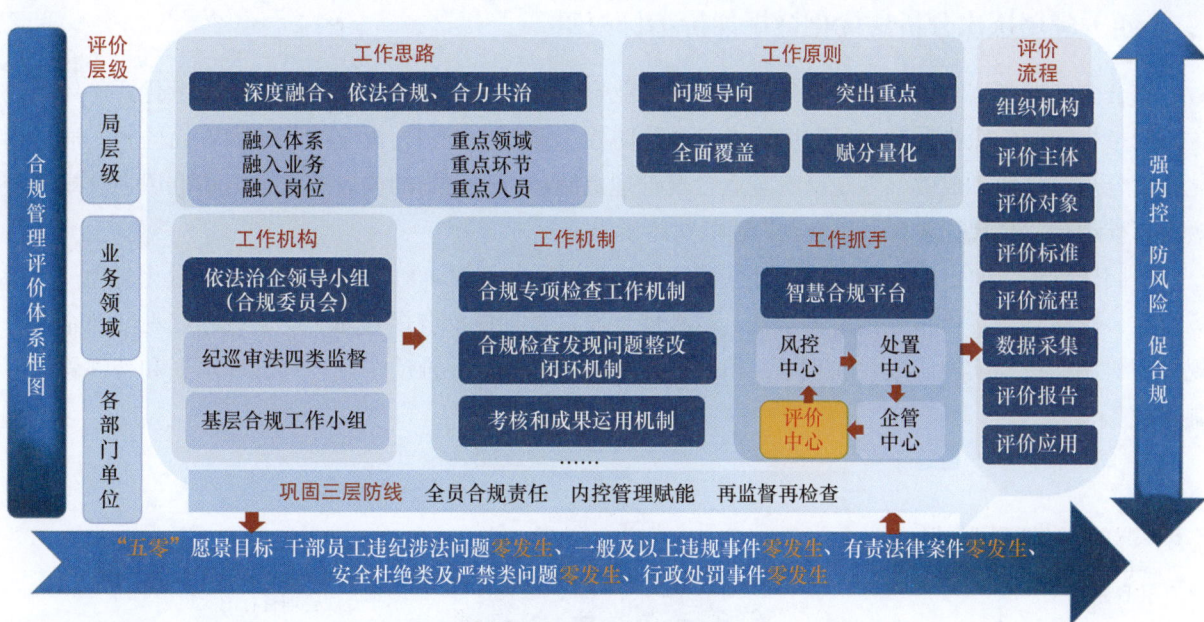

图2　合规管理评价体系框图

（三）建立多维度合规管理评价指标体系

依据《中央企业合规管理办法》，结合企业合规管理实际，聚焦重点领域、关键环节，创新设置定量类、定性类、加扣分类指标，形成42项监控指标，包括制度改进评价、风险防控评价、监督检查评价、合规应用评价等四大类指标（见图3）。全面评价局合规管理机制、重大风险发现及应对、关键业务管控的能力，按季度管控，年度形成评价报告，评价结果纳入年度考核。

制度改进类主要评价制度体系建设、制度改进情况；风险防控类主要评价合规风险及缺陷发现及处置能力；监督检查类主要评价各类监督检查发现的违规事件及处置能力；合规应用类主要评价合规管理组织建设及应用成效以及合规文化等方面水平。

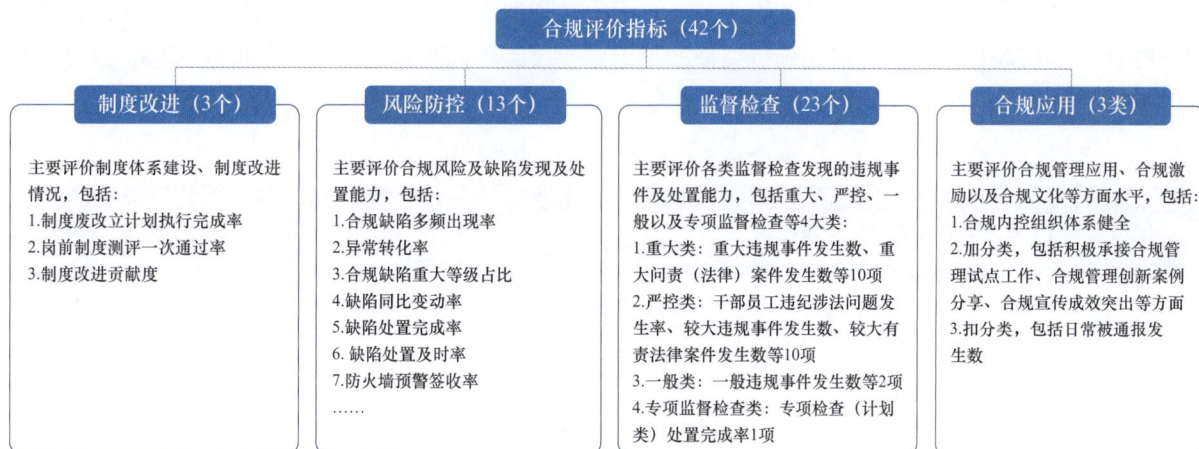

图3　合规管理评价指标

（四）应用层次分析法优化合规评价指标权重

结合企业业务实际，引入层次分析法构建企业合规管理量化评价体系。合规管理量化评价体系包含三级指标，第一级指标融合了制度改进、风险防控、监督检查、合规应用等四大方面内容。通过量化评价合规管理活动成效，客观反映企业合规管理机制运行与实施的成效和水平，精准识别合规管理短板，推动企业合规管理水平和合规管理机制建设。

以问题导向、突出重点、全面评价、赋分量化为原则（见图4），引入层次分析法量化各项评价指标权重，确保合规评价指标体系科学性、精准性。通过量化评价合规管理活动成效，客观反映企业合规管理机制运行与实施的成效和水平，精准识别合规管理短板，推动企业合规管理水平和合规管理机制建设。

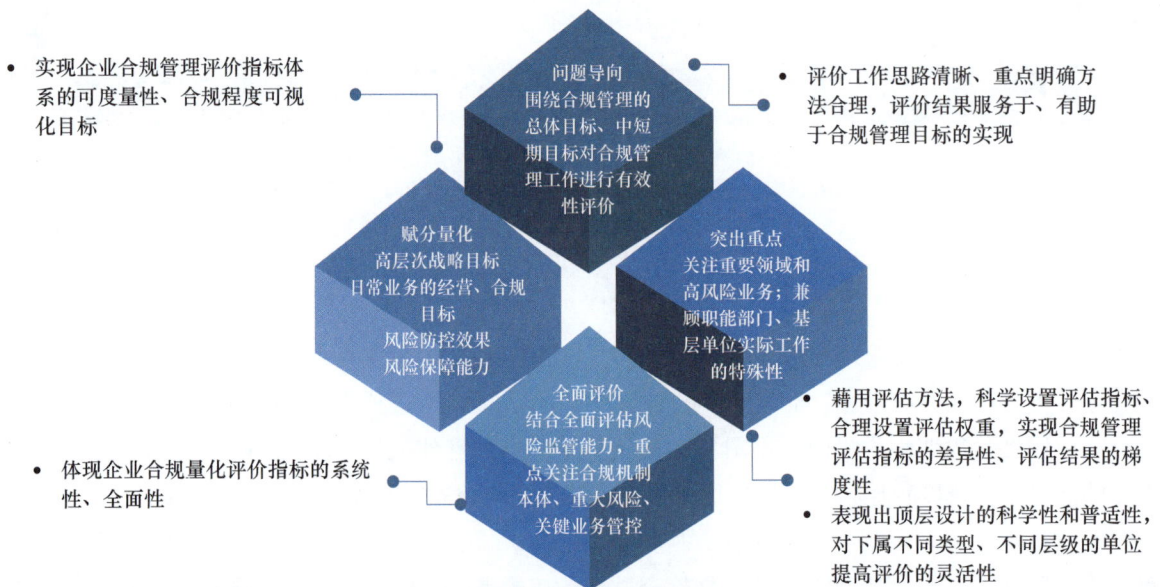

图4　合规管理量化评价基本原则

分析方法如下：由专家对每层级各个指标的两两之间的重要性进行比较，构建出判断矩阵，通过SPSSPRO工具自动计算，计算层次分析结果，得出同一层级不同指标的权重。依前述方法，最终计算得出各个最末级指标在总体系中所占权重，见表1。

表1　　　　　　　　　　　各个最末级指标在总表中的权重

序号	一级指标	一级指标权重	二级指标	二级指标权重	三级指标及四级指标	三级指标权重	四级指标权重	最末级指标对于总指标的权重
25	—	—	严控风险	0.3	行政处罚事件发生数	0.06	—	0.0039987
26					较大营销差错发现数	0.06	—	0.0039987
27					创新活动违规行为发生数	0.05	—	0.00333225
28					主诉维权率	0.08	—	0.0053316
29					合同倒签率	0.07	—	0.00466515

续表

序号	一级指标	一级指标权重	二级指标	二级指标权重	三级指标及四级指标	三级指标权重	四级指标权重	最末级指标对于总指标的权重
30	—	—	严控风险	0.3	合同签订及时率	0.1	—	0.0066645
31					其他较大违规发生数	0.1	—	0.0066645
32	—	—	一般风险	0.1	一般违规事件发生数	0.6	—	0.013329
33					轻微或一般营销差错发生数	0.2	—	0.004443
34					其他一般违规发生数	0.2	—	0.004443
35	合规运行机制	0.30049	劳动用工	0.08672	完善的人事管理制度	0.5	—	0.013029246
36					劳动用工的退出机制	0.5	—	0.013029246
37			合同管理	0.07815	合同管理流程机制	0.15	—	0.003522494
38					合同订立完成率	0.4	—	0.009393317
39					合同履行完成率	0.25	—	0.225870823
40					合同的变更与终止率	0.2	—	0.004696659
41					应急预案的演练完成率	0.09402	—	0.003667401
42					安全教育完成率	0.07661	—	0.002988296
43			安全风险	0.12981	应急物资储备率	0.09738	—	0.003798463
44					涉诉安全事故数评分	0.20746	—	0.008092311
45					编制安全审批责任清单	0.28259	—	0.011022877
46					编制合规风险识别清单	0.24194	—	0.009437258
47			数据安全	0.39129	数据分级分类	0.25	—	0.029394683
48					制定数据安全风险管控制度	0.35	—	0.041152556
49					设立数据安全应急处置机制	0.4	—	0.047031493
50			知识产权	0.05332	科研创新（专利）研发风险	0.4	—	0.006408851
51					商标权的合规管理	0.2	—	0.003204425
52					著作权的合规管理	0.2	—	0.003204425
53					商业秘密合规管理	0.2	—	0.003204425
54			税务财务	0.26071	是否具备健全税收风险管理机制	0.5	—	0.039170374
55					是否具备税务风险预警机制	0.5	—	0.039170374
56					日常被通报发生数	0.15	—	0.0252435

二、开展合规管理量化评价数字化实践

从制度改进、风险防控、监督检查、合规应用等 4 大方面评价需求出发，建设合规智能评价系统，由企业各层级管理者、基层业务人员、纪检监督、审计、巡察、法规管理等人员分角色分权限使用（见图 5）。运用大数据分析和人工智能技术，以合规监控指标为导向，建立风险监控模型，开发制度改进（"外规内化"）、"模型工厂"、"合规画像"、涉法风险预警等功能，实现了对企业各部门单位、各业务领域等分层分级评价。

图 5　合规管理评价数字化场景

（一）制度改进：开发"外规内化"智能分析模型

"外规内化"智能分析模型的开发基于 AI 辅助的智能评估框架，通过构建一套高效的算法和模型，实现了对法规变动的实时监测和对企业内部制度影响的评估，系统通过监控制度管理活动从而得出制度改进类评价结果。首先获取北大法宝等海量法律法规数据资源，构建涵盖外规、内规的语料库。其次以 ChatGLM 底座为基础，通过自然语言处理技术对法规和制度进行文本分析，提取关键信息并构建语义关系网络。最后，模型利用深度学习算法对法规和制度之间的关联性和冲突点进行识别和评估，并生成相应的预警和建议，能够及时发现并提示可能的合规风险。

同时，该应用还提供了丰富的数据可视化工具和分析报告，帮助用户更直观地了解企业的合规状况和风险点。系统设置了"人工智能问答"和"个性化智能对比"功能模块，员工可以根据业务管理

工作需求，开展针对制度的个性化提问和个性化智能对比分析。通过一年多的实体化运作，应用智能比对共筛出 76 项内部制度中一千多个条款与法律法规产生冲突。如：新供电营业规则颁布后，利用该功能进行冲突比对，共发现冲突条款 214 条，涉及制度 16 项，大幅提升了制度改进效率。

（二）风险防控：建立合规风险监控评价模型

1. 内部合规风险监控

结合业务特点和风险特征，以内部规章制度为依据，制订 130 条有针对性的合规风险监控模型。合规风险监控模型是根据各类业务特点，设置不同阈值，自动排查潜在不合规情况，跨信息系统进行数据关联整合、动态跟踪及溯源管理，监督关口前移，当不合规问题发生时自动触发监控平台监测及预警机制，并设置了风险评价等级。系统通过分析模型监测异常数据、风险等级及处置情况，能够客观、准确反映各单位对合规风险的管控水平。

合规风险监控模型的一个显著特征就是打破了各业务信息系统数据屏障，针对供电企业的安全生产、规划建设、市场营销、行政综合等全业务信息系统进行数据穿透。根据模型规则自动扫描判别违反内规的合规风险，并向对应岗位人员派发预警清单，开展"全时域、全业务、全流程"的合规监控，实现"防火墙式"合规管理。同时，强化了基层合规小组运作机制，充分发挥基层合规工作小组作用，推动各单位利用系统开展自我监督，核实筛查预警清单数据并落实整改闭环，将风险防范在基层"第一层防线"。2023 年，通过对合规智能评价系统扫描的合规风险异常数据核实，平均核实整改率为 50.12%。风险监控模型实现了对合规风险异常发生率、审核率、核实率、整改率等指标的在线监控，通过实时监控和预警潜在风险，能够及时发现并解决问题，避免风险扩大化。

2. 外部合规风险监控

通过关联北大法宝、国家企信系统等外部数据，将企业及下属单位涉及的司法判决、行政处罚等风险信息进行大数据筛查并推送，辅助企业对外部风险的快速识别和应对。通过该功能获取用电客户、合同履约相对方等涉及的风险信息，目前已经从北大法宝接入用电客户、合同履约相对方等 2000 余条行政处罚数据，通过法宝透镜获取到与中山局关联的企业风险信息约 1500 余条，可以辅助企业经营决策，降低履约风险。

（三）监督检查：构建"模型工厂"监督检查模式

针对审计、巡察、纪检监督等开展监督检查要求针对性、精准性较高的特点，构建了"模型工厂"监督检查模式，使监督检查手段更灵活、更精准。"模型工厂"是在合规风险监控模型基础上自定义加工，主要包括模型构建、模型验证测试、模型基础信息定义及固化等功能模块，可实现旧模型调参、新模型构建，满足复杂多变的业务场景。利用 AI 及 NLP 技术，员工可以采用自然语言问答的方式进行初级的合规异常建模，降低数据建模门槛，提高自我监督水平。以"0"代码基础实现由业务人员自主"搭建"风险监控规则，促进合规数据的自定义探索，不断增强员工对缺陷的识别与管控能力。

"模型工厂"监督检查模式的核心在于其强大的数据支持，通过构建涵盖企业所有业务领域的合规数据库，建设个性化数据分析组件，对数据库中的数据进行深度挖掘和分析。监督人员输入相关的业务参数和合规要求，可以自主编辑更高级、复杂的合规监控模型，这种模型较 AI 生成式模型准确率更高，更适合监督人员使用。各类监督主体可通过该功能发起自定义合规专项监督任务，从而实现监督检查的评价。2023 年以来，应用"模型工厂"监督检查模式，对市场营销、安全生产、生产基建等重点领域开展 10 余项监督检查，推动基层单位完成 7600 多项合规风险的闭环处置。

（四）合规应用：建立"合规画像"智能评价

"合规画像"是指通过收集、整理、分析企业的各类数据和信息，借助大数据分析技术包括特征标签工具、画像工具、数据关系图谱等工具构建出针对企业生产管理的人、物、流程、制度的综合合规画像，以最直观的方式反映合规管理优势以及短板，实现合规管理的风险以及异动的及时洞察。"合规画像"不仅有助于企业全面了解自身的合规状况，还能帮助企业发现潜在的合规风险，为制定合规策略提供有力支持。

开发"合规画像"评价管理模块，可实现主题化智能分析（见图6）。该模块设置多个不同的指标主题，管理人员可以自定义同步、环比、按月对比等方式在不同领域建立个性化的评价模型，同时支持固定值计分或线性计分的方式支持对评价粒度的控制，同时支持多个指标主题合并计分，充分反映不同单位在不同领域的合规水平。通过合规数据模型工厂，集成南网数据中心数据，提供便捷数据探索，开展个性化主题在线自主智能分析，深度挖掘不同业务领域、不同主题合规管理问题，形成专项合规评价分析报告，同时反向验证合规评价指标和体系的准确性、客观性与覆盖面，促进评价方法和指标的优化，推动评价管理持续改进。

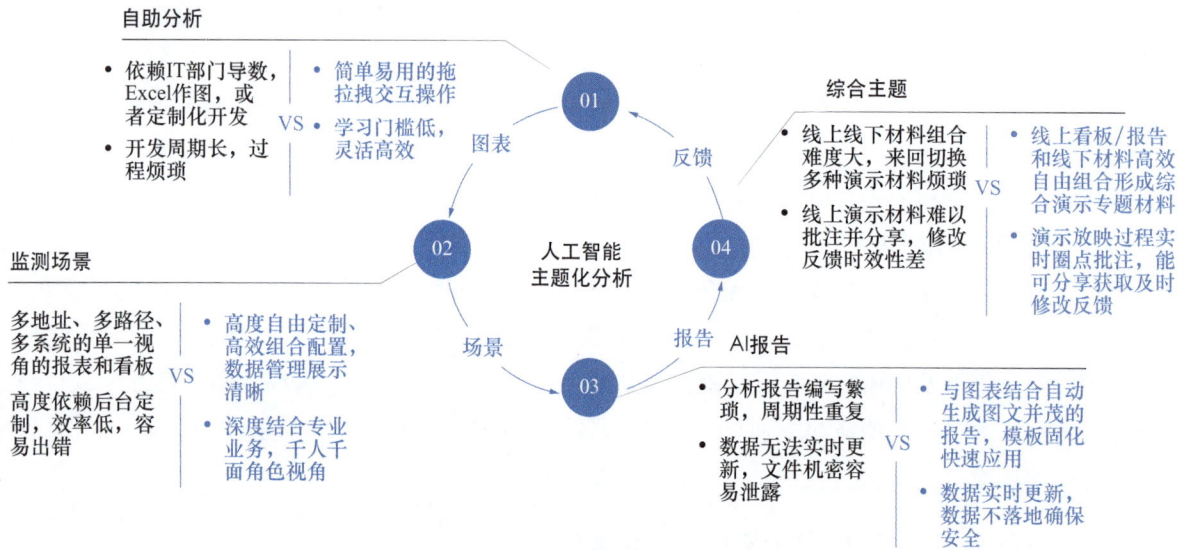

图6　人工智能主题化分析

构建"1+N"合规管理评价机制。结合大合规监督管理体系在各层级融入情况，在局层面推行1个总体合规管理评价报告，在业务领域、基层单位推行N个专项合规管理评价报告，形成"1+N"合规管理评价模式。根据合规管理评价指标库及评价标准开展"供电局—各单位"的合规管理年度评价，按月度、季度管控，形成年度评价报告，全面评价各部门合规管理工作质效，评价结果纳入年度考核。同时开展基层合规管理小组月度评价，评价结果纳入月度量化绩效考核。坚持目标和问题导向，对重点领域业务领域视需求开展合规专项评价，以营销管理、供应链管理、基建管理、生产运维管理、投资管理、财务管理、安全管理等七大业务领域为重点，组建网格小组，全面评价局合规管理机制、重大风险发现及应对、关键业务管控的能力，推动责任部门、单位开展异常数据的校验整改，完善机制、长效闭环。

三、实践效果

中山供电局建立基于大合规监督管理背景下的合规评价新模式，发挥合规"三层防线"监督合力。2022年10月至2024年6月，全局查处窃电9宗，已追补160万元，核实违约用电70宗，挽回经济损失1732.44万元；核实合同履约风险33宗，挽回或避免经济损失227.99万元；核实四虚（虚假结算、虚假验收、虚列项目、虚高价格）风险3宗，避免经济损失412.56万元。充分发挥评价指挥棒作用，实现了三个提升，工作成效显著：

一是实现了合规闭环管理，推动企业治理提升。构建合规管理评价体系，科学量化评价企业内部合规行为及其量化指标的科学性、合理性、有效性，监督企业各类业务行为的规范性，实现企业自查、自省、优化的闭环管理循环机制，形成企业治理"螺旋式"的上升态势。合规评价实施以来，基层单位完成确认7632项合规风险，重复性问题发生比例下降约26%。

二是实现了"合规画像"，增强企业防风险能力。制定合规风险监控模型共130条，实现指标数据直采。借助大数据分析技术和手段，形成对企业生产管理的人、物、流程、制度的综合合规画像，直观、准确反映和预测企业行为与外规、内规的差异，形成监督关注重点，对发现的系统性、基础性、倾向性等共性问题加强研究，深入推进揭示问题、规范管理、促进整改。通过智能分析各业务领域风险值，进行分层分类智能展示，推动监督管理模式从"传统式"向"智能化"转变。

三是建立了评价考核机制，促进全员合规意识提升。合规评价直观展示各单位合规水平，按月度、季度管控，评价结果纳入绩效考核，推动了违规处置、风险防范，促进了制度执行和完善。通过合规量化评价实现了整改全过程监控管理，推动了整改标准化、流程化，合规问题整改质量及奖惩机制应用效果有效提升，全局合规异常数据同比降低30%，业务人员规范开展业务的自觉性有效提升。

四、结论

在电力体制改革、数字化转型大背景下，如何全面增强依法合规经营管理能力和风险防控能力，是供电企业面临的重要课题。构建符合企业自身实际的合规管理评价体系，应用人工智能和大数据分析技术，建立智能化合规管理评价数据协同管理，不仅提高了企业风险防控能力，还实现了法治合规数据与企业主营业务数据的贯通共享，充分发挥数据共享对业务管理的放大、叠加、倍增作用，推动合规管理模式从传统式向智能化转变，保障了企业的经营稳定和长期发展。

参考文献

［1］李勇.《中小企业合规管理体系有效性评价》团体标准的把握及运用［J］.人民检察，2022（10）：59-64.

［2］梁国栋，李向阳，詹林溪.国有企业合规管理有效性评价体系框架研究［J］.商业会计，2024（4）：17-21.

［3］李爱平，刘全.构建合规管理有效性评价机制［J］.企业管理，2024（2）：22-23.

［4］鲁斯齐.域外合规管理有效性评价制度的借鉴与启示［J］.中国外资，2023（21）：46-48.

基于数字化电力"共享法庭"的诉源协同治理体系探索与实践

胡宇芬[1] 李先锋[2] 付红豪[2] 王 蒙[2]

1.国网浙江省电力有限公司杭州市富阳区供电公司；2.国网浙江省电力有限公司杭州供电公司

摘 要

为深入贯彻习近平法治思想和基层治理要求，国网杭州供电公司以"打造法治化电力营商环境，共筑和谐用电生态"为目标，法企联动打造电力"共享法庭"。电力"共享法庭"以数智网架构建最小支点，以过程服务前置风险共防，以资源协同推动行业共治，以法治阵地营造稳健环境，探索建立了一套诉调紧密衔接、政企协同配合的多元解纷机制。通过两年实践，开辟了一条有效化解电力矛盾案件的新路径，建立健全一系列风险排查源头化、案件处置规范化、诉调衔接成效化的运行机制，形成"法企联合防外破"等一系列共治共建共享的治理样板。

关键词

法治思想；电力；共享法庭；法企联动；基层治理

近年来，随着"双碳"目标推进，新能源快速发展，能源变革和数字化转型不断深化，电力市场建设向纵深推进，各种内外部新旧矛盾和问题交叠涌现。电费回收、电力设施保护、电网工程建设、电力人身损害、劳动用工、知识产权等业务领域的法律纠纷和信访稳定风险形势日趋严峻，社会群体法治意识不断提升、维权意识增强，对公司应对防范法律合规风险、做好矛盾化解工作提出了更高的要求。国网浙江省电力有限公司杭州市供电公司（简称国网杭州供电公司）法企联动打造电力"共享法庭"，将数字化法治手段在电力行业应用落地，探索建立一套诉调紧密衔接、政企协同配合的多元化解纷机制，为公司破解治理矛盾开辟了新路径。

一、主要做法

（一）强化顶层设计，明确诉源治理目标路径

1.明确电力"共享法庭"的建设目标

国网杭州供电公司主动对接地方法院，深度分析当前供用电矛盾主体特点，充分考虑电网企业多

数情况为矛盾当事人，不适宜直接裁判的现状，兼顾化解司法资源紧缺、提升电力诉调权威等需求，将电力"共享法庭"的建设重点从"调案件"转为"控源头"，提出"打造法治化电力营商环境，共铸和谐用电生态"的建设目标，紧紧围绕源头预防、前端化解、关口把控，提高百姓对涉电政策的知晓度、各治理主体对电力领域矛盾的治理参与度以及纠纷多元预防调处化解的能力和水平，以高质量法治合规护航公司高质量发展。

2. 明确电力"共享法庭"的建设路径

将"共享法庭"作为一套机制体系，融合法庭特色和共享理念，立足电网企业和法院的需求点，突出案件、矛盾的源头管控，以数智网架构建最小支点，以过程服务前置风险共防，以资源协同推动行业共治，以法治阵地营造稳健环境，打造基层治理的便捷支点、法制宣传的前沿阵地、政策解释的先锋站点、行业监管的新生平台、法企共建的特色联盟，以法企共谋、全域共建，推动打造用电满意度、规范度双高的法治化电力营商环境。

（二）布局数智网架，打造基层治理最小支点

公司"线上+线下"布局数智化、网格化服务体系，打造电力行业领域"基层治理+多元解纷+诉讼服务"一站式支点，补齐政法系统服务半径过大、司法资源窄、时空制约大等短板，让涉电诉、访调解既有效率又有温度。

1. 线下以实体化场所为支点延伸治理触角

依托基层供电服务网格在"不增编、不建房"的前提下，建立三级电力"共享法庭"，即一个公司级共享法庭+N个供电所级共享法庭+N个服务站级共享法庭；每个共享法庭按照"1+3+N"设置，即1个平台+3个常驻单位（法院、社会力量、供电企业）+N个配合协调单位，将电力行业司法服务以实体方式向村社"最后一公里"延伸。

2. 线上以数字化平台为依托提升治理效率

在杭州富阳打造浙江省首家数字化电力特设"共享法庭"，在"不增编、不建房"的前提下，利用"一根网线、一块屏"将"共享法庭"数智平台延伸至村民家门口，为老百姓实时提供线上调解、网上立案、在线开庭、庭审直播、普法宣传等服务。同时率先贯通基层治理"141平台"，在原有"浙江解纷码""人民法院在线服务"等数智应用的基础上，实现了各治理单元、共享法庭网格间的信息互通、资源共享和诉求互达，不仅为老百姓打造了即时感知、协同服务、高效运行、智能监督的"15分钟电力法治服务圈"，也为信访、司法、综治等各治理单位提供信息共享、治理联动的平台，提高治理效率。

（三）突出过程服务，推动涉电案件源头防控

公司牢牢把握政策宣教、风险防控、违规预警等案源前置化管控手段，将行业治理关口从纠纷化解、违规处置、案件诉讼前置为专业管理。

1. 打造法制宣教的前沿阵地

丰富"共享法庭"数智平台上"行业政策解读""庭审直播""个性化点播"等功能模块，开展全方位的电力法律法规宣传，让老百姓对电力涉法事项更加了解。打造"政策宣讲库"，法企联动开展电网建设、营商服务、电网运行、用电办电等方面的政策解读、风险提示、程序公示，提高政策宣讲公信力，让百姓做涉电"明白人"，将涉电矛盾化解在起点。

2.打造行业监管的新生平台

依托"共享法庭"，打造企业合规"第四道防线"，开展行业风险提示、行业违规行为曝光、典型案例展示等活动，在行业治理的同时曝晒行业违法、违规、违纪行为，为老百姓监督电力行业、普及合规知识搭建平台，不断提升企业内部合规性、廉洁性，形成行业监管新的通道。

（四）强化资源协同，助力复杂矛盾根源共治

公司将"共享法庭"作为政、法、企各治理主体党建联建的桥梁纽带，打造"治理联盟"，避免供电企业单打独斗。

1.法企联合查处实现案件高效处置

针对外破案件高发现状，协同法院和地方综合行政执法局成立电力行政执法办公室，借助电网数智监控平台，开展施工场地的外破防范工作。三方联动开展"法庭进施工现场"活动，针对性解读《电力设施保护法》，签署《安全保护协议》，巡查风险车辆、器具，固化外破证据，处置外破事件。2023年，联动处置外破事件11起，组织"法庭进施工现场"活动3次，有效降低外破率45%。创新运用法治手段解决电费催缴难题，法企联合开展电费征信"上门讲"，梳理"老赖"清单，选点启动诉前调，有效降低电费缴纳老赖行为。

2.多部门协同推进矛盾根源化解

针对涉及部门多、持久时间久、共性特点突出的复杂矛盾，通过联动治理、完善机制落实根源性长效性解决措施。国网杭州市富阳区供电公司推动区发展改革委成立电力与石油管道专委会，以专项发文形式部署应急局、农林局及24个乡镇落实电力设施防汛防台补短板专项治理工作，有效化解树线矛盾581处、地下配电房防涝隐患149处。推动18部门联合开展"阳光护企合规体检"专项行动，整治客户侧用电设备隐患81项。联动住建、信访、规资等单位落实保交楼专项推进机制，制定"一房一策"，化解群体性重点矛盾3项。

（五）打造法治阵地，营造企业发展稳健环境

公司将电力"共享法庭"作为企业内部法治宣教和合规管理重要阵地，全面建强法治队伍，提升合规经营水平。

1.厚植依法合规文化

班子带头做实"合规三分钟"，建立部门负责人领衔的合规讲师团，将专业政策、通用法规、监督要求纳入宣教清单，发挥依法治企头雁作用。打造"共享法庭"教育基地，为三级"共享法庭"逐一配备指导法庭、指导法官、庭务主任和调解员，法庭"一月一培训""一季一主题"常态化推进法务培训和矛调实战指导，"战训结合"打造能管会调的"电力老娘舅"。依托"共享法庭"数智平台和三级"共享法庭"服务网格，站（所）长带头开展"线上学法线下讲规"，提升全员知法守规意识。

2.提升法治合规效能

借助丰富的矛盾调解及案件调解案例，深化"以案促管"和溯源治理，深挖各类问题、案件反映出的风险点和管理短板，以"合规风险预警提示书"推动问题根源整改和专业深层治理。针对触电人身伤害、青苗赔偿纠纷等高发问题，制定专业整改提升措施19项。强化三级合规联络员的合规能力培养，实行"纪法审财组"大合规管理模式，从严从实开展专业领域经营管理行为合规审查，对各类审计、监管、检查发现的问题逐一销号整改。

（六）健全制度体系，确保治理体系规范常态

结合电力"共享法庭"的实际情况，在实践中不断健全运行机制、规范调解诉讼程序，创新调解方式，大力推进机构法治化、规范化、标准化建设。

1. 明确运行机制，规范法庭管理

编制《电力"共享法庭"运行规程》，明确法庭应遵循的原则，三级"共享法庭"职责和指导法官、庭务主任、调解员职责。确定行业政策解读、庭审直播、个性化点播内容类型，确定风险研判、行业违规行为曝光、联合执法、执行程序，就涉电矛盾按照一般纠纷调解、复杂纠纷调解、涉诉纠纷调解、司法确认、督促履行五大进程时序进行规范管理，制定网上诉讼和在线庭审的工作流程，同时明确培训要求和工作记录要求，规范法庭日常管理，让矛调、案件处置、司法指导有据可依。

2. 制定标准化体系，夯实推广基础

搭建电力"共享法庭"组织机构，建立建设推广工作专班，深化电力法庭标准化和规范化建设，优化完善人员选聘、运作流程等工作机制，试点形成《电力"共享法庭"建设工作手册》，建立健全相关台账，形成标准化操作指引及工作流程，并开展有效性评估。同时，制定杭州全域建设计划，编制推广方案，将"共享法庭"建设纳入督办事项，统筹规划、一体推进，将共享法庭建设成效纳入公司业绩考核，保障落地成效。

二、取得成效

（一）构建了诉源治理新体系，有效凝聚基层治理合力

电力"共享法庭"建成以来，有效整合法律、行政资源和基层组织力量，探索建立了一套紧密衔接、协同配合的工作机制，开辟了一条有效化解电力矛盾案件的新路径，成立了一批实体化运作的多元化电力法庭机构，组建了一支素质高、业务精、作风优的专业化法治矛调队伍，建立健全一系列风险排查源头化、案件处置规范化、诉调衔接成效化的运行机制，打造了"一站式行业咨询、一站式多元解纷、一站式诉讼服务"的数智化扁平化就近化的"家门口"解纷体系，形成了"法企联合防外破""阳光护企合规行"等一系列共治共建共享的治理样板。截至目前，国网杭州供电公司共计在各区县、城区公司打造电力共享法庭 28 个，联动各级法庭，择优选聘 94 名训练有素的调解员，为企业高质量发展保驾护航。

（二）彰显了合规治理新成效，为企业发展注入法治动力

国网杭州供电公司坚持法为上、理为先、和为贵的理念，加强风险排查，就地化解矛盾纠纷，做到"服务不缺位、纠纷不激化、问题不出所、矛盾不上交"，让大量纠纷通过前端防控体系止于未发、化于萌芽。自 2022 年国网杭州市富阳区供电公司成立浙江省首家电力特设"共享法庭"以来，公司系统累计排查风险 200 余次，开展法治宣传活动 300 次，为群众提供法律咨询服务 200 次，依托电力"共享法庭"的政策宣教途径，有效确保甘浙特高压、电价政策调整等工作平稳推进。调解包括政策处理、规划选址、电费回收、私拉接线、架线立杆、停电检修、专线故障、临时用电、电表移位、线下砍树等 10 余种 2000 件电力纠纷，成功化解 1800 件矛盾，大大降低了诉讼成本和潜在的经济损失，为企业提质增效、高质量发展营造了健康有序的法治环境。

（三）塑造了电力矛调新品牌，为企业发展营造了良好外部环境

着力建立健全有机衔接、协调联动、高效便捷的电力纠纷多元预防调解体系，为当事人提供更便捷、更高效、低成本的多元解纷方式，保障人民群众在解纷方式上的参与权和选择权，助力构建共建共治共享的和谐法治社会，充分展现了公司依法合规、便民利民的法治央企、责任央企形象，为高质量发展营造了良好的外部营商环境。

基于合规风险防范的新业务反向论证机制创新实践

邢　通[1]　胡　露[1]　闫立伟[1]　黄　俊[1]　李先锋[2]　付红豪[2]

1.国网浙江省电力有限公司杭州市临平区供电公司；2.国网浙江省电力有限公司杭州供电公司

摘　要

　　为紧抓发展机遇、防范经营风险、赋能业务发展，国网浙江省电力有限公司杭州市临平区供电公司（简称临平供电公司）创新开展新业务反向论证，在可行性研究的基础上，以法律风险论证为基础，并拓展商务、财务、审计、纪检等其他维度风险论证，考虑极端情况下的风险敞口，对新业务合规风险进行有效的识别评估。反向论证机制有效发现并预防了新业务中的诸多风险，为企业行稳致远奠定了坚实的基础。

关键词

　　合规风险；新业务；反向论证；创新

一、反向论证机制建设背景

（一）抢抓发展机遇，开拓新业务的需要

　　随着新时代能源革命深化推进以及新一轮电力体制改革的持续深入，电网企业的盈利模式由传统的赚取电价差逐步向"准许成本＋合理收益"转变。电网企业需要积极地开拓新业务，挖掘新的效益增长点。基于此，临平区供电公司积极贯彻国家能源革命部署，认真落实国家电网有限公司和国网浙江电力有限公司的战略要求，大力开拓综合能源领域新业务，打造以发展新能源为宗旨、以合同能源管理为主要商业模式、为用户侧提供能源服务的新业务格局。然而新业务也伴随着未知的市场风险、政策风险、竞争风险，风险防范没有经验可以参照，需要建立有效的合规风险识别预警机制。

（二）转变市场地位，赋能业务服务的需要

　　作为新业务，综合能源服务与传统输配售电业务的开展存在较大的差异。传统输配售电业务，由于自然的垄断地位，电网企业在政府的监管下刚性推动业务，管理规则、业务模式相对固定，甲方思维较为明显，市场竞争意识、商务谈判能力相对不足。而综合能源服务基于市场化竞争性业务，始于

客户需求、终于客户满意。客户需求选用何种方案实现，同一方案选取哪家供应商，均取决于客户的认可，不仅比拼供应商的技术支撑、集成整合、服务响应能力，还对合作模式可行性、商务谈判能力、差异需求响应有着极高的要求。面对市场地位的转变，业务模式的创新，如何既能满足客户要求又能实现业务合规风险防范，使得推动构建反向论证机制迫在眉睫。

（三）弥补可研不足，保障依法合规的需要

依法合规经营是企业持续健康发展的必要保障，电网企业传统业务虽已构筑起完备的可行性研究论证体系，但综合能源服务"三新"（新业务、新业态、新模式）特点鲜明，不断交互衍生变化，原有可行性研究在风险论证方面体现出明显不足。首先，综合能源涉及业务广泛，既包括传统的节能、能效服务，也包括分布式光伏、合同能源管理、电力金融等新业务，新市场、新客户带来新的风险，传统可行性研究在广度和深度上存在不足。其次，区别于电网企业传统输配售电业务，许多综合能源服务的合同周期长，短则七八年，长则二十余年，放大了小概率风险发生的概率。基于此，综合能源业务拓展面临严峻风险，构建反向论证机制是规避经营风险、规范交易行为、提高依法合规水平的重要举措。

二、反向论证机制实践做法

为紧抓发展机遇、防范经营风险、赋能业务发展，临平供电公司在正向进行可行性研究的基础上，进一步开展新业务反向论证，从一正一反两个方面进行充分论证，综合考虑极端条件下的风险隐患，提出针对性的应对措施，确保风险可控在控。反向论证分为业务设计、论证分析、对策研究、会议决策四个步骤。

（一）业务单元设计新业务商业模式雏形

业务主管部门进行新业务模式可行性研究论证，可行性研究通过后业务单元编制新业务模式草案，明晰业务开展必要性、各方权利义务及法律关系，框定业务边界。

（二）合规部门开展反向论证分析

业务部门将新业务模式草案提交合规部门，合规部门以法律风险论证为基础，并拓展商务、财务、审计、纪检等其他风险论证，突出考虑在极端情况下的风险敞口。通过梳理法律关系、厘清权利义务、追踪流程设计，对业务流、资金流、票据流、信息流等反复交叉比较，在论证过程中将风险依据影响程度划分为重大风险与一般风险，形成风险分析报告。所谓重大风险，指新业务设计中存在的有关违反法律法规及其他规范性文件、违背上级单位及自身合规文件的禁止性规定、存在重大商业风险等无法通过风险管控手段减小敞口或规避的系统性风险。常见的重大风险，如违反外法内规型的缺乏资质、融资型贸易等。所谓一般风险，指新业务设计中隐含的可能因法律法规权利义务之规定、业务操作实践等原因，可通过合同模板修订、加强业务管理等手段缩小敞口的风险。以跨省区绿色电力交易业务为例，在反向论证的过程中，反向论证归口管理部门发现此种模式的法律关系本质为第三方作为中介人提供服务，主要风险在于第三方故意隐瞒与订立合同有关的重要事实或者提供虚假情况等。

（三）业务单元提出风险应对策略

业务单元需对风险分析报告中指出的问题逐一进行对策回应。对于风险可控的，制定防控策略。对于风险敞口较大的，可以通过优化商业模式减小风险，或者重新考量风险较高业务开展的必要性。一般风险应对以跨省区绿色电力交易业务为例。合规部门在合同模板中融入风险约束条款，就第三方故意隐瞒与订立合同有关的重要事实或者提供虚假情况等设置了违约条款，同时，还建议业务部门据实设计相关指标，在实际操作过程中，增加第三方分成比例以激励其履行义务等，从而降低风险，保障企业的合法权益。

（四）新业务模式经决策会议决策

业务单元将项目建议书会同可行性研究报告、风险分析报告一并提交决策会，在决策会议上各方发表对新业务的看法，并形成决策纪要。决策会议通过的项目合规部门编制合同模板，并针对相应风险点设计具体条款，就实操层面的风险点向业务部门做风险提示。

另外，业务落地施行之后，依据配套的纠纷处置联合应对与投资类项目后评价两种合规管理机制进行投后管理，形成合规管理闭环。

三、反向论证机制实施效果

反向论证机制自实施以来，实现了从无到有至从有到优的转变，有效发现并规避了在新业务中的诸多风险，为公司行稳致远奠定了坚实的基础。

（一）全面提示风险，保障科学决策

在新业务开展过程中，决策的质量和效果直接影响公司的发展，而风险是决策中不可避免的因素。如果仅仅依赖传统的可行性研究进行决策，公司可能会忽略潜在的风险隐患，从而导致发生严重损失。而采用反向论证模式，可以通过对新业务进行全面风险评估，发现潜在的风险隐患，并及时制定应对策略，或调整优化新业务模式，或在合同模板中增加相应应对条款，从而保障科学决策，助力高质量稳定发展。

（二）优化业务模式，助力业务发展

反向论证机制通过逆向思维的方式，从未来的不确定性、可能出现的风险和挑战出发，对新业务模式进行评价并作出风险提示。通过这种方法，公司可以更加全面地评估其业务模式的可行性和潜在风险，从而制定更加合理和可行的业务模式，避免"黑天鹅"或"灰犀牛"事件的发生。此外，对经过反向论证可行的业务模式予以标准化设计，进而固化业务模式，实现新业务标准化、规模化推广，助力业务高效稳健发展。

（三）强化事前预控，夯实合规基础

《中央企业合规管理办法》要求"管业务必须管合规"，然而事实情况往往是规章制度的出现落后于业务的发展，如此便造成新业务在一定时空内缺乏制度保障。反向论证机制打破了传统业务合规的时间壁垒，在新业务形成时就融入合规要素，将合规防线前移，使业务单元、合规部门、业务主管部

门、公司决策层在业务设计之初就统一了认识，使最终诞生的业务自带合规基因，大大保证了新业务执行阶段的稳健性。

四、结论与展望

反向论证机制是在合规风险识别评估预警机制上创新实践与探索成果，也是合规管理体系的重要组成部分。

近年通过对反向论证实例的摸索，不断探索完善反向论证的操作规范。在新业务决策并实施前，充分收集公司不同部门的意见建议，从合法合规和风险控制角度开展反向论证工作，从源头形成合规监管合力，创新合规风险预警机制，尽可能杜绝系统性风险发生，减少各类风险敞口。

未来在该项制度的完善及实施上，还会根据新业务的领域进行进一步优化，如按需征询行业专家的意见，将反向论证机制作为合规风险识别评估预警的重要工具，对新业务开展中典型性、普遍性或者可能产生严重后果的风险及时预警，更加有效地预防和规避风险。

参考文献

［1］孟祥帅.反向论证研究［D］.济南：山东大学，2013.

［2］中航工业纪检监察部.实施重大投资项目反向论证降低企业投资决策风险［N］.中国航空报，2010-02-25（006）.

［3］实施重大投资项目反向论证降低投资决策风险［J］.中国内部审计，2007（7）：38-39.

［4］许腾，张建鑫.国有企业"法务、合规、风险、内控"一体化协同管理体系建设创新思考与研究［J］.中国集体经济，2024（9）：73-76.

［5］唐烨，唐樱绮.依托数字化技术防范电力交易机构合规风险［J］.大众用电，2024，39（3）：13-14.

［6］魏灿灿.企业数据合规与风险防范［J］.中国价格监管与反垄断，2024（3）：83-85.

［7］冯智慧.国有企业招标采购合规化管理及风险防范对策探讨［J］.企业改革与管理，2024（5）：129-131.DOI：10.13768/j.cnki.cn11-3793/f.2024.0250.

［8］王洋洋.企业内部控制体系建设与风险防范研究［J］.市场周刊，2024，37（8）：37-40.

［9］赵临东.供应链视角下国有企业合同风险防范研究［J］.法制博览，2024（3）：127-129.

［10］孙那，鲍一鸣.生成式人工智能的科技安全风险与防范［J］.陕西师范大学学报：哲学社会科学版，2024，53（1）：108-121.DOI：10.15983/j.cnki.sxss.2024.0102.

［11］张翠丽.国有企业基于改革深化提升行动助力高质量发展的路径探讨［J］.企业改革与管理，2023（23）：31-33.DOI：10.13768/j.cnki.cn11-3793/f.2023.1324.

［12］常敏，陈谦，郭蕾，等.构建和谐劳动关系为企业合规经营提供基本保障［J］.石油组织人事，2023（11）：48-50.

［13］门小文，白向轩，王若谷."双碳"目标下电网企业新型业务法律风险及防范路径研究［J］.企业改革与管理，2023（21）：160-162.DOI：10.13768/j.cnki.cn11-3793/f.2023.1174.

［14］李万青.合规管理体系建设研究［J］.现代企业文化，2023（26）：13-16.

［15］牟松杰，郑晨昱，王丽萍，等.虚拟电厂中的合规风险与防范建议——以安徽地区为例［J］.现代企业文化，2023（25）：37-40.

［16］刘国影，赵静.企业合规管理中开具发票需要注意的问题［J］.沿海企业与科技，2023，28（4）：29-37.DOI：10.20119/j.cnki.CN45-1227/n.2023.04.005.

［17］王鹏.国有企业物资采购合规管理及风险防范策略［J］.中国储运，2023（8）：146-148.DOI：10.16301/j.cnki.cn12-1204/f.2023.08.085.

第四部分

风险防控类

国际新形势下电力企业海外并购
法律合规风险及其应对

姚飞雄　侯倩妮　石　慧

三峡国际能源投资集团有限公司

摘　要

　　受新冠疫情、俄乌冲突等影响，逆全球化加剧，单边主义和贸易保护主义重新抬头，国际环境日趋复杂，全球经济发展受政治影响程度逐步增强。面对国际新形势，电力企业进行海外并购除面临传统的国家层面法律环境、监管审批政策以及项目层面证照、许可、重大合同、劳务用工、生态环保、诉讼及反腐败等传统法律合规风险外，由于其行业强监管、强政策特性，更应关注近期欧美等发达国家政策变化带来的新法律合规风险，如欧盟反补贴条例实施给中资企业带来的新监管风险、美国进一步加强"长臂管辖"带来的法律合规风险等。电力企业应谨慎选择进入国别，密切关注国际政策变化，提前考虑应对策略，合理设计交易结构和交易文件，统筹加强内外部法律资源运用，在国际新形势下做好海外并购法律合规风险防范。

关键词

　　国际新形势；海外并购；电力企业；法律合规风险

　　当今世界正经历百年未有之大变局，国际格局加速演变，国际环境日趋复杂，经济发展进程遭受冲击，不确定、不稳定因素明显增加。伴随新冠疫情、俄乌冲突以及中美贸易摩擦升温，逆全球化加剧，单边主义和贸易保护主义重新抬头，欧美发达国家不断收紧外国投资审查，而发电及电网资产作为世界各国广泛认同的国家战略性资产，受到各国政府的高度重视和保护。在此形势下我国电力企业海外并购面临的法律合规风险也更为突出，有效应对并购过程中的法律合规风险也成为电力企业成功走出去的关键。

一、电力企业海外并购业务特点及常见法律合规风险

　　电力行业作为支持国民经济的基础设施行业，其受国家政策影响大，属于强监管、强政策的行业。电力项目的开发、建设和运营活动均需要获得所在国相关许可、证照，而所在国电力政策，如上网电价、可再生能源政策、财政税收支持政策、绿证价格等，对于电力企业生产及盈利水平有显著

影响。虽然各国根据本国电力行业发展情况制定了或鼓励或限制投资的政策，但一般来说，外国电力企业尤其发电及输配电企业进入东道国电力市场均需要东道国政府审批。此外，由于电力项目存续期间较长，而发电或输配电企业均属于资产和技术密集型企业，电力企业在海外并购标的价值一般比较大，如并购时未能全面、谨慎地识别和应对各类风险，尤其是法律合规风险，将给电力企业带来巨大损失。

根据国家和项目层面的不同，一般情形下电力企业海外并购时常面临的法律合规风险如下。

（一）国家层面法律合规风险

1. 母国对外投资政策风险

电力企业，尤其国有电力企业，对外投资时亟须关注母国的对外投资政策，有些国别或地区、行业属于母国限制或禁止投资国家或行业，一旦企业进行投资，可能面临行政处罚。目前中国国有资产监督管理委员会、国家发展和改革委员会及商务部等已发布《关于进一步引导和规范境外投资方向的指导意见》《境外投资项目核准和备案管理办法》《企业境外投资管理办法》《境外投资管理办法》等一系列法律法规，对中国企业对外投资方向、对外投资需要履行的审批程序进行了规定，电力企业应及时跟踪并关注此类对外投资政策，避免违反母国相关政策。

2. 东道国法律环境风险

东道国法律环境是电力企业进入项目所在国首要关注的问题，包括东道国立法、执法及司法环境。如东道国法律体系不完善、法律频繁变更、法律修订缺乏连续性或者法律约定不明确，将会导致电力企业无法对未来经营有确定性预期，影响企业长期经营。如东道国执法机构有较大裁量权，或者相关机构执法效率较低，则将会直接影响项目建设和运营计划，进而影响项目投资成本和投资计划，最终可能导致投资方投资目的落空。如所在国司法环境较为保护本土投资者，则一旦发生纠纷，外国投资者利益无法得到保护。

3. 东道国国家安全审查风险

东道国国家安全审查是企业进入东道国市场不可避免需要关注的问题，尤其是在全球贸易摩擦日益严重的情况下，一部分国家已通过制订或修订外商投资安全审查相关法律法规对本国特定行业、特定类别企业进行保护，限制外国投资者进入。以西班牙为例，2020年以前西班牙一直实行比较宽松的外商投资审查制度，大部分外商投资不需要任何西班牙政府机构的批准，仅出于行政、统计之目的要求外商投资活动进行事后备案。新冠疫情后，西班牙先后发布了《第8/2020号皇家法令》《第11/2020号皇家法令》《第34/2020号皇家法令》，收紧了此前宽松的外商投资政策。此外，除外商投资安全审查外，部分国家还在其他方面约定国家安全审查机制，如埃及法律约定新设立实体的所有外国股东、董事需要向投资与自由区管理总局提交安全审查申请。

4. 全球反垄断审查风险

目前全球约有100多个国家制定了反垄断相关法律法规，与其他外资投资审查不同，反垄断审查更为复杂，需要结合交易标的营业收入/资产来源国、收购方结构以及收购方营业收入/资产来源国等信息进行综合分析判断。大部分国家关于反垄断的审查均以"营业额"为判断标准，但个别司法辖区设有其他标准，如西班牙、葡萄牙约定的市场份额标准，某些非洲国家约定的商业存在标准（即只要一方在该国具有商业存在即满足标准）等。错综复杂的反垄断判断标准、各国关于反垄断抢跑或未进行反垄断申报等日益严厉的执法处罚都给企业海外并购带来了较大风险。

（二）项目层面法律合规风险

1. 项目权属、证照或土地取得不合规风险

电力项目从获取项目开发权、获取建设用地、完成环评及设计规划、完成施工建设到建成运营，每个阶段会涉及不同的审批、报告等义务。总体来说，项目从开工建设到运营需要获得包括项目开工许可、环境许可、土地使用许可、建设许可、运营或发电许可等各类证照许可，如原项目投资方在过程中未能遵守相关法律法规要求，项目将面临不同程度的处罚，有些甚至会对投资项目产生颠覆性影响。根据项目所在国法律，此类风险一般具有追溯性，如在并购过程中未能发现此类风险，或对此类风险的判断存在偏差，则未来很可能存在卖方完全脱手，而需要买方承担此类风险的情况。

2. 项目重大合同履约风险

电力项目重大合同包括项目建设合同、购电协议、特许权协议、政府支持协议、土地租赁协议、贷款协议、担保协议等，如项目公司在重大合同的履约期间存在履约不及时或者未按协议履约问题，并购后交易相对方可能据此主张相关权利，严重可能导致协议失效，项目资产大幅贬值。

3. 项目劳动用工不合规风险

劳工问题一直是并购项目中核心关注问题之一，一般项目所在国对于劳务用工方式、劳务用工强制保险缴纳及注册登记等有规定。在进行海外并购时，电力企业需要对标的公司雇佣情况展开调查，包括但不限于员工工资及福利待遇、劳动合同签署情况、核心员工雇佣情况、股票期权及利润分配安排、是否涉及劳动争议以及交易是否涉及职工安置等情形。如劳动用工尽调不充分，一方面可能导致并购后企业面临员工索赔、监管机构处罚，另一方面对于员工此前薪资、工作环境未进行全面了解后的交割整合也可能导致标的公司员工大量流失，企业无法通过交割整合实现并购价值。

4. 项目环境保护不合规风险

随着全球对环境保护重视程度的不断提高，国际及各国环境保护标准正逐步提高，项目所在国对本国建设及运营项目环境保护监管执法力度也在同步加强，项目需持续满足项目所在国环境保护标准，否则将面临罚款甚至运营执照被吊销的风险。同时近年来，中国提出的绿色"一带一路"倡议以及印发的《对外投资合作建设项目生态环境保护指南》等均对中国企业在对外投资合作中的环境保护行为及生态环境管理等提出了更高要求。中国电力企业尤其国有电力企业在海外并购过程中，一方面如前期环境尽职调查不充分将导致其面临项目所在国环境监管处罚风险，另一方面如交割后未按照中国对外投资合作倡议要求加强项目环保管理、提高项目环保水平，则可能面临本国政策落实不到位的问责风险。

5. 诉讼及行政处罚风险

涉及欧洲、拉美等地区的大额并购交易，由于标的所在国滥诉的法律环境、不清晰的法律政策等，经常从一开始就伴随着股东、劳工、管理层、债权人等诉讼，最后以司法判决或和解的形式结束各类纠纷。如在并购过程中不能识别此类风险，并在交易文件中做好应对，一方面将给电力企业交割后的诉讼管理带来难度，另一方面电力企业也将面临标的资产减值的风险。

6. 项目佣金及腐败风险

腐败是全球治理的重要领域，也是国际社会广泛关注的议题，国际上每个国家都根据自身的政治制度、文化传统和法律体系建立了相应的反腐败模式。近年来各国监管机构及国际机构相继出台了多部法律法规和指导文件来防范和制止腐败犯罪，如《联合国反腐败公约》《北京反腐败宣言》《廉洁丝

绸之路北京倡议》等。西班牙、越南等国家相继开展了"科尔多受贿案"以及"炽热的炉子"等反腐败领域调查，南美电力投资热门国家，如巴西也相继开展了"洗车行动""足球腐败调查"等反腐败行动，各国不少电力企业被牵涉其中。由于买卖双方信息不对称，加之缺少切实有效且性价比高的合规背调措施，海外并购项目中收购方往往难以在并购前充分评估目标企业与第三方签署的咨询、服务等可能涉及佣金的合同是否合理，项目权证取得及项目日常运营过程中是否存在腐败问题，从而在并购后可能面临目标企业电力运营执照被吊销进而导致投资无法收回、继承目标企业已有的或未来可能产生的法律处罚以及因与被指控存在腐败行为的目标企业关联而遭受社会评价的降低，进而影响其品牌价值和市场地位等风险。

二、国际新形势下的法律合规风险

（一）欧盟反补贴条例实施给中资企业带来的新型政府监管风险

自 2020 年起，欧盟一直致力于出台相关法律法规以规范外国补贴企业进入欧盟市场、扭曲欧盟内部市场问题。2022 年 12 月 23 日，欧盟委员会（欧委会）发布了《关于可能扭曲欧盟市场的非欧盟成员国政府补贴的规定》（简称《补贴条例》）。根据《补贴条例》，若收购欧盟境内公司的交易或公共采购投标有第三国政府补贴支持且达到相关申报门槛，则需要申报至欧委会进行反补贴审查。此外，该条例同样赋予了欧委会对过去五年内可能扭曲欧盟市场的外国政府补贴主动进行事后审查的权利。条例生效后，欧盟已根据该条例主动对三起中国企业公共采购项目进行了反补贴调查，包括中车青岛参与保加利亚电动机车公共采购项目、罗马尼亚光伏采购项目。由于补贴条例对外国补贴的定义较为宽泛，中国政府注资并持股的企业、国有企业的投资行为、地方政府给予特定企业的特殊优惠政策、政策性银行给予特定企业的项目贷款、政府给予新能源发电、光伏组件补贴等均有可能落入反补贴的审查范围，中国电力企业，尤其是国有电力企业，需要高度关注在欧经营活动涉及的反补贴监管审批风险。

（二）美国进一步加强对中资企业的"长臂管辖"风险

长期以来，美国不断对各国实施"长臂管辖"，依据美国《反海外腐败法》《赫尔姆斯－伯顿法》《国际紧急状态经济权力法》等法律不断扩张其域外管辖权。而近年来，随着中美贸易摩擦的加剧，美国不断针对中国企业出台相关制裁法律，包括《中国军工复合企业清单》《中国涉军企业清单》等。此类法律的出台对于中国企业在海外并购业务领域有较强的影响，如美国涉军企业清单的发布对于清单内企业获得美国投资者融资以及国际银行对于中资企业的贷款业务均有不同程度的影响，电力企业由于并购资产标的数额大，如不通过融资获取资金较难以获得充足资本金完成并购业务。

此外，美国商务部、财政部和司法部联合发布的《外国人遵守美国制裁和出口管制法规义务的合规指南》，进一步强调美国制裁和出口管制规则对于非美国主体的适用性，说明对其有意违反美国制裁及出口管制规则的刑事执法机制。该指南的发布进一步强调了美国制裁和出口管制规则具有广泛域外适用性，同时表明美国制裁与出口管制跨境执法、跨部门执法趋势加强，加大了中国国有电力企业海外并购业务的法律合规风险。

三、新形势下电力企业海外并购法律合规风险应对措施建议

（一）谨慎选择进入国别

鉴于目前全球贸易保护加剧，而电力行业又带有较强的国家安全属性，对于某些监管政策强、对中资企业不友好的国家，企业应谨慎选择进入，如美国及受美国影响较大的墨西哥、秘鲁、智利、哥伦比亚等国家。虽然目前拉美地区新能源业务发展较为迅速，但企业需先考虑进入上述国家是否将创造适用美国"长臂管辖"的美国连接点、是否会对企业其他地区业务产生影响。

（二）密切关注国际政策变化，提前考虑应对策略

由于国际形势复杂多变，电力企业海外并购过程中应密切关注各国政策变化，提前考虑应对策略，以防错过并购时机。具体来说，如电力企业考虑进入欧美市场时，应当尽早梳理自身获得相关第三国国家补贴信息，以防在欧委会依职权主动开启审查后陷入被动。同时考虑信息收集是申报义务主体的一项负担，所花费的时间可能比满足其他交割先决条件所需的时间更长。公司应考虑并购前尽快建立相关分析团队，核查公司及下属公司相关数据，圈定可行的分析范围，了解外国政府财政贡献，确定应计金额与披露口径，以简化未来申报工作，确保能够及时提交准确的信息，节约交易成本。

（三）合理设计交易结构和交易文件

对于上述国际新形势变化带来的法律合规风险，一方面，企业应审慎考虑交易架构设计，如对于标的资产所在国中存在企业不愿进入的国别，应考虑与交易对方商谈剥离策略或者选择组建联合体由愿意收购相关国别的合作方进行收购；另一方面，对于尽职调查过程中充分识别的法律合规风险，如欧盟反补贴审查，企业应在交易方案设计中提前考虑其对交易时间线的影响，合理设置交易先决条件和付款、交割安排等，尽可能规避相关风险。

（四）加强内外部法律资源统筹运用

由于各国法律环境千差万别，各国法律政策等受国际政治、经济形势影响变化较快，仅依靠企业内部法律团队难以做好上述法律合规风险的识别、防范及应对，加强境内外法律资源的统筹运用至关重要。一方面，企业应加大对国际化专业法律人才的培养力度，通过内部培训、外部交流及以干代训等多种形式提升法律合规人员的跨文化沟通、国际化视野及思维能力，同时也应加强内部法律合规机构人员的配备，确保拥有一支具备深厚法律功底、熟悉国际并购规则及目标市场法律环境的专业团队，帮助企业日常监测和评估潜在的法律合规风险，制定应对策略；另一方面，企业应合理利用外部律所、合规调查机构等外部力量，利用其专业知识和国际网络，为并购项目提供全面、深入的法律合规尽职调查、风险评估及交易结构设计等服务，确保并购交易的法律合规风险被准确识别并有效应对，保障交易的合法性与合规性。

参考文献

［1］李宏伟."一带一路"建设中企业海外并购法律风险及其防范［J］.学理论，2020（4）：71-74.

［2］徐进.后疫情时代电力央企开展跨国并购的新思考［EB/OL］.中国电力网（2020-7-24）［2024-7-30］.http://www.chinapower.com.cn/xw/sdyd/20200724/26038.html.

［3］刘成，洪露申，任宇颖.识时知务：深度解读欧盟外国政府补贴新规的影响和应对策略［EB/OL］.金杜研究院（2022-12-26）［2024-7-31］. https：//www.kwm.com/cn/zh/insights/latest-thinking/impacts-of-eu-new-regulation-on-foreign-government-subsidies-and-countermeasures.html.

［4］王兴华.国家安全审查［EB/OL］.金杜研究院（2022-11-09）［2024-8-1］https：//www.kwm.com/cn/zh/insights/latest-thinking.html.

［5］徐萍、景云峰.国家安全视角下的企业国际化发展与法律风险防范［EB/OL］.金杜研究院（2024-1-2）［2024-7-29］. https：//www.kwm.com/cn/zh/insights/latest-thinking/enterprise-international-development-and-legal-risk-prevention-from-perspective-of-national-security.html.

供热企业防范热用户合规风险的对策研究

王丹丹[1]　尹　博[1]　王雪薇[1]　王　璐[1]　傅泝潼[2]

1.国家电投集团东北电力有限公司；2.成都燃气集团股份有限公司

摘　要

冬季供暖是关乎民生的重要事项，供热企业作为提供服务的主体，承担着保障居民温暖过冬的责任。然而，在供热过程中，由于部分热用户存在违规用热、欠费等行为，给供热企业带来了一定的经济损失和运营风险。因此，研究供热企业防范热用户合规风险的对策具有重要的现实意义。本文通过作者所在地区供热企业热用户常见合规风险类型的分析，提出了一系列针对性的对策，包括加强合同管理、完善计量与收费制度、提升服务质量、强化宣传教育以及建立风险预警机制等，以保障供热企业的合法权益和稳定运营。

关键词

供热企业；热用户；合规风险；防范对策

供热企业是城镇基础设施建设的重要组成部分，关系居民切身利益及生活质量。为抵御寒冷对生存的威胁，人类发明了火炕、火炉、火墙、火地等供暖方式，发展到今天，城镇集中供热水平不断提升，供热设备与系统已成为生活和生产必不可少的资源。截至2022年年末，我国全国城市集中供热面积达111.25亿㎡，供热管道长度达49.34万km，城市供热设备的发展区域虽主要集中在我国北方，但近些年我国南方供热市场后发潜力明显。鉴于供热企业的供热市场的不断扩大，其热用户的行为造成的合规风险直接影响到企业的利益和生产经营，需深入研究。

一、供热企业面临的热用户合规风险类型

（一）用户违规用热风险

为了追求更高的室内温度或其他目的，部分热用户可能通过私自改装供暖设备、更改管道走向等方式窃取热能。或者在未办理相关手续的情况下擅自增加供暖面积，导致供热企业的能源损失和收费不公，这可能影响整个供热系统的平衡和安全。个别热用户通过非法手段窃取热能，将热水用于其他用途，如私接管道、擅自放水等，导致供热系统失水严重，影响供热效果，严重损害了供热企业的利益。

（二）用户欠缴热费风险

一些热用户由于经济困难、恶意拖欠或对收费标准存在异议等原因，未能按时足额缴纳供暖费用。尤其是需要供热企业提供转供热源的大用户，这些大用户一般为民营企业，由于自身资金链短缺，缺少合规意识，拒绝履行缴费义务，长期大额拖欠供热企业的应收热费，严重影响了供热企业的应收账款清缴，导致供热企业资金回笼困难，影响正常生产经营。

（三）投诉与纠纷风险

由于前期供热管路设计、质量、供热覆盖总面积等问题，部分地区供热质量不达标，出现泄漏。热用户对室内供热温度不满意，认为未达到规定标准，甚至可能使热用户出现财产侵害损失。供热企业在维修、收费等服务环节中存在不到位的情况，引发热用户的不满和投诉，导致热用户可能采取法律手段，向供热企业提出投诉来维护自身权益。使供热企业面临频繁的投诉及诉讼风险，给供热企业增加诉讼成本，给企业声誉和社会形象带来负面影响。

二、供热企业热用户合规风险产生的原因

（一）热用户方面

一是用户合规意识淡薄。部分热用户对供热相关法律法规和规章制度缺乏了解，不清楚自身的权利和义务，对违规用热的危害性认识不足，从而容易出现违规行为；二是经济利益驱动。一些热用户为了节省费用或谋取私利，不惜采取违规手段获取更多的供热资源。三是对供热服务不满意。当热用户认为供热企业的服务质量差、供热效果不佳时，可能会通过违规用热或欠费等方式来表达不满。

（二）供热企业方面

一是监管手段不足。目前对于供热行业的监管还存在一定的不足，在对热用户的用热行为进行监管时，缺乏有效的技术手段和人力投入，难以及时发现和制止违规行为。二是服务质量有待提高。虽然供热企业越来越重视服务质量，通过强化维修队伍建设、增设网络收费等手段来满足热用户的需求，但部分供热企业在供热设备维护、维修服务、收费管理等方面仍存在不足之处，影响了热用户的满意度，从而增加了合规风险。三是沟通渠道不畅。供热企业与热用户之间的沟通机制不完善，热用户的诉求不能及时得到反馈和解决，容易引发矛盾和纠纷。

（三）收费依据方面

以第一作者所在的北方地区为例，《辽宁省城市供热条例（2022修订）》（辽宁省人民代表大会常务委员会公告〔十三届〕第106号）第二十条："具备热计量收费条件的建筑，供热单位应当实行基本热价和计量热价相结合的两部制热价。实行热计量收费的用户，按照有关规定交纳热费。未实行热计量收费的用户，按照供热面积收费标准交纳热费。供热价格和计费办法由市发展改革部门会同供热行政主管部门等制定，报市人民政府批准后公布实施。市发展改革部门应当会同供热行政主管部门根据燃煤市场价格变动情况，建立煤热价格联动机制，报市人民政府批准。调整供热价格的，发展改革部门应当按照规定进行供热成本监审，举行听证会，听取用户、供热单位、热源单位、消费者协会、相

关领域专家学者等听证会参加人的意见。在作出定价决定后，应当通过政府网站、新闻媒体向社会公布定价决定和对听证会参加人主要意见采纳情况及理由。"个别热用户在未与供热企业沟通的前提下，私自铺设用热管路（通常为阁楼、私接阳台等），增加供热面积，导致供热企业产生热损失。

三、供热企业防范热用户合规风险的对策

供热企业想要有效地防范热用户的合规风险，就要细化热用户的类型，采取针对性的措施，以达到最佳的防范效果。对于供热企业，热用户可以分为两种类型：一类是直供用户，是指由供热企业直接收取热费并提供热源，这类用户热费金额少，回收风险压力相对较小，但维修等服务压力较大；另一类是转供大用户，是指由大用户收取热费，再向供热企业购买热源，将热源经由自身的换热站转换为二次热源后，进行转供。这类用户由于热源需求量大，产生的热费较高，给供热企业带来巨大的热费回收压力。

（一）供暖企业针对直供用户的对策

1. 强化合同管理，完善管理制度

建立健全热用户信用评价体系，对热用户的缴费记录、违规行为等进行综合评价，并根据评价结果采取相应的措施，如对信用良好的用户给予优惠政策，对信用差的用户加强监管。优化收费管理流程，提供多样化的缴费方式，方便热用户缴费，并加强对欠费用户的催缴工作。制定严格的供热设施巡检制度，定期对供热设施进行检查和维护，及时发现和处理热用户私自改造设施等违规行为。制定完善的供热合同范本，明确双方的权利和义务，包括供热质量标准、收费方式、违约责任等内容。在签订合同前，向热用户详细解释合同条款，确保其理解并同意相关约定。定期对合同进行审查和更新，以适应法律法规和市场环境的变化。

2. 加强技术手段，完善计量与收费制度

采用先进的计量设备和远程监控系统，实时监测热用户的用热情况，及时发现异常数据，为防范窃热等违规行为提供技术支持。推广智能锁闭阀等技术手段，防止热用户私自放水和私接管道。采用先进的计量设备和技术，确保供热热量的准确计量，减少计量误差引起的纠纷。建立科学合理的收费标准，根据不同的供热方式、面积和用热时段等因素制定差异化的收费方案。加强收费管理，优化收费流程，提供多种缴费渠道，方便热用户缴费，并及时催缴欠费。

3. 优化服务质量，提升热用户满意度

加强供热设备的维护和管理，定期进行检修和保养，确保供热系统的稳定运行，提高供热质量。建立健全的客户服务体系及快速响应机制，设立专门的客服热线和投诉渠道，及时处理热用户的咨询、投诉和报修请求，提高维修效率和服务质量，提升供热用户满意度。加强与热用户的沟通和互动，定期开展满意度调查，了解用户需求，优化收费流程，提供多样化的缴费方式，方便热用户缴费，不断改进服务质量。

4. 加强宣传教育，增强热用户合规意识

开展多样化的宣传活动，通过多种渠道，如宣传册、网站、社交媒体等，向热用户宣传供热法规、政策和用热常识，增强热用户的节能意识、法律意识和合规意识。对热用户倡导文明用热、合规用热的重要性和违规用热的危害，提倡按时缴费，营造良好的用热氛围。走进社区，开展用热知识普及活动，向热用户介绍正确的用热方法和节能技巧，引导热用户合理用热。设立奖励机制对于遵守用热规

定、按时缴费的热用户，给予减免部分费用的奖励等，以激励更多的热用户合规用热。定期公布违规用热和欠费用户名单，起到警示作用。

5. 建立风险台账，设定风险预警机制

利用大数据分析等技术手段，对热用户的用热行为和缴费情况进行监测和分析，及时发现潜在的风险。成立应急处理小组，对发现的热用户违规行为及时进行调查和处理，确保供热企业的利益不受损害。为了及时发现和应对合规风险，供热企业应建立合规风险预警机制，通过定期监测和分析企业运营过程中的合规风险，及时发现潜在问题并采取相应措施。预警机制应基于数据分析、专家评估等多种手段，确保预警的准确性和有效性。同时，供热企业应建立完善的应急响应机制，对突发的合规风险事件进行快速、有效的应对。应急响应机制应包括应急预案的制定、应急资源的储备、应急演练的开展等方面。通过应急响应机制的建设，可以减轻风险对企业运营的影响，保障企业的稳健发展。

（二）供热企业针对转供大用户的对策

1. 加强沟通，协调和解

尝试与大用户进行协商，了解其欠费的原因，如确实存在困难，可以协商制定分期还款计划等解决方案。发送催缴通知，通过书面形式，正式向欠费大用户发送催缴通知，明确欠费金额、应缴期限以及逾期可能产生的法律后果。

2. 穷尽法律手段，维护供热企业利益

提起民事诉讼：向当地有管辖权的人民法院提起民事诉讼，要求欠费大用户支付所欠热费及可能产生的滞纳金、违约金等。在诉讼过程中，供热企业需要提供相关的合同、收费记录、催缴通知等证据来证明欠费事实。

申请财产保全：如果担心大用户在诉讼期间转移财产，影响后续的执行，可以向法院申请财产保全，冻结其相应的银行账户、资产等。

申请支付令：在债权债务关系明确、合法的情况下，供热企业可以向法院申请支付令。法院受理申请后，会向大用户发出支付令，要求其在规定期限内履行支付义务，否则可强制执行。

3. 通过强制手段，保障供热企业合法权益

在法院判决大用户败诉后，如果其仍不履行支付义务，供热企业可以向法院申请强制执行。法院会采取查封、扣押、拍卖大用户财产等措施来实现债权。对于拒不履行生效法律文书确定义务的大用户，法院可以将其纳入失信被执行人名单，对其进行信用惩戒，限制其高消费、贷款、招投标等活动。

4. 采取仲裁程序，专业高效解决合规问题

仲裁程序相对诉讼来说通常更为简便和灵活，供热企业在一定程度上可以自主选择仲裁机构、仲裁员、仲裁规则和仲裁地点，增加了对解决纠纷过程的控制和可预期性。仲裁过程和结果一般不公开，能够保护供热企业和大用户的商业秘密和声誉，避免对双方的形象造成不良影响。仲裁能够迅速解决纠纷，节省时间成本，仲裁裁决一经作出即为终局，这避免了诉讼中可能出现的上诉、再审等冗长程序，减少了纠纷解决的不确定性，具有强制执行力，这对于需要尽快追回欠费以维持正常运营的供热企业来说非常重要。

需要注意的是，在采取法律手段的过程中，供热企业应当遵循合法合规的原则，同时也要考虑到与大用户的长期合作关系，尽量通过和平、妥善的方式解决欠费问题。

四、结论

供热企业热用户合规风险的防范是一个系统工程，面临的热用户合规风险不容忽视，这些风险不仅影响企业的经济效益，还可能损害企业的社会形象。需要热用户、供热企业、政府部门等各方共同努力，通过完善监管制度体系、优化服务质量、加强宣传教育、建立健全风险预警机制、针对性的防风险措施等一系列对策，可以有效降低热用户合规风险，提高供热企业的运营管理水平和服务质量，保障冬季供热的安全稳定和可持续发展。同时，随着科技的不断进步和社会的发展，供热企业应不断创新管理理念和方法，适应新的形势和要求，为广大热用户提供更加优质、高效、节能的供暖服务。

浅析电力设计企业工程总承包项目
应收账款风险防范与控制策略

杨 光 赵佳祥 肖博文

中国电建集团昆明勘测设计研究院有限公司

摘 要

当前，在实体经济与房地产行业等多重严峻形势的影响下，地方政府和融资平台公司的债务压力日趋突出。对于电力设计企业而言，在工程总承包业务不断扩张的情形下，市政、建筑等工程项目回款情况不理想、盈利能力持续下滑等诸多问题成为该类企业长期将要面临的困境。随着各地财政吃紧，企业应收账款回收难度加大，部分项目中总承包方不得不先行承担对下支付分包、供应商款项，资金压力不断攀升。本文将对当前经济背景下，电力设计企业如何有效防控应收账款风险进行分析。

关键词

电力设计企业；应收账款；工程总承包；风险管理；内部控制

一、引言

在传统电力市场不断萎缩的情况下，面对生存压力，电力设计企业由单纯开展勘测设计业务向EPC总承包方向转型突破，设计人员不再仅仅从事设计工作，需要在总承包项目中参与或主导工程总承包业务的设计、采购、施工等全过程项目管理工作，但传统电力设计企业中能够胜任工程建设全生命周期管理的专业人员不足，导致传统电力设计企业在涉猎总承包业务时，未做好充足准备应对总承包模式带来的风险。随着电力设计企业总承包业务规模持续增加，在国内建筑市场承包模式变革的大背景下，电力设计企业向市场份额更大的房建、市政、水环境等EPC总承包业务拓展转型，近年来在实体经济与房地产行业等多重严峻形势的影响下，地方政府和融资平台公司的债务压力日趋突出，电力设计企业总承包项目应收账款风险凸显。

二、总承包项目应收账款分类及主要风险

（一）总承包项目应收账款分类

电力设计企业总承包项目应收账款按工程状态大概分为三类：一是已完工已结算项目账款，该类应收账款债权清晰，需进一步强化催收力度回收资金；二是已完工未结算项目账款，这类项目往往存在竣工验收、结算定案等方面争议问题，应收账款债权尚不明确；三是正在施工项目账款，这类项目应收账款积累主要由业主结算支付比例较低等原因造成。

（二）总承包项目应收账款给电力设计企业带来的主要风险

企业存在应收账款回款困难，会影响企业现金流周转，不利于企业正常生产经营。

企业应收账款持续增长，如不能采取有效措施回收资金，从财务角度会出现坏账，直接影响企业利润。

应收账款回收不力，企业流动资金不足，甚至现金流为负，电力设计企业面对资金流较大的总承包项目，为满足经营需要会导致企业增加大额债务，导致企业财务成本增加。

电力设计企业作为轻资产总承包商，往往扮演一个资源整合的角色，存在大量的分包商、供应商，应收账款回收缓慢，直接导致对下结算支付进度放缓，履约进度受到制约，存在合同违约风险及社会稳定风险。

三、风险成因分析

（一）经济增速放缓，工程总承包企业债务压力增大

2023 年 12 月，国务院办公厅印发《重点省份分类加强政府投资项目管理办法（试行）》（国办发〔2023〕47 号）。该办法指出，12 个重点省份要全力化解地方债务风险，在地方债务风险降低至中低水平之前，严控新建政府投资项目，严格清理规范在建政府投资项目。办法将天津、内蒙古、辽宁、吉林、黑龙江、广西、重庆、贵州、云南、甘肃、青海、宁夏等 12 个地区列为重点省份，要求重点省份"砸锅卖铁"全力化解地方债务风险，同时严控新建政府投资项目。

外部经济环境和政策要求等变化较大，部分项目业主资信情况下行，工程总承包企业持续面临工程项目回款情况欠佳，盈利能力持续下滑，经营活动现金净流量负增长，"盈余创现"能力不足，使用融资弥补日常的经营性资金需求的情况越来越多。当期经济下行多数地方财政吃紧，部分项目支付义务被转嫁，总承包企业债务压力剧增，工程欠款回收困难渐趋普遍。

2023 年 9 月，最高人民法院印发《关于优化法治环境　促进民营经济发展壮大的指导意见》，规定要完善拖欠账款常态化预防和清理机制，及时化解民营企业之间相互拖欠账款问题，严厉打击失信被执行人规避执行的行为，确保企业及时收回账款，并将失信信息纳入全国信用信息共享平台。在司法实践中，由于业主资金问题，总承包方在农民工工资、实际施工人起诉等案件中面临连带支付责任的风险，这也进一步加大了工程总承包企业的支付压力。

（二）总承包业务规模增加，风险持续扩大

部分电力设计企业总承包业务规模持续增加，从单一的电力勘察设计业务向市场份额更大的房建、市政、水环境等 EPC 总承包业务拓展。与传统电力业务发电集团业主对比，转型市场业主资信情况变化较快，部分项目建设资金不能完全保证，导致应收账款持续增加。以近年新能源电力工程为例，对于电力设计企业而言由于风光电业务进入门槛低，在风电光伏产业井喷式增长时期，电力设计企业多以 EPC 总承包商角色入场，同行内卷导致价格压至极低。另外，部分业主单位在合同谈判阶段即提出苛刻条件，如工期紧张、指定设备厂商以及在工程实际建设中要求垫资施工等情况也较为常见，这也导致企业"两金"居高不下，被诉司法案件缠身，主诉案件旷日持久，甚至面临赢了官司拿不到工程款的风险。

（三）总承包业务内控机制不完善

在项目开展前期阶段，对合作企业诸如资信实力、信誉状况、偿债能力、诉讼案件情况等相关背景资料没有进行深入、详细的调查和分析，在承接总承包项目过程中，对部分项目的可行性论证不够，事前算赢能力不足，对于项目未来盈利能力过于乐观看待，加之事后履约过程管控不精细，增大了企业应收账款风险。

受市场竞争激烈和行业内卷等影响，在合同结算支付条款方面，业主要求比较苛刻，进度结算支付比例较低，尾款回收受制于验收、结算定案等环节制约，应收账款回收时间拉长。尤其在当前基础建设规模萎缩、建筑市场行情下行的情况下，部分业主有意延长计量结算的审核批复时间以延迟资金支付，使得总承包方形成大额已完工未结算的工程款项。

加之在履约过程中，由于管理人员粗放管控，部分项目基础性资料管理缺失，进度结算资料不完善，变更签证、验收等基础资料不完整导致竣工结算迟迟无法定案，债权得不到确认，直接导致后续追要工程款项难以实现。

（四）应收账款日常管理不完善

一是企业未建立围绕项目全生命周期过程管控的应收账款管理规定，缺乏制度指引，目标责任、考核激励等未形成良性机制。二是责任分工未压实，企业"两金"考核指标归口部门涉及履约管理与财务部门，具体工作涉及业务端及财务管理，往往出现部门职责不清的情况，应收账款管理工作难以落实。三是账款催收工作滞后，企业往往受限与部分发包方长期合作等顾虑，主要依靠上门、电话等口头催要工程款，收效甚微，在无后续合作必要可能或风险较大时，才考虑通过强力谈判或司法途径进行催收，但时间拖长风险已放大。

四、工程欠款应收账款风险防范与控制策略

（一）抓住机遇，精准施策靶向发力

对于工程欠款应收账款回收工作，企业应当按照"一项目一对策""一业主一方案"的要求，制定差异化的对策措施。对于政府投资类项目，抓住优化中央和地方政府债务结构的契机，充分利用政府"'一揽子化债方案'有效解决拖欠企业账款"的政策契机，密切追踪各地政府动向，掌握地方化债方

案，把政府及其平台公司所欠款项纳入重点催收清单，促进长期应收款项回收。对于企业投资类项目，灵活运用网络工具及时捕捉网络平台大数据信息，动态跟踪业主经营、资信及履约能力等风控情况变化，深挖关联企业资产状况，妥善运用商务谈判与法律催收等手段，"以打促谈、边打边谈"，促进应收账款回收。

（二）提高重视，分类管理，科学制定欠款回收方案

强化企业内部领导重视程度，坚持企业领导定期召开工程欠款应收账款回收工作专题会议，对重点工作亲自部署，对重点问题亲自过问，组织各业务单位与职能部门协同发力，仔细排查摸清债权债务情况及其他遗留问题。实行应收账款回收分类管理，针对具体问题项目制定切实可行的债务催收方案，根据项目难易程度设置不同的奖惩措施，由上至下强力推动回收方案的制定与实施，强化设置方案的刚性约束。对已经明确债务催收方式的问题项目，建立定期的工作汇报机制，明确责任到人，细化工作节点及具体完成事项。对于问题复杂且历史较久的项目，加强企业内部多部门的协作沟通，必要时聘请律师事务所等专业团队，从商务、技术、法律等多维角度制定具体措施，促进债务的有序回收。

（三）建章立制，明确职责，强化督导

建立责权清晰的应收账款考核办法，明确业务部门与财务部门职责，明确分工；建立可持续的催收责任人机制，加大考核奖惩力度；建立明确的定期动态跟踪机制，不断推进应收账款管理流程体系完善，并严格执行，强化催收管理。建立工程欠款应收账款回收工作专门管理机构，定期组织企业相关职能部门与业务单位联动例会，对工程欠款应收账款回收工作进行检查、指导、监督和协调。明确各业务单位统筹职责范围内项目的工程欠款回收工作，按要求细化每个项目的账款回收计划，明确具体责任人和收款工作完成时间，促进项目工程欠款回收工作有序推进。

（四）完善企业内部控制，加强项目管理事前、事中风险管控，有效控制新增应收账款

应收账款风险的事前控制应当重点关注前期市场营销环节的控制，企业市场营销管理部门及具体负责销售人员应当制定合理的项目业主、合作伙伴、项目信息等尽职调查制度流程并严格执行。加强标前成本测算及报价审核管理，增强项目成本预算的准确性、科学性，同时密切关注业主资信状况变化，及时调整策略。建立业主、合作伙伴的基本资料档案库，对不同信用等级的业主、合作伙伴设置不同的风险管控等级。

持续完善企业市场营销、工程承包管理、工程设计管理、招标采购、技术质量管理、HSE 管理、人力资源管理等与工程项目管理有关的制度体系建设，坚持"以合同为中心"和"一切成本皆可控"的理念，强化项目执行预算、项目全生命周期考核、项目经济运营分析的能力建设，将项目成本测算及过程控制有机地嵌入项目全生命周期考核管理环节中，依托项目管理信息系统辅助开展项目经济运营分析。完善合同评审制度，合同签订时明确项目结算形式、支付节点、质保金退还条件、违约条款等内容。做好项目履约过程资料收集，及时开展项目验收工作，为结算做好充足准备，及时确定债权。

（五）强化法治思维，善用法律手段，多措并举化解应收账款回收难题

要把依法合规经营作为事关企业大计成败得失的关键变量，摆在企业发展更加突出的位置，主动

运用法治思维和法治方式推进工程欠款应收账款回收。一是及时采取法律催收方式。企业在穷尽商务催收手段仍然无效后，应尽快决策采用法律手段保护债权的实现。对于工程性质宜于折价、拍卖的建设工程项目，应及时在法律给定的建设工程价款优先受偿权保护期间及时提起诉讼，依法确认工程价款优先受偿权，为债权实现争取最有力的保障。二是及时掌握债务人资产状况，寻找财产线索。为避免赢了官司但拿不回钱的尴尬局面，应当采用更为综合的手段保护可能执行的债权。企业应在掌握债务人基本信息的基础上，为最大化实现债务催收，可通过各种渠道摸查债务人的资产及负债状况。三是多角度出击，全方位施压，以"打"促谈，边"打"边谈。第一，企业在提起民事诉讼或商事仲裁催收欠款的同时，可一并向法院申请对债务人及其他被告、仲裁被申请人的银行账户、财产进行保全，通过法院采取查封、扣押、冻结等措施，避免债务人转移财产或相关财产因被其他债权人先行保全而降低本案债权回收可能性或比例。第二，在欠款已经取得法院判决或仲裁裁决确认的情况下，若案件已进入执行阶段，债务人未按要求履行生效法律文书确定义务的，则可视情况申请法院对其采取搜查、限制高消费、限制出境、媒体信息公开、列入失信被执行人名单、罚款、拘留等执行手段，甚至以涉嫌拒不执行判决、裁定罪等罪名向公安机关报案等，多举措向被执行人施压，促使其尽快偿还债务。第三，企业在通过采取法律手段确权、进行财产保全并全方位向债务人施压的同时，仍可继续与债务人进行协商谈判，在多方施压下要求债务人尽快偿还债务或提供增信措施。在某些情形下，债务人受制于内部管控压力、外部融资要求等因素，在企业提起保全措施后，会主动提出谈判请求，企业可用该方式扭转此前欠款追讨的困境。在债务人提出要求撤销起诉及财产保全等情况下，企业可在谈判过程中协商债务化解方案，并签署执行和解协议等。即使债务人不执行协商后的方案，企业仍可以使用执行和解协议等文件申请法院强制执行。

五、结语

设计企业向工程公司转变，是设计企业转型发展的重要方向。随着工程总承包业务规模不断扩大，企业面临的风险不管是从发生的可能性和影响程度都急剧扩大，应收账款风险尤为突出，如管理不善将严重影响企业现金流、利润等各项经营指标。电力设计企业风险承受能力有限，应不断加强应收账款管理，从业务端着手，贯穿经营管理全过程，不断建立健全应收账款回收管理制度体系，助力企业高质量发展。

参考文献

[1] 范立.对兵团电力发展问题的思考［J］.新疆农垦经济，2006（6）：26-28.
[2] 刘晓凤.国有建筑企业的应收账款管理［J］.纳税，2023（22）：67-69.

"产融结合"并购模式下的法律风险防范管理

王剑波　刘　海　黄如月

中国华电集团有限公司湖南分公司

摘　要

近年来，为落实国家"双碳"战略目标，各大发电集团均加大风电、光伏等清洁能源开发力度，一方面千方百计抢占优质资源自主开发，另一方面通过并购积极寻求规模扩张。并购作为影响企业发展的重大商业行为，做好项目并购过程中的法律风险管理，将潜在风险防患于未然，在经营管理过程贯彻落实依法治企理念，为企业高质量发展保驾护航是不可忽视的重要环节。中国华电集团有限公司湖南分公司（简称华电湖南公司）积极投身新能源项目拓展事业，项目开发与项目并购并驾齐驱。本文以华电湖南公司收购九泽水 80MW 风电项目为例，结合收购过程中遇到的实际问题，通过分析风电项目并购常见法律风险，探究并购法律风险应对措施，以期为系统内其他并购项目提供参考与助力。

关键词

并购；法律风险；风光电；防范

一、实施背景

九泽水 80MW 风电项目是华电湖南公司第一个并购的风电项目。由华电湖南公司所属湖南华电郴州风力发电有限公司（简称郴州公司）收购临武县九泽水新能源有限公司（简称九泽水公司）100% 股权，通过九泽水公司控制临武县九泽源电力有限公司（简称九泽源公司）100% 股权，九泽源公司投资建设九泽水 80MW 风电项目。

该并购项目于 2020 年启动。2020 年 1 月，华电湖南公司经与合作方湖南蓝田多次洽谈协商，认为采用基金合作的方式更有利于项目在年底前全容量投产，最终确定以"产融结合"的方式进行项目开发建设，待项目建成后完成并购。资本控股公司协同华电金泰通过设计个性化金融产品及优化交易结构，以产业基金形式入股先行持有。同时发挥华电租赁、华信保险专业优势，联合产业基金共同打造形成了"股+债+保险"的一揽子金融服务模式。2020 年 5 月，资本控股公司、华电金泰、湖南蓝田共同发起设立九泽水金泰（天津）清洁能源投资合伙企业（有限合伙）（简称基金），基金通过受让及增资方式获九泽水公司 99.99% 股权，另 0.01% 股权由华电金泰（天津）资产管理有限公司持有，后转让给郴州公司。

目前常见的并购模式都是通过收购夹层公司股权的方式完成，如图1所示。目标公司是九泽水公司，项目公司是九泽源公司。该并购项目在常规夹层收购模式的基础上，创新引入基金形式，在保障项目建设资金的同时，却也提高了并购复杂度，从而增加了法律风险防范的难度。

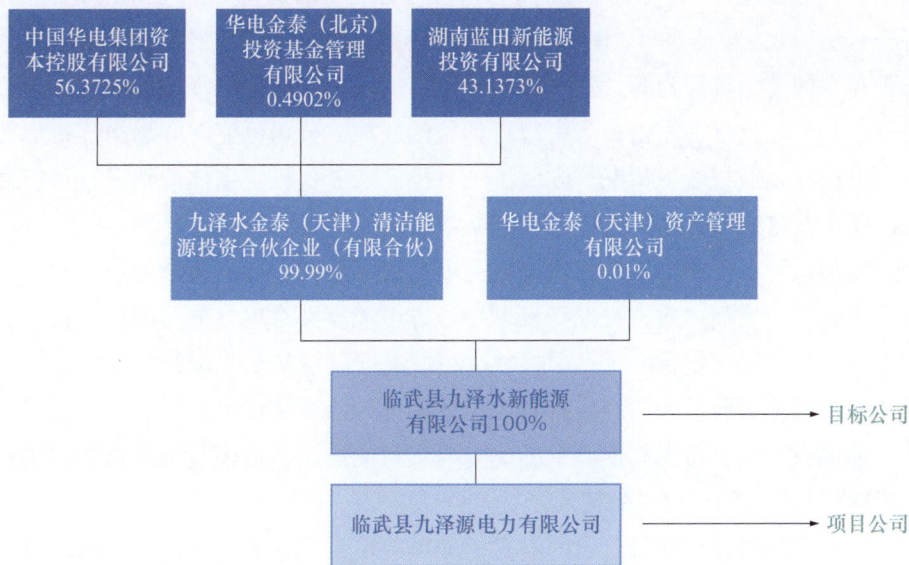

图1　九泽水风电项目并购股权关系图

二、内涵和做法

（一）风电项目并购法律风险的识别

1. 目标公司和项目公司相关法律风险

夹层并购中，收购的对象是项目公司股东的股权，但是收购的目的仍然是要控制项目公司，因此应当对目标公司和项目公司的基本情况做全面了解，如果仅仅关注目标公司或项目公司，都可能遗漏重大风险点，所以需要同时关注目标公司和项目公司。包括股权本身的风险、质押及抵押风险、债务风险、项目建设合同风险等。

2. 项目本身法律风险

风电项目并购的最终目的是控制拟并购项目，项目满足收购要求是交易进行的前提，因此对项目合法性、合规性进行仔细调查至关重要，包括项目文件真实性风险、项目用地相关风险、项目投产运营风险等。

3. 股权转让合同法律风险

达成股权转让合同是并购过程中的关键节点，也是并购成功与否的重要过程。股权转让合同通常金额较大、履约时间较长，其文本商议、签订及履行全过程都可能发生法律风险事件，包括并购瑕疵带来的风险、合同履行风险等。

（二）风电项目并购法律风险的评估

开展风电项目并购法律风险分析和评估工作，是对风险事项发生概率进行认定的过程，其准确性关系到收购方对待不同风险的重视程度。

1. 目标公司和项目公司相关法律风险评估分析

（1）股权本身的风险。股权本身的合法性风险，主要是指目标公司持有的股权是否合法，对收购方后续合法权益会产生实质影响的法律风险包括：股权出售方在设立项目公司时是否足额缴纳出资；出资形式是否符合法律规定；非货币财产出资作价是否违反法律强制性规定，以及是否办理财产权属转移手续；是否存在抽逃出资行为等。发生概率比较高的两个方面是出资义务履行不到位和前置股权变更时点不合规。若受让目标公司出资为未履行到位的股权，公司可能需要承担连带责任。若目标公司在项目并网发电前存在股权变更情况，则属于项目投产前变更投资主体的情况，可能被认定为"倒卖路条"行为，存在影响项目的运营及补贴的风险。

（2）质押、抵押风险。主要指目标公司持有的项目公司股权存在股权质押或查封，一方面可能对股权收购造成障碍，另一方面如质押权人行权，受让方可能丧失对项目公司的控制权。利用项目公司股权质押是实践中常见的融资担保方式，质押权人可能基于融资纠纷采取行权措施，比如对股权进行查封，严格条件下需解除对股权的质押或查封后，才能办理股权转让登记。此外，如果收购的股权并非项目公司的全部股权，也要考虑其他股东的优先购买权问题。其他还包括项目公司动产抵押、应收账款质押等可能造成股权被限制交易的情形。

（3）债务风险。目标公司或项目公司的潜在债务风险也是收购活动中的重点风险点。由于或有债务具有一定的隐蔽性，若目标公司未如实陈述，可能造成收购方接手后产生大量的债务，增加收购成本。发生概率比较高的两个方面是融资债务风险和税务欠缴风险。对于民营企业来说，风电项目前期投入成本较高，目标公司可能以项目公司名义向银行贷款或向其他主体进行融资。另外，项目公司在项目建设过程中可能欠缴各类税费或存在滞纳金，其中欠缴与土地有关的税费较为常见，包括但不限于城镇土地使用税、耕地占用税等。目标公司和项目公司在经营过程中应缴纳的企业所得税、契税等也可能存在欠缴情形。

（4）项目建设合同风险。根据《招标投标法》第三条第一款规定，必须进行招标的采购包括大型基础设施、公用事业等关系社会公共利益、公众安全的项目；根据《必须招标的基础设施和公用事业项目范围规定》第二条，必须招标的具体范围包括煤炭、石油、天然气、电力、新能源等能源基础设施项目。实践中，民营企业为求效率往往未规范进行采购，风电项目常有项目建设工程未依法招投标或中标无效，导致总承包合同等重大合同无效的法律风险。

2. 项目本身法律风险评估分析

（1）项目文件真实性风险。项目并购中，收购方看重的就是转让方已取得项目的核准或备案文件。除目标项目应依法办理各项审批手续、审批文件缺失外，存在真实性风险的常见情形还有：项目实际情况与审批文件上载明的项目情况不一致；项目发生过用地性质调整等需重新办理或补办相关手续的重大变更。

（2）项目用地相关风险。项目用地风险是新能源项目的共性问题，包括但不限于未取得土地使用权证、涉及林地、基本农田与生态红线、未提供土地复垦验收意见、租占地协议瑕疵等情形。用地手续不完整可能影响项目开工建设进度，甚至存在未批先建和违法用地的可能性。

（3）项目投产运营风险。与传统火电、水电等电力项目相比，风电项目投资主体对项目的开工和并网时间更为关注，若工程建设管理不到位，会造成工期延误，导致项目无法取得预期的上网电价，给项目投资方造成电费损失，甚至项目达不到预期的投资回报率。常见风险情形有未提供项目投产运营前验收材料、未取得电力业务许可证、无并网调度协议及购售电合同等。

3.股权转让合同法律风险评估分析

（1）并购瑕疵带来的风险。实践中通常没有十全十美的项目，实现并购风险可控在控是并购法律风险管理最重要的意义。并购瑕疵如没有在股权转让合同中进行单独约定，可能导致问题最后需要收购方自己解决，可能产生经济损失，也可能引起项目合规风险。

（2）合同履行风险。合同履行过程中的风险管控是合同全生命周期管理的重要内容，股权转让合同与一般合同相比，发生履行困难或履行不到位的风险更高，严重的可能导致项目并购失败。

（三）风电项目并购法律风险的控制措施

常见的风险控制策略有风险承担、风险规避、风险转换、风险控制、风险对冲、风险补偿等，针对不同类型的风电项目并购法律风险策略有所区别。

1.目标公司和项目公司相关法律风险控制措施

（1）股权本身的风险。股权本身的风险一般属于否决项，风险控制策略为风险规避。在九泽水风电并购中，根据天眼查显示，九泽源公司在项目并网前的 2019 年 9 月 12 日和 2020 年 4 月 14 日存在两次股东信息变更。根据湖南省发展和改革委员会发布的《关于进一步规范风电发展的通知》（湘发改能源〔2016〕822 号）规定"各开发企业不得私自转让开发权，不得倒卖前期工作批文、不得擅自变更核准文件重大事项、投产前不得擅自变动项目投资主体股权等重大事项，未核准项目不得先行开发建设。"后调取工商档案查明后发现是由于其注册资本发生变化，即九泽水公司对应的权益发生变化，项目公司的股东自始至终是目标公司，才解除该风险。

（2）质押、抵押风险。质押、抵押风险应综合风险发生可能性和影响程度进行判断，根据程度轻重，可选择风险控制策略是风险承担、风险控制、还是风险规避。九泽水收购中，还存在相对罕见的融资租赁。九泽源公司与华电融资租赁有限公司签署了融资租赁合同，后华电湖南公司查明该合同无违约风险，不会影响收购进程。因此，在法律尽职调查过程中，要充分了解目标公司和项目公司的股权是否处于完满状态，有无限制转让的瑕疵，同时考虑瑕疵是否实质性影响并购行为。

（3）债务风险。债务风险的主要判断因素是影响程度，风险控制策略可以根据实际情况选择。法律尽职调查中，应对目标公司和项目公司的民间借贷、关联方债务以及担保的真实性、合理性进行重点审核，包括融资合同，若合同中有限制收购兼并项目公司的条款，则需与债权人进行协商，最好要求对方自行解决，降低收购风险。税务欠缴风险方面，可以要求目标公司和项目公司必须出具完税证明，这是重要的合规文件。针对九泽源公司在交割日前无法缴清的永久用地耕地占用税，华电湖南公司在股权转让合同中进行单独约定由目标公司承担责任。

（4）项目建设合同风险。项目建设合同风险较为普遍，各种风险控制策略均可选择，风险控制比较有普适性。九泽水风电项目中，九泽源公司未通过招投标程序签订 EPC 总承包合同，针对此风险，华电湖南公司将该事项在股权转让合同的移交整改事项清单中列明并明确整改完成时间，并要求目标公司在股权转让合同签订前出具承诺函，由其承担可能发生的罚款或行政处罚。

2.项目本身法律风险控制措施

（1）项目文件真实性风险。项目文件真实性风险可能导致并购出现颠覆性问题，风险控制策略应为风险规避。一般而言，取得核准备案文件说明前置性文件已经依法取得，但为确保收购风险最小化，除核实核准备案文件的主体、有效期、项目概况外，还要对相应的建设规划及年度发展计划文件等前置文件的真实性、有效性和完备性进行审查。

（2）项目用地相关风险。风电项目用地多数存在不同程度的瑕疵，风险控制策略可以选择风险控制、风险补偿、风险规避等。九泽水风电项目受湖南省新能源项目用地政策影响，先后发现其使用林地审核同意书已过期、在国土三调数据启用后仅有项目前期合规手续文件——用地预审意见，且尚未取得建设用地审批手续。华电湖南公司协调临武县自然资源局出具《关于临武九泽水风电场项目国土三调数据核查的情况说明》，表示项目建设用地不涉及生态红线、基本农田及其他敏感因素，不影响项目建设用地审批办理；后与湖南省自然资源厅现场询证，了解到项目已在文件的 2 年有效期内开工，后续土地审批手续的办理不受影响，可以依法办理审批手续；同时将用地瑕疵纳入股权转让合同的移交整改事项清单，多方面规避项目用地法律风险。

（3）项目投产运营风险。涉及项目投产运营风险时间跨度较大，且直接关联并购收益，风险控制策略一般是风险规避或风险控制。九泽水风电项目中，交割日前无法确定项目是否已正式纳入可再生能源补贴目录或补贴清单，3000 余万元的可再生能源补贴尚未到账，针对此，华电湖南公司将可再生能源补贴实际到账作为付款条件，在股权转让合同中予以约定收到可再生能源补贴后再支付相应股权转让对价，且实际到账金额与账面金额的差额，在应支付的股权转让对价中相应扣除，以限制付款条件的形式防范该风险。另外，华电湖南公司作为收购方，自项目开工建设时便提前介入，由工程、财务、法律专业人员组成的项目专项小组，通过审查经济合同、审核财务付款依据、现场监督项目施工等方式，全过程管控项目建设风险。

3. 股权转让合同法律风险控制措施

（1）并购瑕疵带来的风险。并购瑕疵带来的风险种类较多，各种风险控制策略均可选择。在九泽水风电项目股权转让合同协商谈判过程中，为避免并购瑕疵造成经济损失，华电湖南公司主要采取两种风险防控方式：一是合规整改清单化，根据法律尽调报告及集团公司审查提出的意见，制定九泽水风电项目合规整改清单，明确合规事项办理的责任方和完成时限；二是股权转让合同文本个性化，对于九泽水风电项目无法整改的事项，为防止交割后存在法律隐患，在股权转让合同中增加或修改对应条款。

（2）合同履行风险。合同履行风险与并购成败息息相关，风险控制策略以风险规避最佳。为避免合同纠纷，华电湖南积极防控合同履行中的风险，通过留取风险保证金的方式加强对转让方的约束，进一步细化了对价支付条件，并专项约定了过渡期管理方式及责任划分。同时在移交清单中逐项约定了营业执照、公章、财务印鉴、项目批复文件、权属证明等重要资料的交接时点与方式，转让双方在移交确认书上签字盖章。

三、实施效果

（一）顺利完成股权交割

2021 年初，九泽水风电并购项目第一版法律尽职调查报告形成，后不断调整完善报告内容至 2022 年 7 月定稿。2022 年启动股权转让合同拟定工作，经与转让方数次谈判，确定对转让方责任的合理约束方式。2022 年 12 月，签订股权转让合同，并于 2023 年 1 月 9 日正式完成股权交割。2023 年 3 月，郴州公司将九泽水公司股权无偿转让给其股东华电新能，实现九泽水公司和九泽源公司的产权提级。目前九泽水风电场运行稳定。

（二）创新实施并购全生命周期管理

项目并购的最终目的是控制项目，并规范运营项目以达到预期收益率。在计划实施九泽水风电项目并购之初，华电湖南公司便与项目资源方协商项目工程建设监管方式，派驻专人跟踪建设进度，尽可能避免在项目建设过程中新增法律风险，实现并购全生命周期管控。九泽水公司 2023 年净资产收益率较决策收益率高 6.63 个百分点，并购经济效益显著。

（三）创造可供复制的并购模式

九泽水风电项目的基金介入型夹层并购模式，基金收购九泽水公司股权时开展第一次尽职调查，为华电湖南公司第二次全面尽职调查建立基础，有利于应对既有法律风险、防范或有法律风险，同时基金为项目建成提供资金保证，并为华电湖南公司后续开展新能源并购工作提供了参考。

参考文献

［1］ 祁之强 . 新能源项目股权并购风险应对策略［J］. 中国电力企业管理，2024（3）：68-69.

［2］ 和学芳 . 新能源并购项目常见风险与审计重点探究［J］. 金融文坛，2023（9）：44-47.

［3］ 张鹏 . "双碳"目标下新能源项目开发建设法律风险防范［J］. 安徽水利水电职业技术学院学报，2022，22（4）：84-87.

［4］ 周华英 . "法商融合"助推效益提升［J］. 施工企业管理，2023（6）：105.

新形势下供用电合同供电人主要法律风险及其防控

高　俊　杨剑伟　文阳凯

国网四川省电力公司绵阳供电公司

摘　要

在电力体制改革和电力法律法规修订的新形势下，供用电合同的法律风险防控对供电人更加重要。本文结合实践情况和相关司法案例，对电力行业特殊监管规则下供用电合同中供电人面临的格式合同、产权界限与责任划分、中止供电以及电费回收等主要法律风险进行了梳理与评估，并有针对性地提出风控建议，以期对实务有所助益。

关键词

合同风险；格式合同；中止供电；电费回收

一、问题的提出

随着我国电力体制改革尤其是售电侧改革的深入推进，对供电人的服务质量要求越来越高。近年来，《民法典》《电力供应与使用条例》《供电营业规则》等电力相关法律法规与政策也不断完善，供电领域原有的指令性、计划性、管制性规范逐渐被市场化规则所取代，供电人与用户逐渐成为真正平等的民事主体。

在此背景下，一方面，供用电合同作为双方权利义务的主要依据，其对供电人的法律风险防控将具有更重要的意义。另一方面，尽管售电侧开展了市场化改革，但供电所具有的社会民生属性与相对自然垄断属性，决定了供用电合同下供电人所面临的法律风险及其风控仍具有特殊性。供用电合同既是一般的民事合同，面临常规合同管理所要遇到的风险，但也因受电力行业特殊监管，其签订、履行、中止与解除都可能受到特殊规制乃至限制。因此，在新形势下，供电人如何识别、评估供用电合同主要法律风险，并采取合规、有效的应对措施，就显得尤为重要。

对此，笔者拟根据最新法律法规与政策，结合实务经验，就新形势下供用电合同供电人主要法律风险及其防控进行梳理与分析，以资参考。

二、主要法律风险

（一）关于格式合同的风险

由于供电人的业务量极大且同质化较高，《供电营业规则》明确规定供电企业可制订、使用标准格式供用电合同，且实务中也应用频繁，但由此引发的争议纠纷也不少。对此，原《合同法》早已对格式条款进行规制，《民法典》和《最高人民法院关于适用〈中华人民共和国民法典〉合同编通则若干问题的解释》（简称民法典合同编司法解释）则对格式条款规范进行了完善，但由此也带来相应的风险，现梳理如下：

首先，供电人作为提供格式条款的一方，如未按规定采取合理的方式就免除或者减轻其责任等与对方有重大利害关系的条款进行提示或说明，则面临用电人主张该等条款不成为合同内容的风险。其中，《民法典》将提示或说明的条款范围进行了扩大，即包括"等与对方有重大利害关系"的条款，从实务看，涉及电费支付方式、产权界定与责任划分、停电、违约责任等条款都很有可能被纳入，这就增加了争议风险。

其次，即使供电人按规定向用电人就相关格式条款履行了提示和说明义务，但如格式条款内容存在不合理地免除或者减轻自身责任、加重用电人责任、限制对方主要权利以及排除用电人主要权利等情形的，该等条款将面临被认定无效的风险。

再次，如供用电合同存在不规范，出现用词不严谨、约定不明或前后不一致等情形，进而发生理解争议时，将面临按规定作出不利于提供格式条款一方即供电人的解释的风险。

最后，由于供用电合同与事务的专业性，实务中供电人在使用非格式供用电合同场合下，一般也是提供较为完整、规范的合同草案文本的一方，则一旦发生纠纷，而供电人又缺乏相关合同协商的过程证据，则面临用电人主张所签署供用电合同为供电人提供的格式合同的风险。

（二）关于产权界限与责任划分风险

在供用电实务中，明晰供电设施投资、维护与安全责任的关键是明晰产权分界点，且按《电力供应与使用条例》第三十三条规定，供用电设施维护责任的划分条款是供用电合同的必备条款。但是，实践中由于种种主客观原因，存在产权界限未约定、约定不明或虽有约定但实操时仍难以分清、与合同约定不一致等问题，进而造成一系列的争议纠纷，还可能由此引发电费回收风险。

在产权界限与责任划分风险中，争议较大且重要的是安全责任风险。对此，《供电营业规则》第五十四条规定："供电设施产权所有者对在供电设施上发生的事故承担法律责任，但法律法规另有规定的除外。"前述规定如在低压供用电合同写入并明确供电设施产权界限，一般并无争议，但如在高压供用电合同中，由于效力层级更高的法律《民法典》的侵权责任编对供电人课以更高的高压电安全责任，则用电人产权一侧发生的高压电安全事故责任究竟如何承担，笔者梳理如下。

1. 相关司法争议

对于约定用电人一侧供电设施引发事故责任由用电人承担的条款，如属于格式合同的一部分，则面临本文前述关于格式合同的类似风险，在此不再赘述。如不属于格式合同，则面临该等条款是否有效或能否作为责任划分依据的问题，在司法实践中存在一定争议。

第一种观点认为，该等条款不能作为责任认定依据。比如，在"（2018）苏07民终3801号"一案中，法院认为，供用电合同只能约定划分设施产权，但不能划分设施所承载高压电流带来的事故法律责任，故应适用《侵权责任法》第七十三条关于从事高压活动造成他人损害的，应由经营者承担侵权责任的规定。"（2017）鲁15民终2115号"也持类似观点，法院认为，由于发生电击伤亡的危险源不是输电线路，而是线路中的高压电能，供电公司作为享受高压输电线路运行利益的主体，系涉案高压线路的经营者，依法应承担无过错赔偿责任。

第二种观点认为，该等条款可作为责任认定依据。比如，"（2016）晋民终643号"一案中，法院认为，供电公司与机械厂签订的高压供用电合同已明确供电设施的产权分界点和维护责任划分，高压电能的所有权和经营权一旦经过产权分界点就视为向用电人完成交付，故高压活动经营者此时就应是案涉供电设施产权人即用电人机械厂，因为此时是机械厂在利用高压电能从事生产经营，而供电公司无须再就高压活动承担无过错责任。此外，"（2019）豫17民终1838号"一案的法院也持类似观点。

对于上述争议，笔者认为，高压供用电合同作为特殊买卖合同，以交付节点来区分确定高压电能的经营者更为合理，否则，必然放纵疏于维护管理的设施产权人，故前述第二种观点更为合理。然而，由于缺乏明确的规定，供电人被认定承担责任的风险依然存在。

2. 关于用电人产权一侧发生的高压电安全责任风险

诚如前文分析，尽管具有司法争议，但在供用电合同明确供电设施产权分界点对划分高压电安全责任仍具重要意义。《民法典》第一千二百四十条基本承继了原《侵权责任法》关于高压活动经营者承担无过错的侵权责任的规定，但结合司法实务，还有如下问题值得注意。

首先，相较于《侵权责任法》关于被侵权人有"过失"时高压活动经营者即可减责的规定，《民法典》规定被侵权人对损害的发生有"重大过失"的，方可减轻高压活动经营者责任，这无疑增大了高压活动经营者举证难度与责任风险。

其次，在相关争议纠纷中，即使法院认定供电人对用电人产权一侧发生的高压电安全事故不承担高压活动无过错责任，但供电人仍可能承担过错责任。如在"（2022）新民申359号"一案中，法院认为，供用电合同约定："为保证供电、用电的安全，供电方将定期或不定期对用电方用电情况进行检查"，即使供电公司对涉案线路不具有所有权，也应承担为保证供电安全应当定期进行监督检查的义务，否则，发生事故损失的，应承担相应赔偿责任。从实践看，《用电检查管理办法》在2016年废止后，为继续保障供用电安全、防范违约和窃取用电，供电企业一般会在合同约定供电人的用电检查权以作为检查依据，但这也可能被法院认定为一种义务，进而成为对供电人定责的依据。

（三）关于中止供电的风险

供电人为催交电费、维护供用电秩序和完善供电设施等原因，就可能需要对用电人采取中止供电措施，对此，《民法典》《电力供应与使用条例》《供电营业规则》和地方电力法规则都有相关的规定，且一些规则在近年有所修订和完善，供电人中止供电的事由与程序，以及恢复供电的时限更加有规可循。但是，由于中止供电对用电人的生活和生产经营将造成重大影响，还可能导致用电人乃至第三人受到较大损失，故由此引发的损失赔偿争议纠纷风险也较大，现就中止供电的风险点梳理如下。

首先，是中止供电的程序不合规。供电人中止供电的程序受前述相关法律严格规范，多成为诉讼争议的焦点。实践中，未按规定及时通知、未能通知到用电人有效联系人等问题较为突出。

其次，是中止供电的事由不合规。除因检修、故障中止供电外，2024年修订的《供电营业规则》第六十九条列举了供电人可以中止供电的十种情形，基本涵盖了需中止供电的常见情形，但具体在实操时，因涉及取证（如"危害供用电安全，扰乱供用电秩序的"）和认定程序（如"拒不在限期内拆除私增用电容量的"），仍可能面临认定事由的程序不合规（如未有效通知违规用电人限期改正）、认定事由的证据不足或者认定事由的尺度把握不准确等问题。

（四）关于电费回收的风险

电能在现代社会的生产生活中已几近不可或缺，故供电人面临的用户也涵盖了不同资信能力的居民与企业，受社会经济形势和用户自身资信实际情况变化的影响，用户不交纳或无力交纳电费的情形时有发生，供电人面临较大的损失风险。但是，除常见的电费催收诉讼时效风险外，由于供电活动受电力行业特殊监管，供电人在电费回收风险防控方面也面临一些特殊问题或限制。

1. 强制缔约义务下电费风险难以把控

如果用电人的用电需求无法得到满足，将会影响到其基本的生产生活，故《电力法》《民法典》均规定了供电人的强制缔约义务。虽然强制缔约义务不是完全绝对的，司法实践中也出现个别供电人具有合理理由拒绝缔约被支持的案例，如"（2019）渝 05 民终 5449 号"一案，但主要是因为用户要求重复提供供电系统或其不具备装表条件，故供电人并不能像一般经营者那样可以自由地根据客户资信情况决定是否签约，以防控后续回款的风险。

进一步而言，在明知客户资信状况欠佳且逾期交费，供电人实际并不能像其他经营者那样直接解约，而只能在符合规定条件的情况下按程序中止供电，一旦用户交付欠款，供电人就要恢复供电，进而再次面临电费拖欠的风险。这是因为，虽然法律没有禁止供电人按规定解约，但解约后用户可以再申请用电，而资信状况差的用户，只要供用电条件具备，具有用电需求，供电人就不能拒绝缔约供电。

2. 在先用电、后交费模式下的风险较大

《电力使用与供应条例》第三十九条规定，逾期未交付电费的，自逾期之日起计算超过 30 日，经催交仍未交付电费的，供电企业可以按照国家规定的程序停止供电。《供电营业规则》规定，逾期未交付电费超过 30 日，经催交在合理期限内仍未交付的可中止供电，并在停电前三至七日内通知用户。由此可见，在用户本已逾期交费之后，供电人还需在催交后给予用户合理期限，加上供电人决策时间和提前通知停电的时间，供电人要想采取中止供电措施以及时止损并不容易。

3. 预收电费和保证金存在合规风险

面对前述传统的先用电后交费模式下用户欠费的风险，最优解当然是预收电费和收取保证金。虽然供电人和用户是平等民事主体可自行约定预存电费和保证金条款，但由于电力行业受特殊监管，实际可能存在一定合规风险。《云南省供用电条例》第十七条规定："供电企业对用户可以预收电费，但不得超过用户一个月预计用电量的电费。"但是，这只是地方性规定而非国家层面的规定。2024 年修订的《供电营业规则》则删除了原来关于"用户应按国家有关规定，向供电企业存入电能表保证金"的规定，在政策上取消了向用户收取保证金的依据，这对供电人收取保证金的做法提出了挑战。

近年来，智能电表在不断推广，但在预存电费模式下，用户预存电费使用完毕即断电的做法在社会上引发了较大合规争议。对此，有观点提出，由于前述模式下用户不存在欠费，故自动断电也无须适用《电力供应与使用条例》《供电营业规则》关于欠费中止供电的程序性规定，但也有观点认为，既然用户不存在欠费，中止供电的合理性值得怀疑。

此外，根据公开报道，江苏省某供电公司因对高压电新增客户采取履约保函的形式收取保证金，并按用电客户上月用电量 80% 的标准收取"预付电费"，不按标准交纳将不能保证供电的行为，涉嫌滥用市场支配地位的垄断被立案调查，最终以该供电公司主动全面整改并结案告终。

4. 使用违约金手段存在限制

《电力供应与使用条例》第三十九条规定："逾期未交付电费的，供电企业可以从逾期之日起，每日按照电费总额的 1‰~3‰加收违约金，具体比例由供用电双方在供用电合同中约定。"《供电营业规则》则按居民用户和非居民用户不同在前述标准内直接细化了违约金标准。实践中，供电人提供的供用电合同一般也采用了前述标准。但是，前述违约金标准也带来一些问题。

一方面，由于违约金标准客观上较高，如欠费总额较高或欠费期限较长，则累计的违约金会特别高，在与用户商谈还款、调解时，具有一定筹钱还款意愿的用户一般难以接受全额支付违约金，而国有供电人又缺乏依据给予违约金减免，进而形成僵局。

另一方面，原《合同法》和《民法典》均规定，合同约定的违约金过分高于造成损失的，当事人可以请求予以适当减少。由于原《合同法》和《民法典》均为法律，效力高于《电力供应与使用条例》和《供电营业规则》，在诉讼中，许多用电人会以供用电合同约定的违约金标准过高为由申请调减。对此，虽然有法院以该等约定不违反法律规定为由驳回调减申请，但也有一些法院最终判决调减违约金，调减的方式具体如下：第一种，参考最高人民法院规定的民间借贷利率上限即年利率 24%（现按四倍LPR），以此为标准判断违约金是否过高，即超过 24% 的部分不予支持；第二种，参考中国人民银行同期贷款利率，以同期贷款利率的 1~4 倍进行酌定最终的违约金标准；第三种，以供电人主张的违约金总额是否高于用户拖欠的电费总额 30% 为标准，即高出部分的违约金不予支持。由此可见，就前两种标准而言，即使是每日 1‰ 的违约金标准换算为年利率也是 36.5%，故调减是基本确定的，这样一来，就会大大降低违约金条款的威慑力，影响未来电费的回收。

此外，值得注意的是，基于违约金司法调整规则，有人提出可在供用电合同事先约定预先放弃违约金调整权利，这是否可行呢？笔者认为，该等条款如作为格式合同的一部分，存在因排除对方权利而被认定无效的风险。同时，在 2023 年 12 月出台的《民法典合同编司法解释》第六十四条第三款已明确规定："当事人仅以合同约定不得对违约金进行调整为由主张不予调整违约金的，人民法院不予支持。"

三、法律风险防控策略

（一）关于格式合同的风险防控

对于格式合同的风险防控，如能证明其不是格式合同，则不需要受前文所述规则约束，那么是否可以"釜底抽薪"，即在合同中书面写明本合同不属于格式合同？对此，《民法典合同编司法解释》第九条规定，合同条款符合规定的格式合同特征，当事人仅以双方已经明确约定合同条款不属于格式条款为由主张该条款不是格式条款的，人民法院不予支持。因此，供电人仍需要针对格式合同的风险采取相应防控措施。

首先，在供用电合同签订前，采用调整合同字体、颜色、粗细、下划线、粗细等通常足以引起对方注意的方式就免除或者减轻自身责任、排除或者限制对方权利等与对方有重大利害关系的异常条款进行提示；如用电人提出要求，还需向对方就相关条款进行说明，并在征得对方同意的情况下采取录音、录像、用电人手写确认或其他方式留存证据。此外，如签订的是电子合同，则还需采取强制阅读时间、要求勾选确认等措施。值得注意的是，如前文分析，由于《民法典》扩大了需提示与说明的条款范围，故在确定范围时供电人宜从严掌握。

其次，对于格式条款内容需逐条梳理并进行效力论证，以进一步完善供用电格式合同。相比原《合同法》第四十条关于提供格式条款一方免除自身责任、加重对方责任、排除对方主要权利的条款一概无效的规定，《民法典》第四百九十七条明确允许"合理地"设置免除或者减轻自身责任、加重对方责任、限制对方主要权利的条款，即关键是如何把握"合理"尺度，这也为供电人公平合理设置相关格式条款并维护自身合法权益提供了依据。但是，由于何为合理目前并无明确的规定，故供电人可参考《电力供应与使用条例》《供电营业规则》等规定与政策，并参考相对公平的行业惯例等合理设计前述条款。

再次，一方面，加强供用电合同格式合同的修订完善，避免出现前后不一致、约定不明等情形；另一方面，对格式合同相关空格也应按实际情况进行填写，以避免歧义与争议。

最后，在使用非格式供用电合同场合下，提供合同草案的供电人应注重固定、保存合同协商相关证据，以避免被认定为格式合同。

（二）关于产权界限与责任划分风险防控

首先，既然责任划分的前提是明晰产权界限，那么通过供用电合同明确约定是风控的应有之义。在此基础上，为确保产权界限的可识别进而避免争议，还需根据实际情况通过详细文字描述分界点特征，必要时采取在合同附件以图纸、图片或拍摄视频等方式予以辅助说明。

其次，供用电合同无论是否为格式合同，都宜参照履行格式合同的提示义务标准向用电人就产权界限与责任划分条款进行说明，敦促其（或委托第三方）履行维护管理义务。

最后，基于供用电合同约定，加强用电人尤其是高危、重要用电人的用电检查，对发现的安全隐患进行书面风险预警，或按相关法律法规、供用电合同约定及时采取处置措施。

（三）关于中止供电风险防控

对于中止供电的风险防控，关键是要事由与程序合规，并做到按规定及时恢复供电。

首先，除按规定可立即中止供电的情形外，供电人中止供电均需按规定程序与时限提前向用户告知或公告，以让用户提前做好准备，避免突然中止供电导致其发生不必要的损失，其中通知用户的程序尤为重要。对此，笔者认为，通知义务的履行不仅要重视法律形式，还要注重实际有效，故不仅要在供用电合同约定用户的有效联系方式以及按前述联系方式通知视为有效通知，还要在供用电合同对用户课以联系方式变化后的告知义务。供用电合同签订后，供电人也应主动加强用户尤其是重要用户联系信息有效性的核查、更新工作，避免实际通知无法到位进而给用户造成损失和争议的风险。

其次，严格按照供电人内部管理规定认定中止供电事由合规性。2024年修订的《供电营业规则》删除了原来关于中止供电需报本单位负责人批准的规定，未来中止供电的决策程序将更为灵活，故可进行分级分类管理，但决策前对中止供电事由的认定仍需重视，不仅事由需具备明确依据，且需具有充分的证据支撑，方可决策实行。

（四）关于电费风险防控

如前文所述，供电人在电费回收面临的一些特殊风险或限制是制度环境所决定的，但供电人仍可发挥主观能动性采取一些风险防控措施。

首先，由于强制缔约义务是法定的，故用户资信能力差不能作为供电人拒绝缔约的理由，但根据《民法典》关于供电人不得拒绝用电人"合理"的订立合同要求的规定，以及《电力供应与使用条例》第二十条关于"供电方式应当按照安全、可靠、经济、合理和便于管理的原则"的规定，可考虑在供用电合同约定供电人在哪些合理情形下（如用电人后续供电要求超出了供电人的供电范围的或者不具备供电技术条件等）可拒绝用户的新增供电请求，为后续相关争议提供合同依据支撑。此外，供电人可进一步精细化管理，对资信状况差的用户可采取优化电费支付方式、结算周期等措施。

其次，由于预收电费和保证金是电费风险防控的利器，虽有一定争议，但并未在国家法规层面有明确禁止，如要推行，一方面，需加强合规性论证，与地方市场监督管理部门沟通并取得共识，做好向用户的解释说明工作，争取获得理解；另一方面，使用格式合同时需就相关条款按规定履行提示与说明义务，使用非格式合同时则宜固定过程协商证据。此外，在合同履行过程中，还应做好清晰、全面的结算告知工作，尽可能消除用户疑虑。

再次，由于司法实践中有支持的案例，故供电人宜坚持按《电力供应与使用条例》和《供电营业规则》规定的违约金标准签订供用电合同，以维持对用户的法律威慑，并做好有利案例收集工作，在诉讼中积极应对用户申请调减违约金的抗辩。

最后，对欠费催交做到尽职履责。一方面，做好电费债权台账动态管理，及时有效催收并留存催收证据，避免诉讼时效经过，对大额欠费还应争取签署还款协议以锁定证据。另一方面，必要时，应及时采取诉讼、保全等法律手段，尽量避免欠费用户财产转移或被他人执行，进而给供电人造成损失。

参考文献

［1］刘海峰．当前供用电合同的法律风险与防控［J］．大众用电，2013（1）：8-9．

［2］李四新，王文哲．供用电格式合同的法律风险防范［J］．中国电力企业管理，2018（20）：10-11．

［3］周乐达．供用电合同赔偿性违约金酌减实证研究［J］．中国管理信息化，2021（15）：108-112．

［4］许传中．供用电合同主要法律风险分析及防范建议［J］．2012（1）：45-46．

［5］游福兴．供用电设施产权分界点之完善［J］．大众用电，2018（9）：6-7．

［6］魏子翔．浅谈供用电合同管理的含义及过程［J］．农村电工，2014（2）：17-18．

［7］傅伟栋．浅谈供用电合同管理与电费风险防范［J］．农村电工，2020（2）：17．

［8］张勇，李鹏吒，汪卫平．强化供用电合同法律风险管控的探讨［J］．云南电业，2016（8）：43-44．

［9］王文军．电力直接交易背景下《民法典》供用电合同制度新解［J］．法学杂志，2022（2）：33-48．

［10］于来福．供用电合同基本特征及不规范风险剖析［J］．农村电工，2019（12）：17．

［11］唐文升．构建高质量规则体系保障供用电秩序促进用电营商环境可持续发展［N/OL］．中国能源新闻网，（2024-03-21）［2024-07-20］https://www.baidu.com/link?url=GOxrhRoCFoLLfV-cQTTUh5WhWDnUDd6vnduLHVXxGzxjgD_3WTpvvfb_d8-AqfsKTmNfCNNEym9jq7mMnRQlO95y25c10zAxCH64JPlwAYC&wd=&eqid=b2bb24ac001524c000000003662f5e74.

［12］宋亚林．高压供用电合同中产权界限及运营责任划分条款的效力认定展［EB/OL］．（2024-01-22）［2024-07-20］https://mp.weixin.qq.com/s/60V9DZAT_GgeFGg87dYzmg.

机电设备出口企业信用证结算风险分析及防范

王 婕 方 颖 岳 娟

内蒙古国合电力有限责任公司

摘 要

随着中国经济和进出口贸易规模的不断扩大，机电设备进出口活动日益频繁。对出口企业而言，资金结算是对贸易活动合规性及有效性的集中检验，也直接决定了其能否按照合同约定获得足额收入，是对外贸易活动的关键环节。信用证作为国际贸易的重要结算工具，背靠银行信用，有效解决了出口企业和进口商的直接信任风险，然而，相较于普通结算方式，信用证结算环节多、流程复杂，对风险防控水平提出较高要求。机电设备是中国海外出口的重点产业，也是进出口政策扶持重点领域。本文从机电设备出口企业的视角出发，以机电设备出口企业信用证结算为研究对象，全面分析了机电设备出口企业信用证结算中的参与主体及法律关系，重点阐述了机电设备出口企业可能面临的政策环境风险、信用风险、商业欺诈风险、软条款风险、质量标准风险，并给出具体防控措施。

关键词

国际贸易；机电设备出口；信用证结算；风险防控

外贸是联结国内国际双循环的重要枢纽，也是拉动经济增长的重要引擎。近年来，中国一直将扩大高水平对外开放、稳定外贸外资的基本盘作为推进国民经济发展的重要举措，已连续 12 年位居全球中间品出口第一大国。2023 年 12 月召开的中央经济工作会议为 2024 年外贸外资工作定下了基本发展方向。会议指出，要"巩固外贸外资基本盘""对标国际高标准经贸规则"，抓好支持高质量共建"一带一路"八项行动的落实落地，统筹推进重大标志性工程和"小而美"民生项目。

机电设备是 20 世纪 90 年代迅速崛起的出口产品群，集中体现了中国的制造业水平，也是进出口政策性金融支持的重点领域。随着中国对"一带一路"沿线国家的投资、合作加深，海外市场对机电设备出口需求日益增加。根据国务院新闻办 2024 年一季度进出口情况发布会公布数据，2024 年一季度，我国对共建"一带一路"国家进出口增长 5.5%，高于整体 0.5 个百分点；机电产品出口 3.39 万亿元，增长 6.8%，占出口总值的 59.2%，出口势头良好。

国际贸易结算是整个贸易活动的关键环节，信用证结算是常用的国际贸易结算方式之一。对机电设备出口企业而言，明确信用证结算方式下的法律关系、交易过程中可能存在的风险，从而制定切实可行的风险防控措施，对维护自身利益、保证依法合规收汇结汇而言尤为重要。

一、机电设备进出口信用证结算方式参与主体及法律关系

（一）信用证结算方式参与主体

信用证（letter of credit，L/C）是一种独立于买卖合同之外且不受合同限制的不可撤销的文件，其基于银行信用，是纯粹的单据业务。在信用证模式下，资金流动方向与票据相反。信用证的当事人包括开证人、受益人、开证行、通知行、议付行、付款行、保兑行、承兑行、偿付行等，其中，前六个为基础当事人。

（二）信用证结算方式法律关系

信用证基础当事人的职能及法律关系见图1。

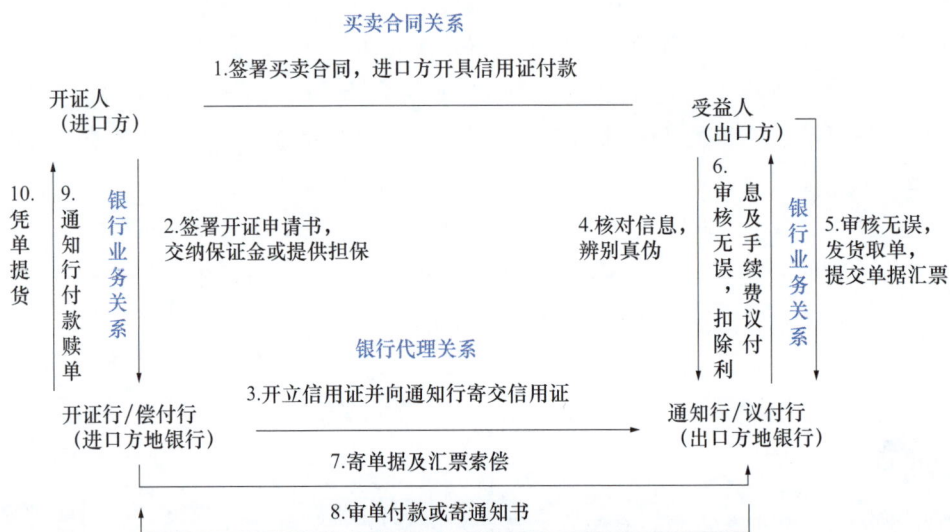

图1 信用证结算法律关系示意图

1. 开证申请人（applicant，进口人/买方）

负责根据买卖合同要求申请开立信用证，承担及时付款赎单的义务。如果信用证未按时赎单，可能影响货物的清关及转移。

2. 开证行（opening bank，进口人所在地银行）

承担保证付款的责任，开证行的信用及其所在国政策稳定性对出口方能否按时收汇影响较大。

3. 通知行（notifying bank，通常为出口人所在地银行）

负责将信用证交给出口人（受益人），并验证信用证的真实性，不承担其他义务，通常也是开证行的代理行。

4. 受益人（beneficiary）

有权使用信用证来收取货款，在开证人破产或倒闭时，受益人可以撤销合同并拒绝信用证，停止货物装运，或要求重新开立信用证。

5. 议付行（negotiation bank，买入出口方单据并议付货款的银行）

负责购买出口方的单据并预先支付货款，再由开证行向其付款。议付行可以是指定的也可以是非指定的，但一般为受益人指定的银行，对受益人的付款有追索权。

6. 付款行（paying bank，信用证上指定的付款银行）

负责按信用证的规定进行付款，确保交易的顺利进行。

二、机电设备出口企业采用信用证结算方式的可能风险

与一般出口产品相比，机电设备具有出口市场多元化、技术含量高、价格优势明显、政策支持力度大、质量和标准要求高、品牌建设和国际化程度高、供应链风险管理水平要求高、绿色和智能化程度高等特点。为规避贸易进口方和出口方的信任风险，信用证是机电设备进出口业务的常用结算方式，但由于信用证仅仅是货物收据，而不是物权证书，买方无须提单即可提取货物，客观导致出口商丧失对货物的控制权，再加上信用证业务涉及单据多、业务流程复杂、对业务员素质要求高等特征，都对出口方的风险管控水平提出了较高要求。具体而言，信用证结算风险主要包括政策环境风险、信用风险、商业欺诈风险、软条款风险、单据管理水平欠缺导致的拒付风险等。

（一）政策环境风险

在全球经济继续放缓、贸易保护主义和地缘冲突不断加剧的背景下，国内外政策变动较大，汇率波动明显，原材料、运费、人工也呈上涨态势，机电设备出口整体环境严峻，出口方业绩压力大。根据海关总署《2024 年 3 月进出口商品类章总值表（美元值）》发布数据，2024 年 1—3 月，受国际环境、国内外政策、汇率波动以及原材料、运费、人工上涨等因素影响，从整体上看，机器、机械器具、电气设备及其零件等机电类产品的出口总额与去年同期相比远低于进口总额（见表 1）。市场缩减、竞争加剧、物流成本上升、贸易壁垒升高、供应链不稳定等因素客观上对机电设备出口方的风险防控能力提出更高要求。

表 1　　　　　　　　　**2024 年 3 月进出口商品类章总值表（美元值）**

类章	出口		进口		累计比去年同期（±%）	
	3 月	1—3 月	3 月	1—3 月	出口	进口
第十六类　机器、机械器具、电气设备及其零件；录音机及放声机、电视图像、声音的录制和重放设备及其零件、附件	118,882,686	337,764,614	66,238,922	178,369,964	1.1	9.2
84 章　核反应堆、锅炉、机械器具及零件	45,890,899	129,696,603	18,537,601	48,172,275	7.2	18.9
85 章　电机、电气设备及其零件；录音机及放声机、电视图像、声音的录制和重放设备及其零件、附件	72,991,787	208,068,011	47,701,322	130,197,689	−2.3	6.0

（二）信用风险

对外贸易中，对机电设备出口方而言，信用风险主要来自进口方和银行两个方面。

1. 开证行信用风险

在信用证交易中，开证行是责任中心，是有关当事人关系的纽带。因此，开证行若倒闭或无法履行承诺，就不能对单据进行偿付，这将直接威胁议付行或出口商的利益。开证银行的信用风险主要表现为：

（1）开证行破产，导致无法付款结汇。

（2）开证行因其自身无力偿付该笔货款或违约金的情况或今后可预见的高风险决定拒绝付款主观拒付，或因开证申请人丧失偿债能力等客观原因拒付。

（3）开证行与开证申请人（进口方）恶意串通故意欺骗受益人（出口方）。实践中，开证行往往会利用出口方对银行信用的信任，与进口方勾结，虚拟信用证实施诈骗，在没有实际贸易合同的情况下骗取国家优惠融资性贷款。此时的出口方相关业务人员大概率也参与了恶意串通，不仅存在廉洁纪律风险，也会给公司带来巨大经济损失。

（4）开证行违规开展结汇业务。截至 2024 年 5 月 15 日，根据国家外汇管理局定期通报的外汇违规（个人违规结汇、公司法人违规结汇、银行法人违规结汇）案例情况，银行法人的违规法律主要涉及《中华人民共和国反洗钱法》《中华人民共和国外汇管理条例》，具体行为包括：未尽合规审核责任，违规办理内保外贷、违规办理贸易付汇 / 境外直接投资付汇 / 离岸转手买卖对外付汇、违规办理收汇、违规办理结汇、违规办理服务贸易海运费支出、违规办理利润汇出、违规办理货物贸易售汇、违规办理预付货款、违规办理转口贸易、违规办理贸易融资等。此外，由于信用证中的通知行或议付行为出口方所在地银行，故出口方在办理相关手续时应当足够重视当地银行或与公司有密切往来银行的违规信息，如有潜在拟合作项目，应避免与其继续合作，及时止损。

2. 进口方信用风险

进口方信用风险主要包括进口方客观上的丧失支付能力及主观上的拒付或提供不合理退货条件，具体原因主要包括：

（1）语言文字理解歧义。实务中，跨国机电贸易中的信用证单证不符、单单不符与各国法律规范、语言文字、商业习惯差异联系很大，故即便有《跟单信用证统一惯例》作为原则性规定，也可能因为理解上的不同造成银行拒付。

（2）丧失偿债能力。例如，全额保证金因货币贬值不足以对外付款赎单，担保人失去代为偿还债务的能力，抵押品高估而不足以清偿债务。

（3）价格波动。受国际市场价格因素影响，买方在开立信用证时的预期利润无法实现，从而以单据存在不一致为由违约拒绝支付货款或向出口方提出不合理的退货条件，从而传导至银行，导致银行拒付。

（三）商业欺诈风险

信用证结算模式下的商业欺诈风险包括信用证欺诈风险和买卖合同条款欺诈风险。

1. 信用证欺诈风险

《中华人民共和国刑法》第 195 条指出：使用伪造、变造的信用证或附随的单据、文件的，使用作废的信用证的，骗取信用证的，或以其他方式进行信用证诈骗活动的属信用证诈骗罪。实务中，信用证欺诈风险的典型行为主要包括：进口方伪造信用证、修改信用证、修改信用证的商业担保、制造虚假信用证；开证申请人不履行开具信用证的合同；不法进口商与开证银行联合开具虚假信用证；使用特殊类型的信用证（如进口商先收回单据后付款，出口方不仅无法保证按时收汇，也无法提前贴现进行融资）等。

2. 买卖合同条款欺诈风险

买卖合同条款欺诈风险主要包括品质条款欺诈风险、检验条款欺诈风险、索赔条款欺诈风险、支付条款欺诈风险、运输条款欺诈风险等。

（四）软条款风险

软条款信用证诈骗是一种比较隐蔽的诈骗方法，是指在不可撤销信用证中加列生效条件、支付限制条件、装运限制条件等条款，致使信用证下的开证付款与否取决于第三者履约行为，而非单证相符。即使从表面上看，软条款信用证合法且真实，但其在一定程度上限制了银行第一付款人地位，使信用证从不可撤销变为实际可撤销，折损了银行信用。开证申请人或开证行可以根据该条款单方面随时解除付款责任，从而使出口方完全控制整笔交易，出口方因此处于受制地位，是否付款完全取决于出口方的意愿。在软条款下，出口方居于被动地位，存在履约和结汇风险隐患。

（五）质量标准不符合国际要求风险

虽然中国的设备质量国家标准（GB 标准）在制定时很大程度上参考了国际标准（CE、UL 等，见表 2），但在具体产品的测试方法和性能要求、认证流程、测试标准和认证周期上仍旧存在差异，且不同国家和地区对机电设备的市场准入和合规要求不同（例如，美国市场可能更加关注产品的性能和用户安全，而欧盟市场则可能更加关注环保和能效），因此出口方如不能准确理解并遵守国际标准可能导致设备在进口国无法通过合规检查，面临被拒绝入境、退货甚至销毁的风险。此外，买卖合同也可能同时设置设备质量的具体标准，如果未能满足买卖合同要求，买方有权拒收或要求赔偿或要求产品退运更换，不仅增加了出口方的物流成本，还会导致交货延迟，引发连锁反应，影响后续生产计划或市场销售，造成双方经济损失和信誉损失。

表 2   主要国家 / 组织机电产品质量标准

标准名称	颁布国家 / 组织	标准内容
ISO 标准	国际标准化组织	ISO 制定了许多与机电设备相关的标准，这些标准涵盖了设计、制造、安装、测试和维护等各个方面。例如，ISO 9001 质量管理体系标准和 ISO 14001 环境管理体系标准
IEC 标准	国际电工委员会	IEC 负责电工电子领域的国际标准化工作，其标准包括电气安全、性能测试、环境试验等方面。常见的 IEC 标准包括 IEC 60335（家用电器安全）、IEC 60529（外壳防护等级）等
CE 认证	欧盟	出口到欧盟的机电设备必须符合 CE 标志要求，这涉及多个指令，如低电压指令（LVD）、电磁兼容性指令（EMC）等
UL 认证	美国	对于出口到美国的设备，可能需要获得由美国保险商实验室（UL）认证，特别是对于涉及安全和性能的产品
RoHS 指令	欧盟	限制使用某些有害物质的指令，要求机电设备不得含有超过规定限量的铅、镉、汞等有害物质

三、信用证结算模式下的风险防控措施

（一）重视对合作方的资信调查，督促合作方修复信用

在当今商业环境中，企业信用是判断企业可靠性与价值的重要标尺。对于合作方资信情况不明、首次合作、贸易金额巨大、格式样本由对方提供的合同，必须履行严谨的风险评估和合规合法性审查手续。与外商订立合同要内容全面、表述准确，明确双方的权利义务、货物名称、规格、件数、包装形式、价格、交货的时间地点及收款期限、争议处理方式等。此外，国际结算涉及主体多样，而资信良好、信誉卓著的客户和银行是安全收汇的基础保证，所以与境内相比，更要重视对外方的资信调查，可以通过国际权威评审机构评审结果、委托开办有外汇业务的商业银行分支机构、商会、中信保、驻外机构、律师事务所、专业资信机构、境外爱国华侨团体等多种途径，提前调研客户、开证行等相关主体的经营规模、营业范围、资信情况、经营能力。在交易结束后，出口方可根据合作情况建立海外客户档案库，如欲继续开展合作，出口方应督促进口方修复信用，在其重新获得市场主体正常记载状态后再沟通后续合作事宜。

（二）重视信用证要素审查，提高单据管理水平

信用证要素审查通常包括开证行、通知行、开证日期、到期日、最终目的地、受益人、适用规则、装运条款、转运条款、单据要求、交单期限等。从信用证的开证到信用证的议付，整个过程环环相扣、紧密联系。在交易过程中，不仅要对信用证要素进行集中审查，还要按要求核实提单尤其是大宗货物提单的真实性，要求客户在装船第一时间列明提单号、装船日期、货物名称、装卸港等重要信息意义，后期一旦发现存在提单欺诈或提单存在不符点就可以合理拒付或寻求司法救济。

（三）建立外贸专业风险信息库，明确具有可操作性的风险评估、预警、救济制度

对于经初步判断大概率存在风险的外贸业务，应结合公司对于合规内控工作要求，提前制订外贸专业风险手册及外贸专业基础合规风险信息库，明确业务层级、合规风险名称、风险行为编号、风险行为描述、责任或后果、风险等级、合规依据，并根据外贸工作开展实际情况进行补充更新。对于典型风险，应加强政策宣贯，并提前联络公司法务及常法制定风险防控方案。例如，在履约前出口方可预收部分定金，作为进口方的履约保证，以防因货物价格的剧烈波动导致进口方拒绝执行造成出口方的收汇风险；履约过程中，如存在进口方付款逾期情况，3日即自动启动预警程序，如经督促进口方仍不支付，则汇总相关情况报公司研究处理，必要时及时请求工商管理部门介入调查或启动司法救济程序；在充分衡量购买保险所支付的成本费用与扩大出口创汇、创利的情况下，设备出口方可以在发运货物前，向出口国信用保险机构投保出口信用保险及保理业务，将风险转嫁给承购应收账款的组织，保障自身安全收汇。

（四）提高对外贸易团队专业水平

对外贸易工作是知识密集型工作，其中，对外贸易结算更是一种高风险经营活动，因此打造一支专业精、素质高的国际贸易人才团队是保障结算流程合规、高效的必备要素。

1. 提升审单能力

信用证对银行保证的有效期、对货物的装船日期及对出口商的交单日期规定得比较短，若出口商

较难满足这些要求，无法按期提供单据或交付的单据存在不符点，如交付单据载明的货物名称、货物数量错误（超装或短装）、货物金额与信用证规定不一致，单据签发日、交单日晚于信用证规定日期，单据提交的原产地证书与信用证中规定的产地证要素不一致，或信用证要求提供的单据（提单、装箱单、发票、保单）之间不一致等，则容易发生拒付风险，难以保证出口商及时收汇。

2. 打造高效团队

完备的对外贸易团队不仅包括外贸业务员，还应当包括法律、合规、风控等相关业务人员及公司决策层成员，且对外贸易团队人员专业水平直接影响公司对外贸易业务工作质效。

3. 加强人员培训

对于重点外贸岗位，企业应加强培训，提高基本素质，避免出现因人为错误、缺乏相关理论和知识及信用证支付方式框架内缺乏严格操作者导致的文件之间不相符的风险。同时，已对目标市场的机电设备出口质量标准及规范进行集中研究，通过对比中国标准与目标市场标准的差异进行必要的测试和调整，获得 CE、UL 等必要的认证，必要时可以向国际认证机构或咨询公司寻求帮助，确保出口确保产品符合国际标准和目标市场合规要求。

4. 建立激励约束机制

应当通过建立激励机制提高人员能动性，同时加强对一线贸易工作岗位监督，要求业务人员在对外洽谈、出口货物、收回货款过程中，时刻严格履行合同义务、严格按照单证操作、严格把握好出口货物质量及储存运输，降低因内部操作失误而出现收汇风险的概率。

5. 重视监督及证据留存工作

为配合公司风险预案及风险救济制度，团队人员还需加强日常工作资料及证据留存及搜集，避免在司法程序中因证据不足被驳回起诉或败诉。

四、结语

对卖方而言，国际贸易活动中的结算环节直接关系到自身经济利益，信用证结算方式依靠银行信用在一定程度上降低了买卖双方的信任风险。但相较于普通结算方式，信用证环节多、流程复杂、人员素质要求高，出口方收汇风险较高。因此，面对市场缩减、竞争加剧、物流成本上升、贸易壁垒升高等不稳定因素，机电设备出口企业有必要针对文中所述主要风险进行深度研判，全面加强结算工作各环节监督管控，切实防范结算业务全流程风险。

参考文献

［1］王金根. 信用证不当拒付损害赔偿责任研究［M］. 北京：中国政法大学出版社，2021.

［2］韩昭敏. 国际结算与贸易融资案例分析［M］. 重庆：重庆大学出版社，2021.

［3］苏宗祥，徐捷. 国际结算（第七版）［M］. 北京：中国金融出版社，2020.

［4］牛李斌. 国际贸易进口商信用证结算风险分析及防范对策研究［J］. 商讯，2023（19）：69–74.

［5］李雯钊. 国际工程项目中的信用证应用与风险防范［J］. 中国外汇，2023（9）：74–75.

［6］陶然. 信用证结算方式在出口业务结算中的风险与防范［J］. 上海商业，2022（6）：208–210.

［7］丁龙. 风险控制与国际贸易资金结算刍议［J］. 国际经济与贸易，2021（11）：28–30.

根植社会责任，做好充电桩用户信息安全合规风险防控

赵熠旖　孔祥君　丁　诚　滕莹冰　计　杰　章家俊

国网上海市电力公司市南供电公司

摘　要

随着我国新能源汽车占比持续增长，新能源充电桩的数量随之呈井喷态势，其中新能源汽车充换电运营平台侵害用户权益的问题也随之显现。对此，如何基于国家法律法规以及国家电网公司合规管理要求，做好充电桩用户的信息安全风险防控成为电网公司根植社会责任的重要课题。本文从隐私泄露问题的分析、用户信息安全的保障方式以及下一步的行动计划三个方面进行阐述，筑牢充电桩用户信息安全的合规管理屏障。

关键词

新能源；信息安全；风险防控；合规管理三道防线

近年来，我国新能源汽车保有量持续迅速增长，新能源汽车行业的高速发展进一步拉动新能源充电桩需求，截至 2024 年 7 月底，我国全国充电桩累计数量达到 1060.4 万台，同比增加 53%。随着新能源汽车的普及和充电桩设备安装数量的指数型上升，新能源汽车充换电运营平台侵害用户权益的行为也大量显现，例如新能源汽车企业利用汽车电池管理系统（battery management system，BMS）与 DC 直流充电桩通信协议中的身份认证漏洞，只需获取受害者的车牌号码，即可窃取车主各类隐私信息，严重者盗用受害者的账户余额，为其他车免费充电，轻松完成"盗刷"操作。随着智能化设备越来越普及，应用场景也逐步多元化，个人信息泄露的风险也随之增加。在万物互联的大背景下，供电企业如何确保新能源车主使用充电桩时的信息安全，堵牢电桩平台盗窃用户信息的安全漏洞，成为体现电网企业社会责任根植成效，展现"人民电业为人民企业"宗旨的具体实践。

一、充电桩平台的隐私泄露问题

目前，新能源汽车充电桩产业链主要包括上游的充电桩部件制造商（装备端）、中游的充电桩运营服务提供商（运营端）以及下游的充电桩用户。其中，装备端和运营端是充电桩产业链中的最主要环节，而运营端企业在提供充电桩服务时会直接收集用户个人信息和汽车数据。在当前的商业实践中，充电桩运营端企业的行为存在根据企业特定的商业目的和独特的服务板块，侵犯用户个人隐私信息的

隐患问题。

（一）车辆和用户行为数据分析

充电桩一般会搜集大量与用户及车辆有关的数据，如车型和车辆识别码（Vehicle identification number，VIN 码）、驾驶员详尽的本人信息、驾驶员驾驶行为数据、车辆运转的实时动态等。充电桩运营商通过分析用户的充电行为构建用户的行为画像，导致用户隐私泄露。

（二）车辆位置跟踪问题

充电桩的使用记录可被用来频繁跟踪用户的位置信息，从而推断出用户的移动轨迹。在没有用户明确同意的情况下，持续收集和分析这些数据，可能构成对用户隐私的严重侵犯。

（三）身份验证和支付系统的漏洞

电动汽车充电桩通常需要用户进行身份验证和支付操作。如果身份验证系统存在漏洞，用户的账户和支付信息便可能被盗刷。目前存在的漏洞包括单一因素身份验证、密码安全性弱、未启用多因素验证等问题。

（四）数据共享和第三方访问

电动汽车充电桩的服务可能与第三方合作，未经授权的数据共享包括未获得用户明确同意或违反数据保护政策，与第三方共享用户数据且没有对第三方的数据保护措施进行充分审查。

（五）长期数据保存问题

充电桩运营商长时间保存用户数据，不采用适当的数据管理和销毁策略，导致数据保存时间超出了业务所需，同时由于未对数据保存时间进行定期审查，导致不必要的数据持续保存。

（六）不透明的数据处理政策

由于新能源充电平台对数据处理政策不透明，因此用户不了解充电桩运营商如何收集、存储和处理数据的政策，无法充分理解其隐私风险。用户知情权、自主权的缺失还包括新能源充电平台未明确告知用户数据收集的类型、用途和处理政策，侵犯用户的知情权。

（七）潜在的数据贩卖问题

运营商或其员工存在可能将用户数据进行贩卖的隐患问题，其中包括未经授权的用户数据交易以获利；数据在多个数据处理者和第三方之间传递，数据链中的漏洞可能使数据被滥用或非法交易，导致个人信息滥用问题。

二、筑牢充电桩用户信息安全屏障

为防范上述隐患问题，供电企业一是能够与政府合作，通过制定诚信评级和认证、诚信激励、违规惩罚等机制，加之政府和监管机构的法律法规、行业标准的震慑，令潜在的数据盗窃者"不敢为"。二是与充电桩运营商达成协议，通过电网公司与运营商的业务管理部门、合规管理部门以及监督审计部门，筑牢合规管理三道防线；在充电平台加装基于电网数据采集、传输、处理和存储过程中的加密模块，采用加密数据、定期更新安全措施、严格控制数据访问权限、实施匿名化或数据屏蔽等技术的措施，令数据泄密与滥用情况在技术层面"不可为"。

（一）政企携手打造诚信机制，杜绝数据盗窃行为

1. 制定法律法规和强化监管

通过政府和监管机构的支持针对数据隐私和保护制定专门的法规和政策，为企业提供明确的合规要求。通过建立专门的数据保护监管部门，定期检查企业的合规情况，确保企业严格遵守数据保护法规。

（1）明确数据保护法。建立完整的数据保护法律框架，包括数据收集、处理、储存、传输和销毁等各个环节的具体规定。明确企业和用户在数据保护方面的权利和义务，确保数据处理透明、合法、公正。

（2）明确分级保护标准。借鉴电网数据处理过程中采用的数据分级保护措施，依据数据敏感度制定不同的维护标准，为隐秘数据给予更高维护水准。采用加密、匿名等各个数据等级的保护措施，保证数据解决达到相应级别的规定。

（3）明确数据合规要求。要求新能源企业理应根据有关法律法规制订明确的合规政策和数据维护策略，并向监督机构汇报，保证第三方在和第三方合作时符合相应的数据维护法规。在数据跨境合作过程中，制订跨境数据传送的具体规定，保证各国中间数据流动安全合规。

（4）明确定期审查机制。建立专门的数据保护监管机构，负责监督企业的数据保护合规情况。根据新能源企业规模、行业特性和数据处理量等因素制定审查计划，明确审查内容并组织具备数据保护和隐私保护专业知识的审查人员，确保审查的权威性和专业性。

2. 制定诚信评级和认证制度

供电企业与政府部门携手打造诚信评级与认证制度，通过将诚信评级细分为不同级别，针对充电桩运营平台的不同规模和业务范围，制定相应的评价标准；通过定期评估和持续监控充电桩运营平台数据采集与应用情况，确保评级的准确性和时效性，反映运营平台企业当前的诚信表现；通过与独立的第三方认证机构合作，向充电桩运营平台提供公平、权威的认证服务。

3. 制定诚信激励机制

（1）政策激励和税收减免。对在数据保护和隐私方面表现优异的新能源企业提供税收减免政策，降低运营成本，鼓励新能源企业加大投入，同时给予符合数据保护和隐私政策的新能源企业在政府项目和招标中的优先权和优惠政策。

（2）政府资助和优惠政策。设立专项资金，用于资助数据保护和隐私合规项目，对诚信新能源企业提供优惠贷款和融资政策，降低资金成本支持发展。同时在特定区域或园区提供优惠政策，吸引数据保护和隐私领域的企业聚集。

（3）市场准入和推广措施。给予诚信新能源企业在市场准入上的优先权，提供更多的商业合作和发展机会。对数据保护和隐私领域的新能源企业认证费用提供减免，在市场监管中为诚信新能源企业提供支持，确保其在市场竞争中的公平待遇。

4. 制定违规惩罚机制

（1）经济处罚和市场限制。对违反数据保护和隐私政策的行为进行经济处罚，对非法收入进行没收，并要求对受害者进行损害赔偿，遏制违规行为的动机。对严重违规的新能源企业实行暂停业务措

施，限制其在市场上的活动。

（2）刑事处罚和问责整改。对违反法律法规的严重违规行为，如非法获取、出售或滥用数据等，追究公司及个人的刑事责任。要求违规新能源企业在规定时间内进行整改并提交整改报告。

（3）用户赔偿与合规管理。针对违规新能源企业的赔偿和补偿用户措施进行明确，在数据泄露或滥用事件中，要求违规企业及时通知受影响的用户，并提供包括免费数据监测和技术支持在内的相应补救措施。

要求违规新能源企业制订合规计划，详细阐述如何改进其数据保护和隐私政策。政府部门派出外部专家或机构对违规新能源企业提供有偿合规指导，帮助其改进数据保护措施。

（二）企商合作强化数据加密，防止数据泄露与滥用

1. 加强数据加密方式

在数据传输和存储过程中使用电网数据通信网络加密算法，通过借鉴电网数据横向隔离、纵向加密的总体思路，在传输、存储与备份等过程中采用 SSL（安全接字层）/TLS（传输层安全协议）等通信协议对传输层数据进行加密，确保用户数据在传输过程中不被篡改；通过对用户数据采用 AES 等对称加密算法，以及加密密钥的安全和妥善管理，确保数据在存储时不被滥用。

（1）数据传输加密。通过在数据传输过程中使用 TLS（传输层安全协议）或 SSL（安全接字层）等加密协议，保护数据在传输中的安全。借鉴电网数据横向隔离传输方式，对不同等级用户信息进行分区隔离，确保用户隐私安全。

（2）数据存储加密。采用 AES（高级加密标准）进行数据加密，并通过确保加密密钥的安全和妥善管理，采用硬件安全模块（HSM）或密钥管理服务（KMS）等方式保护密钥。

（3）数据备份加密。使用加密技术保护备份数据并限制访问权限，采用透明数据加密（TDE）技术对数据库中的数据进行加密，同时定期评估加密策略的有效性和安全性，确保其符合最新的行业标准和法规要求。

2. 强化数据访问控制

在授权数据访问过程中通过权限分级、身份验证、审计与监控等方式，提升数据访问的精细颗粒度控制，确保只有授权人员才能解密和访问数据，有效防止未经授权的数据访问，降低数据泄露和滥用的风险。

（1）权限分级。采用对访问角色和组别的权限分类方法，将用户归入相应的组别并给予不同的访问权限。同时制定最小权限原则，即确保除用户外的人员仅能访问完成工作所需的数据和功能，减少对敏感数据的无意访问。

（2）身份验证。采用多因素身份验证（MFA）、多重身份验证和单点登录（SSO）方式，在访问数据或系统之前要求用户通过多种身份验证方式，通过单点登录简化访问控制流程，确保用户只需一次登录即可访问所有授权系统。

（3）数据审计。对于用户之外的充电桩平台人员的数据访问、系统操作、数据备份和恢复等行为，借鉴电网系统中对于故障录波数据的按周期审计方式确保流程的合规性，及时识别异常或未经授权的访问行为，确保数据访问的合法性。

（4）数据监控。借鉴电网系统中对主站和厂站间数据监控方法，采用加密与监控模块实时监控通讯数据运行工况，一旦发生数据安全异常事件及时响应。例如安全技术公司如 Qualys 和 Tenable 提供了漏洞扫描和安全审计的解决方案，并提供定期的安全审计服务来评估系统的安全性和合规性。

3. 提升数据链管理和第三方合作审查

（1）数据链管理。借鉴电网设备数据生命周期管理方式，对用户端的数据敏感度和类型进行分类，以便采取相应的保护措施；根据数据的用途和相关法律法规制定数据保留和销毁政策，遵循数据最小化原则；对数据进行去标识化或匿名化，降低数据的敏感性和泄露风险。

（2）第三方合作。选择在数据采集与应用领域合法合规的第三方进行合作，考察其声誉和历史记录评估，确保符合相关法律法规和行业标准；制定明确的合作协议和数据保护条款，明确数据的使用、存储、传输、访问和销毁等安全要求；在合作协议中保留对第三方的审计和监控的权利，确保第三方的合规性和安全性。

（3）第三方审查。明确第三方在数据泄露或违规行为中的责任和赔偿义务；通过定期审查第三方的数据保护情况定期评估第三方的合规性；通过监控第三方的数据处理流程和系统安全，及时发现和解决潜在问题；与第三方定期交流数据保护政策、实践和合规性要求并要求提供数据处理和保护情况的报告，以确保透明度和合规性。

4. 制定数据泄露应急预案

（1）数据泄漏识别。明确数据泄露的定义并制定数据泄露事件的识别标准和流程，确保员工能够迅速识别潜在的数据泄露事件。成立数据泄露应急响应团队，包括数据保护、信息安全、法律、公共关系和其他相关部门人员，确保应急响应的协调性和有效性。

（2）事件评估与控制。收到数据泄露报告迅速进行事件调查和风险评估，采取措施隔离和控制泄露事件，防止进一步的数据泄露和损害。根据法律法规和企业政策通知受影响用户并提供信息和帮助，同时向监管机构报告事件并提供必要的事件细节和处理进展。

（3）数据泄露补救措施。采取措施保护未受影响的数据，根据情况恢复受影响数据并采取措施确保数据的完整性，最后识别导致数据泄露的漏洞并采取措施修复，防止类似事件再次发生。对事件进行全面审查识别问题并制定改进措施、更新应急预案，提高企业应对类似事件的能力。

三、建议

基于新能源汽车充电桩设备关联的隐私风险和数据安全问题，以及上文所列举的隐患和解决措施，可进一步通过以下技术研究深入挖掘痛点问题并开发相应的解决方案。

（一）新能源汽车充电桩数据安全防护技术研究

针对如何修复充电桩通信协议中的身份认证漏洞，研究并设计灵活的授权管理机制，确保车辆、用户和充电桩之间的通信在授权范围内进行。研究优化数据传输、存储的加密方案以及优化数据传输加密的算法和方法，提高加密效率和性能。研究基于角色的访问控制（RBAC）和基于属性的访问控制（ABAC）技术，确保数据访问的权限和规则。研究数据隔离技术，在物理和逻辑层面对数据进行隔离，防止数据串联，深入探索区块链技术在数据安全防护中的应用。

（二）数据审计和监控工具与技术研究

研究数据访问审计流程和技术，采用校验和哈希算法等技术保证传输和存储过程中的数据完整性，同时监控数据篡改来识别恶意修改行为。关注最新的安全威胁和攻击手法，通过安全信息和事件管理技术集中分析数据，自动触发报警机制，监控第三方数据共享合法性和合规性，并定期生成审计和监控报告。利用人工智能和机器学习技术自动识别和预测数据安全威胁。

（三）数据泄露应急预案研究

研究制定数据泄露应急模拟计划及数据泄露检测技术，定期开展模拟演练，提高应急响应能力，制定数据泄露应急响应流程并制定分级响应方案。研究先进的数据泄露检测技术并建立实时监控系统，及时发现数据泄露事件。研究制定数据泄露报告机制，明确事件发生后内部和外部报告的程序和时限。研究事件评估方法，分析数据泄露的原因、范围和影响，以便采取相应措施。研究制定临时修复措施，确保在短时间内采取行动防止更多数据泄露。

（四）法律法规和标准合规研究

研究现行法律法规对隐私保护、数据安全和网络安全方面的合规要求。分析数据安全和网络安全法律法规，确保数据传输和存储符合法律要求；研究电网行业法规和标准，保证充电桩运营合规性；研究电网和充电桩行业标准，如 ISO、IEC 等，确保企业运营符合行业标准，优化合规策略。

制定符合法规和标准的数据处理政策，确保数据处理合规；建立合规审查程序和评估工具，实时监控和评估合规情况。建立法规更新跟踪机制，及时了解法规变化，并调整合规策略。通过政策分析和预测技术，提前准备应对未来法规变化。针对现行法律法规进行隐私保护、数据安全、网络安全等法律法规研究分析。

参考文献

［1］谭泽富，彭涛，代妮娜，等.电动汽车 BMS 关键技术研究进展［J］.电源技术，2022，46（9）：954-957.

［2］刘国辉，陈铭，刘永相，等.V2G 网络中基于区块链的本地化 V2V 能源交易［J］.计算机工程与应用，2023，59（12）：316-325.

［3］忻奕敏，叶琼瑜，任悦，等.智能充电桩信息安全风险评估流程研究［J］.自动化仪表，2022，43（7）：91-95.

［4］王新艳，李晶华，李艺超.基于 MCGS 的充电控制导引功能检测系统的设计［J］.计算机测量与控制，2020，28（4）：41-45.

［5］邵佳佳，吴志炜，陈小毅，等.新能源汽车大数据在充电供需研究中的应用［J］.供用电，2022，39（12）：74-81.

［6］余海军，谢英豪，张铜柱，等.动力电池编码与电动汽车身份识别［J］.电源技术，2016，40（1）：113-116.

［7］肖忠东，杨舒淇.新能源汽车工业大数据平台建设三方合作策略研究［J］.工业技术经济，2023，42（5）：58-69.

电网建设青赔工作的合规风险分析与对策研究

林琳煜[1]　刘　丹[1]　任学立[2]

1.国网福建省电力有限公司建设分公司；2.国网福建省电力有限公司综合服务中心

摘　要

随着我国电网建设快速发展，其间征地与青苗补偿问题日益凸显，本文通过阐明电网建设青赔的概念及管理模式、合规研究的必要性，分析业务合规风险，并基于上述分析，研究提出了加强电网建设青赔工作合规管理的建议，旨在为电网建设的健康稳定发展提供有力支持。

关键词

电网建设；合规管理；青苗赔偿

一、电网建设青赔工作的概念及管理模式

（一）电网建设青赔的概念

电网建设青赔主要指电网企业在建设电网过程中，对于建设所需占用的土地以及清理其上妨碍建设的树木、房屋等建筑物和构筑物，需实施的一系列的补偿工作，其范围涵盖了工程征迁青赔工作青赔费与建设场地征用及清理费。

工程征迁青赔工作青赔费指的是为确保工程顺利进行，工程管理单位需获取符合施工条件并满足设备运行的安全距离标准的建设用地，为此与土地及其上附着物（如青苗、房屋等）的物权人开展的建设场地征用及其附着物清理的理赔活动。

建设场地征用及清理费指的是涉及准备建设场地所需的一系列费用，包括但不限于土地征用、林地征用、迁移补偿、施工场地（通道）临时占（租）用、送电线路走廊清理补偿等费用。

（二）电网企业青赔管理模式

电网企业青赔管理模式主要分为以下两种：一是电网企业将青赔工作全权委托给属地政府及其工作机构（含乡镇及以上政府、村委会、政府电网建设协调指挥部等）。此种模式下，属地政府作为本地区电网建设青赔工作的主体，负责走廊林木清理工作、相关协调工作，与前期工作所涉及的青赔当事人或受赔对象签订一次性补偿合同，并按合同约定向其按时足额支付钱款，并采取措施确保在线路走

廊及保护区内青赔当事人或受赔对象不再新建危及线路安全的建筑物、构筑物，不从事危及线路安全的经营、搭建和其他行为。电网企业明确征地拆迁范围后，与属地政府签订青赔委托合同并支付相应补偿款项及协调费用，协调青赔相关事宜，提供线路通道验收标准并明确施工场地交付时限。前期咨询单位负责开展施工前期咨询，施工单位负责积极协助属地政府进行青赔协调工作，勘察设计单位则负责实地勘察与线路、塔基等设计工作。

二是电网企业将青赔工作委托施工单位开展，属地政府负责开展青赔协调工作。此种模式下，施工单位作为本地区电网建设青赔工作的主体，根据委托合同详细规划并执行工程征迁青赔工作，与前期工作所涉及的青赔当事人或受赔对象签订一次性补偿合同，并按合同约定向其按时足额支付钱款。电网企业明确征地拆迁范围后，与施工单位签订工程占地及附着物补偿委托合同并支付相应补偿款项及协调费用，并对施工单位的青赔工作实施全过程监督。此外，电网企业还与属地各级政府成立的电网建设领导小组办公室等工作机构签订配合协议，共同推进青赔协调工作。属地各级政府积极配合开展青赔协调工作，前期咨询单位负责开展施工前期咨询，勘察设计单位则负责实地勘察与线路、塔基等设计工作。

二、电网建设青赔工作合规研究的必要性

（一）深化法治央企建设的应有之义

党的二十大报告首开先河，专章深入阐释并系统部署法治建设，将"基本建成法治国家、法治政府、法治社会"作为 2035 年我国发展的总体目标之一，充分体现了党中央对法治工作的高度重视，为推进法治企业建设提供了根本遵循和科学指引。国务院国资委在《关于持续推进法治央企建设深化的指导意见》中，明确强调了中央企业应持续深化治理结构、合规经营、规范管理以及诚信守法建设。电网企业作为关系国家能源安全和国民经济命脉的国有企业，更要深刻领会全面依法治国和深化法治央企建设对公司提出的新要求，持续加强电网建设青赔工作的合规风险研究与防范是法治国网建设的重要内容，是全面深入学习贯彻党的二十大精神、深化法治央企建设的应有之义。

（二）推动企业合规管理的主动作为

国家电网公司 2024 年法治企业建设工作会议要求，要瞄准世界一流目标，围绕公司两会部署的五篇大文章做好服务、支撑和保障，聚焦防范化解重大风险、依法维权保安全、发挥法治价值创造功能、提升法治保障支撑能力、健全法治领导责任体系，全力做好各项工作，为公司实现高质量的发展提供坚实的法律支持与保障。从各类检查、审计、巡视巡察、案件等发现的问题来看，青赔工作仍存在一些薄弱环节，如青赔费用快速增长、合同重要事项约定不明、费用支付不到位等问题。加强青赔工作合规管理，夯实工程合规建设基础，是护航公司发展行稳致远、实现企业依法合规管理的必然要求。

（三）助力工程建设合规的关键举措

随着政府监管和社会监督力度不断加强，对电网工程依法合规管理要求愈加严格，既要加快工程建设推进，提高建设效率效益，又要满足内外部法律法规等建设要求。青赔工作是做好电网工程建设的前提和基本条件，由于电网建设线路走廊长、占地面积大、牵涉主体面广，存在青赔工作外部环境复杂、实际情况多变、历史遗留问题多、协调难度大等问题，成为电网建设管理面临的首要难题。为

此，必须将依法合规要求融入电网建设青赔工作，切实发挥风险防范、保障引领的价值作用，提升风险抵御能力，合规高效推动工程建设，更好服务公司战略落地实施和持续稳定经营发展。

（四）规避电网业务合规风险的现实需要

1.补偿标准无法律依据，青赔费用增长迅速

根据《中华人民共和国电力法》《中华人民共和国土地管理法》《电力设施保护条例》等规定，青偿费是针对青苗所有权人的一项补偿，属于国家征收集体土地所支付的土地补偿费用之一，其补偿标准依法由省、自治区、直辖市制定。

由于补偿的标准由省、自治区、直辖市等根据具体地域实际情况自行规定，存在如下问题：一是当前国家各部门和单位在征地及青苗赔偿方面尚未形成统一的标准，导致实际开展工作时根据各自内部规定和方法进行。这种分散化的做法在一定程度上扰乱了赔偿秩序，尤其是一些单位如高速公路、铁路、房地产公司为追求工程进度，过度提高征地及青苗赔偿金额，进一步加剧了市场的不平衡状态。二是同一地级市内各区域间补偿标准差异较大，易引发不同区域利益群众之间的对比。民众普遍倾向于追求高额补偿而排斥较低的补偿标准，这种趋势在部分情况下甚至演化为索价行为，导致实际工作中补偿费用远高于补偿标准，延缓征地工作的推进。三是征地及青苗赔偿工作协调时间不足。随着电网建设速度的不断加快，众多项目均面临严格的工期限制，工程建设各个环节已有明确的时间计划，缩短工期唯有从前期工作入手，线路建设工期的紧张导致了征地及青苗赔偿工作的协调时间严重不足。青赔工作本身具备复杂性和敏感性，在协调时间不足的情况下，为了加速完成青赔工作，部分电网企业在一定程度上减轻了对青赔费用管理的严格性，从而放宽了对青赔费用的管控力度。

2."两个距离"在司法实践中尚未统一

《电力设施保护条例》提出了"电力线路保护区距离"，《电力设施保护条例实施细则》在条例基础上进一步进行了细化，并明确了各级电压导线边线在计算导线最大风偏情况下，距建筑物的水平安全距离。

《110kV～750kV架空输电线路设计规范》第13节"对地距离及交叉跨越"提出了"电力线路安全距离"，明确了导线对地面、居住建筑、经济作物和集中林区等最小距离。

遇到"线房距离"纠纷之时，对于"两个距离"的理解不一容易引起纠纷。《电力设施保护条例实施细则》和《110kV～750kV架空输电线路设计规范》对于距离的具体要求不一致，而当某房屋处在电力线路保护区距离之内、电力线路安全距离之外时，适用何者成为房屋所有人和供电公司的纠纷焦点。

司法实践中，对于"两个距离"亦存在法律适用不一的情况。有的法院是从法律位阶角度来适用。（2019）黔01民终5488号民事诉讼案中认为《电力设施保护条例实施细则》属于部门规章，而《110kV～750kV架空输电线路设计规范》属于行业设计标准，从法律位阶上，适用更为严格的《电力设施保护条例实施细则》对人身及财产安全进行保护并无不当。有的法院是从"两个距离"设置初衷来适用。（2018）湘0621民初2331号民事诉讼案中认为《电力设施保护条例实施细则》的目的在于保护在建和已建的电力设施，而《110kV～750kV架空输电线路设计规范》则是针对规划设计中尚未开始建设的电力设施应当与已建成或在建的建筑物应当保持的安全距离，"先有线、后有房"适用前者，"先有房、后建线"适用后者。

可见，对"两个距离"的不同理解与适用，导致是否应该对该房屋进行征迁拆除及青苗占地补偿成为争议重点，容易引发诉讼、信访等纠纷。

3. 青赔合同重要事项约定不明，存在败诉风险

青赔合同谈判时，部分属地政府、青赔当事人或受赔对象较为强势，为了尽快开展电网建设，往往会存在合同条款较为宽松，对重要事项约定不明的情况。而合同中标的、价格、付款期限、权利义务、违约责任、争议解决等条款既是合同主要条款，又是实际履行过程中最容易发生争议的条款，如果约定不明，则可能产生争议无法有效解决、举证不能等困难，从而存在败诉风险，带来经济损失。

签订青赔合同时对双方的权利义务、补偿范围与补偿金额等重要事项约定不明，易导致双方对补偿范围的大小、补偿金额的具体用途产生争议，从而产生诉讼纠纷。在（2018）闽 01 民终 10006 号民事纠纷案中，电网企业认为已就施工造成的影响及后续影响一次性就相关费用进行了补偿，法院则认为虽然已将土质路维修费、农田修复费、临时场地费发放至村民，但对被村民的农作物损失并未作出实际赔偿，二审法院维持原判，判决电网企业赔偿村民农作物损失。

4. 支付过程管控不严，容易产生纠纷

电网建设青赔费用支付方式主要可分为直接支付和间接支付。直接支付方式是指电网企业直接与青赔当事人或受赔对象直接签订青赔合同，并根据合同条款将青赔款项直接支付至个人。间接支付方式指的是电网企业与属地政府及其工作机构（含乡镇及以上政府、村委会、政府电网建设协调指挥部等）或施工单位签订青赔工作委托合同，通过合同价款的方式将青赔费用支付至委托对象，再由委托对象将具体费用支付至青赔当事人或受赔对象。

电网建设青赔费用支付主要存在如下问题：一是被补偿主体不清。根据《土地管理法实施条例》第三十二条的规定，青苗补偿费归青苗的所有者所有，在工程建设过程中，由于土地承包、转租等情况，经常出现多个被补偿主体，除与土地所有者完成占地补偿外，相应土地的承包人、转包人、承租人也要求补偿，由此产生青赔费用支付纠纷。

二是费用发放执行监督不到位。当采取间接支付方式时，青赔费经层级审批后拨付至村级财政，最终发放至青赔当事人或受赔对象，资金流转过程较长。存在电网企业为了加快征收进度，同时也为了规避责任，将青苗补偿费一次性都支付给青赔工作委托对象，从而称自己已经履行了补偿义务，但部分青赔当事人或受赔对象对于青苗补偿费用的补偿数额并不认可或未收到青赔工作委托对象发放的钱款，进而引发关于青苗补偿费支付的争议问题，容易引起公司与青赔当事人或受赔对象的利益矛盾纠纷。

如果青赔当事人或受赔对象因为青苗补偿费数额或者发放的问题将电网企业诉至法院，电网企业主张自己已经将青苗补偿费全部支付给了青赔工作委托对象，然后由青赔工作委托对象再支付给具体个人的，那么在法庭上需要提供相关证据证明，否则于法无据，就要承担败诉的风险。

5. 存在利益主体合谋寻租现象

在青赔工作中，属地政府本应作为中立的第三方，承担起纠纷公正裁决与工作执行监督的双重角色，缓解电网企业与青赔当事人或受赔对象之间因利益冲突而引发的各种矛盾与纠纷，旨在保障青赔过程的顺利进行与社会秩序的稳定。然而在实践中，在"土地财政"的驱动下，滥用公权力的属地政府与在自身利益最大化驱动下索要高额赔款的青赔当事人或受赔对象结成利益联盟，推动利益主体合谋寻租现象的出现，进一步加剧了征迁青赔的矛盾，对电网企业的利益造成了严重损害，同时也引发了大量的利益纠纷和违法事件，影响了电网项目建设进度。

特别是如前所述的全权委托的工作模式下，属地政府虽作为青赔工作的责任主体，但在推进项目征迁及青苗补偿工作中控制成本积极性不高，对抢建、抢种行为疏于管理，存在不当增加青苗补偿、协调经费、塔基征占和施工道路补偿等额外费用的现象。这些额外费用可能会超出原定合同价款，造

成青赔费用过高；或未能做到专款专用，挪用青赔经费，从而导致与电网企业产生资金纠纷等矛盾。

6. 二次赔偿、空白期栽种现象屡禁不止

目前，电网建设线路工程塔基及通道一般不进行征地，各个地方也出台相应政策，如《福建省电力设施建设保护和供用电秩序维护条例》第十五条规定了"架空电力线路走廊和地下电缆通道建设不实行土地征收"。

实践中，存在完成补偿及通道清理后工程验收投产前，部分土地所有者再次在通道内种树、建屋的情况，导致工程无法实施或验收无法通过，出于工程建设的考虑，造成了重复补偿或多次补偿的现象。

此外，虽然《电力设施保护条例实施细则》规定了在一定前提下任何单位和个人不得种植树木等高秆植物，但并未对种植单位或个人做出明确的惩罚细则，亦缺乏对各级政府制定相应惩罚细则的明确要求。在缺乏问责条件的情况下，路径上抢栽、抢种、抢建问题普遍，造成施工进场协调困难，赔偿费用大幅增加。

三、电网建设青赔工作的合规管理建议

（一）做好前期调查工作

电网企业在开展青赔工作之前要做好前期的调查研究工作，以确保工作的顺利推进。一要充分协调各方主体做好前期工作。电网企业作为电网建设工程项目业主和主要推动者，应深入了解现场情况和青赔当事人或受赔对象具体情况，合规高效开展青赔工作；招投标阶段严格审核施工单位资质，并在施工过程中加强对施工单位素质教育和监管，避免出现野蛮施工，造成群众财产损失等情况；设计单位应认真开展勘察设计工作，在工程技术允许的前提下尽量规避穿越农田果园等敏感区域，并避免因设计的失误造成赔偿费用的增加。二要做好沟通协调工作。深入当地特别是与所涉地区受影响的百姓沟通，做好疏导和思想工作，增加他们对青赔工作的理解和支持，为后续开展建设中青赔工作奠定坚实的群众基础。此外还要加强与政府之间的合作，争取相关政府机构工作支持，成立电网建设协调小组，充分利用政府权力及时协调、解决、研究青赔工作中遇到的重点、难点问题，为推动青赔工作开展和工程建设营造良好环境，实现电网建设与地方经济发展的双向促进。

（二）规范支出青赔费用

一要做好费用前端管理。从预算编制的初始阶段加强把控，细化电网建设项目的项目预算，避免笼统的费用预算打包编制，特别是青赔费用应单独列出明细类型，并据此编制预算计划。二要加强对青赔费用支出的监督管控。签订合同时，有关业务人员要实地了解对青赔涉及的农作物等价格，开展市场调查并制定合理赔偿价格，赔偿文件要以市县政府文件形式出具并作为合同签订的依据，杜绝随意地抬高和压低价格；支出费用时，规范青苗赔偿费用入账要求，财务要严格审核青赔款项收据的完整性和合规性。三要制定青赔工作的月度里程碑表，明确职责分工和时间安排，控制项目的整体进度，以及在青赔之后及时进行信息公示，确保青苗补偿管理工作落到实处，为后续工作开展提供坚实保障。

（三）加强合同管理、案件管理

着力强化合同过程管理。提高合同文本的法律审核质量，加强青赔合同风险防范，发布风险防范

指导意见，筑牢合同合规"第一道防线"。依托经法系统等数字化平台开展合同在线预警监测，提升合同数字化管理能力，在线识别分析存在风险点，采取日常线上监督、专项检查与年度检查相结合的方式，从制度、流程、培训、协同监督等方面多措并举加强青赔合同履约风险防范和事后监督评估。

深化"以案促管"机制。规范青赔案件协助执行处理流程，强化青赔证据管理留存机制，全面构建案件诉前分析、应诉方案逐级审核、重大案件跟踪督办、疑难案件会商处理，推动构建"以案促管"长效机制。发挥青赔典型案件、败诉案件分析提示作用，做好案件的大数据分析，及时归纳、借鉴兄弟单位间类案处理的经验及教训。坚持和发展新时代"枫桥经验"，推进电力人民纠纷调解机制实体化运作，规范青赔纠纷受理、调查、调解、卷宗存档等处理流程，有效解决纠纷。

（四）持续推动法治宣传

秉持"与实践结合、与业务融合、与需求契合"普法理念，对内，通过培训普法、智慧普法和以案释法等多种形式，强化合规"第一道防线"工作人员的合规知识储备和培训训练，与青赔领域合规风险防控相结合，提升工作人员法治自警自省能力，培育人人事事时时合规的企业氛围。对外，结合电网企业"法律六进"（法律进机关、进乡村、进社区、进学校、进网络、进班组）主题活动，积极向外界宣贯电力法规等法治内容，引导当事人和社会公众依法按程序表达诉求，理性维护合法权益，通过运用理、法、情，提前调和纠纷、化解矛盾。

参考文献

［1］洪沿明.基于企业利益相关者理论的福建电力公司青赔模式研究［D］.厦门：厦门大学，2018.

［2］卞宏志，王德贤，徐影.新形势下电网工程项目征地青赔问题及改进对策研究［J］.企业质量与市场，2021（15）：128-130.

［3］李瀚儒，吴迪.高压架空输电线路征地、青苗赔偿工作分析及建议［J］.科技信息，2010（25）：763+739.

［4］陈铭.浅析新形势下如何做好电网工程项目的青赔工作［J］.建材与装饰，2017（37）：208-209.

［5］吴德松.正确认知"两个距离"的法律界定［J］.中国电力企业管理，2021（15）：43-45.

［6］于来福.如何做好电网施工建设中的青苗赔偿工作［J］.农村电工，2016，24（4）：5-6.

能源集团生态环保合规风险防控体系研究及应用

邹阳军[1]　朱斌帅[1]　杨宏伟[2]

1.华电电力科学研究院有限公司；2.中国华电集团有限公司

摘　要

　　通过健全生态环保管理体制机制、完善环保制度及标准规范、深入推进全产业生态环保综合评价、开展直属单位全覆盖专项督导、建立生态环保问题"一本台账"等，建立了能源集团生态环保合规风险防控体系，显著提升了集团公司系统生态环保管理水平，积极防范化解生态环保风险，切实推动了集团公司全产业生态环保依法守规水平不断提升。

关键词

　　能源集团；生态环保合规；风险防控体系

一、实施背景

　　党的十八大以来，生态文明建设深入推进，我国生态环境保护取得了阶段性巨大成就，"绿水青山就是金山银山"理念已成为全社会的共识。生态环保呈现从"末端治理"向"源头防范和末端治理并重"转移、从"污染防治为主"向"全方位生态保护与修复"转换的特点，"碳达峰碳中和""协同减污降碳"及《中共中央　国务院关于全面推进美丽中国建设的意见》的提出与部署更是推动生态环保向纵深发展，生态环保工作更加注重全局性、系统性和科学性。

　　同时，我国的生态环保监管持续从严，中央环保督察已作为一项政治任务长期开展。生态环保已成为集团公司系统稳定生产经营的重要保障，更是推动高质量发展的必然要求，建立生态环保合规风险防控体系十分必要且意义重大。

二、主要做法

（一）健全生态环保管理体制机制

　　一是明确各单位党委主要负责人是本单位生态环保第一责任人，在集团公司系统内全面推行党委主要负责人为组长的生态环境保护领导小组机制，全面加强党对生态环保的领导，落实党政主体责任。

　　二是按照"管发展的管环保、管生产的管环保、管行业的管环保"原则，建立了集团公司生态环保责任清单，进一步细化分工任务，落实"一岗双责"，并在集团公司系统内全面推广。生态环保责任清单全面分解落实了有关部门、有关岗位生态环保职责，旨在全方位（火电、水电、新能源、煤矿、储运码头、科工等产业）、全地域（各区域）、全过程（前期、基建、生产）加强生态环保工作。直属单位、基层企业生态环保责任清单的分解，切实推动了有关单位履行好生态环保职责，发挥分工协作、共同发力效能。

（二）完善环保制度及标准规范

一是结合集团公司生态环保工作实际，建立"1+6+N"生态环保制度体系，全面指导集团公司生态环保工作。其中，"1"是指以生态环境保护管理办法为基础；"6"是指以环境影响评价及前期工作管理办法、排污许可管理办法、生态环境保护奖惩管理办法、生态环境保护监督管理办法、环境应急管理办法等6项制度为枝干；"N"是指以若干项生态环保相关实施细则为补充。

二是根据各时期生态环保管理重点和相关管理要求，编制出台《火电生态环保监督管理指标规范》《中国华电集团有限公司排污许可证管理指导手册》《风电项目环境保护和水土保持技术导则》《烟气排放连续监测系统管理指导意见》《企业危险废物技术管理导则》《天然气分布式能源站项目环境保护技术导则》等一系列规范性文件，进一步提升生态环保管理标准化、规范化。

（三）深入推进全产业生态环保综合评价

一是分别组织建立了火电、煤矿、水电、新能源等产业生态环保综合评价标准体系，内容包括管理体系、日常管理、合规性管理、大气污染防治、水污染防治、固体废物污染防治、噪声污染防治、生态保护等方面200余项评价项目，评价范围涵盖企业全方位、全周期、全要素、全链条的环保工作。其中：全方位指企业生态环保体制机制建设、生态环境保护合法合规性管理、环保水保工程建设或环保措施实施、环保水保设备设施运维管理、生态环保日常管理等各方面工作；全周期指企业前期、基建、生产到关停（报废）整个生命周期；全要素指企业涉及的环保水保所有要素，主要包括大气、水、噪声、固体废物（含危废）等污染防治，水土保持、生态保护等工作；全链条指污染物或环境影响因子产生、治理、排放、回用、处置所有环节。

二是全面开展生态环保综合评价工作，系统梳理企业环境管理短板和薄弱环节，全面分析研判发现的环保风险点并进行环保风险评级。针对企业环保风险实际情况，提出工作建议，形成"一厂一策"生态环保综合评价查评报告，确保对环保风险全面管控，提升企业生态环保工作水平。截至2023年，已完成集团公司火电、煤矿产业130余家基层企业全覆盖生态环保综合评价，水电和新能源企业生态环保综合评价工作正逐步开展。

（四）持续开展生态环保专项督导

1. 直属单位全覆盖督导

为加强环保风险隐患管控，常态化开展直属单位生态环保专项督导，采取异地交叉检查方式，聚焦"重点区域、重点流域和重点项目"，全覆盖、地毯式排查环保风险隐患，举一反三做到"底数清、重点明"。

2023年，实现直属单位环水保"三同时"专项督导全覆盖，共印发整改通知书50余份，发现问题240余项，提出整改要求和风险防范建议300余项，确保问题整改有方案、有措施、有效果，严守生态环境安全底线。同步开展直属单位环水保决策复核，提出直属单位环水保决策过程问题20余项，指导提升新能源建设项目合规管理能力。拓展开展集团所属海外项目环水保"三同时"专项督导，确保生态环保监督无死角、无遗漏。

2. 建设项目环水保"三同时"全过程监督

严格落实《建设项目环境保护事中事后监督管理办法（试行）》有关要求，前移监督关口，持续开展火电建设项目环水保"三同时"全过程监督，具体在主体工程开工、主厂房交安、水压试验、点火、竣工环水保验收等关键节点全面梳理建设项目各项环保水保设施落实情况，确保满足环水保"三同时"要求，保证项目顺利通过竣工环水保验收，过程中消除生态环保风险。

3. 项目环水保文件技术内审

加强建设项目环境影响评价和水土保持管理，源头防范环保风险。严格建设项目环境影响评价管理，明确所有新、改、扩建项目环境影响评价按照国家相关要求，科学预测评价突发性事件或事故可能引发的环保风险，制定风险防范和应急措施，未通过环境影响评价审批的不得开工建设。持续督导各直属单位开展建设项目环评文件、水保方案、环水保验收文件的技术内审工作，进一步保障建设项目环水保文件的质量和规范竣工环水保验收。

（五）实施"一本台账"动态管理

为做到对生态环保问题清楚、整改有效，确保环保风险可控在控，组织建立了生态环保问题"一本台账"，对生态环保问题及整改计划实施台账清单式管理。

1. 台账内容

台账覆盖火电、水电、新能源、煤炭、科工等各产业，内容主要包括企业名称、企业类型、问题来源、问题描述、提出形式、提出时间、风险分类、整改措施类型、整改完成情况、整改进展具体情况、考核追责情况等。

2. 问题范围

按照"应纳尽纳"原则，及时、全面、准确地将生态环保问题纳入"一本台账"管理，包括以下几种类别：中央生态环保督察、国家部委或地方政府生态环保督导检查提出的问题等；中央巡视、国家审计或集团公司巡视、审计、内控监督评价等提出的生态环保问题；各类生态环保相关行政处罚、环境舆情、突发环境事件等；集团公司或直属单位生态环保问题排查和督导检查、企业自查以及第三方生态环保综合评价提出的问题等；未完成列入污染防治攻坚战实施计划重点项目和列入集团公司规划的重点生态环保工程项目等；其他渠道发现的生态环保问题。

3. 分级管理

纳入"一本台账"管理的问题全部按照环保风险等级认定标准进行风险等级识别（A/B/C 类），直属单位负责"一本台账"问题的升级、降级管理工作，在满足下列基本要求基础上，可结合实际情况明确具体调整条件。

以下情形之一的，环保风险等级须升级：相关法律法规及政府要求趋严，环保风险加大或影响程度加剧；未开展整改工作，且引起新的环保风险；整改工作中存在弄虚作假、形式主义等。

以下情形之一的，环保风险等级可降级：国家、地方政策或企业外部环境发生变化，环保风险减少或影响程度降低；整改工作取得积极进展，或取得相关政府管理部门相关批复文件，环保风险减少或影响程度降低。

4. 销号管理

在国家地方相关政策、企业外部环境发生变化，或生态环保问题完成整改、消除环保风险的可予以销号。

企业自查发现的 C 类风险问题由整改责任单位自行负责销号管理，其他问题由直属单位负责销号管理。其中 A 类风险问题，中央巡视、国家审计或集团公司巡视、审计、内控监督评价等提出的生态环保问题，国家级媒体曝光、群体性事件等环境舆情以及突发环境事件等问题整改情况，经集团公司安环部复核确认后销号。

三、实施效果

环保风险防控工作机制建立健全。公司系统全面建立以生态环境保护领导小组为统筹、生态环境保护责任清单为抓手、生态环保制度体系和标准规范体系为指引的环保风险防控工作机制，大幅提升集团公司生态环保监督管理效能。

高水平保护支撑作用有效发挥。通过深入推进全产业生态环保综合评价、持续开展生态环保专项督导、建立生态环保问题"一本台账"，梳理公司系统共性、难点问题，有的放矢，充分发挥高水平环境保护的支撑保障作用，为高质量发展"明底线""划边框""增绿添金"。

生态环保合规水平有力提升。经过集团公司大力督导、各直属单位积极督促、各基层企业切实落实，所发现生态环保问题大部分均已完成整改。2023 年，共提出生态环保问题 4593 项，整改销号 4300 项，整改完成率 93.62%，集团公司系统生态环保合规水平得到了显著提升，积极防范化解生态环保风险。

四、结语

企业作为生产经营主体，如何担负起自身环保风险管控的责任，对于企业生态环保工作来说仍任重道远。应深刻认识生态环保工作的重要性，严格贯彻落实党中央、国务院关于推进生态文明建设、坚决打好污染防治攻坚战的各项决策部署，持续提升企业生态环境风险防控能力。

参考文献

［1］许先春.着力提升防范化解生态环境风险能力［J］.环境与可持续发展，2020，45（6）：156–158.

［2］朱飞龙，刘祎，田田.浅谈企业环境风险防控与管理［J］.商业观察，2021（19）：94–96.

［3］王莉，何胜，李洪吉，等.大型电力能源集团生态环境风险防控体系构建研究［J］.环境影响评价，2022（005）：044.

［4］王若尧，董智鹤，邹诚诚，等.从石化议工业企业生态环境风险的管控［J］.市政技术，2020，38（1）：202–204.

供电公司关联交易合规风险防范

张利军[1]　瞿宁宁[2]　程　楠[3]　毛元媛[1]　王　蒙[1]　陈自勉[1]　许　晗[1]

1.国网浙江省电力有限公司杭州供电公司；2.国网浙江省电力有限公司杭州市萧山区供电公司；
3.浙江中新电力工程建设有限公司

摘　要

关联交易能够在一定程度上提高资金的营运效率，合理降低企业交易成本，但超出法律界限的不合规的关联交易则会影响企业的商业信誉和独立经营的能力，使企业遭受经济损失，增加企业的经营风险。供电公司作为关系国计民生的能源企业，更应谨慎对待关联交易，正确评估关联交易中存在的风险，完善关联交易标准制度，建立合规风险防范机制，规范采购程序，加强合同管理，健全监督机制，持续提升企业高质量发展能力。

关键词

供电公司；关联交易；合规；风险防范

一、关联交易的定义及其形式

关联交易顾名思义，即关联方之间所进行的交易行为。根据《企业会计准则第36号——关联方披露》，一方控制、共同控制另一方或对另一方施加重大影响，以及两方或两方以上同受一方控制、共同控制或重大影响的，构成关联方。其在实践中一般表现为：母、子公司之间；企业与其合营企业、联营企业之间；受同一母公司控制的企业之间；企业与有控制关系或有重大影响的投资方之间；企业与其母公司的高级管理人员及与其家庭成员之间；企业主要投资者个人、高级管理人员或与其关系密切的家庭成员控制、共同控制或施加重大影响的企业之间。国企改革后，供电系统中股权关系更加显性，主产业单位之间的关联关系进一步加剧，更应谨慎对待关联交易。

社会实践中关联交易的形式复杂多样，随着市场经济的快速发展，新的形式也在不断产生。关联交易主要表现在包括购买或销售商品、提供或接受劳务、购买或销售商品以外的其他资产、担保、租赁、提供资金、代理、许可协议、研究与开发项目的转移、关键管理人员薪酬、代表企业或由企业代表另一方进行债务结算等形式。

供电公司的关联交易中，企业与其子公司、同一控制人投资的其他关联公司、集体企业之间的关联交易是比较常见的。供电公司与关联企业间的业务主要集中在电力工程的设计、施工方面，因而其关联交易主要体现在提供或接受劳务、提供专业技术支持等方面。同时，随着业务范围的不断扩大，电力系统各企业投资新设多家子公司、分公司以满足业务需求，各子公司、分公司同受电力系统企业影响和控制，各子公司、分公司之间及其与电力系统企业之间都属于关联方。另外，由于人员频繁调动，电力系统之间或者与其子公司、分公司之间的人员相互流动，可能导致供电公司的交易中，交易双方的实际控制人实为同一人的情形。

二、供电公司关联交易中面临的风险

（一）招标无效

根据我国《招标投标法》及《招标投标法实施条例》相关规定，"招标人与投标人之间存在利害关系，可能影响招标公正性，其不得参加投标""投标人与投标人之间单位负责人为同一人或存在控股、管理关系的不同单位，不得参加同一标段投标或者未划分标段的同一招标项目投标。"关联企业之间，虽交易双方的法律地位名义上平等，但交易实际由关联人一方决定，在招投过程中可能会存在例如对关联企业的故意倾向行为，如资格预审文件、招标文件违反法律法规的强制性规定对其特意倾向，采用不合理条件限制其他投标人等影响招标公正性的行为。此外，集团性的供电公司之间人员调动频繁，企业的股东、实际控制人存在交叉任职的情形，在招投标中招投标双方的股东、实际控制人可能存在重合，也会影响招投标的效力。

（二）审计风险

关联交易能够产生规模效应，为企业节约经营成本，但是随着供电企业与供电系统集体企业之间关联交易愈加频繁，业务往来更加密不可分，在形成规模效益的同时，也容易出现财务状况不真实的情形。在实践中存在关联交易过程中资产、收入、费用混淆的情形，各企业相互处置资产以获取收益，相互为对方支付费用或者人员工资等情形。在关联交易过程中，可能存在权责未实际发生而发票已开具，利用信息的不对称性虚增当期收入的情形。此外，在交易过程中缺少现金的实际往来的情形，仅以应收账款形式呈现企业在该次交易中的收入情况，同时又存在人为调整利润，现金并未实际增加而仅增加应收账款易引发坏账风险。上述情形对供电公司会计信息的真实性产生影响，关联交易比例较高、关联交易的对象集中，均会增加企业的审计风险。

（三）企业经营风险

1. 业务承接不规范

关联交易容易存在非法转包、违法分包的情况，同时超资质或无资质承接业务，违反规定经营核心业务等情况也时有发生。对于电力设计、施工中属于法律规定必须进行招投标的项目，供电公司也存在未进行招投标程序而直接签订合同的情形，这些行为严重影响到主业的生产经营安全。

2. 定价不公允

关联交易较容易发生工程定价过分偏离市场价格、定价缺乏依据或者定价参考的标准不合理的情况。根据我国税法相关规定，关联交易的相对方之间的交易行为，应当在独立交易的基础上进行，即完全独立的企业和个人根据市场条件下的价格进行交易，分配其收入和费用。如果关联交易的价格不公允容易导致关联企业之间互相输送利益，存在虚增利润的可能，即使供电公司主观上并没有利用该行为为避税的故意，也可能给自身带来潜在的税务风险。

（四）增加垄断风险

供电公司较为容易被认为具有市场支配地位，在关联交易过程中，若出现"三指定"或者地政府通过会议纪要、内部文件、口头指令等形式，直接指定特定的供电公司作为项目实施方，或者产业单位之所以能承办相关领域内的电力建设项目的设计、监理、施工及采购，实则有赖于主业单位在属地供电领域的优势地位，存在垄断风险。

三、供电公司防范关联交易风险的对策

（一）完善关联交易标准制度

企业关联交易不规范的重要原因是企业内部缺少行之有效的关联交易规范制度。科学有效的管理制度是实现企业合规经营的基础，供电公司应当通过对内部规章制度的修订完善，对关联方的认定、关联交易的履行程序、关联交易的定价方式、关联交易的披露等相关内容予以规范。

一是明确关联方的认定，及时编制、更新企业关联方名录。在关联方名录中列明股权关系范畴的母子公司、关联企业，同时列明企业的重要客户和供应商。二是制定关联交易的履行程序，对关联交易的审批流程进行梳理、细化和明确，优化现有的关联交易内部工作流程，建立统一的标准化管理体系和分级审批授权制度，增强运营的合规性，降低关联交易的风险。三是加强供电公司与关联方之间的交易对账规则。安排专人负责，定期定时对账，同时设置完整的关联交易台账，及时归集关联交易档案。并且在制度中明确企业在关联交易中的定价标准，如明确定价的原则，定价的标准是基于该项业务自身的技术性、劳动力投入等，列明价格构成，以便具体项目适用。

（二）建立关联交易合规风险防范机制

一是从法律法规和规章制度的角度做全面性、系统性的风险识别。同时通过判例检索，对违法违规事项、责任后果、法律依据进行整理，建立包括采购方式、定价结算、决策审批、信息披露、诚实信用等方面的关联交易合规风险库，根据业务数量、风险影响程度、经济损失程度、责任后果等方面，科学评价，确定风险等级，并提出相应的防范建议。二是通过对关联交易合规依据的梳理以及合规风险的识别，从关联交易的定义、关联交易的合规要求、关联交易具体环节、关联交易监督及法律责任五个维度对关联交易进行全方面剖析。针对国有企业特殊性，从国有资产交易特别程序要求入手，规范关联交易报批流程、转让程序、进场交易、竞价、特殊事项审查、审批报备等程序。结合经营业务，确定常见关联交易类型，并就具体管理环节，如招投标管理、合同履约、审计监督等进行合规分析及行为规范，形成关联交易合规操作规范。

（三）规范关联交易采购程序

严格执行国家招标投标法律法规及相关制度，对于属于必须进行招投标的项目，如发现在投标人中存在关联方，应确保在投标人要求的设置，招标文件编制，评标专家的选取，开标、评标、定标等各个招标环节依法合规进行，要求对所有投标人均做到公开、公平、公正。将是否合规嵌入到招投标审批流程中，在招投标过程中，招投标文件、招投标决策意见等重要材料应设置专门的审查部门，进行严格监管审查，尤其审核招标文件对投标人的资格条件设置条款，避免按照关联企业的资质制定筛

选条件。

（四）加强关联交易合同管理

加大关联交易合同审核力度，建立合同履行信息上报收集机制，全面了解合同履行状态，对于涉及履行的重点条款，分解细化并嵌入到管理各环节并设置相关环节提醒，确保履行进程符合合同约定。建立合同变更、解除管理机制，加强关联交易合同变更、解除事项依据审核，并规范合同变更、解除文本及流程。建立合同定期检查评估的机制，及时发现并处理关联交易合同履行存在的问题，减少合同纠纷。通过专项检查、安全稽查、联合行动等多种形式和途径，严查关联交易项目转包、违法分包及资质借用、挂靠行为，减少和防范合同风险。

（五）健全关联交易监督机制

加强纪检、审计、法律、财务等专业协同，定期针对关联交易真实性、关联交易定价公允性、交易审批程序执行情况等进行自查自纠和专项审计，对梳理出来的问题和风险隐患实行"分类建账、跟踪督办、对账销号"闭环管理。对涉及金额大、频率高的关联交易，引入外部审计力量，复核关联交易的定价和执行情况，对明显不合理的交易定价进行修正调整。围绕责任部门是否明确、整改措施是否有效、责任追究是否明确、长效机制是否建立开展关联交易合规督导，强化溯源管理、源头治理和类案警示，堵塞管理漏洞。

落实关联交易违规追责问责机制，对于审计巡察、督查督导中发现的问题以及违规举报的线索，组建专业调查团队，通过走访、约谈、文件审查、财务分析等方式收集相关信息并进行核实验证。健全违规行为处罚机制，对于查实的问题，按照相关制度严肃追究违规单位和人员责任，同时将违规查办、风险警示、完善内控相结合，坚持举一反三、以案促教，不断提升员工在经营交易中的风险意识及底线思维能力。

四、结语

关联交易作为一个关联企业内部的经营活动，犹如一把"双刃剑"，企业能够利用关联交易实现内部资源优化配置获得经济利益，但同时不合规的关联交易也会对企业的生产经营产生消极影响。随着电力体制改革工作不断深化，关联交易呈现多样化、常态化，关联交易规范与否与供电公司的安全生产、健康持续经营息息相关。只有正确认识关联交易的潜在风险，加强对关联交易的规范化管理，以合法合规交易降低企业的经营风险，才能使供电公司真正实现高质量长远发展。

参考文献

［1］叶静娴.供电系统集体企业关联交易内部审计重点与剖析［J］.现代国企研究，2015（8）：25.

［2］范文慧.企业所得税法对内外资企业的影响［D］.太原：山西财经大学，2012.DOI: 10.7666/d.y2144177.

燃气轮机长期服务协议风险防控研究

徐峥嵘　郭佳雷　陈小龙

中国华电集团有限公司上海分公司

摘　要

燃气轮机以其高效、可靠、环保等特点，使其在能源利用和环境保护方面具有显著优势，已成为当今主要的工业动力装置之一，对于实现节能减排、推动工业转型升级具有重要意义。为确保燃气轮机的可靠运行，制造商与用户通常会签订长期服务协议，由制造商提供全方位的运维服务。这种服务模式能够有效提升设备的运行可靠性，降低用户的运维成本，但同时也面临着一系列挑战，如技术风险、管理风险、合同履约风险等，需要双方共同采取有效措施，建立健全的风险管理体系、加强合同谈判和执行、借助专业力量等，确保燃气轮机在长期服务协议执行过程中安全稳定运行，风险可控。

关键词

燃气轮机；合同管理；风险；防控

燃气轮机作为重要的动力设备，广泛应用于发电、石化、冶金等诸多领域，在现代工业生产中发挥着关键作用。以其高效、可靠、环保等特点，使其在能源利用和环境保护方面具有显著优势，已成为当今主要的工业动力装置之一，对于实现节能减排、推动工业转型升级具有重要意义。燃气轮机的可靠运行直接关系到整个电厂的生产安全与经济效益，因此其运维管理尤为关键。为确保燃气轮机的可靠运行，制造商与用户通常会签订长期服务协议，由制造商提供全方位的运维服务。这种服务模式在目前我国还不能自主全面掌握燃气轮机制造技术的情况下，能够帮助用户有效提升设备的运行可靠性，尽可能地降低用户的运维风险，但同时也面临着一系列挑战，如技术风险、管理风险、合同履约风险等，需要协议双方共同采取有效措施进行防控。

一、燃气轮机长期服务协议的主要内容

长期服务协议作为一种保障燃气轮机稳定运行的重要措施，其内容涵盖了定期检查、维护保养等多个方面。在协议执行过程中，相关服务提供商需按照约定，对燃气轮机进行细致全面的检查和保养，以确保设备的正常运行。

1. 定期检查

定期检查是长期服务协议中的重要环节。通过定期检查，可以及时发现燃气轮机在运行过程中可

能出现的故障和问题，从而避免因故障导致的设备停机或者性能下降。制造商会派遣专业技术人员定期到现场进行设备状态评估、预防性维修等，最常见的检查方法是孔窥，即制造商派遣工程师通过内窥镜对燃气轮机各部件的磨损、松动、热腐蚀等情况进行评估，以及对进气系统、发电机系统、汽轮机系统等进行检查，确保其正常工作。

2. 维护保养

维护保养是长期服务协议的另一重要内容。根据协议，服务提供商需定期对燃气轮机进行检修保养，根据运行的周期长短，检修维护通常分为大、中、小修。不同的维修对应不同的范围，如更换热通道部件、返厂修理部件、检查和调整主轴系统等。这些检修保养措施有助于延长燃气轮机的使用寿命，提高设备运行效率，降低故障率。通过长期服务协议约定的维护检修，燃气轮机设备用户可以确保设备在长时间运行过程中保持良好的性能，降低故障率，提高机组利用率。

3. 备件供给与更换

长期服务协议中还规定了备件供给与更换的相关条款。对于需要更换的部件，双方还需就更换时间、费用分担等达成一致。制造商在合同中承诺，必须确保各类备件的及时供应，以满足合作伙伴在设备维护和故障修复方面的需求。同时，双方还可就备用部件的储备数量、更换周期等方面进行约定，以确保设备的正常运行和降低合作风险。此外，为确保设备的稳定运行，双方还约定对重要热通道备件实施了滚动储备策略，即在保证用户运行方式的前提下，尽可能降低用户的备件储备，在同一电厂两套机组运行时间差距拉大的情况下，保证备件的及时返修和供应。

此外，协议中还应明确制造商在备件供应和更换过程中的服务质量。双方可约定制造商定期对备件进行更新和升级，以满足燃气轮机安全运行和环保需求的变化。同时，制造商还需提供技术支持和售后服务，确保合作伙伴在使用备件过程中能够得到及时的帮助。

4. 运行监测与故障诊断

长期服务协议通常会约定由制造商提供在线监测系统，对燃气轮机的关键运行参数进行实时监测，一旦出现异常，制造商可及时诊断并提供故障排除方案。同时，用户也有义务如实反馈设备运行状况，为制造商提供必要的支持。在 2008 年以前的长期服务协议中，制造商会有义务为用户提供一套完整的在线监测系统，这套系统可以实时地对燃气轮机的关键运行参数进行严密监测，如果制造商的监控中心监测到任何异常情况，后台专家就能第一时间发现并诊断问题，随后提供相应的故障排除方案。随着网络安全要求提升，在 2008 年以后，在线监测数据被禁止接入境外服务器，与境外制造商实施物理隔离。因此，在后面的长期服务协议中约定了用户也有责任如实向制造商反馈设备的运行状况，帮助制造商更好地了解设备的实际情况，从而为用户提供更加精准和有效的支持。例如，当制造商了解到用户设备的运行数据后，可以针对性地提供一些优化建议，以提高设备的运行效率和降低维护成本。

长期服务协议为制造商和用户建立了一种互利共赢的合作关系。通过实时监测、故障排除、信息反馈等方面的紧密合作，双方可以共同确保燃气轮机的稳定运行，降低运行风险，提高设备使用效率。这对于双方来说都具有重要的经济价值和现实意义。

二、长期服务协议执行过程中的风险识别

（一）技术风险

燃气轮机作为一种高度复杂的机械设备，其技术含量极高，因此在运行过程中可能存在诸多潜在

的故障模式。这些故障模式如果不及时发现和处理，可能会导致设备性能下降，甚至引发严重的事故。在长期的服务过程中，燃气轮机可能面临设备性能退化、零部件失效等技术风险，这些风险会直接影响设备的可靠运行。

1. 设备性能退化风险

燃气轮机由众多精密零部件组成。燃气轮机在长期运行过程中，不可避免地会遭受各种退化机制的影响，如热疲劳、热腐蚀、磨损等，容易出现疲劳断裂、腐蚀损坏等失效模式。因为燃气轮机在工作过程中，需要承受高温、高压、高速等多种严苛条件，导致零部件承受巨大的应力。一旦关键部件失效，将直接威胁设备的安全可靠性。以我国某燃气轮机运行企业为例，由于长期调峰运行，某型号燃气轮机的压气机叶片热疲劳现象逐渐加剧。在运行过程中突然发生了严重的裂纹断裂，导致压气机损毁严重，损失惨重。在一系列事故发生后，制造商采取了措施，对燃气轮机进行了技术改造和维修，避免了更严重的后果。

此外，腐蚀和磨损也是燃气轮机长期运行中需要关注的问题。在沿海地区，空气中盐分含量高，腐蚀会导致进气系统设备材料性能下降，影响设备的使用寿命。而磨损则会使设备部件之间的间隙增大，曾经有 E 级燃气轮机机组因长期盘车备用，导致松装叶片的定位销磨损，降低了设备运行的稳定性和可靠性。如果未能及时发现并处理这些问题，将会极大地增加设备事故的风险。

2. 诊断技术不足风险

燃气轮机运行状态的在线监测和故障诊断对于预防性维护至关重要。由于国内诊断技术的局限性，有时可能无法及时发现隐藏性故障，从而导致意外事故的发生，甚至可能带来严重的经济损失。虽然企业和研究机构不断加大研发力度，提高诊断技术的准确性和可靠性。但是基础研究薄弱，诊断人才匮乏，在线诊断的工具和算法仍然处于研究阶段，在今后一段时间内，燃气轮机运行状态监测仍然存在较大短板。

3. 部件升级风险

燃气轮机技术在不断发展，新的技术往往带来部件和系统的升级，在长期服务协议的执行过程中，升级改造是一个不能规避的风险。首先，升级改造大部分不是免费的，有可能带来经营压力。其次，升级改造后，原来采购的备件有可能面临不兼容的风险，给企业造成资产损失。最后，供应商采用的技术方案是否适合国内的运行方式，有时还需要验证。因此，在目前我们技术落后的情况下，对技改的研判存在一定风险。

（二）履约风险

长期服务协议的执行过程复杂且漫长，涉及多个环节，因此很容易出现一系列的履约风险，如信息沟通不畅、责任认定不清等。这些风险也可能对协议履约产生不利影响。

1. 信息沟通不畅

信息沟通不畅可能导致双方在协议执行过程中产生误解和矛盾。制造商与用户之间的信息共享和技术支持是协议顺利执行的基础，但由于各自的信息系统、沟通渠道不畅，可能导致信息交流不及时、不充分，影响故障诊断和维修效率。信息技术的发展使得信息沟通变得尤为重要，但同时也增加了信息泄露的风险。特别是由于网络安全的原因，如果双方在协议执行过程中不能保持畅通的信息交流，很容易导致误解和冲突，进而对协议的履约产生不利影响。

2. 法律纠纷风险

由于合同涉及国际贸易规则和国际法，一旦出现争议，很容易升级为涉外法律纠纷，给双方带来沉重的时间成本和经济损失。在国际贸易中，合同是双方约定交易的重要法律依据。然而，由于各国法律体系、贸易习惯和语言差异等方面的原因，合同执行过程中很容易产生争议。这些争议如果无法通过协商解决，可能会演变成法律纠纷。争议处理过程中，企业还需要耗费大量人力和物力来应对，这无疑对企业的运营和发展造成了很大的影响。在严重的情况下，企业可能会因为法律纠纷而破产。而且，法律纠纷还会对企业形象产生负面影响，使得企业在市场上的声誉受损，进一步影响其业务拓展和合作伙伴，对双方企业造成严重的影响。

3. 责任认定风险

责任界定是长期服务协议执行过程中面临的一个管理风险。长期服务协议中责任边界的界定是一大挑战，一旦出现设备故障，因涉及技术因素较多，如何认定责任归属，容易引发争议，影响合同的顺利执行。为了更好地解决这一问题，在合同谈判时期，双方就应在合同中详细列举可能出现的设备故障情况，并对每种故障应承担的责任进行明确规定。对于故障发生时的责任认定，可以参考业界公认的标准和实践经验，及时启动事故处理谈判，努力争取公平合理的处理方式。此外，合同还应设立专门的争议解决机制，以便在责任归属出现争议时，能够及时、有效地解决问题。

4. 冲突与配合风险

长期服务协议最初来源于境外制造商，合同文本本身就带有国际法律冲突和贸易规则冲突。例如：在早期的长期服务协议合同中，如果现场服务人员发现可能影响生命健康的问题存在，可以先行撤离。这个条款本身就包含着对现场环保要求的法律冲突。所以，长期服务协议要求制造商和用户在执行过程中保持高度配合，这是一项至关重要的要求。由于双方在利益诉求上的不一致以及协调机制的不健全，有时可能会出现配合不力的情况。这种风险无疑会对维修质量和效率产生负面影响。

（三）管理风险

1. 履约环境风险

在实际操作中，长期服务协议的执行还可能受到外部环境因素的影响，如国际环境、政策变动、市场风险等。这些因素可能导致协议中的某些条款无法按照原定计划执行，从而给双方带来损失。在这种情况下，双方应及时调整策略，以应对外部环境的变化。例如，在国际环境变化，中美贸易摩擦加剧的背景下，相关燃汽轮机企业的采购、运输、服务都受到较大影响，企业应及时与国外供应商协商，就协议内容进行调整，以降低风险对协议执行的影响。各方应充分沟通，细化合同条款，以确保合同能够在发生风险时发挥应有的约束和指导作用。

2. 相对方经营风险

制造商可能因自身经营状况恶化而无法按时提供服务，或用户因财务处理需要变化而拖欠维修费用，这些都可能导致协议违约。长期服务协议费用高，对企业现金流的影响较大，因此，在长期服务协议的执行过程中，因平衡现金流而提前或延期支付的情况较多。在实操过程中，各方需要重视违约风险，尤其是在相对方信用跟踪方面。通过建立健全的沟通机制，以及适时调整协议内容等措施，确保协议的顺利履行。

3. 知识产权管理风险

长期服务协议涉及庞大的投入和长期利益相关，长期服务协议中往往设定知识产权保护机制，如我方在第三方采购中，服务提供商可能在提供服务过程中使用未经授权的技术、软件或其他知识产权成果，从而导致他方被卷入知识产权纠纷。服务提供商的员工可能在服务过程中接触到他方的知识产权成果后，离职并将其带到新的工作单位或竞争对手处，从而导致他方的知识产权被泄露和侵犯。因此在长期的合同执行过程中，应当对知识产权加强管理，只有当双方都充分认识到知识产权的重要性，严格遵守协议内容，才能确保项目的顺利进行，实现共赢的局面。

三、燃气轮机长期服务协议风险防控措施

燃气轮机长期服务协议执行过程中存在诸多风险因素，这些风险不仅可能影响设备的正常运行，还对制造商和用户的声誉及经济利益造成潜在威胁。因此，双方需共同努力，采取有效措施对这些风险进行预防和控制。

首先，制造商和用户需共同建立健全的合同风险管理体系。该体系应包括风险识别、风险评估、风险应对和风险监控等环节。实践中，从一些国际大公司提供的合同文本来看，其风控体系比较完备。反观我们的合同风控体系正处于起步完善阶段，应加强燃气轮机发电企业针对长期服务协议的合规风控体系建设，形成与外商匹配的风险管理机制，双方可以及时发现潜在风险，并采取针对性措施将其降到最低。例如，双方可以定期召开联席会议，共同分析燃气轮机运行数据，以便提前发现可能出现的问题。

其次，高度重视合同谈判。合同谈判是完善文本，提高履约效率，降低履约风险的重要保障。经过近20年的探索，我们对燃气轮机长期服务协议和燃汽轮机运维技术都有了一定了解，积累了较为丰富的谈判经验。因此在开始谈判时，应组织精干团队，将积累的经验运用于合同条款的设计，建立有效的沟通机制和冲突解决机制，例如合同文本适用我国法律的条款；双方同意聘请第三方责任认定条款；寿命折损赔偿条款等。实际谈判中力争使服务商提供完善的售后服务，包括技术支持、故障排除和备件供应等，以确保燃气轮机在运行过程中的稳定性和安全性。

再次，加强合同执行的管理。长期服务签订后，用户需要定期收集与合同调整触发条件相关的数据，如市场价格指数、法律法规变化、服务质量指标等。可以通过行业报告、政府统计数据、内部监测系统等渠道获取这些数据，并对收集到的数据进行分析，判断是否达到合同调整的触发条件。可以使用数据分析工具和方法，如趋势分析、比较分析等，来评估数据的变化趋势和影响程度。企业合规法务部门应当定期对长期服务协议的执行情况进行评估，及时发现风险点，跟踪履约质量，通过这些措施，可以有效降低燃气轮机在长期服务协议执行过程中的风险。

最后，发挥央企专业公司和行业协会积极作用，加强对燃气轮机产业的监管和指导。例如，制定和完善相关法规标准，规范燃气轮机市场秩序；加强对制造商和用户的培训，提高行业整体素质；推动产业技术创新，加强对燃气轮机进行定期巡检和保养技术的研发，开发自主运行监测技术，实现实时数据共享和远程监控，及时预判发现并排除故障隐患；建立健全应急预案，针对可能出现的设备故障和安全事故，制定战略采购和应急保障方案，确保能够迅速响应并采取有效措施。

总之，燃气轮机长期服务协议风险防控是一项系统性、长期性的工作。制造商和用户应协同努力，通过建立健全的风险管理体系、提升产品质量和服务水平、加强管理和维护以及加强沟通与协作等措施，确保燃气轮机在长期服务协议执行过程中的安全稳定运行。只有这样，双方才能实现共赢，共同应对燃气轮机行业日益激烈的竞争挑战，促进燃气轮机产业的健康发展。

配电变压器安装位置合规风险分析及应对建议

李红琳[1]　胡旻昊[2]　解　惠[2]

1.国网山东省电力公司桓台县供电公司；2.国网山东省电力公司淄博供电公司

摘　要

　　配电变压器作为与居民生产生活区域融合度较高的电力设施，近年来与之相关的各类纠纷也越来越多。通过梳理相关案例和实务调研，发现矛盾点多集中于变压器安装位置引起的规划手续、消防隐患和电磁辐射合规性争论。笔者聚焦以上三大矛盾点，结合相关法律法规、国家标准、裁判案例进行合规性分析，进一步明确了配电变压器的规划、消防、电磁辐射合规要求，并提出风险防范建议。

关键词

　　配电变压器；安装位置；规划许可；防火规范；电磁辐射

一、背景综述

　　近年来，随着信息获取的便捷性、不对称性以及居民维权意识的提升，变压器与住宅等建筑物安全距离相关法律纠纷事件频发。截至检索日 2024 年 4 月 7 日，笔者以"变压器位置"为关键词在 Alpha 案例数据库中检索，相关民事纠纷多达 286 件（不含调解结案）。

　　实务中，因 35kV 及以上高电压等级输电工程建设项目审批流程规范清晰，且电力企业内部多配有专职人员负责相关规划、审批手续办理，电网项目占地选址合规风险较小，发生相关民事纠纷后相关证据认定较为清晰明了。反之电压等级较低的 10kV 及以下配网工程建设，从国家层面无强制性项目前期规划标准，加之项目覆盖面广、数量多，与居民生产生活区域融合度高，相关矛盾纠纷更为突出。近两年笔者在工作中也相继收到关于配电变压器安装位置的相关咨询，主要涉及选址是否有规划许可、变压器的安装是否带来周边消防隐患、电磁辐射危害等，矛盾双方在援引相关法规、标准时亦存在不同意见，甚至存在援引标准错误问题。

　　基于上述背景和现状，考虑到各类规范、标准的地域差别，本文聚焦配电变压器安装位置产生较多纠纷的三类问题，分析其合规要求及风险，提出应对建议。

二、配电变压器安装位置合规风险分析

（一）配电变压器是否需要办理规划许可问题

《中华人民共和国城乡规划法》第四十条规定：在城市、镇规划区内进行的建筑物、构筑物、道路、管线和其他工程建设的，建设单位或者个人应当向城市、县人民政府城乡规划主管部门或者省、自治区、直辖市人民政府确定的镇人民政府申请办理建设工程规划许可证。申请办理建设工程规划许可证，应当提交使用土地的有关证明文件、建设工程设计方案的材料……

针对此条规定，淄博市规划局于2017年颁布《关于落实国务院清理规范投资项目报建实施方案的意见》（简称《意见》）进一步解释明确：市政设施建设类审批事项，未"或不需要"办理使用土地权属手续，无法提供有效地使用土地的有关证明文件，不符合核发建设工程规划许可证的条件，根据"没有法律法规依据"原则，市政设施建设类审批不在建设工程规划许可范围内。因此，配网工程作为直接关系地方生产生活用电的建设工程，归属于"市政设施建设类"项目，其线路及变压器的安装无须办理建设工程规划许可证。

另，在"叶瑞平、刘田英等与电力行政管理部门行政诉讼纠纷"［案号（2020）湘02行终8号］一案中，湖南省醴陵市住房和城乡建设局也就案涉10kV变压器出具《关于叶瑞平投诉玉屏山庄变压器事项的回复》，明确"该变压器的安装不属于上述条款所规定的需要办理建设工程规划许可证的建设工程"。

综上，无论是从规范性文件解读还是相关案例认定事实来看，配电变压器均无须办理建设工程规划许可证。

（二）配电变压器与建筑物距离是否存在消防隐患问题

国家标准《建筑设计防火规范》（GB 50016—2014）第5.2.3条第一、二款规定："民用建筑与单独建造的变电站的防火间距应符合本规范第3.4.1条有关室外变、配电站的规定，但与单独建造的终端变电站的防火间距，可根据变电站的耐火等级按本规范第5.2.2条有关民用建筑的规定确定（第5.2.2条规定的民用建筑之间的防火间距最低为6m）。民用建筑与10kV及以下的预装式变电站的防火间距不应小于3m。"

《建筑设计防火规范》的条文说明中对第5.2.3条的说明为："民用建筑所属单独建造的终端变电站，通常是指10kV降压至380V的最末一级变电站。这些变电站的变压器大致在630kVA–1000kVA之间，可以按照民用建筑的有关防火间距执行。但单独建造的其他变电站，则应将其视为丙类厂房来确定有关防火间距。对于预装式变电站，有干式和湿式两种，其电压一般在10kV或10kV以下。这种装置内部结构紧凑、用金属外壳罩住，使用过程中的安全性能较高。因此，此类型变压器与邻近建筑的防火间距，比照一、二级耐火等级建筑间的防火间距减少一半，确定为3m。规模较大的油浸式箱式变压器的火灾危险性较大，仍应按本规范第3.4节的有关规定执行。"

通过上述条文规定可以看出，该条文规定适用于容量630kVA以上的10kV变压器，防火间距为3m；630kVA以下的10kV变压器不适用《建筑设计防火规范》。

《20kV及以下变电所设计规范》（GB 50053—2013）第4.1.1条第5项规定："城镇居民区、农村居民区和工业企业的生活区，宜设户外预装式变电站，当环境允许且变压器容量小于或等于400kVA时，可设杆上式变电站。"第6.1.5条规定："当露天或半露天变电所安装油浸变压器，且变压器外廓与生产

建筑物外墙的距离小于 5m 时，建筑物外墙在下列范围内不得有门、窗或通风孔：1. 油量大于 1000kg 时，在变压器总高度加 3m 及外廓两侧各加 3m 的范围内；2. 油量小于或等于 1000kg 时，在变压器总高度加 3m 及外廓两侧各加 1.5m 的范围内。"

据此可以看出，当配电变压器容量小于或等于 400kVA 时，根据油量大小来确定和建筑物的安全防火安全距离，最远距离要求为 3m。

综上，根据上述两项国标规定，按照变压器容量、油量进行评估安全距离后，现场实际距离满足上述规定即可视为与周围建筑物不存在消防安全隐患。

（三）配电变压器的电磁辐射问题

从相关规定来看，《中华人民共和国环境保护法》第四十二条和《民法典》第二百九十四条规定，产权人不得违反国家规定排放电磁辐射等有害物质。排放污染物的企业事业单位和其他生产经营者，应当采取措施，防治在生产建设或者其他活动中产生的电磁辐射等对环境的污染和危害。但同时，《电磁环境控制限值》（GB 8702—2014）第 5 条豁免范围规定，从电磁环境保护管理角度，100kV 以下电压等级的交流输变电设施产生电场、磁场、电磁场的设施（设备）可免于管理。10kV 电压等级的配电变压器（包括杆式变电站、箱式变电站）属于以上豁免范围，因此，由此产生的电磁环境问题不在环保监管范围内。在"郭昊等诉国网北京市电力公司排除妨害纠纷一案"［案号（2016）京 0101 民初字 2653 号］中，法院认为，环境豁免是指某一类设施或工程项目在建设及运行过程中，其产生的环境影响程度已足够轻微，即对周围环境的影响远远小于环境保护标准的要求，无须进行环境保护或管理，对人体健康也是安全的。"豁免"规定的提出，是经过国家环保总局组织多方专家反复论证做出的决定。

从科学角度讲，电磁辐射是指能量以电磁波的形式通过空间传播的现象，频率越高，波长越短，越容易形成电磁波，即电场、磁场交替产生向前传播，从而产生电磁辐射。而在国际权威机构的文件中，输变电设施产生的电场和磁场，被称为工频电场和工频磁场，与电磁辐射是完全不同的两个概念，其对环境造成的影响是非常有限且可控的，亦有多次高电压等级变电站电磁辐射监测试验予以证明。

从诉讼风险讲，电磁辐射污染纠纷环境侵权案件，污染者应当就法律规定的不承担责任或者减轻责任的情形及行为与损害之间不存在因果关系承担举证责任。但受害者首先应当证明电磁辐射引发了客观危险的存在，其次，受害者应证明电磁辐射造成了损害的事实。如前所述，科学上的不可能就带来了受害者举证相关损害事实的不可能。作为污染者来讲，要证明因果关系不存在，则应证明已运行的变压器周围环境参数符合国家标准。因为电磁辐射的国家标准兼具科学属性和法律属性，具有强制性和权威性，电磁辐射的国家标准既是行为规范又是裁判规范，因此证明变压器周围环境符合国家规定的标准，即可视为变压器的存在与受害人的损害之间不存在因果关系。因配电变压器属于环保监管豁免范围，所以污染者只需要证明变压器本体参数符合国家标准，即可完成其行为与损害之间不存在因果关系的举证责任。

综上，配电变压器不会产生像 X 光那样的电离辐射，也不会产生有害电磁辐射，不存在违反《环境保护法》《民法典》的风险。从合规角度讲，配电变压器属于电磁环境控制豁免范围，不存在环保监管违规风险。一旦发生相关诉讼纠纷，只需要证明变压器本体参数符合国家标准即可。

三、配电变压器安装位置纠纷应对建议

如上所述，配电变压器安装无须取得规划许可证，亦不在环保监管范围内，行政监管合规风险相对较小。但同样也存在和建筑物之间距离是否达标、变压器参数是否达标等风险隐患。加之信息掌握得不充分、不对称性，公众很难区分电力设施与其他电磁辐射源之间的区别，进而引发对电力设施建设项目的抵触，产生"邻避效应"，衍生信访、舆情等其他风险隐患。因此，妥善选择变压器安装位置并积极应对相关纠纷实属必要。

（一）新建配电室、新装公用变压器位置、容量要符合国家有关标准要求

《城市电力规划规范》第 7.5.2 条规定，公用配电室宜按"小容量、多布点"原则规划设置，配电变压器安装台数宜为两台，单台配电变压器容量不宜超过 1000kVA。露天安装变压器应当注意，两台以上的变压器，其外壳轮廓净距不应小于 1.25m；变压器距可燃性建筑物的距离不应小于 5m，距耐火建筑物的距离不应小于 3m；附近应当设置醒目的安全警示标志。室内安装的变压器外廓距后墙壁、侧墙壁净距不应小于 0.6m，距门净距不应小于 0.8m。

（二）变压器位置的设置应当兼顾公共利益和相邻各方知情权

变电站是现代城市不可或缺的基础设施，配电变压器更是直接关系末端用户供电的电力基础设备。供电企业基于提升供电能力，保障电力可靠供应，积极拓展电网布局；政府部门基于地区经济发展需要，支持电力先行加大电网投资，当电力设施的布置势在必行，作为相邻各方的私权利也应当得到保障和兼顾。因此，建议供电企业和有关行政主管部门有必要进一步完善信息公开沟通机制，项目选址要充分考虑相邻各方应当忍让的尺度，在公共利益和个人利益判断和权衡中寻找最佳平衡点。属于应当列入城市规划范围内并取得相应证件的，供电设施产权单位应当合规办理，有关部门按照规定程序做好审批。对于无行政强制要求的电力设施项目，电力设施产权单位和行政归口管理部门应当做好信息披露，按照电力设施法律法规要求处理好与相邻各方关系。

（三）加大科学认识电磁辐射的舆论宣传

虽然相关科学研究表明，变压器、高压电力线路等电力设施对环境所造成的影响有限且可控，但是因为对信息掌握不充分，公众很难准确了解电磁辐射对人体健康的影响。对未知事物的猜疑容易引发对自身环境安全的顾虑，进而激发抵触情绪，因电产生矛盾。加之人们生活的环境中存在广泛的电磁辐射源，例如电视机、电磁炉、电脑、手机等都可以成为辐射源，在因果关系不明的情况下，人们往往容易寻找外部因素转嫁"危机"，导致涉电辐射案件频发。因此，建议电力企业及各类新闻媒体加大对电磁辐射的科学宣传，创新宣传形式，减少信息沟通壁垒。同时，建议有关行政部门加强舆情监管，对于自媒体或各大网络平台刊发的违背科学事实或者可能引起公众误解的信息，及时处理，避免负面信息影响扩大。

参考文献

［1］李便琴. 110kV 变电站的电磁辐射影响分析［J］集成电路应用，2022，39（12）：186-187.

［2］贾振邦. 环境与健康［M］. 北京：北京大学出版社，2012.

［3］贾宏艳. 不同等级变电站电磁辐射对周围环境的影响及防治措施［M］. 呼和浩特：内蒙古大学，2016.

［4］朱方旭，崔翠红，陈志平. 城市中心变电站电磁辐射监测及防治措施分析［J］. 低碳技术，2018（9）：90-91.

境外金融风险管理数智化创新与应用

陈玺如　王金昭　于耀翔　王　博　周亦乔

中国华电海外资产管理有限公司

摘　要

为满足电力企业财资中心对境外金融风险管理要求，实现对业务涉及国家（地区）存款、贷款、投融资业务运行情况监测、质量管理和预警分析，达到资产数据查询和管理功能，中国华电海外资产管理有限公司开展境外资金风险管理信息化建设，利用信息化方式开展日常业务风险监测预警、业务风险监测报告、基础指标数据管理，推动提升财资中心境外金融风险管理数智化水平。

关键词

境外；金融风险；数智化

中国华电海外资产管理有限公司（简称华电海资公司或公司）是中国华电集团境外资金管理平台，代表中国华电履行境外账户及资金管理、资金结算、融资管理、风险管理与咨询及境外债券受托管理等职能，提升集团资金使用效率，助力产业发展，是集团公司"产融结合"的重要载体和关键力量。公司在防范境外金融风险方面不断深耕，取得了一系列丰硕的成果。

一、实施背景

（一）电力企业境外投资发展

近年来，"一带一路"倡议加速了中国全面对外投资的步伐，中国能源企业海外投资方面也增长迅速。根据美国企业研究所和传统基金会发布的中国对外投资追踪数据（China Global Investment Tracker，简称 CGIT 数据），2005 年 1 月至 2022 年 12 月，中国能源企业海外投资项目达 465 起，涉及全球 90 个国家或地区，总金额高达 4369 亿美元。2022 年，随着《区域全面经济伙伴关系协定》生效，中国对"一带一路"沿线国家投资快速增长，能源投资是我国企业对外直接投资的重点。根据 2023 年 10 月商务部发布的《2022 年对外直接投资统计公报》数据来看，在 2022 年我国海外投资并购行业案例中，电力、热力、燃气及水的生产和供应业达 33 起，总投资金额 15.8 亿美元。仅就中国华电而言，截至 2023 年 9 月，境外控股在运在建电厂 11 个，装机容量 503 万 kW，是东盟地区最大的发电运营商。

电力企业投资具有投资金额大、资金回收周期长以及不确定性高等特点，叠加"一带一路"沿线国家地缘政治形势、经济发展水平、社会治理程度、资源禀赋因素等方面存在巨大差异，与沿线国家的合作面临着多重风险。根据 CGIT 对中国企业对外直接投资失败项目的统计数据，2005 年至 2022年，能源投资共出现 91 笔失败项目，发生在"一带一路"沿线国家的达 44 笔，项目总价值高达 728.5亿美元。

电力企业境外投资的金融风险，主要体现在流动性和汇率风险方面。一方面，不同国家的政治环境和政策变化可能对跨境金融业务产生影响，东道国政治干预、外汇管制等现象时常发生。跨境交易中的各方可能存在违约或无法履行合同的风险，境外企业倒闭或者企业效益降低，以及信用不好的企业长期拖欠电费，都会造成回收的资金少于投入的资金，久而久之会出现企业资金链断裂风险。另一方面，汇率风险方面，跨境金融业务涉及不同国家或地区的货币，汇率波动可能导致本币价值的下降或损失。就境外财资中心金融风险管理工作来看，随着集团公司国际业务的发展，经营主体的不断扩张，境外财资中心管理的难度也逐步增加，特别是涉及的国家（地区）币种多元化、外汇管制政策的多样化、账户管理业务量增加、利率汇率波动以及管理标准日趋精益化，传统的风险管理模式已经难以适应新发展的要求，探索境外金融风险管理数智化创新势在必行。

（二）坚持把防控风险作为金融工作的永恒主题

习近平总书记指出，防范化解金融风险特别是防止发生系统性金融风险，是金融工作的根本性任务。2023 年中央金融工作会议明确提出要实现金融强国宏伟目标，首次提出"八个坚持"，明确了"坚持把防控风险作为金融工作的永恒主题"，必须高度重视金融风险的传染性、隐蔽性和破坏性，增强忧患意识，树牢底线思维、极限思维，以"时时放心不下"的责任意识做好风险防控工作，牢牢守住不发生系统性金融风险的底线。公司坚决贯彻落实党中央关于防范化解重大金融风险的决策部署，立足境外财资中心定位，打造风险管理平台，通过制度、内控、信息化建设以及提升业务人员的专业能力，构建科学稳健的金融风险管理体系，重点加强境外金融风险管理信息化、智能化水平，以数智化赋能风险管理，全面提升境外金融风险管控能力，为中国华电国际业务发展提供了有力支持和坚实保障。

二、内涵和做法

（一）境外金融风险管理的措施

1. 建立健全境外金融风险管控体制机制

公司坚持审慎风险原则，根据"十四五"发展战略和业务特点，确定了公司风险偏好，明确了"不发生金融风险事件、不良资产率为 0%"的风险管理目标，不断建立完善风险管理组织体系和治理架构。机构设置方面（见图 1），主要负责人是内控合规风险管理第一责任人；董事会是内控合规风险管理重大事项决策机构；设立风险控制委员会作为风险管理的专业机构，对风险事项进行专项研究；财务与风险管理部具体牵头实施风险管理工作。机制建设方面，每年制定风险偏好陈述书，明确七个维度风险容忍度与风险限额；结合公司经营预算目标、提质增效目标，定期调整修订风险指标预警阈值，促进全年目标任务的达成；有步骤地推进风险信息管理系统建设，先后建设了内控合规风险管理一体化信息平台、境外资金管理系统风险管理平台，逐步实现了外法内化、内控点和风险点的融入，风险自动提示，重大风险评估等工作，提高了风险管理的规范化、信息化水平。

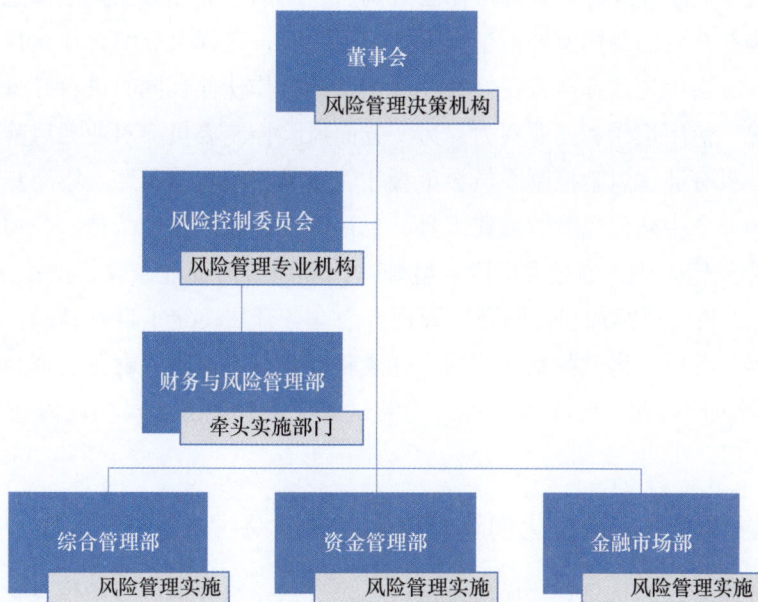

图1 风险管理组织机构设置

2. 建立境外金融风险制度体系

公司以制度建设为抓手，形成了三级风险管理制度体系（见图2）。《内控合规风险管理办法》作为统领，是风险管理的第一层级，明确了"强内控、促合规、防风险"的管控目标，建立"以风险管理为导向，以合规管理为重点，严格、规范、全面、有效的内部控制"的大风控体系。聚焦于金融风险管理专业领域，制定《风险管理实施细则》作为第二层级制度，主要针对信用风险、合规风险、市场风险、流动性风险、操作风险等金融风险类型，规范风险监测和报告机制。为落实风险管理具体措施，细化建立《流动性风险管理办法》《汇率风险管理办法》等第三层级风险管理制度，经过不断完善，逐步形成了层级分明、结构完善的风险管理制度体系。

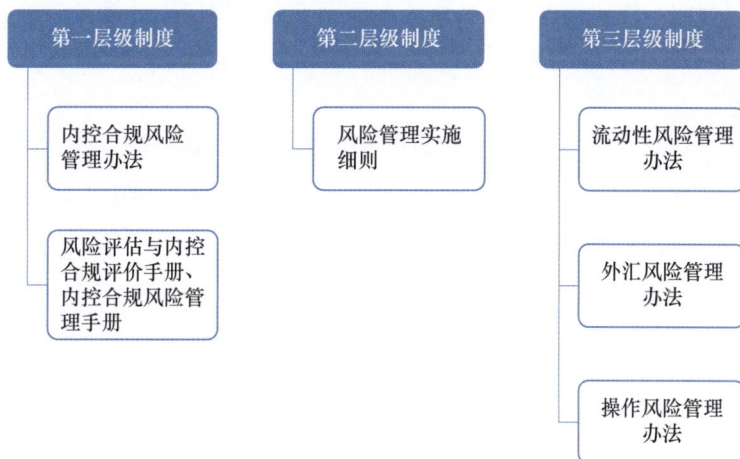

图2 三级风险管理制度体系

3. 建立金融业务风险管理的内控体系

公司开展境外金融业务"四步走"策略。第一步，提前开展合法性论证。在进行跨境金融业务前，深入了解目标市场的法律和规定，以确保符合当地法律法规要求。2022 年，公司在开展柬埔寨资金归集之前，充分地开展柬埔寨外汇管理法律法规调研，聘请专业律师出具法律意见书之后开展相关业务，确保资金归集符合柬埔寨国家外汇管制要求。第二步，选择可靠的合作伙伴。在跨境金融业务开展过程中，公司一方面优先选择声誉良好且经验丰富的合作伙伴，同时进行充分的尽职调查，了解合作伙伴的财务状况、信用记录和商业实力，另一方面风险控制委员会对业务风险进行事前审查，对风险进行全面评估，只有通过风险控制委员审查才能启动相关决策程序。第三步，科学制定合同条款。合同是跨境金融业务中防范风险的重要工具，也是解决争议的重要依据，公司制定明确的合同范本，开展合同全生命周期管理，通过"境内＋境外"律师组合对商业条款、法律条款进行严格把关，落实合同 100% 法律审核，持续加强合同履约管理，为业务开展奠定了良好基础。第四步，加强风险培训。公司组织开展"海资大讲堂"系列培训，开展制度宣贯、风险、财务、资金管理及金融市场等专业培训，规范开展风险通报、专项流动性压力测试等，增强业务人员的风险意识，提升风险应对能力。

（二）境外金融风险管理数智化创新与探索

公司探索推动风险管理与信息化建设深度融合，设计搭建境外金融风险信息化平台，其功能如图 3 所示。以"实时监测，穿透分析，自动预警，多维展示"为原则，在资金运作、资金管理等日常业务管理功能的基础上，增加风险管理要求的"业务基础数据管理、风险指标监测与预警、经营指标维护与监测、风险报告管理"四大主题功能，将基础数据、风险指标、经营指标嵌入信息系统，集成彭博实时数据、集成财务系统报表，对各类存款、贷款、投融资业务运行情况进行实时、多维度、在线穿透监测和预警分析，实现动态取值、跟踪计算、自动判断、提醒预警等功能，全方位展现财资中心运行管理情况，增强风险管控的自动性、全面性、时效性、准确性，有力支撑全面风险管理体系落地运行。

1. 基本业务、基础数据统计查询

基础数据管理主要围绕资金运作业务、资金账户管理情况设计数据统计查询功能，包含企业贷款授信额度查询、企业贷款提款到期查询、投资限额查询等 20 多项业务数据查询（见图 4）。其中，以"企业贷款授信额度"为例，能实现按企业名称查询每家企业的授信累计额度，通过对币种、日期等字段进行筛选，查询授信明细情况，同时支持联动查询相关授信的申请单据材料。

2. 风险监测预警

风险监测预警主要根据公司《风险指标监测与预警办法》《风险指标清单》和《风险指标监测与预警表》，建立风险指标字典，对公司日常监测的五大类 36 项量化指标的定义和计算方式、预警阈值进行汇总，进行实时监测、趋势分析和预警（见图 5）。

以"外汇总敞口头寸比例"为例，通过在系统中分别自动提取人民币、港币、欧元、加币等的交易敞口头寸、归集资金、交易头寸计算后，测算当期总敞口头寸比例，与预警范围进行比较，判断得出预警种类，重度预警显示红色，中度预警显示黄色，轻度预警显示浅绿色、正常显示绿色。同时支持进一步细化展示人民币、港币、欧元、加币、新币等敞口头寸比例，也可穿透展示特定币种的交易敞口头寸、归集资金和交易头寸的具体金额。

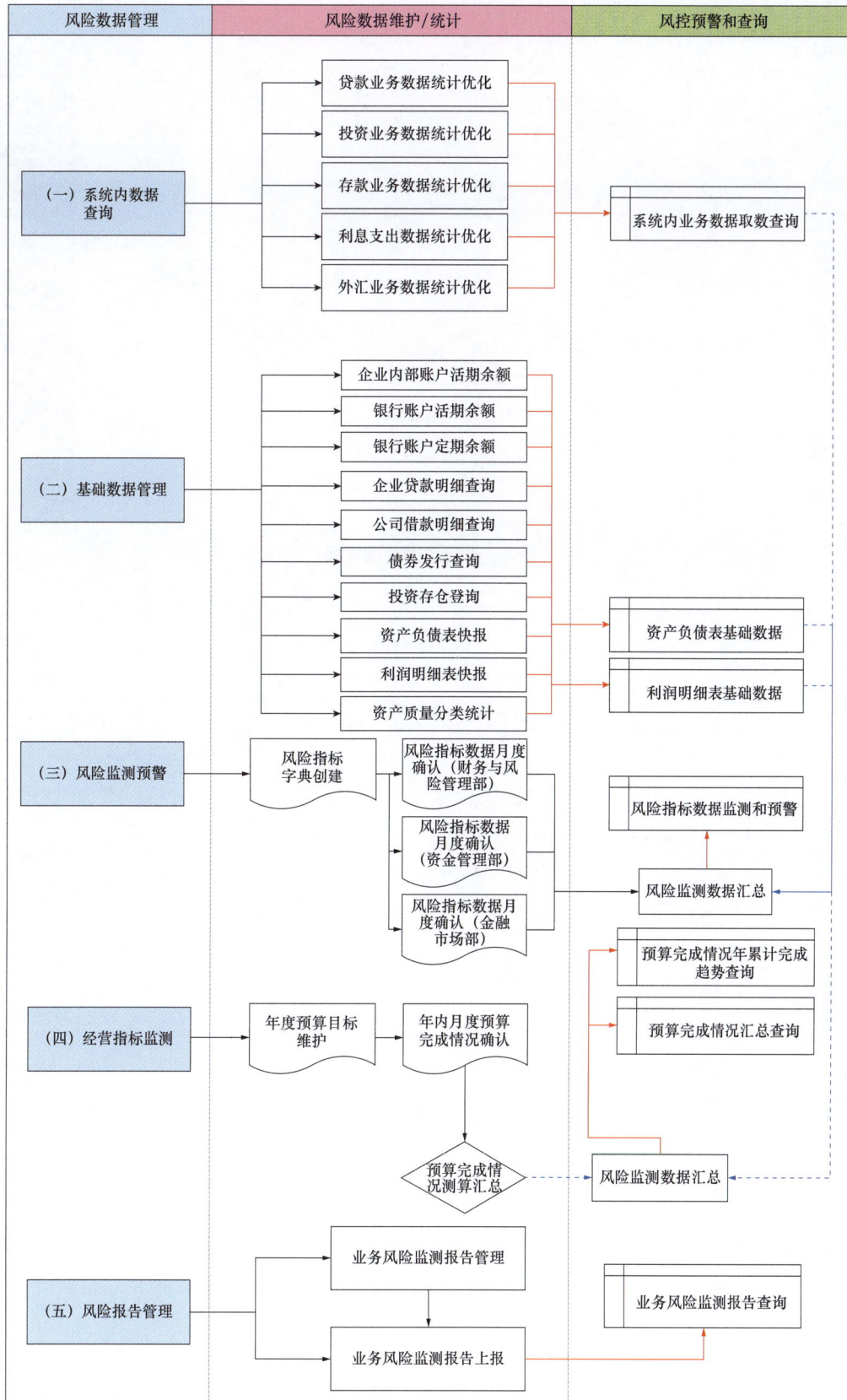

图3 风险信息化平台功能图

图 4　基础数据管理界面

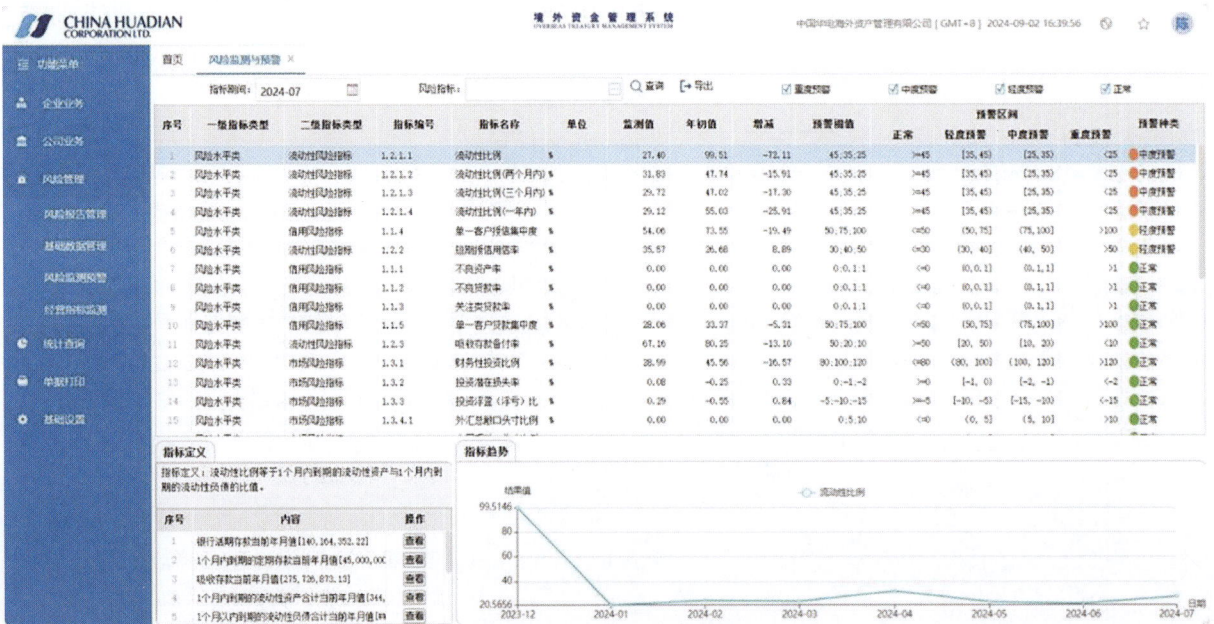

图 5　风险监测预警界面

3. 经营指标监测

经营指标监测主要根据公司年度经营预算目标对包含主营业务收入等 29 项重点指标进行展示，清晰展示完成情况、完成率以及同比情况等内容（见图 6）。

4. 风险报告管理

风险报告的管理模块按照风险报告要求，定期提醒风险上报维护，实现风险管理文件材料的汇总和查询（见图 7）。

图 6　经营指标监测界面

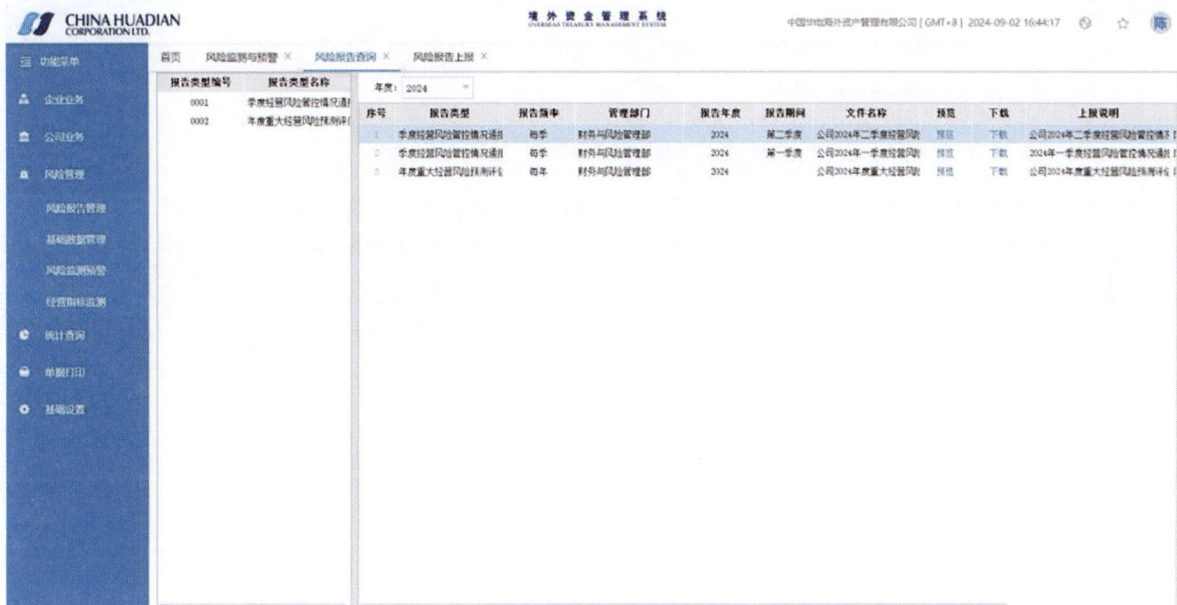

图 7　风险报告管理

三、实施效果

（一）实现了风险监测的智能化转变

境外金融风险管理平台的建设，实现了风险管理由传统的人工测算、判断预警向自动测算、实时监控、科学预警转变。平台覆盖风险指标 36 项，细化穿透分解至最基础 134 个经营指标要素，通过与彭博、共享中心、远光做集成接口，基本实现了自动取数，大大减少了人工测算工作量，保障了指标测算的时效性、智能化、科学性。通过指标要素的穿透分解，又达到了对业务环节的数据填报、测算逻辑复核检验的效果，实现了全业务流程的闭环管理，有效提升了业务系统运行的准确性、严谨性、可靠性。通过实际运行测试，风险指标、经营指标测算预警的准确率满足风险管理的要求。

（二）提升了公司内部治理的效能

境外金融风险管理平台的应用极大地推动了风险管理制度的优化，公司修订了《风险预警指标管理办法》，促进公司内控手册优化完善；风险管理措施更加深入全面，对经营指标完成情况的全面实时展示、对风险指标的预警，都为公司事项决策提供了可靠的数据支持，促进了决策的科学性、合理性和有效性，大大提高公司内部治理效能。

（三）保障了经营发展安全

境外金融风险管理平台的应用，促进了境外金融风险防线的健全完善，推动了中国华电境外资金流动性风险管控，优化提升了归集资金运用，畅通了跨境资金调拨，为扩大境外授信储备、推动债券资金协同以及汇率风险管控提供了更加科学高效的信息化支撑，筑牢了境外金融风险防线，保障了不良资产率持续为 0%，为集团公司国际业务发展提供了坚强的资金支持。

参考文献

［1］苏宇，赵依婕，王佳阳，等.中国能源企业海外投资失败成因与对策.襄策合规.（2023–11–08）［2024–05–20］http://www.xiangcecompliance.com/288.html.

［2］中国华电集团有限公司.中国华电：以合作为笔书写丝路新篇章.国资委网站.（2023–10–19）［2024–05–20］http://www.sasac.gov.cn/n2588025/n2588124/c29125668/content.html.

［3］卢文华.金融供给侧结构性改革的背景、内容及其对商业银行的影响［J］.吉林金融研究，2019（11）：26–32.

［4］李祎.国有企业融资性贸易风险及防范措施研究——以国有企业C公司为例［D］.北京：对外经济贸易大学，2024.

［5］高学礼.商业银行全面风险管理体系建设对策［J］.时代金融，2021（18）：16–18.

［6］黄珽，李育红.监管新规下集团财务公司风险管理研究——基于新华联集团的案例分析［J］.财务管理研究，2024（8）：29–34.

以合规管理为切入点防范触电案件风险

汪永红[1]　徐榕拥[1]　李先锋[2]　付红豪[2]　陈自勉[2]　许　晗[2]

1.国网浙江省电力有限公司桐庐县供电公司；2.国网浙江省电力有限公司杭州供电公司

摘　要

触电人身损害责任纠纷在供电企业诉讼案件纠纷中占有比较大的比重，因其具有突发性，事先预防难，损害后果严重，赔偿额度逐年增加且社会影响恶劣等特点，成为供电企业合规管理的难点和重点。本文从合规管理的角度，运用法治思维和法治方式，通过对触电原因、触电点电压等级及设备产权归属等因素进行综合分析，找到防范触电案件的合规义务来源，并结合典型触电案件判决情况进行分析，明确企业合规风险点，制定合规风险防范措施。

关键词

合规管理；触电案件；风险防范

一、实施背景

（一）企业履行社会责任的内在要求

供电企业全面落实以人民为中心的发展思想和人民电业为人民的企业宗旨，以服务人民美好生活需要为出发点和落脚点。维护公众利益是供电企业应尽的义务，在生产经营过程中应尽可能降低对周边社区和公众的影响。触电人身损害事故往往对受害者身体造成严重伤害，甚至可能导致死亡，给受害者及其家庭带来巨大的痛苦，同时，对于企业来说，也会影响企业的声誉和生产经营，降低公众对相关设施和环境的信任度，不利于企业可持续性发展。这就要求供电企业应将依法合规经营摆在更重要的位置，通过不断加强内控合规管理，有效防范触电案件风险。

（二）企业实现提质增效的必然选择

触电事件往往伴随着人身伤亡，极有可能引发群体性事件，给供电企业正常工作秩序、安全生产、社会稳定带来极大压力，对供电企业社会形象造成负面影响。同时，在同情弱势群体、以人为本、和谐维稳大局的背景下，面临受害人亲属、社会、政府、法院越来越大的各种方式压力，供电企业正承担着越来越多的补偿或赔偿责任。不仅如此，这些事故还可能导致公众对供电企业的信任度下降，使得企业在市场竞争中处于不利地位；并且，频繁的触电人身损害事故也会增加企业的运营成本和管理难度，对企业的长期发展造成阻碍；此外，供电企业还需要投入大量的时间和精力来处理相关的纠纷和诉讼，分散企业的资源和注意力。

（三）企业加速专业提升的必经途径

分析触电人身损害事故发生原因，主要包括电力设施不符合规程或标准（安全距离不足）、未尽管理或警示义务等以及社会公众对电力安全意识淡薄或严重缺乏，电力企业以外的电力设备产权人或维护管理人疏于维护管理自有电力设施等，致使隐患形成，却侥幸放任而导致事故发生。不管是内部环境还是外部环境，都对供电企业提供供用电服务、加强安全防护等方面提出更加严格的要求。供电企业作为具有专业电力知识和专业能力的企业，应该不断加强企业内控合规管理，从明确操作流程、识别应对风险、加强监管、制定预案等方面着手营造重视安全的企业氛围。

二、主要做法

（一）合规角度分析，明确合规义务来源

1. 区分高压触电和低压触电

依据引发触电事故的电压等级不同，可以将触电案件分为高压触电案件与低压触电案件。高压触电适用无过错归责原则，这是基于对公共安全的特殊保护和社会责任的考虑，即无须考虑加害人的过错，由侵权人承担责任，但能够证明损害是因受害人故意或者不可抗力造成的，不承担责任。被侵权人对损害的发生有重大过失的，可以减轻责任。低压触电，属于一般侵权，适用过错责任原则，即必须有证据证明低压经营者存在过错，才承担责任。区别高压触电和低压触电目的在于判断具体侵权类型，以便采取针对性防范措施。

2. 区分主动触电和被动触电

依据触电人损案件中受害人在事故中主观状态的不同，可以将触电案件分为主动触电和被动触电两类。主动触电是指事故电源一直保持对周围环境安全的静止状态，只是由于受害人的主动行为才导致这种安全状态被打破并导致触电损害后果的发生。被动触电是指受害人与电源之间的安全状态被打破是由致害电源的位置移动引起的，触电结果的发生对受害人而言是被动的。区别主动触电和被动触电目的在于寻求导致损害后果的原因及各原因力对于损害后果的作用大小，从而判断案件是否存在免责事由，是否存在第三人过错以及如何分担法律责任。

3. 区分产权内触电和产权外触电

根据触电人损案件中事故发生点不同，可以将触电案件分为供电企业产权范围内触电和产权范围外触电。触电损害赔偿责任主体的划分应以电力设施产权的分界点为标准，确定供用电双方对供电设施维护管理和承担民事责任的范围。电力进入谁的产权范围之内，就应该由谁负责管理，并承担造成损害的侵权责任。区分产权内触电和产权外触电目的在于判断责任的归属，各方采取针对性的安全措施，加强对产权内电力设施的管理和维护。

4. 区分单因触电和多因触电

根据导致触电人损案件原因力多少可以将触电案件分为单因触电和多因触电。单因触电案是指触电后果的发生只有一种原因而无其他因素参与引发的触电事故。多因触电是指引起触电后果的原因力有两个或两个以上。该类型的触电人损案件在实际触电案件中占绝大多数。区分单因触电和多因触电

目的在于通过明确造成侵权损害后果的原因，依法确定侵权责任主体，并进一步依据案件事实及法律规定确定各责任主体的责任份额及是否存在连带责任等。

（二）研究典型案例，梳理合规风险点

1."经营者"的确定

依据引发触电事故的电压等级不同，适用的责任原则不一样。《民法典》第一千二百四十条延续《侵权责任法》第七十三条将"经营者"规定为高度危险活动致人损害的责任主体。高度危险责任实行无过错责任原则，即无须考虑加害人的过错。高度危险责任中的"经营者"，应是指能够支配高压、高空和地下挖掘等高度危险活动的运行并从中享受运行利益的主体。根据最高人民法院（2015）民申字第 1767 号、（2016）最高法民再 140 号《民事裁定书》观点，电力包括发电、输电、配电、用电等环节，从事高压活动的经营者，既包括发电企业，也包括供电企业，还包括利用电力设施使用高压电进行生产经营的用电单位，认定"高压设施产权所有人和用以生产经营者"为"经营者"。但在实践中，有的法院法官，在高压触电案件发生时，不是按照"电力设施产权人"的概念进行责任承担，而是认为，虽然电力设施产权不属于供电公司，电力仍属于供电公司经营，供电公司对输电线路上的高压电流享有运行支配和运行利益，系从事高度危险活动的经营者。对此，需要进一步深入研究和论证"经营者"的定义和范围，明确在不同情况下供电公司是否应被认定为"经营者"，以及其相应的责任和义务。同时，应收集更多的相关案例进行分析，为企业在应对此类案件时提供更充分的法律依据和辩护策略。

2.产权分界点的明确

触电案件可能因为法院法官对"经营者"概念的不同认识，有时不是严格按照产权分界点进行责任划分，但大部分案件还是以产权分界点为标准进行责任划分。明晰供电企业与用电客户双方的产权非常重要。明晰产权应有法律依据，双方签订的供用电合同就是有效的法律依据。必须签订供用电合同，约定条款，明晰供用电设施以及运行中的电流的所有权和经营权，确定供用电双方对供电设施维护管理和承担民事责任的范围。此外，还应加强对供用电合同的管理和监督，确保合同的有效执行，避免因产权分界不明确而引发的纠纷和责任承担问题。

3.警示标志的责任主体

供电企业因为没有设立警示标志被法院判赔的案例为数不少。答辩意见中，电力企业都辩称设立警示标志的责任在政府电力管理部门。目前，《浙江省电力条例》第六十四条对电力管理部门及电力设施所有人、管理人设置保护标志和安全警示标志进行了规定，明确电力设施所有人、管理人应当按照国家和省有关规定设立电力设施安全警示标志。《民法典》第一千二百四十三条规定，未经许可进入高度危险区域或者高度危险物存放区域受到损害的，管理人能够证明已经采取足够安全措施并尽到充分警示义务的，可以减轻或者不承担责任。由此，设置安全警示标志已明确成为供电企业的一项重要义务。因此，供电企业应高度重视警示标志的设置和管理，确保在危险区域设置明显、有效的警示标志，以尽到充分的警示义务，降低企业的法律风险。

4.安全用电检查的义务

通常而言，供电企业和用户仅需也只能对各自拥有产权的电力设施实施检查，但供用电双方的电力设施通过电网联结为一体，用户的用电行为以及用户用电设施设备的运行状况直接关系到电网安全和供用电秩序稳定。《中华人民共和国电力法》第三十二条、《电力供应与使用条例》第四十条、《浙江省电力条例》第五十七条均规定，供电企业有权制止危害供用电安全和扰乱供用电秩序的行为。而供

电企业在特定情况下对用户设施设备及其运行状况进行检查核实，是制止危害供用电安全和扰乱供用电秩序行为的必要条件。因此，供电企业应加强对用户设施设备的安全用电检查，建立健全的检查制度和流程，及时发现和消除安全隐患，确保电网安全和供用电秩序稳定。

（三）针对合规风险点，制定风险防范措施

1. 坚持高压电力产权人即高压经营者的原则

高压触电案件发生时，应坚持"高压电力产权人即高压经营者"的答辩思路，以电力设施产权的分界点为标准，认定供用电双方对其供用电设施以及运行中的电流的所有权和经营权，确定供用电双方对供电设施维护管理和承担民事责任的范围。收集同类典型案例，在案件审理中作为参考，引导、影响法官对案件的审理，营造良好法治环境，依法保障企业合法权益。同时，加强与法院的沟通和协调，争取在法律适用和责任认定上达成共识，避免因理解不一致而导致的法律风险。

2. 加强供用电合同管理

全面签订合法有效供用电合同，明确约定双方权利义务，供电设施的产权分界点及维护管理责任，通过附图的形式详细明确标明产权分界的具体地理位置，避免法律风险。客户资料发生变更或合同到期、供用电合同中产权分界描述与现场实际不符，应及时和用户沟通，修订或重新签订供用电合同。此外，加强对供用电合同的审查和管理，确保合同条款的合法性、完整性和可操作性，及时发现和解决合同中存在的问题，防范合同纠纷的发生。

3. 加强线路运维及隐患排查

建立健全的隐患排查治理制度和流程，加强对隐患排查工作的监督和考核，确保隐患排查工作的有效落实。重点针对老旧线路，加大巡查力度，发现安全隐患及时消除，提高设备健康水平和运行可靠性。重视新技术防范措施的运用，如对较易攀爬的变压器周边装设远程报警装置、设置不易老化的警示标志等。妥善处理与用户用电检查关系，在抄表收费或对有运维责任的电力设施进行巡查中发现用户存在用电安全隐患时应及时制止、下发整改通知，彻底消除隐患。

4. 开展对外宣传维护企业形象

加强电力法规和安全用电宣传，充分发挥新闻媒体的作用，积极在涉电纠纷高发的城郊、农村地区开展宣传教育。推动政府部门加强电力行政执法，协同开展三线缠绕整治、线路走廊树障清理、清理电力设施范围内的违章建筑等活动。加强供电企业履行社会责任防范触电事故宣传，增进与司法机关的联系、沟通，消除社会偏见。此外，还应加强对企业形象的塑造和宣传，提高企业的社会认可度和美誉度，树立良好的企业形象。

5. 全面提升内部合规意识

开展与人身触电赔偿相关的民法、民诉法等合规教育，促使全员更加积极、自觉地履行民事管理义务，谨慎注意，防患未然。强化程序意识和证据意识，严格执行工作规范。利用商业保险转移赔偿风险，明确保险处理流程，确保事故发生后保险理赔规范处理。编制《触电案件办理指引》《触电案件分类典型案例》，明确不同情形下应实施的风险防控、法律干预、诉讼维权等应对措施。建立触电案件"四不放过"管理机制，确保问题分析透彻，整改和防范措施、责任追究落实到位。同时，加强对员工的培训和教育，增强员工的法律意识和合规意识，增强员工的风险防范能力和应对能力。

三、实施效果

（一）合规风险敏感性显著增强

通过开展触电案件风险防范专项行动，各部门积极参与触电隐患排查，将触电案件防范作为年度法律合规风险控制计划，进一步完善工作流程及作业标准，触电案件压降成效显著。同时，通过合规风险识别、制定防范措施等一系列工作增强工作人员合规风险辨识能力，及时准确发现潜在问题，提高隐患发现及时性。做好相关知识宣传，对触电事故易发区域加强巡视，发放防触电宣传手册等，降低风险发生的可能性。

（二）合规风险应对能力明显提高

对触电案件法律合规风险有充足的认识，对案件发生后报案、证据固定、保险流程进行专业化指导，全面提升法务人员及专业人员风险应对能力。同时进一步明确了职责与分工，落实隐患排查责任主体，大力推行属地化管理，发挥属地化合规管理优势，确保合规管理要求的有效落实。

（三）合规风险防范意识显著增强

从供用电合同、用电报装、安全用电和电力设施保护宣传、运行维护等多个方面加强专业管理，形成全过程防控体系。工作人员的触电隐患安全防范意识得到了极大的增强，在工作中能够更加谨慎地处理与电相关的事宜。同时，对电力线路的巡视检查力度持续加大，全面排查安全警示标志设置，大大降低了触电可能性的发生。此外，与电力主管部门、安监部门的协同合作进一步加大，高效地指导用户及时消除各类安全隐患。社会各界对供电企业工作的认可度和满意度明显提高。

参考文献

［1］杨立新.侵权责任法［M］.4版.北京：法律出版社，2020.

［2］梁捷.电力企业对于高压触电人身损害纠纷的法律风险分析［J］.农电管理，2022（8）：65–66.

供电企业全面防范合规风险对策研究

李　勤　宁　旌　徐卓悦

国网四川省电力公司自贡供电公司

摘　要

现阶段，电力企业面临着外部监管日渐严格、内部合规法律风险矛盾日益突出、合规管理结构不完善、监督体系管理效率低下等问题。本文通过对所在的地市级供电企业面临的合规风险开展调查研究，收集相关资料，采用统计、拆分法、归纳法、分类对比等方法，分析合规管理风险的成因、后果及影响，制定防范对策，完善管控流程，对电力企业如何建立坚固有效的合规风险防火墙进行了探析。

关键词

合规风险；电力企业；机制建设

2023 年新修订的《公司法》中明确规定国家出资企业应当加强内部合规管理。当前，随着全球化的深入发展，企业的业务活动将逐渐扩大到全球范围内，电力企业面临的合规风险更趋复杂。为深入贯彻落实中央增强忧患意识、防范风险挑战工作部署，有力有序防范化解生产经营中的各项风险，要进一步强化风险防范意识，开展新形势下企业合规风险点的排查和评估，建立健全合规风险预警机制，为加快结构调整、实施"走出去"战略、进一步提高国际竞争力提供坚实的法治保障。

一、供电企业合规管理现状及其分析

（一）供电企业经营管理合规风险现状

笔者以所在地市级供电企业作为蓝本，按照所面临合规风险的普遍性和特殊性，将合规风险分为共性风险和个性风险两类。通过采用问卷调查、召开风险控制座谈会、调取企业智慧法务系统平台数据等方式进行分析，归纳出员工违法犯罪是企业目前面临的合规风险共性问题。针对安全环保、投资并购、电网建设、招标采购、供电服务、调度交易、财务税收、劳动用工、知识产权、网络安全与数据管理、反垄断、反商业贿赂等 12 个合规管理重点领域，通过抽取智慧法务系统合同、案件、风险数据等方式，采用统计、分类对比等方法进行分析，归纳出合规风险个性问题集中体现在安全环保、电网建设、供电服务 3 个专业领域。如图 1 为 2020—2024 年各专业领域合规风险统计图。

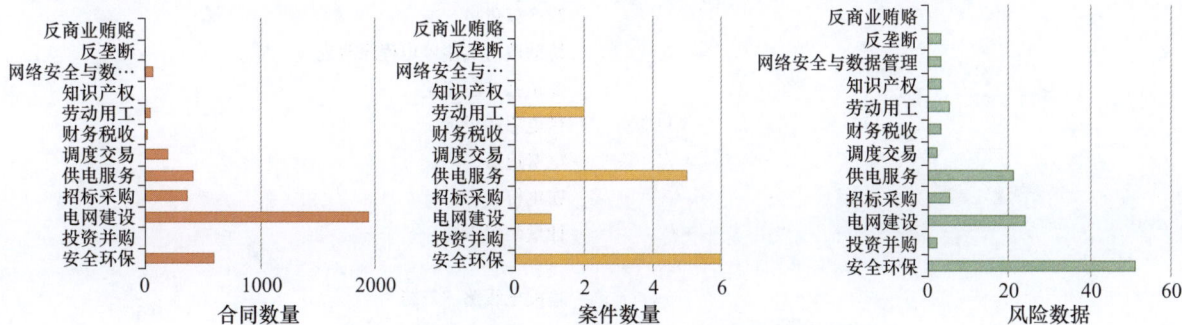

图1　2020—2024年各专业领域合规风险统计图

（二）对供电企业经营管理合规风险的分析

1. 合规风险共性问题及分析

笔者所在供电企业目前合规风险共性问题集中体现为发生员工违法犯罪合规风险。目前员工多发的违法犯罪行为主要包括吸毒、酒驾、打架斗殴、内外勾结窃电、工程重大安全事故、职务侵占、滥伐林木、泄露客户信息等9种类型（见图2）。员工违法犯罪一方面是因企业对员工管理教育不到位、监督不力；另一方面是因员工法纪意识淡薄，对违法犯罪存在侥幸心理。

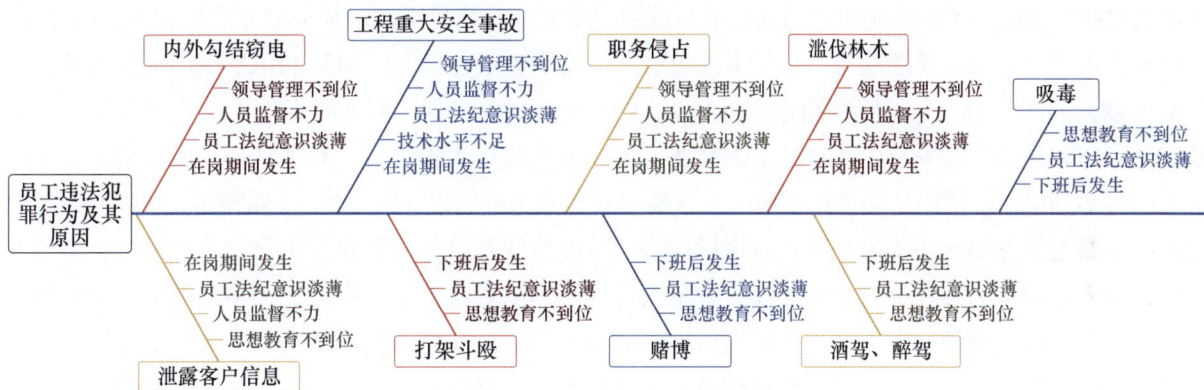

图2　员工违法犯罪分析鱼骨图

2. 合规风险个性问题及其分析

结合笔者所在供电企业经营管理实际情况，针对个性问题，选取供电服务、安全环保、电网建设3个问题突出、风险集中的领域全面开展调研。以上3个领域合规风险主要来源于16个方面（见图3）。

（1）供电服务合规风险。近年来笔者所在的供电企业涉及营销方面的诉讼纠纷较多，发生"因用户欠费、查处窃电行为和因计量装置损坏追收电费"等诉讼18件，"相序反接致客户财产受损"诉讼1件，"供电电压不符合规定致客户家用电器损坏诉讼"1件。这些诉讼中暴露的问题也反映出规范业扩报装、供电服务、跨产权供电、协助政府实施停电、依法追缴欠费等是营销工作面临的风险和急需解决的问题。

```
                              ┌─ 跨产权供电
                              ├─ 协助政府实施停电程序瑕疵
                              ├─ 业扩报装三指定
                       供电服务 ┼─ 供电服务投诉
                              ├─ 电费追缴
                              ├─ 窃电行为
                              └─ 计量装置损坏

                              ┌─ 输配电线路"三跨"
  合规风险                       ├─ 电力设施"外破"造成停电
  个性问题       安全环保         ┼─ 输配电线路跨林区火灾隐患
                              ├─ 输配电线路清障程序瑕疵
                              └─ 触电事件

                              ┌─ 电网建设阻工
                       电网建设 ┼─ 电网建设项目"三跨"
                              ├─ 电网建设项目违法发包分包
                              └─ "线树矛盾""线房矛盾"
```

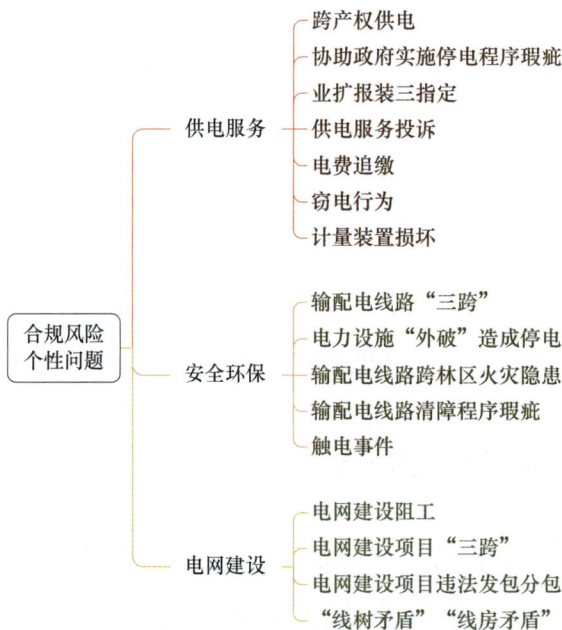

图 3　合规风险个性问题分析图

（2）安全环保合规风险。一是输配线路"三跨"隐患风险。近年来笔者所在供电企业存在多处输配电线路跨高速公路及铁路隐患，目前已通过改造、加固、分区供电及电缆下穿方式等方式进行处理；二是电力设施"外破"风险隐患。近年来外力破坏电力设施事件频发，如某 110kV 倒塔事故造成企业供电区域大面积停电、某城际铁路违法拆除 10kV 线路电杆等事件，因此类事件大部分项目属于地方政府重点工程，地方公安机关不愿意立案调查，给企业造成较大损失。针对供电企业面临电力设施保护方面的不利局面，需要从法律角度研究重拳整治破坏电力设施事件的举措；三是输配线路清障风险。笔者所在供电企业辖区输配电线路涉及区段较多，输配电线路跨林区存在发生火灾隐患风险，但是在对线路清障过程中因存在砍伐林木违反《中华人民共和国森林法》的程序瑕疵，导致供电企业承担法律责任；四是触电事件引发人身损害赔偿风险。近年来笔者所在供电企业发生了高压线下垂钓触电伤亡诉讼 2 起，其中一起案件线路安全距离满足标准要求、电杆上悬挂了警示标示牌，但企业最后仍旧向伤（死）者家属支付了赔偿费。发生低压触电案件 2 起，均因漏电保护设施未及时断电造成人员死亡而引发的人身损害赔偿纠纷。

（3）电网建设合规风险。一是阻工风险。电网建设过程中，阻碍施工事件发生频繁，在处理阻工事件时，协调困难较大，被索要赔偿过高。二是"三跨"风险。电网建设项目"跨越"高速、铁路等他人资产时签署跨越协议，办理跨越手续存在法律风险。三是违法发包分包风险。工程建设存在违法发包、违法分包法律风险。四是"线树矛盾""线房矛盾"风险。输电线路运维存在"线树矛盾"，树主漫天要价，协调困难；还存在"线房矛盾"，如某 220kV 线路下方跨越民房，按规程应拆除，但有部分未拆除的房屋引起赔偿纠纷，无法妥善解决。

二、针对问题采取的举措

笔者通过选取所在供电企业具有典型性的合规风险共性问题和个性问题进行分析、研究，针对合规风险的共性问题，探索建立一条"合规理念培育＋合规文化建设"路径，通过树立全员合规立身的价值导向，实现员工自觉讲合规、传合规、守合规。针对合规风险个性问题，探索建立一套"合规管理组织架构＋合规管理制度体系＋合规风险防控流程＋合规风险管控保障"合规风险防控体系，实现合规风险可防可控。

（一）针对共性问题，开展合规文化建设，培育守法合规理念

如何提升基层员工合规素质，强化企业整体合规风险防范能力，是企业合规管理面临的一大难题。企业应当创新合规宣传举措，将合规管理理念融入企业文化建设之中，以合规文化创作为抓手，传播合规文化，倡导合规风气，树立全员"合规立身"的价值导向，营造合规氛围。同时将合规管理理念融入生产实际，引领员工从思想自觉上升为行为自觉，促进合规理念扎根落地。笔者从所在的供电企业工作实际出发，结合电网行业特点开展了以下企业合规文化建设的探索。

1. 倡导合规理念先行

发挥"关键少数"带动作用，健全企业主要负责人履行推进法治建设第一责任人职责工作机制，建立书记讲法、干部任前法治谈话、述职必述法等制度，将守法合规纳入中干培训、专业管理培训和新入职人员常态化培训。

2. 开展"党建＋合规文化"建设

将员工合规理念的培育融入党建工作中，开展"党建＋合规文化"建设，利用主题党日活动开展党支部书记讲合规、党员带头签合规承诺书、支部结对共建等形式营造守法合规浓厚文化氛围。

3. 打造法治示范阵地，传播合规文化

打造供电企业法治文化示范阵地，将企业合规文化特色和地方文化有机融合，展示企业"法治工作"成果，将阵地作为企业开展员工"法治必修课"的教育培训平台。充分发挥阵地形象展示、教育引导、辐射带动功能，推进合规文化建设稳步提升。

4. 开展形式新颖的合规宣传活动

倡导合规风气，营造合规氛围。合规宣传要接地气，积极挖掘员工特长，成立合规主题绘画、书法、摄影创作小组，以"电网说合规"为主题自主创作合规系列书画、摄影文创作品，以发生在身边的违法违规案例为素材，组织员工自主创作"法治漫谈"系列漫画作品。通过举办法治主题的演讲、网络游戏活动，生动形象地对员工进行合规宣传，使合规理念深入人心并贯穿于员工的行动之中。

5. 合规宣传融入地域文化

以法治为主题组织员工开展创作体验，创作系列具有电网特色和地方文化元素的法治文化作品，将合规管理理念融入文化作品之中，结合地方特色打造一张具有电网特色融入地域文化元素的合规文化名片。

（二）针对个性问题，构建全面合规管理机制

针对企业存在的个性问题，从上到下，从整体到局部，全方面考虑，构建一套"以合规管理组织架构为支撑，以合规管理制度体系为指引，以合规风险管理'三道防线'及全员监督为保障"的合规管理机制（见图4），并针对合规风险管理流程梳理绘制一张流程图（见图5）。

1. 构建重点领域合规管理组织架构

为全面贯彻国务院国资委和国家电网公司法治企业建设部署，适应电力行业外部监管环境变化和企业内部治理实际，有效防控合规风险，针对重点领域合规风险探索建立"单位主要领导、业务分管

领导＋牵头部门＋业务部门"三级合规管理组织架构，在重点领域配备兼职合规管理员，负责本部门经营管理活动的合规管理，定期梳理重点领域重点岗位合规风险，将合规要求纳入岗位职责，形成层级合理、分工明确、衔接有度的合规管理组织体系。

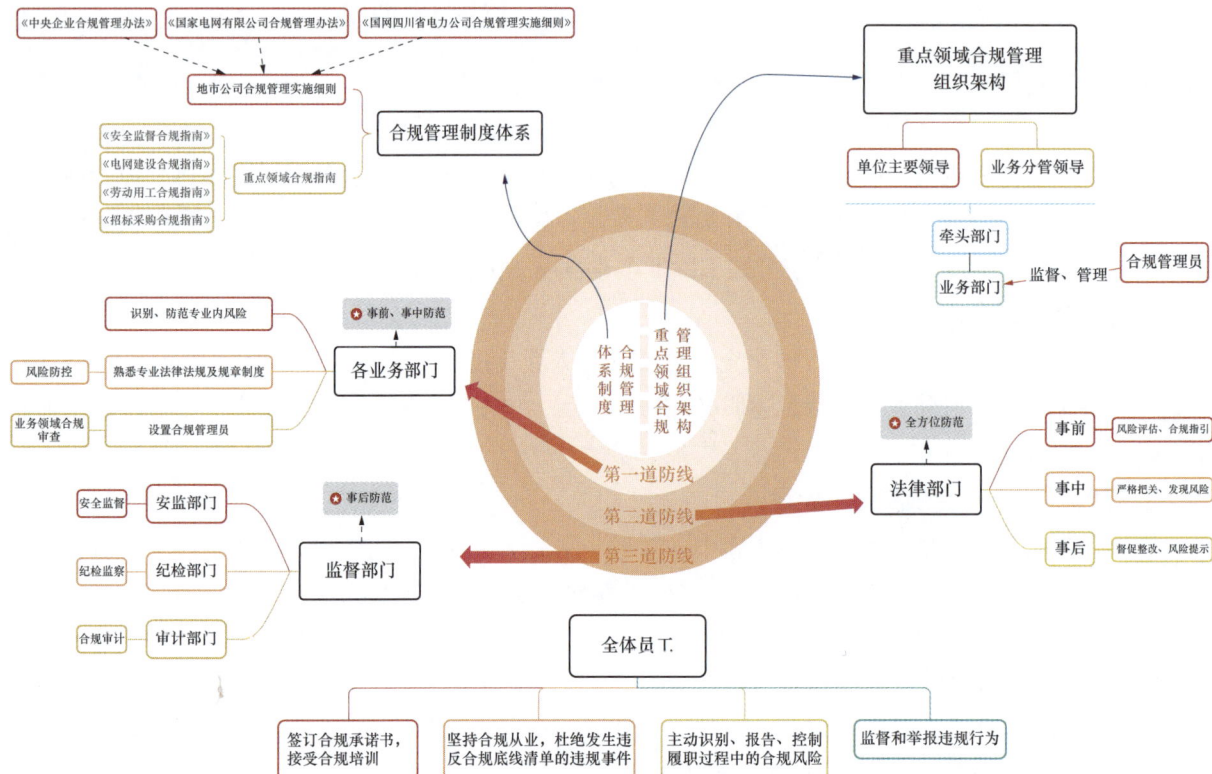

图4　个性问题合规风险防控机制图

2.建立合规管理制度体系

深入贯彻《公司法》《中央企业合规管理办法》及电力企业内部合规管理办法的要求，开展合规管理制度建设工作。立足合规管理体系建设与重点领域管理需求，梳理现有制度框架，避免盲目"立改废"。针对重点领域以及合规风险较高的业务，制定合规管理具体制度或者专项指南，明确合规要求。构建合规管理要求专业化、具体化、精细化贯彻落实机制。在制度设计方面，按照国家电网公司新型规章制度体系建设要求，结合地市供电企业的管理要求制定《合规管理实施细则（试行）》，指导企业合规管理工作开展。在制度内容方面，以问题为导向推进合规制度建设，企业合规管理部门应聚焦重点领域、关键环节存在突出个性问题的三大类合规风险，针对本专业领域法律风险分布情况与管控水平制定《安全监督合规指南》《电网建设合规指南》《供电服务合规指南》，开展合规制度的宣贯培训，将合规管理要求嵌入业务各环节。在结果运用方面，突出合规制度的刚性执行，将合规管理指南作为专业部门开展工作的标准严格执行，并同步开展制度执行监督工作。

3.发挥合规风险管理"三道防线"＋全员监督作用

企业各业务部门作为第一道防线，一方面，发挥事前和事中防范作用。运用专业特长，主动识别和防范专业领域内的风险，同时熟悉相关专业的法律法规及企业内部规章制度，在业务运转过程中进行风险防控。另一方面，建立合规审查机制。业务部门兼职合规管理员承担本业务领域合规审查，对审查中发现的风险事项匹配合规风险管理和应对措施。

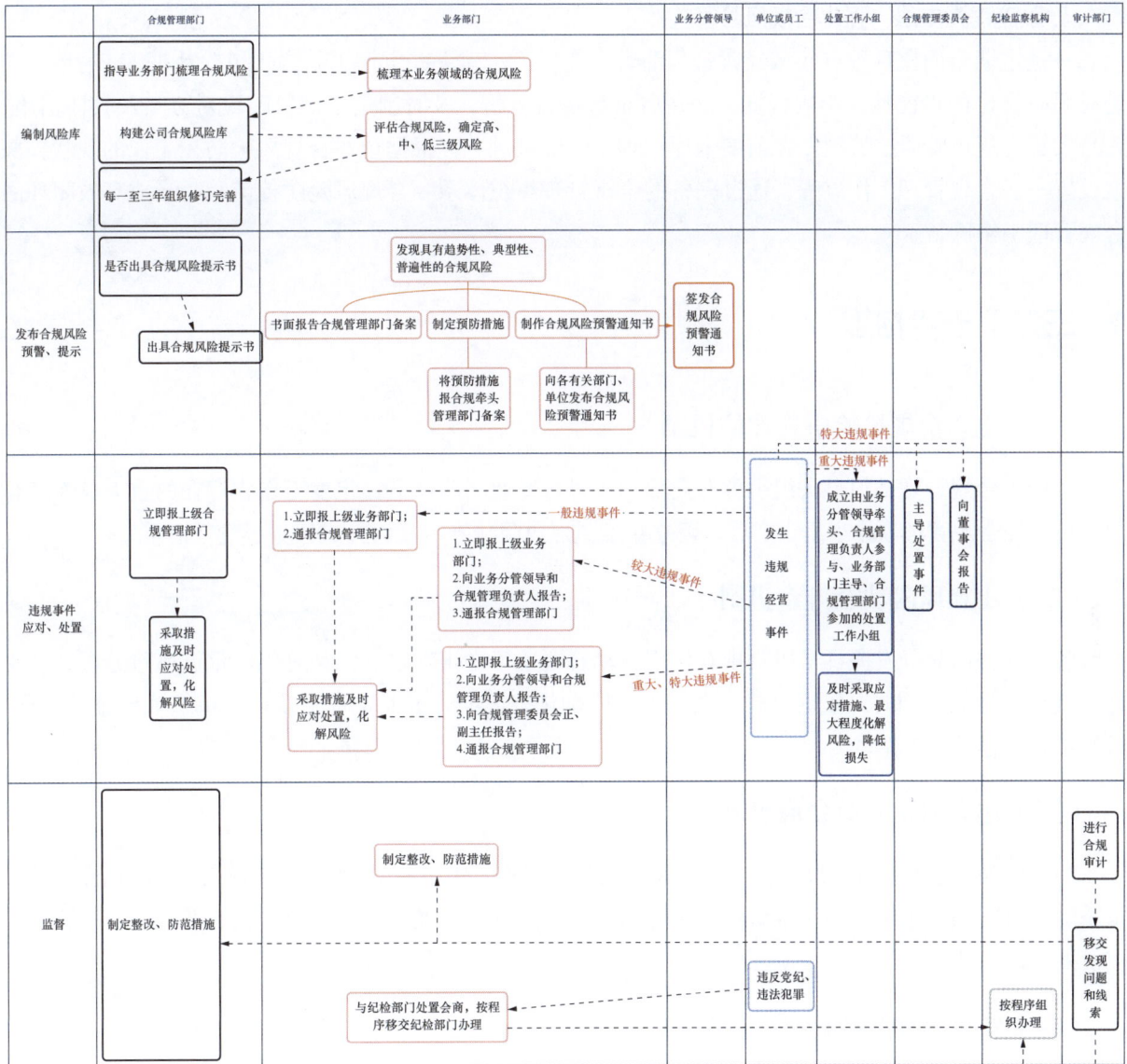

图5 合规风险防控流程图

法律部门作为第二道防线，是连接第一道防线和第三道防线的重要枢纽，需要发挥全方位防范作用。业务运转前，进行风险评估，提供合规指引。业务进行过程中，严格把关，揭示风险隐患和问题缺陷。业务完成后，督促业务部门整改涉及的法律风险问题，必要时进行协助，对于出现较多的风险点以法律风险提示书的形式向企业各个部门进行提示。对于涉诉案件，积极应对，妥善处理，及时止损。

安监、纪检、审计等监督部门发挥好第三道防线的防范、监督作用。事中监督业务的开展，及时准确地发现风险隐患。事后，强化问题整改，有效化解风险。对发现的问题、风险，在督促整改、及时解决的基础上，还要对相关责任人员进行追责、处罚，起到震慑作用，防止不合规问题再次出现。

此外，全流程风险防控中，企业全体员工亦发挥着重要作用。一是每年签署合规承诺书，接受合规培训，增强合规意识，杜绝发生违反合规底线清单的违规事件，每位员工都对自身行为的合规性承担直接责任；二是企业全体员工遍布各个部门，能全面查看企业的整个运转流程，主动识别、报告、控制履职过程中的合规风险，在事后监督中具有重要作用。

4. 以流程为主线　强化合规风险管控

一是定期全面梳理重点领域经营管理活动合规风险，建立并定期更新合规风险数据库 / 清单；二是对风险发生的可能性、影响程度、潜在后果等进行分析，及时制定合规风险应对方案及具体措施；三是设置合规风险防控流程。在前期全面梳理风险的基础上，根据企业合规风险防控工作的现状，探索设置一套合规管理工作流程，通过完备的合规管理组织体系 + 合规风险防控流程，形成高效闭环的合规管理工作机制。

三、下一步构想

（一）建立合规风险事先评估机制

年初由合规管理部门牵头组织各专业部门，对各专业当前及下一年度工作中存在的重大风险进行预评估，经合规管理领导小组审定后，建立年度重点风险排查台账，形成任务、责任清单。

（二）建立风险动态排查机制

各专业部门充分发挥日常风险排查作用，动态调整年度排查重点，针对年度重点风险分层分类制订年度排查计划。同时，依据风险本质特点，明确排查周期、定人定责，按计划组织开展排查工作，做好排查过程跟踪工作。

（三）建立风险应对会商机制

结合风险特点和排查情况，针对当前风险及防范措施，建立定期季度会商和不定期临时会商机制。每季度由合规领导小组办公室组织各专业部门召开风险排查措施推进审查会，相关部门列席会议，切实发挥部门联动作用。

（四）建立风险防控闭环管控机制

建立风险防控、整改落实清单，高标准高质量推进风险防控工作。强化问题治理，充分利用督查督办，高效推动风险隐患整改工作，形成风险化解闭环管控机制。

（五）建立激励和约束机制

建立有效的合规管理激励和约束机制，制定企业合规管理考核评价办法，实现考核奖惩落地执行。

参考文献

[1] 李素鹏，叶一珺，李昕原 . 合规管理体系标准解读及建设指南［M］. 北京：人民邮电出版社：2021.

[2] 刘相文，王德昌，刁维俣，等 . 中国企业全面合规体系建设实务指南［M］. 北京：中国人民大学出版社，2019.

[3] 富晓霞 . 中央企业风险、内控、合规、法律、审计、追责"六位一体"协同运作机制构建研究［J］. 中国内部审计，2024（4）：72-81.

[4] 胡静 . 构建"1+1+N"大监督体系，为国有企业高质量发展营造良好政治生态［J］. 中国军转民，2023（5）：35-38.

[5] 宋琦 . 国有企业加强合规管理体系建设的策略探讨［J］. 企业改革与管理，2023（23）：39-41.

[6] 信雷 . 新形势下国有企业合规管理体系的建设［J］. 中国集体经济，2023（25）：29-32.

［7］ 肖洪伟.大数据背景下企业内部控制与风险管理体系构建研究［J］.经济师，2023（1）：279-280.

［8］ 杨磊.习近平法治思想引领国有企业法治合规建设新格局［J］.现代企业文化，2023（13）：26-29.

［9］ 曹贺.关于央企内控监督评价的思考——对风险、内控和合规"三合一"评价体系构建的分析［J］.财政监督，2021（1）：96-104.

第五部分

热点聚焦类

电网企业授权管控体系建设的探索与实践

叶继宏[1]　余丽英[1]　林　罡[2]

1. 国网福建省电力有限公司；2. 福建电力发展有限公司

摘　要

授权管理是电力企业组织运作的重要一环，要坚持以习近平新时代中国特色社会主义思想为指导，认真贯彻落实党中央、国务院决策部署，深入实施新一轮国企改革深化提升行动，紧紧围绕电网企业的功能定位，区分监管类业务和市场化业务，结合子企业实际情况，把握授权管控原则，优化授权管控体系，构建以"一核、两类、三权、四授、五禁"为核心架构的"12345"授权管控体系，依托清单管理机制，实现科学合理授权管控，不断提升授权管控的系统性、规范性和实效性，有效激活企业发展动力活力，促进电网企业高质量发展。

关键词

公司治理；授权管控；风险防范

一、实施背景

（一）授权管控体系建设的政策背景

国有资本授权经营体制改革是国资国企改革的关键组成部分。2013 年，党的十八届三中全会作出的《中共中央关于全面深化改革若干重大问题的决定》明确提出：以"管资本"为主加强国有资产监管，改革国有资本授权经营体制。这标志着国有企业授权经营体制改革进入以"管资本"为重要特征的崭新阶段，国务院国资委颁布了一整套顶层设计文件，并在国企改革实践中不断完善和发展。

2015 年，国务院国资委发布《关于国有企业功能界定与分类的指导意见》，明确提出：准确界定不同国有企业的功能，实施差异化管控。2018 年，国务院印发《关于推进国有资本投资、运营公司改革试点的实施意见》，提出要求：改革国有资本授权经营体制，完善国有资产管理体制，实现国有资本所有权与企业经营权分离，实行国有资本市场化运作。2019 年，国务院国资委印发《改革国有资本授权经营体制方案》，将国有企业分层分类授权工作推动到落实层面，加快了各区域国资系统建设分层分类授权体系的进程。2022 年 4 月，国务院国企改革领导小组召开"完善公司治理机制，提升运转质量效能"专题推进会，会议明确表示，"央企集团公司要因企施策授权放权，原则上不再直接干预子企业的经营管理事项，该由子企业决策的权力要归位于子企业。"

从国资国企改革角度看，授权管控体系建设是实现从"管资产"向"管资本"转变的重要举措，是加快所有权与经营权分离、完善中国特色现代企业制度的必然选择，有利于规范委托代理关系的责权利配置，避免上级单位对下级企业的过度干预，激发微观市场主体的活力，提高国有企业运行效率和经济效益。

（二）授权管控体系建设存在的问题

在国有资本授权经营体制改革的时代背景下，近年来央企国企集团授权改革的积极性很高，开展了大量的探索和实践工作。但除部分市场化、多元化和国际化程度较高的集团型国有企业外，不少国有企业授权体系建设整体效果尚不明显，和新一轮国企改革深化提升行动提出的"全面激发微观主体活力"的目标相比仍存在不小差距。

从电力行业角度看，电网企业涉及的诸多业务领域事关国家安全、能源安全和社会安全，部分业务亦具有垄断经营的特点，过去多年形成的行政化管理"惯性"，使得企业市场化经营机制改革以及企业内部授权管控机制建设推动较为审慎，在授权管控体系建设方面，仍有较大的探索和优化空间。目前存在的问题主要表现在以下方面：一是母子公司功能定位不清晰，授权管控缺乏明确支点；二是授权精度、力度不够，难以激发子企业活力动力；三是部分授权事项子企业行权能力不足，授权风险凸显；四是授权管控能力尚需提高，监督配套机制供给仍待加强。

二、授权管控体系内涵与要点

（一）授权管控体系的核心内涵

从国有资本授权经营体制改革政策内容来看，授权管控体系包括两个层面，一是政府或履行出资人职责的机构等向国有企业层面进行授权，二是国有企业内部、由公司总部层面向下属企业进行授权。本文主要探讨的是第二个层面的授权管控体系。

授权管控体系是集团化国有企业在"管资本"监管要求下，突出所有权与经营权分离、厘清母子公司权责界面、提升子企业运行效率的一种制度性安排。电网企业总部或本部对下属企业依照业务领域和功能定位开展分类授权管控、分类考核，辅以任期制和契约化改革、工资总额管理制度及相应的监督管理机制，实现授权与管控相结合、放活与管好相统一，切实保障母子公司规范有序运行，有效推动各单位改革和发展，进一步激发各层级企业经营活力与经营效率，不断增强国有经济活力、控制力、影响力和抗风险能力。授权管控体系建设关键点在于国有企业总部或本部能否"放得下""管得好"，下属各层级企业能否"接得住"，并实现高效、稳健经营。

（二）授权管控体系的体系架构

电网企业以习近平新时代中国特色社会主义思想为指导，认真贯彻落实党中央、国务院决策部署，深入实施新一轮国企改革深化提升行动，结合行业属性和业务特点，进一步明确母公司与子企业的权责边界和授权行权方式，把握授权放权管控原则，优化授权放权管控体系，构建以"一核、两类、三权、四授、五禁"为核心架构的"12345"授权管控体系，不断提升授权管控的系统性、规范性和时效性，增强企业发展动力活力，促进电网企业高质量发展。

一核，是指一个核心目标，即适应新型电力系统建设和业务布局优化的要求，以完善现代企业制度、构建治理型管控机制为抓手，坚持优化集团管控与精准有效授放权相衔接，以制度设计为基，以权责清单为据，在法人层级间建立集权有道、分权有序、授权有章、用权有度的授权管控体系。

两类，是指区分电网企业监管类业务和市场化业务两类，充分考虑两者对管控模式、管理深度、决策效率的不同需求，区分设计授权范围、确定授权事项、制作授权清单，实施差异化授权管控。

三权，是指从授权事项的权利属性角度将职权分为法定职权、治理职权、管理职权。法定职权，是指基于《公司法》《国有资产法》规定的属于股东的权利或是国资监管规定的必须由国家出资公司行使的监督管理权，原则上不能进行授权；治理职权，是指基于下属子公司章程中规定的属于股东的职权，主要是治理层面的管控权利，在特定条件下可以授权，但总体上要审慎把握；管理职权，是指基于公司内部规章管理制度产生的职权，这类权利在企业较为普遍，通常也是授权管控的重点。

四授，是指从分子公司的业务类型、治理能力水平等方面出发，明确四种类型的分、子公司作为加大授权的重点，探索开展更大力度的授权管控。一是主营业务是市场化、竞争类业务且行权条件完备的公司；二是治理机制健全和管理运营规范的公司；三是合规风控能力和行权履职能力突出的公司；四是对决策要求响应快、确需抢抓市场机遇且运营成熟的公司。

五禁，是指明确五类事项不能授权或不宜授权，即法定职权不准授、授权事项不转授、重大事项不宜授、负面清单不予授、能力不足不该授。法定职权不准授，是指法定性、专属性的职权原则上不准进行授权管理；授权事项不转授，是指对于上级单位授权给本级企业的事项原则上不能进行转授权；重大事项不宜授，是指对于党委前置研究事项、"三重一大"事项、特殊监管要求等重大事项，原则上不适宜进行授权管控；负面清单不予授，是指对于实施"负面清单"管理的相关事项，比如投资项目负面清单等事项，从防范风险的角度考虑原则上不予进行授权；能力不足不该授，是指对于行权能力不足的子企业不该授予与其能力不相匹配的授权事项。

（三）授权管控体系的构建要点

电网企业构建授权管控体系，把握以下四个要点：

1. 战略维度，明确"该不该授"

电网企业在构建授权管控体系时，首先要进行战略解析。从公司管控模式出发，基于公司总体战略明确总部定位和分子公司业务定位，并据此设计授权管控体系。对于不同类别业务板块的公司，实施差异化授权策略和评价机制。对市场化业务板块子公司授权应更加充分，以引导建立市场化运行机制，着重进行收益考核，并相应加大考核和监督；监管类业务板块子公司在坚持战略引领、放管赋能、市场机制建设的总体原则下，强调母子公司之间协调统一、公司整体利益最优的高质量发展目标，实施集约管理，推动降本增效，侧重对任务完成、成本控制和行业贡献度等方面的考核。

2. 风险维度，明确"能不能授"

电网企业对授权管控体系建设应当从两个角度进行风险考量和综合设计：一是自上而下，如果基于国资监管规则，责任主体最终归属于上级单位，相关事项需要审慎授权或在授权的同时要有完备的监督方式或管控手段；二是自下而上，主要基于分子公司运营管理的成熟度，包括基于对公司治理机制、组织职能、制度体系、风险内控、合规管理等进行综合评价，对不同分、子公司实施分类授权。建立多维度行权能力评价模型，针对不同分、子公司评价打分，排名靠前的企业加大授权，体现授权"力度"；排名中等的企业平衡授权，体现授权"精度"；对于能力不足的企业审慎授权，体现授权"限度"。

3.效率维度，明确"实放真授"

授权管控体系建设的重要目标是通过授权，减少企业内部层层审批带来的低效和沟通成本的上升，推动企业决策效率和经营效益得到提升。实践中，一些国企内部存在上级单位虽然已将权力授予子公司董事会决策，但子公司董事会决策之前，上级单位委派董事仍然需要将决策事项通过公文或函件等形式提交到上级单位进行审批或审核，拿到批文或审核意见后子公司才敢按照治理程序进行决策，导致子公司授权没有真正落实，效率也没得到明显提升。部分国企总部对于已授权子企业决策的事项，采取"事前备案"方式进行管控，虽然便于总部及时掌握授权执行情况，但也限制了子企业自主行权的动力活力，不是真正意义上的"实放真授"，在授权管控体系设计时应予以避免。

4.管控维度，明确"有放有管"

为确保电网企业的授权事项"放得下、接得住、行得稳"，在授权后应加强对于分子公司行权的监督与管理，上级单位应定期对授权事项开展综合评估，上级单位相关部门应将授权履责情况作为内部监督的重点领域，定期或不定期对被授权对象行使授权权限的情况进行检查和监督。对于出现重大情势变更、重大越权行为等情形，应及时对授权事项进行调整或撤销，促进"授权"与"管控"更好地结合。

三、授权管控体系建设的实践探索

（一）强化授权管控顶层设计

授权管控事项，涉及公司实质性决策权的处分，基层单位难以自发探索，需要总部层面统筹规划，做好顶层设计。电网企业立足自身功能定位，围绕上接国资监管规则、下接分、子公司经营实际，明确授权管控思路框架。制定《授权管理办法》或《授权工作指引》，明确授权行为、授权方式、职责分工、授权流程、授权监督等重要事项，推动授权管理规范化、体系化和制度化。近年来，电网企业积极探索授权管控机制，将授权管控事项融入治理权责清单，构建基于清单管理机制的权责体系。清单管理方式是一种基于事项、面向组织、聚焦权责的管控模式，具有清晰、高效、实用的特点。从授权管控角度，对于权责清单以外事项由企业依法自主决策，清单以内事项大幅减少审批或事前备案。将依法应由企业自主经营决策的事项归位于企业，不干预企业管理层和职能部门的工作。理清母子公司权责界面，形成责任层层落实、压力层层传递的授权管控体系。

（二）健全分层分类授权制度

电网企业的业务类型既有传统电网业务，也有产业支撑业务、新兴产业业务、金融业务和国际业务等，应当根据子公司发展规划与业务特点，坚持"分类施策"的原则，实施分类授权，实现差异化管控。"十四五"时期，市场环境的变化对于电网业务的安全保障、智能化程度、清洁化程度等提出了更高要求。对于电网主业，结合产业监管运作要求，电网企业总部负责"管战略、管规则、管结果"，子企业层面负责具体任务的执行和实施；对于产业支撑业务、新兴产业业务，结合不同业务类型在监管要求、行业特点、风险防范等方面的差异，把战略目标和价值创造作为管控的重点，由总部进行战略把控和资本运营，由各级子单位负责战略执行和资产经营。特别是对于市场化程度较高的业务板块，按照市场经济规则和现代企业制度要求，以资本为纽带，以产权为基础，将原本由公司行使的投资计划、部分产权管理和重大事项决策等权利合法授权给子公司股东会、董事会及高级管理层行使，全面激发各层级企业活力。

（三）明确界定总部功能定位

授权放权体系建设与公司总部功能定位密切相关。从中央企业层面看，近年来不少央企都确立了"创建价值创造型总（本）部"的目标，强化总（本）部"战略引领＋管理赋能＋风险监督"功能定位，着力提高投资融资、产业培育、资本运营、战略管理、财务运营、风险管控"六大能力"，形成"小总（本）部、大产业"的管理架构。这对电网企业完善总（本）部功能定位也有借鉴意义。近年来，电网企业加强总部建设，清晰界定总部功能，结合主责主业发展需求，塑造总部战略决策中心、投资决策中心、资本经营中心、财务管理中心和人力资源配置中心的功能定位，通过授权体系清晰划分总（本）与子企业的权责范围。总部主要通过治理机制对所出资企业履行出资人职责，行使股东权利，下属各级公司通过自主行权拥有更强的决策能力。

（四）建强授权风险管控体系

在授权过程中建立健全风险控制体系，实现对公司各级授权的有效监督，为企业持续稳定发展提供有力保障。授权风险管控体系，主要包括：子公司是否针对授权放权事项配套建立了有效决策机制和管理制度并严格执行，子公司经营管理能力能否接得住授权放权，是否发生与授权放权关联的风险事件，监督手段是否得力到位等。近年来，电网企业建立自上而下的、贯穿全部业务板块的"大监督"体系，明确工作机制、监督重点、工作措施和保障机制，构建涵盖业务、审计、法律、合规、财务监督力量的"五位一体"大监督体系，由巡视、审计、纪检、法律合规等部门组建综合工作组，持续开展巡视巡察和跟踪监督，在授权行权中严格落实国资监管和公司管控各项要求，为授权体系建设系上"安全带"。

（五）建立授权动态调整机制

授权管控体系建设是一个持续的、动态的过程。近年来，电网企业依据现行有效制度和管理需要，结合所出资企业的功能定位、业务特点、管理水平等实际情况，定期修订完善授权管控机制和方案，持续做好滚动优化，让授权管控更加贴近企业实际需求。其中，对治理健全到位、行权效果良好、风险管控完善的板块逐步加大授权力度；对发生重大决策失误或风险事件、审计巡视监督检查发现重大问题等情况结合实际收回授权事项。通过建立授权动态调整机制，推动授权管控的制度化、标准化和流程化，并建立健全相应的考核、评价和督导机制。

参考文献

[1] 阮征.新时代深化国资监管体制改革的再思考[J].国有资产管理，2023（6）：52-54.

[2] 何建锋.深化授权放权完善公司治理的深投控模式[J].国资报告，2022（8）：78-80.

[3] 田志友，丁泉.大型国企集团实施治理型管控的路径与建议[J].国资报告，2022（6）：106-109.

[4] 中国国新控股有限责任公司.立足国有资本运营公司特点探索构建差异化授权管控体系.（2022-12-28）[2024-5-15].http://www.sasac.gov.cn/n4470048/n13461446/n15390485/n15769618/c26824904/content.html.

基于电力行业知识产权合规管理风险识别
及防范的路径研究

李宗英 杨一帆 张天颖 杨 静 白向轩

国网冀北电力有限公司

摘 要

知识产权合规管理是公司全面合规管理体系中一个重要的专项合规领域，做好知识产权合规风险的识别与防范对企业的经营和发展具有重大意义。目前，电力企业存在著作权、专利权数量多、管理弱的问题。本文结合工作实际，对相关业务在著作权和专利权领域合规管理风险识别进行深入研究，提出在著作权和专利权领域开展合规风险防范的具体实施路径，以期为供电企业今后开展工作提供有益借鉴参考。

关键词

电力企业；知识产权；合规管理；风险识别；风险防范

一、知识产权合规管理的现实背景及风险特点

（一）现实背景

中央层面。2021年9月，中共中央、国务院印发《知识产权强国建设纲要（2021—2035年）》，明确要求"推动企业健全知识产权管理体系、培育一批知识产权竞争力强的世界一流企业"。2022年10月1日，《中央企业合规管理办法》正式生效施行，对国有企业的合规管理要求提升到新高度。2024年7月，中共中央印发《关于进一步全面深化改革 推进中国式现代化的决定》，提出要完善产权制度，依法平等长久保护各种所有制经济产权，建立高效的知识产权综合管理体制。

地方层面。河北省政府持续深入实施知识产权战略，近年来先后印发《河北省"十四五"知识产权保护和运用规划》《知识产权强省建设纲要（2021—2035年）》，颁布实施《河北省知识产权保护和促进条例》，为激发河北创新活力、推进知识产权强省建设提供了法治保障和有力支撑。从国家政策来看，上述文件的出台，均表明中央和地方政府对知识产权保护的力度逐步加大，作为属地央企，积极推进知识产权合规管理风险识别具有必要性。

网网冀北电力有限公司（简称冀北公司）每年签订科学技术、技术开发类合同数量大，涉及大量

的科技成果著作权和专利权归属、应用等事项。2023 年，国家电网有限公司更新下发了科学技术项目合同、技术开发（委托）合同、技术服务合同、技术许可合同（许可方）等合同模板，其中对于知识产权的权利归属、使用、转让、成本负担等事项设置了开放式条款。从业务开展来看，加强知识产权合规风险知悉，差异化防范著作权、专利权、商标权、商业秘密等各类知识产权合规风险，在公司经营管理中具有现实的紧迫性。

（二）风险特点

电力行业知识产权领域的风险具有以下特点：

1. 多样性

电力行业涉及的知识产权类型众多，除了常见的著作权、专利权、商标权、商业秘密外，还有集成电路布图设计等电力行业特有类型。同时，种类的多样性也衍生出风险环节的多样性，专利侵权、技术泄密、假冒商标、知识产权运营使用及内部管理等环节均易产生合规风险。

2. 复杂性

电力行业知识产权合规风险的管理往往涉及法律、政策、业务、技术、安全等多方面因素，处理难度大，涉及部门、环节多，辐射范围广。

3. 不确定性

电力行业知识产权的价值和保护效果往往受到法律环境、国家政策、技术更新、市场变动等相关因素影响，具有较强的不确定性。

二、知识产权合规管理风险识别及防范的主要做法

对著作权和专利权归属、合理使用、许可等环节进行合规风险识别，提出针对性的防范举措，能够促进知识产权领域合规管理由"事后"向"事前"推进，使企业主动成为知识产权的创造者、维护者。

（一）对著作权归属环节的合规风险防范

1. 著作权归属的合规风险识别

电力企业通常将软件开发委托第三方开展，对于软件著作权的归属约定和权利行使需要予以关注。著作权自作品创作完成之日自动产生，不需要国家的核准授权，而著作权登记机构只对作品进行形式审查，并不进行深入的实质审查，如著作权人未及时办理著作权登记，发生著作权纠纷时，可能面临难以充分举证证明自身权利的风险。在著作权作品尤其是计算机软件开发过程中，除了自行研发，还存在委托开发与合作开发形式，如果事前对受托方或合作方的资质审查不到位、未签订书面合同或合同约定内容不明确，则可能会因对方资质不足或其存在知识产权侵权纠纷等而造成权利瑕疵的风险，以及因合同条款约定不明确而造成后续研发或交付过程中的权属纷争。

2. 著作权归属的合规风险防范路径

在登记环节：一是高度重视计算机软件作品的署名权。根据《计算机软件保护条例》第九条，软件著作权属于软件开发者，如无相反证明，在软件上署名的自然人、法人或者其他组织为开发者。在软件创造环节做好公司署名工作，将有助于著作权的保护。二是及时办理软件著作权登记。软件著作权登记证书是权利人身份的初步证明，也是享受国家优惠政策和使用技术出资入股的支撑材料，自有计算机软件应按照相关规定及时办理著作权登记。三是及时存档著作权创造环节的过程性资料。软件

开发部门（单位）应注意完整保存计算机软件开发过程的证明材料，并按档案管理要求及时归档，以备在出现权属纠纷时，共同证明著作权归属。

在权属约定环节：一是做好签约前的尽职调查。软件开发部门（单位）应对受托方或合作方的资信水平、资质证书、过往业绩、业界评价、是否涉诉等情况进行调查。二是明确合同必备条款。合同应当对软件开发的成果内容、权利归属、交付安排、第三方商业标识、技术支持服务以及保密义务等事项作出明确约定。

（二）对著作权使用环节的合规风险防范

1. 企业内部著作权维护的合规

对于计算机软件侵权的认定原则，我国一般采用"相同/实质性相似"+"接触"+"排除合理来源（或排除合理解释）"的三个条件，即两个软件程序存在实质相似；在后程序开发人确实曾经接触过在先程序；在后程序开发人不能对该实质性相似部分作出合理的解释。但在相关侵权案件中，证明"相同/实质性相似"往往相当困难，需要鉴定机构进行源程序代码的技术对比，如侵权人拒不提供源代码，容易产生举证不能的败诉风险。

做好著作权维护合规，无论是自主开发、委托开发或是合作开发的计算机软件，均应对软件产品的去向进行跟踪记录。如发现侵权行为，及时固定证据，以防侵权方删除使用的侵权软件。加强对著作权的统一管理，并对管理人员和相关技术人员进行软件管理与保密制度的相关培训与教育，增强员工风险防范意识。加强内部管理，避免核心软件技术泄露。通过签订保密协议、竞业禁止协议，对计算机软件源代码予以保密。

2. 防范侵犯他人著作权的合规

公司各项业务的日常运营，较为常见的著作权侵权包括字体和图片侵权、软件著作权侵权等，如职工未经授权安装、使用第三方软件，尤其是当软件与产品、业务深度绑定，侵权代价高昂。在计算机软件运用环节，未严格遵守个人信息保护、数据保护、信息系统安全等相关法律法规，易造成个人信息侵犯、商业秘密、数据泄露等风险。

做好著作权使用合规：一是收集、存储、使用应合法合规。收集信息数据应遵循"知情同意"原则，存储数据信息应保证安全，使用数据信息应获得授权。二是正规渠道购买正版软件或取得授权许可。保留相关购买及支付凭证，明确约定对方的权利瑕疵担保义务。三是强化员工软件著作权保护意识，慎重安装、使用免费软件。四是加大违规使用未授权软件的技术管控力度，避免因人为原因导致侵权行为的发生。五是如收到第三方软件公司发送的警告信或律师函，公司应及时做好内部沟通、排查工作，第一时间移交法务部门及法律顾问律师跟进处理。

（三）对专利权创造环节的合规风险防范

1. 专利权创造环节的合规风险识别

专利具有创造极难、实施极易（根据申请说明书即可实施专利技术）的特点，专利权人取得专利权是以公开专利技术作为对价，在专利权创造环节，可能存在因专利技术公开而导致专利权被侵犯的风险。随着各项业务的不断发展、专利数量的不断提升，因专利技术公开而导致专利被侵犯的可能性也在不断增加。

在委托研究开发、委托技术服务项目中，对成果权利归属约定不明确，可能导致权利受到损失的风险。根据《中华人民共和国专利法》（简称《专利法》），在委托研究开发、委托技术服务等委托关系中，双方无约定的情况下，受托人在研究成果的专利申请、实施、许可、实施等方面天然拥有一定权利，即《专利法》默认受托人享有专利申请权和免费实施权，导致委托人权利保护陷入困境。

2. 建立专利反侵权战略

将专利权的保护重点从传统的"司法保护、事后救济"转化为"多重保护、事先防范"。一是加强专利权布局的统筹规划，有针对性地做好专利权的布局和申请。如一个发明主体包含若干技术特征，则无须将所有的技术特征都申请专利，而仅就其中的部分申请专利，其他部分作为技术秘密保护。对于与基本专利相配套的外围技术，则应对该等外围技术的逆向解密难度进行评估，如第三方对外围技术的逆向解密难度较高，可将其作为技术秘密进行保护，以提升公司产品的市场竞争力；外围技术的逆向解密相对较易，则可将外围技术申请从属专利，从而起到保护核心专利技术的防火墙作用。二是分批次分步骤申请专利。对于单位内的发明创造，可根据市场、技术发展进程等情况，分批次、分步骤地进行专利申请，而非在发明创造后即时全部进行申请，以此延长专利权保护的期限。三是在委托研究开发、委托技术服务等委托关系中，应注意在委托合同中明确约定成果的专利申请、实施、许可、转让等权利归我方单独所有。

（四）对专利权许可环节的合规风险防范

1. 专利权许可环节的合规风险识别

《专利法》第十二条规定，任何单位或者个人实施他人专利的，应当与专利权人订立实施许可合同，向专利权人支付专利使用费。被许可人无权允许合同规定以外的任何单位或者个人实施该专利。存在以下合规风险：一是专利许可边界模糊，埋下争议隐患。专利许可的边界即专利许可范围，涵盖许可期限、许可对象、许可方式、许可地域、许可内容等各方面内容，是专利许可的核心问题。任何一个环节约定不明，都会导致专利许可边界模糊。二是专利许可合同未登记，引发效力争议。对于独占性专利实施许可合同而言，如果没有备案登记，权利人违反约定再次向第三方授权许可的，第三方得以善意第三人抗辩，权利人再次向第三方发放独占性许可并经备案的，在后独占性被许可人可以对抗在先被许可人。三是收费计算约定不明，引发收费争议。四是共有人许可实施共有专利权的风险。对于共有专利权的许可实施，我国采取的是协商一致的原则。由于各共有人对专利技术的技术价值和市场价值的判断不可避免地存在分歧，对于共有专利权存在着许可实施难或者合理的许可实施无法得到满足的风险。

2. 专利权许可的合规风险防范

一是签订合同时明确专利许可的边界即专利许可范围，涵盖许可期限、许可对象、许可方式、许可地域、许可内容等各方面内容，不给被许可人可乘之机。二是根据《专利实施许可合同备案办法》第五条，"当事人应当自专利合同生效之日起3个月内办理备案手续"。因此，专利实施许可合同应当办理备案登记手续，合同备案后就具有对抗第三人的效力。三是签订合同时明确约定收费方式与期限，尽量避免专利权共有。鉴于共有专利权存在上述如此多的风险，公司应尽量避免专利权的共有，即在共同研究或委托研究中通过合同约定专利申请权、专利权由公司所享有。

三、知识产权合规管理风险识别及防范的效果

在数字经济时代，加强企业知识产权合规管理的重要性日益凸显。知识产权领域的合规管理路径研究对于有效减少侵权风险、提高管理效率、增强核心竞争力等方面具有显著的效果。

（一）激发知识产权保护意识，减少侵权风险

加大知识产权保护的宣传力度和覆盖面，加强对相关专业人员的知识产权相关知识培训，有利于使各个岗位、职能部门认识到知识产权是企业重要的无形资产，积极对涉及企业研发成果、产品设计、生产技术等运用知识产权法律法规进行保护，同时有助于员工认识到依法或依约使用他人知识产权的重要性。通过制定和执行严格的知识产权保护政策和程序，推动知识产权侵权防范工作细化落实，完善公司知识产权风险防范的制度机制，规范风险应对策略，有助于提高企业知识产权侵权防范能力。2023年，冀北公司深入落实《国家电网有限公司知识产权管理办法》相关规定，强化全部专利管理工作的分级分类管理，制定低价值专利年度评估放弃计划，进一步压缩实用新型和外观设计申请数量，仅作为核心成果或技术布局需求为申请原则，快速提升发明专利比例，年度发明授权占比超60%。组织完成国家电网公司框定的1016条低值实用新型专利、1089条发明专利的价值评估和处置，有序放弃996项评估为低价值实用新型专利。

（二）塑造知识产权合规文化，营造良好环境

提升公司知识产权合规管理能力是激发创新潜能、抵御经营风险的重要保障，通过对知识产权的申请、维护、运用等方面进行系统化、规范化的管理，不仅有助于降低管理成本，还能提高知识产权的利用效率和价值。通过企业内部知识产权合规管理制度建设，在企业内部营造知识产权合规文化，促使员工在日常工作岗位上形成合规观念，规范企业合规合法经营，提高企业文化软实力，实现企业可持续发展。2023年，冀北公司依托专利梳理评估工作，根据高价值专利的适用性，建立海外专利申请储备库，提升美日欧有效专利量和海外有效专利占比，3项发明专利通过国家电网公司审核入选海外专利申请计划。

（三）完善知识产权合规体系，提升管理质效

对知识产权全方位、全过程的保护，包括事前防范、事中控制、事后整改，通过建立科学、系统、规范的知识产权合规管理体系，不断优化内部企业管理体系，提升企业的知识产权管理能力，防范和化解市场风险，保护自身知识产权成果，避免或减轻企业因违规经营受到制裁。从长远来看，企业的知识产权合规管理对公司的知识产权商业运作能力、市场开发能力、技术利用能力、保值增值能力都会起到促进作用。2023年，冀北公司发明申请672项，获得发明专利授权327项，申请海外专利2项；公司发表核心期刊及以上562篇；出版专著12部。"风电机组的次同步振荡抑制方法及装置"获得能源行业重要型高价值专利（技术）成果、中国专利奖银奖。每百万元研发投入发明授权量同业对标值达到4.42，处于省公司A段。

参考文献

［1］冯晓青.知识产权保护论［M］.北京：中国政法大学出版社，2022.

［2］冯晓青.企业知识产权战略［M］.4版.北京：知识产权出版社，2015.

［3］马瑞龙，王建，张渭，等.电力知识产权创新保护中专利管理体系建设［J］.上海企业，2023（10）：53–55.

［4］冯晓青.数字经济时代数据产权结构及其制度构建［J］.比较法研究，2023（6）：16–32.

［5］张冬，李鸿霞.我国专利运营风险认定的基本要素［J］.知识产权，2017（1）：99–104.

［6］余秀丽，吕嘉慧，江凯.知识产权合规管理的现状分析与应对措施［J］.法制与社会，2021（2）：172–173.

合规管理贯穿至基层业务一线的思考与实践探索

李　放　任聪颖　刘　颖　赵海峰

国网北京市电力公司

摘　要

2024 年，国家电网有限公司部署开展基层合规管理三年行动，推进公司合规管理要求贯穿业务一线、贯穿基层一线，着力解决合规管理"上热中温下凉"问题。本文在对供电企业合规管理贯穿至基层业务一线的重要性进行分析之后，对供电企业基层业务一线合规管理存在的问题进行梳理，围绕如何实现合规管理贯穿至基层业务一线展开思考。最后介绍了国网北京市电力公司开展"合规供电所（供电服务中心）、合规班组、合规建设工地"三个"合规班站所"建设活动的主要做法，以期在供电企业合规管理贯穿至基层业务一线的实践探索方面抛砖引玉，与广大同仁共同探讨，努力使供电企业合规管理贯穿至业务一线、贯穿至基层一线。

关键词

供电企业；基层业务一线；合规管理；实践探索

一、引言

供电行业是关系国家能源安全、国民经济命脉、人民生活幸福的基础性产业。供电企业做好合规管理，做到依法合规经营，既是践行全面依法治国战略的需要，也是持续深化法治企业建设的需要，还是做好供电保障服务工作的需要。2024 年，国家电网有限公司部署开展基层合规管理三年行动，推进公司合规管理要求贯穿业务一线、贯穿基层一线，着力解决"上热中温下凉"的问题，全面提升公司系统各级单位合规管理水平，可谓抓住了当前阶段加强合规管理的痛点与要害。

本文对供电企业合规管理贯穿至基层业务一线的重要性进行了分析，结合实践对供电企业基层业务一线合规管理存在的问题进行了梳理，围绕如何实现合规管理贯穿至基层业务一线进行了思考，最后就供电企业合规管理贯穿至基层业务一线的实践探索进行了介绍，以期抛砖引玉，与广大同仁共同探讨，努力使供电企业合规管理贯穿至业务一线、贯穿至基层一线。

二、供电企业合规管理贯穿至基层业务一线的重要性

（一）基层业务一线合规是实现合规管理全面覆盖的必然要求

《中央企业合规管理办法》和《国家电网有限公司合规管理办法》都把"坚持全面覆盖"作为合规管理工作应当遵循的重要原则，都明确要求将合规要求嵌入生产经营管理各领域各环节，贯穿决策、执行、监督全过程，落实到各部门、各单位和全体员工，实现多方联动、上下贯通。基层一线是供电企业业务执行的基本单元，基层员工是业务执行的基本力量，只有将合规管理贯穿至基层业务一线并实现上下贯通，才能够真正实现供电企业合规管理的"全面覆盖"，也才能够真正实现合规管理的"有效贯通"。

（二）基层业务一线是加强合规管理的根基所在

在实现合规管理上下贯通的过程中，基层业务一线应该成为供电企业合规管理的落脚点和合规管理全过程的持续发力点，使基层业务一线成为合规管理的坚实根基。这里的"上"，还可以理解为企业的决策管理单元，通常称为管理指挥机关，类似企业的大脑；这里的"下"，可以理解为企业的业务执行单元，通常称为业务一线和基层一线，类似企业的四肢。没有基层一线和业务一线的合规，供电企业合规管理将成为合规理念在"大脑"里空转，合规管理则因为没有"四肢"的发力而根基不牢、寸步难行。

（三）基层业务一线是合规风险与违规事件的高发区域

业务一线和基层一线同时也是供电企业合规经营第一线，既是合规风险的集中地，也是违规事件的高发区。广大一线员工时时、处处、人人与现场、设备、服务对象打交道，在客观上要求我们必须全面加强基层业务一线的合规风险防控。从实践中暴露出来的供电企业合规风险与违规事件来看，绝大部分都与业务一线和基层一线有关。

（四）基层业务一线是防控合规风险的前沿阵地

由于基层业务一线是供电企业合规风险与违规事件的高发区域，有效的合规管理必然要求将基层业务一线作为防控合规风险的前沿阵地。基层业务一线合规风险点多面广，涉及众多场所、设备、服务对象，要有效防控合规风险、减少违规事件，合规管理必须关口前移、重心下移，在基层业务一线构筑有效的合规风险"防火墙"。针对基层业务一线可能发生的合规风险，只有有效规范处在一线人员的行为、切实发挥处在一线人员的作用，才能第一时间将合规风险挡在"防火墙"之外。

三、供电企业基层业务一线合规管理存在的问题

（一）基层业务一线仍是合规管理的薄弱点

与合规管理贯穿至基层业务一线重要性不相适应的是，基层业务一线合规管理总体仍停留于起步阶段，是目前供电企业合规管理最薄弱之处。合规管理的热度尚未有效传导至基层业务一线，形成合规管理所谓"上热中温下凉"的问题。从当前供电企业合规整体态势来看，随着合规管理从上至下逐

渐向基层一线延伸，在合规管理要求执行上存在层层衰减现象，合规向基层一线、业务末端延伸的穿透力还需加强。亟须改变基层业务一线合规管理现状，切实解决合规管理"最后一公里"的突出问题，以真正实现合规管理上下贯通、一贯到底。

（二）基层业务一线存在合规认识上的误区

突出表现为：一是对合规管理重视不够。认为传统的法务管理就够了，合规管理有些重复，甚至认为合规管理就是"上面"弄出来的概念，那就让"上面"自己折腾好了，跟基层业务一线关系不大。二是业规融合意识有待加强。基层一线普遍存在重业务轻合规的倾向，认为最重要的是把眼前的业务问题处理好，合规问题等以后有时间精力再说；认为合规管理只是法律合规部门的事，与业务部门没有太大关系，出现风险、问题就交给法律合规部门去处理；甚至把合规管理视为业务管理的负担。

（三）基层业务一线存在合规执行上的缺位

在合规管理组织体系方面，合规管理"三道防线"运转不畅，合规委员会存在虚设现象，专兼职合规管理员未有效发挥作用，合规管理职责履行不到位。在合规管理制度方面，被动机械执行上级合规管理制度，甚至干脆将上级合规管理制度束之高阁；缺乏针对基层、适用一线和简单易行、通俗易懂的业务合规指南。在合规管理机制运行方面，合规风险识别、预警与应对普遍处于被动应付状态，合规审查与审核走过场，合规评价与考核虚化、弱化现象明显。由于合规执行上的缺位，造成违规问题屡查屡犯，习惯性违章依然存在。

（四）基层业务一线合规管理缺乏有效模式

面对基层一线这一合规管理的薄弱点，针对基层一线合规管理存在的问题，传统自上而下的管理方法暴露出明显弊端，对于每天需要处理大量事务的基层一线人员来说，容易忽视制度、文件、会议、培训等工作的必要性和重要性。显然，这些已不能完全适应基层业务一线合规管理工作的需要，亟须探索一种科学有效的合规管理模式，实施一系列管用实用适用的合规管理方法，才能有效改变基层业务一线合规管理现状，真正实现合规管理贯穿至基层业务一线。

四、供电企业合规管理贯穿至基层业务一线的思考

（一）变被动为主动

改变传统的单纯自上而下的合规管理模式，特别注意自下而上的结合，变被动灌输式合规管理为主动参与式合规管理。充分听取基层业务一线对合规管理的意见和需求，充分调动基层人员参与合规的主动性积极性，努力使基层人员由"要我合规"向"我要合规"转变。加强做实正向激励，表彰基层合规管理先进，树立身边合规榜样；逐步实施负向激励，对基层业务一线违规行为，先提醒再警示后考核，既体现以人为本，又有效约束违规行为。

（二）变领导为辅导

充分调动基层业务一线主动参与到合规管理之中，上级合规管理部门要适时淡化领导角色，及时强化辅导功能，引导帮助基层业务一线合规管理不走偏、走得稳、走长久。上级合规管理部门要加强

基层业务一线合规管理调研，及时掌握存在的具体问题，高效解决出现的各种困难，面对复杂疑难问题时可与基层人员共同会诊、协商解决，在引导、指导和辅导中不断提升基层人员合规能力和参与合规管理的获得感。

（三）变抽象为具象

基层人员长期与具体的现场、设备、业务、人员打交道，习惯于看得见、可感知的管理方式和工作方法。合规管理必须适应基层人员的这一思维习惯，把抽象的合规管理具象化，把电脑里的文件、制度和风险库、清单等转化为自己身边的一次活动、值得学习的身边榜样、感同身受的合规案例、抬头可见的警示标语、喜闻乐见的动漫视频、自导自演的情景剧、一目了然的提示卡、实用便携的口袋书等。通过这些基层人员乐于接受的方式，使合规管理收到事半功倍之效。

（四）变复杂为简单

简单直接、实用管用是基层员工又一典型的思维习惯。面对众多的现场、设备、业务、人员，高效解决问题是基层人员的工作常态。应结合基层实际，立足实操、注重实效，把复杂的各类合规文件简化为拿来可用的操作手册、看板、标牌等，使合规管理真正贴近一线、服务一线。

（五）变管理为服务

上级合规管理部门要转变合规管理思维，从要求基层做什么，转变为关心基层需要什么，根据需要提供实用管用的合规服务。上级合规管理部门要努力摒弃管理思维，牢固树立服务理念，坚持以人为本、以基层为本，努力解决基层员工关心的热点、难点、痛点等实际问题，使自己成为为基层排忧解难的合规帮手。

五、供电企业合规管理贯穿至基层业务一线的实践探索

（一）开展有效性评价，摸清基层合规管理存在的突出问题

国网北京市电力公司始终高度关注合规管理在基层的落地实施情况。为摸清基层单位合规管理真实情况，按照国务院国资委和国家电网有限公司合规管理有效性评价工作部署，结合实际情况，探索建立适用基层的合规管理评价标准，促进合规管理评价在基层有效落地实施。以自评＋督导相结合的方式，针对基层单位全面开展合规管理有效性评价，深入查找基层单位合规管理存在的突出问题。从评价督导结果反馈来看，经过合规管理"深化年""强化年""提升年"三年合规专项行动，公司合规体系全面搭建、运行机制逐渐完善，但合规向基层一线、业务末端延伸的穿透力还需加强。同时，从公司业务特点和外部监管重点来看，对外业务和执行落实都集中在一线，合规风险也主要来源于一线，有必要着重强化提升合规管理在基层的落实和执行。

（二）针对基层合规问题，提出开展"合规班站所"建设专项活动

针对有效性评价发现的基层合规管理存在的突出问题，提出聚焦"三全三创"合规年度工作主线，打造"合规供电所（供电服务中心）、合规班组、合规建设工地"三个"合规班站所"在基层构建全流程、全方位、全覆盖的合规管理体系，将合规管理要求贯穿至一线，创新"业规融合"的生动实践。

创建活动选取供电所、班组、建设工地等电网业务单位前沿末梢"最小单元"，覆盖了营销、设备、建设、安监等主营专业，呼应了基层员工关心的热点、难点、痛点等实际问题，涉及公司全部1000余个一线单元，真正体现了合规管理要求在基层的落实和执行。

（三）组建业法联合团队，制定基层单位"合规班站所"建设标准

坚持源自一线、源自业务原则，成立由法律合规部门、业务部门和基层单位人员组成的"合规班站所"建设评价标准制定团队。评价标准广泛征求基层一线意见，由专业部门把关、法律合规部门审核，历经多轮研讨、多方会商、多重考量，兼具普适性与特殊性。结合供电所、班组、建设工地工作特点，聚焦合规管理要求、专业合规风险点、外部监管处罚重点和历年巡视审计常见问题"四个维度"，细化"10+13"条"合规体系＋专业合规"管理要求，形成了以达标基准项和一票否决项为框架基础的综合评价标准。其中，合规体系建设情况涵盖合规审查、风险排查治理、问题彻底整改、合规管理员设立及履责、员工合规履职、法规制度学考、合规文化、合规信息化等10项合规管理重点要求。"合规班站所"建设标准科学完备、简单实用，兼顾给予基层单位一定的灵活自主空间，为有效开展基层单位"合规班站所"建设奠定了坚实基础。

（四）印发创建工作方案，召开专题部署会强势启动示范创建

把"合规班站所"建设活动作为合规管理贯穿至基层业务一线的有形载体和生动实践。印发创建工作方案，明确活动目标、活动时间、活动范围，部署活动安排，提出工作要求。召开"合规班站所"建设活动部署会，公司相关部门负责人、各单位法律合规分管领导、基层供电所所长、班组长及基建工程项目经理，共计500余人参加会议，部署创建活动的同时大力营造合规文化氛围。会上，三家公司级"合规示范"创建单位分别从组织体系、制度体系、运行机制和文化建设等方面汇报交流，分享活动经验、展示亮点成效、发挥示范效应。会议从贯彻落实国务院国资委和国家电网有限公司合规管理要求的站位出发，高标准部署"合规班站所"建设任务，明确准确把握和处理好牵头与主责、达标与示范、形似与神似三对关系，推动"合规班站所"建设工作走深走实。

（五）试点先行、分批实施，打造公司和基层单位两级合规示范

1. 塑造品牌，打造公司级合规示范

在现有成果基础上，提炼经验、不断完善，高标准创建顺义供电公司高丽营供电所、检修公司通州运维班、建设咨询公司 CBD 500kV 输变电工程三个公司级"合规示范"，打造各单位"合规班站所"建设的标杆样板，并统一组织对公司级"合规示范"挂牌验收。

2. 示范引领，完成基层首批示范创建

严格执行评价标准，全面开展各单位首批"合规示范"创建，既满足规定动作，又突出特色亮点，创建活动有形有效。各单位按照方案积极开展合规示范创建，积极申报首批"合规示范"项目，分片区组织申报项目评价验收，发布首批"合规示范"创建名单。

3. 广泛开展，完成基层第二批示范创建班站所建设

各单位在首批合规示范创建的基础上，广泛开展基层单位第二批"合规班站所"建设，充分总结首批"合规示范"项目经验，进一步突出覆盖范围、突出成果成效，各单位按照要求分别完成第二批"合规班站所"建设项目验收工作。

4. 搭建平台，集中展示合规创建成果

开展特色合规主题活动，通过情景剧、主题演讲、歌曲、诗朗诵、微视频等多种形式，围绕"合规班站所"建设中的合规故事，集中展示各单位"合规班站所"建设优秀成果和亮点特色，充分展现活动带来的新气象新变化，不断增强干部员工"像对待安全一样对待合规"意识。

5. 应达尽达，全面开展"合规班站所"建设

持续开展"合规班站所"建设、自评、验收工作，动态更新"合规班站所"建设名单，验收合格一批、示范引领一批，以点带面营造公司上下争创"合规班站所"建设氛围，基本实现公司范围内现有供电所、班组、建设工地应建尽建。

（六）建立闭环工作机制，持续加强合规管理向基层业务一线的穿透力

1. 开展常态化评价，强化合规管理评价结果应用

建立健全适用基层业务一线的合规管理常态化评价机制。常态化评价初期，评价结果不纳入对基层单位、一线班组绩效考核，力求评价实事求是，探索建立科学的评价机制。对于评价中发现的风险、问题和不足，形成问题清单，建立问题发现、原因分析、整改到位、工作提升的闭环机制。对问题整改成效显著的给予奖励，激发调动基层业务一线做好合规管理的内生动力。随着合规管理机制不断健全，对合规评价中发现的屡评屡犯问题、长期不落实整改的风险隐患，纳入对基层单位、一线班组和责任员工绩效考核，并通过督办、约谈、张榜、警示、考核等方式，促进合规风险及时化解。对于合规评价中发现的违规事件，在分析原因、立行立改、追究责任的同时，提出长期预防措施，切实将合规责任落实到基层单位、一线班组和责任员工，杜绝违规事件再次发生。

2. 开展常态化总结，促进合规管理体系在基层业务一线有效运转

利用公司及各单位合规委员会年度会议，专题总结与研究合规管理体系在基层业务一线的实际运转情况。结合针对基层单位开展的合规管理体系有效性评价和"合规供电所（供电服务中心）、合规班组、合规建设工地"三个"合规班站所"建设活动等工作成果，重新检视合规管理体系建设及其在基层业务一线运行情况、合规管理重点领域和关键环节合规要求在基层业务一线落实情况，建立合规管理体系建设、实施、总结、提升的闭环机制。对合规管理体系在基层业务一线运转过程中发现的问题和不足，堵漏洞、强弱项、抓整改、促提升，进一步健全公司合规管理体系，推动合规管理在基层业务一线走深走实，持续提升公司合规管理整体水平，切实解决合规管理"上热中温下凉"的问题。

六、结语

合规管理贯穿至基层业务一线至关重要，直接关系到合规管理能否走深走实、能否有效贯通，是供电企业合规管理面临的重要课题。当前阶段，基层业务一线合规管理总体仍处于起步阶段，是目前供电企业合规管理最薄弱之处，仍存在合规认识上的误区和执行上的缺位。有效改变基层业务一线合规管理现状，必须树立适应基层业务一线的管理思维，改变传统自上而下的管理方法，探索一种科学有效、管用实用适用的新的管理模式。国网北京市电力公司开展的"合规供电所（供电服务中心）、合规班组、合规建设工地"三个"合规班站所"建设活动，体现了将合规管理要求贯穿至供电所、班组、建设工地等电网业务单位前沿末梢"最小单元"，创新了"业规融合"在基层业务一线的生动实践，激发了广大基层一线员工"我要合规"的内生动力，强化了合规管理要求在基层的落实和执行，实现了合规管理贯穿至业务一线、贯穿至基层一线。同时，通过开展常态化评价与总结，建立合规风险问题

有效解决和合规管理体系有效运转两个闭环工作机制，持续加强合规管理向基层业务一线的穿透力，基层业务一线合规风险得到有效防范，为公司高质量发展提供了坚实保障。

参考文献

［1］ 郝志勇，张雪萍，袁芳．"360"合规模式在基层班组的实施［J］.中国电力企业管理（中旬），2020（12）：54–55.

［2］ 张玉峰，薛风华，鞠增祥．基层电力企业合规管理方法探析［J］.经济师，2022（2）：279–280.

［3］ 徐卉，雷胡霄宇，郭牧笛，郑发办．打造具有企业特色的合规文化［J］.当代电力文化，2022（7）：70–71.

［4］ 文华．县级供电企业合规管理现状及对策［J］.农电管理，2023（4）：32–33.

［5］ 赵凯．关于强化基层供电企业合规文化建设的若干思路［J］.农电管理，2023（8）：37–38.

［6］ 王婷云，杨华，黄晓林．供电企业合规管理优化探索［J］.中国电力企业管理（中旬），2024（1）：30–31.

［7］ 沈海东，程倩，蒋辰晖．国有企业合规制度的建构问题与发展［J］.现代企业文化，2024（2）：53–55.

以境外投资并购视角探析国有企业涉外合规及风险防范新实践

侯钰烨　刘若冰　廖利娅

南方电网国际有限责任公司

摘　要

当前日趋复杂的国际环境和政治局势对中国企业"走出去"寻求海外投资机会带来更多挑战，中华民族伟大复兴和坚定不移推进高水平对外开放战略则对作为国家中坚力量的中国国有企业"走出去"提出了更高要求。为此构建符合国家战略、国资监管要求，以及境外投资并购交易的东道国法律法规要求的涉外投资经营合规体系至关重要。本文旨在以境外投资并购合法合规风险防范为例，探析如何通过加强涉外合规及风险防范体系建设，提升国有企业涉外法治能力，为国际化发展和布局提供参考借鉴。

关键词

境外投资并购；合法合规风险防范；涉外合规

一、国有企业境外投资并购态势

近年来，中国企业积极响应国家"一带一路"倡议，"走出去"寻求海外投资机会，主动迎接机遇与挑战。国有企业作为中国企业的中坚力量，积极开展境外投资并购活动，致力于寻求更广阔的市场和更丰富的协作共赢机会、提升企业的整体竞争力和影响力。不可忽视的是，当前全球正处于新的动荡变革期，单边主义、保护主义和霸权主义抬头，大国地缘政治博弈激烈复杂；疫情后，各个国家和地区陆续出台新的外商投资准入限制政策，监管趋严，少数国家甚至针对中国国有企业及其海外投资实施规制性质的特殊安排。日趋复杂的国际环境使得国有企业参与跨境投资并购所面临的不确定性因素，包括合法合规风险也随之增加。一些西方国家泛化国家安全概念，滥用"长臂管辖"手段的威胁持续增加，合法合规风险夹杂政治复杂因素，也为国有企业跨境投资并购带来更多的不确定性。

为有效应对国有企业境外投资并购、国际化经营过程中面临的合法合规风险，在全面贯彻落实国务院国资委关于涉外合规及风险防范工作要求、扎实做好相关体系建设的基础上，还应当将法治思维运用到涉外法治日常工作的方方面面，持续关注国际局势、助力企业积极开拓海外布局，筑牢风险防范底线，坚决不逾合规红线。

二、国有企业境外投资并购常见合法合规风险

相较于境内投资，国有企业境外投资并购面临的法律风险由于跨越了不同的法域，其风险来源广泛而隐蔽，复杂程度更高，不确定性更大。本文基于企业近年来在欧洲、美洲、亚洲等不同区域投资并购经验，对国有企业"走出去"可能面临的合法合规风险从可分东道国整体法律环境、国内准出监管规则、交易相关方、交易目标公司等四个方面进行研判（见图1），并在此基础上通过公开信息收集、专业调查、行业答疑访谈等外部手段和前中后全流程风险防控预警机制、全类别风险库及清单指标具象化等内部机制相结合的方式，细化风险的识别、评估与应对。具体如下：

图1　境外投资并购交易合法合规风险地图

（一）东道国整体法律环境层面

本层面主要关注拟议交易所涉东道国的整体法律环境的完善和稳定程度。投资东道国整体法律体系不完善、不稳定或不确定性高，可能导致拟议交易面临不可预见的法律法规变更、行业政策调整，或司法裁决流程复杂、便利程度低等风险，上述情况常见于发展中国家或地区。同时，企业对投资东道国法律法规政策不熟悉也可能导致投资并购过程中因违法违规行为引致项目受阻、成本增加或合同违约等风险。具体而言，本层面可能面临的合法合规风险涉及外商投资准入和国家安全审查、国有化征收、反垄断、行业监管、外汇管制、投资争端解决机制、投资退出等多个领域。

（二）国内准出监管规则层面

本层面主要关注拟议交易所涉中国准出监管规则。根据我国现行境外投资监管体系，国有企业开展境外投资并购，依照拟议交易的具体金额、行业类别、融资方案等具体不同情况，可能需要分别向国家发展改革委、国务院国资委、商务部、国家外汇管理局等部委办理申请核准、批准、备案或登记

等手续，以获得准出资格。同时，需关注中国对与数据出境和个人信息保护相关的监管规则。根据拟议交易的合作方具体情况，还可能面临中国反垄断审查即经营者集中申报程序。未合法合规严格履行前述国内准出监管规则下的各类手续，可能导致项目暂停、中止、外汇流动受限，甚至被问责的风险。

（三）交易相关方层面

本层面主要关注拟议交易所涉的交易相关方，即交易对手（卖方）与合作伙伴。可能涉及的合法合规风险包括交易相关方主体资格及存续状态瑕疵，即资格欠缺、存续状态瑕疵，或相关授权瑕疵；交易相关方股权权属瑕疵；交易相关方履约能力瑕疵，即缺乏履行交易义务的基本必要能力，或履约不能；以及反腐败反制裁领域的瑕疵，即交易相关方，包括其母公司、控股股东、董事、主要核心高级管理人员等为（曾经）受制裁的主体等。

（四）交易标的公司层面

本层面主要关注拟议交易所涉标的公司（集团）经营管理方面存在的各类合法合规问题导致的瑕疵，可能涉及公司主体资格及设立存续、资产权属、证照许可、数据安全、对外投资、劳动用工、环境合规、税务合规、知识产权、债权债务、廉洁合规、未决诉讼仲裁等领域。上述领域的合法合规瑕疵可能导致标的公司的经济损失、声誉损失，甚至影响其正常经营、导致面临来自监管机构的处罚和制裁。

三、涉外合规及风险防范新实践：境外投资并购合法合规风险管理

"一体谋划、上下贯通，赋能引导、协同闭环"。在境外投资并购过程中，严格遵循事前识别预防、事中防范化解和事后闭环跟踪相辅相成的工作原则，贯彻"标准统一、全面支撑、全程控制、责任关联"的管理要求，积极构建涉外合规及风险防范体系。

（一）一体谋划、上下贯通，统筹构建涉外合规及风险防范工作体系

一是扎实做好境外投资并购风险防控顶层设计。制定《合规管理规定》《内控管理规定》《全面风险管理规定》，出台项目开发风险、财务风险、投融资风险、法律风险、廉洁合规风险、工程技术风险等六大重点领域风险管理专项规章制度，搭建满足企业对外投资和国际业务经营发展需要的风险防控顶层规章制度设计。同时，在境外投资并购项目相关的其他规章制度，如项目开发管理、境外项目顾问选聘与管理、法律工作流程指引及审核要点等规章制度中，细化明确项目开发团队中的法律人员如何全面全过程参与境外投资并购法律工作，建立机制流程和工作要点，精准定位各层级、各类型内外部法律人员的权责。

二是压紧压实涉外合规及风险防范主体责任。锚定目标，把控"制高点"，一体化开展境外投资并购和经营合规及风险防范工作。落实国务院国资委关于强化合规管理的工作要求，制定《公司境外业务合规管理工作方案分解表》，细化境外业务合规管理40项具体举措，实现境外业务合规管理及风险防范贯穿决策、执行、监督全流程。明确《岗位责任清单》，开展岗位月度内控自检，压实合规管理三道防线主体责任，确保境外重点岗位人员合法合规履行职责。围绕公司治理、风险内控、法律合规、合同管理等重点领域对所属的境外控股公司开展专项检查，确保境外单位持续合法合规健康运营。

三是多措并举构筑境外投资并购合法合规风险防控"四机制"。定好机制，找准"着陆点"，全方

位推动涉外合规及风险防范机制落地见效。建立健全风险分级管控机制，定性或定量分析评估风险发生的可能性和后果的严重性，据此划分风险等级，制定风险坐标热力图（见图2），配套针对性应对及管控措施，对境外投资并购合法合规风险进行分层、分类、分级、分领域管理，确保风险可控在控。创立创新风险防控评估"双报告"机制，内外结合，统筹运用好项目外部顾问和咨询机构，以及内部法律专业人员和专业部门的专业力量，齐头并进、充分考察调研和评估合法合规风险信号，确保风险全覆盖。制定落实多措并举全方位强制管控机制，针对境外投资并购法律尽职调查过程中发现的重大合法合规风险，刚性落实扣减交易对价、在交易文件中设置交割先决条件、引入特殊赔偿条款、为交易配置并购陈述保证保险等多种针对性风险防控强制措施。有效运转违规责任追究机制，将境外投资并购风险管控失职纳入违规责任追究范围，明确违规后果及对应的处分种类，督促履职尽责，有效体现风险防范积极性和主动性。

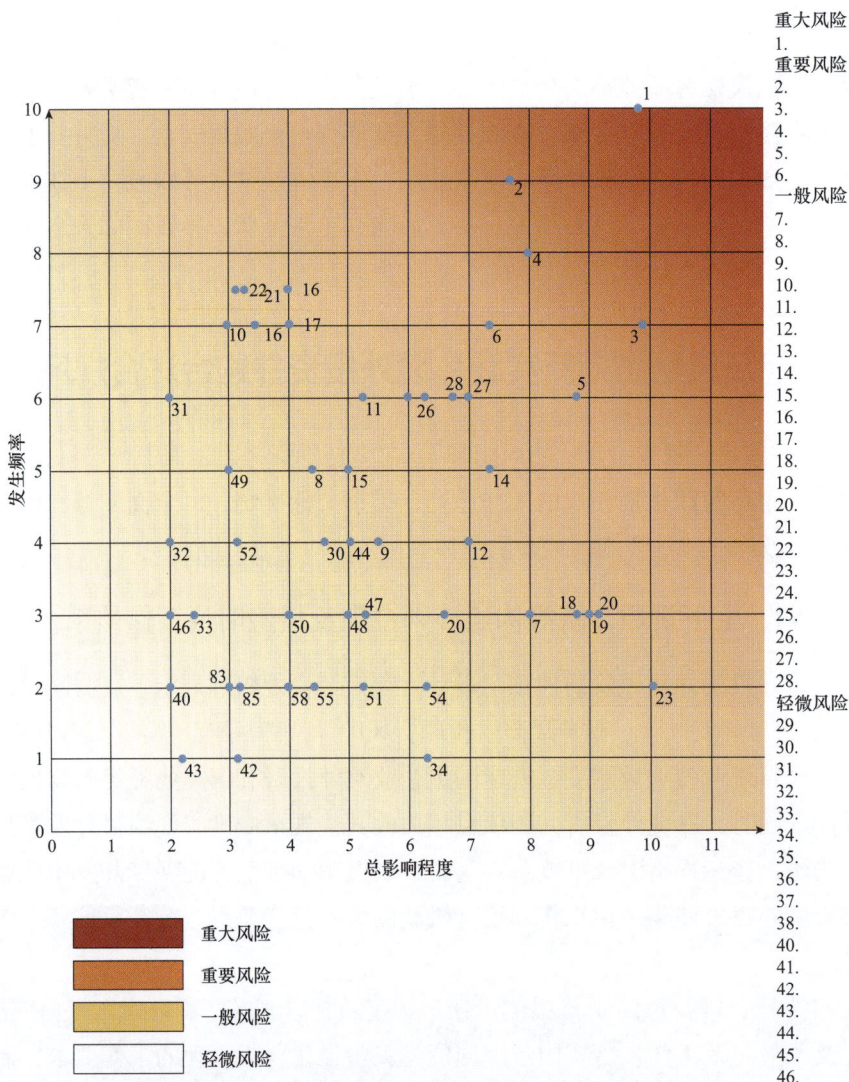

图2　风险分级管控机制：风险坐标热力图

　　四是主动作为促进境外投资并购法律审核"三化"模式成熟定型。深度参与，做实"关键点"。法律人员深度参与境外重大投资并购项目，从项目机会研究到落地运营，把好各阶段法律审核关，及时提示揭露合法合规风险，实现法律人员全程化参与。以境外项目法律尽职调查为主要抓手，明确18个领域 59 项重点关注法律尽调事项，不断提升合法合规风险识别评估的精细化水平。日常工作中及时提炼总结境外投资并购项目的合法合规风险防范有益做法，建立健全涉外法律工作标准文本库，夯实境外投资并购法律工作标准化基础。

（二）赋能引导、协同闭环，扎实开展涉外合规及风险防范全流程管控

一是事前注重识别预防，避免前期立项后出现颠覆性障碍。通过参与不同法域的境外投资并购交易法律工作，以及境外存量资产管理工作不断积累经验，及时总结的同时前瞻性开展政策和法律环境研究，形成多国别法律环境专题分析报告，持续做好研究成果的动态跟踪和更新，适应境外业务布局和市场开拓需要。提前掌握交易具体情况、熟悉商业模式和交易架构，从计划研究和前期立项阶段即开始法律审查工作，重点聚焦投资东道国外资准入和国家安全审查、反垄断审查、行业监管等重点领域合法合规风险，避免前期立项后出现颠覆性障碍。建立合法合规风险长效跟踪机制，深耕重点区域国别，按月梳理发布涉外法律法规最新动态，结合实际评估影响分析。

二是事中注重防范化解，避免超出风险承受能力进行投资。落实上级管控要求，在境外投资并购交易过程中深入开展法律尽职调查和法律环境分析，以关键法律关系为逻辑起点，紧扣 33 个法律尽调和审核要点（见表 1），准确揭示项目合法合规风险，并在项目估值、交易文件、投资架构等环节中具体落实。坚持底线思维，基于全面、真实、可靠的法律尽职调查发现，严格履行境外投资经营决策内部程序，避免超出风险承受能力进行投资。充分发挥法治斗争精神，在境外投资并购交易协议谈判、对外沟通之时，坚持以我为主、善用规则说话、靠规则行事，有理有据有节地与开展交易对手方、合作伙伴及监管机构谈判沟通，力求在"走出去"过程中既自觉遵守当地法律法规，又有效维护公司合法权益。

表 1   **境外投资并购项目法律尽职调查要点示例**

尽调目标		预判尽调重点	收资范围	时间计划	尽调结论	法律分析与结论			
						影响方面	是否构成重大法律风险	理由	应对建议
投资者与东道国法律关系	外商投资准入（退出）、国家安全审查、行业监管	1）实质标准：东道国外国投资一般市场准入要求，如行业准入、电力产业拆分要求、投资数额、投资类型及性质、资本和股息汇出、是否需要投资代表等； 2）程序标准，如申报流程及所需时间、申请主体、申报资料的准备和提交等； 3）申报的时间节点要求，如事前、事后，强制或自愿申报等； 4）审批机构审查重点及审批结果；	1）东道国外国投资审批、行业监管相关法律、法规等及东道国监管审查机构官方网站等公开信息渠道； 2）有关贸易和投资国际条约，包括和中国签署的自由贸易协定等； 3）中国国有企业相关案例						

续表

尽调目标		预判尽调重点	收资范围	时间计划	尽调结论	法律分析与结论			
						影响方面	是否构成重大法律风险	理由	应对建议
		5）不予审批、未通过审批或附条件审批的适用情形及投资者救济措施等							
投资者与本国法律关系	投资退出	1）投资路径所涉其他法域层面 若在特殊目的公司（非实体运营控股公司）层面事先退出，应明确须履行内部决策、东道国相关法定程序（如股权转让等）及所涉税务筹划，包括SPV公司所在国层面的直接税赋及间接转让所持有的资产的间接纳税责任等； 2）中国国资监管层面 A.明确央企境外企业在境外发生转让或受让产权等须履行的国资评估、估值及央企备案要求，涉及转让控股股权，明确是否需要报送国资委备案、核准及相关程序及时间； B.明确最终转让交易对价及备案、核准金额的关系	1）中国国资监管层面 A.《中华人民共和国企业国有资产法》（主席令第五号）； B.《中央企业境外投资监督管理办法》（国资委令第35号）； C.《中央企业境外国有资产监督管理暂行办法》； D.《中央企业境外国有产权管理暂行办法》； E.《企业国有资产评估管理暂行办法》（国资委第12号令）						

　　三是事后注重闭环跟踪，避免风险有措施无落实。严格落实境外投资并购的投资决策后合法合规风险闭环管理，通过投资法律后评价等形式定期"回头看"，确保风险防控措施落实到位。依托重大风险报告备案和风险防范季度会议工作机制，扎实做好境外投资并购项目六大领域风险管控，以及境外存量参控股项目运营阶段风险管控，及时排查知识产权、劳动用工、重大法律案件等潜在合法合规风险，适时预警上报，早发现、早预防、早解决。梳理法律底线标准和权利救济途径，形成境外项目公司运营阶段合法合规风险防范指引（见图3），实现作为股东对境外参控股项目公司的有效管控，为项目运营行稳致远提供有力支撑。

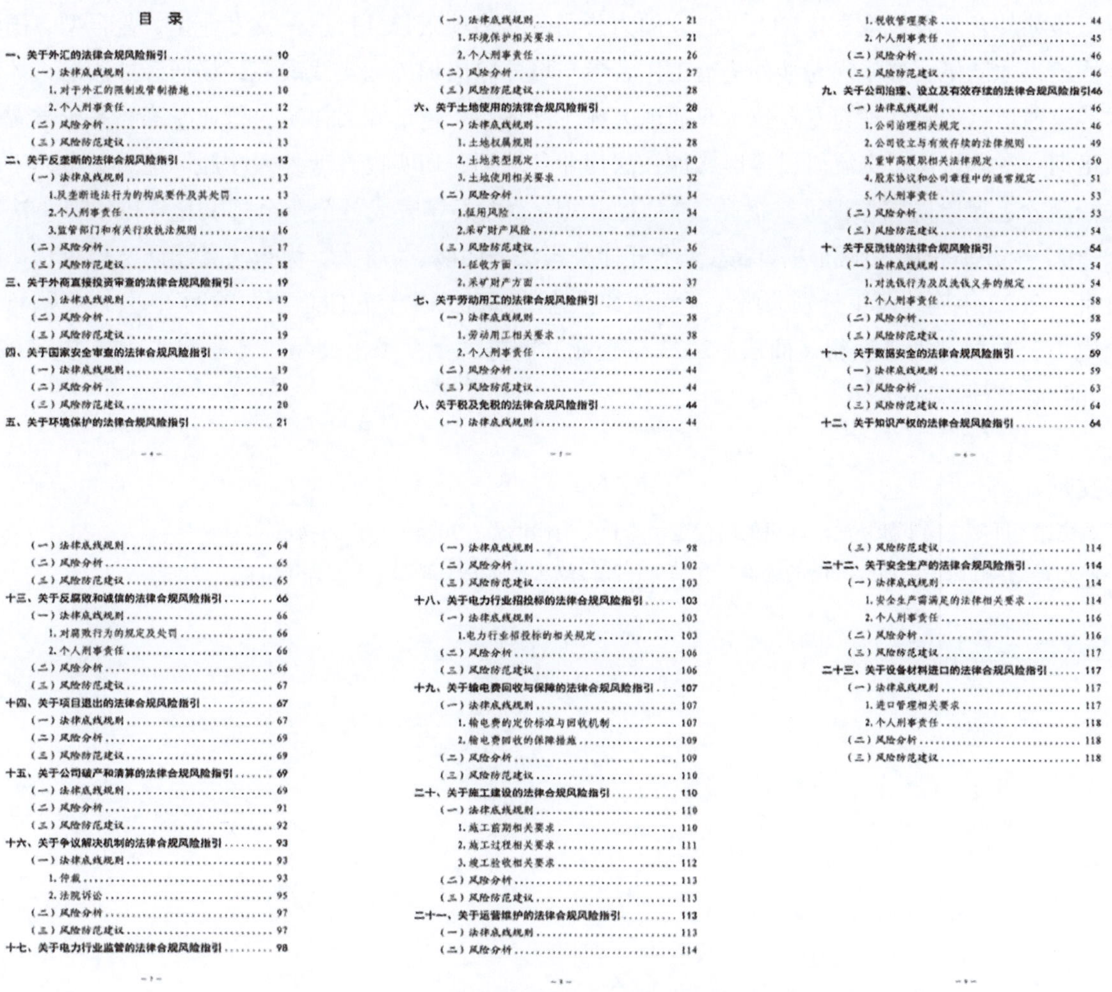

图3　境外项目公司运营阶段合法合规风险防范指引示例

四、涉外合规及风险防控工作赋能国际业务高质量发展

近年来，因涉外合规及风险防控水平不断提高、涉外法治工作布局不断优化、涉外法治人才培养力度持续增强，公司境外投资并购项目开发能力日益提升。

一是国际业务发展持续向好。促进境外投资并购合规及风险防控工作与企业涉外法治工作相结合，实现高质量共建"一带一路"，能源产业价值链整合能力和国际化资源配置能力不断提升。大力推进国际业务发展，实现公司国际化经营依法合规，境外资产布局覆盖东南亚、拉丁美洲、欧洲三大洲以及港澳地区，境外资产总额增至435亿元，未发生法律风险防控不当导致遭受经济损失情形。

二是涉外法治水平和法治工作能力持续提升。落实法治建设第一责任人职责，推动企业合规委员会及相关机构发挥实效，将涉外法治内容纳入党组织中心组学习，切实提升涉外法治思维和依法办事能力。建立集团总部、国际业务平台公司、项目团队三级涉外法治工作联动机制，总部作为审核把关主体负责整体指导监督，国际业务平台公司作为责任主体负责贯彻落实，项目团队作为前方阵地负责具体实施，自上而下全面开展涉外法治与境外投资并购合法合规风险防控工作。持续优化完善总法律顾问牵头，内部法务与外部律师分工协作，法律团队与业务团队互相配合、共同参与的涉外法律风险防控工作模式。

三是涉外合规及风险文化深入人心，助力公司荣获多项荣誉。打造一支专业型、复合型、国际化涉外法治人才队伍，选派优秀涉外法治工作者参与境外轮岗训练和实践锻炼，畅通涉外法治人才评聘技术专家通道、构筑管理与专业技术双通道人才发展体系。邀请知名律所、行业专家、高校学者通过专项培训、专题讲座、交流研讨等形式加强法律业务培训，切实提升涉外人才履职能力。全体干部职工法治观念、风险防控意识逐步提高，"人人知风险、人人守底线"企业合规文化氛围浓厚。法律部门于2022年分别获评《亚洲法律杂志》十五佳公司法务团队、《商法》优秀法务团队奖；总法律顾问2021年、2022年连续两年分别荣膺《亚洲法律杂志》《商法》"十五佳总法律顾问"；公司收购意大利国家电力公司秘鲁业务获得《商法》2023年企业并购类"年度杰出交易"，《亚洲法律杂志》2024年"年度能源和资源交易大奖"。

参考文献

［1］黄惠康.百年变局下涉外法治建设的时代逻辑［J］.当代世界，2024（3）：36–41.

［2］何志鹏.国内法治与涉外法治的统筹与互动［J］.行政法学研究，2022（5）：2–17.

居民小区新能源汽车充电基础设施建设法律合规管理研究

唐莹莹　李东阳

国网江苏省电力有限公司常州供电分公司

摘　要

在居民小区内进行新能源充电基础设施建设是一项重要民生实事，既涉及旧区改造、社区公共空间重新规划，也涉及社区治理主体关系协调、居民自治等问题；既涉及发展改革委等相关职能部门，供电服务企业、充电桩安装公司等市场主体，也涉及社区党组织、居委会、物业公司、社区居民等社区治理主体等。本文在基于大数据分析的基础上，梳理总结居民小区充电基础设施建设纠纷的类型与特点，通过具体案例分析在居民小区充电基础设施建设中存在的法律合规问题，并针对不同主体提出对策建议，以期为新能源产业的良性发展提供有效参考和有力法治保障。

关键词

新能源汽车；居民小区充电桩；纠纷类型；法律合规问题；对策建议

一、居民小区充电基础设施建设基本情况

（一）背景概述

党的二十大报告提出，要积极稳妥推进碳达峰碳中和，推动能源清洁低碳高效利用，推进工业、建筑、交通等领域清洁低碳转型。近年来，新能源汽车蓬勃发展，根据中国汽车流通协会乘用车市场信息联席分会官网公布的数据显示，2024 年 1—7 月，新能源乘用车零售 198.8 万辆，同比增长 33.7%，国内新能源车零售渗透率（指新能源汽车在汽车领域所占的市场份额）7 月份达到 51.1%，较 2023 年同期提升 15 个百分点，月度数据首次突破 50%，标志着新能源乘用车国内月度零售量首次超过燃油乘用车。

然而，新能源汽车的充电难已成为制约其发展的主要因素之一，目前个人车桩比（指新能源汽车在汽车领域所占的市场份额）的比例仍然较低，个人充电桩的建设问题也比较突出。以江苏省常州市为例，截至 2024 年 7 月，国网常州供电公司累计完成送电的个人充电桩共 5.6 万个，个人车桩比仅约

43%。这一数据距离国家发展改革委、国家能源局、工信部、财政部联合发布的《提升新能源汽车充电保障能力行动计划》（发改能源〔2018〕1698号）中规定的"一车一桩"要求还存在很大缺口，尚无法有效解决老百姓对新能源汽车的"里程焦虑"和"充电恐慌"。

究其原因，一是部分老旧小区地下车库设计时未考虑充电桩安装需求，普遍缺乏充电设施统一建设规划，在充电设施安装过程中往往存在以下问题：充电设施接入的施工方案往往涉及破路埋管或新立分支箱、表箱，因影响出行、破坏景观、噪声干扰等因素施工时经常受居民阻挠；地下车位大多未预留足够的电缆通道，需另行开孔，易破坏原有地下车库建筑结构，造成渗漏水等潜在风险隐患，还会占用公共空间，影响业主权益，难以获得业主同意；不满足消防安全条件，部分物业以存在安全隐患或专用变压器（简称专变）容量不足为由拒绝为客户充电桩接电。

二是部分居民小区地下车库属于专变供电（专变对应于公变而言，主要指为某一特定用户或设备供电的电力设施，一般由用户自建自用，产权属于用户所有），使得居民自有充电桩在受理、改造、运营、收费方面均存在一定难度。具体包括：业主无法向供电公司提出申请，而应向物业提出申请，但由于用电容量不足需要增容费用、对安全责任有顾虑等问题，物业不配合；专变改公变或分路计量改造，资金要求高、工程施工烦琐；充电桩后期运行维护主体不明确，业委会、物业等各方均存在畏难情绪；专变转供往往由物业加收电费，业主对加收电费不满意。此外，充电基础设施建设涉及主体多，利益链条长，法律关系错综复杂，这些问题均导致居民小区充电桩安装困难重重，纠纷频发，引发了众多诉讼及投诉争议。

（二）居民小区充电基础设施建设纠纷的类型与特点

1. 诉讼类纠纷

本文筛选自2015年以来全国涉充电基础设施的诉讼案件作为分析的样本。通过威科先行法律信息库检索平台，以"电动汽车"+"充电桩"为关键词，搜索到全国共计1008份相关民事判决，并呈现出如下特点：从时间上看，2015—2019年5年共计243件，2020年、2021年、2022年分别为171件、201件、199件，2023年149件，2024年1—8月45件（见图1）。可以看出，自2015年国家层面推广电动汽车充电基础设施建设以来，相关涉诉案件纠纷整体趋势逐年增多，2023年后稍有回落，但整体仍在较高水位。

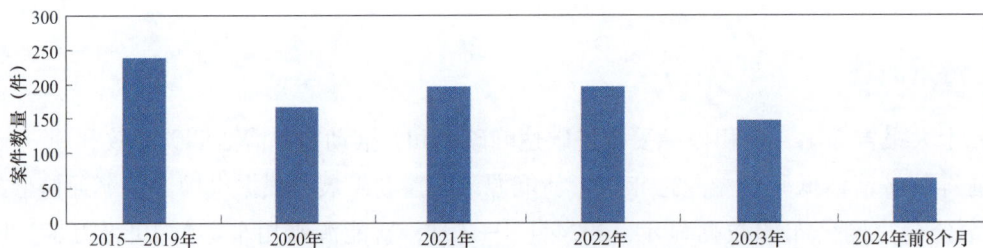

图1 2015—2024年全国涉充电基础设施案件数量

从案件类型上看，主要的案件类型包括：物业服务合同纠纷277件，买卖合同纠纷116件，租赁合同纠纷99件，建设工程合同纠纷35件，其他服务合同纠纷15件；物权纠纷78件，侵权责任纠纷25件（见图2）。以上案件中，与居民小区充电基础设施建设相关的主要案件类型为物业服务合同纠纷、建设工程合同纠纷、物权纠纷及侵权责任纠纷（主要包括排除妨害纠纷、相邻关系、业主共有权纠纷等）。其中物业服务合同纠纷数量遥遥领先于其他类别的案件纠纷，可见，在居民小区充电基础设施建设中，物业服务企业拒绝出具同意安装的证明导致产生纠纷矛盾突出。

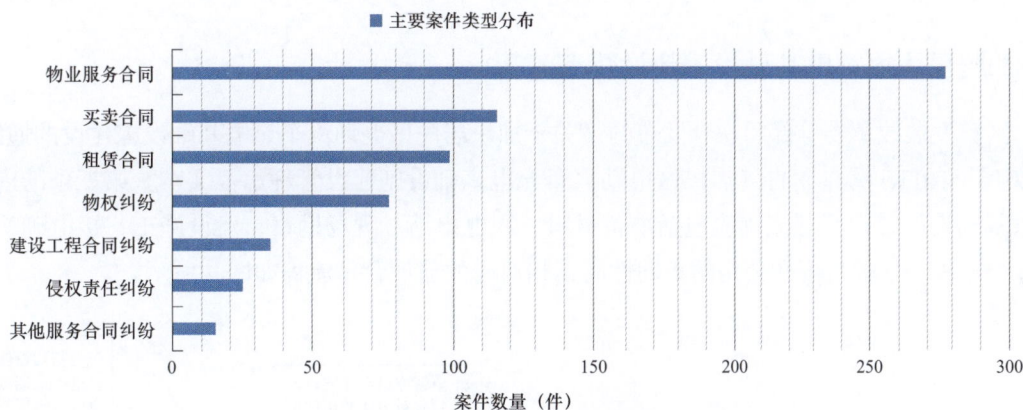

图2　全国涉充电基础设施主要案件类型分布

2.非诉讼类纠纷

通过对2023年度常州地区95598电力客服电话及12398能源监管热线涉充电设施建设意见及投诉类163件工单进行类型及数量分析（见图3），专变转供电区域、客户资料提供不全等原因不具备报装条件的工单76件，占比46.8%；客户对政策执行、接电距离、投资界面等存在异议的工单38件，占比23.5%；一体化工程施工周期较长、现场新立分支箱新放线路施工难度较大、物资领用采购时间长、业扩配套送电计划安排等导致业扩流程较长或超时限的工单6件，占比3.5%；客户对充电桩报装政策、现场查勘等答复不到位的工单5件，占比2.9%；无可开放容量、无电源点、物资等资源不足导致报装受限的工单3件，占比1.8%。

对上述纠纷的类型化分析发现：一方面，由于车主无固定产权车位、变压器容量有限、消防改造难度大等诸多客观因素，涉充电基础设施存在矛盾多、处置难的特点；另一方面，由于充电基础设施建设涉及主体多、流程长，建设单位、运营商、车主、物业、社区等多个主体之间由于对相关法律、政策的解读不到位，对各自的权益、责任、利益存在认识偏差，也容易引发一系列纠纷与诉讼。

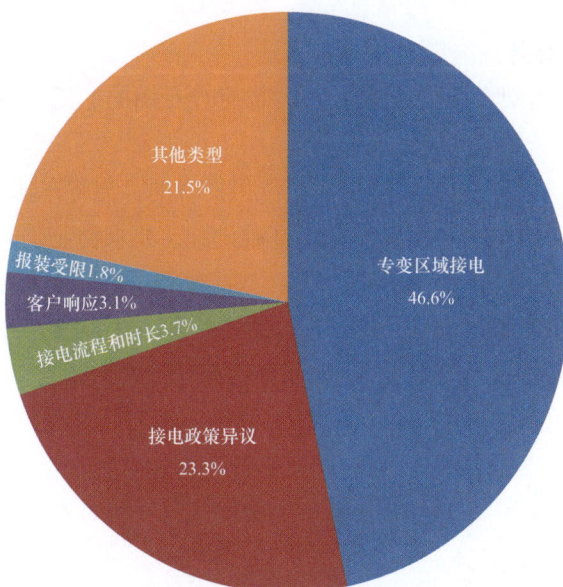

图3　2023年常州地区涉充电设施意见及投诉类工单

二、居民小区充电基础设施相关法律合规问题

（一）居民小区充电基础设施建设管理流程

根据国家发展改革委等部门联合发布的《关于加快居民区电动汽车充电基础设施建设的通知》（发改能源 2016〔1611〕号）附件《居民区电动汽车充电基础设施建设管理示范文本》第三条的内容，居民区充电基础设施建设管理流程应包括准备材料、用电申请、现场勘察、建设施工、接电确认、运营维护等 6 个阶段。根据自用和公用的不同性质，相对应的建设管理流程如图 4 所示。

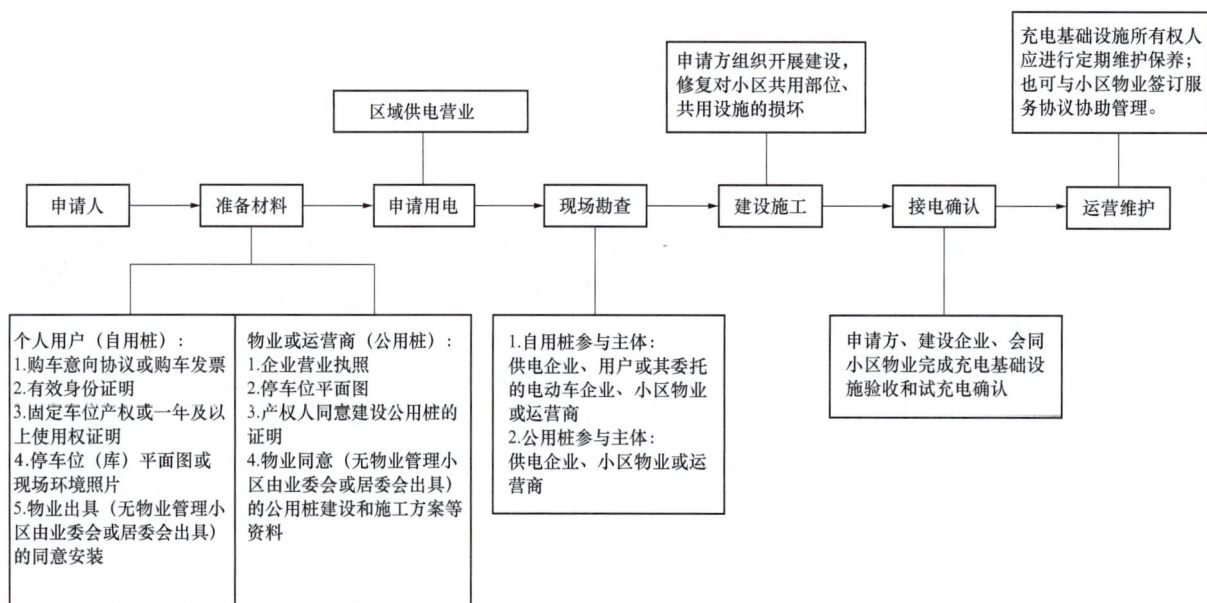

图 4　居民区充电基础设施建设管理流程

（二）相关典型案例及法律合规问题分析

1. 关于申请安装的主体资格

对于申请安装自用充电基础设施的居民个人，需拥有专用的、固定的停车位所有权或一年以上（含一年）的使用权。

【典型案例 1】乙与小区物业公司未签订书面车位租赁合同，但将车辆长期停放在其交纳停车费的车位上。乙购买电动汽车后欲在该车位上安装充电基础设施，要求物业公司在建设意见书上盖章确认。物业公司拒绝配合，认为乙的停车位不绑定车牌亦无固定期限，乙能够使用停车位系出于长期以来小区内业主形成的习惯及业主间默契的原因。

【法律合规意见】根据《居民区电动汽车充电基础设施建设管理示范文本》第一条第（一）款"自用充电基础设施，指购买和使用电动汽车的个人，在其拥有所有权或使用权的专用固定停车位上建设的充电基础设施及接入上级电源的相关设施"，乙虽事实上占用某一车位多年，但并未与物业公司签订车位租赁合同，未能证明对该固定车位拥有长期使用权或产权，故对乙的安装请求不予支持。

2. 关于物业服务企业的协助义务

国家支持居民区电动汽车基础设施建设，并出台相应通知、意见等要求物业服务企业在建设充电

基础设施时予以配合、提供便利。发改能源〔2016〕1611号文第六点提到：在居民区充电基础设施安装过程中，物业服务企业应配合业主或其委托的建设单位，及时提供相关图纸资料，积极配合并协助现场勘查、施工。物业服务企业作为小区物业服务的提供者，要满足的是整个小区公共资源的使用配比和安全保障。在新能源车辆使用方面，如果业主提供了相关合规的充电桩安装手续，并且供电企业实际测量勘察后认为符合安装要求的，物业服务企业应及时提供相关图纸资料，积极配合并协助现场勘查、施工，不得以用电容量不足或存在安全隐患等事由拒绝配合业主报装充电基础设施的正当要求。

【典型案例2】乙购买电动汽车，小区物业公司协助其出具同意安装地下车位充电基础设施的车位及允许施工证明。甲委托安装人员进场施工时，物业公司却以所在楼栋电容量已满、安装未经业委会同意、业委会发布通知暂不允许业主私自安装自用充电基础设施等为由，不允许安装人员将电力接入相关楼栋的配电箱。经供电公司勘察，该小区变压器电容量仍有余量，仅从容量角度考虑，目前变压器可满足该户充电基础设施接入。

【法律合规意见】业主依法对其建筑物专有部分享有占有、使用、收益和处分的权利。同时，例如本案中业主要求物业公司配合其申请在自有车位内安装充电基础设施，符合车位正常使用性能，是业主正常行使合法权利的行为。但应注意，物业公司出具同意安装充电基础设施证明不等于业主可以随意安装充电基础设施，车位是否符合充电基础设施的安装条件、具体如何安装应根据供电企业勘察结果确定，并接受相关行政部门监督管理。

3. 关于业主大会或业委会的权责

（1）在个人所有的车位上安装自用充电基础设施不属于业主共同决定事项。车位是指建筑区划内规划用于停放汽车的位置。业主通过购买等方式，对车位享有所有权，即享有对建筑物专有部分占有、使用、收益和处分的权利。业主在自有车位上安装自用充电基础设施，是其对建筑物专有部分的合理使用，不属于业主共同决定的事项。业主大会或业委会不应以其他业主不同意为由，阻碍业主进行安装。

（2）在小区公共车位上安装充电基础设施应由小区全体业主或业主大会委托的业委会或其他可以代表全体业主利益的单位及组织同意。根据《民法典》第二百七十五条、第二百七十八条的规定，占用业主共有的道路或者其他场地用于停放汽车的车位，属于业主共有。改变共有部分的用途或者利用共有部分从事经营活动，应由业主共同决定。因此，在小区公共车位上安装充电基础设施属于改变共有部分的用途，应由可以代表全体业主利益的单位及组织同意。

（3）业主在自有车位上安装充电基础设施，若涉及小区共用部位、共用设施，是否应经业主大会或业委会同意。自有充电基础设施的建设施工，需根据供电企业现场勘查后的供电方案实施，其中，大部分施工会对小区共用部位、共用设施产生影响。例如对小区公共道路进行开挖，以及在原有电网布局上进行新的布线、走线等，该施工行为是否应经业主大会或业委会同意实践中有不同认识。一种意见认为，施工行为系为了实现业主对其专有部分的使用而对小区共有部分进行合理利用，该事项不属于《民法典》第278条须由业主共同决定的事项；另一种意见认为，施工行为必然会对小区相关共用部位及共用设施予以变动，涉及小区业主的共同利益，应由全体业主共同表决。施工情况的复杂性，决定了这个问题不能一概而论。总体而言，在满足业主安装自有充电桩的同时，应当兼顾对小区共有部位影响的最小化。在施工方案上，应避免低效重复建设，若施工行为对小区公共部分及公共设施影响较大，应由全体业主共同表决。

【典型案例3】业主甲购买了某小区地下固定车位，要求物业公司配合其办理充电基础设施的安装手续。物业公司告知甲，此前业委会授权物业公司发起关于是否同意在地下车库安装私人电动汽车充电基础设施的业主大会投票议案，根据统计结果，大部分业主不同意安装，理由是小区电容量不足，接入大量充电基础设施需对现有电容量进行扩容改造；地下车库消防设计及设施现状不能满足安装充电基础设施后的安全需求；地下车库距离变电箱较远，开挖及布线对小区现有秩序影响大。业主与物业公司因此产生纠纷。

【法律合规意见】本案中，由于小区自身共有设施的限制，安装自用充电基础设施对共用部位、共用设施的改造要求大，应由小区全体业主表决。在类似这种原有基础条件差、共有设施老旧的小区安装充电桩，统建统营的方案更为合适，可以减少资源浪费和安全隐患。

4. 关于涉相邻权问题处理

小区业主在申请安装专用充电基础设施时，法律和相关政策文件并未规定必须征得车位附近相邻业主的同意。实践中，不排除有的业委会或物业公司以未取得相邻业主的同意为由而拒绝出具同意书。而相邻业主则可能出于对安装充电基础设施后的出入方便、对电动汽车自燃风险的担忧、对雨季充电基础设施地下线路漏电的担忧等原因不同意安装相应的充电基础设施。对此，所有权人和相邻人各自应本着睦邻友好、和谐生活、相互理解的原则，合理合法地处理相邻关系纠纷，以免发生不必要的诉累。

【典型案例4】甲与乙共同居住在某小区，甲购买的车库坐落在乙楼下。乙购买了一辆新能源汽车，并在未征得物业同意的情况下，联系电动汽车厂家在甲车库路门口的绿化带边沿安装了充电基础设施，并从家里电表拉线到充电基础设施。经查实，车库前道路为非循环通道，路面宽度为4m。甲认为乙的上述行为对其构成妨害，且存在较大的安全隐患，要求乙立即拆除。

【法律合规意见】根据生活常理与经验法则，在乙的车辆处于充电状态或者停放于充换电设施近旁时，势必对甲车库车辆的通行造成实质性影响。此外，乙私拉乱接充电线也更容易产生火灾隐患，故其应拆除案涉充电基础设施。

5. 关于供电性质与安装模式的关系

充电基础设施供电涉及两种模式，第一种是由供电企业直供；第二种是由小区专变转供。由供电企业直供的，业主应向供电企业申请，由供电企业现场勘验和核算容量使用情况，物业公司无权拒绝（但由于涉及物业后期的管理和安全责任，很多物业不愿提供同意文件）。由小区专变转供的，业主应向物业公司申请，但因涉及增容费用、安全管理责任等原因，物业公司往往拒绝安装。

【典型案例5】某小区地下车库为专变区域，业主甲认为供电公司违反《民法典》和《电力法》中"对营业区内的用户不得拒绝供电"的相关要求，要求供电公司为其电动汽车提供供电服务。

【法律合规意见】本案中，供电公司与小区开发商已经签订了高压供用电合同，供电公司业已按照约定履行了相应的供电义务，案涉地下车库为专变区域，故该小区建设的变电站应由开发商及物业公司维护运营。无论从管理职责还是安全角度考虑，供电公司均无法另行接电予以干涉，故甲的请求不能成立。

6. 关于充电基础设施的运营维护

（1）自有充电基础设施的运营维护。根据"谁所有，谁负责"原则，小区充电设施应由充电设施的所有权人负责运行维护管理，承担安全管理主体责任。业主系自用充电基础设施的所有权人，应负责充电基础设施的运行维护管理责任，不得私拉乱接电线，不得损坏、擅自改动充电设施，不得阻挠和妨碍物业公司对充电设施的巡检。如因未能履行相应的运营维护责任造成损失的，应由其自行承担。

（2）物业服务企业对小区公共场所、公共设施负有安全保障义务。充电基础设施的安全运营离不开小区内公共场所、公共设施的安全。对小区内的业主共有部分，物业公司有相应的安全保障义务，应维护小区内的基本秩序，包括对共用消防设施进行维护管理，对充电基础设施进行日常巡视，协助并监督充电设施所有权人履行安全责任等。若物业公司未采取合理措施保护业主的人身、财产安全，应对由此产生的损失承担责任。

【典型案例6】业主甲在其自有车位上安装了充电基础设施，在使用过程中，甲发现自有车位附近的消防设施存在年久失修的情况，其他业主的充电基础设施存在私拉乱接的情况，存在安全隐患。于是甲要求物业公司进行相应处理。物业公司认为小区消防设施老旧，部分设备、器材需要更换和大修，这些项目不属于物业服务合同中的日常维修项目，物业公司不承担维保义务，应由业委会使用公共维修基金解决。其他业主对充电基础设施私拉乱接，应由各业主承担相应责任。

【法律合规意见】根据《民法典》的规定，物业公司应当承担小区公共部分的安全管理责任，对安全隐患必须尽到巡视发现、采取合理措施制止、及时向有关职能部门报告等职责。本案中，对于消防设施年久失修的情况，物业公司应当与业委会按照物业服务合同明确各自义务，并按约履行。若依法应使用公共维修基金进行维修，应及时通知业委会。若业委会不履行相应职责，物业公司应及时向有关职能部门报告。对于充电基础设施不规范安装等情况，物业公司应督促有关业主进行整改，对整改不到位或拒绝整改的，应及时向有关职能部门报告并协助处理。

三、对策与建议

居民小区新能源充电基础设施建设涉及多方主体，法律关系繁杂，需要多方配合、协同推进。

（一）政府职能部门

根据国家发展改革委等部门《关于进一步提升电动汽车充电基础设施服务保障能力的实施意见》（发改能源规〔2022〕53号）的规定，建议相关部门制定既有居住社区充电设施建设改造行动计划明确行动目标、重点任务和推进时序，结合城镇老旧小区改造及城市居住社区建设补短板行动，因地制宜推进居民小区充电桩建设。

针对老旧小区车位不足等情况，一是建议出台相关政策，鼓励引导"统建统营"。由具备资质、符合条件的充电服务运营商对居住区充电设施统一进行规划设计、建设改造、运营运维，具备安装条件的，可配建一定比例的公共充电车位，建立充电车位分时共享机制，为业主充电创造条件。二是建议推行"私桩共享"模式。目前国网常州供电公司已试点开展居民个人充电桩"私桩共享"，在星河丹堤小区建成省内首座"私桩共享"集群示范点，个人充电桩经设备改造及平台测试后，可在"私桩共享"平台（由国网电动汽车公司和南瑞集团开发）上线，充电桩主在平台发布私桩地址、共享时段、收费信息后，新能源车主可通过平台下单预约充电、结算费用，有效缓解用户充电难题，推动有序充电。

针对物业不愿意出具同意安装证明的情况，建议组织骨干力量对管辖内小区进行摸排，综合考虑消防安全、用电安全等多种因素后，探索将基础条件好的居民小区纳入充电桩报装"绿色通道"，在申请充电桩报装时，车主无须再到物业进行盖章确认，简化充电桩报装申请手续，为群众提供便利。

针对专变小区的情况，一是全力推进存量小区充电桩改造，按照《关于在城镇老旧小区改造项目中全面实施电动汽车充电设施建设管理工作的通知》要求，因地制宜地配合做好老旧小区新能源汽车充电基础设施改造建设，大范围、多点位布设公共充电基础设施，服务于周边小区居民充电需求。二是围绕专变分路改造、专变负荷割接等技术改造方案开展专项调研，为推动实施既有小区固定车位充电基础设施改造提供决策支撑。进一步明确改造方案、投资主体、实施主体及商业运营模式，全力做好试点小区改造实施。三是对于暂时无法"专变改公变"的小区，制定措施鼓励充电桩企业共同参与小区供配电设施增容改造，采用智能负荷管控、智能有序充电等技术手段提升电能利用效率，节约增容改造成本。四是引导物业对于居民充电设施报装的申请不拒绝、不推诿，明确物业配合职责，充分利用财政资金杠杆作用，对配套服务与管理积极主动、成效突出的物业服务企业给予适当奖补，对物业公司的不配合行为制定相应的处罚措施，引导和鼓励物业公司参与充电基础设施建设。

（二）市场主体

安装新能源汽车充电基础设施，涉及线路铺设、设备安装、用电，这一环节至少涉及供电服务企业和充电基础设施生产运营企业。

作为供电服务企业，一是积极做好供电服务工作。在收到申请人的用桩申请后，积极协调物业服务企业、申请方做好现场环境勘查、用电条件勘查，施工过程中做好安全保障工作。二是在建设时注意满足消防、环保等安全要求，并设置安全警告和引导、监控等标识和设备。三是全力做好宣传工作。通过微视频、集中宣讲等形式介绍当前本地区充电基础设施建设的基本情况，最大程度打消新能源用户的顾虑，推动节能减排。

对包括充电基础设施生产运营企业在内的其他市场主体而言，新能源充电桩项目的运营中，如果操作规程不规范或者相关设备、汽车硬件有产品质量瑕疵，运营过程存在一定的安全风险。因此，充电桩或相关电池的生产运营企业应将保证过硬的质量作为首要准则。此外，为分担风险，可考虑为自身经营的充电设备购买完整的财产一切险及公众责任险等商业保险，以减轻突发事件发生时的损失。

海上风电项目施工安全与合规管理探讨

朱陈宇　王延伟　葛中原

国电投南通新能源有限公司

📝 摘　要

　　本文以我国海上风电项目工程建设为主题，对相关法律法规进行了梳理，提出了项目建设阶段的主要合规管理要点，并针对性地提出了合规管理策略。文章强调了建立合规管理体系、强化风险管理、注重环保和社会责任、加强培训宣传、法务指导、建立审计考核机制等策略，以提高海上风电项目建设阶段合规管理水平。同时，本文还通过案例分析展示了合规管理在海上风电项目建设中的重要性。

✒ 关键词

　　海上风电；施工安全；法律规定；合规管理

一、引言

　　我国海上风电开发资源丰富，海岸线内海上风电资源储量巨大，这为发展海上风电提供了得天独厚的优势。目前，海上风电产业正努力发展经济效益，商业化开发提升空间大，未来可期。2022 年海上风电建设成本已从 2020 年 16550 元/kW 下降至 12400 元/kW，下降幅度超 25%，且至"十四五"末预计有 15% 以上的下降空间。预计 2025 年中国海上装机容量超过 60GW，2030 年超过 130GW，是实现我国双碳目标的重要技术路径之一。

　　一方面，随着我国海上风电快速发展，施工安全风险剧增，安全事故频发，造成严重的人员伤亡和经济损失。另一方面，作为政策敏感度较高的新兴行业，随着国家、行业主管部门对海上风电行业的要求趋于技术化、效率化、精细化，海上风电项目难以避免地将面临合规监管"先宽后严"的局面。只有确保合规性，项目才能顺利推进，避免不必要的法律纠纷和处罚。本文就海上风电项目建设阶段安全管理可能涉及的法律、政策及风险点进行了梳理，并提出了针对性合规管理建议，消除、减少海上风电施工安全隐患，规避合规风险提供指导意见。

二、国内海上风电项目建设阶段的法规、政策现状

目前我国的海洋风电工程法律体系主要由三部分构成：基于电力、建筑、海洋工程建设领域的安

全技术和风险管理制定的相关法律法规；包含能源局、海上交通、自然资源等部委规章；部分省份制定的相关海上风电项目法规、办法。三部分共同构成了我国海上风电工程的法律框架（见表 1）。

表 1　　　　　　　　　　　　　　国内海上风电相关法规、政策

法规 / 管理办法	主要内容 / 重点	发布机构	发布时间
《电力建设工程施工安全监督管理办法》	规定了电力建设工程施工安全方针，要求所有相关单位遵守安全生产法律法规，建立保障体系，制定责任制和规章制度，确保施工安全，并承担相应责任	国家发展和改革委员会	2015.08.18
《建设工程安全生产管理条例》	要求各参建单位遵守安全生产法律法规，建立责任制和规章制度，确保施工安全，并承担相应责任。同时明确了监督管理职责和法律责任	国家发展和改革委员会	2015.10.01
《海上风电开发建设管理办法》	指出海上风电项目需制定施工方案和办理手续，由具备资质的施工企业负责，并制定应急预案。要求建立监控系统和安全生产制度，及时报告事故或故障	国家能源局、国家海洋局	2016.12.29
《中华人民共和国海上交通安全法》	修订内容包括规范海上作业行为、严控行政许可事项、完善搜救机制等，并强化了责任追究，对船舶登记、检验、航行安全等方面做了进一步要求	交通运输部	2021.04.29
《中华人民共和国水上水下作业和活动通航安全管理规定》	在《海上交通安全法》基础上细化海上作业要求，强调从事需许可的作业或活动的单位或个人需符合安全要求，并制定相应方案、保障措施和应急预案	交通运输部	2021.09.01
《海上风电场工程施工安全技术规范》	针对海上风电场工程施工安全的技术规范，涵盖安全技术要求、安全措施、应急预案制定，以及施工设备和材料的安全管理	国家能源局	2021.02
《防止电力建设工程施工安全事故三十项重点要求》	强调防止海上风电施工事故，明确总体要求，如严禁超资质承揽工程项目等	国家能源局	2022.06.18
《国家能源局关于印发全国电力安全生产大检查工作方案的通知》	强调加强海上风电安全风险管控，要求相关企业严格落实安全生产主体责任，加强通航安全、施工安全等管理和应急处置	国家能源局	2022.04.07
《连云港海事局海上风电海事监管暂行办法》	国内首个海上风电海事监管规定，从人员、船舶、设备、环境、监管五方面要素规范海上风电场安全管理行为，落实安全生产责任	连云港海事局	2019.11.01
《江苏海事局海上风电通航安全监督管理规定（试行）》	继连云港海事局之后，另一项地方海上风电安全监管规定出台，提出安全管理和监督措施，要求加强船舶、人员管理，建立安全生产责任制度	江苏海事局	2021.02.01
《福建海上风电场水域交通安全管理办法》	福建海事局海上风电安全监管规定出台，涵盖选址、施工、运维三个阶段，包括"人、机、环境"三个要素，涉及施工船、运维船、过往船三类船舶	福建海事局	2021.11.01
《海上风电场通航安全监督管理暂行办法》	广东海事局海上风电安全监管规定出台，强调了加强船舶和人员管理的重要性，应建立安全生产责任制度	广东海事局	2022.04.20

续表

法规 / 管理办法	主要内容 / 重点	发布机构	发布时间
《江苏海事局海上风电通航安全监督管理规定》	江苏海事局进一步完善了海上风电场建设、运维全过程的安全监督管理规定，提出"信用＋智慧"管理概念，实施信用联合奖惩机制	江苏海事局	2022.10.13
上海海事局海上风电场海上交通安全管理规定	上海海事局海上风电安全监管规定出台，明确了各单位的责任界限，强调了人民至上、生命至上，遵循安全第一、预防为主、方便群众、依法管理的原则	上海海事局	2022.12.21
《山东海事局海上风电通航安全管理办法（暂行）》	山东海事局根据山东沿海冬季寒潮大风、夏季台风等气象海况特点，针对海上风电提炼出"七严七防"有关做法	山东海事局	2023.01.29

三、海上风电项目施工安全合规管理要点分析

根据海上风电项目建设阶段的法规、政策现状，本文就海上风电项目建设期各阶段合规管理要点进行分析，现择其要者分述之。

（一）海上风电企业安全生产与资质管理

1. 总承包单位管理

《建设工程安全生产管理条例》强调在实施建设工程施工总承包模式时，总承包单位作为核心责任方，须全面把控安全生产管理，确保施工现场安全稳定。若依法分包，总承包单位须在分包合同中明确各方安全生产责任，并与分包单位共同承担安全生产连带责任，确保双方密切协作，共同预防和控制安全生产风险。

2. 施工单位管理

《电力建设工程施工安全监督管理办法》强调，参与电力建设的施工单位，其资质等级体现了技术和管理能力，对工程质量和安全至关重要。施工单位必须遵守国家安全生产法规，包括配置安全设施、进行安全培训和检查，以保障施工现场安全。取得安全生产许可证是合法施工的前提，表示施工单位具备安全生产能力和管理水平。施工单位须在许可范围内施工，遵守国家规定，维护市场秩序。专业分包时，必须选择具有相应资质和安全生产许可证的分包单位。合同中应明确双方安全生产责任和权益，确保施工规范、高效。施工单位须定期进行安全检查和隐患排查，确保安全措施执行到位，杜绝违章行为，保障工人安全和工程顺利进行。

（二）海上风电企业船舶管理

1. 主体责任

《中华人民共和国水上水下作业和活动通航安全管理规定》第二十条规定了建设、施工、运维单位应当落实安全生产主体责任。《江苏海事局海上风电通航安全监督管理规定》第十九条规定，要与所雇佣的船舶签订安全管理责任书，将船舶纳入安全管理责任范围。

2. 船舶证书

《中华人民共和国海上交通安全法》第二章规定，船舶、海上设施和船员规定船舶应持有有效船舶证书和文书，满足船舶最低安全配员要求，并按照规定配备相应的救生、消防、通信以及防污染等设

施设备，并确保处于良好工作状态。

3. 调度制度

《江苏海事局海上风电通航安全监督管理规定》第二十七条规定，建设、业主（管理）、施工、运维单位应当建立船舶调度制度，合理编排船舶出海计划，及时将出海船舶和人员出海计划录入海上风电企业自主监控平台，通过运用自主监控平台，加强对出海船舶和人员动态管控、预警和自主管理。

4. 船舶出海

出海船舶应配备船舶自动识别系统（AIS）并保持开启，按规定显示相应的号灯号型，保持高频值守。船舶出海应当遵守各项禁航限航规定，禁止船舶超载、冒雾、超抗风等级航行。除确有乘潮出海需要外，船舶夜间不得载运人员出海。

5. 船舶用途

《江苏海事局海上风电通航安全监督管理规定》第二十四条规定，出海船舶不得混作他用，不得携带渔网、渔具等与风电施工、运维无关的工具，不得从事捕捞、垂钓、旅游观光等与风电施工、运维无关的作业活动。

四、海上风电企业人员管理

1. 分类管理

《江苏海事局海上风电通航安全监督管理规定》强调对出海人员实施分类管理，明确和细化船员、海上风电作业人员、临时性出海人员的管理要求。

2. 持证船员

《江苏海事局海上风电通航安全监督管理规定》第十四条规定，船员应当持有符合《中华人民共和国船员条例》所要求的相应证书，熟悉附近水域通航环境，及时关注风电场及其附近水域气象、水文、航行通（警）告等情况。起重船、安装平台、铺缆船等非自航工程船舶应当配备具有一定风电施工和应急处置经验的持证船员。

3. 海上风电作业人员

《江苏海事局海上风电通航安全监督管理规定》第十五条规定，海上风电作业人员应当参加海上交通安全技能培训并取得相关培训证明，出海前接受安全教育，确保掌握海上救生消防基本知识，熟悉作业区域的气象海况、工况条件和安全要求等。

4. 临时性出海人员

《江苏海事局海上风电通航安全监督管理规定》第十六条规定，临时性出海人员出海前应当接受安全教育，通过阅读资料、观看视频等方式掌握必要的安全和救生知识。

5. 出海人员防护

《江苏海事局海上风电通航安全监督管理规定》第十七条规定，所有出海人员出海前必须检查和佩戴好相关的救护、照明、通信等个人防护用品。鼓励佩戴具有定位和报警功能的电子设备。出海人员应当从符合安全要求的登乘点集中登乘。

6. 出海人员登记

《江苏海事局海上风电通航安全监督管理规定》第十八条规定，建设、施工、运维单位应当落实船舶（人员）出海卡口责任，建立出海人员登记制度，明确专人负责，登记出海人员数量、姓名、出海时间、返回时间等信息，相关记录备查。

上述船舶管理、人员管理以及单位管理规定来自《江苏海事局海上风电通航安全监督管理规定》，适用于南通地区海上风电项目，上海、广东、山东、连云港、盐城等地海域海上风电项目可参照当地辖区海事部门颁布的海上风电海事监管办法。同时，其他尚未建立海上风电管理制度的地区的风电企业可参照上述办法进行合规管理。

五、海上风电项目施工安全合规管理建议

海上风电行业近几年快速发展，海洋环境污染、安全责任事故、工程建设、船舶租用纠纷越来越多，尤其海上施工以海上风电船为基础，涉及海商法与各部门法的识别和适用。构建海上风电项目施工期安全合规管理策略需要综合考虑多个方面，以确保项目的顺利进行并符合相关法律法规和政策要求。以下从海上风电建设单位角度对海上施工安全合规管理提出如下建议。

（一）严格把控准入条件

建设单位在招标文件中应按照《电力建设工程施工安全监督管理办法》《中华人民共和国海上交通安全法》等法律规定要求，并结合可行性研究报告中的技术要求，明确参建单位资质、人员资质、船机规格等要求。评标过程中宜把安全建设内容在技术评分表安全管理评价部分予以明确。合同签订阶段同步签订安全管理协议，明确各自的安全管理职责。

（二）建立安全管理体系

项目开工前，建立健全项目安全管理网络（见图1），成立由班组安全管理为基础，各参建单位主要负责人为主导，全员参与的安全、技术责任体系。同时按照国家及地方性法规要求制定项目管理制度，包括安全生产责任制、突发事件应急预案、船机准入、退出制度、出海人员管理制度、安全培训制度等海上风电建设期专项安全管理制度，建立合规风险评估和应对机制等。通过系统化的管理措施，可以实现对项目全过程的合规监督和管理。

（三）加强合规培训和宣传

制定培训矩阵，明确岗位培训内容，在入场前、重大作业前、重大节日前后等各阶段组织人员开展培训，增强人员安全意识及技能。确保特种作业人员、特种设备操作人员等均有对应作业证书。对于出海作业人员，还必须参加相关的海上作业和海上应急逃生的培训，培训通过后取得相应的资格证书和专业认证。只有高度重视作业人员的专业能力和安全素养，才能确保他们在工作中能够充分理解并掌握可能遇到的风险以及有效的控制措施。同时，通过宣传和推广，增强社会对海上风电项目合规管理的认识和支持。

（四）强化过程风险管理监控

项目建设阶段的合规管理中，风险管理监控是一个至关重要的环节。在项目实施之前，必须识别和评估可能存在的风险，并制定相应的预防和应对措施。通过将微波通信或卫星通信、AIS、CCTV、VHF等系统进行集成，采用气象观测、移动互联网技术、闭路电视监控、位置跟踪等应用系统，通过实时监测，获取风电场建设与运维的最新信息和环境状态，并对风电施工船及运维船进行持续的动态跟踪与预警管理。海上风电通航安全自主监控系统如图2所示。

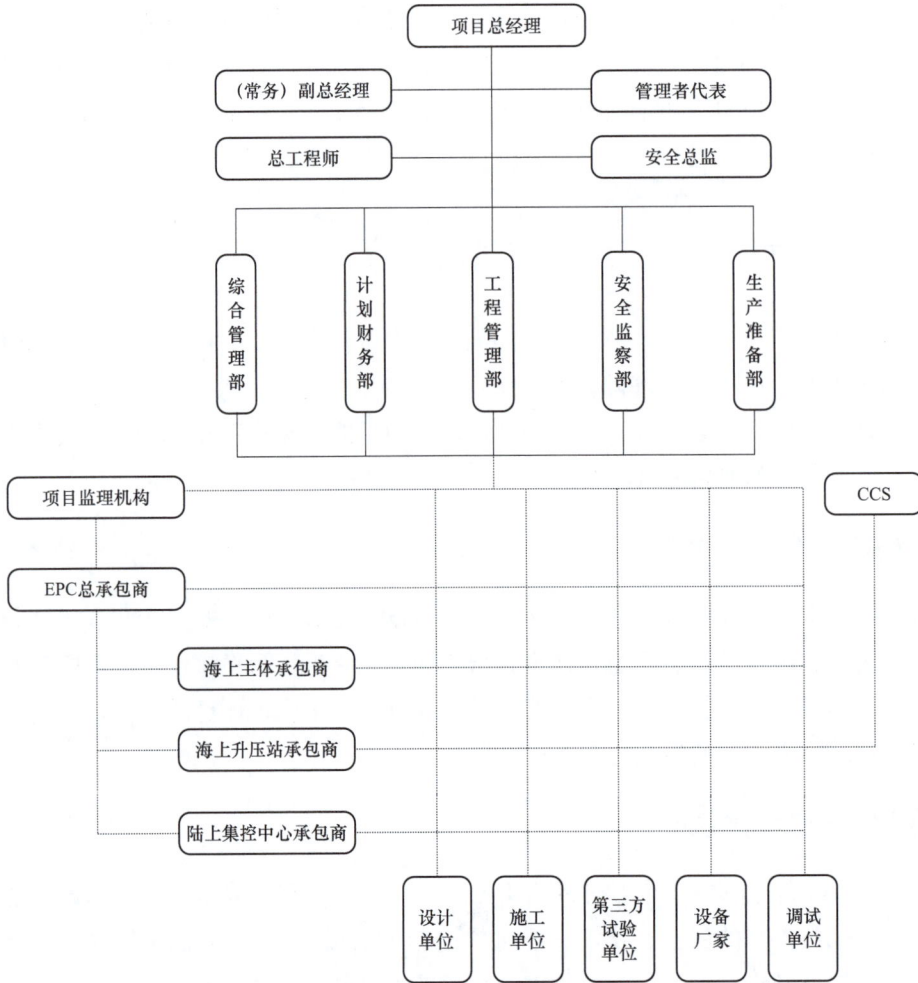

图1　项目安全管理网络图

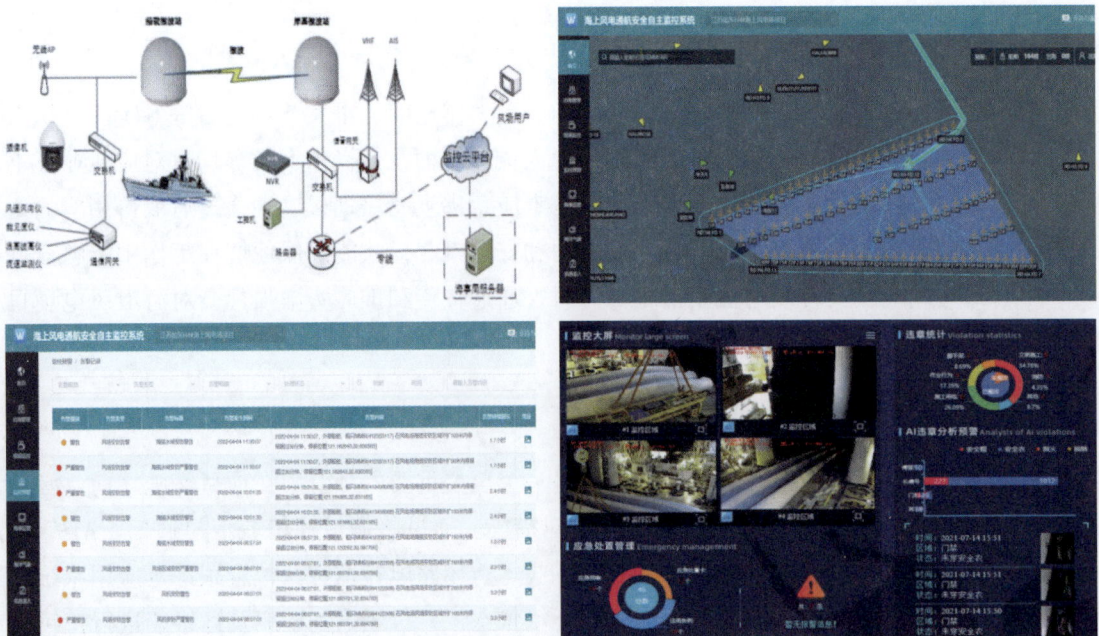

图2　海上风电通航安全自主监控系统

（五）建立合规审计和考核机制

为了确保有效执行合规管理策略，需要建立合规审计和考核机制。定期对项目进行内部审计和检查，以发现潜在的违规行为并及时整改。同时，将合规管理纳入项目绩效考核体系，对表现优秀的团队和个人给予奖励，并对违反合规要求的行为进行严肃处理，包括可能的处罚措施。

六、结论与展望

我国的海上风电起步晚，距今不过十余年的发展历程。在"十三五"之后，我国海上风电并网规模持续增长，建设成本逐渐降低，主管部门也对海上风电的发展给予了高度重视。相关配套规定的不断完善和产业政策的支持与鼓励更是不断促进海上风电可持续发展，海上风电项目的开发建设正在经历黄金时期。但海上风电开发管理涉及建设部门、发展改革能源部门、自然资源部门、生态环保部门、海事部门等多个主管机关，涉及的法律法规、规范性文件尚不完善，需要海上风电企业认真做好合规管理和法律风险防范。

参考文献

［1］杨涛宁，孙永强，范朕铭.海上风电场法律法规整理研究［J］.中国水运（下半月），2022，22（1）：19–21.

［2］黄辉，徐浩，胡红亮，等.海上风电工程施工安全管理现状与对策分析［J］.水电与新能源，2023，37（5）：35–38.DOI：10.13622/j.cnki.cn42–1800/tv.1671–3354.2023.05.009.

［3］郑斌松，薛进凤，吴国昊.保有动力非自航船舶的安全隐患分析及海事监管［J］.中国海事，2023，（1）：44–47.

电力企业开展新能源汽车用电业务的
合规风险分析与对策研究

欧阳剑峰　魏建文　蔡嘉炜

国网福建省电力有限公司福州供电公司

摘　要

电力企业是推动新能源电动汽车基础设施建设的重要主体，合规开展业务是电力企业落实新能源政策、促进国家电动汽车产业发展的基石。电力企业在服务新能源汽车用电业务的过程中，可能面临合同效力存在瑕疵风险、申请材料要求不明遭投诉风险、窃电致使财产损失风险、电费迟延支付风险。针对上述风险，电力企业应当加强风险防范与合规管理，尽到安全警示义务，审查申请主体资质，明确申请材料内容，常态化查处窃电行为，促进企业依法合规管理，推进企业落实依法治国战略。

关键词

电力企业；合规管理；风险防控；新能源汽车

一、引言

党的二十大报告提出"加快规划建设新型能源体系"，对统筹能源绿色低碳转型和安全保障作出全局性、长远性的战略决策。电力企业在构建新型能源体系、实现"双碳"目标等方面，承担着重大使命，面临着新的风险与挑战。在全面依法治国、加强企业合规建设的大环境下，电力企业只有坚持依法合规提供新能源汽车用电业务，才能有力支撑高质量充电基础设施体系构建和新能源汽车产业高质量发展。

（一）电力公司是推动新能源汽车基础设施建设的重要主体

充电基础设施严重不足制约了新能源汽车消费潜力的释放。为推动我国新能源汽车产业高质量可持续发展，释放新能源汽车消费活力，2015 年 10 月，国务院办公厅印发《加快电动汽车充电基础设施建设指导意见》，明确提出了加大建设力度、完善服务体系、强化支撑保障的总体要求。2023 年 12 月，国家发展改革委等部门印发《关于加强新能源汽车与电网融合互动的实施意见》，要求电网企业要加快智能有序充电和双向充放电业务体系建设。电力企业作为推动新能源电动汽车基础设施建设的重要主体，要做好充电基础设施建设整体规划，优化办电服务，同步建设充电智能服务平台，形成较为完善的基础设施体系。

（二）电力企业服务新能源汽车用电业务，应加强合规建设

电力企业在服务新能源汽车用电业务的过程中，应加强合规建设。2022 年 8 月，国务院国资委发布《中央企业合规管理办法》，旨在推进央企落实依法治国战略，促进企业合规管理，强化合规管理制度建设。该办法明确了合规与合规风险的内涵。"合规"，系指企业经营行为及员工履职行为符合法律法规、监管规定、行业准则或相关规章。"合规风险"，系指企业及员工存在违规行为，引发法律责任、造成经济或声誉损失的可能性。

推进企业合规建设，对于电力企业发展具有重要意义。合规是企业生存和持续发展的基石，是企业稳健行远的必然要求。建立合规体系有助于企业减少财产损失，切割法律责任，防范合规风险，维护交易安全，提高企业竞争力。

（三）以风险导向型合规模式防范新能源汽车用电业务风险

伴随着国家新能源汽车产业快速发展，电力企业作为充电基础设施配套电网工程建设方，在业务流程的合规开展方面遇到新挑战。

因此，为了贯彻国务院决策部署，规范电动汽车用电业务，公司以"风险导向型合规模式"为研究路径，梳理与新能源汽车用电相关的法律法规、政策规章等合规依据，识别公司在新能源汽车用电业务领域可能需要承担的法律责任，评估电力公司可能面临的经济损失、声誉损失以及其他负面影响，提出相应的风险防范对策与合规管理建议。

二、电力企业开展新能源汽车用电业务合规风险分析

（一）小区公用桩申请材料不清，合同效力存在瑕疵风险

目前小区共有区域车位用电，主要有小区物业服务企业、业主自治组织申请两种情况。

《民法典》第二百七十五条规定："占用业主共有的道路或者其他场地用于停放汽车的车位，属于业主共有。"第二百七十八条规定："业主决定改建、重建建筑物及其附属设施，改变共有部分的用途或者利用共有部分从事经营活动，均必须经参与表决专有部分面积四分之三以上的业主且参与表决人数四分之三以上的业主同意。"

根据上述规定可知，原则上，公用桩用电申请属于业主共同决定事项，需要召开业主大会表决同意。在小区物业、业委会未经业主同意，擅自以物业服务企业名义申请用电的情况下，即便物业服务企业、业委会出具同意建设公用桩的证明，申请材料可能存在效力瑕疵；而出具证明的业委会，如未经法定程序成立，业委会同意证明也可能有效力瑕疵问题。

电力企业依据有效力瑕疵的申请材料签订供电合同，将影响供电合同效力。供用电合同无效或被撤销将造成电力企业经济损失。同时小区业主还可能会以解除供用电关系为由提起诉讼，导致电力企业面临诉讼纠纷。

（二）无产权车位替代材料模糊，存在用户投诉风险

用户在线上／线下申请新能源汽车用电过程中，对于自建房、小区杂物间等无产权证明车位，无法从"网上国网"App、在线客服、网点工作人员的说明中一次性了解可供作为车位产权证明的替代材料。若电力企业未一次性告知用户申请材料及替代材料的范围，造成用户材料递送不便、报装申请受阻，用户可能以"电力企业未尽告知义务、导致无谓往返"为由投诉。

以某用户投诉某县公司的业扩报装意见工单为例，用户申请新能源汽车用电，在现场勘察确定供电方案阶段，该供电所工作人员告知客户需要提供车位产权证明，但其系自建房，无法提供车位产权所需的证明材料。尽管工作人员告知用户可以提交替代材料，但未向用户明确替代材料的形式与内容。用户经历电话咨询、工单投诉等阶段，最终才得知可以镇政府"两违办"申请用电审批表作为产权替代材料申请用电。

（三）接网工程验收存在疏漏，公司存在败诉风险

根据《电力供应与使用条例》《供电营业规则》的相关规定，电力企业有义务对受电装置工程进行检验，保障安全供电。在实际工作中，电力企业员工可能因验收义务履行不到位，未及时发现排查相关供电设备存在的安全隐患，或者在验收后，未妥善保管验收相关证明材料，无法证明尽到验收义务，发生故障造成人身或财产损失被起诉后，可能被法院认定存在过错。

在（2019）苏 13 民终 3954 号以及（2022）新民申 548 号两个民事诉讼案件中，均发生供电设备漏电、法院判决电力企业承担责任的情况。案件中，电力企业由于未对相关供用电设备进行审查验收就进行供电，或已验收但未能提供证据证明工作人员规范完成验收，无法证明自己充分履行监管责任，最终法院判决电力企业承担相应的法律责任。可见，若电力企业工作人员未尽到验收义务，对未达标的表箱等配套接网工程进行验收，或验收后未留存材料证明验收完成，在诉讼纠纷发生后，可能因此承担不利的诉讼后果。

（四）用电检查工作缺失，窃电导致财产损失风险

盗窃电能涉嫌盗窃罪，新能源汽车充电桩领域的反窃查违工作中，常涉及用户私搭线路、改变用途等情形，甚至出现利用充电桩系统漏洞进行盗电等新窃电手段。在（2017）鄂 0116 刑初 800 号、798 号、796 号等 9 件刑事犯罪系列案件中，出现 9 名司机先后利用充电桩系统漏洞进行盗电，造成电力企业巨大的财产损失的情形，反映出新业态下反窃电工作挑战升级，因此电力企业在充电桩日常用电检查工作方面仍需加强，以预防新型窃电、违约用电手段所带来的负面影响。若电力企业检查工作开展不到位，可能导致企业遭受财产损失。

（五）电费结算方式欠妥，电费迟延支付风险

对于充电桩运营企业，其集中式充电桩通常用电量较大，结算电费较多，多以承租方的名义与电力企业签订供用电合同，若电力企业采用按月结算、一月一次的方式，或签订供用电合同时，未明确结清用电电费事宜，则电费结算存在风险。

在（2021）闽 0902 民初 297 号民事诉讼案件中，电力企业与充电桩运营商签订高压供用电合同、电费结算协议，约定由电力企业向用电人供电，用电分类为大工业（充电桩）。供用电双方以抄录数据作为电度电费的结算依据，电费按用电人各用电类别结算电量乘以对应的电度电价，电费支付及结算

按双方签订的电费结算协议办理。后用电人欠费，电力企业曾多次催款无果，不得已诉至法院。虽然最终法院支持了电力企业的诉讼请求，但仍给电力企业增加了额外的诉讼成本，造成一定的损失。

因此，对于电量较大的公共充电桩运营企业用户，若未签订电费结算协议或协议约定不明确，可能产生诉讼纠纷。一旦用户出现拖欠电费、违约用电等行为，可能造成电费支付拖延或企业无能力支付的风险，电费回收受影响。

三、电力企业开展新能源汽车用电业务的风险防范建议

（一）小区公用桩的合规用电建议

电力企业依据物业服务公司有效力瑕疵的申请材料签订供电合同，将影响供电合同效力。对于此类风险的防范，首先应厘清有权申请办理公共车位电力服务的主体究竟为全体业主，还是物业服务公司。

原则上，小区公共车位的公用桩用电申请需要业主按法律规定履行决策程序，但也存在无须产权人同意证明的例外情形，如物业服务合同中有事先约定，则物业服务企业或运营商依据合同约定申请用电，无须另行召开业主大会表决同意。在（2021）渝05民终6940号民事诉讼案件中，物业公司与充电桩运营商签订为期五年的租赁合同，约定出租小区公共停车场，用于经营新能源汽车充换电站，小区业主以"在小区公共场地加装充电桩，应该由全体业主共同决定"为由诉至法院，要求解除物业公司与充电桩运营商的租赁合同。法院经审理查明后认为：业主与物业公司之间的物业服务合同约定，物业公司有权对共有部分统一实施经营。因此驳回原告诉讼请求。

为防范在小区公共车位申请用电的过程中因合同主体不适格或申请材料存在效力瑕疵，影响后续电力企业电费的收回，建议：如果物业服务合同有委托物业管理小区公共车位的约定，物业有权未经业主大会同意申请用电，该情况下，电力企业应要求物业提供合同复印件，对签字、盖章等内容尽到形式上的审查义务；如果物业服务合同未就小区公共车位明确约定，电力企业应要求物业、运营商等相关方出具业主大会表决通过的同意证明，并对同意人数过半、签字盖章等内容尽到形式上的审查义务。

（二）无产权车位的合规用电建议

《关于加快居民区电动汽车充电基础设施建设的通知》中明确要求充电桩报装材料需包括固定车位产权证明，但实际申请用电过程中，存在大量农村自建房、别墅等无产权证明的车位，用户希望在此类车位上安装新能源汽车充电基础设施，此种情形下，争议焦点在于：无产权车位能否申请用电；如果可以，应如何明确申请替代材料的范围。

首先，产权人对该类车位享有所有权。根据《民法典》第二百三十一条规定，通过合法建造房屋设立物权系非基于法律行为的物权变动，不需要以登记作为物权生效要件，行为人自建造房屋的事实行为成就时取得物权。尽管部分农村自建房尚未取得不动产登记证，但产权人依旧对该房屋享有合法物权。对于无法提供固定产权证明的车位，在能够证明物权归属的情况下，车位产权人依然可以申请办理用电。

其次，电力企业应明确替代材料的要求，并将替代材料的范围一次性告知用户或在"网上国网"App上进行公示。对于缺乏车位产权证明的别墅、农村自建房等情形，房屋购售合同、城镇拆迁

补偿协议书、国有土地使用证、乡镇政府出具的相关证明等均可以作为产权证的替代材料；对于县乡地方政府要求同时提供的用电审批表等其他材料，可作为补充证明材料。

（三）规范配套接网工程验收流程

针对未规范验收配套接网工程或验收未留痕的风险，应规范配套接网工程验收流程。

电力企业对配套接网工程负有验收义务。根据《民法典》第六百五十一条、《电力供应与使用条例》第二十四条规定，供电企业对于用户侧接入电网的新能源汽车充电基础设施，有义务对设计图纸进行审核，对施工过程进行监督，在验收合格后才能够接入电网。同时，《福州市人民政府办公厅关于印发2021年电动汽车充电基础设施建设专项行动实施方案的通知》第四点第（二）项规定："各地、各相关单位要切实加强充电基础设施建设运行的安全管理。省电力公司要严格落实充电基础设施建成后、通电前的各项安全检测、检查要求。"明确指出了电力企业通电前要进行安全监测、检查。《国家电网有限公司关于推广电动汽车"购车办电—装桩接电—充电服务—增值服务"联网通办的通知》附件2《电动汽车联网通办业务流程及职责分工（试行）》明确表示供电企业对配套接网工程的验收义务。

为防止电力企业因验收接电不规范而承担相应法律责任，建议：一是在对充电桩验收接电时，电力企业应当规范计量现场验收管理，做好表计线路的标签粘贴工作，从源头防范串户。同时，加强串户风险防控，落实设备主人制。二是电力企业在验收接电后，应当及时保存验收材料清单原件或复印件、现场勘察记录，并整理归档，对现场状况做好留痕工作，确保在日后发生诉讼等其他纠纷时，能够避免因无法证明规范完成验收而承担相应法律责任的风险。

（四）规制窃电违法违约行为建议

用户在新能源汽车充电桩的使用过程中，可能存在窃电行为，导致电力企业受到财产损失，应当加强窃电、违约用电行为的规制。

根据《电力法》第三十二条规定："用户用电不得危害供电、用电安全和扰乱供电、用电秩序。对危害供电、用电安全和扰乱供电、用电秩序的，供电企业有权制止。"《电力供应与使用条例》第三十一条对窃电行为进行了不完全的列举，包括擅自接线用电、绕越供电企业的用电计量装置用电、故意损坏供电企业用电计量装置等方法。

在新能源汽车领域，除了上述传统窃电行为外，还衍生出利用网络平台系统漏洞等信息化手段的窃电行为，对此电力企业应相应提高预防和规制的能力。

为防范电力企业因日常用电检查工作不到位导致电费损失，建议：一是电力企业应常态化开展反窃查违工作，针对传统窃电、违约用电行为，电力企业在例行抄表时应落实表箱加封及线路完好性的日常检查工作。二是同时利用新型的信息化、大数据手段，在数据采集系统中合理设置用电量预警阈值，对月用电量、日用电量超过预警值的充电基础设施予以重点关注，加大反窃查违的检查力度。

（五）用户欠费风险的应对建议

根据《供电营业规则》第八十六条规定："对月用电量较大的用户，电力企业可按用户月电费确定每月按若干次收费。收费次数由电力企业与用户协商确定。"法律法规并未强制规定供用电合同的电费结算方式，根据意思自治的原则，在双方意思表示真实自由的基础上，电力企业享有与用电人自行约定电费结算方式的权利。

为防范电力企业因大用电量用户欠费导致的经济损失，电力企业可以采取如下措施：一是在法律允许的范围内，电力企业可在《电费结算协议》中将违约风险前置，或明确约定先缴费后供电，或缩短用电方支付周期，减少用户出现拖欠电费、违约用电等行为的频率，防止造成企业的经济损失。二是当用户已经出现欠费情形时，电力企业在履行通知义务后可中止供电，中止供电并非解除合同，而是在行使同时履行抗辩权。三是及时启动诉讼或仲裁等司法程序，充分调查掌握用户的财产线索，通过财产保全、执行用户的应收款等方式，尽可能地挽回损失。

四、电力企业开展新能源汽车用电业务的合规管理建议

针对新能源汽车申请用电过程中可能存在的合规和法律风险，电力企业在提供供电服务过程中应进一步规范管理，控制风险。

（一）制定指南，明确申请材料内容

针对不同主体，明确材料范围。申请用电主体包括产权人、企业或单位法人代表、委托代办受托人、承租人等，电力企业应规范审查申请主体资格，针对不同的申请办理主体，明确相应的申请材料清单。一般情况下，适格申请人应为车位产权人。在申请人非车位产权人的情况下，应当要求其提供委托、租赁、借用等合法使用车位或代为办理业务的证明材料，并根据其证明材料适用不同的后续流程。

此外，针对不同的车位类型和用电场所，电力企业应明确材料范围。第一，在缺乏车位产权证明的场所，电力企业应适当降低替代材料的要求，房屋购售合同、城镇拆迁补偿协议书、乡镇政府出具的证明等能够证明物权归属的材料，均可以作为替代材料。第二，在受理单位内部车位时，应要求用户提供发改部门的备案材料。第三，经营性集中式充电站申请用电，应当符合城市规划，提供建设用地规划许可证、建设工程规划许可证、施工许可证和建设工程消防设计备案手续。第四，对于人防车位，由于其产权归属于国家，在申请阶段可以参照租赁车位或小区公共车位办理，但在勘察建设阶段应当考虑施工对人防效能的影响，必要时应当获得人防主管部门的同意。

（二）完善流程，规范业务验收工作

电力企业在验收接电时，应组织技术人员检查计量装置接线是否正确，二次线选择是否合规，并对计量表计、互感器、接线端子以及表箱进行加封，确保供电设备的安装应牢固可靠、标识明确、内外清洁；同类电气设备的安装高度，在设计无规定时应一致。同时，在用户签字确认验收时主动向用户释明产权分界点及管理的责任范围。

（三）建档立户，规范档案管理工作

电力企业在接电完成后，应当在规定工作时限内收集、整理并核对归档信息和资料，包括但不限于申请报装材料、现场勘察记录、供用电合同及附件等，及时建档立户。

同时，对于保存留档的纸质资料，电力企业应重点核实有关签章是否真实、齐全，资料填写是否完整、清晰，建立用户档案台账并统一编号建立索引。确保在日后发生诉讼等其他纠纷时，能够避免因档案资料缺少、信息错误而导致举证不能或证据瑕疵的风险。

（四）多措并举，开展反窃查违工作

针对擅自接线用电、绕越用电计量装置用电、超容量用电等窃电、违约用电行为，电力企业在例行抄表时应落实表箱加封及线路完好性的日常检查工作。

同时利用新型的信息化、大数据手段，在数据采集系统中合理设置用电量预警阈值，对月用电量、日用电量超过预警值的充电基础设施予以重点关注，加大反窃查违检查力度。加强与充电设施公共服务平台的联动，比如，电力企业可以通过与电动汽车公司合作，利用车联网平台定期对电费和服务费进行数据核对，并及时完成电费和服务费的清分，及时捕捉充电基础设施运行异常的预警信息。

（五）加强宣贯，发挥社会舆论监督

电力企业应定期为员工进行政策讲解和培训，以讲座、宣讲会等线上线下相结合的培训方式，让员工对充电基础设施用电工作要求有一个全面的了解和掌握，加强服务主动性。针对新出台的相关政策，及时做好研读工作，更新充电桩用电相关知识库资料，对于知识库资料以外的新问题，做好记录反馈工作并制定解决方案。

电力企业可以联合有关部门通过新闻媒体、"网上国网"App 等多种途径加强对充电基础设施发展政策、规划布局和建设动态的宣传，让社会各界全面了解充电基础设施，引导社会践行绿色低碳生活，激发新能源市场活力。同时，积极推动私人用户居住地充电基础设施建设管理示范文本的制定，引导业主大会、业主委员会依法履行自治管理职责，依据示范文本，结合自身实际，明确物业服务区域内建设管理充电基础设施的流程，并将相关内容纳入物业服务合同。

参考文献

［1］ 白若冰，沈永建.《中央企业合规管理办法》解读与启示［J］.会计之友，2022（21）：95-98.

［2］ 陈瑞华.论企业合规的基本价值［J］.法学论坛，2021，36（6）：5-20.

［3］ 陈瑞华.企业合规管理体系建设的两种模式［J］.法学评论，2024，42（1）：15-28.

［4］ 陈雪萍，苗轶群.电力企业文书类电子档案单套制管理深化应用实践［J］.中国档案，2022（11）：65.

［5］ 江必新，袁浙皓.企业合规管理基本问题研究［J］.法律适用，2023（6）：11-23.

［6］ 李冬冬，林雯窈，高伟伟，等.政企合作视角下新能源汽车充电基础设施最优投资模式研究［J］.中国管理科学，2024（3）：1-14.

［7］ 李心合，吴泽美.企业合规管理的中国式解读［J］.财会通讯，2024（2）：3-10+57.

［8］ 刘娟娟.单位盗窃电力资源的定性及价值计算［J］.人民司法，2010（2）：51-54.

［9］ 汪渝.电力企业资金支付全过程风险防控体系构建［J］.财务与会计，2021（13）：41-43.

［10］ 王文军.电力直接交易背景下《民法典》供用电合同制度新解［J］.法学杂志，2022，43（2）：33-48.

［11］ 王艳华.风险分析框架下的电力企业风险问题探析［J］.东南大学学报：哲学社会科学版，2020，22（S2）：116-119.

［12］ 杨斌.新形势下国有企业合规管理体系建设研究［J］.江西师范大学学报：哲学社会科学版，2020，53（4）：96-102.

［13］ 姚红.提升内控合规管理效能［J］.中国金融，2022（23）：39-41.

［14］ 张惠芳.盗窃电能犯罪数额认定的思考［J］.湖南师范大学社会科学学报，2008（4）：67-70.

［15］ 郑建华.反窃电的思考与方法［J］.中国电力教育，2011（30）：86-88.

［16］ 刘蓓.农村窃电违法犯罪频发的原因、危害及惩防对策［J］.农村电工，2021，29（8）：18.

基于数智时代电力数据合规应用的创新实践

林雷军[1]　韩　辉[2]　林子豪[2]　李先锋[3]　王　蒙[3]

1.国网浙江省电力有限公司；2.国网浙江省电力有限公司杭州市余杭区供电公司

3.国网浙江省电力有限公司杭州供电公司

摘　要

随着时代发展，数字化已成为当前的主流趋势，国家也将数字化转型提升到战略高度。电力数据的规范化应用是数据商业应用不侵害国家、企业、个人利益的基本前提，是电力物联网中数据要素驱动作用实现的重要基础。国网浙江省电力公司以电力数据合规开发应用为前提，从不同的角度对数据进行区分，建立了数据"三级分类"体系，并在具体实践中提供相应策略；针对公司数据应用的关键环节提出数据应用的风险及防范措施，创新推出数据全流程规范化应用原则，对数据合法合规的收集、存储、加工、使用、提供、交易、公开等行为进行了规制，并基于"典型场景"建立数据定制化共享机制，为电力数据合规应用打造样板。

关键词

数字化；电力数据；合规应用

国家电网公司作为中央国有重要骨干企业，电力数据作为大数据资源的重要组成部分，企业自然应当积极融入国家时代的数字化浪潮中去。但是，在电力数字化的进程中，涉及大量用户信息、供电数据，存在数据隐私和数据安全问题；电力数据的所有权和使用权归属不明确，可能导致数据权益纠纷，在法规层面需要进行明确；不同系统之间电力数据流动的保护机制尚不显著；电力数据的规范化管理体系还不完善，无法有效保障电力数据的合规性。在当前加速推进数字化牵引的背景下，通过技术手段和创新实践实现电力数据的规范化管理，是推动建设新型电力系统的重要基础。

新型电力系统将在推动实体经济数字化转型中发挥重要作用，从数据应用角度来说，电力数据对内可用于电力调度、负荷预测、设备状态监测、客户关系管理、精准营销等方面；对外可用于城市规划、节能降耗等方面。从数据合规利用来说，电力数据的合理合法合规利用，有利于推进新型电力系统的规范建设，支撑新业务、新业态孵化，打造良好企业形象和品牌。

一、基于数智时代电力数据合规应用的创新实践的主要做法

基于数智时代电力数据合规应用的创新实践路径如图1所示。

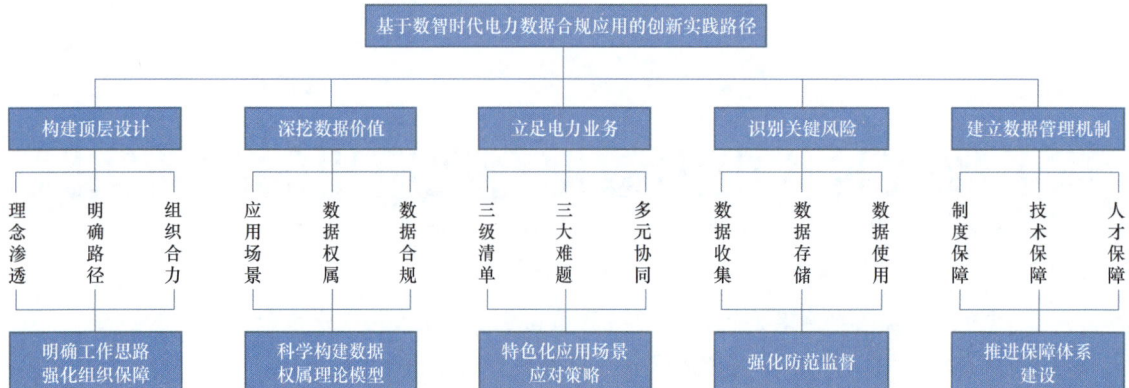

图1　基于数智时代电力数据合规应用的创新实践路径

（一）构建顶层设计，明确工作思路强化组织保障

一是及时宣贯解读，实现理念渗透。深入践行合规治企理念，探索电力数据的权属及数据处理中的合法合规性问题，以《浙江省公共数据条例》为主要指导条例，并结合其他上位法律，为公司及相关产业规范要求提供充分的理论依据，更好地融入全域数字化改革、数字化牵引电力新型电力系统建设进程中。二是围绕总体目标，明确行动路径。搭建电力数据权属理论框架，对电力数据的占有、使用等权益进行明确，创新多种数据开放模式，确保数据公开过程中的合理合法。强化电力数据合规处理，相关数据涉及范围广，抓住电力数据收集、存储、使用和对外提供的各个环节，强化数据的合规处理与使用。三是明晰责任分工，形成组织合力。聚焦高效推进，成立工作领导小组、领导小组办公室和各工作小组，在决策层面形成合法合规管控的集中研究机制。聚焦数据精准，组建多部门的数据调查分析组，查找数据管理存在的风险点，并提出数据合规管理建议。聚焦内外协同，与律师事务所、会计师事务所、咨询机构等单位建立合作关系，为后续体系搭建和策略制定创造了良好环境。

（二）深挖数据价值，科学构建数据权属理论模型

一是划分电力数据应用场景，理顺体系搭建脉络。电力数据来源于企业发输变配各环节。通过划分为数字化监控场景、智能化分析场景、数智化自治场景三类场景，主动深挖并合理利用电力数据的独立价值，进一步清晰规范数据权属划分。二是厘清数据权属难点堵点，针对性寻求解决方案。电网企业对电力数据的权利分别受到个人信息限制、公共数据限制与数据安全限制。企业数据中涉及个人信息的内容，其所有权不归属企业；公共数据共享与开放的要求，意味着企业的许可权和转让权受到限制；数据安全保障对加强风险监测、落实事故补救、风险报送评估等提出更高的要求。需要针对性制定权属及权利行使措施，设置相应范围限制、保密范围等方案。三是依据电力数据权利归属，明确数据合规基本原则。结合电力数据的具体应用场景，考虑数据权属的三项限制，明确数据合规的基本原则，从数据来源合法、数据管理安全和数据处理安全三个方面，强化数据权属的信息限制要求（见表1）。在此基础上，进一步明确电力数据的权利归属模型，规定对于其收集、产生的数据享有数据产权，对于经过匿名化等去可识别性处理的个人信息数据享有数据产权，对于可识别性处理的个人信息数据由个人与企业共享。对于个人与公司共享的数据类型要加大合规保障力度。

表 1 　　　　　　　　　　　　　　　　电力权属内容及划分清单

数据类型	数据内容	数据权属
电量电费报表	公司月度售电量，分行业售电量	公司
电力系统运维数据	电网最高负荷、日网供电量、调度管辖电站发电量	公司
电力系统运维数据	跳闸时间、故障原因、损失电量、送电时间	公司
经营类数据	信息公开：公司基本情况、公司领导基本信息、各营业所地址及电话、公司可开放容量	公司
用户负荷数据	负控、采集终端的各种采集数据报文	公司
用户用电数据	客户用电量信息	公司
总电费数据	总电费和各项基金情况	公司
工单数据	95598 工单用户姓名、地址、联系方式等	个人与公司共享
客户基础数据	客户联系信息、客户身份信息	个人与公司共享

（三）立足电力业务实际，提出特色化应用场景应对策略

一是深化应用"三级清单"，规范全业务公共数据开放。根据《浙江省公共数据条例》的要求，电力数据有开放的义务，且"以开放为原则，以不开放为例外"。电力数据可应用于服务电网改造升级、服务经营管理提升、支撑客户服务提升、支撑业务创新发展、服务国家治理提升等典型场景。基于电力数据权属理论模型，对可开放数据建立三级类别，对应黑、白、灰三色清单，其中针对黑、白清单数据直接采取不予开放和无条件开放操作，而灰清单数据若必要应结合政府部门的法定职责与使用目的，在进行相关技术手段或管理手段的限制后进行开放。二是着力破解"三大难题"，驱动电力数据商业化运营。公司以中国电信、中国联通、中国移动等多家大型国有企业的数据开发运营案例开展分析，提出数据交易、专业化运营、数据生态、服务产品化等四大运营模式，破解数据价格问题、破解数据权利转让问题、破解数据安全和隐私保护问题，形成企业数据四层定价体系。三是积极探索"多元协同"，推进电力数据参与社会治理。依托第三方协助模式，与其他计算机信息网络企业合作，完成关键数据的收集、分析工作，避免直接提供原始电力数据。开展联合治理模式，通过关键数据的互联互通，提升数据分析能力和价值，实现数据 1+1 ＞ 2 的效果。

（四）识别关键环节风险，强化防范监督

一是电力数据收集环节风险防范。在 95598 热线电话、供用电业务及诉讼行为中，公司坚持必要性原则，提高告知个人信息收集情况的明确性与完整性，收集前取得信息主体的知情与"明示"同意，注重个人信息收集的必要性与有限性。向被收集的个人信息主体公开收集、使用规则，明示收集、使用信息的目的、方式和范围等信息。二是电力数据存储环节风险防范。个人信息的保存期限应当为实现处理目的所必要的最短时间，满足个人信息存储的最短时间要求，提高对个人信息加密保存的重视性和个人信息备份恢复的即时性，保障个人信息删除的完整性与安全性，为信息主体提供知情同意的撤回渠道。三是电力数据使用环节风险防范。电网企业在工作过程中若需要收集个人信息，应当在收集之前通过电话告知、合同条款约定及明确告知当事人的方式，向被收集的个人信息主体公开收集、

使用规则，明示使用信息的目的、方式和范围等信息，提高告知个人信息使用情况的明确性与完整性，注重个人信息使用的必要性与有限性，提高接触者访问控制措施的完善度。

（五）建立数据管理机制，推进保障体系建设

一是强化制度保障。建立数据管控协调机制，明确电力数据权属，以及信息管理部门和业务部门的职权范围，打破部门壁垒和业务间条块化信息管理现状，实现部门级应用向企业级应用转变。建立数据需求管理机制，满足公司系统内的横向协调、纵向贯通的数据交换和集成需求。构建数据开放服务机制，开发一整套开放流程，确保电力数据合理开发利用。二是强化技术保障。依托浙电云数据中台，汇聚公司数据资源，推进数据资源有序开放，提升公司治理、客户服务和企业数字化转型升级等方面的综合能力。配合做好数据开放共享和外部单位对电网系统数据收集使用的科学访问策略，对多系统场景应用分析及180余项数据服务进行数据合法合规性应用优化，为政府精准决策、经济动能提升提供支持。三是强化人才保障。针对当前数字化法律监督增大、数据提供风险高等问题，通过教育培训、专题研讨、沙龙活动、经验分享等打造既懂数字化业务又懂法律研究的"法治＋数字化"复合型人才。整合公司内外部法治资源，结合当前数字化合规需求及典型案例，及时做好数据合规培训课程储备，有序推进数据合规课程开发，大力打造精品培训课程。

二、基于数智时代电力数据合规应用的创新实践的效果

基于数智时代电力数据合规应用的创新实践效果呈现如图 2 所示。

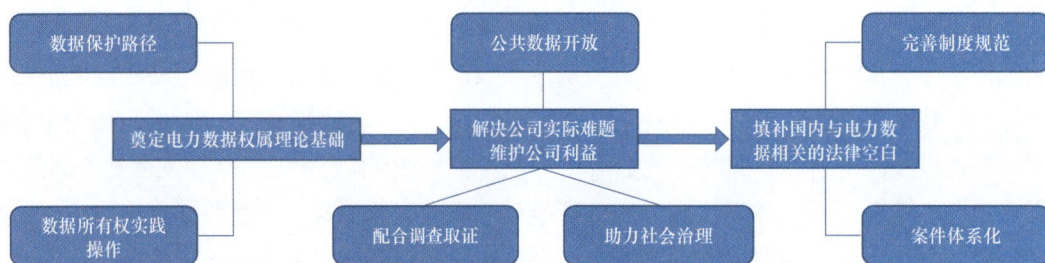

图 2　基于数智时代电力数据合规应用的创新实践效果呈现

（一）奠定电力数据权属理论基础

结合电力数据的特征和类型，从传统理论（即数据保护路径）以及创新理论（即数据所有权实践操作）两个方面理解数据权属理论，明确了电力数据能够作为法律保护的客体，并据此给出电网企业主营业务相关的电力数据权属表，为公司推广数据商业应用、配合政府开展社会治理、进行公共数据公开、开展上下游公司之间的数据互联互通等提供了坚实的法律保障。

（二）解决公司实际难题维护公司利益

聚焦当前数据立法趋势、数据的权属及收益、公共数据界定及权益保护等热点问题，针对不同应用场景，出台相关指引及工作手册，切实解决公司难题。在公共数据开放方面，明确了公共数据的定义，制定了数据分类标准和三级清单，提出了三种数据转换手段。在配合调查取证方面，进一步完善审核流程、审核要求，编制了《数据对外提供操作指南》，杜绝了2起数据对外提供事件，进一步防范

风险。在助力社会治理方面，向执法监管部门提供电量明细数据，猜测违法生产、掌握企业运营情况；利用智能电表、网络 App 等获取用电数据，监测社区孤寡老人用电、提供企业节能用电方案，开展精准、主动服务；参与建设能源大数据中心，接入电、煤、水、气等能源数据，根据政府需求专线提供能源分析报告；利用公共电力数据支撑发展综合能源服务、电子商务、电动汽车等新兴业务。

（三）填补国内与电力数据相关的法律空白

聚焦数据主体利益保护和公司数据利用之间的平衡，有效识别电力数据权属背后的法律关系，全面绘就数据全生命周期法律风险地图，在此基础上提出防范措施和合规操作手册，进一步完善公司数据使用相关制度规范，为承接《个人信息保护法》《浙江省公共数据开放条例》的落地做好企业内部管理准备和支撑。完成数据领域内案件的体系化整理，并根据案件归总分析了解法律规范的具体适用，进一步补充业务部门对数据合规的认识和理解，提升实际的可操作性。

三、总结

本文以电力数据合规开发应用为出发点，从构建顶层设计、深挖数据价值、建立三级清单、识别关键风险、建立管理机制五个方面提出了数智时代电力数据合规应用的创新实践路径，驱动企业数字化转型的升级迭代，积极融入国家时代的数字化浪潮。在此路径上展开分析，从奠定电力数据权属理论基础、解决公司实际难题维护公司利益、填补国内与电力数据相关的法律空白三个方面阐述了数智时代电力数据合规应用的创新实践的效果，印证了电力数据合规管理具有重要的时代意义。

参考文献

［1］苏君华，杜念.国外公共数据资源开放共享中的隐私风险控制研究综述［J］.现代情报，2024，44（3）：164-177.

［2］完颜邓邓，陶成煦.政府数据开放平台用户协议合规性评估［J］.图书馆论坛，2021，41（7）：116-124.

［3］李建彬，高昆仑，彭海朋.新型电力系统数据安全与隐私保护［J］.信息安全研究，2023，9（3）：206-207.

［4］王颖博.互联网平台企业的数据合规［J］.未来与发展，2022，46（11）：70-77.

［5］陈志刚.大数据经营路径与趋势展望［J］.中国电信业，2016（6）：55-57.

［6］万方.隐私政策中的告知同意原则及其异化［J］.法律科学（西北政法大学学报），2019，37（2）：61-68.DOI：10.16290/j.cnki.1674-5205.2019.02.010.

［7］杨立新.个人信息处理者侵害个人信息权益的民事责任［J］.国家检察官学院学报，2021，29（5）：38-54.

假冒央国企规制路径的反思与重构

——以甘肃 4GW 光伏离网制氢项目为例

李永志[1]　侯鑫瑶[2]

1.国家电投集团安徽电力有限公司；2.北京观韬（合肥）律师事务所

摘　要

近年来，国务院国资委和各央国企公布的假冒央企、国企合计超过 1000 家，其中能源、环保、建筑领域占半数以上，成为"重灾区"。假央国企严重扰乱市场秩序，部分假央国企还涉及非法集资或骗取合作企业投入大量资金，给其他法人组织或自然人造成巨大财产损失，综合治理假冒央国企已势在必行。本文通过对假冒央国企的现状及内外在成因进行分析，剖析了实践中监管的具体问题，提出治理假冒央国企的规制路径，包括推动相关法律法规的实施和完善，加强国资监管部门、市场监管总局联动，完善相关法律、加大打击力度等，为电力行业央国企创造公平的竞争环境。

关键词

假冒央国企；法律监管；侵权救济

一、假冒国央企的现状分析

2023 年 6 月 21 日，一份甘肃 4GW 光伏离网制氢项目 EPC 总承包招标公告在中国招标投标公共服务平台发布。文件显示，招标主体为中广通科技（酒泉）有限公司（简称中广通酒泉公司），而项目的启动资金达到了 350 亿元，且为自筹资金。由于涉及投资金额巨大，该招标公告一经发布就给行业带来了不小的震动，甚至股票市场上氢能概念板块纷纷涨停。但事件很快发生急转，中广通酒泉公司央企身份疑似造假，发布招标公告仅几天后，项目旋即被叫停。

"假冒央国企"问题由来已久，早在甘肃 4GW 光伏离网制氢项目招标人中广通酒泉公司央企身份造假事件被揭发前，自 2021 年以来，各央国企相继分别在国务院国资委官方网站、央国企公司官网等多种渠道对外发布公告了 1000 余家假央国企名单。

随着近年来政府及各央国企的重视，越来越多的假央国企被曝光。从曝光的情况来看，假央国企的造假者多选择成立年代久远的央国企作为挂靠方，伪造注册材料包装其国资背景，进一步注册成为集团公司，之后继续下设二级、三级甚至更多层级的子公司，层层嵌套，在其中交叉持股、变更股东，修改受益人。其中影响较大的是甘肃 4GW 光伏离网制氢项目招标人假冒央企事件，该事件不仅引发了行业震惊，更是暴露了不法分子披着"央国企"外衣，游走于地方政府、企业之间，套取各方资源为己所用，甚至扰乱了资本市场。

中广通酒泉公司现实中的挂靠成本可能只有几十万元，但却能炮制出一个 350 亿元的超大项目，不法分子假冒央国企的违法成本之低与可能非法获利的金额之大形成了鲜明的对比，且在这一过程中上至大型央国企、各级行政机关、地方政府，下至普通老百姓、民营企业都可能成为受害者，系统性打击及整治假央国企业已到了刻不容缓的地步。

综上，本文所称假央国企是指企业或个人为了获取不法利益，隐瞒企业的真实性质，通过伪造资料或者欺骗登记等手段，将国有企业注册为股东（或总公司）或使用央国企"字号""简称""商标"等注册为公司字号，与央国企故意造成混淆，逃避行政机关审查，冒充央企管理人员名义实施不法活动，使社会公众造成误解的情形。通过将国有企业注册为股东（或总公司）的手段而假冒的"央国企"，即便查询工商注册信息也无从辨别——有的企业出资方甚至显示国资 100% 控股，并且从假央国企名称上看，与正牌央国企无异，假央国企名称中同样带有"国电投""中核""国能"等央国企字号。一旦有一家企业造假成功，取得代表"央国企身份"的股权关系，那这家公司可以毫无限制地对外投资设立企业，甚至发展成集团化企业，拥有数十、百家成员企业。

二、假冒央国企内外在成因

（一）假冒国央企的"内生动力"

一般来说，央国企往往拥有强大的品牌影响力，央国企的品牌通常代表着稳定、可靠和优质的形象，这使得企业产品或服务的品质得以得到认可和信任。借助央国企的品牌影响力，企业在市场中能够更快地建立起自身的品牌形象，并获得更多社会的认可和支持。央国企在市场中的声誉和信任度通常也能为后续业务发展提供了有力支持，央国企的稳定性和公信力是企业在竞争激烈的商业环境中获得优势的重要因素，以上这些特点是一般的企业所不具备的。

为了取得上述优势，部分不法分子将企业包装成央国企子公司或具有股权关系的关联公司，以期以"央国企"身份来获取利益或商业机会，如在投融资方面，"央国企"更能够吸引投资者，获得银行等金融机构的高授信额度及低利率、减少资产抵质押及提高抵质押率等目的。同时，假央国企们还可能利用"央国企"的身份向地方政府索取税收政策优惠、招商引资条件优惠或入围地方政府投资项目，以及与真央企国企建立业务合作关系等。

（二）假冒央国企外在成因

假冒央国企情况的发生，除了前文论述的"内生动力"外，外在客观因素也为假冒央国企提供了一定的"方便"，如缺乏有力的法律法规监管、执法不及时等。

1. 公司注册登记审查注意义务较低

根据《市场主体登记管理条例实施细则》，公司依法登记有限责任公司股东或者股份有限公司发起人姓名或者名称。根据现行设立登记政策，企业在设立登记时仅要求提供的材料符合形式且无遗漏时，市场监管部门仅需做形式审查即对申请材料予以现场确认并注册登记，注册登记后即可制发营业执照。2014 年之后，市场监管部门登记备案实行的是形式审查，由市场主体申请人负责提供申请材料，材料的真实性由申请人负责，市场监管部门只做形式审查。

形式审查制度的运用，有利于放宽市场准入标准，在过去经济改革、企业改制的大背景下对坚持鼓励社会投资、支持大众创新及万众创业以及给予市场经济一个宽容的营商环境都有着特定意义。但同时，由于法律在实践中不可避免的滞后性，相应的法律法规尚不完善，也没有对申请材料进行鉴定或核实真伪的制度，这就给一些不法分子留下可乘之机通过伪造央国企登记资料，且伪造资料比较逼真的话，在这种形式审查下，就比较容易审核通过，从而注册为"央国企"。

2. 过往法条分散、可操作性不强

国家市场监督管理总局发布的《防范和查处假冒企业登记违法行为规定》（2024 年 3 月 15 日实施）施行前，我国立法体系内所呈现出的问题为针对假冒国央企有关的法律内容比较零散，部分法律规制内容处于空白，如《市场主体登记管理条例》等法律法规对假冒企业登记违法行为的防范和查处多是进行了原则性规定，缺乏预防及打击假冒央国企的机制和措施。

具体表现在：一是法律法规对于市场监管部门与国有资产监督管理等部门建立国有企业登记信息与产权登记信息共享机制没有明确的规定；二是缺少建立企业名称预防性保护机制，企业名称禁限用管理制度的相关规定不够完善；三是未规定企业如何申请登记机关依法调查假冒企业登记违法行为以及在调查过程中是否可以申请具有法定资质的机构出具鉴定意见，也未明确市场监管部门收到对被假冒企业的调查申请后的受理、调查期限以及后续的处理事宜等。

3. 假冒央国企已形成黑色产业链

据公开信息，在淘宝、百度等平台搜索"挂靠国企"等关键词，可找到多家从事这一业务的机构，有的自称从事咨询服务，有公司注册、许可证办理等业务。服务简介则直白表示，挂靠国企不仅方便实惠，还好处多多：税收优惠、更多的业务机会等。中介机构介绍，他们可以提供中国蓝田总公司、中国盛大兴隆机械工业控股集团有限公司（香港注册成立）、华润集团等央企的"挂靠"服务。2021年，中国蓝田总公司和一家子公司还因经济纠纷被告上法庭，中国蓝田总公司称，涉嫌有不法分子伪造公章，恶意注册中国蓝田总公司的全资子公司。

三、假冒央国企监管不足

（一）央国企维权存在一定困难

国务院国资委及央国企在发现假冒央国企后，由于没有执法权，因此央国企打假的手段较为有限，一般只能通过"私力救济""自主打假"的手段进行维权，维权方式也多限于官网发布打假公告、通过媒体曝光名单以及向国务院国资委或相关部门进行反映等方式，但作用有限，大多数企业在被曝光假冒身份后仍然继续存续、运营。此外，从实践来看，维权成本高也是一个客观事实。《上海国资》杂志2022 年 12 月刊文指出，如要证明冒名登记，鉴定注册材料中的签名字迹和印章真伪至关重要，如果假冒国企单位提交市场监管部门的注册登记材料本身就是彩印件或复印件，无法拿到印章或字迹鉴定的比对原件，要证明冒名登记的关键证据缺失，维权也将陷入两难境地。

（二）执法规制中存在一定障碍

如前文所述，近三年来国务院国资委对"假央企"和"伪国企"分三批进行集中公示，对属于重灾区的电力、能源领域的假冒央国企现状在一定程度上能够进行规制，但在执法规制中仍有不少问题亟待解决。定期进行通报在一定程度上有利于央国企自查自省，及时发现自身及下属子公司是否被冒用，但是采取通报措施仅能发现部分被冒用的企业，并无法从根源上有效遏制不法分子利用造假的工商资料进行注册冒用。

即使央国企发现假冒央国企并向市场监管部门报案，在处理过程中也存在一定障碍。济南市高新技术产业开发区管委会市场监管局在 2022 年 7 月发布撤销公司登记听证告知公告，称中核（山东）城市建设发展集团有限公司涉嫌提供虚假材料，拟撤销公司登记，但在调查过程中企业无法取得联系，故采取公告方式送达。

（三）法律保护欠缺一定力度

我国《刑法》及其修正案中对犯罪分子假冒央国企的法条规定较少，现阶段通过刑法来防止不法分子假冒央国企信息违法犯罪的力度只能治标，尚难治本，亟待解决假冒央国企的司法认定标准问题。不法分子伪造营业执照、印章和法定代表人签名等工商登记资料，成为"央国企"。在成为"央国企"后，造假者以此为起点再新设子公司，并形成更为庞大的网络。在上述违法过程中，不法分子通过伪造工商登记资料以欺瞒欺骗的手段将非央国企虚假注册为"央国企"的行为已严重损害了市场秩序的正常运行，不仅侵害了央国企的名称权，更损害了央国企的整体社会形象。若假冒行为构成不正当竞争的，还涉嫌违反《反不正当竞争法》的相关条款。

除了行政违法外，如果假冒央国企违法经营，还涉及其他法律责任。但在过往司法实践中，若经营者及企业的伪造、涉嫌虚假注册行为未造成严重后果的，多以行政处罚为主，对于登记机关工作人员的过失行为，并没有法律明确规定，这导致违法成本过低，使得《刑法》无法进行有效的介入和规制。

四、假冒央国企规制路径

（一）推动《防范和查处假冒企业登记违法行为规定》实施和完善

1. 推动《防范和查处假冒企业登记违法行为规定》落地见效

为有效防范查处假冒企业登记的违法行为，进一步完善企业登记管理制度，国家市场监督管理总局出台了《防范和查处假冒企业登记违法行为规定》，主要从严格股东投资人核验要求、加强市场监管部门同国资监管部门信息核验比对、强化国有产权出资管理、完善假冒企业登记违法行为的调查程序、严格对虚假登记责任人的责任追究等方面，有效防范查处假冒企业登记的违法行为。

在《防范和查处假冒企业登记违法行为规定》已于 2024 年 3 月 15 日正式施行的背景下，更需要行政机关和司法机关积极落实规定中相关内容，加大对企业登记工作的宣传解读力度，加强业务培训，完善实名验证技术，从源头切实防范企业被冒名登记的问题。同时，加强对企业登记相关法律法规政策宣传，增强申请人依法办理登记、提交真实材料的意识，明确其需要承担的法律义务，引导企业依法合规办理登记，使得该规定在执法、司法实践中成为一部真正保护央国企合法权利的"利剑"。

2. 完善《防范和查处假冒企业登记违法行为规定》有关条款

一是适当拓宽假冒企业登记违法行为外延。《防范和查处假冒企业登记违法行为规定》第二条规定，本规定所称假冒企业登记违法行为，是指提交虚假材料或者采取其他欺诈手段隐瞒重要事实，冒用其他企业名义，将其登记为有限责任公司股东、股份有限公司发起人、非公司企业法人出资人、合伙企业合伙人等的违法行为。上述定义可以称为直接假冒，除此之外，实践中还存在间接假冒的情形，部分企业将央国企"字号""简称""商标"等注册为公司字号等行为与央企故意造成混淆，逃避行政机关审查，冒充央企管理人员名义实施不法活动。如将间接假冒行为排除在外，将不能有效实现"构建诚信守法的市场秩序，切实维护交易安全，持续优化营商环境"的立法本意。

二是要全面推行企业开办信息化办理流程。《防范和查处假冒企业登记违法行为规定》虽规定登记机关在办理国有企业登记时，应当按照有关规定，通过信息化等方式，查验比对国有企业登记信息与产权登记信息。但实践中，并非全国各地市场监管部门均实现了电子化、信息化，部分地区仍使用线下方式办理企业开办业务，因此加快建立统一、标准的企业开办信息化流程，才能实现与国有企业登记信息、产权登记信息相互比对、印证。

三是设定过渡期异议公示制度。《防范和查处假冒企业登记违法行为规定》对发现假冒行为立案，启动调查以及处理结果等作出了较为详细的规定，但整个过程耗时较久。根据上述规定，假冒央国企从立案到最终撤销，需要半年以上时间，这和央国企打击假冒需求的迫切性不相符。因此，建议将立案至最终处理结果这段时期称为过渡期，并在过渡期内设定异议公示制度，经相关利害人申请，有初步证据涉嫌假冒的，可以对该涉嫌假冒企业予以标注，并冻结相关变更行为，直至调查结束。

（二）加强国资监管部门、市场监管总局联动

一是登记机关在办理国有企业登记时，应当按照有关规定，通过信息化等方式，查验比对国有企业登记信息与产权登记信息。为实现这一手段，国务院国资委应建立"两个名单库"，即全国央国企全级次企业名单库、全国假国企央企名单库，禁止在全国假国企央企名单库中的企业对外再投资企业，从源头防范假冒央国企的违法行为。同时，加强国有企业产权登记管理，解决产权登记滞后等问题，将相关信息共享至国家市场监督管理总局，企业登记与产权登记业务高效协同、统一核验，有效防范假冒国企央企登记注册。

二是加强央国企"字号""简称"等保护，由各央国企申报，国资委建立统一的字号清单库，如国家能源集团，可以将"国家能源""国能集团"等字号申请纳入清单库，国资委将清单库数据共享至市场监管总局，与市场监管总局企业核名系统相关联，如涉及使用清单库中的央国企"字号""简称"的，应当要求出资人、发起人提交央国企授权书，有效防范故意与央国企混淆的"碰瓷"行为。

（三）完善相关法律，加大打击力度

1. 明确刑法归责及入罪标准，严厉打击相关犯罪

与假冒央国企获得的经济效益相比，假央国企们的违法成本仍然较低。以本文案例来说，在被揭发央企身份造假后，该公司仅是对股权关系进行了变更，并未查询到相关部门对此进行的行政处罚。笔者在网络查阅相关信息，也并未看到不法分子受到惩处的报道，对工商登记注册材料造假的刑事追责力度亟待加强。鉴于假冒央国企可能导致的后果更加严重，建议在刑法入罪标准上更加明确，不管提供虚假材料的中介还是在不法中介手中购买挂靠央国企的"名额"的公司实控人，都应当明确刑法归责及入罪标准，做到罪责罚相适应以达到对不法分子的震慑作用，更好地预防该类犯罪的发生。

2. 积极寻求民事诉讼救济，切实保障央国企权利

除从刑法上惩治相关犯罪外，央国企也应从民事诉讼角度来维护自身相关权利。通过裁判文书网检索"假冒国企""假冒央企"等关键词发现，能够检索出的案例并不多，主要案由为不正当竞争纠纷、侵害商标权纠纷和侵权责任纠纷。基于前文对假冒央国企的现状及成因分析，笔者认为在民事诉

讼中以不正当竞争纠纷和知识产权权属、侵权纠纷为案由进行起诉更为贴切。从诉讼主体的角度考虑，可视具体情况将假冒央国企进行注册登记的企业、假冒央国企的股东或实际控制人以及参与假冒行为的相关人员作为被告进行起诉，要求上述人员承担相应的民事责任，如停止不正当竞争及侵权行为、赔偿原告经济损失及合理支出、刊登声明、消除影响等。

五、结语

治理假央国企是一项系统性工程，除了从立法、制度方面规制外，还应当看到假冒操作的背后，是由于央国企在一些行业具有超市场的竞争优势才导致造假者们趋之若鹜地顶着央企名号。因此，为市场参与企业创造公平竞争环境，让各类市场主体享受到同样的待遇才能最终从源头上解决假冒央国企问题。

参考文献

［1］李立娟，假冒行为屡禁不止多家央企出手打假［N］.法治日报，2023-08-25（007）.

［2］王雅洁，假央企打不尽？［N］.经济观察报，2024-01-15（001）.

［3］潘伟，"组合拳"痛打假冒国企［J］.国资报告：热点透视版，2022，12：19-22.

［4］350亿氢能项目招标方是假国企［N］.每日经济新闻，2023-06-30（005）.

电力企业合规管理有效性问题研究

吴志伟　张媛颖

福建榕能电业集团有限公司

摘　要

保障合规管理的有效性，是提升中央企业依法合规经营水平的重要举措，也是推动企业高质量发展的必然要求。电力企业在合规有效性问题上，存在合规管理与制度运行无力、合规管理与法律事务角力、合规管理与验收运用乏力等问题。电力企业应当在合规管理工作更加注意公司及公司内部机构的主动性、自觉性，通过建立"二有"合规管理体系、制定"三可"合规管理方案、坚持"四化"合规管理成果孵化，真正提升电力企业合规管理水平，为加快建设具有中国特色国际领先的能源互联网企业作出新的更大的贡献。

关键词

电力企业；合规管理；有效性

合规管理是企业进行风险预防、控制和应对的有效治理方式，但因其具有消耗资源的属性，企业一般缺乏建立有效合规管理体系的内生动力，需要政策要求驱动。随着改革开放政策的深入推进，国内外监管日趋严格，国际竞争越来越体现为法律之争、规则之争，在如何推动中国企业高水平"走出去"，推动我国企业深度参与国际分工、保障经济高质量发展的课题上，中央企业合规管理问题无疑是关键内容。电力企业作为特大型国有重点骨干企业，在保障国家能源安全和国民经济命脉有重要作用，其经营发展需遵守法律规定、行政管理等多方面合规要求，也承担着政治、经济和社会多方面责任。对电力企业合规管理有效性开展研究，不仅有助于降低生产、经营过程中的内外部风险，提升合规管理水平，还有利于保障国家能源安全、提升央企整体竞争力。

一、电力企业合规管理有效性概述

（一）电力企业合规管理有效性的提出

合规管理有效性，是指建立合规管理体系的企业在识别、防范和管理合规风险工作中是否能够实现预期管理目标的行为。《中央企业合规管理办法》第二十七条规定，应当定期开展合规管理体系有效性评价，针对重点业务合规管理情况适时开展专项评价，强化评价结果运用，同时也要求业务及职能部门落实合规职责，"管业务必须管合规"，将合规要求嵌入经营管理各领域、各环节中，切实提高管理效能。此外，在我国已出台的合规管理相关重要文件中，均明确要求企业应当承担评价合规管理有效性的义务。对于电力企业而言，科学开展合规管理体系有效性评价不仅是贯穿合规管理体系建设始终的"基本功课"，更是护航企业全面提升依法合规经营管理水平、高质量发展的重要内容。

然而，当前行政机构尚未对合规管理有效性问题出台统一公开的指导性文件，目前在用、可参考的相关文件有中国企业评价协会 2022 年 7 月发布的《企业合规管理体系有效性评价》、中国中小企业协会 2022 年 5 月发布的《中小企业合规管理体系有效性评价》，以及中国证券业协会 2021 年 5 月发布的《证券公司合规管理有效性评估指引（2021 年修订）》。这些文件作为"团体标准"或"行业自律"，并不具备刚性强制效力，但在实务中可为企业开展合规管理有效性评估工作提供一定参考价值。简单来说，企业的合规管理是否有效具体可概括为以下三点：是否建立合规管理体系；是否执行合规管理要求；所执行的合规管理要求是否能够达到行为目的。

（二）电力企业合规管理现状

除了前述面临缺乏统一合规管理有效性指引文件的现状外，电力企业在开展合规管理工作时还存在诸多不适应，主要体现在以下三个方面：

1. 合规管理人员培养紧缺

电力企业法律合规管理人员虽然逐年增加配置，但总体人数偏少，且职位较低，日常工作多局限于组织梳理排查、开展合规文化宣传等事务性项目。一方面，合规管理人员能够真正参与专业日常合规管理的深度有限，难以发现企业经营的要害问题；另一方面，缺乏刚性执行权力，导致常常只能提出意见建议但无法推动相关建议落实落地。

2. 业务部门履责意识欠缺

虽然"管业务必须管合规"的要求已提出 2 年已久，但许多业务部门仍然不理解合规管理工作，认为合规管理只是法律合规管理部门的职责，甚至将合规当成业绩增长、个人发展的桎梏与枷锁，遇事常有"靠商量摆平""求放过一马"的侥幸和敷衍心理，完成合规工作流于表面，应付了事，难以落实业务部门的主体责任。

3. 基层员工合规知识短缺

电力企业作为生产型企业，其合规风险源多在基层，换言之一线应当是合规风险防控的重点。但是，电力企业基层一线员工普遍存在缺乏合规知识的能力短板，导致未能在业务产生的源头发现和预防合规风险。一方面，电力企业一线员工多从事技术工种，能够学习法律合规理论知识的机会较少，缺乏对法律合规风险的识别把握能力；另一方面，电力企业基层一线员工多为工科、理科背景出身，擅长实践技术、机械运用等逻辑思维工作但缺少对合规管理制度的抽象理解能力，对一些合规要求把握不准。

二、电力企业合规管理存在的问题

（一）合规管理与制度执行不力，缺乏有效实体机构

无以规矩，不成方圆。制度和组织建设是合规管理体系的基础。电力企业目前采用的合规管理模式大多是依据《中央企业合规管理办法》，将合规管理纳入党委、党组、董事会、经理层、合规管理委员会职责。该设计的优势在于相关职责机构基本健全，可借用原有人员和机构开展相关工作，但由此

也带来劣势：合规管理委员会由各单位成员构成，没有专职实体，合规管理仅是各机构 / 成员工作职责中的一小部分。这在一定程度上造成没有专业的人员专门负责合规事宜，实际工作中仅依靠牵头部门甚至是某一专责统筹协调，基层班组配合落实，合规管理影响力逐级衰减，难以保障合规工作深入进行，合规执行力较弱。同时，由于合规管理委员会成员多为经营层人员，肩负企业业绩考核指标压力，二者相较取其价值更大的一方，天然会忽视给营收增长带来"阻碍"的合规管理工作，落实合规管理制度的坚定决心有待加强。

（二）合规管理与法律事务角力，混同合法合规评价

一方面，合规管理与法律事务管理权责模糊，难以分别。从制度目的的角度上说，"合规"作为"舶来品"，肇始于美国银行业，包含大量管理学学科知识，最初是为了保障金融系统稳定而生。从 20 世纪 30 年代金融危机大萧条加强合规监管到 70 年代出台《反海外腐败法》，再到 90 年代明确将是否建立"有效的合规机制"作为法院裁判重要考量因素的《美国联邦量刑指南》，侧重于行政（司法）机关对企业的监管权力，建立健全合规管理体系的企业可以免受惩罚，避免正常经营受限，是谓"合规创造价值"。在此范式影响下，全球各国也纷纷掀起了推动企业合规管理的风尚，我国的合规管理也发轫于金融行业，随之辐射到中央企业。站在文义解释的视角，合规的英文是"compliance（顺从；遵从；服从）"，从其翻译来看，与法律有着天然的联系，属于法学学科知识，所谓合规首先要保证符合法律规范，合法合规也逐渐形成了捆绑概念。根据《中央企业合规管理办法》第三条的规定，法律法规、监管规定、行业准则和企业章程、规定以及国际条约、规则等要求都是合规管理规制的范围，虽然后者不属于狭义上的"法律"，但都系人为制定的行为准则，性质与广义上的法律规范并无二异，这也是许多企业将合规管理职能落于法律事务管理部门的原因。然而，从目前实务工作来看，我们对于合规的理解却存在着盲区，即合规与法律的关系究竟为何？继而衍生出甚至是正在从事合规管理工作的人员都很难解释的问题——"合规与之前的法务管理有何区别？为什么不直接纳入法律管理而需要单独强调呢？"同时，在目前的实务工作中，存在大量以法律工作替代合规管理工作的情形，普法宣传与合规宣传亦泾渭难分，导致难以准确划分合规管理与法律事务的职责界限。

另一方面，合法合规评价混同，管理效率低下。如前所述，由于合规概念的模糊性，在日常管理时常以法务管理人员代履行合规管理职责。在合规管理理念尚未进入之前，企业作为追求经济效益的实体，参与市场竞争，其行为主要受民法（私法）影响，法务人员日常工作所考虑的主要内容是如何通过合同、咨询解答为企业参与市场竞争提供法律支持，主要任务是在面对其他民商事主体时规避本单位经营管理过程中可能发生的法律风险，首先考虑建立一套违约风险管理机制。但在合规管理引入后，除了前述工作职责外，法务人员还需要承担及时发现并制止不合规行为的职责，这一职责与前述工作任务常常存在冲突。如在开拓新兴市场业务时，法务人员既要在现有民法理论上寻找双方合意即可达成协议的突破空间，给出"合法"判断，又要担心审计监督人员是否认可相关做法，以中央企业应当助力中小企业纾困等理由提示"可能不合规"的风险，两相斗舌以至于难以给出明确具体的判断，法务人员也就无法真正发挥专业知识为企业参与市场竞争提供足够支撑。

实际上，合法与合规的工作内容虽然都与法律知识密不可分，但前者侧重私法，是"法无规定即自由"，实质是最低限度的法律风险防范意识，后者注重公法管制，是"法无规定即禁止"，不仅要求存有最高限度的法律风险意识，有时还需要考虑公共利益、社会责任等问题。因此，合法合规工作的逻辑思维和分析角度完全相反，如果在开展工作时不进行有效区分，很容易在分析问题时出现逻辑矛盾的情形，导致合规管理工作效用的降低。

（三）合规管理与验收运用乏力，降低合规管理效能

合规管理的验收运用，是指对企业开展合规管理的有效性开展检验和成果评价，包含合规管理建设、运行是否有效，合规管理成果有助于提升经营管理水平，以评价企业是否达到既定合规管理风险控制目标。从国务院国资委 2018 年发布《中央企业合规管理指引（试行）》至今，在国家统一部署的合规管理建设要求下，国有企业合规管理体系的建设工作已经基本完成，但关于合规管理体系是否有效，特别是合规管理成果的运用评价仍然薄弱。

一是缺乏合规有效性评价的具体指引。在我国出台的有关合规管理的重要制度文件中，均明确指出合规管理成果验收是企业的义务，但目前除证券业外，尚未有进一步明晰合规管理有效性评价的方法和标准。

二是合规管理策略转化为成果的效率较低。一方面，由于合规人才培养尚在增量阶段，当前部分电力企业仅在二级单位配置了专职合规管理人员，主要从事合规管理大体系的搭建管理工作，通过合规管理发现和纠正违规行为的效用十分有限，导致电力企业在合规管理有效性建设上存在一定局限性，难以及时发现和解决合规问题。另一方面，基层一线人员对已发现的合规问题，出于对既往审计检查的惧怕抗拒，担心事后追责，多采取掩盖、补救方式解决，不敢随意上报。合规管理建设虽然取得一定成效，整体态势良好，但面临具体合规管理成果"摸不清""抓不到"的情形，进而难以举一反三推广适用，合规管理效能有待提升。

三、提升电力企业合规管理有效性的思路

（一）建立"二有"合规管理体系

"为国也，观俗立法则治就，察国事本则宜。"电力企业开展合规管理工作应当从实际出发，建立与企业治理体系和治理能力相适应的合规管理体系，建立与电力企业管理相适应的合规管理机构，并设置与电力企业经营相契合的合规评价标准。

一是有与电力企业管理相适应的合规管理机构。相对于设立"虚拟型"的合规委员会而言，电力企业可以尝试设立实体机构，为适应企业合规工作需要，抽调策划、财务、审计、法务等高级专业人员设置一个权责在其他部门职权之上的合规管理部门，部门主任由公司分管领导担任，负责合规管理全面工作，通过采用专业人员专职专责专项工作的形式保证合规监督检查独立于其他职能和业务之外，加强管理层参与合规管理工作的支持和参与程度，有效提升合规管理水平。同时，如前所述，合规知识与法学知识系出同门，将合规管理职能归口于法律机构有一定道理，但因其思维逻辑相异，法务岗位与合规岗位应当分别设置，由不同人员履行职责，避免矛盾低效。类似的例子如属于财务专业的出纳和会计角色，基于互斥监督的工作需要，应当分别设立。甚至又如上海于 2022 年发布的《企业数据合规指引》第 7 条指出"鼓励各类企业设置专门的数据合规管理部门……但是不建议由法务部门履行合规管理职能"。

二是有与电力企业经营相契合的合规评价标准。一方面，电力企业合规管理评价标准须有重点，特别是在合规管理建设初始阶段，人财物资源有限，若是过分追求百花齐放反而可能导致无的放矢。电力企业合规管理工作应当聚焦本企业的经营业务重心，抓大放小，着眼于重点领域，梳理出重大风险，规范好重点对象行为。另一方面，面对处于中间地带既没有评优升职需求又不违法操作的职工不

愿合规的问题，可以适时建立与绩效奖惩挂钩的合规管理联动评价机制，将合规管理纳入绩效管理，激励业务承办人规范业务操作，为合法合规工作建言献策，驱策其从"要我合规"到"我要合规"，鼓励电力企业全体职工参与合规文化建设，凝聚合规智慧和力量。

（二）制定"三可"合规管理方案

"法者，天下之仪也。"良好的方案设计是电力企业合规管理体系有效落地的基础，主要体现在可操作、可持续、可推广三个方面。

一是要制定可操作的合规管理方案。电力企业在贯彻落实合规管理制度要求时要考虑到不同层级单位的实际情况，防止制度政策"一刀切"带来执行难的问题。以设置合规管理员为例，合规管理要求各单位、各部门均要设置专兼职合规管理员，但在级别较低的单位特别是五、六级单位，各部门人员配置本就不齐，甚至常有部门主任空缺的情况出现，强制要求配备部门兼职管理员不过是一人身兼数职"空有名头"，导致合规管理浮于表面，消减合规管理工作的严肃性，而且还会加重基层对合规管理工作的不满情绪，甚至影响本职工作的积极性。因此，电力企业在设置合规管理方案时应当分层级考虑各单位的可操作性和能力水平，注重调查研究，广泛征求各方意见，达成广泛共识，避免假大空、形式化等问题。

二是要制定可持续的合规管理方案。电力企业之所以要完善合规管理有效性工作，不仅是为了更好防控法律合规风险，更是为企业管理赋能，推动企业发展行稳致远。合规管理工作虽然在前期可能为企业日常工作带来一定负担，但从长远来看，有效的合规管理有利于助力电力企业高质量可持续发展，提升经营效益。合规管理方案的可持续反映着电力企业合规管理的存续状态，其强弱关系到作为合规管理职能作用的发挥，进而关系到企业发展战略实现、各级单位职能履行等重大问题。合规管理的落实也并不是一蹴而就的，需要一个过程。因此，电力企业在设置合规方案时应当充分考虑方案的可持续性，建议分阶段开展合规管理建设工作，特别要意识到"一天打不成一口井，一口吃不成胖子"，将精力放在谋实招上，将心思放在求实效上，特别要注意克服专项行动要亮点、要特色、要出彩的短视行为，不断夯实电力企业合规建设基础。

三是要制定可推广的合规管理方案。虽然国务院国资委在中央企业风险管控中提倡"一企一策"逐步落地，但当前国际经济形势纷繁复杂，中央企业只有加快推进合规管理工作，提高合规经营水平，才能真正成为具有实力和竞争力的世界一流企业，增强中国企业在世界经济舞台的话语权和影响力，推动我国有效参与全球经济治理。因此，电力企业合规管理工作仍有紧迫性，在设置合规方案时须考虑方案的可推广性，兼顾不同发展阶段、不同地区和层级电力企业的差异，传播先进合规管理工作经验，为合规管理工作全面有效铺开腾挪时间。

（三）坚持"四化"合规管理成果孵化

"为法，必使之明白易知。"如果仅有良好的合规管理方案设计，没有推动和保障合规管理体系有效运行的具体措施和成果转换机制，合规管理体系不可能有效落地。因此，电力企业提升合规管理有效性应当从系统化、精准化、通俗化、具体化推动合规管理成果孵化。

一是系统化。电力企业应当按照合规管理有效评价标准建立、制定、实施、评价、维护和改进合规管理体系，以此应对不断变化的监管环境、业务增长和地域范围，动态识别适用的合规管理义务，评估合规风险并保持及时更新，持续跟踪合规管理体系落实效果。

二是精准化。电力企业作为生产型企业，在合规管理应当紧抓痛点、难点。一方面，针对长期合规痛点特别是屡查屡犯问题需展开原因分析工作，探究行为职工明知故犯的深层原因，是人员不足，惩罚与奖励不匹配，还是无法避免？针对难以避免又风险较低的合规问题形成正面清单，允许员工在实施风险防控措施后开展，提升合规管理要求与基层业务需求的适配度。另一方面，鼓励以改代罚。针对合规难点问题，鼓励承办业务人员提出可行可控的方案，鼓励和开拓员工自愿报告渠道，如果方案切实可靠，则不再考核绩效指标或给予一定奖励。以"自下而上"的基层视角和一线工作人员经验弥补合规管理空白，要善于站在基层员工的角度和立场思考合规问题、谋划合规举措，寓合规于服务、互动之中，充分说理，促进基层员工发现问题、解决问题，提升职工参与进合规工作的成就感与积极性。

三是通俗化。自合规管理工作开展以来，为提升员工合规意识，电力企业已经开展了多次多层级的合规文化宣传活动。但对于基层而言，合规文化影响的穿透力相对较弱，重业务轻合规现象依然存在，一些基层人员有合规意识但缺乏合规知识。建议举办"合规文化／合规教育下基层"培训班，将制度、政策用最简明的话语向基层一线员工宣贯、解释，使其真正理解、明白合规管理工作的重要性和内容，提升电力企业合规管理效能。

四是具体化。针对电力企业大部分职工服务一线的生产特性，合规制度的流程设计应当具体，不能仅仅是抽象的合规原则和理念，要有明确和具体的动作指令。比如开展物资库存管理时，第一步应先确认仓库注册信息是否合规，第二步评估仓库消防、防盗工作管理是否到位，第三步查看车辆人员出入库登记是否合规、安全防护是否到位，最后按照存放保养方案执行盘点、处置工作。将抽象的合规管理工作转换为具体的业务流程管控清单，合规工作任务更加明确清晰。

四、结语

"天下之事，不难于立法，而难于法之必行。"电力企业以落实《中央企业合规管理办法》为主线，经历三年合规建设工作部署，合规建设已初现雏形，但是随着合规管理工作的进一步开展，电力企业应当将目光放置到合规管理有效性问题上，更需要关注实质的合规。换言之，与其说国家政策要求必须合规，不如说电力企业应当合规，在合规管理工作更加注意公司及公司内部机构的主动性、自觉性，才能更好防范化解重大风险，充分发挥内部控制强根固本作用，真正提升电力企业合规管理水平，为加快建设具有中国特色国际领先的能源互联网企业作出新的更大的贡献。

参考文献

［1］张鹏飞.国铁企业合规管理体系构建与评价研究［D］.北京：北京交通大学，2023.DOI: 10.26944/d.cnki. gbfju.2023.002467.

［2］杨斌.新形势下国有企业合规管理体系建设研究［J］.江西师范大学学报：哲学社会科学版，2020，53（4）：96–102.

［3］薛前强.论企业合规管理主体规制理路的转向——从合规监管到合规治理［J］.河北法学，2023，41（9）：43–59. DOI: 10.16494/j.cnki.1002–3933.2023.09.003.

［4］陈瑞华.合规整改中的高层承诺原则［J］.法律科学（西北政法大学学报），2023，41（3）：76–88.DOI: 10.16290/ j.cnki.1674–5205.2023.03.004.

［5］曹兴权.合规管理：形成中的公司治理习惯？［J］.上海大学学报：社会科学版，2022，39（6）：77–93.

以"业规融合"为主线的触电防治探索与实践

杨海波　文向东　刘海涛

国网山东省电力公司临朐县供电公司

📝 摘　要

随着各类供电设施密集布局和受电设备大规模普及，触电事故防控难度增加，社会公众的安全用电能力和供电企业的触电防治水平亟须提升。本文以"业规融合"为主线，通过绘制一个地图（防触电地图），建立两个体系（组织体系、指标体系），创新三个手段（"一链式"隐患查治、"保姆式"服务提质、"三点式"群防共治），形成一项机制（"情景式"以案促管），推动"内外共治"，在触电防治方面取得实效，企业连续三年有责案件零发生，避免各类损失超 600 万元。

✒ 关键词

供电企业；业规融合；触电防治

一、以"业规融合"为主线的触电防治探索与实践背景

（一）触电防治是履行社会责任的直接体现

作为供电企业，既要考虑经济效益，更要履行社会责任；既要让群众用上电、用好电，更要引导群众会用电、防触电。近年来，各类供电设施密集布局和受电设备大规模普及的同时，社会公众的安全用电意识和防触电能力始终不高，触电事故易发频发，对人民群众生命财产安全和社会和谐稳定构成严重威胁。供电企业亟须扛起社会责任，加大触电防治力度，探索触电防治新模式。

（二）触电防治是推进案件压降的有效途径

触电人身伤害案件是供电企业最常见的法律纠纷案件之一，案件数量、赔付金额占比常年居高不下，不仅给供电企业造成经济损失和负面影响，更会大大降低人民群众的安全感、获得感。近年来，通过开展触电防治三年专项行动，触电案件多发频发势头得到有效遏制，但零星案件仍时有发生，防控难度仍然较大。供电企业亟须创新"业规融合"手段，形成触电防治合力。

（三）触电防治是企业长治久安的重要前提

发生触电事故后，面对群众的维权，不论是否为供电企业产权、责任如何划分，供电企业都将面临较大的社会舆论压力、诉讼风险、赔偿风险。因此，供电企业只有将触电防治当作一件大事、要事、急事，充分利用合规管理手段，超前防范化解触电风险，从源头避免触电事故，才能更多地获得各方面的认可和支持，推动企业长远发展。

二、以"业规融合"为主线的触电防治探索与实践主要做法

（一）全口径分析研判，绘制防触电地图

将合规管理理念嵌入触电隐患排查流程，以合规思维分析自有设备和客户设备，摸清各类设备运行现状，精准定位触电风险，精确绘制防触电地图，明确触电防治发力方向。

1. 排查自有设备隐患，控制"产权内"触电

自有设备即供电企业产权内设备，应由供电企业负责运行和维护。通过理论分析、事故预想、经验借鉴、案件反思等4种方式，对自有设备触电隐患进行全面梳理，并根据新装设备、原有设备运行特性和使用习惯，对触电隐患进行分类。其中新装设备重点梳理出设备选型不合适、产品质量不合格、安装工艺不规范、建设选址不合理等4类隐患，原有设备梳理出绝缘不达标、隔离不到位、接地不规范、漏保未安装、安全距离不足、警示标志不全等6类隐患。以上述10类隐患为基础编制自有设备触电风险防范处置指南，指导相关人员增强敏感意识、提升处置能力，严格控制"产权内"触电。

2. 排查客户设备隐患，压减"产权外"触电

客户设备即属于客户产权的设备，应由产权人负责运行和维护。数据显示，大部分触电事故都发生在客户产权设备上，主要原因是客户管理较为粗放、安全责任意识不强，私拉乱接、年久失修等情况仍然存在，触电防控难度较大。为此，供电企业组建客户设备隐患摸排团队，利用"大走访""网格化服务"等契机，及时掌握客户产权设备运行隐患，逐一建立隐患台账，深入分析各隐患点共性、特性及紧急、非紧急程度，分级分类制作客户设备触电风险防范处置指南，指导协助客户开展隐患消缺，全力压减"产权外"触电。

（二）全维度考核评价，建立防触电体系

将合规管理理念嵌入决策管理流程及指标考核评价体系，围绕触电事故，创新构建"三级组织体系"和"四维指标体系"，实现思想行动"双统一"，凝聚起攻坚突破的磅礴力量。

1. 建立三级组织体系

将触电防治作为"一把手"工程，构建"1110（1个领导小组、1个指挥小组、10个实施小组）"组织体系，形成统筹部署、监督考核、具体实施责任链。领导小组由企业主要负责人任组长，分管负责人任副组长，负责确定触电防治的工作思路、主要任务和预期目标，研究重大事项、作出重大决策。指挥小组由10个专业牵头部门主要负责人及供电所所长组成，负责触电防治具体工作方案的制定实施和监督考核，负责落实触电防治所需的人财物支撑，负责建立相关管理制度、完善相关工作标准流程，研究处理工作推进中的一般事项。实施小组由10个专业分管负责人及专责人组成，负责落实触电防治工作方案要求，按照相关制度、流程及本部门、本岗位工作职责规范开展相关工作。通过建立"1110"

三级组织体系，统一了思想认识，聚集了骨干力量，明确了责任分工，实现压力层层传导和工作高效落实，构筑起触电防治"三道防线"。

2.建立四维指标体系

根据职责分工，以触电防治工作成效大小和贡献度为标尺，设立产权、非产权、担责、不担责四维指标体系，厘清四类奖惩界面。对产权内触电案件需供电公司担责的专业和供电所进行一般考核；对非产权内触电案件需供电公司担责的专业和供电所加倍考核、案件管理部门联责考核；对非产权内触电案件不需供电公司担责的专业和供电所通报批评、免予考核；对产权内触电案件不需供电公司担责的专业和供电所予以奖励，案件管理部门联责奖励。通过建立四维指标体系，引导各专业、各基层单位定向发力、靶向攻坚，触电防治的积极性、主动性显著提升。

（三）"一链式"隐患查治，夯实防触电基础

将合规管理理念嵌入电网建设、运维检修等业务流程，以防触电地图为基础，在关键业务节点提示合规风险、创新合规举措，提出贯穿前期项目储备、中期工程建设、后期设备运维的"一链式"隐患整治合规方案，严控隐患增量、减少隐患存量。

1.提高项目储备标准

划分项目储备优先级，根据导致触电可能性大小和严重程度，划分储备优先级，依次将绝缘性能差、安全距离不足、漏保未安装、隔离不到位、接地不规范、警示标志不齐全等10类隐患纳入项目储备范围，分级分类安排项目建设资金，确保重大重点隐患首先清零。划分项目设计等级，在严格遵守电网设计相关标准的基础上，根据人口密度及电网分布，分区域执行不同的设计标准，合理加大资金投入，从源头提升安全防御能力。划分设计人员层级，立足输电隐患治理标准高、变电隐患治理难度大、配电隐患治理范围广的实际情况，定向配精输电、配优变电、配全配电专业设计团队，实现同类隐患储备同一进度、同一标准。

2.提高工程建设标准

打造触电防治样板，以触电防治为目的，适当扩大不同环境、不同电压等级下设备安全距离，优先应用标准物料，提高绝缘防护、接地极安装、一二级漏保安装施工标准，打造"零触电"样板台区。培育核心施工力量，通过扩充施工人员、开展师带徒培训、细化触电隐患考核标准等方式，提升自有施工人员的整体素质和主动安全意识，推动重大重点项目自主施工"全覆盖"，关联设备触电事故"零发生"。组建专业验收团队，明确合规管理人员参与验收，增加触电类隐患评分比重，出现接地极安装不规范、电缆敷设深度不足、线路架设高度不够等触电类隐患的，实行验收一票否决，要求限期整改，同步降低相关施工队伍信用评级。

3.提高运维检修标准

开启专项治理模式，根据排查出的10类触电隐患，合理确定隐患治理方案，将分布范围广、投资规模小、时间要求紧的隐患全部纳入专项维修范围，优先安排资金，提高治理效率。开启应急抢险模式，打破常规隐患治理流程限制，提高触电类抢修工单派发效率，简化抢修工单审批环节，开辟触电隐患抢险绿色通道，专业救援工具一车一套保持热备用，专业抢修人员第一时间赶赴现场开展应急处置，合规管理人员全程跟踪协办。开启附加运维模式，将运维服务后延"一公里"，主动协助客户巡视线路，检查设备运行情况，提供维保建议和隐患处置方案，联合重要客户定期开展触电事故应急演练。

（四）"保姆式"服务提质，筑牢防触电堡垒

将合规管理理念嵌入营销服务、市场开拓等业务流程，以合规风险点为工作发力点，提升触电风险应对能力。根据农村、小区、企业三类主要用电群体的用电特性，分别从漏保安装、业扩报装、设备代维三个领域开展合规实践，全力当好客户"电保姆"。

1. 安装末级漏保，让农村用上安全电

注重舆论引导，通过"线上＋线下"的方式对末级漏保安装的权利与义务、原理与作用进行广泛宣传，实现辖区内所有行政村、中小学宣传教育全覆盖，营造良好的舆论氛围。摸清安装底数，启动末级漏保安装普查，逐村逐户上门对接沟通，全面掌握末级漏保安装底数、群众安装意愿和实际困难，建立末级漏保安装台账。制作《末级剩余电流动作保护电器安装告知书》，对末级漏保的实际作用、选购原则、检查使用方法予以书面告知，引导客户消除侥幸心理，提高安装积极性。全程跟踪保障，建立 7×24 小时漏保安装服务机制，客户有漏保安装需求的，台区经理第一时间赶赴现场提供技术指导，必要时协助安装到位，并进行试跳试验，确保反应灵敏、动作可靠。

2. 规范业扩报装，让小区用上放心电

严格用电方案审批，从严审查小区用电接入方案，合规管理人员全程参与会审会签，对架设路径不合理、接入容量不达标、设备选型不合适、配电室选址不安全等情况逐一记录，整改完整后重新审查，坚决·杜绝设备带病入网。严格投产送电验收，从设备布局、外观检查、电气试验、隐蔽工程、表后线抽检等 5 个维度进行现场评价，将发现的问题分为红线隐患和一般隐患两类，首次将所有可能导致触电的隐患纳入红线范围，作为验收的首要否决条件和复验的必检内容。

3. 拓展设备代维，让企业远离高压电

将触电防治作为设备代维的主要目的之一，定向扩大代维范围，主动引导客户将存在触电隐患的高压线路和非绝缘设备全部交由供电企业统一运维管理，最大限度扩大代维范围，减少触电风险。定向拓展代维市场，发挥专业人才和技术优势，在确保安全运行和满足承载力要求的前提下，将人员、设备密集型及高电压、大工业等高触电风险客户作为代维市场开拓的优先群体，合理商定代维方式、运维监测必测清单和代维费用，以专业化代维防范客户触电风险，实现增收入、防触电双赢。

（五）"三点式"群防共治，提升防触电本领

将合规管理理念嵌入法治宣传、政策文件出台、群防共治等工作流程，推动政府主动干预，引导群众深度参与，构建起供电主导、政府推动、群众参与的"三点式"群防共治工作格局。

1. 供电主导，法治宣传强意识

推行"分时普法"，按照不同触电事故高发时令，制作普法宣传 24 节气表，将安全有序用电、设备运维责任、安全作业距离、电力设施保护等与触电防治密切相关的法律法规作为普法宣传的主要内容，分时节开展线路防护、农灌隐患治理等防触电宣传教育，提高实效性。推行"分区普法"，综合考虑地形地势、线路条数、客户数量等因素，划分触电防治宣传五大区域，结合主城区、工业园区、旅游景区、农村地区、特高压线路防护区等不同区域用电特性，开展差异化普法宣传，提高精准性。

2. 政府推动，政策干预强执行

针对部分基层政府在民事纠纷、站线选址、工程建设等方面积极性、主动性不高等问题，推动上级政府将涉电民生、触电压降纳入考核体系，将供电管理职责扩展至基层政府，作为衡量其综合管理成效的重要标准之一，获得企业评价政府考核权。促请政府出台业扩接入、漏保安装、用电检查等多

个规范性文件，明确各方主体责任，防范隐蔽式触电风险，政企联合开展电力执法，提高人防、技防、预防能力。

3. 群众参与，点面结合强监督

开展"啄木鸟"行动，开通触电隐患反馈专线，广泛收集群众身边的触电隐患，实行工单化管理，第一时间安排客户经理现场核实处置，将处置速度、群众满意度作为评价客户经理工作成效的重要依据。推行"成效度"激励，将线下违规建设、违规种植，恶意损毁接地线、标识牌等电力设施，随意私拉乱接、违约用电等三类情形纳入奖励激励范围，根据实际避免和挽回损失成效大小，对举报人予以一定的物质奖励，提升群众触电隐患治理的积极性和主动性。

（六）"情景式"以案促管，确保防触电实效

常态开展实景化教育和跨区域交流，深刻剖析触电案件背后反映的深层次合规管理问题，以触电案件压降倒逼"管学结合"，以"管学结合"促进触电案件压降，形成良性循环。

1. 以案促管，推行实景化教育

创新警示教育模式，发生触电案件后，改变责任部门全部移交、案件管理部门主导主责的工作模式，在要求责任部门做好应急处置、证据收集、对接跟进的基础上，同时参与庭审答辩，并邀请分管领导现场旁听。通过实景教学，实现压力现场传导、教训现场吸取、经验现场积累，引导专业部门进一步树牢合规意识，补齐管理短板，提升后续管理的针对性、时效性。

2. 以案促学，开展跨区域交流

针对不同地区法院法条适用不一致、同案不同判等情况，开展跨区域交流学习，旁听案件审理过程，开展典型案例集中研讨，提升案件管理人员知识储备和实战能力。找准同类案件庭审的切入点和关键点，形成同类案件处置指南，提升答辩精度，提高非公司产权案件的胜诉率，避免既尽责又担责。

三、以"业规融合"为主线的触电防治探索与实践取得成效

（一）产权外触电事故逐年减少，社会感知度高

通过合理扩大供电企业自身职责，延伸工作界面，投入专项资金，群众满意度、认可度大幅提升。触电防治的典型做法在国家级媒体多次刊发，设备代维等关联业务飞速发展，末级漏保安装率提升至95%以上，产权外触电事故逐年减少，社会各界对供电安全的感知度、认可度明显提升。

（二）产权内触电责任案件清零，各级认可度高

产权内触电隐患第一时间得到治理，电网状况明显改善，安全供电能力显著提升，产权内触电责任案件连续三年保持"零发生"，超额完成触电防治目标，同比避免损失超600万元。守护群众生命财产安全的同时，为平安政府、法治政府建设提供坚强有力支撑，属地党委政府给予高度评价。

（三）业规融合示范力充分彰显，企业安全度高

业规融合示范作用充分发挥，合规管理价值得到充分彰显。项目储备、运维检修、供电服务等领域将"触电防治"纳入规定动作，触电隐患治理类项目投资逐年提升，重大触电隐患"零新增"，潜在

触电隐患动态清零，触电风险工单逐年下降，关联投诉"零发生"，企业安全发展根基进一步夯实。

参考文献

［1］房艺丹.以物联网为依托的低压配电网漏电保护器监测及应用策略［J］.电气时代，2022（8）：98–101.

［2］郭铁夫.输配电及用电工程线路安全管理存在的问题及对策［J］.光源与照明，2021（4）：137–138.

［3］欧阳观峰.农村低压触电事故的原因及防范措施［J］.农村电工，2017，25（5）：35–36.

［4］杜柯.触电伤害赔偿案件中的责任认定问题研究［J］.法制博览，2017（14）：162.

数字化赋能电网企业法治建设的实证研究

——基于对数字法治中心建设的创新实践

史伊文　胡玉梅　何　力　林彦铮

南方电网广东广州供电局

摘　要

《法治中国建设规划（2020—2025年）》明确指出，要加强法治的科技和信息化，保障充分运用现代科技手段，全面建设"智慧法治"。南方电网广东广州供电局作为全国领先标杆供电局，坚定不移落实国务院国资委和南方电网公司与广东电网公司法治建设部署，主动开展法治业务标准化、数字化、集约化的探索和实践。本文对广州供电局以数字法治中心建设为抓手，就建设集智能合同运行监控、智慧内控、法律服务、智慧案件管理、法治人才宣教五大功能平台于一体的数字法治中心进行详细阐述，推动数据流转协同，为电网企业建立健全数字化合规工作体系提供新路径。

关键词

电力企业；法律业务；数字化；法治合规

一、电力企业法律业务发展现状

《中央企业合规管理办法》提出探索优化法务管理职能，创新工作方式，加快提升信息化、数字化、智能化水平。南方电网公司印发了《数字化转型和数字电网建设承接方案》，提出要深入贯彻党中央关于数字中国建设、能源革命等国家战略和要素市场化改革等国家政策。公司合法合规发展应当充分发挥现有法律人才资源，以数据集中和共享为抓手，推动业财法融合、打通信息壁垒，形成覆盖全公司、统筹利用、统一口径的合规信息共享平台，达到风险预警信息整合共享，实现跨层级、跨地域、跨系统、跨部门、跨业务的协同管理和服务。但在实际建设过程中，存在如下现实困境：

（一）法律业务数字化转型程度不够

当前法律业务的数字化转型程度不够，意味着在法律业务管理和运营方面，尚未充分应用数字化技术和工具以实现效率、质量和创新的提升。该缺陷重点表现在以下多个方面：首先，传统的手动操作和纸质文档仍然是法律业务的主要依托，缺乏自动化工具和流程优化。法律案件登记、审批、文书处理等环节依赖于纸质形式，导致工作效率低下、易出错，并且不便于信息共享和协作。其次，数字化技术对业务支撑保障不足，合规风险管控机制尚不健全，缺乏有效手段对风险进行预警和监控，控制措施与业务流程结合不紧密，管控措施流于纸面，没有真正嵌入业务流程。最后，在数据分析和智能决策支持方面的能力有限。缺乏适当的数据分析工具和技术，无法对大量的法律数据进行深入分析和挖掘，以支持决策的科学性和准确性。

（二）缺乏一体化的场景打通与数据联动

缺乏一体化的场景打通与数据联动，给现阶段法律业务带来了多方面的问题。首先，不同场景的数据无法自由流动和共享，导致数据孤岛的形成。各个部门或系统之间数据的孤立性使得数据重复录入、数据冗余和数据不一致等问题日益突出，影响了数据的准确性和一致性。其次，由于场景之间流程断层的存在，不同环节的业务流程无法无缝衔接，导致信息流动的中断和工作流程的不连贯。例如：从合同招标采购到合同签订再到履行，存在不同系统和环节的分隔，需要人工干预或手动录入导出数据，增加了工作的复杂度和时间成本。最重要的，法治业务场景较为分散，数字法治工作体系未完全建立，难以切实发挥法治对电力企业改革发展的"压舱石"作用。

二、实践思路

数字法治发展的目的，归根结底要为企业依法合规管理赋能。因此，应该结合企业具体法律业务，分层分领域开展数字法治建设。广州供电局数字法治中心采取"线上＋线下同步建设、联动运营"的模式，以差异赋能为着力点，数据贯通为突破点，搭建智能合同运行监控、智慧内控模块、法律服务模块、智慧案件管理、法治人才宣教五大功能平台于一体的数字法治中心综合服务平台（见图1），利用 PC 端和移动端两个应用接口，使合同管理更智能、合规管理更智慧、法律咨询更贴心、案件管理更高效、法治宣教更精准。

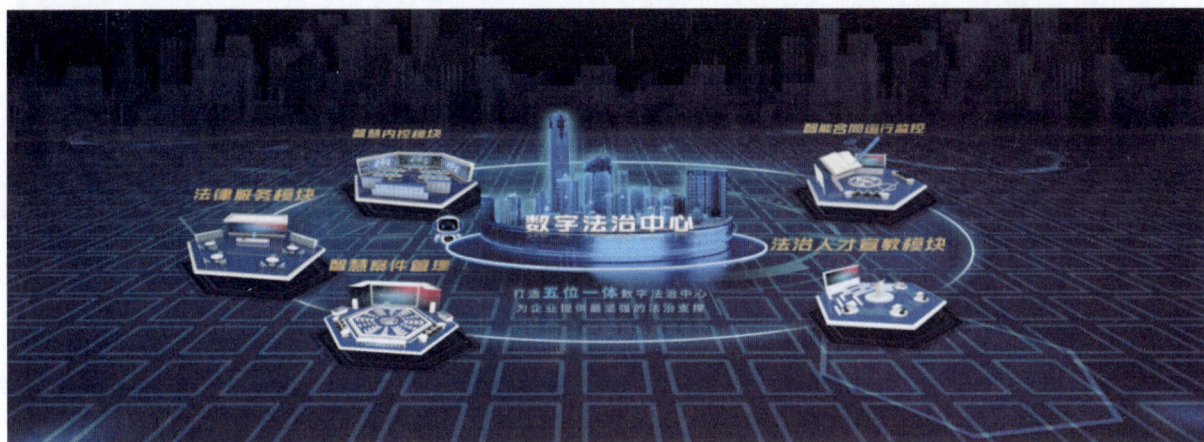

图1 数字法治中心系统主界面

（一）打造智能合同运行监控，实现全生命周期智能合同管理

合同管理数字化能够为企业内控合规风险体系建设与业务发展赋能，为经营分析提供数据支撑。"智能合同运行监控"作为智能化法治应用，利用人工智能和自然语言处理技术的创新工具，实现合

同自动流转、智能审核、电子签章、数据分析等功能，助力企业高质量发展。首先，该应用能够自动化合同流程，实现合同的创建、审核、签署和管理的自动流转，提高处理效率和准确性。其次，通过人工智能和自然语言处理技术，能够智能分析和解释合同文本，识别合同条款和条件并进行合同智能审核，降低合同风险和纠纷的可能性。此外，该应用利用电子签章和数字认证等技术，加快合同签署速度。通过电子签署，合同从审批完成到签署备案，由原来纸质签署的 3～4 天缩减至现在的 10 分钟，大幅提升合同办理效率。同时，该应用支持合同全周期履约任务管理，系统自动生成与智能创建合同款项类、日期类履约任务，并对履约任务进行提醒与预警。该应用支持与电网管理平台供应链域、财务域系统打通、多形式反馈，实现数据共享与流动，避免多个业务系统数据壁垒导致数据孤岛。

以智能合同审核为例，其架构分为支撑层、业务层和应用层（见图 2）。支撑层是合同智能审阅业务开展的知识基础，通过打造资料库作为机器进行自我学习的"辅导材料"。业务层展现了合同智能审阅的业务核心，利用 NLP 技术及合同审核规则库，保障合同文本智能审核。应用层是平台可以实现的功能，包括合同的关键信息提取、内容差异比对和智能审核，应用层将实现如下核心功能：

1. 关键信息提取

通过进行合同关键信息的提取、标记和注释，生成结构化数据写入平台，实现了合同信息采集自动化、智能化，为后续合同风险控制提供数据准备。

2. 合同内容比对

对于提取出的合同关键信息，合同智能审核组件将会对比线上线下合同主体名称、合同标的、合同价款等主要信息，高效识别顺序错乱、内容变动等问题，有效防控潜在法律风险。

3. 合同智能审核

对于合同内容信息，平台将会基于合同审核规则库，对所有合同内容逐一进行智能校验。以通用合同审查为例，AI 将自动分析合同中最常见和关键的 12 类条款，45 个审查风险点，并在 5 秒钟内生成审核结果。

基于以上功能，合同管理流程将得到持续完善和优化。系统审查应用覆盖率提升至 80% 以上，审核准确率 90% 以上，标准合同审查平均耗时降低至 2 分钟以下，非标准合同人工智能审查效率提升 20% 以上，平均人工复核比例降低至 30% 以下。

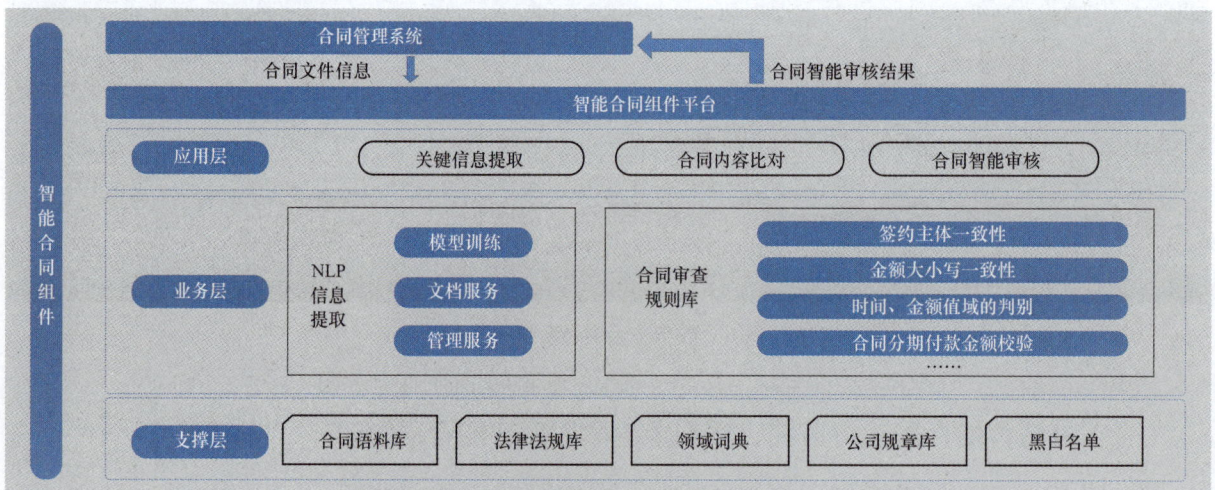

图 2　智能合同运行监控平台主要业务流程

（二）打造智慧内控模块，全面推进高质量合规管控

完善内控合规风险体系是增强企业抗风险能力的内在要求，业务流程是企业运营、风险内控管理的核心所在，因此，融入流程的控制才是"活的体系"。智慧内控模块旨在推动控制措施与业务流程有效融合，支撑实现内控体系"控制流程化、流程数智化、追责体系化"的优化升级。

智慧内控模块基于"三化"建设思路开展探索实践。一是业务风险可视化，通过识别业务流程关键节点，对核心业务风险进行控制规则的嵌入定位与管控分级。二是控制规则自动化，通过数字化改造，真正地把业务合规风险判定规则固定下来、把控制措施嵌入进来、把管理过程闭环起来。三是管理数据价值化，实现基于业务过程数据找到业务流程短板，基于控制规则数据提升合规管理质量。

同时，探索"一库一助手一主人"内控数字化改造实践。一是建立风险监控规则库。结合企业架构体系及内控管理手册，定位业务流程及关键风险，并转化为不同级别的风险控制规则。二是开发"内控小助手"数字化应用。根据不同级别的风险控制规则，匹配设计流程拦截"强管控"措施、弹窗提醒"弱管控"两类控制措施，形成业务流程风险的"第一层防线"。三是建立"流程主人"风险管理工作模式。各专业合规管理人员可以实时监控内控措施执行情况，通过跟进风险事件处理，实时防范合规风险。以配网基建项目的设计变更业务为例，该流程每年产生的业务量约 2000 余单，涉及项目金额超 1 亿元，通过嵌入流程的控制措施，将有效管控"先投产后变更""虚报多报工程变更量"等典型合规风险问题。

（三）打造法律服务模块，实现全方位绿色座席法律咨询

做好法律服务是合规管理体系建设的重要组成部分。传统的法律服务在工作模式和数字化支撑上存在一定的局限性。法律服务模块作为智能化法治应用，立足"云上法律咨询""IT 法律知识智能运营社区"等载体，进一步提升法律服务效能。

"云上法律咨询"模块在网页端、移动端设置应用，提供日常法律咨询与专项法律服务，所有咨询通过工单的形式流转，智能 AI 对问题进行预处理、自动记录，并对简单重复问题进行智能问答。对于重难点问题，由人工座席与外部专家进行答复，以提供更准确的解答。"AI 解答 + 多方通话 + 专家会诊"的服务模式，集约全局法律工作人员和外部专家资源，随时随地为员工解决法律问题，真正成为员工的随身法律顾问。

"IT 法律知识智能运营社区"应用，将知识社区互动、云上法律咨询工单处理集约协同，搭建智能法律咨询服务体系，扩充业法知识储备。聚焦电力法律难题，以业务为导向，挖掘整合最新业务常用法律法规库、能源行业法治前沿问题研究成果、典型法律案件、重要业务法律风险指引等法治资源，区分重点对象、重点领域、重点内容制作知识库菜单，形成一系列覆盖全员、精准规范的学法用法知识库。法律知识库设置知识问答、知识分类、知识课堂三大模块，通过图文、语音等多种形式的智能咨询问答应用规则及功能设计，实现趣味互动问答的社区运营模式。依托数字化手段实现了用户兴趣智能感知，通过推送方式邀请员工参与到问答环节获取积分奖励。设置"最佳回答者智能推送"方式，最大限度实现答疑解惑。同时，创新"工单处理 + 知识积累"模式，将"IT 法律知识智能运营社区"和"云上法律咨询"系统的工单数据接口打通，形成学习与咨询联动的机制，"云上法律咨询"业务系统工单数据中的知识资产作为知识库丰富完善的素材库，源源不断地为知识库输送及时有效的最新知识内容，形成知识资产积累的良性循环。

（四）打造智慧案件管理，实现全过程智慧案件执法处理

传统案件管理碎片化、被动化的工作模式亟须提升，智慧案件管理旨在探索实现企业法律纠纷业务的统一化、智能化管理。

一是搭建纠纷案件闭环管理流程。将新发案件信息管理作为初始切入点，通过从案发地域、业务领域、时间节点等维度，对新发案件进行分类管理，直观展示案件流程、信息、状态、承办单位等信息，确保法律纠纷实现实时在线、全程跟踪。

二是建立案件数据驾驶舱。将原本分散的个案数据信息，转化为直观、集成的可视化图表，实时展示企业纠纷案件的全景动态、关键进展、闭环情况，为工作人员提供全局性管理界面，帮助分析案件管理的薄弱环节，总结案件办理经验及风险防范建议，实现案件全流程管理价值。

三是结合广州供电局案件处置指引、典型案件证据清单、案件经营启示等纠纷案件处置实施成果，明确业务办理标准化文件和规范化流程，为企业法律工作人员减轻案件办理负担，增强企业依法维权能力。

（五）打造法治人才宣教模块，实现线上线下普法宣教全覆盖

法治人才宣教模块在电力行业首次构建线上"1+2+N"电力法治地标（见图3），打造"初心红""低碳绿""科技蓝"三个主题窗口（见图4），将分散的法治资源连珠串线，在线上聚合为开放交流的平台，以红色文化、绿色电力、数字赋能为驱动，打造多措并举、多维联动的"融普法"新模式。对内打造企业法治宣传教育的重要阵地，推动企业法治生态持续向好；对外满足多层次、立体化普法宣传需求，成为员工触碰电力知识、领略法治文化的重要窗口。

同时，法治人才宣教模块设置5G普法直播间、智慧普法擂台赛、法律读书角、法律互动体验区及政企、校企联动交流文化窗，通过线上模拟法庭、线上直播课、线上知识竞赛与政企合规论坛等形式，创新普法方式，拓宽普法渠道。数字法治中心VR展厅上线后，在全南方电网公司内首次实现了法律业务大数据的"多场景一张图"全景展示，线上访问量累计达到上万人次。

图3 线上"1+2+N"电力法治地标

图 4 "初心红""低碳绿""科技蓝"三个主题窗口内涵

三、实践成效

（一）"四个首次"激发企业法治创新力

南方电网公司集合同、合规、法律咨询、案件、普法宣教等"五位一体"的数字法治中心服务平台正式运营，为高质量法治建设提供数字化支撑。建成全网法治领域首个电网管理平台增量数据接口，实现了业法数据交互，为发掘法治数据价值奠定基础。在线上园地上线了"数字法治中心线上展厅"，是广州供电局在法治领域首次实现对法治大数据的"多场景一张图"的全景展示，深化法治领域关键数据管理能力。数字法治中心系统作为计算机软件原创成果，是广州供电局在法治领域首次获得全权登记的计算机软件著作权，将"法治＋数字化"深度融合。数字法治中心作为普法数字化创新实践成果，首次获评广东省国家机关"谁执法谁普法"创新项目、广州市国家机关"谁执法谁普法"创新项目。"普法＋数字化"合力破圈。

（二）"三个率先"助力企业法治建设提质增效

数字法治中心系统在全南方电网公司率先将控制措施嵌入业务流程，通过"拦截"或"提醒"推动业务全流程"有感合规"，在业务流程中设好"第一道防线"。以数据贯通为突破点，率先打破数据壁垒，率先实现"法物联通"，贯通法律保障"最初一公里"。衔接电网管理平台供应链域，整合汇聚分散在供应链域的数据，招投标流程结束后，同步推送项目名称、金额、中标通知书等关键数据至合同域，有效规避转办不及时导致的合同超期风险。率先实现"法财联动"，贯通法律保障"最后一公里"。贯通财务履行后端，将合同生效设定为财务域订单生效和财务支付的前置条件，强化法律风险事前管控。在合同履行环节实时同步财务支付信息，实现合同支付信息在各系统实时可视、可查，准确掌握合同开票金额、支付明细等履约情况，强化合同履约管控能力。综合以上数字化手段，提升业务的响应与流转速度，每年可节约人力成本 1435.08 万元，平均每人每月工作提效 14.3 倍，助力企业法治建设质效双提。

四、结语

数字法治，未来可期。南方电网广东广州供电局将以数字化为牵引，加快企业法治合规数字化转型升级，为企业深化改革、高质量发展提供更加有力的法治保障。一是全面梳理业务流程、业务规范，完善控制措施设计，将控制措施全面嵌入流程，形成兼具稳定管控、灵活应用的可复制数字化成果。二是抓住 AI 发展契机，不断提升数字技术与企业法治发展的融合度，在智慧案件管理、智能法律服务、合同智能审核与合同履约管理等方面持续提升数字化水平。

参考文献

［1］薛磊，张静宇，郑宇明 . 浅谈电网企业数字化转型发展水平评估体系及应用［J］. 山西电力，2023（6）：21-24.
［2］李锋 .A 电力公司数字化转型升级优化研究［D］. 石家庄：河北科技大学，2023.
［3］王琮 . 电力企业数字化转型探索［J］. 华北电业，2022（11）：58-59.
［4］孙秋洁，叶玲节，周婧瑜 . 大象如何转身——以能源电力企业为例剖析大型企业数字化转型［J］. 信息化建设，2022（10）：60-62.
［5］曲成 . 电网企业数字化转型研究［J］. 科技经济市场，2022（8）：91-93.

以实现全面防控为目标的合规风险预警机制建设

张海青 关 欣 刘晓宇

内蒙古电力（集团）有限责任包头供电分公司

摘 要

包头供电公司构建了全面防控合规风险的预警体系，通过风险识别、评估及预警，建立覆盖全层级、全岗位、全流程的合规风险预警机制，提升电网企业风控能力，实现合规管理的全面防控，保障企业高质量发展。

关键词

合规风险识别；风险评估；风险清单；风险预警

制度的实施离不开具体的运行机制，完善有效的运行机制可以确保合规管理制度转化为实际行动，实现全面防控的目标。2023 年，内蒙古电力集团公司对包头供电公司进行了合规有效性评价。合规有效性评价报告显示，包头供电公司评分超过 80 分，但仍存在多个问题亟待整改。如管理标准引用的依据未及时更新，未编制违规风险清单、重点岗位合规职责清单、重点流程节点清单，直接适用内蒙古电力公司制度文件，未设立合规委员会等问题。针对整改中发现的问题，包头供电公司全面梳理风险，持续完善合规管理运行机制，构建了全面防控合规风险的预警体系（见图 1）。

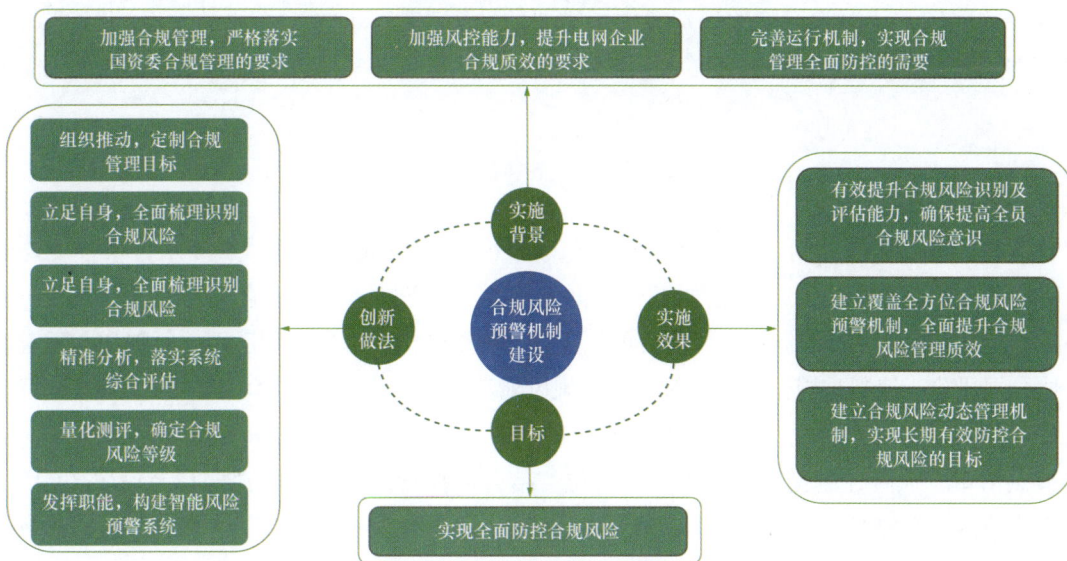

图 1 合规风险预警机制建设

一、创新做法

（一）组织推动，制定合规管理目标

在现代企业治理结构中，合规管理已成为企业运营中不可或缺的重要组成部分。作为法治建设的第一责任人，包头供电公司总经理深知合规管理对企业长期发展的重要性，因此高度重视合规管理工作。为了推动合规风险预警机制的构建，包头供电公司积极采取了一系列组织措施。

包头供电公司成立了由专兼职合规管理人员组成的风险清单编制专项小组，全面负责风险清单的编制工作。小组成员不仅具备专业的合规管理知识和经验，还具有对包头供电公司业务运作的深刻了解，高效确保风险清单的准确性和全面性。

包头供电公司制定了合规管理工作实施方案和"合规管理质效提升年"专项文件，明确了合规管理的工作目标和重点任务。其中，合规管理目标被设定为增加编制重点领域工作指引和覆盖全层级的合规职责清单，以提升合规管理的深度和广度。以问题为导向，这些文件的制定不仅明确了包头供电公司合规管理的发展方向，还为合规风险预警工作提供了坚实的组织保障和制度基础。

（二）立足自身，梳理识别合规风险

在企业合规管理实践中，风险识别是确保合规管理有效开展的重要前提。针对实际情况，包头供电公司采取了一系列措施，全面梳理和识别合规风险。

包头供电公司在确保符合法律法规、行业标准、政府监管要求以及集团公司合规管理制度的前提下，结合合规管理质效提升年的工作要求和有效性评价结果，对比分析了集团公司与包头供电公司之间的业务差异，制定了风险清单编制方案。这一方案旨在全面梳理并识别包头供电公司生产经营过程中可能面临的合规风险，为公司合规管理风险防控提供有力的支持和保障。

为了确保风险识别的准确性和全面性，包头供电公司采取了多种方式进行梳理和识别。其中，业务体检问卷调查是一个重要的环节。在调查问卷中针对业务实际加入个性化问题，制作小程序开展线上调查，业务部门参与率100%。通过向各部门发放调查问卷，了解各部门在合规管理方面的现状和存在的问题，从而为风险的识别提供了重要的数据支持。此外，包头供电公司还组织了深入的讨论和多维度交流，旨在充分挖掘和了解包头供电公司业务实际情况，确保风险识别的深度和广度。

（三）坚守防线，清单便利适用原则

切实落实业务和职能部门合规管理主体责任，按照"管业务必须管合规"要求，将合规要求落实到岗、明确到人，坚决守住"第一道防线"。根据公司主营业务特点，确定合规管理重点领域，覆盖主营业务的合规管理重点领域编制合规风险清单。业务及职能部门根据最便利适用的原则和实际工作职责识别评估合规风险，编制与岗位职责相对应的合规风险清单，将合规职责落实到岗位和个人（见图2）。业务及职能部门认真梳理合规管理重点业务流程，确认管理流程中的合规管理重点环节节点，制定管理重点节点清单、风险控制措施和合规责任岗位。结合内控管理流程，在薄弱环节设置关键风控点，切实优化业务流程管控。

重点岗位合规职责清单

所属部门	综合管理部					
部门职责	1. 本职能标准与制度管理；2. 法律事务工作					
序号	部室名称	部室职责	岗位名称	与合规审查相关的岗位职责	合规职责	合规依据
	经理办公室	(1)承办公司法律风险防控机制建设工作； (2)组织起草法律意见，为公司重大经营决策、重要经济活动提供法律支持，组织法律尽职调查； (3)承办公司授权委托管理审核工作，监督检查授权委托事项的办理情况； (4)承办公司各类经济合同（不含供用电合同、劳动合同、安全合同、廉政合同等）相关管理工作； (5)承办公司重要规章制度的法律审核工作； (6)协调办理公司各类法律纠纷案件； (7)承办公司外聘律师的选聘及管理工作； (8)承办公司法制宣传教育，制定、实施公司普法依法治企工作规划； (9)承办公司合规管理工作。	副主任、法律顾问	承办公司各类经济合同（不含供用电合同、劳动合同、安全合同、廉政合同等）相关管理工作	1. 应当遵循诚信原则，根据合同的性质、目的和交易习惯履行通知、协助、保密等义务。 2. 合同中涉及数字、日期时须注明是否包含本数。 3. 签约相对方资信状况或履约能力有瑕疵的，不得与其签订合同。 4. 签订合同时，应以电力公司或持有营业执照的单位名义进行，并加盖合同专用章，不得使用部门章、财务专用章5、投标专用章等印章加盖合同，特殊情形下可加盖行政公章。 6. 未签订合同或合同生效前不得实际履行。 7. 合同承办部门（单位）不得擅自将已生效的合同作废或销毁，应留存原合同和审查意见书。	1.《中华人民共和国民法典》 2.《内蒙古电力（集团）有限责任公司合同管理标准》 3.《内蒙古电力（集团）有限责任公司包头供电分公司合同管理标准》 4.《内蒙古电力（集团）有限责任公司包头供电分公司合规管理办法》
3	经理办公室			协调办理公司各类法律纠纷案件	1. 诉讼时效期间自权利人知道或者应当知道权利受到损害以及义务人之日起计算。 2. 所出资企业发生涉及出资人重大权益的法律纠纷，应当在法律纠纷发生之日起一个月内向国有资产监督管理机构备案。 3. 委托他人代为诉讼，必须向人民法院提交由委托人签名或者盖章的授权委托书。 4. 对自己提出的主张，有责任提供证据。 5. 以侵害他人合法权益或者违反法律禁止性规定的方法取得的证据，不能作为认定案件事实的依据。 6. 对管辖权有异议的，应当在提交答辩状期间提出。 7. 被执行人未按判决、裁定和其他法律文书指定的期间履行给付金钱义务的，应当加倍支付迟延履行期间的债务利息。 8. 对本单位诉讼和非诉讼案件资料进行整理、归档并按电力公司要求报送诉讼、非诉讼案件的结案报告和统计信息。	1.《中华人民共和国民法典》 2.《国有企业法律顾问管理办法》 3.《中华人民共和国民事诉讼法》 4.《最高人民法院关于民事诉讼证据的若干规定》 5.《内蒙古电力（集团）有限责任公司诉讼与非诉讼案件管理标准》 6.《内蒙古电力（集团）有限责任公司包头供电分公司案件管理标准》
	经理办公室			承办公司外聘律师的选聘及管理工作	1. 律师在执业活动中不得私自接受委托、收取费用，接受委托人的财物或者其他利益。 2. 律师在执业活动中不得利用提供法律服务的便利牟取当事人争议的权益。 3. 律师在执业活动中不得接受对方当事人的财物或者其他利益，与对方当事人或者第三人恶意串通，侵害委托人的权益。 4. 律师在执业活动中不得违反规定会见法官、检察官、仲裁员以及其他有关工作人员。 5. 律师在执业活动中不得向法官、检察官、仲裁员以及其他有关工作人员行贿，介绍贿赂或者指使、诱导当事人行贿。 6. 律师在执业活动中不得故意提供虚假证据或者威胁、利诱他人提供虚假证据，妨碍对方当事人合法取得证据。 7. 律师在执业活动中不得煽动、教唆当事人采取扰乱公共秩序、危害公共安全等非法手段解决争议。	
4	经理办公室			承办公司宣传教育工作	按照“谁主管、谁普法”的原则，认真组织开展各类专项法制宣传教育活动，每年不少于2次。	1.《内蒙古电力（集团）有限责任公司法律事务管理标准》 2.《中华人民共和国专利法实施细则》 3.《中华人民共和国商标法》 4.《内蒙古电力（集团）有限责任公司包头供电分公司法律事务管理标准》
	经理办公室			承办公司授权委托管理审核工作，监督检查授权委托事项的办理情况	1. 委托代理授权采用书面形式的，授权委托书应当载明代理人的姓名或者名称、代理事项、权限和期间，并由被代理人签名或者盖章。 2. 代理人需要转委托第三人代理的，应当取得被代理人的同意或者追认。	1.《中华人民共和国民法典》 2.《内蒙古电力（集团）有限责任公司授权委托管理标准》 3.《内蒙古电力（集团）有限责任公司包头供电分公司授权委托管理标准》 4.《内蒙古电力（集团）有限责任公司包头供电分公司合规管理办法》
	经理办公室			承办公司合规管理审核工作	1. 组织起草合规管理年度计划、年度报告、基本制度和具体制度规定等。 2. 负责对公司规章制度、经济合同、重大决策等事项进行合规审核。 3. 组织开展合规检查与考核，督促违规整改和持续改进。 4. 指导所属单位合规管理工作，提出所属单位合规管理年度考核建议。 5. 受理职责范围内的违规举报，提出分类处置意见，组织或参与对违规事件的调查。 6. 开展公司合规文化建设，组织或协助业务部门、人事部门开展合规培训，受理合规咨询。	1. 国务院国有资产监督管理委员会令第42号　《中央企业合规管理办法》 2.《内蒙古电力（集团）有限责任公司合规管理办法》 3.《内蒙古电力（集团）有限责任公司包头供电分公司合同管理标准》 4.《内蒙古电力（集团）有限责任公司包头供电分公司合规管理办法》

图2　重点岗位职责清单成果——法律顾问

（四）精准分析，落实系统综合评估

包头供电公司对每个已识别的合规风险进行了系统性的分析。包括对风险发生的可能性进行概率分析，对风险发生后可能对企业产生的影响程度进行定量评估，以及对潜在风险后果进行推演和预测。通过这些分析，包头供电公司得以全面了解每个合规风险的特点和潜在影响。

包头供电公司将业务专家的意见和经验融入评估过程中。借助业务专家的丰富经验和扎实的业务能力，能够更准确地评估合规风险的可能性和影响程度，从而提高评估的可靠性和准确性。

在进行合规风险评估时，包头供电公司还充分考虑了利益相关者的诉求和偏好，包括客户、员工、集团公司、政府监管机构等各方利益相关者的意见和期望。通过与利益相关者的密切沟通和有效互动，包头供电公司能够更全面地了解各方对合规风险的关注点和期望，从而在评估过程中更加客观和全面地考量各项因素。

（五）量化测评，确定合规风险等级

为了确保合规工作的针对性和有效性，包头供电公司采用了量化测评的方法，通过科学、系统的评估手段，对各项合规风险进行了深入的分析和判断。量化测评结合风险发生的可能性、风险发生后的影响程度等多个维度，同时充分考虑利益相关者的诉求和偏好，确保评估结果能够真实地反映企业的实际情况和外部环境。

在量化测评的基础上，对合规风险进行等级划分和优先级排序。具体而言，包头供电公司根据量化测评的结果，将合规风险分为高、中、低三个等级，并针对不同等级的风险制定了相应的应对策略。对于高风险事项，将其列为重点监控对象，设置严格措施和强力的责任追究制度，确保风险得到有效控制；对于中风险事项，则采取定期检查和动态调整的策略，确保风险在可控范围内；对于低风险事项，则保持关注，确保风险不会转化为高风险事项。

（六）发挥职能，构建风险预警系统

为了确保企业能够在遵循法律法规和监管政策的前提下稳健发展，业务及职能部门要发挥合规管理主体的作用，定期追踪法律法规、监管政策变化和实际业务调整情况。发生情势变更后，对本部门风险清单进行全面自查和评价，这一过程中，部门成员需要仔细核对每一项风险点，确保其符合最新的法律法规和监管要求。一旦发现任何不符合要求的风险点，部门应立即启动修改程序，确保风险防控的准确性和时效性。同步更新合规风险清单，确保风险清单的完整性和连续性。

发挥合规管理部门的管理作用，定期对全公司开展合规有效性自评价工作。根据发现的问题制定整改措施，持续完善制度、优化流程、强化问责。发挥合规监督部门合规监督的作用，将日常监督与合规监督工作结合，督促整改违规行为，按照规定严肃追责，确保合规管理体系闭环运行，实现长期有效防控合规风险的目标。

二、实施效果

（一）有效提升合规风险识别及评估能力，确保增强全员合规风险意识

在合规风险清单编制工作中，采取全员参与的策略，由风险清单编制专项小组主导，各部门积极承担合规管理主体责任，深度参与了合规岗位职责梳理、重点合规业务流程梳理、风险行为识别等工作。各部门改变原有单纯照搬集团公司制度文件的做法，全面梳理 17 个业务及职能部门、3 个管理中心、1 个电力博物馆的业务实际情况，对超过 139 项工作职责和 123 项工作流程进行合规风险识别，编制 21 个部门合规风险库、岗位职责合规风险清单和流程合规风险清单。在包头供电公司微信公众号组织"诚信合规、法律护航"合规知识有奖答题活动，参与人数逾 2000 人，营造浓厚的合规文化氛围。完善合规培训课程融合，在干部培训、新员工入职培训中增加合规风险清单相关内容。通过上述举措有效提升了合规管理人员的合规风险识别评估能力和对岗位流程合规的风险意识。

（二）建立覆盖全方位合规风险预警机制，全面提升合规风险管理质效

在合规风险清单编制工作中，全面梳理公司内部各层级分工、各岗位职责、各业务流程的内容，对存在的合规风险进行了识别评估。编制完成符合内蒙古电力公司合规整改要求和自身实际情况的合规风险库、岗位职责合规风险清单和流程合规风险清单。合规风险清单涵盖包头供电公司 17 个业务及职能部门、3 个管理中心、1 个电力博物馆的全层级、全岗位和全流程。中心组集中学习《内蒙古自治区直属企业违规经营投资责任追究办法》，明确依法合规经营的风险。编制《包头供电公司合规审查审核工作指南》，规范、指导员工履行合规审核职责，合规工作机制制度化长效化。自上而下建立全面有效的合规风险预警机制，全面提升了合规风险防控的深度和广度。审核重大供用电合同 14 件，并针对供用电合同管理发布合规风险预警，确保合同主体准确，用电地点和产权分界点清晰明确，运行维护管理责任合法合理。全面规范供用电合同管理，避免因供用电合同约定不明造成公司经济损失，高效

提升合规管理水平，有效推动企业高质量发展。

（三）建立合规风险动态管理机制，实现长期有效防控合规风险的目标

合规风险预警机制是合规风险动态管理的重要组成部分。在这个机制中，需要定期评估合规风险的变化情况，并动态更新合规风险清单。对于新增的重点领域，需要及时补充完善相应的措施；对于因工作调整而发生变化的领域，需要客观合理地推出相应措施，以确保合规管理的持续有效性。

业务及职能部门作为合规风险的第一责任主体，密切关注法律法规、监管政策的变化以及包头供电公司内部业务调整情况。各部门根据这些变化，及时查漏补缺，完善本部门的制度和流程，以确保其符合合规要求。业务及职能部门制定标准制度废改立计划，对已废止的引用依据更新，完成 26 项标准修订工作。合规管理部门负责日常合规审查和定期合规有效性评价工作，针对部门存在的合规问题，并提出相应的合规整改要求。2023 年，各类经济合同 4619 份，涉及金额 410522.38 万元。合规管理部门协同内控管理部门，共计审核重大决策事项 175 项，规章制度 25 项。出具专项法律意见 15 项。合规管理部门修订发布《合规管理办法》，参照《中央企业合规管理办法》更新党委、总经理会的合规职责，新增第一责任人合规管理职责，修订完善组织体系建设、合规运行机制等内容，有效避免企业管理合规风险。处理诉讼及非诉案件 62 起，挽回经济损失 1831 万元。深入实施审计整改年活动，依法销号 4 项遗留审计事项，挽回损失 174.69 万元。为用户资产移交项目提供法律支撑，出具法律尽职调查报告 25 份，审核招标文件 172 份。

合规监督部门负责对合规执行情况进行监督，结合日常监督工作，对部门合规执行情况进行检查，并提出改进建议。如审计部每年结合年度审计计划开展合规监督检查工作，及时发现合规执行中存在的问题，促使部门采取有效措施加以改进。纪检监察部每季度开展合规管理专项检查，监督合规执行情况。

公司紧密结合国家合规管理要求，建立了较为完善合规管理体系和行之有效的运行机制。未来，将针对数据保护等重点领域开展深度合规风险识别，建立数字化法律法规信息库、数字化业务合规案例库，推动数据保护业务合规管理精细化。持续关注国家法律法规政策变化，主动发布合规风险预警，防控电力设施保护、资产收购工作的合规风险。强化业务协同，推动法律与信访、资产收购、招标采购、电费回收等业务协同办理，充分发挥法律的业务支撑作用，保障企业经营依法合规，实现长期有效防控合规风险的目标。

法律纠纷案件闭环整改"五维"长效机制探索与实践

徐宏泉[1]　王云飞[1]　寇子越[2]　陈悦燕[2]

1.国网甘肃省电力公司；2.国网甘肃省电力公司庆阳供电公司

摘　要

　　国网庆阳供电公司落实国家电网公司"以案促管"专项工作，深挖案件管理体制机制问题，建立法律纠纷案件"四个一"全链条管理长效机制，构建供电企业"联合会商机制、纠偏预警机制、整治销号机制、案件评估机制、案件责任奖罚机制"法律纠纷案件闭环整改"五维"长效机制，优化配套机制流程，以"案"为基础、以"管"为目标、以"提升胜诉率、降低赔付率"为目标，形成责任管理"全链条"、风险防范"全覆盖"、案件管控"全领域"和涉诉处置"全闭环"工作体系，助力创建"五少一高"法治单位。

关键词

　　案件管理；机制建设；诉讼案件；闭环管理

一、引言

　　2021 年 10 月，国务院国资委印发《关于深化法治央企建设的意见》，提出加强中央企业法治建设的目标任务和重点措施。要求中央企业"着力健全法治工作体系"，强化重点领域合规管理，探索构建法律、合规、内控、风险管理协同运作机制，提高管理效能。"全面提升依法治企能力"，提升主动维权能力，加大法律纠纷案件处置力度，加强典型案件分析，及时发现管理问题，堵塞管理漏洞，推动"以案促管、以管创效"。2023 年 6 月，国务院国资委印发《中央企业法律纠纷案件管理办法》，对中央企业如何加强案件管理、防范案件风险、维护国有资产安全等进行了具体规定，要求中央企业将案件管理情况作为法治建设重要内容，对处理完毕的案件及时进行总结分析，梳理案件管理经验，查找经营管理薄弱环节，通过法律意见书、建议函等形式，指导有关部门或者所属单位完善管理制度，堵塞管理漏洞。

二、管理现状及存在问题

国家电网公司提出建设世界一流水平法治企业要求，着力打造"五少一高"（即有责案件少、实际案损少、行政处罚少、行政批评少、涉法资产减值准备少、法治美誉度高）法治企业，以高质量法治建设助力企业高质量发展。中国华能集团通过建立"统一管理、分类指导、分级负责"的案件管理机制、健全案件分析和风险提示制度，中核集团通过建立案件分类督导、提级督导及挂单销账机制、"一案一策"压减存量案件、开展"小远散"单位违规问题专项整治，南方电网通过强化案件办理关键节点的管控、加强法律案件责任追究及案件处理激励约束、开展典型案件研究应用、加大主动维权力度等，形成了法律纠纷案件管控的系列优秀经验。

国网甘肃省电力公司庆阳供电公司（简称庆阳供电公司或公司）在落实国家电网法治企业建设工作部署，推动创建"五少一高"法治企业的实际工作中，仍然存在基层单位信用管理、电网建设、安全环保、供用电服务、劳动用工等重点领域违规问题多发频发、涉案部门对案件跟踪力度松散、业务部门源头防范意识和能力不足、法律与专业部门联防联治机制不成熟、产业单位涉诉纠纷管理机制尚未完全建立等问题，公司合规管理仍存在较大挑战。

三、内涵及主要做法

公司贯彻落实国务院国资委法治央企工作部署，围绕国家电网公司以案促管专项工作和法律纠纷案件"四个一"（即处置一起涉诉纠纷、推动一次反思、反馈一项整改建议、实现一次业务提升）全链条管理长效机制建设部署，以"案"为基础、以"管"为目标、以"提升胜诉率、降低赔付率"为目标，围绕案件联合会商、纠偏预警、整治销号、案件评估、责任奖罚构建了基层供电企业法律纠纷案件闭环整改五维长效机制，形成案件责任管理"全链条"、案件防范"全覆盖"、案件管控"全领域"和案件处置"全闭环"案件工作体系，助力创建"有责案件少、实际案损少、行政处罚少、行政批评少、涉法资产减值准备少、法治美誉度高"的"五少一高"法治单位。

（一）联合会商强处置

1. 深化"2+2"双牵头处置，强化案件组织领导

运用公司案件管理"三级处置"和"2+2"双牵头机制，健全完善案件管控体系。法律部门作为案件管理归口部门，履行法律专业管理职能，牵头组织涉案专业部门、案发责任单位、外聘律所（师）开展法律案件应对处置及法律合规工作。专业管理部门负责牵头应对本专业范围内的涉诉纠纷处理、法律风险防范及诉后整改提升。案发单位和律所（律师）共同负责案件处置实施工作。

2. 一案一组诉前联合会商，一案一策主动维权

遵循"集中管控、分级负责"的原则，形成"组长 + 专业 +X"联合会商小组，统筹推进涉诉案件管理的相关工作。

3. 规范涉诉案件处置流程，对应开展处置程序

针对涉诉纠纷案件全过程管理，公司法律部开展涉诉事件发生、诉讼应对、庭审处置、判决执行、整改追责等重点和关键环节识别，结合公司组织架构和职能分工，完善发生可能涉诉的业务处置、发生诉讼纠纷时处置、诉讼纠纷过程中处置、诉讼纠纷判决执行及整改追责等关键环节流程节点，并重点构建主动起诉维权流程，为各级单位应对法律纠纷案件、维护合法权益提供指导。

4.强化诉讼策略实时改进，凡案必躬全程跟踪

形成正式的诉讼策略，联合会商小组对重点案件进行全程追踪，主动参与案件开庭审理，第一时间掌握审理情况，密切跟踪案件进展，综合分析案件走向，在诉讼过程中开展实时分析。案件责任部门（单位）主要负责人参与公司诉讼案件诉讼方案的讨论、庭审，了解案件诉讼流程，及时发布开庭信息，及时开展庭后总结，及时进行以案释法，增强领导干部对案件管理工作的直观认识和法律风险意识。

（二）预警纠偏增防控

1.一案一总结全方位排查，多维评估案件质效

多维评估案件质效每一起案件处置完毕后，法律顾问或外聘律师针对案件结果出具案件处理的法律意见书，多维度对案件类型、案发原因、处理措施和效果进行全面总结，重点突出案件处置是否适当、案件过程管理是否到位，总结经验教训和诉讼技巧。

2.一案一剖析全链条整治，业法同步补漏强基

在每一起案件处置完毕后，通过专项案件季度分析会、月度专题分析会，深入分析行政合规、触电防治、劳动纠纷等案件的发生机理，深入查找存在的责任缺失和制度漏洞，由法律部门、专业部门进行相关法律法规等方面的专业指导，做好法律层面、经营管理层面、战略层面"三剖析"，先后向相关部门发布《案件分析报告》等资料，推动各部门形成专项整治方案，出台整改规章制度，深刻剖析每一起典型案例。

3.一案一释法全领域明纪，全员参与筑牢防线

在每一起案件处置完毕后，以补强各部门风险防控能力为着力点，每季度开展态势分析，对案件所反映出来的法律风险和趋势进行分析和预测，及时掌握法律风险的发展方向和变化规律。深刻吸取各类案件经验教训，如侵权责任中所蕴含的安全生产管理的制度化、预防化、责任化等，及时总结案件处理过程中好的做法和不足，提高全员的合规操作能力和案件防控水平。邀请外聘专业律师共同开展"以案释法"相关工作，通过"理论＋实例＋分析法律条文"等方式推动以案说法，健全法律风险预警机制，提出预防风险、解决纠纷的意见和建议。

4.健全管理问题法律清单，加强法律风险警示

在每一起案件处置完毕后，以岗位为基础，查找岗位职责、业务流程、制度机制漏洞和管理薄弱环节，建立管理问题法律清单，对发现的关键领域问题具体分析，实施风险分级管控机制，完善重点防范管控项目应对策略。如梳理岗位所承担的法律责任和义务进行明确和规范，避免岗位的法律风险；根据法律法规要求对业务的流程和管控制度进行设计和优化，提高业务、制度合规质量；对案件所反映出来的管理薄弱环节进行识别和改进，及时发现和解决管理上的漏洞和弱点，为后续的提高和强化提供支持。

（三）整治销号促提升

1.一案一反馈全闭环整改，强化业务源头防范

法律部门负责对每一起涉诉纠纷案件进行分析评估，找出案件中反映出来的法律合规"出血点""发热点"，即可能导致法律风险的业务环节、流程、制度、人员等，并提出针对性的法律合规风险防范建议。及时向涉案专业部门反馈案件情况和风险提示，要求专业部门在规定时间内制定并实施整改措施，并将整改结果报告给法律部门，形成从发现问题到解决问题的全闭环整改过程，强化业务

源头的法律风险防范。为了保证整改效果,建立案件反馈数据库,将每一起案件的基本信息、风险提示、整改措施、整改结果等进行统一记录和管理。应用数据库对各个业务领域的法律合规状况进行分析和评估,发现存在的问题和不足,并及时采取相应的措施进行改进。以庆阳公司为例,自2020年实施该机制以来,共处理了33起涉诉纠纷案件,其中25起案件已经完成整改销号,4起案件正在进行整改中。通过整改措施的实施,有效地避免了67起同类或类似的法律风险事件的发生。

2. 推行立行立改限时销号,真抓实改措施落地

涉案专业部门根据法律部门提供的法律风险提示书,对诉讼中发现的问题进行立行立改,即在第一时间进行整改完善,并在规定期限内完成销号。涉案专业部门制定安全风险隐患及防控整改措施清单,明确整改目标、任务、责任人、时限等,并提出相应的反措制度或规范,避免同类问题的反复发生。明确组织职责。总法律顾问协助公司负责人和分管领导,牵头推进整改工作。法律部门是案件整治销号工作的归口管理部门,负责组织开展案件整改跟踪、督查督办工作。专业部门负责就本专业领域案件反映相关法律风险、管理薄弱环节、制度流程缺失等问题制定整改方案并组织实施。

3. 一岗一清单常态化监督,严督严改督办指导

将业务工作与合规工作"同步检查、同步考核、同步整改",建立一把手常态化督导、分管安全生产与法治合规的领导"双肩挑"工作格局。公司领导班子成员根据各自分管的业务领域和职责范围,制定并执行"一岗一清单"工作方案,对每一个涉诉纠纷案件所涉及的目标要求和完成时限逐一核查,并定期召开专题会议进行通报和分析,压实重点环节、重点人员的主体责任,对整改工作的落实情况进行严格的督导和指导,对整改不力、拖延推诿、敷衍应付的部门和人员进行严肃的问责和处理,形成"责、督、评、用"的整改监督机制,有效地推动了整改工作的深入开展。

4. 深挖涉诉纠纷案件价值,提升合规经营水平

法律部门深入剖析每一起案件的法律关系及管理、制度漏洞,建立并实施法律问题多发频发领域整治提升专项行动。具体而言,法律部门挖掘每一起案件的管理价值,分析总结经验教训,提出改进措施和建议,并将其上升为公司的管理规范或制度。同时,运用普法宣传、专题讲座、法律微课、电脑屏保、随身折页等多种渠道形式开展案件法律警示教育,提高全员法律意识和合规能力。

(四)整改评估提质效

1. 深化案件工作双报告制,规范发案结案管理

严格执行重要案件报告机制。针对每一起案件编制诉前分析报告,案件处理完毕逐案编制结案报告。针对重要案件,法律部门在收到法院、案发部门报告信息的24小时内,编制诉前分析报告,分析案件的基本情况、法律关系、风险评估、应对策略等,并及时向公司党委或领导班子报告,并抄送纪检监察机关。在案件处理完毕后,法律部门在15天内,编制结案报告,总结案件的处理过程、结果评价、经验教训、整改建议等,并及时向同级党委或领导机构报告,并抄送纪检监察机关。以庆阳公司为例,2022年度庆阳公司新发案件10起,结案6起,撰写诉前分析报告10份,结案报告6份。

2. 实施一案一评两级评估,保障整改落地见效

开展逐案整改落实评估。由法律部门针对每一起案件的整改落实情况,在收到专业部门的整改结果报告后的10天内,依据评估要点开展评估并出具评估报告。评估要点主要包括整改措施的合理性、可行性、有效性等方面。评估报告主要包括整改落实情况的描述、评价、建议等内容。

3. 善法律风险合规建议,筑牢业法融合防线

法律风险提示书制度:针对每一起涉诉纠纷案件,法律部门要在收到诉状或仲裁申请后的48小时

内，编制法律风险提示书，分析案件中存在的法律风险和合规问题，并提出针对性的法律风险防范建议，并及时向涉案专业部门反馈。法律风险提示书要明确指出涉案专业部门应当采取的整改措施、责任人、时限等，并要求涉案专业部门在规定时间内完成整改并报告结果。

4. 构建业法联防联治机制，聚焦服务中心工作

法律部门与相关业务部门定期召开协调会议，交流信息，分析问题，制定方案，形成工作共识。如法律部门与安监、配网、宣传、营销部门常态化开展触电防治工作，协同人资开展劳动争议纠纷专项整改活动，配合营销部门联合开展陈欠电费清收、反垄断、营商环境优化专题活动，有效保障电力安全供应，维护企业和员工的合法权益，促进市场竞争和发展。

（五）问责双罚强管控

1. 严肃重要案件说清楚制度，压实专业管理责任

对败诉案件或胜诉但执行困难案件，根据涉案金额和相关情况，自案发单位逐级向上一级单位法律和业务部门、总法律顾问说清楚，剖析败诉原因、管理中存在的问题，明确落实整改举措。通过这种方式，及时发现和纠正案件处置中的错误和不足，提高案件结果的合理性和可执行性。

2. 强化涉诉纠纷考评指挥棒，完善案件监督管控

明确考核范围。法律部门对案涉单位及业务部门应诉工作开展情况进行考核，包括案涉单位主体责任落实情况、业务部门配合处理责任落实情况；案件处置规范性及报告情况；案涉单位负责人出庭情况；案件会商处理情况；案件处理相关费用流程办理情况（保险申报及案件裁判结果执行等）；案件分析总结及风险整改情况；案件资料归档及保密管理情况；案件管理其他相关事项。

3. 推行有责败诉案件双罚制，依法依规追责问责

健全有责新发案件数量、败诉案件赔付金额考核标准，制定企业负责人年度业绩考核、涉诉单位（部门）月度绩效考核标准，及季度安全奖惩扣罚金额。

4. 构建涉诉案件大监督体系，加强防范失职渎职

加强审计、纪委与法律部门的高度融合，构建大合规监督体系，实现对涉诉案件的全方位、多角度、多层次的监督检查，及时发现和纠正法律案件处置中的违规违纪行为和渎职失职、不作为行为。纪委法律部门针对诉讼纠纷及业务管理过程中暴露出来的问题线索进行核查、问责，对因管理失职渎职导致发生案件或公司因责任承担赔偿的，开展追责处理。

四、结语

庆阳供电公司通过探索建立法律纠纷案件闭环整改配套标准流程，构建了法律纠纷案件诉前、诉中、诉后三大阶段五大关键环节标准化流程，结合企业积累的大量法律数据信息、法律知识资源、典型法律案件等宝贵财富，形成可复制、可传承、可推广的法律纠纷案件闭环整改管理模式和方法，为电力企业加强法律纠纷案件管理实现以案促管、以案创效提供可行经验，助力创建"有责案件少、实际案损少、行政处罚少、行政批评少、涉法资产减值准备少、法治美誉度高"的"五少一高"单位。

第六部分

法律保障类

可再生能源消纳责任法定化的电网企业合规应对

——从《能源法》出台切入

李德全　赵雪玉　刘　邓　李　静

国网山东省电力公司德州供电公司

摘　要

随着我国可再生能源发展不断取得历史性突破，可再生能源的消纳压力也逐渐提升。由于技术和市场等多方面的因素，可再生能源的消纳无法单纯依靠市场自我调节来实现。可再生能源消纳责任自 2024 年以来法定化的趋势不断加强，也为电网企业带来了包括收购协议风险增多、消纳责任加重、智慧电网运维信息公开等一系列合规挑战。对此，电网企业应当通过强化可再生能源并网收购协议的合法性审查、细化电网企业自建发电和储能设施的消纳评估、完善智能电网设施运维及其信息公开机制等，完善相应合规风险的应对机制。

关键词

新能源消纳；能源消纳责任；合法性审查；电网合规

引言

在全球化能源转型与应对气候变化的双重压力下，可再生能源已成为推动能源结构优化的重要力量。各国政府纷纷出台政策，加大可再生能源的发展力度，同时明确了电网企业在可再生能源消纳中的责任与义务。2024 年 11 月 8 日，十四届全国人大常委会第十二次会议表决通过《中华人民共和国能源法》，自 2025 年 1 月 1 日起正式施行。其中将可再生能源消纳作为重点规制事项之一。面对可再生能源的消纳责任不断趋于法定化的这一趋势，电网企业不仅要承担起电力输送的基本职责，更要积极探索合规路径，有效应对可再生能源消纳责任法定化带来的挑战。本文将围绕这一议题，深入分析可再生能源消纳责任法定化的背景与意义，探讨电网企业在合规应对中的策略与方法，以期为电网企业的可持续发展提供参考与借鉴。

一、我国可再生能源消纳责任法定化的背景

（一）我国可再生能源产能及能源结构占比不断提升

近年来，我国可再生能源产业呈现出强劲的发展势头。随着政府对清洁能源和可持续发展的重视，以及技术进步和成本下降，可再生能源的利用率和生产规模不断扩大。太阳能、风能、生物质能等可再生能源已成为我国能源结构调整和环境保护的重要推动力。2023 年 7 月，国际可再生能源署（IRENA）发布最新版《2023 年全球可再生能源统计年鉴》（简称《年鉴》），介绍了过去十年（2012—2022 年）的可再生能源统计数据。《年鉴》指出，全球可再生能源的发电量已经达到约 7858 太瓦时（TWh），占全球总发电量的 27.8%，并且预测到 2025 年，可再生能源在全球发电结构中的份额将上升至 35%。根据《年鉴》数据，2023 年中国可再生能源发电量占全球可再生能源总发电量的 38%。国际能源署还预测，预计到 2028 年，中国将占全球新增可再生能源发电量的 60%。这说明，中国在可再生能源领域的产能主导地位日益增强。

（二）"弃风""弃光"等能源生产和负荷能力不匹配的矛盾愈发凸显

与可再生能源领域的庞大产能不相匹配的是国内各类主体对于可再生能源的消纳能力。目前，根据 2023 年 12 月 21 日召开的 2024 年全国能源工作会议上发布的统计数据，我国可再生能源装机量目前已经超过全国发电总装机容量的 50%，但可再生能源占全社会用电量只达到 1/3。这说明已经装机发电的可再生能源使用率尚不理想。而其中，又以风电和光电的利用率为薄弱领域。以光伏产业发展重点区域西北地区为例，据《半月谈》记者 2022 年公开报道，2021 年以来，青海光伏电站的平均综合利用率不足 90%，弃电率至少在 10% 以上。也正因为如此，风电和光电曾一度被能源行业从业者称为"垃圾电"。这种情况的一大根源是能源生产和负荷能力并不匹配。以风电来说，在电网负荷能力有限的前提条件限制下，风电装机量的迅速扩大，必然要求挤出部分现有火电装机的技术出力。但是由于风电出力的不稳定性，又必须保证火电出力至少高于一个最低临界值，以避免出现风电出力无法适应突发性用电高峰的紧急情况。此外，火电出力一旦低于最低技术出力标准，就必须在"弃风"和"投油运行"之间做出选择。由于成本过高，"投油运行"只有在紧急情况下才可能被火电厂采用。光电出力也部分面临同类问题。因此，除非负荷能力出现质的提升或者储能产业完成可再生能源的市场供需闭环，否则无法以现有技术彻底解决"弃风""弃光"的问题，只能在可再生能源供需调整机制上寻求变革。

（三）"5%"可再生能源消纳红线濒临被全面突破

2018 年 10 月 30 日，国家发展改革委、国家能源局联合印发《清洁能源消纳行动计划（2018—2020 年）》，首次在国家部委文件中明确提出把可再生能源的弃电率限制在 5% 以内。而根据 2022 年中央发布的《"十四五"可再生能源发展规划》提出的规划任务，到 2025 年，中国的可再生能源年发电量预计将达到约 3.3 万亿 kW·h，"十四五"期间可再生能源发电量增量在全社会用电量增量中的占比超过 50%，风电和太阳能发电量要实现翻番。"十四五"规划期间，可再生能源在国家政策的大力支持下实现了井喷式的发展，当前新能源电网接入批复空间，以及各省下发的年度新能源指标竞配规模都与 2018 年之前不可同日而语。在此背景下，"5%"可再生能源消纳红线可以说已经濒临被全面突破。个别光伏大省、风电大省，甚至已经将可再生能源的出力临界拉闸限电率提升到了 20%，市场上

行业内投资者在测算光伏、风电投资项目的收益率时，也默认将"10%"作为出力临界拉闸限电的测算基准。在此背景下，原来设定的"5%"可再生能源消纳红线已不实际，在进一步推动可再生能源交易市场化的同时，也必须高度重视当前可再生能源的消纳责任督导机制如何适应市场形势的问题。

二、电网企业可再生能源消纳责任法定化后的主要合规风险

（一）电量收购进一步市场化使得收购合同审查难度加重

《能源法》第六条提出："国家加快建立主体多元、统一开放、竞争有序、监管有效的能源市场体系，依法规范能源市场秩序，平等保护能源市场各类主体的合法权益。"能源交易市场化的趋势更为明确。2024 年 3 月 18 日，国家发展改革委公布《全额保障性收购可再生能源电量监管办法》，其中第四条也规定，可再生能源发电项目上网电量包括保障性收购电量和市场交易电量。保障性收购电量是指按照国家可再生能源消纳保障机制、比重目标等相关规定，应由电力市场相关成员承担收购义务的电量。市场交易电量是指通过市场化方式形成价格的电量，由售电企业和电力用户等共同承担收购责任。不同于保障性收购，市场交易电量收购的自主性和灵活性更大，双方协商的内容条款更为复杂多样。电网企业在市场交易电量收购的过程中，既需要符合国家对于可再生能源产业发展的政策导向、发挥电网企业的政治担当作用，也需要充分预防电力交易市场化的一系列合规风险，尤其是在电力现货市场交易改革走向深水区、电力交易市场衍生产品增多的大背景下，电网企业的合同审查难度显著提升。

（二）电网企业的可再生能源消纳行政责任加重

在《能源法》正式出台前，国家对于电网企业可再生能源消纳责任的行政处罚依据主要是《可再生能源法》第 14 条、第 29 条和《电网企业全额收购可再生能源电量监管办法》第 20 条，电网企业的消纳责任也主要体现在配售电业务上。而且，只有电网企业未按照规定完成收购可再生能源电量，造成可再生能源发电企业经济损失且拒不改正的，才会遭受行政处罚。在《国家能源局行政处罚案件案由规定》中规定的电网企业违反可再生能源消纳有关规定被行政处罚的五类事项，也并不包括非全保障性收购电量的消纳责任。因此，以往电网企业的消纳责任在行政法的意义上规定较为轻缓。

《能源法》第二十条第二款规定："国家完善可再生能源电力消纳保障机制。供电企业、售电企业、相关电力用户和使用自备电厂供电的企业等应当按照国家有关规定，承担消纳可再生能源发电量的责任。"同时，《能源法》第二十条第三款规定："国务院能源主管部门会同国务院有关部门对可再生能源在能源消费中的最低比重目标以及可再生能源电力消纳责任的实施情况进行监测、考核。"可以预见，《能源法》出台后，国家对于可再生能源电力消纳责任的监管更为强化和重视，尤其是对电网企业自建发电和储能设施未能依法承担消纳责任的，可能成为未来行政监管的重点。

（三）"削峰填谷"对智慧电网的合规运行监管要求增高

调度能力是影响可再生能源消纳的关键因素。"虚拟电厂""云储能"等新型电力系统的表现形式，其实质都是依托智慧化的电网调度能力来增强电网对可再生能源的电力消纳能力，以达到"削峰填谷"的效果。对此，《能源法》第三十四条第一款规定："国家推动提高能源利用效率，鼓励发展分布式能源和多能互补、多能联供综合能源服务，积极推广合同能源管理等市场化节约能源服务，提高终端能源消费清洁化、低碳化、高效化、智能化水平。"第六十一条则规定："国家支持先进信息技术在能源

领域的应用，推动能源生产和供应的数字化、智能化发展，以及多种能源协同转换与集成互补。"2024年1月27日，国家发展改革委、国家能源局印发《关于加强电网调峰储能和智能化调度能力建设的指导意见》，也指出"电网调峰、储能和智能化调度能力建设是提升电力系统调节能力的主要举措，是推动新能源大规模高比例发展的关键支撑，是构建新型电力系统的重要内容"，要求"电网企业做好调峰、储能资源的智能化调度工作"。在电网调度日益趋于智能化、数字化的同时，对于智慧电网的合规运维要求也日益增强。《能源法》第七十二条，将"能源输送管网设施运营企业未按照国家有关规定公开能源输送管网设施接入和输送能力以及运行情况信息"规定为行政处罚事项，并规定对拒不改正的企业"处十万元以上二十万元以下的罚款"。此处的"接入和输送能力以及运行情况信息"涵盖的范围相当大，这要求电网企业对于智慧电网的相关数据信息做好分级分类管理和有序公开，确保在不影响电网数据安全的前提下，充分保障公众和市场主体对于电网运行情况的知情权。

三、电网企业对于可再生能源消纳法定责任的合规应对措施

（一）强化可再生能源并网收购协议的合法性审查

首先，电网企业在签订可再生能源并网收购协议前，应核实对方的经营资质和法律地位。这包括检查对方是否具备从事可再生能源发电的法定资质，是否已在相关政府部门进行合法登记，并确保其业务范围涵盖可再生能源发电。

其次，电网企业应当对可再生能源并网收购协议的核心条款进行重点审查。特别是关于电价、电量收购、结算方式等核心条款，应严格遵循国家和地方政府的定价政策和并网政策。协议中应明确双方的权利和义务，包括但不限于电力供应的数量、质量、时间，以及付款方式、期限和违约责任等。这些条款应清晰、无歧义，以便在可能的争议中有明确的法律依据。同时应邀请法律顾问参与协议的起草、审查和修改过程，确保所有条款均符合法律法规的要求，并能在潜在争议中为电网企业提供法律支持。

最后，电网企业应强化对可再生能源并网收购协议履行的合法性审查。定期对并网收购协议进行法律风险评估，识别潜在的法律风险点，如电价波动、政策变化等，并制定相应的应对措施。在协议履行过程中，电网企业也应定期对供应商的履约情况进行检查，确保其按照协议规定提供电力，并严格遵守国家和地方的电力法规。

（二）细化电网企业自建发电和储能设施的消纳评估

由于"源网荷储"一体化的推进，电网企业自建发电和储能设施目前也成为运营常态，这也就导致电网企业自身也需要依法履行消纳责任。而电网企业自身消纳责任的履行，必须建立在摸清自建发电产能和自建储能设施消纳能力的基础之上。这就要求电网企业细化自建发电和储能设施的消纳评估，并将其作为业务合规的重要组成部分来对待。

电网企业自建发电和储能设施的消纳评估，主要是评估这些设施所发电能的利用情况，以及储能设施在平衡电网负荷、提高电能质量和供电可靠性方面的作用，以及能否达到法定的消纳要求。评估的具体目标包括评估自建发电设施的运行效率、储能设施对电网稳定性的贡献等。

为了进行准确而精细的评估，电网企业需要准确收集自建发电设施的发电量、运行时间、维护情况等数据，以及储能设施的充放电数据、响应时间、储能效率等。自建发电设施的评估指标可以包括

发电量、发电效率、运行稳定性等。储能设施的评估指标可以包括充放电效率、响应时间、对电网负荷的平衡能力等。

依据评估指标和数据，电网企业应当全面分析发电和储能设施在消纳过程中的表现，以及其对电网稳定性的影响。根据评估结果，电网企业应当及时识别存在的问题和不足，并制定相应的改进措施，如优化发电设施的运维策略、提升储能设施的充放电效率等。

此外，还应当定期对改进措施的实施效果进行跟踪和评估，并根据实际情况调整优化策略，持续改进电网企业的自建发电和储能设施的消纳能力。在评估过程中，电网企业还应充分考虑政策环境因素，及时结合当地最新的能源监管政策进行评估，以便更全面地了解设施的运行情况和改进方向。

（三）完善智能电网设施运维及其信息公开机制

为了确保相关主体能够有序制定电力消纳计划，电网企业在智慧电网的信息公开工作中，应该遵循以下几个原则和方法来确保法定公开信息的合规传播。一是明确公开内容，包括确定需要公开的信息范围，包括电网承载能力、供电质量、电价标准、停限电信息等关键数据。二是根据数据的重要性和时效性，制定信息公开的计划和更新频率，利用企业官网、移动应用、微信公众号等渠道，建立专门的信息公开栏目或页面，并确保平台的易用性和可访问性，使用户能够方便快捷地获取所需信息。三是构建相应的保证信息的准确性和时效性，包括建立数据核实机制，确保所有公开信息准确无误的，并且及时更新信息，特别是与电网状态和电价相关的实时数据。四是保护用户隐私，在公开信息时，要严格遵守数据保护法规，不得泄露用户的个人隐私信息，对于需要公开的个人数据，应采取脱敏处理，以保护用户隐私。五是建立应急响应机制，在遇到突发事件或电网故障时，及时发布相关信息，引导用户合理应对，并设立专门的应急信息发布渠道，确保信息的及时性和准确性。通过以上措施，电网企业可以更加有效地做好智慧电网的合规运行，为"削峰填谷"做好信息支撑。

四、结语

随着可再生能源消纳责任法定化的逐步推进，电网企业正面临着前所未有的挑战与机遇。通过深入剖析法规要求，细化合规策略，创新技术手段，以及强化与各方的合作与沟通，电网企业正逐步构建起符合法规要求、适应行业发展的消纳责任体系。这不仅有助于促进可再生能源的大规模并网消纳，也对推动能源结构的优化升级、实现可持续发展目标具有重要意义。展望未来，电网企业将继续担当起责任，不断提升消纳能力，为实现绿色、低碳、高效的能源未来贡献力量。

参考文献

[1] 李昂，何嘉泰，李海波，等．面向新能源消纳的需求侧灵活性资源聚合响应分析［J］．电网与清洁能源，2024，40（3）：147-154．

[2] 林伯强，谢永靖．中国能源低碳转型与储能产业的发展［J］．广东社会科学，2023（5）：17-26+286．

[3] 李建林，梁策，张则栋，等．新型电力系统下储能政策及商业模式分析［J］．高压电器，2023，59（7）：104-116．

[4] 刘红丽，张立伟，李佳，等．大规模新能源并网的新能源消纳能力和消纳空间方法研究及应用［J］．太原理工大学学报，2024，55（1）：120-126．

[5] 廖茂林，张泽，王国峰．国际清洁能源消纳的典型事实与中国借鉴［J］．企业经济，2023，42（6）：152-160．

"双碳"目标下电力市场与碳市场联动法律保障问题探讨

徐寅斌　胡佳妮　朱婷婷　薛辰达

国网上海市电力公司

摘　要

当前，电力市场与碳市场的价格形成机制、交易规则、监管体系等方面存在差异，需要进一步完善和协调。本文立足于国内外电力市场与碳市场联动的工作实践，对电力市场与碳市场联动开展法律分析，从经济层面、社会层面、技术层面等维度深挖电力市场与碳市场联动存在的问题，针对监管体系、市场机制和市场主体探讨电力市场与碳市场联动法律保障建议，为实现"双碳"目标提供法律保障作用。

关键词

电力市场；碳市场；联动；法律保障

一、电力市场与碳市场联动法律保障问题探讨的意义

2022 年，国家发展改革委下发《关于加快建设全国统一电力市场体系的指导意见》（发改体改〔2022〕118 号），明确提出做好绿色电力交易与绿证交易、碳排放权交易的有效衔接。电力市场方面，通过推进市场化改革，逐步放开发用电计划，扩大市场交易规模，优化市场结构，提高市场效率。碳市场方面，通过设立碳排放权交易制度，建立碳排放权交易市场，推动碳排放权的有序流转和合理配置。探讨电力市场与碳市场联动法律保障问题具有如下重要意义：

一是推进"双碳"目标的实现，探讨电力市场与碳市场联动法律保障问题有助于建立完善的法律框架，为实现"双碳"目标提供法律依据。"双碳"目标旨在实现碳达峰和碳中和，涉及碳市场、碳普惠、能源政策、环境保护等多个领域。通过研究相关法律保障问题，可以识别法律缺失或不足之处，提出相关法律修改建议，确保法律框架与"双碳"目标相衔接，为实现"双碳"目标提供坚实的法律支持。

二是支撑电力体制改革工作，电力体制改革涉及电力市场、能源政策、监管体制等多个领域的法律调整和改革。探讨电力市场与碳市场联动法律保障问题有助于建立适应新能源和碳减排要求的法律框架。通过深入研究电力市场与碳市场联动法律保障问题，可以提出法律保障建议，为电力体制改革

提供法律支持和指导，确保法律框架与改革目标相衔接，促进改革于法有据。

三是促进电网企业经营发展和合规管理，电网企业涉及复杂的法律法规体系，包括能源法律、环境法律、碳市场规则等。探讨电力市场与碳市场联动法律保障问题可以帮助电网企业深入了解相关法律法规的要求，确保其开展新兴业务、日常经营活动均符合法律合规要求，以使电网企业避免违反法律法规带来的风险，保护企业的声誉和利益，维护企业的稳定运行。

二、电力市场与碳市场联动面临的挑战

（一）电力市场与碳市场联动国外工作实践

美国和加拿大属于联邦制国家，其绿能政策主要由各州或省制定和执行。由于其各地有不同资源禀赋以及电网发展历程，致使电源组合差异很大，加之经常性的政党轮替，各地的能源政策差异很大，通常变化较为频繁，导致了获得绿证的电源资格可能差异很大，在自愿性市场中流通的绿证经常有"同价不同质"或"同质不同价"的问题。从美国的经验来看，强制性市场的价格往往远远高于自愿性市场，可以大大降低可再生能源对补助的依赖，有助于可再生能源可持续、快速发展。

在全球范围内，碳排放交易尚未形成统一大市场，但是区域内的碳市场连接和碳排放配额互认也存在相关实践。欧盟和瑞士之间的连接机制属于两个政治实体之间签订的国际条约，具有较强的法律约束力，而北美的连接机制则属于几个司法管辖区之间的松散约定，其不具有强制约束力，且受制于国家层面政策变动的影响。欧盟碳市场历经了四个发展阶段：第一阶段、第二阶段，因为过量发放配额等原因，导致碳价长期处于低迷的状态；而在第三阶段、第四阶段之后，这种状态得到了明显缓解。因此，我国在实施市场化改革的过程中有必要采取一些过渡性的举措，通过循序渐进的方式持续提升整个市场竞争强度，避免较大的政策进行阻力。

（二）电力市场与碳市场联动国内工作实践

当前国内普遍认可电力市场与碳市场联动的重要性，并在政策、价格、市场、技术等层面提出多样性观点，其目的在于通过多种途径推动电力市场与碳市场衔接。

在政策方面，我国需加快建立统一规范的碳排放统计核算体系，依托电力市场交易区分用户的绿电消费量和化石能源电力消费量，充分体现绿电零碳特征，确保碳排放考核更加精准。此外，我国还需建立认证管理协同机制，除了加强电力市场与碳市场的认证信息互通，还应对于已完成自愿减排交易备案的新能源发电项目仅能在CCER（即中国碳减排抵用证，指中国碳排放权交易市场上的一种碳减排额度）、绿电交易和绿证交易之中择一出售，避免重复激励。

在价格方面，在"双碳"目标约束下，我国在制定电力体制改革相关政策时应该全面考虑不同电源属性的特征及其定价和补偿机制，使电力市场各环节成本和收益可以自由传导。当前全国碳市场配额分配方法在激励与约束机制的系统性、确定基准线数值的连贯性、修正系数的合理性等方面仍在探索完善，应结合全国碳市场政策目标、运行特点、煤电在新型电力系统中的功能定位转变，不断完善配额总量设定与分配方法。

在市场方面，碳市场与电力市场有各自较完备的信息管理体系。但两个市场相对独立运作，产生的数据信息互无关联，尚未建立电力市场与碳市场信息联通渠道。碳电数据对接、环境效益互认等存在壁垒，不利于电力市场与碳市场联动机制协同发展。

在技术方面，引入区块链技术，通过分时分区市场碳强度计算，实现对绿电产生、传输、消费等全过程关键数据可信认证与高效共享，实现绿电交易过程的溯源追踪及数据可信认证，基于分析结果实现绿电追踪及要素数据的可视化展示。同时，对碳认证需求申请、签署碳认证协议、碳认证管理、数据共享与管理、碳认证报告审核、证明颁发这六大环节的敏感信息进行加密。

（三）电力市场与碳市场联动的法律分析

1. 法律主体

电力市场与碳市场的法律主体主要包括碳排放权登记和交易主体、电力市场主体等。其中碳市场，碳排放权登记和交易主体主要是指温室气体重点排放单位以及符合国家规定的机构和个人，这些主体是全国碳市场的"登记和交易主体"。据生态环境部要求，发电行业首先纳入全国碳市场，其他行业会逐步纳入，同时也有更多投资机构和个人参与。对于电力市场来说，电力市场主体包括发电企业、电网公司、售电公司、电力用户等，这些主体在电力市场中有着不同的角色和职责。在制度设计上，碳排放权登记和交易主体以及电力市场主体都需要明确权责，以防范法律风险。同时，由于碳排放权交易涉及行政机关的监管，所以在不同主体之间可能产生不同性质的法律行为，也应当特别予以重视。

2. 法律客体

电力市场与碳市场联动的法律客体涉及碳排放权、碳配额、温室气体、碳排放信息等内容，这些客体在电力市场与碳市场联动中的角色和作用因具体情况而异，在电力市场与碳市场联动的发展和运行中发挥着重要的作用。

碳排放权是电力市场与碳市场联动中的核心交易对象，其属于特殊财产权的一种，代表着一定排放二氧化碳等温室气体的权利。碳排放权交易是电力市场与碳市场联动主要交易活动之一，通过碳排放权买卖，可以实现碳排放权的合理配置和利用。

碳配额是指根据国家或地区的碳排放权分配计划，分配给各个排放实体的一定数量的碳排放权。碳配额是电力市场与碳市场联动中的重要交易对象，通过碳配额的买卖，可以实现碳排放权的再分配和利用。

温室气体主要包括二氧化碳、甲烷、氧化亚氮等气体。温室气体的排放是导致全球气候变化的主要原因，因此对温室气体的监测和减排成为电力市场与碳市场联动的重要任务。

碳排放信息主要包括企业或产品的碳排放数据、碳排放核算方法、减排措施等信息。碳排放信息的披露是促进企业减排和推动低碳发展的重要手段，也是电力市场与碳市场联动的重要任务。

3. 法律内容

电力市场与碳市场联动法律内容包括碳排放权交易的法律制度，电力市场与碳市场联动是以碳排放权交易为基础的市场，因此，碳排放权交易的法律制度是电力市场与碳市场联动法律内容的核心，包括碳排放权的分配、登记、交易规则、监管制度等方面。

一是电力市场的法律制度。电力市场与碳市场联动中的电力市场是实现电力资源优化配置和价值最大化的重要手段，其法律制度包括电力市场的主体、客体、交易方式、价格形成机制等方面。

二是碳市场监管的法律制度。为保障电力市场与碳市场联动的公平竞争和正常运转，需要完善碳市场监管的法律框架，其包括对碳排放权交易和电力市场交易的监管、对市场主体的资格和行为的审查和监管等方面。

三是法律责任制度。电力市场与碳市场联动的法律责任制度包括违法行为的种类、法律责任的形式、赔偿标准等方面，旨在规范市场主体的行为，保障市场的公正性。

（四）电力市场与碳市场联动的存在问题

从经济层面分析，碳排放权是一种发展权，本身属于一种费用，与碳税相似，将会给企业带来成本负担。碳排放权对于经济影响显著，西方国家为了限制我国的发展，往往使用碳壁垒或碳发展权，对我国出口带来不利影响。当前经济运行面临新的困难挑战，主要是国内需求不足，这导致一些企业面临经营上的困难。同时，多个关键领域存在的风险隐患也日益凸显，为经济稳定发展带来挑战。此外，外部环境日趋复杂，形势严峻，进一步增加了经济运行的不确定性。疫情防控平稳转段后，经济恢复是一个波浪式发展、曲折式前进的过程。我国当前经济处于疫情后的恢复期，实现高水平的碳市场建设存在一定障碍，现阶段经济条件不成熟。

电价属于政策主导类型，限价相对明显。《关于进一步深化燃煤发电上网电价市场化改革的通知》（发改价格〔2021〕1439号）和《关于组织开展电网企业代理购电工作有关事项的通知》（发改办价格〔2021〕809号）真正建立起了"能跌能涨"的市场化电价机制，缓解煤电企业成本压力，推动高耗能企业产业结构转型升级，电价"能跌能涨"的观念逐步形成。目前电价还不具备与碳市场联动的条件。

从社会层面分析，碳排放问题是涉及全社会的重要事项，在社会层面主要体现在消费端，由于消费端管理存在一定障碍，当前碳排放管理重心集中于供给端。各个国家和地区在碳减排方面的政策和措施也存在差异，这导致供给端、消费端对于碳排放问题的认识和重视程度较浅，民众基础还需加强。

从技术层面分析，碳市场交易技术较成熟，其一大挑战之一是数据的不准确和不可靠。针对交易加密，区块链技术现已运用；针对减碳，碳捕捉、碳封存、碳利用技术尚有待提高。

电力交易技术较成熟，可再生能源技术快速发展，进入平价时代，针对电力减排，氢能、储能技术的潜力还需要进一步挖掘。交易技术具备联动条件，然而直接推进碳减排技术仍需提高。

从环境层面分析，电力市场与碳市场之间的关系日益深化，不仅在业务层面呈现出日益紧密的交织态势，更在广度、深度、核心产品属性、政策指导、技术创新以及社会共识等多个维度上呈现了相互渗透与影响。两者相辅相成，共同推动着能源领域的绿色发展。这种相互交融的发展趋势，已逐渐成为业界普遍认可的大势所趋，目前市场迫切需要电力市场与碳市场联动，实现降本增效。

从法律层面分析，目前我国已经建立了电力市场、碳市场并行的市场体系，但电力市场与碳市场仍处于独立运行状态，尚未形成节能降碳合力。电力市场的法律框架通常涉及电力供应和需求的监管、市场竞争、分配和定价等方面，而碳市场的法律框架主要关注的是减少温室气体排放，并通过碳排放权的买卖来达到减排目标。尽管电力行业是碳排放的主要来源之一，但两个市场的法律框架和目标不完全一致，电力市场与碳市场的数据权、数据共享等内容在法律层面并没有直接衔接，两个市场顶层设计、管理机制有待健全。

三、电力市场与碳市场联动的法律保障建议

（一）监管体系的加强与协调

首先，全国人大在制（修）订《中华人民共和国能源法》《中华人民共和国可再生能源法》《中华人民共和国电力法》和《中华人民共和国节约能源法》等法律时，可以在法律层面适当提出衔接的原则性要求和程序性规范，以完善顶层设计，例如立法明确"积极有序推进电力市场与碳市场联动"。

其次，国家发展改革委、国家能源局、生态环境部应制定或修订部门规章及规范性文件，明确碳

市场与电力市场的监督管理归口部门，在电力交易规则、碳市场交易规则中确定监督管理单位以及电力市场与碳市场联动的行为、方式、对象、要求。

最后，国家发展改革委、国家能源局、生态环境部、审计部、国家金融总局等部门可以通过制定部门规章及规范性文件的方式，在电力交易规则、碳市场交易规则中规定行政执法内容，例如明确处罚依据，确定罚则、处罚力度等。

（二）市场机制的优化与协同

第一，国家发展改革委和生态环境部可以通过建章立制的方式，对电力交易市场建设意见、碳市场建设意见等内容提出进一步要求。例如，探索建立容量交易市场、金融输电权、碳交易期货等市场，蕴藏和转移风险；促进电力市场交易，扩大价格范围；建立交易通道，促进产品流通；推动交易流程、交易规则相联动。

第二，国家发展改革委在完善价格机制时，可以通过完善输配电定价成本监审办法等电改配套制度，进一步明确放开电价限制、深化电价市场化改革的要求，确保电价能涨能跌，使其效果更灵敏，促进资源优化配置。

第三，国家发展改革委和生态环境部推进碳市场与电力市场认证互证，可以对电力交易规则、碳市场交易规则等规章制度进行补充完善。这包括但不限于促进交易品种、种类相互认可；推动交易数据相互认可；推进监测检测报告相互认可；激励第三方核查机构相互认可。

（三）市场主体的引导与培训

碳市场与电力市场联动需要确保信息互通。国家发展改革委和生态环境部可以进一步明确电力交易规则、碳市场交易规则等规章制度中的具体事项，例如明确披露范围、时效、目录，确定披露内容、周期、对象。此外，还可以推动电力市场与碳市场数据共享，通过电力交易规则、碳市场交易规则等规章制度做到建立数据交换通道、建设数据共享机制以及建立数据安全管理办法。

电力市场与碳市场联动需要注重普法宣传。司法部、能源电力行业可以以"八五"普法乃至"九五"普法为契机，有针对性地开展电力市场、碳市场领域法治宣传，让公众逐步接受碳交易概念，形成低碳意识，认识碳交易的优势。各级人大及相关政府部门可以通过制定法律、行政法规、行政规章的方式，强化对电力市场与碳市场的监督管理，以及相关的行政处罚和经济激励机制。

四、总结与展望

电力市场与碳市场将会随着当前的发展趋势更加依赖彼此，形成一个相互联系、相互影响的市场体系，这将对电力市场与碳市场联动的法律研究提出更多挑战和机遇。探讨电力市场与碳市场联动的法律保障问题将具有广泛的前景，未来研究需要综合考虑各种因素，深入探究其内在机制和外部影响，以推动这一领域的研究不断向前发展。

参考文献

［１］ 樊恒武，何爱民.绿证交易的北美经验和我国绿证发展之路［Ｊ］.中国电力企业管理，2023（5）：48-52.

［２］ 周显峰，杜丽婧，等.碳排放权交易市场"连接（Linkage）"机制的前世与今生［Ｊ］.君合法律评论，（2023-07-21）［2024-5-20］. https://www.junhe.com/legal-updates/2225.

［3］尚楠，陈政，卢治霖，等.电力市场、碳市场及绿证市场互动机理及协调机制［J］.电网技术，2023，47（1）：142-154.

［4］朱刘柱，张理，王宝.适应"双碳"目标的"电-碳"市场协同发展［J］.中能传媒研究院，（2021-11-29）［2024-5-20］. https://mp.weixin.qq.com/s/SPC_TOVRtZOgsgqeyKDXFA.

［5］杨玉强，徐程炜，邓晖.碳市场与电力市场协同运行关键问题研究［J］.浙江电力，2023（5）.66-75.

浅论电力储能发展的法律保障和立法对策

王龙龙[1]　张俊杰[2]　曹新慧[3]

1.国网新疆电力有限公司经济技术研究院；2.国网新疆电力有限公司；

3.国网新疆电力有限公司经济技术研究院

摘　要

在我国储能产业蓬勃发展与新一轮电力体制改革深化背景下，电力储能行业的法律法规建设严重滞后，仅有部分法律在条文中涉及电力储能行业，且条文不具有针对性，立法层面对电力储能再无相关规定，相对概括的要求无法对储能企业参与市场活动提供指导和规范。本文主要从现行法律法规对电力储能发展的规定着手，全面梳理了"双碳"目标、新型电力系统建设、电力市场化改革、新型储能发展等政策规定，根据实地调研情况，结合实务和学术观点，论述了电力储能发展工作实践、存在的问题以及法律分析和结论，最后提出针对性的立法建议。

关键词

电力储能；法律保障；"双碳"目标；市场主体；立法建议

新能源快速发展，电力储能技术变得越来越重要，电力市场需求的增长和能源结构的不断升级，储能行业将保持快速增长态势，迎来广阔的市场前景。上述情形带来法律政策的变化和规则的调整，需要进行法律前瞻性研究，做好风险防范预警与化解应对，为电力储能发展提供良好的法律保障。

一、电力储能发展现状分析

（一）法规与政策现状分析

1. 电力储能行业法规建设滞后于技术发展

与电力储能行业的飞速发展相比，电力储能行业的法律法规、规章制度建设却相对滞后，大多是行政法规、地方性法规、部门规章、地方政府规章等对电力储能有相关规定。在立法层面有必要就电力储能发展设置单独条款予以规制。

2. 电力储能发展相关政策驱动新型储能发展

（1）"双碳"目标构建、新型电力系统建设等政策。储能是提升系统调峰、调频能力，促进新能源大规模发展的重要措施，是推动能源电力转型的关键技术，对于促进能源转型方面起着至关重要的作用。国家对储能行业的发展越来越重视，经过十几年的发展，储能进入较为成熟阶段，呈现出爆发式增长趋势，"双碳"目标、新型电力系统建设方面制定了大量政策保障储能大规模发展。

（2）电力市场化改革等有关政策。国务院印发《要素市场化配置综合改革试点总体方案》提出，支持试点地区完善电力市场化交易机制，开展电力现货交易试点，完善电力辅助服务市场。"双碳"目标的提出开启电力市场化改革新篇章。实现"双碳"目标是推动能源高质量发展的内在要求，也是加快建设能源强国的必经之路。电力市场要发挥对能源清洁低碳转型的支撑作用。2021 年 11 月，中央全面深化改革委员会第二十二次会议指出，要健全多层次统一电力市场体系，加快建设国家电力市场。

（3）新型储能发展等有关政策。各地根据市场放开电源实际情况，鼓励新能源场站和配建储能联合参与市场，利用储能改善新能源涉网性能，保障新能源高效消纳利用。辅助服务费用应根据《电力辅助服务管理办法》有关规定，按照"谁提供、谁获利，谁受益、谁承担"的原则，由相关发电侧并网主体、电力用户合理分摊。

（二）实践现状分析

传统储能方式抽水蓄能发展成熟，但建设周期长、受自然条件限制，未来发展空间有限。新型储能项目成本仍然过高。从长期来看，抽水蓄能易受地理开发条件影响，发展受限；压缩空气储能研发建设数百兆瓦级大规模先进压缩空气储能；光热发电在新型电力系统中发挥压舱石支撑作用，持续在大型能源基地中发挥重要作用；电化学储能进入技术迭代期，技术性能持续提升；氢储能为新型电力系统提供电力支撑，打造零碳区域综合能源系统。在抽水蓄能方面，已经确定为"容量电价 + 电量电价"两部式电价模式，但是在新型储能方面，价格问题规定较为模糊。在电力储能法律保障过程中，法律保障方向也将由抽水蓄能延伸至新型储能发展过程的法律风险应对和化解。

二、电力储能发展工作面临的困境和法律路径

（一）存在的问题

（1）储能资源丰富地区政策规划及顶层设计有待完善。我国在储能矿产资源丰富地区尚无统筹规划，相关政策、规范标准和保障体系不完备，推动储能矿产资源开发和产业链延伸的顶层设计有待完善。

（2）新型储能市场主体身份不明确，市场准入要求不一。我国政府文件明确给予了新型储能市场主体身份，但尚缺乏具体可操作的身份类型，尚无法在电力市场交易注册环节顺利完成注册流程与相关手续。

（3）建设成本高且市场交易机制不完善。储能盈利模式单一，市场化机制未深度形成。储能调度运行模式有待进一步探索。各类纳入储能的市场交易机制正在快速落地，但受制于部分地区电力市场建设困境，储能在部分地区暂时还缺乏一套行之有效的市场化交易机制和与之相匹配的调度运行策略。

（4）储能技术发展不均衡，核心技术有待突破。新型储能涵盖电化学、化学、机械储能等多种类型，设施设备布置范围涉及地上、地下、室内、室外等多种场景，但对不同类型储能设施设备未明确其界定范围，存在生产、建设、运行等安全隐患，存在地质受损等多种隐患。

（5）储能电站站址面临生态红线等问题。抽水蓄能电站面临生态红线问题亟待解决，否则面临前

期程序不合规问题。在储能站点选择上，需要在建设前确定是否面临生态红线和环水保问题。

（6）新能源配建储能利用率较低。新能源配储等效利用系数仅为 6.1%，储能"建而不用"问题突出，总体存在利用效率低、管理难度大、运营成本高、盈利空间很小等窘迫局面。

（二）法律路径

（1）强化储能规划引领，明确储能多元发展的政策导向。加快储能产业的政策、规划、标准建设，加快建立储能技术及应用标准体系。在国家法律法规和地方政策制定中，确定储能多元发展的导向，结合源、网、荷不同需求探索储能多元化发展模式。

（2）明确储能市场主体法律属性，开拓市场获益空间。明确了储能的市场主体地位，储能参与各项市场服务确定合法的主体资格。

（3）完善新型储能容量电价政策，催生储能应用新模式。加快建立能够反映新型储能价值的价格机制，加快完善辅助服务市场交易机制和价格机制，提升储能电站在辅助服务市场上的竞争力，给予新型储能公平公正的市场地位和市场环境。

（4）优化完善政策机制与市场环境。加快明确储能应有的主体地位和市场准入条件。研究将符合条件的配建储能转为独立储能，依托国家政策支持获得更大经济效益，提升储能参与统一调度运行的积极性和主动性。

三、电力储能发展的立法建议

要不断完善政策体系，做好电力基本公共服务供给。2023 年 7 月召开的中央全面深化改革委员会第二次会议为《电力法》修订提供了政策方向。法律的基础逻辑是为公共服务供给，保障人民群众利益，因此此次《电力法》进行修订，要最大限度地保障电力储能各方主体的合法权益，为实现"双碳"目标提供立法对策。结合电力储能发展和实践探索，现提出以下四方面立法建议和意见。

（一）第一章总则中"明确储能多元化发展的立法原则和导向"

需要在《电力法》修订中明确储能多元化发展的原则，在政策层面确定多元发展的导向，提升储能总体利用水平，保障储能合理收益，促进行业健康发展，避免储能发展"一家独大"局面形成恶性竞争，不利于整体"双碳"目标实现和新型电力系统建设。

（二）第二章第十二条中"明确储能市场主体地位，发挥市场引导作用"

明确新型储能的"综合类"身份类型，既承认其既是负荷亦是电源的综合市场主体属性，为进一步理顺我国电力市场准入、交易制度与机制等方面提供基础支撑。

（三）第五章第四十一条加入"明确新型储能价格形成机制，推动可持续发展"

开展新型储能价格形成机制研究，推动新型储能行业健康可持续发展。研究出台新型储能价格政策，建立辅助服务和容量电价补偿机制。扎实推进新型储能参与电力市场相关机制，建设容量、爬坡、转动惯量等辅助服务交易品种。细化《电力并网运行管理实施细则》和《电力辅助服务管理实施细则》相关条款，让价格形成机制落地落实。

（四）第十章附则中加入"完善储能相关政策和规则，做好法律适用衔接"

在《电力法》修订基础上，要结合实际、全面统筹，修订完善适应储能参与的相关行政性法规、部门规章和地方政府规章和市场规则，修订完善适应储能参与的并网运行、辅助服务管理实施细则，推动储能在削峰填谷、优化电能质量等方面发挥积极作用。建立完善储能项目平等参与市场的交易机制，明确储能作为独立市场主体的准入标准和注册、交易、结算规则。

参考文献

［1］ 裴淼.多重应用场景下的新能源电力系统储能技术［J］.城市建设理论研究，2023（34）：1–2.

［2］ 金阳.新能源电力系统中的储能技术研究［J］.低碳世界，2023，13（11）：49–51.

［3］ 陈海生，等.储能产业研究白皮书［M］.中关村储能产业技术联盟，2023.

［4］ 王慧，金权."双碳"背景下智能电网的法治保障［J］.环境保护，2023，51（Z3）：1–4.

［5］ 陆昊.新型电力系统中储能配置优化及综合价值测度研究［D］.北京：华北电力大学，2021.

［6］ 杨春桃."双碳"目标下中国低碳能源法律制度创新研究［J］.广西社会科学，2023（2）：7–9.

［7］ 董春江.构建新型电力系统需要法治的服务保障［J］.中国电力企业管理，2022（34）：1–2.

［8］ 范姣艳，杨吉敏.电力体制改革背景下我国电力法律体系完善思考［J］.农电管理，2022（9）：1–2.

［9］ 李佳丽."双碳"战略下我国光伏电力法制保障研究［D］.河北：河北地质大学，2022.

［10］ 黄小华，邵玉学.低碳电力调度模式的立法需求与完善路径——以推进双碳达标为背景［J］.哈尔滨师范大学社会科学学报，2021，12（5）：4–5.

施工单位"内部承包责任制"引发纠纷的法律保障研究——以合同效力为核心

丛龙江 康鹏宇

国家电投集团河北电力有限公司

摘 要

施工单位内部承包制度在我国的广泛适用与我国劳动关系的认定、行业资质的行政管理有关。内部承包责任制引发纠纷的核心是内部承包合同效力的认定。为落实法律规制，司法实践中往往以职工与企业间具备劳动关系为内部承包的先决条件。而参照劳动法规对内部承包制度进行规制往往会滋生建筑行业变相挂靠、转包等现象，亦存在排除当事人合同诉权的消极影响。本文认为，应采用"负面清单"的规制模式，以更加积极的态度认可内部承包的合同效力。

关键词

施工单位；内部承包；合同效力；法律保障

内部承包责任制自 1987 年走上促进企业经济效益生产的舞台，其内部承包合同效力、主体平等性、内部管理行为等问题在实务界引发了广泛讨论。现行法律、行政法规在对该问题进行规制时，出于意思自治的基本原则，对内部承包责任制及所产生的纠纷往往按照该合同的实质表述内容进行处理。但职工与企业作为双方主体签订的《内部承包合同》又不可避免地带有上下级领导关系及管理关系，因此对于该合同的具体性质，在司法实践中表现出一定的不确定性。

本文将重点讨论，施工单位内部承包责任制是否以劳动关系的存在为必要？如何理解"完成一定工作量的合同"与内部承包责任制之间的关系？顺着这一层逻辑进行思辨，在当前司法实务中，法院的判决思路是否有效化解了内部承包责任制的纠纷，是否存在更为有效的解决手段？

一、实证探寻："内部承包责任制"纠纷案例类型化分析

（一）"内部承包责任制"存在实践困境

从现有案例来看（见表 1），发生内部承包纠纷的领域大多集中于建筑施工、园林绿化经营等存在"加工承揽"关系的行业，其中以建筑施工最为典型；争议焦点集中于内部承包的定性及是否属于劳动纠纷两方面，其合同效力亦亟须明确。

表1　　　　　　　　　　　　　　　　内部承包责任制的涉及领域

行业	典型案例	案号	争议焦点
建筑工程	青岛广发建筑有限公司与曲修钊建设工程合同纠纷案	（2006）青民一终字第1161号民事判决书	是否属于劳动纠纷
电信运营	杜某与西安亿通公司内部承包合同纠纷案	（2008）西立民终字第175号民事判决书	内部承包责任制的定性
食品生产	湖北美雅食品有限公司、吕东明等合同纠纷案	（2022）鄂11民终406号民事判决书	是否属于劳动纠纷
园林绿化经营	湖北三江航天物业有限公司武汉园林绿化工程分公司、王圻合同纠纷民事申请再审案	（2021）鄂民申4620号民事裁定书	是否属于劳动纠纷
快递行业	郭小明与常州友好速递公司快递业务承包经营合同纠纷案	（2015）常商终字第591号民事判决书	内部承包责任制的定性

围绕上述争议焦点，从内部承包责任制的运作模式来看分为两类，即存在实质意义上"挂靠""转包"等变相管理关系的内部承包责任制，和不存在上下级管理关系的、主体平等的内部承包经营制（见表2）。

表2　　　　　　　　　　　　　　　　内部承包责任制的运作模式

实质表现分类	内部承包责任制产生的原因
实质上存在变相管理关系的内部承包责任制	企业为了满足市场占有率及对项目的承揽，采用内部承包制度，使其内设机构、部门、业务处室、分支机构独立进行经营活动，以便于承揽项目，承揽项目后除缴纳"管理费"外，实行项目成本单独计算，盈亏自负；或为了将企业相关行政许可资质可为承包人使用，通过将承包人吸收为企业内部职工而与承包人采用内部承包的形式，规避禁止借用资质的强行性法律规范；或鉴于部分企业工作性质（如快递行业），为了满足企业工作需要，而将部分终端站点以内部承包的形式交由承包人打理，并要求承包人对站点"包干"的形式
不存在上下级管理关系的、主体平等的内部承包经营制	企业为便于管理及生产，将内部处室、职工作为发包对象，与其成立内部承包关系，企业采用类似于"管理技术出资"的方式参与项目管理，并收取一定程度的费用，其实质为经营权的下放与转移；或企业采取"类似于授权委托"的形式，将该项目的经营管理权在一定程度上委托给该企业的内部职工，并要求承包人在职权范围内对其所承包的项目进行管理（承包人的实际职权来自于公司法人的授权或部分授权，公司所保留的部分便为所谓的"管理关系"的体现），并获得该项目大比例的分红权的管理模式

由此可见，因各企业内部承包的运作模式（实质表现）存在不同应用，导致内部承包责任（经营）制存在成因复杂、争议焦点集中、法律适用混乱的现实困境，并且在法律后果上存在本质差异。基于此，统一施工单位内部承包责任制的现实应用，明确其法律表述和合同地位，成为弥合当前法律适用差异的重要保障手段。

（二）内部承包纠纷的核心是内部承包合同的性质

当内部承包合同纠纷进入司法程序后，法院审理的核心问题是内部承包合同的具体效力表现，即内部承包合同的具体性质决定了法院是否能够以民事诉讼案件进行受案，抑或是以"该合同实质上为劳动争议的范围"而拒绝受案。基于此，法院对于内部承包合同效力的识别标准成为当前亟须明确的首要问题。

本文针对相关司法判例进行梳理，发现司法机关认定内部承包合同有效之标准，大体包含了以下几类原则：首先，对于内部承包合同的合同主体，须存在企业与员工间的管理关系；其次，内部承包合同中，发承包双方主体劳动关系的延续时间应长于工程持续时间，该裁判观点从实际上排除了"完成一定工作量"的劳动合同在施工单位内部承包合同中的合法地位；再次，施工单位作为内部承包合同的发包人应负责管理、技术及财务等核心事项，并向内部承包人提供管理及技术上的支持；最后，在内部承包的对外效力上，内部承包人须以本企业的名义对外进行生产活动，由企业对外承担责任。

由此可见，内部承包制度的形式要件即为要求发承包双方具备明确的公司与职员的隶属关系，以劳动关系的存在为其必要前提。在众多的劳动关系存续条件中，与项目工期密切重合的劳动关系被视作变相"转包"行为，从而排除了一定工作量的劳动合同在这一问题上的适用。

经过上述形式审查后，法院会进而审查双方内部承包合同的实质性内容，若不存在实质上的管理关系，则法院更将倾向于认定内部承包合同有效（当然存在一部分法院对此避而不谈的情况，但主流法院均倾向认定内部承包合同有效，但不具有对外性），进而排除"劳动争议"的劳动法规制。

二、现实分歧：内部承包责任制不应界定为劳动关系

（一）追本溯源：内部承包责任制与劳动管理关系存在冲突

我国对于在施工单位进行内部承包责任制的法律渊源，最早可以追溯到1987年发布的《关于改革国营施工企业经营机制的若干规定》。该文件将施工企业内部承包看作是所有权与经营权的适当分离，即所有权在企业，经营权在企业内部的"队"，并以"队"为单位进行独立的成本核算，自负盈亏，其目的为将经营自主权下放至基层施工队，以调动其生产积极性。上述定义已经初具了当今实务界中内部承包责任制的雏形。然而，该规定的适用主体范围仅为国营施工企业，并没有完全放开，使之扩展到整个建筑行业市场，但是仍然不影响其成为国家对于内部承包责任制进行定义和规制的最早的明文规定的法律文件。

随后，1988年颁布的《全民所有制工业企业承包经营责任制暂行条例》则以"责权利"相结合的要求，肯定和明确了企业内部承包模式，同时相比于1987年《关于改革国营施工企业经营机制的若干规定》中所明确的"国营施工单位"而言，主体扩展到了"采用承包经营的全民所有制工业企业"，这在主体的范围上无疑是一个拓宽，同时在种类上由施工企业拓宽到工业企业。在主体及种类拓宽的同时，内部承包经营模式开始在建筑业中引入和发展。1995年，建设部颁布了《建筑施工企业项目经理资质管理办法》。部分学者认为该办法所规定的模式是以合同的形式确立企业的内部管理模式，明确企业与项目经理间的权责关系。笔者认为，该《建筑施工企业项目经理资质管理办法》的法律后果类似于授权委托所产生的法律后果，虽然它具备一个合同的外衣，但它的法条仍然是以强行性规则所表述的，意为"如不签，便不得使用施工企业项目经理的权利参与施工管理工作"，其本质仍然是企业领导的、单方的授权模式，是由企业让渡一部分经营管理权力至项目经理部，由项目经理部进行日常施工的管理，而非双方处于平等地位依照意思自治所订立的合同关系。与其说是"使用合同确定的内部管理关系"，不如参照授权委托关系更加简洁。1998年，浙江省高级人民法院同样依据双方不属于平等

主体而否定了项目承包责任书的合同性质。2006 年，随着国家标准《建设工程项目管理规范》的出台，对于内部承包责任制的规定亦愈发明确。该规范第 6.3.1 所表述的含义与《建筑施工企业项目经理资质管理办法》相比较，引入了一定的意思自治的理念，强调协商这一过程，而避免了使用"应当"来引导签订项目管理目标责任书这一结果。因此，《建设工程项目管理规范》的发布使得施工企业内部承包责任制度中主体地位愈发地趋于平等。

2012 年，北京高院在《北京市高级人民法院关于审理建设工程施工合同纠纷案件若干疑难问题的解答》（简称《建工解答》）中继续对内部承包制度进行了规制和优化。该《建工解答》第 5 条彻底地明确了建筑企业内部承包制度中企业与承包人之间的法律地位，再次强调了内部承包制度中企业的主导性和对外性，并且将承包人的范围由项目经理部扩展到了下属分支机构。同时，该《建工解答》亦明确了施工单位内部承包合同仅为企业内部的权利义务分配机制，而不具有对外性质，从而将内部承包与挂靠进行了形式上的区分。2014 年，随着《住房和城乡建设部建筑市场监管司关于印发＜建筑工程施工转包违法分包等违法行为认定查处管理办法（试行）＞释义的通知》（简称《违法分包管理办法》）的出台，再次强调了法律并不禁止内部承包模式，该模式是施工企业提升自身市场竞争力和企业效益的有效措施。由此可见，内部承包合同的性质和法律效力再次被行业所认可，并在形式上同转包与违法分包进行了区别与分割。2019 年，最高人民法院发布了《关于审理建设工程施工合同纠纷案件适用法律问题的解释（二）》（简称《建筑工程司法解释二》），将能够行使优先受偿权的主体资格限制在了《施工合同》的承包人，而并没有将范围扩大至内部承包人、次承包人及合法的专业分包人，表明了该《建筑工程司法解释（二）》再次肯定了合同的相对性及施工单位的对外主导性，否定了内部承包及分包的对外效力。

从企业内部承包制度设立的初衷来看，无论是占据主导地位的建筑工程行业，还是其他生产企业，其设立目的均为以"包干"的形式刺激内部员工的生产积极性；在形式方面，内部承包合同中所体现出来的是发承包双方主体的日趋平等，但始终否定了内部承包合同的对外效力。或许我们会产生这样的疑问，内部承包合同所体现出的强烈的上下级管理关系不会构成对合同主体平等性的强烈违背吗？这其实是一个似是而非的命题。

企业内部承包制度的主体为企业职工，这是构成企业内部承包的前提条件；而企业所负有的对内部承包人的监督和管理义务也应理解为"企业为其内部职工提供管理服务"，类似于有限责任公司中高级管理人员以其管理出资，占有企业股份一般，而非传统的上命下从的"行政化管理"；如将内部承包的主体条件作为展示内部承包制度上下级管理关系的具体依据，那么反而与推行内部承包改革的"包干"本意相违背。如果按照劳动管理关系对内部承包制度进行理解，那么内部承包合同便沦为了"第二劳动合同"或一定程度上增加内部员工收入的"集体合同"，又如何能够承担促进企业效益发展的设立初衷呢。因此，不能得出内部承包合同的上下级管理关系与合同主体平等性相冲突的结论。

（二）实践发展：用劳动法规制内部承包制度存在诸多问题

20 世纪 80 年代至 20 世纪末，学界的主流观点为，内部承包合同在其性质上主要为上下级的管理关系，应以劳动法规制为主。如 1993 年劳动部发布的《关于履行企业内部承包合同的争议是否受理的复函》中认为，劳动争议的范围天然地包括了"职工与企业间因内部承包合同中劳动权利义务方面的条款存在争议"这一情况。同时，浙江省高级人民法院亦持相同观点。他们认为，即使存在企业与职工间签署的内部承包合同，并不意味着企业与职工处于平等地位，也即企业与职工间仍存管理关系，因此应归劳动法等法律的调整范畴。

随着社会生活的不断发展及建筑行业法律法规的完善，如继续用劳动法对内部承包问题进行规制，则会产生难以解决的潜在问题。

1. 通过内部承包的形式实行变相"挂靠""转包"，规避现行法律的规制

如在四川省安泰建设有限责任公司诉王天雄等侵害企业出资人权利纠纷案中，被告王天雄在2013年2月前任安泰公司董事长，担任法定代表人期间，2011年4月26日，被告王天雄在未经公司股东会及董事会同意的情况下，擅自将公司承建的北川县富尔诺生态农业厂房工程以公司的名义交给刘永刚个人承包，并签订了内部承包合同。该内部承包合同将公司外部人员刘永刚吸收进安泰公司并使用安泰公司的资质进行工程承包、工程施工、工程管理业务，实为假借内部承包模式下的变相挂靠。

该案中，公司外部人员刘永刚通过内部承包合同，假借公司资质进行项目承揽，构成实质上的"挂靠行为"。如按照劳动法规对内部承包进行规则，则将"资质租借"的行为解释为企业内部的管理行为，从而规避了强行性法规中关于"建筑挂靠"的禁止性规定。

2. 通过内部承包的形式排除承包人的"合同诉权"

在贵玲公司诉时某内部承包欠款纠纷案中，2004年被告时某与贵玲公司签订《毕业生就业协议书》，后时某即在贵玲公司工作。2004年至2005年，贵玲公司与时某签订三份《承包协议》：约定时某向贵玲公司承包栏目广告版面数块，并应支付相应的承包费用。时某于2005年5月自行离开贵玲公司，服务于其他用人单位，但与贵玲公司未办理解除劳动关系手续，亦未支付《承包协议》中约定的剩余承包费（但时某出具金额为23000元的欠条一份）。另查明，时某在履行《承包协议》过程中，收取客户广告费用68300元，已向贵玲公司支付承包费93000元。原告贵玲公司为索要承包费向南通市劳动争议仲裁委员会提出仲裁申请，被通知不予受理；为此原告贵玲公司提起诉讼称其与时某签订三份《承包协议》，时某累计拖欠承包费48718元，请求法院判令时某给付相应款项。

法院经审理认为，贵玲公司与时某之间存在劳动合同关系，至诉讼时双方仍未终止劳动关系。双方签订的《承包协议》是劳动合同的一部分，其条款应符合劳动法的规定。用人单位享有自主经营、自主确定工资水平和支付方式的权利，但劳动者的工资不得低于当地最低工资标准，故《承包协议》中除未保障时某能享受符合规定的最低工资的部分外，其余条款合法有效；时某在履行两份《承包协议》时，不仅未获得符合最低工资标准的收入，而且其给付贵玲公司的承包款已超过其实际广告业务收入，所以贵玲公司要求时某给付承包欠款的请求不符合劳动法强制性规定，不予支持。

该案中，贵玲公司和时某所签订的《承包协议》系对于广告版面进行承包经营，时某对于该协议的经营风险及管理收益理应有所预期。如按照劳动法对该承包关系进行规制，则将原告贵玲公司的"合同诉权"进行了限制与排除，在某种意义上又给予被告时某以"过度保护"，突破了合同签署时对于市场风险收益的合理预期，不利于保护市场交易的稳定。

基于此，部分学者主张内部承包合同是包括了企业劳动合同和内部承包合同的复合，在其性质上，内部承包合同与劳动合同存在着本质上的差别，存在不受劳动法调整的必要性。也正因如此，无论是对内部承包责任制适用授权代理说还是适用经营权转移说进行解释，解释的前提必须认可内部承包合同为遵循意思自治原则的合法合同，使用民商法的基本理念对其进行规制，否则便失去了对其性质继续讨论的空间，亦无法解决实务中存在的诸多问题。

三、化解路径：坚持内部承包合同有效原则

在明确了法院应当受案这一前提后，内部承包合同纠纷的效力认定问题仍需解决。对于施工单位

为主体的内部承包合同效力问题，学界主要有三种观点，分别是对其持积极态度、消极态度及折中态度。对施工单位内部承包合同持积极态度的学者认为，内部承包作为一种内部经营方式，并未被法律和行政法规所禁止，因此在未违反强行性效力性规定的前提下（部分学者将该条款具体解释为违反公序良俗），应当属于合法有效合同。同时，亦有学者认为私法自治的精神应当在内部承包合同中予以体现和适用，并因此认为内部承包合同具有法律效力。还有学者从商法的角度入手，主张内部承包合同并不与公司制度相冲突，公司制度作为公司的组织法，可以与调整行为法的内部承包合同有机结合、取长补短。然而，对施工单位内部承包合同持消极态度的学者认为，按照《公司法》规定，企业及其内设机构间的权力分配模式应为强行性规定，职工不能通过与企业订立合同的方式对强行性法律规范所规定的内容加以变更。更有学者主张在施工企业内部发包方履行监管义务不足时直接否定合同效力，进而对其效力从严把握。最后，对施工单位内部承包合同效力持折中态度的学者从《建筑法》所规定的挂靠等禁止性条款出发，认为以内部承包方式运作的具体施工工程并不当然构成挂靠、转包等禁止性行为。具体而言，有效的内部承包合同应当满足发承包双方具有劳动关系、劳动关系具有一定的延续时间、施工企业具备管理能力、实际承包人应以施工单位名义对外活动等必要条件。

当然，由于对于内部承包合同学界尚且没有形成相对统一的学术观点，另有部分学者，出于对于项目经理的职务履行方式及项目管理模式的考量，通过对内部承包合同与挂靠的区分、是否具有对外效力等方面进行研究。实务界各位从事建筑工程领域的专业法律从业者，亦从建设工程项目风险管理、风险控制、挂靠经营的角度对内部承包制度进行分析。但是现有研究未能较好地将施工单位内部承包制度作为研究对象进行独立解读，反而过多地将内部承包制度或内部承包合同作为建筑工程领域多种研究对象的过渡或挂靠经营法律风险的规避手段。更有学者从经济法视角与民商法视角下内部承包制度的区别入手，对其效力进行梳理和研判，并认为民商法对内部承包制度无法全面规制，因此对民商法视角下的对策研究持悲观态度。

就施工单位视角下的内部承包合同而言，由于其权利义务的特定性及建设工程招投标、签订合同的连贯性，在经济法理论中很难找到司法裁判可以援用并且解释的法条，单纯依靠法理或劳动法又无法对具体权利义务的合同条款进行明确的分析，故在民商法框架下对内部承包制度进行分析和对策研究是相对全面的。

对内部承包合同持消极态度，不利于施工单位在工程承揽中充分发挥其生产效能，且在不抵触《民法典》及相关司法解释的前提下，与遵循意思自治的合同原则相违背。在持积极态度与持折中态度的学者观点中，二者并不存在根本对立，仅在内部承包合同的有效情境中的具体标准判定上的存在一个宽严度的分歧。因此，笔者认为，可以采取"负面清单"的模式对内部承包合同的有效性进行规制，即但凡在实质审查中涉及到变相"挂靠""转包""租借资质"等违反强制性法律规范的问题时，一律以无效论；而如未触及上述"红线"，则应按照一般民事合同生效要件进行判定，而不必另设"门槛"。使用这种模式，既可以在实务中尊重发包人对于项目工程的管理预期与风险预期，在最大范围内尊重其意思自治，促进企业生产活力；又兼顾了企业中承包人的"相对弱势"地位，保证其诉权不会因处于企业的"单位内部劳动管理"下而受阻，从而保证承包人的合法权益不受侵犯。

参考文献

［1］来佳文．内部审计视角下国有建筑施工企业内部承包探究［J］．投资与创业，2023，34（19）：121-123.

［2］徐建明．建筑企业内部承包的法律思考［J］．法治研究，2012（10）：66-72.

［3］王建东，杨国锋．施工企业内部承包制的演进与出路［J］．法治研究，2012（8）：39-45.

［4］王利明.合同法研究.（第一卷）［M］.北京：中国人民大学出版社，2002.

［5］周宇.违反强制性标准的合同效力认定［J］.财经法学，2023（3）：80-92.

［6］蒋大兴.公司法中的职工参与公司管理制度比较研究——兼及股份合作公司立法之批判［J］.法制现代化研究，2001（00）：467-523.

［7］刘俊海.新公司法框架下的公司承包经营问题研究［J］.当代法学，2008（2）：74-81.

［8］叶跃.建设工程内部承包合同司法适用问题探究——以审判实践的冲突为样本［J］.宁波大学学报：人文科学版，2012，25（3）：101-105.

电网企业的生态环保法律风险与合规应对

杨　建

国网冀北电力有限公司

摘　要

当前，我国生态环保监管力度不断加强，国家政策要求将生态环保合规作为工作重点，相关领域立法、执法与司法现状也呈现高压态势。电网企业已积极推行与构建生态环保合规制度，但仍需进一步精细化与专业化。针对电网企业生态合规法律责任风险的复杂性、复合性，企业应注意在设计合规架构时建设多层次纵向合规管理体制、全流程的横向风险管理方案与专业化技术支持系统。对此，电网企业应以前述三项生态环保合规要点为基础，采取相应的具体措施，即建立长期稳定的内部管理体系、明确分时段的项目运作流程、设置内外兼顾的专业化技术支持。

关键词

电网企业；生态环保；法律风险；合规

一、电网企业的生态环保合规背景

在倡导建设企业合规体系的时代背景下，建设电网企业的生态环保合规体系具有其特殊意义。电网企业作为实施生态文明建设的重要主体，应主动防范和应对生态环保风险和挑战，生态环保合规建设便是不容忽视的一环。目前，我国生态环保合规的政策要求，以及相关领域立法、执法与司法现状，均体现国家不断加强生态环保监管的态势。对此，电网企业也积极回应，作出了生态环保合规的有效尝试。

（一）生态环保合规的政策导向

首先，相关文件规定了电网企业建设生态环保合规制度的职责。2022年下半年，《中央企业节约能源与生态环境保护监督管理办法》与《中央企业合规管理办法》相继生效实施，要求中央企业进一步推进"双碳"目标实现、管理提升节能减排和生态环境保护基础合规工作，针对生态环保等重点领域制定合规管理具体制度或专项指南。

其次，国家督察整改措施监督企业推进生态环保管理体系建设。截至2022年年底，第二轮中央生态环境保护督察已分六批完成1275项整改任务，完成率近60%，其余整改任务正积极有序推进。

再次，未来国家发展规划也要求电网企业增强生态环保竞争优势。2023年7月，习近平总书记在全国生态环境保护大会上指出，要健全美丽中国建设保障体系。统筹各领域资源，汇聚各方面力量，打好法治、市场、科技、政策'组合拳'。加快构建环保信用监管体系，规范环境治理市场，促进环保产业和环境服务业健康发展。

（二）生态环保合规的立法、执法与司法现状

在立法层面上，我国已建成环保合规方面较为完备的规范体系，涵盖法律如全国人大常委会制定的《环境保护法》，行政法规如国务院发布的《建设项目环境保护管理条例》，部门规章如生态环境部发布的《建设项目环境影响评价分类管理名录》，其他规范性文件及配套政策文件如中共中央、国务院出台的《生态文明体制改革总体方案》等。

在执法与司法层面上，我国对于环保领域违法行为的打击也呈现高压态势。2023 年 6 月 5 日，最高人民法院发布《中国环境资源审判（2022）》，其显示，2022 年，全国法院共受理一审环境资源案件273177 件，审结 246104 件，受理环境公益诉讼案件 5885 件，审结 4582 件；受理生态环境损害赔偿案件 221 件，审结 153 件：执法办案质量、效率、效果不断提升。

（三）电网企业的生态环保合规建设尝试

针对上述政策与法律背景，电网企业就生态环保合规制定了实施方案并积极尝试。如国网冀北电力制定了《国网冀北电力有限公司生态文明建设实施方案（2021—2025 年）》，建立了以总经理为首的生态环保合规管理领导小组，明确了各部门和子公司的生态环保合规管理职责、权限、汇报关系等，并定期召开生态环保合规管理工作会议，及时协调和解决生态环保合规管理中的问题。

同时，国网冀北电力完善了与经营活动相关的各项生态环保合规管理制度、操作规程、行为准则等，并通过各种方式进行有效执行；加强了生态环保合规管理能力建设，利用大数据、云计算、物联网等技术手段，构建了智慧化、数字化、网络化的生态环保合规管理平台，实现了对全网范围内各类生态环保数据和信息的实时监测和分析；强化了生态环保合规管理文化建设，培育了绿色发展、低碳发展的价值观，增强了全体员工的生态环保意识和责任感，形成了良好的生态环保合规氛围。

然而，电网企业生态环保合规建设，还需进一步往精细化、专业化的方向改进。电网企业必须全面分析生态环保相关的法律责任风险，并以此为立足点完善制度架构设计，探索构建生态环保合规体系的具体路径。

二、电网企业的生态环保风险识别与合规要点

电网企业生态环保合规建设，必须以全面识别各项法律责任风险为前提。只有谨慎地分析可能涉及的法律风险，电网企业才能总结出合规建设的重点、难点，进而有针对性地构思、完善、实施生态环保合规方案，帮助电网企业高效防范风险。

（一）生态环保法律责任风险

电网企业的生态环保法律责任风险具有复杂性、复合性的特点。一方面，因企业行为所涉及的部门法不同，可能面临刑、民、行三种风险，复杂多样的法律责任要求对具体情况具体分析；另一方面，企业的行为可能同时牵涉上述三种风险，即存在刑、民、行交叉的法律责任风险，具有复合性特征。

1. 刑事责任风险

污染环境罪和非法占用农用地罪是电网企业可能需要重点关注的相关刑事责任风险领域。

污染环境罪是指企业违反国家规定，排放、倾倒或者处置有放射性的废物、含传染病病原体的废物、有毒物质或者其他有害物质，严重污染环境的，应追究刑事责任。对此，法院的关注焦点通常在于行为与污染环境之间是否存在因果关系，因而需要对排污行为与危害结果进行实质上的关联性判断，作为定罪量刑的考量。

非法占用农用地罪是指企业违反土地管理法规，非法占用耕地、林地等农用地，改变被占用土地用途，数量较大，造成耕地、林地等农用地大量毁坏的，应追究刑事责任。作为电网企业，在项目选址、建设时应当重点关注：第一，占用土地的性质是否属于农用地；第二，占地行为是否改变土地用途；第三，占地行为是否造成被占用地毁坏。

2. 民事责任风险

电网企业可能面临的民事责任风险为基于侵权责任产生的侵权赔偿责任与环境修复赔偿责任。

侵权赔偿责任是指，电网企业污染环境、破坏生态造成他人损害，应当承担侵权责任。根据法律规定，若企业成为环境污染的行为人，则企业负有举证责任，应当证明其行为与损害结果之间不存在因果关系。

环境修复赔偿责任是指，电网企业违反国家规定造成生态环境损害，生态环境能够修复的，国家规定的机关或者法律规定的组织有权请求侵权人在合理期限内承担修复责任。可见若企业违反规定造成生态环境损坏且该生态环境可以修复的，企业应当制定修复方案进行修复。对此，应当综合恢复污染场地的特定使用功能、整体生态系统在环境容量等方面设计修复方案；同时，也应将修复的技术可行性、修复成本、受影响的利益相关方诉求考虑在内。

3. 行政责任风险

电网企业违法排污或超标排污的，可能被行政机关予以处罚。就违法排污而言，企业将受到罚款处罚，被责令改正，拒不改正的，依法作出处罚决定的行政机关可以自责令改正之日的次日起，按照原处罚数额按日连续处罚；此外，企业未依法取得排污许可证排放水污染物、大气污染物的，由县级以上人民政府环境保护主管部门责令改正或者责令限制生产、停产整治，并处十万元以上一百万元以下的罚款；情节严重的，报经有批准权的人民政府批准，责令停业、关闭。

就超标排污而言，企业超过污染物排放标准或者超过重点污染物排放总量控制指标排放污染物，县级以上人民政府环境保护主管部门可以责令其采取限制生产、停产整治等措施；情节严重的，报经有批准权的人民政府批准，责令停业、关闭。

4. 刑事、民事、行政交叉法律风险

2021年1月4日，最高人民法院印发《环境资源案件类型与统计规范（试行）》，明确将环境资源案件划分为环境污染防治、生态保护、资源开发利用、气候变化应对、生态环境治理与服务等5种类型，5种类型项下均涵盖刑事、民事、行政、公益案件等不同诉讼种类。

由此可见，电网企业可能因一个破坏环境的行为，同时承担刑事、民事、行政责任的风险。在此种情形发生时，企业应当先行承担民事方面的损害赔偿责任，再行承担相应的行政或刑事责任。这就意味着企业更加应当重视生态环保合规建设，避免加重自身责任承担的风险。

（二）生态环保合规建设要点

基于电网企业生态环保风险的复杂性、复合性，电网企业的生态环保合规建设也应聚焦于企业合规管理体制、风险管理流程与专业技术支持三方面进一步完善。第一，针对生态环保业务领域的管理制度设计，应从企业领导、企业部门、具体项目三层级，构建多层次的纵向管理体制。第二，针对生态环保业务领域的多重法律风险，应构建风险评估、风险识别、风险分析、风险评价、风险应对五阶

段全流程的横向风险管理方案。第三，针对电网领域生态环保问题技术性强、专业性深的特点，还应在企业设置技术知识的支持系统。

1. 多层次纵向合规管理体制

其一，在企业领导层面，不论是成立合规委员会或委任专门合规官，应当有人主抓生态环保工作，并听取下级合规组织的汇报。相应负责人应充分认识到生态环保的重要性，并根据国家和行业的要求，建立适合本企业实际的环境保护管理制度和生态环保合规管理制度，根据企业实际建立生态环保合规体系，确保生态环保管理依法合规展开。

其二，在企业部门层面，主管环保合规的部门应同时具备法律与环保两方面人才，环保合规除了应由合规部门负责外，在安全环保与供应链等也应当有相应体现。公司合规部门与其他部门内部的合规团队或合规人员的职权界限应当是明确、具体的。

其三，在项目层面，开展可能对环境造成不利影响的建设项目或其他项目时，应当委任专门人员或团队，在项目启动前充分论证环境影响，就项目可能的环保合规风险进行提示；项目启动后应对项目运行安全进行监管，并向上级汇报工作。

2. 全流程横向风险管理方案

为了有效防范和应对生态环保风险，电网企业应该建立健全涵盖风险识别、评估、分析、评价与应对的全流程风险管理方案。

第一，生态环保风险识别。对企业涉及的各项业务活动进行生态环保风险识别，分析可能导致或加剧生态环保风险的因素，如新兴技术、新型污染物、新型监管等，并确定生态环保风险的类型、来源、特征等。

第二，生态环保风险评估。对企业识别出的各类生态环保风险进行评估，确定生态环保风险的程度、影响、可能性等，并根据风险评估结果将生态环保风险分为高、中、低等级。

第三，生态环保风险分析和防控。根据企业评估出的各类生态环保风险的等级进行分析，并制定相应的风险防控策略，如避免、转移、减轻、接受等，采取相应的风险防控措施，如技术改造、合同约定、责任分担、应急预案等。

第四，生态环保风险评价及监测。利用大数据、云计算、物联网等技术手段，对企业各类生态环保风险进行评价以及实时或定期的监测和分析，并及时发现和报告生态环保风险事件。

第五，生态环保风险应对。根据企业发现或报告的各类生态环保风险事件，启动相应的应急预案，采取相应的应急措施，如隔离、清理、修复等，并及时向相关部门和社会公布事故情况和处理结果。

3. 专业化技术支持系统

相较于其他领域合规，生态环保合规需要电网企业具备必要的设施与工艺条件，也就要求其提升专业技术知识水平。如果企业不能应用符合环保标准的环保设施，不论制定多么具体的环保合规体系，也不可能实现规避企业合规风险的目的。电网企业的相应设施可能违反环保标准，例如相应的高压线路、铁塔存在的辐射可能存在超过相应标准的情形，由此可能导致所建设的一定区域内相应农作物乃至居民的身体健康受到很大程度的影响。在这种情形下，拥有或改进所必要的设施和工艺条件是生态环保合规的基础和关键。

三、电网企业的生态环保合规体系建设路径

根据电网企业生态环保所涉法律责任风险，我们可归纳出上述三项合规要点，电网企业应采取相

应措施构建多层次、全流程与专业化的合规体系。

（一）长期稳定的内部管理体系

各项目的生态环保合规离不开合理的组织管理体系，电网企业经营阶段也应当时刻关注生态环保合规体系的运营情形，力求长期、稳定地维系生态环保合规体系。

1. 明确生态环保合规汇报路线

企业合规部门的汇报路线通常有三种模式，即矩阵汇报路线、垂直汇报路线和混合汇报路线。矩阵汇报路线是指：合规部门同时向董事会与最高管理者（CEO）汇报，以下各层级合规部门、合规团队同时向上级合规部门及其所属公司或部门的最高管理者汇报。垂直汇报路线是指：合规部门向董事会汇报，以下各层级合规部门、合规团队垂直向上级合规部门汇报，合规部门、合规团队不向所属公司或部门的最高管理者汇报或者只向其做虚线汇报。混合汇报路线是指：上下层级合规部门之间垂直汇报。各级合规部门向上级合规部门汇报工作、业务部门的合规团队或者合规人员（尤其是兼职合规管理员）同时向同级合规部门及其所属部门的最高管理者汇报。混合汇报路线在一定程度有利于合规工作部门分工开展，并减轻最高层决策压力。

2. 依法开展自行监测及安装自动监测设备

电网企业应开展自行监测体系，对于有能力安装自动监测设备的企业或者按照国家有关规定和监测规范要求应当安装使用监测设备的企业，应安装自动监测设备并时刻保证监测设备的正常运行，保存原始的监测记录。该设备可以更好地协助企业及时监测污染情况，及时发现、及时解决污染问题，确保企业生态环保合规稳定运行。与此同时，保存原始的监测记录也可以在一定程度上使企业规避相关诉讼或处罚风险，为企业的生态环保合规提供有力证据。

3. 遵守应急管理规定

突发环境事件是电网企业环保工作的重中之重，良好的环保应急管理能力不仅可以有效地化解突发环境事件对生命财产安全与生态环境的不利影响，也可以减少企业及其负责人的生态环保合规风险。企业应当按照国家有关规定或者当地有关规定制定突发环境事件应急预案，并向环境保护主管部门或其他有关部门进行备案。

4. 依法开展建后评价

电网企业在项目建设、运行过程中产生不符合经审批的环境影响评价文件的情形的，应当组织环境影响的后评价，采取改进措施，并报原环境影响评价文件审批部门和建设项目审批部门备案。

5. 关注客户与供应商的管理

客户与供应商的选择与管理也属于生态环保合规建设的范畴。服务范围、客户委托处理之废物类型等，皆考验着废物处理企业的管理能力与业务能力，在对外签订协议时，应就客户与供应商的资质条件及实际履行能力两个层次同时审查，建立客户及供应商审查机制以避免其承担超出自身能力范围的委托。同时，企业要提升对供应商的管理能力，避免因选取不适当供应商导致己方承担环保合规风险。

6. 重视与监督方的沟通机制

与监管方的沟通协作是企业做好生态环保合规的一项重点工作。在进行生态环保合规建设过程中，应考虑企业与监管机关的沟通频次、沟通方式、有效沟通比例、汇报与批复情况、沟通信息记录方式与情况、信息报送与配合调查情况、突发环境事件报告处理机制执行情况等。在与监管方的沟通过程中，应尽量书面、正式，并妥善留存相关资料；对监管机关的要求，应确保不折不扣地执行。

（二）分时段的项目运作流程

电网企业运行离不开每个项目的开展、建设、运营和管理，项目的生态环保全流程合规建设可以有效保证企业的生态环保合规体系。

1. 项目前期的环保合规管理

一是要做好项目的可行性研究，在可行性研究报告中设置生态环境保护章节，充分识别生态环境影响要素和环节，提出合理的生态环境保护和治理措施，明确环保投资估算。

二是在项目备案后，应根据《建设项目环境影响评价分类管理名录》规定，分别组织编制建设项目环境影响报告书、环境影响报告表或者填报环境影响登记表，取得项目环评审批。

三是应当严格按照名录规定确定建设项目环境影响评价类别，并且在项目建设、运营、管理阶段均不得擅自改变环境影响评价类别。

2. 项目建设期的环保合规管理

一是应当坚持环评优先，严格遵守环评文件中的污染防治措施，执行建设项目环境保护"三同时"管理制度。

二是在建设项目发生实际排污行为之前，严格按照国家环保相关法律法规以及排污许可证申请与核发技术规范要求，向其生产经营场所所在地设区的市级以上地方人民政府生态环境主管部门申请取得排污许可证。

三是在投入正式生产前，应自主完成环境保护设施竣工验收等相关程序。

四是对可能发生突发环境事件的工业企业，应建立突发环境事件应急管理制度，在开展环境风险评估和应急资源调查的基础上，编制突发环境事件应急预案并执行备案规定。

3. 项目运营期的环保合规管理

一是要做好排污许可证后管理，确保排污许可证副本中的规定得到有效执行，具体包括：开展自行监测、记录环境管理台账、编制排污许可证执行报告、公开有关环境信息等，若项目发生变化，应根据实际情况重新申请、变更、延续排污许可证。

二是做好废气、废水污染防治，建立废气、废水防治管理制度，明确防治管理的部门与责任人；开展定期巡检，确保污染治理设施完好、正常运行；加强物料储存、输送、装卸及生产工艺过程无组织废气的精细化管理；实现生产废水、生活污水、清下水"三水"分开。

三是做好噪声污染防治。应采取有效措施，减少振动、降低噪声，依法取得排污许可证或者填报排污登记表，并按照排污许可证的要求进行噪声污染防治。

四是做好土壤污染防治。土壤污染重点监管单位应当严格控制有毒有害物质排放，建立土壤污染隐患排查制度、制定实施自行监测方案。

五是做好固体废物规范化管理。应当建立污染环境防治责任制度，采取防止工业固体废物污染环境的措施，按照规定设置固体废物识别标志，同时，应建立工业固体废物管理台账，按规定转移固体废物。对于一般工业固体废物，应当按照"三分法"进行分类管理，安全存放，贮存场所须满足GB18599要求；对于危险废物，每年需制定危险废物管理计划，贮存场所须满足GB18597要求，还应依法制定意外事故的环境污染防范措施和应急预案，每年组织应急演练和危废相关培训。

4. 项目退役期的环保合规管理

一是拆除活动污染防治应按照《企业拆除活动污染防治技术规定（试行）》的要求执行，编制《企业拆除活动污染防治方案》《拆除活动环境应急预案》；拆除活动结束后，应组织编制《企业拆除活动环境保护工作总结报告》。

二是场地土壤和地下水污染状况调查及修复需按照《污染地块土壤环境管理办法（试行）》等相关要求执行。

（三）内外兼顾的专业化技术支持

1. 对内积极改善生产清洁生产工艺

企业应当不断采取改进设计、使用清洁的能源和原料、采用先进的工艺技术与设备、改善管理、综合利用等措施，从源头削减污染，提高资源利用效率，减少或避免生产、服务和产品使用过程中污染物的产生和排放，以减轻或者消除对环境的危害。随着科学技术的发展，新技术与生态环保的结合也成为电力行业关注的重点，企业在利用新技术改善自身生产工艺的同时，也应当关注新技术与生态环保之间的联系，并运用新技术提高生态环保合规体系的建设和运营。

2. 对外积极寻求专家咨询建议

虽然企业可以尽可能建立完善、全面的生态环保制度，形成较为完善、全面的生态环保合规体系，但是仍然会存在很多专业的方面是难以穷尽的。因此，企业可以在必要时候外聘专家对于企业的生态环保合规工作进行具体研判，以此更加充分识别企业存在的生态环保合规风险，并能够更加有针对性、准确地解决相应的风险问题。

四、结语

科技时代下电网企业生态环保合规建设是一项重要而紧迫的任务，也是一项艰巨而复杂的工程。电网企业要以中央关于建设美丽中国、推进绿色发展、实现碳达峰碳中和等重要指示精神为指导，坚持以人民为中心、以科技创新为引领、以高质量发展为目标、以绿色低碳为导向、以法治思维为原则，全面推进生态环保合规建设，实现电网企业的可持续发展和社会责任。

电网企业要建立健全生态环保合规管理体系，完善生态环保合规管理制度，加强生态环保合规管理能力建设，强化生态环保合规管理文化建设，提高生态环保合规管理水平和效果；同时，要及时跟进和适应科技时代下生态环保法律法规和监管规则的变化，合理利用新兴技术，防止出现技术滥用和技术失控，有效防范和应对多样化和复杂化的生态环保风险，积极参与国际和行业的生态环保合作和交流，为建设美丽中国、推进绿色发展、实现碳达峰碳中和作出贡献。

参考文献

［1］高艺.山东电网物资招标采购风险综合评价研究［D］.济南：山东师范大学，2019.

［2］罗文君.论我国地方政府履行环保职能的激励机制［D］.上海：上海交通大学，2012.

［3］汪劲.中国环境法治失灵的因素分析——析执政因素对我国环境法治的影响［J］.上海交通大学学报：哲学社会科学版，2012，20（1）：23-33.

［4］赵钢剑.浅谈电网企业法律风险防范体系的建立和完善［J］.中国城市经济，2011（27）：289.

［5］顾月蕾.《物权法》视角下电网建设用地若干问题的研究［J］.华东电力，2008，36（11）：161-164.

［6］陈冬梅，李峰.环境责任保险可行性研究［J］.保险研究，2004（8）：35-37.

［7］俞金香.循环经济及其法律调整［J］.甘肃社会科学，2003（6）：129-131.

电网企业配合政府停（复）电法律合规风险及防范研究

付一凡　徐丽丽

国网冀北电力有限公司承德供电公司

摘　要

　　电力是生产经营活动的基础性资源，随着违法企业对电力的依赖程度的进一步加深和执法力度的进一步加大，电网企业将会更多地涉及配合政府停电。因电网企业不是法律法规规定的政府机关、不具有行政管理职能，与电力用户间签订供用电合同建立合同关系，停电之后用户在对政府行为不满的情况下极易把矛头指向电网企业，因此引发法律纠纷。这就对电网企业配合政府工作提出了要求，既要依法合规配合政府停电，又要做好法律风险防范工作，减少或杜绝可能引发的各类纠纷。

关键词

　　电网企业；配合政府停（复）电；行政协助

　　电网企业配合政府停（复）电是指电网企业依据行政机关的指令或要求，对行政机关认定的违法对象采取中止、终结或恢复供电措施，协助完成执法行为的活动。配合政府对电力用户实施停（复）电是电网企业经营过程中经常遇到的问题，电力供应与使用涉及人民福祉、社会稳定及经济发展，停电可能对用户生产生活造成负面影响。

一、电网企业配合政府停（复）电法律合规风险防范的研究背景

（一）电网企业配合政府停（复）电相关规定现状

　　目前，法律法规在电网企业配合政府停电方面没有统一明确的规定，也没有规定统一停复电流程，而是散见于部分法律法规、规范性文件、政府文件中，实践操作难以标准化、规范化。《供电监管办法》第24条明确规定，电网企业应当严格执行政府有关部门依法作出的对淘汰企业、关停企业或者环境违法企业采取停限电措施的决定。第34条对电网企业拒不执行政府有关部门停限电措施的行为规定了相应的法律责任。《安全生产法》第70条规定，负有安全生产监督管理职责的部门在存在重大事故隐患的生产经营单位拒不执行相关决定时可书面通知电网企业实施停电，除有危及生产安全的紧急情

形外，应当提前 24 小时通知生产经营单位。《行政强制法》第 43 条、61 条、建设部《城市房屋拆迁行政裁决工作规程》第 24 条明确严禁对居民、被拆迁人采取停电手段迫使其履行行政决定、强迫被拆迁人搬迁，并规定相应的法律责任。

在以上法律法规基础上，一些地方政府根据实际情况细化了电网企业配合政府停（复）电内容，如《海口市城乡规划条例》第 69 条、《郑州市城乡规划管理条例》第 78 条、《深圳经济特区规划土地监察条例》第 48 条等，规定人民政府、市城乡规划主管部门等可以通知电网企业对违章建筑实施断电，电网企业有义务配合政府部门。

（二）电网企业配合政府停（复）电的法律合规风险

近年来，全国范围内多个省份地区发布停限电通知，多表现为行政处罚类停限电、有序用电管理类停限电，涉及面广、影响巨大，易引起供用电合同纠纷、损害赔偿纠纷等法律纠纷。

1. 配合政府停电可能涉嫌违法

电网企业不是政府部门，不具有法律法规规定的行政管理职能，其核心职责在于电力供应服务，无权随意对用户进行停电。停电不属于明确规定的行政强制措施或行政处罚种类，根据《行政强制法》等规定，行政机关不得对居民采取停止供电方式迫使当事人履行行政决定。因此，在没有合法依据的情况下，电网企业依据政府要求对居民采取停电措施可能涉嫌违法。

2. 配合政府停电可能导致合同违约

电网企业与电力用户之间签订了供用电合同，建立了民事法律关系，规定了双方的权利和义务，包括供电方式、质量以及违约责任等。在没有法律法规授权或合同明确约定的情况下，依据政府要求对用户停限电，可能涉及违反供电义务，构成违约，易引发供用电合同纠纷，如因停电或复电操作不当、不及时造成设备损坏、生产停滞等财产损失，用户可能会要求电网企业承担损害赔偿责任。

3. 电网企业如不予执行政府配合停电要求，可能导致政府部门监管处罚

政府部门要求电网企业配合停电，被执法企业可能是化工、煤矿、工程建设等高危企业，停电可能造成安全事故或重大财产损失，电网企业将承担较大的损害赔偿责任。但因考虑以上情况而拒绝配合政府要求，电网企业可能受到责令改正、警告、相关责任人员可能被给予处分等处罚。

4. 配合政府停电可能引发舆情风险

配合政府停电行为会对用户的生活带来不便、对生产经营造成影响，进而引发社会负面舆情。电网企业在配合政府停电时如未充分履行法定义务提前告知用户或及时恢复供电，可能引发用户的不满和投诉，进而影响电网企业的社会形象和声誉。

综上，法律法规在电网企业配合政府停电方面没有明确规定，也没有规定统一停复电流程，导致停电之后电力用户在对政府行为不满的情况下极易把矛头指向电网企业，要求电网企业恢复供电或赔偿损失，给电网企业带来较大的法律合规风险。

二、电网企业配合政府停（复）电法律合规风险防范的实践做法

（一）审查配合政府停（复）电依据是否充分

电网企业的停（复）电是否合法，关键在于政府决定停（复）电的行政行为的合法性。因此，电网企业配合执法停电应当要求行政部门提供其行政行为合法的法律依据，主要包括其具有相应权限的

法律依据和做出行政行为的法律依据。

对停电决定主体进行资格审核，有权要求电网企业配合停（复）电的行政主体应为法律法规规定的县级以上人民政府、县级以上人民政府电力管理部门、县级以上人民政府安全生产监督管理部门、县级以上人民法院。其他行政机关如需电网企业配合停电的，应由县级以上人民政府审批或授权。对超越授权范围的，电网企业应予以拒绝。

对配合政府停电通知应进行必要的形式审查，并不具有实质性审查义务。行政机关要求电网企业配合停电，应向电网企业出具书面有效通知书，不得以电话、会议等口头方式，避免缺乏必要的正式性和可追溯性。通知书应包含停电决定主体的名称及印章、停电理由和依据、停电对象、时限和范围等事项，以明确停电的具体执行细节。通知书用语不得采用建议、考虑、商请停电等模糊用语，避免电网企业对执行停电要求产生误解。对未出具有效法律文书的停电要求，电网企业应不予执行，如执行可能会给电网企业带来不必要的风险。对明显错误或违反法律强制性、禁止性规定的配合停电要求，电网企业应提出异议、及时告知作出停电决定的单位。

（二）配合政府停（复）电程序应依法合规

规范配合政府停电的操作流程。停电实施程序应严格依照法律法规有关规定执行，落实电网企业停电手续。现场实施强制停电时，应由行政执法人员到场执法，电网企业工作人员现场配合。停电决定主体工作人员不到场的情况下，电网企业工作人员不应进行停电操作。现场停电应全过程录像，对断电部位、电表计量等关键信息进行拍照。

履行告知义务。由于停电会直接对用户的生产生活产生影响，行政机关应履行通知义务，告知实施停电的相关措施及停电的具体信息。同时从保障安全角度出发或依据供用电合同约定，电网企业可以书面提前通知用户，提前通知的时间以《供电营业规则》等相关法律法规规定为依据。

规范恢复供电程序。电网企业在接到恢复供电书面通知并确认信息无误后，应当及时恢复供电。但停电决定主体怠于下发恢复供电通知的，电网企业应将有关情况及时报送当地政府、电力管理部门或停电决定主体，寻求妥善处理恢复供电事宜的指示，规避未及时恢复供电引发的负面责任。

停电后对用户进行监管。电网企业在配合政府对用户操作停电后，电网企业应注重做好日常电力使用监管管理，发现用户私自恢复用电、用电量数据异常等情况，及时通知停电决定主体，由停电决定主体决定是否再次组织实施停电。

（三）注重留存相关证据

电网企业应切实做好配合停电过程中的证据留存，对配合停电过程中形成的政府停电通知、配合停电告知书、恢复供电通知以及往来文书、现场组织停电和沟通等视频音频资料予以留存，纳入营业或用电检查档案管理。电网企业履行通知义务向用户送达停电通知时，应通过电话录音、电子邮件、书面送达并经确认签字等形式留存证据。

（四）做好电费回收风险防范

如停电对象存在欠缴电费情况，实施停电前电网企业应要求用户及时结清电费，如仍未结清，应向政府部门提出电费回收问题，促请其对电费回收事项作出妥善安排，确保电费按时回收，减少电费回收风险。

（五）明确约定免责条款

采用公司统一合同文本与用户签订供用电合同，在供用电合同中增加免责条款，约定因电网企业执行政府的停电指令或者要求而对用户中止供电的，电网企业不承担由此产生的违约责任或损害赔偿责任，以此有效防范电网企业陷入违约或赔偿诉讼纠纷。

（六）强化与政府部门沟通

积极向地方人大、政府机关沟通汇报，促请出台政府要求配合停电的规范性文件，明确停电决定主体的范围及配合停复电的流程，规范要求配合停复电行为，从源头上防范配合停复电的法律风险。

三、有效应对因配合政府停（复）电引发的诉讼纠纷

（一）配合政府停（复）电的行为性质

从配合政府停（复）电的动因来看，其源于行政机关的有关协助文书要求，而非因电网企业与用户的合同约定。电力法律法规相关条款本质上是赋予电网企业保护其电力设施产权以维护电力安全稳定运行的民事权利，并非行政职权，电网企业根据其行使民事权利也非行政行为。从配合政府停（复）电的目的来看，是为了实现具体行政行为目的，依据该行政机关的要求，采取的停电措施不属于通过自身意思表示作出的变更、终止民事法律关系的行为，该行为不构成合同意义上的违约，其体现的是行政机关的意志而非电网企业本身相关利益。

因此，作为具体行政行为的辅助实施行为，停电行为并非独立的民事行为，而是具体行政行为的组成部分，其相应的法律责任应由实施具体行政行为的行政机关承担，而非电网企业。

（二）应对因配合政府停（复）电引发的诉讼纠纷策略

随着各级政府及其相关部门、机构要求电网企业配合停电的事项越来越多，由此引发的法律纠纷也日益增加。面对此类诉讼，电网企业可采取以下应诉策略：一是电网企业可引导用户通过行政程序维权。电网企业应事先在停电告知函中写明，停电原因系政府具体行政行为，用户如有异议，应向行政单位反映，由此避免配合政府停电行为被用户认定为电网企业自行决定的单方行为，引导用户通过申请行政复议或者提起行政诉讼，向作出停电决定的行政机关主张权利。二是如用户以电网企业为被告提起供用电合同纠纷诉讼，要求电网企业承担损害赔偿责任，可向法院主张停电行为属于协助配合政府停电的行为，实质上为政府行政行为，以否定对方诉讼请求，维护电网企业合法权益。

关于国有企业履行招投标程序项目降低
合同价款的可行性研究

刘劲涛 贺心怡

龙源电力集团股份有限公司

摘 要

通常而言，在确定中标人前，招标人不得与投标人就投标价格、投标方案等实质性内容进行谈判；在确定中标人后，招标人和中标人应当依照招投标文件签订书面合同，其合同主要条款应当与招投标文件内容保持一致。但在实践中，在履行招投标程序后，招标人和投标人就招投标实质性内容谈判的情形屡见不鲜。本文拟从确定中标人前降低合同价款与确定中标人后变更内容的法律文件相关的法律规定及目的解释、背离合同实质性内容解读，以及背离合同实质性内容的例外情形等角度，结合司法审判案例阐释这一问题，并在此基础上提出招投标程序项目降低合同价款的可行性。

关键词

国有企业；招投标程序；合同价款

一、实践背景

根据《中华人民共和国招标投标法》(简称《招标投标法》)第四十三条、第四十六条，《中华人民共和国招标投标法实施条例》(简称《招标投标法实施条例》)第五十七条规定，中标人确定之前，涉及投标价格、投标方案等实质性内容时，招标人不得与投标人进行谈判(为便于表述，简称中标前实质性谈判)；在确定中标人后，招标人和中标人应当依照招投标文件签订书面合同，其合同主要条款应当与招投标文件内容保持一致。

但在实践中，在履行招投标程序后，招标人和投标人就招投标实质性内容谈判的情形屡见不鲜，而且招标人和中标人可能还存在未按照招标文件、投标文件签订书面合同，而是变更招标、投标文件的主要条款另行订立的书面合同情形，也存在根据招标、投标文件签订合同的同时，又以双方另行签订补充协议或者由中标人出具承诺书等形式，变更招标、投标文件的主要条款(为便于表述，前述情形统称为变更内容的法律文件，另将招投标文件和根据招投标文件签订合同称为中标合同)。

工程建设实际中，中标人、招标人在招投标之外，通过另行订立书面合同、补充协议或者由中标人出具承诺书，以降低中标合同的价款或者以一定折扣进行让利最为典型。然而，相关合同如诉争至人民法院或仲裁机构，中标人又常以补充协议、承诺书或者合同未根据招投标文件签订，违反《招标投标法》的规定为由，主张补充协议、承诺书或者相关合同无效，人民法院或仲裁机构基于价值权衡，又常常支持中标人的请求，从而导致招标人因补充协议、承诺书或者相关合同获得的合同利益落空。

本文拟从确定中标人前降低合同价款与确定中标人后变更内容的法律文件相关的法律规定及目的解释、背离合同实质性内容的解读，以及背离合同实质性内容的例外情形的等角度，结合司法审判案例阐释这一问题，并在此基础上提出招投标程序项目降低合同价款的可行性。

二、相关法律分析

（一）关于确定中标人之前降低合同价款相关的法律分析

根据《招标投标法》第四十四条、《招标投标法实施条例》第四十九条、第五十三条，以及《评标委员会和评标方法暂行规定（2013 修正）》第十三条、第十八条的规定，评标委员会成员应当按照招标文件的评价要求，以客观、公正的态度对投标文件进行细致评审，并提出相应的评审意见。在排序投标文件时，应依据投标报价的高低或招标文件所规定的其他合理、公正的方法进行。

可见，评标委员会依法组建并开展评标，应当公正、严谨、客观履行职务，根据招标人的授权推荐中标候选人或者直接确定中标人，招标人也不得以任何方式非法干涉选取评标委员会成员以及评标委员会的评审过程。由此可知，在评标、定标、发布中标候选人公示以及发布中标通知书等确定中标人的过程中，招标人无法主导、决定评标过程以及评审意见。

在定标环节，根据《招标投标法实施条例》第五十五条、《评标委员会和评标方法暂行规定》第四十八条规定，无论是采用最低投标价法还是综合评估法进行招标的，在招标过程中，除非出现特定情况，如排名第一的中标候选人主动放弃中标、因不可抗力无法履行合同、未按规定提交履约保证金，或经查实存在影响中标结果的违法行为等，从而不符合中标条件，否则招标人应直接确定排名第一的中标候选人为中标人。这体现了评标委员会推荐的中标候选人及其排序对于招标人的重要性和约束性。

通常情况下，招标人需遵循评标委员会的建议，确定排名第一的候选人为中标人，并及时公示中标候选人信息，以确保招标过程的公正性和透明度。如不按照规定确定中标人的，存在行政处罚法律风险，情节严重的还可能构成串通投标等刑事犯罪。

根据前述分析可知，在确定中标人之前，通过双方进行协商或者由投标人作出单方承诺再行降低金额，其实质就是评标之后并在发送中标通知书之前，招标人和排名第一的中标候选人就合同价格的实质性内容进行谈判，通过双方进行协商或者由投标人作出单方承诺再行降低投标报价。在现行的法律法规体系下，招标人被严格禁止干涉评标委员会的评标过程及其评审意见。评标委员会所推荐的中标候选人及其排序对招标人具有法定的拘束力，这确保了招标过程的公正性和客观性。

因此，任何在确定中标人之前，招标人与投标人就投标价格、投标方案等实质性内容进行谈判的行为，均属于违反《招标投标法》的禁止行为，即所谓的"提前谈判"。若发生此类行为，人民法院可能会认定由此产生的合同因违反《招标投标法》的相关规定而无效。

（二）关于发出中标通知书后降低合同价款相关的法律分析

前文已述，除在确定中标人前进行实质性内容谈判等违规情形以外，招标人和中标人存在未按照招标文件、投标文件签订书面合同，而是变更招标、投标文件的主要条款另行订立的书面合同情形，也存在根据招标、投标文件签订合同的同时，又以双方另行签订补充协议或者由中标人出具承诺书等形式，变更招标、投标文件的主要条款（为便于表述，前述情形统称为"变更内容的法律文件"，另将"招标、投标文件"和"根据招标、投标文件签订书面合同"统称为"中标合同"）。

1. 关于变更内容的法律文件的法律规定

根据《招标投标法》第四十六条、《招标投标法实施条例》第五十七条第一款、《民法典合同编解释》第四条第一款、《建设工程司法解释一》第二条等法律法规规定，招标人和中标人应按照招投标文件订立书面合同，合同内容应与招投标文件实质性内容保持一致，通过另行订立背离合同实质性内容的其他协议效力也有待商榷。并且，由于采取招标方式订立合同，合同自中标通知书到达中标人时成立，因此，"另行订立与合同实质性内容不符的其他协议"，不仅指根据招标、投标文件签订合同的同时，又另行签订补充协议或者由中标人出具承诺书等形式，变更中标合同的实质性内容；也包括未根据招标、投标文件签订书面合同，而是变更招标、投标文件的实质性内容另行订立的书面合同情形。

2. 关于背离合同实质性内容相关法律法规规定

在探讨"针对已履行招投标程序选聘供应商的项目，能否降低合同价款"相关问题之前，核心是如何理解背离合同实质性内容。

根据《民法典》《建设工程司法解释（一）》等法律法规的基础上，以建设工程施工合同为例，初步界定建设工程施工合同实质性内容如下：

（1）关于合同标的和数量。建设工程实务中，与一般其他合同不同，建设工程施工合同项下的合同标的和数量，通常既包括承包范围（如土建、安装、装饰装修），也包括工程内容（如一号楼、地库、商场、住宅），并通过施工图纸予以综合表述。无疑它们属于招标文件已经设定的各投标人必须实质性响应的内容，且不属于投标人竞争内容，因而将其归入实质性内容当无争议。

（2）关于质量。建设工程施工合同项下的质量内容一般分为两类情形，即法定质量标准和高于法定质量标准的约定质量标准。质量属于招标文件已经设定的各投标人必须实质性响应的内容，且通常不属于投标人竞争内容，但法定质量标准以及招标文件中设定的必须达到的质量要求均作为竞争的最低标准，低于该标准的将被认定为废标。显然，无论如何，质量内容均应属于实质性内容。

（3）关于价款或者报酬。一般建设工程施工合同项下仅表现为价款，少数情形下体现为报酬（如劳务分包合同）。就工程价款而言，可能产生的变更既包括工程总价款的变更，又包括总价款不变，而各阶段价款的金额发生变更。作为有偿双务合同的典型特征，价款或者报酬属于合同实质性内容。

（4）关于履行期限。建设工程施工合同项下的履行期限主要表现为工期（对中标承包人而言）和各类工程价款（具体包括预付款、进度款、结算款、保修金等）的支付期限（对招标人 / 发包人而言）。就工期而言，可能产生的变更既包括工程总工期的变更，又包括总工期不变，而各阶段进度工期或节点工期发生变更。实务中，大部分情形下，工期不属于投标人竞争内容。鉴于工期和工程价款支付期限对当事人的合同权益具有重大影响，因而将其归入合同实质性内容当无争议。

（5）关于履行地点。建设工程施工合同项下的履行地点无疑指工程施工地点（对中标的承包人而言）和价款支付地点（对招标人 / 发包人而言），实务中几乎不存在工程施工地点实质性变更的可能，也几乎不会发生价款支付地点的争议，建设工程施工合同通常不存在履行地点实质性变更的可能。

（6）关于履行方式。建设工程施工合同项下的履行方式包括承包方式和价款支付方式。相对于工程价款、履行期限的变更而言，履行方式的变更虽然在实践中也属于多发情形，但对其变更是否属于实质性内容变更的关注度不高。但笔者倾向于认为，建设工程施工合同项下的履行方式与双方当事人的合同利益有重大关联，因此，履行方式应当作为建设工程施工合同的实质性内容。

（7）关于违约责任。建设工程施工合同项下的违约责任通常包括承担违约金、损失费用以及顺延工期。因此，变更约定的违约金计算方式、损失费用计算方式、改变工期顺延认定条件，一般若会对建设工程施工合同当事人的权利义务产生实质性影响，则认定其构成实质性内容的变更，具有合理性。

综上，合同实质性内容是指规范当事人（招标人及中标人）基础权利义务的内容。以建设工程施工合同为例，有关工程范围、建设工期、工程质量以及工程价款等变更具备影响招投标当事人基本权利义务的情况，因而属于合同实质性内容。

3. 关于背离合同"实质性内容"的理解与认定

结合前述法律法规相关规定以及司法判例，关于合同实质性内容，可以从以下几个方面理解：

第一，关于合同实质性内容，取决于变更是否足以影响其他竞标人能够中标或以何种条件中标。在《招标投标法》第四十六条第一款的语境下，任何旨在排除其他投标人中标的可能性或提高其他投标人中标条件的内容，均被视为构成实质性内容。这意味着这些内容涉及合同的核心要素，对于确定中标人及合同内容具有决定性作用，因此受到《招标投标法》的严格规范。

第二，《建设工程司法解释（一）》第二条采取列举的方式规定了工程的范围、工期、质量、价款为实质性内容，同时还用了一个"等"字。这表明除了列举的 4 项内容外，实质性内容还包括其他内容。因此，应当以在招投标过程中对中标结果会产生实质性影响的内容为基准考量。

第三，以变更的内容及程度而言，须是招投标合同的核心和实质内容，且此种变更使当事人的权利义务发生较大变化。虽然，工程范围、工期、质量、价款构成建设工程合同的实质性内容，但并非就这几项内容进行的所有变更，都属于与招投标文件实质性内容不一致。应综合考虑现实情况，给予合同双方当事人据实、细微调整的权利，笔者认为，只有上述内容的变更足以影响当事人的基本权利义务，才能认定为实质性内容存在差异。如果差异显著轻微，并未明显影响双方当事人权利义务的，则应认定为合法合规的正常变更。

三、降低合同价款的可能性分析与建议

（一）招投标程序选聘供应商的项目降低合同价款的可能性分析

1. 在确定中标人前降低合同价款的可能性

基于上述对《招标投标法》相关规定的解读，若招标人在确定中标人之前，与投标人就投标价格、投标方案等关键性、实质性内容进行磋商或谈判，这一行为将可能构成违反《招标投标法》。在此情况下，人民法院在审查时，可能认定由此产生的合同因违反《招标投标法》的相关规定而视为无效。

2. 在发出中标通知书后降低合同价款的可能性

一般而言，合同价款或报酬属于合同的实质性内容，针对已履行招投标程序选聘供应商的项目，如不具有降低合同价款的合理事由，如设计变更、规划调整或者市场价格异变等客观情形，则降低合同价款存在违反《招标投标法》关于"禁止另行订立背离合同实质性内容的其他协议"规定的情形。然而，在特定情况下，如因设计变更、规划调整或市场因素等客观原因，导致工程量、工程质量要求或工期发生显著变化，使得合同实质性内容需要调整时，发包人和承包人可以通过签署会谈纪要、补充协议等正式书面文件来变更和补充原合同内容。这种基于合理且客观原因进行的合同变更，通常不会被法律法规所禁止。

同时，需要说明的是，在民事法律后果上，招标人和投标人在确定中标人前进行实质性内容谈判形成的合同，或者双方另行订立的其他协议，如存在背离合同实质性内容的情况，仍然存在无效风险，但基于人民法院或仲裁机构的谦抑性原则，在相关项目的中标合同以及其他协议均已履行完毕的情况下，通常亦不涉及双方对于"另行订立背离合同实质性内容的其他协议"的效力及其履行相关争议。

（二）其他通过"二次议价""备选投标"方式降低合同价款的可能性分析

1. 竞争性谈判或竞争性磋商采购方式的"二次议价"

对于非强制要求通过招标进行的项目，可以优先考虑选择竞争性谈判或竞争性磋商作为采购方式。《政府采购法》及《政府采购非招标采购方式管理办法》等相关法规明确规定了竞争性谈判和竞争性磋商的具体程序，旨在维护国家利益、社会公共利益以及政府采购参与方的合法权益。采购人可根据此类规定，与供应商就采购的货物、工程及服务等相关事宜进行谈判或磋商。虽然，相关法律法规针对的是政府采购行为，但实践中部分国有企业同样参照适用相关规定流程对非必须招标投标项目进行采购。根据《政府采购法》第三十八条、《中央国家机关政府采购中心竞争性谈判操作规程》第三十一条第一款、《政府采购竞争性磋商采购方式管理暂行办法》第十九条及第二十一条，采购人在采用竞争性谈判及竞争性磋商方式进行采购时，有权在确定最终供应商之前与相关供应商就价格相关事宜进行谈判。因此，如采用竞争性谈判及竞争性磋商方式，可以较为合规地在最终确定供应商前与意向供应商就合同价款进行沟通。

2. 关于公开招标程序中投标人提交"备选投标"降低合同价款的适用分析

通常来说，公开招标程序中，同一投标人仅可提供一份投标文件，但如招标文件要求应提交备选投标情况下，同一投标人可以提交两个以上投标文件。工程实践中此种情形比较罕见，同时亦缺少明确具体的法律法规规定。通过对相关法律法规检索，在公开招标程序中，即使以备选投标方式降低合同价格，也需要满足一定条件：招标文件规定要求的投标文件外提交备选投标方案，同时提出相应的评审和比较办法；备选方案符合招标文件的基本技术要求；评标价最低或综合评分最高而被推荐为中标候选人的投标人提交的备选投标方案方可予以考虑；备选方案应当与主选方案具有一定区别，而非仅仅是合同价格上的区别。但需注意的是，鉴于备选投标的情形比较少见，也未形成丰富的司法实务案例。综上，在公开招标程序中，如在招标文件中规定投标人可以提交一份备选投标，在满足前述条件的情况下，也可能具有依法合规降低合同价款的可能性。

（三）关于降低合同价款的其他建议

1. 合同结算阶段降低合同价款具有法律上的可行性

如在合同结算阶段，承包人在双方当事人就已履行招标投标程序的项目的结算活动中，向发包人作出减少工程价款、给予让利、免除发包人违约责任或者承诺不对工期进行索赔等承诺，由于不损害国家、社会公共和招标投标活动当事人的合法权益，通常也具有法律效力，为人民法院所支持。

2. 其他可以进一步压实合同价款的措施

（1）区分不同项目优化投标报价方式。可根据不同项目特点，采取不同的投标报价模式。例如，针对 EPC 工程总承包项目，可以考虑采取费率招标模式，即要求投标人根据其施工组织、施工方案自行测算进行下浮率报价，最终合同价格按照施工所在地的工程定额、造价信息为标准，根据招标人审核确定的施工图预算、工程量清单，乘以下浮后的中标费率从而确定合同价格。

（2）优化合同价格的计价方式。以建设工程施工合同为例，在实际的项目执行过程中，若主要建筑材料的价格因市场因素发生显著变动，且这种变动超出了正常的市场风险范畴，那么对于建材价格变动风险的责任承担，如果合同中已有明确的约定，则应按照合同中的条款进行处理。

（3）招标文件所附合同文本可以约定考核机制并将进度付款与考核结果挂钩。以建设工程施工合同为例，通过进一步约定绩效考核机制，将部分进度付款与考核结果挂钩。如发包人次月根据考核评价情况支付上月部分进度付款，通过加强绩效考核扣减承包人违约金，从而实现压减合同价款的效果。

（4）如在"短名单"中进行招标的，应当定期更新供应企业名单，避免投标人围标造成抬高中标价格。在工程实务中，特别是在采用"短名单"招标方式时，常常会出现几个投标人私下串通的情况。他们相互达成协议，一致抬高或压低投标报价，试图通过限制竞争、排挤其他潜在投标人，使某个特定利益相关者中标，进而达到谋取不正当利益的目的。这种不正当的竞争手段在业界屡见不鲜。因此，如适用短名单形式并在短名单企业中招标的，应当定期更新供应企业名单，科学设置评标基准价的产生方式，避免因投标人围标而造成合同价格虚高。

（5）注重在合同履行过程中搜集工期、质量、变更以及物价波动等合同价格调整相关事由，为在中标合同之外另行签订其他协议提供法律依据和支持。建议在合同履行过程中充分搜集、固定工期、质量、变更等调整合同价格的合理事由，及时行使发包人权利，变更合同价款，就中标合同之外另行签订其他协议提供法律支持。

四、结论

综上，对于履行采购程序后降低合同价款，如为非必须招标的项目，建议优先考虑采用竞争性谈判及竞争性磋商等方式，充分利用合规程序在最终确定供应商前与意向供应商就合同价款进行沟通调整合同价款；对于必须招标的项目，仍应重视招标文件及其所附合同的编制工作，优化并完善投标报价模式（如备选投标）、价格调整机制、绩效考评机制等，并建立防止供应商围标、串标抬高中标价格的有效举措。此外，应注重在合同履行过程中搜集、固定关于工期、质量、变更以及物价波动等合同价格调整的相关事由，为在中标合同之外另行签订变更内容的法律文件提供法律依据和支持，从而避免可能发生的法律风险。

参考文献

［1］王海青，合同与招标文件中工程量清单不一致的探讨［J］.工程造价管理，2017（5）：66–71.

［2］王成云，招标人延续采购标的的辩证关系［J］.现代工业经济和信息化，2013（2）：2.

［3］周德民，建设工程施工黑白合同法律问题研究［D］.长春：吉林大学，2018.

［4］谭凤琦，建设工程施工合同实质性变更的司法认定［D］.长春：吉林大学，2023.

［5］阎磊，建设工程招标投标监督的思考［A］.让阳光照耀建筑市场——贯彻《招标投标法实施条例》"金润杯"征文大赛优秀论文集［C］.2012.

［6］孙征启；张联成；段艳芳，招标人在招投标活动中"公正"了吗？［J］.中国招标，2015（5）：33–34.

电力市场化背景下的虚拟电厂法律研究

文阳凯

国网四川省电力公司绵阳供电公司

摘　要

　　虚拟电厂是利用先进通信、控制技术，将分布式新能源、可调节负荷资源协同优化和聚合的管理系统，能够为负荷精细化管理提供解决方案，促进电力系统安全运行和新能源消纳。虚拟电厂作为电力领域新质生产力已成为当前热点研究领域，但目前存在一些概念和法律关系中的困扰。本文梳理了虚拟电厂发展的宏观背景，并提出了虚拟电厂作为我国电力市场新兴市场主体的概念，分析了虚拟电厂与用户之间、虚拟电厂与电力市场其他交易主体之间的法律关系及法律风险。

关键词

　　虚拟电厂电力市场化；负荷管理；需求响应

一、虚拟电厂的内涵

　　虚拟电厂的"虚拟"体现在虚拟电厂是一类电源管理系统，通过先进的通信、控制和管理技术，将城域、园区域、用户域的各类能源，比如集中式光伏、风电、配储能、分布式光伏、共享储能、公共充电桩、用户充电桩、可调节负荷资源进行协同优化的系统，其本质是物理到信息的融合。

　　虚拟电厂涉及的基础技术包括了大数据、态势感知、云计算、区块链、物联网等技术，形成数字化平台，通过数字化运营，构建电厂运营管理体系，利用虚拟资源池，采取分时电价响应、售电优化、需求响应等方式实现市场化盈利。

　　虚拟电厂的本质是电力需求侧的"发电厂"，理想状态下，虚拟电厂是保障电力系统安全运行、解决电网峰谷差大、实现精细化负荷管理的解决方案。

二、虚拟电厂发展的宏观背景

　　在传统电力能源系统，电力从生产到使用过程中，发电、输配电、用电的界限清晰，电源随着负荷变动，电力的生产者、消费者的关系明确。而在"双碳"目标下，电源的构成发生了巨大变化，可再生能源大规模增加，这致使我国的能源发展格局、电力系统都面临着重要变革，因此，研究虚拟电厂的宏观背景，需要从"新型电力系统＋电力体制改革"的角度切入。

（一）新型电力系统视角

从新能源电力系统的技术视角来看，新型输电系统、新型发电系统、新型用电系统、新型配电系统四方面相互依存、相互影响，虚拟电厂作为新型用电系统中的分类，其发展是随着发电、输配电的技术进步而发展的。

例如在发电端，可再生能源占比逐年升高，火电实现灵活调峰功能，整体的发电端已经从确定性、可调可控的模式演变成随机性、间歇性、波动性的发电。

在电网端，电网从原来的"输配用"向多元、混合的结构网络转变，特高压输电网的不断建设、网侧多形态的储能、有源配电网等新型的配电和输电系统，形成了多元、互动、高弹性的输配电系统。

在负荷侧，我国从过去传统的刚性、支撑生产性的负荷特性，向着柔性、多层级、产消型负荷转变。负荷侧与电网的灵活互动，可以提升电力系统的可调节负荷的比例。电网在运行中就能根据电网运行的负荷变化进行调节，协助电网平衡电力供需平衡。

为了实现从过去的"源随荷动"单向计划调控，转向"源网荷储"一体化多能互补发展，就需要海量市场主体的高效协同，虚拟电厂作为一种管理系统，就可以发挥枢纽和聚合作用，也可辅助电力系统安全稳定运行。

（二）电力体制改革视角

电力体制改革在现阶段的重点关注领域中，包括了电力市场化、增量配电业务、新型电力系统与负荷侧的业务创新三大领域。

在电力市场化方面，从批发侧、零售侧以及其他方面，通过市场化的思路推动了改革，这是虚拟电厂得以实现落地和发展的基础。

在增量配电业务试点方面，通过配网投资多元化、配电成本清晰化、配电业务的创新等方面进行了探索。

在新型电力系统与负荷侧业务创新领域，随着近年集中式风光大基地、特高压、分布式光伏、微电网、综合能源服务、需求响应等方面的发展和政策的落地，虚拟电厂业务才逐步得以试点和完善。

因此，结合我国电力体制改革和政策演变，我国虚拟电厂的政策发展经过了"鼓励交易先行、逐步地方试点、完善顶层架构"的三个阶段。

2020年，《关于做好2021年电力中长期合同签订工作的通知》发布，首次明确虚拟电厂可以参与中长期电力市场交易。

2022年，《关于完善能源绿色低碳转型体制机制和政策措施的意见》《"十四五"现代能源体系规划》《关于加快建设全国统一电力市场体系的指导意见》等文件的发布，明确鼓励虚拟电厂运营商参与电力市场交易和系统运行调节。

2023年，《电力需求侧管理办法》《电力负荷管理办法》和《电力现货市场基本规则（试行）》一系列规定的发布，从实际操作层面，更加清晰地明确了虚拟电厂参与各类电力市场的合格主体身份。

地方层面，自2021年以来，如山西省、山东省、深圳市等多个省、市陆续提出支持虚拟电厂的相关政策，鼓励开展虚拟电厂试点项目，从并网运行技术、运营管理制度、参与现货市场交易机制、顶层设计等方面进行了探索。

三、虚拟电厂的业务模式

目前虚拟电厂主要的盈利方式是通过需求响应，获得辅助服务费的分成。虚拟电厂的运营商通过聚合电力用户可调负荷，利用可调负荷进行需求响应或者参与辅助服务，获得响应补贴和容量补贴即为总体收入。虚拟电厂营运商获得收入后与电力用户按约定分成。具体参与交易的方式，一种为虚拟电厂在聚合风电和光伏等资源后，采取"报量报价"的方式参与，目前由于中国缺乏全国统一的电能量市场交易规则，因此各个省份之间有一定差异，部分省份会采取新能源电量优先出清，虚拟电厂通过聚合资源后再以"报量不报价"的方式参与。

从参与市场主体的角度来看，虚拟电厂一般存在以下三类商业模式：

（一）供给侧

即以发电企业为主导的模式，以发电资源较为分散的欧洲为代表。该模式主要解决聚合资源的优化协调控制问题，实现快速响应负荷变化，提升电能利用率，从而增加电量销售、并为电网提供平衡服务而获得额外收益。

（二）需求响应侧

即以电网运营商为主导的模式，可以为可分布式能源、储能设备等负荷侧灵活性的资源，提供交易平台，与电网进行互动响应，平抑电网峰谷差。冀北虚拟电厂项目属于需求侧响应的典型案例，聚合了采暖、可调节工商业等多种可调节资源。

由于我国的全国统一电力交易市场仍在建设中，电力市场化交易模式仍在逐步推进，因此，虚拟电厂的商业模式也还处于探索阶段。除上述提到的冀北虚拟电厂是比较少有的完全市场化运营模式外，山东省的试点则体现在虚拟电厂参与现货市场、备用和辅助服务市场交易等模式。其余地区的模式主要还是通过需求响应进行削峰填谷等方式实现。

（三）混合型虚拟电厂

也即用户侧和发电侧混合的模式，解决发电、售电的整合增效问题，一般由发电企业、售电公司、技术方参与，为发电企业增加售电收益，为电网提供平衡服务获得额外收益。该模式目前在德国和法国已有部分实践。

四、虚拟电厂的法律关系及法律风险

（一）虚拟电厂的法律地位界定

结合《电力并网运行管理规定》的规定，笔者认为虚拟电厂参与系统调度，担任"辅助服务市场主体""并网调度主体"的角色毋庸置疑。通过梳理各地规定（如宁夏、浙江、广州、山西等地），以及实践情况，部分省份也在鼓励虚拟电厂作为独立市场主体参与市场交易。笔者认为，虚拟电厂的法律地位属于参与市场运营的实体，抑或可称为"电力市场新兴市场主体"。

从国外虚拟电厂的政策角度来看，普遍也出台了明确的法律法规，对虚拟电厂进行了界定，比如欧盟的法律中将虚拟电厂定义为"负荷管理服务提供商"并明确了参与市场的方式。美国在《能源政策法案》中对虚拟电厂的法律地位界定属于能源聚合商，可以在区域性的电力批发市场中交易。

但需要提出的是，虚拟电厂和负荷聚合商的区分仍存在一定的困扰。我们认为，上述差异以及虚拟电厂与交易过程中各方权利义务关系，行政管理层面与虚拟电厂的管理关系等方面的确定，将随着我国电力市场交易规则和相关法律法规、政策的不断完善逐渐明晰，也能真正实现虚拟电厂在商业模式上的成熟。

（二）虚拟电厂在不同环节中的法律关系

1. 虚拟电厂在需求响应中与用户之间属于委托代理关系

一般而言，虚拟电厂与用户签订电力需求响应合作代理协议，代理用户参与需求响应，在此情形中，二者之间属于委托代理关系。虚拟电厂为用户提供需求响应技术和咨询服务，并代理客户获得响应补贴和容量补贴收入。

2. 虚拟电厂在电力市场交易中的双重身份

虚拟电厂销售发电端的电量时，可以直接参与交易以及调峰、调频等辅助服务。此种模式下，虚拟电厂可能作为购售电合同中的购电人与发电端进行交易，也可能作为售电人与用户端发生交易。

此外，虚拟电厂在运行管理前，还需要与电网企业签订《并网调度协议》《需求响应协议》等文件。

例如《南方（以广东起步）电力现货市场建设实施方案（试行）》规定："电力批发市场指发电企业、售电公司、电力批发用户以及负荷聚合商和独立储能等新型经营主体通过市场化方式开展电力交易的市场。电力批发市场采用'电能量市场＋辅助服务市场'的市场架构；通过双边协商、集中竞争、挂牌等多种方式，实现中长期电能量市场的灵活交易。"其中，新型经营主体就包括虚拟电厂。

（三）虚拟电厂面临的法律风险

虚拟电厂作为电力市场的新兴参与者，面对一系列复杂的法律风险，尤其在合同履行、网络安全和数据合规方面的法律问题上表现尤为明显。这些风险不仅挑战虚拟电厂的运营效率，也可能影响到电力系统的整体安全和可靠性。

从合同履约层面，虚拟电厂运营商对通信和监控、控制技术的稳定依赖性极强，网络故障、设备故障都可能影响交易，造成虚拟电厂运营商和用户的损失，从而引发法律纠纷。在此类纠纷中，如何界定各方是否构成违约，是否存在过错，各主体如何收集和举示证据、裁判机构又如何认定证据（比如涉及大量通信、网络等技术相关证据）、如何通过鉴定机构、专家辅助人等辅助司法裁判，都是未来有待在司法实践中探讨的问题。

从网络安全层面，虚拟电厂需要先进的技术和严格的安全措施来保证其可靠性和安全性，还需要面对网络攻击和黑客入侵等安全挑战，需要通过完善和细化法律法规和规范，设定严格的网络安全防护标准和技术规范，防范网络安全风险。

从数据合规层面，虚拟电厂在收集、使用、处理数据过程中存在数据合规的法律风险。虚拟电厂需要在实践中注意与各参与方明确界定对数据的权利，比如知情同意权、数据查阅权；并应明确约定对电力数据的合法使用义务，比如向电力行政或监管机构报送数据、虚拟电厂使用数据进行分析等。此外，正确处理用户数据并确保数据安全是建立客户信任和维持市场地位的关键。非法获取或使用消费者数据不仅可能导致法律制裁，还可能损害企业声誉，影响其在市场中的竞争力。

从监管合规层面，虚拟电厂作为新兴的市场参与者，其业务模式和技术应用常常处于监管政策的灰色地带。例如，在某些国家，虚拟电厂参与的需求响应市场可能受到严格的电力调度和负载管理规定，必须符合特定的能效标准和环境保护法规。如果虚拟电厂未能及时更新其运营模式以适应新的监管要求，比如未能减少碳排放以符合更严格的环保法规，可能会因违反规定而受到高额罚款或被迫暂停运营，从而影响收益和市场地位。

从知识产权层面，虚拟电厂在多个国家和地区运营时，需要遵守各地的电力市场规则和环境保护法律。不同地区对虚拟电厂的运营标准和规定可能有显著差异，如排放标准和可再生能源使用比例要求等。若虚拟电厂未能准确跟踪和适应这些法规的更新，可能会面临罚款、业务中断甚至牌照吊销的风险。在技术迅速迭代的领域，如虚拟电厂所依赖的通信和数据分析技术，知识产权侵权的风险尤为突出。虚拟电厂可能无意中使用了受专利保护的软件算法或数据处理技术，这可能导致专利侵权诉讼。此外，由于虚拟电厂的技术方案往往需要与多个供应商和合作伙伴共享，若未能有效保密，也可能导致商业秘密泄露，使得竞争对手能够模仿或利用这些技术，从而削弱虚拟电厂的市场竞争优势。

从合作协议层面，虚拟电厂的运营依赖于与多个电力系统参与者的合作协议，如电力供应商、调度中心，以及最终用户。协议往往涉及复杂的服务履约条件、价格条款和违约责任规定。在实际操作中，若合作方未能按照协议提供所需的电力或服务，或虚拟电厂未能满足合同中的电力需求管理标准，可能会导致服务中断或财务损失。此外，合作方间对协议条款的理解和执行差异，也可能引发法律诉讼，导致额外的法律费用和管理开销，影响运营效率和盈利能力。

五、虚拟电厂法律风险的防控策略

为了确保虚拟电厂的运营和管理在法律和安全方面的合规性，采取一系列综合措施是必要的。首先，加强合同管理对保障虚拟电厂的合法权益至关重要。明确的合同能够详细规定各方在数据处理、技术故障以及网络攻击等情况下的责任与义务，包括技术服务、故障修复、数据安全及隐私保护等条款，确保出现风险时有法律依据进行索赔或损害赔偿。

其次，提升网络和信息安全措施也是至关重要的。虚拟电厂应投资于最新的网络安全技术，如防火墙、入侵检测系统和数据加密技术，并定期进行网络安全审计与漏洞扫描，以有效预防数据泄漏和网络攻击，降低法律责任和经济损失。

再者，保护知识产权是维护虚拟电厂核心技术和数据安全的关键。虚拟电厂应对其创新技术如软件算法和控制逻辑申请专利，以法律手段保护这些技术成果，防止未经授权的使用或复制。对于无法通过专利保护的技术和管理知识，应通过签订严格的保密协议和实施内部数据保护政策来防护。

此外，实施全面的风险评估与管理也是必要的。虚拟电厂应通过定期的风险评估，识别潜在的法律风险和市场风险，并根据行业法规变化制定相应的风险应对措施。

最后，建立有效的应急响应机制也极为重要。虚拟电厂应制定应急响应计划，详细说明在技术故障、法律争议或数据泄露等突发事件发生时的处理流程，设立应急响应团队，确保在事件发生时可以迅速且有效地响应，以减少潜在的损失。这些措施将有助于虚拟电厂在遵守法律框架的同时，有效管理其运营中可能面临的各种风险。

参考文献

［1］ 周挺，谭玉东，孙晋，等．《虚拟电厂参与能量与辅助服务市场的协同优化策略》［J］．中国电力，2024，57（1）：61–70.

［2］ 中国华电 2023 年干部一班第三课题组．虚拟电厂商业模式与发展策略［J］．能源，2023（10）：38–43.

［3］ 毕竞悦．虚拟电厂的法律框架［J］．中外能源，2023，28（2）：11–15.

电力工程建设领域农民工工资保障的合规路径

王智怡 刘 樱 叶 菁

福建水口发电集团有限公司

摘 要

　　劳动报酬权是农民工合法权益中最根本的权益。在全面依法治国的大背景下，2019年，国务院出台了《保障农民工工资支付条例》，首次以行政法规的形式规定了农民工工资支付的保障机制。然而，在电力工程建设领域，由于用工管理不规范、项目资金管理不到位、项目违法分包或转包等不合规行为，电力施工企业不同程度存在拖欠农民工工资的行为，面临民事、行政和刑事的法律风险。为建设世界一流法治企业，电力施工企业应当高度重视农民工工资支付保障工作，把贯彻落实《保障农民工工资支付条例》作为企业合规管理的一项重要内容，将外部法律的强制约束力与企业内部的主观能动性相结合，建立健全农民工工资支付合规管理体制机制，推进农民工工资支付制度建设，加强农民工用工合规管理，强化农民工工资支付风险管控，建立农民工工资争议解决机制，切实维护农民工的合法权益，以高质量法治合规体系保障电力工程建设高质量发展。

关键词

　　农民工工资拖欠；电力工程建设；工资支付保障；合规管理体系

　　随着我国城镇化转型和城乡一体化发展，农民工的权益保障问题日益凸显，其中按时足额获取劳动报酬是农民工权益保障的核心。党的十八大以来，以习近平同志为核心的党中央围绕根治拖欠农民工工资问题、保障农民工工资支付工作等作出重要部署。2019年，《保障农民工工资支付条例》颁布并实施，是我国首次将保障农民工工资支付工作提升到行政法规层面，标志着我国开启了依法治理欠薪的新阶段。

　　近年来，电力行业加快推进重大电力工程建设，持续提升电力供给保障能力，为构建新型电力系统、推动能源转型升级提供了有力支撑。在电力工程项目建设过程中，电力施工企业为满足施工需要会与农民工建立劳动关系或者劳务关系，但实践中，受到各种因素的影响，电力施工企业不同程度存在拖欠农民工工资的行为，侵害了农民工的合法权益。本文以电力工程建设领域保障农民工工资保障的合规路径研究为题，梳理归纳该领域农民工工资支付保障的规范现状，从企业管理角度分析电力施工企业农民工工资拖欠的现实成因及法律风险，并提出完善农民工工资支付合规管理体系的路径建议，旨在为电力施工企业防范化解农民工工资拖欠问题提供新视角和新手段。

一、电力工程建设领域农民工工资支付保障的规范基础

2003 年以来，中央及各级地方人民政府不断建立与完善农民工工资支付保障制度体系。2019 年，国务院出台《保障农民工工资支付条例》，首次在行政法规的高度明确了农民工工资支付主体责任和监督机制。整体而言，我国农民工工资支付保障法律体系建设，经历了从以行政命令、行政处罚为主的传统事后规制模式向以实名制管理、工资保证金为主的新型事前保障模式的转变，形成了以"两法两条例"——《劳动法》《劳动合同法》《劳动保障监察条例》《保障农民工工资支付条例》为主体，配套以《工程建设领域农民工工资专用账户管理暂行办法》《工程建设领域农民工工资保证金规定》《拖欠农民工工资失信联合惩戒对象名单管理暂行办法》等部门规章的基本框架，其中具有代表性的制度主要包括以下四个方面。

（一）农民工实名制管理制度

农民工实名制管理制度，是指用人单位在农民工入场施工前应当确认农民工的真实身份，以农民工的真实身份建立劳动计酬手册记录农民工的基本信息，并逐步实现实名制信息化管理的保障制度。根据《劳动合同法》规定，企业与农民工建立劳动关系应当签订劳动合同，并在内容中明确劳动者的姓名、住址和居民身份证等基本信息。2016 年国务院发布的《关于全面治理拖欠农民工工资问题的意见》首次提出全面实行农民工实名制管理制度，2019 年的《保障农民工工资支付条例》对该制度予以吸收和认可。

（二）农民工工资保证金制度

农民工工资保证金制度，是指施工总承包单位在行政机关指定的银行开设账户并存储一定金额或比例的工资保证金或者向政府部门提供银行保函，作为对按时足额支付农民工工资的担保的管理制度。2006 年国务院发布的《关于解决农民工问题的若干意见》首次规定了农民工工资保证金制度。以此为起点，地方各级政府开始尝试落实农民工工资保证金制度的具体措施。2019 年发布的《保障农民工工资支付条例》在第三十二条中明确规定了施工总承包单位缴纳工资保证金的义务，为工资保证金制度提供了合法性基础。2021 年人社部发布的《工程建设领域农民工工资保证金规定》，作为《保障农民工工资支付条例》的配套文件对农民工工资保证金制度进行了细化规定。

（三）农民工工资专用账户制度

农民工工资专用账户制度，是指由施工总承包单位在工程建设项目所在地开立银行账户，该账户专项用于支付该工程建设项目农民工工资，建设单位应当按照合同约定及时拨付农民工工资至该专用账户的管理制度。2016 年国务院发布的《关于全面治理拖欠农民工工资问题的意见》首次规定了农民工工资专用账户制度，2019 年发布的《保障农民工工资支付条例》予以吸纳和确认。2021 年人社部发布《工程建设领域农民工工资专用账户管理暂行办法》，对该制度内容予以进一步明晰，针对农民工工资专用账户的账户属性、名称、开立流程、监管职责等作出了具体规定。

（四）欠薪失信联合惩戒制度

欠薪失信联合惩戒制度，是指用人单位拖欠农民工工资且情节严重的，行政机关应当将该用人单位及相关责任人员列入失信联合惩戒对象名单，并纳入国家信用信息系统予以公示的管理制度。2016

年，国务院发布《关于全面治理拖欠农民工工资问题的意见》，首次提及失信联合惩戒制度。2017年，人社部发布《拖欠农民工工资"黑名单"管理暂行办法》和《关于对严重拖欠农民工工资用人单位及其有关人员开展联合惩戒的合作备忘录》，规定了工程建设领域拖失信联合惩戒制度的具体内容和措施。2019年发布的《保障农民工工资支付条例》对该制度予以采纳和确认，2021年人社部发布的《拖欠农民工工资失信联合惩戒对象名单管理暂行办法》对该制度内容再次予以细化。

二、电力工程建设领域农民工工资拖欠的成因分析和法律风险

随着《保障农民工工资支付条例》的深入实施及相关配套规定的紧密出台，国家对拖欠农民工工资问题的治理取得了明显成效。但是，当前电力工程建设领域的农民工工资拖欠问题仍未得到根本解决，主要体现在部分电力施工企业没有按照国家规定和合同约定按时足额支付农民工工资。

（一）电力施工企业农民工工资拖欠的成因分析

本文所指的电力施工企业，是指具备相应资质和专业人员、以电力建设工程施工为主营业务的专业化企业，可以分为施工总承包企业和专业分包企业（简称总包单位和分包单位）。从企业管理方面剖析，当前电力工程建设项目普遍存在用工管理不规范、资金管理不到位、违法分包或转包等不合规行为，是造成电力施工企业农民工工资拖欠的根源。

1. 项目用工管理不规范

在电力工程建设中，参与项目施工的农民工多是经由熟人或老乡介绍由总包单位、分包单位或实际施工单位直接雇用，建立的是劳务关系而非劳动关系。双方的劳动报酬一般以口头约定为主，不签订书面的劳动合同，或者合同内容多为用人单位单方拟订的格式条款，农民工无法平等协商；约定的支付方式一般为工程结束后一次性结算，日常仅发放基本生活补助费。双方这种不稳定和不确定的劳务关系、非书面和不规范的劳务合同，加之农民工自身文化层次较低和法律意识淡薄，容易引发实际施工人或包工头恶意拖欠或克扣农民工工资的问题。

2. 项目资金管理不到位

农民工工资支付本质上属于项目资金管理范畴，涉及由建设单位、总包单位、分包单位、班组及农民工所构成的资金支付链，链上资金的周转效率影响农民工工资被支付的可能性。在实践中，由于银行融资困难、项目资金短缺等原因，资金链上游单位会以下游单位垫资施工作为项目招标的硬性条件，约定在一定工期结束时再向其支付工程款，从而将资金风险转嫁至下游单位。一旦上游单位无法在约定时间内落实项目资金，不能按时向下游单位支付工程款，则会引发下游单位项目资金链断裂、工资核发困难等问题，最终影响资金链末端的农民工工资支付。

3. 项目违法分包或转包

在电力工程建设项目招投标过程中，建设单位倾向于将项目发包给系统内的施工企业或在系统内部进行分包。一般而言，系统内的电力施工企业具有良好的商业信誉，严格履行合同不会出现违法分包或转包的问题。但是在实践中，建设单位有时会将项目发包给系统内不具备施工能力的下属单位，这些单位仅是一个公司化的管理实体而非实际的施工实体，承包后会继续将项目分包或转包出去，从中赚取"管理费"实现盈利。由于建设单位对总包单位分包或转包项目的行为管控力度不强，总包单位对分包单位农民工用工管理和工资支付缺乏有效监督，由此导致了电力施工企业农民工工资拖欠问题的层出不穷。

（二）电力施工企业农民工工资拖欠的法律风险

根据现行有关法律法规，在电力工程建设项目中，电力施工企业未按照国家的规定和合同的约定及时足额支付农民工工资或者对农民工工资支付合规管理不当导致拖欠农民工工资的，应当承担民事责任和行政责任，情节严重的将追究其刑事责任。

1. 刑事法律责任

《刑法》第二百七十六条之一规定，以转移财产、逃匿等方法逃避支付劳动者的劳动报酬或者有能力支付而不支付劳动者的劳动报酬，数额较大的，经政府等有关部门责令支付仍不支付的，构成拒不支付劳动报酬罪。根据该规定，电力施工企业有支付能力却拖欠农民工工资，经人力资源社会保障部门或者相关行业工程建设主管部门责令支付后仍不支付且数额较大的，该欠薪企业对农民工工资支付负直接责任的主管人员和其他直接责任人员应当依法承担"拒不支付劳动报酬罪"的刑事法律责任。

2. 行政法律责任

根据《劳动法》及相关法律法规，电力施工企业未按照国家规定或合同约定及时足额支付农民工劳动报酬的，应当承担责令限期整改、加付赔偿金、处以罚款等行政法律责任。同时，2019年出台的《保障农民工工资支付条例》规定了总包单位和分包单位不同的保障农民工工资支付的公法义务，未能履行义务还将承担相应的公法责任。

（1）总包单位的行政责任。总包单位未按规定开设或使用农民工工资专用账户、未按规定存储工资保证金或提供金融机构保函、未实行农民工用工实名制管理、未实行施工现场维权信息公示制度等农民工工资支付保障措施缺位，以及对分包单位农民工用工监督管理缺位的，应当承担相应的行政责任。具体责任形式包括责令限期改正、责令停工、罚款、限制承接新工程、降低资质等行政处罚，以及列入失信黑名单、纳入国家信用信息公示系统等行政制裁。

（2）分包单位的行政责任。分包单位未按月考核农民工工作量、未编制工资支付表并经农民工本人签字确认、未实行劳动用工实名制管理等农民工工资支付保障措施缺位，以及未配合总包单位对其农民工用工及工资发放进行监督管理的，将受到人力资源社会保障行政部门及相关行业主管部门的行政处罚，包括责令限期改正、责令停工、罚款、信用惩戒等，情节严重的还会被限制市场准入或吊销资质。

3. 民事清偿责任

根据《民法典》及相关法律规定，用人单位未按照劳务合同的约定支付农民工工资应承担违约责任。但是实践中，用人单位农民工工资义务的延迟履行往往源于合同外第三方主体工程款给付义务的延迟给付。因此，2019年的《保障农民工工资支付条例》突破了合同相对性的范畴，规定第三方主体对用人单位农民工工资拖欠行为承担间接清偿责任。

（1）总包单位的清偿责任。总包单位除对所招用的农民工工资承担直接支付责任之外，还应当对分包单位拖欠农民工工资的行为承担清偿责任。具体而言，总包单位未按分包合同约定支付工程款导致分包单位拖欠农民工工资的，应在其未结清工程款范围内承担先行清偿责任。总包单位存在违法分包或转包行为，或明知分包单位存在挂靠或不具有施工资质的情形，仍将部分专业工程或劳务分包的，应当与分包单位承担连带清偿责任。

（2）分包单位的清偿责任。分包单位应当对所招用的农民工工资承担直接支付责任。如果存在下列情形，应当与拖欠单位承担连带责任。一是使用未依法取得劳务派遣许可证的单位派遣的农民工的，应当对派遣单位拖欠农民工工资的行为承担连带清偿责任。二是将工程建设项目违法再分包或非法转包的，应当对实际施工单位拖欠农民工工资的行为承担连带清偿责任。三是允许其他单位和个人通过挂靠方式以分包单位的名义对外承包项目的，应当对该个人或挂靠单位拖欠农民工工资的行为承担连带清偿责任。

三、电力工程建设领域农民工工资支付的合规路径

获取劳动报酬权不仅是农民工基于劳动关系所享有的合法权利，更是我国宪法赋予公民的基本权利。在电力工程建设领域，电力施工企业应当高度重视农民工工资支付保障工作，把贯彻落实国家农民工工资支付保障制度作为企业合规管理的一项重要内容，切实保障农民工的合法权益。

（一）推进农民工工资支付制度建设

1. 完善农民工工资支付制度体系

电力施工企业应当以习近平新时代中国特色社会主义思想为指导，全面推进落实国家及地方农民工工资支付保障法律制度及有关政策。根据《劳动法》《保障农民工工资支付条例》等法律法规、《国务院办公厅关于全面治理拖欠农民工工资问题的意见》等规范性文件，以及国家及地方有关政策，结合企业实际情况，完善农民工工资支付保障制度体系，明确职责分工，压实主体责任，规范电力工程建设领域农民工用工管理和工资支付行为。

2. 加强农民工工资支付制度宣贯

电力施工企业应当加强农民工工资支付制度宣贯，通过员工培训、普法讲座、知识竞赛、公众号推送、网页文章等"线上＋线下"方式，重点围绕《保障农民工工资支付条例》等相关法律法规开展宣贯工作，提高企业有关责任主体和业务人员保障农民工合法权益的责任意识，以及在农民工工资支付工作中的合法合规意识，着力营造"不敢欠、不能欠、不想欠"的良好氛围，强化企业农民工工资支付合规管理的内生动力。

3. 抓好农民工工资支付制度执行

电力施工企业应当定期检查农民工工资支付制度执行情况，严格依照《保障农民工工资支付条例》对农民工用工和工资支付的合规性开展排查，全面落实工资支付问题的整改。重点聚焦农民工用工人数较多、工资金额较大、用工周期较长的电力工程建设项目，重点关注实名制管理、工资保证金、工资专用账户等制度实际执行情况，建立常态化农民工工资支付专项督导检查机制，切实做到事前建立健全、事中监控规范、事后调整完善。

（二）加强农民工用工合规管理

1. 设置专职农民工用工管理员

电力工程建设属于劳动密集型产业，农民工用工数量众多且流动性较高，管理难度较大。电力施工企业可以明确农民工劳资管理归口部门，如财务部或人资部，实现对农民工的集中统一管理。同时，可以根据企业农民工的实际用工人数设置一名或多名专职农民工劳资管理员或一名分管经理，专管员和分管经理应当对企业农民工工资支付保障工作进行常态化监控和管理。

2. 规范农民工用工合同管理

电力施工企业招用农民工应当坚持先签订合同后进场施工的管理原则，规范农民工用工合同管理，严禁用口头约定代替书面约定。对于直接招用的农民工，应当依法与其订立劳务合同，约定劳动报酬、

支付方式和时间、社会保险等事项。对于劳务派遣的农民工，应当依法与劳务派遣单位签订劳务派遣协议，约定派遣岗位、人员数量、派遣期限等事项，并监督劳务派遣单位按时支付农民工工资。

3. 落实农民工用工实名制登记

电力施工企业应当加快农民工用工管理信息平台的建设，实现对所招用的农民工进行实名制登记与动态管理，未经登记者不得允许其进入项目现场施工。登记的内容应当包括所在项目及班组的名称、有关负责人的联系方式、农民工的身份信息（姓名、身份证号及联系方式）和考勤信息等。同时，应当定期核对并更新登记信息，防止因人员信息不匹配导致工资拖欠。

4. 重视农民工工资的福利保障

随着经济社会的发展，农民工群体内部结构开始出现新老代际更替的现象。相较传统农民工群体，新生代农民工群体的利益诉求多元、维权意识强化，重视公平合理的工资待遇和福利保障。为满足新生代农民工的新需求，电力施工企业应当依法为招用的农民工缴纳社会保险、缴存公积金和购买工伤保险，并积极与当地政府部门合作，探索市民化农民工福利保障机制，保障农民工经济发展权。

（三）强化农民工工资支付风险管控

1. 规范农民工工资支付行为

电力施工企业应当对所招用农民工的工资支付负直接责任，同时总包单位应当对所承包电力工程建设项目农民工工资支付负总责。在工资发放方面，总包单位应当与分包单位签订工资支付委托协议，代分包单位履行农民工工资支付义务；如遇分包单位拖欠农民工工资的，应当立即先行垫付。同时，在发放工资时应当向农民工提供详细的工资支付清单，保障农民工对工资发放情况的知情权。

2. 落实农民工工资支付的资金保障

电力施工企业应当落实农民工工资支付资金保障。在专户开户方面，总包单位应当承担开立农民工工资专用账户的主体责任，并实行严格的人工费用与其他工程款分账管理制度。在支付担保方面，总包单位应当按照国家有关规定存储农民工工资保证金，专项用于支付所承包工程项目中被拖欠的农民工工资。同时，可以探索农民工工资保证金差异化缴存办法、第三方工资支付担保等保障机制，为农民工工资支付提供更为全面的资金保障。

3. 建立农民工工资支付全过程档案

在农民工工资拖欠纠纷中，用人单位时常因工资支付过程性资料不全，无法举证证明已履行工资支付义务而面临败诉的法律风险。因此，电力施工企业应当注重建立农民工工资支付的全过程档案，加强农民工工资支付的台账管理，使得支付信息均溯源可查。重点关注涉及劳务合同、工资支付转账凭证等工资支付相关证据材料的收集。当工资支付产生争议时，上述资料即可作为厘清各主体责任最直接的证据材料。

4. 建立农民工工资拖欠企业"黑名单"

电力施工企业对外开展业务合作时，要审慎选择具备合法资质、信誉良好且注重农民工权益保障的合作伙伴，必要时可以建立拖欠农民工工资企业"黑名单"。即将企业的农民工工资支付和福利保障情况作为开展合作的重要依据，对曾发生过拖欠工资行为的企业列入"黑名单"，并拒绝与其开展合作。同时，应当定期对已开展合作的企业农民工工资支付情况进行审查，若发现存在拖欠工资行为应当立即将其列入"黑名单"，并拒绝与其再次合作。

（四）建立农民工工资支付争议解决机制

1. 落实农民工维权信息公示制度

电力施工企业应当在项目施工现场的醒目位置处设立农民工维权信息告示牌，明示该项目各责任主体的基本信息和联系方式、当地最低工资标准和工资支付日期、企业内部投诉和建议渠道、电力行业工程建设主管部门和劳动保障监察的投诉举报电话、当地劳动争议调解仲裁申请渠道、法律援助申请渠道、公共法律服务热线等维权信息，便于农民工维护自身合法权益。

2. 设立内部劳动争议解决机构

电力施工企业可以内设专门的劳动争议解决机构，提供农民工向企业投诉和建议的渠道，及时处理农民工工资支付争议，切实维护农民工的合法权益。具体而言，企业可以在内部设立劳动争议解决部门或调解委员会，由公司内部相关专业人员组成调解团队，包括分管领导、法律顾问、人力资源管理人员和劳动关系专家等，该争议解决机构收到有关投诉和建议后应当及时处理。

3. 探索欠薪纠纷的协同处理机制

电力施工企业可以探索建立欠薪纠纷多元协同处理机制，与各级党委、政府部门、司法机关、劳动仲裁机构等有关单位开展合作，加强跨部门和跨单位信息交流与资源共享，形成解决欠薪纠纷工作合力。当发生农民工工资拖欠纠纷时，电力施工企业可以立即将有关情况通知或报送上述有关部门或单位，协同化解欠薪争议，遏制欠薪问题的升级或加剧。

四、结语

为深入贯彻党的二十大有关完善劳动者权益保障制度、中央经济工作会关于保障农民工工资按时足额发放的重要部署，电力施工企业应当将外部法律的强制约束力与企业内部的主观能动性相结合，全面落实国家农民工工资保障制度，建立健全农民工工资支付合规管理体制机制，这既是全面治理拖欠农民工工资问题的现实要求，也是我国农民工工资支付保障实践的迫切需要。具体而言，电力施工企业应当推进农民工工资支付制度建设，加强农民工用工合规管理，强化农民工工资支付风险管控，建立农民工工资争议解决机制，并积极响应国家有关政策，配合政府行政管理，从源头上防止欠薪问题的产生，切实保障劳动者合法权益，促进企业健康发展，维护社会和谐稳定。

参考文献

［1］朱军.中国公共投资项目层层转包的诱因及农民工欠薪问题［J］.社会科学战线，2015（2）57–67.

［2］罗智敏.论确保行政法上义务履行的担保制度［J］.当代法学，2015，29（2）：13–21.

［3］王蓓，黄晓渝.城镇化进程中农民工工资支付保障制度研究［J］.四川师范大学学报：社会科学版，2015，42（3）：36–44.

［4］刘军胜.从源头治理到实名制管理——《关于全面治理拖欠农民工工资问题的意见》的解读［J］.企业管理，2016（3）：19–22.

［5］章政，祝丽丽，周雨.农民工权益保障的信用治理模式研究：以农民工工资拖欠问题为例［J］.中国人力资源开发，2020，37（8）：96–106.

［6］宋远启.浅谈水利水电工程施工单位农民工薪资管理［J］.人民黄河，2021，43（S02）：244–245+250.

［7］徐霄健.农民工工资支付法治化问题研究——基于对《保障农民工工资支付条例》的解读［J］.山东工会论坛，2021，27（1）：71–79.

［8］高晓彬，马大奎，吴旻，等.企业基建工程项目农民工工资核发体系构建与应用［J］.建筑经济，2023，44（S02）：

42–46.

［9］ 卢张翔.多渠共通，防范农民工工资遭拖欠［J］.人力资源，2024（5）：60–61.

［10］ 杨阳.工程建设领域工资支付规制模式及其合法性［D］.上海：华东师范大学，2022.

浅析供用热合同纠纷存在的法律问题

——以一则特殊案例为视角

刘　薇[1]　霍丽娟[2]　陈建中[1]

1.中电（商丘）热电有限公司；2.中国电力国际发展有限公司

摘　要

本文从一则特殊的供用热合同纠纷为切入点，剖析了热源企业与热力公司之间的合同纠纷存在的法律问题，以案件争议焦点为抓手，深入探究此类合同的法律适用、诉讼时效、因果关系以及事实认定等问题。法官在审理供热类专业性强、事实复杂案件时，要充分考虑供热的特殊属性和事实认定关键因素，参考国内同类司法实践，作出公平正义合理的司法判决。此外，签订公平、规范的供用热合同，能够进一步维护供热市场秩序和终端居民用户的权益。

关键词

供用热合同纠纷；供热质量；法律分析；热源企业

一、基本案情

1.案件背景

甲市某热电厂（简称热源厂）是甲市唯一的热源供应企业，同时该热源企业按市政府要求托管甲市已破产清算的一座老旧热源厂（简称旧热源厂）为全市输送热源和补充热源，后续甲市政府也一直将旧热源厂作为该市的备用热源点。热源厂向全市输送热源并非直接面向居民用户，而是将热量趸售给甲市的热力经营公司（简称热力公司），再由热力公司向居民用户提供供热服务。热源厂自2017年开始向热力公司趸售热量，但在2017—2018年、2018—2019年、2019—2020年、2020—2021年期间，连续4个供暖季均因热力公司原因未签订供用热合同。直至2021年11月，在甲市供热主管部门的主持下，热源厂与热力公司签订了第一份为期4个月的供用热合同。后续双方以"一年一签"的方式在每年11月初签订当下供暖季的供用热合同。

2.案情简介

2023年7月，原告热力公司以被告热源厂的供热设备故障或提供的热源质量不达标造成其供热小区出现不同程度的停热和降温事件引起居民用户退费造成经济损失为由将热源厂起诉至甲市某基层法院，请求判令被告热源厂赔偿原告热力公司自2017年至起诉日的居民用户退费2397.83万元，同时请求诉讼费、保全费、担保费由被告热源厂承担。

一审法院认为，被告未完全履行合同义务，构成违约，应承担相应的违约责任，关于被告诉讼时效的辩论不予支持。一审法院根据公平原则判决被告热源厂赔偿热力公司经济损失905.48万元，并承担部分诉讼费。

一审判决后，双方均提出上诉。在二审庭审中，中院归纳出一审审理程序是否合法、一审法院对供热问题引起的相关损失及数额和责任认定的依据是否充分和本案是否超过诉讼时效三项争议焦点，双方围绕争议焦点发表意见。庭后，甲市中级人民法院作出裁定：一审判决认定事实不清，撤销一审判决发回一审法院重审。

二、诉、辩主张

原告热力公司主要认为：被告的热源厂以封闭循环方式向原告供应采暖用高温水，2021年之前双方未签订书面供热合同，根据市政府确定的供热参数和热源价格建立事实供热合同关系，2021年起开始签订书面供用热合同持续至今。自2017年以来，在被告供热过程中，由于被告经营的热源厂、旧热源厂以及环形管网频发故障或提供热源质量不达标，造成原告供热小区经常出现不同程度的停热和降温事件，导致原告根据相关规定向停热和温度不达标时间段的用户进行退费，造成退费损失2397.83万元，该部分损失应由被告热源厂来承担。

被告热源厂主要认为：

（1）原告热力公司主张的事项多数已过诉讼时效，原告热力公司主张被告热源厂赔偿其在2017—2018年、2018—2019年、2019—2020年、2020—2021年、2021—2022年共五个供暖季的热费损失，但其主张的前三个年度（最后结束时间为2020年3月），距今均已超过三年，超出法律规定的诉讼时效，法院应依法判决驳回原告诉讼请求。

（2）原告热力公司主张因被告热源厂供热质量不达标从而导致其遭受损失缺乏事实依据。原告热力公司的热用户暖气不热属于"多因一果"，其无证据证明被告的热源问题与其热用户退费之间的因果关系；即使原告存在供热退费情况，原告提供的证据也无法证明其退费与热源问题发生在同一时间段，无法证明其与被告具有关联性。

（3）原被告双方在历年的热费结算中，原告热力公司并未按合同约定向主管部门申请裁决。

（4）被告热源厂向法院提交了国内同类型司法案例，针对热力公司的终端用户温度不足引起的退费，并无向上追溯至热源厂的案例，相关判决也均不支持热力公司向热源厂主张索赔。法院应驳回原告的诉讼请求。

三、法律问题分析

（一）供用热合同的特殊性及现行法律的适用性

1. 供用热合同的特殊性

我国《民法典》没有对供用热合同的概念进行表述，但《民法典》第三编（合同编）第十章第656条规定："供用水、供用气、供用热力合同，参照适用供用电的有关规定"。参照《民法典》第648条，供用热合同是指供热方向用热方提供热力，用热方为此支付热费的合同。供用热合同是一种特殊的买卖合同，主体是作为经营者的出卖人即供热单位和作为消费者的买受人即热用户；客体是热能；内容是供热方享有收取热费的权利和提供符合标准热能的义务，热用户享有取得符合标准的热能的权利和按时支付采暖费的义务。在我国北方冬季集中供暖区域，用热方通常为普通居民，供热方为具有特许经营权和资质的热力经营公司，在供暖季开始前双方签订供用热合同，与上述合同相比，案涉类供用热合同主要有以下几点特殊之处：

（1）合同主体不同。案涉类合同的一方为热源厂即热力生产厂家，另一方为地区热力经营企业，类似销售端的"总经销"，即从热源厂批发热能，经其二次管网换热后再输送给普通居民用户（原告热力公司与居民用户需另行签订供用热合同）。虽所供应的热力最终都是输送给居民，但该案涉合同双方均不是普通用热居民，与通常的供用热合同主体不同。

（2）热费计算方式不同。一般情况下，热力公司与普通居民签订的供用热合同热费是根据居民用暖房屋面积和用暖时长来确定的，每平方米的用热单价以市政府下发价格文件为准，即用暖房屋面积乘以每平方米热单价乘以总用暖时长计算得出居民应向热力公司支付的合同价款。而案涉类合同则是以热量为计算标准，在换热站处设置流量表，实时记录热力公司从热源厂交换的热量，每吉焦（热量单位）的热量单价以市政府下发的价格文件为准，总热量乘以热量单价即可得出一个供暖季热力公司应向热源厂支付的热费。

（3）合同具有政府监管的特点。案涉类合同签订主体均为企业，供用热合同属于商业行为理应通过平等协商签署合同，但事实上，本文所引用的案例合同在内容约定上并非如此，该供用热合同是在甲市政供热主管部门的主持下签订的。因该合同具有民生属性，合同较多条款的约定并非双方真实意思表示，如合同价格这种关键条款也非双方约定而是由政府定价。此外，在热力公司拒不签署合同且连年欠费的情况下，热源厂不能也不敢停供，主要原因就是在冬季北方集中供暖区域，供暖属重大民生事项，如停供必然导致大量的投诉或群体上访事件，造成社会稳定问题，但由于政府定制的热源价格远低于成本监审价格，导致热源厂亏损严重。在此情况下，热源厂仍不得不应政府部门社会稳定和保供要求，始终坚持供暖，就更加助长了热力公司拒不与热源厂签署合同且不履行热费结算和付款义务的势头，每年的热费收取均需通过当地政府协调解决，协调未果的情况下，只能通过法律诉讼的途径来维护公司权益。

2.法律法规适用性分析

回归至案涉类供用热合同的法律适用上，就合同主体不同而生成的法律关系，是否适用我国《民法典》规定的参照供用电的有关规定以及地方供热管理条例这一问题，笔者认为是适用的。

（1）案涉类供用热合同适用我国《民法典》规定的参照供用电的有关规定。普通的供用热合同本就属于特殊的买卖合同，案涉类供用热合同只是主体不同的、更加特殊的买卖合同，虽具有政府监管的特点，但更偏向于商业化，该类合同的签订方仍是民事法律所规定的适格主体，内容（除价格外）可自由约定且合法，属于民事法律所调整的法律关系，故此类合同当然适用关于供用热的现行法律法规。参照《民法典》对供用电合同的规定，在供用热合同履约期间如果发生设备故障，只有证明故障方存在没有及时抢修的情况才需要承担赔偿责任，反之，若及时进行抢修恢复正常供热能力是不需要进行赔偿的。

（2）案涉类供用热合同适用地方供热管理规定。甲市所在地省政府出台的《集中供热管理办法》（简称《办法》）第25条和第27条规定，连续停热12小时以上的或者室温连续48小时以上不达标，所引起的退费问题是热力公司来承担相应的减收义务和责任，而不是由热源企业来承担。《办法》中，对于两份供用热合同的责任进行了明晰，即属于终端用户的供热不达标问题由热力公司负责，因为此供用热合同的计费标准是房屋面积，而非热源企业负责。热源企业与热力企业之间的计费标准是按照热值计算的，不存在热源企业违约情况，即使热源企业存在违约，适用侵权责任的原则来界定责任，必须有停热的故意且不进行及时抢修才可以承担责任。本案较多故障发生在供热主管网，并非热源点，被告供热管道是环形主管网，若部分管网段出现故障原告完全可以通过二次管网切换实现正常供热以免扩大损失和影响范围。因此，居民室温不达标与热源厂设施设备故障之间不具有关联性，没有因果关系。

（二）诉讼时效在本案中的适用

一审法院认为原告热力公司的诉求请求是连续发生的，不支持被告热源厂提出的原告所诉的多数经济损失已超过诉讼时效的主张。就本案而言，笔者认为应适用已超过诉讼时效的规定，法院在认定事实上存在错误。我国《民法典》规定的向法院请求保护民事权利的诉讼时效期间为三年，这期间权利人向义务人提出履行请求、或义务人同意履行义务、或权利人提起诉讼或申请仲裁、或与提起诉讼或者申请仲裁具有同等效力的其他情形，诉讼时效期间重新计算。首先，原告热力公司在双方历年的热费结算中从未提出过退费损失抵减应交纳的热费问题，即权利人在 3 年有效诉讼时效期间未向义务人提出过履行请求；其次，一审判决称"原告的诉讼请求系连续发生的经济损失"，而案涉双方每年均独立进行供用热合同签订、热费结算等工作，每年的供用热合同关系仅存在于当年的 11 月份至次年的 3 月份，并非连续性债务。综上，案涉类供用热合同纠纷应结合实际情况适用诉讼时效相关规定，对原告已超过诉讼时效的供暖季经济损失请求作出驳回判决。

（三）"多因一果"导致的供用热合同纠纷事实认定

案涉原告热力公司主张被告热源厂供热质量不达标从而导致其遭受损失，这是本案争议的焦点，相关事实认定更是查明整个案件事实的关键。

1. 供热质量分析

根据传热学的理论，"凡有温差，就有热量自发地由高温物体传到低温物体"，这说明热能作为一种出售商品具有传导性和辐射性，供用热质量具有不对称性。结合案涉合同类型的实际供热工作，供用热质量应分为两部分：一是供热质量，二是采暖质量。供热质量是指热源企业提供的产品能够达到的标准质量，这对应的热计量标准；采暖质量是指热能产品通过用户的采暖设施表现出来的质量状态，这对应普通供用热合同供热标准。这是两个完全不同的概念，衡量质量的标准也不同，热源企业提供的热能只能保证出水温度和压力，而采暖质量则是由终端热用户的室内温度来测定。因两份合同的计量标准不同可能造成热源企业按质量标准提供热能而热用户的采暖质量不达标的情形。

2. 被告热源厂的供热设施设备出现故障将导致原告热力公司的用户退费之间的因果关系

由于热能本身的特殊性，合同约定的供暖服务也是无形的，服务行为一经作出，一般情况下就会成为无法再现的过去。此种情况下，在审判中对其质量情况的证明难度很大，热力公司作为采暖方的中间一环在供暖过程中因居民采暖质量不达标对其退费，但并未对热源厂的供暖质量提出异议，而在供暖结束后以热源厂的供热设备设施故障导致供热质量不达标为由要求赔偿经济损失是不客观、不合理的。

在热力传送过程中，制约终端用户采暖质量的因素很多，如一二级管网、换热站的设计及设备安装是否合理，供热区域布局是否合理，二级管网及设备老化，二级管网运营商的日常管理调度和设施的维护，用户住房质量、外墙保温、取暖方式的不同，用户私接、改装供暖设施等问题都会在一定程度影响终端用户室内温度。此外，案涉类合同一般由热源单位向供热企业趸售热量，热源单位主要负责一次管网的热力输送，供热企业通过二次管网负责向最终用户分配热力，其具有控制最终各终端用户的调节能力，供热企业的调节调控能力对热用户的采暖质量更具有直接作用。故案涉原告热力公司以其热用户室温不达标直接推定被告热源厂供热质量不达标或将用户室内温度不高的原因完全归责于被告热源厂提供热源不达标是不合理的，缺乏事实依据。

国内司法实践中认定此类型合同纠纷均为"多因一果"事件，也均不支持供热公司将用户退费造成的经济损失转嫁给热源单位。如在宁夏华电供热有限公司与宁夏天煜供热有限公司供用热力合同纠纷一案中（〔2020〕宁民终238号），在石家庄西岭供热有限公司与国家电投集团东方新能源股份有限公司供用热力合同纠纷一案中（〔2018〕冀0104民初4989号），在山西纪元玉米产业有限公司、定襄纪元热力有限公司等与定襄县昌春供热服务有限公司合同纠纷一案中（〔2018〕晋0921民初297号，宁夏回族自治区高级人民法院、石家庄市桥西区人民法院和山西省定襄县人民法院均以暖气不热属于"多因一果"，无法判断热源厂供热问题与热力公司居民用户退费之间的因果关系或热力公司提供的证据根本无法证明上述问题的关联性，以事实不清等理由驳回热力公司的诉讼请求。

就本文案例而言，即使热力公司存在退费情况，但原告也未能证明退费与热源问题发生在同一时间段，从而也无法证明二者之间的关联性。从上文中可知，居民热用户采暖质量不达标受多种因素影响，属"多因一果"，热力公司也无法证明二者之间的因果关系。在事实不清的情况下，一审法院适用公平原则、自由裁量权让被告热源厂承担不利后果有违法律精神和事实原则。

3. 一审法院判决以营业收入混淆"损失"概念

营业收入是由成本和利润共同构成，而法律上损失的概念通常是指因不法行为或违约行为导致的财产利益直接减少的损失，直接损失应当以实际赔偿原则进行赔偿，即合同一方违约给另一方造成损失的，违约方应向守约方赔偿其直接损失，以"营业收入"直接代替"损失"认定是不符合法律规定的。

案涉一审法院对原告热力公司诉请的经济损失赔偿金额未加区分，将居民退费全数认定为原告损失属不当使用"损失"概念。根据供热实际情况，并结合双方供用热合同约定内容，双方以用热量为结算依据，假设前述被告热源厂供热设施设备故障导致不同程度的停暖、供热质量不达标事实成立，在被告热源厂设施设备故障期间热量传输应是停止或相应下降的，热量计量表停止或减少计量，故原告热力公司在此时间段内本就不会产生购热成本，其退还居民相应时间段热费更是理所应当。然而一审法院的损失认定方式混淆了营业收入和损失的概念，认定结果违背事实原则，甚至可能造成本就应由原告退还居民的费用转嫁给被告热源厂承担，使原告热力公司获取不当得利。

从该案件的二审裁决中可知，二审法院对于一审判决的事实认定也是持否认态度，故以事实不清为由作出了撤销一审判决并发回一审重审的裁定。

四、对热源企业签订供用热合同的法律建议

1. 合理约定供热质量标准的范围

明确出水温度、压力等质量标准，并允许一定的波动幅度；约定增容、减量的操作流程；设置用热计划沟通机制，约定热用户（热力公司）临时变更用热量、停供复供等情况下的提前通知义务以及接收通知方的确认方式，避免用热量突变对热源单位的生产计划和生产安全造成不利影响。

2. 产权分界与运维管理

准确划分双方供用热设备设施产权、维护责任界限，对于产权复杂的应逐项确认；明确运维管理

职责范围及事故发生时的责任承担方式，在合同中约定交付的地点和计量标准。

3. 供热价格及热费回收

在北方集中供暖城市，一般由政府制定热价或政府制定指导热价，按价格文件执行即可；没有政府定价或指导价的，应与热用户协商一致，将价格条款明确约定至供用热合同内，对于签订长期供用热合同的，可以约定供热价格调整机制，如结合燃料市场价格波动适当调整热价。在热费回收条款设置上的约定要明确热费结算及回收周期，优先考虑先付款后用热的模式；在选用预付款模式时，根据用热单位的信用状况合理约定预付款比例，针对信用状况不佳的用热单位，可以提高预付款比例，并要求提供有效担保措施。

4. 违约责任

明确供热质量不达标的具体表现形式，违约责任承担方式、违约责任承担范围以及免责条款，避免出现供热质量问题事实认定困难、无限扩大一方责任等不利于双方合作的结果；明确逾期付款的违约责任，如逾期付款按日计算制定比例违约金，逾期超过指定天数，热源单位有权以书面通知的形式终止供暖并要求违约方支付一定比例的违约金。

五、结语

综上所述，在市场经济背景下的今天，热源企业、热力公司、普通用暖客户之间的供热合同，关键计价条款完全由政府来定，热源企业合法权益无法得到保障，严重亏损的情况下仍需履行保供义务，长此以往不利于企业发展和社会稳定。笔者认为，政府要站在长远的角度上进行监管，不能仅仅考虑民生问题，更需要从平衡供热合同的三方权益进行统筹考虑，采取措施建立供热市场的良性经营长效机制，如加强供热信息化建设，建立供热监管和服务信息平台，实现供热信息综合应用和数据共享；建立供热管网维护、更新保障资金制度；建立供热监督机制等，确保供用热市场健康经营与发展。这就要求国家层面对政府供热管理方面的立法进行支持与完善，明确政府在供热领域的职责，引导、监督供热企业的供热行为，减少供用热合同纠纷的发生，维护各类供用热合同主体的合法权益。

参考文献

［1］ 傅兆军. 供用热质量的法律分析［J］. 区域供热. 2009（1）: 7–11.

［2］ 苗林，成玉青. 供热合同纠纷的成因及对策［J］. 河北企业. 2011（2）: 1.

［3］ 闫振洲，梁惠娟. 民事诉讼之脊椎——从一起供用热合同纠纷看民事诉讼中的举证责任［J］. 河北青年管理干部学院学报. 2006（4）: 3.

［4］ 董储幸. 供用热合同应当注意的六大问题. 企业管理. 2016（S1）: 260–261.

［5］ 付建华. 关于供热立法的思考. 中国建设信息. 2006（D4S）: 3.

以有法可依推动合规管理
以电力条例护航法制建设

冯　昊　周婧瑜

国网浙江省电力有限公司经济技术研究院

摘　要

在全面依法治国、强化合规管理的大背景下，国家电力立法总体滞后于电力改革新进展，亟须地方电力立法先行先试，为国家层面的法律修订提供地方实践依据。国网浙江电力深度参与《浙江省电力条例》（简称《条例》）相关工作，支撑浙江省人大与相关政府部门起草《条例》，编写释义并出版，推动配套政策出台，组织宣贯与培训。《浙江省电力条例》的出台，对于促进浙江省电力事业发展，保障电力安全运行，维护各方的合法权益，促进浙江共同富裕示范区建设，具有重要意义。

关键词

依法治国；合规；电力条例

一、《条例》出台必要性分析

1. 国家层面，电力立法力度及修订幅度均难以满足新形势下电力事业发展需求

作为电力行业"基本法"，现行《电力法》于 1996 年 4 月 1 日起施行，虽在 2009、2015、2018 年修正三次，但修订工作未有实质性进展。自 20 世纪 90 年代末政企分开以来，电力发展已经过两次体制改革，电力市场主体及其利益诉求多元化，新业态频繁涌现。当前的电力立法力度及修订幅度均难以满足新形势下电力事业发展需求，如第三十五条"电价"相关内容"电价实行统一政策，统一定价原则，分级管理"未能体现"管住中间，放开两头"的改革要求；《电力法》与《可再生能源法》之间关于可再生能源发电主体是否需具备法人主体也存在冲突。因此，社会各界对电力立法修法的呼声日益强烈。

2. 省级层面，各省纷纷开展地方电力立法，就重点难点问题先行探索创新

为解决现实中不断涌现的新问题，江苏、浙江、河北等省份分别于 2020、2023、2024 年正式施行各省电力条例。地方电力立法围绕碳达峰碳中和目标、加快构建新型电力系统等中央部署，涵盖电力规划、建设、生产运行、供应与使用全过程，立法框架体现综合性立法特点，且注重细化上位法和行

政法规的规定，同时结合各地实际，为国家层面的立法修订工作提供地方实践依据。

3. 就浙江省而言，需出台一部综合性电力立法将省内电力改革创新实践成果予以制度化

《浙江省电力条例》出台前，浙江电力地方性法规和政府规章功能单一，需出台一部综合性电力立法，推动能源电力产业和企业能效提升和转型升级，增强市场竞争力；建立健全电力保供机制，增强电网运行调节和突发情况应对能力，维护供用电秩序稳定；强化电力设施保护，提高全省获得电力水平和电力营商环境。《浙江省电力条例》共 8 章 81 条，是在 2014 年《浙江省电网设施建设保护和供用电秩序维护条例》基础上，充分结合浙江省电力事业发展需求，覆盖电力管理领域的一次立法实践。

二、《条例》体系建设的主要路径

（一）聚焦问题与目标导向

一是完成电力条例立法参考材料——法律法规梳理工作。整理现行能源、电力领域法律法规，形成 3 本汇编，即国家相关法律法规汇编，包括《中华人民共和国电力法（2018 年修正版）》在内的国家颁布的 27 部法律及司法解释、行政法规、部门规章和规范性文件；省级地方电力法规汇编，包括 40 项法规文件，其中有江苏省、河北省电力条例，天津市、青海省等 9 省市供用电条例；浙江省内相关政策与规范性文件，包括 19 项政策与文件。

二是深度参与立法调研。于 2021 年 12 月底和 2022 年 1 月初分别前往杭州、嘉兴、湖州开展立法调研，对设区市发展改革委、供电公司、电厂、电力交易中心、售电公司、用电用户等进行调研座谈，充分听取不同诉求和建议。

三是梳理立法拟解决的问题。支撑政府部门组织召开电力相关企业、院校和事务所法律专家两场座谈会，讨论提出为推动浙江省碳达峰、碳中和目标实现，保障新型电力系统建设，主要拟解决的五大方面问题，包括"双碳"目标实现过程中的关键问题、电力规划与建设的新问题、电力供应与安全的新问题、电力市场交易的新问题、电力行政管理面临的新问题。

四是形成条例草案征求意见稿并根据意见修改草案。根据立法调研和立法拟解决问题的梳理，经过六轮条例草案的修改形成《浙江省电力条例（草案）征求意见稿》，并于 2022 年 1 月 21 日至 2 月 10 日期间，以浙江省发展改革委员会名义向相关厅局、电力企业、协会、委内处室征求意见，并公开向社会各界发布征求意见稿。根据各界意见，修改完善后形成《条例（草案）》。

（二）拓展普法宽度

支撑省人大常委会法工委编写《〈浙江省电力条例〉释义》，以兼顾理论性与实践性的原则，采用文义解释、目的解释、历史解释、体系解释等方式，引用上位法、中央文件、涉电政策的规定，阐明条款的形成过程与条款含义。同时，以小常识和典型实例丰富释义，增加通俗性，并将《条例》涉及的相关法律法规附后，帮助社会公众准确理解条文制定背景、制定目的、法理依据，厘清各方权责义务，推动《条例》有效实施。

（三）配套机制建设

为保障《条例》有效实施，推动相关政府部门出台 4 项《条例》相关配套规范性文件。包括：《浙江省可中断负荷管理规定》，明确可中断负荷的应用场景、新建扩建以及存量受电工程建设流程、运维管理及保障措施，要求工商业电力用户对新建或存量电力设施加强可中断负荷建设或改造，推动电力系统安全稳定运行和效率提升。《浙江省重要电力用户认定及范围》，明确重要电力用户定义和分级、认定流程、用户范围，提升重要用户用电安全管理水平，防止重要电力用户供电中断带来的人身伤亡、环境污染、政治影响、经济损失、社会公共秩序混乱等负面影响，维护社会稳定。《浙江省特高压电力线路保护区宽度和安全距离标准》，明确特高压电力线路保护区宽度，以及特高压电力线路与树木、建筑物之间的安全距离，依法保护特高压电网设施，保障省内电力正常供应。《浙江省支持小微企业和小微园区的用电政策措施》，制定数据集成共享、电力产品创新、用电服务优化等措施，推动降低小微企业和小微企业园区用电成本、提升发展效能。

（四）法治文化共振

支撑浙江省发展改革委与能源局就《条例》实施一年多来，梳理相关配套制度制定、能力建设、宣贯培训等工作的推进情况，总结《条例》实施过程中存在的争议、配套政策需进一步完善的空间、部分条款执法力度与处罚力度需进一步明确等问题，对下一步立法工作提出意见建议。一年来，已组织浙江省各地市供电公司、相关单位开展《条例》学习培训 131 场，参训人员 8766 人次，发放《条例》宣传手册及画报 9000 余份。在党政机关相关会议中开展《条例》专题宣讲，指导相关单位通过支部"三会一课""党建＋"宣传教育、"合规三分钟"宣讲、电力共享法庭法治宣传服务队入门、入户、进企等不同形式，营造良好的电力法治环境。

三、《条例》体系建设成效

《条例》立足解决浙江实际问题、体现地方特色，是地方立法的重要使命和生命力所在。《条例》在优化地区能源结构，促进电力高效清洁低碳发展，保障电力运行安全，推进电力体制改革，优化电力营商环境等突出问题均作出了一系列规定。《条例》实施一年以来，在推动建立各方沟通协调合作机制、加大电力设施保护力度、需求侧管理等方面均取得突出成效。

（一）清洁低碳转型方面

《条例》明确电力事业应当遵循清洁低碳、安全高效的原则，把推动能源绿色低碳转型纳入县级以上人民政府职责，同时强化了对可再生能源和储能发展的支持。《条例》实施后，全省开展了新能源资源评估，推动建立"政府主导、电力服务"的源网协同机制，综合考虑资源禀赋与电网消纳条件，协同地方政府科学制定年度建设方案，科学合理制定新能源规划布局、分阶段发展目标。浙江省承接了国家能源局分布式光伏接入电网承载力评估试点工作，系统梳理分布式光伏并网存在的堵点、难点，有效提升政府、企业及用户沟通效率，科学引导分布式光伏开发。

（二）电力设施保护方面

《条例》对电力设施保护以单独章节进行了规定，其中第六十一条具体规定了对密集输电通道的保护，第七十一条规定了对海底电缆的保护。《条例》的实施，有力地推动了各地市供电公司与属地综合行政执法局联合发文成立电力行政执法机构，将电力设施保护纳入地方行政综合执法事项。促成在政府安委会下设电力专委会，建立密集通道安全隐患定期会商、联合处置新机制，实现密集通道纳入地方公共安全管理范畴、纳入社会治安综合管理责任考核范畴，形成内外贯通、多方发力的密集通道防护工作新格局。在强化海底电缆保护力度上，推动构建政、企、群电力设施保护联防联控机制，打造海缆保护"三级护缆"新模式，扩大海上电力设施保护的响应程度，有效提升海缆防外破综合防护能力。

（三）需求侧管理方面

《条例》首次将新型负荷管理系统建设要求纳入地方性法规。对电力负荷装置运营维护等内容进行明确，同时规定电力管理部门是明确用户可中断负荷范围的主体，为新型负荷管理系统建设提供了法律支撑。《条例》实施后，浙江省大力挖掘柔性负荷资源，省发展改革委、省能源局印发《2023年浙江省电力需求侧管理工作实施方案》，创新"容量＋电量"两部制补贴、基于响应负荷的"阶梯式"补贴等多种机制。在迎峰度夏（冬）电力供需紧张初期，优先启用空调负荷调控措施，在紧张时期，同步启用移峰填谷措施与空调负荷调控措施。推动市县两级全部出台地方性专项补贴，以市场化分摊方式推动全体工商业用户共担共享。有序推进可中断负荷现场建设，累计完成试跳验证1.9万户，具备负荷控制能力1200万kW，实现需求侧资源短时、精准调控。完成所有市县电力负荷管理中心政府授权，市、县级电力负荷管理中心全面实体化运作，促成各级政府出台支持政策165项，度夏、度冬最大移峰负荷216万、282万kW，经受住负荷屡创新高的考验。

（四）电力市场与交易方面

《条例》明确了电力市场建设运营有关主体的职责，包括省人民政府、省电力管理部门、电力交易机构。《条例》实施后，浙江电力现货市场重启，浙江电力现货市场"1+5"规则体系发布，第六次结算试运行开展，市场化的价格机制得以构建。推动明确分布式光伏发电、分散式风能发电与周边用户的中长期交易规则。持续推动电力市场建设，完善市场损益清算体系，按月做好损益清算和信息发布工作，确保相关费用由市场主体公平分摊（享），持续提升市场主体的满意度和获得感，推动构建统一开放、竞争有序的电力市场环境。

以法治"引领、规范、保障"电网企业
反垄断合规风险防控的实践

周子健　叶翠婷　丘嘉苑

南方电网广东电网有限责任公司

摘　要

随着反垄断法律制度体系日趋完善，反垄断执法不断向纵深领域发展，国务院国资委要求不断深化治理完善、经营合规、管理规范、守法诚信的法治央企建设。南方电网广东电网有限责任公司（简称广东电网公司）从法治在企业发展中的"引领、规范、保障"的定位出发，建立健全"234反垄断合规风险防控模式"，聚焦"双重引领、三层规范、四类保障"，探索电网企业反垄断合规风险防控实践，以应对电网企业经营管理中日益增长的垄断风险。

关键词

电网企业；反垄断；合规风险防控

一、项目背景

在百年未有之大变局、疫情等各种因素交织的背景下，全球监管机构对各国企业的反垄断监管也日趋严格。党的十九大以来，党中央高度重视全国统一大市场建设和反垄断工作，党的二十大对完善公平竞争、加强反垄断和反不正当竞争、破除地方保护和行政性垄断等，提出了更加明确的要求。2022年，修订后的《反垄断法》生效施行，标志着我国反垄断法律制度体系更加完善，反垄断执法不断向纵深领域发展，对企业反垄断合规工作提出了更高要求。

电网企业等公用事业单位因其具有的自然垄断特性，且涉及国计民生和基础营商环境状况，一直是反垄断执法机构关注的重点。在当前复杂形势下，为更好地着力防范化解重大风险，需要将反垄断合规管控要求与日常业务深度融合，建立健全电网企业防范反垄断合规风险的长效机制。

广东电网公司坚持以习近平法治思想为指导，全面落实集团公司党组关于进一步加快法治南网建设的意见，充分发挥法治在护航企业发展中的积极作用，以"制度、文化双重引领""点、线、面三层规范""数字、智能、监督、问责四类保障"为思路，建立"234反垄断合规风险防控模式"，将反垄断合规风险防控要求融入业务、嵌入流程，畅通常态化管控渠道，并通过严宽相济、高效智能手段和方式推动和保障执行。

二、主要做法

（一）以制度、文化双重引领反垄断合规管控

1. 以制度硬手段确保管控力度

坚持系统思维，在全面遵守《反垄断法》等外部法律及反垄断行政法规的基础上，结合电网企业经营管理实际，细化较为常见的反垄断合规风险防控要求，在企业规章制度中予以固化，确保依法合规有据。

广东电网公司重点关注改革改制、投资融资中的反垄断合规管控，特别是股权交易过程中的经营者集中等垄断风险，不仅可能影响改革改制任务的圆满完成，更可能导致受到行政处罚。通过细致梳理经营者集中的认定标准、申报程序以及流程等内容，在公司制度中明确将经营者集中纳入开展相关股权交易过程中的法律审查要求，通过制度确保反垄断合规管控刚性执行。

2. 以文化软方式延伸管控深度

将坚守反垄断底线、增强合规意识作为法治宣传教育的重点内容，通过编印反垄断合规指引宣传手册、举办内控合规网络培训班等多种线上线下方式，将反垄断合规知识带到员工身边，并通过答题闯关、快问快答等趣味娱乐方式，推动员工主动领会反垄断合规管控的内涵和意义，夯实反垄断合规文化根基，让员工"知法于心、守法于行"。

广东电网公司结合"12·4"宪法宣传周暨合规教育周系列活动，开展企业反垄断合规宣传，将"反垄断基本定义""反垄断法律规则体系""反垄断术语"等内容制作成宣传课件和折页小册子进行派发，并融入相关法治宣教趣味活动中，引导职工广泛树立反垄断合规意识。同时，结合经营活动的主要反垄断合规风险，录制反垄断合规培训讲解视频，重点讲解电力供应、平台经济、投资并购、知识产权等方面的反垄断合规管控常见情形及合规建议，推动业务一线自觉落实反垄断合规风险防控要求。

（二）以点、线、面三层规范业务垄断风险

1. 以风险识别锚定基点

电网企业作为拥有天然垄断性质且关乎国计民生的企业，在日常经营管理中更要全面梳理和识别垄断风险，深度挖掘电网企业在开展电力服务或各类战新产业过程中可能涉及的反垄断合规风险，关注分级分类审查的制度动向，评估当前及未来交易所涉行业垄断风险。

广东电网公司从《反垄断法》禁止的达成垄断协议、滥用市场支配地位、具有排除限制竞争效果的经营者集中等三方面出发，细致梳理了电力供应、对外采购、投资并购等方面可能涉及的风险点共3大类28小类，明确各类认定情形、管控举措及建议，为规范业务垄断风险锚定管控基准点。

2. 以全过程管控串点为线

通过将业务反垄断合规防控举措融入业务前、中、后全过程，实现将管控基准点动态流程形成业务合规管控防线。在前端实现风险预警。以法律规定、政策要求、行业规则、行政执法及司法判例为基础，对业务行为是否可能构成垄断，以及垄断风险可能造成的后果进行识别，并提前对业务部门做好风险预警。在中端实现实时管控。通过重大项目专人专项跟进、一般项目随时法律支持、风险知识库即时共享等方式，与业务部门高效联动，实现法律对业务开展的实时支撑以及对垄断风险的实时管控。在后端实现评价闭环。定期结合"三重一大"事项法律审核意见落实情况跟踪、合同协议抽查、

内控有效性评价等方式，对反垄断合规管控举措落实情况进行跟踪复查，并对发现问题及时做好整改闭环，避免风险扩大升级。

广东电网公司依托基于流程的内控体系优化升级工作，健全"年初有预判、季度有分析、月度有落实、实时有监控、事件有跟踪"重大风险管控机制，充分考虑风险控制的有效性，平衡管控成本与效益的关系，将反垄断合规控制要求充分嵌入流程、融入岗位，并通过月度自评、季度自查和年度内控述职工作机制进行成效评价，推动业务反垄断合规防控流程持续优化。

3. 以齐抓共管拓线成面

通过巩固业务部门履行控制责任、法律部门赋能、监督部门监督打造反垄断合规管控面。压实业务部门"流程主人"职责。负责管理范围内的反垄断合规流程优化和改进，推动从"流程遵从"走向"流程责任"。增强法律部门赋能价值。重点针对战新产业、新型电力系统建设、绿色能源发展等方面开展前瞻性法律研究，提前防范垄断风险。保障监督部门监督成效。通过责任追究管理体系、监督控制体系等，推动监督部门依法合规履职，并确保监督成效得到有效闭环。

广东电网公司在开展重大经营风险预测工作中，法律部门通过评估中央监管政策，披露因资源垄断可能存在的重大风险，并协同产业发展部门、人力资源部门、安全生产部门、财务部门等多个部门联动制定风险防控承接举措，明确各业务部门管控方式和完成时限，并设定重点监测指标及预警阈值，列入监督计划，多业务共同打造垄断风险防控面。

（三）数字、智能、监督、问责四类保障反垄断合规有效运行

1. 数字信息保障运行高效

深入推进法治数字化建设，将"三重一大"法律前置审查、内控合规月度季度自评自查、日常法律咨询服务等全部实现线上数字化，并通过内部电力法治知识库，实现外部法律法规的动态更新，并与业务部门即时共享宣贯课件、视频等法治宣教素材，以数字化为协同开展反垄断合规管控提供保障。

2. 智能辅助提高运行质量

依托智慧合规系统建设，采用生成式人工智能技术，自动识别对比公司内部规章制度和外部法律法规的依从性，动态判断制度的合法性，并针对与外部法律法规抵触或过期的制度进行及时预警。试点建设风控数智化平台，为供应链管理、科技创新、市场营销等与垄断风险高发领域创建风险监控规则和监测指标，实现反垄断合规风险自动识别监测、智能化统计分析并服务决策，以智能化方式支撑公司依法合规经营。

3. 监督控制保障运行规范

结合南方电网公司统一部署，建强做优公司监督控制管理体系，探索以党内监督为主导，促进专责监督、专业监督等各类监督贯通协调，有效衔接内部控制，整合监督和内控的全方位力量，以监督控制工作促进反垄断合规风险防控工作得到规范执行。

4. 问责追究保障管理闭环

反垄断合规有效运转还需责任追究作为最后底线加以强制规范。落实南方电网公司责任追究管理体系，事先对反垄断合规管控所涉的违规行为和违规后果加以规定，并明确相应公司处分种类，对不予按要求落实反垄断合规管控要求的人员予以震慑，为对相关违规人员进行追责处理提供明确依据，倒逼反垄断合规管控提升。

三、项目成效

（一）有效控制企业风险

自该模式有效运行以来，垄断风险得到有效管控，各业务线条将过程中的有益做法固化入制度，以反垄断合规管控为切入点带动企业整体风险防控水平提高，协同管控模式成效已逐步体现，并形成可复制、可推广的电网企业反垄断合规风险防控样板。

（二）推动行业健康发展

在有效管控企业自身风险的同时，将规范要求和经验成果通过交流对标、业务往来等方式辐射至行业上下游，在维护行业正常秩序、促进公平竞争、推进创新发展等方面贡献企业力量，是电网企业贯彻新发展理念、推动高质量发展的生动实践。

（三）维护利益相关方

通过企业自身与行业的健康规范发展，将依法合规理念和优质服务逐步扩大传递至公司的各个利益相关方，在营造法治化营商环境的同时，将反垄断合规管控硕果惠泽至人民群众，切实践行"国之大者"，充分展现负责任国有企业的责任与担当。

参考文献

［1］漆多俊.中国反垄断立法问题研究［J］.法学评论，1997，（4）：56–60.

［2］熊鸿儒.我国数字经济发展中的平台垄断及其治理策略［J］.改革，2019（7）：52–61.

［3］王保树.论反垄断法对行政垄断的规制［J］.中国社会科学院研究生院学报，1998（5）：51–63.

［4］张世明.反垄断法惩罚性赔偿责任的独特性［J］.甘肃社会科学，2023（2）：129–140.DOI: 10.15891/j.cnki.cn62–1093/c.20230308.003.

［5］杨力.中国企业合规的风险点、变化曲线与挑战应对［J］.政法论丛，2017（2）：3–16.

［6］徐晓松.论垄断国有企业监管法律制度框架的重构［J］.政治与法律，2012（1）：101–107.DOI: 10.15984/j.cnki.1005–9512.2012.01.014.

［7］卞传山.国企反垄断合规建设［J］.法人，2022（9）：51–53.

［8］周凤翔，李怡.电力业务垄断行为的定性、识别与规制建议［J］.中国电力企业管理，2022（22）：68–72.

［9］王谦.反垄断法对电力行业的内部与外部影响［J］.科技和产业，2011，11（8）：29–31+40.

新《公司法》视域下，集团化国有企业人格否认风险防控机制探索与实践

谢媛媛　王景海

中能建建筑集团有限公司

摘　要

　　新《公司法》第二十三条关于人格否认的规制，尤其是第二十三条第二款关联公司人格否认，给集团化国有企业带来了新的法律风险。本文总结传统电建企业改革发展转型升级过程中，通过完善法人治理、强化内部控制、优化资源布局，建立产权清晰、权责明确、管理科学的现代企业制度，在人格否认风险防控机制上进行的探索与实践。

关键词

　　集团化管控；"人格否认"；风险防控机制；治理体系和治理能力现代化

　　法人人格否认制度，又称"刺破公司面纱"，我国《公司法》在 2005 年规定了有股权关系的母子公司之间，若公司股东滥用公司法人独立地位和股东有限责任，逃避债务，严重损害公司债权人利益的，应当对公司债务承担连带责任。2023 年，《公司法》第二十三条第二款增加了对关联公司人格否认的规制，即与子公司没有股权关系但受母公司控制的其他关联公司和子公司之间的人格否认。

　　国有企业的属性决定了绝大多数国有企业并无第二十三条"滥用公司法人独立地位和股东有限责任，逃避债务"的主观故意，但是通过对近年来中国裁判文书网公开的裁判案例进行实证分析，司法实践过程中存在裁判法院判令国有企业承担法人人格否认后的连带责任。公司法人人格一旦被否认后，股东有限责任将被否定，公司股东及其控制的有关关联公司即国有企业母子公司之间、兄弟公司之间存在承担无限连带责任的风险。

一、集团化国有企业人格否认风险防控现存问题

　　通过对近年来的裁判案例进行实证分析，裁判法院对"滥用公司法人独立地位和股东有限责任""主观故意""严重损害"的认定标准并不明确。从学理上，人格否认特征主要包括过度控制与支配公司、人格混同（人员、业务、财务等）、公司形骸化等。

（一）过度控制与支配公司

　　实践中，基于战略统筹、内部管理等目的，部分国企集团总部对其下属公司进行集中统一管理，

国有企业集团内上级公司对下级公司的管理方式呈现以"红头文件"管理为主要形式的上下行政化特征。这种行政化管控方式，如果超过了法律的必要限度，极有可能被外部债权人认为存在不正当控制与滥用股东权利或国有企业内部的人格混同的行为，引发法人人格否认，从而导致国有企业承担连带责任。比如（2016）最高法民申字918号，山西建筑工程（集团）总公司（简称山西建设公司）与霍州煤电集团有限责任公司（简称霍州煤电）、霍州煤电集团晋北煤业有限公司（简称晋北煤业）建设工程施工合同纠纷。山西中天华工程造价咨询有限公司接受晋北煤业委托，对案涉工程造价进行审核，对该审核结果山西建设公司与晋北煤业均签字盖章予以认可。后因霍州煤电基建部不同意，晋北煤业又否认了该审核报告，造成晋北煤业未按已达成的工程价款数额及期限履行义务。裁判法院认定，霍州煤电滥用股东权利，对案涉工程结算等具体事务直接干预，过度的管理行为损害了山西建设公司的工程款债权利益，二审判决霍州煤电对山西建设公司享有的晋北煤业应偿付的工程款及其利息的债权承担连带责任。

（二）人格混同

实践中，部分国有企业集团公司基于内部管理或重组改革的需要，对部分关联企业采取"两块牌子，一套班子"的管理模式，部分国有企业内部关联公司之间存在组织机构和人员任职上存在交叉或重叠。如果关联公司之间同时存在业务混同、财务混同等情形，则有可能被司法机关认定为法人人格否认。

（三）法人人格形骸化

一般是指法人有名无实，公司实质上就是股东个人营业的状态。近年来，随着PPP业务的不断发展，国有企业在PPP项目的投资额不断增大，越来越多由国有企业参股的PPP项目公司应运而生。从目前的实际操作情况来看，多数PPP项目采用BOT方式运作，国有企业参与PPP项目的主要目的是为承接前期的建设工程，国有企业通常会与相关单位组成PPP项目公司，负责项目融资、建设及运营。部分国有企业认为PPP项目公司只是为项目实施服务的平台，属于SPV（特殊目的机构）形式，缺乏足够重视，企业内部没有建立完善的管理制度和规范的审批流程，若超过了法律的必要限度，在理论上极有可能存在人格否认风险。

二、集团化国有企业人格否认风险防控机制实践

中能建建筑集团有限公司（简称中能建建筑集团或公司）成立于1952年，历经厂办大集体改革、职工投资企业规范、公司制改造、"三供一业"剥离和退休人员社会化移交等改革发展任务，在转型升级过程中，抢抓由电网辅业到电建主业转变的重大历史机遇，实施市场化、多元化、集团化的转变，遵循市场经济规律和企业发展规律，强化党建引领，完善法人治理，强化内部控制，优化资源布局，强化监管，建立了产权清晰、权责明确、管理科学的现代企业制度，在人格否认风险防控机制上进行了系列探索与实践。

（一）完善法人治理，依法依章行使股东权

践行"两个一以贯之"，实现"党建入章"，将党的领导和党的建设纳入公司章程，明确党组织在公司治理结构中的法定地位，充分发挥国有企业党组织领导核心和政治核心作用。建立党委会决定事

项目录清单、公司党委前置研究讨论重大经营管理事项目录清单，向控股公司或参股公司委派股东代表、董事、监事和领导班子成员事项、公司治理体系建设以及公司财务管理等重大事项，经党委会研究通过后实施，发挥党委把方向、管大局、保落实的领导作用。

公司在现代企业制度框架下，按照"管资本"的国资监管要求，构建形成以党委会、董事会、董事长专题会为决策层，经理层为执行层的"三会一层"治理体系。完善"三会一层"权责边界、决策程序和制度体系，增强党组织引领性、董事会高效性、经理层自主性。制定董事会议事规则，完善董事会运行机制，推动董事会及各专门委员会高效履职。规范母子公司董事会建设，实现"应建尽建"和外部董事占多数。

完善《"三重一大"决策实施管理办法》《"三重一大"决策监督实施办法》，制定"三重一大"决策事项清单，严格落实"三重一大"决策制度，细化各层级决策事项和权限，进一步厘清母公司与所属企业的职责边界。母公司与所属企业内部管理机构的设置由各自治理主体根据公司章程以及经营管理需求自主决策，按照出资份额通过股东会表决、推荐董事和监事等方式行使股东权利，建立重大决策合法合规性审查机制，以股东角色和身份参与企业决策和经营管理，将应由企业自主经营决策的事项归位于企业，确保该管的科学管理、决不缺位，不该管的依法放权、决不越位。建立健全规范高效的公司治理结构，依法依章对所属企业行使股东权，加强对决策事项的合法合规论证，避免以"红头文件"等行政化管控方式代替所属企业决策，营造依法合规、稳健经营的内部环境，避免被外部债权人认为存在不正当控制与滥用股东权利或国有企业内部人格混同的行为，引发法人人格否认。

（二）强化内部控制，健全法律风险防范机制

中能建建筑集团坚持将内部控制体系与公司管理体系相结合，与各业务管理制度相融合。着力构建企业标准化制度体系，及时将国家法律法规、监管规定、行业准则和国际条约、规则要求等纳入企业标准化体系，制定管理标准 448 项、岗位工作标准 773 项，构建了包含战略规划、经营管理、市场营销、财务管理、人力资源等 14 个方面的制度体系。严格执行各类事项操作和审批流程，深入开展对标世界一流管理提升、价值创造、品牌引领"三大行动"，深化管理体系和标准制度建设，构建"简约、高效、好用"的制度体系，形成"按章办事、问计流程"的制度文化，确保用制度管权、按制度办事、靠制度管人、依制度问责的长效运行机制。

公司主要领导为第一责任人，建立内部控制、合规与风险管理委员会，法律事务部牵头统筹内部控制与风险管理体系建设与管理，负责内部控制的实施及日常运行工作。在业务运营方面，各企业根据自身的经营范围独立运作。在人力资源管理方面，各子企业依法独立开展劳动用工管理，依法依章向控股、参股公司推荐董事和监事。财务管控方面，实施财务标准化管理，各企业财务决策独立、财务机构独立、财务人员独立。此外，审计部通过内部审计与内部控制体系监督评价全覆盖，及时发现内控缺陷和风险隐患，督促内部控制缺陷整改，按照 PDCA 改进提升路径，不断优化内控管理体系，营造良好的内部控制环境，防止因业务、人员、财务混同引发人格否认风险。

（三）规范 SPV 公司管理，防范法人人格形骸化

大多数 SPV 公司是为实现特定的经营目的，一般通过新设的方式成立有限责任公司，作为一个独立法人自主运营。SPV 公司法人人格形骸化挑战了法人独立人格和有限责任，极易引发人格否认风险，违背设立 SPV 公司风险隔离的初衷。

中能建建筑集团严格 SPV 公司全生命周期管理，严把主业投资方向，对合作方开展充分尽职调

查，结合经营发展和项目运营需要，合理确定持股比例、股权结构，重点关注 SPV 公司章程的制定，对 SPV 公司章程进行法律审查，明确股东会、董事会、监事会、经理层的权利义务及议事规则、组成、产生方式及决策机制，保证相关席位设置、人员委派与持股比例相匹配；设置与经营目的相匹配的清晰可行的股权退出条件，细化项目资本金、融资增信、运营、退出等方面的要求，强化"设、运、停、清"闭环管控，以价值创造与风险可控为重点，把握好"投、融、退"的节奏，避免"只投不管""控股不控权"。推进 SPV 公司治理协调运转，股东单位构建互利共赢的利益共同体，建立健全法人治理结构、完善议事规则、落实"三重一大"事项决策机制，设立财务融资部、工程技术部、采购合同部、安全质量环保部、综合管理部、运营管理部等职能部门负责建设及运营管理工作，建章立制编制各项管理制度，规范 SPV 公司管理流程。按照出资份额通过股东会表决、推荐董事和监事等方式行使股东权利，同时加强对 SPV 公司财务数据和经营情况的动态监测，形成股权结构多元、股东行为规范、内部约束有效、运行高效灵活的经营机制，有效防范法人人格形骸化引发的人格否认风险。

参考文献

［1］张鑫，张曙光，徐婕，等 . 从公司法修订观国有企业法人治理［J］. 上海国资，2024（2）：23-28.

［2］杨沨 . 国有企业法人治理结构的优化策略探讨［J］. 企业改革与管理，2024（4）：26-28.DOI: 10.13768/j.cnki.cn11-3793/f.2024.0190.

适应新发展阶段的"3464"信用合规风险全过程管理机制

王 倩 卢志明 裘学东 李 波 雷 鸣

国网浙江省电力有限公司宁波市奉化区供电公司

摘 要

在国家依法治企和优化营商环境的双重背景下,奉化公司全面贯彻落实习近平法治思想,从服务支撑企业高质量发展出发,面向供电公司、供应商、用户三类主体,围绕质量信用、安全信用、社会信用、服务信用四类信用,通过指标构建、评价建设、分级监督、及时反馈、联合奖惩、应用服务六大步骤,夯实文化引领、平台监督、组织领导、制度规范四类支撑,构建"3464"信用合规风险全过程管理机制,有效促进公司合规管理的发展,树立同类供电企业中信用合规管理标杆。

关键词

合规管理;信用合规管理;企业合规;供电企业;合规风险管理

信用合规是企业持续健康发展的基石,也是企业安全交易的保障。随着市场主体信用意识的逐步提升,信用合规建设成为许多企业的重要现实需求,同时也是市场主体高质量发展的必然要求。网浙江省电力有限公司宁波市奉化区供电公司(简称奉化公司)遵循国家电网公司战略,对于信用合规培训教育方面已开展了部分尝试,但在体系构建上仍存在一些问题,具体表现在:信用评估方式不明确,缺少规范的电力信用评估标准;政企协作不足,与外部部门的联系有待加强、数据共享程度仍需提升;服务支撑能力欠缺,电力信用数据对用户申请贷款及政府补助的支撑作用还需进一步凸显。为此,奉化公司积极探索构建涵盖多主体、全链条的"3464"信用合规风险全过程管理机制,推动营商环境进一步优化,提升区域经济活力,保障社会发展进步。

一、主要做法

(一)聚焦企业实际,明确管理思路

奉化公司全面贯彻落实习近平法治思想,从服务支撑企业高质量发展出发,面向供电公司、供应商、用户三类主体,围绕质量信用、安全信用、社会信用、服务信用四类信用,通过指标构建、评价建设、分级监督、及时反馈、联合奖惩、应用服务六大步骤,夯实文化引领、平台监督、组织领导、

制度规范四类支撑，构建"3464"信用合规风险全过程管理机制（见图1），全面提升合规风险管理效能，促进合规管理持续健康发展。

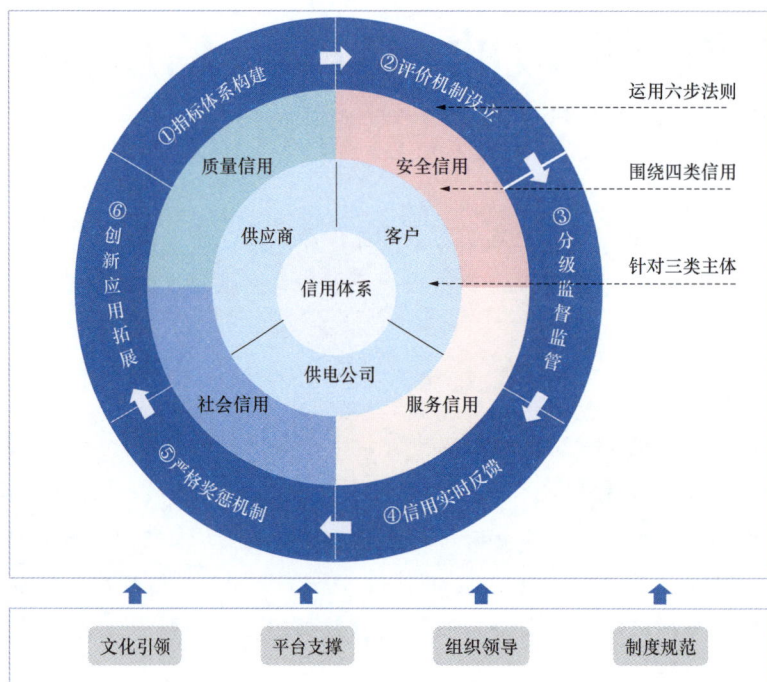

图1 "3464"信用合规风险全过程管理机制

（二）面向三类主体，开展全方位监测

奉化公司建立健全既覆盖全面又重点突出的法律合规风险过程管控机制，以信用风险历史数据为依据，明确以供电公司、供应商、用户为对象，开展信用风险过程管理（见图2）。供电公司业务部门从供应商获得产品服务支持，并为用户提供电力相关的服务。供电公司监督部门负责对公司内部业务部门、供应商、用户的信用进行评估打分，并负责对各方信用的管理、反馈、奖惩的内容的完善。三方评级机构以各方反馈数据为支撑，充分挖掘奉化公司业务相关信用特征数据，系统释放供电公司信用数据多维价值，实现供电公司信用信息完善升级。

（三）围绕四类信用，实现全方位评估

一是建立质量信用评价。以奉化公司的供电电能质量、工程建设质量等指标构建业务部门的质量信用画像；以供应商供应产品质量这一指标为基础建立供应商的质量信用画像。二是建立服务信用评价。根据供应商服务质量与履责情况，建立供应商的服务信用评价策略。三是建立安全信用评价。从电力设备安全、人身安全、电网安全、生产建设安全、信息安全、社会环境安全等内容出发，打造全方位的安全信用评价体系。四是建立社会信用评价。从奉化公司生产经营活动的合法、合规、政策履行、社会责任担当等角度建立供电公司社会信用评价体系；从供应商在经营及招标过程中是否遵循规定、严守保密协定、积极履行社会责任等角度建立供应商社会信用评价体系；从用户是否履行电费缴纳义务、按时履行纳税义务等角度建立用户社会信用评价体系。

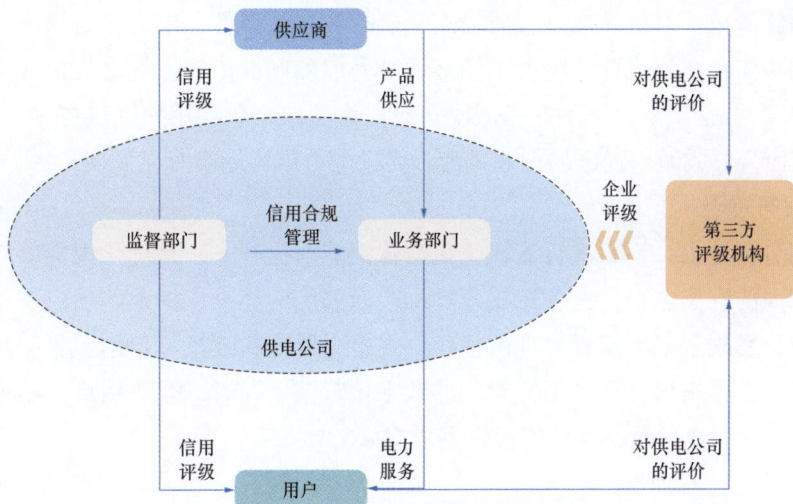

图2 信用风险评估关系图

（四）运用六步法则，完成全过程管理

1.构建评估指标体系

奉化公司以5C系统为基本架构，从电力信用体系基本内涵出发，结合业务服务内容与管理要求，分别围绕质量信用、服务信用、安全信用、社会信用四类信用，构建覆盖23项指标的评估指标，保障奉化公司对各主体开展有效信用实时评估与监控管理。

2.建立指标评价机制

一在数据筛选上，借助政府、银行信用中心平台，结合国家电网公司平台，按照统一标准实现各类信用数据的关联、融合与集成，完成信息数据的筛选。二在评级标准建设上，对供应商、用户进行等级划分，同时对信用评级的评级要素、指标体系与标准指引等内容进行明确，实现了信用评级标准化、规范化。三在评估策略上，采用国际通用的Z值模型，构建了基于盈利能力、运营能力、偿债能力的财务信用评估方法，实现了对三类主体信用的综合评价。

3.构建分级监督机制

奉化公司以互联网大数据为支撑，根据信用评价结果，充分发挥信用激励和惩戒作用。一方面，对十余家供应商建立了负面清单制度，将信用联合惩戒"红黑名单"信息查询作为必要环节嵌入了业务系统流程，配合奉化区相关机构与部门推动了差异化信用监管。另一方面，通过内部"电力诚信标兵""电力诚信小分队"等信用标杆的评选，建立内部诚信榜样名单；针对内部产生严重失信行为的个人或团队，列入重点稽查名单，给予相应的惩戒措施。

4.开展实时反馈服务

一是实时监管、强化问责机制。落实责任主体，要求内部负责信用监管的执行人员及时向上级汇报各信用主体的信用变化状况。同时依托国家电网公司平台创立可视化展示窗口，实现信用信息的可视化管理。二是及时管理，做好失信应急修复。制定信用修复指南，为各主体信用修复工作提供了指导。通过及时监督工程建设情况，对问题点快速提出解决意见，实现"有问题及时改、有难题及时沟通"。

5.严格联合奖惩机制

建立以信用产品应用为基础，守信联合激励、失信联合惩戒为主要特征的联合奖惩体系。一是建立落实联合惩戒措施清单。严格惩戒工程建设安全事故和质量事件、电力设备损坏、合同违约、用户欠费、窃电等信用主体，在招投标、电力市场等领域采取限制性措施，提高失信成本，让失信者"一处失信、处处受限"。二是制定合理的守信激励清单。为守信企业和用户提供更多"绿色通道"，树立守信典型，以点带面，形成诚信践诺的行业风尚，促进电力市场健康有序发展。

6. 构建多类服务应用

依托电力信用分析结果，不断进行流程优化与营销能力提升。一是优化内部供应采购流程。奉化公司通过建立供应商的红黑名单，充分挖掘各类供应商的优劣势，依据采购项目类型及服务需要，快速锁定供应商名单，实现了采购流程管理的优化。二是支撑贷款政策与营销服务。基于企业用户画像实现单数据源向多维数据拓展，开展了针对性的数字化营销。同时，企业用户信用画像数据也为银行简化贷款服务流程、政府简化政策扶持流程提供了支撑。

（五）夯实四项保障，实现全过程支撑

1. 构建诚信文化氛围

一是分层分级组织员工参与诚信文化教育，加深职工对于失信联合惩戒工作等相关政策的深刻认识。二是充分利用小草志愿服务队和红船党员服务队紧密群众的天然优势，将信用建设工作融入特色服务当中，明确传递了区县公司信用合规的基本理念，彰显"诚信国网"文化。

2. 优化平台运用策略

一是内部围绕国家电网"大数据征信＋金融""大数据征信＋营销"的平台信息资源，构建信息监督价值挖掘策略，为信用评估体系建设提供信息保障与技术支撑。二是外部联合公共事业部门的信用平台数据信息，分别采集企业用户的信用信息，从多个角度构建了完整的外部供应商信用画像标签。

3. 构建组织保障方案

一是在内部组织建设上，由奉化公司领导层牵头，以办公室为主，生产、营销、财务等相关劳模专家为辅，建立了信用体系监督小组，定期进行信用范畴相关问题督查及分级监督，并且协助落实奖惩措施。二是在外部组织联合上，联合上海电力大学等高校专家资源，组建了"党建＋信用"监督专家团队，通过外部视角介入信用风险管理工作，及时发现信用管理方面存在的风险点，针对性提出整改提升意见，保障公司各相关主体信用能力和信用水平的提升。

4. 建立制度规范保障

一是完善事前失信防范机制。完善属地相关监管部门对接机制，掌握前沿工作动态，确保异动第一时间察觉预判；与当地发展改革委建立常态沟通机制，自觉接受外界监督。二是完善事中反馈监督机制。依托国家电网公司平台，建立信用数据更新制度、信用数据挖掘机制，完善信用体检和信用风险监测制度，做好信用风险的提醒预警。三是完善事后失信应急修复机制。围绕一般失信行为、中等失信行为，严重失信行为，建立事后失信应急修复机制，并责成相关单位按照规定程序予以处理，保障公司合法权益。

二、实施效果

（一）着力提升公司合规管理水平

奉化公司通过信用合规风险全过程管理机制构建，将合规管理要素合理衔接，成功落地针对三类

主体的合规风险防控路径，最终形成一套流程、一套制度标准、一套运行体系的"三个一"融合成果，大幅提升了合规管理效率，有效规避信用合规风险 145 起，合规与风险管控水平提升 16%。同时通过建立实时反馈、失信修复制度，帮助公司更加及时、有效管理内部业务，增强全员社会责任意识，营造"我要合规"的整体氛围。

（二）助力区域营商环境安全平稳

将信用风险管理工作融入特色服务当中，客服中心营业厅已全面启用宁波电子证明共享核查平台，实现用户"无证"办电，打造形成数字化全能型供电所，大幅提升用户办电体验。将 13 家供应商纳入负面清单，促进供应商服务质量提升，实现供应链可持续发展。推动用户信用画像的完善，累计为 35 家跨行业合作单位提供企业信用信息补充，为企业用户申请贷款及政府补助提供高效支撑；先后在社区开展信用课堂讲座百余场，为区域其他主体充分发挥风险、合规融合价值带来有益启示。

参考文献

［1］山茂峰.企业合规制度的建构逻辑：内力、外力与引力［J］.兰州学刊，2024（2）：122–132.

［2］张洁.供应链金融模式下企业信用风险评价及其风险管理探究［J］.商场现代化，2024（8）：1–3.

［3］卢明亮，张亮，刘浩，等."双加强双提升"信用合规企业建设实践［J］.中国电力企业管理，2023（21）：64–65.

［4］桂宝利，赵双双，李建平.电力大数据为小微企业信用精准画像［J］.中国电力企业管理，2022（14）：58–59.

［5］吴晶妹，宋伟，李研.产业链征信和信用评价体系构建及应用的实践探索——以电网产业链为例［J］.征信，2022，40（2）：1–5+12.

屋顶分布式光伏 EMC 合同中光伏公司的法律合规难点和解决思路

刘诗嘉

中电投绿能科技有限公司

摘 要

屋顶分布式光伏 EMC 合同的本质是节能合作，但也不排除可创设租赁关系以更好地防范供能方的风险。在产权方和用能方不是同一人的情况下，根据电费结算方式来确定是否供能方需与产权方、用能方分别签订合同。租赁期限应早于项目运营期限开始，并设计合理的合同体系使得租期合法达到 25 年。关注房屋的规划合法性，租金的确定应考虑消纳比例，在征收补偿上应做出细致安排，并积极争取停产停业损失。合同的单方解除权不包括任意解除权，对可得利益的赔偿期限以寻找替代交易的时间为期限。

关键词

节能合作；租赁关系；消纳比例；停产停业损失；替代交易

屋顶分布式光伏电站无论是技术还是市场都已相当成熟，光伏公司的竞争也进入了白热化阶段。为了能赢得激烈的竞争，除了尽量缩短从签约到电站建设的时间外，不少光伏公司也希望通过减少 EMC 合同篇幅，以简单合同快速赢得客户。

但屋顶分布式光伏业务有其自身特点，这些特点决定了其固有的法律风险、合规要求，且具有相当的复杂性，精简合同可能减损对这些风险的防范。本文拟从光伏公司的角度，对 EMC 合同的法律合规风险进行分析，提出解决方案，有利于大家在商业竞争中，仍能确保避免风险发生。

一、EMC 合同性质之辩

EMC 合同，即合同能源管理协议，在屋顶分布式光伏领域，表现为光伏企业（供能方）在用能方的屋顶上自行投资、建设和运营光伏电站，用能方优先使用光伏电站的电量，"自发自用，余电上网"，双方并就因此产生的节能效益进行分享。

节能效益的"节能"二字，是指用能方本应使用市电，却因使用了光伏发电而节约了能源；而节能效益分享，就是对用能方若使用市电所应支付的电费，在供能方和用能方之间进行分享。常见的方法是，供能方给予用能方市电电价一定比例的优惠电价，用能方向供能方支付优惠后的电费。这就相当于全额电网电价，供能方分享了其中大部分（如80%），用能方分享了优惠部分（剩余的20%，即无须支付该部分费用）。

节能效益分享用公式表达如下：

节能效益 = 电网电价 × 用能方消耗的光伏电量

节能效益分享 = 节能效益 × 打折系数（注：打折系数 =100%– 优惠比例）

可见，节能效益分享是供能方和用能方合作的经济基础，体现了二者利益的结合点。但是，屋顶电站需要铺设在屋顶上，对屋顶的长期占有，自然在供能方和屋顶产权方之间产生了屋顶使用关系，出于一般观念，实践中多以租赁关系来对此进行定义。于是，EMC合同就变成了"节能合作 + 租赁"合同。不仅如此，各供能方从自身利益出发，认为在房屋产权发生变动情况下，租赁关系可使其受到买卖不破租赁的保护，故几乎无一例外地在EMC合同中强调租赁关系，而非仅以节能合作来确定双方的权利义务。

节能合作与租赁两个关系，同时出现在屋顶光伏电站项目中，引起了对EMC合同性质的争论，并引起裁判结果的差异。其主要焦点在于，EMC合同的基础是节能合作关系，还是租赁关系。两种不同理解，带来了在房屋转让后，受让人是否需继续履行EMC合同的问题。我们可结合一个典型案例来进一步分析此问题。

浙江省绍兴市中级人民法院二审终审的（2022）浙06民终4075号案件，涉及供能方维安公司、屋顶业主万邦公司、房屋受让方紫光公司。两审法院都认定案涉《合作合同书》并非基于租赁关系，而是互惠合作关系，故房屋的受让方紫光公司无须与维安公司继续履行该合同。其主要考察点如下：

第一，维安公司与万邦公司签订《合作合同书》的原因以及基础。这一方面是因为维安公司在光伏发电项目投资建设领域的技术及人才优势，另一方面是因万邦公司有用电需求，且拥有光伏发电项目所需场址资源，双方各有所需而签订该合同。模式是维安公司租用万邦公司厂房屋顶并负责建设光伏发电项目的全部投资、设计、开发、建设、管理和运营等，维安公司拥有本项目建成投入运营后所发的电力及其收益，而万邦公司则按照本合同优惠价格购买、使用维安公司项目所发电力。

第二，是否约定并支付了租金。《合作合同书》未约定租金，也未支付过租金。

基于上述两点，法院认为，双方法律关系与租赁关系不同，租用屋顶这一模式，实质是服务于优惠的电费收益，且并无租金的约定和支付，故认为不属于租赁关系。从而维安公司要求紫光公司继续履行《合作合同书》缺乏法律依据。但维安公司仍可以向万邦公司主张其未继续履行合同而应承担的违约责任。

从案例中法院的分析来看，其关注双方合作的经济基础，核心在于双方法律关系的构造，是基于节能合作这种模式下的各取所需：一方愿意投资并收取优惠电费以弥补投资成本并获得利润，另一方可获得清洁能源并获得电费优惠，其所付出的仅是闲置的屋顶；双方的计算模型中并没有租金这个变量，而是关注电价的优惠比例。因此，尽管必须将屋顶用于铺设光伏电站，但就使用屋顶而专门创设某种法律关系而言，其并没有经济基础作为支撑，所以屋顶如何使用，并不是本项目的关键；换言之，占用屋顶，的确是项目实施的事实基础，但并非一定要成为不可或缺的法律关系。

笔者认为，法院的理解有其合理性，触及了合作的本质。不过，这也带来了疑问：几乎所有的屋顶光伏电站项目，光伏公司和产权方均以租赁关系定义屋顶的占有和使用，无论是合同上还是思想观念上，双方均认为是租赁关系，并将其作为节能合作的基础；节能合作关系、租赁关系，均非法定关系，双方当事人可以自由创设；那么，在屋顶光伏项目中，是否可以设计出符合交易双方认知的，带有租赁特征的EMC合同？还是必须按照上述法院的理解，仅作为单纯的节能合作协议对待？

笔者的理解是，EMC 合同并不需要另设租赁关系，对屋顶的使用是节能合作的应有之义。但是，双方也可以以租赁关系作为双方的合作基础，且不会影响节能合作关系。事实上，加入租赁关系，更多是从防范交易风险角度考虑。从光伏公司角度看，节能合作固然可以突破 20 年租赁期限的弊端，但在发生房屋产权变更的情况下，仅通过合作这种合同关系要求用能方让产权受让人继续履行 EMC 合同，或者要求无法履行时予以损害赔偿，其实际效果难以预料；若能增加一层租赁关系，无疑获得了由法律给予的保障。在合同法律关系设计上，节能合作与租赁关系也无实质的冲突：本身节能合作就要基于对屋顶的占有使用，将其确定为租赁关系并不违反法律规定，而租金可以认为来自电费的优惠部分（考虑到电费优惠是节能效益分享的主要体现，为确保节能合作的这一重要特征不受影响，租金应只占有优惠部分中的一定比例，比如前述 20% 中的一部分）；在这种方式下，根据消纳电量不同，租金会随之变化，而法律并不禁止变化的租金。

因此，双方可以在 EMC 合同中约定："本项目由乙方承租甲方屋顶进行光伏电站建设。项目采用折扣电价或固定电价方式，由甲方向乙方支付电费。其中甲方享受的电费优惠部分的【　】%，即为屋顶和场地租金。"此处的折扣电价，是指给予市电分时电价固定折扣的电价，固定电价则是不考虑市电价格，直接给予一个低于市电价格的固定电价。

此外，还有一种屋顶光伏电站的合作方式，仍然是"自发自用，余电上网"，但光伏公司收取用能方全额市电电价，用能方则收取光伏公司屋顶租金。这其实难谓真正的节能合作，而是基于租赁关系的光伏供电，双方存在租赁关系应无疑义。

二、合同主体的安排

根据能源管理的定义，节能合作的相对方是用能方和供能方。在屋顶产权方就是用能方的情况下，EMC 合同主体不会产生疑问。但也经常出现屋顶产权方和用能方不是同一人的情况，用能方可能是产权方的承租人，这就出现是否需要签订三方协议的问题。

在三方主体的情况下，根据电表计量以及与电网结算的不同，会出现两种可能性：其一，电费由产权方与电网结算，产权方统一收取用能方（承租方）的电费，再向电网缴纳；其二，由各用能方自行与电网结算。

在第一种情况下，产权方可与供能方签订 EMC 合同，该合同中，供能方从产权方处租赁了屋顶，产权方从承租方处按市电价格收取电费，并以优惠价格向供能方支付，其差额相当于产权方收取的租金。在第二种情况下，需要用能方与供能方签订 EMC 合同，供能方并与产权方签订屋顶租赁协议，电价与租金应测算后确定。无论何种情形，均应要求在房产发生所有权变动，或用能方无法继续履行合同的情况下，产权方需确保房产受让人，或用能方的接替者，继续履行 EMC 合同和租赁协议；对于消纳比例下降的，第一种情形下需要减少优惠比例，第二种情形下在减少电费优惠的同时，还需要降低租金。

三、租赁期限和项目运营期限

在当前普遍以租赁为光伏 EMC 合同基础的情形下，EMC 合同应约定租赁期限和项目运营期限同时结束，这也衍生出二者是否应当同时开始、二者的期限长短以及本约和续约的安排、免租期的设定等一系列问题。

（一）租赁起算期应早于运营期限，在交付屋顶和场地时即开始起算，供能方并应实际占有屋顶和场地，运营期则从并网发电开始起算

根据《民法典》第七百二十五条的规定："租赁物在承租人按照租赁合同占有期限内发生所有权变动的，不影响租赁合同的效力。"即买卖不破租赁的前提是，不仅需在租赁期限内，还要求实际占有。

在 EMC 合同签订前，供能方会核查产权方的不动产登记情况，以确定其是否存在抵押、查封等权利限制。但从签订 EMC 合同到实际建设电站，往往还需要一段时间，供能方需进行内部的审批等流程。为确保这一段时间不动产上不会出现新的权利限制，建议签订 EMC 合同后，即由产权方将屋顶和场地交付供能方（最好 EMC 合同签订与交付日是同一天），供能方应对其实际占有（比如设置围栏、堆放物品等），起租期亦从交付和占有屋顶和场地之日起算，从而尽可能在 EMC 合同签订后就获得买卖不破租赁的权利，防止出现过长的空档期而产生风险。

而运营期，也是测算收益的起始日期，自应从实际并网发电之日起起算。

（二）光伏电站一般运营期 25 年，考虑到租赁起始日先于并网发电之日，故租赁期设为 26 年，建议采 20+6 年的设置，并对延续期限签订自动生效的补充协议

如前所述，因租赁期限提前起算，为与运营期同时结束，多出一年时间是有必要的，故租赁期设为 26 年，运营期为 25 年。这种设定下，若运营期到期，租赁期尚未到期，双方提前解除租赁关系即可。

对于是否先签订 20 年租期，后再延续 6 年，还是相反，有较多讨论。支持"6+20"的观点认为，这可以避免被认定为规避 20 年最长租期。笔者认为，若采用合适的协议架构，则不会出现规避最长租期情况，两种模式没有实质差异。建议供能方与产权方签订《分布式光伏发电项目合同能源管理合作协议（六年期）》（"六年期协议"），其内容与 20 年协议一致；双方再签订一份《补充协议》，约定在 20 年租期届满后的次日，六年期协议不附加任何条件的自动生效，以确保 25 年运营期与总的租期一致；六年期协议到期后，供能方有权优先续约。

（三）免租期的起算和截止

此期间从屋顶和场地交付给供能方光伏公司之日起计算，至光伏电站建成且正式并网发电之日止。主要是考虑到这段时间光伏公司还有内部审批、设计、建造电站等工作，需实际占有屋顶，一般免于支付租金。

四、租赁面积和场地的免费使用问题

供能方租赁的场地主要包括屋顶和场地。其中场地主要放置附属设施，包括配电室、电缆线路等，有时还需要升压站。屋顶之外的场地，应免费提供给供能方，特别注意不能忽略升压站所占土地。

关于租赁面积，屋顶租赁的应仅是实际光伏板占有的面积，而非全部屋顶。

五、租赁物的权利瑕疵问题

无论是屋顶还是辅助设施用地，均需在租赁开始前，对其所有权归属、是否有抵押、查封情况进行调查，并在交付租赁物和实际占有前，再次进行调查，以确认其状态没有改变。

（一）房屋的所有权和合法性问题

一般调查需要产权方出具不动产登记簿。但若是政府机关、学校、事业单位的建筑物，往往只会有土地使用权登记（一般是划拨用地），没有房产登记情况。此时由主管部门提供土地登记情况，并出具房产所有权归属主管部门或具体单位的证明，即可确认其所提供信息的准确性。

根据《民法典》第二百三十一条："因合法建造、拆除房屋等事实行为设立或者消灭物权的，自事实行为成就时发生效力。"对于工商业未进行不动产所有权登记的，需审查其建设工程规划许可证以及工程规划核实情况。对于未取得建设工程规划许可证即建设，或者建设情况与规划审批的要点不符的，属于违法建筑，建设方无法获得所有权；对于无房产登记证，但有规划许可证并通过了规划核实的，属于合法建筑，产权方拥有该房屋的所有权。

（二）租赁开始前被抵押、查封的

对于已有抵押情形的，需由抵押权人出具承诺函，同意在实现权利时要求受让人同意继续履行EMC合同，但这在实践中难以做到。故要求产权方予以配合，协调受让方接受EMC合同，或要求产权方给予其他类似屋顶；对于产权方无法给予任何承诺的，则可能考虑放弃该项目。

（三）租赁开始后被抵押、查封的

此种情形，在实现权利时，自然不会影响在先承租的供能方。但对于抵押、查封、EMC合同内容，仍需告知抵押权人、司法机关，并告知供能方，确保供能方能继续使用场地，不受权利限制的影响。

六、电费、其他收益以及租金的支付

（一）电费的确定

此无疑是EMC合同的核心条款之一。其主要分为三种计量方式：第一种，按照当地电力部门峰、平、谷实时电价标准的一定百分比来收取电费；第二种，给予一个固定的优惠电价（低于市电分时价格）；第三种，采用收支两条线原则，用能方按照当地电网公司同时段电价支付电费，供能方则支付租金。

合理的电费确定，可以和消纳比例挂钩（消纳比例＝用能方的用电量／光伏电站出口送电电能计量表的电量）。在EMC合同中，用能方必须优先使用光伏电量，而供能方的收益也直接与用能方的消纳比例有关。故在量、价这两个变量中，如果量降低，自然要考虑提高单价即电费。对此有两种处理方式：

方式一，确定一个保底的消纳比例，低于该消纳比例的，提高单价。

"用能方承诺年度光伏电站发电量的消纳比达到每月【　】%。如连续3个月未达到最低消纳要求，则从第4个月起，双方将本合同电价优惠率降低至【　】%（即打折系数增加到【　】%），或在收支两条线情况下相应减少【　】%的租金支付，直至用能方实际电量消纳比例连续3个月达到本合同约定消纳比例时止。"

方式二，设定两个梯度的折扣率。

用能方支付的电费（元）＝ 电网电价（含分时收费）× 打折系数 × 用电量

折扣率则按照以下两个梯度执行：

①当月消纳比（％）≥【　】％，折扣率为【　】％

②当月消纳比（％）＜【　】％，折扣率为【　】％

无论哪种方式，在有多个并网点情况下，分别计算各并网点电价后求和。

（二）改变售电模式

对于用能方无法消纳的电量，除了反送公共电网外，在符合相关政策的情况下，供能方还可向方临近的用户出售。这些收入均归属供能方。

（三）项目其他收益的分配

对于项目根据国家和地方有关政策所获得的补贴、税收优惠，根据政策归属产权方或供能方所有。

供能方的光伏发电还可能申请到绿色电力证书、全国和地方的碳排放交易市场配额、温室气体资源减排量，以及其他交易产品。这些均归属供能方所有。随着电价的降低，这些收益不久可能成为光伏电站重要的收益来源。

七、征收补偿的利益分配

根据《国有土地上房屋征收与补偿条例》第十七条和第二十三条，征收补偿时，屋顶光伏电站可申请停产停业损失、搬迁补偿等，从而供能方具有自己的利益，可以要求产权方向征收部门主张。在这方面，当前很多EMC合同流于简单，只是要求根据征收法律法规和当地政策处理。但其实可以有更细致的权利义务安排：

（1）屋顶光伏项目在建设和运行中遇有国家拆迁或征用、征收的情形，产权方应及时通知供能方，二者共同参与征收补偿方案的谈判沟通。

（2）产权方应将电站资产价值补偿、搬迁补偿费、收益补偿（如停产停业损失）、搬迁的补助和奖励，与产权方自己的资产一同申报补偿。

（3）产权方应协助供能方依法取得国家相应拆迁或征用、征收补偿。产权方应及时将资产评估报告或资产补偿标准及时告知供能方，若后者对补偿标准有异议的，产权方应协助办理异议手续。因产权方原因造成供能方未取得合理补偿的，由产权方赔偿相应损失。

（4）如出于上述国家拆迁或征用、征收的原因，产权方需搬迁的，则项目电站可搬迁并优先应用在新的房屋上。产权方应确保搬迁后的电站装机容量不低于原协议约定的装机容量（即要求相似的屋顶面积、光照条件），屋顶租赁使用期相应延长使得不低于原协议约定的运营期。

八、供能方单方解除权和赔偿问题

此单方解除权体现为两类，一类是基于违约责任的单方解除权，另一类是双方均无违约或过错，但因客观原因导致的解除。其中又以第一类单方解除权的行使条件、赔偿范围和数额为主要争议点。

（一）基于违约的供能方单方解除权

当出现严重违约情形，导致合同已实质无法履行的，供能方可以单方解约。特别注意，此处双方不能约定任意解除权，因为任意解除权是法定的。若任何一方提出"根据商业利益需要/根据自身商业判断，可以任意解约"，则此类约定无效。

因此，供能方的单方解约条件必须明确、可执行，通常包括：

（1）若因甲方（即产权方）原因在本协议生效后9个月本项目仍无法进入商业运营期的；

（2）甲方逾期未履行其电费支付义务或本协议项下其他支付义务累计达到90日以上，或拖欠乙方上述费用累计达到10万元的，且经乙方书面催告后仍不履行的；

（3）EMC合同非因乙方原因无法继续履行，且甲方未替换同样屋顶的；

（4）甲方单方解除本协议或收回租赁物，致使乙方无法继续履行本协议的，但因不可抗力、政府征收和拆迁、城市规划调整以及乙方违约原因除外；

（5）甲方未按照约定申报乙方资产或协助乙方取得征收补偿，致使乙方未获得补偿款项的；

（6）甲方停产或歇业累计超过4个月的，或因控制人变更、并购重组、破产等原因导致甲方用电负荷显著减少或消失，致使供用电关系无法继续履行的；

（7）其他导致乙方无法继续承租和进行项目运营的情形（如甲方经营期限或其提供的不动产权期限短于本项目运营期等）。

（二）赔偿责任

出现上述情形，供能方解除协议后，产权方应当赔偿供能方所遭受损失。损失既包括供能方已投入的成本，也包括其未来可得的利润。其具体构成为：

（1）供能方为此项目投入的成本（如工程施工建设费用、光伏电站项目开发费用损失、光伏电站立项及获取合法建设批文的费用等）；

（2）光伏电站资产拆除和重新安装费用；

（3）光伏电站资产毁损或报废（如支架、电缆、相关辅材报废）的损失；

（4）光伏电站资产装卸和运输费用和保险费；

（5）光伏电站资产折旧后的资产价值（或者乙方立即取回项目资产）；

（6）剩余项目运营期限内的电费收益（利润）损失。

上述第5项的计算公式如下：

折旧后的资产价值 = 项目总投资额 – 年折旧金额 ×（项目已投运的月数/12个月）

但是，若根据《企业国有资产交易监督管理》等国有资产交易法律法规，将光伏电站出售给房屋产权方或第三方，需进行资产评估并在产权交易所挂牌交易的，则由乙方选定评估单位进行评估工作，并进行资产挂牌交易。

上述第6项则经常引起争议，主要问题是如何计算利润损失，以及是否可以就剩余全部运营期限主张损失。仅从法理上对履行利益、可得利益的理解来看，自然剩余全部期限是应有之义，但在实践中，要考虑多种因素，包括已履行合同的期限、履行程度、对方违约的性质、采取替代交易的可能和成本等，来判断可支持利润损失的期限。《最高人民法院关于适用〈中华人民共和国民法典〉合同编通则若干问题的解释》第六十条和第六十一条，对这些问题予以了解决。根据这几个条文的含义，对于利润损失理解如下：

（1）光伏发电的利润属于生产利润，按投资测算的总电费收益，减去光伏电站的软硬件投资额、人员成本等得出。

（2）若供能方找到了第三方屋顶安装电站（即替代交易），则在第三方处获得的电价和履行期限等条件，若低于原合同，则二者计算出的利润差额，为可主张的利润损失。但若此替代价格明显偏离替代交易发生时当地市场价格的，应以市场价格与原合同价格的差额来确定利润损失。

（3）若光伏公司未实施替代交易，则按照违约行为发生后合理期间内合同履行地的市场价格与合同价格的差额，作为利润损失的依据。

（4）法律支持的利润损失，最多是寻找替代交易的合理期限内的损失（若该期限长于剩余合同期限，则采剩余合同期限），不再支持全部剩余合同履行期限内的损失。寻找替代交易的合理期限，需参考合同主体、交易类型、市场价格变化、剩余履行期限等因素来确定。

综上，上述第 6 项的发电利润损失总结如下：

有替代交易时：履行合同后的可得利益损失（利润损失）=（原合同电价 – 替代交易电价）× 寻找替代交易的期限

未进行替代交易时：（原合同电价—违约发生后合理期限内合同履行地市场价）× 寻找替代交易的合理期限

（三）基于客观原因的供能方单方解除权

就供能方而言，在特定情形下，非因其自身原因导致项目无法继续的，可以解约，双方互不承担责任，这对于供能方及时退出项目、减少损失，很有意义。这些情形大多发生在合同履行前期，也有一些发生在并网发电后：

1. 协议屋顶由乙方或乙方聘请的第三方判断不符合电站建设、安装工程条件的，乙方（供能方）有权单方解除本协议；

2. 合同生效后，非乙方原因导致项目未获得备案 / 核准或项目获得备案 / 核准后无法正常开工，或虽开工但未建成，或虽建成但不能并网发电等情形，乙方有权解除本协议；

3. 乙方投资决策最终确定不再投资建设本光伏电站的，乙方有权单方解除本协议；

4. 本项目相关的国家（含省、市、区）的法律法规、政策规章等进行了重大调整，导致本项目终止，或其实施丧失经济性或者目的无法实现，乙方有权单方解除本协议（此种情形其实属于情势变更，在此明确约定可避免产生争议）。

参考文献

［1］ 郝利，王威，金冲 . 屋顶分布式光伏项目典型争议及司法裁判观点［C/OL］.2023–10–13［2024–05–02］.https: // mp.weixin.qq.com/s/QA–82W7irL7eu4VsWcSN8w.

［2］ 浙江省绍兴市中级人民法院民事判决书［DB/OL］.2023–02–17［2024–05–02］.https: //wenshu.court.gov.cn/website/ wenshu/181107ANFZ0BXSK4/index.html?docId=MBVeB52r+gURPyWgUHKR1bKtGGvkpQWzSA0Q+0qkCjTQWStn+qC7e JO3qNaLMqsJdi8IZU42iYrACHKBoXOd7nQRd+2Zn2Lk6FIzGCs9Giv6UO3krrSaxjbF8HLSr11v.

［3］ 浙江省光伏产业技术创新战略联盟 . 分布式光伏发电项目能源管理合同（范本）［DB/OL］.2023–04–19［2024–05– 02］.https: //fzggw.zj.gov.cn/art/2023/4/19/art_1229629046_5102944.html.

第七部分

实务研究类

电力企业数据跨境合规管理探索实践

蔡午江　　崔文馨

中国广核集团有限公司

摘　要

随着全球数字化进程的深化，电力企业在国际化、市场化上进一步发展，数据流动在数字经济发展中的重要作用进一步凸显，跨境数据流动作为数字技术的核心，其在中广核等电力企业中的流动量增长十分迅速，在促进企业行业发展的同时也对数据安全带来了挑战，而数据治理中跨境数据管理成为合规管理中的重要关注问题。本文以数据跨境流动的国内外法律法规、数据保护原则等为依据，通过对跨境数据外延、数据跨境基本模式、数据跨境风险困难、数据跨境流程管控等方面的研究，以中广核数据跨境管理实践为基础，对电力企业数据跨境合规管理建设进行探索。

关键词

数据跨境；合规管理；流程管控

一、电力企业跨境数据的外延

（一）各国法律法规及国际组织对数据的定义

中国境内《数据安全法》和《网络安全标准实践指南—网络数据分类分级指引》、欧盟《数据治理法》、韩国《数据产业振兴及促进利用基本法》等对数据作出定义，同时国际标准化企业如国际数据管理协会也对数据的外延及管理方式进行明确，经对上述概念的总结，数据主要指以电子等方式或声音、视觉、视听记录等形式对行为、事实或信息进行处理后的成果。

（二）强监管下跨境数据基本分类

1. 数据强监管时代下数据治理痛难点频发

近年来，各国在数据治理特别是跨境数据治理方面的立法正在持续频繁进行中，境内外法域国家不断推进、强化数据跨境内部规则的完善，积极推动、参与数据跨境国际规则的制定。2024 年 1 月，上海地区出台《中国（上海）自由贸易试验区临港新片区数据跨境流动分类分级管理办法（试行）》，将跨境数据分级分类并就数据流动规范做出相应规定。2024 年 3 月，国家互联网信息办公室发布《促进和规范数据跨境流动规定》，明确重要数据出境安全评估申报标准，规范应申报数据出境安全评估的数据出境活动条件，制定自由贸易试验区负面清单制度等。随着数据逐步成为重要生产要素，相关数据跨境规范的出台为企业在数据跨境流动中应对各国监管、防范潜在危险、提高企业竞争力等方面提供规范指引。

在当前形势下，企业在数据治理特别是跨境数据合规管理建设上依旧存在痛点、难点，跨境数据的法律属性识别与分类存在困难，数据跨境过程中难以实现路径管控、责任落实、风险防控，导致跨境数据流动引发的法律争议仍有发生。2015年1月，微软在巴西的一家分支机构受美国《存储通信记录法》约束而未按巴西一家当局的命令披露其存储于境外的一起涉嫌贪污案件的嫌疑人的信息，为此被巴西当局罚款860万雷亚尔（约合230万美元），而且员工还遭到刑事起诉。2023年5月，Facebook所有方Meta Platforms（META）因向美国发送用户信息而被欧盟数据监管机构处以12亿欧元（约91亿人民币）罚款，并命令停止将欧盟公民的数据传输到美国，防止欧盟公民面临隐私侵犯的风险。为防控数据跨境强监管下频发的风险，企业需对跨境流动数据的定义进行明晰，对其流动的基本方式进行识别，对数据跨境涉及的典型场景、潜在风险、责任落实进行规范，总结归纳数据跨境合规要点，以提高数据跨境流动的合规管理水平。

2. 电力企业实践下跨境数据的基本分类

在当前强监管态势下，从数据主体的角度可将跨境数据分为个人信息和非个人信息两大类，从而在电力企业数据跨境流动过程中针对性管控各类数据。

（1）个人信息。个人信息因境内外法域的不同而在定义上有所区分，其在境外法域中亦称个人资料或个人数据。根据中国《个人信息保护法》《网络安全标准实践指南　网络数据分类分级指引》等相关法律法规，个人信息是以电子或者其他方式记录的与已识别或者可识别的自然人有关的各种信息，不包括匿名化处理后的信息。其主要包括个人基本资料、个人身份信息、个人财产信息等，结合欧盟《通用数据保护条例》、英国《数据保护法》等的定义，跨境数据中对个人信息的管控主要聚焦于关系个人的人身特定性信息。个人信息中直接关系到个人人格尊严和人身、财产安全等重大权益的敏感个人信息还需进行特别规制，防止其被披露滥用，从而导致重大危害后果。

（2）非个人信息。结合境内外监管规定及电力企业实践，跨境业务开展中涉及的非个人信息数据需重点管控，包括重要数据、核心数据及特殊行业数据。

根据《工业和信息化领域数据安全管理办法（试行）》的分类，可将跨境流动管控数据分为一般数据、重要数据和核心数据三级，就重要数据和核心数据进行重点管控，以防止企业因此类数据的非法使用而受到财产或品牌上的侵害甚至对公众造成损害。结合法律法规要求及中广核企业实践，重要数据主要包括对核安全构成威胁、影响海外利益等重点领域的数据，可能造成重大数据安全事件或核电生产安全事故、对公共利益或企业合法权益造成严重影响、社会负面影响大的数据等。核心数据包括危害程度达到对关键信息基础设施、重要资源等造成重大影响，对核工业生产运营、电信网络等造成重大损害的数据。

在特定行业数据领域，主要涉及跨境数据为工业数据、金融数据等，包括核电行业特定数据如涉及重要生产安全的数据以及境内外交换的业务数据、经营管理数据等。结合中广核实践及电力企业实际，工业数据是指从核工业及非核领域产品服务全生命周期产生和应用的数据，包括但不限于企业在研发设计、生产制造、经营管理、运维服务等环节中生成和使用的数据。金融数据是指企业财务管理机构在从事电力行业活动如为核电项目或非核电项目提供融资等金融服务的情形下以及日常经营管理所需或产生的各类数据。

二、数据跨境及其风险困难

（一）数据跨境的概念

数据跨境通常是指"数据从一法域被转移至另一法域的行为"或"跨越国界对存储在计算机中的机器可读数据进行处理"。其在跨境规则、跨境认定标准上因各法域规范不同而有所区分。

1.数据跨境的规则模式

数据跨境主要包括三种规则模式：一是美国以贸易优先的自由流动模式；二是欧盟以人权优先的域外管辖模式；三是我国以安全优先的属地模式。在当前区域贸易协定中体现，因数字时代互联互通倡议的提出，为支持加强数字经济国际合作，跨境数据流动的三种模式当前在价值维度上有所侧重和取舍，逐步形成兼容性的规则体系。

2.数据跨境的认定及方式

中广核对外法域数据流动涉及欧盟、亚太地区等，以数据实体接触标准，数据跨境行为主要包括两种类型：一是数据跨越国界的传输、转移行为；二是尽管数据尚未跨越国界，但能够被境外的主体进行访问。在跨境方式上，企业实际运营过程中涉及的数据跨境存储、以邮件方式跨境传输接收数据、境内外云桌面等云环境下的应用登录访问等均为数据跨境的主要方式，涉及跨境数据流动中的管控。

（二）数据跨境面临的风险和困难

在电力企业数据跨境的各场景下，由于情形不同而涉及不同数据类型、不同国家法域、不同监管要求。中广核业务范围涉及海外布局，人员、业务、客户、供应商等覆盖多个司法辖区，可能引发不同类型和数量的数据在不同国家或地区间流动。跨境数据包括企业日常管理中涉及的财务税务、人事方面的数据，供应商、客户数据及企业业务核心技术相关数据，对企业的生产经营、持续稳定发展至关重要。出于产品服务化、服务数据化的演进态势，2019年起全球跨境数据流产生的GDP总值已超过跨境商品流，因而电力行业中的各企业在行业不断发展、业务不断拓展、国际化程度不断提高的情况下，更需对数据跨境的风险和困难有明确的认识。

1.传输流程复杂性高

跨境数据涉及在不同国家或地区间的流转，该过程中将面对不同的信息技术基础设施标准和环境，可能引发技术互通问题和信息系统的兼容性问题。同时经过各类基础设施时涉及不同的角色和权限，发生权限管理缺失、违规操作引发数据泄露、损毁的可能性增大。在此过程中增加了数据传输的复杂性，同时要求跨境数据传输的应用具有更高的稳定性。

2.可能面临网络安全攻击

数据跨境传输链长、传输节点多、面临暴露增加，因此传输中涉及的终端设备、数据库、应用系统等都存在受到网络攻击的风险。对于企业核心、重要数据等相关业务数据，随着当前外部限制日趋从严，更需对电力企业跨境数据的传输、存储、处理等环节的安全保护措施处理到位，防止此类数据被篡改、泄露、损毁。

3.多重法域监管下的全面考虑

在当前全球缺乏统一数据跨境治理框架、不同法域规则有所冲突的环境下，企业跨境数据合规管理工作面临着重大挑战。同时各类企业因违反数据跨境相关监管要求所面临的监管机构调查、巨额罚款、停业整顿等严重后果也体现了企业在跨境数据方面合规经营的必要性。因此，企业在开展数据跨境活动时需同时考虑数据输出地和输入地的监管规则，确保"双向合规"。

三、数据跨境合规管理

以中国数据跨境规范为指引，兼顾企业实际，中广核先后出版《集团数据出境安全评估申报流程》《集团数据出境审查流程（第1版）》等数据出境相关合规制度，针对网络与数据安全领域合规全新课题，系统重构数据合规总体策略，技术手段和管理措施双向发力，成为广东省首批数据出境申报关键信息基础设施单位，全面筑牢信息安全合规底线。在此基础上，中广核结合涉外业务合规现状，组织发布《集团涉外业务合规管理办法》，首次制度性明确跨境数据等涉外高风险领域合规主管部门及核心管控要求，推动上述领域合规要求纳入相关制度、嵌入管理流程，持续加强集团境外投资、对外贸易等经营活动全流程、全方位合规管理。

为支撑电力企业跨境业务发展，建立有效数据跨境合规管理体系，以中广核实践为基础从管理规范、场景识别、流程管控三方面搭建合规体系，以数据跨境原则规则为指引，切实推动跨境合规经营，提高业务合规水平。

（一）数据跨境合规管理规范构建

1. 建立全流程管理制度

数据跨境制度需在结合企业实际的基础上，覆盖跨境数据收集、存储、处理、传输和销毁等全流程，并对电力企业内部跨境合规重点流程、重要场景、重点岗位职责进行明确，落实特殊事件及紧急情况的应急预案处理机制、数据跨境内部违规行为的追责机制等，为数据跨境全流程提供规范指引。

2. 落实技术层面保障

在制度落地适用的同时，与制度相配合的技术层面也需提供保障，为数据跨境全流程中的技术问题进行排查解决，加强数据加密和隐私保护，严格审查数据跨境流程，对数据传输、存储和处理过程中涉及的合规风险进行全面排查，从技术角度与合规管控角度进行同步合规管理。

3. 明确相关部门职责

数据跨境过程中涉及多流程、多环节，包括多部门、多人员。为规范全过程合规，电力企业应明确数据跨境管理过程中的牵头部门、协助部门，以中广核实践，将合规管理负责部门作为牵头部门，以合规角度促进业务开展，牵头管理跨境数据。

一是牵头部门即合规管理部门负责审查数据跨境内部管理制度，统筹跨境数据识别及分类管理工作，统筹各国家（地区）外部监管规则的梳理及更新工作，为企业内部提供相关的数据跨境合规培训等。

二是技术部门从技术处理角度对牵头部门及业务部门的需求进行处理，完善对应业务系统功能，采取技术手段保证电力企业跨境数据安全，配合开展数据泄露等违规情形的调查研究，为实施应急预案提供技术支持等。

三是电力企业其他职能及业务部门、下属子公司及分支机构作为跨境数据的主要使用主体，应根据企业内部数据跨境制度规范，明确其在数据跨境中必须严格遵循相关法律法规及内部规章制度，严格执行各自业务领域的数据跨境流程规范，及时上报数据跨境中的紧急事件及潜在合规风险等。

（二）数据跨境场景识别分类管理

1. 明确数据流动范围及类型

电力企业的数据跨境典型场景主要存在于综合管理和业务开展两板块，具体体现在财务管理、人事管理、全球供应链采购、全球市场销售等中。在此过程中又区分为数据对内流动和数据对外流动两个过程：数据对内流动指数据跨境流动但流动范围仅限于电力企业内部各公司之间，数据对外流动则指数据跨境且面对第三方中介机构、相关其他企业等情形。该范围划定后对于数据跨境的管控强度可以有所区分。

2. 区分国别梳理相关监管

电力企业面对各个国家的不同规则和要求，可按照不同地区跨境数据传输的合规监管的强度进行分类，并制定相应的应对原则和策略，以确保跨境数据传输的合法合规性。企业需要对业务涉及的地区和应用场景，包括隐私、国家安全、知识产权和进出口管制等方面的数据传输相关规定进行梳理、分类和研究，例如考虑是否允许跨境传输、跨境传输方式、加密标准等，结合当地法律法规和企业自身的业务需求，确定相应的跨境要求和流程。以国别为基础梳理在各国监管规定下各场景下数据跨境需符合的规范。

3. 开展数据跨境内部合规审查

电力企业为预防数据跨境带来的重要数据等泄露、遗失风险及可能发生的重大数据安全事件，应针对数据跨境管理定期开展内部合规审查，必要时可聘请外部专业机构提供支持，重点审查企业数据跨境内部管理制度是否符合最新法规及监管要求，跨境数据的识别及分类管理机制是否能满足各国家（地区）最新监管规则等，通过数据跨境内部合规审查补足管理漏洞，不断完善合规管控措施，最大限度防范风险。

（三）数据跨境业务流程风险管控

1. 风险识别及适用措施

依据电力企业实践，数据跨境传输前需进行合规性评估和规范性审核，选择合适的通信和网络安全技术，制定相应的访问控制和权限管理策略，确定数据的存储方式和时间等，确保数据传输、存储等过程的安全和合规。针对划分的数据跨境范围，区分不同业务场景，依据各国别监管规则，识别关键流程，分析其中潜在的风险点及可能的违规后果，结合各部门实际进行管控，确保数据跨境全流程合规。对于风险识别和管控方面，在量化风险及安全威胁的同时对其进行评估，确定适应风险管控的措施并明确整改的目标、责任人等，据此执行相应的整改包括内部流程和责任规范的调整、技术安全措施的加强等，确保风险全流程管控，安全威胁全面排查规避。

2. 风险防控意识全面落实

在风险识别及责任落实到部门的同时，还应加强一线人员的数据安全意识，要以电力企业内部建立的数据安全政策和规范为基础，通过对员工尤其数据跨境重点岗位的定期培训，引领员工了解跨境数据安全风险和合规要求，并力求掌握正确的数据处理和传输方法，为员工提供规范处理数据跨境全流程过程中的行为准则，以确保数据跨境安全。在发生潜在跨境合规风险事件时，更要以此为基础调查和分析、总结经验，提升电力企业整体数据跨境合规意识，规避或降低数据跨境风险。

参考文献

［1］刘文杰 . 数据产权的法律表达［J］. 法学研究，2023（3）：36–53.

［2］DAMA 国际 DAMA 数据管理知识体系指南（原书第 2 版）.DAMA 中国分会翻译组，译 . 北京：机械工业出版社，2020.

高压触电风险防范路径探究

——以第三人介入因素下高压电致害案件为视角

郑　晶[1]　郑宇洲[2]　殷　娇[3]

1.国网福建省电力有限公司；2.国网福建省电力有限公司营销服务中心；

3.国网福建省电力有限公司福州供电公司

摘　要

高压触电案件是电网企业最常见的案件类型之一，因其损害后果之严峻、法律关系之复杂，长久以来一直是电网企业压降有责案件的重点与难点。在司法实践中，高压电致害通常存在第三人的介入行为，并因第三人的介入推动或加速了损害结果的发生。对此，本文基于对第三人介入导致高压触电案件的分析，明确此类案件中第三人的概念及其介入类型，聚焦《民法典》第1243条所确立善良管理义务，探究电网企业与第三人间的责任分担原则及分担方式，进而提出电网企业强化高压电运行合规管理的有益路径，推动电网企业在保障电网安全稳定运行、提升优质服务的同时，有效提升触电人身安全事故法律风险防控水平，助力电网企业合规管理高质量发展。

关键词

高压触电案件；无过错责任；第三人责任；合规管理

高压触电案件是电网企业最常见的案件类型之一，通常来说，高压电致害责任属于《民法典》第1240条中规定的高度危险活动损害责任，应适用无过错责任归责原则，由从事高压活动造成他人损害的经营者承担侵权责任。然而在司法实践中，高压电致害通常存在第三人的介入行为，并因第三人的介入导致原本安全稳定输送的高压电发生现实危险。如乙为甲提供劳务，甲指示乙在高压线保护区内施工，乙因误触高压线遭受人身损害，此时甲即为第三人，其指示施工行为为介入行为，高压电经营者输送高压电的经营行为与介入行为两因素结合，导致了损害后果的发生。此时，如何加强案件管理，明确电网企业与第三人之间的责任分担比例，并以之为戒持续强化高压电运行合规管理水平，防范因管理不到位导致的败诉风险，是当前电网企业合规管理的重点内容。

一、高压电致害中第三人介入理论概述

（一）第三人之概念

在民商法体系下，第三人的概念纷繁复杂，且并非侵权法所独有，如合同法中的"利益第三人"及"第三人代为履行"、《民法典》中"善意第三人"等，主要指独立于双方法律关系之外的其他主体。在侵权法规则体系下，第三人通常指除侵权人与被侵权人外的其他人。然而，高压电致害第三人又具有明显特殊性，具体体现在以下几个方面：

首先，第三人不属于触电事故受害人一方。第三人为介入高压电致害活动的其他主体，如果其在案件中同样遭受人身损害，则为受害人一方，如其行为与损害发生之间有因果关系，则电网企业与其的责任分担应适用受害人"与有过失"和"过失相抵"的原则，不在此处所讨论的第三人与电网企业责任分担的范围中。另外，受害人之"害"，应限定于人身损害，而不包括财产损失，因为高压电的运行之所以被称为高度危险作业，关键在于其对自然人的人身安全构成了高度的危险，同时，若因在其中财产权益受损的，可基于供用电合同追究违约责任，或依《民法典》第1165条及《电力法》相关规定追究过错责任，而不应在此处适用高度危险活动无过错责任。

其次，第三人应属侵权人一方。第三人应在案件发生过程中存在一定程度的过错，对高压电致害的损害结果的发生有促进或推动作用，其介入行为与典型侵权人的高度危险活动结合而致损，成为其加入高压电致损案件作为当事人一方的直接原因，同时也是与其他法律体系中"第三人"概念差异最大的一点。

再次，第三人应为典型侵权人之外的其他侵权人。在高压电致害案件中，典型的侵权人指的是《民法典》第1240条中规定的高度危险活动的经营者。结合《中华人民共和国民法典侵权责任编理解与适用》《福建高院审理高压触电人身损害侵权责任纠纷案件解答》中相关观点，本文认为，高压电致害情况下的经营者是利用电力设施从事生产经营活动，对电力设施享有运行支配和运行利益的主体，经营者的范围应当涵盖产权人及管理者，如果一个电力设施既存在产权人，也存在经营管理者，在受害人无过错的情况下，二者应根据其责任范围内的过失程度承担相应法律责任。本文仅讨论经营者为电网企业的情况。

最后，第三人与典型侵权人并无意思联络。第三人虽然属于侵权人一方，实施了侵权行为，与典型的侵权人构成数人侵权，但二者间并无共同故意或共同过失，否则属于共同侵权，每个侵权人均有义务向受害人承担全部赔偿责任。

综上所述，高压电致害中的第三人，指独立于受害人且区别于典型侵权人之外的，与典型侵权人无意思联络的其他实施侵权行为的主体，即其他对损害结果的发生产生积极影响，可能参与损害结果分配的主体。

（二）第三人介入之类型

如前所述，高压电致害中的第三人为对危险状态的形成有介入作用的，且对高压触电行为有过错或应承担责任的主体，第三人的介入类型主要有以下几类：

1. 在执行工作任务时因高压电遭受人身损害

若用人单位的工作人员在执行工作任务时因高压电遭受人身损害，根据《最高人民法院关于审理人身损害赔偿案件适用法律若干问题的解释》（法释〔2022〕14号）第三条规定，存在工伤保险责任与侵权人身损害赔偿责任竞合的情况，法理上存在替代说、选择说、兼得说及补充说四种理论。根据最高人民法院《第八次全国法院民事商事审判工作会议（民事部分）纪要》第10条等规定，本文认为，在两相竞合的情况下，应适用部分补充部分兼得的模式，即劳动者可以同时请求工伤赔偿与侵权责任，但在赔偿数额上应采用同项"单赔"、异项"双赔"的赔偿模式。

2. 劳务关系、承揽关系、帮工关系中提供劳务一方因高压电遭受人身损害

依据《民法典》第1192条、第1193条及《人身损害赔偿司法解释》第5条相关规定，若高压电致害案件中被害人与第三人存在劳务关系或帮工关系，则接受劳务一方或被帮工人应根据过错程度承担相应责任，但被帮工人明确拒绝帮工的，不承担赔偿责任，但可在受益范围内予以适当补偿。若二者属于承揽合同关系，则定作人对于定作、指示有过失或者对定作人的选任有过失的，定作人应承担相应的赔偿责任。

关于接受劳务一方及被帮工人的过错，主要包括：不具备相应的资质或安全生产条件；在对雇员的选任上存在过错；未尽到对劳务活动的监督、指导、管理和控制的义务；未提供相应的生产设备或采取相应的安全保护措施等。如存在上述过错，电网企业可据此主张根据各主体对事故发生原因力的大小减轻自身责任。

二、电网企业在第三人介入下高压电致害案件的抗辩思路

根据《民法典》第1240条，高度危险活动损害责任，是指从事高空、高压、地下挖掘活动或者使用高速轨道运输工具造成他人损害时，经营者应当承担的侵权责任。本文所述的高压电致害属于高度危险活动损害责任，应适用无过错责任归责原则。关于电网企业能否以第三人介入为由主张减责或免责，及电网企业与第三人之责任分担原则，本文分析如下：

（一）电网企业能否主张减责或免责

1. 完全履行安全保障义务可作为电网企业减责或免责的事由

无过错责任是指不论行为人对于损害的发生有无过错，只要其行为侵害他人的民事权益，造成了损害，就要承担侵权赔偿责任。在高度危险责任中，为了更好地保护被侵权人，当且仅当不可抗力或受害人存在故意时，方可免除侵权人责任，且仅当受害人存在重大过失时，方可减轻责任（《民法典》第1240条）。但《民法典》第1243条同时规定了，若管理人尽到安全管理及警示义务可减轻或免除责任，关于两个条文之间的联系，本文认为，可将第1243条作为《民法典》第1240条中确立的高度危险责任过失相抵原则的补充，即当高危区域的管理人已采取合理的安全措施并尽到警示义务、须经许可方能进入的前提下，意味着受害人及第三人未经许可仍进入高危区域的行为具有重大过失，甚至可能为故意。依据此观点，管理人履行的安全保障义务是推定受害人及第三人存在过失或故意的规范基础，因此，若管理人完全履行安全保障义务，则可推定第三人存在故意或重大过失，对触电事故发生的原因力较大，应当承担相应的责任，故电网企业可据此要求减轻或免除自身的侵权责任。

2. 减责或免责应以自身完全履行安全保障义务为基础

前文已述，侵权责任编中对经营者赋予的安全管理等义务并非考察其是否存在过错的依据，而是以经营者尽到合理的安全监管义务来反推受害者或第三人存在故意或重大过失。因此，在主张第三人应承担责任及责任大小时，需先行判定电网企业自身是否履行了安全管理义务。电网企业需履行的安全监管义务主要有以下几类：

一是高压电的相关设施操作规范。高压电设施均应符合相关法律所规定的安全标准，具体包括针对不同设备、型号、功率等不同设备的安全操作规程，同时，由于电力设施具有一定的隐蔽性，电网企业需设置必要的防护装置和警示标志，且在警示区域安装的装置或者标志的图案、颜色、形状、规格必须符合相关电力法规的规定。

二是合理的善良管理义务。法律要求在高压电经营者进行活动的过程中，必须尽到善良管理的义务，以积极的方式预防可能造成的损害，既保障相应设施的安全运行，同时也要维护社会的公共安全。如在郝某兴触电人身损害责任纠纷案中（〔2021〕皖 0827 民初 821 号），第三人违章建房致高压线安全距离不足，后导致触电事故。该案中法院认为供电公司在巡查过程中发现安全隐患，虽然对被告袁永胜下达了消除安全隐患通知书，履行了一定的管理职责，但未对该安全隐患责令整改，也未及时复查并采取更进一步更有效的手段消除隐患，未能有效预防、避免电击事故发生，其对损害的发生存在较大过失，应承担责任。

三是妨害的及时排除。对于高压电在运行过程中出现故障，可能会对他人的人身或财产造成危险时，电力设施的经营者应当及时地排除妨碍，消除不利的影响。若未及时排除妨害而造成他人损害的，则应当承担损害赔偿的责任。

（二）电网企业与第三人的责任分担路径

关于高压电致害中第三人与电网企业间的责任分担路径，本文认为，应当依据原因力理论来判定，通过分析第三人行为与损害后果间的因果关系，明确第三人是否担责及其与经营者之间的责任关系，并以第三人是否存在过错及其过错程度判定是否应当承担侵权责任及责任多寡。

关于如何判定第三人行为能否阻断经营者与损害结果发生间的因果关系，关键在于经营者能否合理预见第三人的行为。其中重点包含两个因素：其一为第三人行为的类型，现实生活中，第三人行为的合法与否、故意与否及过错程度均会对经营者能否合理预见造成影响，故需区分类型以明责；其二为经营者所违反的法律规范的目的，如果避免第三人行为的出现或防止第三人造成某种损害结果就是该法律规范的目的，则即便事实上经营者无法预见第三人的行为也在所不问。在高压电致损案件中，主要适用于前者，但需明确，唯有第三人的不法行为（侵害他人法益等不被法律所允许的行为）方有阻断因果关系之可能。

第一，第三人故意实施的不法行为通常可以阻断因果关系。在社会生活中，通常认为第三人故意实施不法行为的概率较低，故对该行为经营者往往不容易预见。同时，既然是第三人故意实施的不法行为，显然其目的及意图更为坚决，能够改变高压电经营行为与损害后果间因果关系的发展方向，因此故意的不法行为通常能够达到阻断因果关系的效果。例如，第三人明知某区域为高压电危险区域，接触或在该范围内活动有触电死亡的风险，但因与受害人存在纠纷而故意将其推至危险区域，导致受害人人身损害。在高压电致害领域，应认定为高压电的高度危险性是理性人之共识，故在第三人故意利用高压电侵害他人利益的情况下，第三人之故意往往涉及伤害乃至杀人的故意，完全排除了电网企业的预见可能，故电网企业无须对此侵害后果承担责任。

第二，第三人的过失行为能否阻断因果关系，需以经营者的合理预见范围为基准。如在程某彬触电人身损害责任纠纷案（〔2021〕鲁 16 民终 93 号）中，虽毛某义树立气球的行为并无造成程某彬触电的故意，但其在合格且设立警示标志的高压线下树立能够触及高压线的气球的行为，并导致程某彬触电受伤，是高压电经营者完全无法预见的，因此，该案中法院判决经营者不承担责任。

另外，第三人行为能否中断因果关系还需另外考察经营者是否负有防止或避免第三人行为或其后果的义务。前文已述，侵权责任编中对经营者赋予的安全管理等义务并非考察其是否存在过错的依据，而是以经营者尽到合理的安全监管义务来反推受害者或第三人存在故意或重大过失。因此，在考察第三人的原因力大小时，需先行判定经营者是否履行了安全管理义务。

综上所述，在第三人介入情况下的责任分析，电网企业应首先明确自身是否完全履行善良管理义务，如若未履行，则应对受害人承担无过错责任，但其责任可根据第三人在导致损害结果发生的原因力大小而减轻。如若电网企业已完全履行其善良管理义务，第三人行为应细分为故意不法行为与过失不法行为。若第三人故意利用高压电致受害人人身损害，则出现原因力阻断，经营者不承担责任。若第三人是过失导致高压电损害，需进一步判定第三人行为是否可被经营者合理地预见。若可预见，则经营者仍应承担无过错责任，其责任可根据第三人行为的原因力大小而减轻；若第三人行为是经营者不可预见、不可避免、不可防止的行为，那么第三人原因应作为经营者的免责事由，经营者不承担责任。

进而，在第三人原因可减轻经营者责任情况下，对于第三人应承担的责任程度，可根据前述各类第三人与受害者间的法律关系，依专门法律规定及其在该法律关系中应承担的注意义务，来判定第三人的过错程度，分析其在事故发生中的原因力大小，划分电网企业与第三人间的责任分摊比例。

三、防范第三人介入下高压电致害案件的合规管理路径

（一）明确制度标准，固化"以案促管"长效机制

管理制度是企业稳健运行的基石，一套行之有效且科学完善的管理制度能够为电网企业规范各项工作提供明确的指引。为防范高压电致害法律风险，电网企业应当全面审查和修订现有管理制度，编发触电案件合规管理指引。梳理提炼高压触电事故中存在第三人介入情形的案件处置思路及操作规范，确保从电网建设、设备日常维护管理、案件应对处置、责任落实等全流程均有章可循。

根据前文所述，电网企业据以主张减轻或免除自身责任的关键点在于确认自身已完全履行善良管理义务，因此，对于触电案件合规管理指引的编制，应以善良管理义务为逻辑起点，明确各业务环节的管理职责及防控要点，重点包括以下方面。

一是全面落实法律法规及相关监管规定的要求。包括高压电的相关设施、设备规范操作，设施设备安全标准落实到位，防护装置、警示标志符合规定且全面覆盖，档案、记录完备等。二是强化设备运行维护。充分利用各类技防安措手段，采取积极措施保障设施设备的安全运行，包括加大对于网架、电力线路、输变电设施等设施、设备的巡视和维护工作，根据线路特征及地理条件，列明巡视计划及巡视重点，全面掌握电力设备运行状态，降低触电风险。三是有效管理安全隐患。如有发现可能危害供电、用电安全的违法行为，应及时制止并采取相应措施排除安全隐患。如属电网企业权限范围内事项，相关责任部门应及时组织整改并做好记录，同步告知相关人员；如无法由电网企业处理的，应向相关人员发送书面通知单，留存有关人员签字确认的告知书等，如相关人员拒不整改的，电网企业应做好记录并将相关情况报告有关政府部门。

另外，电网企业应分别根据不同的第三人介入类型，结合第三人与被害人间的权利义务关系，总结常见突发情况，明确各类情况下应收集的证据资料及收集途径，设置相应应对处理的组织结构、应对流程及具体的应对措施，编发各类型案件的应急预案及风险提示，及时提示预警各类触电案件中的法律合规风险，并确保相关业务人员能够充分了解预案内容，熟练掌握应对措施，从而在发生事故时

能够迅速、准确地采取行动，充分将公司在处理第三人介入情况下的高压触电案件中暴露的管理问题固化进制度中、融入业务流程中。

（二）强化应对处置，推动案件管理能力稳步提升

在触电案件的复杂诉讼情境中，电网企业能否有效地进行举证，对法院判定责任起着直接且关键的作用，是关乎企业权益与责任界定的核心要点。因此，触电事故发生后，证据保全工作的及时、完整与否尤为重要和紧迫，电网企业应当高度重视事故全过程的证据收集与保存工作，相关责任部门应立即组织人员前往案发现场，尽可能及时、全面地取得和保全现场证据，收集录音、录像、照片、证人证言等对电网企业有利的各类证据，形成清晰可靠的证据链条。主要包括以下方面：

一是现场照片和视频，用以确认触电事故发生地的具体位置及周边环境。如事故发生地位于电力设施保护区内，则可证明触电者或第三人自身存在重大过失或故意，可据此主张减轻或免除责任。二是确认事故发生地周围所设立的警示标志是否完整，有无字迹不清、歪斜、损坏等的情况，以此证明电网企业已尽安全管理义务。三是确认事故发生地线路高度，案发相关的房屋、树木等与线路的距离及高度是否符合规范。四是调取相关电气设备的运行日志、检修记录、设备巡视记录等，整理相关告知或确认书、整改情况等，以证明电网企业积极履行管理职责，已采取所有可能的措施预防、避免触电事故的发生。五是妥善收集和整理涉案人员及其相关目击证人的陈述和证言，确保其准确性和客观性。

另外，在案件发生后，专业部门应与法律部门协同开展事实调查、内部证据采集和纠纷处理工作，研讨案件细节，分析触电风险成因，明确案件总体应对思路，逐案施策，全面提升案件管控水平。

概括而言，电网企业在面对触电事故时，证据收集工作同样应聚焦善良管理义务的履行，以据此主张触电者或第三人具有重大过失或故意，向法院请求减轻或免除电网企业责任，为在诉讼中争取有利结果奠定坚实的基础。

（三）落实闭环管控，推动合规管理高质量发展

《中央企业法律纠纷案件管理办法》要求，案件管理情况是中央企业法治建设的重要内容，因此，电网企业要以"制度、管理、执行"为抓手，充分挖掘触电有责案件所暴露出的经营管理漏洞，并结合案例进行全面深入的反思并制定切实可行的整改措施，针对性解决制度问题、管理问题与执行问题，防范类似风险及案件再次发生。

一方面，要进一步完善制度规程。全面挖掘案件发生根源，明确对于设施设备巡视、安全警示标识设立、安全隐患排查流程等触电案件相关工作流程是否有相应可遵照的政策法规、监管规定及内部规章制度，并及时组织对制度进行修订及全面宣贯，堵塞管理漏洞。另一方面，要全面整改业务薄弱环节。对于因善良管理义务履行不到位而导致的有责案件，电网企业应组织各相关部门对不符合要求的设施设备、安全警示标识等进行全面排查与整改，对于相关表单、告知书进行优化，举一反三抓好重大法律风险防控，全面优化公司对触电事故的识别与防范能力，从源头防范因管理不到位引发的相关责任。

"结案不是案件管理的终点，而是管理案件的起点。"电网企业要深入开展"以案促管"专项行动，坚持案件处理和根源治理一体推进，着力打造"五少一高"法治企业，全面推动公司合规管理高质量发展。

参考文献

［1］ 程啸．论侵权法上的第三人行为［J］．法学评论，2015（3）：48-60.

［2］ 程啸．侵权责任法［M］．3版．北京：法律出版社，2015.

［3］ 张新宝．侵权责任法［M］．4版．北京：中国人民大学出版社，2016.

［4］ 王利明．中国民法典修改建议稿及立法理由：侵权行为编［M］．北京：法律出版社，2005.

［5］ 王洪涛，王安琪，等．电网企业法律纠纷案件合规管理的探索与思考［EB/OL］．中电联法律分会．（2024-03-20）
        ［2024-5-18］https://mp.weixin.qq.com/s/uOJoA8g1-D0T2f8HUNy-4Q.

电力企业走出去应积极应对欧盟《外国补贴条例》监管挑战

黄慧娜　杨　潼

中国电力国际有限公司

摘　要

2023 年生效实施的《外国补贴条例》在既有的欧盟及其成员国反垄断和外商投资审查制度之外，对中国企业在欧洲开展业务及投资提出了新的挑战。由于新规生效时间短，虽然实务界对条例内容和基本申报规则有一些讨论，但针对具体实践应对的分析较少，而学术界则主要关注条例在法理上的正当性及与现有国际法框架的冲突，提出的建议较多集中在国家层面的立法反制及国际组织救济手段，对实务参考价值有限。本文梳理了实务界及学术界对于条例的分析，并结合最近欧盟的调查案例及作者近期在欧盟成员国进行相关申报的具体实践经验，针对《外国补贴条例》的适用提出应对建议。

关键词

外国补贴；立法背景；欧盟监管；应对建议

2023 年 7 月 12 日，欧洲议会及欧洲理事会第 2022/2560 号法规，即《针对扭曲内部市场的外国补贴条例》(简称《外国补贴条例》)正式生效，建立了一套新的针对非欧盟国家补贴的监管机制，要求接受了补贴的企业在欧盟从事特定并购交易、合资及参加公共采购竞标时进行强制事前申报，同时赋予了欧盟委员会（简称欧委会）主动发起调查的权利。

《外国补贴条例》对"外国补贴"的定义非常宽泛，政府或公共机构的注资、贷款、激励、担保、提供或采购货物或服务等都落入定义范围，这使得中国电力企业，特别是国有电力企业在欧盟开展业务时容易落入强制申报范围内，产生额外应对监管的资金成本、时间成本，也增加了项目的不确定性。2024 年年初以来，欧盟连续对中国企业发起数次调查。条例已经成为欧盟制约中国公司出海的新手段。

一、《外国补贴条例》的出台背景

欧洲各国很早就已经开始注意外国投资补贴对市场的影响。2018 年，七国集团峰会公告提出要针对扭曲市场的补贴及国有企业行为制定监管规则。2020 年 6 月 17 日，欧委会发布了《针对平衡外国补贴对市场影响的白皮书》（简称《白皮书》），论述了反垄断、外商投资审查和针对贸易补贴的审查等当时既有的法律工具已无法应对外国投资补贴对市场日益严峻的影响，并建议欧盟立法采用新的工具处理补贴对市场的扭曲效果。

2021年5月，欧委会正式发布《外国补贴条例（草案）》供欧洲理事会和欧洲议会审议，其基本沿袭了《白皮书》的建议框架。几个欧洲立法机构在审议过程中仅对草案进行了细微调整，最终在2022年11月审批通过，形成了现行有效的《外国补贴条例》。2023年7月，欧委会结合条例在征询意见期间的获得反馈，进一步出台了《外国补贴条例实施细则》（简称《实施细则》）。

中国政府和商会等在条例发布前后明确表明了反对立场。2024年4月，商务部贸易救济局主要负责人向欧盟针对补贴调查进行严正交涉，反对欧盟对于中国经济存在"严重扭曲"的歪曲解读，对欧方利用调查程序破坏公平竞争表达强烈不满。中国欧盟商会表示，"新法律工具在欧盟条约下缺乏明确的法律基础"，反对欧方利用《外国补贴条例》"对在欧经营的中国企业施加经济胁迫"。

二、《外国补贴条例》的几个适用问题

《外国补贴条例》项下具体的申报要求和监管流程本文不再赘述，下文将结合最近的调查案例及项目经验对几个问题进行厘清。

（一）外国补贴的定义

根据《外国补贴条例》，其适用的前提是非欧盟国家提供的"外国补贴（foreign subsidies）"对欧盟内部市场造成了扭曲效果。根据其第3条的规定，外国补贴指对外国政府直接或间接提供的"财务资助（financial contribution）"。条例第3.2条则非常宽泛地定义了什么构成财务资助，包括直接或间接的注资、贷款、提供担保、金钱激励、债务减免、税收优惠，甚至包括购买和提供货物和服务，而提供财务资助的主体也不限于政府本身，公共机构（public entity）甚至私营主体（private entity）在其行为可被归咎于政府或受政府影响时，也被条例纳入管制范围。从这个定义看，中国政府、国有企业、金融机构甚至民营企业的某些行为，从某种程度上都可以被纳入提供财务资助的范围。这一观点在过往欧盟针对具体中国产品的贸易补贴审查中已经被实际采纳过。

这种过分宽泛的定义会给市场主体带来困惑，也有过度扩张监管权力之嫌。比如，中国招投标法要求某些政府采购必须进行公开招标，而此类交易是否属于条例规定的购买货物类财务资助并不清晰。但从法理上看，政府采购经过合法合规的公开招标流程，在符合市场公允价格的情况下，是否应当被视为政府财务资助值得商榷。另外，中国非银行国有企业是否会被认为属于公共机构，从而导致私营企业与中国国企的交易也被认为是财务资助，也有待欧委会进一步厘清。

欧委会通过《实施细则》部分明确了市场主体在进行申报时必须提交的外国补贴范围，比如明确具有"扭曲效果"的补贴才需要提供详细信息，其他补贴仅需提供汇总性数据。但有学者认为这些信息的范围仍然过宽，且针对并购及公共采购的申报标准存在差异，给申报人施加了不合理的负担。此外，虽然《实施细则》对必须提交申报的信息范围进行了聚焦，但在其发布的问答中，欧委会指出，在申请表中对特定外国财务资助的排除不代表在计算申报触发门槛时可以排除该部分金额。在实践中，如果申报金额较高，但提供了详细信息的内容较少，可能会引起欧委会进一步提供文件的要求或深入调查。

在欧委会针对中车青岛四方机车车辆股份有限公司（简称四方机车）在保加利亚的公共招标采购

发起的《外国补贴条例》调查中，欧委会认为四方机车及其母公司中国中车在过往三年内直接从中国政府获得了总计约 17.5 亿欧元的"与公司业务密切相关的财务资助"。欧委会还把四方机车及中国中车承接的总计超过 75 亿欧元的公共采购订单认定为从政府获利的项目。"由于没有证据证明在赢得相关项目前经过了公平的竞争程序，欧委会认为相关获利应当属于财政贡献"。从四方机车案可以看出，欧委会对中国国企在中国参与政府采购的所获收益采取了严格的态度，要求市场主体自行举证所获收益的合理性，否则需将相关金额纳入申报门槛的计算中。

（二）申报金额门槛计算口径的范围

除上述因为定义过宽导致的申报门槛计算困难外，应以哪些主体口径计算补贴金额对于中国国有企业有特别的意义。根据《外国补贴条例》，在对并购交易的申报中，应向上穿透计算至最终实控人控制的全部实体接受的补贴金额；对于公共采购，则需合并计算申报方自身、上层控股主体、联合投标人及主要供应商收到的补贴。

可以看出，条例对并购申报门槛计算口径的范围与欧盟经营者集中申报的范围一致。近年来，欧盟在审查中国国有电力企业的经营者集中申报时，有将全部国务院国资委控股的能源企业全部营业额合并计算的倾向。2016 年，针对中广核与法国电力在欧洲的联合收购，在中广核单独的营业额不满足申报标准的情况下，欧盟认定中广核不独立于中国国资委，因而应合并计算全部国资委控制的中国能源企业营业额，从而强行将该交易纳入了欧委会的管辖范围。如果在《外国补贴条例》项下，欧盟主管机构也采取同样的态度，则无疑大大增加了相关门槛被触发的可能性。

对于公共采购的申报而言，从在四方机车案中欧盟的计算方式来看，欧盟仅计算了四方机车及其股东中国中车的相关补贴金额，并未进一步向上穿透至国务院国资委。这一结果与条例规定对并购和公共采购申报门槛计算范围的区分相一致。但是不能排除，随着政治经济环境变化和欧盟执法的进一步深入，其是否会扩张对并购交易的审查口径至对公共采购的调查，为了创设管辖权而扩大解释"持股、控制"等概念。

（三）《外国补贴条例》与其他监管程序的关系

基于欧盟与其成员国之间的管辖权划分，除特别指明外，欧盟的监管审查与其成员国基于国内法进行的监管审查是平行适用的关系。因此，在《外国补贴条例》开始生效后，市场主体在进行相关交易申报时，需要同时分析欧盟及成员国层面的反垄断申报、成员国层面的外商投资审查以及欧盟层面的《外国补贴条例》审查，才能确保符合完整的合规要求。

除《外国补贴条例》之外，在各欧盟成员国的国内监管审批中，已经开始涉及外国补贴的内容。根据笔者近期在某东欧国家进行外商投资申报的经验，当地审批机构明确要求申报人说明收到补贴的情况。该问题作为要求申报人说明业务地域分布的一部分，首先要求申报人披露其在哪些国家开展实质业务，然后进一步要求披露申报人是否从这些国家获得补贴或是否与相关国家政府签署合同。

虽然申报表明确提出了相关要求，但根据当地律师的经验及笔者了解到的其他公司的成功申报经验，该国外商投资审查层面对于外国补贴申报所需信息的详细程度远低于欧盟《外国补贴条例》的要求。对于新能源电力企业，仅说明一般性的税收优惠、新能源补贴和费用减免等优惠措施并未引起当地部门的进一步追问，从过往经验看也未给外商投资申报带来不利影响。

三、对中国电力企业的建议

中国电力企业出海欧洲应关注《外国补贴条例》带来的新挑战，加强自身现代化、国际化水平，提前针对欧盟执法做好预案，积极参与交流活动，加强中欧间政企互信。

（一）加快推进企业现代公司治理步伐，提升国际市场竞争力

《外国补贴条例》及其出台背景中对中国企业的诟病之一是所谓"非市场化"的融资和业务模式扰乱了市场公平。但如上文简单提及，经过市场化程序的交易，比如依法公开招的项目，能够提升相关交易的合理性和对价的公允性。另外，符合国际通行公司治理形式的内部决策机制，也能够促进外国监管机构对公司决议正当性的理解。我国政府和立法机构也认可提升中国公司，特别是国有企业治理现代化的重要作用，推动了近年来的国有企业深化改革和《公司法》大修。

应对欧盟《外国补贴条例》审查，中国电力企业可以结合新一轮国企改革深化提升行动和《公司法》修订，进一步深化完善中国特色企业现代化公司治理，落实市场化机制，通过积极发布社会责任报告、ESG报告等内容，通过定期公示向社会宣传自身的合作做法，树立品牌。在遇到调查时，提前公示的治理结构、合规体系、社会责任品牌等可以成为佐证企业重视合规和公平竞争的证据，减轻被处罚的概率。另外，此举也有助于促进在电力行业形成尊重现代企业制度及公平合规发展的氛围，维护公平竞争的市场环境，整体提升中国企业国际市场形象和竞争力。

（二）提前制定应对策略，做好保障性条款设置

中国电力企业应该组织加强对欧盟《外国补贴条例》及相关案例的学习，特别是针对申报门槛、口径、相关金额计算方式、日常资料准备等方面进行了解。可以根据企业自身的细分行业、产品、发展战略、欧洲合作伙伴类型等提前综合评估包括《外国补贴条例》审查、反垄断审查在内的各欧盟监管审查风险，规划欧洲业务开展方式和国别。针对国有企业集团，下属二级、三级单位在进行相关申报或针对调查提供材料前应当及时与集团总部做好沟通，由集团总部统筹协调，防止出现对外披露的数据和信息不统一的情况。另外，为了应对愈发频繁出现的欧盟突袭检查，在欧盟成员国有实体和员工的中国电力企业应当提前准备预案，针对资料提供、商业秘密保护、员工个人责任防范等给予前方团队一定的指引，同时可以提前与专业外部顾问、中国驻当地使领馆及商会等建立联系，以便在遇到突发事件时能够寻求帮助并从容应对，防止因应对不当引起衍生的其他纠纷，比如阻碍执法等。

另外，针对具体交易和竞标，应当针对《外国补贴条例》和欧盟审查在相应法律文件，比如股权收购协议、投资协议、投标函等中设置保证性条款，将损失进行分配，并通过相对方的保证与陈述等防范因合作伙伴被调查引发的连锁反应。

（三）积极参加并强化与欧方沟通交流，加深双方理解互信

中国电力企业可以通过充分宣传对欧投资带来的当地经济发展、创造就业、环境保护、低碳减排等积极影响，提升中企形象，提高申报获批率。还可以通过积极参与互访、论坛、峰会等方式加强与欧委会以及属地企业、相关机构的对话和交流，加强对欧投资积极影响宣传，积极阐释中国企业，特别是国有企业在市场竞争中独立主体地位，推动欧洲各立法机构接受中国市场经济体制改革和国有企业间存在充分竞争关系等客观现实和法律规定，推动《外国补贴条例》等法规更公平地对中国企业适用。

参考文献

［1］ European Council.The Charlevoix G7 Summit Communique［EB/OL］.（2018-06-09）［2024-08-27］.https：//www.consilium.europa.eu/en/press/press-releases/2018/06/09/the-charlevoix-g7-summit-communique/.

［2］ 叶斌.欧盟《外国补贴白皮书》的投资保护问题刍议［J］.国际法研究.2020，6（7）：70-85.

［3］ 商务部贸易救济局主要负责人就欧盟对华外国补贴调查等问题向欧方提出严正交涉［EB/OL］.（2024-04-12）［2024-08-27］.http：//chinawto.mofcom.gov.cn/article/dh/janghua/202404/20240403502491.shtml.

［4］ Reuters covers CCCEU's feedback on foreign subsidy white paper［EB/OL］.（2020-09-30）［2024-08-27］.http：//en.ccceu.eu/2020-09/30/c_334.htm.

［5］ 欧盟中国商会就欧方发布两起涉中企FSR深度调查简报的声明［EB/OL］.（2024-04-22）［2024-08-27］.http：//www.ccceu.eu/2024-04/23/c_4216.htm.

［6］ Commission Staff Working Document Impact Assessment Accompanying the Proposal for a Regulation of the European Parliament and of the Council on foreign subsidies distorting the internal market［EB/OL］.（2021-05-05）［2024-08-27］.https：//competition-policy.ec.europa.eu/system/files/2021-06/foreign_subsidies_impact_assessment_report.pdf.

［7］ 魏长睿.欧盟新补贴条例对跨境补贴的规制及我国应对策略［J］.争议解决，2023，9（4）：1203-1211.

［8］ 史密夫斐尔律师事务所.欧盟外国补贴条例（FSR）的首案研究：四方机车案［EB/OL］.（2024-03-01）［2024-08-27］.https：//mp.weixin.qq.com/s/OoZXJSJn0J_K-2YjPHlnUA.

海上新能源项目开发合规研究

曹　仲　闫译文　谷中原

中国长江三峡集团有限公司浙江分公司

摘　要

海上新能源开发步入新阶段、驶进快车道，与此同时，监管要求更加复杂、严格，海上新能源项目开发建设合规管理重要性日益凸显。本文以浙江省为例，围绕海上新能源开发特点，系统梳理前期开发流程，总结归纳合规风险和管控措施，为海上新能源开发建设提供借鉴。

关键词

海上新能源；合规手续；风险防控

一、引言

在能源领域，发展海上新质生产力，海上新能源项目的开发建设是其中一个重要落实方向。浙江省是我国能源消费和海洋经济大省，海域面积 26 万 km^2，大陆海岸线和海岛岸线长 6600km，占中国海岸线总长的 21%，居全国第一位。2024 年，浙江"十四五"海上风电规划获批复，其中，省管海上风电 850 万 kW，国管海上风电 800 万 kW；要求 2025 年前省管海上风电、国管海上风电分别并网 200 万 kW，加大深远海风电示范试点力度。同时，浙江省融合创新开发，加快推进打造多类型海洋能源、氢能、海水淡化及海洋牧场等集成的海上"能源岛"，业态更加丰富。海上新能源开发步入新阶段、驶进快车道，与此同时，监管要求更加复杂、严格，不断暴露的合规问题和各种潜在的风险受到行业内高度关注，项目开发建设合规管理重要性日益凸显。

二、海上新能源项目前期开发流程

海上新能源项目往往具有投资金额大、开发周期长的特点。因其地理位置特殊性，就整个工程建设而言，所涉区域不仅限于海域，通常还包括岸边陆地（如陆上集控中心）。从前期开发到施工建设，再到并网投产，涉及的手续和流程众多，尤以前期开发阶段居多。

（一）海上风电前期开发流程

当前，浙江省海上风电资源通过市场竞争配置的方式获取，取得项目开发权后需开展测风工作，获得风资源数据；取得用海预审、社会稳定风险评估、军方支持意见、陆上集控中心选址意见等前置手续后，提交项目申请报告取得核准批复文件；项目办理完成前期开发支持性手续文件，取得建设用地规划审批手续和施工许可后，项目具备开工条件，进入工程建设阶段。海上风电项目前期工作流程如图1所示。

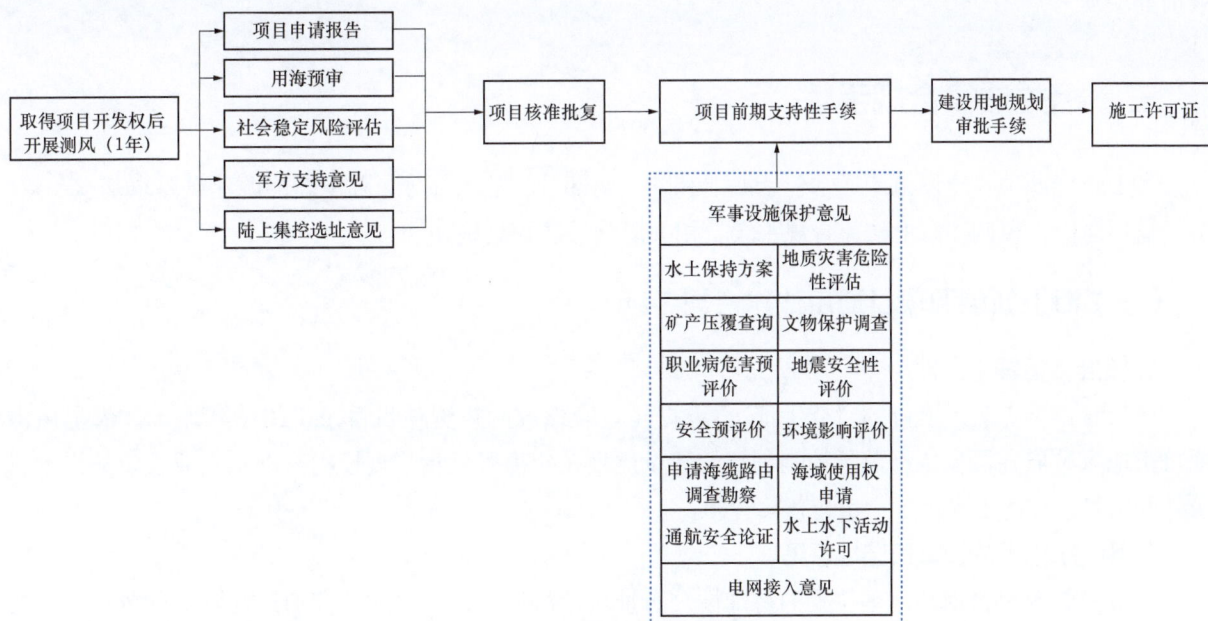

图1 海上风电项目前期工作流程

（二）海上光伏前期开发流程

海上光伏开发流程较海上风电相对简化，排查土地和海域性质、生态、军事、电力系统接入等敏感性因素后，提交项目建议书即可项目备案。备案完成后办理项目前期支持性手续，取得建设用地规划审批手续和施工许可后，项目具备开工条件，进入工程建设阶段。海上光伏项目前期工作流程如图2所示。

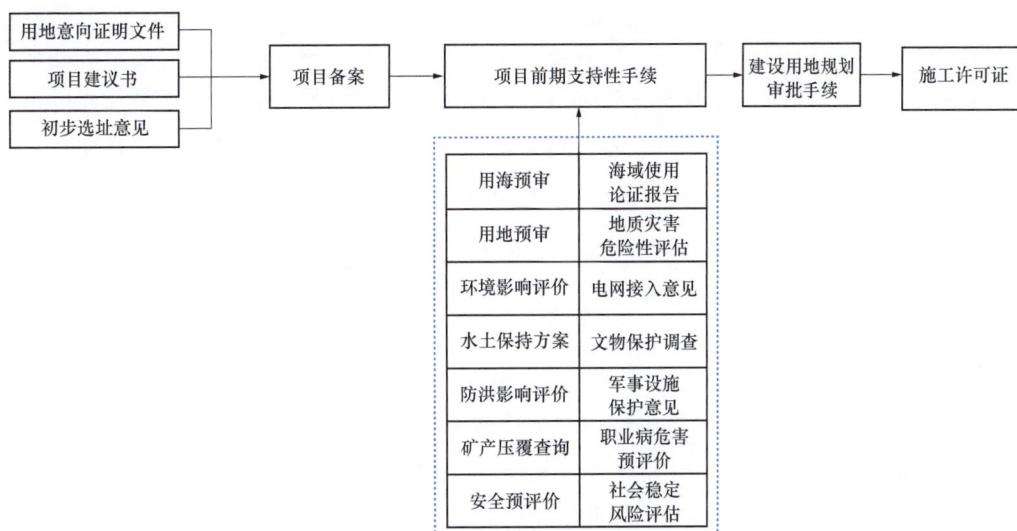

图2 海上光伏项目前期工作流程

我国海上新能源复合类项目处于起步阶段，主要融合了海上风电、海上光伏、储能、制氢、海洋养殖等多业态，能够有效解决海域资源开发利用率低、单一开发模式成本高等难题，多业态结合有效提高用海效率，形成优势互补，摊销资源开发成本，实现产业双赢升级。前期开发流程集合了多种业态的合规手续，以核准制流程为准办理，另外需综合考虑海岛开发利用审批、制氢危化品审批和养殖审批等手续。

三、相关法律合规手续

海上新能源项目建设范围通常包括海上和陆上两部分，陆上部分与陆上新能源建设要求基本一致，由于篇幅原因，仅阐述海上法律合规手续、相关风险及防控措施。

（一）海上新能源项目通用法律合规手续

1. 核准（备案）文件

项目核准/备案是项目的"准生证"。根据《政府核准的投资项目目录（2016年本）》，海上风电项目由地方政府在国家依据总量控制制定的建设规划及年度开发指导规模内核准；企业投资建设本目录外的项目，如海上光伏等，实行备案管理。

2. 用海/用地的预审和选址意见

海上新能源项目因其地理位置的特殊性，选址包括海上场区、海底电缆通道与陆上部分，可能会对海洋环境、通航安全、军事等方面产生重大影响，需严格排查项目选址有无禁止建设、限制建设情况。用海预审意见是项目取得海域使用权的前置条件。海上风电项目应当在项目核准前取得用海预审意见，海上光伏项目在项目备案后取得用海预审意见。陆上集控中心工程、自建送出线路工程永久性建筑物、构筑物占地，应在项目核准前规定办理用地预审与规划选址意见。

3. 项目用海审批手续

使用海域必须依法取得海域使用权，应在用海预审意见、海域使用论证报告使用有效期限内取得用海批复手续。根据项目实际情况所涉及功能区域可包括海上换流站、海上升压站、海上集控中心、风机及箱变基础、海上光伏场区、集电海缆、送出海缆等。

4. 环境影响评价

我国对建设项目环境影响评价文件实行分类名录管理制，按照建设项目的审批、核准和备案权限及建设项目对环境的影响性质和程度实行分级审批。环境影响评价报告书及环境影响评价报告表需要报相关部门予以批准，环境影响评价登记表已改为备案制。海上新能源项目不能仅办理陆上环评审批而忽视海上环评手续，海洋环境影响评价应充分考虑电磁辐射、施工期与营运期海洋生态影响及鸟类资源、环境敏感区影响等。

5. 军事设施保护意见

项目应当在开工建设前取得县级人民武装部或当地驻军单位等军事部门关于项目建设范围内无军事设施的相关意见。海上新能源项目可能涉及军事设施用海区，若项目涉及军事问题，可能导致项目停建或拆除等颠覆性问题，因此取得军事部门的支持性文件是海上新能源项目前期的关键工作。

6. 水上水下作业活动许可证

在我国管辖海域内进行海上设施施工作业属于"构筑、维修、拆除水上水下构筑物或设施"，建设单位或者施工单位应当向作业地或者活动地的海事管理机构申请许可，并核定相应安全作业区。安全作业区设置相关的安全警示标志、配备必要的安全设施或者警戒船，一般情况下无关船舶、海上设施不得进入安全作业区。

7. 海底电缆审批

海底电缆管道路由调查勘测前，建设单位应向有审批权限的自然资源部或其所属海区局提交路由调查、勘测申请书及铺设海底管道工程对海洋资源和环境影响报告书等资料获得海底电缆路由勘察审批。

根据《国家海洋局关于铺设海底电缆管道管理有关事项的通知》（国海规范〔2017〕8号），属于建设项目配套设施且长度小于2km的海缆管道，可暂时不单独办理路由调查勘测、铺设施工审批手续，但铺设施工前应依法取得环境影响评价和海域使用批准文件。

8. 其他通用法律合规手续

除了上述比较关键的法律合规手续之外，海上新能源项目还涉及社会稳定风险评估、水土保持批复意见、考古许可和文物保护、压覆矿产资源审批意见、地质灾害危险性评估、电网接入批复意见、职业病危害预评价、防洪影响评价等，受篇幅原因，不再详述，建设单位需逐一办理，以免影响项目开发合规性。

（二）专有法律合规手续

1. 海上风电发展规划、竞配开发权

根据《海上风电开发建设管理办法》（国能新能〔2016〕394号），由各省（自治区、直辖市）级及以下能源主管部门按照有关法律法规在经国家能源局审定的海上风电发展规划范围内核准具备建设条件的海上风电项目；未纳入海上风电发展规划的海上风电项目，开发企业不得开展海上风电项目建设。根据《国家能源局关于2021年风电、光伏发电开发建设有关事项的通知》（国能发新能〔2021〕25号），保障性并网项目由各省级能源主管部门通过竞争性配置统一组织。

2. 海上风电航道通航条件影响评价

海上风电场选址应当避让航道、锚地、习惯性航路，但由于可能涉及航道保护范围，海底电缆通常会穿跨越航道，建设单位应当在项目可行性研究阶段，编制航道通航条件的影响评价报告，并报送有审核权的交通运输主管部门或者航道管理部门审核。若航评报告审核通过，航道管理部门签发航道通航条件影响评价审核意见，建设单位才可在涉及航道、习惯航路的有关海域建设海上风电相关工程。若审核未通过的，建设单位根据审核意见调整选址或建设方案，并需要重新编制航评报告报审核。

3. 海上光伏项目用海申请

2024年1月，自然资源部启动了海上光伏项目用海管理的摸排，要求沿海各级自然资源（海洋）主管部门暂停受理海上光伏项目用海申请或审批海上光伏项目用海市场化出让方案，后续可能放开核电温排水区、盐田盐池、围海养殖区、海上风光同场四类光伏用海方式。因此，海上光伏项目用海申请需特别关注此次用海政策的变化。

4. 海岛开发利用审批

海上能源岛或海上风电涉及占用海岛需要履行海岛开发利用审批手续。有居民海岛的开发、建设应当遵守有关城乡规划、环境保护、土地管理、海域使用管理、水资源和森林保护等法律法规的规定，保护海岛及其周边海域生态系统。应当对海岛土地资源、水资源及能源状况进行调查评估，依法进行环境影响评价。海岛的开发、建设不得超出海岛的环境容量。新建、改建、扩建建设项目，必须符合海岛主要污染物排放、建设用地和用水总量控制指标的要求。

从事全国海岛保护规划确定的可利用无居民海岛的开发利用活动，应当遵守可利用无居民海岛保护和利用规划，采取严格的生态保护措施，避免造成海岛及其周边海域生态系统破坏。开发可利用的无居民海岛，应当向省、自治区、直辖市人民政府海洋主管部门提出申请，并提交项目论证报告、开发利用具体方案等申请文件，由海洋主管部门组织有关部门和专家审查，提出审查意见，报省、自治区、直辖市人民政府审批。无居民海岛的开发利用涉及特殊用途海岛，或者确需填海连岛以及其他严重改变海岛自然地形、地貌的，由国务院审批。

5. 项目运维码头岸线使用审批手续

如海上新能源项目需要建设运维码头，由于运维码头的建设需要使用岸线，且目前海上新能源项目运维码头一般采用透水构筑物的设计形式，涉及海域占用，因此对于运维码头的建设需要办理岸线使用审批手续，否则存在合法性风险。

6. 制氢合规手续

氢气属于可燃气体，在我国现有监管体系下，氢气被纳入危险化学品的监管范畴，对危险化学品生产企业实行安全生产许可制度。企业未取得安全生产许可证的，不得从事生产活动。此外，在氢气的制备、储运、充装过程中，往往涉及压力容器、管道等特种设备，因此也需要符合特种设备方面的监管要求并办理相关合规手续。

四、合规风险和防控措施分析

（一）项目未列入海上风电发展规划即开发建设的风险

1. 合规风险

国家能源局统一组织全国海上风电发展规划编制和管理；会同国家海洋主管部门审定各省（自治区、直辖市）海上风电发展规划；适时组织有关技术单位对各省（自治区、直辖市）海上风电发展规划进行评估。各省（自治区、直辖市）海上风电发展规划应符合全国海上风电发展规划。若各省（自治区、直辖市）以及市县级海上风电发展规划未经国家能源局批准，则建设单位不得开展海上风电项目建设。

2. 防控措施

（1）在对海上风电项目实质性投入前，应确保项目已列入经国家能源局审批的海上风电发展规划（地方能源主管部门无权审批当地的海上风电发展规划），避免发生地方能源主管部门超规模核准的情形。

（2）在前期尽调过程中，对海上风电项目已列入经国家能源局审批的海上风电发展规划的文件进行核查，确保其合法有效。同时，注意核实海上风电发展规划期限，确保项目处于规划期限内。

（3）对尚未列入经国家能源局审批的海上风电发展规划的项目或已被移出海上风电发展规划的项目，应审慎决策、谨慎投资。

（二）项目业主未通过竞争性配置取得项目开发权的风险

1. 合规风险

2019年5月28日，国家能源局下发《关于2019年风电、光伏发电项目建设有关事项的通知》（国能发新能〔2019〕49号），其附件《2019年风电项目建设工作方案》明确自该工作方案公布起，新增海上风电项目必须通过竞争配置确定项目业主单位。因此，自 2019 年起新增的海上风电项目需通过竞争配置方式取得项目开发权，若海上风电项目未通过竞争性配置即确定开发权，则存在项目开发权确定程序不符合法律规定、项目开发权被取消的风险。

2. 防控措施

针对 2019 年后新增的海上风电项目，应重点核查项目是否取得当地发改委及能源局核发的竞争配置结果确认函以及电网企业出具的接入系统方案批复。

（三）项目用海手续不完善的风险

1. 合规风险

海上新能源项目通常涉及陆上集控中心等需要办理建设用地审批手续的陆上区域，还涉及海上升压站、海上风机基础、海上光伏场区、海底电缆等需要办理用海手续的部分。相比于陆上新能源项目，用海手续是海上新能源项目特有的重要合规性手续。项目用海手续最终以取得海域使用权证为办理节点，办理流程较为复杂，缺少任一审批程序，都可能导致项目合规性存在瑕疵。

2. 防控措施

（1）建设单位需注意项目用海手续办理的完整性，及时跟进海洋行政主管部门的用海预审以及相应的海域使用权审查情况，并及时与主管部门沟通协商，争取如期通过项目的用海预审和取得海域使用权，有效规避项目前期可能存在的违法性风险。

（2）若海上新能源项目涉及用海与用地重合部分，应与自然资源主管部门中海域部门与国土部门同时保持沟通，核实是否需要同时办理用海审批手续与用地审批手续，确保项目用海 / 用地的合规性。

（四）项目未办理环境影响评价的风险

1. 合规风险

海上新能源项目环境影响评价环节较多，涉及海洋环评、陆上环评以及电磁辐射、鸟类调查等多个专题，每个环节都不能忽视，更不能有遗漏。若建设单位未依法办理环境影响评价，擅自开工建设的，可能被责令停止建设，或责令恢复原状，并处以罚款，对直接责任人员给予行政处分。

2. 防控措施

及时于项目开工建设前报批建设项目的环境影响评价文件，依法获得审批部门的审查与批准。在取得环保审批部门的环境影响评价批复文件前，不进行开工建设。对于需要编制环境影响评价报告书的项目，严格按照规定开展公示和公众意见调查工作，尤其是涉及选址和设备变更重大调整的项目。

（五）项目海底电缆铺设未取得审批手续的风险

1. 合规风险

海底电缆是海上新能源项目电力送出的重要通道，海底电缆包括集电线路海底电缆和送出海底电缆两部分。海底电缆的铺设需要履行其特有的审批手续，海缆路由的调查、勘测是海上新能源项目开工前置性手续之一，涉及海底电缆管道路由调查勘测、铺设施工，需要办理相关许可手续，未办理相关手续的，建设单位可能承担罚款等行政责任。

2. 防控措施

（1）在项目选址阶段对海底电缆铺设路径进行详细勘测，并及时审批办理海域使用权证，确保海底电缆用海的合规性。

（2）项目进行海底电缆铺设前，应首先取得国家海洋局各分局出具的海底电缆管道路由调查勘察审批文件及海底电缆管道铺设施工批复文件。

（3）如确实未及时办理相关审批手续，应及时补办相关支持性文件。

五、结语

本文从海上新能源项目前期开发流程、相关法律合规手续、合规风险和防控措施分析等方面并以涉海内容为主进行了详细的梳理，希望对海上新能源从业者提供一定的借鉴，共同积极面对项目投资开发在合规管理面临的风险和挑战，紧盯政策变化，把牢项目合规风险管控，为新能源领域新质生产力的快速发展保驾护航。

参考文献

［1］潘晔华，刘继嬴，陈世香，等.陆上风电、光伏发电项目开发建设法律手续管理原理与实务［M］.武汉：武汉大学出版社，2022.

［2］林汇金.探索海洋能源未来—海上能源岛［J］.电网科创圈，2024.4.07.

［3］许司宁.海上光伏项目产业政策及用海合规手续解读［J］.中电联法律分会.2023.4.04.

供电企业农民工工资支付合规管理挑战及应对措施

陈堉嘉 梁瑜珏 赵 燕

国网福建省电力有限公司厦门供电公司

摘 要

长期以来，由于农民工的劳动力和资本不对称，农民工工资支付保障一直是社会的热点焦点，成为社会稳定和发展中必须解决的问题，不容忽视。本文从供电企业的角度出发，论述供电企业在工程建设中承担的农民工工资支付义务、面临的合规挑战和风险，并从组织体系、机制建设、技术保证三个方面提供可采取的防范措施。

关键词

供电企业；合规管理；农民工工资支付；区块链

一、引言

随着中国经济社会快速发展和城市化进程提档加速，进城务工人员（简称农民工）已然成为中国建筑业和制造业中不可或缺的一环。然而，由于农民工的劳动力和资本不对称，承包单位往往难以保证其工资按时支付，农民工工资支付保障一直是社会的热点焦点。供电企业作为国民经济的重要支柱，强化合规管理体系建设是供电企业主动适应"大监管"形势，持续高质量发展的必然要求。本文将从供电企业的角度出发，论述农民工工资支付面临的合规挑战和风险，以及可采取的防范措施。

二、保障农民工工资支付的义务来源

目前，我国已经建立源头预防、动态监管、失信惩戒相结合的、全面的、立体的保障农民工工资支付的法律体系，突破了多层合同相对关系，对农民工工资支付进行全方位保障。该法律体系以《保障农民工工资支付条例》为核心，辅以《国务院办公厅关于全面治理拖欠农民工工资问题的意见》《工程建设领域农民工工资专用账户管理暂行办法》等文件，同时强化人力资源管理部门和建设工程主管部门维护农民工权益的执法力度。工程建设主体单位未履行法律规定的农民工工资保障义务的法律风险越来越大，加之国有资产管理部门对国有企业合规管理要求不断提高，出现上述问题也将被上级部门严肃追责问责。

（一）建设单位的法定义务

在电网工程建设中，供电企业多以建设单位的身份存在，《保障农民工工资支付条例》明确了建设单位的义务。根据条例规定，建设单位在与承建单位签订建设工程承包合同时，应当在合同中约定承包单位对农民工的工资支付义务，并明确规定其应当履行的管理和监督职责。同时，建设单位也应当对承包单位的工资支付情况进行监督，并且对承包单位未支付农民工工资的行为承担连带责任。具体分为以下几点：

（1）提供资金的义务。根据《保障农民工工资支付条例》第二十三、二十四条，建设单位应当有满足施工所需要的资金安排，应当向施工单位提供工程款支付担保。因此，电力企业需做好资金规划和预算工作，确保有足够的资金用于工资支付。

（2）合同管理的义务。根据《保障农民工工资支付条例》第二十四条、《工程建设领域农民工工资专用账户管理暂行办法》第十二条，建设单位应当与施工总承包单位通过工程施工合同约定工程款、工程款进度结算办法以及人工费拨付周期，且约定的人工费的拨付周期不超过 1 个月，并按时支付人工费。同时，建设单位应当保存施工合同备查，在发生农民工工资支付合同争议时，有义务提供工程施工合同让政府管理部门审查。

（3）拨付至农民工工资专用账户的义务。根据《保障农民工工资支付条例》第二十九条、《工程建设领域农民工工资专用账户管理暂行办法》第十三条，建设单位应当及时足额将人工费拨付至施工总承包单位开设的农民工工资专用账户。专用账户余额不足以支付农民工工资的，施工总承包单位可以向建设单位提出追加拨付的请求。

（4）监督施工单位的义务。根据《保障农民工资支付条例》第二十九条第一款规定，建设单位依法应当监督施工总承包单位按时足额支付农民工工资。根据《工程建设领域农民工工资专用账户管理暂行办法》第二十二条，建设单位可以通过监理委托协议约定，委托监理单位实施农民工工资支付审核及监督。

（5）建立保障机制的义务。根据《保障农民工工资支付条例》第二十九条，建设单位应当以项目为单位建立保障农民工工资支付协调机制和工资拖欠预防机制，若发生农民工集体事件，需向项目所在地人力资源社会保障行政部门和相关行业工程建设主管部门报告相关情况。

（6）兜底的义务。《保障农民工工资支付条例》第三十五条规定：建设单位与施工总承包单位或者承包单位与分包单位因工程数量、质量、造价等产生争议的，建设单位不得因争议不按照本条例第二十四条的规定拨付工程款中的人工费用，施工总承包单位也不得因争议不按照规定代发工资。因此，建设单位不得因与施工总承包单位存在数量、质量、造价等产生争议而拒绝依据合同约定拨付工程款中的人工费用。

（二）国有企业的合规管理要求

近年来，党中央、国务院高度重视国有企业合规管理。《中央企业合规管理办法》《中央企业合规管理指引》要求企业针对劳动用工等重点领域以及合规风险较高的业务，需要制定合规管理具体制度或者专项指南。近年来，国务院下发《国务院根治拖欠农民工工资工作领导小组办公室关于开展根治欠薪冬季专项行动的通知》等文件，严查国有企业保障农民工工资支付情况。一是强化国企投资项目全方位、全流程监管，扎紧制度"笼子"，从源头上消除欠薪隐患。二是对国企项目欠薪的，严查制度落实、责任落实情况，适时进行通报，实现查处一案、警示一片的效果。电力行业关系国家能源安全和国民经济命脉，也是国家监管重点领域，供电企业作为国民经济的重要支柱，强化合规管理体系建设是供电企业主动适应"大监管"形势，持续高质量发展的必然要求。

三、农民工工资合规管理面临的挑战

根据国家统计局《2022年农民工监测调查报告》，2022年全国农民工总量为29562万人，比上年增加311万人，增长1.1%。自《保障农民工工资支付条例》实施以来，欠薪治理工作成果明显，但在保障农民工工资支付方面仍存在不少挑战。

（一）承包商不符合资质要求

建设工程施工领域中拖欠农民工工资的行为存在多方责任主体，工程中可能存在合伙关系、挂靠关系、承包关系等多种法律关系。选择资质不符合要求的承包商，可能导致建设单位承担风险。根据《保障农民工工资支付条例》第36条，建设单位或者施工总承包单位将建设工程发包或者分包给个人或者不具备合法经营资格的单位，导致拖欠农民工工资的，发包方应与承包方承担连带责任。

（二）合同约定不明确

施工总承包企业或是分包企业未与农民工签订劳动合同，仅以包工头与农民工之间的"口头协议"的形式签订，或是合同约定不明确，未详细约定工资支付形式，支付时间、支付标准、支付方式以及支付金额，由分包队伍或是"包工头"自行裁量。农民工干多干少、干好干坏与其取得的工资收入不匹配，农民工的合法权益得不到有效保障。

（三）监督管理不到位

建设单位未对承包单位的工资支付情况进行监督或监督不力，导致农民工工资无法得到及时支付。建设单位往往将含农民工工资在内的款项全部付给承包单位，由于建设单位既不掌握其用工花名册，又不掌握农民工的出勤和工资发放情况，在工程结算过程中未对承包单位的工资支付情况进行核实，一旦承包单位不负责任或是出现亏损，未能将农民工工资发放到位，极易引发纠纷。

（四）款项支付不及时

建设单位未及时支付工程款给承包商、工程变更或延期、工程质量问题引发纠纷或工程结算出现问题，如审核周期长等情况，均可能导致工程款支付受阻，进而影响农民工工资支付。

四、供电企业采取的风险控制措施

基于供电企业加强农民工工资支付合规管理的必要性，深入分析当前保障农民工工资发放存在的问题，供电公司可从组织体系、机制建设、技术保证三个维度，提高农民工工资发放的全流程风险防控能力。

（一）筑牢"三道防线"，强化组织保障

健全内部管理机制，明确农民工工资支付的合规管理职能部门，由业务部门承担"第一道防线"主体责任，对经营行为把关负责，对工资发放的业务流程运作合规性进行监督检查。合规管理部门筑牢"第二道防线"，履行统筹推动和组织协调职责，提醒业务部门做好事前、事中预防和纠正。审计、纪检、巡视巡察等部门把住"第三道防线"，加强该领域的监督检查，强化违规问责，建立起全方位、立体监督检查工作格局。

（二）建立"四项机制"，强化制度保障

1. 建立承包商准入机制

（1）开展全面的资质审查，审核承包商的企业资质文件，如营业执照、资质证书、税务登记证等，查阅承包商的过往项目业绩，评估其在类似项目中的表现，尤其是在农民工工资支付方面的履约情况。

（2）开展财务状况评估，可要求承包商提供最近三年的财务报表（资产负债表、利润表、现金流量表等），重点评估承包商的现金流状况、负债率和债务结构，评估其财务健康状况和偿债能力，确保其具备充足的流动资金来应对工资支付等日常运营需求，并进行详细分析。

（3）开展信用和合规历史审查，通过第三方信用评级机构、中国裁判文书网等平台调查承包商在过往项目中的履约情况，查询其是否曾发生与农民工工资、劳务纠纷相关的案件，评估其信用状况及支付款项和履行合同的诚信记录。

（4）建立并定期更新合格承包商库，将经过严格审查、信誉良好的承包商纳入其中，常态化开展项目部设立农民工工资专户、设置劳资专员、维权信息牌制度执行情况检查，并把检查情况纳入服务类供应商评价。

2. 建立合同管控机制

（1）细化合同条款。明确规定农民工工资的支付主体、支付的时间节点和支付方式，确保支付流程的可操作性和透明性；明确农民工的工资标准和计算方式，列明各类报酬的计算依据，避免因标准模糊而引发争议；若项目涉及分包，主合同应要求承包商在分包合同中同样明确工资支付条款，并且主合同中应要求发包人对分包合同进行审查，确保分包商履行工资支付责任；明确规定因工资支付不及时或不足导致的违约责任，包括违约金的计算方式和支付方式，以增强合同执行的约束力。

（2）加强合同审查。制定并推广农民工工资支付条款标准化的合同模板，邀请法律顾问或专业律师对合同进行全面审查，确保合同条款符合相关法律法规，尤其是关于工资支付的条款，提前识别和评估合同中可能存在的支付风险，并针对性地在合同中加入相应的保护条款，如支付延迟的惩罚条款等。在项目周期较长的情况下，可根据法律法规的变化或市场情况的变动，动态调整条款，确保合同始终符合现行法律和实际情况。

（3）加强履约监督。项目执行过程中发现合同条款存在不明确或无法覆盖的，应及时与承包商协商并签署补充协议，进一步明确工资支付责任和义务。引入第三方担保或保险机制，当承包商因资金链断裂等原因无力支付工资时，由担保公司或保险公司代为支付。签订联合监管协议，共同制定项目执行中的工资支付监管机制，并联合第三方机构进行监督，确保承包商履行工资支付义务。

3. 建立内部风控机制

（1）强化风险识别评估。组织项目职能部门定期识别和评估可能存在的合规风险，发布业务中的合规风险、管控风险的重点岗位及风险清单，指导业务部门合规采取可行措施予以防范和控制。同时

建立风险评估模型，定期对该业务的合规管理状况分析评价，整改潜在合规风险。将合规管理要求嵌入业务流程，确保合规要求落实到岗到位。

（2）建立风险预警机制。制定紧急应对预案，根据项目的规模和风险评估，建立应急资金池，当承包商无法按时支付工资时，能够迅速启动紧急支付机制，通过使用保证金或项目备用资金，确保在出现问题时有足够的资金进行补救。对项目进展、资金状况、农民工工资支付情况等进行实时监控，一旦发现异常，应立即启动预警并采取相应的应对措施。

（3）加强合规宣教。组织对项目管理人员、合同管理员、财务人员等相关人员进行法律法规和合规政策的培训，尤其是与劳动法、农民工工资支付相关的内容，提高他们的法律意识和合同管理能力。加强与当地劳动保障部门、工会组织、行业协会等的合作，共享信息，联合监管，形成多方监督合力，保障农民工工资支付的合规性。

4. 建立资金管理机制

（1）定期资金流监控与预警。项目管理部门应对承包商的资金流动情况进行实时监控，尤其是农民工工资支付资金的来源、划拨和支出情况。建立资金预警机制，对承包商的现金流、财务状况进行动态评估。如果发现承包商资金状况恶化，应立即采取补救措施，如暂停工程款支付或要求增加保证金。强化项目款项合理分配和使用，实现资金全流程监督，定期进行审计和检查，以确保农民工工资发放合法合规。

（2）设立农民工工资专用账户。要求承包商在银行开设专门的农民工工资支付账户，项目资金中的工资部分应直接划拨到该账户，并严格限制其用途，确保资金专款专用。由发包人或第三方机构对工资专用账户进行监管，定期审查账户资金流动情况，确保账户中的资金足以支付农民工工资。

（3）建立工资支付保证金制度。要求承包商在合同签订时缴纳工资支付保证金，金额通常为农民工总工资的一个月或更长时间的费用。明确规定工资支付保证金的使用规则，如果承包商未能按时支付农民工工资，发包人有权动用保证金支付工资，确保农民工的权益不受损害。

（4）建立合理的付款流程。明确将支付进度与工程进度挂钩，确保工程款的支付优先用于工资支付，如果承包商未按时支付工资，发包人有权暂缓支付工程款。全面从资金账户管控与资金支付调度方面保障农民工工资支付工作。运用付款"优先等级"标签制度，优先保障农民工工资支付。

（5）定期核查与支付确认。定期对承包商的工资支付情况进行核查，包括查阅工资支付凭证、银行流水、农民工签字确认表等，确保支付的真实性和完整性。要求农民工在领取工资后进行签字确认，并定期进行随机抽查或现场调查，以确保农民工实际收到工资。

（三）注重"一个平台"，强化技术保障

供电企业应借助区块链等技术手段，建立健全的信息管理系统，对农民工工资支付相关信息进行记录和归档。提高农民工工资支付的准确性和及时性，对存在的合规风险进行预警和防范。

（1）建立信息化工资支付平台。对农民工工资支付相关信息进行记录和归档，确保信息真实、准确、完整，并保护相关信息的安全。项目相关的总承包单位、分包单位、施工人员、金融机构全要素纳入系统管控，实现人员、资金、现场全方位线上管控、信息共享。全过程在线监控，项目从立项、现场施工、总包结算收款、分包审核、施工费支付、资金融资、农民工工资支付全链条全过程通过系统整合数据、跟踪管控、异常预警。

（2）打通信息交互数据壁垒。对内，将工资发放系统与企业内部的工程分包管理系统、考勤系统等进行业务数据的采集与信息反馈，获取项目合同信息，避免工资总额超过合同规定上限；获取农民

工考勤数据，避免分包商的工资名单数据造假的可能性，从源头确保了工资数据来源真实可靠。对外，与外部的银行系统通过银企直联方式进行相关数据的传输与信息接收，审核后的工资数据通过银企直联直达银行，再直接发放到农民工的个人账户上，减少人为上传文件操作，提升工资发放的效率，确保农民工的权益。

（3）加强信息数据存储管理。利用区块链技术的防篡改特性，将平台上流转的关键信息上链存储，保证记录在区块链上的数据可靠性，形成固化数据，为后续可能出现的纠纷提供重要的具有法律效力的证据。以信息化手段解决农民工欠薪难点痛点问题，实现农民工工资发放信息与作业现场实名制管理信息一致，有效消除供应商讨薪风险。

五、结语

供电企业在农民工工资支付方面面临着较大的合规风险和监管压力，供电企业需要建立完善的保障农民工工资发放内部管理制度和外部合作机制，利用技术手段提高支付准确性和及时性，加强对合作方的合规监管，方能有效地保障农民工的合法权益，促进企业高质量可持续发展。

参考文献

[1] 华东师范大学企业合规研究中心.企业合规讲义［M］.北京：中国法制出版社，2019.

[2] 王志乐.企业合规管理操作指南［M］.北京：中国法制出版社，2017.

[3] 石文静.如何确定建设领域拖欠农民工工资的责任承担主体和方式?［J］.民商法典型案例评析，2020，1（1）：35.

新能源发电项目用地法律合规问题研究

——以集中式光伏发电为例

杨　泰

国家电投集团云南国际电力投资有限公司

摘　要

在国家推动落实"双碳"战略实施和能源结构调整的大背景下，风电、光伏等新能源发电项目迎来高速发展的新时期。在新能源发电项目开发、建设实践中，项目用地面临的法律合规风险十分突出，一旦涉嫌违规用地，电力企业很可能遭受行政处罚甚至承担刑事责任。因此，做好新能源发电项目用地法律合规问题研究，加强相关法律合规风险的防范和处置，成为涉足新能源发电领域的电力企业必须认真面对的课题。本文尝试以集中式光伏发电为例，对新能源发电项目用地法律合规问题进行研究，以期为电力企业提供建设性意见和建议。

关键词

新能源发电；集中式光伏发电；项目用地；法律合规风险；防范和处置

一、新能源发电项目用地法律合规问题研究背景

（一）新能源发电项目用地涉及的土地类型

风电、光伏等新能源发电项目用地须遵循我国土地使用的基本原则，严格遵守土地用途管制制度。根据我国《土地管理法》及第三次全国国土调查（简称"三调"），按照土地利用现状将土地分为农用地（包括耕地、林地、草地等）、建设用地和未利用地三大类。新能源发电项目可能涉及的土地类型一般包括建设用地、未利用地（三调将未利用地分为沼泽地、冰川及永久积雪、盐碱地、沙地、裸土地、裸岩石砾地）及农用地中的林地、草地。

（二）新能源发电项目用地监管政策的演变

新能源发电项目用地监管政策经历了从分类监管到统一监管的演变历程。以集中式光伏发电项目为例，2023年3月19日以前，原国土资源部、原国家林业局、国家能源局等相关部门先后发布了多个规范性文件实施监管，将集中式光伏发电项目被划分为一般光伏项目、林光互补项目、光伏扶贫项

目和光伏复合项目四大类，分别实施差异化的用地政策，进行分类监管。鉴于此前已实施的几个监管文件均已到期失效或被发布机关自行废止，加之分类监管在一定程度上缺乏科学性和合理性，自然资源部办公厅、国家林业和草原局办公室、国家能源局综合司于 2023 年 3 月 20 日共同发布了《关于支持光伏发电产业发展规范用地管理有关工作的通知》（自然资办发〔2023〕12 号，以下称 12 号文），统一了监管政策，不再施行分类监管，自此集中式光伏发电项目用地正式进入统一监管时代。

（三）统一监管模式对集中式光伏发电项目用地的法律合规要求

参照《光伏发电站工程项目用地控制指标》（TD/T 1075—2023，以下称《指标》）的规定，集中式光伏发电项目通常可划分为变电站和运行管理中心、集电线路、光伏方阵以及场内外道路四个功能区。12 号文针对上述四个功能区用地提出了不同的法律合规要求。

1. 变电站和运行管理中心用地

变电站和运行管理中心通常需要建造永久性房屋或构筑物，所占用土地为建设用地，电力企业须办理建设用地审批手续，需要通过划拨或出让方式取得建设用地使用权，并取得相应土地权属证书。

2. 集电线路用地

根据《指标》的规定，集中式光伏发电项目如采用直埋电缆敷设方式，则集电线路用地与光伏方阵用地合并，用地指标面积不再另行计算，电力企业无须另行办理集电线路用地审批手续；如采用架空线路方式，则集电线路用地按照杆塔基础轮廓计算，杆塔基础所占用土地为永久用地，按建设用地管理，电力企业应依法办理建设用地审批手续。实践中，以河北、黑龙江为代表的部分省（自治区、直辖市）通过省级人大立法或省级政府制定规章的方式，规定架空线路的杆塔基础可不征地，执行"以补代征"，全国人大常委会法工委以复函形式对"以补代征"予以认可。所以，在未允许"以补代征"的地区，集中式光伏发电项目建设集电线路，应办理建设用地审批手续。在执行"以补代征"的地区，则无须办理建设用地审批手续。

3. 光伏方阵用地

光伏方阵用地包括组件用地、逆变器室及箱式变电站用地、方阵场内道路用地等。按照 12 号文的要求，严禁在耕地上建造光伏方阵，同时应当尽量少使用其他农用地建造光伏方阵，如确需占用，应以不影响农业生产和生态环境保护为原则。

4. 场内外道路用地

根据 12 号文，集中式光伏发电项目的场内外道路用地按照国家现行有关公路建设的规定执行，所占用土地为永久性使用，须办理建设用地审批手续。

二、新能源发电项目用地面临的法律合规风险

受集中式光伏发电项目自身特点的影响，项目用地规模通常较大，涉及土地类型复杂，法规政策变化频繁，用地手续烦琐且审批耗时较长，导致电力企业通常采用"边施工边审批"的方式进行项目开发建设，"未批先建"、涉及生态保护红线以及占用农用地的情况比较常见。因此集中式光伏发电项目用地法律合规风险主要表现在以下几个方面。

（一）集中式光伏发电项目"未批先建"的法律合规风险

集中式光伏发电项目应当办理建设用地审批手续的用地部分，按照普通建设项目的用地审批程序

办理。按照自然资源部"多审合一、多证合一"改革的要求和《建设用地审查报批管理办法》的规定，集中式光伏发电项目取得建设用地规划许可证即视为获得了建设用地审批，应据此办理相应土地权属证书。对于此类用地部分，常见的风险为"未批先建"，法律后果比较严重。按照《土地管理法》的规定，电力企业在取得建设用地批准手续之前动工建设，如构成非法占用土地，可能面临建筑物被拆除、没收及罚款的行政处罚。如构成犯罪的，依法追究刑事责任。

（二）集中式光伏发电项目涉及生态保护红线的法律合规风险

2019 年，中共中央办公厅、国务院办公厅印发了《关于在国土空间规划中统筹划定落实三条控制线的指导意见》，明确提出了严守生态保护红线的要求。此外，12 号文也强调光伏项目选址应当避让生态保护红线。根据上述规定，集中式光伏发电项目在开发前期应当向有关部门取得不占用生态保护红线的证明或者不占用生态保护红线等生态敏感区证明。集中式光伏发电项目用地如位于重点生态功能区、生态环境敏感区或脆弱区等区域，则很可能被划入生态红线保护区。如一旦被划入，集中式光伏发电项目极有可能面临停工拆除的风险，因此电力企业在项目开发之前就应当将项目选址是否位于生态保护红线内作为合规开发的关键点。

另外，对于在项目选址阶段经核实不在生态保护红线范围内，但后续却被划入了生态保护红线范围内，应区分是在建设过程中还是项目建成后运营中被划入两种情况。第一，对于还在开发建设中的项目，很可能需要停工拆除以避让生态保护红线。近年来，内蒙古、陕西、山东、湖北等地均出现过因位于自然保护区等生态保护红线范围内而被要求停止开发建设并拆除相关设施的情况。第二，对于已建成投产的项目，后续被划入了生态保护红线范围内是否需要拆除则存在一定的不确定性，需要有关部门依据法律法规予以明确，实务中也出现了已经建成投产项目被强制要求拆除的情况。例如最高人民法院（2020）最高法行申 7063 号案例中，案涉光伏发电项目经山东省某市某县六个政府部门审批后建设完成并网发电并经环保验收合格，某市环境保护局根据相关机构出具的"该项目符合所在地县级以上生态环保规划和环境功能区的要求"的意见也作出了环评批复，同意项目建设，后因当地政府出台文件对影响自然保护区生态环境的建设项目实施限期整改、拆除，该项目最终被强制拆除。案涉企业以地方政府为被告，经过一审、二审，最终最高人民法院再审认定"虽然涉案强制拆除决定书违法，依法本应撤销，但鉴于项目确实位于自然保护区内且已经拆除完毕，认为如撤销涉案强制拆除决定书会损害国家利益与社会公共利益，故仅判决确认违法，但不撤销行政行为"。

（三）集中式光伏发电项目占用耕地、林草地等农用地的法律合规风险

1. 集中式光伏发电项目占用耕地的法律合规风险

12 号文明确规定光伏方阵区不得使用耕地（包括永久基本农田和一般耕地）。集中式光伏发电项目未经批准占用耕地的，存在被处以责令退还土地、限期拆除、恢复土地原状、没收违法建筑物、罚款等行政处罚的风险，情节严重的，追究刑事责任。例如四川省某市中级人民法院在（2018）川 06 刑终 151 号案中，认定被告人李某未经有关部门批准，在集体土地上修建光伏发电钢结构大棚，造成农用地损毁 17.792 亩，构成非法占用农用地罪，判处其有期徒刑二年零八个月，并处罚金 150000 元。

2. 集中式光伏发电项目占用林地、草地的法律合规风险

12 号文中明确要求光伏发电项目不得占用基本草原、Ⅰ级保护林地和东北内蒙古重点国有林区。光伏方阵用地涉及林地的，须采用林光互补模式。光伏方阵按规定使用灌木林地的，施工期间应办理临时使用林地手续，运营期间相关方签订协议，项目服务期满后应当恢复林地原状。如未经批准擅自

占用林地、擅自改变林地用途建设永久性建筑或超过临时用地审批面积占用林地的，电力企业存在被责令限期恢复植被和林业生产条件，限期拆除建筑物及光伏设备，处以恢复植被和林业生产条件所需费用三倍以下罚款的风险，情节严重的，依法追究刑事责任。例如四川省某县人民法院在（2018）川3425刑申2号案中，查明涉案企业在未办理使用林地手续的情况下，擅自改变林地用途，在林地上搭建光伏板修建光伏电站，认定该企业负责人徐某依法构成非法占用农用地罪。

12号文首次提出"草光互补"的概念，明确了光伏方阵区不得占用基本草原，如使用基本草原外草原的，由各地合理确定项目的适建区域、建设模式与建设要求，提倡推广"草光互补"模式。未经批准擅自使用草原的，电力企业存在被责令退还非法使用草原，限期拆除建筑物，恢复草原植被，并处以草原被非法使用前三年平均产值六倍以上十二倍以下的罚款的风险。按照最高人民法院相关司法解释的规定，非法占用草原如果数量较大可能构成非法占用农用地罪。

三、新能源发电项目用地法律合规风险的防范和处置措施

（一）坚持优先办理项目用地审批手续的底线思维

集中式光伏发电项目的开发建设流程包括前期准备、申报与备案、审批与许可、设计与施工、并网与验收等多个环节，需要履行土地、环评、文物保护等几十项行政审批程序，涉及发展改革委、自然资源部门、环保部门、文物部门等众多行政审批机关，办理完毕所有手续需要耗费很长时间和大量人力物力。其中建设用地审批手续耗时最长，需要将近一年时间才能办完，如此漫长的审批周期是电力企业难以忍受的。电力企业为了保证项目收益率或是迫于地方政府的压力，不得不在未办理完毕建设用地审批手续的情况下，以"争补贴、抢电价、赶工期"为目标，采取"边施工边审批"方式进行项目开发建设，这种行为留下了巨大的法律合规隐患。因为用地手续不全或者应办未办，电力企业很可能会被要求返还所占用土地、恢复原状，遭受行政处罚，甚至承担刑事责任，这对于集中式光伏发电项目而言属于颠覆性的风险。因此，电力企业应当根据自身经验并参考行业惯例，对各类审批手续的重要性及办理时限进行基本判断，合理设计办理流程及先后顺序，坚持优先办理建设用地审批手续的底线思维，从而有效控制项目用地法律合规风险。

（二）通过强化政企互动及时办理完善项目相关用地手续

电力企业应与政府相关主管部门保持良好的"政商关系"，就项目用地问题建立通畅的沟通渠道，妥善留存沟通记录及往来文件。在集中式光伏发电项目用地手续未办理完毕之前，如因其他客观因素或政府指令被迫提前开始施工的，电力企业应力争获取政府相关主管部门指令开工的书面文件，并与政府相关主管部门提前沟通，就"未批先建"可能引发的民事纠纷、行政处罚乃至刑事责任作出预案或提前安排，以防范后期可能出现的项目用地法律合规风险。集中式光伏发电项目开发建设过程中，电力企业须谨慎核实项目用地类型，不能仅以政府批文判断项目用地是否合法，对于项目用地可能涉及生态保护红线、农用地的应予以高度重视，认真调查核实。对于尚未开工建设的项目，应在建设前审慎核实项目在政府各部门的用地类型以及选址内的用地现状，避免产生各部门认定不一致的情况；已开工建设但尚未并网投产的项目，虽已取得了相关主管部门的选址意见或审批意见，但由于该等审批权限多集中于区县级，而省级创新土地政策层出不穷，建议电力企业提前向当地主管部门核实最新土地政策，同时在取得政府批文后仍应严格按照相关法律法规要求办理项目用地规划手续的调整，依

法、依规办理用地手续，避免后续出现项目用地法律合规风险。

（三）依法合规做好政策允许"以补代征"地区的农地补偿工作

电力企业应保持政策敏感性，对项目所在地的用地政策提前进行充分调研，了解当地是否存在"以补代征"的地方性法规或政策，用好用足政策红利，确保项目用地依法合规。

对于明确允许"以补代征"的省（自治区、直辖市），电力企业应严格按照当地有关政策的规定，在协商一致的前提下，与电缆通道和架空线路杆塔基础所占土地的村集体或村民签订用地补偿协议，并按照当地补偿标准给予相关权利人经济补偿。

（四）强化集中式光伏发电项目临时用地管理

随着近期自然资源部一系列政策文件的下发，临时用地监管力度明显加强，临时用地合规性成为集中式光伏发电项目开发的关键问题，电力企业取得临时用地手续后，在利用临时用地进行后续开发和运营的过程中，应重点关注以下事项：

1. 项目实际用地应符合临时用地手续规定

电力企业应严格按照临时用地审批手续确定的范围和用途使用临时用地。在实际占用土地时，应当按照批准的用途使用土地，不得转让、出租、抵押临时用地，不得超过批准范围占地、不得在临时用地上建设永久性建（构）筑物等。

2. 应就临时用地与土地权利人签署合同并支付费用

按照《土地管理法》的规定，电力企业在批准范围内使用临时用地的，应当与土地权利人按照规定签署租赁协议和补偿协议，并按照协议约定按期、足额支付土地租赁费用和补偿金。

3. 关注临时用地期限

《草原法》规定"临时占用草原的期限不得超过两年"，《森林法》则规定"临时使用林地的期限一般不超过两年"，《草原法》和《森林法》并未延长临时使用草原和林地的期限。因此，建议电力企业在项目开发中，关注项目临时用地审批所标明的用地期限，如期限届满仍未完工的，应当及时办理用地期限续期。

4. 临时用地期满后应当履行复垦义务

根据《土地管理法实施条例》的规定，在临时用地期满后，电力企业应当在一年内及时履行复垦义务。

（五）集中式光伏发电项目用地涉刑风险的处置

如因占用耕地、林草地等农用地开发集中式光伏发电项目涉嫌犯罪，导致公检法机关介入，面临刑事诉讼及民事公益诉讼风险的，电力企业可从以下两方面着手进行应对。

1. 提前布局涉刑风险防范，及时启动法律维权

电力企业应提高刑事风险意识，在与项目资源提供方签署合作协议时，提前设置项目用地违法及涉刑风险责任承担条款，明确约定如因项目资源提供方原因，导致项目用地因违法违规被行政处罚或被追究刑事责任的，由项目资源提供方承担全部责任并赔偿电力企业全部经济损失。一旦项目涉刑，电力企业应做好证据搜集和固定，必要时可委托外部律师及时启动法律维权。

2. 充分研究运用我国宽严相济刑事政策，尽量避免承担刑事责任

如集中式光伏发电项目涉刑，电力企业应避免侥幸心理，积极履行主体责任，主动与办案公检法

机关保持充分沟通，尽量争取避免刑事诉讼及民事公益诉讼可能引发的不利法律后果。电力企业应充分研究运用我国宽严相济刑事政策，案发后积极采取复垦复绿、补办农地转用手续等补救措施，争取检察机关做出免予刑事处罚或不起诉决定。例如江西省某市某区人民检察院办理的临检刑不诉〔2021〕Z13 号案件中，因涉案企业主动交纳森林植被恢复费，积极开展替代性生态修复，检察机关因此酌情对该企业免予刑事处罚。

四、结语

在国家推动落实"双碳"战略实施和能源结构调整的大背景下，风电、光伏等新能源发电项目迎来高速发展的新时期。在新能源发电项目开发、建设实践中，项目用地面临的法律合规风险十分突出，一旦涉嫌违规用地，电力企业很可能遭受行政处罚甚至承担刑事责任。因此，做好新能源发电项目用地法律合规问题研究，加强相关法律合规风险的防范和处置，成为涉足新能源发电领域的电力企业必须认真面对的课题。本文以集中式光伏发电为例，对新能源发电项目用地法律合规问题进行了研究，分析了电力企业在项目用地方面存在的三类主要法律合规风险，从五个方面探讨了项目用地法律合规风险的防范和处置措施，以期为电力企业提供建设性意见和建议。

中央能源企业招投标与合同管理风险研究

黄卫军　邱　嵩　孙　萱

国能陈家港发电有限公司

摘　要

在能源企业重大建设工程施工合同、技改、承揽合同招投标及合同管理领域，降低合同风险是确保生产型公司稳健运行和持续发展的重要环节。文章深入分析了风险预防的关键策略，涵盖完善内部控制体系、强化项目法人责任制、提升工程监理水平、拟定合理合同条款，以及进行风险评估与员工培训。文章突出了制度构建和管理创新在风险控制中的核心地位，并建议中央能源企业应不断优化其风险管理体系。通过实施这些策略，中央能源企业不仅能有效应对招投标和合同管理过程中的风险，还能在市场竞争中保持优势，实现高质量的发展。

关键词

中央企业；招投标；合同管理；风险防控

中央能源企业在我国的经济建设和成长中扮演着至关重要的角色。作为它们商业运作的重要组成部分，招投标和合同管理不仅对资源的有效分配和市场竞争力至关重要，同时也是企业运营管理的核心环节。当前形势下，招投标和合同管理的风险防控面临许多挑战，尤其是在涉及长周期、复杂程序和巨额投资的情况下，中央能源企业亟须建立一套科学且系统的风险管理框架。如何避免合规风险、如何营造一个廉洁高效的招标环境、如何确保合同的准确执行，以及如何预防潜在的索赔争议，这些问题都是中央能源企业在招投标和合同管理中迫切需要解决的。

一、中央能源企业招投标风险概述

（一）中央能源企业工程招投标过程中的风险类型

在中央能源企业的建设、技改项目招标和投标过程中，可能存在多种不稳定因素的风险，例如技术风险、市场风险和法律风险等因素可能会导致工程成本的上升、进度的延迟、质量的降低，甚至项目的彻底失败。因此，对这些风险进行有效识别和管理是至关重要的。

（二）风险原因

中央能源企业招投标活动是能源项目实施的重要环节，涉及资金、技术、管理等众多方面。正确识别和管理这些风险，对于保障能源项目的顺利进行、维护国家能源安全具有重要意义。

1. 技术风险

技术风险一般包括组织设计风险和工程量风险。电力工程项目在初步实施阶段，组织设计起着决策和风险控制的关键作用。设计方案和施工组织直接影响招投标的可靠性和最终建设成果。若设计阶段出现问题，后期施工必须变更设计方案，可能导致大量工程赔偿和成本增加，影响工程效益。电力工程招标文件中的工程量清单对投标报价和工程实施过程的质量和造价控制有直接影响。工程量清单的不合理性可能导致成本风险。工程量清单风险主要来源于设计变更、现场签证、新增工程和追加投资等。风险识别、分配、转移和规避是管理工程量清单计价风险的关键。

2. 评标标准风险

这一风险经常容易被忽视，因为涉及电力工程施工招标的三种主要评标方法：单项评议法、综合评标法和最低价评标法。综合评标法较为常用，但可能导致高价中标和高成本风险，最低价评分法又容易造成恶性竞争，导致工程履约风险。

3. 市场风险

市场风险主要指能源市场价格波动对招投标活动的影响。能源市场价格受多种因素影响，如国际煤炭价格、建材价格等，这些因素的不确定性可能导致招投标成本的增加或收益的减少。

4. 信用风险

信用风险是指招投标双方在合同履行过程中可能出现的违约行为。在能源项目招投标中，由于项目周期长、资金投入大，双方信用状况的变化可能对项目的顺利进行造成影响。

5. 法律风险

法律风险主要指招投标活动不符合相关法律法规的要求，可能导致合同无效或面临法律诉讼。中央能源企业必须严格遵守国家招投标法律法规，避免法律风险。法律风险主要来源于项目环境变化和项目组织成员的资信与能力。管理合同风险需要加强环境调查和预测，避免合同条款不严密、错误和标准不确定性等问题。

（三）风险管理策略

在建筑项目的招标与投标过程中，信息的不对等性构成了一个主要的风险来源。通常，招标方不能完全掌握投标方的实际能力和信誉水平，同样，投标方也可能对项目的实际需求和复杂度有理解上的偏差。技术风险往往由设计方案的不可行性或技术标准的快速演变引起，这可能导致项目无法按计划完成或产生额外的成本。另外，市场的快速变动，例如原材料价格的波动和劳动力成本的上升，这些因素可能会影响投标报价的精确性和项目的最终成本。在法律法规方面，合同条款的不明确或法律环境的变化，如新的劳动法政策或环保法规，可能导致额外的合规成本。经济风险同样重要，由于预算编制不当或资金链断裂，可能导致项目延期甚至破产。管理风险，如项目管理不善、内部控制不严，以及团队协作不协调等问题，也可能在招投标过程中引发风险。最后，政策与政治风险，包括国家宏观政策的调整和地缘政治的不稳定，也可能影响工程建设项目的进展和成本。因此，通过深入分析这些风险因素，企业能够制定出更全面的风险防控策略，以确保招投标过程的稳定运行。

1. 建立完善的风险管理体系

中央能源企业应建立一套完善的风险管理体系，包括风险识别、评估、监控和应对机制。可以通过定期进行风险评估，及时发现并应对风险。并成立专门的风险管理团队，负责识别内部管理和外部环境中的各种风险因素，包括但不限于市场波动、供应链中断、技术更新换代、法律法规变化等。识别风险后，采用科学的方法（如风险矩阵分析）对识别出的风险进行量化评估，确定风险发生的可能性及其对企业的影响程度。并为不同等级的风险制定相应的应急预案，包括风险转移（如保险）、风险减轻（如增加备选供应商）和风险接受等策略。

2. 加强市场分析和预测

企业应加强对能源市场的分析和预测，准确把握市场动态，降低市场风险。企业可以设立市场研究部门，并配备具备数据分析能力的专业人才，利用大数据技术整合来自政府公告、行业报告、社交媒体等多种渠道的数据，形成全面的市场信息库。基于这些历史数据建立预测模型，预测未来市场走向。最后，根据预测结果调整经营策略，并定期复盘预测效果，不断优化预测模型。

3. 提高信用管理水平

通过建立严格的信用评估体系，选择信用良好的合作伙伴，降低信用风险。企业应建立信用评价体系，设计一套涵盖财务健康度、履约记录、管理层信誉等多个维度的信用评分系统。根据合作伙伴的表现情况定期更新其信用等级。在合同签订过程中应明确信用管理相关条款，如保证金制度、违约惩罚机制等。必要时可对新的合同相对方开展尽职调查。

4. 优化招投标操作流程

企业应优化招投标操作流程，提高操作的准确性和效率，降低操作风险。做到标准化和信息化管理，建立由工程领域专家组成的评审委员会，确保评审过程的专业性和公正性。坚持公开透明的原则，使整个招投标过程可追溯，增强公信力。

5. 加强法律法规培训

加强对招投标相关法律法规的培训，确保招投标活动符合法律法规的要求，降低法律风险。根据岗位需求设计不同的法律培训课程，如针对采购人员的招投标法培训，针对财务人员的税务法规培训等。将法律法规培训纳入年度培训计划，确保员工能够及时了解最新的法律法规要求。通过考试或模拟演练的方式检验培训效果，并将法律知识掌握情况作为绩效考核的一部分。

中央能源企业招投标活动面临多重风险，但通过建立完善的风险管理体系，加强市场分析和预测，提高信用管理水平，优化招投标操作流程，加强法律法规培训等措施，可以有效降低招投标风险，保障能源项目的顺利进行，维护国家能源安全。

（四）中央能源企业招投标风险的现状和特点

自《招标投标法》及其配套的实施条例颁布后，我国的招投标体系逐步得到完善，为中央能源企业的建设项目招投标提供了坚实的法规基础。这一体系有效地规范了招投标行为，确保了公平竞争，提高了采购效率和品质，并在预防和打击腐败行为上发挥了关键作用。尽管在制度建设上取得了显著成效，中央能源企业在招投标活动中仍面临许多挑战，例如项目的长期性、流程的复杂性、投资金额的高额性，以及涉及的专业性较强，这些特点使得合规和廉政风险尤为显著。招标过程的透明度和公正性直接影响到企业的市场信誉，而招标结果的公平性则与企业的经济利益紧密相关，这些因素共同决定了中央能源企业在激烈市场竞争中的生存和发展，以及在追求高质量发展道路上的稳健前行。因此，强化风险管理，优化招投标流程，不仅是常规的管理任务，更是一种战略选择。

二、中央企业合同管理风险概述

在我国中央能源企业的管理中，合同管理扮演了极其关键的角色。它是确保项目顺利进行的基础，同时也是保护企业利益、避免纠纷的核心。施工合同管理主要关注项目执行阶段的责任和义务，通过设定明确的工期、成本、质量及安全标准，保障施工活动按计划进行。

1. 施工合同管理的风险分析

施工合同管理普遍存在的问题包括合同条款的不明确，如工作范围、材料规格、工期限制等方面的描述不够详尽、责任划分不清晰、付款条件含糊以及质量保证和安全标准执行不充分。原因通常包括初步谈判时的信息不对称、合同起草时的专业性不足，以及过分依赖口头协议。合同执行过程中的监督和沟通不足也是风险的重要来源，缺乏有效的项目管理和沟通机制会导致合同各方对项目进度、成本和质量的期望不一致，增加了违约和纠纷的可能性。

2. 工程总承包合同管理的风险分析

在整个工程总承包装饰管理的过程中，常见的问题包括合同内容的不完整性，例如项目范围、完成标准、时间安排和支付条款等方面的描述不充分或模糊。如果合同对于不可预见的状况缺乏明确的处理方式，那么项目变更或延期可能会导致管理上的混乱和成本的增加。这些风险的根源通常在于承包商对项目的整体控制不足，尤其是在资源分配、合同管理和与外部协调方面可能存在问题。此外，总承包商和发包人在期望管理上也可能存在分歧以及总承包商在技术和财务能力上的不匹配。因此，工程总承包合同的风险管理需要细致的计划、严格的执行和灵活的策略。

三、如何在中央能源企业招投标与合同管理过程中做好风险防范

（一）完善制度建设和流程优化

在中央能源企业的项目招投标和合同管理过程中，为了有效预防风险，首要任务是完善公司的内部制度，并优化管理流程。这包括预先构建一个全面的风险管理架构，涵盖风险的识别、评估、监控和应对策略，确保每一个潜在风险都能得到妥善管理。在招投标环节，标准化的风险评估应成为必要流程，所有投标文件都需经过严格的合规性和风险评估，以保证投标的合法性和项目实施的可行性。至于合同管理，应制定标准化的合同模板和审查程序，确保合同文本的清晰性和条款的明确性，风险点得到明确标识，合同执行的监督责任分配明确。定期对合同执行情况进行检查和评估，根据市场和法律环境的变化及时调整条款。通过这些制度建设和流程的优化，中央能源企业不仅能有效预防和降低工程建设项目中的风险，还能提高项目管理的专业性和效率，为企业的高质量发展奠定坚实基础。

（二）增强项目法人责任制

项目法人需全面负责项目的策划、执行、监控和收尾工作，确保责任明确到个人，形成"一岗双责"的机制，即既要完成工作任务，也要对潜在风险负责。因此，提升项目法人的能力及建立激励与约束机制至关重要。一方面，通过专业培训提高项目法人在工程技术、法律法规、项目管理等方面的专业能力；另一方面，建立完善的激励机制，鼓励项目法人主动管理风险，并设立风险责任追究制度，确保项目法人重视风险管理。建立一个有效的信息反馈和沟通机制非常关键，项目法人应定期向企业

管理层报告项目进展和风险状况，并与项目团队保持紧密沟通。此外，项目法人应建立和维护与各方利益相关者的良好关系，包括业主、承包商、供应商及监管机构等，这有助于及时发现并解决潜在风险和冲突，确保项目顺利进行。通过加强项目法人责任制，可以有效控制中央能源企业工程建设招投标及合同管理过程中的风险，保障项目顺利进行。

（三）强化工程监理和全过程工程咨询

强化工程监理和全过程工程咨询是确保工程项目质量和进度的关键环节。企业应明确职责分工责任到人，明确监理单位和个人的职责范围，确保每个环节都有专人负责。对监理人员的工作质量进行考核，出现问题时能够追溯责任，确保监理工作的有效性。提升监理能力，定期组织监理人员参加专业培训和技术交流会，提高其技术水平和业务能力。加强现场监督和日常巡查，实施定期和不定期的现场巡查，检查施工质量、安全措施落实情况及施工进度。在关键节点验收时刻，对重要工序和隐蔽工程进行严格验收，确保施工符合设计要求和规范标准。发包人、承包人和监理人之间应建立联络机制，保持良好沟通，确保信息传递顺畅。也可通过定期召开监理例会的方式，共同讨论工程进展中存在的问题，并提出解决方案，做好会议记录。

（四）制定科学合理的合同条款

合同条款的明确性和具体性能够大幅减少项目实施过程中的误解和争议，防止因合同不明确带来的风险。科学合理的合同条款应包含项目的详细规划、双方的权利与义务、付款条件、工程变更处理流程、风险分配、违约责任、争议解决机制等内容。合同条款应当以法律法规为基础，兼顾项目的特点和实际需要。通过深入分析项目可能面临的风险，合同应具体说明如何在出现不可预见情况时调整合同条款、分配风险以及如何解决可能的争议。合同还应充分考虑项目的可变因素，包括市场变化、环境因素以及其他可能影响项目执行的因素，当这些变量出现时，合同能够提供明确的指导和处理方法。确保合同条款具有可操作性和可执行性，意味着在合同履行过程中的每个环节，当事人都能清晰地知道自己的责任和应对措施。因此，在起草合同时，还需要充分听取法律专家的意见，确保合同的法律效力，并使合同内容适应于实际操作，为风险防控提供有力的法律支持和实务指导。

（五）开展风险评估与教育培训

风险评估的核心任务是识别项目可能遭遇的各种风险，包括技术、市场、法律、经济和政策风险，并对这些风险进行量化和定性分析，以确定它们对项目的潜在影响。这一过程包括数据的收集与分析，并利用风险矩阵或其他类似工具来排列风险的优先级，并制定相应的缓解策略。通过定期进行教育和培训，可以增强员工对招投标与合同管理流程的理解，并提高他们在实际操作中的风险管理意识。教育培训应涵盖相关法律法规的解读、合同标准条款的阐释、风险识别和评估技巧的增强以及案例分析等方面。这样的培训不仅能提升员工处理复杂问题的能力，还能在企业内部培育一种全员参与的风险管理文化，构建一个有效的风险防控体系。

四、中央企业合同管理体系的完善路径

（一）全面健全合同审查机制

中央能源企业需强化对合同内容的细致审查，可以从以下几个层面进行调整。首先，加强对合同对方资质的审查，尤其是涉及大额资金或复杂业务细节的合同。应深入调查对方企业或个人的资产、信用、财务状况以及以往的履约记录。同时，结合当前经济环境和外部风险分析，对经济、技术、政策及社会稳定性等方面的风险进行评估，并形成书面报告。在评标细则中体现对潜在供应商的要求，以便在评标阶段进行筛选。对于复杂或高风险的问题，中央能源企业可邀请外部专家参与评估，或委托专业机构进行调研，确保审查结果的真实性。其次，加强对合同内容和条款的审查，重点关注合同内容、期限、责任分配、违约处理、款项和履约方式等关键条款，确保这些条款具有法律效力。同时，确保招投标文件与合同内容的一致性，防止擅自更改合同内容，并在必要时形成相应的记录并通知相关部门。

（二）持续增强合同管理风险意识方面

首先，定期对合同执行人员进行培训，提供法律和专业知识的更新。根据《民法典》等合同相关制度政策的更新，不断提升合同管理能力。关注国务院及相关政府部门发布的合同管理政策，并组织专题学习。管理者应发挥领导作用，加强合同风险宣传教育，确保人员在履约过程中保持警惕，正确理解合同管理与流程，尊重其在风险防范中的作用，并在实际工作中加强协作，营造良好的合同管理环境。

其次，中央能源企业应重视合同管理人员的培养，引进综合型管理人才，并对现有人员进行必要的培训。合同管理是知识密集型工作，因此，在人才选聘和岗位职责分配时，要综合考虑其专业背景和工作经验，确保合同管理人员具备良好的法律能力、业务融合能力和战略管理思维。

最后，定期进行经验反馈，分析以往执行过程中遇到的问题并提出解决方法，以提高合同管理的质量。

（三）建立健全合同管理责任机制

一方面，中央能源企业需明确界定合同管理中的职责，遵循"岗位不相容"的原则。在合同签订相关的业务中，所有管理部门都应参与到合同的审批流程中，实现审批权限和责任的分离，从而从根本上减少合同纠纷。明确不同部门和岗位的职责，一旦合同管理出现问题，应按照既定的管理制度进行责任追究。

另一方面，企业需建立合同风险的预警和应急处理机制。通过强化信息化管理技术的应用，如大数据和云计算等技术，构建全面的合同管理信息库，集中管理所有合同数据和资料。基于这些可靠的数据，企业可以更有效地监控合同执行情况，及时发现潜在风险，并采取相应的应急措施。通过使用信息开展风险分析，企业能够提前预估合同风险的发生概率及其潜在影响范围，对合同风险可能导致的负面结果进行评估，并在必要时及时发出预警，从而使企业能够迅速制定相应的风险防范策略。

（四）积极落实动态化合同管理

首先，中央能源企业应从组织架构出发，设立专门的合同管理部门和合同履约责任人，实现专人

专岗，全面统筹合同管理事务。制定合理的操作规范、流程和岗位考核标准。对于因客观环境变化导致的合同变更或终止，合同管理人员应按流程处理。合同管理人员需全过程监督合同管理，一旦发现对方未按规定履约，应主动沟通了解情况，并推动按时履约。同时，督促内部合同执行人员树立正确的法律意识，对履约风险和异常合同及时上报管理层并采取措施，对于严重违约或难以沟通的情况，应寻求法律援助。

其次，中央能源企业应建立完善的合同台账系统。明确合同档案的管理责任，注重合同的日常管理，统一合同分类标准和编号，便于日后查询。同时，实施合同的动态化管理，将合同相关的过程审批资料、采购资料、谈判资料、决策资料、验收材料和支付材料等统一归档保管。

（五）及时完善合同管理制度

中央能源企业需根据相关法律法规的颁布、当代技术环境的更新以及在执行过程中遇到的问题，及时优化合同管理制度。例如，2023年5月18日，国家市场监督管理总局发布了最新的《合同行政监督管理办法》。这一举措旨在保护国家利益、企业利益、社会公共利益和消费者权益，结合《中华人民共和国民法典》等法律法规，并考虑到当前政治经济环境的变化，共制定了23条新规定。这些新规定涉及合同格式、合同订立流程、履约责任等多个方面，进行了调整和优化。因此，中央能源企业应及时更新其合同管理制度，确保合同管理程序与国家时代发展保持一致。

五、总结

综上所述，在新时代背景下，中央能源企业积极优化招投标、合同管理，对于实现高质量发展至关重要。在追求高效和效益的同时，招投标风险控制显得尤为关键。经验表明，系统的招投标管理和风险控制是EPC等重大建设合同成功的核心。在招投标和合同管理过程中，中央能源企业面临多维度的风险挑战。因此，采取有效的风险应对策略对于保障项目顺利实施和企业利益最大化至关重要。制度建设和管理创新在风险控制中扮演着关键角色，它们不仅为企业提供了规避和应对风险的框架和工具，还为企业的稳定运营和长期发展奠定了坚实的基础。中央能源企业必须持续完善和创新风险管理体系，采取前瞻性的风险评估和积极的风险管理措施，确保在招投标和合同管理中能够有效应对可能出现的各种风险，从而推动企业持续实现高质量发展的战略目标。

另外，中央能源企业应根据自身经营特点，设计合同管理体系，强化合同内容审查，提升全员合同风险意识和法律意识。建立完善的合同管理责任机制，实施动态化的合同管理，确保合同管理责任明确到部门、岗位和个人。在企业内部营造良好的管理环境，创新合同管理思维模式，帮助企业在不确定的市场环境中规避法律风险，更好地实现高质量发展目标。

参考文献

［1］贾景宏.试论国有企业基于合同管理的合规管理运行机制［J］.现代经济信息，2019（10）：41-42.

［2］刁恒.中央能源企业合同管理依法合规运行机制研究［J］.重庆行政，2019，20（1）：41-42.

［3］鲁斯齐.域外合规管理有效性评价制度的借鉴与启示［J］.中国外资，2023（21）：46-48.

［4］张鹏飞.国铁企业合规管理体系构建与评价研究［D］.北京：北京交通大学，2023.DOI: 10.26944/d.cnki.gbfju.2023.002467.

［5］谢获宝，林江，汤风琴，等.如何让央企合规管理机制"长牙齿"？（下）［J］.财政监督，2022（21）：37-49.

［6］王波.央企合规管理体系建设［J］.企业管理，2020（5）：111-114.

［7］　黄建晖，王锦."业财融合"视角的中央能源企业合同管理［J］.新会计，2023（3）：46–47.

［8］　邱安辉.中央能源企业合同管理的主要流程及法律风险与防范策略［J］.法制博览，2022（31）：79–81.

［9］　骆秀荣.中央能源企业合同管理问题分析［J］.中国市场，2023（26）：117–120.

［10］　彭思媛.中央能源企业合同管理及其风险的防范［J］.商场现代化，2022（21）：84–86.

［11］　陈煜煜.中央能源企业合同管理中的法律风险防范策略探究［J］.中国市场，2021（20）：62–63.

［12］　房英吉.简谈中央能源企业合同管理内部控制问题［J］.大众投资指南，2021（9）：81–82.

《民法典》实施后高压触电中的"经营者"探析

徐宏泉[1]　杜民生[2]　郑　蕾[2]

1.国网甘肃省电力公司；2.国网甘肃省电力公司超高压公司

摘　要

随着《最高人民法院关于审理触电人身损害赔偿案件若干问题的解释》（简称《触电赔偿司法解释》）的废止，以涉案电力设施产权人认定为高压触电责任主体的法律依据已不存在，导致司法审判中对此认定较为混乱，甚至出现了许多供电企业并不是涉案高压电力设施产权人而承担责任或是与电力设施的实际产权人承担连带责任的情形。但《民法典》的实施对上述问题依然没有直接加以明确，导致部分案件基本案情相似，裁判尺度却千差万别。本文通过对《民法典》施行后司法实践案例进行梳理，明确《民法典》视域下高压触电责任中"经营者"认定的一般规则，既有助于落实最高人民法院同案同判的司法理念，也能通过统一司法裁判结果起到对无论供电企业还是电力用户或其他第三人的警示作用。

关键词

民法典；高压触电；经营者

一、《民法典》实施后对高压触电中"经营者"认定的主要观点

目前司法实践中对高压触电的"经营者"并没有统一定义，导致各地法院对于高压触电人身损害侵权责任纠纷责任主体的认定存在较大分歧，具体如下：

（1）"经营者"是从事高压电能生产、经营、提供服务的人，即供电企业。如新疆维吾尔自治区高级人民法院（2022）新民申2366号民事裁定书："供电公司销售经营的系电能，高压输电线路或相应设施系电能运输的载体，对电能享有支配和运行利益，原审人民法院认定其为经营者并无不当。"以及山东省高级人民法院（2021）鲁民申6698号民事裁定书："发生电击伤害的危险源不是输电线路，而是供电公司所经营的高压电能……认定高唐供电公司为高压电的经营者符合法律规定"均持此观点。

（2）"经营者"是指能够对高压活动起到支配作用和享有高压运行利益的人，即涉案高压线路的产权人。如甘肃省高级人民法院（2022）甘民申261号民事裁定书："……案涉线路位于西北磨坊的产权范围，西北磨坊对此具有管护义务。"湖北省高级人民法院（2021）鄂民申877号民事裁定书："对于有关高压电法律关系中经营者的界定，不仅指发电人、输电人、供电人，也应包含用电人。用电人

作为电力设备的实际使用控制人，在侵权事故发生后承担相应侵权赔偿责任既符合电力运行的实际状态，也符合我国侵权法律基本原则。本案中，受害人何昌保在石台寺工程管理处负责运行维护管理的高压线路范围内触电死亡……石台寺工程管理处应承担侵权责任。"河南省高级人民法院（2021）豫民申612号民事裁定书："商水县姚集乡鼎旺养殖场对涉案高压电力设施享有所有权，并有维护管理义务，原审法院认定商水县姚集乡鼎旺养殖场属于该输电线路的经营者并无不当。"福建省高级人民法院（2021）闽民申1551号："杜浔自来水公司作为案涉高压输变线路的直接经营人和受益人，使用高压输变线路造成他人损害应当承担侵权责任，原审认定其承担赔偿责任符合法律规定。"以上裁定均持此观点。

（3）将"经营者"定义为高压电能和电力设施的"实际控制人"，即高压触电案件责任不能仅依据线路产权归属认定，还应综合涉案高压电力设施的所有人和实际管理人进行判断。如虽然供电企业与电力用户签订了《高压供用电合同》，约定高压线路产权人为该电力用户，但在该电力用户已经向供电企业报停用电后，如供电企业对该高压电线部分仍然未断电，此时，供电企业作为整条线路的经营者，应承担赔偿责任。如吉林省高级人民法院（2021）吉民申569号民事裁定书就持此观点："案涉高压电线产权虽属于端字村委会，但端字村委会已向国网乾安公司申报全部产权范围停止供电，在端字村委会申报停止供电后，归属于端字村委会的高压电线部分仍然未断电，不是为端字村委会使用所需，而是保持整条线路通电所致。国网乾安公司作为整条线路的经营者应承担赔偿责任。"

二、不同裁判观点的法理评析

（一）观点一直接将供电企业认定为经营者较为片面

上述第一种观点的理由是造成高压触电事故的是电力设施上承载的高压电能，并非电力设施或高压电线本身，而供电企业正是该高压电能的销售者和提供者，所以他们就是《民法典》第一千二百四十条规定的唯一的"高度危险活动经营者"，而用电人居于一种近似于"消费者"和"使用者"的地位，因此不是"高度危险活动经营者"，进而直接认定供电公司是高压电能的提供者，应当承担赔偿责任，但从实践来看，该观点较为片面。

首先，这种观点的形成，是出于对已废止的《触电赔偿司法解释》里"产权人是责任人"规则的回避心理。但是，前述《触电赔偿司法解释》被废止是因该司法解释第四条及其之后的条款与最高人民法院《最高人民法院关于审理人身损害赔偿案件适用法律若干问题的解释》（简称《人身损害司法解释》）相冲突，而该解释前三个条文的内容，并没有与其他任何法律法规以及司法解释相冲突，且从体系解释的角度出发，《触电赔偿司法解释》被废止后，以电力设施的产权作为判断责任承担的标准并没有得到法律否定性的评价，故不能简单因为司法解释被废除就认为该司法解释中所确立的裁判规则就是错误的，而应当准确认识到最高人民法院废除该司法解释的原因并非由于其实体内容上存在问题，而是基于司法适用层面的法律衔接的考虑。且该司法解释第二条符合电力运营中存在发电、输电、供电和用电多个主体的行业实际。

其次，该观点仅关注了高压电流的物理特性是无形的、不可分的，即整个线路上的电流应当视为一个整体，一旦经由供电企业生产，其支配权及运行利益一直为供电企业所享受，故供电企业的经营者责任无可推卸，却忽略了从法律性质上来看，高压电流在所有权变动模式上与普通动产并无二致，即高压电流的产权是可以以供电设施的产权分界点为界限进行分割的，电能在通过前述产权分界点后，其所有权已经由上游的供电人变动为下游的用电人。

最后，部分法院常抱有通过产权归属划分责任划分可能会导致供电企业逃避其作为国有企业和垄断企业所应负有社会责任的忧虑，进而形成了只要涉及高压触电事故，供电企业就理所当然作为经营者的思维定式，从而判定供电企业承担无过错责任，此举反而容易使电力运营过程中的其他参与主体得以逃避其本身应承担的法定义务。且《电力法》《电力设施保护条例》以及《电力设施保护条例实施细则》等行政法规中均就供电企业在电力运营过程中所应负有的管理责任进行了明确规定，因此，在侵权纠纷中，如果发现供电企业没有尽到其法定管理义务，法院仍然可以据此要求供电企业承担相应的赔偿责任。

（二）观点二从产权角度出发划分高压触电案件中各方当事人承担的责任，较好地维护了各方的合法利益

首先，前已述及，《供电营业规则》第五十一条明确规定了以"产权分界点"划分法律责任的规则。且在电力体制改革后，原电力局内部根据职能不同分化为发电企业、供电企业和售电公司等多个主体，尤其是随着社会经济发展，客户投资自建电力设施的情形越来越多，电力设施的所有权、使用权和管理权也因此发生了分离，这就导致在触电事故发生时，往往同时存在发电企业、供电企业、电力用户等不同经营主体。因此，如不通过产权方式对具体电力经营环节中管控主体进行区分，就容易无法界定相应的责任承担主体责任，进而可能会造成企业的合法权益受损。

其次，在产权不属于供电企业的情况下，供电企业实际仅在供电环节对自己所持有的电力设施和其上的电流具有控制和管理能力，对用电人的电力设施不享有所有权，也无法对电力设施享有支配权、控制权以及经营权，如继续按照固有思路将供电企业认定为经营者，相当于变相减轻高压线路实际产权人的法定维护管理义务以及其他责任主体的注意义务，且无限加重了供电企业的注意义务，并引发了"供电企业不享有电力设施所有权但却要承担电力设施管理维护义务"这种权利与义务不统一的矛盾。且从物权的角度来说，对于电力用户对其专有的电力资产依法享有物权保护的权利，如供电企业擅自进行操作，也容易引发相应的侵权风险。

最后，电能作为一种特殊的商品，从生产到用户最终使用，要经过发电厂、变电站、输电线路、用户线路等一系列环节，各主体拥有对该线路的支配权和该段电流所产生的运营利益，即供、输、送电企业固然通过直接贩卖高压电能获取经营利益，但下游的用电企业也是将高压电流作为一种生产资料，通过生产获得利润。如果仅因为供电公司参与了其中的输送环节、收取了电费，就简单地不加区分地将供电企业认定为从事高压活动的经营者，那么作为电能生产者的发电企业以及利用电能满足自身生产经营活动的用电主体均应当因为通过电能获取收益而被认定为经营者，这显然不符合法律关于经营者的界定。

（三）观点三实际系在观点二的基础上，进一步强调了供电企业的责任

前已述及，在电力经营主体越来越多元化的今天，电力设施产权人与管理人存在相分离的情况也越来越常见。此时，合理根据高压线路产权归属，划分供电企业以及电力用户等各方当事人的维护管理责任，既有助于供电企业减少风险成本，也能有效督促用电人提高安全用电、妥善管理的意识。但应注意的是，如忽略电力用户等其他主体本身应负有的管理职责，一味地要求供电企业承担兜底职责，反而会不当加重其义务，也会导致一些怠于履行自身义务的用电人推卸责任。

综上，在高压触电案件中，综合当事人之间《高压供用电合同》中对电力设施产权分界点的约定

以及《供电营业规则》第四十七条来确定涉案高压线路的产权分界点，进而以此划分各方当事人所应承担的法律责任是较为妥当的。

三、产权角度认定高压触电"经营者"的实务应用

（一）电力设施的产权人和管理人为同一人

此种情形在实务中最为常见，此时，根据《民法典》第六百五十条的规定，供电企业和电力用户可通过签订相应的《高压供用电合同》对电力设施的产权分界点进行约定，以明确双方应维护管理和承担法律责任的产权范围。即便实务案件中出现《高压供用电合同》对产权分界点未约定或约定不明的情形，人民法院也可根据《供电营业规则》第四十七条的规定，对当事人之间的电力设施产权归属作出认定。

（二）电力设施的产权人和管理人并非同一人

根据《电力供应与使用条例》第十七条的规定，电力设施的产权人也可以通过委托供电企业的方式，将电力设施实际的管理权、运营维护的权利交由供电企业行使。此时，因电力设施的产权人与管理人相分离，也就容易在发生高压触电纠纷中引发争议。但从前文产权角度分析，电力设施的产权人对电力设施仍具有实际控制权，供电企业只是基于双方之间的委托维护关系进行日常管理，并不具有真正的控制处分权，故电力设施的"经营者"仍为其委托人，也即产权人。当然，如高压触电事故实际系因受托人维护不当导致，委托人在对外承担责任后，可依据其与受托人之间的约定向受托人进行追偿。

基于上述分析，不难得出对以下几种特殊情形下高压触电"经营者"的认定标准：

（1）电力设施处于租赁状态时，如承租人系以自己的名义使用机票对外经营的，则该承租人为高压线路的"经营者"；如承租人系以出租人的名义对外进行经营的，则以该出租人为高压线路的"经营者"；如承租人系与出租人联合进行对外经营，或其他因素导致第三人难以判断承租人与出租人之间内部关系的，则该承租人与出租人均为高压线路的"经营者"，对外承担连带责任。

（2）无资质的主体违法承包电力设施时，电力设施产权人（发包人）与承包人均为"经营者"，应对外承担连带民事赔偿责任。

（3）在无法确定产权主体的电力设施上发生高压触电事故的，由原所有人作为高压线路的"经营者"，承担相应侵权责任。

（4）电力设施处于施工、升级改造过程中，尚未交付供电企业的，负责施工且具备相应资质的承包单位为该电力设施的"经营者"。

四、结语

鉴于高压电流有别于一般的商品的物理性质，决定了在高压触电案件中，同一时段内高压电经营者必然是多类型的。因此，通过对《民法典》的立法思路和审判实践走向的梳理，从高压电力设施的产权归属主体、高压电能的支配和控制主体、高压活动经营运行利益的享有主体三个维度进行综合分析，并据此合理合法地划分各方当事人的责任，有利于保障供电企业以及电力用户各自的合法权益，

促使其履行法定义务。

参考文献

［1］ 秦美虎.浅析高压触电中的"经营者"［J］.法制博览，2020（11）：137–138.

［2］ 王奕浓.高度危险活动侵权责任主体的司法认定［D］.大连：辽宁师范大学，2019.

［3］ 云南省高级人民法院司改办课题组.高压触电人身损害赔偿责任主体的认定［J］.中国电力企业管理，2016（12）：86–91.

高压电致害责任主体之认定标准探析

黎晓明

国网四川省电力公司映秀湾水力发电总厂

摘 要

学术界及实务中对高压电致害案件的责任主体即高压电活动的"经营者"的认定，争议颇大，司法裁判也不统一，严重影响法律的公平与正义。这些纷争，既缘于立法体系不完善，有法律冲突的原因，也有不了解电力工业的特殊性之故。而关于高压电致害责任主体的各种不同表述或观点，正是这种特性的体现。只有正视电力工业的特殊性，结合高压电活动的各种具体情形认定其"经营者"，才较为符合《民法典》有关高度危险作业责任条款的立法本意，使真正的责任者担责。因此，为平息前述纷争，回应社会关切，亟须对不同情形下的高压电活动"经营者"予以规制，以统一高压电致害案件的法律适用。

关键词

高压触电；责任主体；经营者；标准构建

人民法院案例库收录了一起参考案例《杨某某诉鲍某某、陈某、朱某某、某电力公司人身损害侵权责任纠纷案》（入库编号 2023-16-2-382-001）。该案为湖北省某中级人民法院再审案件。再审认为：高度危险责任中的"经营者"，是指能够支配高压、高空和地下挖掘等高度危险活动的运行并从中享受运行利益的主体。本案中，导致受害人朱某海死亡的原因是持续运行的高压电流，供电公司对高压线路的运行具有绝对支配地位并从中享受运行利益，应认定为"经营者"，依法承担赔偿责任。

该案再审观点，貌似符合高度危险责任理论，而为不少人所认同。但是，笔者认为其太过偏颇。本文通过梳理高压电致害责任主体的立法进程，解析法律适用冲突，并基于电力工业生产的实际，分析高压电致害责任主体不同观点，揭示高压电活动的真相，最终提出高压电活动"经营者"的认定标准。

一、高压电致害责任主体之法律演进

简略梳理我国民事及电力立法过程，仅就相关法律条文而言，关于高压电致害的责任主体大致经历了以下过程。

（一）高度危险作业人

1987 年 1 月 1 日施行的《民法通则》第 123 条规定："从事高空、高压、易燃、易爆、剧毒、放射性、高速运输工具等对周围环境有高度危险的作业造成他人损害的，应当承担民事责任……"依据该条文的表述，可以推导出，高压电致害的责任主体为高度危险作业人。

（二）电力企业（供电企业）

1996年4月1日施行的《电力法》第60条第1款规定："电力企业因电力运行事故给用户或者第三人造成损害的应承担赔偿责任。"据此规定，电力运行事故造成损害的责任主体为电力企业。而电力运行事故显然包括了低压电和高压电运行事故，那么对于因高压电运行事故致人损害的，其责任主体应为电力企业，即电力生产企业或供电企业。

1996年4月17日施行的《电力供应与使用条例》（国务院令198号）第43条规定："因电力运行事故给用户或者第三人造成损害的，供电企业应当依法承担赔偿责任……"该规定与《电力法》规定基本一致，差异在于其规制的主体仅是供电企业。

（三）供电（电力）设施产权人

1996年10月8日施行的《供电营业规则》（原电力工业部令第8号）第51条规定："在供电设施上发生事故引起的法律责任、按供电设施产权归属确定。产权归属于谁，谁就承担其拥有的供电设施上发生事故引起的法律责任……"该部门规章首次确定"供电设施产权归属"为标准认定责任主体。修订后于2024年6月1日起施行的《供电营业规则》（国家发展改革委第14号令）第54条规定："供电设施产权所有者对在供电设施上发生的事故承担法律责任，但法律法规另有规定的除外。"与原第51条规定基本一致。

2001年1月21日施行的《最高人民法院关于审理触电人身损害赔偿案件若干问题的解释》（2013年10月废止，以下称触电司法解释）第2条规定："因高压电造成人身损害的案件，由电力设施产权人依照民法通则第一百二十三条的规定承担民事责任。"以司法解释的形式确认了高压电致害的责任主体为"电力设施产权人"，这为司法实践提供了统一裁判尺度。

（四）经营者

2010年7月1日施行的《侵权责任法》（2020年12月废止）第73条规定："从事高空、高压、地下挖掘活动或者使用高速轨道运输工具造成他人损害的，经营者应当承担侵权责任……"该条款确认高压电致害的责任主体为"经营者"，导致高压电致害的责任主体认定出现争议，而触电司法解释废止后更甚。

2021年1月1日《民法典》第1240条规定："从事高空、高压、地下挖掘活动或者使用高速轨道运输工具造成他人损害的，经营者应当承担侵权责任……"此条有关高度危险责任规定，承继了原《侵权责任法》第73条规定，责任主体仍为"经营者"。

二、高压电致害责任主体之法律冲突

（一）冲突的实质

经前述立法梳理，我们可以看到：在当前法律体系架构下，有关高压电活动责任主体的规定，《民法典》作为民事基本法，与单行法《电力法》以及电力行政法规、部门规章存在冲突。笔者看来，这种冲突并非真正意义上的法律冲突，仅仅是因为条文的文字表达不同，所出现的理解上的较大差异。责任主体的不同表述分别有着各自的立足点或者思考逻辑。所以，各类高压电致害责任主体的不同描述，不管其内涵如何，至少在外延上存在着交叉。

（二）冲突的危害

在此，我们不做法律适用冲突规则的具体讨论，只是想说明，冲突越多不仅意味着立法体制和立法技术不完善，更是立法资源的巨大浪费。单行法、行政法规、规章本是基本法律的补充或完善，但是，现实中电力法律法规在司法实践中很多时候被认为与上位法相冲突，并未作为裁判依据。有人将此片面归结为，电力法规或其他行业性法规是各部委利用自己的垄断权力制定，有行业利益保护因素，不引用是合乎逻辑的。不从法律法规本身的合理性、科学性分析，主观臆断地否定单行法或行政法规，其负面效应不言而喻。

（三）冲突的缓和

为了维护法治统一和司法权威，我国以司法解释方式来缓解法律适用的冲突，不失为一种比较有效的途径。例如，最高人民法院及时修订颁发的《最高人民法院关于审理铁路运输人身损害赔偿纠纷案件适用法律若干问题的解释》（法释〔2021〕19号，以下称铁路运输损害司法解释），解决了《铁路法》与《民法典》关于使用高速轨道运输工具造成他人伤害时法律适用冲突问题。关于电力方面的法律适用冲突，出台类似的司法解释予以缓和，还是非常必要。

三、高压电致害责任主体之不同观点

高压电致害责任主体的诸多争议，笔者认为，可以概括为四类观点：产权归属说、狭义经营者说、广义经营者说、管理者说，下面依次介绍各说立场。

（一）产权归属说

此类观点以电力设施产权归属为标准确定责任主体。换言之，电力设施产权的所有者即高压电活动的"经营者"。原《侵权责任法》施行前，高压电致害责任主体的认定基本以电力设施产权为据，这既有原《民法通则》第123条和原触电司法解释第2条第1款规定，也有相关行政法规、部门规章为依据。施行后，立法上虽然将高度危险活动的责任主体规定为"经营者"，但是仍有法官及学者坚持高压电致害的责任主体应以电力设施产权作为判断依据。例如，辽宁省东港市人民法院（2018）辽0681民初1615号案件的法官认为，被告对属于其维护范围的电力设施拥有支配权并享有运行利益，即被告作为用电企业暨涉案高压电力的经营者，是侵权责任主体，应对原告的损害承担赔偿责任。学者杨立新认为，侵权责任法规定的经营者是针对高空、高压、地下挖掘和高速运输工具四种高度危险活动的总体情形确定的，具有一定的弹性，高压电的电力设施产权人就是经营者。

产权归属说，确立了高压电活动中"经营者"认定标准，曾得到普遍认可并适用。然而，在电力工业系统的链条中，并非所有的电力设施产权归属都非常清晰。例如，有的住宅小区公用电力设施在没移交供电企业时，其所有者是开发商、全体业主，还是供电企业呢？按此原则，产权不明的电力设施发生高压电致害时，则无法确定责任主体。

（二）狭义经营者说

本文开篇参考案例是此观点的典型，其认为，供电企业是高压电运营人，对高压线路的运行具有绝对支配地位并从中享受运行利益，当属高压电活动的经营者。换言之，高压电能是供电企业提供，只要发生高压触电损害，一律应由供电企业承担赔偿责任。还有的认为，从专业管理和控制角度，供电企业更专业，更有能力控制危险，供电企业理应是触电损害赔偿案件的经营者。此类观点从对危险控制和运行利益享有的角度判断经营者，表面上符合高度危险责任理论。但是，脱离了电力工业的客观实际和发展规律，将高压电活动仅理解为供电企业的活动或供电经营行为，而未认识到高压电活动的特殊性以及参与主体的多样化，太过片面。所以，笔者称之为狭义经营者说。

首先，从电力工业组成看，它是现代社会中最重要、最复杂的工业系统之一。电力工业系统是由发电厂、变电站、输电线路、配电系统及用电负荷，通过电力线路设施连接组成的有机整体，涉及发电、输电、变电、配电、用电等环节。所谓"供电"，仅是指其中的变电或配电作业环节而已。其次，从电流运行路径看，它通过发电企业的发电机组运转产生，经厂内变电站升压后，传输至电网企业的输电网，再经变电站降压，进入配电网，最后传输至用电人。以司法实务中 1kV 高压电标准，电流从发电机组输出即为高压电，直至低压配电网前始终处于高压状态。这个过程中，参与高压电活动的主体有生产者、运输者、出售者、使用者等。可见，出售高压电的供电企业只是"经营者"之一。再次，从电力交易形式看其片面性。随着电力体制改革深入，国家引导市场主体开展多方直接交易，直接购电交易模式下，电网企业并不直接参与电力交易买卖，只收取过网费（中发〔2015〕9 号文件）。如依其观点，此模式下的高压电致害责任主体应是直接售电的发电企业，而非电网企业或供电企业。这样的结论显然与其自身观点相悖。

（三）广义经营者说

原《侵权责任法》起草机关所持立场为此观点代表。根据全国人大常委会法工委在原《侵权责任法》第 73 条释义中解释："如果是高压电造成损害的，作为责任主体的经营者则依具体情况而定。因为电必须有一定的载体才能存在，高电压对周围环境的危害是以电的载体来衡量的。高电压的载体应当包括高电压变压器、高电压电力线路、高电压电力设备等。从过程上看，发电、输电、配电、用电等环节必须以一个网络联系起来，并且同时进行。而发电、输电、配电和用电一般情况下分属不同主体。如果是在发电企业内的高压设备造成损害的，作为责任主体的'经营者'就是发电企业。如果是高压输电线路造成损害的，责任主体就是输电企业，在我国主要是电网公司。如果是在工厂内高压电力生产设备造成损害的，责任主体就是该工厂的经营者。"司法实务中，有的法院则将"经营者"定义为高压电能和电力设施的"实际控制人"，例如《云南省高级人民法院关于审理高压触电人身损害侵权责任案件有关法律适用问题的意见的会议纪要》（云高法〔2016〕194 号）。

此类观点意识到了电力工业系统不同的组成环节以及电力生产或运行过程有着不同的参与主体，认为高压电致害的责任主体即"经营者"，需根据高压电活动所处阶段等具体情况进行判定。但是，其尚未囊括电力工业生产的全部，并和多主体参与以及多种交易方式的电力体制改革要求不适应，还缺乏关于具体的致害经营者的客观认定标准。

（四）管理者说

此观点基于电力设施的维护管理责任，认为高压电致害事故的发生，盖因维护管理者未尽到责任或义务，使得电力设施存在安全缺陷或隐患，导致高压电危险实现，因此，管理者应为责任主体。此观点虽然解决了电力设施产权不明时，确定高压电致害责任的困难，但似乎有"反客为主"之嫌。毕竟，维护管理电力设施只是电力生产的辅助行为，不是主要经营行为，而且这种辅助行为还可以通过合同行为委托他人为之。依此观点，可能使真正的"控制管理人"或电力设施产权人脱离责任，而忽视危险控制，让高度风险更易实现。

在此，有类特殊的管理者承担责任的情况应予说明，即原《侵权责任法》第76条和现《民法典》1243条规定的高度危险区域管理人责任。理论上，高度危险责任分为动态的高度危险活动责任和静态的高度危险责任（即高度危险区域责任）。电力工业中，存在一个特别区域——"电力设施保护区"，《电力设施保护条例》第10条，《电力设施保护条例实施细则》第5条、第6条对此有规定。如果电力设施为高压电流通过，则具有适用高度危险区域责任的条件。未经许可进入高压电力设施保护区致害，其管理者可能承担责任。而关于高度危险区域管理人的责任，因其涉及与第1240条免责事由适用冲突的问题，且颇有争议，本文对第1243条在高危险责任章中的规范地位不作分析，仅为讨论责任主体而在此提及。通常，电力设施保护区域管理人与产权人为同一主体，仅在委托维护管理或电力设施产权不明时主体可能不同。但无论其主体是否竞合，笔者以为高压电致害案件适用此条款应无疑问。

四、高压电致害责任主体之认定标准

前述关于高压电致害责任主体即"经营者"的观点各有侧重，所指向的要么是某个主体，要么是某些环节主体，均与当前电力工业客观实际不符。笔者以为，应构建以下基于电力工业特殊性的综合认定标准。

（一）以是否参与高压电活动为标准界定经营者

既然高压电致害责任属高度危险活动责任，作为其责任主体的"经营者"，从文义解释或逻辑上说就应该是从事高压电活动的人或组织，而非与《消费者权益保护法》《反不正当竞争法》《反垄断法》等单行法中的经营者相提并论或等同。且本文前述对狭义经营者说的分析中已然论证了高压活动主体的多样性，正是这些主体的共同参与才维持了高压电活动持续进行。因此，电力工业系统中所有参与高压电活动的主体都属高压电活动的经营者。这就包括了高压电的生产者、传输者、出售者、使用者。换言之，作为高压电活动参与者的发电企业、输电企业、配电企业、供电企业、高压电力用户均为"经营者"，都可能成为高压电致害的潜在责任主体。供电企业只是高压电活动的经营者之一，而不是唯一的高压电活动从事者。狭义经营者说忽略了电力工业特殊性，将高度危险责任理论机械地套在供电企业身上，却让其他高压电活动参与者置身事外，免除了应有的危险防范责任，客观上会让整个社会承担不该承担的风险和责任。

为进一步论述高压电活动的参与者，笔者有必要说明高压电活动与高压电的关系。因为，有人认为，高压电活动危险与高压电危险有区别。在其看来，高压电活动是指将电流进行高压作用的行为，而高压电属于高度危险物，应归入高度危险物责任范畴。而这样的区分，似乎有陷入过度类型化的诟病。一是既然立法上通过列举方式将高压活动作为一类高度危险活动责任予以规制，而有别于高度危险物责任，显然就没将高压电作为危险物责任对待了。二是按其逻辑，自然会得出这样的结论：只有产生高压电流的环节才属高压电活动。但是，发电企业的发电机组所产生的电流已经达到1kV高压标准。从这个意义讲，岂不发电企业才是高压电活动的经营者，其他环节，如输电、配电、供电、用电等环节都不是高压电活动？三是区分高压电活动危险与高压电危险，无论法律上还是事实上都没有什么意义。前文已论及，就高度危险责任而言，高压电与电力设施密不可分，若将二者割裂开，则构不成任何高度危险。因此，高压电活动实质就是指高压电的生产、运输、供应、使用的活动过程，整个过程中有着不同的参与主体。

（二）以电力设施产权归属为标准确定具体的经营者

这里的具体经营者即是高压电致害的责任承担主体。在实践中，高压电致害责任的主体认定比较困难。作为责任主体的经营者，应当是事实上或经济上控制该活动的人。前文已充分论证了高压电与电力设施的关系。简言之，对高压电流的控制，本质上是通过对电力设施的控制来实现的，而电力设施又分属于不同的产权主体。因此，以产权归属为标准才能确定高压电致害的具体责任者。

一般而言，参与高压电活动的各经营者系电力设施产权所有者，实质性控制着高压电活动的危险。而发生高压电致害事故，一定是带高压电的电力设施上的危险得以实现。致害事故的电力设施产权归谁所有，则由谁来承担致害责任，才是真正符合高度危险责任理论的。在诸多高压电活动的经营者中，以产权归属为标准能够客观准确确定高压电致害的具体经营者。若没有了产权这个尺度，从电流传输的瞬时性和同一性而言，那么高压电活动的所有参与者都应是每个具体高压电致害案件的责任主体了。

从法律对电流规制的角度，也需要以产权归属为据确定具体的责任者。电流或高压电属无体物，属于特殊的物质或商品，不同于其他普通商品那样有着直观的外在"占有"表现。其在不同主体间的转移占有，是在连通为一体的电力设施中瞬时完成，人们不能通过视觉看见。因此，法律对其交易的规制，只能借助电力设施这个有形载体才能实现，例如，关于交付地点、风险责任承担等。比较典型的是原《合同法》第 178 条和《民法典》第 650 条规定，供用电合同的履行地为供电设施的产权分界处，也就是电能交付地点。而《电力法》第 4 条规定："电力事业投资，实行谁投资、谁收益的原则。"实际上确立了电力设施产权归属的原则。此外，产权归属还是电力设施维护管理责任划分以及安全保护义务确定依据。例如，《供电营业规则》第 46 条规定以产权归属确定有关电力设施维护管理区域划分；《电力设施保护条例实施细则》第 9 条规定有关安全标志设置由电力设施产权单位负责等。

（三）以维护管理者为补充经营者标准

因为历史遗留或管理不完善等原因，有些电力设施的产权并不清晰。在产权不明的电力设施上发生高压电致害时，应将维护管理者视为经营者来承担责任。产权归属不明的情形下，不能依据前两项标准确定由高压电生产者、输送者、出售者、使用者等主体承担责任。但是，有损害就应有救济。此时，则应考虑致害电力设施在电力工业链条中所处的环节，从维护管理义务的角度确定责任者。即便电力设施的投资主体不明确，产权归属不清晰，但其日常维护管理主体一般可以查证。维护管理者并不是直接的高压电活动经营者，只是为维系高压电活动正常进行的辅助者。但是，在产权所有者缺位时，维护管理者其实承担着经营者角色，其维系着产权不明的电力设施的高压电活动持续进行，因此，可作为补充经营者。

电力设施的维护管理义务或责任既有法律法规的规定，也有基于合同当事人的约定。《电力法》第 19 条规定："电力企业应当对电力设施定期进行检修和维护，保证其正常运行。"《电力供应与使用条例》第 14 条规定："公用路灯由乡、民族乡、镇人民政府或者县级以上地方人民政府有关部门负责建设，并负责运行维护和交付电费，也可以委托供电企业代为有偿设计、施工和维护管理。"第 17 条规定："公用供电设施建成投产后，由供电单位统一维护管理……共用供电设施的维护管理，由产权单位协商确定，产权单位可自行维护管理，也可以委托供电企业维护管理。用户专用的供电设施建成投产后，由用户维护管理或者委托供电企业维护管理。"新的《供电营业规则》对公用、专用、共用及临时用电等电力设施的维护管理责任及范围界定也作出了具体规定。

需要指出的是，该标准的维护管理者有别于《民法典》第1243条规定的高度危险区域管理人。如果电力设施产权人与维护管理者为不同主体时，此条适用没有任何疑问。但当其为同一主体时，其减免责适用规则与第1240条免责规定似乎会冲突。不过，从修改后的铁路运输损害司法解释第6条规定的视角，我们可以窥见最高人民法院将第1243条作为了减免事由条款对待。如此规制，冲突也就不存在了。

五、结论

《民法典》第1240条列举的四类高度危险责任各有不同特性。而鉴于电力工业的复杂性，从整个电力工业链条来看，司法实务中处理有关高压电致害案件时，对于"经营者"的认定，应坚持以所有高压电活动参与者均为经营者，以产权归属判断具体的经营者，以维护管理者为补充经营者相统一的原则。这种梯级式的综合性判断标准，更符合电力工业客观实际和运行规律。

或许正因为各类高度危险活动的特殊性，《民法典》才未对"经营者"进行统一界定，而这为相关司法解释留下了空间。即便如此，铁路运输损害司法解释也未对使用高速轨道运输工具的"经营者"进行定义，而分别以铁路运输企业、肇事工具或者设备的所有人、使用人或者管理人承担赔偿责任，规定于各解释条文中。其所体现的就是一种"经营者"综合性认定思路。相较铁路运输行业而言，电力企业类别多、数量庞大，涉及的用电客户更多更广，因高压电致害产生的法律纠纷更为复杂，加之法律适用又较混乱，就更需要出台类似的司法解释来统一裁判尺度，以维护司法权威，促进新型电力系统建设，更好地服务国家发展大局。

参考文献

[1] 杨立新.触电司法解释废止后的若干法律适用对策[J].人民司法（应用），2015（1）：26-33.

[2] 杨颖.民法典视角下电力损害赔偿案件的审理思路及建议[EB/OL].（2023-07-08）[2024-07-10].https://mp.weixin.qq.com/s/Iez04Z7qeqsfBktNG3wABg.

[3] 全国人民代表大会法制工作委员会民法室.《中华人民共和国侵权责任法》条文说明、立法理由及相关规定[M].北京：北京大学出版社，2010.

[4] 唐超.高度危险作业区域管理人的责任[J].河北法学，2020（10）：59-64.

[5] 王利明.《中华人民共和国侵权责任法》释义[M].北京：中国法制出版社，2010.

[6] 王利明，周友军，高圣平.中国侵权责任法教程[M].北京：人民法院出版社，2010.

[7] 杭广远.高度危险责任中抗辩事由的冲突与适用[J].人大法律评论，2021（1）：267-288.

供电企业触电人身损害赔偿案件法律责任分析及合规策略研究

李　妍[1]　卢方辉[2]　王保旺[3]

1.国网河北省电力有限公司衡水供电分公司；2.衡水衡源电力建设有限责任公司；
3.国网河北省电力有限公司衡水市桃城区供电分公司

摘　要

　　触电人身损害赔偿案件（简称触电案件）是供电企业常见的一类案件，这类案件往往具有伤亡后果重、索赔金额高、社会影响大等特点，供电企业如应对不当，除支付赔偿金外，还会引发缠诉、上访等后果，给供电企业的品牌声誉和企业形象带来负面影响。本文对供电企业触电案件合规管理工作进行探索，分析供电企业承担赔偿责任的情形，提出了供电企业避免或减少触电案件发生的方式方法和案件处置的具体管理措施。

关键词

　　供电企业；触电人身损害；合规；赔偿责任

一、研究背景

　　供电企业是国民经济的重要支柱，电力系统的安全稳定运行直接关系到社会经济的发展和人民群众的生活。然而，由于电力的特殊性、高度危险性，触电事故时有发生，一方面为人民群众的生命财产带来了损失，另一方面也为供电企业带来了法律合规风险。因此，如何避免或减少触电事故的发生，保障人民群众生命财产安全，如何应对处置触电案件，维护供电企业的合法权益，是供电企业必须研究的课题。

二、触电案件的归责原则

（一）无过错责任

　　高压触电案件适用无过错责任原则。无过错责任是指在法律有明确规定的情形之下，将现实之中已经发生的某一损害结果作为认定的前提条件，与损害结果的发生存有因果关系的主体，不管其是不是有过错，都承担相应的赔偿责任。无过错责任是民事侵权损害赔偿归责原则中的一个特殊原则，其主要特点为与主体的过错无关，是独立于过错归责方式外的另一种归责原则。无过错责任仅适用于法定情形，是高度危险致人损害承担责任的一般性原则。高度危险责任归责的基础在于高度危险的存在，高度危险活动即使极尽审慎但是仍然对周围环境、人群的生命、健康、财产造成很大潜在危险，高度危险物的占有人和使用人必须采取可靠的安全措施，避免和减少高度危险物造成他人损害。

（二）过错责任

低压触电案件适用过错责任原则。过错责任是指行为人违反民事义务并致他人损害时，应以过错作为责任的要件和确定责任范围的依据的责任。即依过错责任原则，若行为人没有过错，如加害行为因不可抗力而致，则虽有损害发生，行为人也不负责任。侵权责任以过错责任为原则，以无过错责任为例外。

三、供电企业在触电案件中承担责任的原因

（一）承担经营者责任

在高压触电案件中，法院判决供电企业承担责任的主要依据为《民法典》1240条，即"经营者责任"。但是在《民法典》中并没有"经营者"的定义，在司法实践中，很多法官就把"经营者"片面地理解为供电企业，理由是电力属于供电企业经营销售，供电企业靠运营电力获取利润，因此，供电企业即《民法典》1240条所述的"经营者"。

（二）未尽到管理义务

在低压触电案件中，如供电企业未尽到设施安全义务、安全管理义务、安全警示义务导致触电事故的发生，则法院会判定供电企业存在过错并承担相应的赔偿责任。当然，在高压触电案件中，如供电企业也存在以上过错，法院一方面会要求供电企业承担经营者责任，一方面也会因供电企业存在过错，而加重供电企业的赔偿责任。

1. 未尽到设施安全义务

设施安全义务即电力设施在设计、施工和维护过程中应符合国家标准、技术（设计）规程等要求，如设备选型不当、线路铺设不规范、设备维护不及时等，都可能导致触电事故的发生。

2. 未尽到安全管理义务

安全管理义务的范畴包括用电检查义务、维护管理义务。用电检查，即供电企业对用户受电设施、设备的实际运行状况和用电安全性进行检查。司法实践中，部分法院认为供电企业存在用电检查义务，未及时发现用户用电安全问题并消除安全隐患即存在过错。维护管理义务是指供电企业应对电力设施定期进行日常巡查、维护、检修，发现事故隐患及时整改，如因未及时排查整改隐患导致触电事故发生，供电企业应承担相应的责任。

3. 未尽到安全警示义务

安全警示义务是指供电企业应在存在触电风险的区域应设置安全警示标志，防止触电事故的发生。

四、供电企业应对触电案件合规策略构建

（一）高压触电案件诉讼策略

1. 经营者责任

虽然在目前的司法实践中，无论电力设施产权归属于谁，大部分法官都倾向于认定供电企业为"经营者"，但部分专家学者对于经营者的概念有更深入的看法。同时，最高人民法院对于经营者的认定也有相关案例，庭审中供电企业可以援引专家学者观点、典型案例作为支撑。

（1）有关学者观点。

《中国民法典学者建议稿及立法理由：侵权行为编》第193页，"以高压制造、储藏、运送电力、液体、煤气、蒸汽等气体，因高压作用造成他人损害的，其所有人、占有人或管理人应当承担民事责任"。

《中华人民共和国民法典侵权责任编理解与适用》第616～617页，"如果是高压电造成损害的，作为责任主体的经营者则依具体情况而定。……如果是在发电企业内的高压设备造成损害的，作为责任主体的'经营者'就是发电企业。如果是高压输电线路造成损害的，责任主体就是输电企业，在我国主要是电网公司。如果是在工厂内高压电力生产设备造成损害的，责任主体就是该工厂的经营者"。

《中华人民共和国民法典释评·侵权责任编》第255页，"依据本条规定，从事高空、高压、地下挖掘、使用高速轨道运输工具造成他人损害的，由经营者承担侵权责任。经营者是指对此等作业或营运实际负责和管控的民事主体"。

《中华人民共和国民法典释义与案例评注释评》第400页，"以高压制造、储藏、运送电力、液体及煤气、蒸汽等气体，因高压作用造成他人损害的，其所有人、占有人或管理人应当承担民事责任"。

（2）典型案例。

最高人民法院（2015）民申字第1767号民事裁定书，"根据双方签订《高压供用电合同》判断，成峰果品公司实际利用蓬莱供电企业架设的高压电力设施进行生产经营活动，是其产权人，符合法律关于'经营者'的界定，应由成峰果品公司对涉案高压电力设施进行管理和维护。成峰果品公司对自己享有产权的高压电力设施发生的事故依法承担相应责任"。

张家口中级人民法院（2017）冀07民再73号判决书，"根据相关证据可以认定涉案电力设施产权属于福源冷库，福源冷库应为电力经营者，根据《侵权责任法》第七十三条的规定，由福源冷库承担王利风高压触电的侵权责任"。

由此可见，学者观点及典型案例的核心在于，在高压触电案件中应考虑责任主体对"高度危险活动"这一行为的控制问题，即要看高压电能及载体处于谁的管理、控制之下，而不能简单地将供电企业一概认为是"经营者"。

2. 不可抗力

根据《民法典》1240条规定，不可抗力导致的触电事故是供电企业的免责事由。不可抗力包含了三种要素，即不能预见、不能避免、不能克服的某种客观情况。以上三要素必须同时具备，缺一不可，否则就不能称其为不可抗力。

3. 受害人故意与重大过失

根据《民法典》1240条规定，因受害人故意发生的触电事故，供电企业不承担赔偿责任。但是在司法实践中，因为对于"故意"的理解有所不同，审判的结果也有着很大程度上的差别。一般来说，

受害人的自杀行为毫无疑问属于"故意"的范畴，但更多的情况是，受害人在实施窃电、盗窃电力设施、破坏电力设施的过程中发生触电事故死亡，此种情况法官往往不认为受害人属于"故意"，而是属于"重大过失"。对于受害人存在"重大过失"的情形，可以减轻供电企业的赔偿责任。当然，供电企业在答辩过程中应据理力争，如受害人从事法律法规禁止的行为而触电身亡，如盗窃电能、破坏电力设施等，行为人实施的行为本身即为违法行为，如因违法行为造成自身伤害的，法院仍支持由供电企业进行赔偿，是变相地对违法行为给予保护，不符合公平原则。

（二）低压触电案件诉讼策略

1. 要求原告证明损害后果的存在

在部分案件中，仅有原告陈述触电事实，无其他证人，也无就医记录、医院发票、尸检报告等，此种情况因原告缺乏关键证据，触电死亡或受伤事实不清，法院应驳回原告方起诉。

2. 要求原告证明因果关系

在部分案件中，受害人受伤或者死亡，并非因触电或者单一地因触电导致。例如，受害人在房顶作业碰触到电线后跌落死亡，受害人可能因电击死亡，也可能因摔落致死，此时，供电企业应要求原告提供触电事故的证据，如电击烧伤的医疗记录（受伤原因证明）、案发现场的照片、尸检报告、医疗诊断证明、公安机关、安监部门关于事故的笔录、事故调查报告等，用以明确受害人的死因，确定受害人的死亡与触电是否存在因果关系。

3. 主张承担安全管理义务应有充分依据

（1）用电检查义务。首先，对于供电企业是否具有"用电检查义务"目前尚存在争议。根据《电力法》第32条规定，用户自身有安全用电的义务，即不论供电企业是否对用户的设施进行检查，用户自身均存在使用符合标准的用电设备，采用安全的方式使用电能，定期检修和安装保护装置的义务。其次，供电企业"用电检查义务"的性质存在争议。依据《电力法》第32条规定，用电检查、监督等行为应是供电企业为保障电网稳定运行享有的权利，而非义务。最后，供电企业的用电检查是民事行为而不是行政责任。供电企业之前主要是依据《用电检查管理办法》开展相关工作，但该行政法规已被废止，用电检查的内容、范围、程序均陷入了不确定的状态，如过分强调供电企业对用户的电力设施负有用电检查责任，有失公正。

（2）维护管理义务。根据《供电营业规则》第47条规定，供电设施的运行维护管理范围，按产权归属确定，产权人或管理人对其各自所管理的电力设施承担运维义务。一般认为，供电企业的管理责任，对于其产权范围内的电力设施来说，主要包括对产权范围内的电力设施定期巡视、维护、检修，对违反电力设施保护规定和供用电秩序的行为及时警示和通知整改等。如供电企业按照法律法规、行业标准的规定开展了以上工作，应认为供电企业已尽到了管理责任。对于用户产权的电力设施来说，并没有法律法规明确规定供电企业应对其电力设施进行运行维护、检查监督，因此，对于用户产权的电力设施，因用户怠于对其进行维护管理从而导致发生触电事故，应由其产权人或管理人承担相应的赔偿责任。

（三）触电案件合规管理策略

1. 事前积极预防，抓防范

（1）做好《供用电合同》签订。合同中应明确约定供电设施的产权分界点及维护管理责任，还应通过附图的形式明确标明产权分界的具体地理位置。当供用电合同所依据的客观情况发生变化时，应及时变更或重新签订供用电合同。

（2）注意工程档案留存。注意保存用户电力设施建设的申请、验收等相关资料，保存好供电企业电力工程从设计、施工到竣工验收的全过程资料，以及电力设施建成验收完毕时周围环境图纸及说明等资料。

（3）运用技术手段实现风险预警。加装图像监测设备，运用智能传感、图像识别等技术，实现对输配电设备高风险点的防误入、防外破、防触电综合监测和预警。

（4）实施差异化运维。对于常规区域，严格按照法律法规及供电企业规章制度的规定进行巡视检查，对河流附近、树线矛盾突出等易发触电事故区域以及事故易发时段增加巡检频次。发现自有产权电力设施隐患、公共电力设施隐患及时整改到位，对于用户产权电力设施隐患及时提示整改，并报备政府有关部门。

（5）加强安全用电普法宣传。深入研究触电事故发生的主要原因、特点和发生规律，分析触电事故的高发时段和高发区域，针对触电事故高发区域和存在安全隐患的用户（例如农村建房、线路附近施工等重点人群）开展安全用电宣传。加强与地方政府的沟通协调，建立市、县、乡镇三级对接制度，对影响用电安全的各类问题，提前向政府汇报及报备。结合"4·15""12·4"等关键普法时间节点及地方专项行动，开展电力法律法规和安全用电宣传，增强用户安全用电意识。

2.事中规范处置，抓诉讼

（1）建立标准化案件办理流程。梳理事故发生后现场取证、沟通调解、诉讼应对、赔偿给付、保险理赔等处置环节，明确供电企业各部门相应职责和工作内容，固化形成供电方资产和用户方资产造成触电事故的应对处置标准流程，提高供电企业应对触电事故的处理能力。

（2）及时进行案件会商。组织专业部门人员、法律工作人员、外聘律师开展三方会商，首先对触电原因、原告诉讼请求、侵权责任等进行全面分析，对案件反映的法律风险点、诉讼过程中的有利及不利因素、诉讼结果等进行整体评估，提出答辩思路和应对计划；其次对原告提出争议的焦点问题全面收集证据，确保收集的证据符合《最高人民法院关于民事诉讼证据的若干规定》，保证证据的资格和证明力；最后明确应诉策略的法律基础，分析高压触电、低压触电赔偿责任的构成要件，明确归责原则、受害人过错、免责事由、供电企业过错等事项，选择《民法典》《电力法》《供电营业规则》等法律法规作为具体支撑。

（3）积极做好庭审应对。建立包含外聘律师、供电企业法律专业人员的诉讼团队，在庭审过程中根据对方提交的新证据、当事人诉请变化、法官观点等情况，适时调整诉讼策略，确保诉讼结果最优。

3.事后及时总结，抓闭环

（1）落实"凡案必析"工作机制。案件审结后形成结案报告，对案件情况、争议焦点、法律风险、法院判决依据、管理责任、整改措施及建议等方面进行全方位的分析，总结经验、吸取教训，为办理其他触电案件提供借鉴思路。

（2）做好法律纠纷风险预警。归纳整理法律风险点，形成法律合规风险提示书，提出堵塞管理漏洞的意见及建议，通过月度例会、专题会议等方式在内部进行通报。认真跟踪法律合规风险提示书落实情况和案件反映的管理问题整改落实情况，严格按照销号管理要求进行监督检查，进一步消除管理盲区、风险隐患。

（3）建立典型案例研讨会制度。选取有代表性的、典型的案例，由相关经办人员、外聘律师进行讨论分析，从不同角度提出处理意见或建议，开拓案件办理思路，"以案促管"堵塞管理漏洞，实现通过案件处置促进管理提升的目的。

参考文献

［1］ 最高人民法院民法典贯彻实施工作领导小组．中华人民共和国民法典侵权责任编理解与适用［M］．北京：人民法院出版社，2020.

［2］ 张新宝．中华人民共和国民法典释评·侵权责任编［M］．北京：中国人民大学出版社，2020.

［3］ 杨立新．中华人民共和国民法典释义与案例评注释评［M］．北京：中国法制出版社，2020.

［4］ 王利明．中国民法典学者建议稿及立法理由：侵权行为编［M］．北京：法律出版社，2005.

电力能源数据产品交易的合规探讨

陈伊利

北京大成（广州）律师事务所

摘　要

　　近年来，数据产品已成为我国发展经济及带动社会进步的力量支柱。电力企业因其掌握大量的电力用户数据，在依法使用数据的前提下，能够最大限度发掘用户数据价值，实现数据资产价值运营从概念走向落地。本文基于电力企业合规开发、使用电力能源数据需求，尤其是针对电力企业与第三方合作过程中合法开发、使用相关数据提出建议，以期为提升电力企业数据安全治理和体系化建设建言献策。

关键词

　　电力；能源数据；使用；合规

一、前言

　　随着全球各国大数据战略持续推进，聚焦数据价值释放的步伐加快，围绕激活数据要素潜能、完善数据交易、加快数据要素市场建设等各个方面，我国逐步完成了从法律法规等顶层数据立法层面到国家标准、行业标准等标准规范体系的架构搭建工作。数据资产价值不断被深挖，数据资产运营逐步从理论走向实践，数据资产管理经验也不断深化。

　　本文基于电力行业与金融机构就电力能源数据产品（指本文下述的经数据主体授权的、去标识化的、模型化的以及脱敏的封装数据，包括用电户编号、供电单位、用电户名称、税务登记证号、高能行业类别、城乡级别、用电分类、用电地址、开户日期、供电日期、销户日期、行业类别、电压等级、是否销户、合同容量、运行容量、用户电量、费用年月、当月应收电费、应收违约金、实收违约金、欠款金额、月实收电费等信息，以及企业用户的法定代表人姓名、身份证号、手机号码等个人信息）的相关合作，重点探讨电力企业就能源数据产品的开发、使用过程中所涉及的法律、技术、管理、安全等方面的内容，以期协助电力企业在数据价值释放、数据安全合规、产业融合发展等方面寻求更高突破。

二、常见的电力能源数据产品的交易模式

　　为具体、深入探讨金融业务场景下，能源数据产品在法律、技术、管理、安全等全方面的合规性问题，我们以目前较为常见的金融业务场景下，某电力企业与某银行签署的《电力数据采购合同》《数

据处理许可协议》，以及各方通过企业用户授权进行数据提供所涉流程和《授权书》和数据交互流程为例，进行具体分析。

根据某电力企业与某银行签署的《电力数据采购合同》，某银行向某电力企业提出数据服务需求，电力企业根据国家相关法律法规及公司数据开放管理规定，向某银行提供经数据主体授权的、去标识化的、模型化的以及脱敏的封装数据，包括但不限于企业用电基础信息、用电量数据、电费数据、电费交纳数据及因未及时履行电费交纳义务产生的不良信息等，具体涉及用电户编号、供电单位、用电户名称、税务登记证号、高能行业类别、城乡级别、用电分类、用电地址、开户日期、供电日期、销户日期、行业类别、电压等级、是否销户、合同容量、运行容量、用户电量、费用年月、当月应收电费、应收违约金、实收违约金、欠款金额、月实收电费等信息；还包括企业用户的法定代表人姓名、身份证号、手机号码等个人信息。某银行将其所取得的相关数据用于客户贷款申请和贷后风险管理，按照双方约定的计费标准，就所使用的封装数据，向某电力企业进行费用结算。

三、合规使用探讨

（一）所涉数据属于重要数据范畴，应当予以重点保护

电力能源数据属于公共事业资源，通过对用户用电数据的收集、整理，能够直观、清晰地从民生、经济、用户等视角反映出社会经济发展状况，一旦被泄露或者被不当使用，就有可能严重危害国家安全，对公共利益造成隐患。

故此，根据《关键信息基础设施安全保护条例》的规定，在上述金融业务场景下，某电力企业所提供的电力能源数据产品属于重要数据范畴，应当予以重点保护。

（二）电力企业在使用相关电力数据时应取得相应授权及注意事项

1. 电力企业在使用相关电力数据时应取得相应授权，严格遵循授权范围开展相关活动

（1）电力企业直接取得电力用户授权。《数据安全法》和《个人信息保护法》均明确规定，数据收集、使用、加工、传输者处理涉及个人信息的数据或者向第三方提供涉及个人信息的数据应当取得个人同意或者授权。

根据上述法律规定，电力企业开展数据产品交易活动，应当首先确保自身已经取得个人信息处理的授权。如没有合法授权，无论是存储、处理还是利用该数据，都会存在风险。

然而，目前存量的供用电合同中，各地供电企业并未在其中明确有用户授权供电企业收集、存储、使用、加工、传输、提供、公开用户个人数据的条款约定。因此，针对具体的信贷客户，电力企业为了向银行等金融企业提供其相关电力数据，可采取直接取得用户授权的方式，通过与对银行有贷款业务需求的具体客户签署《数据处理许可协议》，以满足法律关于数据主体告知—同意—授权的规定，解决具体授权问题。

（2）电力企业通过与有权的第三方签署委托协议，在受托范围内处理相关电力数据。实践中，由于电力用户数量多、规模广、覆盖面大，拟处置数据的某单个电力企业本身极有可能无法直接取得所有电力用户的直接授权。在此情况下，可以通过与能够取得电力用户授权的第三方签署《委托数据处理协议》的方式，由能够取得电力用户授权的第三方在取得授权后，委托电力企业作为数据处理受托人，实施收集、存储、使用、加工、传输、提供、公开用户电力数据的工作，在此基础上实现进一步

研发电力数据产品之目的。

在上述《委托数据处理协议》中，协议双方应当根据法律规定，对委托处理数据的目的、委托期限、处理方式、电力数据种类、为处理数据实施的保护措施以及双方的权、责、义等进行明确约定，电力企业在约定范围内履行受托义务。如电力企业超出约定范围或委托期限等进行数据处理的，则依法应对超出的范围承担法律责任；在未获得数据主体即用户的同意和委托人授权同意的情况下，电力企业不得转委托他人处理电力数据。

2. 通过人脸识别程序取得授权的，电力企业应当履行必要的告知义务，取得被采集信息人员的明确同意，且不得强制个人同意收集其个人生物特征信息

为了便于工作，电力企业可能会通过委托第三方进行人脸识别认证的方式，取得用户关于电力数据的授权。在这一过程中，电力企业在法律性质上属于委托人的身份，承担委托人的法定责任和义务。

电力企业在选择采取人脸识别验证方式前，应当与被识别人签署《人脸识别认证服务协议》，以取得被识别人的同意。《人脸识别认证服务协议》应当告知明确被识别人人脸识别处理规则、目的、方式、范围、第三方验证、对个人权益的影响等内容；不得要求被识别人授予电力企业无期限限制、不可撤销、可任意转授权等处理人脸信息的权利；协议应对被识别人的隐私保护及权利行使，包括电力企业的应急响应措施进行详细说明和指引。如果电力用户为企业，被识别人是其法定代表人的，法定代表人需要代表企业做出确认的行为后果及于企业用户的意思表示。

除上述以外，电力企业在采取人脸识别验证方式前，还应对其充分必要性进行风险评估，提供两种或两种以上验证方式供被识别人进行选择，或者直接在《人脸识别认证服务协议》中设置第二种选择方式的路径供选择；通过选择后的授权可以排除法律法规禁止的"强制个人同意收集其个人生物特征信息"的风险。

（三）电力企业应履行数据安全和个人信息安全保护义务

《数据安全法》《个人信息保护法》均对数据处理者在数据的收集、存储、使用、加工、传输、提供、公开等数据处理过程中承担的数据安全保护义务作出了明确规定，要求处理者采取必要的措施，以确保对数据和个人信息的处理活动符合法律、行政法规的规定。

管理和运营电力数据的电力企业，是法律上的数据处理者，应根据上述法律规定，通过采取必要组织措施和技术保障措施防止泄露、非法侵入等，确保受处理的数据处于有效保护和合法利用的状态，以及具备持续保障安全状态的能力。

为实现上述目的，电力企业可以采取以下措施：

（1）重视数据安全和个人信息保护体系建设，成立由企业外部专家和外部法律顾问组成的独立的数据保护监督机构，对个人信息保护情况提供客观、中立的监督，并依法设置数据安全相关组织管理机构和负责人，明确职责，落实安全保障义务。

（2）建立数据处理内部管理制度和操作规程，明确数据处理的各个环节和责任人；严格落实各部门之间数据交互的管控，必要时实施访问控制策略，确保只有授权人员才能访问和处理敏感数据；以及完善对用户行使权利的执行和处理机制。

（3）根据业务场景对受托处理的全部数据进行分级分类梳理，并采取备份、加密、访问控制等必要保护措施进行存储，以免电力数据遭受泄露、窃取、篡改、毁损、丢失、非法使用等风险；定期进行数据风险评估，及时发现和修复潜在的安全隐患，防范利用数据的违法犯罪活动，维护数据的完整性、保密性、可用性。

（4）严格按照网络安全等级保护的要求，加强数据处理系统、数据传输网络、数据存储环境等安全防护，处理重要数据的系统原则上应当满足三级以上网络安全等级保护和关键信息基础设施安全保护要求，定期进行安全评估和漏洞扫描。

（5）持续强化数据处理和个人信息保护的安全宣传和文化建设，增强全体员工安全意识和数据保护意识，培养内部或引入外部专业人才参与数据安全管理等。

除上述以外，电力企业在就题述业务对外合作的过程中，禁止提供企业用户数据中的个人信息，并应提示合作对方按照合同约定方式完成数据使用后，及时销毁使用的电力数据，提供销毁证明承诺，法律法规和监管要求另有强制性规定的除外。

（四）电力企业应加强风险评估、风险监测和定期合规审计等工作的开展

《数据安全法》和《个人信息保护法》还对开展数据处理活动和处理个人信息的风险监测、合规审计等事项作出了明确规定。

作为数据处理者的电力企业应当按照上述法律规定，采取隐私计算等技术控制措施防范风险，确保在数据处理过程中不泄漏敏感信息；定期开展风险评估，以评估结果作为改进数据安全措施的依据，及时修复发现的问题；制定监测预警和应急响应机制，及时发现异常行为并实施必要的应急响应计划。必要时，还可以选择与具备相应资质和经验的数据安全审计专业机构进行合作，定期接受专业的合规审计，对审计结果进行分析和评估，及时整改发现的问题，确保处理个人信息遵守法律、行政法规的规定。

四、结语

如南方电网公司《数据资产管理体系白皮书》所述，任何的创新探索都不会一帆风顺。能源电力行业要发展数字经济仍面临诸多问题和挑战。

无论作为受托人还是委托人，电力企业作为数据处理者，都应遵循法定基本责任和义务，依照《数据安全法》《个人信息保护法》等相关法律法规规定，建立健全全流程数据安全管理体系、电网数据分类分级标准和管控策略制度，明确数据安全负责人和管理机构，积极开展数据安全相关教育培训工作，采取相应的技术手段和其他必要措施，建立防泄露和应急响应机制，定期开展风险评估和合规审计等工作，保障数据安全和数据处理活动合法合规性。

供电企业配合行政停电的法律风险与防范

肖俊婷

华北电力大学人文与社会科学学院

摘　要

随着行政机关强制停电行为的增多，供电企业在相关民事与行政诉讼中承担法律责任的风险日益增加。本文通过流程图分析法和幕景分析法，识别了通知、停电及停电后三个阶段对应的证据保全风险、诉讼风险、损害赔偿风险与财产损失风险等法律风险，并从供电企业的角度出发，提出了针对性的风险防范策略：对配合停电函的形式审查、妥善留存文件、按时履行提前通知义务、增加供用电合同中关于行政强制停电的免责条款、规范实施停电行为、合理分配停电后的监督权以及签订供用电补充合同。

关键词

供电企业；配合停电；法律风险；风险防范

一、引言

随着工商违法、征地拆迁、淘汰关停企业等事件数量的日益增多，在行政执法过程中，行政机关采取强制停电的行为逐年增长，由此引发出快速增多的民事与行政诉讼。虽然理论上，作为行政处罚前置性行为停电行为原则上不可诉，但行政机关强制停电的行为属性目前存在争议。作为配合行政停电的供电企业多牵涉其中，并极易在案件中承担或多或少的法律责任，这为供电企业带来了诸多不利法律后果。

在减少公司损失需求的驱动下，防范法律风险的方案应运而生。本文结合李婵教授与张文德教授的流程图分析法和蒋云贵教授的幕景分析法，从强制停电的主要阶段出发（见图 1），排查各个环节中不同法律主体基于不同法律行为所造成的法律风险，并在此基础上针对供电企业配合行政停电行为提供防范风险最小化的防范路径。

通知阶段 ⟹ 停电阶段 ⟹ 停电后阶段

图 1　强制停电的主要阶段

二、供电企业配合行政停电的法律风险识别

（一）通知阶段的法律风险识别

通知阶段作为行政强制停电的首要流程，主要是由行政机关作出停电通知，并向供电企业送达。供电企业收到停电通知后，进行形式审查并判断是否进行停电。该阶段的法律风险主要识别要素如图2所示。

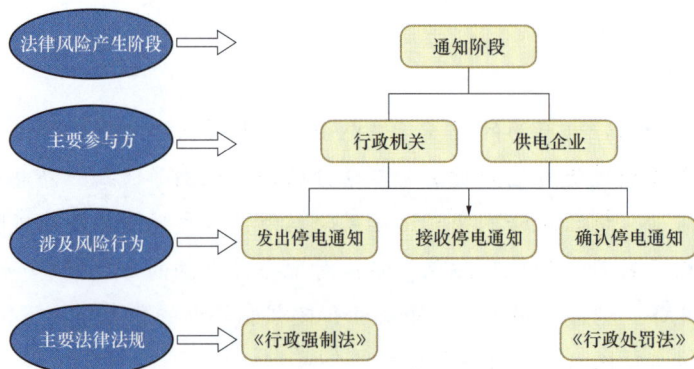

图2　通知阶段法律风险主要识别要素

该阶段的法律风险源主要有行政机关通知行为本身和通知行为所辅助的行政行为，与此相对应的，供电企业角度主要存在对通知的审查以及证据留存问题，涉及的不当法律后果主要是对停电人财产权的间接侵犯，其成因及后果见表1。

表 1　　　　　　　　　　　通知阶段法律风险成因及后果

法律风险源	法律风险点	法律风险成因	法律风险后果
行政机关通知行为	1. 无书面化文件； 2. 内容不准确	1. 行政机关行为的不规范性； 2. 供电企业未及时提出异议	证据保全风险：供电企业在案件中无法确实充分证明停电行为体现的是行政机关的意志
停电行为所辅助的行政行为	行政行为违法	1. 行政机关不合法； 2. 行政行为发生所基于的事实不存在或不准确； 3. 证据不充足或者不合法	诉讼风险：供电企业可能被牵涉进行政案件，作为第三方，甚至可能成为民事案件的被告，从而承担赔偿损失的全部或部分责任

（二）停电阶段的法律风险识别

停电阶段是供电企业配合行政停电的主要行为阶段，主要是现场实施停电阶段。根据《中华人民共和国民法典》（简称《民法典》）第六百五十一条与第六百五十二条的规定可知，供电企业具有安全供电义务与中断供电通知的义务。《中华人民共和国电力法》（简称《电力法》）与《电力供应与使用条例》要求电力的供应应当是连续的。也就是说，供电企业负有连续供电的义务，应当向用电人连续不断供电。同时，结合《供电营业规则》的相关规定分析可得，供电企业的通知义务并非简单的、一次性的通知，其具体的通知时间根据停电原因的不同也存在着区别。该阶段的法律风险识别要素如图3所示。

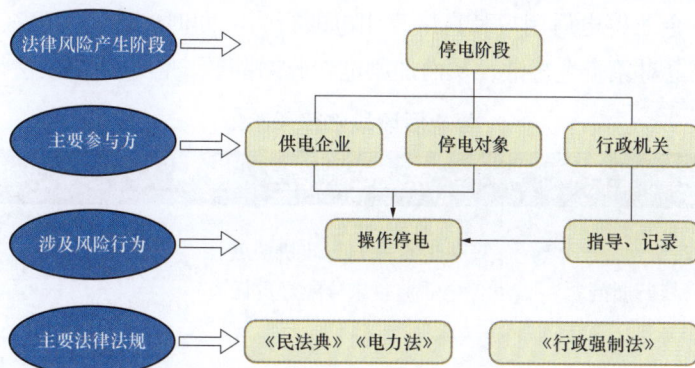

图3　停电阶段的法律风险识别要素

法定义务一旦不履行同样会引起法律上的消极评价。这一阶段除了积极行为容易引起法律风险外，如前所述，供电企业承担着安全供电、连续供电与通知等义务，因此，即使是供电企业无所作为，同样也存在法律风险。这一阶段的法律风险源主要在于法定义务、约定义务、不当停电可能造成的人身损害以及用电设施产权与管理责任产生的风险，其成因和后果见表2。

表2　　　　　　　　　　　　　停电阶段法律风险成因及后果

法律风险源	法律风险点	法律风险成因	法律风险后果
法定通知义务	1. 未提前告知；2. 告知时间不符合法律的规定	供电企业对通知义务的重视程度不够	根据情况，承担停止侵害、消除影响、赔礼道歉、赔偿损失等民事责任
《供用电合同》的约定义务	行政强制停电与合同义务相冲突	没有针对行政强制停电的免责条款	供电企业可能作为行政案件的第三人或者民事案件的被告承担赔偿损失等责任
用电设施产权与管理责任	加重供电企业的法律责任	《供电营业规则》与《物业管理条例》对维护管理责任界定不同	供电企业对用电设施虽无产权，但仍应承担其维护管理责任
不当停电	人身损害	停电时的监管不到位	人身损害赔偿风险
过度停电	对部分停电拆除用电设施	没有适当践行比例原则	财产损害赔偿风险

（三）停电后阶段的法律风险识别

停电后阶段同样是供电企业配合停电的重要环节，该阶段的法律风险主要识别要素如图4所示。

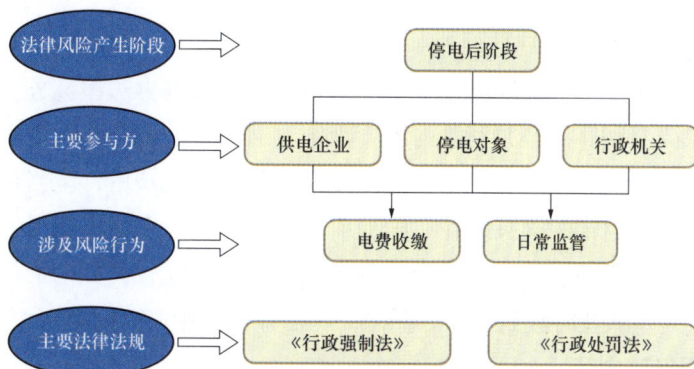

图4　停电后阶段风险识别要素

实践中多存在供电企业停电后用户私自恢复用电的行为。同时，由于停电往往伴随着生产经营能力的下降，容易导致停电对象资金短缺，从而加剧电费收缴问题。停电后阶段法律风险见表3。

表3   停电后阶段法律风险

法律风险源	法律风险点	法律风险成因	法律风险后果
私自恢复用电行为	1. 侵权； 2. 监管权归属问题	供电企业与行政机关就停电后监督未分配好责任	财产损失风险：私自恢复用电的行为没有法人或者单位进行监督，进一步扩大国家财产损失
收缴电费	停电对象拒不支付电费	—	财产损失风险：电费不能够及时、充分回收

三、供电企业配合行政停电的法律风险防范措施

（一）通知阶段法律风险防范措施

1. 对配合停电函进行形式审查

配合停电函的法律性质存在一定争议。如果让供电企业进行实质审查显然对其的注意义务要求过高。2017年，最高人民法院在对某区政府城中村拆迁指挥部行政诉讼一案的再审中确认供电企业对停电原因、停电范围等事实不具有判断能力和义务，因此，可以得出供电企业无须对配合停电函进行实质审查这一结论。

供电企业仍需进行形式审查，包括停电原因、停电范围、政府公章等。例如，部分配合停电函可能会由于行政人员的疏忽大意造成停电人员的信息不一致，导致无法具体确定是需要停哪一个用户的电。在此种情形下，供电企业应对行政机关提出异议，交由行政机关再次核验。此外，形式审查还应包括对政府公章的审查。

2. 妥善留存配合停电函

供电企业收到配合停电函与最终完成停电之间往往距离一定时间，供电企业对相关用户的"提醒通知"也往往是在收到配合停电函之后。供电企业应当妥善留存配合停电函。如果相关用户认为停电行为不当，侵犯其合法权益，供电企业可以提供配合停电函以证明停电行为本质上是行政机关意志的体现。

（二）停电阶段法律风险防范措施

1. 按时履行提前通知义务

提前通知是供电企业在配合行政停电过程中应当遵守的一项基本法律义务。它不仅关系到用电人的合法权益，也是维护社会秩序和公共利益的重要措施。通过提前通知，用电人可以合理安排生产和生活，减少因停电带来的不便和损失。供电企业在接到行政停电通知后，应当根据停电的具体原因和性质，合理安排并执行提前通知的义务。在实施提前通知时，供电企业应确保通知内容的准确性和完整性，避免因信息不全或误导而引发争议。应采取多种方式进行通知，如书面通知、电话、短信、电子邮件等，以确保用电人能够及时收到通知。同时，在通知过程中必要时还可以录音录像予以存档。

2. 增加供用电合同条款内容

首先，应当就供电企业配合行政机关强制停电行为进行免责约定。在合同中明确定义"行政强制

停电"并详细列举其可能的情形，如政府的应急措施、法律执行行为等。其次，明确该免责条款仅适用于因行政强制行为导致的供电中断。再次，供电企业出于降低自身法律风险考虑，应与用电方之间在供用电合同中对产权的划分、维护责任的划分作出准确的界定，通常情形下，产权与维护管理责任挂钩。对于产权相对复杂的，应在供用电合同中或产权协议中逐项明确、准确表述。必要时通过拍照，将照片由合同双方确认作为合同附件。对维护管理责任表述，可表述为"维护管理责任分界点以产权分界点为准划分"。同时，双方应按协商一致的原则，经合同签订方协商确定后执行，协商不成的按程序报能源监管机构、政府相关部门协调。

3. 规范实施停电

现场实施行政停电时，应当根据产权归属作为判断依据，结合具体设施的产权人情况，由供电企业或停电对象操作停电。行政机关工作人员，在实施停电过程中，应当对实施过程依法进行记录与监督，做好工作前的各项准备工作，严格审查停电施工条件。

针对不同情形的停电，根据比例原则采取不同的措施。根据停电后果，停电行为主要分为永久性停电、临时性停电与部分停电。针对永久性全部停电，应当拆除产权分界点至公共线路设施；针对临时性全部停电，应当断开产权分界处开关并且张贴封条；对部分停电，应当断开相应的开关并张贴封条。

（三）停电后阶段法律风险防控措施

1. 合理分配停电后的监督权

供电企业与行政机关应依据属地管理原则，明确划分停电后的监督管理职责。此监督权既是权利又是义务。在权利分配好之后，供电企业和行政机关应当严格谨慎行使其权力，做好日常监督管理，一旦发现私自恢复用电等行为应当立即启动处置程序，重新组织实施强制停电。

2. 签订供用电补充合同并及时催收

供电企业与行政机关应主要就停电之后原本未结清的电费结算事项在供用电补充合同中进行约定。特别是针对有较多电费未结清的企业，供电企业应与行政机关依据属地管理原则，明确划分停电后的监督管理职责。与其签订供用电补充合同，能够减少电费收缴不能的风险。在供用电补充合同中，应明确列出因停电导致的电费结算事项，包括但不限于未结清的电费金额、支付时间表、逾期支付的利息或罚金等。建立规范的电费催收程序，包括催收通知的形式、频率和内容，以及在用户逾期支付时采取的措施。

四、结语

本文针对三个不同阶段，深入探讨了供电企业在配合行政机关强制停电过程中可能遇到的法律风险，并提出了一系列针对性的防范措施。未来，随着电力市场的不断发展和法律环境的变化，供电企业将面临更多新的挑战。通过对法律风险进行识别与防范，能够在最大限度上帮助供电企业降低法律风险发生的可能性，避免其带来的不利后果和经济损失，维护其合法权益，并进一步促进营造良好营商环境。

参考文献

［1］柳砚涛，陈希国.不成立的行政行为何以不可诉［J］.法学论坛，2023，38（6）：74-83.

［2］ 吴德松，王学棉 . 行政机关强制停电的行为属性及法律责任探究［J］. 海峡法学，2021，23（3）：39-47.

［3］ 陈瑞华 . 企业合规制度的三个维度——比较法视野下的分析［J］. 比较法研究，2019（3）：61-77.

［4］ 李婵，张文德 . 基于流程图分析法的高校数字图书馆知识产权风险识别［J］. 图书馆学研究，2010（15）：95-101.

［5］ 蒋云贵 .TRM 视角的企业法律风险体系及其辨识研究［J］. 求索，2011（5）：169-171.

［6］ 高健，姚志平 . 供电企业协助行政机关执法采取停止供电措施的若干法律问题探讨［J］. 企业管理，2017（S1）：132-133.

［7］ 王青斌 . 行政不履责司法审查体系链的构建［J］. 中国社会科学，2023（11）：24-44+204-205.

［8］ 肖忠良，李景丽 . 供电企业大客户欠费停（限）电风险防控［J］. 企业管理，2016（S2）：606-607.

［9］ 王书生，高薇婷 . 行政机关"配合停电函"性质分析［J］. 大众用电，2021，36（1）：13-14.

［10］ 陈瑞华 . 企业合规的基本问题［J］. 中国法律评论，2020（1）：178-196.

［11］ 王文军 . 电力直接交易背景下《民法典》供用电合同制度新解［J］. 法学杂志，2022，43（2）：33-48.

［12］ 张卫建 . 电力企业创先与改进服务的探析［J］. 山东社会科学，2016（S1）：169-170.

电力企业知识产权合规管理及风险防范

钟宇婷　李政道

国网四川省电力公司党校（管理培训中心）

摘　要

本文旨在探讨电力企业知识产权合规和风险防范问题，详细阐述了电力企业知识产权合规管理的内涵、产生及意义，总结了电力企业知识产权合规管理困境，以电力企业内部管理和作品编撰发行为例分析了实践中的执行难点，并针对上述困境和难点提出了电力企业知识产权合规管理的构思与建议。

关键词

电力企业合规管理；知识产权；作品编撰发行；风险防范

一、电力企业知识产权合规管理的一般概述

（一）什么是电力企业知识产权合规管理

电力企业知识产权合规管理其实就是电力企业从自身出发，自觉遵守知识产权法律法规、行业规范和企业内部的规章制度。电力企业知识产权合规管理本质上是一种企业的内部治理机制，通过企业自我规范、自我监督、自我调节和自我纠正的方式构建一个强有力的知识产权保护体系，为产品提供全方位的保护。

（二）电力企业知识产权合规的提出

2018 年，《中央企业合规管理指引（试行）》正式发布，将知识产权合规列为企业开展合规建设的七大重点领域之一，凸显了知识产权合规的重要性。2023 年，《企业知识产权合规管理体系要求》正式发布，其在我国首个知识产权管理领域国家标准《企业知识产权管理规范》的基础上进行修订，更突出了合规属性，对企业建立、运行并持续改进知识产权管理体系提出了明确的合规要求。

电力企业响应国家号召，也制定并实施了相应的知识产权管理办法。2018 年 4 月 20 日，《国家电网公司知识产权法律保护管理办法（试行）》开始施行。之后，《国家电网有限公司知识产权管理办法》出台，并于 2022 年 9 月 30 日正式实施。这一系列的举措意味着电力企业已经逐渐加强对知识产权的重视，逐步强化对知识产权的管理。

（三）电力企业知识产权合规管理的意义

1. 防范他人侵犯电力企业的知识产权

防范电力企业法律风险，避免他人侵犯电力企业的知识产权，事关电力企业在商业活动中的交易安全，是电力企业经营管理过程中绕不开的一个话题。电力企业知识产权合规管理不仅仅要防范因侵犯他人知识产权所带来的法律风险，也需要防止因他人侵犯电力企业的知识产权所带来的损失。电力企业知识产权合规管理要求从电力企业自身出发，做好电力企业知识产权保护工作。知识产权在电力企业生产经营中具有重要的战略意义，一旦因疏于防范或保护不当，造成电力企业知识产权受到侵害，将对电力企业经营造成巨大损害。

2. 防范电力企业侵犯他人的知识产权

现如今我国市场经济快速发展，市场对知识产权的关注度和需求越来越高，并且目前知识产权法律体系愈加成熟，惩罚机制逐渐完善，知识产权也得到了进一步的保护。值得注意的是，在知识产权的部分领域，我国目前规定了侵害他人知识产权情节严重的，应当承担惩罚性赔偿责任，并将侵权后的惩罚性赔偿额度进一步提升，通过增大知识产权侵权成本的方式避免侵权现象的出现，有力地保护了知识产权人的智力成果。此外，我国还在刑事领域也规定了知识产权侵权的刑事责任，一旦知识产权侵权行为达到法定限度，便将通过承担刑事责任的方式加以打击，此举对于抑制知识产权犯罪及保护知识产权具有积极作用。因此，电力企业应对此充分重视，加强知识产权合规管理，避免因侵犯他人知识产权给电力企业或个人带来民事、行政甚至刑事责任。

二、当前我国电力企业知识产权合规管理体系的困境

国家目前大力推广企业知识产权合规管理制度，而电力企业知识产权合规管理推广以来，并未完全解决电力企业知识产权管理问题，尚存在大量漏洞需要填补，主要分为防范他人侵犯电力企业知识产权和防范电力企业侵犯他人知识产权两方面的问题。首先，通过电力企业内部管理的视角去看防范他人侵犯电力企业知识产权尚存的缺陷，便会发现电力企业目前主要缺乏专业的知识产权合规管理部门和人才，缺乏完善的知识产权合规管理制度。其次，电力企业作为经营主体，通过自媒体宣传或编撰发行系统内成果时，易导致著作权侵权纠纷，因此从作品编撰发行的视角看防范电力企业侵犯他人知识产权尚存的缺陷，便会发现电力企业存在未经事前许可而编撰发行，未履行合同相关约定，委托第三方创作以及通过链接引用他人发布的作品等可能涉嫌侵权的问题。

（一）防范他人侵犯电力企业知识产权尚存的缺陷——以电力企业内部管理为例

1. 缺乏专业的电力企业知识产权合规管理部门和人才

在生产经营和商业交往中，大量电力企业并未建立正确的知识产权合规管理意识，认为知识产权只要未直接影响经营就无须重视，完全没有意识到知识产权的战略意义。同时，知识产权合规管理作为一项事前和事后的管理性工作，其并不直接与电力企业的经营决策和商业贸易相关，没有现实紧迫性。因此，大部分电力企业的管理层并未对知识产权合规管理过多重视，也少有电力企业专门设立负责管理知识产权的部门，大多数时候都是由其他部门或人员兼管知识产权，但其往往缺少知识产权相关的专业知识和经验，难免在知识产权管理过程中出现疏漏。

企业知识产权合规管理涉及知识产权和商业秘密，需要较高的专业素养。电力企业知识产权合规

管理所需的人才不仅要具有较高的法律素养，具备电力企业经营管理的相关经验，还需要了解电力企业知识产权的产生与技术重点，这也加剧了专业知识产权合规管理人才的培养难度。而目前的人才大多数只满足其中一个条件，少有同时满足上述条件的，致使大量电力企业缺乏专业的知识产权合规管理人才。

2. 缺乏完善的电力企业知识产权合规管理制度

我国大量电力企业缺乏完善的知识产权合规管理制度，虽然近年来已有部分电力企业开始重视企业知识产权管理，但由于缺少完善的知识产权合规管理制度，保护效果不尽如人意。目前，仍有大部分电力企业并没有建立完善的知识产权合规管理制度，尚存在两个方面的问题：一是电力企业缺少知识产权合规管理的工作规范和流程。这将造成知识产权合规管理工作存在大量漏洞，不能有效地保护科研成果，可能无意中会造成资产的大量流失；二是缺少违规问责机制，未能明确管理层和相关部门的职责，使得其忽视知识产权合规管理工作，相互推责。

（二）防范电力企业侵犯他人知识产权尚存的缺陷——以作品编撰发行为例

1. 未经事前许可而编撰发行的侵权问题

实践中，电力企业可能存在事前未经他人许可或付费便引用已发表的权威论文、文献或图片的行为，而这种行为已经构成侵权，为电力企业埋下了巨大隐患。

在《著作权法》中存在法定许可的范围，即法律明文规定，可以不经著作权人许可，以特定的方式有偿使用他人已经发表的作品的行为，并且这种使用应当尊重著作权人的其他各项人身权利和财产权利。法定许可只存在于编写出版教科书，转载或摘编报刊作品等法定情形，虽不需要著作权人事前许可，但仍需要支付报酬并标明作者、作品出处等。而上述的电力企业引用问题，显然不包含在法定许可范围之内，均需要电力企业在发行作品之前取得著作权人的许可，明确报酬支付问题并标明作品来源、作者等。但大量电力企业目前并未意识到此问题，只是随意引用，并未取得许可，其实已经侵犯了他人的知识产权，电力企业可能因此承担停止侵害、消除影响、赔礼道歉、赔偿损失等民事行为，并且可能会对电力企业形象造成严重影响。

2. 未履行合同相关约定而造成的侵权问题

电力企业在引用他人的作品时，往往通过合同约定双方权利义务，实现著作权人对电力企业引用其作品的许可，而在实践中可能出现电力企业未按时足额支付报酬或超出合同约定范围引用的情形。

首先，在约定报酬时往往是由电力企业的编辑人员或领导与著作权人签订合同，但支付报酬又往往需要上报财务或经领导批准后才能支付，可能会导致报酬不能按时足额支付。其次，在作品编撰发行过程中，可能由于编辑人员粗心大意或合同模糊性，导致电力企业超出合同约定引用他人作品。一旦出现上述情形，不仅会严重影响双方合作的意愿，而且会严重损害电力企业的形象。

3. 委托第三方创作的侵权问题

电力企业在实际工作中，会存在部分文字或图片的创作委托第三方企业完成创作的情形，而第三方企业完成创作的作品存在抄袭他人作品的可能性。此时，电力企业若使用其作品，则也将构成侵权，著作权人也有权要求电力企业和第三方企业停止侵权，并可以要求电力企业和第三方企业承担连带法律责任。

4. 通过链接引用他人作品的侵权问题

电力企业在通过自媒体对外宣传的过程中有将他人发布的网址链接、二维码链接等放在文章中的行为，有可能会构成侵权。针对链接侵权需要视具体情况分析，大致可以分为四种：一般链接、深层链接、加框链接和假链接。

（1）一般链接。一般链接是指网站的用户通过点击网站显示的链接后，跳转到被链接的网站后可阅读原网站的文章内容。这种关联方式可以增加原网站内容的点击量，实现信息资源的互联与共享。此种方式除非网站运营者存在主观性的错误，例如明知或应知所关联的内容本身对第三方构成侵权；或者在收到权利人的侵权通知书之后仍然关联显示其内容外，其余均可以认定为免责。

（2）深层链接。深层链接是指网站用户在点击链接之后，直接在该网页上显示其关联的文章内容，有的还可以直接下载关联的原作品。在这种关联方式下，原作品内容的呈现还是由原网站运营者决定的，当原网站内容运营者将作品内容删除之后，此关联内容也不复存在。因此，大多数人认为深层链接与一般链接相似，不构成直接侵权。但需要注意的是，这种关联方式有可能影响原作品在网络上的传播产生的利益，构成对原网站运营商的不正当竞争。

（3）加框链接。目前的网站内容编辑技术多样，有些关联者将页面划分为数个框状的区域，将关联的作品根据所需挑选后部分放入各个"框"中，但同样需要标明的原网站内容的网址，否则将有侵权的风险。

（4）假链接。使用了假链接的网站表面上展示了原网站内容的链接和搜索服务，但通过其显示的内容事实上并非原文章，而是侵权人伪造的网站。因此，使用假链接构成直接侵权。

三、关于电力企业知识产权合规体系的构思和建议

（一）防范他人侵犯电力企业知识产权的构思——以企业内部管理为例

1. 健全电力企业知识产权合规管理部门和人才或聘请第三方管理

目前大量电力企业并未成立相关的知识产权合规管理部门，未明确对应直属领导。电力企业可结合自身情况成立合规委员会或合规管理部门，负责知识产权合规管理工作。同时为了保证合规管理工作的顺利进行，需要其在电力企业中具有独特地位和较高权力。基于此，可将合规委员会或合规管理部门下设于管理层，并且可适量选取部分董事、监事及经理作为合规委员，监管企业知识产权合规管理工作。此举首先确保了其在电力企业中具有较高地位，能有效推进知识产权合规管理工作顺利进行。再者，合规委员会或合规管理部门可由管理层进行管理，直接对管理层负责，更有利于及时发现和整改工作中存在的问题。

其次，电力企业可以建立合规管理人才培养制度。合规专员对人才要求较高，少有能直接满足电力企业需求的合规管理人才。目前，大量电力企业尚未重视企业知识产权合规管理工作，缺乏合规管理人才。而合规管理人才可以负责某一部门或项目的知识产权合规管理，协助法务部门对侵权行为进行追责，并且可以直接与合规委员会或合规管理部门交流沟通，作用巨大。因此，建立知识产权合规管理人才培养体系，培养符合需求的合规管理人才，才能壮大知识产权合规管理队伍，弥补人才不足的问题。

最后，电力企业可以聘请第三方企业进行知识产权管理。第三方机构相较于电力企业内部机构，更具有独立性和专业性，可以从更客观的角度识别知识产权风险。同时其也具备更丰富的经验和知识，熟悉知识产权管理的各个流程，更好地降低知识产权风险。

2. 进一步完善电力企业知识产权合规管理制度

完善的企业知识产权合规管理制度是企业知识产权合规管理体系的重点，但目前少有完善的知识

产权合规管理制度。只有不断完善电力企业知识产权合规管理制度，才能更好地推进知识产权合规管理工作。

（1）健全电力企业知识产权合规管理的工作规范和流程。首先，结合电力企业生产经营、管理等方面的实际情况，逐步健全知识产权合规管理的工作规范和流程，助力电力企业提升生产经营各环节中的知识产权合规管理能力。同时，明确知识产权合规管理的工作规范和流程，有助于电力企业各部门对知识产权合规管理的重要性和流程有一定的了解，对保护知识产权及商业秘密有一定的意识，以此规避知识产权风险。

（2）制定知识产权合规管理违规问责机制。知识产权合规管理部门应当加强对企业知识产权的监管，若发现他人有侵犯电力企业知识产权的行为，应当及时制止并收集证据，向管理层报告他人的侵权行为。同时要加大调查疏于管理的部门和人员，排除企业知识产权遭受侵犯的风险，对疏于管理的主要负责人进行问责。如果知识产权合规管理部门并未及时发现他人的侵权行为，那么当企业因此遭受损失后，不仅可以向侵权人追责，同时还应追究合规管理部门的工作失职责任。企业知识产权管理违规问责机制的建立可以有效地预防和减少知识产权风险，避免企业的知识产权遭受侵害。

（二）防范电力企业侵犯他人知识产权的构思——以作品编撰发行为例

1. 积极寻求著作权人的许可

根据《著作权法》规定，只要在合理使用和法定许可的范围外，电力企业事前未经他人许可或付费便引用已发表的权威论文、文献或图片的行为，均构成侵权行为。电力企业对引用的部分进行编撰发行的行为已经涉及对他人权利的侵犯，并不享有著作权。此种侵权引用行为侵犯了他人的独创性表达，原作者有权禁止电力企业复制、发行，并有权请求电力企业承担法律责任。

因此，电力企业只能在事前积极寻求著作权人的许可，与其合理协商引用作品付费事宜，并在作品中标明原作者、出处等，在事前便杜绝电力企业因侵权行为导致的法律责任。若电力企业发行的作品中已存在侵权行为，便只能在事后积极寻求著作权人许可，避免著作权人追责给电力企业带来巨大损失，同时也更好地维护企业形象。

2. 严格执行授权合同条款

首先，在签订合同时，应详细约定许可范围、报酬、支付时间等条款，尽量采用书面形式，避免口头约定，便于后期溯源。其次，编辑人员需要仔细阅读每个条款，避免因过失造成电力企业损失。最后，在合同签订并履行后，需要严格按照合同条款，向著作权人按时足额支付报酬，并在许可范围内进行引用，尽量避免侵权行为的发生。

3. 委托第三方企业创作的合同中明确约定违约责任

电力企业委托第三方企业创作，而第三方企业创作的作品侵权时，著作权人有权要求停止侵害并请求电力企业和第三方企业承担连带责任。此时，电力企业可以通过与第三方企业的委托合同中的违约条款，向第三方企业追偿，以此弥补电力企业的损失。因此，在签订委托协议时，应当明确约定知识产权归属问题以及该作品是否为第三方企业原创作品或已取得他人授权。同时，应当在违约责任中明确约定追偿条款，以保障电力企业利益。

4. 谨慎设置链接

电力企业对他人作品设置链接，应尽量通过一般链接或深层链接的方式，通过链接可直接跳转原网站或文章，这种基于信息互联和共享的方式不易被认定为侵权行为。同时，应当积极配合被链接者，当其禁止他人转载或禁止设置链接时，应当及时断开相关作品的链接，避免被追责。

5. 提高编辑人员对著作权的辨识能力

电力企业相关的编辑人员应积极学习知识产权相关法律法规，能够准确识别作品的著作权归属，积极取得著作权人的有效授权，避免作品编撰发行过程中出现知识产权侵权事宜。同时，编辑人员应对编辑内容、引用的作品和出处等做到合理的注意义务，严格审查编辑的作品。如果发现有引用他人作品的情况，应当仔细比对原文，积极寻求著作权人的许可，标注好原作者和在原作品出处。若对方不予许可，应当及时删除或停止发行，避免损失扩大化。

四、结语

企业知识产权合规管理的提出，不仅是因为行政管理机关观念的变化，更重要的是当前市场经济高速发展环境下对企业知识产权管理提出了新的要求。知识产权合规管理体系的建设，能有效地避免企业面临知识产权风险。

知识产权合规管理工作只有经过不断实践，才能建成贯穿电力企业各层级、覆盖各主要领域的合规管理体系。电力企业需要学习贯彻习近平法治思想，进一步落实合规管理要求，围绕经营管理过程中存在的突出问题，开展合规管理行动，通过深化合规管理体系、工作机制和重点领域建设，补齐管理短板，提升管理水平，保障电力企业健康发展。

参考文献

［1］陈瑞华.论企业合规的性质［J］.浙江工商大学学报，2021（1）：46–60.DOI: 10.14134/j.cnki.cn33–1337/c.2021.01.005.

［2］赵宇.企业知识产权合规管理的现状分析与应对措施［J］.中国集体经济，2022（9）：126–127.

［3］鲁如意，成双媛，张赞.企业知识产权合规体系构建［J］.产业创新研究，2023（17）：153–155.

法治体系建设背景下树木安全隐患的
合规治理与程序优化

宋欣雨　刘英顺　张昊洋

国网北京平谷供电公司

摘　要

北京市平谷区是林业、农业大区，在供电线路走廊内，树、线矛盾比较突出。针对去树难、隐患难根除的问题，平谷公司制定了《国网北京平谷供电公司输配电树木隐患管控提升工作方案》，在方案的指导下，加强政企协同，依靠司法保障和运用法律途径，顺利解决了一批输电通道去除树木隐患问题，减少公司各项不必要赔偿和支付，为公司规范去树流程和标准树立典型示范。

关键词

树木隐患；政企协同；典型示范

当前，线树矛盾成为影响电力可靠供应的最大顽疾之一，树障隐患一直是造成配网线路运行故障的重要问题，已成为困扰客户获得电力水平提升的关键性因素。为了确保输电线路安全稳定运行，国网北京市电力公司平谷供电公司（简称平谷公司或公司），依据《电力法》等法律法规认真研究制定治理方案，并根据区域情况，对所辖线路通道进行危险点分析，并按照轻重缓急，划分重点清障和全面清障，在实效上下功夫，切实做到线路清障工作落实到位，及时消除隐患，不留死角。此外，平谷公司还结合前期线路"巡诊"情况，提前梳理线路通道树障隐患点，积极对接当地政府、主管部门，成立政企联动专项清障突击队，对用户做好安全用电宣传，取得对电力线路廊道整治工作的理解和支持。以最高标准、最快速度，一鼓作气、一战到底，将清除树线隐患问题，开展专项治理工作推向深入，为更好地服务平谷地方经济社会发展提供坚强保障。

一、内涵和主要做法

在建立合规化程序之前，公司在处理输电线路下方生长的高大树木问题时，主要依靠运维人员直接与用户进行沟通协调，以争取用户的同意进行树木移除工作。然而，由于树木移除往往触及用户的个人利益，这种做法常常遭遇用户的不理解和抵触情绪，导致频繁出现投诉工单。结果，不仅树木移除工作进展缓慢，还给运维人员增加了大量的额外沟通工作，影响了工作效率和服务质量。

为使树木去除树木障碍管理顺畅，公司从多个角度出发，通过构建科学组织管理体系，充分发挥政企协作优势，运用法律途径，在确保工作效率最高、去树效果最好的前提下，落实各部门分工，推动解决问题。

在平谷区政府的大力支持下，自2022年起，平谷公司与区林业局、各乡镇政府等部门联合建立起了树线矛盾治理紧密合作机制，即：在树线矛盾治理中，发现树木所属权不确定或推进受阻时，由区林业局出面联系树木所在区域的乡镇政府，明确树木产权所有。随后，由平谷公司输电班组员工联合区林业局、乡镇政府相关人员，上门与产权方沟通，共同推进树线矛盾治理。

2023年，平谷公司年通过法律手段有效处理疑难树木隐患12处，涉及10条输电线路。其中下发律师函12处，无法律诉讼，有效治理了疑难树木隐患，保障了公司合法权益。

（一）明确内部职责分工，扎实推进工作流转

对树木隐患提升治理过程中，明确各部门职责，高度重视电力线路树竹障清理整治工作的重要性，周密安排部署，扎实推进实施，务求工作实效。

1.针对线路前期建设阶段管控，主要由发展部和建设部主导设计线路规划、做好通道内的去树工作

发展策划部依据现场实际情况，合理规划设计线路走向，充分考虑树木情况，尽可能减少树木隐患。无法去除的树木则采用高跨塔，避免形成树木隐患。建设部依据标准规定，对输电保护区内可能危及线路安全的树木进行去除，避免基建遗留树木隐患。运维检修部及各供电所依据规程进行验收，负责配电线路工程建设管控，对可能形成基建遗留的树木隐患督促线路工程建设单位进行处理，满足运行规程要求后方可通过验收。

2.针对线路运行阶段管控，主要由运检部做好通道运维和去树工作

（1）保护区内树木现存隐患。积极与树木所有人进行沟通处置，定期开展树木修剪、去除工作。需补偿时，最高标准不超过有资质评估公司出具的价格。

（2）保护区外超高树木隐患。根据现场实际情况。评估危险程度，积极与树木所有人进行沟通处置，争取"退林还耕"等政策，避免发生赔偿费用。需补偿时，最高标准不超过有资质评估公司出具的价格。

3.针对集体树木

（1）线路运行单位根据线路树木隐患情况，联系树木隐患单位邮寄下发电力设施保护宣传联系单和电网环境隐患整改通知书，通知树木产权单位及时整改，随后开展树木隐患治理。

（2）前期无法解决的树木隐患，由线路运行单位上报运维检修部，由运维检修部组织协调政府有关部门出面进行协商推进，合理合规消除树木隐患。

（3）对于长期联系治理的树木隐患单位，线路运行单位依据树木隐患情况，定期向隐患所属单位申报树木隐患治理计划，依据隐患单位要求进行树木隐患治理。

4.针对个人树木

（1）线路运行单位依据线路树木隐患情况，邮寄下发电力设施保护宣传联系单和电网环境隐患整改通知书，通知树木产权人及时整改，随后开展树木隐患治理；无法解决的树木隐患由线路运行单位上报运维检修部，运维检修部组织协调政府有关部门进行协商推进，合理合规消除树木隐患。

（2）政府部门协商多次未果，线路运行单位可采取法律途径进行合理维权，通过公司办公室联系律师，对处理困难的树木所有人下发律师函，推进树木隐患管控治理。

（3）对于下发律师函无效的树木所有人，线路运行单位可提出采取企业强制执行办法，由公司领导审议通过后，通知相关政府部门配合执行。

（4）对于企业强制执行无法消除的树木隐患，线路运行单位可采取法律诉讼手段进行树木隐患消除。由公司领导审议通过后，各部门联系办公室进行法律诉讼，依据最终判决结果进行树木隐患管控治理。

（5）对于拒不执行法律诉讼结果的树木所有人，在满足法院强制执行标准的情况下，线路运行单位可联系办公室提出法院强制执行请求。依据最终判决和法院强制执行要求，对危及线路的树木隐患进行消除。

5. 针对用户产权线路树木隐患

依据产权分界协议，用户产权线路为用户自行管理，树木隐患由用户进行管控消除，无法解决的树木隐患由平谷供电公司营销部组织协调政府有关部门进行协商推进，合理合规消除树木隐患。

（二）完善外部协同管理体系

成立由区政府分管副区长任组长，区发展改革委、应急局、林业部门主要负责人为副组长的关于在全区范围内开展电力线路通道树障隐患排查整治专项行动领导小组，全面负责此次行动的组织领导和统筹协调等工作。由供电公司和发展改革委、应急局、林业部门及各乡镇政府为成员单位，在关于在全区范围内开展电力线路通道树障隐患排查整治专项行动领导小组领导下开展各项工作，确保工作取得成效。对各部门无法联合解决的重大树竹隐患要上报区政府，实行挂牌督办，确保杜绝隐患。充分发挥领导小组效能，协调各级地方组织，推进电力隐患治理，将工作难度大的隐患纳入公司安全专项治理范畴持续推进，完成下发律师函18处，采取法律诉讼程序9处。9处法律诉讼中，有2处为法院调解处理，7处为胜诉处理，均有效彻底治理疑难树木隐患，保障公司合法权益。通过明确高大树木（植物）砍伐、修剪协议合同和林木采伐申请书、林木确认材料，定期开展合同签订和业务推进培训。以防范履约风险为重点，全面组织开展了去树历史问题专项清理和整治工作，在依法解决历史合同问题、防范合同履行风险的同时，实现了清除树木隐患管理从静态文本管理向动态风险防控进阶。

通过深化企业内部部门间协同配合和政企合作的管理新模式，在清除通道树木隐患工作实施及推进过程中，经过两年以来的磨合，呈现出较之以往更加高效的管理模式优势。

属地供电所与村民保持密切沟通，公司加强与政府、园林绿化局等单位的沟通。划分了树木修剪责任，由供电公司配合开展树木清理施工作业。公司输电专业、各供电所对辖区内电力线路通道进行"拉网式"巡视检查，统计需要清理的树障数量及分布情况，根据巡视结果制订详细的清理计划，限时完成树木清理工作，并进行验收，实行树木隐患治理闭环管理，确保树障清理工作有序推进。与此同时，以全国"安全生产月"为契机，以党建引领安全生产主动走访各村街，向居民大力宣传普及电力设施保护条例、电力安全知识，讲解线路通道内树障对电网安全的危害，引导辖区居民自觉保护电力设施，全力推进树障清理工作，从源头上消除线路通道内的树障隐患，打造电网安全通道，确保全区线路安全运行，保证供电保障期间电力可靠供应。

（三）创新树障清除管理流程的实际应用

2023年，平谷公司成立了以运检部牵头，营销部、发展部、建设部、党委办公室等部门配合的完备体系，输电专业树障清除体系构建基本完成。通过认真梳理各电压等级线路树木隐患，各基层单位主动联系各乡镇政府，寻求工作支持并大力度展开清理工作，做到任务层层分解，包片到基层，责任到个人。对排查出树木隐患按照危急程度制定清理计划，清理过程中，各基层单位与树主深入沟通、积极劝说征得理解，确保每处树障清理到位。目前，已清理各电压等级树障 25 处，涉及 16 条输电线路。

2023 年 2 月，输电专业人员在巡视过程中发现张某家中树木生长过高，不满足安全距离要求，存在影响平华二线安全的隐患。该户隐患为线下及保护区内 120 棵槐树，距离导线垂直距离 3.5m，已不满足输电线路安全运行 4m 安全距离要求，经生长会对线路造成威胁，造成树顶导线放电事故（见图 1）。线下及保护区内所有隐患树木种植时间不确定，但根据现场情况判断为先有线后有树。

图 1　输电线路下高大树木图

经过多次走访交流沟通，张某拒绝公司去树要求。经过部门内部协商，决定采取出具律师函警告的方式，要求其立即采取去树。3 月 9 日律师函签收后，张某于两日内完成去树工作，避免了一次因树线矛盾引起的故障隐患问题。

220kV 顺平一二 91—92 号位于平谷区大兴庄镇管家庄村，线路保护区内存在危急的树线矛盾隐患（先线后树），共涉及 100 余棵，最小处树线距离 4m，严重影响供电安全。平谷供电公司协调地区政府等部门多次与树主进行沟通，希望尽快消除隐患，但树主要求太高，无法满足，随即平谷公司进行起诉，于 2019 年 3 月 14 日在平谷法院第一法庭审理，于 8 月 2 日下达判决书，要求被告将涉及的隐患树木清除，被告不服判决，于 8 月 16 日反诉至北京市第三中级人民法院，二审维持原判，驳回上诉请求。

由于 220kV 顺平一二输电线路是平谷地区主要电源，同时为确保国庆 70 周年供电稳定，特向区政府申请于 9 月 30 日前协调先行治理此处隐患较为危急的 30 余棵树木，以确保地区供电安全。判决后，公司联合平谷地区政府、园林、司法执行部门等开展强制执行。

二、实施效果

（一）流程完备职责明确，政企协作确保安全

在去树施工现场，正是有了法院强制人员、司法干警人员的保障，公司积极对接当地政府、主管部门，成立政企联动专项清障突击队，才能够结合实际制定执行方案，经传唤被执行人到达现场后，

在属地村集体工作人员的监督见证下，法院干警与供电企业工作人员依法对涉案树木进行了清理，为电力线路开辟出一道可靠的"安全线"。

（二）现场推进取得良好成效，全力保障电网可靠供电

为彻底消除树线矛盾隐患，进一步提高电网设备安全运行水平，2022年以来，平谷公司超前谋划，周密部署，统筹组织，全面认真开展了"无树线矛盾"管理专项行动，将消除树线矛盾作为公司年度重点工作任务之一，对全区范围内影响线路安全运行的树木进行全面清理与修剪，确保全年不发生因树线矛盾引起的线路故障。公司出动人员50余次，对辖区树线矛盾问题进行全面梳理排查，通过绘制树线矛盾隐患分区管理图，建立树线矛盾隐患档案，明确各区运维责任人、隐患等级、树木种类、生长周期及归属单位等信息，并根据树障对线路安全运行风险等级，科学合理制订周密消缺计划。公司现已完成对辖区所有重要线路的树木修剪，清除树障30余处，全力保障了电网和设备的安全稳定运行。

（三）节省成本提高效率，发挥法律体系专业优势

依据《电力设施保护条例实施细则》，"电力企业对已划定的电力设施保护区域内新种植或自然生长的可能危及电力设施安全的树木、竹子，应当予以砍伐，并不予支付林木补偿费、林地补偿费、植被恢复费等任何费用。"因此在高压线下种植高秆植物并不是"生财之道"，反而可能给自己与他人带来危险。在相关的民事判决中，人民法院可以认定高压线下种植的树木危及电力设施安全而支持砍伐，而且供电企业无须向树木所有人、管理人支付林木补偿费、林地补偿费、植被恢复费等费用。对于种植人而言，这部分危害电力设施安全的树木将难以获得经济收益，另外如果放任种植的树木在高压线下肆意生长，引起在树下正常通行或开展作业的人员触电的，还可能承担高额的经济赔偿甚至行政责任、刑事责任，因此在电力高压线下种树引起的安全隐患与风险问题应当得到社会公众的广泛重视。

（四）沟通前置，消除壁垒，全力谱写"人民电业为人民"的企业宗旨

多措并举，消除"树线矛盾"，以高品质生态环境支撑高质量发展，加快推进人与自然和谐共生的现代化。按照"提前部署、提前介入"的树患防控原则，组织运维人员提前对线路通道内的树木隐患进行集中排查梳理。对通道内的隐患树木逐一勘察并建立树木隐患台账，详细记录树种、风偏、垂直距离等，确保树障清理专项工作全覆盖、无遗漏。同时，输电运维班组人员提前与各树木隐患点的村民、政府部门进行沟通，组织人员深入田间地头、农村集市、政府部门、超市等人员密集场所，发放《电力线路防外力破坏宣传折页》和《电力线路防外力破坏警示折页》等宣传材料，详细讲解消除树木隐患的重要性和必要性，进一步营造保护电力线路防外力破坏的良好氛围。党员服务队走村入户，通过悬挂条幅、刷写标语、发放宣传彩页，在树苗销售点、村部广场等场所，加强对电力安全知识的宣传解释，使电力设施保护常识深入人心。通过现场讲解等多种方式积极开展电力设施保护宣传工作，向树主详细讲解消除树木隐患的重要性和必要性，在确保线路安全运行和树主利益的前提下，有序消除树木安全隐患。

（五）形成管理特色经验便于推广，有效服务公司发展

完善的制度流程，明确的职责分工，能够有效推广至配电专业领域，帮助进一步提升配网供电可靠性；常抓不懈地推进电网隐患排查治理，能切实巩固治理成果，为平谷地区广大用户营造一个稳定、

安全的供电环境。平谷公司将坚持以习近平新时代中国特色社会主义思想和党的二十大精神为指引，统筹谋划、深耕细作，持续提升本质安全能力、绿色发展能力、创新赋能能力、学习续航能力、现代化治理能力，在国网北京市电力公司加快创建世界一流国际领先的能源互联网企业中，贡献平谷智慧和力量。

参考文献

［1］李志超，丁迪，刘英顺，等.输配电工程施工中的常见问题与解决措施［J］.农村电气化，2018（11）：77-78.

［2］郝奕斌，孙政樑，马立博，等.治理树线矛盾的全面精细化管理措施［J］.电力安全技术，2022，24（11）：23-26.

［3］鲍捷.物资公司筑牢现代化供应链企业的合规城墙［J］.华北电业，2023（6）：64-65.

第八部分

实践探索类

基于用户法治画像的"1234"法治合规文化建设模式研究与实践

林 蓥 高 茜 桂 瑶 阮芳宇

南方电网广东电网公司法律服务中心

摘 要

合规是企业行稳致远的前提，合规文化是企业合规管理的重要组成部分。围绕中央"八五"普法规划及央企合规建设相关要求，结合《中央企业合规管理办法》合规文化建设专章工作要求，南方电网广东电网公司构建了一套行业通用的"一体两全三重四化"法治合规文化建设模式（简称"1234"法治合规文化建设模式），以数字赋能法治合规文化建设，形成了一批与基层法治需求相契合、与现代电力企业合规管理要求相适应的法治合规文化实践案例，为新时代电力依法合规经营管理提供新思路。

关键词

合规管理；法治合规文化；数字赋能；合规经营

一、引言

合规是企业行稳致远的前提，合规文化是企业合规管理的重要组成部分。党的二十大报告强调，要弘扬社会主义法治精神。南方电网广东电网公司（简称广东电网）坚定不移落实中央宣传部、司法部普法工作总体部署，结合2022年《中央企业合规管理办法》中合规文化专章规定，围绕中央"八五"普法规划相关要求，探索用户法治画像分析模型垂直应用场景，立梁架柱、先试先行，构建具有电力行业特色的"一体两全三重四化"法治合规文化建设模式（简称"1234"法治合规文化建设模式），不断深化法治合规文化体系建设，在机制上完善法治合规文化建设，在应用中扩大法治合规文化影响力。

二、背景及意义

（一）一以贯之推进全面依法治国方略的题中之义

法治宣传教育是提升全民素养、推进依法治国基本方略、建设社会主义法治国家的一项长期基础性工作。党的二十大报告指出，全面依法治国是国家治理的一场深刻革命，要引导全体人民做社会主义法治的忠实崇尚者、自觉遵守者、坚定捍卫者。2024 年全国两会更是明确提出，要深化大数据、人工智能等研发应用，开展"人工智能 +"行动，加快发展新质生产力。因此，以数字化转型为引擎，驱动法治合规文化建设管理质效提升，已成为顺应时代发展的必然选择，也是法治企业建设必由之路。

（二）打造独具南网特色的法治合规文化体系内在要求

在促进数字电网建设与法治业务融合发展视角下，电网企业亟须解决合规文化顶层设计缺失、培训体系有待健全、数字化支撑有限、集约共享服务尚不充分等痛点难点问题。为全面革新法治合规管理模式，释放法治合规最大效能，广东电网构建了特色鲜明、定位清晰的"1234"法治合规文化建设模式，固化法治合规文化建设的总框架和路线图，助力南网"文化强企"战略落地，为国有企业开创法治合规建设新格局提供了广东方案。

三、主要做法

广东电网全面分析合规文化与企业合规愿景的差距，采用 STP 分析法、数字化转型等方法，打造了行业领先的用户法治画像分析模型，以构建电力行业通用的"1234"法治合规文化建设模式为思路，推动人员、资源、活动、技术等一体落实、共建共享。其中，"一体"为工具，"两全"是基础，"三重"是焦点，"四化"是导向，最终落脚点为全面深化企业合规文化建设（见图 1）。

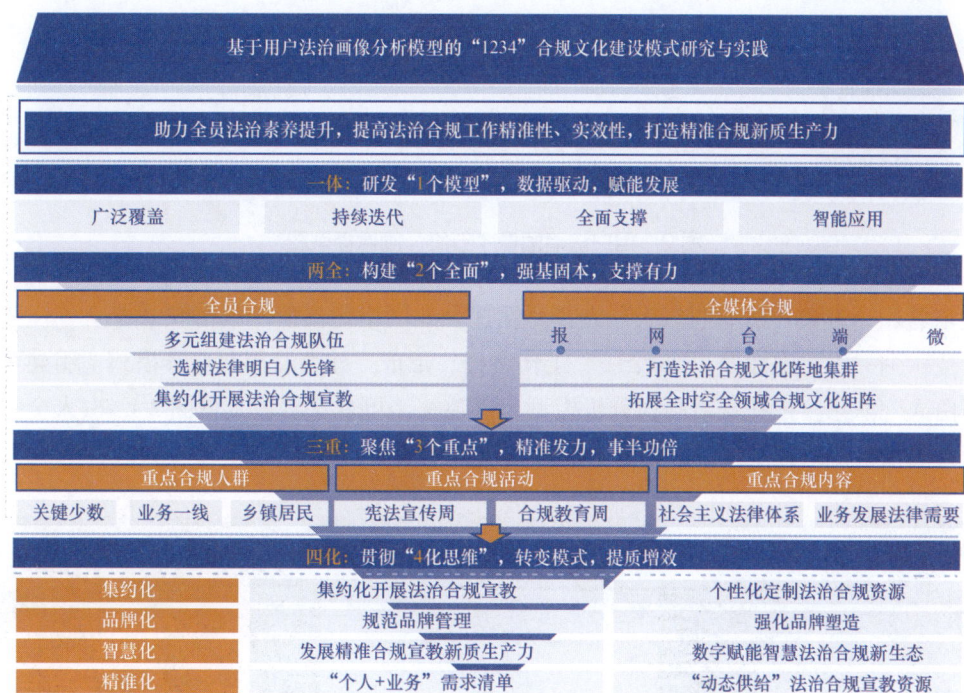

图 1　广东电网"1234"法治合规文化建设模式结构图

（一）研发"1 个模型"，数据驱动，赋能发展

采用"网络 + 云计算 +AI+ 应用"模式，构建以法治合规内容生成、智能问答、数据分析、精准推荐等为主要功能的用户法治画像分析模型。紧抓模式、体系、制度、标准、基础等要素，实现法治

合规"数据集中抓取—中端画像生成—后端辅助决策—前端精准应用"全流程智能闭环，赋能法治合规工作决策端、管理端、用户端质效全面跃升。

（二）构建"2个全面"，强基固本，支撑有力

1. 推进全员合规，培育"三支队伍"

法治合规文化建设，旨在增强企业领导人员以及全体员工的合规意识渗透。为引导全员树立合规理念，广东电网以"三支队伍"为牵引，着力推动合规文化建设走深走实。

一是多元吸纳，科学组建法治合规队伍。锚定全员合规目标，构建法治合规人才"五维"画像模型（见图2）。滚动更新数字化人才档案，将法治素养较高的分管领导、部门负责人、班组长等纳入对内法治合规普法队伍，推动各单位逐步将工会专兼职干部、社会文艺骨干等纳入对外法治合规普法队伍，实现合规宣教队伍全量管理。

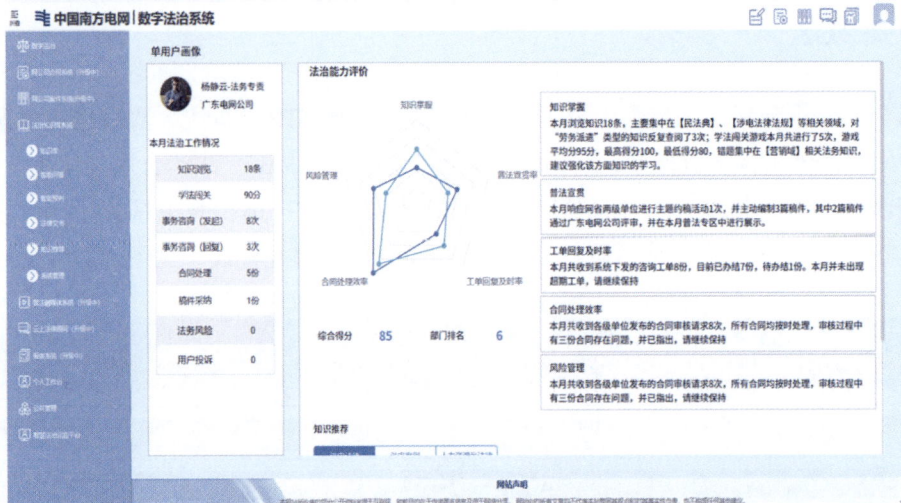

图2　用户法治画像"五维"画像模型图

二是建培管用，选树"法律明白人"先锋。发挥企业网格化覆盖、紧密联系群众等优势，规划法治合规先锋"六个一"组建标准、"四个一"工作责任，形成"建培管用"培养模式。组建全国首支电力"法律明白人"队伍。依托法治画像分析模型，搭建法治可视化看板（见图3），嵌入全省法治文化阵地、融合式法治合规培训基地等，辅助企业各层级科学决策。

图3　法治合规可视化看板实景图

三是选用育留，构建专业法治合规梯队。建立专职法治合规人员、法治合规"优才"、企业法律顾问、公司律师人才进阶机制。通过大数据模型系统，精准定位理论水平、实践能力、发展态势，配套打造法治合规人才库、成果库。首创公司处分巡回宣讲团、"蓝公益·蒲公英"普法讲师团等法治合规宣教队伍，推动合规普法向基层一线纵深推进，在全省20余家地市局开展法治合规巡回培训，打造综合型成长型合规宣教队伍。

2. 实现全媒体普法，打造"两类阵地"

一是打造法治合规阵地集群。结合大数据分析，设计"指引型、评价型、预测型、教育型、共享型"五类功能定位、辐射范围多元的法治合规文化阵地标准（见图4），指导全省结合法治需求及资源禀赋错位发展。搭建线上法治地图，配套出台"3+X"建设标准、动态管理流程（见图5），规范阵地建设、运营、考核，做到全省法治文化阵地建设全过程闭环管控。

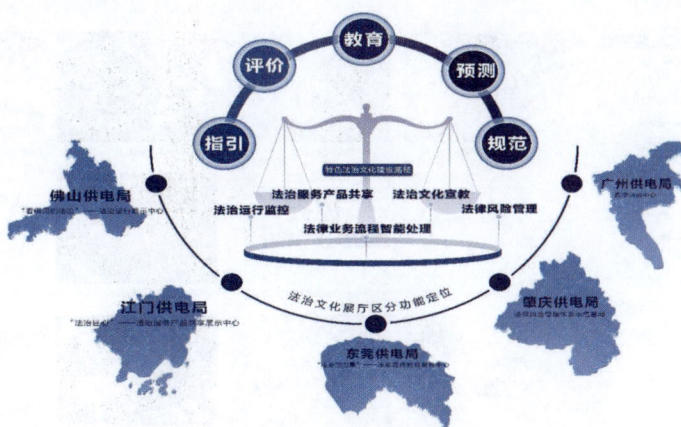

图4 "五型"法治合规文化阵地

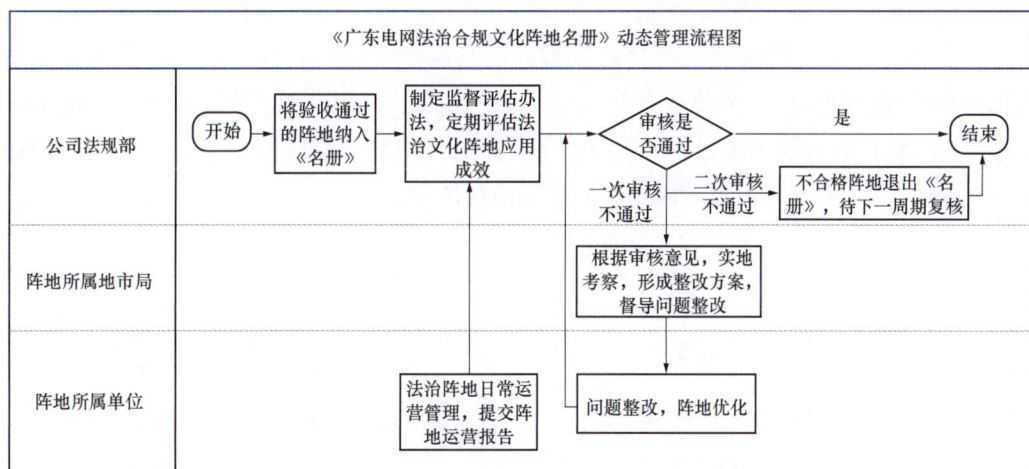

图5 法治合规文化阵地集群动态管理流程图

二是拓展全时空全领域法治合规文化矩阵。动态分析内外部舆论环境，设立法治热度分析—平台用户画像—内容智能生成的法治合规平台运营运维流程，辅助运维中电联法律分会"粤律之声"主持人专栏、广东电网"共享学法"企业云盘、知行南网"广东电网法治在线"普法公众号等平台。引入PDCA工作原则，规范法治合规稿件编辑、审核、排版、发布全流程管理，精准触动目标用户。

（三）突出"3个重点"，精准发力，事半功倍

1. 聚焦"三类"重点合规人群，定位靶心

一是抓住"关键少数"，落实领导干部法治建设。将法治合规内容纳入党委会"第一议题"、领导干部法治培训、主题党日合规课堂等。首创并连续9年推行领导干部法治建设"六个一"活动。基于领导干部法治思维和法治能力提升，研发"学法专区"，智能关联应知应会法律法规清单，在线匹配个性化学法资源及测评题库（见图6），为精准普法"解放用户层"奠定基础。建立起涵盖普法宣传、案件处置、风险防范等实践数据在内的法治报表系统，驱动精准普法"支撑管理层"。

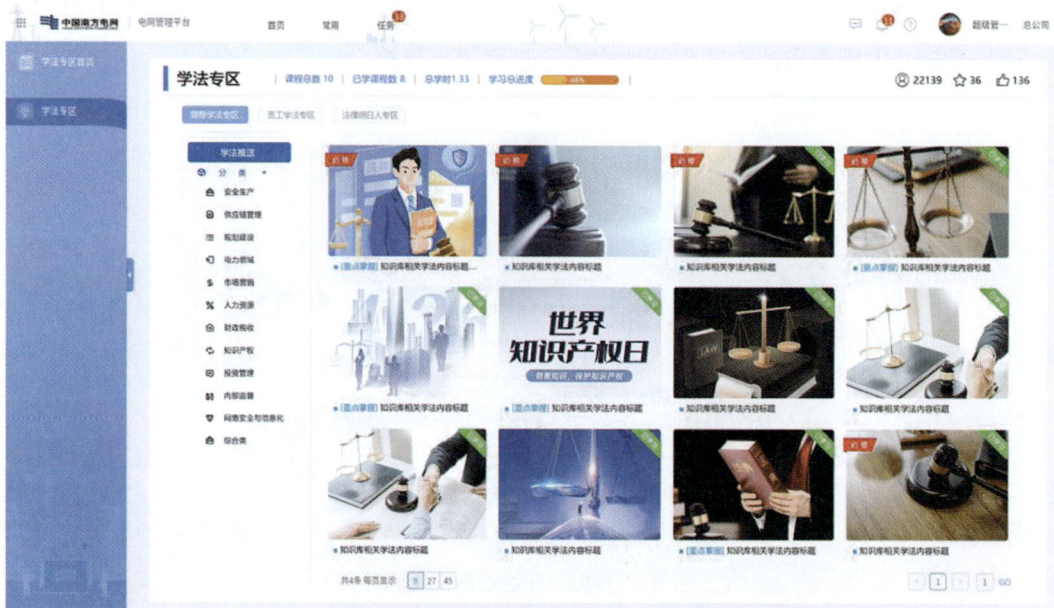

图6　在线匹配个性化法治合规资源及测评题库界面图

二是下沉业务一线，开展全域法治合规宣教。配套出台《全员法治素养提升工作方案》等专项方案，深化重点领域协同普法、大集体企业共享学法等管理模式。年度/季度生成用户法治画像报告（见图7），智能匹配"学—考—评"合规学习内容。依托新媒体推动合规宣教进一线、进班组、进支部，覆盖省地县所10万员工，切实增强一线员工法治合规理念。

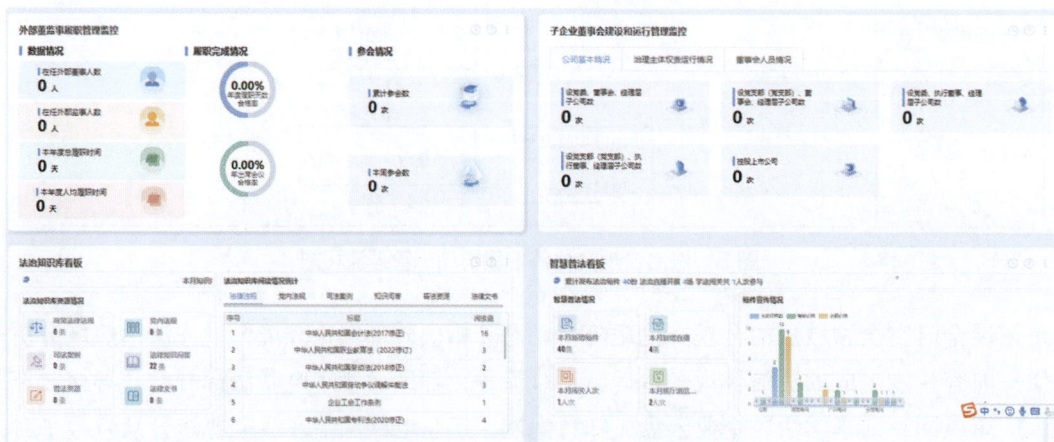

图7　分层级、分领域用户法治画像看板

三是聚焦乡镇居民，做好公益合规宣传。明确电力供应、绿色环保、社会和谐等重点普法主题，以员工法治画像辅助合规管理需求判断，在电力营业厅、驻镇帮扶工作等场景提供"窗口化、综合性、一站式"合规宣教及法律纠纷调解服务，构建"1–3–1"智能法治合规服务链条，加强供电系统法律服务供给。

2. 贯彻"两个"重点合规活动，强化支点

一是以"宪法＋合规"造声势、扩影响。首创"宪法＋合规"活动主题策划模式，2023年启动首届宪法宣传周暨合规教育周法治宣传活动，建成"一主多元、上下贯通、内外互动"普法模式。持续推进"一城一精品"法治合规文化产品打造，开展巡回咨询、法治会诊、法治游园等各具特色、属地融合的合规宣教活动。根据法治画像分析模型，对普法成效进行多维度统计分析，选树典型、强化激励、加强推广，推动电力法治合规服务在全社会普惠共享。

二是以"一月一主题"抓常态、润素养。基于内外部"合规热点"的自动捕捉与采集，推动各级单位科学制定实施"一月一主题一精品"常态法治合规普法机制（见图8）。统筹整合全省法治合规宣教"一盘棋"，协同党建、工会、监督等部门一并部署，实现法治合规宣教"月月有活动、月月有重点"，润泽全员法治素养。

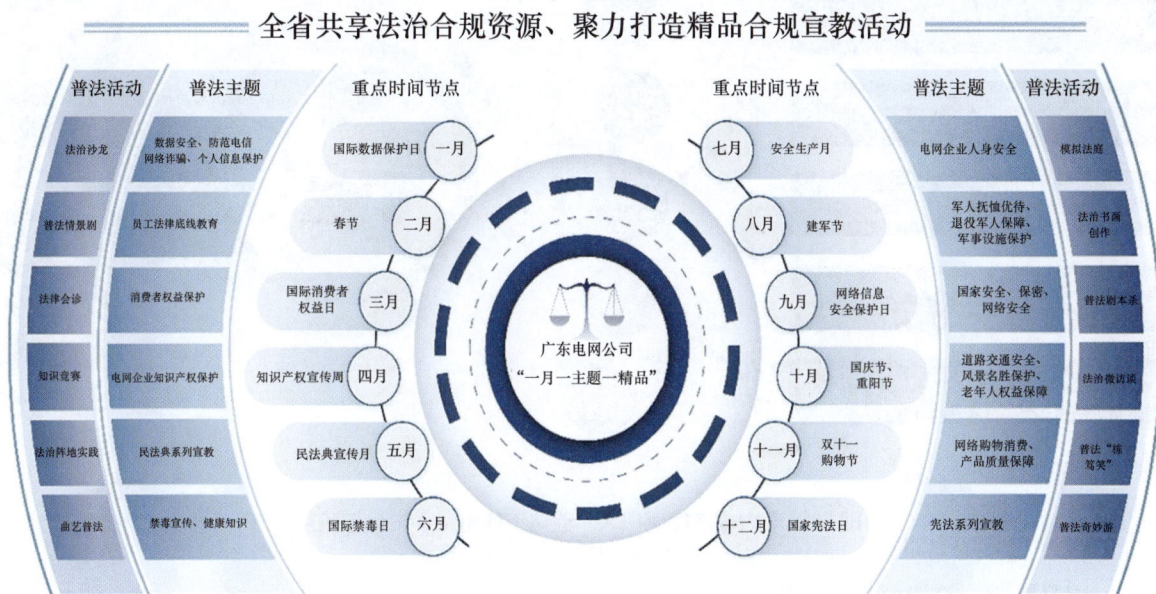

图8　"一月一主题一精品"法治合规活动安排

3. 宣贯"两项"重点合规内容，精准输送

一是宣传社会主义法律体系。分层分类分众谋划"必备动作＋自选动作"系列合规宣教举措，将党的二十大精神及习近平法治思想作为内部法治宣传教育"必备动作"，以主题党日"合规课堂"、内部合规培训为抓手，纳入重点培训、党员学习内容。

二是聚焦业务发展法治需要。对照公司制度图谱，编制覆盖24大业务领域的领导干部及员工应知应会法律法规补充清单。率先在业内推行"业法融合"模式，全面铺开"业务领域＋"责任普法模式，"订单式"修订不同主题向法治合规学习资源，推动责任追究等主题宣教进基层、进支部、进班组、进工作场所，让合规管理理念入心入脑。

（四）贯彻"4化思维"，转变模式，提质增效

1. 共建共享，法治合规资源集约化

一是集约化开展法治合规宣教。组建数字法治攻坚团队，历时三年建成全域共享的法治合规共享文库，构建南网最大规模的法治知识图谱，为用户法治画像分析提供智力及平台支撑。推广"一次制作、全省共享、多元分发"共享普法模式，高效归集、智能推送43家单位逾千份法治合规资源，解决全省资源同质化、碎片化等问题。

二是个性化定制法治合规资源。深度挖掘公司系统合规风险点、高发案件类型等内涵，分析用户学法时长、学法次数、学法积分情况，形成法治宣教量化分析报告。编制《电力"法律明白人"普法工作笔记》（见图9）《"八五"普法读本》等法治合规资源66份。提供"AI＋法律咨询""AI＋合同"等新技术，保障优质法治合规资源个性化供给。

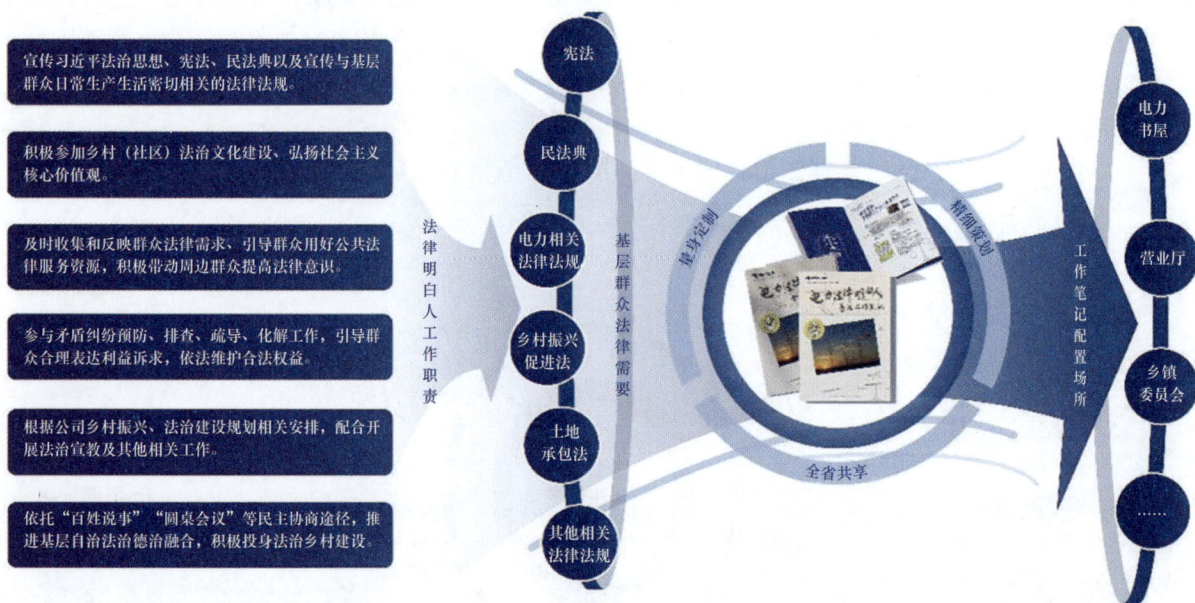

图9 《电力"法律明白人"普法工作笔记》设计与应用

2. 提升影响，法治合规品牌化

一是"四统一"标准，规范品牌管理。统筹建立"统一名称、统一注册、统一管理、统一视觉标识"法治品牌管理原则，将合规理念融入经营管理中、融入员工思维方式中、融入品牌管理中，规范"一品牌一功能一受众"模式，打造"法政先锋""粤律之声"等六大法治合规品牌矩阵。

二是"三联动"机制，强化品牌塑造。深化专业协同、单位联动、服务发展、媒体报道的"电力法治合规＋"普法模式。根据跨地域、跨领域、跨行业原则，组建全国首支"蓝公益·蒲公英"志愿普法队伍，鼓励干部员工积极践行法治合规实践活动，从"要我合规"转变为"我要合规"。

3. 数智赋能，宣教手段智慧化

一是培育新质生产力，精准化合规宣教营造良好法治生态。打通系统壁垒，融合案件、合同等内外部系统法治语料数据，运用大数据算法输出"业务＋个人"两类法治画像。搭建线上对标平

台，以梯形图、折线图等形式展示各单位管理普法动态，实现法治数据一竿子到底的穿透式管理，全面增强普法态势感知、开放共享及科学决策能力，支撑管理层、决策层，实现"全景看、全息判、全程管"。

二是打造数字法治样本，数字赋能智慧法治合规新生态。基于"后台汇集——中台分析——前台应用"大循环思路，全面梳理法治合规数据集约共享规则及结构化模板，建成数字法治平台（见图10），打造南网范围最大的智慧法治合规生态服务平台，实现平台架构支撑、数据要素赋能、管理辅助质效。自主研发全国首个电力法治知识库、普法融媒体系统、"云上法律顾问"系统、智慧合规平台，提供案例研判、智能咨询、法治合规资讯等1.2万次。

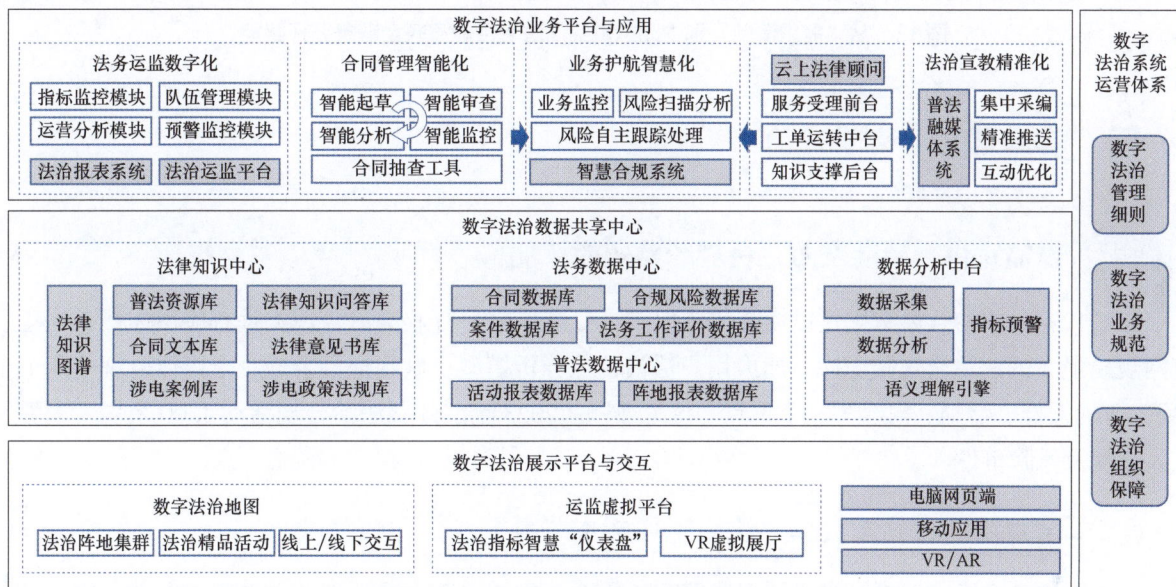

图10 数字法治系统平台与应用

4. 应需而动，内容供给精准化

利用用户法治画像，全景呈现法治合规能力、法治合规风险点。有针对采集"个人＋业务"需求清单，构建"需求采集—资源开发—载体支撑—普法供给"精准合规宣教全过程链条（见图11和图12）。

图11 法治画像系统应用逻辑示意图

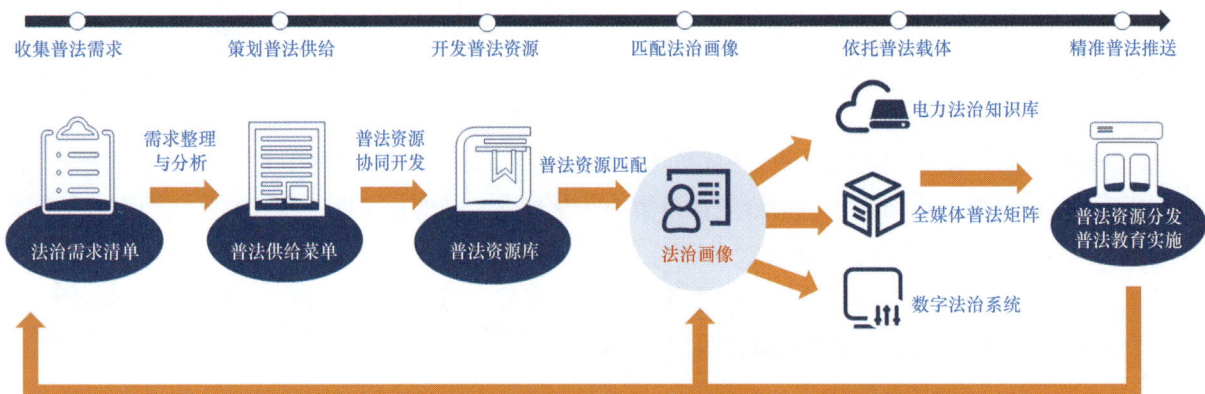

图12 从"需求清单"到"动态供给"法治合规宣教全链条循环路径

四、实施效果

（一）以需定供、精准发力，合规经营效能"加"

自"1234"法治合规文化建设模式实施以来，打造了电力行业法治合规类垂直应用标杆，构建了南网规模最大的法治合规知识库，建成用户法治画像分析模型，做到全员合规、全媒体合规"两个全面"，合规人群、活动、内容"三个重点"统筹兼顾。2023 年，开展法治合规活动 1300 余场，未引发重大违规及风险事件。

（二）全省协同、共建共享，法治工作成本"减"

智慧合规平台经中电联认证达国内领先水平，获中电联 2023 年度电力创新奖管理创新一等奖。自主研发的数字法治系统在南网范围升级部署。法治合规成果获软著 5 项、专利进入实质性审查 3 项。"1234"法治合规文化建设模式应用以来，累计整合涉电法治合规资源 17.8 万份，共节约工作成本 735.834 万元。其中，开发共享在线学法闯关游戏 19 次，减少 37 家系统共享使用单位重复开发经费 421.8 万元。累计在线发布 1176 篇普法图文稿件，共计节约推文制作服务经费 73.5 万元。降低法务人员工作时长 1.5 小时／天，2023 年节约 240.534 万元的人力资源成本，法治合规智能咨询率达 100%。对内实现省地县所四级精准普法 100% 全覆盖，对外普法覆盖人群达 170 万人，创历年之最。

（三）应用完善、品牌提升，法治企业形象"增"

法治合规文化建设成果丰硕，工作经验获司法部、广东省司法厅及普法办、中质协、中企协、中电联等肯定。三年来累计获国家级荣誉 4 项、省部级法治荣誉 99 项、行业级法治荣誉 14 项，法治合规联建乡村入选第三批全国乡村治理示范村、全国"枫桥式工作法"单位，9 篇论文入选电力企业法治合规论文集，3 项成果分获合规管理成果一、二等奖，被新华网、人民网等报道 39 篇次，全国性期刊采用 3 篇。

五、结语

广东电网通过一个用户法治画像模型，推进全员合规与全媒体普法，聚焦重点合规人群、重点合规活动与重点合规内容，实现合规资源集约化、法治合规品牌化、宣教手段智慧化和合规供给精准化。"1234"法治合规文化建设模式的深化在公司内部取得了合规经营效能"加"、合规工作成本"减"和法治合规成果"增"三方面的积极效益，打造了国有企业法治合规管理效能提升和法治数字化转型的广东样本。未来，广东电网将持续聚焦法治合规文化建设，以流程为核心，将合规要求作为必备要素刚性嵌入流程的设计、审查环节，探索流程关键风险控制措施嵌入及管控机制，推动企业经营风险防控关口前移，在应用中不断扩大法治合规文化影响力，为提高企业核心竞争力提供更加有力的法治保障。

参考文献

［1］胡玉梅，林崟，桂瑶，等 . 国企建立数字法治系统的探索及实践［J］. 中国电力企业管理，2023（22）：88–89.

［2］胡玉梅，林崟，周子健，等 . 建立数字法治系统的探索及实践［J］. 中外企业文化，2023（6）：95–98.

［3］王丹 . 多措并举厚植合规文化［J］. 当代电力文化，2022（10）：43.

［4］夏元明 . 大力提升企业合规文化软实力［J］. 当代电力文化，2022（10）：44.

［5］徐卉，雷胡霄宇，郭牧笛，等 . 打造具有企业特色的合规文化［J］. 当代电力文化，2022（7）：70–71.

［6］梁雅洁，张帅 . 以"鲁电规心"营造法治合规文化［J］. 中国电力企业管理，2022（17）：70–71.

［7］张勇 . 浅谈培育电网企业特色的合规文化［J］. 当代电力文化，2018（2）：54–55.

［8］黄淑和 . 努力打造"法治央企"［J］. 当代电力文化，2014（11）：10–11.

多元化电力人民合规调解机制构建与实践

徐宏泉[1]　王云飞[1]　张俐祯[2]　翟文娟[2]

1.国网甘肃省电力公司；2.国网甘肃省电力公司酒泉供电公司

摘　要

当前，公司经营面临的各类风险交织叠加，监管政策日趋严格，外部经济环境不容乐观，矛盾、争议较往年呈更为多发的大趋势，开辟适用于供电公司的多元化电力人民调解机制解决路径，快速高效地解决纠纷，助力公司高质量发展刻不容缓。近年来，国网酒泉供电公司在 PDCA 循环理论的基础上，以"无讼"为目标，对比国内外现有调解方式，一一突破供电公司适用多元化电力人民调解机制存在的困境，建立了调解纠纷的分流标准、调解工作机制及流程，有效加强矛盾纠纷前端化解，快速高效地解决纠纷，最大化地节约诉讼成本与司法成本，构建了和谐的营商环境，护航公司依法合规高质量发展。

关键词

多元化；合规调解；供电公司；机制

一、多元化电力人民合规调解机制构建重要意义

（一）多元化纠纷合规解决机制是国家推进司法改革的必然要求

中央全面深化改革委员会第十八次会议强调，要坚持和发展新时代"枫桥经验"，把非诉讼纠纷解决机制挺在前面，推动更多法治力量向引导和疏导端用力，加强矛盾纠纷源头预防、前端化解、关口把控，完善预防性法律制度，从源头上减少诉讼增量。

（二）多元化纠纷合规解决机制是国家电网公司化解矛盾的重要发展方向

近年来，纠纷日益复杂化，纠纷主体诉求的日益多元化。国家电网作为央企法治建设排头兵，深化电力纠纷多元合规调解工作机制，是实现中央战略部署、提升企业治理水平、推进系统内多层次多领域依法治理的重大改革举措，是便民利民、促进社会和谐的重要措施，是推进企业治理现代化的重要手段。

（三）多元化电力人民合规调解机制是公司化解纠纷的必备手段

根据供电公司近五年诉讼案例数据分析，一是 50% 以上的诉讼案件需要经过一年左右取得诉讼结

果，有的案件甚至需要经过一审、二审、发回重审、再审程序才能取得法院最终的生效判决，应用多元化电力人民合规调解机制可以快速高效地解决纠纷。二是部分案件因与当事人前期沟通不当，当事人在诉讼中列出的索赔金额远高于其实际损失，导致后期外聘律师费用、诉讼费用陡增，应用多元化电力人民合规调解机制可以有效节省供电公司矛盾化解成本。三是90%以上的案件，当事人与供电公司之间都存在供用电关系，双方对簿公堂，供电公司赢了官司，但后续可能产生不利于供电服务开展、用户供电服务评价等情形，应用多元化电力人民合规调解机制有利于进一步优化电力营商环境，提升用户电力"获得感"。

二、多元化电力人民合规调解机制的主要做法

为适应国家电网公司"探索电力人民调解新方式"工作方式，针对纠纷开辟多元化解决路径，构建和谐的营商环境要求，基于PDCA循环理论，以探索电力人民调解新方式为目标，以数据分析为基础，掌握供电公司常见纠纷现状，总结出供电公司适用的纠纷调解分流标准，供电公司内部调解、外部协同调解两大调解流程，辅以案例库、法条库作为调解法律保障，最大限度促成调解协议达成，快速高效地解决纠纷，最大化地节约诉讼成本与司法成本。

（一）立足案件管理大数据，梳理供电公司常见纠纷现状

近年来，系统内新发纠纷整体呈上升趋势，且绝大部分纠纷集中在供电单位（见图1）。一方面，涉诉纠纷类型相对集中，主要在触电人身损害赔偿、民商事合同、劳动争议、财产损害赔偿、供用电、一般人身损害纠纷几大类。另一方面，纠纷成因较为集中（见图2），触电人身损害赔偿纠纷中，当事人触电后，第一反应是找供电公司，并不考虑线路、设备等电力资产产权；民商事合同纠纷中，主要因合同履行不到位形成纠纷；劳动争议纠纷中，主要涉及劳动关系确认、劳动关系解除、社保等福利待遇引发的纠纷；财产损害纠纷中，主要涉及因停电、线路打火等原因等造成损失引发的纠纷；供用电纠纷中，主要涉及停电造成用户损失，或者供用电双方因电价电费引发的纠纷；一般人身损害纠纷中，主要涉及因供电公司废旧设备拆除，因第三人帮忙等现场安全管控不到位，或者因交通事故引发的纠纷。

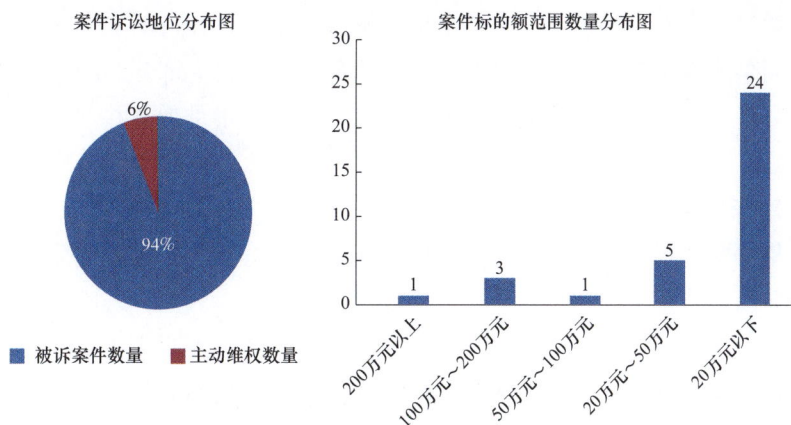

图1 某供电公司近三年案件总体数据图

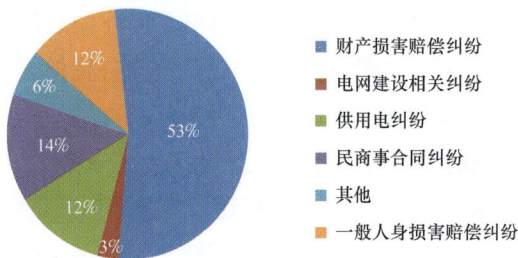

图2　某供电公司近三年案件固定案由数量分布图

以上纠纷中，除涉及人身损害以及劳动争议纠纷外，其余纠纷一般金额较小，事实清楚，法律关系简单，责任主体清晰，大部分属于供电公司通过保险转移风险的范围。事件发生后，当事人一般会选择找供电公司索赔。供电公司工作人员在与当事人沟通过程中，常因对事发现场了解不充分、现场证据收集不足等，主观臆断事件发生原因，部分当事人在初期未及时明确己方实际损失，在与供电公司沟通过程中，因双方沟通不畅，矛盾激化，随着矛盾激化加之矛盾时间过长，当事人对己方的损失越估越高，双方信任崩塌，很难通过非诉方式解决矛盾，一旦进入诉讼，当年很难取得判决结果。

（二）基于案件处理，理清供电公司多元化调解机制应用困境

1. 供电公司缺乏调解的统一标准

根据调解和诉讼的基本定义可知，诉讼是基于事实和法律，由法院作为中立第三方，确认当事人之间的权利义务，而调解是当事人之间基于自愿协商让步的结果。因此，调解结果天然具有非统一性，更强调根据矛盾纠纷个性进行处理；而诉讼，法院追求同案同判的结果。供电公司调解矛盾时，为达成矛盾解决的结果，是需要围绕法律和事实的基准线进行波动，一方面，法律和事实的基准线没有明确的标准，毕竟在诉讼过程中，可能因案件事实本身的差异性、当事人的情况、法官对法律的理解等各类原因，导致类案不同判；另一方面，即便存在法律和事实的客观基准线，围绕基准线波动的范围如何确定，也缺乏相应的标准。

2. 供电公司缺乏查明事实的公信力

法院作为国家法定的审判机关，具有法定的查明事实的权力，当证据不足以完全还原事实时，法院具有法定的自由裁量权，有权综合证据情况认定事实，而当事人依据法律需承担举证不能的责任。供电公司在处理矛盾时，和对方当事人在法律上属于平等的主体，在查明事实的过程中，即使供电公司保持客观，对方当事人也很难完全信服供电公司查明的结果，且大部分纠纷中，供电公司能提供的证据专业性强，部分属于公司内部系统提取的数据，对方当事人很难理解并信服供电公司查明的事件原委。

3. 供电公司调解存在决策风险

考虑到调解结果缺乏统一的标准，加之发生的矛盾并非百分百一致，参照公司现有规章制度，如需调解，需要供电公司进行决策。调解的最终目的是解决矛盾，一方面，矛盾解决过程中，需要矛盾双方的让步，让步的幅度需要决策确定；另一方面，化解矛盾需要查明矛盾原因，在没有中立第三方参与的情况下，矛盾成因是否准确，责任划分是否合理都需要进行决策。

由此可见，调解结果决策本身风险性高，决策依据的充分性有待商榷，且现有制度对调解结果没有容错机制，因此对调解决策的专业性、合理性、合法性、合规性都有极高的要求，鉴于此，供电公司更倾向于认可法院裁判结果。

4. 保险赔付风险

综合前述，大部分可调解的纠纷供电公司投保的保险赔付范围，因保险公司以盈利为目的，在赔付过程中，对当事人的损失有其内部的计算标准，有时与当事人的预期相距甚远，部分供电公司工作人员认为有保险兜底，与当事人沟通的积极性和谨慎性会有所降低，保险公司内部规定更倾向于以法院判决结果作为理赔标准，供电公司与当事人之间达成的调解协议可能存在保险公司拒绝理赔的风险。

5. 调解经费风险

国内现有的多元化非诉讼调解机制主要有行政调解、法院调解、人民调解、商事调解、行业调解等，其中，行政调解在涉及行政机关的纠纷时才会出现，除人民调解外，其余调解方式均需交纳相应的费用。此外，在调解的过程中，还可能产生辅助事实认定的鉴定费用，确保调解协议有效实施的公证费用等，以上费用产生的合法合规性，以及金额的合理性，供电公司对外支付后，后续可能有审计等风险。

6. 调解协议效力风险

我国法律仅对人民调解和法院调解两种调解方式形成的调解协议，有具体的法律法规保障该调解协议的执行，其他方式达成的调解协议相当于合同的效力，本身不具有法院的强制执行力作为保障。如果当事人反悔，进入诉讼，前期调解耗费的人、财、物均成为沉没成本，且双方在沟通中，对方当事人可能收集一些对供电公司不利的证据，导致供电公司在诉讼中陷入被动。

（三）全面查询检索，收集对比现存多元化调解机制

目前，我国现存法律仅对人民调解和法院调解两种调解方式有具体的法律法规规定，调解范围除了法律明文规定的涉及程序类、身份确认以及刑事类纠纷不得调解外，其余纠纷均可以调解，且达成的协议执行力有明确的司法保障衔接机制，人民调解和法院调解相对于其他调解机制更适用于供电公司，但在实践中调解结果存在决策风险，且保险公司不一定认可调解结果进行理赔。

行政调解、行业调解、商事调解均没有专门的、统一的立法，但是行政调解中，因行政机关介入，达成的协议执行力有行政处罚权作为隐形保障。行业调解中，以行业协会下设的调解中心为主，供电公司主要涉及电力行业调解。考虑到电力专业性强，如当事人非电力行业工作人员，一方面对电力知识了解有限，沟通中可能存在知识壁垒；另一方面，当事人容易对电力行业协会有天然的不信任。商事调解，调解内容主要以商事贸易为主，当事人一般均为商事主体，在国内主要以仲裁调解的方式进行。对比域外现存 ADR，域外商事调解存在大量专业的商业化调解机构，国内调解组织以人民调解委员会等为主，主要为公益性调解，商业化调解机构处于起步阶段，且视不同的组织、地方规定各有差异。

（四）构建并实践适用于供电公司的调解机制

结合供电公司现有纠纷现状，以及供电公司应用调解机制的困境，对比前述各类调解方法可知，亟须建立适用于供电的调解机制，酒泉公司编制了《供电公司多元化解矛盾纠纷操作指引》，指导开展调解工作。

1. 构建适用于供电公司调解的纠纷分流标准

供电公司调解的基本原则是依法调解，纠纷金额小（一般在 20 万元以下的纠纷，视供电公司所在地而定）、案件类型典型（系统内存在类案）、当事人同意调解、矛盾事实清楚（证据充分）、于法有据的，适用于调解。

2. 优化调解流程

针对供电公司缺乏查明事实的公信力，保险公司不认可调解结果拒绝赔付，以及调解协议效力和执行力问题，对调解全过程从事实调查开始细化，有效规范调解全过程。

（1）内部处理方式。矛盾发生后，一是固定现场。供电公司须第一时间赶赴现场，通过视频、录音等方式固定事发现场，第一时间了解当事人的要求，通过书面形式或者录音录像等方式固定当事人的要求。

二是查明事实。走访附近村（居）民、村（居）委会、涉及的行政机关等，了解事情发生经过，比对供电公司内部人员认定的事实经过，梳理双方存在的明显差异部分。

三是梳理证据。根据事件原委及现场情况，梳理可以还原事件的证据，理清现有证据对供电公司有利点及不利点。

四是进行沟通，沟通环节通过"背对背"方式邀请保险公司研判事实情况，以保险公司的初步评估结果作为与对方当事人沟通的参考，涉及专业性强的，酌情进行鉴定、公证，保险公司需全程参与。

五是判断是否进行调解。根据与对方当事人沟通的情况，结合调解纠纷的分流标准判断该纠纷以及对方当事人是否真心进行调解。

六是进行调解。调解过程中需注意通过录音录像保留调解过程资料，如调解成功需签订协议，为避免对方拒绝履行协议结果，需将协议提交公证处公证，并在协议上载明，如反悔适用仲裁。如调解失败，及时准备证据，引导当事人通过诉讼解决纠纷。

（2）外部协同方式。

1）以人民调解方式协作。

一是与当地人民调解委员会建立协作关系。人民调解委员会属于公益性的组织，且调解流程及调解结果有法律法规作为保障，当矛盾可以进行调解，且该矛盾可能无法通过保险赔付的时候，可以通过人民调解方式进行，在调解之前，也需要经过内部处理方式中的固定现场、查明事实、梳理证据、进行沟通环节，确保后续调解高效进行。

二是经人民调解达成的调解协议，及时申请司法确认调解协议效力，对方当事人如执行不力，及时申请法院强制执行。

三是争取成立电力行业纠纷人民调解委员会，推举电力专业知识丰富的人员作为调解员，搭建电力纠纷多元化解平台，直接通过电力行业纠纷人民调解委员会进行调解。

2）适当应用法院调解方式。

法院调解书的效力与裁判文书的效力一致，现实纠纷解决过程中，因保险公司对调解书的效力不认可，或者调解结果需要通过供电公司决策进行确认，导致法院调解方式"名存实亡"。因此，为确保法院调解依法合规进行，一方面需要保险公司提前介入，全程参与调解过程；另一方面，在与保险公司签订理赔合同时，补充经供电公司决策的调解协议、法院调解协议等，与法院裁判文书效力一致。保险公司应予赔付的条款，如不需保险赔付的案件，需要把握一个原则，禁止应当或可以追究案件相对方责任而擅自放弃权利，导致达成的调解协议显失公平，给企业造成重大损失的，不得进行调解。

3. 建立调解保障机制

针对供电公司调解涉及的决策风险，以及调解经费风险等，建立调解保障机制。

（1）建立易形成争议问题清单，作为事实基础，利用数字化法治平台作为法律合规基础，通过类案检索，夯实调解内容判断基础。

（2）建立调解管理保障机制，包括：

1）建立调解决策容错纠错机制（如指引第二十二条，相关人员在和解、调解过程中勤勉尽责、未谋取私利的，出现结果未达到预期效果或者造成一定损失的，不作负面评价）；

2）建立合法性审查（如指引第二十一条，供电公司建立调解结果重大决策风险评估机制，供电公司对达成的和解协议、调解协议应当按照"三重一大"程序决策进行合法性审查审核）等，确保整个争议解决过程始终在法治轨道上进行；

3）建立调解经费保障（如指引第九条，应用人民调解、行政调解不支付费用。应用登记为社会服务机构、公司等的调解组织调解矛盾纠纷，可以支付合理费用，收费标准应当符合价格管理的有关规定。第二十四条，供电公司应当通过安排专项经费或者购买服务等方式，参照相关规定对多元化解矛盾纠纷工作所需经费给予支持和保障）；

4）明确调解失败后，如何有效衔接诉讼程序（如指引第十三条及第二十三条，一般在三个月内无法达成调解协议的，视为调解失败，调解时限确需延长的，应经决策性会议同意；调解失败的，应及时准备证据，引导当事人通过诉讼解决纠纷，对在六个月内化解不成的，应当向人民法院申请立案），通过《供电公司多元化解矛盾纠纷操作指引》，建立并实践适用于供电公司的符合合法性、专业性、合规性、可操作性要求的多元化调解机制。

4. 编制《供电公司多元合规化解矛盾纠纷操作指引》（见图3）

图3 《供电公司多元合规化解矛盾纠纷操作指引》部分页面展示（一）

分流至电力人民调解组织进行调解。

第十七条　供电公司可以与属地行政部门、人民法院探索成立多元调解联合中心，坚持自愿、合法、调利结合的原则，将调解作为解决争议的重要方式，推动争议实质性化解。

第十八条　和解协议、调解协议不得损害国家利益、社会公共利益和合法权益。

第十九条　供电公司可以采取多种形式保障和解协议、调解协议的履行：

（一）具有给付内容、债权债务关系明确的和解协议、调解协议，供电公司可以向公证机构申请办理具有强制执行效力的债权文书公证。

（二）对以金钱、有价证券给付内容的和解协议、调解协议，供电公司可以依法向有管辖权的人民法院申请支付令，灵活运用申请财产保全、证据保全、行为保全等措施的权利。

第二十条　供电公司可以根据调解协议的性质和内容，依法向有管辖权的人民法院申请司法确认或者申请出具调解书。

第五章　保障与监督

第二十一条　供电公司建立调解结果重大决策风险评估机制，供电公司对达成的和解协议、调解协议应当按照"三重一大"程序决策进行合法性审查审核。

第二十二条　供电公司建立调解结果容错机制，相关人员在和解、调解过程中勤勉尽责、未牟取私利的，出现结果未达预期效果或者造成一定损失的，不作负面评价。

第二十三条　引导当事人优先通过适宜的非诉讼方式化解矛盾纠纷，对在六个月内化解不成的，应当向人民法院申请立案。

第二十四条　供电公司应当通过安排专项经费或者购买服务等方式，参照相关规定对多元化解矛盾纠纷工作所需经费给予支持和保障。

第二十五条　供电公司党委会应当听取和审议调解工作专项报告，对公司多元化解矛盾纠纷工作情况进行决策和监督，并可以组织职工代表、相关工作人员开展视察、调研活动，汇集和反映专业部门、矛盾当事人的意见和建议。

图3　《供电公司多元合规化解矛盾纠纷操作指引》部分页面展示（二）

三、实施成效

（一）节约公司经济成本

近年来，供电公司案件数量、金额总体居高位，矛盾一进入诉讼环节，必然产生案件诉讼费（一般先由原告交纳案件受理费，法院最终判决败诉方承担案件诉讼费）、律师代理费、差旅费等必要支出。现实中，法院往往得衡平而为裁判，加之考虑到电能本身具有高风险性，供电公司相较于个人的抗风险能力更强，为求纠纷稳妥解决，法院更倾向于加诸供电公司更严苛的责任，裁判结果可能更倾向于供电公司承担更高额的赔偿，适用于供电公司的多元化非诉讼纠纷解决机制，既从源头上节约公司诉讼成本，同时有效维护公司合法权益。

（二）快速高效解决纠纷

由于诉讼的正式性、程序性和阶段性使案件起诉后，可能存在一审、二审、发回重审、再审等环节，特别是案情复杂，牵涉到非法律因素的案件，到判决执行往往旷日持久且花费巨大。而当年可以取得判决的案件，当事人的诉求大部分情况下其实非常明确且单一，结合供电公司新发案件数据分析，当事人在矛盾发生后，一般会先找供电公司解决，矛盾激化无法解决到起诉时，距离矛盾发生至少有半年时间，如果在此期间通过多元化非诉讼纠纷解决机制化解纠纷，对权利的保障比诉讼更直接、便利、效率更高、更具实效性。

（三）形成和谐的营商环境

改革开放和法制建设促进了公民权利意识和法律意识，但是社会转型期的理念、价值观及法律意识的变化也影响了人们在纠纷解决中的心理动机、行为的价值取向，多元化非诉讼纠纷解决机制更易吸收不满、贴近人性并接近实质正义，可以达到解决争议与维护双方和谐关系的双重效果，加之"合同违约"被列为衡量企业信用状况的重要数据维度，建立多元化非诉讼纠纷解决机制，从源头上消减败诉可能性，也提升公司良好的社会形象。

参考文献

［1］费洪芹.构建仲裁"大调解"格局融入社会矛盾纠纷多元化解机制［J］.日照日报，2023（2）：8.

［2］崔永振.诉讼与调解相衔接的制度化研究［D］.济南：山东大学，2009.

［3］廖永安.论构建中国自主的调解学知识体系［J］.商事仲裁与调解，2023（1）：16-20.

［4］王海萍.多元化纠纷解决机制的实践与展望——以四川法院为视角［J］.人民法治2017（7）：4-5.

［5］段明.论互联网保险纠纷在线调解机制的构建［J］.商事仲裁与调解，2022（5）：5-10.

［6］温春海，李卉雯，陈小涛，等.多元化纠纷解决机制改革背景下的电力行业调解发展与初探［J］.中国电力企业管理，2020（22）：68-70.

核电企业合规管理一体化建设探索与实践

——以福清核电为例

钟建华

福建福清核电有限公司

摘　要

　　近年来，我国核电企业合规管理日益得到重视。合规管理与核电企业已有的法律管理、风险管理、内部控制等工作体系、机制如何协同运作，避免机械低效、交叉重复，是核电企业面临的一个现实问题。中核集团福建福清核电有限公司坚持系统思维、问题导向，在深刻认识合规管理一体化建设的价值、意义和必要性以及正确理解合规与法律、风险、内控的基本关系的基础上，结合核电行业和公司实际情况，积极探索、建立并有效实施了一套操作性、实践性强的合规管理一体化建设组织体系和工作方法，即基于合规管理本质要求，结合组织机构、规章制度、职责划分、业务流程、评价考核与信息化建设等要素进行创新优化，实现与法律、内控、风险等合规基础管理工具的有效融合推进，以有效提升公司合规管理的整体工作效能、促进公司高质量发展，同时可为其他核电企业提供有益借鉴。

关键词

　　合规管理；一体化；核电企业；福清核电

　　合规是实现组织成功和持续发展的基石，对于核电企业而言，尤其如此。现阶段，我国的核电企业均属于国有企业，由央企控股建设和运营。在当今世界各国联系密切和国内全面依法治国的背景下，核电企业加强合规管理、依法合规治企，是国有企业贯彻习近平法治思想、落实全面依法治国战略部署的重要内容，也是切实保障企业进一步深化改革、加快世界一流企业建设、实现治理体系和治理能力现代化的基础和迫切需要。

　　近年来，我国核电企业合规管理日益得到重视。合规管理与核电企业已有的法律管理、风险管理、内部控制等工作体系、机制如何协同运作，避免机械低效、交叉重复，是核电企业面临的一个现实问题。中核集团福建福清核电有限公司（简称福清核电或公司）是已建成投产6台百万千瓦级核电机组的大型国有企业。福清核电坚持系统思维，持续探索和推进公司合规管理一体化建设，2019年8月成立法治建设与风控合规领导小组，统筹推进公司法治建设、风险管理、内控体系建设和合规管理，促使福清核电合规管理一体化建设有序推进并取得较好成效。下面结合福清核电相关工作实践，探讨和阐述核电企业如何建立和加强合规管理一体化建设，即合规管理与法律、风险、内控（以制度）一体化融合推进。

一、合规管理一体化建设的价值、意义和必要性

对于国有核电企业来说，要建立一套行之有效的合规管理一体化建设体系，首先需要"不忘初心"、与时俱进，提高认识和站位，深刻领会合规管理一体化建设的价值、意义和必要性。

（一）合规管理多方面多层次的价值和意义

推行合规管理一体化建设，应深刻认识到加强合规管理、有效防控合规风险具有多方面多层次的价值和意义。从宏观层面看，企业内部合规自律显著降低外部他律成本，有效节约社会资源，有力促进经济社会健康发展。从企业层面看，合规是底线，直接关乎企业生存发展的根基；对于优秀企业而言，合规的价值不仅体现在可以避免经济损失，而且可以促进企业自我革新，在制度、技术、信誉和形象等方面形成更大的竞争优势，从而在合规约束条件下实现市场竞争力的进一步提升，并获得更大的可持续生存发展空间。

对于国有企业，合规更具特殊重要的价值和意义。国有企业是中国特色社会主义的重要物质基础和政治基础，是党执政兴国的重要支柱和依靠力量。国有企业面临党章党规党纪与国家法律法规的双重规制，国有企业合规是政治、经济、社会责任与担当的体现。国有企业合规，会对其他企业乃至全社会起到示范引领的作用；国有企业违规，不仅使企业自身利益受损，而且严重损害党和国家的形象。

（二）合规管理与法律、风险、内控（制度）的基本关系

合规管理是指企业以有效防控合规风险为目的，以提升依法合规经营管理水平为导向，以企业经营管理行为和员工履职行为为对象，开展的包括建立合规制度、完善运行机制、培育合规文化、强化监督问责等有组织、有计划的管理活动。合规必须合法，合法是合规的一部分，合规管理实质上包括了法律工作；同时，合规管理与内控、风险管理之间尽管各有侧重，但它们密切联系、相互融合，工作目标、工作范围、组织管理等基本一致，合规风险是风险管理的重要组成部分，风险防控是以制度建设为基础的内控工作的导向和重要内容。

实践中，核电企业按照国务院国资委和上级主管单位有关要求，陆续建立和实施法治建设、全面风险管理、内部控制、合规管理等工作体系或机制，这些工作体系和机制在实际运作中存在不同程度的交叉和重叠，如果各自机械地独立运行，无疑会增加管理成本、降低公司整体工作效能。因此，构建合规管理与法律、风险、内控（制度）一体化高效协同运作机制，对核电企业有着很强的现实意义和必要性。

二、福清核电合规管理一体化建设基本工作思路和实践

福清核电以"强内控、防风险、促合规、创价值"为目标，坚持服务中心、融入大局，坚持合规与业务相融合，积极探索和推动合规管理与法律、风险、内控（制度）一体融合推进，务实加强合规风险防控，保障公司高质量发展。

（一）坚持系统思维、统筹谋划，全面加强一体化建设组织领导

福清核电公司党委、董事会、总经理部坚持系统思维、统筹谋划部署，合规管理与法律、风险、内控（制度）等由一个部门归口管理，归口部门与各业务部门、职能部门协同配合，上下贯通、横向

联系，切实加强公司合规管理一体化建设的组织体系和工作机制。

一是坚持党对合规管理的全面领导。将公司党委把方向、管大局、保落实的领导作用贯穿于公司合规管理一体化建设全过程，切实发挥公司法治建设与风控合规领导小组的作用，近年来研究制定并发布合规管理一体化建设工作要点，持续、深入打造统一领导、分级管理、协调高效的一体化建设推进机制。

二是落实董事会作为公司合规管理一体化建设最高决策机构的管理要求。充分发挥董事会定战略、作决策、防风险的作用，落实董事会及其审计与风险管理委员会（合规管理委员会）职能，定期听取和审议批准合规管理年度工作报告，加强对合规管理重大事项的研究指导和统筹推动。

三是落实公司主要负责人合规管理第一责任人履职要求。公司主要负责人（党委书记、总经理）通过党委会、总经理办公会等途径切实加强对合规管理一体化建设重要工作的研究和部署，带头依法合规治企，切实履行依法合规经营管理重要组织者、推动者和实践者的职责，推动合规管理一体化建设与重要业务工作同步考虑、融合推进。

四是落实总法律顾问、首席合规官（由总法律顾问兼任）制度。总法律顾问、首席合规官协助公司主要负责人全面负责合规管理工作，对重大经营决策事项进行合规审核，对重大合规问题进行指导、协调，出席或列席董事会、党委会、总经理办公会并就合规问题发表意见，充分发挥保决策、防风险、促发展、带队伍方面的专业作用，指导和推动合规管理一体化建设。

五是加强合规管理一体化"三道防线"建设。公司各业务及职能部门承担各自业务领域一体化建设主体责任，全面落实管业务必须管本部门、本领域合规管理一体化建设要求，同时将合规要求通过合同约定、会议沟通和宣贯等途径传导至承包商，拓展"合规生态圈"，做到事前防范、事中控制、事后补救，筑牢"第一道防线"。合规管理一体化建设归口管理部门加强与审计、纪检监督部门的有效协同，同时为业务及职能部门提供相关指导和培训，推动并协助其落实"第一道防线"，守牢"第二道防线"。审计、纪检监察部门通过开展监督检查和审计，查处违规、违法或失职、失责事件以及对合规管理一体化建设和风险防控有效性进行评价，守住"第三道防线"。

六是落实合规管理法人主体全覆盖。压实公司子企业合规管理一体化建设责任，加强对子企业合规管理一体化建设的指导和监督，确保国资委和上级主管单位法律、合规、风险、内控（制度）要求有效延伸至公司子企业。

七是做好合规管理一体化建设绩效考核。将合规管理一体化建设相关工作要求纳入公司绩效考核管理体系，各部门因合规管理工作不力/不到位，造成公司重大经济损失或对公司造成重大形象和声誉影响的，将在月度考核和年终考核中对责任部门进行扣分，必要时按照规定对相关责任人进行问责。此外，落实干部任前合规谈话长效机制，将合规素养和依法合规履职情况作为干部考核和使用的重要内容。

（二）坚持融入日常、点面结合，切实提升一体化建设工作效能

福清核电将合规管理一体化建设融于公司日常业务经营决策、执行和监督的各个环节，贯穿各业务领域、各部门和各工作岗位，推动一体化建设全员参与、全过程监控、全领域覆盖；同时，突出重点领域和关键环节，深入、协同推动一体化建设不断取得新的成效。

一是推进风险管理的融合开展。法律风险融于合规风险，合规风险管理与全面风险管理、内控建设相互融合。统筹推进全面风险、合规风险的排查、识别、评估和应对，统筹完善公司全面风险信息库、合规风险清单；合规、风险管理要求融入内控相关制度，重大决策的法律审核与重大项目（事项）

风险的程序性合规审查融合开展，提升一体化防控工作水平和整体效能。

二是加强合规风险的预警、提示和防控。充分运用 TOP10 管理、MKJ 管理、经营分析、经验反馈等管理工具或工作方式，切实加强对合规风险的预警、提示、动态跟踪和管控，持续提升对典型性、普遍性和重大合规风险的识别评估、监测预警和处置能力。组织开展重点业务领域专项合规风险评估，加强重大项目（事项）专项风险评估，确保风险总体可控。

三是强化合规审核基础工作。以合规审核为基本抓手，将规章制度、经济合同、重要决策、招标文件的合规审核内嵌入业务管理流程，确保审查质量和效果，提高合规风险防范水平。严格落实重要经营决策"上会前"履行合规审查要求，保障重要经营决策依法合规进行。

四是深化重点领域和环节的合规管理。以问题和风险为导向，各业务及职能部门加强合规自查，梳理识别本部门、本领域重点业务/环节、流程及重点岗位的合规要点或清单，编制本部门、本领域的合规指引，并采取有效措施杜绝合规风险、堵塞内控（制度）漏洞。合规管理一体化建设归口管理有针对性地开展公司治理、安全、质量、环境应急、职业健康、财务、投资、采购等重要领域合规专项监督检查或"体检"，为重大项目提供合规支持和服务，组织或自行编制重点领域专项合规指引，推动合规风险防控关口前移，有效防范潜在合规风险。

五是加强苗头性或潜在法律纠纷管理。坚持早介入、早处理原则，合规管理一体化建设归口部门与各业务及职能部门加强双向互动、预警，及时发现并化解可能上升为法律纠纷的问题和矛盾。法律纠纷实际发生前，业务及职能部门主责处理本部门、本领域相关具体业务争议、纠纷（如招标采购异议、投诉，合同执行偏差、变更争议），合规管理一体化建设归口部门提供法律支持；法律纠纷实际发生时，合规管理一体化建设归口部门牵头负责、相关业务及职能部门密切配合，及时全面收集证据、积极应对，切实维护公司合法权益。

六是持续深化制度建设。公司管理程序（制度）不仅是内控建设的基础，也是公司依法合规治理的载体和基础。公司着力建立健全"一章程（公司章程）、三制度（'三重一大'决策制度、董事会授权管理办法、总经理授权管理办法）、四规则（股东会、党委会、董事会、总经理办公会议事规则）"决策体系，切实规范公司依法合规决策机制。结合核电行业的特点，公司坚持将国家法律法规、核安全等政府监管部门、行业规范、上级主管单位等的相关规定和要求及时转化为公司管理程序，嵌入程序和业务流程，同时加强对程序执行情况的监督检查，坚持对违法违规行为"零容忍"，对生产违章、偏差、隐患"零容忍"，对腐败行为"零容忍"，强化制度刚性约束，夯实合规管理长效机制。

七是推进合规数字化融合运行。将合规审核纳入信息化业务系统，作为规章制度、经济合同、重要决策、招标文件等业务流程的一个必审环节。加强管理合规管理数据库建设，推动建立合规风险预警数据模型，持续推进合规风险管理数字化、精细化。

八是抓好合规问题的整改和落实。对于公司内外部专项监督检查、巡视巡察、审计、管理评审等发现的合规问题，相关责任主体应加强经验反馈和整改落实；对于公司"三体系"（质量、环境、职业健康安全管理体系）等体系认证发现的合规管理方面主要问题和不足，应积极采取措施改进和提升。

（三）坚持以人为本、以上率下，一体推进合规文化建设

福清核电以合规管理一体化建设为引领，以上率下、层层推进，持续加强合规理念的宣贯，切实增强公司全体干部员工守法诚信、合规经营意识，厚植"人人、事事、时时"的合规理念，使合规成为全体员工的自觉遵循，使每位员工对自身行为合规性负责，真正做到"合规尽责、坚守底线"，合规文化有效融入企业文化。

一是与时俱进学习贯彻党的二十大精神、习近平法治思想。公司以习近平新时代中国特色社会主义思想为指导，将党的二十大报告有关法治工作的论述、习近平法治思想列入深入学习贯彻党的二十大精神总体安排，列入党委重点学习内容，列入各级党员、干部、员工合规宣传教育的重要内容，切实把思想和行动统一到党中央全面依法治国的新部署新要求上来，将学习成果转化为推进公司合规管理一体化建设的动力和具体思路举措。

二是切实发挥"关键少数"示范带头作用。加强和完善领导班子合规集体学习制度，落实公司党委合规集体学习制度。领导干部发挥引领示范作用，树牢合规经营意识，守住合规经营底线，严格依法依规决策，持续提升运用法治思维和法治方式依法合规科学决策、推动公司改革创新发展的能力和水平。

三是深入开展形式多样的合规宣传教育。坚持与业务融合、与需求契合、与实践结合，合规管理一体化建设归口部门统筹开展多层次、多形式、有针对性的合规（结合风险、内控等）宣传教育活动；按照谁主管、谁负责的要求，业务及职能部门加强本部门本领域合规宣传教育，一体化建设归口部门及时配合、检查、督促，共同提升合规宣传教育实效。

四是制定合规手册，签订合规承诺书。公司制定并发布合规手册，明确公司全员合规基本要求、基本行为规范、相关方关系维护要求、合规管控主要流程，推动合规理念内化于心、外化于行、固化于制；组织公司全员签订合规承诺书，强化全员守法诚信、合规经营意识。

五是持续开展对标提升和创新优化。贯彻落实党中央国务院全面深化改革、加快建设世界一流企业决策部署，积极开展合规管理对标提升、创新优化活动。对标同行一流，积极学经验、找差距，努力补短板、出成果，推动合规管理一体化建设创新优化取得实效。

六是加强合规管理人才队伍建设。坚持总法律顾问、首席合规官专职化、专业化建设方向，持续加强法律合规人才队伍能力和作风建设。通过内外部培训、工作实践、对标交流、考核激励等方式，普及和加强员工合规相关基础知识和专业技能；将合规培训纳入公司管理人员、重点岗位人员、新入职员工培训课程；加强对各部门合规（法律、风险）管理兼职人员的业务培训；选拔、培养、锻炼一支业务经验丰富，又具有合规管理专业知识的复合型专职人才队伍，为合规管理一体化的高效运作提供人才保障。

三、结语

合规管理一体化建设是企业提升整体工作效能的现实选择。福清核电基于合规管理本质要求，借助既有组织机构、规章制度、职责划分、业务流程、评价考核与信息化建设等要素进行创新优化，实现与法律、内控、风险等合规基础管理工具的有效融合推进，以"尽量避免诸多要件的重复和多体系独立运行导致的职责交叉、管理低效、管理不力的风险"，切实促进企业管理体系的整合和效能提升。

"三位一体"协同监督在电网省管产业单位的探索与实践

王雪琳[1]　侯懿[1]　张颖[2]

1.国网湖南省电力有限公司长沙供电公司湖南星电集团有限责任公司；

2.国网湖南省电力有限公司长沙供电公司

摘　要

湖南星电集团有限责任公司（简称湖南星电集团）是一家以电力建设安装为主营业务的省管产业单位，隶属国网湖南省电力有限公司长沙供电公司，针对电网省管产业工程项目多、业务链长、风险多的特点，逐步构建起"以深化合规为前提、运用审计管过程、坚持纪检守底线"的"三位一体"协同监督机制，通过在监督力量上一体融合、在监督重点上一体发力、在监督成果上一体共享，创新了协同监督模式，提升了工程项目规范化管理水平，深化了协同监督的质量和效果，提升了公司合规管理水平，最终实现为电网省管产业单位高质量发展保驾护航。

关键词

三位一体；协同监督；电网省管产业

国有企业加强协同监督管理，对于推动深化改革，促进国有资产保值增值，保障持续健康可持续发展具有重要意义。湖南星电集团构建"三位一体"协同监督体系，着重从构建体系上入手，从增强合力上发力，坚定不移地推进全面从严治党、从严治企，实现党内监督与法人治理结构监督的有机统一。

一、"三位一体"协同监督的内涵及特色

（一）"三位一体"协同监督的核心内涵

"三位一体"协同监督指合规、审计、纪检通过科学协作、密切配合，从而建立以党内监督为主导，发挥合规管理、审计监督与纪检监督的专业优势，汇聚监督合力，形成同频共振、衔接顺畅、配合高效的协同监督工作格局，将监督优势转化为治理效能。湖南星电集团"三位一体"协同监督包括三个方面内容：

第一，以深化合规为前提。通过开展合规管理提升工作，持续完善湖南星电集团规章制度体系，确保制度体系完备有效、科学规范，专业管理有章可循。做实规章制度"学讲考"，强化制度宣贯培训。强化重点领域合规管理，落实合规管理主体责任。

第二，运用审计管过程。通过扎实开展经责审计、专项审计等，分析研判原有制度的可行性、合理性、科学性，重点检查是否存在制度缺失、制度冲突、制度执行不力等情况。结合专项监督情况，通过召开监督联席会议、下发纪律检查建议书、反馈问题清单等方式，以促进制度完善为落脚点，推动专业管理部门扛起主责、堵塞漏洞、优化机制，聚力推动治理提升。

第三，坚持纪检守底线。聚焦重点领域、重要岗位、关键环节，梳理廉洁风险点，编制廉洁风险防控清单。坚持惩前毖后、治病救人，对发现的违纪线索，准确规范运用"四种形态"，运用内部纪检手段从严惩治，防范外部检查风险。

（二）"三位一体"协同监督的特色

湖南星电集团"三位一体"协同监督内涵及特色在于（见图1）：合规侧重于"防"，通过事前防控、主动要求，让集团各部门、分子公司员工严格接受法律法规、内部规章制度的各项约束；审计侧重于"改"，通过独立、客观的立场对工程项目全过程风险进行检查和评价，进而反馈问题、整改提升、深化成果运用，最终防范经营风险；纪检侧重于"守"，引导党员干部守住做人、处事、用权、交友的底线，始终将纪律和规矩挺在前面，把自觉接受监督作为最好的自我保护。

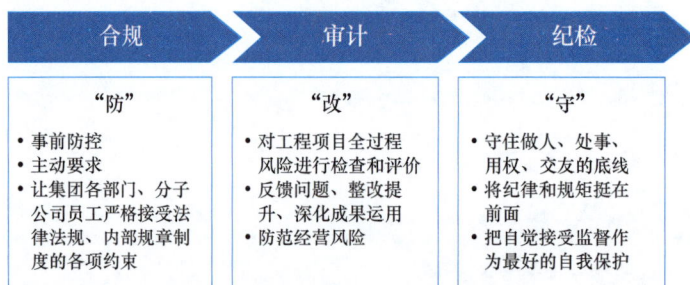

合规	审计	纪检
"防"	**"改"**	**"守"**
• 事前防控 • 主动要求 • 让集团各部门、分子公司员工严格接受法律法规、内部规章制度的各项约束	• 对工程项目全过程风险进行检查和评价 • 反馈问题、整改提升、深化成果运用 • 防范经营风险	• 守住做人、处事、用权、交友的底线 • 将纪律和规矩挺在前面 • 把自觉接受监督作为最好的自我保护

图1　湖南星电集团"三位一体"协同监督内涵及特色

二、"三位一体"协同监督的实践

（一）在监督力量上一体融合

1. 成立监督工作委员会

湖南星电集团党委通过监督工作委员会全面领导监督工作，充分发挥监督工作委员会的领导和协调作用，做深做实政治监督，推动各类监督贯通融合形成监督合力，充分发挥协同监督综合效能。监督工作委员会下设办公室，牵头机构设在合规审计部（纪委办公室），具体组织实施协同监督工作。各专业一体推进、协同配合，不断夯实职能部门监督首责。各职能部门作为监督主体，提高政治站位，强化责任担当，明确重点领域监督重点，推动协同监督工作落实落地见效。坚持抓好党内监督与各类监督、同级监督与对下监督、集中监督与日常监督、全覆盖监督与重点监督、发现问题与督促整改追责问责相结合，切实做到政治监督、日常监督、专责监督、全面从严治党"不松劲"。湖南星电集团

"三位一体"协同监督体系如图2所示。

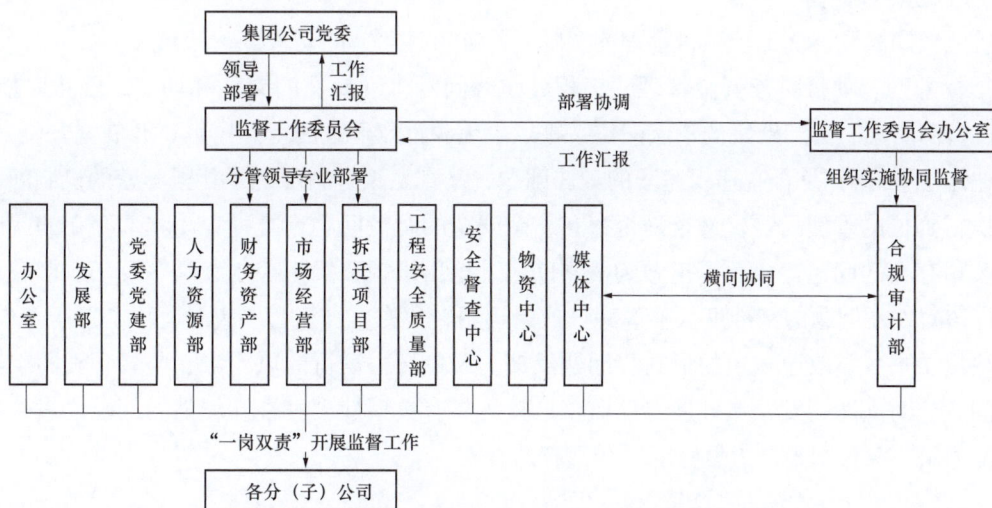

图2　湖南星电集团"三位一体"协同监督体系图

2. 发挥合署办公优势

合规审计部（纪委办公室）将合规、审计、纪检三项职能在组织机构上深度融合，促进内设部门、机构工作职能的合理配置。作为同属国有企业合规建设、内部审计监督和监督体系的重要组成部分，合规、审计、纪检分工不同，工作侧重点也不同，但工作性质和职能特点决定了三者具有合署办公的必要性。通过部门人员、信息共享、工作手段、监督效果的有机整合，构建事前、事中、事后三道防线，从而形成科学合理、有效运行的管理体制，有效发挥合署办公优势。

3. 落实联席会议制度

定期召开监督联席会议，由集团公司纪委书记主持，合规、审计、纪检专业人员参加，其他专业管理部门根据需要参加，对发现的疑难问题和重要事项进行分析研判，联席会议遵循民主集中制原则讨论决定问题，重大问题提交集团监督工作委员会研究决定。通过联席会议，深化各专业计划共推、人才共用、资源共通、问题共商、成果共享。

（二）在监督重点上一体发力

1. 统筹谋划全年工作

拓展审计监督广度和深度，全面履行审计监督职责，征求纪检、合规管理专业意见，结合当年党风廉政建设和反腐败工作重点，制定年度审计计划时充分考虑、合理采纳，相关风险纳入分子公司经济责任审计重点检查事项。结合审计监督、纪检监督、各类检查、诉讼案件中发现的问题，精准分析制度层面背后原因，围绕制度的科学性、完备性及体系性等方面，针对性制定纪检监督计划、制度及规范性文件建设计划等。

2. 提升风险管控质量

滚动修编集团法律合规风险识别库和重点业务流程管控清单，突出"管业务必须管合规"，强化重点领域合规风险防控，充分运用数字化手段开展共性问题及重大敏感风险分析，定期会同专业部门对屡查屡犯问题和突出问题进行会商，强化典型案例发布和分析。做好重点领域、关键环节廉洁风险的识别、评估、预警、处置等，促使风险防控中的各个要素不断上升发展，提升廉洁风险防控工作的效能，一体推动监督具体化、精准化、常态化。

3. 合力推进专项监督

湖南星电集团紧紧围绕工程项目管理的实际，找准审计监督的切入点，聚焦

工程招标采购、项目财务资金管理、工程分包等问题多发易发的岗位和环节，强化对权力集中、资金密集、资源富集、资产聚集的重点岗位、重点事项和重点环节的审计监督，开展全方位、多角度、深层次的"体检"。既查是否有违规违法的具体问题，又查是否有制度笼子扎得不密的机制问题；既查政策是否执行到位的管理问题，又查是否存在靠企吃企的腐败问题；既查集团本部存在的问题，又查所属分子公司存在的问题，从而真正做到发现问题、挖出根源、源头控制、举一反三、彻底整改，不断提高审计监督发现问题的精准度、整改率、成果运用转化率。在监督检查过程中，对于发现的问题，及时以风险提示书、整改通知书的形式将问题反馈。聚焦权力运行的风险点、监督管理的空白点持续深入查摆问题，对问题高发领域开展专项监督，针对具有典型性、可查性较强的问题线索，由集团纪委统一调配力量、深挖细查，力争将问题线索查透查实。

（三）在监督成果上一体共享

1. 精准移送问题线索

审计和纪检监督中如发现涉及合规风险的问题，列入合规风险控制计划及明确应对措施；合规管理和纪检监督中如发现涉及违反国家法律法规、公司内部管理制度规定，未履行或未正确履行职责，在经营投资中造成国有资产损失或其他严重不良后果的人员，由审计开展违规经营投资责任追究；审计和监督检查涉及党风廉政类问题线索的，由集团纪委组织开展核查处置，围绕管理过程中存在的廉洁风险和长效机制建立方面下发纪律检查建议书要求整改落实。坚持纪检守底线，对相关违纪线索精准运用监督执纪"四种形态"，运用内部纪检手段从严惩治，防范外部检查风险。

2. 提升问题整改质量

增强合规、审计、监督检查发现问题整改的权威性，协同联动强化各类问题整改，执行"四定"工作机制，即"定人""定机制""定时""定责"，确保整改工作落到实处。对问题整改工作进行专项督查，并将合规管理检查问题整改情况、领导干部经济责任审计整改情况、专项监督发现问题情况纳入所在单位领导班子党风廉政建设责任制检查考核内容，作为领导班子民主生活会以及领导班子成员述责述廉的重要内容。

3. 强化问题源头治理

在揭示和反映典型问题的同时，深入分析问题产生的原因，分析研判原有制度的可行性、合理性、科学性，重点检查是否存在制度缺失、制度冲突、制度执行不力等情况，同时提出针对性较强的管理建议，在规范工程项目管理、提质增效的征途上发挥有力的助推作用。强化监督结果运用，坚持源头治理、标本兼治，一体推进揭示问题、规范管理、促进发展，达到"检查一项、合规一线、促进一片"的效果，推动形成令行禁止、风清气正的良好氛围。

三、"三位一体"协同监督的成效

（一）多措并举，工程项目管理有效规范

湖南星电集团以"三个导向"为抓手，突出目标导向，围绕保障工程项目廉洁高效建设这一总目

标，全方位督促重点项目履约水平提升，35kV 小河变电站工程荣获国网湖南省电力有限公司输变电优质工程金奖。突出结果导向，督帮结合，在工程攻坚阶段、重大节假日等重要时期，监督人员与工程项目建设人员共同坚守一线，抢抓施工节点，防控廉洁风险，有效发挥贴身监督作用。110kV 星朝变仅用 90 天完成变电站投运，创造 110kV 变电站建设速度之最，同时为比亚迪减少投资超千万，充分彰显国企责任担当，取得良好的社会效益。突出问题导向，梳理集团公司现行安全生产体系在组织架构、制度建设、安全生产费用、现场及分包队伍管理、事故与应急管理等十大方面存在的问题，出具《湖南星电集团有限责任公司安全生产责任风险防范专项法律服务工作报告》，提出意见建议 22 条，完善了集团公司安全生产防范体系，有效筑牢安全生产责任风险防火墙，推动工程项目精益管理，强化自主施工能力建设，严禁超承载能力承接项目，推动电网省管产业工程项目高质量建设、规范化管理，服务新型电力系统建设。

（二）同向发力，协同监督质效不断深化

自"三位一体"协同监督实施以来，湖南星电集团已形成党委统一领导、合规审计部门牵头、专业管理部门配合，上下贯通、步调一致、顺畅权威、同向发力的工作格局。集团公司纪委主动约谈 60 余人次，运用四种形态处理 12 人次。有效发挥监督的"再监督"职能，与业务监督贯通融合。物资部门常态化组织对工程物资供应商和品类进行抽检，发现变压器材质、设备试验不合格等方面问题 11 项，约谈 11 个物资供应商，对 4 个供应商停止物资匹配，1 个供应商纳入"黑名单"管理。通过制定审计问题清单进行立项挂号、整改方案填报、问题销号等工作，落实问题整改 95 项，审计整改率达 100%。实现审计整改闭环和责任落实，推动审计日常监管，提升审计效能，有效发挥内部审计在国有企业运行中的"排雷"作用。集团公司树立了协同监督的新理念，进一步增强服务意识，强化同题共答的观念，有效处理好协同监督与服务发展的关系，协同监督质效不断深化。

（三）行稳致远，合规管理水平持续提升

"设绳墨而取曲直，立规矩以为方圆"，唯有合规，公司才能行稳致远。湖南星电集团持续筑牢"三道防线"，把合规管理要求、合规审查程序全面嵌入省管产业单位工程项目管理。近年来陆续开展"合规管理建设年""合规管理提升年"活动，深化制度建设，组织各专业累计完成制度新建或修订 120 项，推动提升专业管理穿透力，推进制度刚性执行。强化法律服务保障，以合格管理彰显价值，推动业法联动"以案促管"，做好工程项目应收账款维权案件的高效推进，依法主动维权案件 22 件，涉案金额共计 7000 余万元，挽回经济损失 2700 万元，灵活运用代位追偿、财产保全、证据保全等法律手段，实现向法治要效益。发布《湖南星电集团关键领域合规管控重点》，有效识别市场拓展、工程管理、物资采购、安全生产领域合规管理风险，精准推进 22 项风险防控举措，牢牢守住不发生重大法律合规风险的底线，构建起强大的合规风险防范"免疫系统"和"自愈体系"。

深耕数字化产品开发　打造新媒体普法平台

陈宗林　李慧丽　陈　烨　李　瑞　章议文　曲羽蓉

南方电网云南电网有限责任公司

摘　要

在数字中国建设进程中，推进普法工作数字化转型是法治建设的应有之义。"法治云电"企业微信公众号作为新媒体普法平台，顺应了数字化转型要求，创新了企业普法形式。本文围绕需求导向、统筹策划、数字转型三个方面系统论述"法治云电"的工作举措，并阐述"法治云电"实施工作成效。

关键词

新媒体普法阵地；需求导向；数字化；标准化；业法融合

一、实施背景

全民普法是全面依法治国的长期基础性工作。国家"八五"普法规划提出要实行公民终身法治教育制度，把法治教育纳入干部教育体系、国民教育体系、社会教育体系，加大全民普法力度，使法治成为社会共识和基本准则。国务院国资委《关于进一步深化法治央企建设的意见》提出要厚植法治文化，将培育法治文化作为法治建设的基础工程，使依法合规、守法诚信成为全体员工的自觉行为和基本准则。在数字中国建设进程中，推进普法工作数字化转型是法治建设的应有之义。我国"十四五"规划提出要以数字化转型整体驱动生产方式、生活方式和治理方式变革。国家"八五"普法规划提出要充分运用新技术新媒体开展精准普法。

南方电网云南电网公司（简称公司）在数字中国建设进程中，积极创新普法工作理念和机制，推进普法工作数字化转型。"八五"普法以来，公司利用数字技术不断推进传统普法工作理念与模式的转型升级，打造了电网新媒体普法阵地"法治云电"企业微信普法公众号（简称"法治云电"），每个工作日为公司员工送上"法治营养餐"，通过指尖上的普法课堂，实现全员在线便捷获得法律服务，普法直达基层、直通员工，推动尊法学法守法用法成为公司全员的自觉行动。

二、工作举措

2021年5月，公司于首个"民法典宣传月"开通了"法治云电"公众号，锚定传播力、实效性、互动性三点发力，推动普法输出直达基层、直通员工、更接地气。探索将以人民为中心的习近平法治思想转化为"知行合一、法治云电"的生动实践，扎实走好全媒体时代"全民普法"的群众路线。

（一）需求导向，打造精准普法产品

"法治云电"围绕法律管理、市场营销、供应链管理等公司 25 类业务领域，设置"你问我答""新法速递""每日一点""基层动态"等 9 种推文类型（见图 1）。始终聚焦法律法规变化、配网运维、电费催收等基层法治痛点难点问题，持续向公司全员推送原创、改编或转发的法律资讯以及法律风险防控对策，在法融业务中力行普法。"你问我答"功能为全员提供咨询与投稿渠道，探索从过去法律部门自娱自乐的单向式灌输型普法向互动式服务型普法转变，有效提升受众参与感、体验感，提高运营内容实用性、时效性。

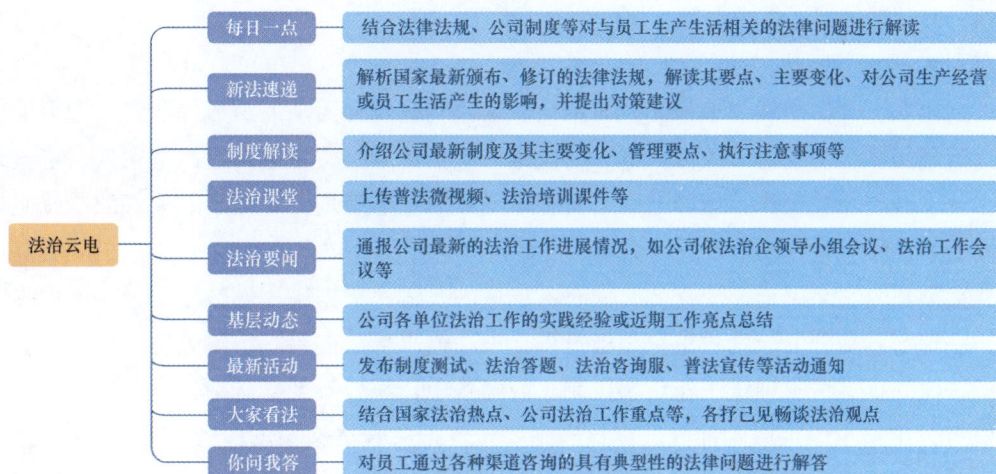

图 1 "法治云电"栏目设置

1. 主动调研用户需求

利用直接或间接的方式收集了解用户的普法需求。直接方式包括普法需求问卷调查、推文阅读量分析、后台提问等，间接方式主要是通过法律巡诊、法律咨询、法律培训以及法律意见书的出具等工作分析员工在参与公司生产经营活动中经常遇到的法律问题。

2. 认真分析用户数据

对收集到的数据信息，进行整理、分析与设计，深度挖掘用户的需求，初步确认用户需求较大的业务分类和模块分类以及这些分类中具体的领域，并形成需求分析报告。

3. 初步确认普法计划

根据需求分析报告，并结合重要节假日、重点普法主题、公司重要生产领域、重要制度以及"一月一主题"普法宣传（例如民法典宣传月、安全生产月、纪律教育月）等，制定全年普法计划，初步落实普法需求。

4. 持续跟踪需求变化

将全年普法计划通过 OA 系统发文，征集意见建议，合理筛查意见建议，及时更新普法计划，并组织各单位认领普法项目，鼓励全员参与普法过程，从被动输入转向主动输出；在普法计划具体实施过程中，根据员工提出的需求以及社会热点、新法新规等动态调整具体排班计划。

（二）统筹策划，规范协同运营机制

1. 建立合理排班机制

以用户需求为关注焦点，结合公司年度普法计划内容清单、法律法规政策变化、社会热点事件等内容，采取中长期、短期和动态更新相结合的方式制作普法排班表。从中长期维度，策划人收集各单位普法需求，编制全年推送模块及重点，并以年度普法计划清单的形式下发至各单位，组织各单位认领年度普法项目。从短期维度，策划人至少提前两周制定普法文案推送计划。推送计划须包含推送内容、推送时间、文案人、审核人、复核人、编辑人。策划人须将文案主题至少提前一周告知文案人（热点问题不受此限），安排该文案对应的审核人。同时，推送计划结合实际情况动态更新，在公司年度普法计划框架下，结合重点部门法知识、近期社会法律热点、公司法治会议、基层动态、公司制度修编、用户提问、基层法治难题、新发典型案例等内容动态调整普法文案主题。文案人也可以主动确定写作主题，但须与策划人提前沟通，保证信息对称。

2. 组建公众号运营团队

组建策划团队、写作团队、编辑团队与审核团队，明确四种团队的组成和职责，合力推进公众号有序运营。策划团队负责统筹"法治云电"的运维，包括策划推文主题，组织文案人、审核人、编辑人、复核人分工开展相关工作，积极鼓励公司各单位参与主题策划，对策划效果好的单位通过发放文创产品、授予荣誉称号等方式予以适当奖励。文案人员主要负责文案的写作。建立文案写作激励机制，推送普法文案征集令，多渠道推广宣传，针对各单位的投稿，根据采用篇数、质量等评价维度在绩效考评中给予一定激励加分，鼓励各单位积极投稿、主动输出普法内容。编辑人主要负责公众号推文的编辑与推送。建立推文编辑推送工作认领机制，鼓励各单位积极参与"法治云电"运维，并结合编辑情况在绩效考评中给予一定激励加分。审核人主要负责把关普法文案的内容，提出相应的修改建议，并与写作人对接沟通修改事宜。复核人主要负责在文案正式向全体员工发送前再次确认推文不存在内容和形式上的错误。公司开展线上线下"法治云电"运营培训，围绕普法文案写作、公众号推文编辑推送等内容进行教学，加强运营团队标准化管理。

3. 动态复盘运营情况

结合公众号自身运营情况，对比公司其他公众号运营方式，开展用户数据分析，阶段性复盘运营成果，针对数据反映的需求和问题，调整工作计划，提出改进措施。在产品运营方面，根据运营情况不断完善公众号管理工作，动态调整运营计划及运营规则，制定运营标准化管理规则；在产品技术方面，根据实际需求，继续深入开发产品功能，增强用户的获得感、体验感。

（三）数字转型，提升智能化水平

品牌建设要时刻留意并考虑品牌的延伸和社会价值的创造，以用户需求和使用价值为导向，通过技术开发，删除存在必要较小的功能，增加便利用户使用、能产生使用价值的功能，为品牌的未来发展设定好道路。受使用开发功能限制，用户对于历史推送不能实现智能化查询，公司开展了基于"法治云电"公众号的普法宣传交互应用敏态项目研究，升级应用功能。通过线上线下多次模拟演示，全面整合公司历史普法推文及制度资源，搭建具备人机交互功能的法治知识库，最终开发了"法治云电查询版"公众号，推动普法工具智能化水平驶入"快车道"。

"法治云电查询版"设置了"制度查询""普法资源""问你想问"三大模块（见图2）。"制度查询"模块可以查询南方电网公司、云南电网公司两级制度。"普法资源"模块可以对历史发布的普法推文进行模糊搜索，避免效率低下的爬楼式查找。"问你想问"模块可以通过语音或文字的形式任意搜索制度或普法推文，也可以通过"留言板"咨询法律问题、提出普法需求和对法治工作的建议等，运维人员收集问题后，通过直接回答或者公众号推文等方式反馈到用户。

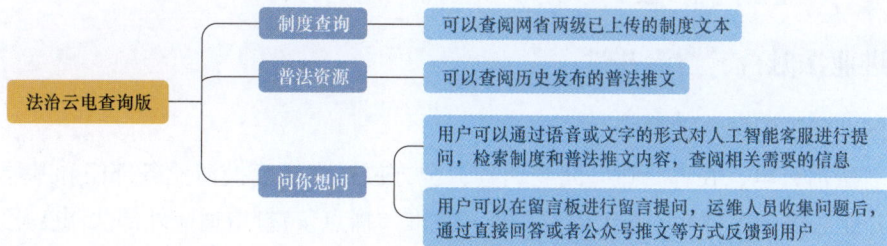

图2 "法治云电查询版"功能导图

（四）标准管理，推动公众号运营长效化

结合公众号自身运营情况，对比公司其他公众号运营方式，开展用户数据分析，阶段性复盘运营成果，针对需求和问题，调整工作计划，提出改进措施。总结"法治云电"公众号运维经验，迭代更新公众号运维规则，推动运维机制标准化，结合普法认领项目，扩大运维团队。建立简单、高效的运维标准化模式，提炼产品功能、工作举措、工作成效，编制"法治云电"产品介绍、运维规则、推文写作规则，从普法推文写作思路、写作要求、改写技巧等方面总结普法文案写作规则，固化公众号运维规则，明确运营角色及职责、编辑方法、编辑注意事项等。通过普法计划认领、法治综合素质培训等形式，组织各单位法律人员积极参与到公众号的运维过程中，从被动学习转向主动分享，促进全员学习氛围。

三、工作成效

"法治云电"开通以来，做到每个工作日坚持更新，累计推送700余期，日均2000人次点击阅读。推文内容坚持通俗易懂、观点正确的原则，保证全员获得高质量、实用性的法律服务。通过指尖上的普法课堂，推动全员在线便捷获得法律服务。通过"数字化+"精准普法的宣传方式，推动尊法学法守法用法成为公司全员的自觉行动。以"润物细无声"的普法方式打造了电网人的每日"法治营养餐"，成为公司数字化普法特色产品，形成普法品牌，树立企业良好的法治形象。

（一）打造新媒体普法阵地

1. 刷流量、聚粉丝

倾听用户声音，推送热点法治咨询。《国有企业私设"小金库"后果》系列推文、《电杆被撞后肇事车辆逃逸怎么办？》等推文斩获高点击量，收获一批稳定粉丝。关注行业最新动态，《物业不配合安装充电桩，业主如何救济？》得到新兴业务子公司微信公众号转载。

2. 掀起公司内部学习热潮

公司各基层单位自发组织每日打卡，学习"法治云电"系列推文。《法眼看唐山打人事件》系列9条原创推文被纳入基层单位学习计划，累计阅读量超3.5万余次，引起基层员工广泛讨论。《嫖娼六个月没被抓，就真的没事了？》被作为警示学习案例，要求全员认真学习，累计阅读量突破1万大关。

3. 形成互动式普法局面

通过线上线下普法文案征集，收到数十份来自业务部门、基层单位的投稿。其中《彩礼在什么情况下可以要回来？》《借条一定要按手印吗？》获得用户点赞转发。

（二）推进业法融合、普治并举

1. 精准了解业务部门学法需求

通过开展"法治云电，在你身边"问卷调查，全方位、多维度摸清业务部门和基层单位的学法、用法需求，提升业法融合针对性。基于问卷调查，找准"痛点"，打造适应外部法制变化、服务内部业务需求的普法平台。

2. 提升业务部门法治意识

通过"法治云电"开展相关业务法治宣传，将带头学法、依法决策、风险防范等意识融入日常生产经营，提升各级领导干部自觉运用法治思维、法治方式作决策、谋经营、强管理的能力，推动企业安全生产与经营。

3. 通过跨部门联合壮大普法队伍

联合公司十余家部门、单位精心撰写法治推文，号召各单位工作人员认领普法推文编辑任务，提升业务部门员工学法用法积极性，壮大公司普法队伍，增强员工获得感、参与感。

（三）用户在线便捷获得法律服务

1. 多渠道输出法律服务

基于"法治云电"平台，打造全媒体在线传播体系，通过"法治云电"向公司全员输出《民法典》《刑法修正案》《安全生产法》等法律知识，南网"法治"在线、新华网、"学习强国"等平台也转载相关法治推文，用户获得法律服务途径更加多元化。

2. 为用户提供智能化查询服务

通过升级应用功能，方便全员随时随地在线找法学法用法。搭建在线法治知识库，围绕主题模块持续丰富内容、完善功能，实现制度、法治知识在线智能化查询共享。提高员工解决法律问题的能力，培养员工形成"遇事找法""决事用法"的法治思维。

（四）开发数字化普法产品

1. 编制"法治云电"精选推文手册

收集"法治云电"上线以来每日普法推文，形成推文台账，共整理推文700余篇。精选各类主题典型推文200余篇，编制"法治云电"精选推文汇编（见图3）。并与各单位共享法治产品，打造数字化普法产品。

2. 编制"法治云电"产品说明

编写形成《"法治云电"产品介绍》《"法治云电"eLink公众号运维规则》《"法治云电"eLink公众号推文标准化规则》，并持续优化，详细介绍公众号产品说明，系统总结推文推送操作流程及公众号运维管理经验，梳理各类型普法推文写作方法，整理写作模板，并通过线上线下培训推广公众号，将公众号打造成标准化普法产品。

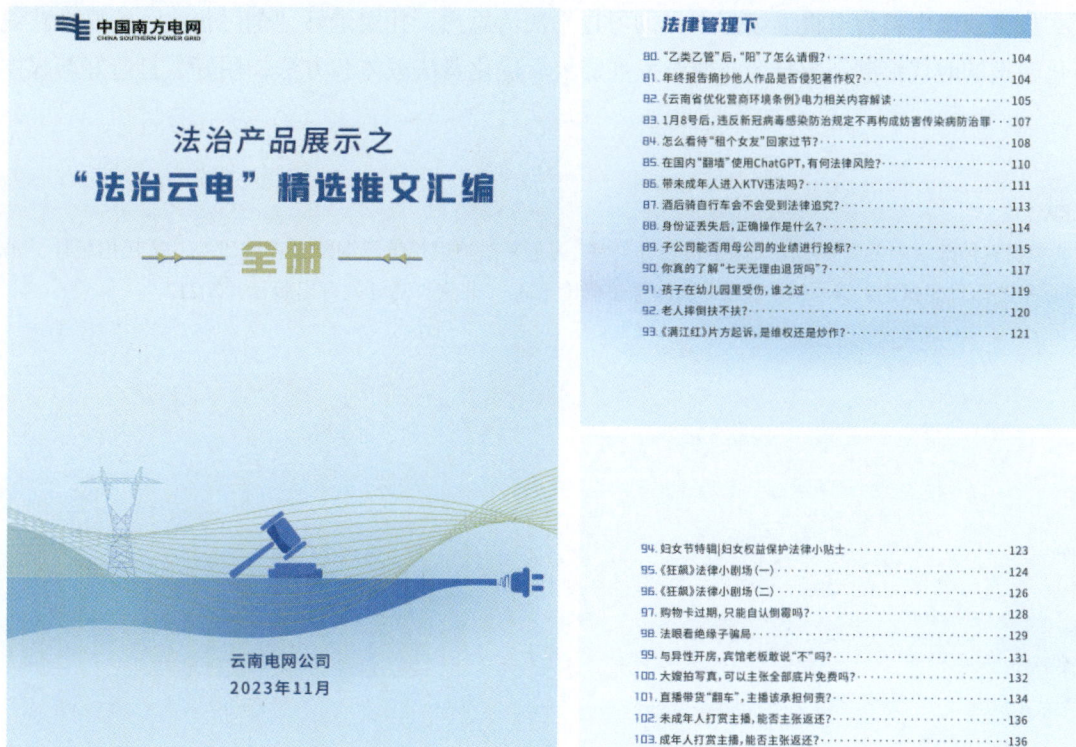

图3 "法治云电"精选推文汇编

3. 积极申报知识产权

将"法治云电"作为创新数字化普法产品，积极申报知识产权。目前，"法治云电查询版"获得国家版权局软件著作权认证登记（见图4）。

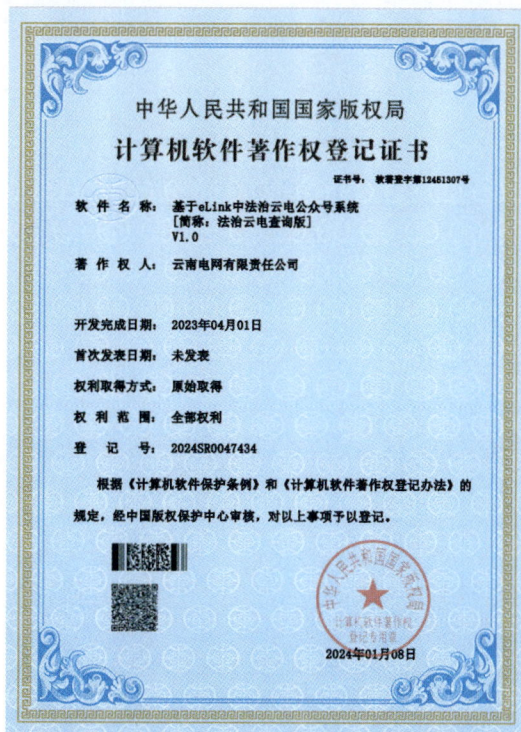

图4 "法治云电查询版"获得国家版权局软件著作权认证登记

下一步，云南电网公司将继续深入贯彻习近平法治思想，扎实走好"全民普法"的群众路线，顺应数字化转型的时代浪潮，契合企业改革发展需要，优化普法载体和方法，用好、打造好新媒体普法阵地。

参考文献

［1］ 中共中央宣传部、中央全面依法治国委员会办公室．习近平法治思想学习纲要［M］．北京：人民出版社，2021.
［2］《习近平法治思想概论》编写组．习近平法治思想概论［M］．北京：高等教育出版社，2021.

"风光火储"一体化新型发电企业大合规体系的构建

张春生　马　骅　刘　施　杜东晓　肖柳金

广东红海湾发电有限公司

摘　要

某发电企业在依法治企的大框架下，基于"望、闻、问、切"的工作思路，以体系一体化为基础，以机制一体化为主线，以信息化为支撑，切准多业务场景的合规脉络，深入业务肌理、植入合规探针、紧抓合规要点，用系统性思维打造合规制度全链条，以全周期理念赋予合规制度新内涵，制定"基建＋风光火储"合规专项指引，创新配套思维导图，建立"风光火储"新型发电企业要素场景下集"合规、法务、内控、风控"一体化管理的大合规体系。

关键词

风光火储；多业务场景；一体化；合规管理体系；合规风险；合规义务

一、实践背景

某发电企业贯彻落实依法治企的各项战略部署，积极探索建立健全合规管理与法务管理、内部控制、风险管理等协同运作机制，不断提升依法合规经营的能力和水平。2020年，成立合规管理工作领导小组和工作小组，以安全合规为出发点，开展安全管理体系创新与实践。2024年3月，合并成立法治建设与合规管理领导小组及其办公室。

某发电企业基于高质量打造"风光火储"智慧型综合能源示范基地的需要，税务、内控、审计、合规要求不断提高，项目流程、资金成本管控要求不断攀升，电力市场深化运行、大型技改和机组大修密集开展，多重任务叠加对公司资金平稳接续、财务规范管理提出挑战。面对二期扩建工程项目正式全面开工建设，现场施工项目多、作业面广、参与人员多，项目管理风险大，全面保障在运机组安全生产和基建项目施工安全面临着前所未有的压力。所以，亟须加强合规与法务、风险、内控等管理体系一体建设，不断优化整合不同的风险防控机制，为重大决策提供一体化整体解决方案。

二、探索的主要思路

（一）内涵

某发电企业在依法治企的大框架下，基于"望、闻、问、切"的工作思路，以有效防控合规风险为目的，以提升依法合规经营管理水平为导向，以体系一体化为基础，以机制一体化为主线，以信息化为支撑，切准多业务场景的合规脉络，聚焦关键业务实现"场景式审查"，聚焦机制体系实现"一站式管理"，聚焦风险管控实现"全景式指引"，用系统性思维打造合规制度全链条，以全周期理念赋予合规制度新内涵，建立"风光火储"新型发电企业要素场景下合规、法务、内控、风控一体化管理的大合规体系（见图1）。

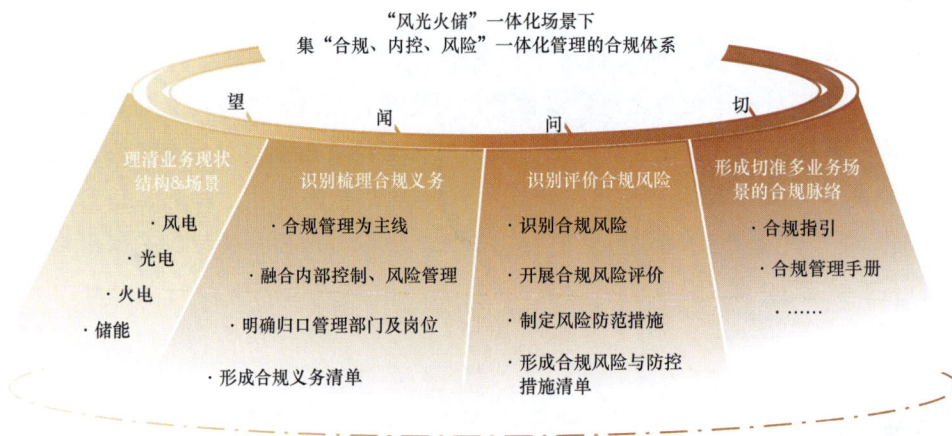

图1 某发电企业合规体系建设工作思路

具体来说，"望"——聚焦风光火储业务场景，促"双减"谋"双碳"，全面梳理火电、风电、光伏、储能业务现状，为合规体系建设工作定基调；"闻"——识别梳理合规义务，以合规管理为主线，融合法务、内控、风险的内容，搭建包括合规义务要点、具体合规义务、义务来源层级、内部控制规定、企业标准条款、风险行为类型以及风险后果等要素的合规义务清单；"问"——识别评价合规风险，以基础的合规义务要点相关事项为基础出发，开展合规风险识别评价工作并根据经识别的合规风险，编写制定切实可行的风险防范措施；"切"——切准多业务场景的合规脉络，深入业务肌理、植入合规探针、紧抓合规要点，通过梳理、消化基建工程、火电、风电、光伏与储能项目重点管控依据，制定"基建+风光火储"合规专项指引，创新配套思维导图，为基建工程、新能源投资建设明确合规管理要求，致力高质量打造"风光火储"智慧型综合能源基地。

（二）主要思路

1. 顶层设计，聚焦"风光火储"新型发电企业管理要素

某发电企业持续提高政治站位，加强顶层设计，以解决问题为导向，以防控风险为目标，聚焦"风光火储"（含基建工程）关键业务要素实现"场景化"，将高质量发展作为合规制度总要求，用系统思维打造合规制度全链条，并不断优化整合各业务场景的风险防控事项，充分考虑应用场景的业务特殊性及项目复杂性，从企业决策、运行和发展的角度整体把握、统一决策，为公司投资建设运营工作

明确了合规管理要点。

2. 全周期运行，实现管理职能和过程管控上的有机融合

某发电企业把以全周期理念赋予合规制度新内涵，一体化方法贯穿制度体系全过程，就各项管理板块进行分项管控，全面梳理合规、法律事务、风险、内部控制相关制度要求，协调制度中的具体规定内容，使各项工作职责、工作流程等协同配合。重点关注治理类、程序类文件及各重点领域的具体制度等，实现各管理体系在管理职能和过程管控上的有机融合，真正树立"一个体系、一套标准制度"的权威地位，保障体系运行有规可依、有章可循。

3. 创新构建路径，全方位搭建"四位一体"管理平台

某发电企业基于"望、闻、问、切"的工作思路，探索研究法务、合规、内控、风险"四位一体"化整合体系下的多项制度的要求，形成重点业务领域各流程及其环节的一体化管控点，建立健全了体系协同运作机制，避免交叉重复，实现"强内控、防风险、促合规"的管控目标，提高管理效能。

三、实践的主要做法

（一）"望"——理清公司业务现状

某发电企业认真贯彻落实国家"双碳"目标和新能源发展工作任务，全面推进风光火储融合发展。2021年，首台风机首次并网，总装机容量达到10.8MW，年发电量约2190万kW·h，每年可减少二氧化碳排放约2.18万t，相当于减少标准煤燃烧约0.6万t；2022年，风电上网电量占比迅速提升至0.17%。成功引入了光伏发电项目，进一步增加新能源发电结构中的比重。2022年并网成功发电，首年发电量约3241万kW·h，折算每年可节约标煤1.02万t，可减少二氧化碳排放约2.81万t。截至2024年2月，新能源上网电量合计占比已达到0.37%。该企业2021—2024年2月上网电量分析如图2所示。

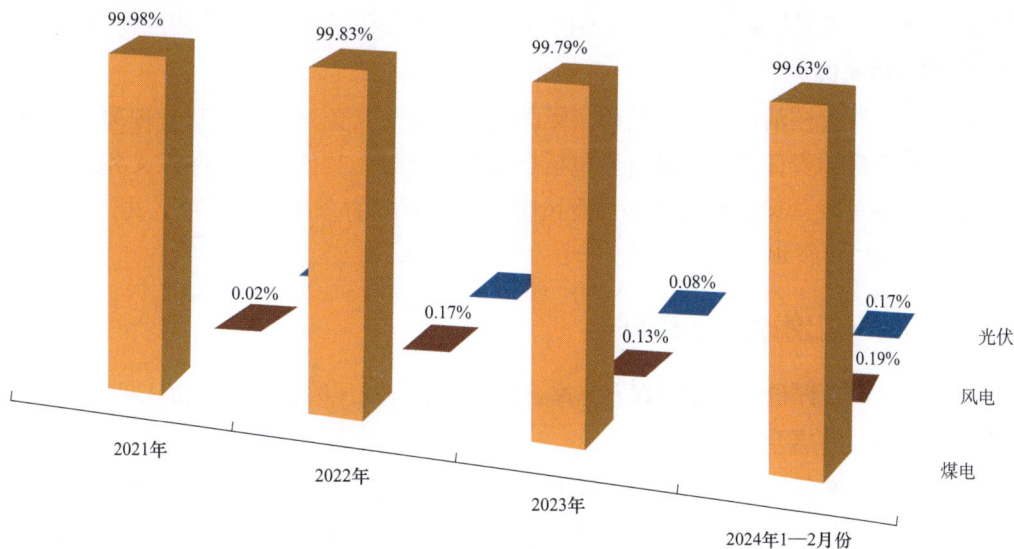

图2　某发电企业2021—2024年2月上网电量分析

该企业全面推进风光火储融合发展，业务结构较为独特和复杂，将理清公司业务现状作为合规体系建设的基础，有利于推动建立科学有效的合规体系。

（二）"闻"——系统梳理合规义务

该企业从多个维度进行全面考量，梳理合规义务要点（见图3）。

图3 某发电企业合规义务清单编制的基本逻辑

1. 确定清单框架

以现有的标准化体系业务框架，搭建全面细致的合规义务清单框架，确保合规义务覆盖全面。根据 DL/T 2594—2023《电力企业标准化工作　评价与改进》要求梳理设备、设施和材料管理等19个一级业务领域，并进一步细化为208个二级业务。

2. 梳理合规义务

基于确定的清单框架，梳理并分析各项业务活动全过程可能涉及的重要事项要点，并甄别相关的法律法规、行业标准等外部规范性文件，识别组织和个人在实施相关要点内容时所应遵守的合规义务要点，列明各项合规义务下可能引发合规风险的行为、所属风险类型及可能造成的违规后果。

3. 明晰归口管理岗位

对照上级合规风险管控清单模板，结合实际确定各项合规义务对应的归口管理部门及岗位，确保各项合规工作都有明确的责任主体，制定了包括合规义务要点、具体合规义务、义务来源层级、内部控制规定、企业标准条款、风险行为类型以及风险后果等要素的合规义务清单，共包含合规义务789项，覆盖清单模板477项合规义务。

（三）"问"——识别评价合规风险

某发电企业建立风险评价模型作为有力支撑，科学开展合规风险识别与评价（见图4）。

1. 识别合规风险，开展合规风险评价

某发电企业对合规义务进行深入分析，基于风险发生的可能性、影响的广度及深度等多方面因素，综合考量后共识别出合规风险119项。为确保每一项风险都得到应有的关注和管理，利用风险评价模型对已识别的合规风险进行了全面的评价。其中，低风险19项，较低风险42项，中风险43项，较高风险10项，高风险5项。

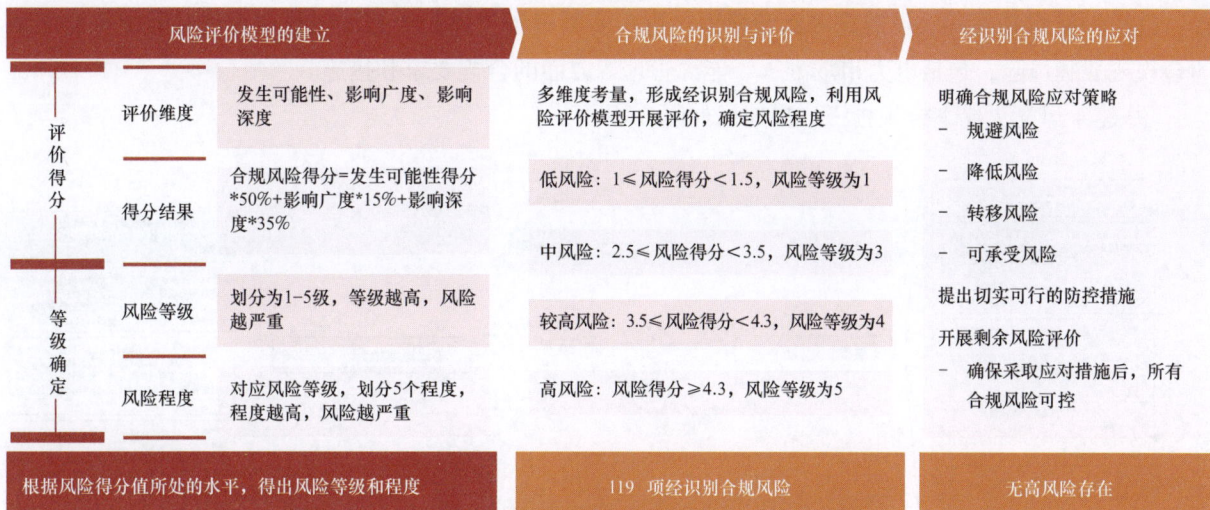

		风险评价模型的建立	合规风险的识别与评价	经识别合规风险的应对
评价得分	评价维度	发生可能性、影响广度、影响深度	多维度考量，形成经识别合规风险，利用风险评价模型开展评价，确定风险程度	明确合规风险应对策略 － 规避风险 － 降低风险 － 转移风险 － 可承受风险
	得分结果	合规风险得分=发生可能性得分*50%+影响广度*15%+影响深度*35%	低风险：1≤风险得分<1.5，风险等级为1 中风险：2.5≤风险得分<3.5，风险等级为3	提出切实可行的防控措施 开展剩余风险评价
等级确定	风险等级	划分为1-5级，等级越高，风险越严重	较高风险：3.5≤风险得分<4.3，风险等级为4	－ 确保采取应对措施后，所有合规风险可控
	风险程度	对应风险等级，划分5个程度，程度越高，风险越严重	高风险：风险得分≥4.3，风险等级为5	
根据风险得分值所处的水平，得出风险等级和程度			119 项经识别合规风险	无高风险存在

图4 某发电企业合规风险识别与评价的基本逻辑

2.制定应对措施，开展剩余风险评价

根据合规风险评价结果，结合公司实际，制定精准有效的风险管理策略，合理适用规避风险、降低风险、转移风险和可承受风险四种应对策略，并针对每一项经识别合规风险提出切实可行的防控措施。在一体化管理体系建设过程中，构建一体化管理评估体系，主要内容包括风险的识别、预测、评价与控制等。重新调整风险数据库，优化各类风险事项，系统嵌入风控、内控、法务及合规管理要素，有效确保一体化管控在风险评估的全部落地。基于对应的合规风险已制定防控措施的情况下，再次利用风险评价模型对剩余风险进行评价，评价结果显示，剩余风险严重程度已显著降低，无高风险存在，充分证明了应对策略及防控措施的有效性和针对性（见图5）。

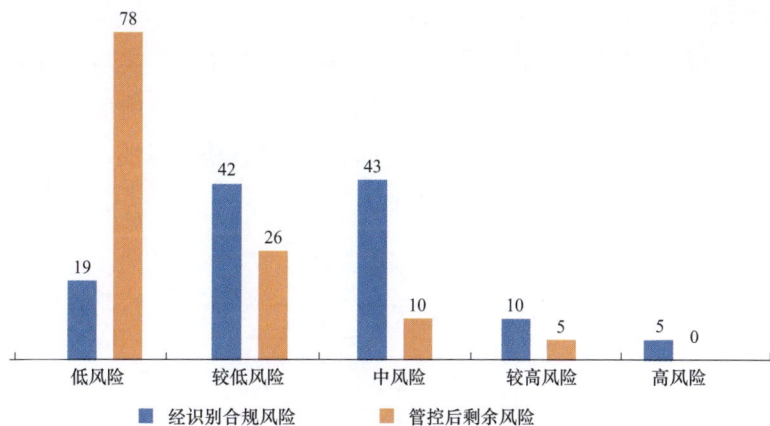

图5 某发电企业经识别合规风险与管控后剩余风险数量对比图

（四）"切"——切准多业务场景的合规脉络

1.编制"基建+风光火储"合规指引

首先，针对基建工程建设阶段，明确了项目规划、设计、准备、施工等各个环节中可能存在的合规风险和要求，包括土地使用、环境保护、安全生产等方面的相关法律法规和标准，以确保基建工程的合规性和可持续性。

其次，针对新能源投资建设和运营阶段，进一步明确了"风光火储"项目在运营过程中可能面临的合规挑战和风险，包括电力市场准入、能源管理等方面的合规要求和措施。

"基建＋风光火储"合规指引成果展示如图6所示。

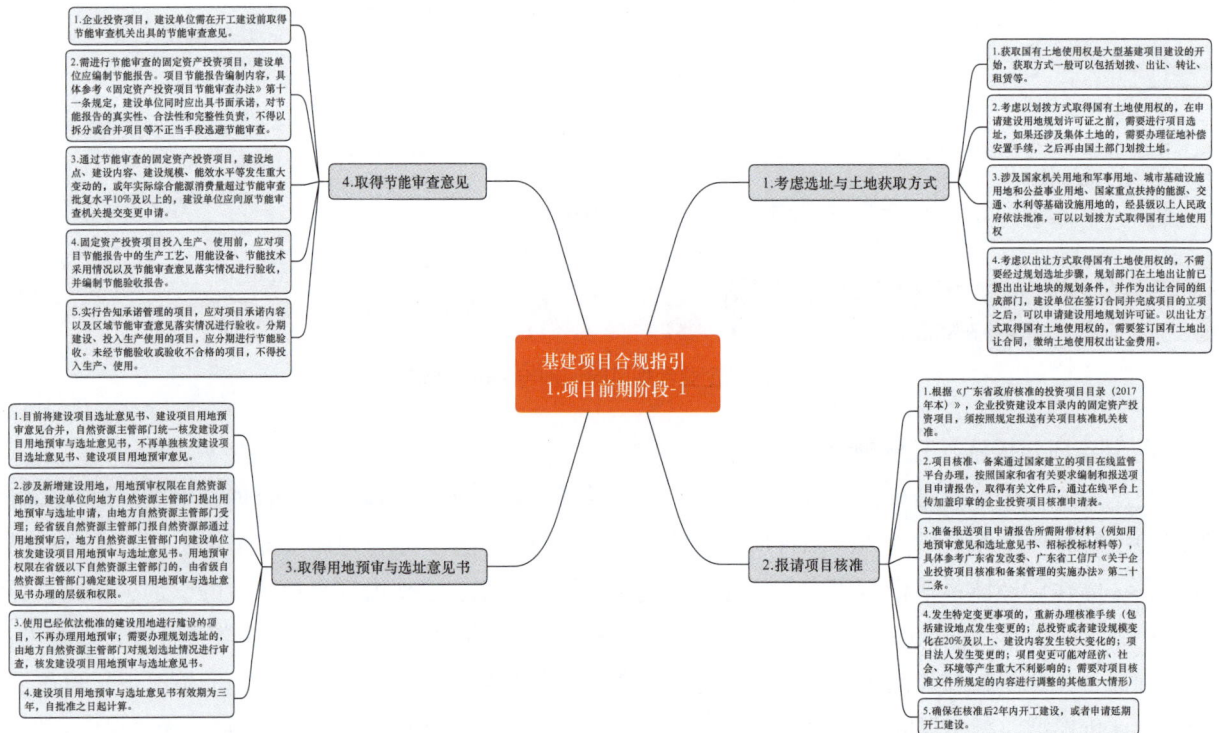

图6 "基建＋风光火储"合规指引成果展示

2. 制定合规管理手册

编制简洁、明了的合规管理手册，旨在为全体员工提供一个全面、实用且易于理解的合规参考工具，手册内容框架如图7所示。避免了冗余和复杂术语，确保每位员工能快速掌握每个环节应核心关注的合规管理体系有关规章制度要求，并顺应互联网时代的信息获取习惯，探索纸质书籍、PDF等多种输出方式，确保员工能够随时随地获取合规支持。

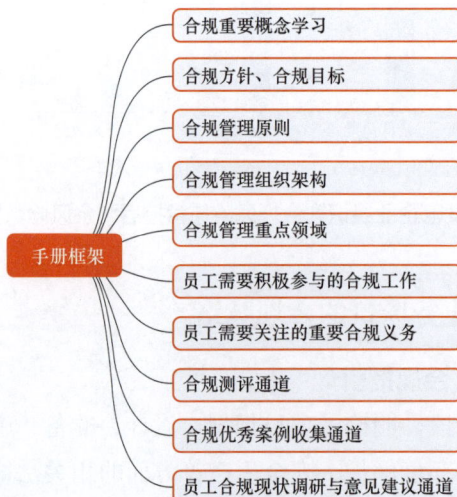

图7 合规管理手册内容框架

四、实践探索的效果

（一）管理效益

探索建立了多业务场景下的合规体系，一方面实现了合规管理与业务工作的深度融合，形成了合规、内部控制与风险管理的一体化运作模式，推进了多体系协同运转。另一方面合规文化深入人心。

（二）经济效益

合规管理体系的构建有效提升了企业生产经营管理水平。2023 年，成功实现扭亏为盈，营业总收入、净利润同比分别增加 2.13 亿元、5.53 亿元；上网电量 120.24 亿 kW·h，同比增加 2.38 亿 kW·h；机组累计平均利用小时数 5066.63h，同比增加 99.2h；平均负荷率同比上升 2.69 个百分点；2 号机组通流改造顺利完成，供电煤耗大幅下降，同比下降 2.58g；厂内光伏项目一期工程并网；扩建工程项目按计划有序推进；全年安全生产态势平稳，未发生非计划停运事件。

（三）社会效益

推动合规管理体系贯标认证工作，以"实地监督审查 + 有效性评估论证"的监督模式对合规管理的新举措、新制度开展一致性评估，确保同向发力、形成合力，顺利通过合规管理体系国际国内双标认证。2023 年，获得省节能先进集体、省级节水标杆企业、市 2023 年度工作目标责任制综合考核一等奖；连续多年获得电力行业管理体系认证优秀企业；积极培养和锻炼合规队伍，激励员工在合规领域发展，一名员工获得中国企业评价协会高级合规师资格。

供电企业基于协同监督的合同管理探索与实践

唐　柳　李怡聪　王路遥

国网江苏省电力有限公司无锡供电分公司

摘　要

为贯彻落实世界一流企业建设要求，推动国家电网公司战略落地执行，提升公司合同管理精益化水平，国网无锡供电公司引入协同监督管理理念，明确提升合同管理精益化水平、提升合规管理穿透力的工作目标，开展基于协同监督的合同全生命周期管理。按照专业协同的协同运作、统筹规划思路，制定合同"事前、事中、事后"全流程管理机制，分类落实"源头管控＋过程双重监督"机制，细化合同管理颗粒度，强化执行穿透力，解决了合同管理中的历史顽疾，实现合同纠纷"零诉讼"。

关键词

供电企业；协同监督；合同管理

一、引言

合同是公司所有经营活动的载体，加强合同管理机制建设是防范合规风险的"牛鼻子"，对提升经营管理水平、减少合同纠纷、提高经济效益、合理规避市场风险具有重要意义。国网江苏省电力有限公司无锡供电分公司（简称无锡供电公司）以合同管理为抓手深化合规管理，持续探索基于协同监督的合同管理，构建具有电网企业特色的合同管理典范，护航公司高质量发展。

二、具体做法

（一）融入协同监督理念，明确合同管理实施路径

围绕构建适应现代企业治理体系的合同卓越管理模式目标，引入协同监督管理理念，注重合同管理的协同运作、统筹规划，加强"源头管控＋过程双重监督"全流程管控机制建设，开展基于协同监督的合同管理（见图1）。强化顶层设计，搭建"四位一体"的组织架构，建立以精益提升、防范风险为导向的管理制度。围绕合同管理的全生命周期，细化"事前、事中、事后"的合同全生命周期管理流程，开展合同准备阶段的源头管控，以及合同流转、合同履约阶段的双重过程监督，注重队伍建设、

信息技术、考核机制、合规文化等保障机制建设，全方位支撑合同精益化管理。

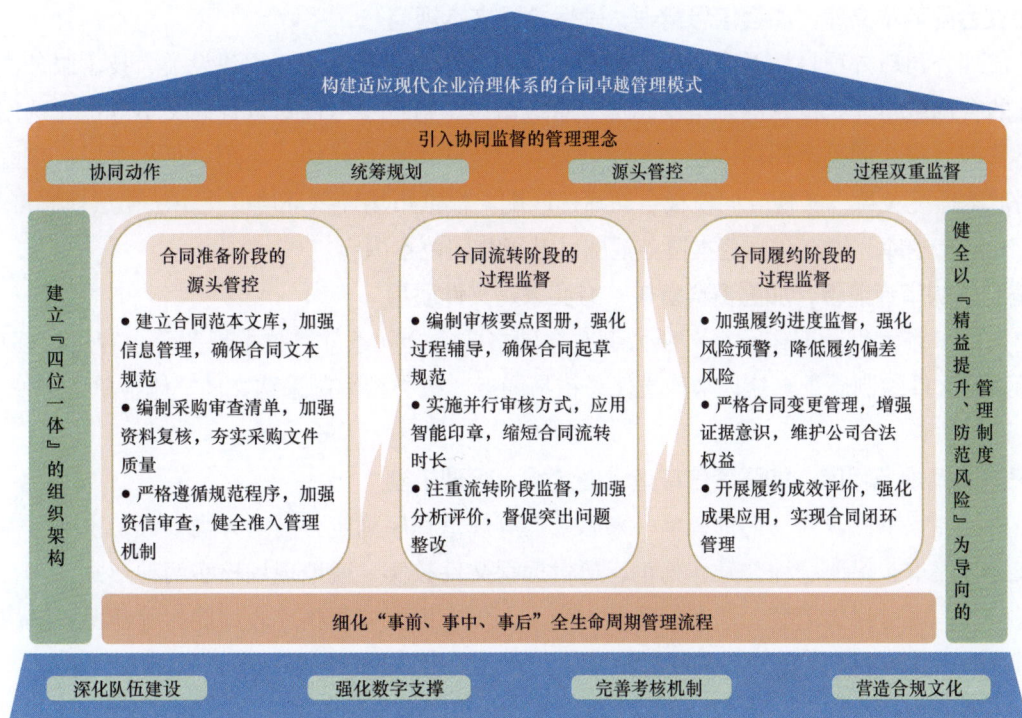

图1 基于协同监督的合同管理框架

（二）强化顶层设计，健全合同管理体系

1. 建立"四位一体"的组织架构

成立由法律、物资、财务、审计等合同审核部门专职组成的"四位一体"工作小组（简称工作小组），协同开展合同准备、流转、履约等阶段的审核与监督管理工作，同时按照各自职责范围对合同管理全流程开展专项监督检查。其中，办公室（法律专业）负责制订与发布合同范本、管理合同归档文件等；物资部负责对采购合同事项合规性审查；财务部负责合同中财务收支事项合规性、经济可行性等内容审核；审计部负责对合同订立、履约、变更、解除等事项实施审计。

2. 健全以精益提升、防范风险为导向的管理制度

围绕提升合同管理精益化水平，制定《国网无锡供电分公司合同管理提质增效专项行动工作方案》《基于协同监督的合同管理实施方案》等规范，将协同监督理念融入合同管理全流程，优化职责分工、管理流程。围绕有效防范公司经营风险，制定《国网无锡供电公司合同管理突出问题专项整治行动实施方案》，推进合同履约后评价成果转化应用。

3. 细化"事前、事中、事后"全生命周期管理流程

统一制定合同"事前、事中、事后"全流程管理实施细则，细化为基于协同监督的合同全生命周期管理流程。合同准备阶段，建立合同范本管理文库，强化招标采购文件集体评审和合同主体人资质调查，强化合同风险的源头管控。合同流转阶段，编制海报式合同审核要点图册，建立各审核部门平行式沟通交流平台，采取并行送审模式，提高合同审核效率，设立列表式协同监督考核体系，对合同管理全流程实行动态监督。合同履约阶段，建立合同履约管理台账，建立履约风险分析模型，及时发布履约预警风险提示，定期审核合同履约材料，对履约偏差及时采取纠偏措施。

（三）重心前移，加强合同准备阶段源头管控

1. 建立合同范本文库，加强信息管理，确保合同文本规范

系统梳理公司对外项目涉及常用合同类型与合同文本，建立覆盖工程建设类、技术服务类等公司主要业务的合同范本库，按照国家电网总部、省级单位、行业参考性示范合同文本等优先选用顺序进行系统化管理。将合同范本库内嵌至公司官网首页"依法治企"模块，应用信息化手段，建立业务需求与合同范本适配关系，实现合同模板自动筛选匹配。根据市场经营环境变化、法律法规修订等情况，滚动更新合同范本库，扩充合同范本覆盖范围，升级合同范本内容。

2. 编制采购审查清单，加强资料复核，夯实采购文件质量

制定文件审查大纲，工作小组对照大纲对合同格式、合同条款、技术规范等内容进行逐项审查，提高招标采购文件编制质量。梳理采购文件易错易漏点，按类型编制采购文件"体检单"，对所有项目采购文件逐项检查。

3. 严格遵循规范程序，加强资信审查，健全准入管理机制

按照招标、竞争性谈判、询价、单一来源采购等规范程序确定合同对方当事人，视项目需要组织对口专家进行评审，保证过程公开、公正。通过远程文件核实、就地现场核实两种形式，对合同对方当事人资格资信进行评估考察，调查核实对方当事人供应商主体资格、履约能力等情况，解决以往存在的合同对方不具备主体资格、背离招投标文件实质性内容订立合同等问题。

（四）管住中间，加强合同流转阶段过程监督

1. 编制审核要点图册，强化过程辅导，确保合同起草规范

梳理各审核部门审核要求，编制海报式合同审核要点图册，加强合同起草过程辅导，提升合同起草规范性。海报内容涵盖合同文本使用规范性、合同内容起草规范性 2 个维度 8 个方面，以图片形式清晰直观展示合同审核要点，以批注形式明确审核要求，便于承办人一次性掌握所有审核部门相关要求。

2. 实施并行审核方式，应用智能印章，缩短合同流转时长

变串联审核为并行审核，各审核部门按照业务类别、职责分工，对合同订立依据、合同期限等重点约定条款内容进行全方位把关，杜绝合同倒签、合同超期签订、合同文本不规范等问题。简化内部流程，将审核时限由每人 2 天更改为每部门 2 天，对超时未审结合同及时预警，督促审核人员高效履职。探索建立平行式沟通会商平台，统一各部门审核标准尺度，规范审核意见，避免承办人反复修改。针对用印不规范问题，自主开发智能印章系统，结合协同办公平台和印控仪，制定"起草人申请—法律专职审核—公司印章管理人员核对—起草人用印"标准化流程，变线下人工签署为线上智能签署，提升合同会签效率。

3. 注重流转阶段监督，加强分析评价，督促突出问题整改

工作小组统筹考虑各自审核要点，设计涵盖合同超期签订率、合同倒签率、合同回退修改率 3 项指标的合同流转过程协同监督指标体系。针对合同回退修改率指标，详细列明 12 项基础常见回退情形，形成列表式自查、评价和考核清单。工作小组每月对各部室、单位合同会签情况进行巡查检查，编制形成三项指标月度分析总表和问题合同明细表，总表明确各部门单位问题合同个数、问题合同率以及排名，明细表分为超期合同、倒签合同、回退修改合同明细表，详细列明问题合同信息。工作小组根据月度分析总表和问题合同明细表，统一制订整改计划，督促各承办部门按要求开展逐项整改，

提升流转过程监督成效。

（五）闭环管控，加强合同履约阶段过程监督

1. 加强履约进度监督，强化风险预警，降低履约偏差风险

承办人在经法系统中录入合同对方履约信息，建立合同履约管理台账，对合同履约进程逐次、详细书面登记，确保管理层能够及时掌握合同执行进度。工作小组定期开展合同履约抽查工作，对履约偏差及时采取纠偏措施。为解决未及时支付合同价款、工程建设项目违法转包等合同履约不规范问题，注重履约过程主动监测预警，组织各业务部门定期对合同履约内外部风险因素进行提前识别，对履约风险点进行压力测试，及时预防和应对风险。

2. 严格合同变更管理，增强证据意识，维护公司合法权益

严格合同变更、解除管理，制定合同变更、解除规范指引，创新推行"合同变更（解除）线上线下双审批"模式，由承办人线下填写合同变更解除申请表，线上同步发起补充合同审核会签程序。规范合同纠纷处理流程，当合同双方出现较为严重经济纠纷时，及时联动各审核部门对纠纷原因进行分析，分清责任归属，启动纠纷处置预案，由合同承办部门统一对接，邀请法律顾问介入指导，通过合法途径维护公司利益。

3. 开展履约成效评价，强化成果应用，实现合同闭环管理

开展合同履约成效评估与问题全面排查，以问题诱因作为分类标准，归纳为合规性问题、效率问题和管理水平问题 3 大类型，涵盖合同倒签、合同超期签订、合同订立依据不足等共 11 项重点专项问题，根据问题类型、诱发因素制定个性化整改提升措施，明确整改时限，督促承办部门有序整改。运用大数据理论和统计分析模型，通过对合同管理、项目履约管理等多维度数据采集及不同组合选择，形成可视化数据分析和评估，为公司综合管理效能提升提供数据支撑。如对比合同履约情况，遴选战略合作伙伴，清退不合格供应商等。建立各类合同归档资料清单，强化对合同各流程环节佐证资料留存归档，保证存档资料体现经济行为全过程。

（六）强化机制建设，保障合同管理提质增效

1. 加强教育培训，深化队伍建设

打破各专业壁垒，推进合同管理各环节审核要点统筹规划、协调一致，全方位提升合同审核主体队伍的业务素质。创新施行合同承办人准入制度，组织各审核部门专业人员对合同承办人进行专题培训，新上合同承办人须经考试合格后方可上岗。组织市县公司全体合同承办人参加省公司组织的"练兵普考"活动，以赛代练促进合同承办技能提升。

2. 强化数字支撑，赋能业务升级

打通物资、财务、审计等各部门独立系统之间的联系，实现合同管理各阶段各环节互相串联，提高协同监督效率。通过系统各流程节点数据交互共享，汇集合同操作情况及进度数据，建立数据反馈清单，为决策分析提供数据支撑。

3. 完善考核机制，营造合规文化

开展合同管理绩效考核，每季度对承办部门合同办理情况进行全面数据分析，深化考核结果应用，严肃规范问责，保障合同管理奖惩机制落实。通过典型案件教学、合同案例分享会等方式对公司合同纠纷类案件进行实例讲解，充分发挥案件警示教育作用，提高合同管理人员风险防范意识，营造合规管理文化氛围。

三、应用成效

（一）实现合同闭环管理，持续提升管理效率

无锡供电公司通过建立"四位一体"组织架构及闭环管理机制，解决了专业各自为政问题，消除了管理真空地带，大幅提升合同承办质量和合同审核效率。公司合同倒签率、合同文本起草不合规率压降100%，合同超期签订率、合同回退修改率压降90%，经法系统的合同平均审核期限由8.9天压缩至5.7天。

（二）逐步加强合规管理，提升公司经济效益

无锡供电公司从合同管理入手，建立了覆盖"合同准备—合同流转—合同履约"全流程协同监督管理机制，有效发挥合同管理作为防范合规风险"牛鼻子"优势，增强了合规管理融合度、穿透力和影响面。基于卓越合同管理机制，全方位补齐公司合同管理漏洞和薄弱环节，2022年未发生合同纠纷案件，合同风险得到有效管控。

（三）形成经验示范效应，彰显公司责任担当

无锡供电公司以合同全生命周期管理为着眼点，成功梳理构筑了一套具有国家电网特色、可复制推广的协同监督管理机制。由丁应用效果显著，公司在2022年江苏省公司合同实务及管理能力练兵比武活动中荣获团体第一名，5名参赛选手中有3人获得个人荣誉奖项。公司积极总结最佳实践，编制《审核部门聚合力、合同管理添活力》典型经验，在江苏省公司专业会上分享，相关做法已在江苏省多家单位推广、应用。

参考文献

[1] 王云飞，郑蕾，令彦坤，等.基于依法治企理念的电网企业合同全过程闭环管理［J］.企业家，2022（S1）：69–71.

[2] 兰松涛，陈光辉.电网企业合同全过程管理研究［J］.广西电业，2017（6）：18–20.

[3] 杜若.业财融合在电网工程财务中的运用研究［J］.财会学习，2021（30）：38–39.

[4] 郑昕，沈实叠.依法合规治企理念下的合同全过程闭环管理研究［J］.企业管理，2017（S1）：126–127.

[5] 张耀月.依法治企背景下的电网企业合同全业务生命周期管理［J］.农电管理，2022（9）：61–63.

[6] 刘海洋.加强电网企业工程施工合同履约管理的措施分析［J］.企业改革与管理，2020（17）：29–30.

践行新时代"枫桥经验"探索涉电领域矛盾化解新路径

安晓军　赵　海　方爱斌　刘诗月　徐泽政　朱存远

国网浙江省电力有限公司建德市供电公司

摘　要

为适应电力体制改革新形势下的合规管理更高要求，建德市供电公司践行"枫桥经验"，融入"司法＋电力"理念，在当地发改局、司法局的支撑下，协同当地法院、司法局、发改局成立电力纠纷调解委员会，建设电力共享法庭，升级打造升级集法治宣传、合规文化、电力调解于一体的具有电力行业特色的合规文化示范阵地，为供电企业合规管理优化提供了新的借鉴。

关键词

合规管理；供电企业；"枫桥经验"；电力纠纷调解

供电公司作为公共事业企业，自带"敏感体质"，社会关注度高、公众期望值高，容易出现热点、敏感点、出血点事件，坚持守法诚信、合规经营显得尤为重要。

近年来，随着电网建设力度不断加大，供用电合同、电网建设、运行及电力设施安全等电力纠纷案件也逐年增多。国网浙江省电力有限公司建德市供电公司（简称公司）借鉴"枫桥经验"，探索与地方司法系统"共建共治共享"的电力行业执法新模式，形成电力行业"一站式多元纠纷化解机制"改革实践，将各类矛盾纠纷就地化解、减少与群众冲突对于供电企业合规管理的优化有可推广价值。

一、供电企业面临的法律风险分析

（一）经营管理合规性风险

供电企业作为特大型国有企业，在面临的合规性风险中，法规变化是一个复杂而常见的挑战，开展经营活动中，往往需遵守多个层面的政府监管法规和政策，法规的频繁变化和多样性使得供电企业必须保持高度的法规敏感性和应变能力。

（二）社会责任风险

社会责任诉讼是另一个需要警惕的风险。随着社会对供电企业社会责任的要求逐渐提高，未能履行社会责任可能导致社会诉讼，这些不仅可能带来法律责任，还可能对企业的声誉造成严重损害。

二、具体做法

司法电力融合系统如图 1 所示。

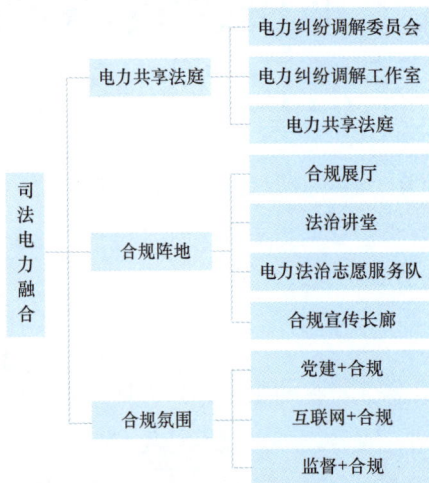

图 1　司法电力融合系统图

（一）法企共建，成立电力共享法庭

公司坚持党建引领，提高思想站位，建立党委负责同志牵头的专项行动领导小组，明确职责分工、强化工作落实，积极与法院、司法局、发改局沟通对接，寻求政府支持和协同协作。

1. 联合成立电力纠纷调解委员会

为进一步维护供用电秩序，有效预防和化解涉电纠纷，公司与发改局联合发文成立建德市电力纠纷调解委员会。调委会下设办公室，负责调委会日常工作。电力纠纷调解委员会将通过政企协同、多方联动的方式，及时化解电网建设、供电服务等过程中生产的各类矛盾纠纷，从源头上预防和减少诉讼总量。

2. 打造电力纠纷调解工作室

公司下设梅城、乾潭、寿昌、大同、更楼、洋溪 6 个供电所，在各供电所设立电力纠纷调解工作室，通过供电服务积极宣传、推广，引导群众到电力纠纷调解室解决涉电矛盾纠纷，畅通调解"最后一公里"。

3. 建设电力共享法庭

公司协同建德市人民法院，以数字化平台为依托，以实体化场所为支撑，在"不增编、不建房"的前提下，利用"一根网线一块屏"，按照法院文件标准完成行业特设共享法庭（电力服务站）的设立，将电力行业司法服务向最基层延伸，为群众就近提供远程调解、网上立案、远程庭审、诉讼咨询等服务，畅通调解"最后一公里"。

（二）以规立行，升级打造合规阵地

乾潭镇幸福村是浙江省法治文化示范村。近年来，公司加强与乾潭镇幸福村联合共建，以法促规，打造主题鲜明、积极向上的合规文化示范阵地。

1. 成立乾潭合规展厅

2023 年，公司依托幸福村合规阵地，在乾潭供电所升级打造合规展厅。以"知合规之本、守合规之德、学合规之术、行合规之道、扬合规之帆"五个板块将展厅分为五个功能展示区区域，采用文字、图片、视频等方式，打造法治文化目视系统，展现法治文化产品、成果，同时配置法律类书籍、文件、影音资料等，供群众随时借阅。

2. 打造法治讲堂

整合内外部资源，邀请法院、律师事务所等单位专家授课，积极开展法律知识培训、法律问题交流咨询等活动，不断丰富员工法律活动内容，提升依法合规意识。

3. 组建红船电力法治志愿服务队

公司从各专业共挑选 12 名群众信任、业务过硬、经验丰富的优秀员工，以志愿服务形式，积极上门沟通，就地解决涉电矛盾、纠纷。

4. 开设合规宣传长廊

推动合规宣传教育，在人流聚集地建立一条合规宣传长廊，动态更新宣传内容，不断增强合规宣传教育的广泛性，同时运用新媒体等手段创新宣传载体，以抖音平台等员工喜闻乐见的方式，增强合规宣传教育的针对性和实效性。

（三）多元融合，营造依法合规氛围

聚焦电网稳定发展、营商环境优化、电力市场化改革，联合幸福村合规阵地、乾潭所合规展厅大力开展具有电网企业特色的法治合规文化活动，在实践活动中增强员工法治意识、合规意识。

1. 突出"党建＋合规"融合

把"党建＋服务保障"矛盾化解专项行动纳入党建整体工作部署加以谋划和推进，进一步延伸电力服务触角，强化风险关口前移，推动"枫桥经验"电力实践落地。

2. 加强"互联网＋合规"融合

依托电力共享法庭，通过"一线一屏"，整合法官、庭务主任、调解员、志愿者等力量资源，将司法服务延伸到基层，营造"办事不用求人、办事依法依规、办事便捷高效"的法治合规文化氛围。

3. 开创"监督＋合规"融合

全面构建依法依规治理协同监督体系，通过日常监督检查与专项监督检查相结合的方式，加强工程建设、业扩报装、供电服务等领域法治监督，自觉规范员工行为，切实维护企业良好形象。

三、实践成效

（一）提高矛盾化解能力，消除法律风险

电力纠纷调解委员会充分运用电力相关法律法规，开展涉电纠纷事件调解，将电网建设、安全生产、营销服务等矛盾纠纷化解在萌芽阶段，推动涉电矛盾就地化解。与诉讼相比，开展调解一是方式更灵活、程序更简单；二是减少抵触情绪，加强双方沟通协商；三是成本更低，有利于实现"案结事了人和"。调解委员会能够及时快捷化解涉电矛盾纠纷，创新了社会治理方式，开辟了涉电调解司法认证绿色通道，有效避免矛盾升级、范围扩大，减少诉讼案件和信访事件。

1. 矛盾就地化解，避免升级

电力纠纷调解委员会成立以来，先后化解矛盾 15 起，协同处置外破事件及隐患 8 起。调解员以事实为依据，法情并用，以公道平和的办事态度理清是非，努力把各类涉电矛盾纠纷化解在诉前，切实发挥调解委员会对接高效、便民的优势。典型案例如下。

案例一：某农户认为其承包的农田上有电杆、变压器等设备影响其承包经营，要求供电公司移除设备并赔偿损失，且有起诉意愿。调委会委派村干部及专业律师作为本案调解员，通过现场实地踏勘、查阅承包协议、工程核准文件、开工报告、政策处理补偿协议等证据材料，明确工程建设过程合法合规，且在开工前已完成相应的政策补偿。经过两次现场协调，农户认可了调委会查明的事件基本事实和过程脉络，放弃了要求供电公司移除设备并赔偿的不合理诉求。

案例二：某农户向村集体承包鱼塘养鱼，在发生断相故障并恢复 40 余小时后声称因停电引起养殖鱼大量死亡，要求村集体、供电所赔偿其损失。为尽快解决纠纷，供电所引导三方到调委会开展调解。调委会调查后向农户指出，其擅自在基本农田使用村农业生产用电养鱼，从未向供电公司正式申请用电；在明知渔业养殖存在较高风险的情形下仍超密度养殖且未配备备用电源，属于自身存在过失。本次停电为无法预知的故障停电，供电公司已在规定时间内完成抢修。经过多次调解，村委同意对其进行一定补偿，农户同意自行承担剩余损失。同时，调委会就用电性质与实际不符的问题向农户及供电所提出整改建议。

2. 广泛宣传，深受认可

公司践行"电力赋能"服务基层社会治理经验多次被《浙江日报》、"学习强国"等主流媒体报道，深受内外部好评。

（二）提高普法教育能力，营造合规氛围

不断深化法治讲堂课程，普及《电力法》《安全生产法》《电力设施保护条例》《电力监管条例》等电力法律知识。先后开展法制讲座 9 次，为中小学生和广大公民普及日常安全用电常识、安全急救常识、各类电力事故演示 50 余次。员工主动运用法律、依法办事、依法维权能力显著增强，有效处置 3 起拖欠电费等纠纷事件。法治文化通过阵地的形式展现，增强了影响力、渗透力和感染力，在干部员工中"入眼、入耳、入心、入行"，实现了"要我守法"到"我要守法"的转变。

（三）提高依法治理能力，内强管理质效

以合同规范管理为抓手，依托数字化手段，梳理、完善、健全和刚性执行制度规定，做到有法可依、有规可循，重大决策合法合规性审核达 100%。以部门、供电所为单位，组建合规工作网格联络群，加强安全环保、反垄断、营商环境等重点领域合规管理，定期开展法律合规风险排查，全面分析研判各业务领域的潜在风险，及时收集梳理业务法律风险点 55 条，专项研究制定风险防范和化解举措，持续提升合规文化建设对公司工作的基础保障作用。

四、面临的困难和问题分析

目前，电力纠纷调解委员会已成功调解多起涉电矛盾纠纷，但行业性的调解委员会宣传力度仍有不足，专业领域的调解员数量仍需补充，当事人在发生矛盾纠纷时更倾向于求助当地村（社区）调解委员会。行业纠纷调解委员会进一步发挥作用，仍需加强宣传力度、争取社会认同，提高电力调解委

员会的权威性和公信力。

下阶段，电力纠纷调解委员会将聚焦配齐配强专业力量，吸收具有较强专业知识、热心调解事业的调解员，全面提升专业性调解能力。聚焦进一步加强宣传，依托台区经理入户走访加强群众知晓度，定期发布典型案例提高群众认可度。充分发挥行业性、专业性调解优势，推动人民调解工作向重点领域延伸，实现矛盾纠纷"专管""专调"，逐步形成"纠纷内部自行解决，矛盾行业自行处理"的纠纷处理模式。

五、结语

随着我国经济进入新常态，经济发展向高水平、高质量方向转变，企业合规管理势在必行。供电公司是国家命脉企业，合规管理尤为重要。借鉴"枫桥经验"，开辟一条"司法十电力"融合的路径，对于供电企业防范、化解经营过程中遇到的问题和矛盾，减小与其他企业和群众的冲突，强化合规管理氛围的营造，都起了积极作用，也为合规管理的优化提供了新的样本。

参考文献

［1］ 王博瀚. 法治视野下企业合规官制度构建路径［D］. 济南：山东政法学院，2022.

［2］ 文华. 县级供电企业合规管理现状及对策［J］. 农电管理，2023（4）：32-33.

［3］ 杜建吉. 合规、内控、风控、法律管理"四位一体"风险防控体系的探索与实践［J］. 化工管理，2023（3）：8-11.

［4］ 李利. 国有企业内部控制机制与法律合规管理研究［J］. 法律博览，2024（8）：151-153.

法治工作创一流中合同全生命周期规范化管理的实践

李　航　曹　焱　刘　敏

中国华电集团产融控股有限公司

摘　要

为落实全面依法治国战略部署，提高合同履约质量，防范合同风险，中国华电集团产融控股有限公司（简称华电产融）结合业务开展情况，针对合同管理涉及的关键领域、环节进行研究，形成《合同全生命周期规范化管理指引》，为企业依法合规经营提供支撑保障。

关键词

合同全生命周期管理；合同审核；合同履约

在全面依法治国战略部署的大背景下，中国华电集团有限公司（简称集团公司）持续深化法治央企建设，发挥法治工作对企业改革发展的支撑保障作用。为提高经济合同履约质量、防范合同风险、维护交易安全、减少争议隐患，华电产融在集团公司全程指导下，对合同全过程控制进行研究论证，形成《合同全生命周期规范化管理指引》（简称《合同管理指引》或《指引》）。

《合同管理指引》的结构由七章十六节及三项具体实施细则构成，内容全面涵盖合同立项及签订前管理、合同起草、审核及签约管理、合同履行管理、违约处理及争议解决等十六个方面全过程的控制与闭环管理，为集团公司提供了标准、全面、深入、实用的合同管理指导，有助于推动集团公司实现合同管理"四个统一"（统一平台、统一归口、统一流程、统一文本），落实"三全管理"（全口径、全过程、全覆盖），发挥"三项作用"（服务管理、服务监督、服务决策），提高集团公司系统各单位合同规范化管理意识、管理能力和管理水平。

一、实施背景及原因

随着国家法律法规的变化，企业亟须对内部制度进行适应性调整。2021年年初，国家集中出台施行《民法典》及包含民法典配套解释、商事类、民事诉讼及执行类等122个司法解释，新法及司法解释的颁发同步废止原规范商事活动的《担保法》《合同法》《物权法》《侵权责任法》《民法总则》等重要法律。为准确理解及适用新法，在集团公司的指导下，华电产融以专项课题的方式着手研究合同履约保障机制。课题成果经验收通过后，华电产融结合集团各板块主业涉及的合同模式、各系统单位易发的合同风险等事项，将课题成果巩固完善为《合同管理指引》。

现代化企业经营中涉及的法律纠纷主要是基于各项业务形成的合同或准合同的纠纷案件。因此，提高合同管理水平既是法治工作融入中心、发挥支撑保障作用的要求，也是夯实基础、提升依法维权能力的需要。《合同管理指引》从研讨到形成工作成果的全过程一直秉承强化合同管控质量，降低合同纠纷发案率、提高案件胜诉率、增加执行回款率的目标。通过规范制度体系，夯实工作流程，固化证据材料，为纠纷案件的有效解决奠定合同基础，提升系统单位在纠纷案件中的信心和底气，为依法维权和提质创效提供依据。

锻长板、强弱项，华电产融以"课题+"的方式探索了华电特色的法治工作资源共享、管理创新、"创一流"管理提升的解决方案，并通过制定形成专项指引的模式，以最适用于集团系统的方式，高效、经济地提升集团公司合同管理水平，为集团公司高质量发展保驾护航、贡献力量。

二、内涵及做法

《合同管理指引》以法律法规为基础，吸收经验、总结教训，将外部法规与内部规范相结合，转化为标准化管理要求，从十六个方面全周期、有重点地实现合同全过程控制与闭环管理。以下将从七个方面阐述《合同管理指引》中解决问题的思路和措施。

（一）相对方管理

合同相对方的适格性与适当性是合同能否按期全面履行的前提。《合同管理指引》对交易对手从主体适格审查、履约能力审查、利益冲突等方面提出了重点审查要求。此外在参考法律尽调的标准和要求的基础上，进一步通过《合同相对方审查及风险防控细则》五章共十七条具体条款，详尽列举了如何做好相对方主体资格、履约能力、负面信息、履约动态管理等流程及风险防控，可有效协助系统内单位多维度全方面判断拟合作对象是否为适格主体，减少出现因主体资质审核不充分引发合同效力纠纷或因相对方欠缺履行能力导致合同履约不能的风险。

在进行适格审查时，主要包括对相对方的主体资格文件、专营许可文件、资质等级证书等履行合同必要的资质以及相关权利证明或授权文件（如需）进行审查；在进行履约能力审查时，主要包括对相对方的背景和行业地位、财务情况、履约资金来源、既往合同业绩及履约情况，以及涉诉争议等负面事项的审查；在进行利益冲突审查时，主要包括对与相对方签订合同是否与系统内单位及/或其领导、员工利益存在冲突，以及相对方是否合法合规经营等方面的审查。

相对方应不属于法律法规限制或禁止签订和履行相关合同的主体❶，否则，可能导致所签订的合同无效。相对方应具备履行合同的必要资质❷，相对方未取得相关资质、资质失效、资质等级不足，或借

---

❶ 《中华人民共和国民法典》第六百八十三条规定，机关法人不得为保证人，但是经国务院批准为使用外国政府或者国际经济组织贷款进行转贷的除外。以公益为目的的非营利法人、非法人组织不得为保证人。如果前述主体签订保证合同的，该保证合同将无效。

❷ 施工单位签订施工合同的，应具备建筑业企业资质，根据《最高人民法院关于审理建设工程施工合同纠纷案件适用法律问题的解释（一）》（法释〔2020〕25号）第一条："建设工程施工合同具有下列情形之一的，应当依据民法典第一百五十三条第一款的规定，认定无效：（一）承包人未取得建筑业企业资质或者超越资质等级的；（二）没有资质的实际施工人借用有资质的建筑施工企业名义的……"如果施工单位不具备资质、超越资质等级或借用他人资质的，所签订的施工合同将被认定为无效。

用他人资质的，可能导致所签订的合同无效。

如果相对方签订和履行合同的前提是其对合同标的享有某项权利或授权的❶，则相对方应取得该等权利或授权，否则，其所签订的合同将无法实际履行。

（二）合同内容管理

合同内容合法合规且符合商务实质是合同的最基本要求。合同审核的首要原则是持审慎态度依法合规审核，保证合同合法有效，实现合同目的或交易目的。合同审核应特别关注可能导致合同无效或部分无效、被撤销的条款，因约定不明或前后约定冲突可能产生重大争议并影响各方重大权益的条款，以及有可能加重本单位责任的条款。《合同管理指引》具体从合同程序审核、合同内容审核和合同形式审核三个方面提出了解决方案。指引按照《民法典》中一般类合同常规设置的条款，重点梳理形成《合同法律审查细则》，在该细则中按顺序分重点地逐一释明。

指引通过明确列举包括如何做好合同条款完备性和具体性审核，合同标的的数量和质量条款审核，合同价格与支付方式条款审核，合同权利义务条款审核，合同履行期限、地点和方式条款审核，合同违约责任条款审核，合同担保条款审核，合同变更、转让、解除条款审核，合同不可抗力条款审核，合同争议解决条款审核以及合同效力条款审核。通过在不同商事法律关系的应用场景下的标准化、清单式的审核要求，能有效降低因法律理解不充分或实践经验不扎实而出现的合同审核风险，通过制度的刚性规定实现不同法律审核水平下整体把控合同内容高质量标准的要求。

（三）合同面签管理

为核实交易主体的真实性，最大程度防止虚构合同主体、伪造合同印鉴等事件发生，《合同管理指引》中借鉴金融机构的常规做法，增加了特殊类合同面签管理内容。系统各单位可根据具体业务情况自行明确采用面签管理的合同范围，合同的面签管理具体包括合同面签的原则、面签的过程及其注意事项、面签视频影音资料保存等内容。系统各单位通过指派人员当面核实合同相对方的身份及相关证照，亲自见证签约人当场签字盖章，可为后续合同出现履约争议时留存有利的基础支撑依据。

（四）合同履约风险及保障措施

《合同管理指引》提炼总结了集团内各单位对外展业过程中最常见的八种履约风险具体表现及对应保障措施。具体履约风险包括缔约过失风险、合同相对方风险、支付风险、交付风险、履约保障风险、变更风险、抗辩风险以及刑事法律风险。指引在对前述履约风险进行定义、识别、应对和管理的同时，还进一步强调对重要合同履约风险应进行动态管理，具体包括设置风险预警信号、采取风险监控管理以及履约风险预警措施。通过强化合同履行的过程管控，可以将合同风险防患于未然，化解于了然，以最低的成本实现合同权利最大化。

（五）合同履约担保管理

为贯彻落实《最高人民法院关于适用〈中华人民共和国民法典〉有关担保制度的解释》，以及适

---

❶ 如我方若作为次承租人租赁转租的房屋的，合同相对方应出具房屋所有权人同意其转租房屋的证明。如果合同相对方未经房屋所有权人同意而转租房屋的，根据《中华人民共和国民法典》第七百一十六条"承租人未经出租人同意转租的，出租人可以解除合同"的规定，我方签订的转租合同可能因相对方和房屋所有权人签订的租赁合同被解除而无法实际履行。

应《民法典》对原《担保法》及《合同法》等法律法规的重要调整，《合同管理指引》中以《合同履约保障措施及审查细则》的方式对新法中涉及抵押、质押和保证的设定要素进行了明确规定。同时，在指引中还总结了系统公司对涉及担保事项的重点审核要点，比如：明确列示不具备提供担保资格的主体及其例外，明确公司作为担保人的审核要点，明确上市公司及其控股子公司作为担保人的审核要点，明确差额补足合同/流动性支持函等类担保行为的审核要点。结合具体业务场景指明要点提示风险，防止系统单位出现释法不及时、适用不准确而导致担保方"脱保"情况的发生。

（六）合同的变更、转让、解除与终止

合同履行中出现未能预见的变化时，及时对合同进行变更、转让、解除及终止，既能有效防止纠纷发生，也是交易方履行原合同契约精神而采取最经济的维持交易秩序的方式。《合同管理指引》中明确了发生合同变更时应履行的程序要求，进行合法有效的合同债权转让或债务转让时应履行的要件，在采取合同债务加入时的注意事项，面临三类合同解除情形时（协商一致解除、约定单方解除、法定单方解除）应采取的措施，以及在合同终止时要做好的合同后评价、清理等要求。

（七）合同争议解决与档案管理

在涉及合同争议解决与合同档案管理方面，《合同管理指引》通过单章进行了原则性规定，并分别援引集团公司《法律纠纷案件管理办法》《档案管理办法》的具体要求。在指引的最后，列示了在合同制备、审核过程中部分常用官方网址参考信息，分别从资质类、资信类和合同文本类，梳理出了涉及工商资质、资本市场、企业资产、涉诉查询、合同示范文本的官方查询网站及检索链接，为系统单位日常查询和动态管控提供便捷。

综上，《合同管理指引》以合法合规、动态监控、协同联动和风险防范为合同管理的四项基本原则，将专业标准的合同管理工作流程制度化、规范化，将晦涩分散的外规详细化、清单化，通过指引的方式为系统单位建立现代化合同管理的工作标准，为集团各板块业务的高质量发展提供专业的法律解决工作方案。

三、取得的成效

（一）通过外规内化实现法律与制度适用的统一

指引内容充分吸纳《民法典》的内容（主要包括总则编、物权编和合同编的内容），融合包括《最高人民法院关于适用〈民法典〉有关担保制度的解释》《关于审理建设工程施工合同纠纷案件适用法律问题的解释》，以及《最高人民法院关于审理买卖合同纠纷案件适用法律问题的解释》等重要配套司法解释。《合同管理指引》与集团公司《合同管理办法》相辅相成，及时有效完善合同管理中法律风险缺口，共同为集团公司提升合同管理水平、防范合同履约风险铸造坚实的管理支撑与风险屏障。

（二）有效提升系统单位依法维权能力

第一，指引中严格规范相对方审核管理，奠定合同按约履行的基础，能大幅度减少因相对方准入不当引发违约导致的合同纠纷；第二，通过设置合法有效的担保措施，增厚合同履行安全垫，避免担保方脱保，并在相对方违约时提前锁定有价值财产获得优先受偿权利；第三，通过周密专业的合同条

款设置，既能在无形中减少被诉案件发生，也能减少核心争议焦点，增加案件胜诉率，有助于系统内单位在较短时间内获得胜诉判决抢得执行先机，避免因相对方爆发债务危机而陷入我方胜诉但难以执行的僵局。

（三）可有效提升系统单位合同风险防控能力

一方面，指引通过具体实施细则将法律条文转化为标准化管控流程，便于系统各单位特别是法律管理基础较为薄弱的单位按图索骥对合同主要风险进行防控，同时也可作为各单位排查法律风险源点、提升合同管理水平的重要工具。另一方面，指引分门别类对合同管理涉及的风险特征、责任主体、控制措施进行列示，进一步明晰了合同风险控制矩阵的控制要点，为集团公司内控合规风险管理一体化系统上线及后续通过信息系统对合同全生命周期实现有效管控提供制度支撑。

参考文献

［1］吴江水.完美的合同——合同的基本原理及审查与修改［M］.3版.北京：北京大学出版社，2020.

［2］张海燕.合同审查思维体系与实务技能［M］.2版.北京：中国法制出版社，2020.

［3］付希业.企业合同管理33讲［M］.3版.北京：法律出版社，2020.

电力企业"以案促管、以调促解"法律合规风险防控实践探索

曹振华 张 婧 杨文泽 马玉荣

国网山东省电力公司聊城供电公司

摘 要

国网山东省电力公司聊城供电公司（简称聊城供电）牢牢把握案件和调解两个抓手，以"强管理、解纠纷"为目标，明确"以案促管、以调促解"路径，以"案"为基础，以"调"为前提，以"促"为关键，加强法律合规风险识别、评估和应对，强化法律合规风险在前端化解，抓好法律合规风险过程管控，做到"预防、整治、监督、追责"并举，打造"解决一起案件、防范一类风险"的管理新机制。通过开展管理创新，有效规范和提升了业务管理，企业依法合规经营水平显著提升；有效避免和挽回了经济损失，企业合法权益得到有力维护；有效压降各类涉电案件的发生，人民群众生命财产安全得到有效保障；有效塑造和提升了企业品牌，企业良好社会形象得到彰显。

关键词

案件管理；电力人民调解；法律合规风险防控

一、实施背景

（一）贯彻落实全面依法治国基本方略的必然选择

依法治企是落实全面依法治国战略的重要组成部分，也是实现企业行稳致远的重要保障。聊城供电作为关系国家能源安全和国民经济命脉的大型国有企业，必须把依法治企作为贯彻落实习近平法治思想和党中央决策部署的实际行动，完善工作机制，狠抓责任落实，提升防控风险能力，确保依法合规经营。

（二）落实国家电网有限公司合规管理要求的重要保证

2023年，国家电网有限公司持续部署开展"合规管理提升年"行动，要求建立"以案促管"长效机制，为助力世界一流企业建设、筑牢合规防线。聊城供电全面加强"以案促管、以调促解"机制建设，是落实国家电网有限公司发展战略的必然要求，是全面防控法律合规风险、提升企业依法合规经

营水平的重要保证。

（三）全面提升企业生产经营管理质效的重要举措

随着依法治企和电力体制改革工作的不断深入，电网企业面临一系列前所未有的合规风险，有些风险一旦转换为法律纠纷，将会给电网企业带来惨痛代价，因此防范、控制与妥善化解合规风险显得日益重要。一方面，法律合规风险遍布企业内部各个专业领域，而各专业领域主动暴露、反映、化解的法律合规风险较少，时有因业务工作不规范引发诉讼案件或行政处罚案件风险隐患，极易造成企业经济损失或品牌形象受损事件，需要筑牢法律合规风险防控屏障。另一方面，诉讼渠道解决法律纠纷环节多、周期长、成本高，需要畅通群众诉求反映渠道，拓展涉电法律纠纷解决途径，将矛盾纠纷在前端化解。为打好打赢提质增效攻坚战，聊城供电创新开展"以案促管、以调促解"的法律合规风险防控实践，深挖管理问题，及时发现风险，堵塞管理漏洞，提升管理水平，有效压减被诉案件数量和赔付损失，促进企业经营管理质效全面提升。

二、主要做法

（一）成立风险防控的组织机构

1. 对内成立法治建设暨合规委员会

法治建设暨合规委员会专题研究"以案促管、以调促解"法律合规风险防控工作，负责该项工作总体设计、统筹协调、整体推进、督促落实。由聊城供电总经理、党委书记担任主任，领导班子其他成员为副主任，各部门负责人为成员，各部门设一名合规管理联络员，织密组织网络。

2. 对外全省首家成立电力人民调解委员会

"电力人民调解委员会"，抽调聊城供电法律、营销、建设等专业骨干及系统内全国和省两级人大代表，与外聘律师、公安人员、司法局委派的调解员，合力开展涉电法律纠纷调解。2022年6月，聊城供电指导所辖临清供电成立全省首家电力人民调解委员会。同年7月，指导所辖茌平供电成立"两会一站"（电力人民调解委员会、基层法学研究会、首席法律咨询专家工作站）。目前，市县已全部注册成立，建立起在全市具有电力特色、全省具有聊城特色的"电力人民调解"非诉纠纷化解机制。

（二）以"案"为基础，加强法律合规风险识别、评估和应对

1. 全方位、动态化风险识别

聊城供电以近年来电力企业发生的诉讼案件和行政处罚事件为依据，开展全面梳理和深入分析，组织建设、运检、营销等重点专业编制《重点领域合规风险清单》，明确重点领域合规风险点和防控措施，梳理涉及法律法规及重点条款，结合实际进行滚动修订完善，实行动态化管理。编发《聊电法律合规月刊》，加强法律法规、监管政策及规章制度梳理、研究和分析。

2. 两维度、五层面风险评估

结合聊城供电及7家所属县供电企业不同特点实际，在广泛征求意见、充分讨论、现场调研的基础上，由法律部门组织外聘律师及各业务部门人员，按照"两维度五层面"对电网建设、安全生产、合同履行等管理中的法律风险进行评价，完善风险评估数据等级，确保风险评估结果准确、客观，最终实现差异化管理。"两维度五层面"风险评估方式为：从风险发生的可能性、风险影响程度两个维

度，对法律合规风险事件进行评估，分别从极小、小、中、大、极大五个层面进行评价。

3. 全过程、规范化风险应对

为持续深化案件管理，聊城供电组织编制《触电案件处理流程》，从应急处置、证据收集、案件会商、参加诉讼、案件执行和案件总结五个阶段规范触电案件处理流程。为依法及时、妥善处置化解行政处罚风险，经咨询地方有关执法部门等意见，聊城供电编制《行政处罚风险事件处置指导流程（试行）》，从立案调查前、立案调查中、作出处罚后三个阶段，明确相应工作目标和应对措施及流程，有效指导业务部门做好风险防范。

（三）以"调"为前提，加强法律合规风险在前端化解

1. 创新建立非诉纠纷化解机制

与司法、公安等部门形成纠纷化解工作合力，通过全链式、一站式、网格化方式，将涉电纠纷案件多元化解在萌芽、解决在诉前，减少案件进入诉讼程序。精准研判诉前调，即定期收集统计客户意见工单、来电投诉等信息，及时进行会商研判，对需要采取调解措施的，提前介入进行调解。诉调对接主动调，即对起诉到法院的涉电纠纷，经当事人同意后，由法院委派电力调解员审前调解或协助法官诉中调解。

2. 持续完善非诉纠纷调解流程

明确"特邀调解员常驻办公、领导班子到岗轮值、法律顾问逢案必至、公安人员共同参与"运行模式。通过建立调解委员会规章制度，制定触电伤害、财产损失等典型涉电纠纷处理流程，完善调查取证程序，规范调解文书格式，确保调解依法合规。实行专人专案闭环管理，对调解完毕的事项，调解员在2日内电话回访满意度；对群众反馈不满意的事项再次受理，处理完毕后再次上门回访，保障矛盾纠纷彻底化解。

（四）以"促"为关键，抓好法律合规风险过程管控

1. 以制度促业务管理规范

"不以规矩，不能成方圆。"聊城供电发挥规章制度的规范约束作用，推动法律法规、规章制度与实际工作深度融合，保障各项业务依法合规开展。编制年度规章制度建设计划，常态开展制度"立废改"，明确各岗位需掌握的规章制度清单，确保与岗位工作的精准关联匹配。加强规章制度宣贯，将制度学习与日常工作紧密结合，确保全体干部员工学懂弄通。推动规章制度落地落细，抓好关键领域制度管控，做到行有参照、做有依据，形成"按流程办事，用制度管人"的良好机制，做到有章必依、照章办事。

2. 以整改促风险隐患治理

开展法治提升百日攻坚专项行动，针对安全警示标识、电力设施保护等方面的问题，全面开展排查整改。分析存在风险及隐患的成因，采取有效措施及时整改，对于重大法律风险及难点问题采取预控措施，坚持举一反三、以点带面，把抓好整改与建章立制结合起来，做到"发现一个问题、堵塞一类漏洞、完善一批制度"，确保管理问题销号率100%。建立重点案件"一风险一提示"机制，编制法律合规风险提示书，定期督导各业务部门落实反馈，从源头上消除法律风险隐患。

3. 以普法促风险意识提升

秉持"与实践结合、与业务融合、与需求契合"的普法理念，深入推进"八五"普法依法治理工作，力促法律合规风险意识提升。探索普法供给侧革新，成立"聊电律动"普法团队，开展"点餐式"

精准普法，定期举办"法律咨询日""上门送法"等活动，及时解答员工工作生活法律问题，员工依法合规意识和风险防范意识持续提升。创建"光耀水城·法润聊电"法治文化阵地品牌，从法治宣教基地、法治文化广场，到"法入心"创新工作室、"和为贵"电力人民调解室、"两会一站"，再到基层供电所廉洁合规展室等，打造"点、线、面"法治合规文化阵地矩阵，渗透式提升员工法治合规思维和风险意识。

4. 以共商促案件质效提升

建立重点案件协调会商制度，借鉴法院庭审模式举办"模拟法庭"活动，促进案件处理水平提质增效。完善由法律部门、业务部门、案发单位、外聘律师、外部专家等共同参加的案件处理诉前和诉中会商机制，实现外部法律资源和电力专业技术优势最佳结合。案情涉及部门派专家骨干参与案件处理，提供相关证据资料，出具专业技术意见，协同制定应诉方案。同时，通过案件讨论和应诉出庭，相关部门能更加清晰地了解案件暴露出来的管理问题，深刻认识专业领域涉及的法律风险，从而增强风险意识，改进专业管理。案发单位切实履行案情调查、证据搜集责任，全程参与案件处理。共商制度的常态化，对提高案件处理质效具有重要意义。

5. 以共建促法治环境优化

以党建＋法律合规为载体，以案件压降为抓手，法企、检企联动构建法治企业"生态圈"，将法律合规风险防控关口前移，营造公平公正的法治营商环境。通过开展与法院、检察院等司法部门结对共建、支部联创等活动，积极探讨和交流支部在党的建设、优化法治营商环境等方面的先进经验，整合共建双方优势资源，促进工作经验交流，对标改进问题短板，切实推动党建＋合规管理工作提质提效。积极在司法领域发出电网声音，扭转其对电力行业错误的定位和认识，实现主动维权案件、胜诉案件数量双上升，被动应诉案件、承担责任案件数量双下降的"双升双降"目标。

（五）以强管理、解纠纷为目标，优化法律合规风险防控机制

1. 业规融合强管理

企业主要负责人履行法治建设第一责任人职责，把加强合规管理作为重要工作事项，在全省率先组织各级机构、全体员工签订合规承诺书。法律统筹、专业主导开展全覆盖合规宣贯，强化业务部门、法律部门、纪检审计等监督部门合规管理"三道防线"职责协同落实，共同筑牢企业法治合规风险防线。

2. 多措并举解纠纷

教育指导员工通过调解化解涉电纠纷，积极参与社会涉电类纠纷调解，努力使人民调解成为化解涉电矛盾纠纷的重要途径。固化司法机关、社会律师等第三方人员参与调解机制，与市县司法局、政法委、团委等部门携手推介电力人民调解典型做法，邀请党代表、人大代表参与纠纷调处，提升电力人民调解社会公信力和品牌美誉度。

（六）健全实施联合监督的保障措施

1. 实行奖罚分明考评管理

将法律合规风险防范管理工作纳入聊城供电全员绩效考评体系，对风险控制措施无效或未执行的，法律部门向相关单位和个人发出警示，情形严重的进行经济惩处；对为企业挽回或避免重大经济损失、做出突出贡献的单位和个人给予表彰奖励。

2. 建立坚实过硬队伍保障

加强聊城供电法律合规管理队伍建设，除在办公室设置法律专责外，专门设立法律保障中心，法

律人员均具备法律职业相关资格，各部门、单位明确 1 名骨干人员为合规管理员，调解员队伍持证上岗，形成上下一体贯通、业务全面覆盖的合规管理组织体系。

3. 加强智能高效信息保障

深化应用数字化法治企业建设平台，该信息系统涵盖合规、合同、案件、规章制度、重大决策合法合规性审核、法律风险、招标等十余项功能，围绕事前防控、事中纠偏、问题整改、违规评价等合规管理重点环节，能够进一步提升法律合规风险源头监控和过程管控，为法律合规风险防控提供了数字化保障。

三、实施效果

（一）有效规范和提升了业务管理，企业合规经营水平显著提升

聊城供电以"以案促管、以调促解"防控风险为切入点和路径，坚持问题导向，理清管理痛点、堵点，拧紧了合规风险防控的链条，规范了重点领域的管理，保障了聊城供电健康可持续发展。聊城供电荣获山东省"七五"普法依法治理先进集体、国网山东省电力公司普法依法治企工作先进集体、首家入选山东省"八五"普法依法治理市级供电企业联系点，连续 9 年获得市年度绩效考核优秀。

（二）有效避免和挽回了经济损失，企业合法权益得到有力维护

聊城供电加强分工协作，建立了权责明晰的责任体系，实现了法律纠纷案件管理的规范化、标准化和制度化；积极查找证据，主动协调沟通，周密安排应诉方案，深刻分析发案原因，准确预测发案趋势，前瞻谋划应对策略。针对电费拖欠、破坏电力设施等问题，分别以发律师函、起诉的方式，切实追回经济损失。

（三）有效压降涉电案件的发生，群众生命财产安全得到保障

法律合规风险防控机制建设以来，助力建设、运检部门开展线路跨越、压覆矿等谈判，指导营销部门处理停电、电费缴纳等事项，全市安全供用电环境持续好转。调解纠纷过程中站在群众立场想问题，让群众切身感受真诚和温度，提高群众满意度。成功化解法律纠纷 20 起、信访事项 11 起。2022、2023 年新发被诉案件数量分别同比压降 52%、58%。进一步保障了人民群众生命财产安全，维护了良好的供用电秩序。

（四）有效塑造和提升了企业品牌，企业良好社会形象得到彰显

聊城供电贯彻新发展理念，主动践行社会法治建设责任，合规管理体系健全完善、机制顺畅有效，"合规立身"理念深入人心，通过强化合规管理全面提升了依法治企能力。国家电网有限公司"借助第三方化解重点矛盾问题"创新研讨会在聊城召开，上海、重庆等 6 家公司专家现场参观后，给予"值得在全国推广"的高度评价。典型做法在《国家电网工作动态》刊发，国网山东省电力公司董事长多次点名表扬。企业的合规管理，正面影响了员工道德及企业的价值观念，聊城供电多名员工获得"中国好人""感动聊城十大人物"等荣誉称号；聊城供电连续 8 年保持全国文明单位称号，连续 16 年保持全国基层先进党组织称号。

电力企业境外业务合规风险管控实践

孔志明　　侯晓玉

全球能源互联网集团有限公司

摘　要

面对复杂多变的外部环境，全球能源互联网集团有限公司落实中央企业合规管理要求，深入开展境外业务合规风险管控工作，参照 ISO 37301：2021 国际标准，运用 PDCA 循环管理模式的理论和方法，创新开展《境外法律风险防范指引》编制等境外合规风险管控工作，有效识别合规义务，防范合规风险，为推动全球能源互联网集团有限公司和全球能源互联网事业健康可持续发展提供坚强保障。

关键词

电力企业；境外业务；合规风险管控

近年来，世界形势严峻复杂，大国博弈加剧，地缘冲突激烈，逆全球化思潮、民粹主义、保守主义上升。美国滥用"长臂管辖"，从政治、经济、意识形态等方面打压中国。各国强化供应链安全，投资、贸易保护措施增加，传统国际关系制度受到冲击与挑战，导致境外风险有所增加，需要更加重视安全与风险管控。

一、境外合规风险管控面临挑战

（一）面临境内外法规多重要求

境外经营行为，不仅要受中国法律的天然约束，还需要符合业务所在地的法律法规、行业监管要求，并遵守相关国际法律法规。同时，在"域外管辖""长臂管辖"盛行的司法环境下，在境外开展业务经营，极可能还需要满足第三国政策法律的要求。

多法域遵从给境外业务合规管理体系搭建、风险管控工作开展带来巨大难度。一是适用多重法律，企业难以构建统一的合规管理体系。二是适用多重法律，往往面临法律间的冲突和矛盾，这些冲突和矛盾可能属于同一法律部门，也可能属于不同法律部门，致使企业在具体业务中无法制定合理的冲突解决方案。三是适用多重法律，需要全面研究业务区域法律，域外政策法规数量繁多、日新月异，对合规资源投入要求较高，增加企业管理成本。

（二）易遭受针对性执法

随着中国综合国力和国际影响力的提高，跨境企业在高新技术领域的蓬勃发展，中国企业在国际竞争中逐渐占领一席之地，"中国威胁论"不时出现。中国企业在"走出去"过程中，面临的针对性执法活动更加频繁。

在反商业贿赂领域，对美国《反海外腐败法》1977—2021 年的执法案例进行分析，其中中国以 68 件执法案件排在非美国企业／个人执法名单榜首，执法案件数量是第二名巴西的两倍以上。

频繁的针对性执法活动，给境外业务合规管理建设及法律风险管控带来极大压力。企业一方面需要构建完备的合规组织架构，准确识别、评估、治理合规风险，防止违规事件发生；另一方面需要建立合规风险事件应对流程，保存合规证明记录，及时配合执法。

（三）经贸摩擦裹挟升级

受全球经济复苏缓慢、政治社会危机等因素影响，近年来全球经贸摩擦频繁，大国之间战略博弈加剧，以国家安全为名的贸易管制呈现抬头之势，许多国家使用管控、制裁手段以维护自己的国家利益，确保经济、技术优势地位。

全球经贸摩擦频繁，不仅直接增加了境外企业经营风险，还为企业制定内部合规管理制度增加了难度，对企业合规应对能力和风险化解能力提出了较高的要求。

二、境外合规风险管控工作主要做法

全球能源互联网集团有限公司（简称集团公司或公司）自 2018 年以来陆续设立 7 个驻外机构，目前共有驻外员工 27 人，主要从事沟通联络、调查研究、规划设计、技术标准和项目推动等工作。

公司针对境外业务管理实际情况，积极搭建境外合规管理体系，参照《合规管理体系 要求及使用指南》（ISO 37301：2021）国际标准，运用 PDCA 循环管理模式的理论和方法，重点开展了以下工作。

（一）计划（Plan）：确定驻外机构合规管理目标、政策及合规管理计划

1. 建立基本制度

发布集团公司《合规管理实施细则》，明确集团公司合规管理工作目标为"健全合规管理体系，切实防控风险，保障集团公司持续健康发展"；明确"坚持党的领导、坚持全面覆盖、坚持落实责任、坚持务实高效"4 项工作原则；明确集团公司合规管理制度全面适用于集团公司内设机构及下属驻外机构。

2. 构建驻外机构"1+6+7"制度体系（见图 1）

"1"是集团公司《合规管理实施细则》，是驻外机构合规管理的基础制度；"6"是《驻外机构财务管理办法》《驻外机构法律工作指导意见》《驻外机构人员管理办法》《驻外机构绩效管理办法》《驻外机构业务管理规范》《驻外机构日常管理规范》等专项管理制度，"7"是 7 个驻外机构各自编制的《驻外机构运营细则》，形成横向到边、纵向到底全业务、全流程、全覆盖的驻外机构制度体系。

3. 按年度制定境外合规管理计划

每年年初集团公司统一制定年度合规管理计划，从合规风险识别、合规审查、合规评估预警、改

进提升全流程，提出境外合规管理年度重点工作任务。年底对全年合规管理情况、合规管理结果进行总结，形成管理闭环。

（二）执行（Do）：根据计划阶段制定的合规政策和程序，将其落实到境外业务日常运营中

1. 开展境外合规义务识别

驻外机构所在国、重点项目所在国现行有效的法律法规是境外合规管理的基础和底线。集团公司本着严谨务实的工作态度，组织编制"境外法律风险防范指引"系列丛书。历时 3 年时间，经 2 次内容扩充及滚动修订，最终形成覆盖美国、俄罗斯、比利时、泰国、埃及、埃塞俄比亚、智利等 7 个驻外机构所在国，几内亚、刚果（金）、印度尼西亚等 3 重点项目所在国，累计字数达 35 万字的"境外法律风险防范指引"系列丛书（简称《指引》）。

图 1 驻外机构 1+6+7 制度体系

《指引》内容涵盖国家和法律概况、机构设立、劳动用工、财税管理、知识产权、电力投资运营、反商业贿赂与反腐败、数据及个人信息保护、其他法律风险防范和个人安全等 10 个章节，做到境外业务全覆盖。其中法律风险防范相关章节重点聚焦法律法规要求、风险点与防范措施、典型案例分析等三部分。在《指引》编制过程中，"准"字当先：坚持使用官方渠道，收集"一手数据"；务求"实"效：重点关注业务发展中现实存在的法律风险，研究提出切实有效的防控措施；"精"心设计内容：把枯燥的法律条文转变为干部员工"读得懂、记得住"的"活例子"，让境外合规和法律风险防范意识入脑入心。

2. 宣贯境外合规义务

《指引》发布后，驻外员工人手一套，各驻外机构纷纷组织学习交流。《指引》清晰地梳理了驻外机构所在国各重点业务领域法律法规，为境外业务拓展及"第一道防线"合规审查提供准确依据。生动的案例教育警示驻外员工严格遵守驻在国法律，常怀敬畏之心，规避潜在风险，安全平稳推进工作，成为驻外员工的工具书。

3. 细化重点业务合规管理流程

以《指引》描绘的合规义务为基础，针对驻外机构设立备案、所在国注册、银行账户开立、境外拨款、日常运营、调查研究及驻外人员出差与离开驻在国等重点事项，编制《重点业务合规管理指

引》，明确业务流程、风险审查点及底线清单。在此基础上，严格实施境外业务合同、重要事项合规审查审核和合规监督，确保境外各项业务活动合法合规。

例如：在《重点业务合规管理指引》第五章第六节《驻外机构人员出差与离开驻在国计划合规指引》中，列明合规依据、业务流程、合规风险审查点及底线清单。

【合规依据】《国家电网有限公司因公出国（境）管理办法》《国家电网公司国际项目业务人员因公临时出国简化审批实施细则》。

【业务流程】分计划制定、出差执行2个阶段，5项具体步骤。

【风险审查点】①审核出差任务是否为计划内任务；②出差国家数、天数、人数是否符合相关外事制度规定；③出差任务是否翔实、在外日程安排是否充实、请示件内容是否准确、合规；④出差任务是否按规定履行完整的审批程序；⑤出差任务实际执行中是否存在与批复内容不符的情况，如有变更，是否已提前履行报批程序。

【底线清单】①未经审批，不得出差；②出差任务须严格按照审批内容执行，未经审批，不得变更；③不得前往未经批准的国家（地区），包括未经批准的"申根国家"和互免签证国家；④不得擅自延长在外停留时间，不得绕道旅行或以过境名义变相增加出访国家和时间；⑤严禁出差期间参与境外政治、宗教、党派以及其他非正当活动；⑥严禁未经批准程序私自办理出国（境）证件、港澳通行证或未经批准出入国（边）境；⑦严禁私自携带、寄递违禁违规书刊、音像制品、电子读物等出入境；⑧严禁违反所在国家（地区）法律、法令。

（三）检查（Check）：对境外业务合规管理体系的执行情况进行监督和评估

1. 开展合规管理有效性检查和风险专项排查

对照《中央企业合规管理办法》及相关法律法规，从组织建设、制度建设、运行机制、监督追责、文化建设、信息化建设等六个方面设定指标，对境外合规管理体系建设及其运行情况、境外业务合规管理关键环节合规要求落实等情况开展评价，查找问题和不足，深入剖析原因，堵漏洞、强弱项、促提升，不断健全完善境外业务合规管理体系（见图2）。同时，持续开展结合境外法律风险排查工作，整合境外合规风险"拼图"，确保驻外人员合法合规履职。

图2　境外合规管理体系评价指标维度

2. 多方位检视境外业务合规

结合内外部审计、巡视、境外业务专项检查等工作，对境外业务开展的合规性进行检查，做好整改工作"后半篇文章"，建立长效机制，进一步夯实合规基础。根据审计、巡视等结果的相关通报，编制发布《涉外安全与法律风险案例选编》，对中国企业涉外法律风险典型案例进行深入分析，提出管理建议和风险防控措施，强化警示教育，确保境外合规管理制度、机制顺畅运行，法律风险有效管控。

例如：在《涉外安全与法律风险案例选编》第十二节《海外投标违规法律风险》中，通过对 2019 年以来三起世界银行针对中国企业制裁的案例进行详细分析，对照《世行合规指南》，对境外投标业务提出合规体系建设要求。

境外合规体系建设的【首要目标】——禁止不当行为：企业在进行合规体系建设时首先要明确禁止腐败、串通舞弊和胁迫行为。应梳理外部法律法规和企业内部制度。

境外合规体系建设的【重点领域】——自身合规与商业伙伴管理：对于雇佣前尽职调查、限制雇佣前政府官员、管控礼品招待支出、限制政治捐款、慈善捐赠和赞助、好处费、完整记录和欺诈胁迫、串通舞弊等世行明确的 8 个领域，应作为企业合规体系建设的重点。另外，相应诚信合规义务应延伸至商业伙伴。

境外合规体系建设的【关键环节】——决策、财务、合同：在以上三个关键环节，企业建立更有针对性的规范，包括应建立适当的决策程序，保证决策过程和级别与交易金额及风险相匹配；企业应就财务、会计和记账行为建立有效的内控体系，确保发现违规交易；企业应明确关于不当行为的合同义务与责任。

境外合规体系建设的【保障机制】——培训、激励、报告、矫正、联合：企业应定期宣传合规并记录；应采取适当的激励措施，同时惩戒参与违规行为的人员；明确全员对违规行为的报告义务，并提供适当的报告渠道；应为员工提供合规指导和建议；应对不当行为进行调查并采取措施；可尝试与行业组织等联合开展合规建设。

（四）行动（Act）：根据检查结果采取必要的措施改进合规管理体系

1. 持续修订现有制度、清单

2023 年，集团公司对《合规管理实施细则》进行修订，滚动修编《境外法律风险防范指引》内容，确保合规义务清单准确、有效。

2. 适时开展专项培训

根据国际形势政策变化、法律法规更新及境外员工对合规培训的反馈情况，调整合规培训内容，组织开展境外反腐败合规风险培训、"长臂管辖"及出口管制风险培训等专项合规风险培训，使境外员工第一时间了解政策变化，并在业务开展过程中防范风险。

三、境外合规风险管控工作成效

实践证明，境外业务合规风险管控工作，既是监管部门的政策要求，也是集团公司加强合规体系建设、加强法律风险防范、加强驻外人员管理的内生需求。集团公司开展境外业务合规风险管控以来，驻外机构运营平稳有序，未发生违法违规事件，未发生合规风险事件。

（一）保障境外业务健康有序发展

通过境外合规风险管控，对驻外机构、境外业务所在国法律法规进行梳理，识别底线、红线及法律风险，为驻外机构登记、税务、劳工、运营等各项业务合法合规经营提供有力支撑，保障驻外机构、境外业务健康有序发展。

（二）应对境外风险挑战能力不断增强

通过境外合规风险管控，驻外机构合规管理体系不断完善，集团公司能够及时识别和评估境外经营中的合规风险，并采取相关措施进行防控，避免了违规事件的发生。通过建立合规事件应对预案，提高了应对境外风险挑战的能力，合规风险事件将得到更加有效的应对。

（三）合规意识显著提高

通过不断完善境外合规管理体系，开展境外合规风险管控，集团公司决策层、管理层不断发挥"关键少数"引领作用，广大员工合规意识不断强化，"合规立身"的理念深入人心，集团公司整体合规水平明显提升。

（四）国际形象不断提升

境外合规风险防控工作是集团公司积极投入国际合作的有力支撑。驻外机构是集团公司和全球能源互联网事业的名片，直接代表着集团公司的国际形象，通过强化境外合规管理，在国际市场上树立了良好的社会形象，增强了国际竞争力，推动全球能源互联网发展走深走实。

下一步，集团公司将统筹发挥好法律合规、风险管控"三道防线"作用，不断织密合规风险管控网络，夯实合规管理和法律风险管理基础，保障经营合规、风险可控，促进形成"事事合规、时时合规、人人合规"的企业合规文化，为推动集团公司和全球能源互联网事业健康可持续发展提供坚强保障。

参考文献

［1］冯宇.企业法律风险防控与合规指南［M］.北京：法律出版社，2022.

［2］陈瑞华.企业合规制度的三个维度——比较法视野下的分析［J］.比较法研究，2019（3）：61-77.

［3］陈云峰.中国电力企业海外投资风险与对策研究［J］.能源科技，2020，18（12）：1-4.

以企业合规管理理念好非直供用户"一户一表"改造"三字诀"

项忠正 洪哲安 黄 俊 陈 丽 李弘扬 何 瑶

国网浙江省电力有限公司衢州供电公司

摘 要

本文基于电网企业合规管理体系建设要求以及对衢州地区"一户一表"改造工作现状的分析，总结了国网衢州供电公司在合法合规开展和推进"一户一表"改造中实施的重要举措，即用"敢""干""稳"三字诀推进"一户一表"改造，加速构建政府、供电公司和居民之间的联动体系，解决居民用电问题，提高供用电可靠度。

户户通电是电网的社会责任，也是《民法典》和《电力法》等法律法规对电网企业的重要要求，电力对现代化社会和公共事业领域的基础性作用和电网的自然垄断属性使得供用电合同具有普遍服务性质和强制缔约义务。在"一户一表"改造过程中，国网浙江省电力有限公司衢州供电公司（简称衢州供电公司）始终坚守合法合规理念，立足自身公用事业法律定位，肩负服务民生的重大责任，以法律为根本原则组织"一户一表"改造项目、筹措落实资金、统一居民意见、规范工程建设，着力提升电力服务的普遍能力和水平。

一、主要做法

衢州供电公司将加强合规管理与全面落实惠民政策相结合，着力解决住宅小区居民用户用电存在的"电费加价、搭车收费、以电控费"等侵害小区居民合法利益的突出问题，围绕满足居民生活用电快速增长需求，统筹解决社会发展和群众生活需求问题，持续增强供用电的可靠性，让群众享受到"供电到户、抄表到户、收费到户、服务到户"四到户服务和国家目录电价的相关政策。同时，衢州供电公司将加强合规管理融入改造工作"事前、事中、事后"全流程，形成全覆盖、全链条，一体多面、多维互动的合规管理体系。

（一）"敢"字当头，烧旺"精神之火"，解锁推陈出新的"满分举措"

1. 政企合力共克历史难题

在"一户一表"改造过程中，针对工作责任归属不明以及各单位相互推诿导致改造进程缓慢的问题，衢州供电公司争做敢于创新的"急先锋"，本着"苟利于民不法古，苟周于事不循旧"的思想，果断抛却以往"改造主体不明就不改造"的旧例，持续加强与政府部门对接，推动完善电力接入工程费用分担机制，促成常态化落地执行。做好"微负荷"管理试点工作，深化供电领域"一件事一次办"。

收集转供电主体清单，深入摸排、走访非直供电终端用户，坚持使用"一线工作法"，狠抓小区居民住宅配电工程、业扩报装合规管理，开展"临代正"专项治理。联合政府相关部门召开问题小区工作会议，明确成立工作专班、落实主体责任、细化进度安排，政企联合推动衢州地区问题小区"一户一表"改造项目平稳落地。

2. 部门联动办好民心工程

鉴于问题小区改造存在主客观多方面困难，且用户内部意见也无法统一，衢州供电公司破除"思维定式""路径依赖"枷锁，抽调业务骨干，由营销专业带领，发展、运检、基建专业以及各供电所全力配合，优化改造项目专项服务机制，清单化、专班化、数字化组建老旧小区供电"一户一表"改造工作小组，

定期协调沟通改造进度，减少中间层级，提高工作效率。推动领导专班及时调度，相关部门迅速响应，街道社区跟进落实，做到矛盾纠纷精准调解、问题困难精准攻坚、群众需求精准服务，始终坚持以增进民生福祉为出发点，以群众满意为落脚点。公司明确工作专班要建立督查推进机制，压实各方责任，对全市问题小区改造进行专项督查催办，对导致治理进度滞后、治理责任不落实定时通报，严肃追责问责。

（二）"干"字为要，烧旺"实干之火"，解锁奋发作为的"满分账单"

1. 差异化方案克服现实困境

衢州供电公司营销部联合相关部门围绕目标任务、工作事项、进度安排、工程质量、资产移交、资金保障、督查推进、长效保持等对涉及民生关系"急难愁盼"，出台了具体工作方案。明确市域范围内120个问题小区的用电改造的目标安排，以实地排查摸底为基础，针对不同小区各异的供电情况和改造条件，采取差异化方案设计。一方面，采用"一小区一方案"的思路，统筹考虑实际状况，从小区户表入手开展现场勘查，制定有针对性的施工改造方案，倒排工期、挂图作战，确保改造按期完成。另一方面，在施工过程中依据实际情况不断优化着施工方案，合理排定作业时间，在保证居民正常生活的前提下提前完成表前线安装，再选择多数居民外出上班的白天时段开展换表施工。这样既保证了施工进度符合预期，也保障了居民的正常生活不受施工影响，同时也实现了施工进度、安全质量和供电服务的可控、能控、在控。

2. 多部门协调筹措改造资金

经实地摸排，衢州全市范围内非直供小区120个，其中纯合表小区37个、跨产权"一户一表"小区70个、"临代正"小区13个。这些问题小区由于长期采用基建临时用电、转供电、总表代供等多种非正式用电形式对入住居民进行供电，导致现场私拉乱接严重，电费加价问题突出，阶梯电价政策无法落实，居民正常用电难以保障。

资金问题一直以来都是拖缓衢州地区"一户一表"改造进度的症结，为此，衢州供电公司立足解放思想、直面问题、敢于担当，结合问题小区形成的原因、现有的数量、用电的状况以及这些问题长期存在给供电公司营销服务工作带来的被动、风险、舆情及外部监管的压力，探索提出"四个一点"资金筹措方式，即地方政府承担一点、开发单位筹措一点、供电公司支持一点、小区业主分担一点的治理模式加以推进治理。内外两个维度协同发力，通过与政府、住户或住宅产权单位的协同合作，将"一户一表"改造纳入惠民工程，建立专项改造资金，保障衢州地区一户一表改造的资金来源，力求改造项目稳步推进、持续开展，增强施工进程的可控度与可行性。协同联动、攻坚克难，衢州供电公司与当地政府部门共同解锁了"一户一表"改造令群众满意的"满分答卷"，助力赋能衢州地区供电可靠

性的稳步提升。

（三）"稳"字托底，烧旺"进取之火"，解锁为民服务的"满分篇章"

1. 持续性跟进解决民生"急难愁盼"

"一户一表"改造涉及民生福祉，是保护人民合法权益、厚植公司央企担当本色的重要途径。衢州供电公司立足改造工程深化内化、常态长效，坚持"去除存量、杜绝增量"的工作原则，强化开发建设各环节联动和全流程监管长效管控。在已完成改造接管的小区建设"社区＋电力＋物业"一站式电力服务驿站，把优质服务送到用户家门口。区域营销人员直接响应业主用电需求，主动上门对接服务客户，引导居民优化用电行为习惯，有效提升为民、惠民能力。结合小区业委会、社区服务中心，定期开展用电安全检查、电力惠民政策宣传等现场服务，切实提升服务品质，更好地为小区居民提供方便、快捷的暖心服务。

2. 前瞻性规划保障未来用电

针对新增小区严格厘清投资界面，落实政府相关部门规定，由房开公司建设的商品住宅小区，政府组织建设的保障及集中安置小区，以及其他依法依规建设的非商品住宅等非供电公司投资建设的受电工程，小区规划红线内供配电设施建设费用由建设单位承担。对于建设主体不明确、配电设施出资界面难以确定的项目，按照"一事一议"的原则，属地单位报请地方政府主管部门牵头协商确定，并以书面记录予以明确。以《供电营业规则》相关条文为向导，主动对接规划，在项目前期规划阶段，充分考虑小区建设临时用电和正式用电需求，因地制宜推行配电设施永临结合建设模式，推广典型设计方案，统一标准、提高效率、节约资源，做到一次投资、一步到位。将供配电工程纳入小区整体验收范围，明确将正式用电纳入商品房交付前置条件，严禁开发单位将未通过竣工验收的房屋提前交付使用，确保"临代正"问题零新增。

二、实施效果

（一）"领跑者"定位不断强化，业法融合走深走实

衢州供电公司将合规管理与"一户一表"业务改造相融合，特别是涉及民生事项，创新性地建设专业化、模块化、标准化、流程化业法管理模式，构建起"事前防控、事中跟进、事后闭环"的全生命周期风险防控体系。将法治建设和"一户一表"改造工作深度融合，运用国家法律规定、行业规则妥善处理改造中产生的纠纷，日常加强与政府、社区、房开公司的横向协调，与客户的纵向沟通，开展多形式的法治共建交流。不断践行《中央企业合规管理办法》的丰富内涵、精髓要求和实践要求，合力营造出衢城良好的法治化居民用电与电力营商环境，不断在业法融合、业规融合上起到模范带头作用。

（二）"实践者"作用不断发挥，非直供电改造稳步推进

"为者常成，行者常至。"衢州供电公司深刻践行"一线工作法"，针对已摸排发现的120个非直供小区建立台账清单，针对各个小区形成"一小区一策"，整改计划明确，双周进度管控稳步推进。2023年，衢州供电公司推动政府出资并完成了闹市景区马站底的非直供小区149户居民和61家商铺的改造，为非直供小区改造提供了示范样板。同时，针对各非直供电小区，衢州供电公司将用电检查服务、

通知、报告、督导"四到位"落到实处，居民安全用电水平显著提升。

（三）"担当者"角色不断凸显，供电可靠性持续提升

"去民之患，如除腹心之疾。"衢州供电公司与政府部门协同构建起非直供电居民小区应急保障工作机制，明确各方协调抢修和应急保障工作职责、流程和要求，在政府的统筹组织下，依法合规开展相关工作。在抢修资源配置上，建立起"先复电、后抢修"及"能带不停"的工作原则，故障抢修方式不断优化、抢修时间不断缩短、停电对客户的影响持续减弱。在践行安全生产法的基础上，立足故障抢修技术服务速度加快与效率提升，非直供电居民小区供电稳定性持续提升，12345、95598等途径用户投诉量显著降低，用户服务满意度增长显著。

参考文献

［1］曹慧珊，李淇瑾，易振林．以"新"换"心"居民用电更舒心——国网永州供电公司超额完成专变小区"一户一表"改造工作［J］．大众用电，2024，39（1）：26-27.

［2］刘霞．加快老旧小区居民用电"一户一表"改造［N］．云南政协报，2024-01-28（003）．DOI：10.38262/n.cnki.nynzx.2024.000313.

［3］梁龙骏，石明书．城市居民小区"一户一表"改造探讨［J］．低碳世界，2016（13）：49-50.

打造"合规三分钟"特色法治宣教品牌 推动业规融合法治文化发挥实效

李先锋　付红豪　周　也　毛元媛　陈自勉　王　蒙

国网浙江省电力有限公司杭州供电公司

摘　要

目前，国企的合规宣教仍存在范围意义局限、形式单一且流于表面、成果缺乏反馈等问题。针对以上问题，国网杭州供电公司紧扣国家电网公司工作要求，结合公司"强基固本、队伍登高"主题年总体安排，打造"合规三分钟"特色法治宣教品牌，通过建立常态化的"合规三分钟"宣教机制，强化"三道防线"的风险识别能力，健全完善闭环整改机制，提升合规管理水平，推动合规宣教发挥实效。

关键词

合规宣教；合规管理；风险识别；风险管理；闭环整改

近些年来，党中央和国务院加大了对中央企业的合规管理能力提升的要求，要求中央企业建立合规管理体系，提升依法合规经营管理水平。合规知识的宣教，是提升企业内部合规意识，进而提升合规管理能力水平的重要途径。在内部形成合规风险意识合力，有助于及时采取风险措施，减少因违法违规而造成更大的经济损失或行政处罚，从而提升企业品牌形象，实现合规管理目标。

一、国企合规宣教存在的问题

（一）合规宣教范围与意义局限于法务部门

在企业内部，合规工作常是被当作法务部门的工作，业务部门的接受往往比较被动。一方面，业务部门在日常工作中往往关注本职工作的结果产出，而忽视过程中的合规操作；另一方面，即便法务部门对其操作过程进行合规监督或建议，发挥的实效通常也无法长期持续或深入业务过程。与此同时，管理层的合规意识也较弱，对合规管理的部署决策缺乏前瞻性，更缺少相应应急管理机制。

然而，企业合规的直接目的在于避免合规风险的发生，避免企业过大的代价和损失。合规风险属于因企业自身违法违规原因，因触及法律法规、监管要求等，可能遭受法律处罚、监管处罚、重大财务损失或声誉损失的风险，相对于传统的业务风险和审计风险而言，这类风险导致企业所遭受的各种损失和后果会更严重，企业因此付出的代价也更为巨大。

（二）合规宣教形式单一，流于表面

由于目前合规的重要性被企业和员工所忽视或低估，大部分的合规宣教仍流于形式。大部分国企侧重对经营业绩、技术指标及业务发展的考核，而对合规管理的认识不到位，对合规管理体系建设执行不彻底，缺乏规章准则、重视留痕。同时，很多国企的合规管理的多数工作还是以书面文件为主，对信息化建设和信息技术的应用相对匮乏，管理效率和效果相对不足。

（三）宣教成果缺乏反馈与评价

由于流于形式，目前合规宣教并未对实施成果进行反馈与评价。大部分国企在合规管理工作中轻视实效，往往以不作为的方式漠视违规后果的发生，起不到合规管理风险预警的作用。合规宣教也得不到有效的反馈和实效。因此，要建立合规宣教的反馈机制，用宣教所发现的问题来促进整体合规管理水平的提升，推动合规宣教发挥实效。

二、以"合规三分钟"为推手的合规宣教具体举措

为贯彻落实国务院国资委和网省公司要求，真正将合规意识厚植业务一线和管理工作，国网杭州供电公司紧扣"世界一流法治企业"建设标杆的要求和"强基固本、队伍登高"主题年总体安排，打造"合规三分钟"特色法治宣教品牌，通过建立常态化的"合规三分钟"宣教机制，强化"三道防线"的风险识别能力，健全完善闭环整改机制，促进合规宣教发挥实效。

（一）筑牢"三道防线"保障墙，强化风险问题识别能力

防范体系的建立是一个企业完整的合规计划中的一大基本要素，而合规防范体系建立的一大要素便是及时有效的风险识别与评估。目前，我国企业缺乏有效的风险识别机制，合规部门无法及时向高层决策者报告，业务部门也没有建立有效的违规报告制度。因此，通过"合规三分钟"首先推动的便是电网企业内部业务部门、法务部门、监督部门的风险识别与评估能力。

1. 深入业规融合，建强业务基层"第一道防线"的风险识别机制

定期开展专业合规风险排查，覆盖工程、数据、党建、用工、物资等各个专业领域，动态完善专业合规风险库，编制一对一"清单化"管理预案。开展安全环保、电网建设、招标采购、供电服务、网络安全与数据管理等重点领域的风险识别研究，促进业务部门第一时间发现问题、上报问题。

2. 加强监督指导，提升合规部门"第二道防线"的风险识别能力

编制公司法治合规强基固本专项方案，统筹抓好合规体系建设、合规机制运行、合规能力提升工作。结合电网规划、物资管理、深化改革等重点领域，精准识别合规风险，及时开展合规风险预警，监督落实合规风险防控措施，发挥法律合规部门作为"第二道防线"的双重把关作用。

3. 搭建"大合规"平台，发挥协同部门"第三道防线"的风险识别督查作用

筹建公司大合规人才库。健全问题发现和风险防范信息共享机制，打通"纪、法、审、财、组"巡视巡察问题清单、审计发现问题清单等底层问题库。结合违规追责"二十条红线清单"等风险隐患库，打造公司大合规风险库。充分运用信用数字生态系统、大监督工作平台、数字化审计模型，动态监测查纠违规事实、小微权力合规隐患与经营合规风险，定期移交重大违规经营投资线索，全面发挥

纪、审、财、组对合规风险识别的后端防控、协同监督和警示震慑作用。

（二）搭建"合规三分钟"宣教台，发挥合规宣教实质实效

1. 坚持"分层＋分级"双向促进，实现主题多元穿透管理

坚持"实用为先、重点突出、分层分级"原则，打造分层分级的"合规三分钟"宣教体系。针对"关键少数"，在月度会、双周会上开展"合规三分钟"宣教（见图1），以"关键少数"主动学合规，以法治宣教带领各级领导班子不断提高用法治思维深化改革、推动发展、化解矛盾、维护稳定、应对风险的能力。针对"专业岗位"，配套落实"基层合规三分钟"微讲堂，不增开新会议、新培训，将"合规三分钟"嵌入安全生产会、班前班后会，广泛宣传新规定、新概念、新精神，将合规穿透各层级。

合规宣教的主题选取要求覆盖面广、专业度高。目前各公司均建立动态更新的"合规三分钟"主题清单，由法务部门辅助选择每一期宣讲的主题、业务部门最终确定宣教的具体内容，使宣教涵盖优化营商环境、反垄断、"三指定"、工程管理等重点领域。

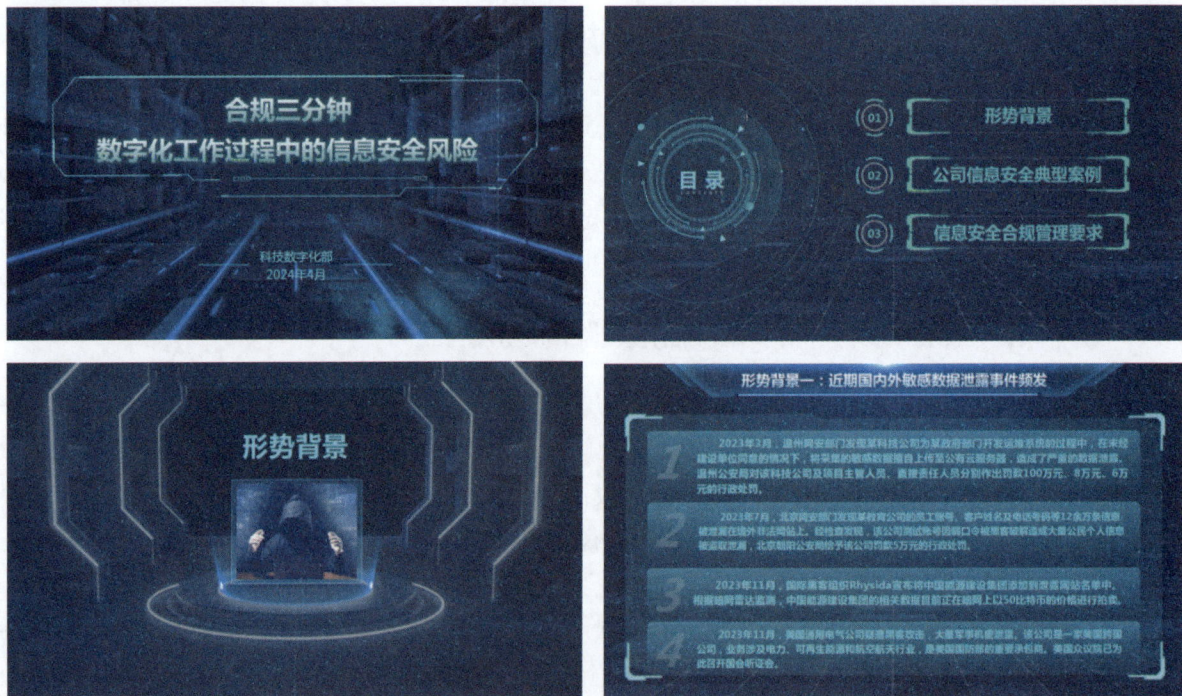

图1　双周会前"合规三分钟"专题分享

2. 坚持"市县＋主产"双向融合，实现合规宣教全域推广

严格落实"市县一体、主产同质"的要求，全域推广"合规三分钟"模式。在市公司层面，所有机关部门、产业单位负责人轮流讲合规，营造领导干部带头学合规、抓合规的氛围。在县公司层面，建立单位负责人领衔的合规讲师团，深入基层开展宣讲，形成"人人讲合规、人人抓合规"的良好氛围。通过建立座谈会、分析通报等常态化机制，将合规要求贯穿各区县、城区公司和产业单位。制定《基层合规三年行动方案》，做到基层合规体系建设、合规风险防范要求措施无差别。

3. 坚持"平台＋阵地"双向赋能，实现合规宣教齐头并进

强化合规阵地建设，让合规宣教与合规阵地发挥实效。以数字化平台为依托，以实体化场所为支

撑，联合市中级人民法院，在"不增编、不建房"的前提下，利用"一根网线一块屏"，搭建具备党建联建、普法教育、政策宣讲、矛盾化解、队伍培育等功能的电力"共享法庭"。构建"合规三分钟＋共享法庭"网格化宣教机制，整合推广电力共享法庭宣教平台，助力营造全员参与的良好氛围。

（三）织密"闭环整改"机制网，提升合规体系管理水平

合规宣教的根本目的在于提升公司各部门的合规意识，整改工作的不合规之处，做到在日常经营生产业务中对法律法规等规则的严格遵守。因此，合规宣教工作少不了后续对不合规之处整改的监督。当企业在合规体制下坚守基础性法律规定与合规要求，能使企业在未来风险中保有抗辩理由，减少由此产生的损失。

1. 强化问责整改长效机制

针对"合规三分钟"揭示问题下发合规风险提示书，提出专项合规整改建议，以专业部门和基层单位"双责任制"推动问题处理反馈闭环。定期督办合规三分钟隐患清单，根据发现隐患、完善制度、问责处理等情况，对专业监督的质量和实效进行综合评定。

2. 深化"以案促管"专项行动

按照"四不放过"原则深化以案促管，加强案件诉前、诉中、诉后各关键节点管控，严格落实案发第一时间报告和说清楚要求。以案件专题分析会、重大案件督导会为抓手，落实诉前专题分析，指导各单位依法合规应诉。诉后分析案件暴露的管理问题，根据存在问题编写案例集。落实重大重要案件督办制度，定期开展典型案件分析，落实"排查问题—落实整改—完善管理—推动提升"的管理闭环机制，对整改结果进行考核评价，实现"以案促管、以管创效"目标。

3. 优化制度体系动态调整

根据"合规三分钟"与"大合规"督导检查结果，深入剖析风险成因，查找管理漏洞，梳理优化业务流程，修订完善管理制度。结合公司实际编制制度"立改废"年度计划，按照"找问题、促适应、提质效、谋发展"理念，滚动修编公司制度适用性清单。开展公司系统制度专项检查，对制度执行过程、执行效果进行重点检查考核，建立制度执行问题整改销号机制。

4. 常态化开展合规培训

结合"合规三分钟"杭电特色法治宣教品牌，制定年度法治合规宣讲方案，通过"杭电大讲堂"、合规专题培训等方式，提升干部职工依法合规的意识和能力，培育"像对待安全一样对待合规"的理念。依托数字化法治平台制度模块为制度配建题库，开展制度全员测试。深入学习宣贯最新法律法规，开展公司全员新法新规人人过关培训考试。

三、实施效果

自"合规三分钟"宣教平台上线以来，已发布23期专刊，内容覆盖公司16个部门业务，在领导班子双周会开展合规宣教100余次，涵盖数据共享、基建工程、经营投资、劳动用工等10余个专业主题，涉及公车使用、员工请假薪酬、环境保护等多个现实场景，全方面推动合规管理宣教的管理闭环机制更加完善、全域合规文化氛围更加浓厚、公司建设品牌更加立体。

（一）推动合规管理闭环机制更加完善

培育业务部门自查自纠，助力"业规融合"走深走实。自平台上线以来，法规部门已针对"合规

三分钟"所揭示问题累计下发合规风险提示书 36 份，提出 73 项合规建议，其中部门采纳整改 52 项，调研改进 21 项，累计给予合规绩效考核 21 人次。

落实合规部门专项行动，推进制度建设健全完善。自平台上线以来，法律合规部门已举办案件管理案件专题分析会、典型案例分析会、重大案件督导会 20 余次，修订重大制度 32 项，开展专项制度检查 5 次，不断推进"以案促管、以管创效"，动态优化制度体系建设。

实现五部门联合协作，监督闭环整改与问责考核。自"合规三分钟"开展以来，纪、法、审、财、组五部门已组织召开 6 次联动会议，监督业务部门整改问题共 122 项。各部门定期督办合规三分钟隐患清单，根据发现隐患、完善制度、问责处理、整改闭环等情况，对专业监督的质量和实效进行综合评定，对 23 家单位绩效考核处理，切实提升问题反馈与整改监督的实效。

（二）推动全域合规文化氛围更加浓厚

基层一线人员深植"合规从我做起"意识。公司面向全域基层业务单位制定《基层合规三年行动方案》，根据方案细化重点任务清单 83 条，区县公司开展专项课题研究 23 项，包括总结制度建设、机制运行、合规文化等方面经验成果。全域已开展基层合规主题培训 60 余次。通过强化常态督办考核，紧抓业务一线工作的合规流程，配合"杭电大讲堂""方方圆圆说合规"等宣教平台与形式，将合规宣传常态化。

管理人员树立"合规与安全一样重要"意识。目前各市县公司与产业单位均建立动态更新的"合规三分钟"主题清单，涵盖优化营商环境、反垄断、"三指定"、工程管理等重点领域。市县所有机关部门、产业公司领导人员轮流讲合规近百次，涉及十余个专业领域，切实将合规理念植入管理层常态工作，促使管理层督促业务部门及时更新修编业务管理规程等制度，推动自上而下形成全公司重合规、讲合规的文化氛围。

（三）推动公司合规建设品牌更加立体

国网杭州供电公司"合规三分钟"法治宣教平台自上线起已发布 23 期专刊，提出 73 项合规建议，内容覆盖公司 16 个部门业务。

通过宣教平台，公司同时搭建合规文化品牌的有形载体。在"合规三分钟 + 共享法庭"网格化宣教机制的推动下，公司已联合市中级人民法院在全域打造电力"共享法庭"10 家，包括已正式揭牌运行 2 家，已具备运行条件待揭牌 5 家。各家单位结合自身特色，建设杭电系列法治文化宣教阵地，打造出包括建德公司的"乾潭幸福村"合规文化示范阵地样板在内的杭电系列法治文化宣教阵地，不断丰富完善公司法律合规文化产品库。

参考文献

[1] 张占斌.加速构建更高水平社会主义市场经济体制［J］.财经界，2022，（9）：3-5.

[2] 仇斌.国企合规管理体系建设创新研究［J］.现代商业，2024，（6）：74-77.

[3] 陈瑞华.企业合规制度的三个维度——比较法视野下的分析［J］.比较法研究，2019，（3）：63-78.

[4] 洪艳.国企改革背景下企业合规管理与策略研究［J］.现代营销（上旬刊），2023，（12）：109-111.

[5] 陈瑞华.论企业合规的中国化问题［J］.法律科学（西北政法大学学报），2020，38（3）：34-48.

[6] 赵万一.合规制度的公司法设计及其实现路径［J］.中国法学，2020，（2）：69-88.

"一二三"齐步走　筑牢合规风险防范屏障

贺丽琼[1]　朱　虹[2]　徐双江[2]　邱莎莎[2]

1. 国网江西省电力有限公司萍乡供电分公司赣萍电力实业有限公司
2. 国网江西省电力有限公司萍乡供电分公司

摘　要

　　萍乡市赣萍电力实业有限公司（简称赣萍电力）坚持以"一个龙头"（以组织保障为统领，完善合规管理体系）、"两个抓手"（以正面制度宣贯、反面警示教育为抓手双管齐下，划定权力栅栏、筑牢合规思想防线）、"三道防线"（把握法律合规、关键业务领域、协同监督等风险防控关卡，筑牢合规牵头部门、业务部门和监督部门各负其责的三道机制防线）为主旨（简称"一二三"齐步走），始终将依法合规主线贯穿全过程，取得了较好成效，筑牢了合规风险防范屏障。

关键词

　　省管产业；风险防范；"一二三"齐步走

　　省管产业单位作为主业的附属服务单位，是主业的重要支撑，但这并不意味着产业单位就是"法外之地"。2019年以来，国家电网广泛开展内控及合规专项提升行动，2020年全面自查，2021年起开展跨省规模的交叉互查。2021—2022年，国网江西省电力有限公司萍乡供电分公司、江西洪都电力有限公司连续开展财务清查和产业单位经营信息再核查，全面摸清家底，加快产业单位改革步伐，洪都电力先后组织省管产业单位依法合规自查自纠专项整治暨"合规管理强化年"活动、"促合规、夯基础、提质效"两个专项工作，深入查摆问题，每月汇报进度，逐项督促整改。几项工作紧锣密鼓接踵而来，可见产业单位依法合规经营，比任何时候都显得更为重要和迫切，已成为绕不开的重要课题。

　　赣萍电力作为萍乡供电主管的产业单位，以安全生产为前提，以依法合规为准绳，以市县同质化管理为保障，以经营对标为抓手，以提升经营效益为目标，坚持依法从严治企，强化合规审查和规范，近两年来，未发生被上级通报的违规事件，未发生行政处罚事件。

一、具体做法

　　赣萍电力坚持以习近平法治思想为指导，深入贯彻上级各项决策部署，切实巩固"合规管理提升年"行动成效，坚持以"一个龙头"（以组织保障为统领，完善合规管理体系）、"两个抓手"（以正面制度宣贯、反面警示教育为抓手，双管齐下划定权力栅栏、筑牢合规思想防线）、"三道防线"（把握法律合规、关键业务领域、协同监督等风险防控关卡，筑牢合规牵头部门、业务部门和监督部门各负其责的三道机制防线）为主旨（简称"一二三"齐步走），始终将依法合规主线贯穿经营管理全过程，筑牢合规风险防范屏障，以依法合规护航公司持续健康发展取得较好成效。

（一）"一个龙头"：以组织保障为统领，完善合规管理体系

赣萍电力坚持以组织保障为统领，以"防风险、提能力、促发展"为根本任务，将内控及合规管理作为一项专项工作纳入重点任务，先后成立了全面风险及内部控制管理委员会、合规管理委员会，实行一把手负责制，指定牵头单位，建立组织机构，并制定《内控及合规专项提升工作方案》《合规管理体系建设工作方案》，逐项开展核查整改，完善合规管理组织体系和运行高效的管理机制，筑牢合规经营的组织根基。

1. 加强组织领导，落实工作责任

明确合规管理委员会主任由公司董事长、党总支书记或总经理担任，副主任由分管法律副经理担任，成员由各部门负责同志组成。各部门单位负责人是合规第一责任人，负责专业领域合规管理，强化专业指导和落实工作。

2. 强调牵头主导，全员协同合作

合规牵头单位综合管理部指导和推动合规风险识别预警、应对处置、合规审查审核、有效性评价、合规问责等工作落地。以"全面覆盖，突出重点"为原则，组织各单位对照《风险管理、内部控制与合规管理操作指南》，排查重点合规风险，建立合规风险库，形成风险清单，做好风险预警，总结销号情况。在各司其职、各负其责前提下，各单位加强支持配合，确保体系建设顺利推进。

3. 明确汇报机制，抓好过程管控

建立依法合规分析机制，一年至少召开1次依法合规分析会。发生违规事件，在3个工作日内增加频次召开依法合规（专题）分析会。2024年起，按季度开展合规风险分析，形成清单，及时整改提高。编制年度合规管理报告，定期向合规管理委员会、党总支委员会或总经理办公会汇报，并报上级法律合规部门备案。

（二）"两个抓手"：以正面制度宣贯、反面警示教育为抓手，双管齐下筑牢合规思想防线

赣萍电力注重制度体系建设，坚持以制度为着力点，用正面的制度建设及宣贯培训、反面的警示教育及案例分析双管齐下，划定权力的栅栏、篱笆，将权力关进制度、规则的牢笼里，从思想上、机制上筑牢不逾矩的防线。

1. 突出制度建设及宣贯培训，以正面宣贯培训为主，划定规则条框

（1）完善制度体系。规范各部门职责界定，优化制度审查单，依据业务流程开展专业制度清理衔接。针对原有145项制度实行"一站式"梳理，通过为期数天封闭式审核、讨论，除22项保留适用、新建4项已单独发文外，最终废止77项，合并修订40项，新建20项，形成700余页制度汇编，构建全方位、整链条制度规范。2021年，印发市公司对产业单位同质化管理7项制度汇编。连续两年开展制度清理。2022年，印发制度16项，梳理制度累计126项；2023年，印发制度22项，现行有效制度105项。

（2）多举措宣贯培训。除针对市公司同质化管理制度开展集中专题宣贯外，坚持做好普法宣传，在党支部学习、专业培训班中增加普法内容，提升全员合规意识，先后开展《民法典》《保密法》等法

律知识学习、竞赛以及挂画传播。每年开展合规培训，做好法务、案件、合同审核等流程讲解，并委派法律专责赴市公司向法律、合规专业人员跟班学习，提升业务技能。2023年，特别邀请外聘法律顾问举办法律合规培训班，针对近年施工合同纠纷案件及法律问题开展培训解析，提出法律意见和建议，指导业务部门从源头堵塞管理漏洞、强化过程监督，有效规避风险，依法合规办事。

2. 强化警示教育及案例分析，以反面经验教训为辅，划定纪律红线

2022年，国网江西电力印发某项目承揽工程问题问责处理通报，萍乡供电公司以案促改、以案促教开展警示教育。赣萍电力坚持"预防为主，惩防并举"原则，深刻剖析问题根源、汲取经验教训，着力开展工程项目承发包问题排查整治行动，强化分包作业现场管理监督，举一反三，从排查整改、建章立制、廉政教育、协同监督等方面入手，将合规审查作为必经程序，实现关口前移，强调事前防范和过程控制。强化关键岗位人员风险管控，印发《赣萍电力工作人员行为规范红线规定》（简称红线规定）、《设计公司员工违规违纪行为负面清单》（简称负面清单），划清纪律"红线、底线"，对违规行为严肃问责，以惩戒手段达到警示预防目的。

（三）"三道防线"：把握法律合规、关键业务领域、协同监督等风险防控关卡，筑牢业务部门、合规牵头部门和监督部门各负其责的"三道防线"

合规管理体系建设工作涉及企业生产经营各方面，仅靠牵头部门口头提醒、书面督促或开展合同、制度审核，是远远不够的。其牵涉面广，工作任务重，贯穿制度建设源头、执行过程监督以及事项完结"回头看"等各环节，需要在合规管理委员会统一领导下，共同筑牢业务部门、合规牵头部门和监督部门各负其责的"三道防线"，形成从严依法合规经营高压态势。

第一道防线为各业务部门。各部门按合规要求开展本专业合规管理，完善业务制度和流程，主动识别合规风险点，开展合规审查，发现合规风险及时向牵头部门通报，妥善应对处置合规风险事件，组织开展好违规问题调查及整改，做好本专业合规培训、管理和调查等。

第二道防线为合规管理牵头部门。综合管理部负责组织、协调和监督合规工作。包括研究起草合规管理计划和制度等；持续关注法律法规等变化，组织开展风险识别与预警，参与重大事项合规审查和风险应对；组织合规督导、督促违规整改；定期发布风险防控清单，指导并督促各单位采取整改和防控举措；参与或组织对违规事件的调查，提出处理建议。

第三道防线为安全质量、纪检审计及内控风险等履行监督职责的牵头部门。分别为安全质量技术部（工程建设部）、党群工作部（纪检审计部）、财务资产部。负责在其职责范围内，履行合规监督职责。针对审计、巡察、检查等发现的合规问题和线索，及时向合规牵头部门通报，开展调查，通报违规事项，督促整改，形成闭环，并按公司有关制度严肃追究违规人员和单位责任。

"三道防线"并非独立存在，而是加强配合、共同推进的辩证统一的关系。突出业务部门"首道关口"职责，管业务必须管合规，发挥法律部门牵头督导作用，加强监督部门检查监督与违规问责，实现合规管理与现有管理机制协同联动。

（四）做好合规风险防控分析，筑牢风险防控屏障

1. 把好法律合规审核关，做好经法风险分析

重点依托国家电网公司内部协同办公系统数字化法治企业建设平台（简称经法系统），启用重大决策合法合规性审批、合同管理、规章制度、案例管理、法律风险、授权管理、普法宣传、合规业务等模块，规范审批流程。

（1）"三重一大"重大决策合法合规性审批。对照《关于加强重大决策合法合规性审核的通知》，建立合规审查台账，"三重一大"决策事项及制度履行合规审查流程审核率达到100%。2022年，出具重大决策合法合规性审核意见书12项；2023年，出具法律意见书18项。均由法律专职起草，请外聘法律顾问把关，部门主任审核签发。2024年，以经法系统线上报送省公司法律合规部门审批。

（2）经济合同合规审批。赣萍电力针对2022—2023年以来合同签订不规范情况开展整改，加强合同审核把关和档案管理。2024年3月以前，合同审核实行线下会签流转，涵盖财务、物资、法律、党群审计等部门，以及分管领导、党政主要领导签字审核。2022年，审核合同522份；2023年，审核合同677份；2024年，产业单位启用经法系统，3—4月线上流转合同审批29项。

（3）案件管理及信用维护。做好年度案例统计，及时在经法系统中上报，配合外聘法律顾问做好案件处理对接，跟进案件执行，维护公司合法权益。注重从合同纠纷案件审理矛盾争议中，反查管理漏洞，提出意见和建议，举一反三、查缺补漏、整改提高，防止类似案件重发。督促县（区）分公司做好国家信用信息系统年报上传和信息维护，工商变更及时报备，避免出现行政处罚等违规现象。

2. 契合施工企业特性，抓好关键业务领域风险防控

赣萍电力承接市公司同质化管理7个专业工作要求，完善项目部管理、物资、财务等规章制度11项。

（1）抓实工程分包、物资采购领域风险防控，筑好关键专业"防火墙"。作为施工企业来说，利润主要在于开拓市场和抓实项目。在实际工作中，重点要规范业务流程，防止"跑冒滴漏"，严控施工和物资成本，盯紧工程节点进度，提升项目经营质效。赣萍电力推行物资采购、服务招标同质化管理以来，由市公司物资部组织产业单位物资和服务招标，明确限价、严控成本，对招标金额超过400万元的，必须经市公司分管领导审批。

（2）抓牢财务管理领域风险防控，把好"钱袋子"出入口关。参照主业财务同质化管理，强化资金预算、收支管理和月度经济活动分析，按月编制资金计划，排程每周支出，加大应收账款回收力度，统筹现金流，控制月末余额。结合公司实际，调整资金支出审批细则审批权限，所有支出执行线上审核流程，加强密钥管理，超过一定数额资金，实行市公司财务部与产业单位联签。

3. 突出专项监督检查，实现合规管理体系协同联动

（1）安全监督。成立市县安全稽查队，实现"远程＋现场"安全稽查，保持反违章高压态势。抓实班组安全活动"每日一学"和"周周考"。实施安全作业标准化建设，对分包单位实行安全同质化管理，核心分包队伍关键人员由主业、产业双重管理。建立分包队伍入场前审查、承载力预警、"红黑榜"通报制度，严格违章计分公示、"黑名单"管理。2023年，约谈4家进度滞后单位，3家半年度评价C类的单位纳入"负面清单"，2家单位列入"黑名单"并解除框架合同。

（2）审计监督。2022年，重点做好国家电网专项巡视、党委巡察及各项审计整改验收，开展依法合规自查自纠专项整治暨"合规管理强化年"工作，排查问题9项，抓好"促合规、夯基础、提质效"专项工作，自查问题12项，全部完成整改；工程审计120项，审减251.78万元。2023年，完成省管产业单位专项整治提升、工程分包专项审计及整改，开展分包及自主实施项目内部结算审计97项，审减金额402.52万元。2024年，做好领导任中经济责任审计整改。

（3）纪检协同监督。开展违规分包专项案例通报和警示教育活动，制定《协同监督实施细则》，开展工程治理、重点领域自查自纠、酒驾醉驾、违规吃喝等专项治理监督，常态开展党风廉政教育实践和节假日廉政提醒，强化廉洁风险监督。2022年，对违反有关规定问题调查处理，处分7人，处罚7.76万元。2023年，开展监督检查并下发通报7期。

二、取得成效

近年来，赣萍电力始终将依法合规主线贯穿经营管理全过程，以合规强管理、促改革、激活力、树品牌，护航公司持续健康发展。

（一）关键专业落实同质化管理，"一盘棋"思路提升管理质效

赣萍电力工程分包、物资采购、财务管理等关键专业，实行与主业同质化管理，并加强对县（区）分公司垂直管理，实现同质化管理横向到边、纵向到底，体现"一盘棋"思路。核心分包框架单位二次比价匹配，分包中标价平均下降 6.3%。将政府询价作为物资招标控制价，物资价格压降 15.3%。印发《县级产业单位经营管理对标考核办法》，明确月度段位排名与分公司班子绩效挂钩，落实末位表态机制。2023 年，产业单位经营同业对标排名由位列第 9 提升至第 5。

（二）构建新型施工管理体系，企业改革降本增效成效显著

在强化合规管理基础上，创新推行项目预算管控、经理责任制、毛利激励三项机制改革，签订业绩考核责任状，构建新型施工管理体系。出台《项目经理责任制实施细则》，实行驻点工作，明确项目经理的责权利，将安全、质量、效益等指标与收入挂钩，按超额或亏损毛利的 10% 对项目部进行奖惩，倒逼项目经理优化管理提升效益。在自主实施项目费用控制标准和分包控制价标准的基础上，印发《单项工程造价管理指导意见》，编制《输变配内部施工定额核算控制价》，指导成本下达和后期结算，把控好物资计划预核、到货验收、结算退料等关卡，落实竣工考核和退库物资清核，压降物资成本、杜绝资金流失风险。配套驻点差旅费报销、住房租赁、工地食堂等制度支撑，对照全过程节点管控表开展关键点预警、纠偏、督办，推行项目部标准化建设和季度评价。2023 年年底，新开工项目综合毛利率提高近 8.2%。

（三）强化作业层班组合规运行，盘活人力资源，激发班组活力

在盘活现有人力资源基础上，完善《单项工程核算实施细则》和《单项工程毛利激励考核办法》等核心制度，实现从中标、预算编制、毛利率目标下达、成本控制预警、竣工结算、毛利率激励考核的全流程质效管理。推行自主实施队伍建设，以"面试＋笔试"完成 7 位项目经理公开竞聘选拔，派驻城乡配网"123"工程现场。以社会化招聘补充民技工 58 人，形成自有施工队伍，常态开展实操培训、质量工艺交底、年度技能鉴定。中小型项目全面实现"自己干"，将劳务分包利润转化为自主实施效益。2023 年，项目自主实施较 2022 年分包成本降低 8.6%，分包项目比例下降 20.2%，项目毛利率提高 2.46%。

（四）强化合规典型做法提炼，培育合规意识，打造合规文化

赣萍电力注重"刀刃向内"，从自身抓起除积弊、立规范、强管理、树新风，先后印发《红线规定》《负面清单》，树立"合规立身"的价值导向，营造合规为荣、违规为耻的良好氛围，养成依法决策、依规办事、按章操作的职业习惯。加强对合规管理创新做法的总结和提炼，按月向《省管产业单位经营情况简报》报送亮点和典型经验，2023 年，《萍乡赣萍：强化作风建设 规范依法合规管理》在《省管产业单位 1—4 月合规监管情况通报》作为"特色做法"广泛宣传，并在省公司《江西电网动态》月度简报刊发。2024 年，《赣萍电力：持续深化改革管理 促进经营效益显著提升》再次在《江

西电网动态》刊发。

三、结语

赣萍电力着力完善合规管理组织体系，推进合规制度建设，夯实依法合规经营的思想根基，落实运行高效的管理机制，持续增强重点领域合规性及重点风险防控力，筑牢合规、经营、廉政等风险防范屏障，以依法守纪合规护航企业发展，创新提出"'一二三'齐步走 筑牢合规风险防控屏障"管理模式，可供行业参考借鉴。